社会学·政治学·文化学·教育学·民族学·历史学

叶显恩 主编
王春煜 刘集林 副主编

陈序经全集

第一卷 论文 时论 书评

中山大学出版社
·广州·

版权所有　翻印必究

图书在版编目（CIP）数据

陈序经全集 / 陈序经著；叶显恩主编；王春煜，刘集林副主编.
广州：中山大学出版社，2025.3.--ISBN 978-7-306-08274-9
Ⅰ.Z427
中国国家版本馆CIP数据核字第2024GE9169号

CHEN XUJING QUANJI: DI-YI JUAN

出　版　人：王天琪
总　策　划：王天琪
项目统筹：嵇春霞　王延红
责任编辑：王延红　黎海燕
封面设计：雅昌文化（集团）有限公司　曾　斌　周美玲
责任校对：梁锐萍　卢思敏　蓝若琪
责任技编：靳晓虹
出版发行：中山大学出版社
电　　话：编辑部 020-84111901，84110283，84111997，84110779
　　　　　发行部 020-84111998，84111981，84111160
地　　址：广州市新港西路135号
邮　　编：510275　传　真：020-84036565
网　　址：http://www.zsup.com.cn　E-mail：zdcbs@mail.sysu.edu.cn
印　　厂：恒美印务（广州）有限公司
规　　格：787mm×1092mm　1/16
总 印 张：433
总 字 数：8718千字
版次印次：2025年3月第1版　2025年3月第1次印刷
定　　价：1980.00元（全十四卷）

如发现本书因印装质量影响阅读，请与出版社发行部联系调换

出版委员会

主　　　任：林浩然
副　主　任：罗　罡　李高卫

编辑委员会

主　　　编：叶显恩
副　主　编：王春煜　刘集林
编　　　委：(以姓氏笔画为序)
　　　　　　王处辉　王春煜　叶显恩　田　彤　江中孝
　　　　　　刘集林　吕文浩　张太原　陈平殿　赵立彬
编辑部成员：
　　　　　　钟季君　李　明　杨中曦　蔡亲龙　刘翠东
　　　　　　秦鹏飞　曾　云　蒋钰卓

序

人性的美德和独立自由的治学精神

叶显恩

陈序经（1903—1967），字怀民，出生于海南省文昌市清澜港瑶岛村。父亲陈继美，是一位白手起家、富有家国情怀的华侨商人。陈序经自幼得到父亲的宠爱，其父尽力为其提供优良的教育环境。幼年辗转于家乡和新加坡之间，始在家乡就读，继而入新加坡华侨学校读书。及长，回广州就读于岭南大学附中。1922年，转往上海，先入上海沪江大学，1924年转学至复旦大学社会学系。

1925年，陈序经先生自复旦大学社会学系毕业后，即往美国伊利诺伊大学研究院留学。至1928年6月，已先后取得硕士、博士学位。同年夏天，应岭南大学校长钟荣光之聘，担任该校社会学系助理教授一年。旋于1929年9月新婚之际，由夫人黄素芬陪同赴欧洲留学。先在柏林大学，继往基尔大学，主要研究政治学和主权论。1931年，离开欧洲回国时，他已经掌握了英、德、法、拉丁语等四种语言。旅欧期间，他依兴趣之所及，广泛搜集资料，学术视野越发开阔。

1931年回国后，陈序经先生终生从事教育事业和学术研究——涉及文化学、政治学、教育学、社会学、历史学、民族学等领域，学贯中西，蜚声海内外。他先受聘于岭南大学，并兼任中山大学教席。1934年转往南开大学。尔后辗转履任于南北的南开大学、中山大学、暨南大学之间。历任南开大学经济研究所所长、经济学院院长、教务长，以及西南联大法商学院院长、岭南大学校长、中山大学副校长、暨南大学校长、南开大学副校长等职务。新中国成立后，首批被授予一级教授，任全国政协委员、广东省政协常委等。他大半生供职于南开，最后病逝于南开大学副校长任上。他是一位杰出的文化学家、社会学家、历史学家、教育家，为推进我国学术研究和教育事业的发展做出了卓越贡献。

陈先生离世已有半个多世纪了。他为教育事业、为学术研究留下的丰厚业绩和学术成果，并没有因时光的洗刷、岁月的消磨而被淡忘，相反，他走得愈久，愈为人们深切地记起，他的形象也愈加显得伟岸高大、鲜明耀眼。2003年陈先生100周年诞辰之际，全国从北到南的不少高校和学术团体，如南开大学、中山大学、暨南大学等，乃至其家乡海南文昌，都举行了不同形式的隆重的纪念活动，以追思这位中国学术史、教育史和文化史上的大师的丰功伟绩和他遗下的丰厚的精神遗产。中山大学和海南文昌还分别在其旧居和故居挂牌纪念，并举行了揭牌仪式。陈先生殒时草草火化，殁后近半个世纪，百年冥诞之际却为人们如此隆重地纪念追思。我想，给人影响最深、震撼最大的莫过于无形的精神力量，陈先生之所以赢得人们的如此敬重和景仰，大概是由于他的为人为学的美德和人格魅力吧！

陈先生在为人上，给我们留下了独立的人格、自由的思想，他忠于良知，不曲学以阿世，保持知识分子的尊严，留下了人性的美德。在为学上，他不计名利得失，经过格物致知的探索、砥砺磨淬的历练，以学贯中西的远见卓识，以涉足多学科的气魄和勇气，或开拓进取，为学科的创立奠定基础；或开创新学科，并构建自身的学术体系。他淡泊耿介的为人风格、独立自由的学术精神，经过历史潮流的检验，披沙见金，益见其为人为学堪当楷模，因而，他离去愈远，愈为后学者所追思、所景仰。

陈序经先生的学术文稿，涉及领域广泛，分量巨大。经过六年的努力，在陈先生家属的倾力支持下，终于尽可能将陈先生的文稿搜集完备，并按内容分类编辑成14卷。尽管遗漏在所难免，姑且称之为《陈序经全集》。若后人对陈先生文稿有新发现，必不断完善充实之。在《陈序经全集》行将出版之际，我谨发表如下几点感言，尚盼广大读者不吝赐教。

一

权位不移人，平实淡泊，以苦节自厉，充满平民情怀。这是陈序经先生为人的一个鲜明特点。

陈序经堪称中国近现代学术史上少有的中西兼通的大师级学者、教育家和杰出的大学管理者。尽管他已是信高誉隆、权重位尊的人了，但他始终保持平民的心态，不失书生本色。他常对人说，他是为教授服务的，且说到做到，尽力为他人排解困难。对学校的勤杂工友，他也一视同仁，优容宽待。他长暨南大学期间，海外朋友为方便他从中大往暨大上班而赠他一部小汽车。他上班途中，只要车上有空位，遇到教师工友，便招呼上车，顺路送一程。校长专车被称为"搭客小巴士"。他如此优容雅量，坦诚宽厚待人，自然令人感到亲切可爱，深得知识分子的景仰和爱戴，赢得"善于团结人"的美誉。也正因为他优容雅量，坦诚待人，当1949年国民党"抢运学人"计划实施时，他能说服国学大师陈寅恪等一批第一流的专家留在他主政的岭南大学执教。

作为私立大学校长，陈序经掌管大额款项，但对各种款项，分文不动，以廉洁奉公自律。薪水收入，除供家内日常开销外，皆用于学术活动的开支。平日不作积蓄，以至于1962年其大公子的成婚费用也不得不向朋友筹措。

他平生淡泊，生活俭朴，且以苦节自持，家居摆设简朴。他不嗜烟酒，尽管他的酒量颇大。他不跳舞，不搓麻将。他在家里起床最早，生火煮粥是他的分内事。休息时，除听收音机新闻权当休息外，实在没有其他娱乐活动。有时边听收音机边缝补衣服，这是一般人所料不及的。他在家衣食简便，身穿长袍，令刚过门的儿媳妇大吃一惊。其实，早在上世纪40年代末，他曾身穿长袍，手持A级（头等）车票前往香港，上车时被乘务员误认为上错车而阻拦。

他终生洁身自好，谨守节操。陈先生祖上清贫。其父青少年时代历尽艰辛，中年才发家致富。家庭富裕后，他们均恪守不贪财的美德。例如，当他还在美国留学时，其父因代偿债务而接管一个濒临破产的橡胶园，经注入资本并改善经营，多年后此园有大的发展。其父考虑将此种植园归还原主而发电报征求他的意愿时，他毫不犹豫地复电说"归还"。这使其父笑逐颜开，连连称赞其"不贪财"。

他对弱势群体素有深厚的同情关爱之心。每当传统节日，他每每到校内的勤杂工友家中，嘘寒问暖，抚慰有加。许多工友的名字，甚至他们的孩子的名字，他都能叫出来。他深入被视为"初民"的疍民和其他少数族群中间作田野调查，并写出《疍民的研究》等著作。

"学成，一不参政，二不经商，以学报国"，是其父对他的训示与期望。陈先生对此一直奉为圭臬。他平生未曾参政或参加过任何党派。1945年他以"不改行"为由拒绝了宋子文要他出任泰国大使的要求。上世纪40年代末，他以前往香港公干为借口，拒绝了蒋介石在广州的宴请。凭其学历和家庭背景，他完全有可能跻身政界和实业界。但他恪守庭训，坚定立足于教育事业岗位上，为推进中国的教育事业发展和学术繁荣，竭尽全力，终生不渝。

他勤奋敬业，一贯平生，常以"刻苦耐劳"四字自励、励人。他没有因承担繁剧的校务管理而松懈教学著述。他习惯凌晨4时起身，4时到7时为其读书写作时间，雷打不动，从不间断。他的许多著作就是这样夙兴夜寐而完成的。待到7时多早饭后，便到校园各个角落巡视，或夹起公文包上班。

陈先生对晚辈新秀，竭诚鼓励，并奖掖扶持。对一些有才华的青年学者，他都能说出他们的出生地、重要的学历、受教的导师，乃至专攻的学术课题。聘请他们来校任教时，每每亲到码头迎接。作为一个学界大师，他自有识珠的慧眼，绝不会依资格分轩轾，而能从一个人的言行论著中看出其才学和人品，甚至在未成器前已预卜其人未来的学术前程。1939年，青年学子吴于廑在昆明谒见陈先生。相谈后，陈先生觉得吴于廑是一堪加造就之才，对他青睐有加，先是招收他到南开大学经济研究所研读，继而助他赴美留学。上世纪50年代初，吴于廑学成回国，陈序经还在广州为其操办婚事并充当婚礼的证婚人。吴先生后来成为西洋史研究方面的泰斗，任武汉大学副校长，是我大学时代的业师。我离校后依然得到吴先生的关爱和教诲。吴先生每当提及陈先生，总以恩师称之，景仰之情溢于言表。

二

为人和为学，是互相关联、互相促进的。人高学易高，人俗学难雅。我们从陈先生身上看到为人和为学得到完美的结合。

在为学上，他从不曲学随俗，也从不畏忌权贵而改变其独立精神和自由思想。他不是幽居书斋以清谈学问为高，而是关注现实，贴近现实，充满现实的情怀和时代使命感。上世纪三四十年代，在思想文化界发生的关于中西文化、乡村建设和大学发展规划问题的三次大争论中，陈先生不仅投身其中，而且成为争论的要角。

关于乡村建设的论战，以梁漱溟先生为代表的一派，主张以农为本，从发展农业中求出路。陈序经先生却旗帜鲜明、针锋相对地提出"以工业为前提，以都市为起点"，"要极力去发展工业，以吸收农村的过剩人口"。他经常到高阳、宝坻、塘沽、静海、定县等地了解农村情况，以实证其主张。经过历史的检验，陈先生的主张是符合中国社会实际的。

关于大学发展规划的争论，是由北京大学校长胡适于1947年提出的发展大学教育的"十年计划"而引起的。陈序经先生为此与胡适先生展开了激烈的辩论。陈先生无视最高当局的权威，公然指出这个发展大学教育的"十年计划"，若说"曾得了蒋（介石）主席、张（群）院长以至朱（家骅）部长的赞同，而遂可以谓为公论，这也是一个错误"，他们的态度"只能说是政府的言论，而非社会的公论"。他进而指出："专仰政府的鼻息，以讲求学术独立，从学术的立场来看，是一件致命伤的事情。"他敢于公然向最高当道者挑战，其勇气、风骨、气节，于此可见。

在中西文化争论中，陈先生旗帜鲜明地批判当时泛滥的复古守旧的逆流和折中妥协的思潮，提出"全盘西化"的主张。其理论支柱是"文化不可分论"。由此引发了他长期苦心孤诣地创建"文化学"的学科体系。

"西化"一词，最易引起误解和厌恶。这是由于中国长期受到西方殖民主义者的侵略和压迫而引发国人对西方列强产生憎恶的心结。加之陈先生在辩论中说了一些激愤之词，因而遭到误解和无端的伤害，就在所难免了。

大半个世纪后的今天，当年关于"西化"的一些疑惑和争论，已为中国现代化的实践经验所澄清。这场争论的当事人也都已作古，尘埃落定。因此，自可以对这场中西文化的争论作出冷静的、理性的评价。

作为"全盘西化论"的代表，陈序经先生现在自然又为人们提起，并就他当年提出的"全盘西化论"，从诠释学、文化学的角度，重加剖释与评价。窃以为要真正了解和把握陈先生提出"全盘西化"的用意及其精义，必须站在世界文化史的高度，把这场"中西文化争论"纳入当时中国社会转型与学术转型的背景下审视，并结合陈先生本人的学术主体实践作综合探讨。唯有如此，才有可能理解这场争论为什么在近代中国出现，也才有可能厘清陈先生思想的源流，从而理解他提出的"全盘西化"的真正含义。

从近年发表的数十篇论著来看，学者的确多从揭示陈序经先生的价值取向及精神实质着眼，对之作具体的历史的分析，力求作出客观的公正的评价。有的学者把这场"全盘西化的争论"置于中国近代学术转型期文化学构建总体中，结合陈先生的学术主体实践作深入分析，既对陈先生的"全盘西化论"作了学理上的评判，又力求对当事人作同情的了解。这是一个良好的开端。相信今后必将有更多的学者跟踪而上，不断地推进对陈序经的研究。

陈先生涉猎的学术领域广阔，其中着力最深、成就最大的是文化学。文化学是他学术实践的主体。他先后撰写了一部内含 20 分册的文化学巨著，计 200 万字。以如此卷帙浩繁的篇幅，独树一帜地构建了他的文化学体系。德国汉学家柏克（Klaus Birk）曾经指出："陈序经对各种西方文化理论也进行了十分深入的研究。然而，他并没有无保留地接受这些理论中的任何一个。陈序经是梁漱溟之后，中国第一个可以将他对中国文化的挑战和对其他立场的批评，建立在自己的相当系统的文化理论基础上的人。"此说是中肯的。在其忠诚的爱国情怀的驱使下，他创建的中国文化学体系，处于国际学术的前沿，因此，他是中国文化学的真正开创者，代表了时代的最高水平。

他的"全盘西化论"，是与他的文化学体系密切相连的。只要从文化学的角度对陈序经的学术体系加以通盘梳理，就不难理解陈先生的"西化"指的是世界经过长期融汇之后形成的一种新的文化，亦即包含民主、自由、社会主义等基本要素的文化，亦即一种世界文化的趋势、未来的潮流。他曾明确指出，"现代西洋文化，又可以代表世界文化"，"从历史的眼光去看，这是世界文化的博物院，从文化内容方面看，这是世界文化的总汇"。（参见《陈序经全集》第六卷《文化学概观》第四册）埃及、巴比伦、希腊、罗马、希伯来、中国等的文化要素都包括其中。"西化"一词，只不过是一个文化符号，不应理解为绝对确指某一地域的文化。他的"全盘西化论"，是在中国面临民族危机的形势下提出的救亡兴国的应急主张，旨在追求文化进步，超越传统文化，继而超越西洋文化，创造出新的文化。

他如此坚毅执着地呼唤"西化",是基于当时守旧势力的强大。正当复古倒退、浊浪滔天之时,要与旧文化离异,要与旧传统决裂,使中国文化脱胎换骨,接受西方文明,就非以一种破旧立新的彻底的态度不可。期望以"西化"理论改造中国,把中国建设成为自由民主的现代国家的用心之切,乃至说出不中听的激愤之词,也只是为了祖国的未来,民族的前景。只要了解陈先生提出"西化"的用心及其真正的含义,就不难体会出他对民族的高度责任感,他是一位忠诚的爱国者。

是的,他一生平实淡泊,刚毅耿介。不为钱,拒为官,与政治保持距离,忠于良知,不曲学以阿世,始终坚持独立自由的精神,把平生无私地奉献给祖国的文化教育事业。从家居摆设、日常生活,到待人处事,他都保持书生本色、平民情怀,坚守中国传统美德,从不沾染西方陋习。如此的崇高精神,如此的人格节操,难道不正是中华民族的精英、中华民族精神的脊梁吗?!

三

当我们回顾陈序经先生平生的学术生涯和学术成就时,发现"西化论"只是从他的文化学派生出来的带有愤世成分的看法,远不是他学术的全部。世人,甚至学术界的不少人,只知道他的"西化论",对他庞大的学术体系、学术成就,反而知之甚寡。

其实,除前面提到的作为学术主体的文化学以外,陈先生在政治学、社会学、民族学、历史学、教育学等方面,也都各有创获,各有建树。本次整理出版的《陈序经全集》(简称《全集》)共计14卷,800多万字。可见其硕果累累,以著作等身形容亦不为过。他的著作有的曾引领学术界的风骚,成为某一学科的奠基之作。为学术界所称道、所赞誉的著作,例如《匈奴史稿》、东南亚古史研究系列论著等,或填补研究的空白,或系开山奠基之作。

《匈奴史稿》就是一部填补研究空白之作。他除尽可能完备地搜集中国文献中有关资料外,在德国留学期间,凡西方学者对匈奴史研究的成果和西方保存的有关匈奴的史料,他都极力搜罗。经过长期的资料积累和深入研究,他终于写出近百万字的《匈奴史稿》。匈奴是一个强悍的游牧民族,不立文字,无自己的史籍记载。在其700多年可考的历史中,中国文献和西方史籍的记载,各执一端,互不连接。陈先生以其学贯中西的渊博学识,融会贯通,比勘钩沉,构建了一部完整的匈奴历史。

这是迄今为止有关匈奴史研究中成果最大、资料最丰富、涉及面最广、学术水平最高的一部专著。此书1989年出版后,备受学术界关注,1992年获国家授予的古籍研究与出版奖。

陈先生关于东南亚古史的系列研究成果，也是值得称许的巨著。东南亚地区与中国交往甚早，关系密切，是大批量华侨最早的移居地。陈先生从浩如烟海的中国史籍中挖掘相关的资料，以此为主干，辅以东南亚当地的有关资料和中外学者的研究成果，并结合自身对东南亚各地的多次实地考察所得，进行综合分析研究，终于写出《东南亚古史初论》《越南史料初辑》《林邑史初编》《扶南史初探》《猛族诸国初考》《掸泰古史初稿》《藏缅古国初释》《马来亚南海古史初述》共八种著作，分别就东南亚各古国的历史沿革、地理方位、种族源流、社会经济、文化宗教、风俗习惯、对外关系等方面，作了论述。他的这些开山之作，筚路蓝缕，成为东南亚古史研究的里程碑。他是东南亚古史研究的开拓者和奠基人。

陈序经先生的学养、阅历、操守、才智和识悟，造就了他的国际学术视野，以及与国际学术对话的资质。我们看到，半个多世纪前，他广博用宏，视野宽阔，已经运用多学科综合研究的方法，一直与国际学术保持接轨。

他既注重文献资料的记载，也重视通过田野调查搜集散落于民间的各种资料。他曾在北方的高阳，南方的顺德、珠三角水乡各地，就乡村建设、丝业近代工业化和蛋民的生活习俗等问题，进行田野调查，甚至为研究东南亚古史而到当地进行田野考察。他通过实地调查来验证文献记载，再以综合的材料来检验理论，把历时性与共时性的研究融于一体，进行了纵横结合的研究。这种研究方法，时至今日，依然是学术的规范和学术的潮流。

尤为可贵的是，陈先生的研究始终保持独立自由的精神，不为政治时尚所左右。他反对学术的功利性和依附性。在他看来，学术研究是为了求真求实，绝不应视学为术以取利。他的东南亚古史研究系列著作，当年在香港出版。至于他的这部含有 20 册论著的文化学巨著"文化论丛"，除其中的《文化学概观》于 1947 年由商务印书馆出版外，其余的尚未刊出。1945 年他将此部"文化论丛"的手稿寄存于美国的 Honnold Library，显然是为了慎重起见，同时也表明他对书稿的特别珍重。

陈先生长期担任大学的领导，他在教育学上也有独到的建树。他认为教育旨在提高全民族的文化素质，主张教育要彻底现代化，无论城市、农村教育，大学、职业学校教育，都要彻底现代化。他认为文理不能偏废，人文各门学科都有其存在的理由，反对停办或减少文科数量。他还认为大学教育的目的是"求知"。"求知的目的未必为了应用，然而要有所应用，则不能不求知。""大学培养的政治学者、政治家，和制造官僚政客是绝对不同的一回事啊！"他主张大学的设置应当注意区域的特殊性，作出合理的布局，并认为民国时期，大学集中在平、津、沪等数个地方是不合理的。因此，他反对胡适所提出的指定五所大学为第一等地位的主张。(参见陈序经《大学教育论文集》，岭南大学西南社会经济研究所，1949年10月。收入本《全集》第四卷。）他的这些见解和主张，在当时是难能可贵的。"教授治校"，不仅为陈先生所主张，且为其躬身践行。办好一个大学，优秀的教授是一关键。他长岭南大学期间，以招天下贤才为己任。在中华人民共和国即将诞生，时局依旧动荡之时，他诚聘陈国桢、谢志光、陈耀真、秦光煜、毛文书、许光禄等医学名家，使岭大医学院的业务实力不仅在国内医学界雄居榜首，而且在国际上也令人瞩目。在人文学科，他聘请陈寅恪、梁方仲和王力等史学、语言学大师；在理工科，他聘请姜立夫、陈永龄等大数学家和大地测绘的权威。他说："我是为教授服务的。"他自称他的头衔是教授兼校长，主张校长从教授中产生，干不好就回去当教授。正因为他具有识才、器才、容才的雅量，有才学的学者纷纷乐于投其麾下，并诚心与之结为知交。陈先生的教育思想多是在与他人辩论中阐发的，其间多有真知灼见，在当时多击中教育界之时弊，是具有前瞻性的见解，就是在今天对后人仍然多有启迪。

　　陈先生的独立自由的精神和关注现实的做法，以及时代的使命感，使其著作并未因时光的流逝而失去其价值。相反，作为某一学术领域的时代路标，它们将被代代薪火相传，其价值益加彰显。其著作中所体现的学术思想、治学方法，乃至学术规范，将成为后学得窥学术门径、走向学术道路的指针。

2024年3月16日于五尧村听竹园

凡　例

　　一、编排方式。《全集》总体上兼顾著述发表时间先后与研究领域的区别。第一卷以时间为序收录了陈序经的论文、时论、书评等，其中论文已收入其他卷者，原则上只存目；同题异文者，则均予以收录。第二卷至第十三卷收录了陈序经在不同研究领域的论文或专著。第十四卷收录了陈序经的遗稿《珠崖篇》，整理了其年谱、往来书信、照片等相关资料。底稿为直排繁体者，一律改横排简体，内容列举、引用位置指向用词，如"如左"径改为"如下"等。

　　二、底本来源。《全集》所收文献中有大量未曾整理的手稿、抄稿，其版本源流、底本选择等情况，皆写入"本卷说明"中。

　　三、引文说明。《全集》所引古籍或他人著述，有漏字、错字等现象者，一般参照现今中华书局、上海古籍出版社等相应版本径改，不另说明；引用古籍或他人著述时只取其大意，与原文不尽一致，凡此，照录，不予修改；手稿或抄稿中引用本人已发表文章，但内容与已发表的原文不尽一致，凡此，亦依手稿或抄稿。

　　四、校订符号。原稿中有漏字者，在〈　〉内补之。原稿中的错讹字，在其后〔　〕内补正。原稿中的衍字，用［　］标示。原稿中漫漶不清、难以识别或残缺的字，用□表示；字数难以确定者，用☒表示。原稿中的小字夹注，置于（　）内，字体、字号同正文。外文书名、刊名用斜体。

　　五、历史用语。《全集》保留作者文字风格及语言习惯，不按现行用法改动原文。历史时期若干字词表达与今有异，但不影响理解，为存当时之真，不改。如智识（知识）分子、澎涨（膨胀）、计画（计划）、瞭解（了解）、那（哪）、澈底（彻底）、那末（那么）、原故（缘故）等。凡行文中对少数民族的蔑称，根据国家相关民族政策一律改为规范称呼，如"猺"改为"瑶"、"獠"改为"僚"、"猓猡"改为"倮倻"等。

六、外文名词。译名不统一或与现今不一致,如拿破伦/拿破仑、哥仑布/哥伦布、菲洲/非洲等,均不改。外文人名、地名书写有误者,一般径改。外文专有名词在原稿中大小写掺杂,按现今规范格式统一。

七、内文标点。原稿正文无标点或仅有简单断句者,一律按照中华人民共和国国家标准《标点符号用法》(GB/T 15834—2011)予以修改。专名号从略。

八、文字规范。《全集》中的简体字以 2013 年 6 月国务院公布之《通用规范汉字表》为准。通假字,不改。繁体字、异体字,改为规范字;但专有名词中的繁体字、异体字等,依从其使用惯例,不改。作者笔误、排印舛误等明显错误,径改。

其余未规定事项,一般遵从作者原稿。

本卷说明

本卷以编年的形式收录了陈序经先生1925—1964年长达40年学术生涯中所撰写的学术论文、时事评论、演讲词、书评等文章175篇（存目59篇）。由陈平殿、杨中曦、刘集林、李明、刘翠东、方志彪（英文部分）编。

目　录

1925 年

进化的程序 …………………………………………………………… 1
贫穷的研究 …………………………………………………………… 15
读老随笔 ……………………………………………………………… 21

1926 年

THE ANCIENT CHINESE POLITICAL PHILOSOPHY ……………… 37

1928 年

再开张的孔家店 ……………………………………………………… 98

1929 年

春秋战国政治哲学的背景 …………………………………………… 104
海夷史教授（Professor E. C. Hayes）……………………………… 119
积极的死 ……………………………………………………………… 122
中国政治思想的资料问题 …………………………………………… 130
《政治学讲义》绪言 ………………………………………………… 135
CHINESE POLITICAL THOUGHT: ITS DEVELOPMENT AND TENDENCIES …… 137

1930 年

孔夫子与孙先生
　　——欧游杂感之一 …………………………………………… 149
中国胚胎时代的政治思想 …………………………………………… 159
霍布豪斯的社会学 …………………………………………………… 163

1931 年

东西文化观 …………………………………………………… 169
德国社会学会 ………………………………………………… 183
精神文明和无抵抗主义 ……………………………………… 185

1932 年

女子对于现代文化的态度与责任
　　——二十年十二月十四日在省立第一女中讲词 ……… 189
对于现代大学教育方针的商榷（存目）…………………… 195
对于勒克教授（H. Rugg）莅粤的回忆与感想（存目）
　　——再谈现代大学教育的方针 ………………………… 196
敬答对于拙作《对于现代大学教育方针的商榷》之言论（存目）………… 197

1933 年

教育的中国化和现代化（存目）…………………………… 198
南北文化观
　　——上月廿七日在花地培英中学纪念周讲词撮略 …… 199
人的文化与物的文化 ………………………………………… 201
文化发展
　　——十六日大学演讲会 ………………………………… 206
孙中山先生与岭南大学 ……………………………………… 209

1934 年

陈序经先生演讲"中国文化之出路" ……………………… 213
中国文化之出路
　　——民廿二年十二月廿九日晚在中大礼堂讲词撮略 … 217
关于中国文化之出路答张磐先生 …………………………… 224
《沙南蛋民调查》绪言 ……………………………………… 228
关于中国文化之出路再答张磐先生 ………………………… 238
对于一般怀疑全盘西化者的一个浅说 ……………………… 241
乡村文化与都市文化 ………………………………………… 260
读书的六到 …………………………………………………… 266

1935 年

利玛窦的政治思想 … 269
关于全盘西化答吴景超先生 … 290
再谈"全盘西化" … 297
蛋民的起源(存目) … 302
从西化问题的讨论里求得一个共同信仰 … 303
读十教授《我们的总答复》后 … 308
评《中国本位的文化建设宣言》 … 311
评张东荪先生的中西文化观
　　——读《现代的中国怎样要孔子》后 … 314
全盘西化的辩护 … 320
蛋民在地理上的分布(存目) … 325
说独裁 … 326
广州中山大学取消胡适之先生演讲感言 … 330

1936 年

一年来国人对于西化态度的变化 … 333
乡村建设运动的将来 … 344
乡村建设理论的检讨(存目) … 349
蛋民的职业(存目) … 350
蛋民与政府(存目) … 351
书评:《近代政治哲学选读》 … 352
陈序经博士在文中演讲词 … 353

1937 年

蛋民的生活(存目) … 355
社会学的起源 … 356
乡村建设运动的史略与模式(存目) … 381
乡村建设的组织与方法的商榷(存目) … 382
关于《乡村建设运动的将来》(存目) … 383
进步的暹罗 … 384
政治与经济上的海南岛 … 387

1938 年

国难与教育 ··· 391
研究西南文化的需要 ·· 393
乡村建设运动平议（存目） ·· 396
乡村建设运动平议（续）（存目） ··· 397
暹罗华化考 ··· 398

1939 年

广东与中国 ··· 416
乡村建设运动平议（三）（存目） ··· 421
暹罗与汰族 ··· 422
暹罗与日本（存目） ··· 426

1940 年

暹化与华侨（存目） ··· 427
暹罗与英法（存目） ··· 428
暹罗的人口与华侨（存目） ·· 429
暹罗的汰族主义与暹化华侨（存目） ·· 430
纪念五四运动感言 ·· 431
越南与日本（存目） ··· 432
谈读书方法 ··· 433
悼丁佶先生（存目） ··· 435
泰越冲突与泰国危机（存目） ··· 436

1941 年

释现代生活 ··· 437
抗战时期的西化问题 ··· 440
广东与中国 ··· 451

1942 年

师范学院的存废问题（存目） ··· 459
中国妇女运动过去与将来 ··· 460

谈救济华侨（存目） ································ 464
南洋与青年（存目） ································ 465
杨林之游 ·· 466

1943 年

联大六周年纪念感言（存目）
　　——谈联大的精神 ····························· 469
五四文化运动的评估 ································ 470
宗教与中国 ······································ 475
论中暹的关系（存目） ······························ 477
乡村建设的途径（存目） ···························· 478
欢送参加战时工作的大学学生（存目） ·················· 479

1944 年

论战后南洋华侨的经济问题 ··························· 480
维新运动的历史意义 ································ 484
借镜与反省
　　——十月十七日在旧金山对国内广播 ················ 494

1945 年

CHINA AND SOUTHEASTERN ASIA ············· 496
我们岂能再容忍暹罗（存目） ························· 534
论国立大学与私立大学（存目） ······················· 535
平景庄：游美杂记之二（存目） ······················· 536
美国的教育（存目） ································ 537

1946 年

再谈美国的教育（存目） ···························· 538
美国人的经济生活（存目） ··························· 539
日本与南洋 ······································ 540
南洋各地对华侨的歧视 ······························ 542
河内与海防的今昔（存目） ··························· 546
法军入河内（存目） ································ 547

战后南洋问题与政策 ………………………………………… 548
压迫重重的越南华侨（存目） ………………………………… 550
谈今后的海南岛 ……………………………………………… 551
论法国人在越南的尊严（存目）
　　——越北杂感之一 ……………………………………… 553
越北杂感之一（存目）
　　——中越的民族关系 …………………………………… 554
政治经济上的琼崖 …………………………………………… 555
我怎样研究文化学
　　——跋"文化论丛" ……………………………………… 558
论中越法的关系（存目） …………………………………… 568
南方与所谓固有文化 ………………………………………… 569
日本败后的中越法的关系（存目）
　　——越北杂感之一 ……………………………………… 587
法国灭亡越南的回顾（存目）
　　——越北杂感之一 ……………………………………… 588
南方与西化经济的发展 ……………………………………… 589

1947 年

中国新式农业的发展 ………………………………………… 597
关于西南文化的研究
　　——序岑著《西南文化论》 …………………………… 607
我国新式商业的发展 ………………………………………… 609
南洋与青年（存目） ………………………………………… 619
青年与南洋（存目） ………………………………………… 620
南洋华侨的教育问题 ………………………………………… 621
廿年来的南开经济研究所（存目） ………………………… 627
与胡适之先生论教育（存目） ……………………………… 628
公论耶？私论耶？（存目） ………………………………… 629
选举·宪政与东西文化（一）
　　——评梁漱溟的《预告选灾·追论宪政》 ………… 630
宪政·选举与东西文化（二）
　　——评梁漱溟的《预告选灾·追论宪政》 ………… 636
宪政·选举与东西文化（三）
　　——评梁漱溟的《预告选灾·追论宪政》 ………… 642

宪政·选举与东西文化（四）
　　——评梁漱溟的《预告选灾·追论宪政》·················647
论发展学术的计划（存目）·················652
建国应以城市为起点·················653

1948 年

论选举·················656
南洋华侨经济的危机与展望·················662
对于扶植华北工商业的一点意见·················666
新南洋的展望（存目）·················668
现代美国乡村与城市文化的关系（存目）·················669
研究西南文化的意义·················670
中国与南洋·················675
论中国与南洋的外交（存目）·················677
论我对南洋外交（上）（下）（存目）·················678
论我国对南洋外交（存目）·················679
首次大学周会陈校长训词·················680
"大泰主义"的抬头·················681
论留学·················684
留学（存目）·················686
悼卢观伟先生·················687
卢观伟先生的西化论·················689
鲍令留教授服务岭南四十周年纪念感言·················697
社会学与西南文化之研究·················698

1949 年

陈序经校长对本校同学训词
　　——二月二十三日在附中周会讲·················700
伍著《三水蛋民调查》序·················702
西南文化研究的意义（存目）·················703
第卅届授予学位典礼陈校长训词·················704
卅八学年度开学典礼陈校长训词·················705
最近一年的岭南大学·················706
《蛋家论文集》前言·················708

1956 年

参观后感 ······ 710
谈谈华侨的历史及其与当地人民的友好关系 ······ 715

1957 年

华南水上居民需要特别加以照顾 ······ 719
我的几点意见 ······ 722
广东高等教育的展望 ······ 725

1958 年

我对于厚今薄古的一点体会 ······ 727
猛族诸国初考（存目） ······ 729

1959 年

一九五八年的广东高等教育 ······ 730
不能让日本南进历史重演 ······ 733

1960 年

一九六零年新年感言 ······ 736
关于归国侨生的教育问题
　　——陈序经委员的发言 ······ 739
三门峡 ······ 743
陈序经谈湛江专区新面貌 ······ 746

1962 年

扶南的地理条件和对外贸易 ······ 750
骠国考 ······ 766
《被捕十二日记》序 ······ 792

1964 年

有关岭大与钟荣光的几点回忆 ······ 793

1925 年

进化的程序

一、绪言

科学所藉以为根本的基础，是有秩序的世界；而解释这种有秩序的原则最完备的，要算进化论。

照科学的根本原理看去：过去的世界，是有秩序的；现在的世界，也是有秩序的；就是将来的世界，也是将有秩序的。照进化论来说：过去的秩序，是连续和有规则的变成今日的秩序；而现在的秩序，也是连续和有规则的变成将来的秩序；质言之，世界不但是空间上有秩序，就是时间上也有秩序；进化论的价值，就在乎主张世界在时间上的秩序与空间上的秩序一样。

我们的智识日增，则我们愈觉得世界上的事物没有一件不是变；个人变，制度变，言语变；甚至高山大海，据地质家考察起来，也是变；然这种变，都是有秩序的；而所谓有秩序的变，就是本篇所谓"进化的程序"。

二、进化论发达的程序

无论那一种学说的成立，都要经过好多时间，和好多预备；进化论也是这样。二千余年前，希腊的哲学家，有的以为天地万物是由水变成的；有的以为是空气变成的；又有的以为是火变成的；可知进化论的观念，这时已经萌芽；然这班哲学家的主张，完全由于意料，而并没有实验的工夫，所以进化论终不能发达。自此以后一直到十七世纪，千余年中，人人都信宗教家之言，以为天地万物，是上帝所造的。十八世纪的地质家，更谓地球经过好多次洪水；每一次洪水过后，上帝又造出一种较高等之生物，这种见解，是进化论发达上的大室碍。

一七五〇年来特（Wright）曾发表他的进化学说；他的进化学说，不但解明太阳系，而且包含天空中所有之星体。受来氏学说影响最大的，是康德；康德于一七五一年，得读来氏之书，于是一七五五年，康氏乃刊布他的星雾学说。康氏、来氏在进化论发达史上，虽然占重要位置，然在当时没有什么影响。到一七九六年拉普拉氏（Laplace）将康氏之星雾说再加改正。于是始起世人的注意。拉氏所以为世人所注意的原因，实因此时乃法国革命之后；人类的思想，如潮如涌，不若从前之固塞，故对于一切新唱之学说，多喜采纳。

一八〇九年赖马克（Lamarck）刊布他的《动物哲学》，这是生物进化论的新纪元。赖氏的意，以为动物各种类，经过好多年，其形状是次第变化而至今日的地位；而所以变化的原因，是在乎用与不用。赖氏很得达尔文的赞赏，赖氏之影响于达氏当然不少；然在当时正是屈费儿氏（Cuvier）天变地异之说最盛行的时候，致赖氏之说不能行于世。一八三〇年间来伊尔的《地质学原理》刊行；同时地质学家达罗华（Halloy）均从实验上而证明进化之理，于是屈氏之说不攻而自败。地质学家所以能得此效果，自然得康氏、拉氏之力不少；盖二氏给地质家以地球最初之历史，而使地质学家以地质学的原理，来解释地质的现象。

生物进化论之发达，地质学实为之基础；因为地质家发见在最低的地层中，是下等生物，最浅的地层中，有高等生物，因此生物家得以证明最高等的生物，是由下等进化而来。生物进化论之发达，始于十九世纪中叶，达尔文《种源》于一八五九年刊布以后，生物进化论基础大固，而进化论从此也大起人注意。与达氏同时倡生物进化论者，为华勒斯（Wallace）；华氏对于进化论的贡献，实不亚于达氏；继达华二氏而起者，如赫胥黎、海凯尔、罗纳斯、魏斯曼、得甫里斯均能于进化论上，大加发挥。

生物进化论既彰明于世，社会进化论也随之而起。社会进化论，就是将进化论的原则，应用到社会的历程；提倡最先的，要算斯宾塞。此外，如摩尔根（Morgan）、色什兰（Sutherland）、米勒来伊儿（Muller Lyer）等对于社会进化论贡献甚多。

总而言之，进化论发达的程序中，除了二千余年来的萌芽时代外，最近二百年来的进化论发达的程序，可分做下面几期：

（1）天文学上的进化论发达时期。（十八世纪中叶至十九世纪）
（2）地质学上的进化论发达时期。（十九世纪初叶）
（3）生物学上的进化论发达时期。（十九世纪中叶）
（4）社会学上的进化论发达时期。（十九世纪末叶）

在进化的程序中，最先是球体的原始，然后至地球的进化；有了地球，才有生物，才有人类，有了人类，才有人类社会；进化论发达的程序，也是先天文，次地质，次生物，最后才到社会，这真是不期而合的。

三、地球进化的程序

1. 球体的原始

说明球体的原始最先的学说，是星雾说。星雾说乃康德所倡；康氏的解释不甚精美，其影响也不广；拉普拉斯氏继之而起，加以改正，于是星雾之说，大行于世。星雾的大意，就是：太阳及各星体，最初都是一种稀薄的气体，其温度极高，其所占的面积与海王星的轨道相等；这种稀薄之气，皆围绕其中心而旋转；经过好多年后，渐渐变冷，乃凝结为固体；其居中心的，即现在的太阳。因为离心力作用，遂使太阳之周围，生出轮圈，轮圈离散后，变成第二等之星球，地球就这种星球之一。圈轮变成第二等星球后，仍围绕太阳而行；因为离心力作用，第二等星球，又生出较小的轮圈，较小的轮圈，再离散而成第三等球体；这种第三等球体，就是围绕地球而旋转之月球，及各行星之卫星。然围绕行星之轮圈亦有不离散而成第三等之星球，故仍然存在者，如土星之轮圈，就是一个好例。这种学说盛行好久，到张伯仑（Chamberlin）及莫尔顿（Moulton）乃否认此说，他们反对星雾说的理由就是：

（1）这种学说，不能说明 Eros 爱神星的轨道。（按 Eros 的轨道是一面与地球相近，而他面则出乎火星轨道之外。）

（2）这种学说不能说明星球轨道之高斜，或离中心者。

（3）照此种学说，则星球公转之时间，必长于其所属之星体之自转时间；惟实际上我们可寻出星球之自转时间，长于其卫星之公转的。

（4）这种学说不能说明星体之旋转方向，与多数星体旋转方向相反的。

此外，在物理学上，力学上，尚有好多不妥之处，于是张氏及莫氏乃倡星团凝结说。星团凝结说的大意，就是：太阳最初乃一很大的星团，居于中心，而且能缓缓的自转，其周围有好多第二等的星团环绕而旋转，成为一椭形的轨道；因为各星体和太阳互有吸力，故渐渐缩小而成今日之星体；此种例子，我们可于火星及木星轨道之中间见之，其位置，大小，速率，均不等。太阳系以外，天空尚有千万的星团，可为这种学说的证据，其最显著的，为奎星，及猎户星；这星的星云团大过太阳好多倍，是螺旋形，中有最显明之黑点，这种黑点就是星团的中心，与我们的太阳居中一样；星团中心之旁边，又有好多小黑点，这种小黑点就等于我们太阳系的行星。照这种学说，球体的原始并没有经过液体，惟后来又有些天文学者把来略加改变，以为这多的星团，共在一处，必有相碰，相碰则生热，热则球壳的岩石必熔解，熔解以后再凝结，故地壳外面的团结愈密，从此遂发生吸力，将球中的水及空气吸住。张氏之说，虽经后起者略加改变，然大致仍相差不远，故星团凝结说仍为近世最通行之说。此外还有些学者，以为球体乃无数之陨石合成的，这种学说理由不充足，故此处不必说。

2. 星体普通进化论的程序

星体的原始，上面已经说过。地球是星体之一，故地球的原始也与他星球一样；惟未说地球进化的程序以前，我们可先将星球普通进化的程序来说说：

星球普通进化的程序，可从星的光的颜色上分别，其分别最先者为塞歧

(Secchi)。塞氏把所有之星，别为四类：第一类最幼，第二类次之，第三类又次之，第四类最老。近来观察天体之仪器日精，而分别星之老幼之法也日精，最著名之分类，要算哈佛大学观象台所分的；惟哈佛观象台所分虽比塞氏为详细，然大致仍相同，故把二者相合而略加说明。

（1）塞氏所说第一类，是蓝白色；例如天狼星（Sirius）及天琴星（Vega）及北斗七星中之最光明六个；此种星在天空中，差不多渐全数之半，他的光带是青紫色，表明其温度极高。

塞氏第一类中，包含哈佛观象台所定之 B、A 二类；B 类也叫做猎户类，因为这一种的星，多数在猎户中；又有叫做氦类，因为他的凹带中是氦做成的。A 类或叫做天狼种，其轻气带甚分明。

（2）塞氏第二类是黄色，叫做太阳类；因为他的光带与太阳一样；这种星的氦带已完全不见，而轻气带则尚见，其最令人注意的，就是金色带。这一种的星数与第一类的差不多。

塞氏第二类，包含哈佛观象台所定的三类，就是 F 类，G 类，及 K 类。所有之星色，似天狼者，属于 F 类，或叫做钙类；在他的光带中，轻气带仍然存在，但已不若前者之显明。在 F 类之下，是 G 类；我们的太阳，就是这类的最好例子。次之为 K 类，大角星（Arcturus）就是属于这一类，这类的轻气带已渐渐呈不见之象。

（3）塞氏第三类是红色的，二个最显明的例就是天蝎宫（Antares）的第一枚，及近猎户之变光星；Betelgeuge 这一类据天文家所知者，大约五百个，多数都是变光的；他的光带凹得很深，大约为钛养化所致，这是表明他的温度是低过第一第二二类的；这种星离太阳很远，而且比较太阳大得多。

塞氏第三类，就是哈佛观象台所定的 M 类。M 类之中，又分为 Ma 及 Mb 二类，大致与塞氏所说的相同。

（4）塞氏第四种星数，大约二百五十个；这类的颜色，是深红的，不用看远镜不容易见得；他的光带很深，大约因为炭的复合所致；这一类离太阳都是很远，他的容量和等级都很难知道。

除了从颜色上看得星的进化的程序外，自星的动度上也能看出来。据力克（Lick）观象台所得的结果，以为 B 类的动变甚迟，A 类次之，F 又次之，M 类最速。下面就是力克观象台的所得的结果。

星的类别	B	A	F	G	K	M
速率	4.0	6.8	8.9	9.3	10.4	10.6

总而言之，星的进化的程序，大概自颜色上看去，是由蓝白而黄，而红而深红。由速率上看之，是 B 类最迟，进而至 M 类最速。由温度上看之，是幼者最热，变老则渐冷。然又有些天文家，以为最初的星球，是不甚热的；后来因收缩

之故，因而温度渐高，因此，他们又以为深红色者为最幼，红者次之，黄者又次，蓝白者最老，这种说法，其进化程序正与前者相反；但据天文家多数仍主张前说，故我们这处仍以前者为主。

3. 地球进化的程序

各星体因为离我们太远，我们不能实地的去实验他；我们所籍以知他的进化程序，只能从他的颜色、速率上决定；至于地球乃我们所居的，我们对于地球进化的程序，比较他星球自然详细得多，尤其是地质家；地质家说明地球进化的程序是很详细；我们这里只能说其大概。

（1）自星团凝至地面上有空气有水，于星体的原始中已经说过，不必再说；现在说的，就是有水和有空气以后的进化程序，地球上既有水和空气，地上生物是必有的；然这种生物，都是下等；下等的生物，因为组织太简单，不易保存，故地质学家都不能寻出他的化石，但无论如何，地质家总是信古生代以前生物是确有的。

（2）古生代以前是太古，是荒古时代，他的情形如何，都是很难知道；现在自古生代说起。古生代的第一期是寒武纪，这一纪中，北半球渐渐有大地出现；惟这时的雨水很烈，所以新生的地，每每被雨水冲去；新生地固然被冲，然后来又生出来，因此，北半球的陆地多，而南半球则海域较广。

古生代的中期（志留及泥盆纪），是大岭湖等发生期。这期所以有大山的原因，有些人以为是因地球内部收缩，如老人之面部起纹一样；又有些人以为是沈淀物流入海洋所致；那一说是真的，我们都不必管他，现在再进而说古生代的末期。

古生代的末期（石炭纪及二叠纪）这一期的初期中有好多的低地渐渐填平起来；又有好多高山新地，也在这期生成，如非洲、南美洲均这期所生；这期的空气，因含过多二养化炭，所以动物都难生活；后来因植物生发日繁，把二养化炭吸收起来，于是动物就渐渐发达。到了古生代的末期，冰片盖欧、美二洲之北部，地上起了重大的变化；新山岭再生，而旧山岭沈没，气候也因之而变化，于是进而为中生代。

（3）中生代的初期，冰片渐渐溶化，欧洲的陆地又渐渐低下；到了中生代之末，陆地又升起来。在初期的湿度很高，到末期又渐低降，落叶树于此才见，动物最多的为介壳类。

（4）近生代——中生代后，就是近生代；这代所历的年数不久；高等动物，如牛马猿均于此代发生，所以在进化论上特别紧要。此时气候已温，而且四季也分别；惟近生代之末期，气候又渐低。西藏之南的喜马拉雅山就是这代所发生。

（5）新生代——新生代是地质学上最近代；人类的发生，就在这代。这代之初，北方的大陆为冰片所盖；地球何故有此冰片，至今尚无完满的答覆；据现在最通行的学说,以为因地球中心渐渐变其地位,故两极的方向也因而转变。

地质时代表

代	纪	所历年数	植物	动物
新生代	上第四纪 下第四纪	五十万年	今种	人类
近生代	复新纪 中新纪 渐新纪 始新纪	五百五十万年	被子门	爪哇类猿人 牛羊类 狐鲸等
中生代	白垩纪 侏罗纪 三叠纪	一千三百三万年	裸子门	有齿鸟,有骨鱼 高级虫,爬行类 单孔类
古生代	二叠纪 石炭纪 泥盆纪 志留纪 奥陶纪 寒武纪	三千五百八万年	隐花植物	爬行类,两栖类 鱼类 虫 海绵类
太古代				
荒古代				

四、生物进化的程序

1. 生命的原始

生物学上最重要的问题,就是生命的原始。古今来解释这问题的人很多;宗教家以为生命是上帝造的;这种解说,现在稍有智识的人,都不肯相信。古代的希腊人,以为地上的生物,是由无机物变成的。亚里士多德及一般学者,以为生物是从土和水生出来,因为他们常常见在有土有水的地方,发生好多小虫及下等生物,所以他们就断定水和土能生生物;然而无机体如何能变成有机体,水和土如何能生出生物,他们都没详细的解明。中世纪时代,好多人以为腐败的肉类,能生小虫,及下等生物如蜂蝇等;然据来底(Franceses Ridi)及巴斯图(Pasteur)的实验,知这种的解释,是完全错误的;他们的试验方法,就是用一个玻璃器,放肉内面,然后盖之,使空气不易走入,结果没有小虫;因此他们以为肉中能够生虫及下等生物的原因,是因为外间的小虫如苍蝇等放卵于肉上,然后肉里才有小虫。十八世纪时伊拉司麦司·达尔文(Erasmus Darwin)做一首诗,表示他所主张的生命原始；他以为元始的生物是从有生气的地上生出来，这种发生是自然而然的，所以没有父母；这与亚里士多德所说的相差不远，仍使我们不能满意。

上面所说的生命原始，总是意料的，而没有实验，所以不能使我们信他。我们再将近来科学家所解释的来谈谈：据一般的科学家以为最下等的生物是由雷电的作用而生；他们以为在潮湿的地方，淡质很多，因雷电起时，使他与空气中的淡养化合而成为小生物，然后渐渐变起来，而成为各种生物。剑桥大学有一位物理教授，他曾用镭盐及牛肉、茶，将镭盐放射于茶中，不久有了好多班点发现，这些班点都与最下等的生物一样；而其最奇妙的，就是这种小班点都与最下等生物的分裂，由一而二，而四，经过数次，然后灭亡；因此镭能激起生物遂起了科学家的注意；他们以为现在的太阳中，有好多镭，我们从前的地球，既同太阳一样，在从前的地球也必有镭，那么生物由镭激成，也是可能的；然而剑桥大学物理学家所试验的，是不是生物，还一个问题，镭能否激起生物，又是一个问题。又上面所说的雷与空气中的淡养化合能否成为生物又是一个问题，那么科学家所解释的，仍使我们不满意。

此外，又有些人以为地球上的原始生命，是由他的星球上传过来；他们以为天空中有了几千万万的球体，有时是不免得相撞起来；当相撞的时候，那生物的球上的生物，不意中传过来；那种生物因为有一种护身物，能够由他球传过无生物球时不致死亡，故后来渐渐发生起来。又有一种学说以为有生物之球，虽不与无生物之球相撞，然可能从光传过来，因为这最下的生物的体很小，故光力能传之。由他星球传过来也是意料的事，就使光能传生物，或两球相撞时可以传递，然那有生物的星球的生物，又从何处来？

总而言之，生命从何处来？这条难题至今依然存在，而没有完满的答覆。有些人以为既是不能有完满的答覆，那么还不如承认生命是上帝造的较好；我以为这是势所不能的，因为人类是有好奇心；凡对于一切不明白之事，都要设法去寻求，至明白而后已；因此我们才能够由无智识，而有智识；人类也由野蛮而进于文明。设使我们事事都委诸上帝，那么恐怕现在的世界，还与古代一样。生命的原始问题，有了二种困难：第一，是我们现在的处的地球的状况，与生物最初发生时的地球已大不同了；我们既不能将现在的地球，做成同最初的状况一样，我们自然不易解释。第二，我们人类现在的智识，尚不够解释宇宙间一切的事物；惟我们所确信的，就是今日不明白的事，是因为我们的经验不够，所以我们仍须努力去研究之，将来总有较好的答覆；就以生物的原始来说，从前人对于下等的生物，完全不知是什么质，现在已经知道，又近来科学家发明在生物体中，有一种东西叫做拜安（Bion），具有一种活动的能力，为生命的原动力；因此我们一方面不要以今日所解释者不完〈满〉而抛弃之，一方面仍是努力去求今日不完满的地方，就是将来完满的预备，故今日所解释，虽不完满，然其价值不因此而失；比方拉氏之星雾说，现在人人都知有好多不妥处，然拉氏的声名，固不因张氏之星团凝〈结〉说而低落，盖没有拉氏的星雾说，恐也没有张氏的星团凝结说，因此我们最后的信仰，仍是从科学的途上去。

2. 植物进化的程序

下等生物之最小的，要算植物；例如色苔，这种植物是要用显微镜才能见得，他是单细胞植物，或单一原形质；这种植物发生的地方，大约在池中及面有颜色之水中。我们可以把他来洒干，至必要时只用清洁之雨水浸之，然后置于日中，就可返原状。此种植物的形状略圆，其色或红，或绿，亦有半红半绿；中间有一细胞核；外围以细胞围，围是由一种化学合成的；他的原质，不外炭养。我们若于放在显微镜中，加点注意，则我们能见这单细胞可分为二，二为四；最初二者尚相近，渐渐则离远；分离以后，其子部与原形已不甚相同，而且伸出二枝原形质，这二枝原形质能够活动。在我们的眼中，他的动率甚迟，但实际上这种若之小的生物，能够这样，其速度总算做很速。他所吸收的食物是液体，而这种食物多数含能够造成原形质的元素；此外尚有呼吸排泄种种作用。

上面是说单细胞植物；单细胞植物的进一步，就是多细胞，多细胞最好的例就是波波（Volvox）。多细胞植物是由好多单细胞组合而成的，有时他的数目竟达二万之多；若就其一单细胞看之，与色苔无异，外面包以很大之围；在外面之单细胞，各伸出其原形质，而且甚活动，其居于中间的，多为子胞；此处我们可以看出植物上的分工，因为合多数的单细胞而成为多细胞，则各司其职，而现出一种互助的能力；然因为分工之故，而单细胞渐渐失其独立性，结果若不与他者团结，则必不能生存。

再进一步之植物则茎叶可分的，然后有根。这一种的官体及功用较前者完备，多数生活于水中，然也有活于干地的。愈高等之植物，愈适于陆上的生活，此一种所以进化过前者，也在这点。其最令我们注意的犹是他的生殖方法，前者的生殖方法是无性的，这一类已由无性而进到有性，故无性有性这一种均有之；我们园庭中的青苔就属于此类。

植物一到羊齿类，不但茎叶可分，而且有真根发生，所以这一种比较上者进化得多。这一类生在干燥之处者很多，因为他既有根，则愈适宜于陆地，因此各种官体比较前者均进化，他的生殖方法也是有性无性兼用。

植物以最高等的就是结子类；这一类不但茎叶根可分清楚，且能开花结子，故又有叫做显花植物，为现世最繁盛之植物，散布也很广；其所以这样优胜的原因，不但发育器官完备，就生殖布种之法，也进化得多。

植物进化的程序，大概如此。此外据地质家于地层中所得的植物进化的程序，与上面所说的相差不远，故也将其大概略述。

地质家以为在寒武纪以前，已有植物，此时的植物是一种淡水产的藻类，后来因为天气干燥，淡水因之而涸，藻类中发生菌类的组织，合成地衣类，仍能生长，因此地质家断定植物的最初期，是共生成；然有些人以为没有地衣化石，因疑后有地衣，其实地衣的组织很简单，故不能保存。自寒武纪到志留纪的植物，地质家还未得见；但自寒武纪到志留纪，植物都是在渐渐变化中是无疑的，所以到泥盆纪才有森林树木的化石；这时的植物最多的是芦水，鳞木，封印木，此外，藓苔，羊齿，也遍生于陆上。泥盆纪之后是石炭纪，针叶植物如松柏之类，皆在这期发生；这期的羊齿，也很发达，有高过二十尺的。石炭纪以后，就是古生代的末期，这时因为地上起大变化，植物界也改了本来的真面目，鳞木，封印木等，都通绝迹，针叶类代之而兴。在中生代之始，所谨存的，就是羊齿类，到了中生代之白垩纪，被子植物乃代之而兴，所以我们现在仍能觅植物与我们现的植物相同。从此以后，所发生之植物，大约都与今日无异。

3. 动物进化的程序

生物是包含植物、动物二部；植物的发生较前于动物，因为动物是要靠着植物以为养料。植物进化的程序，前面已经说过，现在再把动物进化的程序来说；动物进化的程序，可从二方面来讲：第一，是从动物的分类上；第二，是从古动物上。现在先从动物分类上来说：

（1）最下等的，或原始的动物，与最下的植物都没有什么差别；植物学者说是植物，动物学者又说是动物；这种争论是很难解决，不过就普通人所公认的来说，凡用有机物以为营养的，叫做动物；吸收无机物以为营养的，叫做植物；植物最下等的色苔，上面已略示大概；动物最下等的要算原形虫。原形虫是单细胞动物；他的全身好像一点胶质，而且极小，非用显微镜，断不能见得；中间有一细胞核；身上有好多黑点；其身体转瞬就变，故亦叫做变形虫。他所食的东西，是必经过溶化为液之后；他能呼吸排泄，知觉外物之来侵；其生殖方法由一裂而为二，由二而四，与色苔无异。

（2）多孔动物——单细胞动物的进一步，就是多细胞，例如海绵；最初因为他的外形很不规则，而其生长方法又似植物，故一般生物家都以为是植物；后来经过详细的研究，始知是由好多单细胞动物而成；这种动物多居于水中，初视之若小树枝，且分出好多小枝，其枝中空，这处已见得动物的分工。

（3）腔肠动物——这一种多数是海中动物，最显明之例为水螅及海蜇。这种动物的身体是由二层细胞合成，他的身体是偶形的，惟没有肛门。

（4）栉水母类——从前的人，把这一类编入腔肠类，惟现在已离腔肠门而独立，因这一门不但身体是二边是平均，就是他的口及感觉器官，也进化得多，而且纤毛带亦已发生。

（5）扁虫——这一类比较前者进化的，就是他的身体分做三层；中间之胚种层中，包含生殖排泄器官等。

（6）圆虫——这一类多居于各动物的肚中，比前者进化的地方，就是性的分别。女性比较男性为大。其肠中且有一部分叫做直肠。

（7）棘皮动物——例如海燕，或叫做星鱼，从前属于腔肠类，然考其结构及生命的历史，皆进化过前者。

（8）环虫——这类最普通的，就是蚯蚓。淡水、咸水及陆地均有；又有些寄生于他种动物体中。他的身上已有好多环节，其体内的筋肉，及皮肤内的神经，都很发达。

（9）软体动物——蜗牛，蛤，均属这类；最发达的为筋肉。

（10）节肢动物——这一类的数目，多过合他种动物之总数，这一种的目，肠，心，肢，口，知觉器官，均分明于前者。

上面所说的均是无脊椎动物，现在再进而说有脊椎动物。

（11）圆口鱼及软骨鱼类——这二类与无脊椎相同之点尚多，为无脊椎及有脊椎之媒介。

（12）鱼类——鱼类较前二种鱼进一步，住在水中，游泳时用鳍；鱼类之最高等者，能伸首出水面呼吸。

（13）两栖类——蛙，鲵鱼，蟾蜍，均属这类。这类不但能在水中生活，且能在陆上生活，表示动物由海居而至陆居的媒介。当他最初在水时，他用鳃为呼吸器官，及到陆时鳃乃变为肺。

（14）爬行类——这一类多数居在陆上，然亦有居于水的，如鳖类。这类仍是冷血动物。

（15）鸟类——鸟类完全在空气中呼吸，而且是暖血动物，因为他身体上的温度，比较前者高得多。鸟有羽毛，故多能飞翔于天空，亦有不能飞的，又有能下水的。

（16）哺乳类——为脊椎动物之最高者，人类也在这一类，多数都是胎生，胎儿生后不能自立，必须母乳以为养料。

自动物分类上看去的，进化的程序大概如此，现再就地质家所得的动物进化程序略说：古生代以前，已有动物，这是好多地质家所承认的。到古生代时，只有无脊椎动物，惟此代的末代也有鱼及最初的四足类；这一代的动物最盛的是三叶虫，所以也可以称他作三叶虫世。中生代的动物，是爬行动物，其发生的情况与古生代之三叶虫，新生代之哺乳动物一样。在海中有鱼形龙等，他的肢体与鲸鱼无异；在陆则有著名的恐龙类，与猫类相似，其长度从二十米突到二十五米突；更有飞翔于天空的，叫做翼指龙，他的体都很大，这代中的鸟类也发生。从此而到近生代，近生代之动物与现在之动物多有相似，爬行类消灭，代之而兴的是哺乳类。地质家所分的最末代，就是新生代，这代始有人类。

五、人类进化的程序

1. 人类的原始

说明人类的原始不外二种学说：一种是创造说，一种是进化说。创造说又分为三种：第一种，是《旧约》上的创造说；其大意以为上帝用土塑成人形，从鼻孔吹入生气，就变为人，叫做亚当；后来上帝又把亚当之一肋骨，做成一个女人，叫做夏娃，于是世界上的人类，遂因而繁殖。第二种学说是天变地异说；此说乃法国有名动物家屈费儿氏所倡；氏对于化石及解剖学，都很深造；他以为地上经过好多次的变化，及地层中所有各种生物，均是神为之；然神之最终目的，乃为人类生存而准备；此说在当时很受人信仰，连了赖马克的进化论，也被他推倒。第三种学说是种之不变说，这是哈佛大学动物教授阿伽西氏（Agassiz）所主张；他的大意就是各种生物和人类，都是上帝造出来，所以没有变化。照《旧约》中所说的人类的原始，无异我国女娲补天的故事，不足以使人信，是不待言；天变地异之说，在十八世纪虽震动一世，然自来伊尔氏（Lyell）《地质学原理》刊布以后，屈氏之说，也不攻而自先信仰。种之不变说，在十九世纪之初叶虽炽，然自达尔文进化论发表以后，陆续发见好多进化证据，阿氏之说，也因之而失信。创造之说既不足以解明人类的原始，那么我们不能不从进化论，然进化论中对于解明人类原始也有二种学说：第一种是多源说，这一说的大意就是生物之起原决非一物，鸟有鸟的祖先，牛有牛的祖先，人类有人类之祖先，故今日的人类是由从前人类的祖先变出来，这种说现在进化论者已多不承认，且与进化论的根本上由下等进而至高等的原则也不甚相合，故进而说一源论，此说倡最力的是赫克尔氏，氏以为人类的祖先，是由下等动物进来，他曾把系统树来表示生物进化的程序，然生物既起于一源，人类最与之相近的动物又是那一种呢？因此又有人猿同祖之说，人猿同祖一句话，宗教家绝对不认，固不待言，就现在一般首脑稍旧者，也很反对，我曾听过一位教授说，有一个小孩子去学校读书，听先生说人猿同祖说，于是回告其父亲；父亲说："你或者是与猿同祖，我却不同猿同祖。"这是表示人家反对人猿同祖说；但是无论反对者如何激烈，主张的仍旧是坚持，他们所持的理由就是：

（1）从古生物所得的证据——人所以不信人猿同祖之说，是因为人类和猿的智力及构造上不同，但据杜步亚博士（Duboio）在爪哇发见的猿人头盖骨，以构造考之，正适在人与猿之中间，是必为人与猿之媒介。

（2）从血液的试验证明人猿是同祖——血液试验有二种方法：一为沈淀，一为注射。沈淀法就是以血置器中，使其凝结，而取其四周之似水者，叫做血清；若用人之血清，及猿之血清混合，则见其沈淀，若用人之血清，及牛马犬等血清相混则不见沈淀，于此证明人与猿是属于一类。注射法就是用同属一类之血，而注射于同类的，即其血能混合；若用不同类的，而施以注射，则必起变化；如猿与人就能混合，若以人之血而注射于犬，或马，则必生急变；因此证明猿人必同祖先。

（3）传染病试验法——以人之传染病施之于人猿，则有效；反之，而施之于犬，则不效；因此又见得人与猿有特别的关系。

2. 人类个体进化的程序

人类的原始，上面已经说过，再进而说人类进化的程序。人类进化的程序，可分做二方面来讲：一是人类个体进化的程序，一是人类社会进化的程序。后者当在下面说之，故现将前者来讲：

人类个体进化或发生的程序，据赫克儿说是将生物所属的种类，古今逐渐变化之程序，于发生时期内，反复表现；这种学说，叫做复现说。这种学说最易起人误解，第一，因为全种族的发生，经过千百万年，而个体不过十个月，故在时间上易使人疑惑。第二，因个体在发生时期中，乃在母腹之内，食物都是由母体供给，而种族就至下等的也有独立生活之能力，因此也易起人疑惑。然其实赫氏之说不过就其大概而言，故时间上，及生活上，稍有不同之处，并非处处相合。个体进化的程序，与种族进化的程序的关系，可以下图表明之：

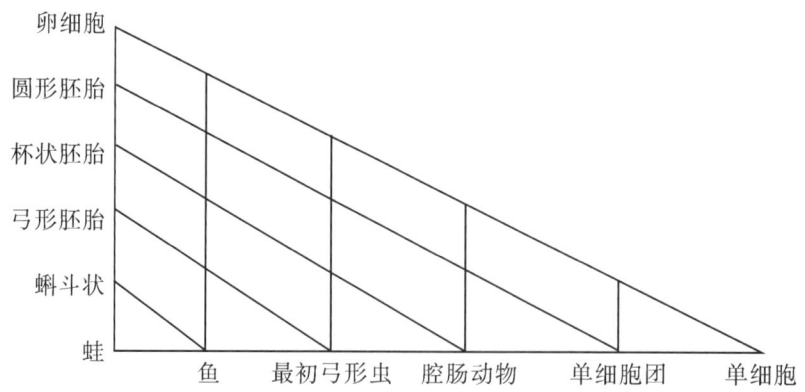

个体进化的程序与全种族进化的程序大概如此，现专就个体进化的程序略说：

预备期——凡行二性生殖的动物，新体发生，是由精虫和卵二者接合，人类也是这样：人类精虫较活动，当接合之前，精虫及卵之染色体，二次分裂，分裂中有五个历程，我们这里不必说明，惟分裂之后乃相结合而成为第一期。

第一期——这期是精虫及卵分裂以后而结合，就是人类发生的第一期；其构造与单细胞如变形虫无异，中间有一细胞核，核中有染色体，能自由活动。

第二期——这期是分裂而为二，为四，为八，为六十四，……而成圆凹形。

第三期——这期外面有一种外围；各细胞合而成为几层，与腔肠动物相似。

第四期——这期是弓形胚胎体，渐变长而若有环节。

第五期——由弓形而变为蚪斗状，首之两侧也似鱼呼吸之鳃，头部大尾部小。

第六期——由蚪斗状而变为蛙状，此期的构造上进化得多。

第七期——这期与高等动物若猫犬等之胎儿无异。

第八期——为人类胎儿时期，与各种兽的胎儿已大不同。

3. 人类社会进化的程序

社会进化的程序，据摩尔根（Morgan）及色什兰（Sutherland）及其他社会学者所说的大概如下：

（1）野蛮时代——野蛮时代可分做三期：

a. 野蛮时代的第一期——这期人民的体格不甚高，他们的食物多是自然供给，其所食的，如树根，树皮，果子类。他们多数没有衣服，就是妇女也是一丝不挂。他们没有房屋，所居的地方不是在树下，就是在树上；到了有风雨的时候，他们走入穴中，他们也有言语，然极简单。

b. 野蛮时代的第二期——这期的食物多由打猎得来，打猎以外又能捕鱼，不知耕种，不知畜牧。他们已知道用衣服，惟裸体者仍多，据来伊儿（Muller-Lyer）说：他们所以用衣服，并不是为保护身体，不过是为装饰的虚荣心所致，因为他们觉得装饰比保护身体还紧要；然亦有用为保护身体的，如依士企摩人，因为北方的天气太寒，所以不能不穿衣服；衣服之材料，多用兽皮，及树皮，树叶等。这期的人已知用房屋，然穴居的仍不少；其房屋大约用树皮，树叶所造成，惟甚狭小。这期所用的器具，可分为三种：第一种是石器；第二种是树干，树皮等；第三种是游猎所得之皮骨，筋爪等。他们所造的器具以武器为主，家用的器具很有限，这是因为他们多没有一定的住屋，今日在东，明日在西，若是有了太多的器具，那么迁移上是不方便。火在这期已发明，所以他们除熟食外，又用火去烧山林，而围攻野兽；用木来做小艇。这期没有团体的组织，或有数十人住于一处，然说有团结力，也没有分阶级。

c. 野蛮时代的第三期——这时鱼及禽兽已为定规的食品，所以打猎的技艺，特别精巧；他们用石做刀，斧，用骨做针，用动物之筋做线，用树叶做篮。衣服在这期已很普通，其材料仍不外兽皮，树叶等；社会组织比前期都很进化。

（2）半开化时代。

半开化时代所以与野蛮时代不相同的地方，据摩尔根说就是野蛮时代，只知以自然的生产来供给他们；半开化的人的特点，就是能够以人为生产来供给他们；半开化时代也分做三期：

a. 半开化时代的第一期。

这期的特点，就是人类已晓得畜牧；他们并晓得用陶器，惟陶器很粗笨；衣服则用革皮做，就有用树皮的，也必经过浸渗以后；妇女这时没有裸体；此外还有个特点，就是他们已开始种植；在战争发生后，有势力的则地位较高，酋长就是他们的首领。

  b. 半开化时代的第二期——这期的种植很发达；所住房屋多用木料；墙之外面，有涂以泥土者，屋顶用干草及树皮等，惟他们的屋没有窗。铜器似已晓得用；纺织之法很进步；社会组织上更进步，酋长之权力很大，有奴隶，尊卑，阶级等，酋长并且是世袭的。

  c. 半开化的第三期——这期最发达的是农业，且能用畜类来耕种，所以不甚肥美的土地，也能开垦；农业所以能发达的是赖乎铁器；简单的文字已有；政治的组织，就有君主以统治。

  （3）文明时代——半开化时代与文明时代不同处，就是半开化时代是农业发达，而文明时代的特点，是工艺发达；文明时代也可分做下面三期：

  a. 文明时代的第一期——这期有石围之城，且有好多精美的石头建筑，文字具备，也有文学。

  b. 文明时代的第二期——这期的房屋，是用砖筑成，且有玻璃窗，有帆船，文字乃抄本，商业也发达。

  c. 文明时代的第三期——这期有铺道路，有运河等，文学大进，有强固的中央政府及官制。

  上面所说的社会进化的程序，本不妥当，其最大的弊病，就是使我们不能决定某一种民族确实属于那一级，比方依士企摩人是普通人觉得在进化程序中最下等的，然自饲养家畜上看去，则依士企摩人当然占很高的位置，那么我们究竟挪他编入那一种才好呢；但是我们一时既不能找出一个较好的分配方法，所以不能不暂采纳以示社会进化的程序的大概。

六、结论

  总而言之，进化的程序就是：（1）先有地球，然后有生物，有人类；有了人类，才有人类的社会。（2）今日的地球，是由无数年来的星团变成的；高等的生物，是由下等的生物变成的；文明的社会，是由从前的野蛮的社会变来的。（3）由纷乱浑漠的形态，变而为明确特殊的形态；由简单变而为有秩序的复杂；由少数部分和漫散的结合，变而为多数部分和精致而明确的结合。

  本题包含很广，因时间太促，遗漏之处甚多；至于词句间缺点也多，望阅者原谅。

            《复旦》第1卷第1期，1925年1月1日。

贫穷的研究

"老爷！太太！救命呵！"
"我是永远不回了！
世上并不少了一个要养的人，
再会！
上帝帮助你抚养素尼，
切勿抛弃她！"
一个因为没有工做而自杀的人给其妻的书。
（参观 Häuter's Poverty 首一章）
"万族各有托，孤云独无依；
暧暧空中灭，何时见余晖；……"
"凄厉岁云暮，拥褐曝前轩；
南圃无遗秀，枯条盈此园；
倾壶绝余沥，窥灶不见烟；……"
（陶潜《咏贫》）
"冬暖而儿号寒，年丰而妻啼饥。"
（韩文公《进学解》）

这是人类贫穷的哀音！

在伦敦的 Whitechapel 及 Spitalsfields 之某部分，在莫思科的 Kitrof Ryuoek，在芝加哥的 Armour Avenue 之某部分，在纽约的 Cherry Hill 及 Minettas；而犹是在上海的华界，北京的前门大街，广州的燕塘，或是小东门；……老的，幼的，男的，女的，盲者，聋者，跛者，衣蔽前而不蔽后者，……面目黧黑，形容枯槁，……这都是人类贫穷最著名的陈列处！

在日落西山的时候，在上海的杨树浦路上，从工厂里出来的工人，多是一般的妇女、孩子；他们的面色苍白，精神颓靡；他们三五成群，有时也放声大笑，却是我们若详细考察起来，他们的谈笑中，现出无限的苦衷和疲倦；我们若自问为什么这般小孩不入学校，而自早至晚埋在空气恶劣的工厂里？为什么一般妇女放弃家庭的责任，而从事工做？简直说句：不外为贫穷所迫，而这种贫穷，就是人类的苦海！

据 Hunter 氏的推算，美国依赖慈善团体以为生活的人，达四百万，其不受慈善团体的供而处于贫穷地位的，至少六百万，总共起来，美国于一九一二年至少有了一千万以上的贫穷人。据英国慈善家 Charles Booth 所著的 *Life and Labor of the People in London*（1891）中说：伦敦的穷人，占人口之总数百分之三〇．七。又 B. Scehohm Rowntree 于一八九九年，调查约克有人口七万五千八百一十二，而穷人占二万三百零二，计占总数百分之二十七。Charles Booth 发表他调查所得后，德国的社会学家也从事调查穷人的总数；他们能初次所得之结果，与伦敦约克所得的相差不多，惟第二次加过详细的调查，则其结果超过第一次，而第三次又多过第二次。

我国的穷人的数目，从来没有人调查过，最近来北京燕京大学社会科，才设社会调查一科。据该科主任 Burges 去年在沪江大学对社会科学生说：据他们调查，北京至少有乞丐三万；此外，至少有十二万人是待候慈善团体的救济。我们从此可以推想不待救济而处于贫穷地位的人，自然更多。不但这样，Burges 和他的学生所调查的结果，恐怕也与德国社会家的第一次调查所得的结果一样，若经过详细的调查，那么自然超过 Burges 所说的数目。这样看起来，在一百万的人口的北京，恐怕一半都是处于贫穷的地位；北京既是这样，各处的通都大邑，也可推想而知了。

Thamas Carlyle 说：贫穷并不是要死，且未必死于饥寒疾病；……好多人都已死，所有的人都将死，但是生而坠落于苦海而不自知其原故，……这就是叫做贫穷。总之："饱受饥寒之惊，终日劳劳碌碌而没有所得，呼天无答，入地无门"，就是贫穷的景状，也就是人生最痛苦的表示。

直接上，贫穷是人类的痛苦的表示；间接上，贫穷是社会不安的原因，因为从一方面看起来，社会是由个体结合而成；个体既多受一种痛苦，那么自然是社会的不幸，从别方面看起来，贫穷是一切社会病态现象中最根本的原因；所以一切的犯罪，如劫掠，窃盗，卖淫，贪婪，……一切的丑态，像乞丐，一切的恶行，像赌博，差不多完全与贫穷相关，或是由贫穷产生出来。霍兰达（Hollander）在他所著的《贫穷绝根》（*The Abolition of the Poverty*）中说得好：

> 社会的不安，是二十世纪的现象，无论那一方都有这不安的现象。比方，产业上各阶级的不平等，政党各派的纷争，舆论的神经过敏，……其根本原因，是贫穷的存在，以及因贫穷而生出的痛苦。

这样看起来：我们知道贫穷是人生痛苦，和社会不安的原因，但是贫穷的原因究竟在那里呢？

贫穷的原因，正是"人言言殊"。风水先生说是因为祖宗葬非其地，算命先生说生非其时，这是稍有智识人，不肯相信，就是宗教家像耶稣说："上帝均能给你所欲的东西，惟你须遵他的命。"又《路加》和《马太》福音书上说："你这贫穷人有福了，因为上帝的国是你们的；你们现在饥饿的有福了，因为你们将要饱足；……你们富足的人有祸了，因为你们受过你们的安慰；你们现在饱足的人有祸了，因为你们将要饥饿；……"他的大意，就是：贫穷人所以希望有福，就是因为他们服从上帝；饱足人所以要饥饿，就是因为不遵上帝的命；在事实上，和理论上，宗教家所说的上帝现在相信的人都很少，那么不服从上帝为致贫之由的论调，自然不攻而自破。

我国自来一般的名人学者，多说贫穷由于不节俭；像章懋氏说："贫者入一钱，出不及一钱，虽贫亦富；富者入千钱，出浮于千钱，虽富必贫；故强取不如节用。"又吕新吾说："余作身家盛衰循环之图，始而困穷，继而悔悟；因悔悟而习勤，因勤苦而知节俭；由节俭而渐至富足，富足之后，则生骄满，习豪奢，盗淫暴，必至招祸变，乃归贫穷。"《胡氏家训》上说："凡用须节俭，……毋奢淫而倾覆家业，……"此外像老子说："是以圣人去甚，去奢，去泰。"墨子的《非乐》，吕氏的《有度》篇，均以为贫穷是由于不节俭；这种意见比算命先生和宗教家所说较有理由，然在现在的工业制度之下，有好多人想寻工做而不能，而且就有了工做，然因为生活程度太高，所入确实不敷所出，那么单说节俭为致贫之由也非正当之言。

英国马尔萨（Malthus）在他的《人口论》中说："贫穷的原因，是人类生存的自然法则，因为人口增加的速度超过食物增加的速度。"他以为人口的增加，是依著几何级数递进，而食物的增加，是依著算术级数递进；这二种增加迟速比较的程式可以下表表明：

| 一 | 二 | 四 | 八 | 一六 | 三二 | 六四 | 一二八 | 二五六 |
| 一 | 二 | 三 | 四 | 五 | 六 | 七 | 八 | 九 |

表中第一格为几何级数，第二格为算术级数，每级的相去为二十五年，将二格来比较人口之增加每二十五年变做二倍，而食物每二十五年所加之数，常如第一级之数；上面所比较的，不过九级，然相差已二十八倍，而年数不过二百二十五年，若从此推至一百级，则相差之大当使人惊异；因此人类常苦于食物不足而陷于贫穷的地位。

亨利·乔治（Henry George）在他的《进步与贫穷》中曾说："马氏的学说于理论事实上均没凭据。"他以为贫穷的原因一方面是因为地主每年得租太多，一方面是因私产常常阻止天然财源的作用，所以在社会发展的历程中，富者，不劳而得，贫者，则愈多而所得愈少。此外，马克斯以为劳工者虽云得薪俸，然其实没有所得，因为购买者固供给价值足以供给劳工者的需要，然资本家皆垄断所收入，以致工人不能维持他们的生活，而社会上现出贫穷的现象。

凡小心研究过现在工业社会的人，对于马氏、乔氏等所说的贫穷的原因，都有多少信仰，然没有一人相信他们各人所说的是最好的原因，因为贫穷的原因，是很复杂的，塞氏格曼（Seligman）教授说："马尔萨派以为贫穷之原因，由于人口过多；主张共产者以为由于私产制度不破除；……合作主义者以为由于竞争；无政府派以为是因有政府，……然他们却忘记自历史上看去，未有上面所说的私产制度等，已有了贫穷；……贫穷的原因的复杂，正与文化的原因与生产发生的原因的复杂一样。"

怎么见得贫穷的原因的复杂呢！窝捏氏（Warner）在他的 *American Charities* 中说："设使现在再有一个鲁滨孙，在了一个荒岛；他所处的境况，正与鲁氏一样；设使他用他的时间去做酒而饮，设使他任他的心意去想入非非，而致疏忽他的工做，致在适宜的时不种禾，在鱼旺盛的时不捕鱼，自然而然他要变成贫穷；因此他可以因没有东西食，而致病致死；这一种的贫穷，不能归咎于资本家的奸险，不能归咎于地主取租太多，不能归咎于人口太多，……不但这样，设使他不过缺了正当的判断和技艺，那么他做了一只船而不能驶，做了一个穴而一入就伤他，或者他做了一间夏天的屋子而不能用，或者他没有技能去造各种器具，则他必不能维持他的生活，而趋于穷途和苦。"

照这样看起来：一个单独居于一个地方的人，其致贫穷的原因，已若是之多，那么一个人居于现在的工业社会中，则他所受的痛苦，不但由于自己的缺点，而且由他人及社会上种种与他有关系的制度和事情，所以致贫穷的原因之多，自不待说；因此，欲以一种原因而叫做致贫穷之由是不可能的。

窝氏因为不满意于单一的原因，所以他经过详细的研究，把人类贫穷的原因分析起来。他分析所得的结果就是：

Ⅰ．属于主观的原因：

A．关于各人特性上所发生的原因。

1. 怠情及生活力太低。
2. 淫邪。
3. 特别的疾病。
4. 缺乏判断。
5. 不合卫生的嗜欲。

B．由习惯而生出的原因，或由特性上的缺点而生出的习惯。

1. 奢华。
2. 自己的恶习及性的过度。
3. 易醉及喜用刺激物的恶习。
4. 不合卫生的食物。
5. 轻视家庭的责任。

Ⅱ．属于客观的原因：

A．天然来源的缺乏。

B．不好的气候。

C．缺点的卫生。

D. 恶劣的团体及环境。
　　E. 立法司法机关的缺点，及刑罚机关的不良。
　　F. 没有适宜的教育。
　　G. 工业情形的缺点。
　1. 银价的变异无定。
　2. 生意的变更。
　3. 赋税之太重或治理赋税之不善。
　4. 意外之变致无供给。
　5. 阶级上的相压制。
　6. 劳工的固定。
　7. 不够用的工价，及不定的职业。
　　H. 不良善的慈善事业，或救济机关。

　　在工业的社会里人类所以贫穷的原因，照窝氏所说，或者尚未十分完全，不过他所说的均从经验上得来，比较上面所说的好得多。但我以为属于客观原因中，除了窝氏所说以外，我国现在尚有二种很重要的原因：一是天灾，一是战争。前者如民国九年直隶、山东、河南、山西、陕西五省的旱灾，影响三百余州县，四千九百万人口。最近来川东十余县的饥荒，云南大理的地震，以及各处的水灾，火灾，均是使人民致贫的原因。后者如奉直战争，粤桂战争，江浙战争，孙陈战争等，这种原因比较前者犹为利害；著者于前四年在广州岭南大学曾听过汪精卫先生演讲云：征伐广西一役，费过军费八百万元。广东已费了八百万去打广西，广西因抵抗广东而所费当然不少；此外，因战争而直接或间接受损失的人，更是不少；最近来的江浙战，也花了几千万，况且我国的战争是连年不绝到处都有，直接上，人民因受兵灾而致贫穷，间接上，因一般武人尽把振兴工业教育等费去争地盘，致贫穷的人日趋日多，这是我国人民贫穷原因之最显一个。

　　上面是说贫穷的原因，现在再说贫穷的救济。因为贫穷是社会最根本的问题，社会的最大任务，既是增进社会幸福与维持社会公道，那么救济贫穷也是社会的最大任务，但是贫穷的救济，贵乎得法，换句来说，就是要合乎救济的原则，不合救济的原则的救济，不但没有益于贫穷的人，而且有害；比方英国政府从前滥帮助一般贫穷的人，结果弄到好多能做工做的人，也不想去做工做而依赖政府的供给，致贫穷的人日多，而国家社会的经济状况，也日趋于危险的地位。我国近来慈善事业虽不若各国之发达，然慈善团体本也不少，据 Burges 和他的学生所调查北京有三百余间慈善团体，其他如广州、上海等处的慈善机关的总数，当然不少。然这么多的团体，对于贫穷的人的情况没有什么益处，其原因大约也由于不得救济的原则；救济的原则，据各社会学家所说，颇有出入，惟其大概大约如下：

1. 从事救济事业的人，要以个人或私人名义，到贫人住处；除贫穷人家中年纪较大者，因疾病或特别情形不能直接受救济外，切不可给与年纪较轻的儿童，也不可使他们知道，因为给与儿童或使儿童知道，则他们习惯成自然，将来也只晓得依赖人家的救济。

2. 救济贫穷人，不可使他的亲戚朋友和邻近知道；因为他们若知道某人是受慈善团的救济，则他们多不肯去帮助他。

3. 管理救济事业的人，对于各种情形都要有特殊的知识，然后才能够辨何人是应受救济，何人是不应受的；这样才不至一味滥给，而增加社会的寄生虫；而且能减少能做工而不想去做的穷人。

4. 从事慈善事业的人，对于给者及不给者均要告明其理由，并且要使他们对我们犹如朋友一样。

5. 救济不但救目前的困穷，还要增进他们将来的幸福；要代受救济者想出一种实际的计画，使他们以后能够恢复经济的独立。

6. 从事慈善事业的人，要详细考察各贫穷者的特殊的需要；因此，要先考究他们所以致贫穷之由是属于何类。

上面的救济原则，不过是贫穷发现后的救等原则，所以这种原则只能说是救贫的原则，而不能说是除贫的；至于除贫的根本方法，只好候诸社会学专家去研究罢。

《复旦》第 1 卷第 2 期，1925 年 7 月 1 日。

读老随笔

一、老子学说的渊源

老子学说的渊源，人言各殊；据法人 Donglas 氏说是出自婆罗门教，他以为《道德经》中夷、希、微三字，就是焚文 Tad，Saail，Kama 三字的意义。Remusate 氏说出自犹太旧教，他以为夷希微三字就是耶和华的译音。这种牵强附会实不足以使我们相信。

我国历来的学者，对于老氏学说的渊源的意见，也没有一致；据王绩及邵康们说出由《易经》而来，据江瑔氏又说是由史官，又有些人以为黄老并称，故断定老子的学说出自黄帝。

老子世为史官，谓其学说由史官而来，自然也有点道理；老子既为史官，则黄帝之书及《易经》，一定览过，那么说他受过黄帝书及《易经》的影响，也是可能的事，然我们若细心观察起来，则上面各家所主张，或合各家所主张去说明老子学说的渊源，都不能使我们满意，因为无论那一种学说的成立，至少要受过下面三种影响：

（1）师承。
（2）个人的特性。
（3）时代和环境。

上面所说各家对于解释老子学说的渊源的病弊，就在只从师承方面来看，却忘老子的特性和时代环境；比方：我们说庄子的学说是受过老子的影响，这是因为庄子的学说有好多处，是同于老子；然我们断不能武断的说庄子之学，渊源于老子，因为庄子的学说还有好多与老子不同（按：江瑔氏也说老庄不同道，又姚鼐也这样说），其所以不同的原因，就是因为庄子个人的特性，及他的时代环境与老子不相同。因此，我们不能说庄子之学，就老氏之学，我们更不能说庄子之学，全是渊源于老子。又像柏拉图是师事苏格拉底，然柏氏之学说，远非苏氏所能相提并论。这个原因，一方面是柏氏的天才特性，超越于苏氏，一方面是他的时代和环境，与苏氏已大大不同。又比方亚里斯多德是柏拉图的弟子，亚氏所受柏氏的影响，确是不少，然我们不能因他受柏氏影响大而说他的学说全渊源于柏氏；比方：柏氏是主张统治和护国二阶级行公妻制度，亚氏则极力反对，换句话来说就是他是主张私有妻的制度。我们说亚氏的私有妻制度，渊源于柏氏，无宁说由于亚氏觉得他自己的妻，给了他无限的帮助和愉快，所以他才主张私有妻制；简直说句：他的私有妻的主张，是由他的环揽而来，并非由柏氏而来。又比方亚利士狄拍斯（Aristippus）是苏格拉底的弟子，然他的主张，差不多完全与苏氏相反，这是什么原故呢？原来是因为亚氏是生于富饶的地方，而他又是一个富有的商人的儿子，他的奢华浪费，已成了一种特性，他自然不能著了褴褛的衣裳，他自然不能像苏氏赤著脚的走路；他虽然受过苏氏限制欲望的教言，然他始终不能摈弃自己固有的生活，而就苏氏所主张的生活，那么我们不能不承认他以快乐为人生的目的的主张，是渊源于他固有以特性，而非渊源于苏氏，虽然他受过苏氏多少的影响。

我们再看到老子，老子所以主张小国寡民，是因为他见得当时的王令不行，诸侯割据，互相争伐，根本上要改革这种病弊，惟有国小民少，才可能治理，才可享太平的幸福；他所以主张去兵，就是因为兵灾连年，使人民受无限的痛苦；他所以主张去私寡欲，是因为他觉得人生的痛苦，皆由于多私欲，惟有去私寡欲，人生的幸福才能实现；他所以主张清净无为，必是因为他个人的特性是趋向于清净方面，总而言之：老子既是世为史官，自然有机会去博览群书，他受过前人多少影响是不免的事，然他的学说最精彩处，及大部分都是渊源于他个人的特性和时代环境是无可疑的。

二、老子生年的问题

老子的实在生年，虽不得而知，但老子与孔子同时而稍长于孔子，这是自古来学者所承认的；后来崔东壁、汪容甫诸人稍异其说，近来梁任公更张大崔汪之说，以为老子生在孔子后好多年，梁先生所提出的证据，已被了好多人逐条反驳（散见《学灯》《学衡》及《老子新注》诸处），我这里不必赘述，但我对于老子的年代问题有二点要读者明白的，不妨在这里解明吓：（1）所赖以考证古人的年代是古书，老子与孔子同时据古书所载的是《礼记·曾子问》，《史记·老子传》，《庄子·天下》篇，《吕氏春秋·当染》篇，《孔子家语·观周》篇、《五帝》篇、《执蛮》篇及《史记·仲尼弟子列传》等；设使我们要说老子生于孔子后好多年，那么我们至少要先证明上面所举诸书是假的，在我们未能证上面所举诸书是假的以前，我们怎能说老子生在孔子后好多年？（2）梁先生素来是尊崇孔子，他一方面无论何处都作孔子的辩护者，一方面极力去破坏老子，因为他既同康圣人一样的恭奉孔子，他别方面不能不抑老子，我前五六年读《饮冰室文集》，见得他在《冒险进取》篇（？）里说："知其雄，守其雌；知其白，守其黑；此老氏之谰言，不待言矣，即所谓取法孔子者，亦惟取其宽主义，而弃其严主义（？）"此外，在梁先生的著作中，我们随便可以找出毁谤老子的话，为省篇幅起见，我不必多指出，但从上面一段话我们已知道梁先生恭敬孔子之诚，而破坏老子之至；为了恭敬孔子，不能不反对孔子师事老子之说，因为要反对孔子师事老子之说，则不能不说老子生在孔子后好多年；其实，梁先生之对于老子，亦尤梁先生所说那般误解孔子的人一样。大凡学者对于批评人家长短是非，应该以光明正大的眼先，才不失为学者的态度，若是一般没有国学常识的人做这种批评，我们不必怪他，不料国学泰斗的梁先生也存这种狭见，真令人生无限的感慨！此外我还有点怀疑于梁先生的，就是主张老子与孔子同时而稍长于孔子并且孔子是师事老子的，古来已然，为什么梁先生早不反驳他们，专候到胡适的《哲学大纲》出版后，梁先生批评胡先生这本书时，始提起来，岂非莫〈名〉其妙。

总而言之，我们虽然不能知道老子实在生在那一年，但老子，与孔子同时而稍长年孔子，并且孔子曾师事过老子是无疑的。孔子生于周灵王二十一年（民国元年前二四四二年，西历纪元前五五一年），死于周敬王四十一年（民国纪元前二三九〇年，西历纪元前四七九年），老子既大于孔子，则老子的生年，大约是在周简王之末、灵王之初。

三、老子与周秦诸子的关系

老子与周秦诸子有没有关系？有些人以为没有什么关系；他们据班氏《艺文志》上说："儒家出于司徒之官，道家出于史官，阴阳家出于羲和之官，法家出于理官，名家出于礼官，墨家出于清庙之守，纵横家出于行人之官，杂家出于议官，农家出于农稷之官。"因为各家各有其源，所以各家都没有什么关系，又有些人以为周秦诸子全出自老子，章太炎先生似也主张此说；他在他的《中国文化的根源和近代学问的发达》里头说："大概没有老子，书不能传到民间，民间没有书，怎么得成九流，所以开创学术又是老子的首功，……大概中国几家讲哲理的意见虽各不同，总是和宗教相远，就有几家近宗教的，后来也必把宗教话打洗净了，总不出老子划定的圈子。"我以为照前之说，说老子与各家没有什么关系，固是谎谬的说，但是照后说以为各家之说皆出自老子，我也未敢赞同；但是无论那一家都直接或间接受过老子多少影响是可信而无疑的，我现在且将各家与老子的关系略说于下面：

（1）老子与儒家——儒家的祖，人人都知是孔子；据《礼记·曾子问》说："孔子从老聃助葬于巷党，及垣，日食。"《史记》上说："孔子适周，将问礼于老子。"其他如《吕氏春秋·当染》篇，《孔子家语》的《五帝》《观周》《执辔》等篇；《白虎通·辟雍》、《潜夫论》、仲尼各弟子列传及《孔子世家》等，均有记载孔子师事老子。

上面不过就古书中显明记载老子和孔子的关系而言；我们若将孔子和老子的言论自身上研究，则我们觉得孔子或孔子弟子所说的话，有好多处同于老子。章太炎先生在他的《国学概论》里头说："老子道德的根本主张，是上德不德，就是无道德可见，才谓之真道德；孔子的道德主张，也和这种差不多；就是孟子所谓由仁义行，非行仁义也，也和老子主张一样。"桓谭《新论》上说："老子谓之道，孔子谓之元。"孔子说："吾道一以贯之。"正和老子所谓"昔之得一者，天得一以清，地得一以宁，神得一以灵，谷得一以盈，万物得一以生，侯王得一以为天下贞"一样；《中庸》三十二章子思子曰："君子之道，暗然而日章。"正是老子《道德经》四十一章所说："明道若昧。"《论语·阳货》篇孔子曰："予欲无言。"又曰："天何言哉：四时行焉，百物产焉，天何言哉！"正是老子所谓："圣人处无为之事，行不言之教，万物作而不辞，生而不有，为而不恃，功成而不居。"（第十三章）江瑔氏说："儒家以实践为务，以身体力行为归其义即本于道家。"又说："至若孟子痛辟杨墨，不遗余力，而无一语及老子，此盖渊源所自，不听轻议其师也。"这样看起来，我们可以证明孔子和老子是有密切的关系，换句话来说，就是儒家受过老子的影响很大。

（2）老子与墨家——《淮南子·要略训》说："墨子学儒者之学，受孔子之术，以为其体烦扰而不悦，背周道而用夏政。"儒家受过老子的影响，墨子又受过儒家的影响，则墨子是间接受过老子的影响；《吕氏春秋·当染》篇说："鲁惠公使宰让请郊庙之礼于天子，桓王使史角往，惠公止之，其后在鲁，墨子学焉"。史角是史官，大约与老子同时，受过老子的影响是未免的，墨子既学于史角，则间接而受老子的影响也是可能的事。至于墨子书中所发的言论，与老子一样的很多，江瑔氏说："道家虽善忍，而仍以慈俭为宗。老子之言曰：天下之宝三，一曰慈，二曰俭，三曰不为天下先。《道德》五千言，可以此三者格之。其曰：不为天下先。杨子之学所从出也。其曰慈，曰俭，墨翟之学所从出也。墨子得道家之慈，故有《兼爱》之篇；得道家之俭，故有《节用》《节葬》之篇。惟其慈，故不嗜杀人。老子曰：以道佐天下者，不以兵强天下。又曰：天下有道，却走马以粪，天下无道，戎马生于郊。此即墨子《非攻》之旨也。亦惟俭，故不尚奇巧。老子曰：人多技巧，奇物滋起。即墨子《经说》之旨也。虽其他不能尽同。老子欲弃义，墨子则有《贵义》篇。老子欲不尚贤，墨子则有《尚贤》篇。此则正言若反，相反而实相成。"（《读子卮言》第十章）朱谦之君说："不为天下先者，固墨氏之旨也，《亲士》篇曰：今有五锥，此其铦，铦者必先挫；有五刀，此其错，错者必先靡；是以甘井近竭，招木近伐，灵龟近灼，神蛇近暴；是故比干之殪，其抗也；孟贲之杀，其勇也；吴越之裂，其事也。"此外如墨子尊天，有《天志》篇，正是老子所谓"人法地，地法天"一样。这样看起来，墨家之受过老子的影响，并非凭空造说了。

（3）老子与法家——法家的始祖，是申、韩；据《史记·申韩列传》说："申子之学，本于黄老，而主刑名；韩子喜刑名法术之学，而其归本于黄老。"

这明明告诉我们法家始祖，是直接受过老子的影响；并且《韩非》有《解老》《喻老》二篇，可见得他曾下过深刻的研究老子的书。比方，老子说："祸莫大于不知足。"《韩子·解老》篇说："是以圣人不引五色，不淫于声乐，明君贱玩好，而去淫丽，人无毛羽，不衣则不犯寒，上不属天，而下不著地，以肠胃为根本，不食则不能活，是以不免于欲利之心，欲利之心不除，其身之忧也；故圣人衣足以犯寒，食足以充虚，则不忧矣；众人则不然，大为诸侯小余千金之资，其欲得之忧不除也，胥靡有免，死罪时治，今不知足者之忧，终身不解，故曰：祸莫大于不知足。"又《喻老》篇说："智伯兼范中行而攻赵不已，韩魏反之，军败晋阳，身死高梁之东，遂卒被分，漆其首以为溲器，故曰：祸莫大于不知足。"看了这二段的解释，一方面我们可以知道他研究老子的深刻处，一方面我们可以知道他受过老子很大的影响，其他如管子、慎子，均受过老子的影响，故《汉志》列做道家。

从别方面看去，我们知道老子确是深晓于法者。老子说："法令滋彰，盗贼多有。"

《淮南子·道应训》说："惠子为惠王为国法，已成而示诸先生，先生皆善之。奏于惠王，惠王甚说之；以示翟煎，曰：善。惠王曰：善，可行乎？翟煎曰：不可。惠王曰：善而不可行，何也？翟煎对曰：今夫举大木者，前呼邪许，后亦应之，此举重劝力之歌也，岂无郑卫激楚之音哉？然而不用者，不若此其宜也。治国在礼不在文辩。故老子曰：法令滋彰，盗贼多有。此之谓也。"翟煎所说那段话可叫做老子的注脚。

原来法律是做来防止不善的行为，社会间若没有不善的行为，自然用不著法；所以在社会国家里头若有了法，就是表明社会国家里头有了罪恶。循此例末说：在法律最繁多的社会，就是罪恶最多的社会；比方在我们的乡下，罪恶的发生很少，所以乡下里人简直不晓法律是什么，而其实也用不著法律，然在了上海，则诡计百出，所以法也很多，我曾记得前二年，百克令博士曾对我说过："纽约所立的法穷年累月也不能尽，然纽约的诡计之多也。非我人出尽脑力而能想得到。"老子有见及此，想从根本上求社会的幸福，所以不但不赞成人人能守法，而且想作到没有法，因为用不著法律去维持社会的安宁的时候，则表明人类的程度的高尚，自治能力的超拔，而社会间没有罪恶的发现；这种的理想社会，那里是柏拉图，西西诺的共和国，奥古斯丁的上帝城，摩尔的乌托邦，康八拉的日之国所能比匹。

《尹文子·大道》篇说："老子曰：民不畏死，奈何以死惧之，凡民不畏死，由刑罚过，刑罚过，则民不赖以生，视君之威未如也。刑罚中，则民畏死，由生之可乐也，知生之可乐，故可以死惧之。"老子之深晓于法，阅此更加明白了。

江瑔氏曾作《黄老老庄申韩之递变》中说："所谓道德之后，流为刑名者，盖黄变而为老，老变而为庄，庄变而为申，申变而为韩而后成，非一朝一夕所能致者也"。那么法家受过老子不少的影响，是无庸异议的。

（4）老子与名家——老子说："无名天地之始，有名万物之母。"我以为无名就是道，因为道是其上不皦，其下不昧，绳绳不可名，复归于无物，是谓无状之状，无物之象。绳绳不可名，就是无名；然老子又说我无以名之，名之曰道，那么无名就是道了。所谓有名万之母，就是万物生于有天地之后，既已有所谓天地，就是已有了名，万物之母——天地——既是有名，那么万物不能不有名，因为万物若没有名，则人类怎能认识；换句来说：就是物各有名，才能认识。《隋书·经籍》说："名者所以正万物，叙尊卑，别贵贱，控名而责实，使无相潜滥者也。"《崇文总目叙释》说："名家者流，所以辨核名实，流别等威，使之上下之分，不相逾越。"《论语·子路》说："卫君使之以为政，子将奚先？孔子曰：必也正名乎。名不正，则言不顺，言不顺，则事不行；事不行，则礼乐不兴，礼乐不兴，则民无所措手足。"这样看起来名家之所谓名也，则老子之意。江瑔氏说："名家、阴阳家皆本道玄虚之说，而推求其故，或辨论其是非，或推诘其终始。"又说："惠施为名家之钜子，尝问道于庄周，尹文子亦名家之学，刘白语其学本于黄老。"又按《周氏涉笔》曰：尹文子"稷下能言者，刘向谓其学本黄老，其书先自道以至名，自名以至法，以名为根，以法为柄，芟截文义，操制深实，必谓圣人无用于救时，而治乱不系于贤不肖，盖所以尊主权，聚民食，以富贵贫贱干动宇宙，其为法则然，盖申、商、韩非所共行之；老子曰：以正治国，以奇用兵，以无事取天下，无事云者，翕张与夺，老氏所持术也；尹文子说之以为名法权术，而矫抑残暴之情则已无事焉，已无事，则得天下，然则犹未识老氏所谓道也。那么惠施、尹文受过老子的影响，也很显明，此外，邓析子、公孙龙均为名家，他们也受过老氏的影响，杨慎《邓析子序》说："其言达道者，无知之道，无能之道，圣人以死，大盗不起，则漆园语也。其言心欲安静，虑欲深远，尊贤无以高人，聪明无以笼人，资给无以先人，刚勇无以先人，则柱下史知雄守雌，知白守墨之遗教也。"公孙龙而说白马非马、鸡三足，正合《庄》《列》玄渺之旨。他又说："其正者，正其实也"，正其实者"正其名也"。这与老子所说以正治国一样。这样看起来，名家受过老子的影响并非谎说了。

（5）老子与阴阳家——江瑔氏说："名家阴阳家之学，皆本道家玄虚之说。"这是说阴阳家受过老子的影响。章学诚《校雠通义》说："阴阳家盖出于《易》，《易大传》说一阴一阳迭之道，又曰《易》有太极，是生二仪，此天地阴阳之由著也。"阴阳既出于《易》，《易》之所谓：《易》有大极，是生仪。正与老子所谓"道生一，一生二"之旨相合，阴阳家既取诸《易》，也必通晓老子的书。刘向《别录》云："言阴阳者，以为黄帝之道，故曰泰素。"老子既是史官，保留黄帝之书，及传黄帝的道，那么阴阳家得黄帝的书及道于老子，并非无因。林损说："老子言无名天地之始，又言：有名万物之母，言常无欲以观其妙。又言：常有欲以观其徼，其意不出于举隅以守中。故曰：有无相生，难易相成，长短相形，高下相倾，声音相和，前后相随。又曰：天下有始，以为天下母，既得其母，以知其子，复守其母，有无，难易，长短，高下，声音，前后，母子，皆因偶以立名，亦即阴阳也，可谓知其用矣。"那么老氏之深晓阴阳，阴阳家之受老氏影响，也可推想而知了。

（6）老子与纵横家——纵横家师事鬼谷子，鬼谷子善阴谋，据《战国策》说："苏秦发书陈箧数十，得《太公》《阴符》之谋"；《阴符》七术，本《鬼谷子》之书，"《鬼谷子》而说捭阖张禽之机，大要出于老氏，老氏之以进为退，以与为取，知白守黑，知雄守雌，不足求足，不大求大，虽天下后世之言术者莫能外焉深于鬼谷者也"。（明王世贞《读鬼谷子》）大凡读过《道德经》的人，总能觉得处处都有一个忍字意思，苏秦初次到各处游说不得人主的赏识，回家时，妻不以为夫，嫂不叫他做叔，父母不待他做儿子，在平常的人当之，自然心灰志惰，不知怎么样好，然苏秦仍能忍下去，发奋读书，所以后来才得人用；张仪也忍过人家的殴打，这种能忍性，都是从老子和阴符经而来。

（7）老子与农家——江瑔氏说："道家之学，既以慈俭为宗，俭则自食其力，慈则视物我为一体，此其道农家宗之，……大氏农家之学，力苦以自食，使天下无逸民，且须君臣并耕，尽去上下之序，……亦即道家绝去礼法，平上下尊卑之序，使万物得其大齐之旨也。"我以为耕种以自食，与老子依天然以为生活之旨很合，正与古诗所说"日出而作，日入而食，凿井而饮，耕田而食，帝力于我何有哉？"的意一样。又《老子》八十章说："……甘其食，美其服，安其乐，乐其俗，邻国相望，鸡犬之声相闻，民至老死不相往来。"要达到这种景象，我以为从经济进化的历程中看去，惟有农业时代才能做得到；因为在渔猎游牧时代的人民，今日在东，明日在西，正与曹植《吁嗟》诗里头说："……东西经七陌，南北越九阡，卒遇回风起，吹我入云间，自谓终天路，忽然下流泉，惊飚接我出，故归彼中田，当南而更北，谓东而反西，宕宕当何依，忽亡而忽存，飘飘周八泽，连翩历五山……"自然不能安其居，乐其俗，至于工商业时代，机器既日新月异，交通上便利得多，就是我们欲闭关自守，也做不到那么欲达到老子所说的景象，自然要农业时代，因为做农的，既不用东奔西走，而自耕自食更可以达到不与人交，不如世许，我曾记前二年我到温州南一带游行，到了一个四面是山的地方，有了几家农人，他们自耕自食，不但不晓得广东人是中国人，连了离开他们不远的人，他们也不甚相知；他们所住的地方正如世外桃源，他们所以能到这样，自然赖乎农，老子既是主张安其居，乐其俗，邻国相望，鸡犬之声相闻，民至老子不相往来，自然是主张以农立国，他既主张以农立国，自然他必深晓为农之道，他既深晓为农之道，则农家受过他的影响，是当然的，况且农家托始于神农，《神农》有二十四篇，老子自然看过，而农家能够得《神农》之书是赖乎老子之力也是可能的。

（8）老子与杂家——杂家的钜子要算《吕览》和《淮南子》，高诱《序吕氏春秋》说："此书所尚以道德为标的，以无为纲纪。"这正是五千言的真旨，我们若把《老子》书与《吕氏春秋》来比较，则吕氏之同于老氏处很多，比方，《老子》十三章说："故贵以身为天下，若可寄天下；爱以身为天下，若可托天下。"《吕氏春秋·仲春纪·贵生》篇就说："尧以天下让于子州支父，子州支父对曰：以我为天子犹可也，虽然，我适有幽忧之病，方将治之，未暇在天下也。天下，重物也，而不以害其生，又况于它物乎！惟不以天下害其生者也，可以托天下。"《吕氏·先识览·乐成》篇正《老子》四十一章中所谓：大器晚成，大音希声。《老子》四十七章说："不出户，知天下，不窥牖，见天道，其出弥远，其知弥少。"就是《吕氏·审分览·君守》篇所说："身以盛心，心以盛智，智乎深藏，而实莫得窥乎，《洪范》曰惟天阴骘下民，阴之者，所以发之也，故曰：不出于户而知天下，不窥于牖，而知天道，其出弥远者，其知弥少，故博闻之人，强识之士阙矣，事耳目深思虑之务败矣，坚白之察，无厚之辩外矣；不出者，所以出之也，不为者，所以为之也；此之谓之以阳召阳，以阴召阴。"又如五十八章《老子》说："祸兮福所倚，福兮祸之所伏，孰知其极。"《吕氏春秋·季夏纪·制乐》篇说：故成汤之时，有谷生于庭，昏而生，比日而大拱，其吏请卜其故，汤退卜者曰：吾闻祥者福之先者也，见祥而为不善，则福不至；妖者祸之先者也，见妖而为善，则祸不至。于是早朝晏退，问疾吊丧，务镇抚百姓。三日而谷亡。故祸兮福之所倚，福兮祸之所伏，圣人所独见，众人焉知其极。"此外，还有好多相同处，但总而言之，上面所举出《吕氏》所说的正与《韩子》之《解老》无异，那么谓《吕氏》不受过老子之影响，岂非谬说？

至于《淮南子》之受老氏的影响，更为明显，高诱《序淮南子》说："此书其旨近《老子》，淡泊无为，蹈虚守静，出入经道；言其大也，则寿天载地；说其细也，则沦于无垠；及古今治乱存亡祸福，世间诡异环奇之事；其义也著，其文也富；物事之类，无所不载，然其大较归之于道，号曰"鸿烈"。鸿，大也；烈，明也；以为大明道之言也。"颜师古说《淮南子》内篇论道，外篇杂说。所谓论道者，即论道家之道也。至于他的书中与《老子》相同处，我们随处可以指出，而其最显明的犹是《原道》、《道应》、《本经》、《氾论》、《齐俗》、《主术》、《俶真》、《说林》、《天文》、《精神》及《览冥》诸篇。

此外，鹖冠子及尸子，均为杂家中之显著的人物。宋濂说："《鹖子》所谓天用四时，地用五行，天子执一以守中央，此亦黄老之至言。"江瑔氏说："《后汉书》注谓尸佼作书二十篇，内十九篇陈道德仁义之纪。所谓道德者，当即老子《道德经》之旨；而以道德仁义为次，亦老子失道而后德，失德而后仁，失仁而后义之意也。"又《尸子·贵言》篇说："其兴福也，人莫之见，而福兴矣，其除祸也，人莫之知，而祸除矣。"这与老子所谓"祸兮福之所倚，福兮祸之所伏，孰知其极"一样；那么老子影响于鹖冠子及尸子也很明白。

（9）老子与小说家——江瑔氏说："道家之学，既包罗万有，识大识小，罔不赅备，然生于乱世，不敢放言高论，以招当世之忌，故庄、列著书寓言居半，或借人借事以写意，或并其人事而无之，小说家本之，因以掇拾琐闻，藉以讽世。"庄、列受过老子影响，小说家又受庄、列的影响，小说家间接受过老子之学，蛛丝马迹，仍然能寻出来。

除了上面九家，还有数家是受过老子的影响的，略为说明于下面。

（10）老子与兵家——唐王真说"《道德经》为谈兵而作"，这话我虽未尽赞同，但老子有影响于兵家，是没有疑义，老子说"将欲翕之，必固张之，将欲夺之，必固与之，"正是兵家弭敌之策。他说"知其雄，守其雌"，正兵家所说"知己知彼，百战百胜"的法，他又说："夫慈以战则胜，以守则固。"《韩非子·解老》篇说："慈于子者，不敢绝衣食，慈于身者不敢离法度，慈于方圆者，不敢舍规矩，故临兵而慈士吏，则战胜敌；慈于器械，则城坚固，故曰慈于战则胜，以守则固。"老子之深于兵学，于他所说中可以见出来，则兵家之受他的影响，并非无因。

（11）老子与文学家——谢无量《战国文学总论》里说："战国为文最盛之世，盖自春秋以来，诸子各逞其智力，道家之传为儒家，儒家之流为墨家，于是儒分为八，……其后孟子既没，而荀卿为稷下祭酒，荀卿适楚，则楚之文学又盛，而屈原宋玉竞美于风骚矣。"从这段话看起来，我们知道文学家是受老氏的影响，王梦曾说："《老子》文章简约似《论语》。"儒家的文学受过老氏的影响，屈原、宋玉又受儒家的影响；那么叫老子做文学钜子可，就叫老子做战国文学之始祖也无不可。

不但这样，若细心去读《老子》，则觉得《老子》的文和《诗经》一样的有韵，比方老子说："绝学无忧，唯之与阿，相去几何。"

这不过略举一例，阅者欲知详，最好看程辟金的《老子哲学的研究和批评》第二章，照这样讲起来，老子不但长于文，而且长于诗了。

又屈原说："道可受兮而不可传，其小无大兮其内无垠。"这正是《老子》描写道（第四章及十四章）的口吻，然则说屈原直接受老子影响也无不可。

四、秦以后的老学

上面已经说过老子之影响于周秦诸子，现在再将秦以后的老学略说于下：

（1）两汉的老学——《史记·曹相国世家》说："参之相齐，闻胶西有盖公，善治黄老言，使人厚币请，既见盖公，盖公为言治道贵清净而民自定，推此类具言之，参于是避正堂，舍盖公焉，其治要用黄老术，故相齐九年，齐国安集，大称贤相。"此外《太史公自序》也说：曹氏师事盖公。曹氏能应用老氏之旨，以治天下，这可见老学在政治上的价值。

盖公、曹参后，又有河上公，河上公结草为庵、现神变事的说，出自葛洪《神仙传》，虽不可靠，但有了一个河上公，深于老子之学，而且为文帝所师事，也许是实的。《通俗风·正失》篇说："然文帝本修黄老之言，不甚好儒术。"文帝既好黄老之言，则必有而师事，于此更见得必有河上公其人。唐人诗有说："汉文有道思犹薄。"这句话是表示不十分满意于文帝，其实在我们的历史中，欲找做皇帝能如汉文的，实不容易，然汉文既学老子之学，则汉文之所以能做好的君主，能使天下太平，人民安居乐业，也不外行老氏之道，是则老子之道，应用到政治上所得的效果益更是显明。

《汉书·田蚡传》说："太后好黄老言。"又《外戚传》说："窦太后好黄帝老子言，景帝及诸窦不得不读老子，尊其述。"我以为何止景帝及诸窦不得不读，就是当时的士大夫，及一般人民，也必竞相研究，因为上行下效是自然而然的。古诗《城中谣》说得好："城中好高髻，四方高一尺。城中好广眉，四方且半额。城中好大袖，四方至匹帛。"

汉武帝时汲黯是深于老学的（《汉书·汲黯传》），司马氏父子也精于老学，《史记·太史公自序》说："谈为太史公，太史公习道论于黄子。"又《汉书·扬雄传》赞上说："桓谭曰：……昔老聃著虚无之言两篇，薄仁义，非礼学，然后世好之者，尚以为过于'五经'。自汉文景之君，及司马迁皆有是言。"

安丘望之是汉朝一位很深于老学者，他的志气很高洁，以巫医为生活，连了成帝要见他，他都不愿。他又教出二个有名的弟子：一位是耿龛的父耿况，一位是王莽的弟王汲。这都是西汉末年的老学者。

东汉明帝前后百余年，儒家之学很盛，老学未免受影响，桓帝虽喜《老子》，然《西域传》说：他好神，敷祀浮图老子；这样去崇拜老子，已失老子之真旨。到了张角竟托师事老子，畜养弟子，跪拜首过，符水咒说以治病，（见《后汉书·皇甫嵩传》）与老学的意旨相去益远。（后世的道教萌芽于此时，道教虽托言老子为始祖，然老子之学，与道教绳不相关，这点我当于下面的老子与道教中说明。）

汉代反对老学最力的也有数人，董仲舒对策贤良，请表章六艺，罢黜百家（《老子》自然在内），但董所著的书，仍是老氏的口吻，不得叫做真反老者。其最显著的，犹是辕固生，他对窦太后说：老子之学不过家人之言。东汉刘陶也很反对老氏。故有《七曜论》，反对老氏和韩非，而主张复孟轲。

（2）魏晋六朝的老学——三国曹氏父子，虽不是老学者，然他们不重儒术，实是后来老学复兴一个最大原因。魏晋老学最显著的要算何晏、王弼及竹林七贤。《魏志·曹爽传》说："晏少以才秀知名，好老庄言，作道德论，及诸文赋著述。"何劭《王弼传》说："弼字辅嗣，注《老子》《周易》，往往有高丽之言。"又《晋书·王衍传》也说："何晏、王弼等祖述《老》《庄》，立论以为天地万物，皆以无为为本；无也者，开物成务，无往不存者也。"大约议〔读〕过王弼注《老子》都能知道他的注本实是惟一的好本。比方，他注第一章"无名天地之始，有名万物之母"说："凡有皆始于无，故未形无名之时，则为万物之始，及其有形有名之时，则长之、育之、亭之、毒之，为其母也。言道以无形无名始成，万物以始以成，而不知其所以，玄之又玄也。"又注一章说："毂所以能统三十辐者，无也；以其无能受物之故，故能以实统众也。木、埴、壁所以成三者，而皆以无为用也，言无者，有之所以为利，皆赖无以写用也。"此外各章所注均能得《老子》之旨，无怪何晏见之，也要拜服。（见《世说新语》）

所谓竹林七贤，就是：山涛，阮籍，嵇康，向秀，刘伶，阮咸，王戎。阮籍曾著《庄达论》，向秀注《庄子》，使读者易于领悟。现在所传郭象注的《庄子》，除了《秋水》《至乐》二篇是郭氏注外，余皆向秀所注。嵇康据晋扬州刺史宗正喜所做之《嵇康传》说："家世儒学，少有俊才，旷迈不群，高亮任性，不修名誉，宽简有大量，学不师授，博洽多闻，长而好老庄之业，恬静无欲，性好服食。"他的著作有《养生论》、《声无哀乐论》及《君子无私》等，其他数位皆崇尚虚无旷达，与上面所讲数位无异。

此外，葛洪本老子玄之又玄，和玄牝之说，以玄为学宇宙之本体。洪著《抱朴子》，他以为神仙非虚妄，所以人若能服气养神，制炼丹药，可能做神仙，此种谬说，与《老子》五千言的意义没有一点关系。他若丹鼎派，符箓派，占验派，完全是假托老子的名而欺世。马贵与说："道家之术，杂而多端，盖清净一说也，炼养一说也，服食一说也，经典科又一说也，俱欲冒以老子宗主，以行其教。"这话颇不错，惟他说清净一派，是冒老氏之旨，未甚妥当，因为主张清净，确是《老子》书中一个重要意旨。

晋朝老学的钜子是王弼、何晏，而反对王、何最力的人要算范宁；他以为王、何之罪，深过桀纣，因著论力辟王何，换句来说就是辟老学。我现将他的文章抄于下面，使阅者知道他恨王、何之深。

或曰："黄唐缅邈，至道沦翳，濠濮辍咏，风流靡托，争夺兆于仁义，是非成于儒墨。平叔神怀超绝，辅嗣妙思通微，振千载之颓纲，落周孔之尘网。斯盖轩冕之龙门，濠梁之宗匠。尝闻夫子之论，以为罪过桀纣，何哉？"

答曰："子信有圣人之言乎？夫圣人者，德侔二仪，道冠三才，虽帝皇殊号，质文异制，而统天成务，旷代齐趣。王何蔑弃典文，不遵礼度，游辞浮说，波荡后生，饰华言以翳实，骋繁文以惑世。搢绅之徒，翻然改辙，洙泗之风，缅焉将堕。遂令仁义幽沦，儒雅蒙尘，礼坏乐崩，中原倾覆。古之所谓言伪而辩、行僻而坚者，其斯人之徒欤！昔夫子斩少正于鲁，太公戮华士于齐，岂非旷世而同诛乎！桀纣暴虐，正足以灭身覆国，为后世鉴诫耳，岂能回百姓之视听哉！王何叨海内之浮誉，资膏粱之傲诞，画魑魅以为巧，扇无检以为俗。郑声之乱乐，利口之覆邦，信矣哉！吾固以为一世之祸轻，历代之罪重，自丧之衅小，迷众之愆大也。"

范老先生是儒家的功臣，自然是极力去毁诋老学者，但照他上面所说来看，完全失了为学者所应持的态度，我这里不必去逐句辩驳，我最觉得可笑的，还是梁任公先生，梁先生明明知道老学的价值，然他又要装起儒家的面具去诋毁老学，他在他的《中国古代思潮》里头说：

> 三国六朝为道家言猖披时代，实中国数千年来学术思想最衰落之时代也。

这正是范老先生的口气，骂得老学不值一文，他又说：

> "平心而论，若著政治史，则王、何伤风败俗之罪，固无可假借。"（然则曹参文帝时之太平之功又要归诸何人？况昔时风俗之坏是且否由王、何而来还是个疑问。我尝以为若从政治的眼光之看去，则孔子是中国一个最大的罪人。原来中国所以到这田地步，都是因为数千年来受制于淫威专制之下，然所以造成这种淫威专制者，是孔子。陈独秀所说的主义我虽未敢赞同，但他说："要拥证德先生（按：德先生，则德谟克立西主义或民主政体），便不得不反对孔教。"（见《新青年》六卷一号）确是有理之言。然则梁先生所谓在政治史上王何伤风败俗之罪，固无可假借然耶否耶？

他又说：

> 若著学术思想史，则如王弼之于《老》《易》，郭象、向秀之于《庄》，张湛之于《列》，皆有所心得之处，成一家言；以视东京末叶咬文嚼字之腐儒，殆或过之焉，老学虽偏激，亦南派一钜子，世界哲学应有之一义，吾虽恶而不愿为溢恶之言也。

上面明明说老学最盛之时，就是中国思想学术最衰落之时，现在又承认老学在中国学术思想史上的价值，及在世界上的位置，梁先生自已经矛盾。西谚有说："真理终是真理。"老学在中国世界学术中的价值，是没有变动的，梁先生若能常常平心去看，则梁先生断不会去毁诋老学。

魏晋间最初不过儒老二家相争，到了后来，又有佛老、儒佛之争。佛教之入中国，据别史所说，是秦时与宝利防等交通，西汉时从匈奴得金人；据正史所说，则东汉明帝永平十年西印度之摄摩竺、法兰两师，应诏赍经典而至，然佛教的盛行，是在六朝时；佛教之流愈广，各家——儒老的反抗力也愈大，在相争激烈的时，儒老佛调和的说遂发现。主张此说的代表我可以举出三个人：一为张融，一为周颙，一为顾欢。（还有一个叫做孙绰，主张儒佛一致，但本篇是说老学故略而不说。）张融在差不多要死的时，左手还把一本《孝经》和《老子》，右手执《法华经》，他以为一个人同时可以读老佛儒的书，因为三者均相通；他尝对人说："汝可专尊于佛迹，而无侮于道本。"周颙对于儒佛老均为所好，他尝以为张融所说三者相通尚有未尽处，故时时与张氏辨论。（看周颙《难张长史门论》）顾欢以为道佛二者同体异用，他的《夷夏论》就是主张二者同体异用的著作，但他以为佛即老子所化，未免近于荒诞。

（3）唐代的老学——唐因为了与老子同姓，所以很尊崇老子，高祖武德八年幸终南山，谒老子祠，太宗以老子在佛之上；高宗仪凤三年诏以《道德经》为上经，无论贡举人总要兼通《老子》，元宗时老学愈盛，开元元年诏中书令张说举出能治《老子》的人，七年御注老子《道德经》，诏天下藏之，二十年，置崇文学人之习《道德经》，举明经例举送，二十一年，制令每年贡举人要加《老子》策；二十三年御书《道德经》，刊勒于西京，天下各州也要立台；二十九年，崇元学置生徒，并令习《老子》；至了天宝元年，又置元元庙，令崇文习道德经，在唐代作君主的人既这样尽力去提倡老学，那么老学的普遍是自然而然的。

在唐代反对老学的健将，又算韩文公了。他在他的《原道》里头说：

> 博爱之谓仁，行而宜之之谓义，由是而之焉之谓道，足乎己，无待于外之谓德。仁与义为定名，道与德为虚位。故道有君子小人，而德有凶有吉。老子之小仁义，非毁之也，其见者小也。坐井而观天，曰天小者，非天小也。彼以煦煦为仁，孑孑为义，其小之也则宜。其所谓道，道其所道，非吾所谓道也，其所谓德，德其所德，非吾所谓德也，凡吾所谓道德云者，合仁与义言之也，天下之公言也，老子所谓道德云者，去仁与义言之也，一人之私言也。

韩文公这段话差不多成了后来对老学宣战的儒学者的护身符，其实韩退之只晓得食饭之道（据《原道》"其食粟米果蔬鱼肉""其为道易明"二句）。吃饭之道，固是道，然这不过是道之小的，老子所谓道，是大道，这种道不但只包含吃饭之道，就无论什么道都包含在内；退之若能细心把《老子》来研究，我以为他不但不反对，恐怕还要恭恭敬敬的赞美老子，原来在老子的心目中，无论对于那一种问题，他都想从根本上解决，比方：自改良政治方面来说，在当时的人，个个都是想得了一位贤君来统治天下，使王令能行于四方，老子却不赞成此种方法，因为纵然有了一位贤明英武的主来统治，然这不过得暂时的安乐，这位贤主死后，诸侯又要纷争，那么痛苦又要发现，因此他就主张小国寡民，然他尚恐一般野心家去破坏小国寡民的制度，于是他以为根本上的办法，就是知足无欲，能够知足，能够无欲，则争端断不起，争端不起，则天下安得不太平？人民安得不安其居，乐其俗？这种的根本上解决，就是得乎道，道是什么，道是无为而无不为的，换句话说，就是道是自然而然的，所以他说"道法自然"，并且在自然的世界里，没有善恶的，因为若有了善，自然必有恶，所以他说："天下皆知美之为美，斯恶矣；皆知善之为善，斯不善矣；故有无相生，难易相成，长短相较，高下相倾，音声相和，前后相随，是以圣人处无为之事，行不言之教，（这就是循乎自然）万物使焉而不辞，生而不有，为而不恃，功成而弗居，夫唯弗居，是以不去。"《淮南子·齐俗训》解释这章意义最好，他道：

> 古者，民童蒙不知东西，貌不美乎情，而言不溢乎行，其衣致暖而无文，其兵戈铢而无刃，其歌乐而无转，其哭哀而无声，凿井而饮，耕田而食，无所施其美，亦不求得。亲戚不相毁誉，朋友不相怨德。及至礼义之生，货材之贵，而诈伪萌兴，非誉相纷，怨德并行，于是乃有曾参孝已之美，而生盗跖、庄蹻之邪。故有大路龙旂，羽盖垂缕，结驷连骑，则必有穿窬拊楗、抽箕逾备之奸；有诡文繁绣，弱緆罗纨，必有菅屩跐跂、短褐不完者。故高下之相倾也，短修之相形也，亦明矣。

在自然的世界里，因为没有恶行，所以用不着法令，然但有了法令，就是表明已有了恶行，故老子说："法令滋彰，盗贼多有。"在自然的世界里，本没有不仁不义之事，然既有了义，有了仁，自然是必有不仁，和不义，所以老子说："绝仁弃义，民复孝慈，绝巧弃利，盗贼无有。"所谓绝仁弃义，就是不欲有不仁不义之事发现，而实现出他理想中的社会——自然的社会，得道的社会，退之误解了老子之所道，所谓绝仁弃义，骂得老子体无完肤，岂不可叹！

并且老子所谓仁义的不好，非绝对的不好，乃相对的不好，所谓相对的不好，就是我上面所说绝仁弃义，就是不欲不仁不义之事发现，而实现其理想的社会，但在这种理想的社会——得乎道的社会，没有法子实现时，仁义也有存的可能性，所以他说："大道废，有仁义。"（注意大道的"大"字，大道就是自然的，仁义也可以叫做"小"道，大道废，有仁义，就是理想的社会——合乎大道的不能现，那么不得不有仁义——小道；然要求真幸福，真快乐，究莫如使得乎大道的社会发现，这是老子的真旨。）

章太炎先生说："韩昌黎见道不明，《原道》一篇，对于释老，只有武断的驳斥。"退之自命为儒家功臣，以为尽力去破坏老子，就所以增儒家之声价；那知连了孔孟的真意，也被了他错解；儒家饭碗，被他打破，我不知他在黄泉下，将何以对孔孟！

（4）宋代的老学——萧山毛奇龄《道学辩》文里说："北宋陈抟，以华山道士，与种放、李溉辈张大其说，竟搜道书《无极尊经》，及张角九宫倡太极河洛诸教作道学纲宗，而周敦颐、邵雍、程颢兄弟师之，至南宋，朱熹直丐史官洪迈为陈抟作一名臣大传,而周程诸子则又倡《道学总传》于《宋史》;凡南宋诸儒,皆以得附希夷道学为幸;如朱子《寄陆子静书》云:熹衰病益深。幸叨祠禄,遂为希夷直下孙,良以自庆。又《答吕子约》书云:熹再叨祠道为希夷法眷,冒忝之多,不胜惭惧。是道学本道家学,西汉始之,历史因之,至华山而张大之,而宋人又死心塌地以依归之。"(见《西河合集》)这段话是说宋学出于道家学,我以为宋之道学,本合儒佛教老学道教而成,本非纯粹的老学,不过宋代的老学的普遍,可以无疑,试看《象山文集》陆氏《致曹立之》书中说:"佛老遍天下,其说皆足以动人,士大夫鲜有不溺焉。"看此就知老学的普遍(陆氏是尝自命自儒家,如他《与侄孙濬书》中说:"吾儒之道,乃天下之常道,岂是别有妙道。"又上面他所说:"佛老遍天下……士大夫鲜有不溺焉。"又说:"……武帝之事,四夷非也,何必曰与胡和亲为哉?此等皆黄老言之误也。……"这话均有排老意,但若看他《与王顺之》书说:"大抵学术有说有实,儒者有儒者之说,老氏有老氏之说,释氏有释氏之说,天下之学术众矣,而大门则此三家也。"又《与曹立之》书云:"杨朱、墨翟、老、庄、申、韩虽不正。其说自分明。"则所谓:老氏有老氏之说,"其说自分明"。是他承认老学的价值,那么他之排老,是证明他的狭见,再看他说:"我无事只好似一个全无知无能底人,及事至方出来,又却似个无所不知,无所不能。"这正是他得了老子无为而无所不为的旨。他又说:"道非争竞者可知,惟静退者可入。"这又是老子"清净"之旨了。老子最重要的意旨是"清净无为"。陆氏已兼而有之,那么老子的魂既已上了他身,他还在那里骂老子,简直是好笑之极。

苏氏兄弟均受老学的影响,朱子很不满他们。他以为苏氏学儒之失,而流于异端,朱子《苏黄门老子解》(见《朱文公集》)中朱子逐句驳苏辙的话现抄数段于下,使阅者知苏氏及朱氏之对于老学的意见。

(1)"苏曰:孔子以仁义礼乐治天下,老子绝而去之,或者以为不同,《易》曰:形而上者谓之道,形而下者谓之器"。

"余以为道器之名虽异,其实一物也,故曰:吾道一以贯之。此圣人之道,所以为大中至正之极,亘万世而无弊者。苏氏论其言不得其意,故其为说无一辞之合。学者于此先以予说求之,使圣人之意,晓然无疑,然后以次读苏氏之言,其得失判然矣。"

(2)"孔子之虑后世也深,故示人以器,而晦其道。"

"余(朱子自指)谓道器一也,示人以器,则道在其中,圣人安得而晦之?孔子曰:'吾无隐乎尔。'然则晦其道者,岂圣人之心哉?大抵苏氏所谓道者,皆杂器而言,不知其指何物而名之也。"

(3)"使中人以下,守其器,而不为道之所眩,以不失为君子。"

"余谓:如苏氏此言,是以道为能眩人,使之不为君子也,则道之在天下,适所以为此人之祸乎？"

（4）"老子则不然，志于明道而急于开人心"。

"余谓老子之学，以无为为宗，果如此言，乃急急有为，惟恐其缓而失之也，然则老子之意苏氏亦不能窥者矣。"（朱子何不看老子所说"无为而无不为"？）

（5）"故示人以道者，薄于器，以为学者惟器之知，则道隐矣，故绝仁义，弃礼乐，以明道。"

"余谓道者，仁义礼乐之总名，而仁义礼乐之体用也；圣人之修仁义，制礼乐，凡以明道也；今日绝仁义，弃礼乐，以明道，则是舍二五而求十也，岂不悖哉？"朱氏虽然逐段驳苏氏的话，但朱氏的见解实不若苏氏高，阅者若再看，上面我驳韩文公的话，当能了然明白。

（6）宋以后的老学——宋以后至清乾嘉间考据的学兴，所以周秦诸子的学，特别起人注意，而犹其是老子，连了所谓儒家，也取老氏的话以治经说。其对于老学曾经过精密的研究者，如元代的吴澄，他的《道德真经注》是合八十一章为六十八章，如合十七、十八、十九为一章，三十、三十一为一章，六十三、六十四为一章，六十七、六十八、六十九为一章，胡适说：是极有道理，远胜河上公本。明代焦竑的《老子考异》及《老子翼》，均是老学上很大的贡献，至清时研究老学有独到的人更是指不胜屈了。

泰西学术传入我国后，学者对于研究《老子》的兴味特别浓厚，因为西洋好多流行学说，如德谟克立西主义，进化观念，自然主义等，都可以在《老子》书中找出来；因此，不但我国的学者竞相研究老子，就是西洋的学者，也费过无限的脑血来研究，所以老学不但在中国占重要的位置，就是在世界学术中，也是自成一家之言；况且老学是东方文化的结晶，西洋人近来渐觉到西洋文化的缺点，而有采纳东方所占的位置，不待言也可以知。

《琼崖旅沪学会月刊》，1924年第3、4、5期。

1926 年

THE ANCIENT CHINESE POLITICAL PHILOSOPHY

CHAPTER I INTRODUCTION

In the eyes of the western political writers, it has been and is generally recognized that political philosophy has never planted its seed in Asiatic soil. Most of them if not all insist that political thought begins with the Greeks① and that only the western civilization can afford such a high type of intellectual achievement called political philosophy. Thus says one of the writers, "The theory of Politics is the peculiar product of western thought. Oriental thinkers have speculated and mediated profoundly, upon nature of reality and the Soul of man, upon his virtues and his duties; but only in the western civilization has the social consciousness of men attained that superior grade of political interest at which it demands a theory of the state and its relations to the individual citizens who composed it."②

The reasons for holding this view undoubtedly may be found in a passage of Hegel's *Philosophy of History* in which he says, "The Oriental world has as its inherent and distinctive principle, the substantial in morality... Morality is, in the East, likewise a subject of positive legislation and although the moral prescriptions may be perfect, what should be internal subjective sentiment is made a matter of external arrangement. There is no want of a will to command moral actions, but of a will to perform them because commanded from within... Since the external and internal, law and moral sense, are not yet distinguished—still form an undivided unity. — So also do religion and the state. The constitution is generally theocracy, and the kingdom of God is to the same extent

---

① See Barker, *The Political Thought of Plato and Aristotle*, p. 1. Also see his *Political Thought of Plato and his Predecessors*, p. 1. Also see Willoughby, *The Political Theories of the Ancient World*, pp. 3, 13. Gettell, *Introduction to Political Science*, p. 74 and compare his recent view in his *History of Political Thought*, p. 28.

② Lord, *Principles of Politics*, p. 11.

also a secular kingdom as the secular kingdom is also divine."①

The above passage gives us two reasons for the western writers to maintain that there is no political philosophy in the East and consequently in China: The one is its being absorbed by ethical ideas and the other is that it is not distinguished from religion.②

Since the present study is confined to the Chinese political philosophy, it does fall within the scope for the writer to discuss the relation between political philosophy on the one hand and religion and ethics on the other, other than Chinese. The question, therefore, to be asked, is this: Is Chinese political philosophy not separated from religion and ethics?

It used to be said that there are three leading religions in China, namely, Taoism, Confucianism, and Buddhism. But this statement is by no means entirely true (if a moment's contemplation is to be called).

Professor Giles of Cambridge, having lived in China for a long period and knowing Chinese literature and philosophy even more than many of the Chinese students, says, in his *The Civilization of China*, "Confucianism is of course not a religion at all, dealing as it does with duty towards one's neighbors and the affairs of this life only, and it will be seen that Taoism, in its sense, has scarcely a claim."③ One of the well known Japanese writers on Chinese literature and philosophy has once said that Lao-tze is a mere philosophy and literature.④ A high American authority, Professor Burgess, in his Reconciliation of Liberty and Government, points out "that the basis of China's most ancient political system was a code of morals rather than, as in the case of most Asiatic States; a religion. That made a very wide difference between China and, we will say,

---

① Hegel, *Philosophy of History*, (English translation), p. 117. Also see Willoughby, *The Political Theories of the Ancient World*, p. 17.

② Gettel, in speaking of the political philosophy of the East, says, "Morality and law were not clearly distinguished; speculations were based upon belief rather than on reason; and sufficient political liberty to permit questioning never existed. The general form of state that they created was a hereditary, despotic monarchy, with religion the sanction for authority and priestly class very powerful." *Introduction to Political Science*, p. 74.

Willoughby, in his *The Nature of the State*, says: "In the ancient empire of the East, to such an extent were religion and law confused, that political science can scarcely be said to have existed as an independent branch of knowledge. The ultimate sanction of all law was supposed to be found in the sacred writings. In all of the vast Asiatic monarchies of early days the rulers claimed a divine right to control the affairs of the state, and this was submitted to by the people within but little question." p. 42. Also see his *The Political Theories of Ancient World*, p. 33.

③ p. 57. Also see p. 55. It is interesting to compare his earlier view in his *China and the Chinese*, p. 143.

④ Keijirohok, "The History and Spirit of Chinese Ethics", see *International Journal of Ethics*, Vol. Ⅶ, p. 68.

India from the very start. That established the state upon a human, instead of divine, basis and opened the way for the principle of a limitation upon governmental power by human reason and will."① In fact, both of Confucianism and the teachings of Laotse are nothing more than the schools of teachings such as Platonic School, Little Socratic School, etc.

Moreover, in considering the important factors of religion, it need hardly be said that neither Confucius nor Lao-tze had any intention of forming religion. It has been generally recognized that there are at least three factors in any religion. In the first place, there must be a supreme power, say God, which is invisible, eternal, watching the world all the time, blessing those who obey him and punishing those who do not obey him. Secondly, some forms of worship must be laid down for the believers to observe. Thirdly, the believers as well as the founders of the religion are seeking the world of future rather than present.

Furthermore, when Confucius was asked whether the affairs of ten ages after could be known, he said, "The Yin dynasty followed the regulations of the Hsia; wherein it took from or added to them may be known. The Chau dynasty has followed the regulations of the Yin; wherein it took from or added to them may be known. Some other may follow Chau, but though it should be at the distance of a hundred ages, its affairs may be known."② According to Confucius, then, in order to know the future, we must look back to the process of the changes of the past, not as the religionist will say that it can be known by the wisdom of God. Equally, it is true that in his Canon of Reason and Virtue, Lao-tze, as being pointed out, believed the theory of Evolution rather than the theory of specific creation.③ Since they are not believers or founders of religion, logically and naturally, there is no reason to hold that their political ideas are imbued by religion.

Having known both Confucianism and the teachings of Laotze are not religions, we may now come to Buddhism. It seems to me that we should not go so far as to say that

---

① p. 2.

② *Confucian Analects*, Bk. Ⅰ, Chap. XXIII. Translated by James Legge. It has pointed out that the following conversations may serve to show that Confucius did not believe the future world. "Chi-Lu asked about serving the spirits of the dead. The master said, "while you are not able to serve men, how can you serve their spirits?" Chi-Lu added, "I venture to ask about death?" He was answered, "While you do know life, how can you know about death?" Bk. Ⅺ, Chap. Ⅺ.

③ The principle of evolutionary theory is that things change from simplex to complex. This principle is well stated in the writings of Lao-tze, See especially, Tao Tek Ching, or Canon of Reason and Virtue, Chapters: L, XXXIX, XXXX, XXXXII.

Buddhism is not a religion① as some writers had held. But we must also bear in mind that Buddhism, though spreading widely in China, can hardly be said to have any influence on Chinese political life. The reasons are not hard to explain. In the first place, after Buddhism came to China, it changed its original character. Thus says Mr. Johnston, "The Chinese Tripitaka has some times been called the Bible of the Buddhists; but it should rather be described as a miscellaneous library, in which the Buddhist, the moral philosopher, the psychologist, the metaphysician, the student of hierology, the historian, the collector of folklore, and the lover of poetry, and romance, may all find ample stores of the kind of literary tune in which they all delight."②

Secondly, in examining the doctrine of Buddhism, there is no reason for us to hold that Buddhists have any idea of forming a state in human society. In order to understand the doctrine of Buddhism, I can do no better than to quote some of its stanzas:

"This is righteousness. This is concentration. This is wisdom. He who is penetrated by righteousness, his concentration becomes fruitful and blissful. He who is strong in concentration, his wisdom fruitful and blissful. The soul penetrated by wisdom is released entirely from evil—from evil of desire, from the evil of coming into existence, from the evil of error, from the evil of ignorance."

"Long is the night to him who is awake, long is a mile to him who is tired, long is life to the foolish who do not know the true law."

"Looking for the builder of this house (the body), I have run through the course of many births in vain; painful is birth again and again. Now I have seen thee, O maker of the house; thou shall not make up this house again. All the rafters are broken, the ridge-pole is rendered. The soul, approaching the eternal, has attained to the extinction of all desires."

"Stop the stream, sturdily drive away the desires, O Brahman! when you have understood the perishableness of all that was created, you will understand that which was not created."

"The praises of him who has obtained by resignation the terrestial 'nirvana' are sung ecstatically."

"We live happily, then, free from aliments among the ailing; among men who are ailing we dwell free from greed."

"One by one, little by little, moment by moment, a wise man frees himself from

---

① See Johnston, *Buddhist in China*, p. 9.
② *Ibid.*, p. 15.

personal impurities as a refiner blows away the dross of silver."

"There is treasure laid up in the heart, a treasure of charity, purity, temperance, soberness. A treasure secure, impregnable, that no thief can steal; a treasure that follows after death."

The above stanzas show that the real doctrine of Buddhism is putting of desires, seeking happiness in the future world and to destroy the body. It is believed that if the doctrine of Buddhism is actually put into practice at present, there will be no human being in this world after a hundred years. Obviously, the doctrine of Buddhism is not to teach men how to construct their governments or political institutions, but to find happiness in an invisible world—the world of 'nirvana'.

Moreover, in looking to the life of the founder of Buddhism, Sakya-muni, we are told that, in order to get away from the suffering of death, sickness, being old and other kinds of sufferance, he left his parents, his wife and his relatives; abandoned his luxurious life, and above all gave up his great kingdom to live in wilderness for seeking the 'nirvana'. Apparently he had no ambition to make a good government under which his people might live peacefully and happily, nor did he think, as Augustine and many other church fathers would have thought, that between the temporal and the spiritual worlds there is a mediator called Christ, half human and half spirit, as a means for the communication between the two worlds, that after Jesus' death, the Pope and the church became the representatives of God, and that, by this interpretation, it is justified for the Pope and the Church to control the temporal affairs as well as the spiritual.

Buddha, of course, recognized the existence of two worlds, but they are too far from each other, for there can be no reconciliation between the ideal kingdom that he seeks and the human political society within which we are living. To follow the former means to abolish the latter. If he were living at present, he of course would make no campaign speech. Napoleon, William II, Lincoln or Wilson could never be his disciples. Plato, Confucius, or Hamilton could never be his teachers or advisors.

Turning back to the Buddhists in China, we can hardly say that they have any influence in Chinese political life. In China, when a person becomes a monk or woman a nun, he or she is deemed to be 'Chou Chia' or out of the family. Out of the family does not only mean that he is no longer a member of his family, but it means at the same time that he is, in a sense, out of human society. He is, as we must remember, not a man of small mind contenting with small things, nor is it necessary to be a pessimist. He is, in reality, a man of ambition and toleration, but the world that he is seeking is undoubtedly not the world that our politicians and political philosophers are fighting for.

It is to be added that there are also men and women in China who like Buddhism but are not out of the family, and there are men who play important roles in government or political life who have a deep interest in the teachings of Buddhism, but this is because of being superstitious or satisfying their intellectual wants. They never apply the principle of Buddhism to political life for the simple reason that Buddhism and political philosophy are too unlike each other, and that is the reason why, in the long history of China, you can not find a single sense of drama as we had in Canossa or Anagni.

On the other hand, a glance at the political writings of the West shows that political philosophy is by no means entirely separated from religious idea. The Seven Wise Men, "as Plato tells us that the fruits of their wisdom were dedicated by the Seven in the congress of the Temple of Apollo at Delphi."① Homer and Hesiod both held the view of divine theory of the King.② Heraclitus declared: "Divine law from which all human laws draw their sustenance."③ In his Law, Plato said, "Now God ought to be to us the measure of all things, and not man... and he who would be dear to God must, as far as is possible, be like him as such as he is... the temperate man is the friend of God." The Stoic philosophy, as pointed out, is always deeply religious.④ Professor Willoughby,⑤ after enumerating the influence of religion in Roman Law and Politics, says, "Their peculiar religious functions were in fact, considered essentially political as well."

In the Middle Ages, 'religious forces and religious forces alone, have had sufficient influence to ensure practical realization for political ideas.'⑥ The policy of the church as called by Mr. Barker, is "Justitia." Justitia, says he, "meant in the first place, the papal sovereignty over the church, The Christ incarnate in a visible historical, traditional church must have His visible representative as the head of the church on earth, the fountain of all ecclesiastical power, the exponent of all religious tradition. In the second place, Justitia meant the liberation of the clergy from the lay world—from social bond of matrimony, the economic bond of simony, and the feudal bond of lay investiture. In a sense, therefore, it meant that separation and the liberation of the church from the state. But the separation of the church from the state was not the separation of the state from the church. The sovereign Pope might exclude the temporal power from things spiritual; he could not, being sovereign, exclude the spiritual power

---

① Barker, *The Political Thought of Plato and Aristotle*, pp. 8, 17.
② *Ibid.*, p. 18.
③ Sidgwick, *History of Ethics*, p. 14.
④ G. S. Breit, *The Government of Man*, p. 111.
⑤ Willoughby, *The Political Theories of the Ancient World*, p. 230.
⑥ Figgis, *From Gerson to Grotius*, p. 17.

from things temporal. Justitia, therefore, meant, in the third place, the right of the Pope, as the sovereign exponent of the sovereign law of Christ, to judge and to correct even kings and princes if they contravened that law or hindered its free operation."① The important writing for justifying such a policy we first find in Augustine's City of God, and then in the writings of John of Salisbury, Thomas Aquinas, and many others.

It used to be said in the middle ages, there was one battle with only two parties. On the one side, there were the church fathers, insisting on the power of the church over the state as mentioned above. On the other side, we find writers who try to overthrow the sovereignty of the church, and advocate the power of kings controlling temporal affairs. But we must remember that those who opposed the sovereign power of the church were not necessarily opposing the sovereign power of God. Thus Dante, for example, made a vigorous attack upon the church, but he never repudiated the power of God from whom the kings have received.

On the whole, in the Middle Ages, "politics was a branch of theology".② "The church was not a state, it was the state; the state or rather the civil authority was merely the police department of the church."③ "Churchmanship was coextensive with citizenship. You could not be a member of political society unless you were a baptized Christian; and if you were excommunicated by the authorities of the church you lost all legal and political rights."④

The Reformation seemed to weaken the divine political theory, but in fact, it added fuel to the flame.⑤ Between the evening of the 16th and the dawn of the 17th centuries, the divine political theory reached its zenith in the writings of James Ⅰ. Here is what he said, "Kings are justly called Gods, for they exercise a manner of resemblance of divine power upon earth."⑥ When Filmer and Hobbes maintained the theory of absolute monarchy, it was to God alone, as they held, that kings were responsible. At the end of the 17th century, in France, the only important work was a eulogy of divine right monarchy along theological lines.⑦ This was also true in Germany and many other continent countries.

---

① Barker, "Medieval Political Thought", edited by Hearnshaw, under the title *The Social and Political Ideas of Some Great Medieval Thinkers*, p. 13.
② Figgis, *From Gerson to Grotius*, p. 18.
③ Ibid., p. 4.
④ Barker, "Medieval Political Thought". Also Figgis, *From Gerson to Grotius*, p. 17.
⑤ Willoughby, *The Nature of the State*, p. 48. Also Figgis, *From Gerson to Grotius*, pp. 18–19.
⑥ See Gettell, *History of Political Thought*, p. 201. Also see Dunning, *Political Theories*, Vol. Ⅱ, p. 215.
⑦ Gettell, *History of Political Thought*, p. 201. Also Dunning, *Political Theories*, Vol. Ⅱ, p. 299.

In the 18th century, even the most radical man like Rousseau thought that there ought to be a state religion.① After the French Revolution, the anti-revolutionary theory expounded by Joseph de Maistre and Marquis de Bonald, was merely a revision of the theory of the church father in the Middle Ages.② In England, the conservative yet the most influential writer, Edmund Burke, expressed his political attitude by saying this: "We fear God—we look with awe to the king, with affection to parliament, with duty of magistrates, with reverence to priests, and with respect to nobility."③ The German-Swiss jurist, Ludwig won Haller, held that it was through the grace of God that the kings exercised his power over the subjects.④

After the Holy Roman Empire of 1815 between the Monarchs of Russia, Austria, and Prussia, political thought tended strongly toward a theological line.⑤ The Encyclical Letter, "Immortale Dei," issued by Pope Leo XIII on November 1, 1885, was in substance a short treatise on the Christian constitution of states and summarized the political theory of the modern papacy, in which the Pope declared: "God is the paramount ruler of the world, and must set Him before themselves as their exemplar and law in the administration of the state."⑥

Professor Holcombe,⑦ after pointing out the importance of religion in American Politics, says in those words: "Ours is a secular commonwealth in principle and a religious commonwealth in practice." In the West, it has been said: "At the bottom of our Politics we always find theology." It is true that this can no longer be said with equal truth at the present time, but, however, the religious force in politics still cannot be overlooked.⑧

It has to be borne in mind that the Chinese people are not irreligious or unreligious, if, as Lord Bryce points out, "the influence of religion springs from the deepest soucres in man's nature."⑨ What I want to show here is that, comparatively speaking, religion has little, if any, influence in Chinese political life.

Having considered the relation of political philosophy to religion, we now come to

---

① Lowell, *Essays on Government*, p. 164.
② Merriam, *History of Sovereignty*, pp. 52-62. *Political Theories*, Vol. III, pp. 190-191.
③ See Gettell, *History of Political Thought*, p. 308. Dunning, Vol. III, p. 184.
④ See Gettell, *Ibid.*, p. 353. Dunning, Vol. III, p. 200.
⑤ Dunning, Vol. II, pp. 174-175.
⑥ Holcombe, *Foundation of Modern Commonwealth*, p. 118.
⑦ *Ibid.*, p. 117.
⑧ *Ibid.*, p. 125.
⑨ Bryce, *Modern Democracies*, Vol. I, p. 80.

its relation to ethics. It is obvious that in the writings of Confucius, politics and ethics are not treated as two different subjects. They are always going hand in hand. Whenever he says something political, he means also something ethical, for politics is only a means for attaining the ethical end. Even Lao-tze though condemning the conventional rules of propriety and other conventional institutions, does not recognize the existence of a mutual relation between politics and ethics, but the subordination of the former to the latter.

It may be said that both Lao-tze and Confucius are the idols of the Chinese thinkers during and after their times. What is true to them is also true to the large number, if not all, of the Chinese philosophers. Therefore, it has to be admitted that, to the Chinese, politics is merely a branch of ethics.

But to maintain that there is no political philosophy in China by saying that it is not distinguished from ethics means to hold that in the West, these two are treated as two different things. At first glance, this seems to be true, but a moment's reflection will bring to mind the fact that the western political writings are by no means independent of ethical ideals.

To say nothing about Socrates and his predecessors, we find in his treatise on the Republic, "Plato combined both ethical and political, conceived ethics and politics to be in close connection, —To him the end of the state was virtue, and his theological idea so dominated his method as to lead him to subordinate completely his political science to his conception of morality. Indeed, Politics in his system of thought was merely a branch of Ethics". ① It has even been pointed out that an understanding of Plato's ideas of ethics is an understanding of his whole philosophy. ②

Some writers maintain that Aristotle treated politics as a different subject from ethics, but it has been pointed out that he even has no word or conception of ethics as a separate science. ③ In the writings of the Stoics, the Greek ethical idea attained its highest watermark. ④ The Roman jurists, being deeply influenced by the Stoics, continuously declared that the true ethical standard is one to which civil rulers should approach as near as may be. ⑤ In the Middle Ages, as the political thinkers were

---

① Garner, "Political Science and Ethics", in *International Journal of Ethics*, Vol. XVII, p. 194. Also see R. Eucken, *The Problem of Human Life*, (English Translation), p. 38. Also see Erdmann, *History of Philosophy*, (English Translation), Vol. I, p. 122.

② Cushmen, *A Beginner's History of Philosophy*, Vol. I, p. 153.

③ See Barker, *The Political Thought of Plato and Aristotle*, p. 6.

④ Willoughby, *The Political Theories of the Ancient World*, p. 195.

⑤ *Ibid.*, p. 251.

monopolized by the Christian idea, politics is regarded as a branch of ethics as well as religion.

The political theory of Machiavelli, based on force and craft, was entirely independent of ethics. But because of this, he was vigorously attacked from all sides. Some writers regarded him as an artificial man so far as politics is concerned.① Others regarded his doctrine of political practice as immoral and wicked.② Still others say that he only knows that politics is politics.③

In the 17th century, when Hobbes wrote his political treatises, he made no distinction between the two.④ From ethical principles Spinoza developed his political doctrine, consequently he regarded political philosophy as a branch of ethics.⑤ The international jurists, like Grotius and Pufendorf, laying stress upon natural law as the starting point of political doctrine, are purely ethical. In his political writings, Locke, as pointed out, did not draw the line between moral and civil.⑥ The widely spread theory of revolution in the 18th century which justified the overthrow of the government is a moral rather than legal right.⑦

The German idealists, imbued by Plato and Aristotle, maintained that political philosophy was essentially an ethical study. In England, the idealists, like Green and many others, also regarded the purpose of the state as ethical. The father of Utilitarianism, Bentham, considered morality as the most important factor in legislation.⑧ Professor Sidgwick, when he wrote his *History of Ethics*, confessed that he took pains to keep Ethics as separate from Politics.⑨

The Pluralists, such as Barker, Laski all emphasize the question of what ought to be, which is ethical rather than political. Mr. Barker says, in his From Spencer to To-day: "Political philosophy in itself and apart from other studies is essentially an ethical study, which regards the state as a moral society and inquires into the ways by which it seeks its moral ultimate aim."⑩ Crossing to the other side of the Atlantic, we find

---

① See Dyer, *Machiavelli and Modern State*, pp. 40, 151.
② Garner, "Political Science and Ethics", see *International Journal of Ethics*, Vol. XVII, p. 197.
③ J. H. Tufts, (in Philosophical Review, Vol. 24, p. 133) "Ethics of the State."
④ Garner, *Ibid.*, p. 199.
⑤ Duff, *Spinoza's Political and Ethical Philosophy*, p. 11.
⑥ Willoughby, *The Nature of the State*, p. 76.
⑦ *Ibid.*, p. 77.
⑧ See Garner, *Ibid.*, p. 199.
⑨ Preface.
⑩ The Pluralists' view is ethical. See also Miss Ellis, "Pluralistic state", in *Political Review*, Vol. XIV, pp. 404, 406.

many eminent political writers in the United States, such as Lieber and Woosley, "gave great weight to ethics in their treatises on the state."① Professor Munroe Smith once said: "All the social relations with which politics, law and economics have to do are within the domain of ethics."② Professor Pound, in his recent book, Law and Morals, points out the inadequacy of the analytical view in contending that law and morals were distinct and unrelated and that the analytical jurist was concerned only with law.③

From this review, it may be well said without being contradictory that political philosophy is idle if it is divorced from Ethics for the reason that the moral end is its ultimate justification. We may have a state just as Machiavelli would like to have, but it can never be called a perfect state, for a perfect state is not a state where a wrong ethical ideal prevails.④

Undoubtedly, the misunderstanding of the writers in regard to the Chinese political philosophy is due to the ambiguous term 'Political Science', which is not yet or can not be separated from political philosophy. Whether Political Science can be called a science remains to be seen; but commonly speaking, 'science deals with what it is, and only philosophy can deal with what ought to be. It may be safe to say that in China before having intercourse with the occidental world, there was no Political Science if this term is used in a strict sense, but, it seems to me, it will be a mistake— a serious mistake to say that there was no or less political philosophy.

What has been said above may serve as a reply for Chinese political philosophy to the criticism made by most of the western writers. Positively, it seems that it will be worth while to give a moment's attention to point some advantages that may be gained from studying it.

The present subject is dealing with the political philosophy of two thousand years

---

① Garner, "Political Science and Ethics", see *International Journal of Ethics*, p. 200.

② Domain of *Political Science*, Vol. I, p. 4.

③ pp. 77, 71. In her New State, Miss Follett maintaining neighborhood as the basis of political organization is essentially ethical. See especially p. 129.

④ Looking to the treatises on political philosophy and ethics it seems that we shall see more clearly that political philosophy can not be divorced from ethics. For example, the Republic of Plato may be regarded as a treatise on ethics as well as political philosophy. Bk. VII of Aristotle's Politics deals with ethical doctrine, while Bk. V of his Ethics deals with political ideal as well as ethical ideal. The Mutual Aid and Ethics are two treatises dealt respectively with political and ethical doctrines. But, "Kropotkin's Ethics is, in a sense, a continuation of hsi well-known work, Mutual Aid. The basic ideas of the two books are closely connected, almost inseparable, in fact: —the origin and progress of human relations in society only, in the Ethic, Kropotkin approaches his theme through a study of the ideology of these relations." See Kropotkin, *Ethics*, "Translators' Preface", translated by L. S. Friedland and J. R. Piroshnikoff.

ago. Apparently, it seems to be too old and too remote from our century. But in reality, it is not dead; it is still in existence, still living with us and it still needs to be realized. Thus, for instance, look at the revolutionary theory of Lao-tze, one is inevitably led to say: "It is remarkable to hear such views from a Chinese thinker of over 2,400 years ago."① Look at the theory of Universalism of Confucius, one will see this is what the present internationalists and many other men of learning are advocating. Look at the writings of Moh Tih, one will see him advocating the doctrine of "love all", which is similar if not exactly the same to the theory of Alturism of Tolstoy and many others. Look to his doctrine of "benefit to each other", one will see him telling what Kropotkin has tried to tell in his Mutual Aid. Look at his doctrine of "Non-Attack", one will see him opposing and preaching what the pacifists and the Disarmament Conference are trying to do. In fact, if we look to all these doctrines and ideas, we will realize that they are part of our world, or to borrow Mr. Figgis' statement, "their ideas are by no means of the world of antiquity."②

Moreover, the value of studying Chinese political philosophy is to be found in its help to the interpretation of the Chinese history. It has been remarked, "No one can appreciate the middle period of American history unless he understands the issue between the North and the South in terms of the political theory of sovereignty." ③ Equally, it is true that one can not understand the monarchical form of government which existed dynasty after dynasty until recently without a knowledge of the political ideas of Confucius and its successors.

Furthermore, political ideal is a branch of the ideals of life and the starting points of them are practically the same. For example the conception of nature of Lao-tze, the conception of virtue or benevolence of Confucius, and the doctrine of love all of Moh Tih are the fundamental bases of their respective political ideals as well as the ideals of life. For this reason, an understanding of their political ideals is, in a sense, an understanding of their ideals of life.

In connection with this, another point comes within our horizon. In respect to the ideals of life, we are told, the world is divided into two: one is occidental and the other is oriental or Chinese④ if you like. The former is materialistic while the latter is

---

① Reid, "Revolution as Taught by Lao-tse", in *International Journal of Ethics*, Vol. XXXV, p. 294.
② Figgis, *From Gerson to Grotius*, p. 30.
③ Gettell, *History of Political Thought*, p. 18.
④ There were two branches of thought in the East: one originated in India and the other in China; but a thousand years ago, the Indian thought combined with the Chinese and a modified form resulted.

spiritual. One is active while the other is quiet. The former finds its origin in the writings of ancient Greeks while the latter finds its root in the doctrines of Lao-tze, Confucius and Moh Tih. It seems to me, we had better not go so far as Professor Dewey① and some others who have thought that the people of the West are ready to adopt the Chinese way of life; but we do believe that if a people of one-fourth of the total number of the earth, instead of decreasing, are still increasing in number day by day, their way and conception of life is and will be playing an important role in the human world, and to understand it will, at least, enlarge the horizon of our thought, if not serve as a pattern of our life.

CHAPTER II HISTORICAL BACKGROUND

It has been said that political theory is always correlated to actual political conditions. Looking from one side, it may be regarded as the result of the actual political condition in a given period, looking from the other, it may be considered as the cause of political changes. But commonly speaking, the former view is more true than the latter one; for it arises either to criticise or to justify, defend, and explain the actual condition and the authority under which men are living. The political writings of Locke, for example, were to justify the revolution of 1689 in England, while the political treatises of modern socialists are mostly to criticize the present political conditions.

Even the political writings of idealistic men like Plato and Thomas More were by no means so speculative as most of the people have thought of them, for Plato's Republic has little meaning unless viewed in the light of the conditions that existed during the decline of the Greek city-states; and More's Utopia depends upon the background of social unrest during the change from agriculture to sheep raising in England. ②

For this reason, in order to understand and appreciate the ancient Chinese political philosophy more thoroughly, it will be useful for us to have the general outlook on the period in which the political philosophers lived.

But before describing the conditions of that particular period serving as the historical background of the present study, a moment's attention is necessary to be called

---

① In his lecture, "the Chinese Conception of Life", in the Chinese magazine, *The Eastern Miscellany*, revised edition, no. 32.

Also see Dewey, "Racial Prejudice and Friction", in *The Chinese Social and Political Science Review*. Volumes VI and VII, p. 17.

② See Gettell, *History of Political Thought*, p. 4.

to the physical conditions of China in general. How important a role physical conditions play upon political ideas is open to question, and how much it influences the Chinese political philosophy remains unknown. But at any rate, there was and is no question about its influence, though such influence may be very little.

China is a large country in the world, covering an area of somewhat five million square miles. Although the whole area is within the temperate zone, the range of climate between the North and the South is quite different. In the evening of the year, when the fields of the North are covered with the heavy snow and the trees are destroyed by the boisterous wind, the people in the South still plant their seeds and pick their fruits.

Approximately, before the Chow dynasty, (about 1120, B. C.) the Chinese civilization had concentrated along the Yellow River, flowing from west to east in the northern part of China. At that time the southern part was deemed the land of the barbarians. But matters changed during and after the establishment of the Chow dynasty, when the culture of the north gradually spread to the south and finally flourished along the south of the Long River which is now in the central part of China.

The civilization changed its face when it came to the South, and the Chinese thinkers in the latter generations, usually if not always, considered that the differences between the intellectual atmosphere of the South and the North are due to the physical differences.

As the Yellow River has been a river of peril, and every year the people in the north have suffered from flood, the people in the south utilize the Long River for irrigation and transportation. But above all, it is its beautiful scenery that clarifies their heart, purifies their mind and leads them to appreciate and praise the goodness and usefulness of nature. So it is not a matter of surprise for the greatest poet① in the world in our century, while rowing in the heart of the river, one moon-light night, said from the bottom of his heart that it is the real spirit of the East.

As the soil in the north is not so fit for agriculture, the northern people have to fight every inch for the maintenance of life. But in the south, by reason of the fertile land, it is a true saying: "let men just put the seeds in the ground, nature will do the rest."

The result of this is that, as is generally recognized, the thought of the north is practical and the south imaginative. One is active while the other is passive. The former is in favor of the class system and the latter the principle of equality. The one is conservative, and the other revolutionary. One encourages man to conquer nature and

---

① Tagour.

the other to follow it.

The characteristic differences between the North and the South may also be found in the conversations of Confucius and his students. Tsze-lu asked about energy. The master said, "Do you mean the energy of the South, the energy of the North, or the energy which you should cultivate yourself?" To show forbearance and gentleness in teaching others; and not to revenge unreasonable conduct: —this is the energy of the southern regions, and the good man makes it his study. To lie under arms, and meet death without regret: —this is the energy of the northern regions, and the forceful make it their study."① In speaking of the differences of the doctrines and schools between the north and the south, Mencius said: "Chin Leang was a native of Tsoo. Pleased with the doctrines of Chow-kung② and Chung-ne③, he came northward to the Middle Kingdom and studied them. Among the scholars of the northern regions, there was perhaps none who excelled him."④

Analyzing the thoughts of the North and the South at their very foundation, it seems to me, the differences between them are not so significant and I can not help thinking that the majority of the writers have overemphasized the contrast between the two. But I do, to a certain extent, believe, for example, it is the abundant natural resources of the south and the beauty of the south that led Lao-tze to hold that nature is the mother of all things, that it is good and that it is the real beauty. On the other hand, it is the physical conditions of the north that led Confucius and especially Mencius to place emphasis on the economic problems.

Having considered the physical conditions, we now turn to the political, social, economic and intellectual conditions of that particular period, under our present study, covering a period of 400 years (from 700 B. C. to 200 B. C.). In the history of China, in some respects, this was a period of glory and enlightenment; in other respects, it was a period of pessimism and darkness.

Politically speaking, feudalism, in its strict sense, began during the Chow dynasty. Under this system the governmental organizations of the different states were nearly the same, and the differences between them and the imperial government were not to be found in the nature of the organizations, but in dignity, rank and size. In respect to the relations between the feudal states and the imperial government, the

---

① *The Doctrine of the Mean*, Chapter X.
② The duke of Chow.
③ Another name of Confucius.
④ Book III, part I, Chapter IV, p. 12.

former were under the supervision of the latter. In respect to internal affairs, the dukes or the kings of the feudal states had the absolute power to control the affairs within their respective territories. With respect to the relations between the states, they were treated and treated each other on an equal footing if their ranks were equal, and if any dispute arose between them, the decision of the imperial government was considered to be final.

For about five hundred years, this system had worked well. This was, undoubtedly, because the emperors of this long period were mostly, if not all, men of high character. But in 771 B. C., when the imperial domains were invaded by the northern barbarians, the emperor was killed. The next emperor, being afraid of the barbarians, quickly removed his capital to the East① and the Eastern Dynasty began its life, which had not lasted until 256 B. C.

When the new capital was in long clothes, the old one became desert. One of the great officers, travelling on public service, passed the old capital. Being sorrowful for the downfall of the House of Chow, the following poem was made②:

"Rice here drooping lowly,

Millet here in blade,

Wandering through them slowly,

I was sore dismayed.

Said the folks who knew me,

I with sorrow fought

Folks who did not know me

Asked if aught I sought.

Powers of azure Heaven's abuses!

Who, also! Was cause of this?"

The removal of the capital and the killing of the emperor showed the loss of the dignity and the lack of confidence of the emperor. Moreover, the successors of the emperor killed were all men of weak minds, the ambitious kings began to be aggressive. In name, they were loyal to the emperor; in fact, they tried by all means to control their weak colleagues and even the emperor.

The kings, being equal in rank though perhaps not in power, were not willing to be under the control of their colleagues. They were determined to fight for their independence and not to give up their kingdoms and to live under the yoke of the others. This of course meant the existence of war, if they did not accept the latter case. War was then a

---

① The capital was removed to a place that is now called Honan.
② *Book of Poetry*, Part I, Book VI, I. See Jenning's translation.

universal occupation. The war was not only between states, but also between states and the imperial government, between the states and the empire on the one hand and the barbarous tribes on the other, between the high officials and the kings, between high officials and high officials, — everywhere, turbulence, confusion and anarchy!

There were more than four hundred states at the time of the removal of the capital. But because of the frequency of war, some of them being unable to stand, had voluntarily joined or had been absorbed by force to the stronger states. At the time of Chue Chiu (Spring and Autumn)[①], the number of states was reduced to not more than twenty, and during the time of warring states, only seven remained.

In speaking of the evil of war, said Lao-tze, "Brambles spring out from the place where occupied by an arm force and years of dearth are certain to follow in the wake of battalions."[②] So said Mencius: "When contentions about territory are the ground on which they fight, they slaughter men, till the field are filled with them. When some struggle for a city is the ground on which they fight, they slaughter men till the city is filled with them. This is what is called 'leading one the land to devour human.' Death is not enough for such a crime."[③]

As the king of the strong state tried to extend their territories, the weak king, being defeated in many battles and having lost territory, said sorrowfully when Mencius came to see him: "There was not in the empire a state stronger than Tsin, as you, venerable Sir, know. But since it descended to me, on the east we have been defeated by Tse, and then my eldest son perished; on the West we have lost seven hundred 'le' of territory to Tsin; and the South, we have sustained disgrace at the hands of Tsoo. I have brought shame on my departed predecessors, and wish on their account to wipe it away, once for all."[④]

In the days of fighting, the decree of the emperor became ineffective, the kings of the states became tyrants, and the political situation became more chaotic, and the people had to leave their country and go to another place. Here is a song of the emigrants[⑤]:

"Cold north winds are blowing,

Heavy falls the snow.

---

① Spring and Autumn is a chronicle of the state of Lu, covering a period of 242 years from 722–480 B.C.
② *Cannon of Reason and Virtue*, Chapter 30.
③ *Mencius Book* IV part I, Chapter XIII, 2.
④ *Mencius Book* I part I, Chapter IV, 1.
⑤ *Book of Poetry*, Part I, Book III, Stanza 16.

Friend, thy hand, if thou art friendly!
Forth together let us go.
Long, too long, we loiter here:
Times are too severe."
How the north wind whistles,
Driving snow and sleet!
Friend, thy hand, if thou art friendly!
Let us, thou and I, retreat.
Long, too long, we loiter here:
Times are too severe."
"Nothing red, but foxes!
Nothing black, but crows.
Friend, thy hand, if thou art friendly!
Come with me— my wagon goes.
Long, too long, we loiter here:
Times are too severe."

When they were forced to go, they could not go with their parents and brothers. After they reached the strange place, nobody would care for them as their parents and brothers did, though they were living a life of poverty. The following songs give us a true picture of these men[①]:

"There intertwine the creepers fine
Beside the Ho luxuriantly.
Through life I roam far from my home,
And call a stranger father,
And call a stranger father,
Yet none will turn to look on me."
"There intertwine the creepers fine,
And the Ho's banks they overrun.
Through life I roam far from my home,
And call a stranger mother,
And call a stranger mother,
Yet none will take me for a son."
"There intertwine the creepers fine,

---

① *Book of Poetry*, Part Ⅰ, Book Ⅵ, 7.

>And o'er the Ho's steep bank they crawl.
>Through life I roam, far from my home,
>And call a stranger brother,
>And call a stranger brother,
>Yet none will listen to my call."

The officials as well as the people of the stranger land, not only did not care for them, but some of them even treated them badly and took what they had. This may be found in the following songs:①

>"Yellow birds, yellow birds!
>Do not crowd the tree-tops;
>Come not pecking our crops.
>From the folk of this land
>We no welcoming win;
>Up, let us return
>To our country and kin."
>
>"Yellow birds, yellow birds!
>—Not the mulberry-trees.
>Come not pecking our maize.
>—With the folk of this land
>Understanding is vain;
>Up, let us return
>To our brethren again."
>
>"Yellow birds, yellow birds!
>—Nor the thicket of thorn.
>Come not pecking our corn.
>With the flock of this land
>We can never remain;
>Up, let us return
>To our father again."

But those who stayed at home suffered more than those who were out. This is their complaint:②

---

① *Book of Poetry*, Part Ⅱ, Book Ⅳ, 3.
② *Ibid.*, Part Ⅱ, Book Ⅴ, 10.

>"See the waters of the fountain,
>Turbid now then crystalline. —
>Daily wedded to Misfortune,
>When shall I make fortune mine?"

>"I am not a hawk, an eagle,
>That may soar into the sky.
>Nor am I an eel or lamprey,
>In the deep to lurk and lie."

They were, in fact, like the fish in a pond and were bound to suffer. Here is what they sang:①

>"When a fish is placed in a pond,
>Little there doth it find to please;
>Deep down it may dive and lie,
>Yet is seen with the greatest ease.
>Ah, deep in my heart lies grief.
>As I think of my country's tyrannies."

Under such catastrophic conditions, they regretted that they were born into this world; such pessimistic view may be found in the following song:②

>"The flowers are now gone;
>There are only the leaves full green.
>Ah, had I known it would be thus with me,
>I had better not have been born."

Even the tender heart of women in those days had made a vigorous attack on the political corruption. A story may be told as to show women's view on political conditions in this period. When Confucius was on his way to a certain place with his student, he saw a woman weeping bitterly and sorrowfully beside the tombs near the Ti-Mountain. His student was sent forth to ask her why she was weeping with such deep sorrow. In reply, she said: "My brother was killed by a tiger, and so my husband and now again my son." "Why don't you remove to another place?" Asked Confucius. "There is no political corruption in this place." She answered. Confucius, unhappily said to his student: "Listen, my boy, Political corruption is more harmful than the teeth of a tiger."

---

① *Book of Poetry*, Book Ⅳ, 8.
② *Ibid.*, Book Ⅶ, 9. Wu's translation.

In China, a most familiar saying is: "A good son will never become a soldier." Soldiers, undoubtedly, enjoy no high social standing in China. The reason is that, to become a soldier, means he is a man of hardened heart and likely to do something harmful to society. But in the time of war, as some people were forced to become soldiers, the following complaint was made:①

"How freely are the wild geese on their wings,

And the rest they find on the bushy yu trees!

But we, ceaseless toilers in the king's service,

Cannot even plant our millet and rice.

What will our parents have to rely on?

O thou distant and azure Heaven!

When shall all this end?"

As the marches were incessant, for all day long and night, without caring for the miseries and hardships of the soldiers, another complaint was made:②

"What leaves are not yellow!

What day do we not march!

What man is not wandering—

Serving in some corner of the kingdom!"

"What leaves have not turned purple!

What man is not torn from his wife!

Mercy on us soldiers:—

Are we not also men?"

By custom, the royal guards were formed for the protection of the kings and the palace only. But when the regular army of the frontier was severely defeated by the barbarian tribes, they were sent to take the place of the regular army. Here is their sorrowful expression. ③

"Grand Commander!

Why be we, — the teeth and talons of the king, —

Moved about, in miserable case,

With no longer an abiding place?"

"Grand Commander!

Why be we, —the braces, the talons of the king, —

---

① *Book of Poetry*, Part Ⅰ, Book Ⅻ, X.
② *Ibid.*, Part Ⅱ, Book Ⅷ, X.
③ *Ibid.*, Part Ⅱ, Book Ⅳ, Ⅰ.

Moved about, in miserable plight,
With the end still hidden from our sight?"

"Grand Commander!
Surely here is lack of judgement shown.
Why transport us to this misery,
Who have mothers managing the meals alone?"

Socially speaking, the family in China is the corner stone of all political as well as social organizations. Families gathered into groups, made a village, and groups of villages infinitely multiplied made a corporate nation. So a state or even the universal empire is the enlargement of the family. If the family is well regulated, the state is easily governed and the universal empire is not hard to realize, for the art of managing a state or universal empire is almost the same as the art of managing the family. 'The setting may be different, the corner stone remains untouched.'

But in order to make the members of the family live peacefully and happily, everyone must realize his position and to act in accordance with his duty. To be a father or a mother, he or she must take care of his or her children. To be a son or daughter, he or she must respect and obey his or her parents. So this is true for the older and younger brothers and sisters. What then were the conditions of the family of the period that we are attempting to study? Were the members of the family realizing their positions and performing their duties?

A story was told. After Swin Kiang became the second wife of a duke, two sons were born. The mother and the younger son brought charges against the son of the former wife. The Duke at once sent him to another state and at the same time employed some ruffians to murder him on his way. The elder son of the second wife, knowing the false charge of his mother and his brother and the innocence of the son of the first wife, warned him of the danger. But he answered: "If it is the command of the Duke, I have to obey it." In order to save his innocent brother, the elder son of the second wife disguised himself and went to the place where the ruffians were waiting and he was killed. When the son of the first wife came to that place, he said to the murderers: "It is I whom the Duke ordered to kill. "What wrong my brother has committed?" The ruffians killed him also. The people were hurt by this tragedy and sang:①

"Two youths there were, each took his boat,
That floated mirrored in the stream; —

---

① *Book of Poetry*, Part I, Book III, 19.

And O the fear for those two youths,

And O the anxiety extreme!"

"Two youths they were, each took his boat,

And floated on the stream away;—

And O the fear for those two youths,

If harmed, yet innocent were they."

Many instances like this may be told. This is, I think, the most striking thing that leads Confucius and his successors to maintain strongly: "Wishing to order well their states, they must first of all regulate their families."

Marriage, according to the old rule, could not take place without the consent of parents. But now this rule was no longer to be observed by young men and women. Irregular love-making was widely spreading in many states. For example,①

"A modest maiden, passing fair to see,

Wait at the corner of the wall for me,

I love her, yet I have no interviewing:—

I scratch my head—I know not what to do.

"The modest maid—how winsome was she then,

They say she gave her vermilion pen!

Vermilion pen was never yet so bright,—

The maid's own loveliness is my delight.

"Now from the pasture lands she sends a shoot.

Of couchgrass fair; and rare it is, to boot.

Yet thou, my plant (when beauties I compare),

Art but the fair one's gift, and not the Fair!"

To Confucius and his successors, this, of course, meant the lack of morality and it may be said that this was one of the causes that made them to lay stress on ethical teaching. Equally, the rules of propriety or ceremonies of the olden days were neglected. In speaking of the lack of ceremonies of his day, said Confucius: "I could describe the ceremonies of the Hsia dynasty, but Chi can not sufficiently attest my words. I could describe the ceremonies of the Yin dynasty, but Sung could not sufficiently attest my words (they could not do so), because of the insufficency of their records and wise men."② (p. 22)

---

① *Book of Poetry*, Part Ⅰ, Book Ⅲ, 17.
② *Confucian Analects*, Book Ⅲ, Chapter Ⅸ.

The most striking feature of the social vicissitudes was the change of class system. The old territorial aristocracy had vanished, the kings or princes who enjoyed a social standing only second to the emperor in the past were now sinking to a position that was not better than slaves. So it was sung: ①

"Reduced! Reduced!

Why not return?

If it were not for your person, O prince,

How should we be here in the mire."

On the other hand, the lower class people who formerly took no part in government, were not getting high positions. For example: ②

"The sons of boatmen,

Are wrapped in furs of the bear and grisly bear!

And sons of servitude

Form the officers of public employment!"

So the old class institutions were abolished. But a new system came instead. The new one, to be sure, was different from the old one for the reason that it was unconsciously growing and that it was founded on an economic basis. There were only two classes under the new regime: one was the rich and the other was poor. In describing the conditions and the differences between the poor and the rich, wrote a poet: ③

"They, there, have the choicest wines,

They, there, have the daintiest food.

And their neighbors sit down with them,

And their kinsfolk, in multitudes.

I think how I stand alone,

And my soul in deep broods."

Here is another: ④

"Now the Winter days grow colder,

And the storm-winds round us moan. ——

And while all around are happy,

Why am I distressed alone?"

There are at least three reasons for explaining the growth of economic inequality. In

---

① *Book of Poetry*, Part Ⅰ, Book Ⅲ, 11.
② *Ibid.*, Part Ⅰ, Book Ⅲ, 9.
③ *Ibid.*, Part Ⅱ, Book Ⅳ, Ⅷ, Stanza 13.
④ *Ibid.*, Part Ⅱ, Book Ⅴ, Ⅹ, Stanza 2.

the first place, in China, before and during the earlier days of the Chow dynasty, each person was entitled to have a share of land. This is called the Chin-Tin system under which a piece of land, covering 900 square Mow, was divided into nine parts. Eight parts were given to eight qualified persons by the governmental authority, and the ninth part, being in the center of the eight parts, belonged to the government which was generally called the public field. The eight owners, besides cultivating their respective share, were required to cultivate collectively the public field, the products of which were rendered to the government for the public use.

Under this system, no man could get more and no less than the others. When one was at the age of twenty, or at the time of marriage, he was entitled to have his share. When he was sixty he had to return it to the government for the young. It is obvious that, under such a regime, no one could become extremely rich though he might have extraordinary ability or strength and equally no one would become poor if he did try to work. Economic inequality found little, if any, place in this system.

When the wars came, the authorities of the states were busy in fighting and neglected to maintain this system. The result was that those who occupied the land would not give up when he was old, and those who were entitled to receive were not given. It was natural that the new classes began to appear. Mencius was excited at seeing the former system being abolished and said. "Now the livelihood of the people is so regulated, that, above, they have not sufficient wherewith to serve their parents, and, below, they have not sufficient wherewith to support their wives and children. Notwithstanding good years, their lives are continually embittered, and, in bad years, they do not escape destruction. In such circumstances, they only try to save themselves from death, and are afraid they will not succeed. What leisure have they to cultivate propriety and righteousness?" He continued, "Let mulberry-trees be planted about the homesteads with their five mow, and persons of fifty years of age may be clothed with silk. In keeping fowls, pigs and swine, let not their times of breeding be neglected, and persons of seventy years may eat meat. Let there not be taken away the time that is proper for the cultivation of the farm with its hundred mow, and the family of eight mouths that is supported by it shall not suffer from hunger—It never has been that the ruler of a state where such results were seen, —the old wearing silk and eating meat, and the blackhaired people suffering neither from hunger nor cold, —did not attain to the Imperial dignity."①

---

① *Mencius*, Book I, Chapter V.

Secondly, the result of war facilitated the means of communication and transportation. Large cities began to grow. The development of urbanism changed the economic tendency from agriculture to industry and commerce. Rich became richer and poor poorer. The complaint of the ill-paid woman may be found in the following poem:①

"Shoes thinly woven of the dolichos fibre
May be used to walk on the hoarfrost!
And the delicate fingers of women
May be used to make clothes!
Sew the waistband and sew the collar!
And the good man wears them!"

Thirdly, because of the incessant wars and the corrupt governments, heavy taxes were levied. Said Lao-tze, "The people are hungry on account of the large amount of taxation consumed by their rulers, that is why they hunger."② "To act in accordance with the way of nature is like the drawing of a bow. If too high, we lower it; if too low, we elevate it. If it is too much, we reduce it; if not enough, we add to it. To act according to the way of nature is to take from abundance to make what is not enough. But the artificial way of men in doing things is not so; there is taken from those who have not enough to supply the wants of those who have superfluity."③

Mencius also said, "Let it be seen to that their fields of grain and hemp were cultivated, and make the taxes on them light; —so the people may be made rich."④ One of his students made a very emphatic statement: "The princes of the present take from their people just as a robber despoils his victim."⑤ In the Book of Poetry we also have this piece:⑥

"Large rats! Large rats!
Do not eat our millet.
Three years we have tolerated you,
But you have shown no regard for us,
We will leave you,
And go to that happy land! —
Happy land! Happy land!

---

① *Book of Poetry*, Part Ⅰ, Book Ⅸ, 1.
② *Lao-tze*, Chapter 75.
③ *Canon of Reason and Virtue*, Chapter 77.
④ *Mencius*, Book Ⅷ, Part Ⅰ, Chapter 22.
⑤ *Book of Poetry*, Book Ⅴ, Part Ⅱ, Chapter Ⅳ, 5.
⑥ *Ibid.*, Part Ⅲ, Book Ⅸ, 7. Wu's translation.

Where shall we find our peace."

A more emphatic one is this: ①

"Men had their land and farms,
But you have them now.
Men had their people and retainers,
But these you have taken from them.
Here is an innocent man,
But you have imprisoned him.
There is a guilty man,
But you have let him go free."

Having shown the political, social and economic aspects of the period, it remains to say something about the intellectual atmosphere which, it seems to us, is more close to our study.

We all know that education is a means for getting knowledge. An understanding of the educational conditions of a given period or place is an understanding of the intellectual movement of that period or place. Before the time of Lao-tze, education was monopolized by the noble class. It was perfectly right to say that the noble class was the most intelligent class. There were, of course, many schools established for the purpose of teaching the common people, but what the people could get from them only the common knowledge and only the noble class had a chance to read more books and to have good teachers.

But at the time of Loa-tze, the case became different for various reasons. In the first place, the noble class had vanished, so intelligent class was not necessarily the rich class. Secondly, when Loa-tze became the solicitor of the Imperial government, he transmitted the books to the common people. Thirdly, the private schools established by highly trained men, such as Confucius and Mencius, opened the door to everybody. Fourthly, civil examination was held by some states for choosing governmental officials, so those who desired to get positions tried to study hard. Fifthly, the kings or princes, fearing that the learned men might be invited by the kings of other states, tried to keep those who were in their own states and to welcome those who came from outside. The learned men might be poor today, but might be promoted to a high position tomorrow. This encouraged people to pay more attention to the study of political problems. Sixthly, the art of writing changed from complex to simple forms and this increased the facility in

---

① *Book of Poetry*, Part Ⅲ, Book Ⅲ, 10.

writing books. The kings and high officials, anxious to get advise from scholars for meliorating the conditions of their country, made little if any attempt to interfere with the freedom of speech.① Eightly and lastly, as the means of communication became easy, people could go to other places to obtain knowledge if they could not get in their native places.

For these reasons, we had more than a hundred eminent philosophers in those days. By tracing the origin of their teachings or ideals, they have been usually grouped into ten schools, namely: Taoism, Confucianism, Mohism, the Juristic school, the school of logic,② Politicians, Electic school,③ agricultural school, novelists and Necromanticism. This classification was made more than fifteen centuries ago and the Chinese thinkers, even at the present day still follow it without making any change. But in our study, only a few can be taken into consideration for the simple reason that some of them, such as the neoromanticism and the school of logic gave very little attention to political questions, and consequently their political ideals played no important role in Chinese political life either in their times or in latter centuries.

CHAPTER Ⅲ TAOISM

The founder and the best expounder of Taoism was Lao-tze. But the world seems to know little about Lao-tze. When one is asked about Chinese philosophers, he perhaps will at once think of Confucius. It is true the name of Confucius impresses the Western as well as the Chinese mind more than any other philosophers in China, but equally it is true that, if we make a careful study of the history of the Chinese thought, we shall realize that Lao-tze has been and is playing a role which is much more important than that of Confucius.

Lao-tze, born about 600 B. C. was one of the official historiographers of the Chow Dynasty, whose duty it was to take care of all the books of the Empire. In view of his position, he was able to make an extensive study of the books and became the most learned man in his time. We were told that he was the teacher of Confucius, and many times Confucius went to see him and ask him questions especially concerning the rules of propriety.

---

① 编注：原稿缺"Sevenly"。

② The school of logic, in its strict sense, is not like that in the West, but on account of the difficulty in translating the term, this term is used.

③ This school must not be confounded with the Eclectic school that I use for the Mohism, for the former is used for Chinese thoughts in general, while the latter is used in political philosophy only.

I have already pointed out, in the introductory chapter, that, the starting point of Lao-tze's political philosophy is his conception of nature. Therefore, in order to increase our facility in understanding his political ideals, it will be better to begin from this point.

Nature, according to Lao-tze, is a perfect whole. 'It is as complete in the small as the great and she is whole in all her parts.' To understand the small means to understand the large. To comprehend one part of her means to comprehend her as a whole. To know, then, the one is to know the other. Thus he says:①

"The world may be known

Without crossing one's gate.

Nor need one peep through the window

In order Nature's course to contemplate."

Again he says: ②

"The world's most difficult undertakings

Necessarily originate while easy.

The world's greatest undertakings

Necessarily originate while small."

To him, then, mere size does not count for much with Nature: She is all there, in the least as in the greatest.

The logical basis for him to hold such a view is to be found in his theory of relativity. He seems to have held that knowledge is only relatively true. Things may appear to men as white or black, long or short, etc., but in reality they are not, for they are all the same and they are one. This conception is elaborated in the following passage:③ "Existence and non-existence have a common birth; difficult and easy have a common creation; long and short have a common obviousness; high and low present a common contrast; sound-waves and noise have a common unison; before and after have a common sequence."

This theory was worked out more clearly by his successors. Acting as the mouthpiece of Lao-tze, said Chuang Tze,④ his most prominent student, "There is nothing under the canopy of Heaven greater than an autumn spikelet. A vast mountain is a small thing. The universe and I came into being together; and all things therein are one." Again he said, "In the light of nature or Tao, affirmative is reconciled with negative;

---

① *Canon of Reason and Virtue*, Chapter 47.
② *Ibid.*, Chapter 63.
③ *Ibid.*, Chapter 2.
④ See Giles, *China and The Chinese*, p. 157.

objective is identified with subjective; and when objective and subjective are both without their correlatives that is the very axis of 'tao'; and when that axis passes through the centre at which all infinities converge, positive and negative alike blend into an infinite one."

If all things are one and if they are all the same, of course they are equal to each other; and if they are equal to each other, they should be treated on an equal footing. By this interpretation, his theory of equality is worked out. There are different kinds of equality. In regard to natural equality, Lao-tze unlike the modern writers, did not confine his meaning to human beings. Instead of saying that all men are born free and equal, he would have declared that all things are born equal. The meaning of this is that even plants and animals should be treated on an equal footing as men. Thus he said, "Nature is not necessary to be benevolent to a particular kind of people, he treats all of them as if they were grass and dogs."①

In regard to social equality, Lao-tze did not definitely deny the existence of classes, but he however, maintained that no special privileges should be granted to a particular class for the reason that, "The more distinguished take their root in the mean, and the more exalted have their foundation in the lowly."② Therefore, "there ought not to be any respecting of a particular kind of persons, nor any condemning of a particular kind of persons."③

In regard to economic equality, he strongly opposed all differences in wealth or property. All men, it seems to him, should have the same means to live, to eat and to be clothed. There should be no richest or poorest. This idea is in fact derived from his theory of natural equality. The more radical ideal in regard to economic equality is that when he said, "To act according to the way of nature is to take from abundance to make what is not enough."④

The reasons for economic inequality, according to him, are, in the first place, that there are too many regulations which prohibit the free action of the people in securing their economic wants, in producing their resources. Thus he said, "The more artificial restrictions and prohibitions there are in the world, the poorer grow the people."⑤ Secondly, because those who are in power take too much from the others by means of

---

① *Canon of Reason and Virtue*, Chapter 10.
② *Ibid.*, Chapter XXXVII.
③ *Ibid.*, Chapter LVI.
④ Lao-tze, *Canon of Reason and Virtue*, Chapter 77.
⑤ *Ibid.*, Chapter 18.

taxation.① Thirdly, because of luxury and showiness②, and lastly, because of covetous desires.③

In regard to political equality, he was silent as to the right of the people to have a like share in the government and the eligibility of the people to hold office. But it is very clear that he held that all the people should have a voice of great weight in discussing governmental affairs and in determining public policy, because he seems to have thought that the government is set up for the sake of the people and the duty of the rulers is to do what the people want them to do. "A good ruler has no fixed opinion; he makes the opinion of the people his opinion."④

The most striking feature of Lao-tze's political theory is that he advocated a return to the state of nature. This is because he conceived that the state of nature is a perfect whole in which everything is in order and everything is prepared, so that it is useless for people to add something more to it. In France, we are told, the saying is that, "Just get born in France, the state will do the rest." But what Lao-tze would have told us is, "just get born into the state of nature, she will do everything for you."

In the state of nature, men are equal, self-sufficient and contented. There is no private property in the state of nature. All things are considered as belonging to the public. The people need not work hard, because to depend upon nature is sufficient for sustenance. They don't know what is morality, yet they never do anything immoral. They don't know what is righteousness, benevolence, rules of propriety. In fact, they are "like an infant before he has reached boyhood, drifting along in a purposeless manner! Tranquil and having no desires, like the ocean; beating about, like as though without stopping."⑤ In other words, the state of nature is a state of innocence rather than a state of consciousness.

Contrary to the state of nature is the artificial state. Before discussing the conditions of the artificial state, a moment's attention should be called to the difference between things natural and things artificial. "Horses and oxen have four feet; that is natural. Put a halter on a horse's head, a string through a bullock's nose; that is the artificial.⑥ What we call things natural is then the original features and character of the things; and

---

① Lao-tze, *Canon of Reason and Virtue*, Chapter 75.
② *Ibid.*, Chapter 29.
③ *Ibid.*, Chapter 33.
④ *Ibid.*, Chapter 49.
⑤ *Canon of Reason and Virtue*, Chapter 20.
⑥ Statement made by his student. Also see Giles, *China and the Chinese*, p. 156.

what we call things artificial are the things made or added by the hands of men.

Lao-tze, no doubt, would agree with Rousseau in saying that anything which is naturally created is good and when it comes to the human hand, it becomes bad.① As such a conception was applied to politics he was inevitably led to think that the political system was bad, because it was artificial. The differences between the conditions of the state of nature and that of the artificial state may be illustrated in the following statements. "When the empire is going according to the way of nature the pacing chargers are driven back to do tillage work; but when the empire is destitute of such way, then war-horses spring up outside all our towns."② (46) "Now glory in warfare is an inauspicious engine, and mankind are apt to show their hate of it; hence those who really act according to the way of nature will have no dealings with it. —Warfare is an inauspicious engine, and not the engine of a man who acts according to the way of nature."③ (31) "To act according to the way of nature is like the drawing of a bow. If too high, we lower it; if too low, we elevate it. If it is too much, we reduce it; if not enough, add to it. To act according to the way of nature is to take from abundance to make what is not enough. But the artificial way of men in doing things is not so; there is taken from those who have not enough to supply the wants of those who have superfluity."④ (77)

But why, instead of remaining in the state of nature, have men come to live in the artificial state? The reasons given by Lao-tze are: that, in the first place, men are induced by the materialistic stimulation, for example, "five colors blind the human eyes; the five notes of music deafen the ear; the five tastes spoil the human mouth."⑤ secondly, men are moved by social and political influences and interference. Thus he said, "The more artificial restrictions and prohibition there are in the world, the poorer grow the people. The more inventions and weapons the people have, the more troubled is the state.' The more cunning and skill man has, the more startling events will happen. The more laws and mandates are enacted, the more there will thieves and robbers."⑥

Having known the causes, what then is the way of a remedy? According to him, the only way is non-action. In the writings of Lao-tze, in nearly every chapter, he

---

① See Rousseau, *Emile*, p. 1.
② *Canon of Reason and Virtue*, Chapter 46.
③ *Ibid.*, Chapter 31.
④ *Ibid.*, Chapter 77.
⑤ *Ibid.*, Chapter 12.
⑥ Lao-tze, *Canon of Reason and Virtue*, Chapter 57.

emphasizes the importance of non-action as the only means for political reform. What I can do here is to select those passages which seem to me to be the most important ones:

"Not exalting worth keeps people from rivalry. Not rivalry. Not prizing what is difficult to obtain keeps people from committing theft. Not contemplating what kindles desire keeps the heart unconfused. There the holy man when he governs empties the people's hearts but fills their souls. He weakens their ambitions but strengthens their backbones. Always he keeps the people unsophisticated and without desire. He causes that the crafty do not dare to act. When he acts with non-assertion there is nothing ungoverned. (Ⅲ)

"Superior goodness resembleth water. Water in goodness benefiteth the ten thousand things, yet it quarreleth not." (8)

"Abandon your wisdom; put away your prudence; and the people will gain a hundredfold! Abandon your benevolence; put away your justice; and the people will return to filial devotion and paternal love! Abandon your scheming; put away your gains; and thieves and robbers will no longer exist." (19)

"Empire is a thing which can not be administered by action, and those who try their hands at it are apt to come to grief." (29)

"The wise say: I practice non-action, and the people of themselves reform. I love quietude, and the people of themselves become righteous, I initiate no policy, and the people of themselves become simple." (57)

"Diminish, and continue to diminish, until you arrive at the state of non-action. Do nothing, and nothing is done." (48)

"Those who try their hand at action are apt to come to grief; those who grasp at a thing are apt to see it slip away. But the wise man, by not making work escapes coming to grief; and by grasping at a thing, does not see it slip away." (64)

According to Lao-tze, the process from the state of non-action to the state of action, is gradual, and the course may be divided into many steps. Each step denotes one kind of government. This gives us the idea of his classification of government. Thus he said, "The government of the superior virtue, avoiding action, finds no necessity to act; whilst the government of the inferior virtue takes action, yet still finds it necessary to act. The government of superior benevolence takes action, and then finds no necessity to act. The government of superior justice takes action yet still finds it necessary to act. The government of the superior propriety takes action yet finds no response at all, so that it arms and enforces its rules. Thus when the way of nature is not used, virtue appears. When benevolence can not be maintained, justice appears. When justice can no longer be maintained, the rule of propriety appears. The rule of propriety are the semblance of loyalty and faith, and the beginning of disorder."①

The task of government then is to see by what means it uses to govern the people. On the other hand, the attitude of the people is different for the different kind of government. Said he, "The best kind of government is that the existence of which is not even noticed by the people. The better one is that the people are attached to it and praise it. The worse kind is that the people fear it, and the worst kind is that the people despise it."②

It is no doubt that, to him, the best kind is the one that acts according to the way of nature or takes no action, and the worst one is the one that strictly enforces the rules or propriety.

Observing what has been discussed above, it may be well said that Lao-tze was advocating the philosophy of political non-interference, or laissez-faire, or anarchism. "The people are difficult to govern, because the governments are meddlesome."③(75) "There is always the Master Executioner who kills. To undertake the executions for the Master Executioner is like hewing wood for the Master Carpenter. Whoever undertakes to hew wood for the Master Carpenter rarely escapes injuring his hand."④ The Master Executioner, of course, is Nature herself.⑤ At this point he was somewhat like the physiocrates in the 18th century.

The political institutions under the period of our discussion found their beginnings almost two thousand years ago. They had undergone many changes when the dynasties were changed or even in normal times. But the changes were gradual rather than sudden, partial rather than whole, moderate rather than radical. In short, they were evolutionary rather than revolutionary. But to advocate the doctrine of non-action, non-interference and anarchism certainly meant to try to abolish the existing political regime of that time. It is in this respect that Lao-tze has been regarded as a revolutionist—a revolutionist who first appeared in the history of China; and it was because of such extremely radical views that caused Confucius and his successors to turn to another method.

While the destructive side of Lao-tze's political theory was to overthrow the existing

---

① *Canon of Reason and Virtue*, Chapter 38.
② *Ibid.*, Chapter 17.
③ *Canon of Reason and Virtue*, Chapter 75.
④ *Ibid.*, Chapter 74.
⑤ See Wu, *The Ancient Chinese Logical Method*, p. 15.

political institutions, the constructive side of his theory was to form an ideal state the scheme of which may be found in the following passage: "A small state with a small number of people where though there be ships and carriages, there is no occasion to ride in them; and, though there be armor and weapons, there is no occasion to use them; where knotted cords are to be revived (in place of writing); where the people shall be so content with their food, clothing, dwelling, and customs, that though there be neighboring states within sight, and the voices of the cooks and dogs thereof be within hearing, yet the people might grow old and die before they ever visited one another." ①

It has been said that it was a utopia that Lao-tze spoke of. It is true that his ideal state seems to be too idealistic, but equally it is true that such ideal had a great influence in Chinese life. When one goes a little further from the big cities in China, one will find that There are no less people, living together in a place, cultivating their fields, enjoying their life, and never going out to make close contact with the outside world except every year paying a small amount of tax to the collectors of the government. They know little if anything about the structure, the function of the government and they never hope to get or secure a position in the government. They are content with what they are, what they have and what they do. They do not know much about laws, because they are rarely doing something contrary to laws.

Of course some of them are very quarrelsome and sometimes even fight with each other; but scarcely a case comes to court, for they, frequently if not always, settle it by themselves. The method that they use to settle disputes is very simple and very effective. When a dispute arises out between two parties, men of high quality in their group will come voluntarily or by the request of one party or both to settle for them, not in any legal sense but in a compromising way without losing the face of either party. To us, the students of Political Science, undoubtedly, this is the significant defect of the Chinese people, for it prevents the people from having a political interest, responsibility and education. But there are no less people who think that, after all, politics is only one of the means for securing the aim of human life. What we are seeking, fighting and doing is to live peacefully and happily, and as soon as we can get this, why should we get ourselves into the trouble of studying politics. Whether such a view is right or not is a question that is not within our study. But what is to be remembered is that the general character of Chinese is by no means more Confucian than Taoistic.

The greatest successor of Lao-tze was Chung Tze. ② But nothing can be said about

---

① Lao-tze, *Canon of Reason and Virtue*, Chapter 80.
② His date of birth and death is disputable, but it is generally recognized that he lived about 370-300 B.C.

him here, not because he had not formed any political theory, but his political theory is largely, if not entirely, similar to that of Lao-tze.

Besides Chung Tze, there have been many other political philosophers. They are either directly or indirectly influenced by Lao-tze and are regarded as his successors. But their theories are by no means entirely similar to the theory of Lao-tze, and some of them even went very far from him and one can hardly find out any connection between them and Lao-tze. Moreover, they themselves are different from each other, but, nevertheless, they may be grouped into four schools, namely, individualism, anarchism, socialism and the juristic school.

The individualistic school may be subdivided into two schools: one is the optimistic individualism and the other is the pessimistic individualism. The leading expounder of the latter was Chen Chong Tze[①] and that of the former was Young Tze. (About 440-360 B. C.) The individualistic view of Young Tze is stated in the Book of Mencius: "The principle of the philosopher Young was— 'Each one for himself.' Though he might have benefited the whole country by plucking out a single hair, he would not have done it."[②]

The starting point of his theory is that our life is too short, so it is better for us to enjoy as much as we can. It may be said that to a certain extent, this theory is somewhat similar to that of Aristippus and his successor, Epicurus. Thus he said, "The ancient people, knowing that birth is temporarily coming and death is temporarily going, act in accordance with their desires and not contrary to nature…" To act in accordance with your desire is to "hear what you like, to see what you want, to smell what you please, to speak what you wish, to try by all means for your bodily happiness and to act according to your will." This statement may be crystallized into the common saying: "Let us try our best to eat to-day, for to-morrow we may leave this world."

He vigorously attacked governmental interference and advocated the absolute liberty of each person. But he however did not think that it is right to encroach upon the liberty of the other, in order to satisfy one's desire. "To scarify a single cent for the benefit of the whole world I shall not do, but to give up the whole kingdom for my own sake, I will not receive. If every man will not give up a single cent, and if every one will not benefit from the country, the country will be well governed."

The theory of Young Tze was widely prevalent in his time and he has been regarded as one of the most famous philosophers in the history of Chinese philosophy. Mencius,

---

① A contemporary of Mencius.
② *Mencius*, Book 7, Part Ⅰ, Chapter 26.

being a contemporary of his, although criticising him severely by saying that to put his theory into practice was to repudiate the existence of the sovereign of a state,① admitted that his influence over the people was equal to the doctrine of Moh Tih. "The words of Young Tze and Moh Tih fill the empire. If you listen to the people's discourses throughout it, you will find that they have adopted the views either of Young or of Moh."②

Chen Chong Tze, the leading expounder of pessimistic individualism left no writings by his own hands. History tells us: the queen of Chao once asked the ambassador of his state about him. "Is Chen Chong Tze still living? He is a man who is not considered as a citizen of any state, he does not care for the affairs of his family or make any contact with any official. He is a useless citizen. Why is he not sentenced to death?" In the Book of Mencius, it is stated that he himself weaved sandals of hemp, and his wife twisted hempen threads, to barter the house and millet.③ He even refused to eat the things given by his brother. His idea is that each man should do what he can for supporting himself and should not share the other's though he may live in poverty. He was criticised by many of his contemporaries, because of his opposition to entering into any social relation.

The prominent leader of socialism was Heu Shing. His theory was entirely built on an economic basis. There are three distinguished features in his theory. In the first place, he maintained that every person has to work for his living. In the Book of Mencius, it is stated that he went to see the Prince of Tang and said to him, "A man of a distant region, I have heard that you, Prince, are practicing a benevolent government, and I wish to receive a site for a house, and to become one of your citizens." The prince gave him a dwelling place. His disciples, amounting to several tens, all wore clothes of haircloth, and made sandals of hemp and wove mats by themselves for a living."④

According to him, not only the people have to work, but the kings have to work also. At this point, his theory of equality may be noted. In criticising the prince of Tang, he said, "He is indeed a worthy prince. He has not yet heard, however, the real doctrine of 'Tao'. Now, wise and able princes should cultivate the land equally and along with their people, and eat the fruits of their labour. They should prepare their own meals, morning and evening, while at the same time they carry on their government.

---

① *Mencius*, Book Ⅲ, Part Ⅱ, Chpater Ⅷ.
② *Ibid.*
③ *Ibid.*, Chapter Ⅹ.
④ *Mencius*, Book Ⅲ, Part Ⅰ, Chpater Ⅵ, 1.

But now, the prince of Tang has his own granaries, treasuries, and arsenals, which are an oppression on the people to nourish himself, —how can he be a real worthy prince?"①

Secondly, he laid much emphasis on the principle of the division of labor. To him, each man should specialize in only one kind of work. Thus to be a farmer, one can not at the the same time be a house builder; because that would make the work inefficient.② But his theory of the division of labor is different from that of Plato and some others in that he based it entirely on a material sense, not on any mental sense.

Thirdly, and most remarkable, is his idea in regard to the price of goods. According to him, the price of the things should not be based on their quality, but on quantity. Thus, said one of his contemporaries, "If his doctrines were followed, then there would not be two prices in the market, nor any deceit in the kingdom. If a boy of five cubits were sent to the market, no one would impose on him, linen and silk of the same length would be of the same price. So it would be with bundles of hemp and silk, being of the same weight; with the different hanks of grain, being the same quantity; and with shoes which were of the same size."③ Such notion, of course, found its origin in Lao-tze's theory that all things are one, that they are all the same and that they should be treated on an equal footing.

The chief exponents of the juristic school were Han Fei and Li Sze. Their successors were many and the literature left by this school is comparatively more than any other school in this period except that of Confucianism. Strictly speaking, this school can not be regarded as a branch of Taoism because the writers in this school were profoundly influenced by Mohism and Confucianism. As its literature is extensive, the nature of its theory is different from Lao-tze, Confucius, and Moh Tih, and its ideas are so fruitful, to treat it in a fair way, a special chapter should be devoted to this school. But because its founders were the successors of Lao-tze, it seems that it is not unreasonable to put it in this chapter. But it has to be borne in mind that only a brief account of its political philosophy can be given here.

I have already pointed out that Lao-tze strongly opposed the government using the rules of propriety and laws to govern the people, and even Confucius, as we will see more clearly later on, did not recognize that to govern the people by law was a good government. Thus, said Confucius, "He who exercises government by means of his virtue, (not by means of laws,) may be compared to the north polar star, which keeps

---

① *Mencius*, Book Ⅲ, Part Ⅰ, Chpater Ⅵ, 3.
② *Ibid.*, 4.
③ *Mencius*, Book Ⅲ, Part Ⅰ, Chapter Ⅵ.

its place and all the stars turn towards it."① But the writers of the juristic school just held an opposite view. To them, human nature is always tending to be wicked and governmental interference is necessary. They recognized that if the rulers of a state are all men of virtue, and if the people can keep themselves from doing things that will not cause social disorder, law will not have much value. But this is not the case, and here lies the value of law. "The iron-barred cage is not intended to keep rats, but to enable even the timid and feeble people to control the tigers. The laws are not intended to interfere with the virtuous, but to enable even a mediocre ruler to control the outlaws."②

The definitions of law are many, but the common one is this: "A law is that which has been enacted into statute books, kept in the government offices, and proclaimed to the people."③ Another one is more clear and yet not much different from the former is, "There is law when enactments are made by the government with penalties which people feel sure will be carried out, when approbation is attached to its obedience and punishment awaits its violation or disregard."④

The scope of law, according to one of these writers, includes four kinds of standard forms: "The first one is that the permanent forms, such as the relations between ruler and subjects, between superior and subordinates; secondly, the conventional forms, such as capability and incompetency, wisdom and ignorance, similarity and difference; thirdly, the forms or laws for the ordering of the people, such as rewards and punishments, honors and penalties; and fourthly, the standards of measurement, such as the measure of area, weight, and volume."⑤

The importance and the value of law, according to this school, lies in its enforcement. It will be no value at all if it can not be enforced. They, therefore, laid much emphasis in this respect. History tells us that when Shing Yong, was the minister of China, and after completing his new laws he wanted to show to the people that these laws would be strictly enforced. He, then, put a pole in the South Gate of the capital with a notice on it saying that if anyone could remove it to the North Gate, a reward of fifty dollars would be given by the government. The people thought that the notice was unreasonable and that it would be foolish to remove it and for a long time no one did the task. But the notice was posted again and the reward for the one who would remove it

---

① *Confucian Analects*, Book II, Chapter I.
② *Han Fei Tze*, Book XXVI.
③ *Ibid.*, Book 38.
④ *Ibid.*, Book 43.
⑤ *Yee Wen Tze*, Part II, 2.

increased. Now, a man came and removed it; and the reward was given. The people now began to feel sure that the minister's words corresponded with his actions and what he said or announced would be put into practice; and we are told, when the new law were proclaimed, they were duly observed.

CHAPTER Ⅳ CONFUCIANISM

Like Lao-tze, Confucius was a bitter opponent of his times. But instead of proposing to go back to the state of nature, he found his solution in looking back to the past—the earlier days of King Yao, King Shun and King Yu. He had no sympathy with the doctrines of his age. To him, all the doctrines that were different from that of the past were strange doctrines and all that were strange were injurious. Said he, "The strange doctrine is injurious indeed."

We are told that when he became the minister of his native country, he immediately sentenced one of his famous officials to death. One of the reasons that he held for killing his was that that official advocated the strange doctrine. Though he tried to suppress the strange doctrines by all means, he could not make the people believe what he said. Thus he said: "My doctrines make no way. I will get upon a raft, and float about on the sea." When he was at the age of sixty, and being deeply convinced that his doctrines were not accepted, he said to his disciples: "Let me return! Let me return!" In a word, 'The kingdom has long been without the principle of truth and right.'

To express his admiration of the regulations of the past, he told his students these words: "Chau had the advantage of viewing the two past dynasties. How complete and elegant are its regulations! I prefer to follow Chau." To discourse in favor of and to applaud the kings of earlier days, he made the following statements: "Great indeed was Yao as a sovereign! How majestic was he! It is only Heaven is grand, and only Yao corresponded to it. How vast was his virtue! The people could give no name for it." "How majestic was he in the works he accomplished! How glorious in the elegant regulations which he instituted!"① "Shun had five ministers, and the empire was well governed."② "I can find no flaw in the character of Yu."③

To act as the mouthpiece of Confucius, in praising the golden age of King Wan, said Mencius, "It is said in the Book of Poetry:

---

① *Confucian Analects*, Book Ⅷ, Chapter ⅩⅨ.
② *Ibid.*, Chapter ⅩⅩ.
③ *Ibid.*, Chapter ⅩⅪ.

"He measured out and commended his spirit-tower;

He measured it out and planned it.

The people addressed themselves to it,

And in less than a day completed it.

When he measured and began it,

He said to them—

Be not too earnest:

But the multitudes came as if they had been his Children.

The king was in his spirit-park;

The deer reposed about,

The deer so sleek and fat:

And the white shone glistening,

The king was by his spirit-pond;

How full was it of fishes leaping about!"

King Wan used the strength of the people to make his tower and his pond, and yet the people rejoiced to do the work, calling the tower 'the spirit tower,' calling the pond 'the spirit-pond,' and rejoicing that he had his large deer, his fishes, and turtles. The ancient caused the people to have pleasure as well as themselves, and therefore they could enjoy it."①

The foregoing quotations give us an idea of Confucius's appreciation of the past. But by what means did the kings of ancient times attain such high political careers? According to Confucius, because they governed the country with benevolence. Said he, "Yao and Shun ruled the kingdom with benevolence, and the people followed them."② Again he said, "As a sovereign, King Wan rested in benevolence."③ In the Book of Mencius, many passages like this may be found also. For instance: "The benevolent man has no enemy under heaven. When the prince the most benevolent was engaged against him who was the most opposite, how could the blood of the people have flowed till it floated the pestles of the mortars?"④

But what is benevolence? When Fan Chih asked about benevolence, the master said, "It is to love all man."⑤ When Tsze Kung said, "Supposed the case of a man

---

① *The Works of Mencius*, Book I, Part I, Chapter II.
② *The Great Learning*, Chapter IX, 4.
③ *Ibid.*, Chapter III, 3.
④ *Mencius*, Book VII, Chapter III, 3, Part II.
⑤ *Confucian Analects*, Book XII, Chapter XXII, 1.

extensively conferring benefits on the people, and able to assist all, would you say of him? Might he be called perfectly benevolent? The master said, "Why speak only of benevolence in connection with him? Must he not have the qualities of a sage? Now the man of perfect benevolence, wishing to establish himself, seeks also to establish others; wishing to be enlarged himself, he seeks also to enlarge others."①

Mencius also told his students, "The benevolent, beginning with what they love for, proceed to what they do not love for.② Again he said, "If the ruler of a country will put in practice a benevolent government, no power will be able to prevent his becoming."③

It is from the idea that benevolence is to love all men that his theory of universalism was worked out. For to love all men means not only to love those who are within your own state, but the men of other states as well. The realization of such an idea is to set up a universal empire, and the universal or world empire is Confucius' final ideal state. The scheme of such empire may be briefly outlined as follows:④

Politically speaking, the empire is to be considered as the empire of the people and it should not be owned by one man or by one family or dominated by one class. The offices should not be filled by inheritance, but by election. Neighborhood and brotherhood should be taken as the basis of political organizations, so that the people may live happily and peacefully. If the spirit of neighborhood and brotherhood can be maintained, robber and thief will not be found and the people may sleep without closing their doors, yet their things will not be stolen.

Socially speaking, family is to be the foundation of all social organizations, yet there must be no distinction between one and another. The old, i.e., those who are above sixty; the young, i.e. those who are below fifteen years of age; the delinquent; and widows are to be supported by the public or the empire. The strong have to do the work that they are fit to do in order to support those who can not support themselves as well as themselves.

He also laid stress upon the economic aspect. But this is only a means for accomplishing the social and political end. He maintains that the resources of the empire should be utilized in order that the products may be increased. But to increase the

---

① *Confucian Analects*, Book Ⅵ, Chapter XXVIII.
② *Mencius*, Book Ⅶ, Part Ⅱ, Chapter Ⅰ.
③ *Ibid.*, Book Ⅱ, Part Ⅰ, Chapter Ⅰ, 10.
④ The theory of universalism is not expressly stated in his Analects, but it is well stated in the *Book of Li*, especially, the chapter called "Li Jon". The above outline of his universalism is merely an extract of that chapter.

products is not for the sake of one or few persons, but for the benefit of all the people. Private property, it seems to him, should not be allowed and economic inequality finds no room in his world empire.

But to realize such a universal empire is not an easy task. It can not be accomplished within twenty-four hours and it has to be worked out step by step.

What then is the way for its realization? The answer given by Confucius may be found in this oft-quoted statement: "The ancients who wish to illustrate illustrious virtue throughout the empire, first ordered well their own states. Wishing to order well their states, they first cultivated their persons. Wishing to cultivate their persons, they first rectified their hearts. —Their hearts being rectified, their persons were cultivated. Their persons being cultivated, their families were regulated. Their families being regulated, their states were rightly governed. Their states being rightly governed, the empire was made tranquil and happy. From the rulers down to the mass of the people, all must consider the cultivation of the person the root of everything besides. It cannot be , when the root is neglected, that what should spring was it will be well ordered."①

According to Confucius, then, political reform is from below not from above, or to use his metaphor: "The way of the wise ruler may be compared to what takes place in travelling, when to go to a distance we must first traverse the space that is near, and in ascending a height, we must begin from a lower ground."② Again he said, "From the loving example of one family a whole state becomes loving, and from its courtesies the whole state becomes courteous." On the contrary, he continued, "While, from the ambition and perverseness of the One man, the whole state may be led to rebellious disorder; such is the nature."③

In *the Book of Mencius*, said Mencius, when he spoke of the way for realization of the Empire, "Treat with the reverence due to age the elders in your own family, so that the elders in the families of others shall be similarly treated; treat with the kindness due to youth the young in your own family, so that the young in the families of others shall be similarly treated; — do this, and the empire may be made to go round in your palm. It is said in *the Book of Poetry*,

"Example to his worthy queen,

Yea, to his brethren, when was seen

---

① *The Great Learning*, "The Text of Confucius".
② *The Doctrine of the Mean*, Chapter 15, 1.
③ *The Great Learning*, Chapter Ⅲ.

His hospitable hand

Held out to all the land."

The language shows how the wise man took this kindly heart, and exercised it towards those parties. Therefore the carrying out of his kindly heart by a wise man will suffice for the love and protection of all within the Empire."①

But to cultivate an individual is a matter of education and only through education that men can get away from evil and tend to goodness. Thus, said Confucius, "It is not easy to find a man who has learned for three years without coming to be good."② Let us quote one passage from Mencius, "If careful attention be paid to education in schools, — the inculcation in it especially of the filial and fraternal duties, there is no reason that the empire can not be attained." In this respect, Confucius is somewhat like Plato, taking education as a means for attaining the political end.

Having considered cultivation of individual as a primary step for realization of the empire, we may now come to the next step, i. e. the family and the state. I have already pointed out that, to Confucius, the principles for regulating the family and the state are nearly the same. Since the object of our study is the state rather than the family, it is necessary for us to turn our attention to the way for governing the state.

"Tsze Lu said, 'The ruler of Wei has been waiting for you, in order with you to govern the state. What will you consider the first thing to be done?' The Master replied, 'What is necessary is to rectify names.' 'So, indeed!' said Tzse Lu. 'You are wide of the mark! Why must there be such rectification?' The Master said, 'How uncultivated you are, Yu! (another name of Tzse Lu) A wise man, in regard to what he does not know, shows a cautious reserve. If names be not correct, speech is not in accordance with the truth of things, affairs can not be carried on to success. When affairs can not be carried on to success, proprieties and music will not flourish. When proprieties and music do not flourish, punishments will not be properly awarded. When punishments are not be properly awarded, the people do not know how to move hand or foot. Therefore, a wise man considers it necessary that the names he uses may be spoken appropriately, and also that what he speaks, may be carried out appropriately. What the wise man requires, is never careless of words."③

According to Confucius, then, the keynote for governing a state is to rectify names. "To rectify the names," said one of the Confucians, "is to rectify the names of all

---

① *Mencius*, Book I, Part I, Chapter VII, 12.
② *Confucian Analects*, Book VIII, Chapter XII.
③ *Ibid.*, Book XIII, Chapter II.

things." The aim for rectifying the names of all things is to make men know the difference and the likeness of the things. By knowing the difference and the likeness of the things, a definite standard of right and wrong may be maintained. By establishing a definite standard of right and wrong, the differences between goodness and badness may be differentiated. If one knows what is good, naturally he will follow it, and if he knows what is bad, he will avoid it.

To understand this idea more clearly, let us quote again one passage from his Analects. "The duke Ching, of Chi, asked Confucius about the art of government of a state. Confucius replied, 'There is the art of government, when the prince is prince, and the minister is minister; when the father is father, and the son is son.' 'Good!' said the duke; 'if, indeed; the prince be not prince, the minister not minister, the father not father, and the son not the son, although I have many revenues, can I enjoy it?"①

It has been pointed out, "This conversation well illustrates what Confucius considered the inseparable connection between intellectual disorder and moral perversity, between the failure to 'rectify the names' and the impossibility to establish moral laws and harmony of life. For the inevitable result of a state of intellectual disorganization is the breakdown of all rights and duties, the obliteration of all relationships and obligations proper to the various strata or classes of society and the State. That there are so many instances of such unnatural crimes as regicide and parricide is precisely because the princes neither are themselves princely nor are they regarded as princes; because the ministers not only fail to perform their ministerial duties faithfully, but also forget the allegiance and loyalty which they owe to their rulers; because fathers are no longer the moral and spiritual heads of their families; and because sons have forgotten the filial piety and obedience proper to their status in the family. When these duties and relationships have fallen into oblivion, then the Li or rules of propriety which prescribe the conduct proper to every stratum of the social hierarchy will lose their force and authority as effective guides of individual and social conduct."②

In other words, the state can only be well governed, if each person realizes the position and the duty of himself. So the best example is this: "As a sovereign, he rested in benevolence. As a minister, he rested in reverence. As a son, he rested in filial piety. As a father, he rested in kindness. In communication with his subjects, he rested

---

① *Confucian Analects*, Book XII, Chapter XI.
② Hu Shih, *The Development of Logical Method in Ancient China* (600-210 B. C.), pp. 25-26.

in good faith."① And "One should serve his father, as he would require his son to serve him; serve his prince as he would require his minister to serve him; serve his elder brother as he would require his younger brother to serve him; set the example in behaving to a friend, as he would require him to behave to him."②

To sum up what has been said above, the following passages may be quoted: "What is meant by making the world empire peaceful and happy depends on the government of his state, is this: — When the sovereign behaves to his aged, as the aged should be behaved to, the people become filial; when the sovereign behaves to his elders as the elders should be behaved to, the people learn brotherly submission; when the sovereign treats compassionately the young and helpless, the people do the same. Thus the ruler has a principle which, as with a measuring-square, he may regulate his conduct.

What a man dislikes in his superiors, let him not display in the treatment of his inferiors; what he dislikes in inferiors, let him not display in the service of his superiors; what he hates in those who are before him, let him not therewith proceed those who are behind him; what he hates in those who are behind him, let him not therewith follow those who are before him; what he hates to receive on the right, let him not bestow on the left; what he hates to receive on the left, let him not bestow on the right: — this is what is called the principle with which, as with a measuring-square, to regulate one's conduct.

In the Book of Poetry, it is said, 'How much to be rejoiced in are these princes, the parents of the people!' When a prince loves what the people love, and hates what the people hate, then is he what is called the parent of the people.'

Undoubtedly, in the mind of Confucius, there are two kingdoms. One is the world empire, while the other is the state. The latter is the root of the former, and the former is the fruit of the latter. But it has to be borne in mind that, though the relation between the world empire and the state is similar to the relation between the state and the family, the structure of the world empire is different from the state and the family, for the world empire that he advocated is purely democratic, while the state is merely an enlargement of the family and is, at least in form and in theory, monarchical, so the offices seem to be hereditary and special privileges are to be given to certain classes.

The world empire that Confucius dreamed has not come into light, and even his

---

① *The Great Learning*, Chapter III, 3.
② *The Doctrine of Mean*, Chapter XIII, 4.

ideal state has never worked out well, though to some extent it has a great influence on the later generations.

What he has given to Chinese politics is, of course, his doctrine of rectification of names. For it is this doctrine that justifies the king as the head of a state as well as a father to be the head of a family. It is this doctrine that requires the obedience of the ministers to the king and the lower officials to the ministers. It is this doctrine that gives the rise of social distinction at least in theory if not in practice. So long as this theory is maintained, the form of government can never be changed, because in the mind of Confucius, government is not distinguished from king. They must be one, or none at all.

Since Confucius's idea has dominated Chinese political life for more than 2000 years, it is not a matter of surprise that in Chinese political history, a change of dynasty brings no change in the form of government.

On the other hand, because he laid much stress on the doctrine of rectification of names, and consequently the duty of a person according to the name that he bears, he was led to think that those who act contrary to what they ought to do, are liable to be punished if they are people or ministers and to be deposed or even put to death if they are the rulers of the states. By this promise, the revolution of the people is justified in Confucius' political theory. It used to be said by the Confucians, "The revolution of Tung and Wu is carried out in accordance with the way of nature and the will of the people."①

The theory of revolution of Confucius reached its highest development in the writings of Mencius. According to Mencius, if a ruler is found guilty, to depose him or to put him into death is nothing more than to kill a crime. This may be well illustrated in the following conversation between Mencius and King Seuen of Tse. "The king asked, saying, 'Was it so, that Tang banished Kee, and that Wu smote King Chou?' Mencius replied, 'It is so in the records! The king said, 'May a minister then put his sovereign to death?' Mencius said, 'He who outrages the benevolence proper to his nature, is called a robber; he who outrages righteousness, is called a ruffian. The robber and ruffian we call a mere fellow. I have heard of the cutting off of the fellow Chow, but I have never heard of putting a sovereign to death, in this case."②

The logic for justifying the revolution of the people is that, according to Mencius, the state is for the sake of the people not the king, because the king is merely a servant of the people. Thus he said, "The people are the most important element in a state; the

---

① See also, *Confucian Analects*, Book Ⅰ, Chapter ⅩⅨ.
② *Mencius*, Book Ⅰ, Part Ⅱ, Chapter Ⅷ.

spirits of the land and grain are the next; the sovereign is the lightest."① If the people are the most important element in a state, the sovereign should act according to the will of the people rather than his ministers or high officials. This is clearly stated in his interview with King Seuen of Tze. "The king said, 'How shall I know that men have ability, and so avoid employing them at all?' The reply was, 'The ruler of a state advances to office men of talents and virtue, only as a matter of necessity. Since he will thereby cause the low to overstep the honorable, and strangers to overstep his relatives, may he do so but with caution? When all those about you say, — 'This is a man of talents and worth,' you may not for that believe it. When your great officers all say, — 'This is a man of talents and virtue,' neither may you for that believe it. When all the people say, — 'This is a man of talents and virtue,' then examine into the case, and when you find that the man is such, employ him. When all your great officers say, — 'This man won't do,' don't listen to them. When the people all say, 'This man won't do,' then examine into the case and when you find that the man won't do, send him away. When all those about you say, — 'This man deserves death,' don't listen to them. When all your great officers say, — 'This man deserves death,' don't listen to them. When the people all say, 'This man deserves death,' then inquire into the case, and when you see that the man deserves death, put him to death. In accordance with this we have the saying, 'The people killed him.'"②

Looking to the foregoing speech, I can not help thinking that the idea of popular initiative finds its germ in it. This is to be applied by modern government, in appointment and removal of officials and to sentence them to death. Yet the sovereign still has the power of discretion or to use the modern term 'veto', and this gives us the idea of check and balance.

Going a step further to find out his ultimate justification of the power of the people, attention may be called to his theory of the equality of mankind. To him, all men are born to be equal. So the theory that Plato and Aristotle and many others held that some men are born to be slaves and some to be rulers finds no room in Mencius' ideal. In the Book of Mencius, the following vigorous words are found: "They were men. I am a man. Why should I stand in awe of them? Yen Yuen said, 'What kind of man was Shun? What kind of man am I? He who exerts himself will also become such as he was.'"③

---

① *Mencius*, Book Ⅶ, Part Ⅱ, Chapter ⅩⅣ.
② *Ibid.*, Book Ⅰ, Part Ⅱ, Chapter Ⅶ, 3.
③ *Ibid.*, Book Ⅲ, Part Ⅰ, 4.

Men are born to be equal, not only physically because they are born with the same four limbs, five senses and similar bodily organs, but also because mentally, they are born to be the same. Said Mencius, "Thus all things which are the same in kind are like to one another; —why should we doubt in regard to man, as if he were a solitary exception to this? —Therefore I say, —Men's mouths agree in having the same relishes; their ears agree in enjoying the same sounds; their eyes agree in recognizing the same beauty: —shall their minds alone be without that which similarly approve?"①

In this respect, the following passages are still more explicit: "When I say that all men have a mind which can not bear the sufferings of others, my meaning may be illustrated thus: —even nowadays, if men suddenly see a child about to fall into a well, they will without exception experience a feeling of alarm and distress. They will feel so, not as a ground on which they gain the favour of the child's parents, nor as a ground on which they seek the praise of their neighbours and friends, nor from a dislike to the reputation of having been unmoved by such a thing. From this case we may perceive that the feeling of commiseration is all the same to men, that the feeling of shame and dislike is all the same to men, that the feeling of modesty and complaisance is all the same to men, and that the feeling of approving and disapproving is all the same to men."②

The foregoing quotations show that Mencius laid emphasis on mind as well as on matter. What then is the connection between the various psychological feelings and politics? Said Mencius, "The feeling of commiseration is the principle of benevolence. The feeling of shame and dislike is the principle of righteousness. The feeling of modesty and compliance is the principle of propriety. The feeling of approving and disapproving is the principle of knowledge…③ Since all men have these four principles in themselves, let them know to give them all their development and completion, and the issue will be like that of fire which has begun to find vent. Let them have their complete development, and they will suffice to love and protect all within the four seas." And again he said, "The ancient kings had his commiserating mind, and they, as a matter of course, had likewise a commiserating government. When with a commiserating mind was practices a commiserating government, the government of the empire was as easy a matter as making any thing go round in the palm."④

On the other hand, "the delusions spring up in men's mind, and do injury to their

---

① *Mencius*, Book Ⅵ, Part Ⅰ, Chapter Ⅶ.
② *Ibid.*, Book Ⅱ, Chapter Ⅵ.
③ *Ibid.*, Book Ⅱ, Part Ⅰ, Chapter Ⅵ.
④ *Ibid.*

practice of affairs. Shown there in their practice of affairs, they are pernicious to their government."①

So much for his attention to psychological influence on politics. We may now come to another aspect of Mencius' political theory, i. e. anti-utilitarianism.② Although Confucius emphasized benevolence and righteousness, he, however, did not repudiate utilitarianism so far as it does no harm to the state or the people. But to Mencius, this seems to be the chief cause of political corruption and social disorder. The reason for him to assail this doctrine may be found in the following conversation: "The king Leang said, 'Venerable sir, since you have not counted it far to come here, a distance of a thousand le, may I presume that you are likewise provided with counsels to profit my kingdom?' Mencius replied, 'Why must your Majesty use that word profit?' What I am likewise provided with, are counsels to benevolence and righteousness, and these are my only topics. If your Majesty say, 'What is to be done to profit my kingdom?' the great officers will say, 'What is to be done to profit our families?' and the inferior officers and the common people will say, 'What is to be done to profit our persons?' Superiors and inferiors will try to snatch this profit the one from the other, and the kingdom will be endangered."③

Although he made a vigorous assault upon the utilitarianism doctrine, and laid much emphasis on benevolence and righteousness, he did not think that a state can be well governed if the people are too poor to support themselves. Thus he said, "The way of the people is this—If they have a certain livelihood, they will have a fixed heart. If they have not a certain livelihood, they have not a fixed heart. And if they have not a fixed heart, there is nothing which they will not do in the way of self-abandonment, of moral deflection, of depravity, and of wild license. When they have thus been involved in crime, to follow them up and punish them: —this is to entrap the people. How can such a thing as entrapping the people be done under the rule of a benevolent ruler?"④

Undoubtedly, Mencius was anxious to go back to the old system called Chin-Tin or public field nine squares system of dividing the land. To advocate this system, he said, "Now, the first thing towards a benevolent government must be to lay down the boundaries. If the boundaries be not defined correctly, the division of the land into

---

① *Mencius*, Book Ⅲ, Part Ⅱ, Chapter Ⅶ, 10.
② This term, in its strict sense, is like that in the West. The meaning indicated here is more or less like the term "materialism".
③ *Mencius*, Book Ⅰ, Part Ⅰ, Chapter Ⅰ, 1.
④ *Ibid.*, Book Ⅲ, Part Ⅰ, Chapter Ⅲ. Also Book Ⅰ, Part Ⅰ, Chapter Ⅶ, 20.

squares will not be equal, and the produce available for salaries will not be evenly distributed. On this account, oppressive rulers and impure ministers are sure to neglect this defining of the boundaries. When the boundaries have been defined correctly, the division of the fields and the regulation of allowances may be determined by you, sitting at your ease."①

But the high life of the people can not be attained by simply providing economic equality and sufficiency, unless they are educated. Thus he said, "If they are well fed, warmly clad, and comfortably lodged, without being taught at the same time, they become almost like the beasts. This was a subject of anxious solicitude to the sage king, and he appointed some one to be the minister of instruction, to teach the relations of humanity—how, between father and son, there should be affection; between sovereign and minister, righteousness; between husband and wife, attention to their separate functions; between old and young, a proper order; and between friends, fidelity. The highly meritorious sage king said to him, 'encourage them; lead them on; rectify them, straighten them; help them; give them wings—thus causing them to become possessors of themselves. Then follow this up by stimulating them, and conferring virtue on them."②

If this has been done and accomplished, the conditions of the people will be: "On occasions of death, or removal from one dwelling to another, there will be no quitting of the district. In the field of a district, those who belong to the same nine squares render all friendly offices to one another in their going out and coming in, aid one another in keeping watch and guard, and sustain one another in sickness. Thus the people are brought to live in affection and harmony."③

Besides Mencius, an eminent successor of Confucius was Hsun Tze, a contemporary of Mencius. His political theory had great influence during and after his time. While he was always regarded as a Confucian, he was, in many respects, different from Confucius and especially Mencius. Unlike Confucius, he taught men to follow the sage-kings in the later days rather than in the past. Said he, "No name is left to us of the rulers before the Five Emperors, (2600 to 2000 B. C.), not because there were no worthy kings, but because their time was too remote. Nor were the policies of the Five Emperors themselves transmitted to us, not because they had no policies worthy of transmission, but because their time was too remote from us."④

---

① *Mencius*, Book Ⅲ, Part Ⅰ, Chapter Ⅲ, 13.
② *Ibid.*, Chapter Ⅳ, 8.
③ *Ibid.*, Chapter Ⅲ, 19.
④ *Hsun Tze*, No. Ⅴ.

Unlike his master, especially Mencius, he maintained that human nature is born to be wicked. "Man is by nature wicked, his goodness is the result of nurture."① "That in man which can not be learned or made is called human nature. That in man which can be acquired through learning or making is called nurture."②

Man is not only born to be wicked, but is also to be social, or in other words, man is by nature a social animal. Thus he said, "Water and fire have force, but can not be born. Plants can be born and can grow, but have no sense. Animals have sense, but know not righteousness. But men have all these things so they are the highest creatures in the world. Their strength can not be compared with that of the oxen. They can not run as quick as horses. But the reason that they can control the oxen and the horses is that they have group consciousness and can form a strong group."③

If men are by nature to be social and yet they are by nature to be wicked, how can they live peacefully in a political society? According to Hsun Tze, the best way for securing peace and happiness is to make the rules of propriety. Said he, "Men are born with desires, which they seek to gratify. This seeking to gratify the desires, if not kept within definite limits, will of necessity lead to strife. Strife will lead to disorder and poverty. The sage-rulers, wishing to forestall such disastrous results, therefore instituted the rules of propriety as a standard of justice so that one's desires might be satisfied without injuring others."④

In this respect, Hsun Tze is similar to Confucius, for Confucius has already laid emphasis on Li or the rules of propriety.⑤ What Hsun did was to enlarge this idea, and because he thought that rules of property are the best, if not the only, means for governing a state, he did not think, as Confucius did, that benevolence is important in political reform. His doctrine of Li or the rules of propriety was elaborated by his disciples and afterwards became the juristic school which I have briefly discussed in the previous chapter.

---

① *Hsun Tze*, XXIII.
② *Ibid.*
③ *Hsun Tze*, "The Royal Institution".
④ *Ibid.*, No. XIX.
⑤ See *Confucian Analects*, Book XIII, Chapter II.

CHAPTER V MOHISM

While the thinkers of the northern part of China were dominated by the teaching of Confucius, the thinkers in the southern part were profoundly influenced by Lao-tze. We are told that Confucius was warmly welcome when he travelled in the North; but as soon as he came to the South he was severely criticized and attacked by the Southern thinkers and he was frequently led to say, "Let us return! Let us return! for my doctrine finds no ways." It is right, as has been pointed out, for some writers to use the term 'northern school to signify Confucianism and the term 'southern school to signify Taoism. But the thinkers in the center part of China, being influenced by both Confucianism and Taoism, yet in many respects, different from both of them, were regarded as eclectics or Mohists.

Notably, the leader of Eclecticism was Moh Tih. Moh Tih, born in a place which was regarded as the crossroad of the North and the South, had the advantage in adjusting the different views of Confucianism and Taoism and formed a new school. He was considered as one of the greatest minds that China has ever produced, and he was almost ranked equal to Confucius and Lao-tze. His doctrine, though not very influential in the later generations until recently, had great influence in his time. ①

Mencius, the eminent successor of Confucius, yet a narrow-minded man, once said, "If the principles of Moh are not stopped, and the principles of Confucius not set forth, then those perverse speaking will delude the people, and stop up the path of benevolence and righteousness. When benevolence and righteousness are stopped beasts will be led on to devour men, and men will devour one another. I am alarmed by these things, and address myself to the defence of the doctrines of the former sages, and to oppose Moh."② Apparently Mencius was biased and jealous of Moh's doctrine when he spoke this. It is true, in some respects, Moh Tih was an opponent of Confucius, but it is also true, in the theory of Moh Tih, both bone and flesh of Confucius may be found. Unlike Confucius, he opposed ritualism and formalism and music. Like Confucius, he advocated the doctrine of universal love or 'love all' though, as we will see a little later, this is somewhat different from Confucius' idea that benevolence is to love all. ③

Another attack made by Chuang Tze, the prominent successor of Lao-tze, upon the

---

① *Mencius*, Book Ⅲ, Part Ⅱ, Chapter Ⅷ.
② *Ibid*.
③ It was said that Moh Tih had studied in his early days in Confucian School.

doctrine of Moh Tih was that it made man sad and sorrowful; that it was difficult to practice and that it was against human nature and man could not stand it.① This is also considered as a one-sided view, and it can not be said that Moh Tih was an opponent of Lao-tze or Taoist in its strict sense. Moh Tih did not agree with Lao-tze in teaching to go back to the state of nature, but he did agree with him in many respects, for example, his doctrine of absolute equality.

The starting point of his political theory is to love all or universal love. Mencius once told us that Moh Tih loved all men, and would gladly wear out his whole being from head to heel for the benefit of mankind.② The idea of universal love was well stated in his book. "The duty of the rulers is to govern the state (empire) peacefully. But to govern the state peacefully he must, first of all, find out the cause of political disorder. The cause of the political disorder is due to the lack of the spirit of universal love… Thus a son only loves himself and does not love his father, so he injures his father to profit himself. A younger brother only loves himself and not his elder brother, so he injures his elder brother to profit himself. A minister only loves himself and not his sovereign, so he injures his sovereign to profit himself… So this is also true if a father, an elder brother and a sovereign do not love respectively his son, brother, and minister…This is also true in the case of robber and thief. Because the robber does not love the property of others, so he took their property to property to profit himself. The thief only loves his own life and not the other's, so he kills the other to profit himself… The officials only love their own families and not the others' so they make trouble to the family of the others' to profit their families. The princes only love their own states and not the others' so they invade the other states to profit their own states …"③ He continued, "If the robber and thief love the lives and property of the others just as well as their own property and lives, who will be stealer and murderer? —if the princes love the other states just as well as their own who will be the invader?"

Moh Tih's doctrine of 'Love all', though to a certain extent similar to, is essentially different from, that of Confucius. To the Confucians, 'love all' is considered as one of the means for realizing the benevolent government, but to Moh Tih, lack of it is the sole cause of social disorder and all the political chaos. Moreover, when the Confucians mean to love all, they mean one must first love the members of his family and then his neighbours and then the people of other states, and one's love must be different to

---

① *Chuang Tze*, "Epilogue".
② *Mencius*, Book Ⅷ, Part Ⅰ, Chapter 26.
③ *Moh Tze*, Chapter Ⅴ, "Universal Love".

different persons. Thus your love to your father must be different from your love to the father of the other. In other words, before you love the rest of the world, you have to love those who are close to you. This idea corresponds to his idea that before you can realize the universal empire you must regulate your state and family well.

But to Moh Tih, there is only one kind of love and to love all means to love all men on an equal footing. No matter who may be or which one is but your love to him is the same. There should be no difference between your love to your parents and your love to other's parents. Mencius was greatly alarmed by this idea and said, "Moh Tih's principle is— 'to love all equally,' which does not acknowledge the peculiar affection due to a father. This is an action of brute."①

Based upon his doctrine of 'love all', Moh Tih strongly opposed narrow patriotism and militarism. Here we come to his doctrine of 'non-attack'. To show what he meant by this, it is better to quote his own words.②

"Here is a man who enters his neighbor's orchard and steals some peaches and plums therefrom. When this is known, he is condemned by the public, and, when caught, will be fined by the government. Wherefore? Because he has injured his neighbour to profit himself.

"And if he steals from his neighbour a dog, a pig, or a chicken, he commits a wrong greater than the stealing of peaches and plums. Why? Because he has done a greater injury to another man; and the greater the injury he does, the greater is the wrong, and the severer shall be his punishment.

"And if he steals his neighbor's horse or sow, he commits a wrong still greater than stealing a dog, a pig, or a chicken. Why? Because he does a greater injury to another; and the more he injures another, the greater is the wrong, and the severer shall be his punishment.

"And if he goes as far as to waylay an innocent man, take away his fur coat and cloak, and stab him with his sword, then his crime is still greater than that of stealing a horse, or a cow. Why? Because he has done thereby a still greater injury. And the greater the injury a man does to another, the greater is his crime, and the severer shall be his punishment.

"In all these cases, the gentlemen of the world agree to condemn this man and declare, 'He is wrong!'

"Now there is a greatest of all crimes—the invasion of one nation by another. But

---

① *Mencius*, Book III, Part II, Chapter VIII.
② *Moh Tze*, Chapter 17, "Non-attack".

the gentlemen of the world not only refuse to condemn it, but even praise it, and declare, 'It is right!'

"Shall we say that these gentlemen know the distinction between right and wrong?

"Killing one man constitutes a crime and is punishable by death. Applying the same principle, the killing of ten men makes the crime ten times greater and ten times as punishable. Similarly the killing of a hundred men increases the crime a hundredfold, and makes it that many times as punishable.

"All this the gentlemen of the world unanimously condemn and pronounce to be wrong.

"But when they come to judge the greatest of all wrongs—the invasion of one state by another—which is a hundred thousand times more criminal than the killing of one innocent man, they can not see that they should condemn it. On the contrary, they praise it and call it 'right'. Indeed, they do not know it is wrong. Therefore they have recorded their judgement on it to be transmitted to posterity. If they know it was wrong, how could we explain their recording such false judgment for posterity?

"Here is a man who sees a few black things and calls them black, but who seeing many black things calls them white. We must all say that this man does not know the distinction between black and white.

"Here is another man, who tastes a few bitter things and calls them bitter, but who, having tasted many bitter things calls them sweet. We must say that this man knows not the distinction between bitter and sweet.

"Here is a world which condemns a petty wrong and praises the greatest of all wrongs—the attack of one nation upon another—and calls it right. Can we say that the world knows the distinction between right and wrong?"

The premise of Moh Tih's doctrine of 'non-attack' is his ethical conception. He made no distinction between international morality and individual morality. There is only one kind of morality just as there is only one kind of love. To him, apparently, a state is a state by the individuals, and for the individuals. What the individuals consider to be wrong or immoral in relation among themselves is also immoral in the relation between the states. If to kill an individual to profit oneself is considered to be wrong, to invade a state and to kill thousands of people to profit one's own state is also considered to be wrong.①

But Moh Tih was more than a theorist. We are told that "Kungshe Pan, the state

---

① Compare Spencer, *Study of Sociology*, Chapter 7, p. 129.

engineer of Chu, had just completed his new invention of a 'cloud ladder' for besieging walled cities, and the King of Chu was planning an invasion into the State of Sung. Moh Tih learned of this. He started out from his native state and travelled ten days and ten nights all on foot, arriving at the capital city with sun-burnt face and battered feet. There he secured an interview with the state engineer whom he succeeded in convincing that his cause was wrong and condemnable. He was then presented to the King who was finally persuaded that it was neither right nor profitable to carry on an offensive campaign for the purpose of testing a newly invented siege machine. 'Before I met you', said the state engineer, 'I had wanted to conquer the State of Sung. But since I have seen you, I would not have it even if it were given me without resistance but with no just cause.' To this Moh Tih replied: 'If so, then it is as if I had already given you the State of Sung. Do persist in your righteous course, and I will give you the whole world.'①

But this only could be done once in a way; for the age was not ripe for realizing his expectation. The statesmen as well as the militarists still dreamed of extending their territories by conquest and invasion. Frankly, said one of the statesmen, "If the principle of disarmament triumphs, then our strategic passes will be defenseless. And if the doctrine of universal love triumphs, then none of our soldiers will be willing to fight."② Again said one of the jurists, "What are incompatible with each other should not coexist. To reward those who kill their enemies and at the same time praise acts of mercy and benevolence; to honor those who capture cities and at the same time believe in the doctrine of universal love, ... how can an efficient and strong state result from such self-contradictory acts?"③

Fundamentally, as has been pointed out, Moh Tih built his doctrine on universal love. Negatively, it has been shown that he strongly opposed militarism. Positively, he advocated the doctrine of 'benefit to each other'. "If you love the other, the other will love you in return. If you benefit the other, the other will benefit you in return."④ Applying this idea to politics, he held that the evil of militarism is that it gives no benefit to both the conquering state and the conquered state. Thus he said, "When a strong state conquers a weak state, it is true that, instead of cultivating their fields and weaving their clothes, the farmers and weavers of the latter have to serve in the army for the purpose of defense of their own state, but it is also true that both the farmers and the

---

① *Moh Tze*, Chapter 41, 23. See also Wu's translation.
② *Kwan Tze*, Chapter 13.
③ *Han Fei Tze*, Chapter 49.
④ *Moh Tze*, On "Universal Love", Chapter 5 (second part).

weavers of the former can not respectively do their regular work, because they have to serve in the army for the purpose of invasion."①

Instead of trying to ruin each other, it is a great profit for men to help each other. So this is also true in the case of families, villages, and states. It is in this respect, Moh Tih resembles Kropotkin in advocating the principle of mutual help, as a means for realizing the political end and repudiating the doctrine of 'struggle for existence', which, in its true sense, is to increase the political catastrophe and the sufferings of human beings.

But the principle of mutual help implies the spirit of sacrifice, and the spirit of sacrifice can only be shown by action. To carry out such action, material exertion can not be overlooked. This leads him to turn his attention to another phase of his theory— i.e., the economic aspect. According to Moh Tih, man is different from animal and bird by the reason that the latter can depend on the natural resources for their sustenance and the natural characteristics for their protection. But in the case of man, it is different. "Men are different from animals, birds and insects, because the feathers, plumes and hair of the latter serve as their clothes; and because the claws of animals and the talons of birds serve as their shoes. They use water, plants and grass for drinking and eating. Though the males do not know how to cultivate the fields and plant their seeds and the females do not know how to weave their clothes, they get enough to eat and to wear. But man is different. Only those who try his best in doing his work can maintain their lives, otherwise they will starve to death."②

Everybody must try his best in doing his work, because he thought that labour is the means for production. He, undoubtedly, recognized that labor is sacred. But to try his best in doing what he can is not necessarily for the sake of himself, for there are men and women who, by reason of their handicap in doing what a common man has to do, need to be supported and helped.

Although labor is considered as a unifying element in his economic theory, he did not overlook the importance of capital. He maintained that the benefit enjoyed should be in proportion to the capital invested, and that man should not do that which requires money and labor without getting good return. To him, the function of cloth is to protect the body, and that is the only purpose. He saw no difference between a suit of cloth made of silk and one made of cotton in regard to the protection of the human body against cold in winter and heat in summer. But he saw clearly the difference between the

---

① *Moh Tze*, On "Universal Love", Chapter 30.
② *Ibid.*, "Unnecessity of Music". Chapter 18.

making of a suit of silk cloth and a suit of cotton cloth so far as money and labor are concerned. This led him to hold strongly that human desire should not exceed the necessities of life.

There is another important element in production in his economic theory, i. e. time. To him, time and production are correlative and always go hand in hand. This leads him to oppose those who give their time to the charms of music or any other kind of amusement. If the farmers indulge themselves in music, the production of their farms will become less. If women indulge themselves in music, how can they have enough time to weave their clothes. "Time is money." Moh Tih seems to have agreed on this maxim without making any exception.

Man must work and work hard, but only work on that which is fit for him, so the division of labor is necessary. Moh Tih not only maintained that a house builder can not be a farmer, but he even goes so far as to hold that there are different kinds of house builders and each person can only do one kind. The word 'labor' in the writings of Moh Tih includes the mental sense as well as the material sense. Writers and politicians may be called laborers as well as the farmers and housebuilders. At this point, he was different from Heu Shing, a Taoist, as well as a socialist who only recognized that those who used physical strength in doing work could be called laborers.

Evidently, Moh Tih was a utilitarian. But his utilitarianism is based upon the greatest happiness for society as a whole, not the happiness of one, or a few persons or even the majority of the people. Being a utilitarian, he was fond of asking the question of why do you want to do this or that. An example may be taken. "Moh Tih said: "I asked the Confucians, wherefore they should have music, and they answered, 'Music is an amusement.' I said to them, 'You have not answered my question. If I asked you why you should build a house and you said it was built for protection against cold in winter and heat in summer and for the separate dwelling of persons of different sexes, you would then be telling me why you built the house. Now I asked why you should have music and you said music is an amusement. That is equivalent to saying that a house is to be a house."①

In speaking for his own theory of universal love in reply to the criticism made by some of his contemporaries, he said, "If it were not fitted for practice, even I myself would reject it. But how can there be anything which is true or good which can not be put into practice?"② In short, Moh Tih was a political pragmatist.

---

① *Moh Tih*, Chapter 40, 14.
② *Ibid.*, Chapter 16.

It remains to say something about his conception of the origin of the state. The Confucians, maintaining that the state is the enlargement of the family and that the oldest as well as the ablest male, not woman, should be the head of the family, were in favor of a patriarchal society. The jurists, in holding that before the state came into existence, men were in a state of fighting and afterward the strongest as well as the wisest man used his force to suppress the weak and made himself as a king, maintained the force theory. Hsun Tze, a Confucian, as pointed out, holding that man is a social animal and seems to have held the view as held by Plato and Aristotle that a state is by nature coming into existence. In the writings of Lao-tze and his successors, especially Chuang Tze, the germ of evolutionary theory seems to be found.

But Moh Tih held a different view, which is somewhat like the social contract theory. Thus he said, "Before the political institutions were established, the conception of righteousness was different for different persons. If there was one man there would be one conception of righteousness. If there were two persons, there would be two conceptions of righteousness. If there were ten persons there would be ten conceptions of righteousness. The more the number the persons, the more conceptions of righteousness there would be. Each person claimed that his conception of righteousness was right and that the other's was wrong, though blood relations, father and son, younger brother and elder brother could not agree with each other and they could not live together. Generally speaking, each person tried to injure others, so that men could not help each other in labor though some of their strength could help the other as well as serve themselves. They might get a surplus in money, yet they would not give to those in need. The good doctrine was kept secret and was not taught. The world was in disorder and confusion and the men were like beasts..."

He continued, "After understanding that the same conception of righteousness could not be secured and the world was in a chaotic situation, a man of wisdom was elected as the ruler in order to harmonize the different conceptions of righteousness. The ruler had been elected, but he alone could not accomplish this task, so three wise men were elected as the ministers in order to share the heavy burden of the ruler. Again, the three ministers could not keep their eyes to watch the whole empire, so the empire was divided into states and dukes were elected to maintain the same conception of righteousness. For the same reason, the high officials, the heads of villages and the heads of families were elected."[①]

---

① *Moh Tze*, Chapter 31, "The Importance of Similarity."

This conception of righteousness is, undoubtedly, similar to the general will of Rousseau. But after the establishment of the political institutions, according to him, the ruler, or the king, must have the absolute power to do what he likes and the passive obedience of the officials and the people are required. In this respect, he is similar to Hobbes rather than to Rousseau.

There were many successors of Moh Tih. But most of them paid more attention to the problems of knowledge rather than politics. Some of them directed their attention to law and afterward became the students of the juristic school, which has been already briefly discussed in the previous chapter, and it seems that it is not necessary to repeat here.

1928年

再开张的孔家店

无形中宣告破产而收盘的孔家店,现在又开张了。他这次重新开张,在我们中国历史上,当然是件很重要的事情;因为他不只是个普通没有组织的陈旧式的商店,随随便便的合了多少资本,租间铺子,购点货物,放了三五千黄祥花的杏花红,写几张"开张大吉","财源广进",化了几块钱在报纸上卖告白,而且在我们政府里立过案,得过政府的批准,享有法律的保障,所以今后的孔家店若是有人要破坏他,或是损害他的权利,他随时都可以诉诸法律。

重新开张的孔家店,当然有好多事足以为我们注意的,然最值得我们留心的,还是他的立案的呈文。不厌繁冗,我且把他抄在下面:

> 为提议事,窃维崇拜先知先觉,为人类心理所同,光大固有道德,乃民族精神所寄。查我国孔子,生当周末,本悲天悯人之旨,宏救世觉民之愿,慨然以一身肩道统之大任,其学说实集政治哲学之大成。《大学》之言平治,既合平民政治之真诠;《礼运》之言大同,首标天下为公之正义。是以先总理在日,常口述手写,以昭后人。即外人来华游历者,亦无不梯山航海,以一谒孔林孔庙为荣。甚或有拾其片石寸木,携归陈列,以夸珍贵者,足见孔子之伟大人格,无论中外人士,莫不尊荣而敬礼之,其所遗留之文物,亦无不钦仰而宝视之;良以孔子占东方文化史之重心,历二千余年,于世界人类之心理,已有深刻之印象,故其一物一事之流传,皆足以为矜式,即皆有保护之价值。况揆诸世界崇拜伟人,重视遗迹之通例;按诸先总理保存固有道德光大民族精神之垂训,保护孔林孔庙,均为我党今日应有之事。乃近有族人自山东来言,曲阜孔林孔庙,颇受骚扰,甚至有收没庙产之谣传,当此革新之际,人心浮动,异说纷飞,一班青年智识薄弱,难保不为共产党徒打倒礼教之邪说所惑,祥熙以孔氏后裔,许身党国,既不徇私而害公,亦未便避嫌而不言,拟请政府颁发命令,严加保护,并交由内政部妥议保护办法,颁行全国,以正人心而息邪说。所有提议保护孔子林庙缘由,是否有当,敬候公决。

从这篇洋洋大文里，我们晓得：

（1）这次出来重新开办孔家店的主人，是孔家的后裔。

（2）他的目的是保护孔林孔庙。

（3）而所以要保护孔林孔庙的理由，大约是因为：

（A）孔子之伟大人格。

（B）孔子占东方文化史的重心。

（C）孔子的学说是合乎现代的平民政治。

（D）孔子大同主义的高尚。

的确的，我们对于我们的古迹，是应当保护的。我想不但是功在党国的孔氏后裔，就是一般的中国人，和世界一般的人们，都有或是负有保存古迹的责任。我们对于提议保护的孔家后裔，是十分羡慕的，然他所举出所当保护的理由中像上面所列出几个要点，实在不敢领教。

（1）孔子的人格怎么伟大，我们暂不必提及，然若说因为来谒孔林孔庙者之多，和因为来谒者均拾片石寸木，携回陈列，足以证明孔子人格伟大，我们实没有法子去明白。设使孔部长所说不错，那么先施顶楼陈列那位奇人，因为人人都想一见，也是因为他的人格伟大了。游西湖的人，均想一见秦桧的像子，也是因为秦桧的人格伟大。游过依士企摩人所住的地方，而想拾他们所用过的东西，回家陈列的，也是羡慕他们人格的伟大。

（2）孔子究竟是否占东方文化的重心，是别一个问题。假使孔子而占东方文化的重心，这种文化，是否有存在的价值，又是一问题。我想二十世纪的世界，对于所谓东方文化，只好当作博物院里的古董看，值不得我们的提倡。东方人所以被人叫做东方病夫，半开化的民族，不外是东方文化的出产物。去提倡保存这种文化，来支配我们现在的生活，无异去提倡保存我们的半开化的生活和位置。文化是日新月异的，他时时刻下都在演化的历程中。我们记得二千余年前——也许是二百余年前的中国，是世界上很文明的国，为什么现在变做一个半开化的国家呢？其原因照我看来，并不是在乎中国文化退步，而在乎现代文化的进步。我们现在若不虚心诚意的去急起直追，接纳现代的文化，恐怕待一二百年后，我们不但不能保存我们的半开化的地位，恐怕那时人家又要叫我们做全不开化的民族。

晚近以来，我们每听一般人说，西方的物质文化是优过东方的。他们对于西方的物质文化是愿意采纳，但是我们却极力提倡东方的精神文化。我们承认"文化"二字是包含精神和物质二方面，然若一方面提倡西方的物质文化，他一方面又提倡东方的精神文化，是行不去的。良以把文化来分做物质、精神二方面，乃我们为了利便研究起见而发生的主观的观念，并非文化本身上有物质、精神之分。因为物质文化和精神文化，是不能分开，所以物质文化的演化是随著精神文化的演化。我们差不多可以说物质的文化,是精神文化的表现。读过历史的人,当能知道这话不错。西方近代的物质文化,是随着文艺复兴以后的精神文化而生的。史家称中世纪为黑暗时代,精神的文化既沈于坠落的境地,物质的文化也没有法子发达。数千年来的中国,受困于专制思想的淫威之下,得过且过,所谓精神的文化既走不出二千年前的精神文化的圈子,结果二千年后的物质文化并没有什么精彩过二千年前的物质文化。最近数十年来物质文化上能够得半点的进步,无非数十年来精神文化上有多少变更之结果。物质文化既不能离精神文化而独立,采取人家物质文化,应当也采取人家精神文化。提倡保存孔子所主张的生活的人,简直是叫我们去做原人的生活,因为孔子所景仰的人类生活是三皇五帝时的生活,而三皇五帝的生活,从文化史的眼光看去,实在同原始社会中的人类的生活相差不远。

专去采取西方物质文明化,不但是一件行不得的事情,而且是一件最危险的事。我们若只欢喜住洋楼,而不求做洋楼的材料和方法,只喜欢坐汽车,而不求做汽车的材料和方法,结果只有消耗,而没有入息。这样做去,则帝国主义者虽不侵略我们,我们的生计上,必日趋日蹙,而终至于自杀之地位。数十年来,我们所谓利权外溢,国境日穷,一方面固由外国之侵略政策所使然,然一方面亦未尝不因我们只知提倡物质文化,只会享受物质文化,而不知求物质文化所以成为物质文化之由来。然欲知物质文化之由来,于精神文化不得不格外注重。中国人今后若不痛改前非,而还要自夸自大的说:"孔子之伦理学,为二千年来中国社会安全人群进化之重要条件。"(此乃发起孔子学说研究会的宣言中一段话)则中国的前途,更不堪问。

(3)"大学之言平治,既合乎平民政治之真诠"——这句话简直是孔祥熙先生的新发明。大约读过《大学》的人,总记得"平治"二字没有连用过,其实除了"国治而后天下'平'"和"所谓'平'天下在治其国者"二个"平"字外,我们找不出第三的"平"字。然这二个"平"字都是动词,把他来相连起,已经不可,还把他来作平民政治之真诠解,不通已极。

进一步来说,孔子原来是一位辩护君权最力的人,他曾说"民可使由之,不可使知之",其他如"臣事君以忠","事君尽礼",均是极端主张绝对服从君主,他做《春秋》的本意,也不外是为君主说法。所以孟子说:"世衰道微,邪说暴行有作,臣弑其君者有之,子弑其父者有之,孔子惧作《春秋》。"董仲舒也说:"孔子明得失,差贵贱,反王道之本,故曰《春秋》之法以人随君,以君随天。屈民而伸君,屈君而伸天,《春秋》之大义也。"

孔子的绝对尊君思想,可以说是中国数千年来专制政治的护身符,因为他是专制主义的辩护者,所以在专制主义流行时,就是他的学说流行的时代。专制淫威最甚的时代,也就是他的学说最猖獗的时代。这一层我们可以用中国的历史来证明。春秋战国的时代，诸侯割据，"王政不行"，各诸侯对于本国内虽有充分之统治权，然专制之风并不盛行，所以孔氏学说不过当时九流十家之一。况且他的学说在当时没有什么影响，君主既不见重他，一般学者也很少看起他。为了这个原故，不怪得孟子说："由孔子而来，至于今，百有余岁。"孟子的意思，大约是：从孔子到了现在，除了我外，没有第二人提倡孔子之道。那么这二百余年中孔氏学说之不行，可以想见。

到了秦始皇统一天下，孔子的理想政治，才得实现，而中国专制政治之基也因之成立。我们说到这里，必定有人问道：为什么秦政又焚书坑儒；我以为焚书坑儒之举，恐怕是后来的儒家假造的话。就是焚书坑儒是事实，那么所焚的书必是很少，而且非儒家的书，所坑的儒，必非儒家的儒，乃一般好论列朝廷的学者。而其所以焚书坑儒的原因，也不外实行孔子所说"天下有道，庶人不议"的政策。

孔子所叹息的王政不行，诸侯跋扈，秦政和他的祖宗早已见及。孔子所主张的绝对忠奉人君，正合始皇的脾胃，就使始皇不大了解孔子的真意，李斯岂不见及？庸常如汉高者，在天下纷纭的时候，曾在马上以儒冠以资溲溺；然一登了极，立刻适鲁以太牢祀孔子。孔子之所以为君主的道理，若此显白，始皇、李斯安有错解的道理。然焚书坑儒的罪所以加上始皇的身上，大都汉家的公卿大夫的假造。原来秦乃汉的仇敌，刘氏创业伊始，为收拾人心计，不得不尽量去广告秦政的短处。并且刘家既据孔氏的道以为宝贝，既把他来做护身护家符，既以他来治天下而平人心，使刘氏帝业，垂诸万世而不朽，则不得不说秦政如何对不起孔子，对不起儒生。那么秦政之被人加以焚书坑儒之罪，并非没有原因。

退一步来说，就使始皇有焚书之举，所焚也必很少。《史记·始皇本纪》说："非博士官所职，天下敢有藏诗书百家语者，杂烧之。"其实当时的书册，既用木版竹简以制，除了政府外，人民那里有多书。大学问家如惠施，有了五车书，已惹起庄子的注目，并且秦时大收天下之书，藏于阿房宫，可知就使始皇焚书，所焚也必有限。

有些人把焚书的罪放在项羽身上，因为他们说项羽鸿门宴后火烧阿房宫，古代诗书百家遂付诸一炬。平心而说，我本不相信项羽烧阿房宫事，假使阿房宫为项羽所烧，阿房宫书为什么又落在萧何的手里？《史记·萧相国世家》里说沛公先入关，诸将皆争掠珍宝美女，独萧何先入，收秦丞相御史律令图书藏之。其实焚书之举，也许是刘氏做出来，刘氏既奉孔学以为治国的标准，对于诸子当然摈弃，当然想残灭。使不是这样，为什么孔氏之书得以保存而诸子百家大都沦没？

武帝是西汉专制君主之最甚的，所以孔子学说在武帝时，特别猖獗。西汉末年专制之淫威既消杀，扬雄们的学说始得产生，光武、明帝时代，孔学复盛。东汉末年，汉祚将倾，王充遂做《论衡》，大唱打孔家店。六朝时代专制之风既衰，孔学也随之而衰。孔学与专制，正如辅车相依。故从唐到清其间孔学之盛衰与否，常以专制淫威的盛衰为衡。满清①既倾，孔家店的生意亦大受打击。孔家店过去的命脉，既与专制遗毒相依，那么今后的孔家店的命运也不外从同样的路走。我们相信过去的孔家店之于中国，无异过去的东印度公司之于印度，将来的中国而欲求政治之解放，则杯葛孔家店，当为我们的第一要务。

（4）孔子之教，既与民治政治的原理相背而驰，为什么《礼运》篇的大同主义又含有民治的精神？我以为《礼运》"大同"的说，决非孔子根本之主张。读过孔子书的人，都承认孔子把家来为国之本，所以他主张先齐家而后治国，国治而后天下平。照他的意见，家不过国的缩小，而国不过是家的放大。同样，国是天下的缩小，天下是国的放大。治家的道理是与治国的道理一样，所以治国的方法，也不外是治家的方法。家里有家长，子女们对于家长，有绝对服从的义务和责任。这种义务和责任的特征，就是"孝"。同样，国里有君主，人民对于君主有绝对服从的责任，实行这种责任叫做"忠"。忠与孝虽是名称不同，然其实则一。故《孝经·士章》里说："资于事父以事君而敬同，以孝事君则忠。"又《正义》里说："言人不忠于君，不法于圣，不爱于亲，皆为不孝，大乱之道也。"《广扬名章》说："君子之事亲孝，故忠可移于君。"诸凡此类，不胜枚举。这种原理不但施诸家国，也可以应用到一身。所以说："孝始于事亲，中于事君，终于立身。"修身，齐家，治国的原则既一样，平天下也何独不然。《大学》里说："所谓平天下，在治其国者，上老老而民兴孝，上长长而民兴弟，上恤孤而民不倍，是以君子有絜矩之道也。"这里所说的天下，自然是于大国——世界的——天下所以能平既赖乎国治，则治天下之原理，当然和治国家的原则没有差异。并且他的理想中的天下，既筑在国家上，则与《礼运》所说"大道之行也，天下为公，选贤与能，讲信修睦，故人不独亲其亲，子其子……"的原理，完全处于对峙的地位，换言之，一方面既说国治则天下可以平，治天下的原则与治国一样；他方面又说治天下原的理，是异于治国原理。这岂不是自相矛盾吗？因此我们对于《礼运》乃孔子思想说，不能不起怀疑。我们若相信大同主义是孔子的，我们不能不怀疑他的修身治国的主张。使我们而相信后者，为孔子之根本思想，我们不能不怀疑前者之非。

政治哲学上的二元论，本来是有的。比方：康德一方面主张一个理想的国家，一方面又主张一个实际的国家。理想的国家是由契约而成的，实际的国家是由武力而成的。理想的国家是一个共和国，实际的国家是一个君主专制国。康德所以有这种主张——矛盾的主张，是因为他一方面受了当时环境的压迫——专制

---

① 编注："满清"之说，在清朝末年兴起，盛行于辛亥革命时期，是清代非满族人士对清政府的称呼（清王朝为满人所建立，故名），是在反抗清朝的斗争中逐渐提出的一个概念，带有强烈的排满情绪，可以说是当时大汉族正统观念的反映。为保持历史文献原貌，此处不做改动。下同。

淫威之下，一方面因为他受罗骚的影响太深。他既不愿放弃罗骚的契约论，他又不敢在专制淫威之下高唱国家是由人民契约而成，而提倡民权理论，结果生出二元的政治思想。我们若用解释康德的二元说来解释孔子所以主张"大同"及"小康"之不同，也有可能性。例如吴又陵先生说孔子"大同"之说是"窃道家之绪余。"（参观《吴虞文录》卷下一页）然若照吴先生所说，则孔子大同之说非孔子的根本思想。孔子师事老子（参观《礼记·曾子问》《史记·老子传》《庄子·天下》篇，《吕氏春秋·当染》篇，《孔子家语·观周》篇、《五帝》篇、《执辔》篇及《史记·仲尼弟子列传》等），孔子受过老子的影响当在所不免，然孔子的天下和国家观念，并非二元论。在康德的政治哲学里，理想国与实际国是不能同时并存的，在孔子的政治哲学里，平天下是依赖于治国，天下之于国亦犹国之于家。天下我们已说过，是国的放大，亦犹国是家的放大，所以治天下国家以至身心意的不同处，并不是原理，而是范围。若政治演化的终点是平天下，则国只可说是达至平天下的历程中一个阶级。若把天下与国来当做二元看，那么再加上身心和意岂不是成了四元五元吗？

孔子的国与天下既不像康德的二元论，而又因其根本上不能相反，我们可以断定《礼运》"大同"之义非孔子的学说。孔子若不是不觉其自相矛盾而窃取他人之说，则《礼运》一篇，若非在孔子前，或同孔子时的别的学者所做，必是后人所加入。其实《礼记》一书早已有人说过，不是孔氏书。并且孔子自己也说"述而不作"；因此我们可以断定《礼运》"大同"之说非孔氏之说。

上面所说，不过是读了孔子后裔所说关于保护孔林孔庙的理由而发生出数点感想。末了，我要郑重声明，我们虽然反对把孔子的学说来支配现在中国的社会，我们并不反对人家去研究孔子学说。为学问而研究学说是一件事，要把一种学说来支配一时代的行为，又是一件事。我们对于前者，不但不反对，还极赞同，不过同时我们应该记得研究学问也有缓急之分。对于后者，我们相信孔氏的主张，已不合于我们现在的要求，而是根本上与我们所要求的相反对。我们若不勉力去阻止他的实施，那么中国今后的政治文化的趋势，恐也不外是过去专制淫威的再生。我们诚恳地希望我们勿再唱着"后之视今，亦犹今之视昔"。

这不过是月前读过孔部长的文章以后的感想，我本无意写出来，今早听了受颐二兄在怀士堂的演讲，我觉得手痒起来因草成此篇。

十七，十一，七

原载《广州民国日报·副刊》1923年11月17日；又载岭南大学学术研究会主编"学术周刊"栏第7期；再载岭南大学学生会编《南大思潮》第1卷第3期，1928年12月16日。

1929 年

春秋战国政治哲学的背景

一

我尝拟中国①政治哲学史，而划分之为四大时期：一为胚胎时期，二为繁盛时期，三为黑暗时期，四为异化时期。这四期所包括之时间，可略为分配如下：

(1) 胚胎时期——周室东迁以前。
(2) 繁盛时期——东迁以后至秦统一天下。
(3) 黑暗时期——秦统一后至清末。
(4) 异化时期——清末至现在。

这四个时期中最值得我们注意和研究的，要算繁盛时期，因为胚胎时期不过是繁盛时期的预备，黑暗时期的政治哲学，不但跳不出繁盛时期的思想的圈子，连了那时代所固有的几乎保存不住。夏曾佑著《中国历史教科书》曾说：

> 由周中叶至战国为化成之期，因中国之文化在此期造成。此期之学问，达中国之极点，后人不过实行其诸派中之一分以各蒙其利害。

政治哲学可以说是文化之一方面的表现，和学问研究所得的结果之一。中国全部的文化和学问，在我所谓黑暗时期，既不过实行我所谓繁盛时期中诸派之一部分；则政治哲学在黑暗时期的成绩，可以想见。

有些人或者以为若照上面所说，则所谓黑暗时期中之出产物，如王充之《论衡》，陶渊明的《桃花源记》，《抱朴子》中的《诘鲍》里的鲍生的思想，以及黄梨洲《明夷待访录》等，岂非太为蔑视？我以为像上面所举出之数种著作，固然是中国思想界的特出。然王充《论衡》，在政治哲学上没有什么大贡献；陶氏的《桃花源记》，虽然可说是政治思想中的乌托邦，他的渊源，可以逐回到《老子道德经》第八十章中的理想国。至于鲍生及黄氏的非君思想，也可以说是受过繁盛时的民贵君轻，及像《战国策·齐四》里田需所谓"士三食不得餍，而君鹅鹜有余食，下宫糅罗纨，曳绮縠，而士不得以为缘"及《淮南子·齐俗训》

---

① 编注：原文为×，联系下文应为"国"字。

中的言论等的多少影响。

至于异化时期中的政治思想，虽别开生面，支派纷纷，然追本逐源，并非中国人本来的思想，而大都是从西洋输运过来。在他所做的《五十年来中国之哲学》文中，蔡子民先生告诉我们：

> 五十年来中国之哲学一语，实在不能成立，现在只能讲讲这五十年中中国人与哲学的关系，可分为西洋哲学的介绍，与古代哲学的整理两方面。

近代中国哲学一语若不能成立，近代中国政治哲学一语，也何独不然？我们既知道所谓春秋战国的政治哲学占有中国政治哲学史上的特殊位置，我们对于这期的政治哲学的研究，要加以特别的注意，也是当然的。但是政治哲学的发展和繁盛，并不是凭空而来，因为她常常和她的时代环境是有密切的关系；而所谓时代环境，就是本篇所谓背景。从一方面看去，我们可以说政治哲学是背景的反射；从别方面来看，我们也可以说社会政治的背景是政治哲学的表现。比方我们可以说美国的三权并立制，是受过孟德斯鸠的三权并立学说的多少影响；又法国的革命，也是受过卢骚的学说的多少影响。这不过就一方面来讲，若从他方面来看，我们可以说欧洲中世纪的宗教臭味的政治哲学，是当时宗教制度的一种结果；近世的社会主义，是近世经济社会状况的一种表现。

总而言之，政治哲学与其背景，是在为因果的；所以一个人的政治学说，可以说是背景的表现，也可以影响到后来的政治制度。最显明的例是孔子的政治学说，因为他的政治学说，不但是周代政治制度的结晶，并且是中国后代政治制度的重要的标准。夏曾佑氏说："孔子一身直为中国政教之原，中国之历史，即孔子一人之历史而已。"这话恐怕未免言之太过，然孔子政治思想之影响于中国社会政治制度之大，当无可疑。

看看社会政治制度的沿革，再看看政治哲学的发展和派别，究竟是前者影响于后者大，还是后者影响于前者多，是别一问题。究竟中国政治哲学所影响于中国政治社会制度者如何，又是一问题。本篇所注重的是以一时期——周中叶以后至秦统一——的背景做立脚地，将当时的环境比较上与当时政治哲学有关系的略举出来，以明这时期的政治哲学所以能臻盛者，并非偶然。

二

《战国策·赵三》里说："且古者四海之内，分为万国。"相传禹时涂山之会，执玉帛而来朝的有万国之多。至汤的时代，相传有三千国；传载武王克商，尚有千八百国。春秋时代，国家之见书的，一百四十余。苏东坡做《春秋列国图》，说国之见于经传的共一百二十四；他又说惟蛮夷戎狄不在内。到了战国时代，国家的数目更是减少，故战国末年，我人常谈的不过七国。

国家的数目，由多而少，是国家土地由小而大的表征。因为弱肉强食，强的日见强大，而弱的日见消灭。并且中国的版图，至春秋战国的时候，日趋日大，《左传》鲁成公四年的时候，季文子还说楚非我族类，其心必异，成公十五年，鲁与吴第一次相会于钟离，到了襄公三年六月，晋文候使荀会逆吴子于淮上，吴子虽然不到，然此时的，吴已非蛮夷之邦。到了春秋末世，吴越居然称霸东南。不但是东南的版图增大，西北也同样的扩大。秦霸西戎，征服不少土地；晋与燕均向北发展，而增大其疆域。

强大的国，虽日加强大，中国的版图，虽日加扩张，然以现在的眼光去看，春秋战国时的国家，还是不得谓之大。夏曾佑氏说："古国能如是之多者，大抵一族即称一国，一国之君殆一族之长耳。"可知古时所谓国的意义，与现在的国的意义的不同处。中国人——春秋战国时的人——既惯于这种土地狭小的国家的事实，而此种事实之影响于当时的思想界，当然不少。我们试一阅这一时期的著作，觉得好多的士大夫，常常以"国小不足虑"的信条去劝谏一般人主，这一种思想的结晶，我们可于老子《道德经》八十章中见之：

> 小国寡民，使有什伯之器而不用；使民重死而不远徙。虽有舟车，无所乘之；虽有甲兵，无所陈之；使人复结绳而用之。甘其食，美其服，安其居，乐其俗，邻国相望，鸡犬之声相闻，民至老死不相往来。

这一时期中的政治哲学家，不少的梦想天下统一四海来朝。儒家所谓治国平天下；管子也说"国乃天下之本"。《战国策》所载"温人之周"一段，也可以代表当代的天下四海观。

> 温人之周，周不纳客，则对曰："主人也。"问其巷而不知也，吏因囚之。君（东周君）使人问之曰："子非周人，而自谓非客，何也？"对曰："臣少而诵《诗》，《诗》曰：普天之下，莫非王土，率土之滨，莫非王臣。今周君天下，则我天子之臣，而又为客哉？故曰主人。"

然而恐怕除了驺衍外，这时代的思想家所说的天下还不外是禹夏商周统治下的土地。这种天下观与现在的世界，当然有别。并且恐怕他们所谓的天下，是专指中国而言，所谓夷狄，不在其内；因为夷狄是没有政教的，所以孔子说：

> 夷狄之有君，不如诸夏之亡也。

而他们所说的四海，大约也不外王制。所谓：

> 西不尽流沙，南不尽衡山，东不尽东海，北不尽恒山，凡四海之内，断长补短，方三千里。

上面是将土地的广狭，与当时政治思想的关系而言。至于土地的位置，和政治思想的关系，也有多少，本时期前，国家天下之迭兴，皆沿黄河一带。春秋时代，楚兴于南，而继起者为吴越，此数国皆在长江一带。黄河所处之地位，既与长江不同。黄河流域所影响于政治思想，也与长江流域所影响于政治思想有不同处。因此学者遂分当时思想为二派——南派，北派——南派以老子为宗，老子楚人，楚在南；北派以孔子为宗，孔子鲁人，鲁在北。因为老、孔所处的地位不同，故其影响于思想上也非浅鲜。关于这一层，梁任公在他的《中国古代思想》里，说得颇透切。

> 我中国有黄河、扬子江两大流域，其位置性质各殊，故各自有其本来之文明，为独立发达之观。虽屡相调和混合，而其差别相，自有不可掩者，凡百皆然，而学术思想其一端也。

他又说：

> 北地苦寒硗瘠，谋生不易。其民力以奔走衣食，维持社会，犹恐不给，无余裕以驰骛于玄妙之哲理。故其学术思想，常务实际，切人事，贵力行，重经验，其修身齐家治国利群之道术，最发达焉。惟然，故重家族，以族长制度为政治之本，敬老年，尊先祖。随而崇古之念重，保保之情深，排外之力强。则古昔称先王内其国，外夷狄，重礼文，系亲爱，守法律，畏天命，此北学之精神也。南地则反是。其气候和，其土地饶，其谋生易，其民族不必惟一身一家之饱暖是忧，故常达观于世界以外，初而轻世，既而玩世，既而厌世，不屑屑于寔际，故不重礼法；不拘拘于经验，故不崇先王。又其发达较迟，中原之人，常鄙夷之，谓为蛮野。故其对于北学派有吐弃之意，有破坏之心；探玄理，出世界，齐物我，平阶级，轻私爱，厌繁文，明自然，顺本性，此南学之精也。

不但是南北因地势不同，而影响于政治思想；东西各国，也因为地理上各异，故其政治思想也有不同处。齐国极东而近海，有鱼盐之利，管子曾利用这种天然出产物以富齐国；而他的政治思想，也筑在物质经济的基础上，太史公在他的《管晏列传》里说：

> 管仲既任政相齐，以区区之齐，在海滨，通货积财，富国强兵，与俗同好恶。故其称曰"仓廪实而知礼节，衣食足而知荣辱"，上服度则六亲固，四维不张，国乃灭亡。下令如流水之原，令顺民心，故论而易行。俗之所欲，因而予之；俗之所否，因而去之。其为政也，善因祸而为福，转败而为功。

管子自己也说：

> 地者万物之本原，诸生之根菀也。美恶贤不肖，愚俊之所生也。水者地之血气，如筋脉之通流者也。

齐国既近海洋，而海洋比较上易使人有广大之胸怀，而发生一种较大的世界观。这一种的世界观的代表，就是驺衍。《史记·孟荀列传》说驺衍，以为儒者所谓中国者，于天下乃八十一分之一耳。中国名曰赤县神州，赤县神州内自有九州，禹之序九州是也，不得为州数。中国外如赤县神州者九，乃所谓九州也。于是有裨海环之，如此者九，乃有大瀛海环其外焉。

极西的国家是秦。《战国策》："苏秦始将连横说秦惠王曰：大王之国，西有巴蜀汉中之利，北有胡貉代马之用，南有巫山黔中之限，东有肴函之固。"梁任公先生说："秦控山谷之险而民族强悍，故国家主义亦最易发达。"

梁先生又说：

> 宋，郑，东西南北之中枢也。其国不大，而常为列强所争，故交通最频繁焉。于是墨家名家，起于此间。……墨子生于宋；宋，南北要冲也，故其学于南北各有所采，而自成一家言。其务实际，贵力行也，实原于此派之真精神；而其刻苦也过之。但其多言天鬼，颇及他界，肇创论法，渐阐哲理，力主兼爱，首倡平等，盖亦被南学之影响焉。……名家起于郑之邓析，而宋之惠施，及赵之公孙龙，大昌言之。其繁重博杂似北学，其推理傲诡似南学，其必于中枢之地而不起于齐鲁秦晋荆楚者，地势然也。……地理与文明之关系甚密切而不可易有如此者，岂不奇哉？

《战国策》也说：

> 赵氏中央之国也，杂民之所居也。其民轻而难用。

我们已将土地幅员及位置的大概，及其与政治思想的关系略为解释；此外物产天时之影响于政治及政治思想，也不可轻视。北方《战国策·苏秦说赵王》说：

> 大王诚能听臣，燕必致毡裘狗马之地，齐必致海隅鱼盐之地，楚必致橘柚云梦之地。

其言天时，如《管子》所说：

> 国多财则远者来，……不务天时则财不生。

又说：

> 惟圣人知四时，不知四时，乃失国之基。

其他如说风的重要：

> 然则柔风甘雨乃至，百姓乃寿，百虫乃蕃，此谓星德。

所谓物质的政治思想的基础，在政治哲学的起源和发展上所占的位置，究竟如何，非本题范围内的事；然物质与政治思想有多少关系，是无可疑的。上面所举出春秋战国的政治思想的物质方面的背景，虽不过东鳞西爪，然二者之关系，已可想见。

三

中国的社会制度是筑在家庭的基础上。《大学》上说：

> 古之欲明明德于天下者，先治其国；欲治其国者，先齐其家……家齐而后国治，国治而后天下平。

管子也说：

> 有家不治，奚待于乡？有乡不治，奚待于国？有国不治，奚待于天下？天下者国之本也；国者，乡之本也；乡者，家之本也。

家是国家社会的基础，这是中国社会制度上最可注意一件事也，是中国人一种最普通的观念。中国的家庭，是广义的家庭，他不只是包括夫妇及其子女，而且包括父母的兄弟及兄弟的妻子以及父的父母——祖及祖母，祖的兄弟及其妻子。若再数上去则曾祖……祖也在内。家庭的意义虽广，家庭所包括的人虽多，然治家的原则，是很简单的。这种原则就是：长幼有序，老小有分。幼小的对于长老的所应尽的职分，是孝敬服从。孟懿子问孝，孔子答以"无违"，子女之对父母，要观其志之所之而顺之。所以说：

> 事父母几谏，见志不从，又敬不违，劳而不怨。

至于长老之于幼小，以慈以爱；至于同辈相待，则以孝友，所以说：

> 惟孝友于兄弟，施于有政，是亦为政，奚其为为政？

但是这一种统治家庭的原则，在春秋战国的时代，被了不少人的破坏。家庭中父子兄弟夫妇之互相残忌的，随处可见。石碏之于石厚，雍姬之于雍纠，庄公之叔段，及武姜周王之于王子带，不过几个例子罢。而其最显明的，还是《左传》所载下面那段故事：

> 初，卫宣公烝于夷姜，生急子，为之娶于齐而美，公取之，生寿及朔。属寿于左公子，夷姜缢。宣姜与公子朔构急子。公使诸齐，使盗待诸莘，将杀之。寿子告子使行，不可，曰，弃父之命恶用子矣，有无父之国则可也，及行，饮以酒，寿子载其旌以先，盗杀之，急子至曰，我之求也，此何罪，请杀我乎！又杀之。

诗人因为这件事而感慨地唱道：

> 二子乘舟，泛泛其景，愿言思子，中心养养。二子乘舟，泛泛其逝，愿言思子，不瑕有害。

家庭不但是国家的基础，而且是国的放大，其实有些人说古代所谓国，本来是家族，国里有君主，亦犹家里的家长，臣民应忠于君主，亦犹子女之当孝家长一样。故忠与孝，须异名而实则一。然当时的家里，既有父子兄弟夫妇相残，国里也有弑君之臣，暴虐之君。不怪得孟子要叹道：

> 世衰道微，邪说暴行有作，臣弑其君者有之，子弑其父者有之。

这种现象，是把数年来的家族国家社会里的人与人的关系的礼俗，推翻打倒。回顾过去为黄金时代像孔子的当然要惧恐起来，所以当齐景公问为政之道于他的时候，他说：

> 君君，臣臣，父父，子子。

这是孔子的政治根本思想；这种思想就是他的正名主义。故子路问政，孔子说：

> "必也正名乎。"
>
> 子路曰："有是哉？子之迂也，奚其正？"
>
> 子曰："野哉由也！君子于其所不知，盖阙如也。名不正，则言不顺，言不顺，则事不成，事不成，则礼乐不兴；礼乐不兴，则刑罚不中！刑罚不中，则民无所措手足。故君子名之，必可言也！言之，必可行也！君子于言其，无所苟而已矣。"

四

中国学者对于道德和政治，自来没有分清楚，道德常常是把来作政治的基础。西洋有些人因为这个原故，遂说中国没有政治思想，只有道德观念。政治是否应当筑在道德的基础上，西洋人是否把道德和政治分开得分〔清〕楚，是别一问题！然中国人素来以道德为政治的基础。是很显明的。《左传》上说：

> 德者，国家之基也。

道德既看得这么重要，那么道德的变更动摇，当然与政治思想的变迁有密切的关系。我们上面所举出家庭制度之动摇，名分之不讲，以及君臣父子的相残，均可说是因袭道德在当时坠落的明征。我们若再进一步来看当时的道德状况，我们觉得无论是在私德方面，是公德方面，无论是个人道德方面，国际道德方面，均使当时一般政治家失望。比方男女有别，是一种遗传的道德的信条，故《左传》说：

> 男女之别，国之大节也。

《管子》也说：

> 男女无别，则民无廉耻。

而廉耻是四维之二。

> 四维不张，国乃灭亡。

男女界限的分开，既与国家治平兴存到这么重要；然而当时的事实，是怎么样呢？读这时期著作的人，都感觉到这时期的男女之别之礼法，太不讲究。庄公之于齐崔杼之妻，卫宣公之于夷姜及急子之妻，文姜之于齐侯，晋献公之于齐姜，晋侯之于贾君，以及春申君之于李园女弟，吕不韦之于始皇之母等，通通都是没有道德的行为。又像《诗经》上所载：

> 静女其姝，俟我于城隅；爱而不见，搔首踟蹰。

朱子也说是淫奔期会的诗。

同姓不昏，也是道德上一种信条，故《礼记·大传》说：

> 系之以姓，……虽百世而昏姻不通者，周道然也。

《左传》上也说：

> 男女同姓，其生不蕃。

而然当时这种礼法，也有人去破坏。《战国策》崔武子之取齐棠公之妻，就是一个例。

上面所说不过就道德之一二方面来说，其他如朝秦暮楚两头蛇，如《战国策·东周》中所载的苏子者，徒顾自己的位置和利益，均当时一般思想家所视为不道德的行为，无怪得孔子恶之，大声疾呼以提倡忠孝之义，以维持社会而治国家。

这还是就个人道德方面来讲。国际的道德，同样的坠落。今天盟会，明天背约，是屡见不鲜的。国际的信用，因此而失，而国际的纷争，也永无止日。虽然有一般士大夫知到"弃信背邻，患孰恤之？"虽然知道"背盟不祥"，然言者谆谆，听者藐藐，也不乏人，结果尔诈我虞，尔征我伐。孔子所说"人而无信，不知其可也"。盖亦有其所自。

国际道德和个人道德，在范围上虽然各异；在性质种类原则上，并没有什么分别。这种道德观，可说是"一以贯之"。所以说修身，齐家，治国，平天下。然在春秋战国时代一以贯之的原则，渐与事实相反，而个人道德和国际道德，遂呈失调之现象。北方用个人的名义去杀一个无辜的人，是不道德的举动，然用国家的名义去杀一般无辜良民，不但一般人不以为不道德，还以为是件荣幸事。墨子觉得此种现象是件最痛心的，所以他在《非攻》里说：

> 今有一人入人园圃，窃其桃李，众闻则非之，上为政者得则罚之，此何也？以亏人自利也。自攘人犬豕鸡豚者，其不义又甚入人园圃窃桃李，是何故也？以亏人愈多，其不人兹甚，罪益厚。至入人栏厩，取人牛马者，其不仁义又甚攘人犬豕鸡豚。此何故也？以其亏人愈多。苟亏人愈多，其不仁滋甚，罪益厚。至杀不辜人也，拖褫其衣裘取戈剑者，其不义又甚入人栏厩取牛马。此何故也？以其亏人愈多，苟亏人愈多，其不仁滋甚矣，罪益厚。当此，天下之君子皆知而非之，谓之不义。今至大为攻国，则弗知非，从而誉之，谓之义。此何谓知义与不义之别乎？杀一人谓之不义，必有一死罪矣；若以此说，往杀十人，十重不义，必有十死罪矣。杀百人，百重不义，必有百死罪矣。当此，天下之君子皆知而非之，谓之不义，今至大为不义攻国，则弗知非，从而誉之，谓之义，情不知其不义也。

五

宗教制度及宗教观念之于政治思想的关系，凡读过欧洲中世纪的政治哲学史的人，都能领会。中国宗教之影响于政治者，当然比不上欧洲，然天鬼之观念，亦广义宗教之一。关于天者，像《书》说：

> 惟天监下民典厥义。

又：

> 天毒降灾荒殷邦。

《诗经》上像：

> 天命降监，下民有严。

介乎天人之间，而为天人会通的代表是祝。祝之位置既高，权力亦大，周室既衰，一般人都以为是天作出来，故《诗》曰：

> 昊天不傭，昊天不惠，昊天不平。

又像：

> 天之方难，天之方蹶，天之方虐，天下方济。

《左传》叔詹也说：

> 天其或者将建诸，……天不靖晋国。

关于人鬼的故事也不少。《左传》杜伯之射周宣王，庄子仪之击燕简公，均说是人鬼作祟。春秋战国时对于天鬼起怀疑的人也不少，像子产所谓"天道远，人道迩"。又史嚚说"国将兴，听于民；国将亡，听于神"。但是天神人鬼之与政治之关系相信的人还不少，比方墨子说：

> 天欲义，而恶其不义者也。
> 今天下之君子中寔将欲尊道利民察仁义之本天之意，不可不慎也，天之志者，义之经也。

又

> 顺民之意者，兼也。……兼者，为道也，义正。义正者何？若曰？大不攻小也，强不侮弱也。……若事上利天中，利鬼，下利人，三利无所不利，是为天德。

这简直是把天的观念来联络他的非攻主义，非攻是到兼爱的要津，所以他的根本思想都筑在他的天的观念。

至于鬼与政治的关系，他更说得津津有味：

> 是以吏治官府之不洁廉，男女之无别者，鬼神见之；民之为淫暴寇乱盗贼，以兵刃、毒药、水火，退无罪人乎道路，夺车马、衣裘以自利者，有鬼神见之，是以吏治官府，不敢不洁廉，见善不敢不赏，见暴不敢不罪。民之为淫暴盗贼，以兵刃、毒药、水火，退无罪人乎道路，夺车马、衣裘以自利者，由此止……是以天下治。

管子也说：

> 顺民之经，在明鬼神。……不明鬼神，则陋民不悟。

六

中国是以农为立国之本，而表明农业制度最显明的，是井田制。《公羊何注》说：

> ……一夫一妇，受田百亩，以养父母妻子。五口一家，公田十亩，所谓十一而税也。庐舍二亩半，凡为田一顷十二亩半，八家而九顷，共为一井。故曰井田。

在这种制度之下，人民二十岁则受田，至六十岁乃归还。在这种制度之下，贫富相差，必无大远，其原因在土地之限制。故其相差处，不外在于个人之勤力。勤者多得点，惰者少得点。到了春秋战国的时代，各国既日事战争，迫于外患，对于此种制度，难于顾及，结果此种制度日渐废弛。加以执政者如魏李悝之以尽地力为教，商鞅之废井田，开阡陌，于是土地专有之风，遂开孟子见得井田的废弛，喟然叹道：

> 今也制民之产，仰不足以事父母，俯不足以畜妻子，乐岁终身苦，凶年不免于死亡，此惟救死而恐不赡，奚暇治礼义哉？

所以他主张：

> 仁政必自经界始。经界不正，井地不均。是故暴君污吏，必慢其经界。经界既正，分田制禄，可坐而定也。……请野九一而助国中，什一使自赋。卿以下，必有圭田，圭田五十亩，余夫二十五亩。死徙无出乡，乡田同井，出入相友，守望相助，疾病相扶持，则百姓亲睦。方里而井，井九百亩，其中为公田，八家皆私百亩，同养公田。公事毕，然后敢治私事，所以别野人也。

农业制度的根本既动摇，工业商业在当时代之而兴。《汉书·货殖传》说："稼穑之民少，商旅之民多，谷不足而货有余。"工业商业的发达，是贫富阶级发达的原因。《货殖传》说："用贫求富，农不如工，工不如商。"求富之道，工既不若商，一般做手工的人，结果不过是为他人作嫁衣裳。诗人因感女工的困苦而咏道：

> 纠纠葛屦，可以履霜；掺掺女手，可以缝裳；要之襋之，好人服之！

贫之原因，不但是因井田之废弛，工商业之发展，并且是因他种原因，如苛税苛政等。老子说：

> 民之饥，以其上食税之多，是以饥。

又说：

> 天之道，其犹张弓与？高者抑之，下者举之，有余者损，不足者补之。天之道，损有余而补不足；人之道则不然之，不足以奉有余。

孟子也说：

> 易其田畴，薄其税敛，民可使富也。

其见于《诗经》的，如：

> 硕鼠硕鼠，无食我黍！三岁贯女，莫我肯顾，逝将去汝，适彼乐土，乐土乐土，爰得我所。

其痛骂苛政的像：

> 人有土田，女反有之；人有民人，女覆夺之；此宜无罪，女反收之；彼

宜有罪，女覆说之。

贫者愈贫，富者愈富，结果是：

>彼有旨酒，又有嘉肴，洽比其邻，昏姻孔云。念我独兮，忧心殷殷，佌佌彼有屋，蔌蔌方有谷。民今之无禄，夭夭是椓。哿矣富人，哀此茕独！

又如《汉书》上所描写的：

>富者土木被文锦，犬马余肉粟，而贫者短褐不全，唅菽饮水。其与编户齐民同列，而以财力相君，虽为仆虏，犹无愠色。

七

中国的封建制度，有些人说是唐虞产物，有些人说是周初产物。究竟何说为当，于本题没有重大的关系。我们所注意的是他的组织法。就大略而言，在此种制度之下，各侯国的政府的组织，大都相同。侯国政府与帝王政府的不同处，亦不过是范围及威权的差异，而非组织的不同。从侯国与帝王的关系来看，前者在后者的统治之下；然从内政方面来讲，各诸侯有充分行使其自治权。同等诸侯的关系，以同等相对，若诸侯有争端，当由帝王裁决。

诸侯分为公、侯、伯、子、男，公、侯统治方百里的地方；伯七十；子与男五十。公、侯叫做大国；伯，中国；子、男，小国。地方若没够五十方里的叫做附庸，附属于国之下。除了上面所举的诸侯所管理的地方外，王畿地方千里，是属于中央的。在帝王权力强大的时候，各诸侯都尊重中央命令。然王室一衰，诸侯间既均处同等之地位，无论何国，都不愿受治于他国。野心的诸侯，既想扩张其势力土地，于是争端以起，而战争的现象，也因之以生。春秋战国的战争，简直是家常便饭一样。《春秋》《左传》《战国策》这几部书，简直是当时的战争史。战争不仅限于诸侯和诸侯，而且是诸侯和戎狄。诸侯和王室战争，既是这么多又这么常，结果是四海之内，没有片干净土。而其流弊，正如老子所说：

>师之所处，荆棘生焉；大军之后，必有凶年。

孟子也数出战争的罪恶如下：

>……况于为之强战，争地以战，杀人盈野；争城以战，杀人盈城，此所谓率土地而食人肉，罪不容于死。

战争得利害，人民不得不他迁以避，诗人因之而咏。

>北风其凉，雨雪其雱，惠而好我，携手同行，其虚其邪，既亟只且。
>北风其喈，雨雪其霏，惠而好我，携手同归，其虚其邪，既亟只且。

莫赤匪狐，莫黑匪乌，惠而好我，携手同车，其虚其邪，既亟只且。

被迫而他迁的人们，不能同家人同行。在身处异乡的时，当然是没有人同他们的父母兄弟的一样对待。他们是穷极，然终是没有人来顾及，下面的诗，就是这种人的苦况的表现：

绵绵葛藟，在河之浒，终远兄弟，谓他人父，谓他人父，亦莫我顾。
绵绵葛藟，在河之涘，终远兄弟，谓他人母，谓他人母，亦莫我有。
绵绵葛藟，在河之漘，终远兄弟，谓他人昆，谓他人昆，亦莫我闻。

他们在他乡既不得好的待遇，他们又想回了，所以咏：

黄鸟黄鸟，无集于谷，无啄我粟，此邦之人，不我肯谷，言旋言归，复我邦族。
黄鸟黄鸟，无集于桑，无啄我梁，此邦之人，不可与明，言旋言归，复我诸兄。
黄鸟黄鸟，无集于栩，无啄我黍，此邦之人，不可与处，言旋言归，复我诸父。

流离他邦的人，固然是备尝苦艰，然留在故乡的，想逃到他邦而不可得。他们同样的感受苦痛，诗人因之而描写如下：

相彼泉水，载清载浊，我日构祸，曷云能谷？
匪鹑匪鸢，翰飞戾天，匪鳣匪鲔，潜逃于渊。

又如：

鱼在于沼，亦匪克乐；潜虽伏矣，亦孔之炤，忧心惨惨，念国之为虐。

处在这到处都有和连年不绝的战争环境之下，和生在此政治社会黑暗的时代，他们只好自怨自己不幸而生。代表此种态度的如：

苕之华，其叶青青，知我如此，不如无生！

中国人的俗话有一句"好子不当兵"，所以做兵的人，在中国并没有什么人看起他，其原因大约是因为大家都以为做兵的人，多数是性情残暴。然此时做兵的人，想起在家父母没有人养，也有悲痛之极，而发之于言的如：

肃肃鸨羽，集于苞栩，王事靡盬，不能蓺稷黍，父母何怙？悠悠苍天，曷其有所。

又如：

何草不黄？何日不行？何人不将，经营四方。
何草不玄？何人不矜？哀我征夫，独为匪民！

其代表怨于久役的如：

> 祈父予王之爪牙，胡转予于恤，靡所止居？

八

教育之于政治，有莫大之关系，孟子说：

> 人之有道也，饱食暖衣，逸居而无教，则近于禽兽。圣人有忧之，使契为司徒，教以人伦，父子有亲，君臣有义，夫妇有别，长幼有叙，朋友有信。

教育的提高，和普遍于政治思想，有不少的影响。因为教育愈高，则人民对于政治的组织及种种的了解，愈明白。有了这种的了解，才能在政治上表明意见，这种意见，就是政治思想。

中国古代的教育，差不多是贵族所专有。春秋战国时代教育渐趋于平民化，而其原因约有数种。第一，由于贵族阶级之打破。第二，老子做史官时，曾传了不少书到民间去。第三，学校林立，由私人出而讲学的，如孔子，孟子，大不乏人。第四，各位君主重视读书之士。第五，此时文字渐趋简单，书册日多。第六，交通日趋利便，故智识之传播亦易。

因为教育发达和普遍，求学的人口多，而学派的分支也繁。当时学派大宗为九流，所谓九流，就是儒家、道家、阴阳家、法家、名家、墨家、纵横家、杂家及农家。若加之以小说家，则称为十家。各家学说虽不同，然多数在政治哲学上的贡献很大。而其最特出的，当推道、儒、墨、法四家。

政治思想，乃思想之一方面，故某时期的政治思想的趋向，及大概如何，常和其时期的普通思想的大概及趋向，有莫大的关系。春秋战国时代的思想，虽分做好多派别，然若从时间及空间二方面来讲，我们可以将这时期的诸子百家的不同的思想概括于数派之下。其属于空间方面，我们在上面已略分为南北二大派，而附以折衷及东西数派，并解释其大概。至从时间方面来说，我们略可将当时的普通思想，分为二派：一为保守派，一为维新派。前者崇古，后者因时；所谓法先王者属于前派，所谓法后王者属于后派。大约当时所有的思想家，都可以略括于此二派之下。这二派的言论的不同处，我以最好的例子是《战国策·赵二》里所载武灵王因胡服事而与群臣的谈话。

> 赵造曰："臣闻圣人不易民而教，知者不变俗而动。因民而教者，不劳而成功；据俗而动者，虑径而易见也。今王易初不循俗，胡服不顾世，非所以教民而成礼也。且服奇者志淫，俗辟者乱民。是以莅国者不袭奇辟之服，中国不近蛮夷之行，非所以教民而成礼者也。且循法无过，修礼无邪，臣愿王之图之。"

> 王曰："古今不同俗，何古之法？帝王不相袭，何礼之循？宓戏、神农

教而不诛，黄帝、尧、舜诛而不怒。及至三王，观时而制法，因事而制礼，法度制令，各顺其宜；衣服器械，各便其用。故礼世不必一其道，便国不必法古。圣人之兴也，不相袭而王。夏、殷之衰也，不易礼而灭。然则反古未可非，而循礼未足多也。且服奇而志淫，是邹、鲁无奇行也；俗辟而民易，是吴、越无俊民也。是以圣人利身之谓服，便事之谓教，进退之谓节，衣服之制，所以齐常民，非所以论贤者也。故圣与俗流，贤与变俱。谚曰：'以书为御者，不尽于马之情。以古制今者，不达于事之变。'故循法之功，不足以高世；法古之学，不足以制今。子其勿反也。"

九

上面已略将春秋战国时代的政治哲学，略为分析及略加解释。关于背景的分析，我略分为地理，家庭，道德，宗教，经济，政治，战争，教育，及普通思潮，及其派别。我觉得此时期的政治思想的背景，所包含的，尚不止此，我所举出的，不过我个人觉得在比较上较为重要之数方面；并且背景的各方面的分析不外为利便研究起见，并非因背景的各方面有可分的清楚界限。因为背景本身上，是互有关系和连带，没有清楚的限界。所以研究时，未免有多少重复，或眉目不清楚，这竟是无可如何的。关于解释背景的各方面，我为了时间所限，不能做深究的研究，而求较好的系统。我所写出的，不过东鳞西爪，想到哪些便写哪些。连了好多引述的段句，也没有时间去检查。至于措词的乏当，及他种毛病很多，我自己也觉得没有发表的价值。然本刊要稿太急，我没有法子，只有潦草从事以塞责。末了，我应当向编辑各位和读者道歉。

十七，十二，十七夜于黑寮

序经快要到上海去，心灵手敏地，把这篇文章于一日内写成，临行之前，嘱我校读和圈点。我禁不住随着说几句话。希望他快有工夫把还篇文章更详尽地重写，多引用些古书和辑过的佚书，和参校时人的论著。因为我觉得这文章太短了：一方面固然是因为它有浓厚的趣味，所以觉得短，但同时我就觉得有遗了材料。举个例说，先秦诸子的著述，似乎还未尽量地采用——如《庄子》《荀子》等，虽有分章叙述之必要，而同时选择来说明背景，也似乎无妨。然而这些，自然都不是挖苦这一天内赶着完卷的文章的话。末了，我更有一种感想，是我们今日的中国，一般思想界，似乎太多数还赶不上二千多年前的赵武灵王，介我们不得不佩服死鬼。

十七，十二，十八夜
受颐志于华城小屋

广州岭南大学政治学会《政治》1929 年刊。

海夷史教授（Professor E. C. Hayes）

"陈君，长途跋涉，要小心点。到家时，我希望你为我问候你父母亲。过去的数年，我们已享受我们在学问上的共同切磋的生活，我们今后仍要常常使大家知道大家的景况。至少你要知道海夷史夫人和我是时时刻刻渴念你的。你的前途是无限的，到欧洲时，要格外努力。今后我们最好是用德、法文来写信。五年后你再来美时，我们可以用德、法文来谈话。小心，珍重再会！"

这是三月前海夷史教授于我辞行返国时，最后对我说几句话。他说话时，半身露出门外。初升的旭日，从浓密的树叶透射下来，正照着他的面上。他的头发已经全白，但是他的面色正如朝花怒发。他的年纪虽已六十，但他的精神，正像血气方刚的少年。我记得有一次，社会学研究院里有一位朋友问道：那位知道海夷史教授多少年岁？有的说是他不出五十。有说他不出五十五。他的实在生年虽没有一位能说出，但大家均以为像他这样的体格和精神的人，至少能得看一九五〇年后的世界。那料他竟于八月七号溘然长逝！

海夷史教授于一八六八年生于美国之梅因（Maine）省路易斯顿城（Lewiston）。他少年时在 Bates College 毕业，后来他又在 Cobb Divinity School 研究。他也在柏林大学研究过。

他对于德国社会学的研究，格外有趣，都基于此。而他对于欧洲大陆的学制的特别羡慕，也基于此。他又在芝加哥大学社会系念过书。司马尔（Small）教授影响过他的很不少。一九〇二年，他在芝大得博士学位。从一九〇二年至一九〇七年他在 Miami 大学当社会学经济学教授。从一九〇七年下半年以后他是意利诺大学社会学系教授及主任。他在意利诺大学执教鞭二十余年，惨淡经营，使意利诺社会学系逐渐臻于完备。

一九一二年，他被举为美国社会学会会长。二十余年来，他对于意利诺省及地方的公共事业，予以不少的帮助。年前德国社会学会选举数位美国社会学家为名誉会员，他乃其中之一。我好像记得他曾被举为国际社会学会的副会长（？）。

在暑假期中，他多数被各大学请去演讲。今年他谢绝一切的请求，想利用数月的空暇，写本较浅白的社会学引言，以为大学一二年或中学高级做社会学的课本。我记得在我辞行前数天，他曾将这本书的参考书告诉我，并讨论所拟写之书中的三二要点。他这时很自信的对我说："我已胸有成竹，今后惟有把它写出来，大约不出三月后，你必接我告诉你脱稿的信。"但是脱稿的信我并没有接过，我永远也不会得到！

他遗下妻及三子。三子均能独立，有的学文学，有的学法律。大概常到过他家坐谈的人，总听过他和他夫人背诵他们儿子所做的诗。海夷史夫人是一位模范的内助，他们二人所过的生活，都是快愉美满的生活。海夷史夫人不但是一位勤于家政的妇人，而且是位最勤于求学的妇人。她的年纪虽将六十，然她常常手提书包到校听各有名教授的演讲，或选读一二心志所好的科学。近来她欣喜学法文，海夷史教授有一次笑对我说："我妻和你均致力于法文，我希望数年后，你再来美时，我把你二位来考一考，看看那位进步速，我希望你为男子争气，不要给她胜过你。"

海夷史教授不但是英文的运用上，非一般人所能做到，就是德、法文也很深究。他每自得的说："我说德话与说英话没有什么分别。"在课堂上，有时说到德国社会学家，或有学生报告关于德国社会学的时候，他不知不觉中说起德国话来；不晓德话的学生们必问道："先生你是不是说'希腊文'？"他必笑道："我总以为你们人人都会听德文。"

读过海夷史教授所授的科学的人，都同样的觉到他的谆谆善诱，诲人不倦的精神。和过他接触的人，都知道他是和蔼可亲，谦恭待人。他对于学问探求的兴趣的浓厚，可以做青年的最好的模范。我记得在我们三五师友研究社会学上各问题的时候，他没有现过疲倦的态度。谈一点钟也好，二点也好，三点也好，他总是一样的侃侃而谈。今春美国社会学荣誉学会意利诺分会举行开幕礼，芝加哥大学社会学系主任非利教授从芝城特别来校领带讨论，讨论到更深的时候，会员中有不少的呈出疲倦的容貌，但是他的兴彩是愈谈愈浓，他的热度也是愈谈愈高。

他的人生观是一般颓靡不振、烦闷过日的青年的良剂。过去的三年，著者差不多天天都和他见面，无论是在讲堂，在办事处，在家，在游戏场，他时时刻刻都现出一种快愉的态度。在一般人以为做不到的事情，在他总以一种乐观的态度而说："我们不要急，不要忙，不要畏难，总必有解决的办法。"这种态度，在浅交的人，视之或者要说是他装起来的，然知道他深一点的人，总以为他这种态度是自然的，他这种人生观在他的行为思想上都是一致而没有相背的。

从著作的分量上看去海夷史教授是比不上社会学家如 Small 及 Ross 等，然他的著作在社会学上所占的位置是很重要的。他最得意的著作是：*Intiocluction to the Study of Sociology*《社会学研究绪论》。这本书初版于一九一五年，自一九一五年至现在已翻印了好多次。他最初出版关于社会学的著作是 *Sociological Constmction Lines*，1907，最后的一本是 *Sociology and Ethics*，1921，他曾写了关于社会学上的问题的论文，散见于各种杂志及书册中，他又是 *Lippincotts Sociologieal Series* 的编辑者，这种丛书已出了好多本，而且在社会学的出版界中是一种很有价值的丛书。

他的思想可在上面所举出他的著作中找出来。他每以为社会学是人类智力运动之一名称。这种运动包含数种论点（View-Paint）或现实（Realization）的发生。社会科学者曾采用这种论点，或现实来做研究社会科学的方法的法则。约而言之，要点有四：（一）社会学是解明所有的社会生活，而是因果范围内的一部分的实现。（二）社会学是心理功用的实现。（三）社会学是社会生活的统一的实现。（四）社会学的现实是伦理的实现。

无论是批评他人的社会学，或是研究社会学，他都把这数种社会学的实现或要点来做标准。他以为这四种现实是应当同样的重视，而不可忽略任何一种。近来有些人很不赞成他说社会学的现实是伦理的实现，但他以为社会学与伦理学是不能分开的。这一点在他一九二一年所著的《社会学及伦理学》中说得很详细。

我随便在这里将他在社会学上的数个观念提出来，并不能说是他在社会学上的全部贡献，其原因不外是在课堂及谈话中他屡谈及。若要将他在社会学上的贡献及观念来做成篇有系统的研究，只好待诸他日。

中国的社会学到了现在还是在萌芽的时代，但是过去十余年中国社会学界所受海夷史教授的影响似很不少。国内好多大学曾采用他那本《社会学研究绪论》作课本。近来出版关于普通社会学数本书册，根据他的《社会学研究绪论》的很多。在美时曾以此告他，他常说："我生长美洲，曾游过好几次欧洲，可惜的是没游过亚洲如中国等处，所以游亚洲是我今后一个大志愿。我希望能于这三五年内能够实行此事。"他是很诚恳的说着，但是他永远都没有机会去渡太平洋而游亚洲！

十七，九，三

《社会学刊》第 1 卷第 2 期，1929 年 10 月。

积极的死

夫男儿在世，不能建功立业，以强祖国，使同胞享幸福，虽奋斗而死，亦大乐也；且为祖国而死，亦义所应尔也。儿刻已念有六岁矣！对于家庭本有应尽之责任。只以国家不能保，则身家亦不能保；即为身家计，亦不能不于死中求生也。儿今日极力驱满，尽国家之责任者，亦即所谓保身家也。他日革命成功，我家之人，皆为中华新国民，而子孙万世，亦可以长保无虞，则儿虽死亦瞑目地下矣。

方声洞赴义前一日寄父书

吾至爱汝，即此爱汝一念，使我勇于就死也！

吾充吾爱汝之心，助天下人爱其所爱，所以敢先汝而死，不顾汝也。汝体吾之心于啼泣之余，亦以天下人为念，当亦乐牺牲吾身与汝身之福利，为天下人谋永福也！

吾诚愿与汝相守以死；第以今日事势观之：天灾可以死，盗贼可以死，瓜分之日可以死，奸夫污吏虐民可以死，吾辈处今日之中国，国中无地无时不可以死，到那时使吾眼睁睁看汝死，或使汝眼睁睁看我死，吾能之乎？抑汝能之乎？即可不死，而散离不相见，使两地眼成穿而骨化石；试问古来几曾见破镜能圆，则较死为犹苦也!? 将奈之何！今日吾与汝幸双健，天下人人不当死而死，与不愿离而离者不可数计，钟情如我辈者，能忍之乎!? 此吾所以敢率性就死不顾汝也！

林觉民辛未三月念六日寄妻书

这是积极的死者的口供。这种积极的死，在中国的历史上，并不是完全没有的，而其最显著要算荆轲刺秦皇事。他所歌的"风萧萧兮易水寒，壮士一去兮不复还"！此种气概，虽千载以后，懦夫愚妇读之，精神也不觉为之一振。他谋刺秦皇不遂，自己中了八创，他还能倚柱而笑，箕倨怒骂秦王道："事所以不成者，乃以欲生劫之，必得约契以报太子也！"继荆轲而求积极的死的，又要算高渐离；然自高渐离以后，一直到宋，又有施全之击秦桧，因谋击不中而被获，秦桧亲去审他，他告诉秦桧道："天下之人皆恨房，而女与房通，故为天下人杀女。"从此以到满清末叶，七百余年中，此种风气，差不多又臭然无闻。其原因——据我个人的愚见——大都由于中国的传统思想的反响，以及其传统思想的误解。

读过中国思想史的人，大约总能同样的觉得中国自秦以后到清末的思想界，差不多完全受老子和孔子的思想所支配。夏曾佑在其所著《中国历史教科书》

中说：

> 孔子一身，直为中国政教之原；中国之历史，即孔子一人之历史而已。故谈历史者，不可不知孔子；然欲考孔子之道术，必先明孔子道术之渊源。孔子者，老子之弟子也。孔子之道，虽与老子殊异；然源流则出于老，故欲知孔子者，不可不知老子。

中国人的思想，既为老子、孔子的思想所垄断，中国人的人生观及死的观念，也走不出他们所画的圈子。我们试读老子《道德经》而看其所说，如"知其雄，守其雌；知其白，守其黑；知其荣，守其辱"。又如"知止不殆；祸莫大于不知足，咎莫大于欲得，知足之足常足矣"。这一类话，简直是偷生畏死的口气。又如"吾所以有大患者，为吾有身；及吾无身，吾有何患！"不过是消极的死的表示。

这并不是说在老子的书中，完全是找不着积极的死的观念。老子曾告诉我们："民不畏死，奈何以死惧之；民之轻死，以求生之厚，是以轻死。"这一种的死的观念，当然是积极的，而非消极的。我们若把之来与方声洞、林觉民的书来比较，我们只觉得他们所说，与老子所说好似是同一鼻空出气。然而这种观念，究竟不是老子的根本的观念；因为他的人生观，是偏于消极方面，对于生既已消极，则对于死没有积极的可能；并且后世一般解释老氏的人，专门用力在他的消极的思想，而对他的积极的死的观念如上面所举出的，不但不能发挥光大，而且巧词逆意。遂使积极的死的观念湮没无遗！

孔子所说的"志士仁人，无求生以害仁，有杀身以成仁"。从表面看起来，好似是积极的死的口气；然我们若细心的看起来，我们觉得他们的死的观念，也是消极的。而非积极的。这一层我们可于下面几句谈话里见之。

> 子贡曰："伯夷叔齐何人也？"
> 曰："古之贤人也。"
> 曰："怨乎？"
> 曰："求仁而得仁，又何怨。"

孔子以为伯夷叔齐的死是求仁；然而伯夷叔齐的死是消极的死一个最好的例子，并且孔子的仁的解说是多近于女性的美德，而非男性的美德，所以子张问仁，他答以包含恭、宽、信、敏、惠五种德性。樊迟问仁的意义，他答道："仁者居处恭，执事敬，与人忠。"恭、宽、信、敏、惠、敬、忠几种德性，均是女性的消极的其所求死的目的。——仁——既是消极，则其所死也不外是消极的死！

此外如他所说的"朝闻道，夕死可矣"也是消极的死。积极的死应该是"得"道，至少也要"求"道。"闻"道而死，太没有志气。况且孔子所谓"道"，也是消极方面的"道"。所以曾子说："夫子之道，忠恕而已矣。"我尝以为孔子的学，可以"仁"与"忠"二字包括之："仁以为体，忠以为用；仁以鹄之，忠以成之。"我们上面已略解释他的仁的观念，现在且看"忠"是什么；忠就普通广义来说，可以说是下对上应尽的义务，所以君辱臣死，是叫作"忠"。夫死妇殉也可以叫做"忠"。中国人既深受此种思想的包围，中国人之无意识的为君为夫而死的也随处可指，而这种的死，其去积极之死之门更为悠远。孔氏最得意的弟子子夏所说的"死生有命"，简直是村夫愚妇的口气！

我们二千余年来的死的观念，既偏于消极方面，我们的风习所趋，亦以为消极的死，是荣幸尊贵的死，我们试看介子推和屈原的死便可知道。介子推从晋文公出亡十九年，晋文公返国后，想叫他出来作官，因为了他不愿出，晋文使人去烧绵山，希望他能够出来；然他竟不出而焚死，晋文哀他的死，而改绵山为介山。这一层是晋文所当为。然普通的人民也为他痛惜，所以特地将了一天不起火去纪念他。至于屈原是因为被人诽谤，不能见用于怀王及襄王，悲痛到不得了，竟投汨罗而死，后来的人也为了悯怜他的原故，所以有五月五日龙舟竞渡的习惯。我所以特别的将这二位历史人物举出来，是因为他二位的死，都是消极的死，然俗人竟这样的去纪念他，崇拜他，而对他刺专制暴虐的始皇的荆卿、高渐离和击卖国害民的秦桧的施全，竟无何种表示，中国人对于积极的死的冷淡态度，于此可见一斑！

到了满清末叶，内部的政治既日趋腐败，而压迫汉人的手段又日趋日甚；加以海禁开放以后，外患日迫，甲午中日之战，既失了数千年来皇朝大国的威信；庚子之役，更使中国陷于殖民地的地位；政治的事实，既使一般志士生出"瓜分惨祸依眉睫""破碎山河故国羞"的悲音；而法美十八、十九世纪的革命思潮，又随欧风美雨而东来，"无自由，毋宁死"既深入一般血气怒放的脑子，视死如归的态度，亦趋于现实之途。所以吴樾说："余于是念念在排满；夫排满之道有二：一曰暗杀，一曰革命。暗杀为因，革命为果；暗杀虽个人而可为，革命非群力则不效。今日之时代，实暗杀之时代也。"

受过这种思想的洗礼而实行积极的死的，要算史坚如、吴樾、徐锡麟、温生才一班了。坚如于光绪二十六年（一九〇〇）想在广州响应，郑士良在惠州之役，因没有机会，乃决计掷炸弹，毁两广总督衙门，谋杀德寿，德寿未死，而坚如被获；坚如刚强不屈，遂为德寿所害。这是民国史上为积极的死而死的第一人。四年后（一九〇五）清廷命载泽、端方、绍英、戴鸿慈、徐世昌五大臣出洋考察政治，吴樾以炸弹击之于车站，惟载泽、绍英受伤，而吴樾自己为炸弹所死。吴樾尝语其友人云："我四万万同胞，人人实行与贼政府势不两立之行为，乃得有生人之权利；不得权利，毋宁死！"又曰："我愿四万万同胞，前仆后继，请为之先。"又在其暗杀时候的自序上说："予欲余死后，化一我而为千万我；前者仆，后者起，不杀不休，不尽不止，则予之死也为有济也。"

甫过二年（一九〇七），又有徐锡麟之杀恩铭而被擒。他在他的供词中说："我蓄志排满已十余年矣，今日始达目的，……汝等杀我，好了！两手两足剥了，全身砍碎均可！"徐氏之后继起者，有温生才于辛亥三月九日枪毙孚琦。温氏被捕，绝对不认有人主使；张鸣岐问了太多，他才指鸣岐说道："是你教我的！"陪讯的官吏，既没有一个不大惊失色；鸣岐自己也魂飞天外。这几烈士的事迹和言论，虽各有不同；然其视死如归，而为积极之死的气概差不多完全一样。

然而他们的积极的死，都是个人的，非团体的；为团体的积极的死，当然要算黄花冈七十二烈士。因为他是团体的，所以他的发力也大，而他所发生的效果也大。所以设使武汉革命的成功，可以叫做推倒满清政府运动的结果，则广州辛亥三月九日的碧血，当然是这种运动中最大，而且是最近的原因。

我们承认黄花冈七十二烈士的死是积极的死，而这种积极的死，至少包含下面几个意义：第一，这种的死是奋斗牺牲的，我们试看七十二烈士中如喻培伦者，虽因制药伤臂，然击了端方不果，又谋炸载沣，谋炸不成，又加入辛亥三月九日之举；章太炎先生在他的传里告诉我们："培伦曰：'等死不如以身决之！'或曰：'公一臂废，何苦自送？'培伦奋曰：'诸公具四体，不如吾偏枯人也！'"此一种奋斗牺牲的精神，真可以与日月同光！又如宋玉琳在他的供词说："军人性质，有进无退，既奉命来粤进攻，若不战而退，则如军令何！如邻国讪笑何有！"这种气概，不怪得问官及观审的人，没有一个不动容；又如林觉民寄妻书末数话云："在依新（觉民烈士长子）已五岁，转眼成人，汝其善抚之，使之肖我。汝腹中之物，吾疑其女也，女必像汝，吾心甚慰；或又是男，则亦教以其父志为志……"这一种的奋斗的精神，不但于己有之，而且思及传之妻子。

在七十二个烈士中有的家境充裕，有些出自名门，有些孝顺父母至深至切，有些夫妻情爱如胶如漆；然而胶漆的爱情，深切的孝敬，高贵的门第，充裕的家境，均不能阻止他们的积极而死的观念，其牺牲的精神，不能不令人肃然起敬。

因为了他们是乐意牺牲的，所以他们的死，包含第二种意义——大公无私的，此种精神我们所抄得林觉民寄妻的信中所说的"我充吾爱汝之心，助天下爱其所爱，……牺牲我身与汝身之福利，为天下人谋永福也"。又如方声洞在其寄父的书中说："迩者海内外诸同志，共谋起义，以扑满政府，以救祖国；祖国之存亡，在此一举，事败则中国不免于亡，四万万人皆死，不特儿一人；如事成，则四万万人皆生，儿虽死亦乐矣。"又如庞雄被获，清吏问完后，见他年貌英伟，为他叹惜。他哈哈大笑道："我自行我天职，以救同胞，若夫成败则天也。"又如陈可钧所谓"大丈夫当为国横尸战场耳，忠于一姓者不足效也！"

他们的奋斗牺牲的精神，和他们的大公无私的美德，无论是那一个烈士，无论在那一处，都可以找出来。因为他们有了这种精神，这种德性，所以他们的死，可以叫做永远不死的。我们相信我们中国人——也许是世界的人们——有了一天的存在，则他们这精神都必印著人们的脑子里。人生——有些人告诉我们——不过是过客，自有人类，到现在生生死死，不知凡几，然而他们的生死好像是昙花一现，好像是浮云一出，其生也，既碌碌庸庸，其死也，也默默无闻；但是七十二烈士的死，是永远使人不会忘记，不但我们这世的人景仰尊崇他们，就是后世——千世万世的人——都必同样的崇拜和敬仰。我们试回顾过去荆轲、高渐离之刺秦政，虽在专制淫威之下的中国，也有人代他做传表扬，虽在思想趋于错轨，风习陷于歧路之二千余年的长期，也有人去歌颂，何况黄花碧血，染化珠流，振臂一呼，举世为动！胡展堂先生曾说："窃尝谓贤者之死，其德业之留存于两间者，未尝随形体之生命以俱尽，则其人固不死也。"

积极的死，不但是永远不死的，而且是成功的，原来成功二字，并不是绝对的名词，而是相对的名词；若把来作绝对的，则古今中外，并没有一件事是可以叫做成功的。因为世界是时时刻刻在变更和进化的历程中，因为了变更是继续不断，因为进化是永无止境；所以成功也是继续无止的。反之，我们若把之来作相对解，则凡能尽心以求所事，而其所事之目的是正当的，则其所事的目的虽然不达，也可以叫做成功。广州三月〈廿〉九日之役，其目的从一方面看去，是想占据广州；从他方面看去，是想推倒满清。表面上看起来，这二种目的都不能达，似不能叫做成功；然事实上，他的武汉革命成功的历程中一部分，没有了这一次的牺牲，武汉的成功，不但不能若是之速，恐怕不能实现。况且武汉革命的本身上并不能叫做革命成功的终点，而是革命运动的起点，设使不是这样，则孙中山先生在临终之时，断不会告诉我们道："革命尚未成功，同志犹须努力。"成功既无绝对的可能，则诸烈士以奋斗牺牲的精神而为积极之死，就是他们的成功，也就是中国革命运动中一部分的成功。

七十二烈士的积极的死的意义，所包括的要点尚不止此；然能够晓得上面所说出几点，已足使我们崇拜他们，已足值得我们的纪念。但是，我们纪念黄花冈七十二烈士的真义，不但是崇拜他们积极的死的精神，而是要把他们这种精种注入我们的脑海里；并且要将这种精神实现出来，这样的纪念，才得乎纪念的价值，才不负诸烈士的期望。其原故是因为他们积极的死，只能说是中国人要求政治改造的起点，而非政治改造的终点。

怎么以为他们的死，不过是政治改造的起点而非终点呢？要明白这一点，我们应该回顾十余年来我们的政治改造的经过。大概我们知道辛亥广州之役之目的是不能达，所以继诸烈士而起的有九月十九日林冠慈、陈敬岳之狙击李准于广州双门底。林氏于掷炸弹时为卫兵乱枪所轰毙。陈氏所谋不成而被获。他在他的供词最末二句说："一击不中，愧对温生才。"陈氏殉难后之第三日，武昌起义，各省响应，不够一月，而清室以倾。清室虽倾，民国虽立，然不够三年，而有袁氏称帝之举，而所谓中国最大耻辱之二十一条卖国条款，亦于此期内签押。对于袁氏卖国称帝而作团体之反对者，有李烈钧之起兵湖口，牺牲个〈人〉而为积极之死的有钟明光之炸龙济光。钟氏在其寄友人书中云："夫以不惜披星戴月之劳，胼手胝足之苦者，无非欲觅蝇头，藉承菽水之欢，效老莱娱亲之乐耳！奈何近以恶潮汹涌，行见瓜分，大陆沉沦，变为奴隶，乃愤不顾身，牺牲一切，割家庭骨肉之爱，挺身报国！"又其自挽诗云："丰城剑渺海珠空，忍看生灵饱毒龙，我便安禅制将去，不辞踪迹血腥红。"又"黄花共醉不须疑，肠断秋声事可知，寄语隔离同调者，碎琴迟莫怨钟期"。

吾人试想最近这十三四年中，能够牺牲自己而作积极的死的人，虽无所闻；然十余年来政治上的紊乱，似无大异于曩昔，一直到了去年始稍呈安稳之态度。然这种状态断不能说为政治改造的终点，其实政治上的改造，是没有终点的。从政治哲学上的眼光看去，理想中的政治，并不以宪政时期为止境；就使我们以宪政时期来做我们的暂时的目标，我们所处的时期，其离宪政时期尚远。因为在军事、训政、宪政三个时期中，我们所经过的，还不过在第一期之末，第二期之初，我们所暂定的政治改造的目的既尚未达，则我们今后所当努力奋斗牺牲为公的机会仍多。

积极的死的精神，不但只在国贼当权，政治紊乱的时期不可缺，则在政治状态安稳之下也不可少，因为积极的死的精神——我已说过——是奋斗牺牲的精神，大公无私的精神。在政治腐败的时代，我们用之以剪除国蠹，在政治状态安稳时代，我们应当用之以求政治的进化而谋人民的幸福。这种精神施诸实行，可以覆宗庙，倾王室，强民族，兴国家；反之，这种精神一缺，则使予吾人以强盛的国家。结果，亦必反强为弱，而致于不可收拾的地位！

因为这个原故，我觉得十余年来，吾人在政治改造上的缺点就是错误积极的死，是暂时而非长久的，是破坏的而非建设的。因为吾人把积极的死以为暂时的结果，吾人在政治改造上所得的成绩，不过是一种形式，而非实际。吾人于满清末叶，奔走呼号，以推倒腐败之满清政府，故不惜捐躯体，掷头颅，满清一倒，吾人遂相庆道："满清倒了，腐败的政府也没有了，从此以后吾人可以享升平的乐趣！"他们忘记了满清所以能够倒，是在乎积极的精神。民国是否能升平，也是视乎这种精神是否存在。因为吾人把积极的死是暂时，所以光复未几，袁氏称帝，张勋复辟，层出不穷。遂使我一般烈士所掷之头颅，仅得一光复之名。诸烈士而地下有知，安能瞑目！同样，他们以为积极之死，只能用之破坏，不能用之建设，他们以为目的已达，何必深求！坐享位置和利禄，不思振作有为，牺牲奋斗；结果，政治改造不但没有进步，而且破坏之余，满目疮痍，日趋日下，国势之蹙，民生之困，并非无因！

所以，在纪念黄花节的日子，我们应该格外感觉到纪念他们，并不只是崇拜他们，而要实行他们的精神，而这种精神是时时刻刻要实行的；而且这种精神的实行，不但只限于政治的改造，而要扩大其范围，增加其热度；因为政治的改造，不过是社会文化的改造一部分，不过是社会文化的改造的枝叶！

怎么说政治的改造是文化改造之一部分呢？原来在国家万能主义或帝王至尊思想盛行之下，社会各方面的制度，都为政治制度所遮掩。所谓旧观念的历史，不外是政治史；新历史所要求所研究的，并不是政治史，而是文化史。所以政治现象不过是文化现象之一方面，除了政治现象以外，还有经济各种现象，他们的性质虽各不相同，然他们是互有关系，要想改造一方面不能不顾及他方面。我们承认政治上的改造，有时可以影响到经济上的改造；然经济上的改造，所需要的奋斗牺牲的精神，至多只能因政治的改造而促进，断不因此而减少。比方，要起一间工厂，因为了政治的升平，可以立刻就开始建筑兴工；然工厂所需的资本材料和人才，断不因政治的升平而减少。因此，我们在经济改造上所需要的奋斗牺牲，大公无私，和政治改造上所需要的显然一样。使我们对于此层没有充分的明白，以为设一流行合理的政府，就可以使国家兴盛，这无异缘木求鱼，守株待兔！

怎么说政治改造是枝叶的改造，而非根本的改造呢？我们上面已说过，政治改造是部分的改造，非全部的改造。因为他的部本的，所以非根本的。原来政治上的改造，尝尝受着文化的水平线的限制；在闭关时代，我们的思想界既跳不出老子所画的圈子，在社会制度上我们所取以为标鹄的，也不出孔氏口中的三皇五帝的设施。因此，数千年来我们虽然换了不少的朝代，然变来变去变不出专制政体范围以外；同样，我们的风习和其他的社会制度，也是单调的。因为我们所有的背景，只能产生这种出品；海禁既开，我们既觉得制正体之外还有君主立宪，还有民治政体，样样花色，应有尽有，我们忍不住的要一一得染指。加以连年内讧外患相迫偕来，于是政治革命之动机于焉以生。然吾人最大之错误，就在于只求其当然，而不求其所以然。因为只求当然，所以只见得强盛之国是大数君主立宪或民治政体，只觉得欲救中国，当换政体，而不求欧西各国所以能由君主专制而君主立宪而民主政体的原因；结果，所谓政治上的改造，不外枝叶的改造；结果，不数年而袁氏称帝，张勋复辟！

"有样无样看世上。"我们试看看日本吸收西洋文化迟于中国，维新以后，虽不过数十年，然一跃而为世界一等国，其原因无非不但只求其所当然，而且求其所以然；不但只从枝叶的政治方面改造，而且从根本的文化方面改革；不但捐躯体耗脑血在政治上求积极的死的实现，且应用这精神到文化全部上去；不但是打仗不畏死，就是在社会改造各方面以及研求学问也能够实行这种精神。所以譬如在学问界，他们能够以积极的死的精神去研究学问的，指不胜屈，为学问而牺牲的，也不乏人。反观我国智识界的饥荒，既已达极点，在国内没有机会求高深学识，固不待言，就家境充裕有机会去求的，也不过想到外国博一头衔，以炫乡里。人人既如是，有志的既没有法去超过智识阶级的水平线太远，自暴者是还没有法子赶得上，而一般易于知足的更自信的道："彼学士也，我亦学士；彼而设教，我亦能之；彼而高官，我才已足。"有头衔者皆若是。

政治的改造是受文化水平线的限制，提高文化，则政治的训练必然提高。德国欧战以后，元气尽失，然不够十年，而能使原状恢复，并不是徒在乎德人专君主政体为共和政体，而在德国的文化水平线提高。反之，我国数十年来，日言改革，而所得之效果不过如此，无非由于吾人的文化水平线太低。譬如病入肺腑，若不从根本医治，而惟皮毛是视；就使一时稍觉舒服，终必复发而至于不可医治的地位。我国遗传的文化既不能适应现代的潮流，吾人又不能闭关自守，享我们祖宗所传的遗业。今后的我们，除了痛定思痛以积极的死的精神推翻过去的遗毒，追随人家已达的地位，然后再勉力以求进步，别没有法可以医治这半身若废的中国！因此，我们希望崇拜敬仰纪念黄花七十二烈士的青年们，今后能够将他们积极的死的精神，去扩大他们的政治革命为文化的革命。

黄花节前十日于岭南

余年九岁，听父老谭黄花冈七十二烈士殉难事，神为之往。五年春，浪迹星岛，既感家境之困难，又逢世路之崎岖；窃尝自惟：使我而不能效黄花碧血之精神，则碌碌一生，徒负父母之教养！九年春，由叻之穗，就读岭南，适值黄花祭期，得以躬逢其典，九年之渴望既成，来日之景仰更热。因思吾国国势所以江河日下者，皆缘于我国人之偷生畏死，质言之，惟有消极之死；而积极之死之观念，训至"清明寒食，家怀介子之焚；五日龙舟，群吊灵均之溺"。然此犹其上者焉。其下者则盲从君辱臣死，夫死妇殉之信条；而其更甚者，则惟曰："富贵在天，人生有命。"夫此等观念以之治国则国亡，以之为人则人颓，又何怪乎东方病夫、亚洲卧狮之讥乎！时也寒风微吹，细雨续浸，余虽无词，勉力一章。词曰："黄花三月雨如丝，七二英魂纪念时。可是天公悲国事，为他堕泪洒丰碑。"时光易逝，去不我留。回忆当年七经寒暑，万里赋归，既痛手足夭殇，不曰言游，又是黄花时节，抚今追昔，万绪怒发。适同学陆君永恒告以学生总会将有黄花节特刊出版，征稿于余。余以黄花血史，既有参与其事者，如邹海滨先生之《广州三月廿九日革命史》，详叙始末，而此事所占中国政治史的重要位置，又尽人能言，展转思索，惟有将我年来所敬仰诸烈士的死的精神，略为解释，藉以勉今后之我，并勉诸同学焉。

陈序经自跋

岭南大学学生会《碧血黄花》1929年，第1~17页。

中国政治思想的资料问题

思思学社诸君将出论文集，征稿于我；我预定的题目是《中国政治思想的发展及其趋势》。这篇文分为上下二编：上编叙述中国政治思想的发展史略，下编指出其趋势中几个要点。上编划分为四大时期：（一）胚胎时期，（二）繁盛时期，（三）黑暗时期，（四）异化时期。第一时期所包含的时间是周室东迁以前，第二时期所包含的时间是东迁以后至秦统一天下，第三时期所包含的时间是秦统一至清末年，第四时期所包含的时间是清末年至现在。从中国政治思想的发展来看，我们觉得其趋势中至少有下面数个要点：（一）从君权观念趋于民权观念。（二）从人治观念趋于法治观念。（三）由家族主义趋于个人主义。（四）由世界主义趋于国家主义。（五）由和平主义趋于军国主义。（六）由自由主义趋于干涉主义。

我本来不过想草篇万字左右的文章。无奈下笔后，绪言已二万余言。我想，不但时间和篇幅上不许我写这么长的文，学问浅陋像我这样的人，实配不上来做这么大的题目。展转思量，惟有将绪论中的一，登载于此。

其实下面所说的，并非从中国政治思想本身上讨论，而是指明出关于中国政治思想的资料之少及其研究的难处。以讨论学术的论文集里，登载这样的文，是很不适宜的。可是我所预定的题目，已经发表；同学格恩君又对我说，设使我没有交卷，预购本集的同学恐怕有所误会。我不得已，勉力出此以塞责，我的潦草和敷衍了事应当求编者及读者的格外原谅。是去年冬天，我一位朋友，从美来信，询及关于中国政治思想的材料问题，在我的回信里，我告诉他道：

关于中国政治思想的有统系的研究的书册是很少的；至于能够把中国全部的政治思想史，来做有统系的研究，据我个人所知的，不但在英文或他种文字方面，没有一本，就是在中国文方面，也找不出一本。片断的研究，也不过限于一个时代，而犹是春秋战国时代，或是关于个人的政治思想。

关于一时代——古代——的政治思想的研究，在英文方面，如卜济（W. Pott）的《中国政治哲学》（*Chinese Political Philosophy*）。卜济先生（Pott）是在中国生长的，他的母亲又是中国人；他以为她是东西的美德。*The Virtue of the East and the West* 这本书是贡献与她的，也许是为纪念她而作的。你听了这段话后，或者以为这本书必定很可靠，而且很好，然平心而论，我觉得卜济先生太勉强的去写这本书，但同时我是十二分佩服卜济先生的勇于尝试的精神，因为他这本书，恐怕是英文中，关于中国政治思想研究的最先一本。比较上可靠的要算 E. D. Thomas 汤姆斯教授所著的《中国政治思想》（Chinese Political Thought）。我说这本书比较上可靠，并不是当汤先生做政治哲学专家，也非以为汤先生对于研究东方古代的学问的兴趣，特别浓厚，而在乎他能够尽力用客观的态度去研究，所以读这本书的人，有时觉得这本书是中国古代政治思想材料（Readings in Chinese Political Thought）。但是为了这个原故，这本书对于中国政治思想的表现上，比较逼真点。这并不是以为汤先生这本书是最完备的，其实汤先生的遗漏和错误处，是不少的。

最近来，商务印书馆出了一本叫做《中国古代之政治学说》（Ancient Chinese Political Theories）是吴（？）先生（Kuo-Cheng Wu）著的，这本书还不错。吴（？）先生对于所谓法家的政治思想，特别注意。这一部分占全书三分之一。材料的选择上，这本书尚可靠，不过吴先生对于各家的批评上，是否有当，当然由各人自己去评定。

吴先生和汤先生二本书，可以互相为用，这是因为他们的研究方法，各有不同。前者以著者为本位，后者以政治思想的各方面的问题为本位。读吴先生的书的人，可以知道在其所研究的时代里，那几位是政治思想的泰斗，而这几位政治思想家的政治思想的全部如何，贡献如何，均能知其大概。读汤先生的书的人，可以领略各家对于某一主题的不同的意见的大概。

除了这几本英文的中国政治思想书册外，我在美时，曾有位从日本赴美的朋友告诉我，他仿佛见过一本日文的中国政治思想史。前三月，我经过横滨、神户等处时，曾费了不少功夫去查问这本书，然结果只有失望。我又听过人说法人也有著这类书的，然据我个人所知，并没有法人用法文写过。

片断的中国政治思想的研究，不但在外国文中寥寥无几，就是在中国文方面也找不着几本。比较上最有威权的，好多人都说是梁启超先生所著的《先秦政治思想史》。这本书已译为英文。其所用的研究方法，可以叫做"混合方法"。梁先生自己分这本书为三部分——序论，前论，本论，其实我们可以分为四部分：第一部分——序论——是论及研究中国政治思想的价值，材料，研究方法，及其范围等。第二部分——前论——所叙述的是唐虞以迄春秋中叶的政治思想。第三部——本论——可以分为二部分：第一是叙述中国春秋战国政治思想四大派别——儒，道，墨，法，第二是春秋战国各家政治思想的普通特点。梁先生虽不是政治思想专家，然因为他在中国古代学问上根本较好，所以他所叙述的也有可取处。

此外如谢无量先生所著的《古代政治思想研究》，分春秋战国的政治思想为三派：（一）北方政治思想，（二）南方政治思想，（三）南北折衷派之政治思想。虽然也可参考，不过这本书太简单了。并且因为谢先生对于普通政治思想的研究，似没有什么根底，所以对于本题的发挥上，没有什么精彩处。

关于个人的政治思想的书册，如梁任公的《管子》《商君》《王荆公》及陈顾远的《孟子政治哲学》及《墨子政治哲学》等也是寥寥无几。至于短篇的论文之关于中国政治思想的研究，散见于各种杂志的，也不可多得。据我个人所知，美国哥林北亚大学所出版的 Political Science Quarterly 里虽然有了三二篇关于印度政治思想的文章，然关于中国的并没有见过。Political Science Review 里同样找不出来。其他杂志如 International Journal of Ethics 里，Reid 的 Revolution as Taught by Laotse 及其他的 Revolntion as taught by Canfucianism 及一二篇关于墨子的政治思想的文章。又如 Chinese Social and Political Review 里 L. K. Tao 所著的 A Chinese Political theorist of seventeenth Century, 及 Tsai Yuan Pei 的 Tendeneies toward Harmany between Eastern and Western Political Idea 等，均不多见。在中国文各种杂志中关于中国政治思想的文章也是很少，而所有的也多数是春秋战国时诸子的政治思想。

有统系的中国政治思想的研究的书册，既是这么少，要想对于中国政治思想有充分的了解，不得不将中国历来的思想家的著作来做一般工夫；然这并非一件容易事。我还记得很清楚，我想你也不会忘记，前三年，有一次在我们研究院周会的时，Garner 教授及 Fairlie 教授，而犹是 Casey 先生，因觉得西洋人对于中国的政治思想的智识太浅，极力主张我试写一本中国政治思想史。他们且十分愿意设法予我以各种帮助，使我能够在华盛顿国会图书馆或在美国各大图书馆住了一二年，以从事这种工作。在这种计画未实行以前，我曾写信到各藏书馆询及关于中国书籍，结果我是失望，而其最大的原因，就是资料的缺乏。

返中国后，转瞬又已三月，功课之余，我仍想从这条路做点功夫，然回顾过去三月我所读的书，严格来说，能够帮助我写政治思想史的，实不多得。有时用了七八点钟的功夫去读一部书，结果也不过得了一二句话是足以代表作者的政治思想！

我想，在分量上，中国的书册本不少，然在性质方面，并没有什么精彩处。研究中国政治思想的人，要在中国古籍里做工夫，好像下海寻珠一样，因为中国政治思想的资料，是片断的，东一句，西一句；东一段，西一段；读过《老子道德经》以及《论语》、《孟子》等书的人，总有同样的感想。至于要想找差不多全篇是发表个人的政治思想如《淮南子》的《齐俗》篇，王充《论衡》里的《宣汉》篇，《抱朴子》外篇鲍生诘难篇，陶渊明《桃花源记》，方孝孺的《君职论》等，更不易得。若再进一步而找像《管子》、王充的《政务书》（王充《论衡·自纪》篇说：又闵人君之政，徒欲治人，不得其宜，不晓其务，愁精苦思，不睹所趋，故作《政务之书》。可惜这本书已没有传）、黄梨洲的《明夷待访录》、王船山的《黄书》差不多全书是为发表政治思想而做的，更是不容易找出。

我尽量去将这封信翻译过来，以表明关于中国政治思想的书籍之少，而其所以到这样少的原因，大约是因为我人对于政治思想的兴趣太淡薄，如果有人怀疑我这样说，我愿他看看我们的前北京大学的政治思想史教授高一涵先生的伤心话：

> 以我这样孤陋寡闻的一个人，来编这么重要时代的政治思想史，当然能力处处都嫌不足。而且材料方面，没有丰富的图书馆，可以供我参考；师友方面，也没有专门研究这一门学问的人，可以往复磋商。我的材料，处处待我自己搜集；自的错误，处处待我自己发觉。故我当编这卷书的时候，没有一刻不在亲自尝试"盲人骑瞎马，夜半临深池"的滋味！

他又说：

> 上卷已再版，合计约销四千部，可是至今并没有发生一点反响；或书作"覆酱瓿"之用，也未可知。这样一想，真使我没有再编下卷的勇气！从外国各种著作的序文上，到处可看见他们感谢某人改正、某人帮忙、某人校读，但我这本书却感谢何人！（《欧洲政治思想史》中卷《自序》）

关于欧洲政治思史的书籍，除了数难尽的原料，及比较上可靠的副料，在英文，如 Danning 的 *Political Theories*；在法文，如 Janet 的 *Historie de la Science Politeque*；在德文，如 Gumplowinz 的 *Geschiste les Staatstheorien* 几本较为有名的外，还不知有了几多本，有了几多的片断的杰作，然写部欧洲政治思想史的高先生还这样的灰心，那么要想像在流沙里找金的人，来写本中国政治思想史，将何以堪！

从整理中国学问方面来看，我们的梁启超先生总有相当的位置。他有一个素志去写本中国政治思想史。在他的《先秦政治思想史》的序里，他说：

> 启超治中国政治思想，盖在二十年前。于所为《新民丛报》《国风报》等，常作断片的发表。虽大致无以甚异于今日之所怀，然粗疏偏宕，恒所弗免。今春承北京法政专门学校之招，讲先秦政治思想，四次而毕，略赓前绪而已。秋冬间，讲席移秣陵，为东南大学及法政专门讲此本。……初题为《中国政治思想史》，分序论、前论、本论、后论之四部，其后论则自汉迄今也。中途婴小疢，医者谓心藏病初起，既有征矣，宜辍讲且省思虑，不则将增剧而难治。自念斯讲既已始业，终不能戛然遽止使学子触望，卒黾勉之。幸病尚不增，能将本论之部编讲完竣，其后论只得俟诸异日矣。

《先秦政治哲学史》是写于民国十一年冬，距今已有六年余。然梁先生所拟出的《中国政治思想史·后论》尚未出世，梁先生已不幸而死，而梁先生的素愿，终未能施诸实现，这是我们觉得无限可惜一件事！

然而为什么像梁先生的人，经过二十六年的时间，还写不出一部自古代至现代的有系统的中国政治思想史呢？照我看来，其最大原因，恐怕也是因典籍的分量太多，而性质上关于政治思想的材料太少。这一层，我以为不但治中国政治思想史者作同样的感想，就是治中国他种思想史的也必同样见及。

原来个人的精神时间是有限的，要想以有限的个人的精神时间，在浩如渊海，乱无头绪的中国典籍里，写本有统系的中国政治思想史，并非易事。我想今后我们应当努力于部分的工做：先从事于某一个人的政治思想，或某一代的政治思想，然后合各人所研究的各个人，及各时代的成绩合而为一。其实这种工做，并非没有人从事，不过他们所研究的范围，差不多完全限于古代一部分，而对于自汉至现在的政治思想，鲜有顾及。

思思学社编《岭南学术论文集》，1929年，第189～197页。

《政治学讲义》绪言[1]

政治学可以说是一种很旧的学科，而且同时可以说是一种很新的学科。她是一种很旧的学科，因为有统系的研究的政治学在二千年前已经有人写过，这位有统系的政治学的先驱就是大名鼎鼎的亚里士多德（Aristotle）。亚氏生于纪元前三八四年，在三三五年，他演讲《政治学》，这书虽因了长久时期的埋藏以致原文不少失传。然经过后世学者之长期及苦心整理，尚能保其原意，至今研究政治学者犹奉以为圭臬。

有系统之政治学固始于亚氏，然政治现象之研究及记载却比亚氏之书为早。据近代学者之考究，柏拉图之《共和国》（*Republic*）始于纪元前三八七年。柏氏乃亚氏之师，亚氏《政治学》之得力于柏氏《共和国》者甚多。然则谓柏氏为政治学科之研究鼻祖，亦无不可。我国《书经》一书为古代记载政治事实之专书，比之柏氏之《理想国》、亚氏之有系统《政治学》虽远不能及，然时代悠久，于古政治研究上之价值，又非柏氏亚氏之所能同语。

其实，人类而有政治社会以及政治社会之组织，则他们对于这种社会之起源、发展、组织功用诸问题总免不得要有多少意见及观念。而这些意见及观念谓为政治研究之嚆矢，固可谓政治学之来源亦无不可。

我们试看千绪万端之学科，若天文、地理、物理、化学、生物，若心理、社会、经济，其历史无一有若政治学之长久。然则谓政治学为一种很旧的学科，固没有可疑之处，就谓政治学为诸学科中之发生最早者也无是过份之言呵。

政治学既说为最旧之学科，为什么又能称为一种最新的学科呢？

原来政治学所研究的对象，不外是政治的现象。政治现象是随着环境、时代而不同的。过去有过去的政治现象，而现在却有现在的政治现象。政治学既以政治现象来做她的对象，则政治现象的变更当然影响到政治学的对象。换句来说，就是政治学是和政治现象的变迁而变迁的。因此之故，古代有古代之政治现象及其政治研究；中世纪有中世纪之政治现象及其政治研究；近代又有近代的政治现象及其政治研究。同样，现在也有了现在的政治现象，那么现代也应该和自然而然有现代的政治研究呵。

我们翻历史来看，大约希腊时代的政治社会不外是城市式的政治社会，所以

---

[1] 校按：录自南开大学图书馆手抄稿。作者1928—1933年在岭南大学讲授"政治学"课程，为此编写了一份10万字的讲义，并年年修改。此讲义稿在抗战初南开被炸时遗失。此只是讲稿绪言的一段，因夹在岭南大学图书的书箱中得以保存。

希腊学者所把以为研究的对象也不外是城市的政治社会。理想超越像柏拉图样也逃不出得城市的政治社会的范围以外，而计画出别一种的政治社会。因此可知时代环境之于学问的研求有了密切。

到了罗马时代，罗马卷席全欧而成为罗马帝国，此时之政治社会观与希腊之城市政治社会观显然不同。鲍里贝士（Polybius）氏做罗马史的动机，是解释罗马之所以能成为全欧的帝国以及其所以能治若广大之领土。至中世纪教会威权逐渐增加，而成为政治社会和宗教社会并立的二元世界。在理论上，教皇所管理的事是神事，帝王所管理的是俗事或政事。然事实上政事和神事究竟是分不开来的东西，而其结果是成为政教争斗，因此之故，所谓中世纪的政治著作，没有不厚染着宗教的彩色。

至近代，所谓民族的国家的政治社会发生，国家遂成为一种至尊万能的独立政治社会。不丹唱之于十六世纪，霍布士（Hobbes）随之于十七世纪，而一般政治学者成之于十八九世纪。每个国对外是独立而不受他国的管理，对内则有绝对的治理的权利。我们现在所有的政治学的著作还是以这种观念为标准，不过事实上世界上没有一个国家能说对内对外都有绝对的权力，而不受任何一种的限制。因为从今日的国际的关系来看，我们差不多可以说没有一个国家能够不依赖他的国家而独能生存。同时对内方面，也没有一个国家能够说是有绝对的权力来治所有国内的人民和各种团体。① 政治社会。我们已经说过政治学是不能离开政治事实及政治现象而凭空造说的，现代既有现代的政治的现象，则现代的政治学当然要注意到现代的政治现象。

新政治学是新时代的需要，新的政治时代又要有新的政治学。无奈这种新的政治学还是没有多数学者的注意，她正是在萌芽的时代，她正是如花方发，如月初升，简单来说她正就〈是〉一种的最新的学科。

政治学可以说是一种最易为人所误解轻视的学科，而且同时也是一种人们最为需要的学科。

---

① 编注：底稿缺一列字，故连不上。

CHINESE POLITICAL THOUGHT: ITS DEVELOPMENT AND TENDENCIES

So diverse, vague and unsystematic is the field of Chinese political thought that any attempt to give them an orderly, definite and comprehensive presentation is a task so difficult that leads one almost to a state of despair. Hence, an impatient and more or less biased western writer, Lord, declares that "the theory of politics is the peculiar product of western thought. Oriental thinkers have speculated and meditated profoundly, upon the nature of reality and the soul of man, upon his virtues and his duties; but only in the western civilization has the social consciousness of man attained that superior grade of political interest at which it demands a theory of the state and its relations to the individual citizens who composed it."

And even the son of the virtue of the East and the West, like Mr. William Pott, and a lover and enthusiastic student of things oriental, like Professor Thomas, have not done what is desirable, although they have tried their best to do what they could do, on account of the fact that they are running within the circle of the translated literature which can hardly represent the whole field, or even the most important part, of the Chinese political writings and which, in many cases, is poorly rendered.

One is equally disappointed with the efforts of the recent Chinese explorers in the field of Chinese political thought. Effort is still being made to systematize the political literature of certain periods and the theories of individual writers, but none has succeeded in giving us a complete history of Chinese political thought.

I make no pretension here to undertake a task which is still undone; nor do space and time permit me to give an extensive analysis of the political thought of the past and the directions toward which they are going to follow. All that can be done here is a mere brief outline. It is a trial at an orderly presentation of what is in fact highly chaotic and nebulous. The account is by no means exhaustive nor final.

The history of Chinese political thought may be roughly divided into four periods. The first period may be called the preparatory age; the second, the golden age; the third, the dark age; and the fourth, the transitional age. The first period extends over a period of almost sixteen centuries. The time seems to be long, but the material is scanty. The insufficiency of records and materials left of this period has already been pointed out by men like Confucius and Han Fei Tze.

It seems that the political thought of this period was crystalized in a statement made by King Wu, the founder of the Chow Dynasty. "Heaven and Earth are the parents of all creatures, and of all the creatures man is the most highly endowed. The most sincere and intelligent of men becomes the great sovereign; and the great sovereign is the parent of the people."

Here we find the conception that there is a relationship between Heaven and men and that there is relationship between the sovereign and the people. Both the king and the people should obey the way (tao) of Heaven, for the latter is the parent of the former. But it does not follow that the people should obey the king absolutely, although the king is considered the parent of the people, because the power of the king is limited by the way of Heaven. Thus the duty of the king and the people toward Heaven is absolute, while the duty of the people toward the king is conditional. Here we find the justification of tyrannicide and revolution.

The second period is the golden age, because of its vigor in substance, its originality in source, its richness in form, and its far-reaching significance in the history of political thought comparable to the place occupied by Greek political thought from the Sophists to the Stoics. Moreover, it is in this period that the political thoughts of the previous period are accumulated, and it is from this period that the political thinkers of the subsequent periods draw their sources and substances.

The conception of the people, the ruler, i.e. the king, and of Heaven as enunciated in the preparatory age, have been well developed in the writings of the three greatest thinkers and their followers during the golden age. Thus Laotze, a defender of the right of the people, insists that a good ruler should have no opinion of his own, he should make the opinion of the people his opinion. Confucius, on the other hand, attributes the the cause of the chaotic conditions of his own day to the lack of a common supreme authority, and urges strongly that the people may be made to follow a path of action, but that they may not be made to understand. Mohti, though influenced by both Confucianism and Taoism, maintains, however, that to act in accordance with the will of Heaven is to do righteousness. The condition of righteousness is non-attack and non-attack is the means for securing mutual love which is well understood as the coner-stone and the heart of his theory.

Besides developing the main features of the political thought of the preparatory period, the conception in regard to the physical basis of the state is advanced particularly in the writings of Kwantze. The importance of the climate and location of the state is emphasized. The same writer urges the eonomic basis of the state. So it is also stated in the writings of Laotze and Mencius. The statement that education is the most important means for political reform is one of the most conspicuous characteristics of the political thought of Mencius. And to maintain that the moral principles should be taken as political guidance is agreeable to nearly all the thinkers of the age. And it is for this reason that Chinese political thought has been accused of being not divorced from ethical conception and consequently, it is nothing more than a bunch of moral principle.

Different theories are formulated with reference to the origin of the state. Laotze seems to favor the revolutionary theory. Confucius and Mencius somewhat hold the patriarchal theory saying that the family is the foundation of the state. In the writings of Mohti and Hsuantze the germ of social contract theory may be found. Finally, those who believe that heaven is the parent of all creatures believe, to a certain extent, the divine origin of the state.

Government seems to be identified with the state. In practice the change of dynasty does not follow a change of the form of the government; and what is true in practice is almost true in theory. Few, if any, writers have attempted to give consideration to the classification of the forms of the government. Perhaps the best that one can find is in Laotze: "The government of the superior virtue, avoiding action, finds no necessity to act; whilst the government of the inferior virtue takes action, yet still finds it necessary to act. The government of superior benevolence takes action, and then finds no necessity to act. The government of the superior justice takes action, yet still finds it necessary to act. The government of superior propriety takes action yet finds no response at all, so that it arms and enforces its rules. Thus when the way of nature is not used, virtue appears. When benevolence cannot be maintained, justice appears. When justice can no longer be maintained, the rule of propriety appears. The rules of propriety are the semblance of loyalty and faith, and the beginning of disorder."

As to the function of the state, there is a theory of laissez-faire or individualism; and there is a theory of socialism. The leading exponents of the former are Changtze and Youngtze. "There has been such a thing as letting mankind alone;" says Changtze, "But there has never been such a thing as governing mankind with success. Letting alone springs from fear lest men's natural disposition be perverted and their virtue be laid aside. But if their natural dispositions be not perverted nor their virtue laid aside, what room is there left for government?" The extreme individualistic point of view may be found in a statement written by Youngtze: "To sacrifice a single cent for the benefit of the whole world I shall not do; but to give up the whole kingdom for my own sake, I will not receive. If every man will not give a single cent, and if every one will not get benefit from the country, the country will be well governed."

The socialistic theory of the state is strongly held by many writers. The advocates of the Tsing Tien system recognize the principle that the distribution of wealth must be in accordance with the needs of the members of the state. It is the duty of the government to regulate and equalize the lands used for cultivation. State ownership of public utility is maintained by Kwangtung, the minister of Tze and the supposed author of the book Kwantze. Mencius is in favour of state ownership of seeds at the time of planting and of the grain at the time of harvest when he says, "In the spring they examined the ploughing, and supplied deficiency of seed; in the autumn they examined the reaping, and supplied any deficiency in yield." A curious view, proposing the regulation and standardization of the price of goods according not to their quality, but to their quantity, is entertained by Heu Shing. The same writer favours the idea that both the ruling and ruled classes should work in order to maintain their living.

Two theories in regard to the ideal state have been formulated. One is the village state and the other universal empire. It is the characteristic of the Chinese political thought that the universal empire is the final stage toward which political organization should develop. Practice may show that the empire has broken into pieces, theory usually looks to a unification of the whole. But contrary to this, we find, in the writings of Laotze, a description of an ideal village state: "A small state", says Laotze, "with a small number of people where though there are ships and carriages, there is no occasion to ride in them; and though there be armor and weapons, there is no occasion to use them; where knotted cords are to be revised in place of writing; where the people shall be so content with their food, clothing, dwelling, and customs that though there be neighboring states within sight, and the voices of the cocks and dogs thereof be within hearing, yet the people might grow old and die before they visited one another."

The dark age covers a period of more than two thousand years. While the pendulum of general thought has been swinging back and forth between Confucianism and Taoism or compromise of the two, political thought has been largely monopolized by absolutism. Practice and theory are both in favor of the supremacy of the king or emperor. Men like Pao Shing mentioned in the book of *Pao Po Tze* in the Tsi Dynasty have expressed their doubt as to the unlimited power exercised by the monarch; but in the long history of China, few writers like these can be cited. The Tao Hwa Yuan (The source of peach blossoms) of Tao In Ming at the later part of the Tse Dynasty reveals a political utopia, but its origin may be traced back to the ideal state of Laotze. *The Ming Yi Tai Fang Luh*, a book by Wang Chung Hsi in the seventeenth century has been characterized as the social Contract of the East, but further contemplation will bring one to realize that he is by no means a royal disciple of Monarchomachs. Nationalism, in its narrow sense, and feudalism are the salient features of the political thought during the first part of the Tsing Dynasty, but as majestic authority is at its zenith, political thought is almost in a state of nonentity. Absolutism is the idol that thinkers should worship and absolutism is the only idol that they can worship. In short, they must worship it or none at all.

It is to be added, however, that Buddhism has played an important role in both Chinese thought and life in this period. But Buddhism as we understand it, is not a political system. It is indifferent rather than hostile to politics. Students of the history of Europe will not fail to notice that politics, for centuries, is coloured with religion, and when the Pope, the vicar of God, can boast: "I am Caesar. I am the emperor," the state is reduced to a police department of the church. But neither the drama of Canosa nor the tragedy of Avignon can be found in the history of China. It may be well concluded now that the political thought in the dark age is monotonous and that it never goes beyond the line where the thinkers in the golden age have stopped.

The transitional period marks a new era in the history of Chinese political thought. It was the external pressure and the internal dissension that made the Chinese statesmen and thinkers discontented with their political institutions and therefore the principles upon which their political institutions are built. With the advent of the contacts and intercourse with the West, they begin to realize that to run a government is not a simple task. The science of government should be studied, and a sound principle is the pedestal for political reform. The rise and development of Japan is another factor that leads the Chinese people to question their long-aged system. Absolutism which leaves the destiny of a country to the caprice of a monarch is considered to be the fundamental defect of the Chinese political system. If absolutism can no longer be maintained, what should be done? On the one hand, there are those who may be called conservatives insisting on a gradual reform, and on the other hand, there are those who may be called radicals urging a complete change of the old regime. The latter are revolutionist and the former monarchist. One party urges the cooperation of the Chinese proper and Manchurian people, while the other seeks for the domination by the former.

The leading representative of the revolutionary school is the Chang Hwa Tung Meng Hui (Chinese Alliance) which, established in 1905, is a combination of the Hing Tsung Hui headed by Dr. Sun Yet-sen, the Wah Hing Hui by Wong Hing and the

Kwang Fok Hui by Chang Ping Lun. The purpose of this alliance is to overthrow the Tsing dynasty, to establish a republican form of government, to secure the peace of the world, to nationalize the land, to maintain the cooperative spirit between the Chinese and the Japanese people and finally to demand the powers to recognize the Chinese Republic.

The leading representatives of the monarchical school are the Yen Yu Hui, Yen Ching Cee Chen Hui and Sin Kei Club. Their political view points are different in many respects, but they all agree in that the government should be a constitutional monarchy.

What has been said is the political thought prevailing at the beginning of the transitional period. The establishment of the Republic brings the political thought in China to its highest watermark. The reason is obvious. Freedom in thinking is recognized by the Constitution of the Republic. Moreover, while China is still in the stage of political experimentation, it is only natural that different views for political reform are enunciated, advocated, adopted and applied.

At the beginning of the Republic, anarchism was advocated by many writers. Men like Lee Shic Shing, Wu Chi Hui and Wong Ching Wei were in favor of its principles. Organizations were formed and periodicals published in Canton, Macao, Shanghai, Nanking and Peking and other parts of China. Prudhon and Kropotkin are their idols. In a sense, it may be regarded as the reflection of absolutism which has dominated the Chinese mind for hundreds of years. In the past, we understand, the life and death of the people are at the mercy of the monarch. The statement that the king can do no wrong, —a phantom to the English—is a reality to the Chinese. To deny the absolutism of the past, they have gone to another extreme to advocate anarchism. It seems that the idea is not entirely foreign to the Chinese, because in the writings of Laotze, we have already the idea that the best government is a government by non-action.

Communism is another conspicuous phase of the political thought prevailing in this country of the transitional period. Periodicals such as the Sin Shing Nen, Kin Shee and Hsiang Tao are its platform, and Lee Tai Chio, Chen Too Shoo are its leading exponents. What they anticipate is a government outlined by Marx. How influential this idea is may be found in the fact that the principles were recognized by the Kaomingtung a few years ago. Thinkers in China, not long ago, have made it the central theme for discussion, and one who gave attention to the leading papers of the world, would not fail to notice that China had been accused of becoming red.

Another proposal for political reform introduced by men like Chang Tung Shon and Kao Mong Leiang is guild socialism. The Suplement of The Time in Shanghai, The Kai

Fong and Kai Chaou magazines are their discussing forum. Most of the important books written by Mr. Cole such as Guild Socialism, Social Theory, etc., and by Hobson such as National Guilds have been translated into Chinese. While Mr. Cole has confessed his being influenced by Syndicalism in France and Communism in Russia in his later writings, Chinese guild socialists remain moderate. In fact, they are strongly opposed to communism.

The socialism of Mr. Chiang Hung Foo deserves our attention. Mr. Chiang told us that he was the leader of the Chinese socialist party in 1911. The idea originated in 1911 was modified and developed in an article entitled New Democracy and New Socialism. The characteristic features of new democracy are: (1) "The participation of the electors in governmental affairs, and the means by which the electors take part in politics are initiative, referendum and impeachment; (2) unicameral for law-making body and (3) functional representation. New socialism implies socialization of property, reasonable compensation to labour, and popularization of education.

Perhaps most important of all are the three principles of the people of Dr. Sun Yat-sen. Any one who has taken interest in things Chinese will underestand what is meant by the three principles of people and it is needless for me to explain them here. Dr. Sun Yat-sen is a believer of the single tax system of Henry George of the United States. He insists on the nationalization of the lands. Later he adopts the program of state socialism and still later he inclines to accept the principles of communism. He favours the theory of separation of powers of Montesquieu with the addition of a department of examination and department of supervision. As the Kaomentung was founded by Dr. Sun, the domination, the absolute domination of the party means the domination of the political ideas of Dr. Sun. Perhaps it is not going too far to say that his political treatise is the political bible in China at present.

Besides what have been enumerated, there are still many other theories that need to be mentioned, were time and space allowed us. The political idea of the Yen Chio party led by men like Liang Chi Chiao tends to harmonize the western political thought and Confucianism. The agricultural state of Chang See Chiao is a compromise of the Chinese traditional political system and the political theory of Mr. Penty of England. The proposal for a good government by a group of thinkers in Peking National University and of other universities and organizations in 1924 is widely discussed. Chinese nationalism entertained by a group of thinkers in the Sing See or Awakening Lion Weekly also played an important role in the Chinese political thought.

Having briefly outlined the development of the Chinese political thought, let us now come to discuss some of its tendencies. The first trend of political thought that may be mentioned is that it has shifted from the sovereignty of the emperor to that of the people. It is well understood that the Chinese political thought has long been monopolized by Confucianism; and Confucianism, politically speaking, is absolutism. Confucius is generally recognized as the apologist and defender of the right of the monarch. The realization of Confucianism will never bring a change in the form of the government. Dynasties have changed one after another, but the government remained the government of the king, by the king and ever for the king. It is true that there are writers denying and questioning the excessive authority of the king, but none, it seems to me, has attempted to say that that authority should be given to the people. Thus there is a negative denial to the power of the monarch, but there is no positive assertion for the right of the people. Even at the earlier day of the transitional period, when absolutism is no longer entertained, the sovereignty of the emperor is recognized in the Principles of the Constitution in 1908.

It is at the dawn of the transitional period, that we find, largely in the writings of the revolutionists that the idea that the government is not merely a government for the people, but also of the people and by the people has strongly been advocated. This idea is revealed in Article 2 of the Provisional Constitution of 1911 which declares: "The sovereignty of the Chinese Republic is vested in the whole body of the people." So it is recognized in the Amended Provisional Constitution of the Republic promulgated on May 1, 1914, and the subsequent constitutions either promulgated by the government or proposed by political thinkers.

Secondly, it has shifted from the government by men to the government by law. Laotze speaks frequently of a wise man as the pedestal of a state. Confucius says, "He who exercises government by means of his virtue may be compared to the north polar star which keeps its place and all the stars turn towards it." Mohti attributes the cause of the disorder of the state to the lack of a right man. Even the so called legalists in the golden age did not mean to have a government under which both the ruler and the subjects should be administered by law. It is obvious that their idea is different from the modern conception of government by law by which it is meant that law should be observed not only by the subjects but also by the ruler of the state.

With the rising tide of constitutionalism, the conception of government by man has drifted away. The son of heaven is no longer to be the only fountain of law. He is not independent of, outside or above but a part of, under and within the fundamental law of the state. To a certain extent, the idea has already been revealed in the proposed principles of constitution in 1908. Although the proposed constitution was a creature of the monarch, he did, in view of the growing public sentiment, consent to limit his own power by establishing a parliament with an advisory capacity and by guaranteeing the subjects the rights of the freedom of speech, press, meeting, government, appointment, life, liberty and property within the confines of law. It is now well understood that back of the ruler or rulers there is a definite and organized skeleton of government, and back of the government, there is a constitution which is the fundamental and supreme law of the land.

The proclamation of the Republic is definitely modelled a government by law. How far, in practice, the Chinese have accomplished in a government by law is still open to question, but the principle, we venture to say, few have denied. Thus it is for the protection of the constitution that the Southern Government was established, and it is a question of legality that revolutions one after another were started. Penetrative minds may go so far as to say that these are merely the means politicians and militarists utilize to fool the common people for their selfishness, but the truth still remains that they must find refuge in law.

Thirdly, it has shifted from pacifism to militarism. "Wherever a host is stationed," says Laotze, "briar and thorns spring up. In the sequence of great armies there are sure to be bad year. Now arms, however beautiful, are instruments of evil omen, hateful, it may be said, to all creatures. Therefore, those who have the Tao do not like to employ them." When Tze Hung, a disciple of Confucius, asked about government, the master said: "The requisites of government are the sufficiency of food, the sufficiency of military equipment, and the confidence of the people in their ruler." But when the disciple asked that if it could not be helped, and one of these must be dispensed with, which of the three should be foregone? "The military equipment." said the master without hesitation. Mohti, the strong advocate of the principle of non-attack, considered war as the source of all evils. Even Sun Wu Tze, the noted strategist said, "Even if you are victorious in every combat you are not to be taken as the highest good, to win others' soldiers without war is indeed summum bonum."

But conception changes as conditions change. After a series of defeats in the battlefield since China's contact with the west, statesmen and thinkers began to attribute the cause of weakness to the insufficiency of military training. Military training, says one of its defenders, is the only means that can save China from being partitioned by the powers. And if one gives attention to the policy formulated by different parties in the earlier part of this period, he will not lose sight of the item that military training was encouraged. Militarization is a term which we often see in the periodicals in recent years. Our educational Board, under the National Government of Nanking, has passed a resolution requiring our college students to take military training, and our government, according to recent report, is appropriating a certain amount of money in order to send hundred of students to go to military schools in both Europe and America.

Fourthly, it has shifted from lassiez-faire to interference. "We work at sunrise and rest at sunset. We drill a well for drink and cultivate our land for food. (If we can do these), what do we care for the authority of the government." The best government, then, was least governed. The non-action of Laotze, the government by benevolence of Confucius, by righteousness by Mencius and the government based on the principle of mutual love as insisted by Mohti are all agreeable to the idea that those who are ruled should be given as much liberty and freedom as possible. Unless a case was very serious and had something to do with the government, governmental interference was deemed unnecessary. A dispute was left either to the families or clans concerned. Thus the functions of the government was reduced to the minimum.

But such a conception is no longer held by political thinkers of the present day. Government is not only considered a means for defending enemies from without and maintaining order and tranquility from within, but it is also a means for regulating the moral conduct, promoting education and meliorating the economical conditions of the people. As the functions of the government are increasing, rules or laws created to regulate the life of the people become minute. From one's birth, through his marriage to his death, he is taken care of or supervised to a certain extent by the government. Thus the gulf between the government and people is now disappearing.

Fifthly, it has shifted from universalism to individualism. In the book of Poetry, it is stated that under the heaven all men are the subjects of the king and within the four seas all places are the territories of the monarch. This is Chinese universalism. Chinese political thinkers used to use the term Tien Shia which means the universal empire; and universal empire, according to Confucius, is the final stage toward which the political organizations should develop. They recognized, to be sure, that there were people who live on earth different from the Chinese race, but difference, to them, meant inferiority. They never thought that there was an equality between the Chinese Empire and other nations.

All communities, besides China, were considered barbarous and therefore depedencies of the Great Empire. And Confucius even goes so far to declare that a barbarous country with a monarch is not as good as the Middle Kingdom without one.

China's contact and relation with the western countries broaden the view of the Chinese. It is now understood that China is only one of the numerous political entities of the world. The assertion that no one under heaven is not the subject of the king can no longer be entertained, for any Chinese may become a subject of a foreign country if he chooses to do so. Thus as an individual, he has an individuality of his own. He may be a Chinese, but he is not a Chinese citizen by birth. Moreover, the tide of industrialism accompanies the tide of urbanism, and urbanism in turn develops individualism. Furthermore, as the tie of the family is becoming loose, more freedom is left to an individual than there was.

Sixthly, it has shifted from clanism to nationalism. A family, in the Chinese sense, is in fact a clan. As family was the foundation of the state, loyalty to the family was more important and fundamental than to the state. "The Chinese people," said our well known statesman, "have shown the greatest loyalty to family and clan with the result that in China there have been familism and clanism but no real nationalism. Foreign observers say that the Chinese are like a sheet of sand. Why? Simply because our people have shown loyalty to family and clan, but not to the nation—there has been no nationalism. The family and the clan have been powerful unifying forces; again and again Chinese have sacrificed themselves, their families, their lives in defense of their clan... But for the nation there has never been an instance of the supreme spirit of sacrifice. The unity of the Chinese people has stopped short at the clan and has not extended to the nation."

To what extent and how nationalism is necessary for China may be found in the following quotation: "We are the poorest and weakest state in the world, occupying the lowest position in international affairs; the rest of the mankind is the carving knife and the serving dish, while we are the fish and the meat. Our position now is extremely perilous; if we do not earnestly promote nationalism and meld together our hundred millions into a strong nation, we face a tragedy—the loss of our country and the destruction of our race. To ward off this danger, we must espouse nationalism and employ the national spirit to save the country."

The few generalizations so reached are by no means exhaustive or universal. They are not exhaustive, because the nature of political thought reveals itself in many phases. It is believed, however, that these are some of the most important features in the development and tendency of the Chinese political thought. They are not universal in any absolute sense, for it does not mean that in the past there was no such theory as individualism or militarism. Here we need to make a distinction between theory and thought. Thought, as we understand it, means a general inclination of a certain period or of a given community, while theory implies a particular opinion of a given writer. A theory may not harmonize with the thought of the same period or they may even be in conflict with each other, yet this discrepancy does not prevent us from arriving at general conclusions concerning the thought of that period.

In conclusion, it is desirable to point out that political thinking in China is monopolized by the doctrine of Dr. Sun, particularly after the triumph of the National Government and the domination of the Kawmentung. To some, it is entering a new age; to others, it is going back to the path of traditionalism, and Sunwanism; they say, in a sense, is Confucianism. Whether it is going forward or backward, following West or East, standing between the mid-way or none at all, time alone can tell. But Sunwanism, to be sure, is not and can not be a death-knell to some of the tendencies of the Chinese political thought enumerated above.

1930 年

孔夫子与孙先生

——欧游杂感之一

  八年前，星架坡育英学校校长陈种仙先生，叫我用胶水画张孔子像；像的上面题"至圣孔子肖像"，下面是署我自己名字。画好挂于该校礼堂中间。民国十三年，我赴叻省亲，到育英时，还见孔子肖像照旧挂着。这次游欧，道经星岛，育英当局，要我到校同各同学谈话，我见得从前所挂孔子像的位置，已换挂孙先生的像；孙先生的像是印的，像的上面题有"总理遗像"。我自去秋返国，逗留十个月，所见各处公共地方所挂的，惟有孙先生的像；育英虽然以从前孔子所居的位置给与孙先生，但是孔子的像，仍移于挂孙先生的像旁边。我离育英后，坐车回寓，在繁盛的大马路上，虽然是车马如云，行人若织，然在我的印象中所感觉最深的，还是育英礼堂的壁上的孙先生和孔子的像。

  印象是深刻的留住，车子已不觉到寓。数位很久不相见的朋友们，已在寓待着我。我们的谈话中，我曾说及这件事。有位对我说："也许育英当局，见得你的画法精美，不忍放下来。"我说："你太恭维我了。"又有位说："孔子是在中国过去受人崇拜最多的人，孙先生是近来受人崇拜最普遍的人；孙先生与孔子并肩而坐，那里有什么希奇。"因此，又有一位问道："然则孙先生居中，而孔子居傍，后者当作何想？"我说："孔子必说：'后生可畏，焉知来者之不如今也。'"

  我因此曾联思到我们的党国名人戴季陶先生，仿佛说过：前有孔子，后有孙先生。我又记得在孙先生的著作里头，引过孔子好几次，并且给孔子以相当的位置和信仰。我更联思到十余年前，我们的入校的洗礼仪式是：对着至圣鞠躬三次。我们的誓愿是："初开蒙，拜圣公，四书熟，五经通。"而我们的颂赞是："仰之弥高，钻之弥坚，瞻之在前，忽焉在后。"现在的学生们，在周会的时候，是对着孙先生的遗像行三鞠躬礼，而所读的是："余致于国民革命，凡四十年。……现在革命尚未成功，凡我同志，务须依照余所著《建国方略》、《建国大纲》、《三民主义》及《第一次全国代表大会宣言》，继续努力，以求贯彻。……"

  这些的记忆，和好多的感想，使我注意到孙先生和孔夫子的同处。

  过了数天，《星洲日报》载了雪兰莪国民党全体党员，致电中央反对祀孔。

其电如下：

> 《南京中央日报》，转中央党部各省，市党部，省政府钧鉴：孔子学问思想，不合现世潮流，夫人皆知；前经明令废止祀孔，今忽令行纪念，前后命令，自相矛盾，大失中央威信。海外同胞，莫名其妙，甚为哗然。如果实行祀孔，将置总理三民主义于何地？恳即明令取销，以慰侨望。

因此我又联思到孙先生在《民权》第五讲里曾说：

> 简单的说，民权便是人民管理政治。详细推究起来，从前的政治，是谁人管理呢？中国有两句古语说："不在其位，不谋其政。"又说："庶人不议。"（按：这话见《论语》）可见从前的政权，完全在皇帝掌握之中，不关人民的事。今日我们主张民权，是要把政权放在人民掌握之中。

我又记得十九年前，我们琼岛陈氏宗祠里所设的，以及我们每年八月廿七所跪拜的至圣先师的牌，现在好像已破为薪，化为灰。我们文昌的圣殿，在满清时，何等庄严！出身寒微，家非士林，像我这样人，虽然屡过其门，然因每听一般长者戒曰：小孩子切莫沾污圣地；但是自革命在武昌成功后，圣殿的廊边庭前，日见荒芜！再看国内十年来的复古运动，孔教宣传，与政治上的洪宪复辟，寡头趋向，大都相为形影。所以，吴又陵先生在他的《家族制度为专制主义之根据论》里说：

> 是故为共和国之国民，而不学无术，不求智识于世界，而甘为孔氏一家之孝子顺孙，挟其游獭怒特蠢悍之气，不辨是非，囿于风俗习惯酿成之道德，奋螳臂以与世界共和国不可背畔之原则相抗拒，斯亦徒为虾蜉蚁子之不自量而已矣。

这些的记忆和感想，使我注意到孙先生和孔夫子的异处。

在环境上，孔子所处的是：王政不行，诸侯跋扈的时代。他的理想政治是：尧、舜、禹、汤、文、武之治。所以他说："大哉，尧之为君也，巍巍乎，唯天为大，唯尧则之。"其对于舜曰："舜有臣五人，而天下治。"其对禹曰："禹，吾无间然矣。"又说："巍巍乎，舜禹之有天下也，而不与焉。"他的弟子颜渊问为邦，他的回答是："行夏之时，乘殷之辂，服周之冕。乐则韶舞。"又曰："周鉴于二代，郁郁乎文哉，吾从周。"

孙先生所处环境呢？是内政不修，外患日迫。其言得最透切的是，光绪十八年（1894）兴中会的宣言。文云：

> 中国积弱至今极矣：上则因循苟且，粉饰虚张，下则蒙昧无智，鲜能远虑。……乃以政治不修，纲维败坏，朝廷则鬻爵卖官，公然贿赂；官府则刮民剥地，暴过虎狼。……方今强邻环列，虎视鹰邻，久涎我中华五金之富，

物产之多，蚕食鲸吞，已见效于接踵；瓜分豆剖，实堪虑于目前。

中国既到这么弱，有什么法子来补救呢？在他上李鸿章的书里告诉我们："幼尝游学外洋，于泰西之语言文字，政治礼俗，与夫天算舆地之学，格物化学之理，皆略有所窥，而尤留心于富国强兵之道，化民成俗之规。……"他以为欧洲富强之本，不尽在于船坚炮利，垒巩兵强，而在于人能尽其才，地能尽其利，物能尽其用，货能畅其流。"……所以我国欲恢扩宏图，勤求远略，仿行西法，以筹自强，而不急于此四者，徒惟坚船利炮之是务，是舍本而求末也"。从这段话来看，我们觉得孙先生虽不赞成当一般专门注力于坚船利炮，然他的信仰西法，是很明显的。在《民权》第五讲里，孙先生说：

> 庚子年的义和团，是中国人的最后自信思想，和最后自信能力去同欧美的新文化相抵抗。由于那次义和团失败以后，中国人便知道从前的弓箭刀戟，不能够和外国的洋枪大炮相抵抗，便明白欧美新文明的确比中国的旧文明好得多。……所以从那次义和团失败以后，中国一般有思想的人，便知道要中国强盛，要中国能够昭雪北京城下之盟的那种大耻辱，事事便非仿效外国不可。

民国十二年十二月二十一日，孙先生在岭南学生欢迎会的演讲里曾诚恳地劝"岭南学生要立国家的大志，学美国从前革命时候的人一样，大家同心协力去奋斗。……必须利用美国的学问，把中国化成美国"。《民权》第六讲里说："中国几千年以来，都是独立国家，从前政治发达，向来没有假借外国的材料，向来无可完全仿效，欧美近来的文化，才比中国进步；我们羡慕他们的新文明，才主张革命。"

从上面所举出几个例子，我们知道孔子是主张复古，孙先生是主张仿西。他们不同的原因也许是环境的不同所使然。但是他们的不同似非全部的，而是部分的；似非严格的，而是普通的；似非主要的，而是附庸的；似非根本的，而是形式的。要对于这一点有充分的了解，我们最好是看下面所举的例子：

> 照中国几千年的历史看，实在负政治责任，为人民谋幸福的皇帝，只有尧、舜、禹、汤、文、武，其余那些皇帝，都是不能负政治责任，为人民谋幸福的。所以中国几千年的皇帝，只有尧、舜、禹、汤、文、武能够负政治责任，上无愧于天，下无怍于民，他们所以能够达到这种目的，令我们在几千年之后，都来歌功颂德的原因，是因为他们有两种特别的长处：第一种长处，是他们的本领很好，能够做成一个良政府，为人民谋幸福。第二种长处，是他们的道德很好；所谓爱民爱物，视民如伤，爱民若子；有这种仁慈的好道德。因为他们有这两种长处，所以对于政治能够完全负责，完全达到目的。（《民权》第五讲）

消极方面，孙先生既无反对孔子所歌颂的尧、舜、禹、汤、文、武的政治，积极方面，孙先生告诉我们"革命"二字，是创自孔子。孔子的政治思想，是合乎民权的思想，而尧、舜、禹、汤、文、武之治，在孙先生的手中，又得了一个新解释。孙先生在《民权主义》第一讲里说：

> 依我看来，中国进化，比较欧美还要在先。民权的议论，在几千年以前，就老早有了；不过当时只是见之于言论，没有形于事实。

其实孙先生在上段话之前一段，曾告诉我们：

> 二千年前的孔子、孟子，便主张民权。孔子说："大道之行也，天下为公。"便是主张民权的大同世界。又言必称尧、舜，就是为尧、舜不是家天下，尧、舜的政治，名义上虽然是君权，实际上因是行民权。所以孔子总是崇仰他们。

我们当然不要忘记在同段中，孙先生曾说："中国自有历史以来，没有实行过民权，就是中国十三年来，也没有实行民权。"我们也不要忘记，孙先生说过："中国此刻正是改革时代，我们对于政治主张民权，这种民权，是由欧美传进来的。"也许是孙先生以为过去的中国的民权思想，与欧美的民权思想是有分别的；所谓尧、舜实际上行民权，与他理想里的实际民权是不同。不过我们所特别注意的点是：孙先生并不反对孔子所赞颂的尧、舜、禹、汤、文、武之治。

> 欧美的民权思想没有传进中国以前，中国人最希望的就是尧、舜、禹、汤、文、武，以为有了尧、舜、禹、汤、文、武那些皇帝，人民便可以得安乐，便可以享幸福，这就是中国人向来对于政府的态度。近来经过了革命以后，人民得了民权思想，对于尧、舜、禹、汤、文、武那些皇帝，便不满意，以为他们是专制皇帝，虽美不足，由此便知民权发达以后，人民便有反抗政府的态度，无论如何良善，皆不满意；如果持这种态度，长此以往，不想法来改变，政治上是很难望进步的。（《民权主义》第五讲）

补救人民对于尧、舜、禹、汤、文、武的误解，和改变人民对于政府的态度的最良善方法，是"权"与"能"的分别。而权能分别的道理，是和他对于人类分别的道理相连带。人类，据孙先生的意，应有三种：第一种是先知先觉；第二种是后知后觉；第三种是不知不觉。照政治的运动词来说：前者为发明家，中者为宣传家，后者为实行家。我想在孔子谈论里，这种人类分别的思想，是随处可指出的：比方孔子说："生而知之者，上也；学而知之者，次也；困而学之，又其次也；困而不学，民斯为下矣。"又说："中人以上，可以语上也；中人以下，不可以语上也。"又如："上知与下愚不移。"

原来人类的天然差别的学说，在政治上，每为人治主义的根据。柏拉图分人类为三种，与在其共和国里的人治主义的关系，是最显明的。在孔子的思想里是："为政以德，譬如北辰，居其所而众星共之。"又如："道之以政，齐之以刑，民免而无耻；道之以德，齐之以礼，有耻且格。"所以季康子问政，他的回答是："政者，正也。子帅以正，孰敢不正？""其身正，不令而行；其身不正，虽令不从。"理想中的执政者既是圣贤上知，所以得了圣贤上知，天下便可以治，其结果是："民可使由之，不可使知之。"因为一般百姓，本是无知，强使之知，徒损无益。

孙先生也说：

> 我们要知道民权不是天生的，是人造的，我们应该造成民权，交到人民，不要等人民来争，才交到他们。

是谁要负造成民权的责任？自然是先知先觉的人，所以他又说：

> 因为中国人民，都是不知不觉的多，就是再过几千年，恐怕全体人民，还不晓得要争民权，所以自命为先知先觉，和后知后觉的人，……要预先来代人民打算，把全国的权交到人民。

这种政治，本来是德能政治，人治主义，也就孙先生所谓尧、舜、禹、汤、文、武所以能得后人崇尊敬仰的爱民如子的政策。我想，辛亥约法之制定，及过去的护法运动，虽表现孙先生的法治的主张，不过这种法治的希望，终未见诸成效。其实十余年来的政治经验，使孙先生相信法治之不适于现在的中国，所以在他的《国民政府建国大纲》的自序里说：

> 辛亥之役，汲汲于制定《临时约法》，以为可以奠民国之基础，而不知适得其反！论者见《临时约法》施行之后，不能有益于民国，甚至并《临时约法》之本身效力，亦已消失无余，则纷纷焉议《临时约法》之未善，且斤斤焉从事于宪法之制定，以为藉此可以救《临时约法》之穷；曾不知症结所在，非由于《临时约法》之未善，乃由于未经军政、训政两时期，而遂入于宪政。试观元年《临时约法》颁布以后，反革命之势力，不惟不因消灭，反得凭藉之以肆其恶，终且取《临时约法》而毁之；而大多人民对于《临时约法》，初未尝计及其于本身利害何若：闻有毁法者不加怒，闻有护法者亦不加喜；可知未经军政、训政两时期，《临时约法》，决不能发生效力。夫元年以后所恃以维持民国者惟有《临时约法》，而《临时约法》之无效力如此，则纪纲荡然，祸乱相寻，又何足怪！

政治上的向后转，和向西走的差异，是形式的，而非根本。然我们若放广研究的范围，而从文化的立脚点上看，则孙先生与孔子，很有不同处；而其最大的同处，照我看来：是一则主张吾道一以贯之，一则主张一种折衷办法。吾道一以贯之是孔子对曾子所说的话。孔子虽不说明什么是道，子贡也说："夫子之言性与天道，不可得而闻也。"但据曾子对门人说："夫子之道，忠恕而已矣。"又子贡问他道："有一言而可以终身行之者乎？"他说："其恕乎？己所不欲，勿施于人。"他又说："君子务本，本立而道生，孝弟也者，其为仁之本与！"从上面所举出几个例，及《论语》中各处的表现，道是包含仁、义、礼、智、信、忠、恕、孝、敬、温、良、恭、俭、谦、让各种德性。这种的道，是放诸四海而皆准，施诸万世而不朽。所以子张问行，他说："言忠信，行笃敬，虽蛮貊之邦行矣。"而这种道的重要处，可于他的"朝闻道，夕死可矣"中见之。

其实孔子的道，是一种精神生活，而非物质的道。比方：君子是得乎道的人，所以他说："君子不器。"又说："君子食无求饱，居无求安，敏于事而慎于言，就有道而正焉。"又如："士志于道，而耻恶衣恶食者，未足以议也。"他的弟子中德行最好的首称颜回，他又以为颜回是贤，故曰："贤哉，回也。"然其所以称赞的原因是："一箪食，一瓢饮，在陋巷，人不堪其忧，回也不改其乐，贤哉，回也！"他又称禹曰："禹，吾无间然矣！菲饮食而致孝乎鬼神，恶衣服而致美乎黻冕，卑宫室而尽力乎沟洫，禹，吾无间然矣。"他又说："子产有君子之道四焉：其行己也恭，其事上也敬，其养民也惠，其使民也义。"

上面不过从个人方面来说，其在家庭方面，他说："今之孝者，是谓能养，至于犬马，皆能有养，不敬何以别乎？"其在政治国家方面，我们且看下面一段谈话：

> 子贡问政，子曰："足食，足兵，民信之矣。"
> 子贡曰："必不得已而去之，于此三者何先？"
> 曰："去兵。"
> 子贡曰："必不得已而去，于斯二者何先？"
> 曰："去食。自古皆有死，民无信不立。"

此外如：

> 樊迟请学稼，子曰："吾不如老农。""请学为圃。"曰："吾不如老圃。"樊迟出，子曰："小人哉，樊须也。上好礼则民莫敢不敬，上好义则民莫敢不服，上好信则民莫敢不用情，夫如是，则四方之民襁负其子而至矣，焉用稼？"其最显明的是："邦有道，谷；邦无道，谷，耻也。"

所谓饿死事小，失节事大，也不外是由这种道推衍而来。而中国数千年来的文化，差不多是这种道的特征。道是处处都可以行的，而且是应当处处都行的；道是时时可以行的，而且是时时都应当行的。能得乎道，死也无遗恨。其实，若能"朝闻道，则夕死可矣"。

在孙先生的著作里，我们随处都可以见出他对于物质生活的注意。三十余年前，在他所上李鸿章的书里，所谓"人尽其才，地尽其利，物尽其用，货畅其流"四事，是偏重在物质方面。在同盟会的宣言的四纲，已注意到民生问题。《建国方略》分为心理建设，物质建设，社会建设，可知孙先生对于物质的生活和非物质的生活相提并论。在他的《国民政府建设大纲》里他说："建设之首，要在民生，故对于全国人民之衣、食、住、行四大需要，政府当与人民协力，共谋农业之发展，以足民食；共谋织造之发展，以裕民衣；建设大计划之各式屋舍，以乐民居；修治道路运河，以利民行。"我们若把这段话和孔子对他弟子子贡所说的去食存信，其差异不言而知！

物质的生活，也许是物质的文化，是应当注重的。但是我们所要采纳的是哪一种物质的文化呢？孙先生的回答，就是：西方的物质文化。这种态度在上李鸿章的书里已表现明白；在《民权》第五讲里我们见得：

> 外国的东西到底可不可以学呢？比方用武器讲，到底是外国的机关枪利害呢？还是中国的弓刀利害呢？这二种东西，没有比较，定是外国的机关枪要利害得多；不但是外国武器要比中国利害，就是其他各种东西，外国都比中国进步得多，就物质方面的科学讲，外国驾乎中国，那是不可讳言的。"所以，"管理物的方法，可以学欧美。……因欧美关于管理物的一切道理，已经老早想通了；至于那些根本办法，他们也老早解决了。所以欧美的物质文明，我们可以完全仿效，可以盲从搬进中国来，也可以行得通。"

文化是有物质和非物质之分，而且分得很清楚。这种思想和孔子的吾道一以贯之，而轻视和反对物质生活的见解的不同，是很显明的。这处的向西走的孙先生，与向后转的孔子，相去很远。孔子是事事要效古的。尧、舜、禹、汤、文、武的政治固是很好，夏时，殷辂，周冕也是很好的。好古就所以致知，所以说："我非生而知之者，好古，敏以求之者也。"他又自传道："述而不作，信而好古。"其实，在梦里他也希望时时见周公。所以我们说：从文化的立脚点去看，孙先生的仿西和孔子的复古是有好多不同处。

欧洲的物质文明可以全盘搬过来。至于欧洲的政治制度，可师的处固多，然而欧洲政治制度本身上尚未进完善的地位，而有不少的毛病。就使欧洲政治没有毛病而完善，我们也未必要学欧洲，"因为欧美有欧美的社会，我们有我们的社会，彼此人情风俗，各不相同。"（《民权》第五讲）我们二千年前的尧、舜、禹、汤、文、武，名义上虽是专制，实际上是行民权，他们的才能德义，他们的责任心，他们的爱民心在政治上所发生的效力是很大，而他们所以在百世以后，仍得人们的尊崇敬仰，也是在此。

因此孙先生在政治上的见解，就是：西洋人的好处而适合于吾国情形的，我们可以效仿；中国过去的政治制度（比方过去的考试制度据孙先生说是一个很好的制度，参看五权宪法的演讲），和过去所用以治人的方法，若是适合近世潮流所趋，而针对中国情形需要的，也可以保存，或变用。至于外国没有镜子可鉴，中国没有前事可师，而为现情所需者，则要赖一般先知先觉的人去发明新法子。在申报《最近之五十年》他所著的《中国之革命》文中说：

> 余之谋中国革命，其所持主义，有因袭吾国固有之思想者，有规抚欧洲之学说事迹者，有吾所独见而创获者。

我们且再读下去：

> 观中国历史之所示，则知中国之民族，有独立之性质与能力。……盖民族思想，实吾先民所遗留，初无待于外铄者也。余之民族主义特就先民所遗留者，发挥而光大之，且改良其缺点。

在《民族主义》第一讲里我们又看见：

> 民族主义，就是国族主义。中国人最崇拜的是家族主义，和宗族主义，所以中国人只有家族主义和宗族主义，没有国族主义。

回顾《中国之革命》一文，孙先生说：

> 中国古有唐虞之揖让，汤武之革命。其垂为学说者，有所谓"天视自我民视，天听自我民听"；有所谓"闻诛一夫纣，未闻弑君"；有所谓"民为贵，君为轻"；此不可谓无民权思想矣。然有其思想，而无其制度，故以民立国之制，不可不取资于欧美。

简单来说，在政治上，——民权、民族主义——孙先生是根据中国的固有思想，而取资于欧美的制度。我阅民生演讲，而见其于吾国固有思想，无所因袭，而且反对孔子所谓"不患贫而患不均"（参见《民生主义》第二讲）是因为民生里的食衣住行诸问题，乃偏于物质文化之范围，而物质文化，又为孔氏所轻视。孙先生和孔子在文化上的向后转和向西走的异同可以想见。

谁也知道孙先生是政治家，孔子是道德家。孔子并非不想在政治上活动的人。他的弟子子禽告诉我们："夫子至于是邦也，必闻其政。"他自己也说："苟有用我者，期月而已也可。"蛮夷他虽然看不起，而谓："夷狄之有君，不如诸夏之无也。"然有了一次，他曾想到夷狄人的国做事。不过根本上，孔子始终以道德为依归。故有些人问他为什么不为政，他说："《书》云：孝乎惟孝，友于兄弟，施于有政，是亦为政，奚其为为政？"吾道一以贯之，就是以道德为正鹄，而应用到各方面，修身，齐家，治国，平天下的类别固多，范围固异，然其方法则一。

照孙先生的意见，"一国之内，人民的一切幸福，都是以政治问题为依归。国家最大的问题，就是政治；如果政治不良，在国家里头，无论甚么问题，都不能解决。"（《民权》三讲）但是孙先生的政治观，并非道德的政治观，也非把道德和政治分开来讲，而是一种政德兼顾的政治观，孙先生说：

> 中国从前能够达到很强盛的地位，不是一个原因做成的。大凡一个国家所以能够强盛的原故，起初的时候，都由于武力发展，继之以种种文化的发扬，便能成功。但是要维持民族和国家的长久地位，还有道德问题。有了很好的道德，国家才能长治久安。

孙先生举出元朝的武力，虽凌驾欧亚，然朝代不久的原因，是因为道德的缺点。武力，照孙先生的意见，不但不能久长，而且非根本的方法。这一点他于民国十三年冬过日本时所讲的大亚细亚主义里说得很明白：

> 专就最近几百年的文化讲，欧洲由物质文化极发达，我们东洋的这种文明不进步，从表面的观察比较起来，欧洲自然好于亚洲。但从根本上解剖起来，欧洲近百年是什么文化呢？是科学的文化，是注重功利的文化，这种文化，应用到人类社会，只见物质文明，只有飞机炸弹，只有洋枪大炮，专是一种武力的文化。欧洲人近有专用这种武力的文化来压迫我们亚洲，所以我们亚洲便不能进步，这种专用武力压迫人的文化，用我们中国的古语说，就是行霸道，所以欧洲的文化是霸道的文化。

武力既不能久长，霸道的文化既非根本的立国要素，我们应当从道德方面做工夫。但是我们所要求的是那一种道德呢；孙先生的回答是：中国固有的道德。什么是中国固有的道德？孙先生的《民族主义》第六讲是专说这问题的。他说：

> 讲到中国固有的道德，中国人至今不能忘记的，首是忠孝，次是仁爱，次是信义，其次是和平。这些旧道德，中国人至今还是常讲的；但是现在受外来民族的压迫，侵入了新文化，那些新文化的势力此刻横行中国，一般醉心新文化的人，便排斥旧道德，以为有了新文化，便可以不要旧道德；不知我们固有的东西，如果是好的，当然是要保存，不好的才可以放弃。

这种固有的旧道德，就是孔子的根本道德。所以专从道德方面来看，我们觉得孙先生与孔子是完全立于同情的战线里。我们再看看大亚细亚主义所讲的：

> 我们东洋向来轻视霸道文化。还有一种文化好过霸道的文化；这种文化的本质，是仁义道德。用这种仁义道德的文化，是感化人，不是压迫人。是要人怀德，不是要人畏威。这种要人怀德的文化，我们中国的古语，就是：行王道。所以亚洲的文化就是王道的文化。自欧洲的物质文明发达，霸道大行之后，世界各国的道德，便天天退步，就是亚洲也有好几个国家的道德，也是很退步，近来欧美学者，稍为留心东洋文化，也渐渐知道东洋的物质文明，虽然不如西方，但东洋的道德，便比西方高得多。

不但是固有的旧道德要保存，就是孔子的道德原则所发生的制度，也许是他的道德的结晶品,如宗族一样,若果用之以为单位,"改良当中的组织,再联合成国族,比较外国用个人为单位,当然容易联络得多"。(参看《民族》五讲)因此《大学》所说的格物,致知,诚意,正心,修身,齐家,治国,平天下,据孙先生说:"是我们政治哲学的智识中独有的宝贝,是应该要保存。"(参看《民族主义》第六讲)

统括上面所有的话,我们得下面数条的指示:

(1)从文化的物质方面来看,孙先生主张全盘效法西方,而与孔子处于对峙的地位。

(2)从文化的道德方面来看,孙先生和孔子是处在同一战线上。

(3)从文化的政治方面来看,孙先生以为孔子的思想,并非有背于现代思潮,不过有其思想,而无其制度,补救之方,在于取资欧美之制度。

这当然不过就个人感想所到,而言其大概。孙先生与孔子的异同岂止于此?而且上面所表现的是偏于二人的思想本身上。比方:孙先生与孔子的主义,是从小团体的宣传,逐渐地得政治上的势力帮助,再以政治的势力,使其普遍;以及其他的异同之点很多,而且很有研究的价值。末了,我的最深的感想,就是回忆篇首我的朋友所说:孔子是中国过去受人崇拜最多的人,孙先生是现在受人崇拜最多的人。我想若孔子而为中国数千年来的文化代表,则孙先生可以说是近数十年来所谓"中学为体西学为用"的代表。

十八年冬于柏林

《岭南学报》第1卷第2期,1930年5月1日。

中国胚胎时代的政治思想

留德学生会要我到会演讲,我本拟讲关于西洋政治思想的题目,仅我的朋友对我说:学会数次讲演,都是偏于西洋的东西,我因题为中国政治思想的发展及其趋势。我分中国政治思想史为四个时期:(一)胚胎时期——从有思想史起至春秋。(二)繁盛时期——春秋战国。(三)因袭时期——从秦至明末(?)(四)异化时期——明末(?)到现在。其趋势我以为(一)从君权到民权。(二)从人治至法治。(三)从世界主义到个人主义。从家族主义到民族主义。(五)从自由主义到干涉主义。(六)从和平主义到军国主义。我的目的不外想引起听者对于中国政治思想的研究兴趣,并非给听者以充分的内容。因为置身欧洲而研究这种题目,无异在中国而欲找充分的材料,来做本西洋政治思想史。结果恐怕同高一涵先生在他所著《欧洲政治思想史》第二卷自序里所说"盲人骑瞎马"一样。但是我讲完后,学会又要我写出来在学会出版物上发表。其实我觉得没有发表的必要和价值。但是我又推辞不来,勉强尝试,无奈下笔后,胚胎时期已占不少篇幅。我没法子,只好暂停,他日有机会时,当再继续发表。我顺便在这处向学会和读者道歉。

传说《书经》里的《泰誓》,是武王伐殷的誓师词。在《泰誓》上里我们找得下面几句话:

> 惟天地,万物父母;惟人,万物之灵;亶聪明,作元后;元后,作民父母。

我以为上面几句话,很可以代表这时期里的最重要的政治思想,因为是在这里头我们找了三种政治观念:(一)天的观念,(二)君的观念,(三)民的观念。为了便利明白起见,我们不妨将这三种观念分析来说。

一、天的观念

这时期对于天的观念,约可分为二种:一为神灵的天,一为自然的。前者偏于宗教方面,后者偏于哲学方面。关于前者,如《诗经》的:"天监在下,有命既集。"关于后者,如《书经》里面的:"天叙有典,天秩有礼。"这是天的普通的种类,但是天与政治的关系,是什么样呢?据《书经》里所说,天是万物之原,故曰天为万物父母。天既是万物之原,那么天也可以说是政治组织及制度之原;故《书经·梓材》里说:"皇天既付中国民,越厥疆土于先王。"又像《召诰》上："皇天上帝，改厥元子。"再如："天生民，而立之君。""天降下民，作之君。"

普通的政治学者，都以国家为政治思想的对象。他们又以为国家的具体表现是政府，而政府的具体表现是治者。他的对方，是被治者。我国人所说的君民二字可以说治者和被治者的变相。上面所举出几句话都是说君和民都由天所立，因此我们也可以说政治的组织是由天而来，但是天既有了神灵和自然的分别，那么政治组织制度的起源，也有了神造论及自然产生论。

因为天是万物的父母，他当然有了最高的威权以主宰万物。其表现于政治方面者，为赏罚命令，故《西伯戡黎》里说："天既讫我殷命，……故天弃我，不有康食，不虞天性，不迪率典。……王曰：呜呼，我生不有命在天，祖伊反曰！呜呼！乃罪多参，在上乃责命于天。"又如《诗经·雨无正》的："浩浩昊天，不骏其德，降丧饥馑，斩伐四国。"《小旻》里的："旻天疾威，敷于下土。"

天之施行赏罚的方法有二：一为直接，一为间接。其直接如《诗经·节南山》里面的："昊天不傭，降此鞠凶；昊天不惠，降此大戾。不吊昊天，乱靡有定。"又如《召昊》所谓："天降罪罟，蟊贼内讧。"其间接的赏罚方法如《书·康诰》："天乃命文王，殪戎殷。"及《牧誓》的："今予发惟恭，行天之罚。"《大明》里的："有命自天，命此文王。……笃生武王，燮伐大商。"

二、君的观念

上面已将天的观念，略为解释。我们现在可以看看当时对于君的观念，是怎么样。君，——我们知道——是（1）天所立的，故曰"天生民而立之君""天降下民，作之君"。（2）君是人类中最秀灵最聪明的，所以说："惟人万物之灵，亶聪明，作元后。"（3）君是人民的父母，故《洪范》里说："天子作民父母，以为天下王。"（4）君又是人民的师傅，故曰"天降下民，作之君，作之师"。为了这样，人民之服从君主，是应当的，这可以说是尊君理论的根据。照我个人的愚见，尊君的观念，在胚胎时代，并不大发达；其最大的原因，是因为君主对天所应尽的职分是绝对的，而人民对君的职分，是相对的。换句话说：君主不能逆天意来统治人民。

然而尊君的观念，也并非找不到的。最显明的例，如《韩非子·外储说右上三十四》所载太公望对于杀狂矞华仕的言论。他的理由是：

> 昆弟二人立议曰，吾不臣天子，……是望不得而臣也。不友诸侯，是望不得使也。耕而食之，掘而饮之，无求于人，是望不得以赏罚劝禁也。且先王之所以使其臣民者，非爵禄则刑罚也。今四者不足以使之，则望当谁为君乎？今者有马如骥者，天下之至良也；然而驱之不前，却之不止，左之不

左，右之不右；不为人用，不托其足焉，已自谓以为世之贤士，而不为主用，行极贤而不用于君，此非明主之所臣也，亦骥之不可左右也矣，是以诛之。

与尊君处于对峙的观念是无君，和鄙君的观念。无君思想的代表，如上面所说的狂矞华仕。（看杨倞《荀子·宥坐》篇注）而其言论如："日出而作，日入而息，凿井而饮，耕田而食，帝力于我何有哉？"

鄙君的代表人物如唐时的许由，虞时的石户之农，同样北人无择也以为做臣是羞辱事，因而自尽。

上面所举出太公望，狂矞华仕，许由们的故事，是否学者的假记，我们在这不必论及，我们足以自信的，是当时的尊君无君鄙君的思想也许是有的。

三、民本思想

大约胚胎时代的初年，天的观念，是偏于神灵方面。天的威权，是至上无尊，如《皋陶谟》的"徯志以昭受上帝，天其申命用休。"又如：《大诰》的"予惟小子，不敢替上帝命。天休于宁王，兴我小邦周。……今天其相民，矧亦惟卜用。呜呼！天明畏，弼我丕丕基"。在这种观念流行的时候，无论是君，是民，都绝对的统治于天的命令之下，所以也可以叫做："天治。"

后来一方面因为智识逐渐进步，神灵的天，变作自然的天。一方面因为君主世袭的风既开之后，做皇帝的，以为他所以能够至尊的地位，乃是自然而然的，于是天治变为："君治。"

在君权盛行的时候，好的君主，励精图治，为民造福。不好的，免不得滥用权势。结果是赏罚不明，紊乱以起，人民受苦，于是对君的威权，未免起了怀疑，未免生出抵抗的思想，这种思想的主点是："君民相与。"这种思想之发见于典籍的，如《书经·咸有一德》里所载："后非民罔使，民非后罔事，无自广以狭人，匹夫匹妇不获自尽，民主罔与成厥功。"又如《大禹谟》的："可爱非君，可畏非民，众非元后何戴，后非众，罔与守邦。"其最显著的还是《太甲》里："民非后，罔克胥匡以生，后非民，罔以辟四方。"

理论上固然承认君民相与，然君乃天的骄子的观念仍然存在；天子能够特别有威权，是因为他的背后有天来作胆子。所以怨声载道时，纣王还说："呜呼！我生不有命在天。"（《书经》蔡沈集传注，纣叹息谓，民虽欲亡我，我之生犹不有命在天乎？）那么反对君之滥用权势，应当先打破君乃天的唯一得意儿的思想，因此就有"天监下民"的观念产生。故曰"惟天阴骘下民，天亦哀于四方民"，从"天监下民"的观念再进一步，而成为"天民一体"的思想。这种思想的特点，是民意所在，就是天意所在，《书经·泰誓》里所载的："天视自我民视，天听自我民听。"又如:"民之所欲,天必从之。"

然而在不堪其扰的虐政之下,呼天天不会应;他们不得不怀疑起来。所以说:"昊天辟言不信。"对天怀疑的结果是不信天。天既是靠不住,最好是靠著自己,于是"民本"的思想随之而生;如《洪范》里的:"庶民惟星"。

这种民本思想在《诗经》《书经》里很不少,我们在这处不必多举例。胚胎时期的政治思想,虽不能尽纳于天、君、民三个字里;不过他们确是这时期的主流。其实这三种观念在中国全部的政治思想史里,都占很重要的地位。在春秋战国时,他表现在三位最有名的思想家。墨子的《天志》等篇,对于天与政治的关系,说得很详。他的《非攻》《兼爱》,都筑在他的天的观念。《墨子》说:"顺民之意兼也。……兼者为道也。义正,义正者何?……大不攻小也。强不侮弱也……若事上利天,中利鬼,下利人,三利无所不利,是为天德。"孔子对于尊君发挥尽致,这是谁都知道的。老子的"圣人无常心,以百姓之心为心",是民本思想的最透切话。秦以后像汉的董仲舒以为孔子之作《春秋》,不外是想"屈民而伸君,屈君而伸天",所以他还主尊天。然自此以后,一般君主与孔教,互相利用,遂成中国二千年来的专制,而天君一体的思想,表现于所谓天子二字。所以《礼》说"君天下曰天子",天下遂为天子一人之天下。尊君的思想固成为传统思想,民本观念并非完全消灭。其显著的如《淮南子》所谓"民者国之本也,国者君之本也"。贾谊也这样说。(《新书·大政》篇上及篇下)晋《抱朴子》鲍生问难篇。唐陆贽所说:"当今急务,在于审察群情。"(奏天论奏当今所切要务状)柳宗元《送薛存义之任序》所说:"吏乃民之役,非以役民。"宋邓牧的《民道》,明方孝孺的《君职论》,清初黄梨洲的《原君》,顾炎武所谓"国家兴亡,匹夫有责"。他如崔东壁所说:"考三代以上之事,而知父子相继,非一定之制。"戴震的"圣人治天下,体民之情,遂民之情,而王道备",均是专制主义的反应。但是我们同时,不得不承认这些思想,大概不过是民本主义的消极表示罢。

十九,三,二十柏林初稿

《留德学志》第 1 期,1930 年 6 月。

霍布豪斯的社会学

一

近代社会学，创始于法国的孔德；而总其成的，要算英国的斯宾塞。从此以后，社会学的发展，如潮如涌；而其贡献最显著的，为美国的华特（Ward），吉丁斯（Giddings），斯摩尔（Small），古列（Cooley）及劳斯（Rose）等；德国的敦尼斯（Tonnies），朕密尔（Simmel），皮瑾（Vierkandt）及维耶（Wiese）；奥国的 Gumplowicz 及 Ratzenhofer。在法国，孔德以后，其特出者如搭特（Tarde），独尔干（Durkheim），窝牧（Worms）等；在英国自斯宾塞以后，社会学的发展，远不及美、德、法诸国，然数十年来占社会学上的重要位置，而为英国社会学界的中坚人物，要算霍布豪斯了。明晓了霍氏在英国社会学上的位置，我们觉得霍氏的死，是英国社会学界一件很不幸的事。

二

霍氏是一位牧师的儿子。在小年，他的父亲送他入经典式的公共学校，学习拉丁希腊文。从一八八三年到一八八七年，他在牛津大学读书。因为他是位很好的学生，所以一八八七年被请为牛津讲师。一八九七年他被请为英国很著名的 Manchester Guardian 主持笔政。这时候正是英国忙于 Boer 战争，霍氏觉此次战争，曲在英国，所以在报章上，竭力反对。

一九〇三年，他在伦敦同 Oscar Browning 发起社会学会。社会学会的宣言，好像是他作的。法国社会学家独尔干，曾参加该会演讲，与霍氏讨论社会学上的重要问题。一九〇七年，该会出版《社会学报》（*Sociological Review*），霍氏被选为该报编辑。同年被选为伦敦大学社会学教授。从此以后，他都在伦敦大学讲授社会哲学。

霍氏在《社会学报》当编辑职，约有三年。后来因他在社会学上的见解，和其他社会学会会员不相溶洽，他乃辞编辑之职。据一般人的意见，英国社会学，可分为社会学会派，及霍布豪斯派；二者所研究的重心的不同处，是前者偏于社会实际情况，后者偏于理论方面，这样的分别，是否有当，我们这处不必说及。不过社会哲学在英国学术上能够占重要位置，霍氏的功是不可轻视的。

三

霍氏的著作很丰富，其重要的有下面十余种：

1. *Mind in Evolution*, 1902.
2. *Democracy and Reaction*, 1904.
3. *Morals in Evolution*, 1906.
4. *Monographs on Sociology*, 1913.
5. *Development and Purpose*, 1913.
6. *Liberalism*, 1911.
7. *The World in Conflict*, 1915.
8. *Question of War and Peace*.
9. *The Metaphysical Theory of the State*, 1918.
10. *The Rational Good*, 1921.
11. *The Element of Social Justice*, 1922.
12. *Social Development*.

上面所列十余种著作中的最末四种，合而称为《社会学原理》(*Principles of sociology*)。这可说是霍氏社会哲学的精华所在。在他的 *The Metaphysical Theory of the State*，他一方面极力批评黑格儿（Hegel）的国家论的错误，一方面发表他自己的社会哲学观。他以为适当的社会哲学，不但承认个人发展的价值，还要这种发展于公共利益上没有冲突。在他的 *Rational Good* 里，他发表他对于伦理上的善的观念。照他的意见，这种的善，是心的和谐，而其目的是促进人类理性化的了解，以增益人类社会的幸福。在他的 *The Element of Social Justice*，他应用他的伦理学说到政治和经济的组织问题上，他在这里所持的态度，是普通所知道的自由社会哲学。他的 *Social Development* 可以说是上面三本书所包含的理论的总和。

这外他还有一篇很重要的论文发表于一九二〇年 Hasting□s *Dictionary of Religion and Ethics*。这篇文章可以说是霍氏社会学的大纲。照他的意见，社会学可分做下面五部分：

(1) 社会学的范围。
(2) 社会科学及社会哲学。
(3) 社会的构造。
(4) 团体的发展。
(5) 完备的发展及伦理的理想。

四

霍氏受过不少先进学者的影响。比方在政治学上的 Cobden，经济学上的 Mill，在哲学上的 Green，而其最显著的还是孔德和斯宾塞。

像孔德，他以为社会现象的各方面，是互有密切的关系。又像孔德，他以为社会的发展，是社会学上的主要问题。同样，他以为社会学逐渐成为实证科学，是人类社会受有意识的统治的表征。此外他又很赞同孔氏的宗教人道主义。

霍氏和孔氏的同处固多，但他们的异处也不少。他们的不同的最大原因，大约是因为霍氏一方面受过英国唯心论（idealism）的影响，一方面受过当时个人主义的反响。这一点我们可于他一八九六年的 *Theory of Knowledge* 里看出。其实霍氏既非一个纯粹的唯物论者，也非一个极端反对唯心论者，他所处的位置，是介于二者的中间。

霍氏很赞同斯宾塞以哲学为各科学的系统科学。不过他同时觉得哲学的使命，不只是求出一种系统，而且包含关于理性方面的研究的趣味。他是很醉心于斯宾塞的进化论，然他又觉得斯氏的进化论没有完备，而希望再加做一般工夫，以完成一较精密的社会进化论。他虽然不赞成以生物的进化原则，全盘应用到社会进化上，然他并非极端反对斯氏的机体社会观。他指摘斯氏最利害的点，恐怕还是斯氏的极端个人主义。

五

照霍氏的意见，社会学是研究人和人关系的科学。他以为从来学者对于人和人的关系的研究，约可分为四种趋向：第一种是一般政治哲学家所研究的结果。他们所研究的是关于人类社会的政治方面，因为了从来国家在人类社会团体占了重要的位置，所以政治方面的研究，从社会学的历史方面看去，也占了很重要的位置。这一般的学者，所研究的，虽非完全离开政治事实，及每一时代在政治上所发生的重要问题；然详细的考察起来，他们所研究的重心，仍不外是取一种论理的态度，而注重于观念及思想的分析和解释。因此他们所取以为善恶的标准，也不外是从理论上所推出的标准。

第二种的趋向是孔德实证哲学里的主张。其主点是研究社会科学不能离开人类发展的普通情况，而且要把社会进化的原则及趋向分开清楚。霍氏以为孔氏所取的态度是很适当，可惜孔氏的意见和主张，被了不少学者的误解；而其结果是这种趋向在社会学上所发生的影响，没有相当的势力。

第三种趋向是斯宾塞主张应用生物的进化原则于社会进化。这种趋向，照霍氏的意见，虽非大坏，但他的危险是盲从的以为生物的现象与社会的现象完全一样，结果是盲从的将生物学上所有的原则，全盘移到社会学的研究。明白生物进化的原则，固然可以补助社会学的研究，但是社会的现象，究竟有别于生物现象处；所以这种独断盲从的态度，当然不能称为适当的态度。

第四种的趋向，是比较研究各种社会制度。这种趋向是赖各特殊社会科学，如比较宗教学，比较伦理学的发展，于是再进而求出一种系统出来。照霍氏的意见，这种趋向在社会学上的位置很重要，所以他自己的社会学也是趋于这条路上。

六

霍氏以为社会学是科学，也是哲学。要明白这一点，我们应当明白他的哲学和科学观。我们上面已说过，霍氏既非一位唯心论者，也非一位唯物论者，而他所处的地位，是介于二者的中间。他以为黑格儿派及一般进化论者，对于理想及事实均没有充分的了解，而偏重于一面，其结果是不明白科学的使命，是描写事实，哲学的使命，是估量价值。哲学家既不能凭空去估量某种制度或事物的价值，科学家也不能专门的注重事实，而完全不顾及事实上的价值，因为思想及价值有时乃事实之母。因此，从科学的立脚点看，社会学所注重的是社会的性质（nature）的发展；从伦理和哲学方面看去，他所注重的是社会的完满的发展；质言之，就是理性化的善。这二方面的研究，应当相提并重，而不能轻忽于何一方；惟有这样的社会学，才是真正的社会学。

七

上面已说过，霍氏并非绝对反对斯宾塞的机体社会观。他虽然觉得生物进化的原则，不能全盘应用于社会学，但社会的组织和功用的苟同处甚多。比方：社会与机体的各部分均互相依赖，以维持其全体；以及互相适应，以达到全体的需要的原理。各部分有各部分的特殊，同时各部也有他们的共同处；因为了有共同的目标和需要，各部分的互相依赖是必然的；因为各部分有各部分的特殊处，所以各部分也有他各的自决性。机体和社会的不同处，是因为后者比较繁杂，前者比较简单；后者比较自由，前者比较束缚。机体各部分有一定的组织，和一定的功用；而社会各部分，——如个人，或团体，——未必这样。此外，若从他们的发展方面看去，他们也有不同处。比方：机体的发展差不多是经过某一定的程序，而社会的发展的程序，未必是循着一定的步骤；也未必能预先决定其将来所要经过的步骤。

因为社会的组织繁杂,因为他的部分的自由性,他的发展的程序未必能预先规定,社会生活及动作的研究,也比有机体及无机体界的研究难得多。同时研究社会学的人,也不能不随事物应变,而死板的应用研究机体现象的方法,去研究社会的生活和动作。

八

社会有通常及一个社会的分别。前者是很普遍,而且趋于普遍的轨道上走。这种普通社会,有时包含好多部分社会。部分的动作,互相影响。他们的连带关系,并没有所谓高下优劣的分别,而他的目的及他的原始,也是不容易找出来。

反之,所谓一个社会,是一群人联合起来,组织一种社会。这种社会的组织者,不但有一种特殊的关系,而且有特殊的目的。他有他自己的生活,自己的动作;其生活动作大约总是限于这个社会里面的人员。

这不过就通常的社会的分类来讲,此外,社会还可分为下面数种:

(1) 血统的社会。例如:家庭,宗族,种族等。
(2) 团体的社会。这种社会的特性,是占有一定的地方,如国家等。
(3) 会社的社会。如商会,职业联合会等。

九

在霍氏的著作里,其在社会学上最重要的观念,恐怕是他的社会发展论。对于这点,他提出下面二个问题:

(1) 社会的发展,是否与心理的发展有密切的关系,而成为平行的发展。
(2) 社会的发展,是否与伦理的发展有连带的关系。

他对于前者所研究得的结论,是肯定的;因为社会的发展是依赖于社会的心的发展。这种社会心,未必是一个共同的心,也未必是一个有系统的观念,或目的,而是一种有统治力的思想,及动作的心的现象。他是某一个团体里一种有效力的习惯,观念的互相影响的结果及总和的表现;这个团体并非筑于一个心,或一个意上,他不外是互相连带的心;他的关系是千绪万端,每一部分,或个体,都能感觉到他自己的地位,同时也颇能知道他自己和别人的互相为用处;不过他对于全部的复繁情况,常常没有充分的领会。

所以社会的历史的进化的原动力,是心理的动力的发展;而心理的工作,是超过普通有意识的表现。同时他的工作的方向,是趋于统一和谐合的。这种工作并非个人的,而是社会的,因为他不但是靠着好多的个体的互相为用,而且赖乎社会的传说选择及共同合作。

霍氏对于第二个问题的回答,也是肯定的。社会的发展是与伦理的发展有连带的关系,而且成为平行的发展。所以二者都可以用同样的标准,去估量他的价值。他们的和谐处,并非偶然的,而是根据于所谓机体的和谐的事实。

不过同时我们要记得,他们的同处,是从其发展的全部及完备方面来看,非从其部分及不完全方面来说。事实上,社会的发展,大〈多〉数是部分和片断的;而这部分和片断的发展,有时未必合于伦理的需要;不过就普通来说,这部分及片断的发展,是逐渐趋于全部完备的路上。因为了他们的趋向是这样,所以无论如何,总可以用伦理的标准求做他们的标准。

个人的理性化的善的发展的扩大,成为社会理性化的善。社会的理性化的善,再扩大去,遂成为世界的理性化的善。人类理性化的善的观念越进步,则人类愈明白得他们的共同处;同时也觉得他们的合作的需要。能够明白他们的合作的需要而合作,以求出一种共同的方法来解决他们的生活,和增加他们的幸福,就是达到社会和谐的地位。社会学的使命,也不外是使人们了解他们在社会里的地位,而促进社会的和谐。这种见解和主张,在霍氏的社会学里,恐怕要占一个最重要的地位。

十

社会学上有所谓乐观派及悲观派的分别。前者例如美国的华特(Ward)的社会学,后者例如奥国的 Gumplowicz 的社会学。霍氏当然是属于前一派。考究二派的长短处,当要别做专论,但社会学与社会的发展,无论是从过去或将来来说,其依赖于像霍氏这种的态度和精神的,实在不可少的。

霍氏死后三月于巴黎

《留德学志》第 2 期,1930 年 12 月。

1931 年

东西文化观

这篇文里的意思蕴蓄在著者的心中颇久，但这次把她写出来在本志发表的动机，和最近来阅本志第一卷第四期孙本文先生所著《中国文化研究刍议》一文也有多少的关系。文化是不是社会学的对象，这是别一个问题；我们不能在这里讨论。我们承认文化问题是社会学上一个重要问题，而东西文化问题，又是文化问题中一个重要问题。本篇固然是著者对于东西文化问题上一个主张，然她的立脚点，完全是基于文化的本身上。再者本篇发表的动机，虽与孙先生的文章有多少关系，然她并不专以孙先生的文章来做对象。

著者附志

一

研究所谓东西文化，而寻出一种办法，以为中国文化前途计的人，大约不出下面三个派别：

（1）主张全盘接受西方文化的。
（2）主张复返中国固有文化的。
（3）主张折衷办法的。

本篇的旨趣是将这三派的意见，来做一个比较的研究，而寻出哪一条途径，或是哪一种办法，是我们今后所应当行的途径，或是所必需行的途径。但是这个问题未讨论以前，我们应对于文化本身上有充分的了解。

二

文化是人类适应时境以满足其生活的努力的结果和工具。这种努力以适应时境而满足其生活的单位，是个人。所以个人成了文化的创造者。但是个人自生长到老死，照常态来说，都和别人有密切的关系。这种人与人的关系的总和，是团体，或社会。人与人所以能够联合而为社会或团体，不但只是因为他们有相同处，或是社会性；也许因为他们的相异处，或是个特性。有了相同性，他们能够起同情心而合作。有了相异性，他们可以互相利用而分工。所以相同和相异，二者都可以叫做他们联合为社会的主因。

因为了他们的相同性，所以某一个人能够做的东西，别人也可以做。因为了他们的相异性，所以某一个人所喜欢做的东西，未必为他人所喜欢。设使在某种团体内，人人对于适应时境以满足他们的生活的努力的结果和工具是同样，那么这团体的文化是成了一致。设使他们各人循着各人的异处去做，而成为互相利用的分工，那么这个团体的文化，从个体方面看去，固是各异，但是从全部看去，她也成为一种和谐。这样的和谐，或一致，我们可以叫做文化水平线或文化地层。

我们上面所解释的是某一团体内的文化，及其水平线。设使有了二个团体或社会的文化接触起来，其结果也是趋于一致或和谐，而成为他们的水平线。

我们应当承认在这二种或二种以上的文化接触后，到和谐或一致的地位，必经过一个过渡时代。过渡时代也许延长得很久。设使这二种文化的水平线及其内容一切，偶然完全相同，那么过渡的时期也许很短；他们一经接触，就趋于一致。设使这种文化有异处，也有同处，那么接触后必经过适当的时间，始能和谐。设使他们完全各异，那么所须的时间也许比较久些。

二种完全不同或有同有异的文化，在过渡时代，有时好像是平行的，不过他们的平行，不外是文化变换中一个过程；他的目的和结果，及他的趋势，总是朝向到和谐的途上。因为了这个原故，所以接触以后，他们无论任何一方，都不能独立生存，因为接触一经发生，则成了种新局势、新要求。他在过渡的时期，虽然好像双双并立，其实是双双必须。甲种文化固不能说他单独能够适应环境时代的要求；乙种文化，也不能这样地说，因为二种都是二方面所必需的共同品。

若是我们上面所说的话是不错，那么所谓"保存固有文化"这句话，无论在文化发展的理论上及目的上，都是不通的。因为环境时代一变，则他们惟有一个共同的文化，并没有所谓固有，更没有所谓保存固有。若是甲方要说他要保存他的固有文化，那么乙方就不要这部分吗？若是乙方说他要保存他所固有的文化，那么甲方就不能享受吗？所以一方的保存固有，是别方面的欠缺，而其结果是欠缺方面，不能够适应其新时境的要求。

自然的，甲、乙二种文化联合以后，甲固然可以说在这新时境所需要的文化当中，某一种是他的固有，乙方面也可以这样说。但是这处所说的"固有"，不过是历史上的陈迹及回顾，她并不是这时这境所需要的，因为这时这境所需要的文化，是一种和谐共同的文化。

我们上面所说的和谐文化，是时境容许二者合而为一的文化。设使时境所要求的文化，只是甲种文化，那么其接触的结果是怎么样呢？我们的回答是，乙种文化不能适应这个时境，而逐渐成为文化地层里的一层，这种接触也有她的过渡时期，在过渡的时期里，乙种文化和甲种文化，特别是从乙方面看去，也好像有二种文化平行并立；但是从文化的目的和趋向上看去，他们并非平行，他们的关系是乙者逐渐地成为陈迹，甲种逐渐伸张而成为送旧迎新的时代，这个时代也许延长得很久，然她的趋势只有一致。

同样在这旧去新来的时代，也没有所谓"保存固有文化"的可能，因为在乙方面，保存成为趋势所不许；在甲方面，他的固有也变做普通所有，所以他也不能保存他的固有，而其结果正同我们上面所说的不同文化接触之后，而趋于一致及和谐。二者的合一的方法固不同，他们的目的总是一样。

上面所解释的话是以文化的发展方面为立脚点，其看法是纵的方面，及时间方面。我们现在再进而看她的性质，她的横的方面，或空间方面。时间和空间的分析，不外为研究上便利起见，事实上每一个社会，在每一个时代，或地层里，都有他的文化性质及其特质；所以文化上的空间和时间，不但有密切的关系，其实是同一存在的东西。

我们已经说过，设使数种文化接触，他们的趋势是一致和和谐，所以和谐和一致成了文化的特性，正像上面所说的变化和发展是她的特性。我们叫这种和谐和一致为文化水平线，因为她有她的范围，和她的限度，所以文化水平线也可以说是文化测量的标准。

每种文化水平线都有她的文化的性质及特质。这种性质及特质分析起来，其种类甚多。一般学者所用的分析方法，各有不同，比方 Wisaler 氏在他的 *Man and Culture* 分为语言……科学……政府诸类，Goldenweiser 在他的 *Early Civilization* 又分为信仰观念……制度……书册。差不多每一个学者都有他自己的分析法，我们不能在这里举出来，我们所要注意的是分析不外为研究便利起见。

为了个人的精力有限，要想了解文化性质的全部，是万做不到的事。所以将她来分析而划定范围，使我们对于某一范围内的东西，有充分的了解；同时在文化发展上，我们也可以找出她的重心出来。但是这种分析完全由我们主观做出来，并非文化本身上是分析的。反之，文化本身上是一致的、和谐的。分析家告诉我们她有政治、宗教、经济各种性质，不外是一种假定，其实她的政治方面，或经济方面，与各方面都有密切的连带关系。因为他们是互相关系，所以一方面若受了外面或内部的影响，他方面也必起了波浪。

所以在同一的水平线上的文化，是自成一个系统，自成一个范围。从外部看去，他差不多是处处都像一样，从内部看去，他却有了不少的差异。这一点我们在上面已说过。其原因不但是因为组成某种社会的文化的个人，有了他们的特性，也许因为组成一个大团体的小团体的文化，有了多少的不同。比方：我们说中国的文化是单调的，这句话是从中国文化的外面观察；中国的文化的内部，固然也处处都能找出其单调，然单调之中也有其特异处。因此，比方某一种风俗在广东人所行的，未必十足的同北京人所为。

某种文化在广东固然和北京有异处，但他们的差异不能离中国的文化水平线太远。比方：二百年前广东人所造的船，也许与由山东人所造的船的样子、木料上有分别，然一个广东人或是山东人决不会造出汽船来。

我们已略将文化的发展及性质说明。总合起来，每一时代在某一社会的文化的发展都有其特性。在时间上，文化是变动的。在空间看去，她的特质是一致及和谐，时间上的地层变换愈多，则其发展必愈速。空间的范围愈放大，则其所趋于一致及和谐的范围也愈大。在空间上，设使二种各异的社会的文化，未曾接触，他们的发展也许各异；但是他们一经接触，则无论如何，他们总是趋于一致或和谐。在他们接触之时，或成为一致或和谐以后，若有第三种不同文化来和他们接触，他们也是趋于一致和和谐。因此，人类文化在时间上的发展，是与人类的生存的时间的延长上成为正比例，而人类文化在空间上的趋于一致和和谐的范围，也是和人类在空间中所扩充的范围相等。没久以前我们以为中国就是世界，所以中国文化就是世界文化。现在我们已觉这种观念是错误，其实我们现在所谓世界文化，恐怕也不外是将来人们所谓宇宙文化的一部分罢。

三

我们现在可以从篇首所举出三个派别中的第三派说起，第三派固然是调和其他二派，她的内部也非一致。有些分文化为精神和物质二种，他们以为西洋的物质文化固可取，但是其精神文化则不及我们中国。所以我们应该保存我们固有的精神文化。这种的折衷办法，可以说是最普通的办法，所谓"中学为体西学为用"也属于此派。

有的以为我们应当用科学的方法去分析文化的特质，"和盘托出"我国固有文化的真相；然后看看那一种特质是好，那一种是不好，而定取舍的方针。本志第一卷第四期孙本文先生的《中国文化研究刍议》是偏于这种主张。

我们以为所谓物质和精神文化不外是二而一、一而二的东西。物质文化所表现之处，就是精神文化所存之处，同时观察精神的文化如何，也可以知道其物质文化如何，他们好像一个人的肉体和灵魂的关系。他们是时时处处互相为用而分开不能的。

设使我们承认物质和精神文化可以分开，我们能否把西洋的物质文化来配上中国的固有的精神文化呢？我们的回答是无定的。因为中国的固有文化是非物质的文化，中国固有的文化，可以说是老子和孔子二位的结晶品，前者偏于哲理，后者偏于伦理；然他们两位都主张道是一。老子告诉我们："道生一，一生二……"他又说:"昔之得一者,天得一以清,地得一以宁,神得一以灵,谷得一以盈,万物得一以生,侯王得一以为天下贞,其致之一也。"孔子也说:"吾道一以贯之。"这种"一以贯之"的道,是反物质生活的道。

比方老子的理想生活和社会是:

> 小国寡民,使有什百之器而不用,使民重死而不远徙,虽有舟舆,无所乘之,虽有甲兵,无所陈之,使人复结绳而用之,甘其食,美其服,安其居,乐其俗,邻国相望,鸡犬之声相闻,民至老死不相往来。

同样,孔子的反物质生活是随处可指出的。比方:君子是得乎道的人,所以他说"君子不器"。又说:"君子食无求饱,居无求安,敏于事而慎于言,就有道而正焉。"又如:"士志于道而耻恶衣恶食者,未足与议也。"他的弟子得他称赞最高者是颜回,然其赞赏的原因是:"一箪食,一瓢饮,在陋巷,人不堪其忧,回也不改其乐。"他又称禹曰:"禹,吾无间然矣,菲饮食而致孝乎鬼神,恶衣服而致美乎黻冕,卑宫室而尽力乎沟洫。禹,吾无间然矣。"

上面不过从个人方面来说。其在家庭方面,他说:"今之孝者是谓能养,至于犬马,皆能有养,不敬,何以别乎?"其在政治国家方面我们且看下面一段谈话:"子贡问政,子曰:'足食,足兵,国信之矣。'子贡曰:'必不得已而去,于斯三者何先?'曰:'去兵。'子贡曰:'必不得已而去,于斯二者何先?'曰:'去食。自古皆有死,民无信不立。'此外如:樊迟请学稼。子曰:'吾不如老农。'请学为圃。曰:'吾不如老圃。'樊迟出,子曰:'小人哉,樊须也!上好礼,则民莫敢不敬;上好义,则民莫敢不服;上好信,则民莫敢不用情。夫如是,则四方之民负其子而至矣,焉用稼?'"其最显明的是:"邦有道,谷;邦无道,谷;耻也。"

我想所谓"饿死事小,失节事大",也不外由这种道推衍而来。而中国数千年的文化,差不多是这种道的表征。试问这种非物质的精神生活,那里能和西洋的物质文化熔于一炉,而求满足的效益?物质文化与精神文化,是不能分开的,纵能分开,也不能与我国固有的文化相溶。

把文化来分开为物质、精神,以调和东西文化的路既不能行,应用科学的方法去分析文化的特性,而估量其特长及其缺陷,是不是能够调和东西文化的张本呢?现在的社会科学,是不是达到严格的科学,她能不能成为严格科学,她应该不应该成为严格的科学,这些问题,都非我们这里讨论的问题。我们以为就使我们照如孙先生所举出的文化研究的目标,来解决东西文化上所应取的方针,我们觉得他的途径也是行不得。孙先生的文化研究的目标有三种:(一)分析我国固有的文化,而了解其种种特性。(二)了解我国固有文化的特长及其缺陷,以为改造文化的张本。(三)根据现代世界趋势对于这种种特性的价值,加以严密的评估。

我们可以设一个例子来解释。比方，我们照孙先生的方法去做而寻出大家庭制度是中国文化一种特性。第二步的工夫是评估大家庭的好处和缺处；对于这一层，我们又寻出大家庭的好处是互助的精神，她的缺处是依赖的惰性。我们的第三步工夫是看看世界的趋势对于这种大家庭的价值如何。我们对这点的寻求结果，是大家庭不适于这种趋势，而且没有法子在这种趋势之下生存。在这样的情形之下，我们有什么办法呢？

我应该在这处声明，我们应该尽量去应用科学方法来解释社会现象，不过我们也要承认科学有她的范围和境域，她有她的山穷水尽处，在她的范围以内，我们尽管去应用她，但是出了她的范围以外，我们不得不找别的方法。

我们以为折衷派的主张的缺点，是对于研究文化的方法和文化本身的分别上，没有充分的了解。为了便利研究起见，我们不妨把文化分作物质方面及精神方面或者像孙先生所举出十余条大纲①；但是文化本身上，并没有这样的分开。结果不但物质文化和精神文化的分别是缺了客观的态度，而是主观的分类，连了孙先生所谓用科学的客观方法去分析文化的特性，也是主观的分析。

因为了文化本身上是分开不得，所以她所表现出的各方面都有连带及密切的关系。设使因了内部或外来的势力冲动或变更任何一方面，则他方面也受其影响，她并不像一间屋子，屋顶坏了，可以购买新瓦来补好。她并不是这样的机械的，她并不是这样的简单的。曾几何时，一般人以为西洋人枪炮比吾们好，他们以为学了枪炮的做法，就可以使中国强盛。曾几何时，一般人以为外国人法政好，他们以为抄了一张宪法过来，就可了事。

这样的偏见，我们总觉得可笑。不过平心来讲，他们的主张，他们的调和中西文化方法，与我们所谓取西洋的物质文化而留我们的精神，与我们所谓用科学的方法以求出优劣之点，而定取舍的方针，究竟有多少分别呢？

若是我们承认文化是人类适应环境的出产品，我们不得不承认环境既变，文化也随之而变。我们试看二世纪前的中国的环境，与现在的环境是怎么样呢？过去我们以为中国就是世界的中心，中国就是世界。这时候的我们所要求的生活工具是适应于我们这时候的环境。现在不但事实上环境已变，理论上我们不变是不行的。

同样，若是我们承认把世界的趋势来作评估我们的固有文化的特性，试问这种世界的趋势，是否容许我们固有的特性的存在？要是这种返答是"是"，那么

---

① 孙先生的文化物质的分析大纲十余条，据著者所知道，是从 Wissler 的 *Man and Culture* 里脱胎而来。著者刻下手无此书，无从比较孙先生与 Wissler 的异同。著者曩读 Wissler 书而嫌其分析不清楚，孙先生也陷于此弊。比方第十二条"政府"纲内包有（一）政治制度，（二）司法，（三）立法。据我们普通的见解，政府是政治制度之一，而政府的主要机关是（一）行政，（二）立法，（三）司法。孙先生摒弃了行政而取司法、立法，再加上政治制度。也许孙先生有特见处，但是我们觉得孙先生的见解太新颖了。此外有可商榷的处甚多，我们只好从略。

我们所谓固有的文化的特质,并不是我们固有,也非我们的特质;因为她是世界所共同的,她是世界所共趋的,她是我们现在适应现在的环境的出产品。从历史眼光看去,她固然是与过去的特性偶合,也许是连带,然而我们决不能说因为她是我们的过去的特质的优点,所以要保存她,因为我们的文化观的前提,也许是定义,是人类适应环境的出产品。因为他是适应环境的出产品,环境变了,她也变了。设使我们的回答是"否",则我们的固有的文化特质已无存在的余地,因为她是不合乎世界趋势,不合世界的趋势,不但没有存在的余地,而且没有可以评估的价值,因为我们所把以为评估价值的标准,是现代世界文化的趋势。

孙先生岂不是告诉我们吗?"但自海通以后,欧风美雨,滚滚而来。潜滋暗长,势不可遏。时至今日,欧美文化,充斥都市,遍及乡僻,可谓无孔不入,无微不至了。"试问所谓"滚滚而来"的"欧风美雨",是不是现代世界文化的趋势,抑或还有别种的趋势?如其不是,那么我们所当据以为评估我国所固有的文化的特质的现在世界趋势是那一样?

如其是,那么照孙先生所说,我们已完全西化了,即全盘接受西方文化,已成为一种事实,而且合乎现在世界的趋势。

可惜事实上的中国,并不像孙先生这样说。我们以为设使中国真西洋化了,中国老早赶上欧美至少赶上日本。无奈孙先生所说的,大部分乃是我们所享受的西洋的"货",并非我们自己所创造的西洋文化。我们自己不会做汽车,只会坐汽车,这样叫做西洋化吗?无怪得数十年来的提倡西化,终不见得化得什么!

所以我们觉得中国目前的急需,是要格外努力去采纳西洋的文化,诚心诚意的全盘接受她,因为她自己本身上是成一种系统,而他的趋势是全部的,而非部分的。

四

第三条路——折衷方法——既行不通,我们可以不可以跑去第二条路——复返中国固有的文化——呢?我们的回答是跑上第二条路是更加无行。其实,近年以来,所谓思想统一,恢复孔教一般的运动,固然有多少朝向这条路,但实在积极主张这种态度的人,恐没有几。她已成为历史上所谓反向的陈迹,她每一次反向,不但没有寸果可获,而且徒然促进西方文化趋入的速度。读过中国近代史的人,对于这点总有充分的了解。

历史告诉我们,中西文化的接触,是始于景教的传入,然当时不但交通上不便,而阻止其滋长,且欧洲当时的文化,并不见高于中国,所以她的命运,不久断绝。元时,天主教也传入,但当时的欧洲还是梦醉于中世纪基督教会统治之下。加以元初天主教徒之来华的目的,与其说是为传教,不如说是为劝元帝之停止西侵，这是读过 *Friar John of Plan de Carpini* 一二四五——一二四七东来游的游记者当能言及。况且十三世纪的欧洲的文化，并无进步于景教东来时的欧洲文化，所以这次天主教的东来，结果也无异于景教。

十五世纪的欧洲则不然。她已朝向新文化的路，她已脱羁中世纪的乌烟瘴气，她正如旭日初升，如花初发。地球是四方的说已打破，航海家已不再畏惧驶船到地之尽处，不复再还。她的科学种子已出了萌芽。其实，这时的欧洲是一个新欧洲，而非中世纪的欧洲。

在这种的环境之下，西洋人开始和我们做海道的交通，而开东西文化接触的先河。

西洋人从海道来中国的是一五一六年的葡人 Perestrello。继 Perestrello 而起者，是葡人 Andrade 于一五一七年（明正德十二年）至上川岛，及同年葡人 Mascarenhas 至福建。这般东来的先锋的目的，大约在商业上的赢利。商业上的往来日繁，宗教上的宣传因之而起。Francis Xavier 虽不得志而卒于上川岛（一五五二年），然继他而起的 Michael Ruggiert 及 Mathew Reice（一五七九）对于西洋文化宣传上，占了很重要的位置。他们的东来的目的是传教，然在外面上他们并不以传教为名。我们试读他们最初上广东当道请准他们在广东居留的书，便能知道。不但是表面，就是事实上，他们对于中国人最大的贡献，还是科学的介绍。科学上的供献，中国人到今还能乐道，但是科学——天莫——以外，在社会政治思想上究竟有没有影响到中国，还是疑问。我们知道这班 Jesuits 会的教士，宗教上的主张，在十六世纪固厚染中世纪的空气，然政治上的反专制君主，及主张民权，对于近代民治主义上所贡献，实非浅鲜。他们这些的思想，是否影响于中国呢？这是一条值得研究的问题。

原来中国人的自大性、顽固性，真是利害！"夷狄之有君，不如诸夏之亡也"。是他们的信条。他们见着外来的东西，样样都以为不好，王壬秋《陈夷务疏》里，所谓"火轮者，至拙之船也；洋炮者，至蠢之器也"，不外是一个例子。他们不但只藐视外来的东西，连了受了外来或他人的影响，也故意的不愿承认。他以为效法蛮夷，乃皇朝之羞，而攻乎异端，乃儒者所笑。比方，陆象山明明佛老的魂已上了他身，他还是故意地说："吾儒之道。"（《与侄孙濬》书）

这种态度，固然是西洋文化趋入的大窒碍，而满清入关以后，对于外来的文化的输进，既极力排除，思想上的发展，又压迫至甚。康熙之禁设教堂，雍正之逐教士，文字之狱，始于康雍而极于乾隆。试看乾隆三十九年至四十七年间，兵部所报销毁之书，便可概见。我想政府的摧残文化，固无所不至，然有清一代的治学方法，比较过去的成绩为优，而稍合于科学方法者，是否与西洋文化科学之传入有关系，又是值得吾们深思冥索的问题。

我们已说过，有清当道曾出尽法子，以阻内部思想文化的发展，及外来思想之侵入，而实行过去的单调生活，然其结果，终是归于无用。我们以为设使满清而能于入关之后，循着明末的趋势，尽量去采纳西洋文化，而光大之、扩充之，则二十世纪的中国，驾欧美而有余。因为这时的欧洲，还是开始朝向新文化的轨道。无奈满清只顾目前的安宁和苟安，而昧于世界潮流所趋，终至于失败！

闭关的政策是行不通的。读近代史而观其所谓绝对闭关海禁，不过二个时代：一为明嘉靖元年，迄三十九年；一为清顺治元年，迄康熙二十二年。然在海禁时代，中外的交通并不断绝。嘉靖时代的宁波、泉州，仍屡见葡商之踪迹。澳门之为葡人殖民地，是在嘉靖三十七年。同样顺治之世，俄、荷公使均到北京，而法船于顺治十七年到广州。康熙八年，英人在厦门、台湾营商。这不过略举其要，然这些历史上的回顾，已足以证明闭关之不能。

闭关是不能的，就使我们能够闭关，我们也没有法子去保存固有的单调文化。我们说我们的文化是单调，因为她是老子、孔子的思想的结晶品，这点上面已说过。李卓吾告诉我们："二千年以来无议论，非无议论也，以孔子之议论为议论，此所以无议论也。"夏曾佑更张其说以为中国之历史，则孔子一人之历史。这种一以贯之的道，施于政治上，其结果是二千年来的朝代，虽换了多少，然换来换去，总换不出专制政体。他以为四海里的人，都是王臣，普天之下，都是王土，所以惟有王者出，而天下平。他并不想及十八世纪的美国，能够把四年一任的平民来治国家的大事。国家——他们说——是家庭的放大，所以治理国家的原则，在范围固大，然其效用则一。君就是父，无君等于无父。这种的原则，不但只应用于家庭和国家，而且应用于文化的各方面。

这种单调的文化，惟有在东西文化未接触以前，也许延长其生命。但是接触一起，要再去闭关自守，是一个梦想。广州的关口可以不准洋人进，但是民治的思想一传入，他始终存于一般人的心里。没有听过除了专制政治以外，尚有共和政体、贵族政体、委员制度的人，也许甘心低首去受专制君主的压迫，但是这般样色不同的政治菜味，一经领受，他始终总必有发出的一日。同样，没有见过汽车的人，也许觉得马车比人力车好，然坐了汽车以后，他又不满意于马车。这些平常的道理，小学里的学生也能懂，无奈一应用到全部文化上，他们又觉得别有一种态度。文化是人类适应环境的创造品。过去的文化，是过去人的努力的结果去适应他们的时境。现在人应该努力去创造现代文化。我们为什么要复返皇古？复返皇古，不但只是做古人奴隶，简直是要去再做茹毛饮血、穴居野处的生活。

不但是现在的趋势，不允准我们去复古，我们若读欧洲史，我们觉得欧洲近代一般的复古者的运动，也不外是一场梦想。中世纪的教会的专制，不可谓不甚。他所经的时间，在欧洲史中占了大半部，然十字军的东征和元朝的西征，使了东西文化能够接触，而成欧洲近代文化。中国人要是不愿去考究十字军的东征，对于西洋文化的影响如何，至少愿意去看中国人所给与于西洋文化的影响。

别的东西我们不必尽举，专以印刷、火药、指南针数件，已可见一斑。印刷的影响是：打破会教士及贵族垄断智识界，而使书册文字流传于民间，其结果是思想上得以改放，而脱羁教会的统治思想。火药的影响是：打破武士制度，使部落的贵族的势力减少而输之于平民以开民治的途径。指南针的影响是：使航海家能够远渡重洋，而辟新世界。设使这些影响不是欧洲近代文化的惟一的原动力，他至少是主要原动力。这些解释，至少使我们明白过去的我们的文化，并非下于欧洲，不过这三二百年来，我们太落后了！落后惟有直追，不当踌躇去退后。

五

我们已解释第三条路和第二条路不能跑得通。他们最大的缺点是：前者昧于文化的一致和和谐的真义，而后者昧于文化发展变换的道理。前者以为文化的全部，好像一间旧屋子，我们可以毁拆他，看看那几块石，或是木料，随便可以留用。他们忘记了文化的各方面的特质，不外是吾们自己的假定，而文化本身上，并没有这样的一回事。后者以为环境时代是不变的，所以圣人立法，可以施诸万世，而用于四海，他们忘记了这样的陋见，在数千年前的武灵王已经见及（《战国策·赵二》）。

从我们上面所说的话来看，无论在消极方面，或积极方面，都足以证明我们趋向第一条路的必要，我们这种的主张，至少有下面二个理由：

（1）欧洲近代文化的确比我们进化得多。

（2）西洋现代文化，无论我们喜欢不喜欢，她是现在世界的趋势。

想对于第一个理由有充分的瞭解，最好把西洋的文化史和中国的文化发展比较来看。周秦时代的中国文化，比之古代希腊时代的文化，实在没有甚么愧色。这是无论何人都承认的。汉朝统一以后，中国文化遂走入黑暗时代。然欧洲在中世纪的趋向，正和汉朝以后的中国。中世纪的欧洲，和汉以后的中国的文化的异点，从大体来说，前者深染宗教彩色，后者偏于伦理。然而宗教与伦理，究竟是二不相离的东西，不过欧洲的宗教里，所包含的伦理质，比中国伦理里所包含的宗教彩色利害得多。

不但这样，欧洲的宗教和政治，自始到终，成为对峙的势力。中国的政治道德，乃互相利用。儒者给专制君主以统治的理论，而专制君主又给儒者以实力的保护和宣传。这二者调和起来，所以延长的时间为久，而其势力也大。反之，在欧洲政教分开，差不多是中世纪最普遍的观念，他们的意见是：教会所应管理的是 Spiritual，而帝皇所应管理的是 Temporal。他们各人有各人的范围和界限，而不能相越。我们以为事实上政教的关系是很密切的，正像我们上面所说的文化的各方面的密切关系而不能分开，理论上若硬要他们来分开，结果是使二者互相冲突。欧洲中世纪的政教的冲突的原因，未尝不因此。

所以从一方面来看，欧洲的中世纪，固然与汉以后的中国相像，然他们究有异处。他们的异处专从这时代的文化来比较，中国固然不下于欧洲，然从文化发展的目的上看，欧洲的确已占了优势。其实我们可以说中世纪的欧洲文化，也是我们所谓文化过渡时代，因为所谓中世纪的欧洲文化，并非欧洲那一部分固有的文化，而是希腊、罗马、希伯来三种联合文化。希腊的文化特性是偏于伦理方面，希伯来宗教方面，罗马是统治世界的帝国。

设使教会而始终绝对主张政教合一，中世纪的欧洲，也许成为教会式的帝国。无奈一般教父，总趋于政教分离的主张，而其结果是政教文化的趋一，到了十四五世纪后才实现。

加以政教未趋一以前，欧洲的文化，又得了十字军的东征和元朝的西征，与东方文化相接触。反之，在我们中国的文化，从三代以下，都自成一种系统。佛教的侵入，固有不少影响。然中国人的脾胃，已存着老学的气味，所以佛教之来，既非大异，也没有什么冲突。

欧洲因为了常常和外界文化接触，及内部的特殊环境，而时时换新局面，所以他的文化里所含的各种性质较多，而变换也易。我们试读欧洲史，而见其像吾们中国人对于外来文化那样排除藐视的能有几人？我们的文化，所以到这样单调和停滞，不外是不愿去学人。从东西文化发展上看，不但这三二百年来，我们样样的进步，没有人家这么速，况且人家三二百年前所站的地位，已比我们好得多。文化是时时在变化的历程中，而且应当时时变化，若是死板不化，还能叫做文化吗？

设使文化发展上的比较的理由，尚不能给我们以彻底明白欧洲文化的确比我们的文化为优，我们再将文化的性质的各方面来比较，我们所得的结论也是一样。

"欧洲没有穷人。"一位住了好多年欧洲的朋友有一次这样的告诉我。其实，欧洲那里没有穷人？我们天天看报纸，见得欧人说他们的穷况何等利害！他们的工人失业日日增多，他们的生活日日增高。然而欧洲人这种穷，是专从欧洲本身上看去。若是把中国的穷况来和欧洲人比，那么简直没有可比。欧洲简直像我的朋友所说没有穷人。欧洲人叫穷，是因为没舒服，中国人的穷，是穷到非人类的生活的地位。我们不要远跑，只在北京城内看看，只在上海、广州附近看看，穷到没得食，没得住，没得衣的人有几多呢？"中国是一个饥荒之邦。"一个西洋人于数年前用这句话来做他的书名，这并非冤枉我们的话呵！"中国是半开化的国家。"一般西洋的学者这样地告诉我们。无论那一位中国人听了这话，心里都觉得是难过，然而平心来说，看看我们的日常生活的状况再比较西洋人的生活状况，我们老实没有法子去反驳人家！

这不过是从经济方面的日常生活来说。我们若从农业、工商业上看，那么我们比诸西洋更有天壤之别。中国人的农业的不发展，是谁也要承认。中国人的工商业也是同样的不发达。中国人不但在世界经济竞争场里没有位置，连了在本国内，也是比不上外人。

若把我们的政治来和西洋相比较，同样是比不上西洋。中国目前的政治趋势如何，我们不必去预料。不过中国政治尚未入吾们所谓宪政时期，是一种事实。同样，我们的教育状况，实在是和西洋人没有比较的可能。若是做留学生的人，去告诉他的女房东，他的妈妈不会写书信，这位女房东必定惊讶起来。然而试问几多位的留学生的妈妈是会看书信呢？我们要和西洋人比较科学吗？那么更是没有比较的余地。我们要和外国人比交通上火车、汽船吗？我们要和西洋人比出版物吗？语言是求智识的工具，西洋文字上的结构及种种比不上中国吗？西洋人的哲学思想比不上中国吗？

中国固有的道德，是一般人所称道为国魂所在。他们忘记了道德上的信条，并非施诸万世而皆准，放诸四海而可用。他们忘记了道德也不外是文化的一方面。旧的道德只能适用于旧时境。时境变了，道德的标准也随之而变。设使我们的见解是不错，西洋文化比之中国固有的文化为优，不但只有历史的证明，就从文化的各方面来看西洋文化也比我们的固有文化优得多。

应该全盘接受西洋文化的第一个理由，已经说过。现在可以解释第二个理由。我们以为无论我们喜欢不喜欢，西洋文化是现在世界的趋势。我们设使不愿意去适应这种新时代的要求，我们惟有束手待毙，我们惟有被时代环境淘汰。我们试想，设使我们始终像王壬秋这样顽固，像义和团这样自信，现在的中国要怎么样呢？我们恐怕中国已老早成为四分五裂，我们恐怕我们所处的地位更甚于过去和现在。

试看现在美国的印第安人，为什么到此田地呢？照我们的意见，其主因不外不愿去接受新时代的文化，而要保存他们自己固有的文化。结果他们不但不能保存他们固有的文化，连了他们自己，也保存不住。

反之，美国的黑人，能够适应时境所趋，所以他们在美国蒸蒸日上。现在我们不但在戏园可以听黑人音乐，我们在杂志随处可以阅黑人文学、黑人哲学，而在政治的舞场上，也有所谓黑人政治。芝加哥，著者曾听过一个美国的经济家说，是黑人的经济势力范围。

平心来说，美国白种人之仇视及压迫黑人，比诸印第安人还要利害。然一则以存，以盛；一则以衰，以灭。这种例子可为吾国一般踌躇不愿全盘接受西洋文化的良剂。

其实，我们不必以黑人和印第安人为例，我们试看我国内的黎人、苗人，便能知道这种道理。著者生长海南，少时每听父老云过去的琼崖黎患及征黎的故事。过去的我们，不过择其近海的地方居住，我们日迁日入，黎人除了和我们同化而同处外，余则日趋日蹙。现在所谓糜百万钱财以征黎之举，已不再闻。反之，因为了他们的境遇到这么为难，所以对黎政策，并不是征和伐，而是扶和教。黎人因为不愿接受我们的文化，所以不久的征黎，已变为救黎。中国的人口固多，然今后不痛定思痛，去改换态度，去努力学西洋，安知将来的我们，不会继续黎人的故辙。

我们再看看日本，西洋文化之传入日本，本不及中国之早。然数十年来的日本，一跃而为世界一等国。他不但只是兵舰好、陆军好而战胜中国，他不论在那方面——政治，教育，工商业——都配上做一等国。

我们记得是欧战方完，好几位中国名流跑来西洋考察。他们见了欧战之余，满目疮夷，他们大声疾呼的劝告我们不要上西洋人当，因为西洋文化已宣告破产。事实上，他们所看见的只是人家的破坏处，他想不到人家能够有了这么大的损失和破坏，就是因为他们能够有了伟大的建设和成就。大战所破坏固不少，然破坏不过是他们的结果，并非他们的根本和基础。所以战后不到十年，他们的进步，不但不因之而停滞，还且日趋日进。

六

我们已解释全盘采纳西洋文化的必要。我们现在可以将一般反对这种主张的人的意见，略为解释，以为本篇的结论。

反对全盘采纳西洋文化的人，以为每一民族，有一民族之文化，所以文化成为民族的生命。他们的结论是：文化亡，则民族亡。这种意见的错误，在于不明了文化乃人类的创造品。民族的精神固然可于文化中见之，然他的真谛，并不在于保存文化，而在于创造文化。因为过去的文化，是过去人的创造品，这种创造品，是他们适应他们的时境的工具和产物。时境换了，我们应当随我们的新时境而创造新文化。反之，设使我们不愿意去采纳时境所要求的文化，则我们的民族，必趋于沦亡的地位。

又有些人以为全盘采纳西洋文化，就使民族不至沦亡，然吾祖宗固有之创作，必至沦亡。全盘采纳西洋文化或现代文化，对于固有文化并不因之而沦亡。因为固有文化乃世界文化发展史上一部分，固有的文化固不适用于现在，然他在历史上所占的位置，并不因此而消灭。中国固有文化，在文化发展上所占的位置，就使中国人不注意及，西洋人也必为我们注意，因为他已成为世界文化发展一部。十九世纪的 Rotech 可以写本世界史而不包括中国史。二十世纪的历史家，若是对于中国史没有充分的了解，他只会写西洋史，断不会叫做世界史。况且我们已说过文化是变化的，我们的祖宗曾结绳以记事，我们用了文字已是变化，设若吾们一定要保存祖宗的创业,我们何不再结绳以记事?

又有些人说西洋人近来会竭力提倡东方固有文化,难道我们东方人不要提倡东方文化吗?我们以为西方人来学东方是西方人的事,东方人欲救目前的急需去学西方,是东方人的责任。所谓西方人提倡东方文化,不外为研究起见。为研究而研究中国固有的文化,我们并不反对,吾们所反对的是要保存固有的文化。并且西方人之研究文化,非专以东方为范围,难道一般西方学者去研究非洲土人的文化或是澳洲土人的社会状况,是要提倡非洲或澳洲土人的文化吗?

反对全盘采纳西洋文化的人所持的理由,当然不止于此,然其理由之不充足,已可概见,我们只可从略罢。

二十,新年日初稿于德国寓次

《社会学刊》第 2 卷第 3 期,1931 年 4 月。

德国社会学会

德国社会学会的组织，是始于一九〇九年正月。当时由数位教授，如 Kiel 的 F. Tönnies，维也纳的 R. Goldscheid，及他的学者，招集会议，讨论进行。到了一九一〇年十月十九日至二十二日始开第一次正式会议于 Frankfurt A. M.。这一次会议的重要演讲如 W. Sombart 的 Technik und Kultur, A. Ploetz 的 Die Bagriffe Klasse und Geseschoft。到了一九一二年十月开第二次会于柏林。Frsanz Oppenhein 及 Alfred Weber 等，均有演讲。第三次会议是在一九一四年举行。这后因欧战之故，该会无形停止。战后一九二〇年会中职员始再招集会，并对于内部组织上有所更改，并继续举行会议。

本年九月二十九日到十月一日，为该会第七次会议。地点在柏林高商学校。记者躬逢其盛，因拾一二，以志不忘。

这次到会人数，约四百余人左右，德国有名的社会学家如柏林大学的 Sombat Vierkaudt 教授, Kiel 大学的 Tönnies, Köln 大学的 Wiese, Heidelberg 大学的 Brinkmann 等。外国来宾如奥国的 Othmar Spann，东方人到会参加者，有记者夫妇二人。日本新明正道君于次日亦到听演讲。大约这次所参加的人物，以柏林大学的教授学生为最多。

开会时先由会长 Tönnies 氏致辞，大意述该会之经过及对于将来的希望。Tonnies 氏虽年逾七十五，然声色俱壮。（关于 Tönnies 的著作学说请看《留德学志》第三期拙著《敦尼斯教》一文。）辞完由当局至欢迎词，最后乃开正式演讲会。

这次演讲及讨论主题为新闻纸及公共意见，主讲者为 Brinkmann 及 V. Eckardt。副题有三种：一为社会学的方法，主讲者为 Girren 大学的 S□oltslnberg 氏。一为美术的社会学，V. wiee 氏为主席。一为社会统计学，由 Tönnies 氏主讲，每次演讲完毕，均有讨论。

在组织上，德国社会学会的会议，远比不上美国社会学会。记者觉得美国社会学会会议的内部，不但周密，而且分门别类，学者可择其素所研究者而参加。此间固有主题、副题的分别，然于此外并没有各种专门委员会，以讨论某种特殊的问题。此外，德国社会学会的重要人员，未必是社会学专家，他们也许是经济学家，或是历史家。我们对于这点，当然不能持之太过，因为不但是德国，就是美国也好，一般社会学会员，也未必是社会学专家。他们的差别，也许是程度的差别罢。

同时我们要记得，欧战后德国社会学的进步，虽然一日千里，然她在大学里所占的位置，仍然幼稚，社会学的课程是有的，但是她还是附属于他科之下。

内部的组织和分类的研究上，德国社会学会固比不上美国，但德国社会学在智识界里所占的位置，比美国社会学会恐怕重要得多，而其最大原因，大约是由于会员选择的严格。一般平常年轻的学者，不但不会被选，他们自己也觉得若想进入该会，总需做了不少功夫。记者曾询了不少年纪在三十余的大学讲师，是否该会员，他们没有一位不觉得奇怪。他们的返答是：年纪尚轻，智识尚少，经验尚幼，那里配得做会员？其实德国社会学会，是德国研究社会科学一种最高的团体，她也可以说是德国智识界一个结晶品呵！

一九三○，十一，二十于 Kiel

《社会学刊》第 2 卷第 3 期，1931 年。

精神文明和无抵抗主义

据本报本月五日新闻栏消息，印度圣人甘地，最近来曾做惊动全美的演说。但是美国人所以这样惊动的原因，究竟是为着主张精神文明和无抵抗主义的甘地，还是为着带二头山羊和手纺织机的甘地，是值得我们注意和研究的。

我还记得数年前，中国有了一位本非所谓名流的社会服务者到了美国演说。据报纸和朋友的传说，他也惊动了不少的美国人。我当时因为好奇心所驱使，特地的去找了曾听过这位同胞演讲的美国朋友问道：你们为什么这样的喜欢，这位先生的演说？他们的回答是：因为听了某先生的演讲时，是穿着你们贵国的大礼服——长衣加了马褂，所以特地的去看一看。

原来美国人对于一般人所谓莫名其妙的闹热狂，是特别喜欢的。比方：说起足球。美国人愿意搭了二天二夜的火车去看一场足球的，大不乏人。若是为了经济所限，或没有法子去找一张入场票，那么在无线发音机旁边，听听人家报告球场里的动作，他们也觉得满意和快活，美国人对于这样的狂热和注意，是举不胜举的。因此，照我个人的观察，与其说美国人这次是为着主张精神文明和无抵抗主义的甘地而惊动，恐怕不如说是为着带二头山羊和手纺织机的甘地罢。

也许有些人说：美国人这次是为了甘地的演说而惊动，而甘地所讲的又是精神文明和无抵抗主义，所以美国人不会为山羊和纺织机而惊动。是的，我的观察也许错误，但是我们这样的结论，也非凭空得来的，她至少有了不少的理由。

甘地的名震欧美，已有了十年以上的历史。他的仅挂一丝的衣裳，他的简单的饮食和住所，和他的奇特的性情，美国人早已领略。这次为了印度人民的幸福而出席帝国圆桌会议，他的位置，差不多要比国际法所承认的神圣不可侵犯的使者相等，所以帝国政府特别的为他预备行辕。他偏偏跑去所谓平民式的旅店，靠著山羊的乳为时餐，和手纺机所出的布料为衣裳。这样奇特的甘地，老早已惊动了容易惊狂的美国人，难道这次伦敦无线电发音局特地的请他来对美国人说话，美国人岂有不更为惊动的道理？

退一步来说，就使美国这次不是为着山羊和纺机而惊动，美国人也决不会为他主张精神文明和无抵抗主义而惊动；而且美国人决不会去跟从这种主义和主张。读过美国历史的人，只觉得美国人时时刻刻都主张和采取抵抗主义。比方：一七七六年的宣言独立，可以说是美国之所以成为美国的正式宣言，是世界史上的新纪元。然这篇独立宣言，可以说是美国人的政治抵抗主义的结晶品。其实百五十余年前的美国人之受制于英国人，恐怕远不及数百年来的印度之受制于英之甚，然美国人欲求自由平等，以及一切的天赋人权，和国家的独立，除了抵抗主义外，别没办法，他们未尝不知道他们的唤散缺练的军队，是未必在战场上能操胜的。他们未尝不知道设使他们的运动是失败，那么他们将来所受的压迫，必甚于过去。他们还且疑惑：就使他们一战而用了母国，他们自己将来究竟能否同心协力，而求政治上的团结。但是他们最大的自信是：与其束手而待毙，不如置之死地以求生。

甘地渴望印度民族的自由和独立，当然不减于一百五十年前的美国人。甘地没有请教于美国人，和效仿美国人，也算罢了，还要把无抵抗主义去教训美国人，万一美国人问甘地圣人道：你的无抵抗主义，提倡不止十年，为什么印度的独立还是梦影？研究是你十余年的无抵抗主义好，还是我们的八年抵抗主义好呢？甘地先生又要怎样回答呢！我想美国人决不会为甘地主张无抵抗主义而影响，就使是算因此而惊动，必定是惊讶了甘地为什么不采取他们的抵抗主义，却去提倡相反的学说，而欲求和他们同样的自由平等。

同样，甘地的主张精神文明，亦决不会得到美国人的同情。所谓近代物质文明的来源，固在欧洲，然其繁盛，却在美国。我们在欧洲也见过不少的欧洲人骂美国人道：你们只会努力在实用的工作，和物质的生活。美国人的回答是：你们休说罢！你们最好问问自己为什么"欧洲美化"到了这么流行呢？同样，甘地告诉美国人道：物质文明已入于最后一世纪，你们美国人速要放弃物质的生活，而效法吾印度"固有"的精神文明，美国也会问道：为什么甘地先生不先将印度返去固有的精神生活，然后来劝告我们？为什么甘地先生不骑象来英国开圆桌会议，而搭机器船来？

美国人不受得欧洲人的笑骂，美国人更不会领受所谓精神文明的印度的嫡子甘地先生的婆心劝告。假使美国人而诚心去采纳甘地的劝告，美国人究竟能否放弃他们的物质生活，而迁就印度的精神文明呢？我们的回答是否定的。听说英国每三个人有了二架汽车，美国人还是觉得不够用，所以天天还在那里制造汽车。福特先生不但想使个个美国人有汽车，他还想欧洲亚洲人也个个有汽车。美国没有印度这么多象，就使美国有了好多象，美国人也决不会舍汽车而坐象。因为美国人觉得坐象费时太多，而间接上损失了他们不少的入息，直接上使他们失了不少的游行的趣味。

美国的汽车在世界上最多，美国的屋宇在世界上也称为最高，美国也许赞成甘地先生的提议不要起这么高的建筑，无奈纽约的繁盛区域地方太狭迫了。要叫美国人不要起再高的洋楼，不要设汽车厂于欧亚，已是一件做不够的事，还要美国人去骑象和住茅寮，像在印度一样，我想美国人只能说道："不敢当了。"

美国国人是不会领受甘地先生的精神文明，和无抵抗主义的其原因，不但是因为这二件东西和美国人的主张和情形不相容，其实还是因为所谓精神文明，和无抵抗主义的本身上，没有存在的可能，和没有充分的理由。

甘地圣人对我们说道，精神文明和物质文明是处于相对的地位。换句话来说，物质文明是一件东西，精神文明又是别一件东西。这样的分开文明，我们是绝对不能承认的。物质文明和精神文明本来是一而二，二而一的东西。我们为了便易认识和研究起见，所以把她来从二方面看。然而文明本身上却没有这回事。所以物质文明所表现的处，就是精神文明所表现的处。比方：我们到了欧洲，看见他们的雄伟壮丽的教堂，我们叫做物质文明，然教堂乃精神文明的宗教的表现。又像我们见了一只大轮船的方法和计划，是要用精神的，所以她又是精神文明的表现。

反之，我们看了某一民族的精神文明如何，我们也可以知道他的物质的文明的程度如何。比方：我们说欧西人写了一本教人制造无线电机的书，是属于精神方面的表示。但是我们若看懂了这本书，照样的去造一个无线电机出来，这又是物质文明了。

物质文明与精神文明是不能分开的，就使能够分开，那么甘地先生所提倡的印度固有的文明，是不是单是精神文明呢？佛经，婆罗门教，阶级制度，固然是印度的"固有"文明，然而甘地先生携去英国的手纺织机，是不是印度的"固有"文明呢？婆罗门教和阶级制度是印度的精神文明，手纺织机也是印度的精神文明吗？手纺织机既不是精神文明，而是物质文明，甘地先生由印携之去英，岂不是要提倡印度的物质文明吗？

我们的见解是：印度自己不只是有精神文明，而且有了物质文明。印度物质文明固比不上欧美的物质文明，他的精神文明也未必是胜过欧美的精神文明。印度人像甘地先生的排除一切的武力的压迫，欧洲何尝没有主张这样的人？若是印度人要说他们的阶级制是统治印度一种最好的精神文明，那么威廉第二也可以说上帝特许的皇帝，及普尔士议会里的阶级代议制，也是统治德国的唯一方法。

因为丁主张精神文明，甘地不得不主张无抵抗主义。我想就使甘地而主张抵抗主义，甘地至多只能把像我们的义和团的肚子去抵抗机关枪和大炮。结果是等于无抵抗。无抵抗主义，固然是主张精神文化的人的唯一办法，但是甘地忘记了无抵抗的主义，正是印度灭亡和永久受压的原故。像日本人一样的喜欢张副座的无抵抗主义，而能于廿四小时内占据东北山河，而能不费一卒而搜尽东北二十年来的苦心经营的精华，英国何尝不希望个个印度人能够跟随甘地的主义，而使英国在印度的利益和位置能够永久保存。

不但这样，甘地的无抵抗主义，不但政治上没有效益，连了甘地所主张的精神文明的招牌，也要被了他打倒。这话并非凭空造说的，而是根据历史上的事实。甘地岂不是希望印度复回"固有"的精神文明的境地吗？甘地岂不是希望以印度的"固有"的精神文明，来拯救已入于最后一世纪的物质文明的濒危吗？

但是为了无抵抗主义,结果是西洋的物质文明征服了印度,统治了印度。所谓印度"固有"文明的本身,尚且不保,想把这奄奄欲毙的文明,来拯救今后的危机,宁非欺人的话。

我想设使甘地而真为发扬印度的固有文明,那么甘地格外要提倡抵抗主义,征服主义,好像只有征服中国的满清才能厉行满人的制度习惯。不过同时甘地也要问问究竟印度的"固有"文明是否适合于这时这境的需要。若是适合了,若是需要了,那么甘地先生不必这么苦心的大声疾呼,印度的"固有"文化也许流行宇内。不然,其结果恐也不外像满清享了征服汉族的名,而其实乃是被化。

二十,十一,七

《广州民国日报》1931年11月21日第3张第4版。

1932 年

女子对于现代文化的态度与责任

——二十年十二月十四日在省立第一女中讲词

陈序经博士讲词　梁锡辉笔述

两年前，兄弟曾一次被约到贵校来谈话，惜当时因事未能承命。直到了现在，又蒙贵校叶校长不弃，叫兄弟再到来向各位谈话。本来兄弟是不长于演讲的，况且省话也说得不大好。虽然兄弟不是外江人，但今天各位也可作来听一个外江人谈话。同是一省之内，而言语不齐，广东人不识广东话，委实觉得不大妥当。还要请各位原谅，兄弟的意思以为不论政治变化到了怎样，我们都要留心做学问的工夫。所以兄弟很想趁这机会来和各位谈一谈文化的问题；兄弟今天特地拿出来讨论的题目就是女子（尤其是广东的女子）对于现代文化的态度与责任。

我们承认文化问题，是在社会学上占了一个很重要的地位。社会学里面，分作许多派，而以文化派的社会学为最通行。为中国文化的前途计，我们去研究东西文化，从各方面看来，是应该走向那条路径呢？去采纳西方文化啊，还是去提倡东方文化呢？大约总不出了下述的三个派别：

（1）主张全盘接受西方文化的。
（2）主张复返中国固有文化的。
（3）主张折衷办法的。

今天兄弟便是想把这三派的意见，来和各位作一个比较的研究，寻出那一条途径，为我们必当行的或必须行的途径，但是在这个问题尚未讨论之前，我们对于文化本身上应当有充分的了解。

先说文化本身根本的观念。文化是什么？文化是人类适应环境以满足其生活之努力的结果及其工具。文化不单是包含所得的结果，并且包含它的工具。文化为人类所创造，有变改的可能，也有摹仿的可能；而且人类更有破坏文化的可能。有些人说在动物中，也有文化。好像鹦鹉也能学效人的言语。但严格地看来，那只可作为本能；惟独人类才是能够创造文化的动物。人类不只包括全体，也可单独的指个人。好像鲁宾孙一个人也能在荒岛上创造出他的文化来。因此，可以说文化是个人的创造品，这种努力以适应时境而满足其生活的单位是个人，而人与人关系的总和是团体或社会。人与人所以能联合而为团体或社会，不单是因为他们有相同处或是社会性；也许是因为他们的相异处或是个特性。有了相同性，他们能够起同情心而合作。有了相异性，他们可以互相利用而分工，为了他们的相同性，某一个人能够做的东西，别人也可以做。为了相异性，某一个人所喜欢的东西，未必为他人所喜欢。设使某团体内，人人对于适应时境以满足他们生活之努力的结果和工具是同样的；那么，这团体的文化是成了一致。设使循着各人的异处做去，而成为互相利用的分工；那么，从个体来看，这个团体的文化固是各异；但是从全部看去，他也成为一种和谐，这样的和谐或一致，我们可以叫它做文化的水平线或文化地层。根据这样解释，设使有了两个团体或社会的文化后触起来，其结果也是趋于一致或和谐而成为它们的水平线。

在这两种以上的文化接触后，到了和谐或一致的地位，势必经过一个过渡时代，所经过的时候，也许很短，或是比较长久些。接触一经发生，那便无论任何一方，都不能独立生存，而变成了一种新局势，新要求。那时它们好像是双双并立，其实是双双必须，而为两方所必需的共同品。结果，其能适应的便可存在，其不适应的便不免于淘汰；这种说法，是从文化发展方面做脚点。

上面所解释的话，既是以文化的发展方面为立脚点。其看法是纵的方面，及时间方面；现在让我们再进而看它的性质，它的横的方面，或空间方面。今试先把东方文化来作个分析。在一种文化之中，可再复分作多种，就是物质，文学，宗教，政治，经济等等。他们虽似分离，但实属联合。一方面掀动起来，他方面自然要受着影响。试举个例证：西方人一方面能造枪炮，造汽船；同时他方面他们是用心思，运智谋。他们之所以能够如此这般，是从努力研究中得来——这才是根本上的办法。由于他们宗教上的改革，而影响到了他们科学的发达。一方面掀动，而影响及于其他方面；但是文化本身，仍趋于一致。总括地说句：文化是由接触而变动，而一致，而和谐；其能适应的则一致或和谐，其不适应的则定给那能适应的代之而兴。我们研究西洋人的学科，还必须注意及其他的各方面。总括起来，在时间上，文化是变动的。在空间看去，它的特质是一致及和谐。时间上的地层变换愈多，则其发展必愈速。空间的范围愈放大，则其趋于一致及和谐的范围也愈大。因此，人类文化在时间上的发展是和人类生存的时间的延长上成为正比例；而人类文化在空间上的趋于一致及和谐的范围也是和人类在空间中所扩充的范围相等。以前我们以为中国就是世界，所以中国文化就是世界文化。现在我们已觉这种观念是错误；其实所谓我们现代的文化，恐怕也不外是将来人的所谓宇宙文化的一部分罢。

我们现在可以从最先所举的三个派别中的第三派说起，那便是主张折衷办法的。这一派固然是调和其他二派，但它的内部，却并非一致。关于这派的见解，约有五种：

（一）是主张以"中学为体西学为用"的。这派主张最得力的是张之洞。他在光绪廿四年间所著的《劝学篇》，便是主张以中学为本体，先要着重研究中国的学问，然后才去看看西学有什么所长，便拿过来应用。此种论调本来已成为过去的陈迹，现在已没有人去相信。还有些人说此派所主张好像是以中学为机体，西学为功能。中学比方一张台，西学比方一张椅。其实这都是说得很不通的。因为无论那个机体，是同时具有它的功能。机体和功能，是没法分得开的。说到台和椅，更是没有多大的关系。

（二）是把文化分为精神和物质两种。意即以为西洋的物质文化固可取，但是其精神文化则不及我们中国；所以我们应当保存我们固有的精神文化。这派最喜用的口号或标语，便是所谓西洋的文化是物质的文化，中国的文化是精神文化。这种折衷的办法，可说是最普通的办法。我们对这第二种见解的批评，是以为所谓物质和精神的文化，不外是二而一，一而二的东西。物质文化所表现之处，便是精神文化所存之处。同时观察精神文化怎样，也可知道其物质文化怎样。它们的关系，好像一个人的肉体和他的灵魂的关系，它们是时时处处互相为用，而不可以分开的。

假如物质和精神文化是可以分开的：那么，我们能否把西洋的物质文化来配上中国固有的文化呢？那是不可能的。因为中国固有的文化是非物质的文化，这种非物质的文化简直可说是老子和孔子二位的结晶品。但他们都主张道是一的。老子告诉我们："道生一，一生二……"孔子也说："吾道一以贯之。"这种一以贯之之道是反物质生活之道。孔子最称赞的弟子是颜回，然其被称赞的原因是："一箪食，一瓢饮；在陋巷，人不堪其忧，回也不改其乐"。他又极称禹之能非饮食，恶衣服，卑宫室，而尽力乎沟洫，说："禹，吾无间然矣。"至如"饿死事小，失节事大"，也不外是由这种道的推衍而来。中国数年的文化，差不多是这种道的表征。试问这种非物质的精神生活，那里能和西洋的物质文化溶冶于一炉呢？物质文化与精神文化，是不能分开的。纵能分开，也不能于我国固有的文化相溶。

（三）把文化来分开为物质与精神，以调和东西文化的路既行不通，便有些人以为我们应当用科学的方法，去分析文化的特质，把我国固有的文化，和盘括出；然后看那种特质是好，那种是不好，而定取舍的方针。但我们又试问应用科学的方法去分析文化的特性，而估量其特长及缺陷；这样便能把东西文化调和吗？我们可以设个例子来解释。比方便用科学的方法去做，而寻出大家庭制度是中国文化一种特性。其次再去评估大家庭的好处和缺点：好处是互助的精神，而其缺点是倚赖的惰性。最后是去看世界的趋势对于这种大家庭的价值如何？对于这点寻求所得的结果，就是大家庭不适于这种趋势，而且没有法子在这种趋势之下生存。因此我们便该明白科学是有它的范围和境域。它有它的山穷水尽处。在它的范围以内，我们仅可尽量利用它来解释社会现象，但是出了它的范围以外，我们不得不去找别的方法。

（四）再有些人把文化来分作动的文化和静的文化两种。他们以为中国人是静的，所以中国的文化是静的文化。这种说法也是不对的。文化本身是动的，所以没有不进不退的文化。假使文化是静的，那便我们定不会有进步。原始时代的人，穴居野处，茹毛饮血。今日的我们居则高楼大厦，食则山珍海错；这都是由动的进化而来。所以文化是不能以这样分法的。

（五）最近亚细亚洲文化学会的人，主张把文化分作物的文化和人的文化两种。照他们的解释，人是"仁道"，物是"霸道"。可是实际上西洋的文化，不尽是霸道；因为他们也有宗教，道德，哲学，伦理。好像我们的文化，也不尽是仁道；比方从中国历史上看去，吾们的春秋五霸，秦始皇的囊括天下，汉武帝的穷兵黩武，便是霸道的证明。

自海通以后，欧风美雨，滚滚而来，欧美文化，充斥市面，遍及乡僻；这是现代文化的趋势。那么，我们便已完全西化了。那即全盘采纳西方文化，已成为一种事实，而且合乎现在世界的趋势。可惜事实上，中国没有真正的西洋化；假设是真的西洋化了，中国便老早赶上欧美，至少也可赶上日本了。其实所谓西洋化，大部分只是我们所享受的西洋"货"，并非我们自己所创造的西洋文化。我们自己不会做汽车，只会坐汽车；这样便可叫做西洋化吗？无怪几十年的提倡西化，终不见得化得什么！所以我们觉得中国目前的急需，是要格外努力去采纳西洋的文化，诚心诚意的全盘接受它；因为它本身，是成一种系统，而他的趋势是世界的，是全部的，而非部分的。

第三条路——折衷的办法——既行不通，我们可以不可以跑向第二条路——复返中国固有的文化——呢？从历史上看来，那是不可能的事。西洋人在明朝已开始和我们做海道的交通，而开东西文化接触的先河。其后商业上的往来日繁，宗教上的宣传因之而起。而事实上他们给中国人最大的贡献，还是科学的介绍。而西方的社会，政治，宗教的思想，同时输入。对着这样"滚滚而来"的"欧风美雨"，我们虽欲不去采纳，也为势所不能。老子说要顺依天然，反对一切物质的文化。可是我们目下所使用的轮船，既都是西洋人所做的轮船，并且多是雇用西洋人来管理；这岂不是一方面非物质，而它方面却自相矛盾的去取用物质吗？再从思想方面来看，更可见我国人对外来东西，素存着一种憎恶心理，正好像曾国藩的兄弟拒绝乘坐汽船所说："中华大国民，不坐洋鬼子的船。"我们细想当时的思想是怎样的狭隘！又义和团的不怕枪炮，以为拿大刀空拳便可和人家犀利的枪炮对抗，也是同样的愚昧得可怜，现在这个时代已过，然而这种思想能变化得怎样？西洋文化现在的进步，一日千里，而我们都瞠乎其后。假使满清能于入关之后，循着明末的趋势，尽量去采纳西洋文化，而光大之扩充之，则二十世纪的中国，可驾欧美而有余；因为那时的欧洲还刚跑上新文化的轨道。无奈满清只自顾目前的苟安，而昧于世界潮流所趋，终至于失败！目下我国的教育，都已完全用了西洋的方法；这就是说不只在思想上，并且实行上都已采取西洋文化。所以我们可以下个结论：全盘的去接受了西洋交化，是根本上所必须，又是行得通的唯一办法。

十四五世纪以后，西洋文化，已续渐变化，而那时中国却没有进化。两三百年间，西方文化进步了许多；物质文明，平民思想等，都较之我们优胜了许多；贵校叶校长是从美邦学成归来，自能对各位言之剀切綦详。我们的教育，哲学，文学，都比不上西洋，但就道德方面来看，以纳妾的陋习，"不孝有三，无后为大"的观念，到了现在，都经已改变；由此可见新道德，未必不及旧道德。文化是天天的演进，我们还是以接受新文化为好。人类是要去创造新文化，所以我们无须说保存固有文化，却只要本着我们的创造力，在研究之后，再去创造出新的文化来。须知我们这样做，只是去发展我们的个性，而不是做了西洋文化的奴隶；也不是放弃了中国的文化。凡是去研究世界文化的人，也要同时来研究中国的文化；因此中国的文化，也便是世界文化一部份。现在若有去写世界史，而不把中国史写在里面的，便可说那人是不会写历史的。但是我们须要晓得西洋人来研究我们的历史，只是为了研究而研究的，并不必是想着仿效我们的；正好像他们跑去研究非洲的文化，而不是存心去采纳非洲的文化一样，文化既是人类适应环境的创造品，因此过去的文化只是过去人的努力的结果去适应他们的环境，而现代人应努力去创造现代的文化。我们为什么要复返皇古？复返皇古，不但是去做古人的奴隶，简直是要去再过茹毛饮血，穴居野处的生活！

不但是现在的趋势，不允许我们去复古，却如欧洲近代一般的复古运动，也不外是一场梦想。十字军的东征，和元朝的西征，便使东西文化能够接触，而成了欧洲近代文化。现在让我们试来研究中国人所给与西洋文化的影响。别的不用多举，单就印刷，火药，指南针数件，已可见一斑。印刷的影响，是打破教会教士及贵族垄断智识界，而使书册文字——得普及到民间。其结果是思想上，得以解放而脱羁教会的统治；火药的影响，是打破武士的制度，使部落则贵族的势力减少而沦之于平民，以开民治的途径。指南针的影响，是航海家能够渡重洋，而辟新世界，这些影响，即不算作欧洲近代文化的唯一的原动力，至少也可以说是主要的原动力。由此我们便可晓得我们过去的文化，并非下于欧洲，不过这二三百年来，我们太落后了！落后惟有直追，不当踌躇退后。现在世界的趋势，既允许我们复返古代的文化，那么，我们今后应当行或必须行的途径，便是要努力尽量的去采纳西方的文化。

我们已解释第三条路和第一条路都不能跑得通，惟有第一条路，才是我们所当行或必须行的途径。第三条路和第二条路的缺点是：前者昧于文化的一致及和谐的真义，而后者昧于文化发展变换的道理。前者以为文化的全部是好像一间旧屋子，我们可以拆毁它，看看那几块石，或是木料，随便可以留用。他们忘却了文化的各方面的特质不是我们的假定，而文化本身上，并没有这样的一回事，后者以为环境时代是不变的。所以圣人立法，可以施诸万世，而用于四海。总之，无论在消极方面，或是积极方面，都可以证明我们趋向第一条路的必要，我们的主张，至少有下面两个理由：

1. 欧洲近代文化确比我们进化得多。
2. 西洋现代文化，无论我们欢喜与不欢喜采纳，它毕竟也是现在世界的趋势。

西方文化输入，从地理看去——多的是经过广州。在汉朝广州已为中外交通最要着的所在，而为对外贸易的孔道。到了唐代，也为贸易的中心点。直至明清，亦同是为交通要道，而文化，政治，经济的演进亦以广州为起源点。即如西方宗教的传入，也是先从这里起始。其他如西医学的应用，也以此为起源点。甚至如新文学的创始，也在这里受了西方文化不少的影响。因此广州却不作为新文化运动的中心点，也可说是新文化的策源地。

广州既为新文化的策源地，那么广东人对于近代文化，更须加以特别的努力。文化是由人类去创造的，但我们中国人以前的观念，总以为文化通通都是由男子一方面单独的去创造，对于国家，社会的事情，女人一向都是没有份的。孔子的观念，是把女人放在是最低的地位，即是一例。在历史看去，外国女子的地位，也不大高。不过现代已占了很重要的位置。近代世界最大的运动之一，可算是妇女运动，想着提高妇女的地位，力争男女机会和权利的均等；好像"女性中心论"和爱伦凯的"母性复兴时代"的许多书籍，都是说及妇女运动的杰作。务求努力，在职业上有相当的地位，在政治上有选举的权利，在经济上和教育上也予女子以同等的机会。中国十几年来的女权运动，也是盛于广州。大学男女同学，好像是以南大为先。女子教育在广东也很发达，在民国六七年，广东女子实行参政运动。那时广东女子联合会共有一千多个会员，在组织上比较其他各省为最好。所以特别是在女子方面，广东实已得到了一个很值得的纪念；因此广东女子对于现代文化，也应特别的出力，负起自己的责任。对于新文化须努力去宣传。广州中等女子学校，也是比较上为最发达。贵校为省立第一女中，以前是以体育见称于时，近更于全市中等女校戏剧比赛，荣膺首奖；这可见于文艺上也显然是有了非常的造就。希望各位更能对于现代文化，努力的迎头赶上去；这个责任，是在各位的身上。兄弟谨以十二分至诚，希望各位多多的珍重努力。各位这样的留心听讲，兄弟委实非常感谢；有说不对的地方，还望各位原谅。

原载《广州民国日报》1932年1月8日第3张第11版；又载《梧州民国日报》1932年1月27日第4张副刊，第2页。

对于现代大学教育方针的商榷（存目）

原载《广州民国日报》1932年6月1、2日"现代青年"栏第351、352期。

后编入《大学教育论文集》（岭南大学西南社会经济研究所1949年10月初版）。

全文见《陈序经全集》第四卷《大学教育论文集》第三编 八、对于现代大学教育方针的商榷。

对于勒克教授（H. Rugg）莅粤的回忆与感想（存目）
——再谈现代大学教育的方针

原载《广州民国日报》1932年6月10、11日"现代青年"栏第358、359期。

后编入《大学教育论文集》（岭南大学西南社会经济研究所1949年10月初版）。

全文见《陈序经全集》第四卷《大学教育论文集》第三编 九、对于勒克教授莅粤的回忆与感想。

敬答对于拙作《对于现代大学教育方针的商榷》之言论（存目）

原载《广州民国日报》1932年7月28日"现代青年"栏第392期。

后编入《大学教育论文集》（岭南大学西南社会经济研究所1949年10月初版）。

全文见《陈序经全集》第四卷《大学教育论文集》第三编 十、敬答对于拙作《对于现代大学教育方针的商榷》的言论。

1933 年

教育的中国化和现代化（存目）

原载《独立评论》第43号，1933年3月26日。

后编入《大学教育论文集》（岭南大学西南社会经济研究所1949年10月初版）。

全文见《陈序经全集》第四卷《大学教育论文集》第二编 七、教育的中国化和现代化。

南北文化观

——上月廿七日在花地培英中学纪念周讲词撮略

陈序经教授演讲　梁锡辉笔述

今天兄弟很喜欢得到来和诸位一起研究的，是个文化的问题。特别拿来讨论的，是"南北文化观"的一个问题。

先从概念说起，南北的解释，有很长久的历史。可是历史上南北之分，大概不是文化的全部，而是片断的和部分的传说。帝舜鼓琴以歌《南风》，歌曰：

南风之薰兮，可以解吾民之愠兮。南风之时兮，可以阜吾民之财兮。

南风能使物阜民丰，跟着便有良好政治；因而得到帝舜的赞美。北方则有衣裳之治，而为君臣服饰礼节的表现。当时的南方，简直是没有开辟的蛮夷，个个裸着体的；就此可见南方文化与北方文化之不同。其他如乐音，交运，人才，相业，学派等也有南北之分，但这都不过是占全部文化中的某部分，而不是文化的全部；所以像这类的解说，是没有成立的可能。

其次，说到南北文化的本身，什么叫做文化？什么是北方文化？什么是南方文化？文化的定义，是一切人类所用以适应环境的工具与其结果。本来，文化是没有南北之分的。中国本身，无所谓南北。北方文化即是南方文化，南方文化也就是北方文化的引伸。文化是超乎时间与空间的。所谓南方文化与北方文化的名词，要是能够成立，那只是从策源地上来看。其真正的意义，是时间上的差异，这种差异就是：新的文化和旧的文化。原来文化的各方面，都是互相关系的。一方面的掀动，□□□□□方面。南方为新文化的策源地；北方为旧文化的策源地。□□□□□及各种环境所造成，文化的传播范围，是和□□空□的□。□□□□□。北方的文化——旧文化，中国的文化，是孔子的文化，"□□□以贯之"的非物质生活的文化。南方的文化——新文化，西洋的文化，是现代的文化，利用天然环境，改进人类全部生活的文化。所谓北方的文化，从其文化的圈围来看，以前既也是南方的文化，而所谓南方的文化，时至今日，从文化的趋向来看也逐渐的成为北方文化的文化。

第三，说到南北文化不同的影响与结果，我们以为中国只有一种文化，叫做孔家（文）化。因为孔子既上承唐虞三代的余绪，又下为后世中国文化的表率；故有谓"孔子一身，直为中国政教之原"。他的一以贯之的道，可归纳于"忠"，"恕"两种观念里。忠原于孝，而恕发于仁。一切社会人类关系的团体，都由此推衍出来。其影响不仅及于政治和家庭的组织和制度，更还普及到宗教的，伦理的，和一切社会上的习俗和礼制。其结果便使中国数千年来养成了致命伤的顽固不易的保守，与夫陈旧的思想，排外的心理。这是中国的文化，北方的文化。这种文化趋到南方，而成为南方文化的文化。可幸这里的文化，是富有弹性的，容易接受外来影响的。这里的人是善于仿效外来的文化，而自己又能同样地创造出来。即使西洋文化若是的确为中国所需要，而从南方介绍了进来，那就很合理的可以叫他做南方文化。这种新文化，在中国委实有非常的贡献。例如政治上，商业上，经济上，思想上，宗教的宣传方面，留学和移殖方面，与夫新文化运动，妇女参政运动，及其他方面，俱莫不以南方为其策源地。再而说到城市运动，也是始于南方的广州。广州不但是开中国新城市的纪元，而且是现在中国人管理的最西化的城；这是研究中国城市和市政的人们没有不承认的。

最后，说到我们的努力与责任，现下我们既身处广州，那便当怎样的去努力肩负起我们这个南方文化——现代文化——的责任。从西洋输入来的西洋文化，一到我们的手里，这便是我们自己的。因为了是我们自己的，而且是我们急需的，我们又岂可不努力去提倡，去发展他呢？他既是我们自己的，而他的最初发祥地又是南方；那么，这个责任我们不起来担当，又等谁来担当呢？兄弟谨以十二分诚意，希望各位同学对此责任，加以努力。

《岭南周报》1933年4月4日第2版。

人的文化与物的文化

近来有些人，而特别是前年（民国二十年）在南京成立的亚洲文化协会的人们，把东西文化之差异来分做人的文化和物的文化。

所谓人的文化和物的文化的意义，在亚洲文化协会于民国二十年所出版的半年报告书里所载亚洲文化协会第一次大会的主席的开会词里，及《亚洲文化协会的使命》一文里，说得很详细。我现在且把主席开会词里几段话录之于后：

> 他们（西洋人）自己夸耀自己的文化，实际上他们的文化的本质，只是物质的侵略。他们的文化，简直是物的文化，而不是人的文化。在现在的世界里，物的文化竟代替了人的文化，这是多么可痛而又可惜的事。
>
> 欧罗巴的文化是世界上大多数民众呻吟痛苦的文化，是近百余年兴起的文化，是物的文化，是霸道的文化。
>
> 亚细亚的文化，是具有解放一切被压迫民族的特质的文化，是具有悠久的历史过去的光荣的文化，是人的文化，是王道的文化。

原来一切的文化，都是人的文化，没有物的文化。因为惟有人，才能有文化。人固然依赖于物以创造文化，但是物的本身上，决没有变成文化的可能性。一块很美丽而可以有用的云石，藏于大山之中，没有经过人工的磨琢，而成了一件东西，像一间大厦的柱，或是别的用途，决不能叫做文化。一株生在森林里的果树，没有用过人工来培养，决不能叫做文化。连了能飞，能走，能叫喊，能动作的禽兽，也创造不出文化来。所以"物的文化"这句话，简直就是不通。

但是要是一切的文化都是人的文化，那么中国人的文化，固是人的文化，难道欧洲人的文化，就不是人的文化吗？中国人从来就有夏夷之分，以为华夏才有文化，蛮夷是没有文化的。没有文化的人，是近于禽兽。二千年前的孟夫子，既已说过人之所以异于禽兽者几希，近来像刘鉴泉先生，也说西人乃习染于野兽。所以亚洲文化协会诸君，也许有了这种见解，以为亚洲乃人文之邦，而西洋乃兽物之邦。然而孟夫子的时代，既想不到有西洋，他简直是把"禽兽"两字，来加上名满宇内、学流天下的杨子、墨子的身上。这样说来，我们两千年前之祖宗，大半就是禽兽，那么我们二千年所传下的文化，也是物的文化了。至于刘先生以为西洋文化是动物文化，而东方文化是植物文化，不但是说东西文化都是物的文化，而且在进化的程序上看去，动物的文化，就比了植物的文化高了一级。儒家的健将荀子，岂不是说过吗：

> 水火有气而无生；草木有生而无知；禽兽有知而无义；人有生，有气，有知，亦且有义；故最为天下贵也。

我已说过，物本身没有能变出文化，所以"物的文化"这句话，就不能成立。就使"动物文化""植物文化"，这些名词，而有成立的可能，那么像荀子所说的有生又有知的动物的文化，岂不是胜过有生无知的植物文化吗？那么西洋的文化，又岂不是胜过东洋的文化吗？

上面的话似近于戏谑。但是从字面上看去，所谓人的文化和物的文化，已是一种戏谑。自然的，我们承认人、物文化的意义，还有别的重要意义，不过把人的文化和物的文化，来区别东方文化和西方文化，最是容易使人〈犯〉因词害意，望文生义的错误。所以这里所说的人的文化和物的文化，至少在字面上是不妥当的。

若说物的文化，不外是物质的文化，那么我们就要问问，物质的文化，是不是人的文化呢？饮食是充饥渴，衣服是蔽寒冷，宫室是御风雨，以及一切的物质的用具，都是物质文化。这些文化无一不是由人创造。由人创造，就是人的文化了。何况人类一旦离了这些物质文化，像食物，像衣服等等，不是饿死，就要冷死。人之于物质既不能须臾离开，物的文化，正是人的恩物。有之则生，无之则灭。今把物的文化，来做人的对方仇敌，岂非愚昧之至。其实人的本身，就是物质。没有组成人的物质，那里还能有人，竟说什么人的文化？若说所谓人的文化，就是人道；而人道之对方，就是物质，人道是包括了一切的道德的美性，如仁义，礼乐等，但是专说人道，而不讲物质，物质固不会进步，人道也是讲不来。管子岂不是说过吗？"衣食足而后知荣辱，仓廪实而后知礼节。"管子固然是偏于物的方面，而不大得孔夫子的赞同，然试问孟夫子之所谓制民必自经界始，以及他的重农主张，岂不是把人道和物质来混为一谈呢？

可是他们又说：物的文化是霸道的文化，人的文化是王道的文化。这么一来，简直是愈弄愈糟了！近年以来，国人因外患日亟，于是异口同声的以为西洋文化，不外是霸道文化，而东方文化乃王道文化。殊不知所谓王道，霸道，无非乃政治上一种策略，而所谓政治，又不外是文化的很多方面之一方面。今把王道、霸道来表示全部的文化，其笼统浅薄之见，孰甚于此？何况东方文化里，既不只是王道而没有霸道，而西方文化里，也不只是霸道而没有王道。

何以见得中国不只是有王道呢？原来所谓霸道，大概是指着征伐，而征伐在中国历史上，是一件并非希奇的事。自我们的开国元勋，直到现代，试问霸道政策之实行，指何可胜屈。《吕氏春秋》曾说：

> 兵之所自来者久矣，与始有民俱。凡兵也者，威也；威也者，力也。民有威力，性也。性者，所受于天也；非人之所能为也。武者不能革，而工者不能移。兵所自来者久矣。

又说：

> 黄帝固用水火矣。共工氏固作难矣。五帝固相与争矣。递与胜者用事，人曰蚩尤作兵，蚩尤非作兵也，利其械矣。未有蚩尤之时，民固剥林木以战矣。

五帝固是如此，三王又何独不然？夏禹绥服，汤武用兵，以直到春秋之五霸，以开口就说王道的孔子，也免不得要叹道："微管仲，吾其被发左衽矣。"降及战国，七雄相争，那是更闹得了不得。秦皇统一天下，人人知道不是王道。汉高、光武，一般的开国人主、中兴君王，所用之道，难道不是霸道吗？三国之世、六朝之时，而唐、而宋、而元、而明、而清，那一代不是用了霸道？那几个君主是不用过残酷的干戈？在明朝的末叶，在清时的太平天国的时代，我们的皇朝人物，还要借西方的机械枪炮和霸道所养成的臣民，来征伐所谓皇朝之叛乱，而卫扶王道于危倾。这样看起来，中国不但只有霸道，中国之王道，还借霸道以维持。所谓"逆取顺守""攘夷尊王"，岂不是显白的证明上面所说之不诬吗？

反过来看，一部欧洲历史，虽有了不少的你征我伐的事情，然而雅典人的正义主张，斯多亚的世界观念，罗马法家的自然平等的法律，基督教的博爱信条，以至近代的哲学家，像康德的永久和平的思想，以及近来的民族自决，裁兵运动，种种的主张和动作，难道就是霸道的主张和运动吗？

我们的见解是，要是亚细亚人强盛起来了，那么亚细亚人的霸道的施行，恐怕还要甚过西洋人。亚细亚文化协会诸君，未尝不见及这点，所以协会开会时，除了弱小民族像中国、高丽、印度等外，日本不但不邀之入，而且反被谩骂，见于言词。年余以来，日人的霸道气焰，有加无已，始而占领东三省，继而扰乱黄歇浦滨，再而侵犯热河，今且进而窥伺平津。试问诸君所谓亚细亚文化乃王道文化之说，岂非矛盾错误之甚？藉曰，虽然从前到现在受过中国文化和思想的影响很深的日本，今日乃步到西洋之后尘，不能称为亚细亚固有的文化，那么诸君之所谓亚细亚文化者，固非亚细亚之文化，乃是中国、印度之弱者的文化。就把日本算做例外，试问三保太监之征服南洋诸国，元代军马之犯欧西，又岂不是霸道吗？元帝之西征，欧洲教皇之势力，尚未崩坠，我们一读当时教皇所遣来中国之使者的游记，只觉得欧洲人心目中之中国的文化，大都不外是霸道文化，而反乎欧洲人之王道文化。在东西沟通艰难的十三世纪的欧洲人，尚能见到这一点真诠，乃在中外交通后的二十世纪的中国智识界，尚不及十三世纪欧人之观察，岂不令我们自觉羞愧吗？

从物质文化的霸道和人的文化的王道，他们又分出欧洲文化为物质侵略文化，亚洲文化为解放文化，八十年来的中国，历受外人的侵略的痛苦，凡是中国人都这样感觉，固很自然的，然而要免除这种痛苦，绝非盲目的自尊自大和感情的空言的抵抗侵略，所能济事。欧人、日人固自恃其物质优越的能力来侵略中国，然而中国之有枪阶级之侵略民众，何尝不是物质的侵略？事实上，欧人之侵略中国，并不只是物质的侵略，还有其他的侵略。于此可知欧洲人的文化，并不只是物的文化。

欧洲人之对外，两百余年来虽有了不少的侵略的形迹。然而欧洲各国之对内，却有不少的解放。思想上的解放，宗教上的解放，而特别从政治上的解放，无一不是欧洲近代文化史上的特点。至于中国，所谓对外既不见得有所解放，而对内呢，却无时无处不在压迫之中。中国人之于欧洲民族，在历史上固以蛮夷相视，其对于亚洲之各种民族，也并不见得是当作平等民族看。春秋和传统的"内夏外夷"，既不是解放思想，"德以治中国，刑以威四夷"的信条，更不是对外解放，而乃对外压迫的表示。若说近百年来之〈解〉放黑龙江以北之土地，东南海之大小岛屿，以及高丽之放弃，安南之割让，和最近来东三省之丧失，乃是解放之明征，那就是未免过于滑稽，而且背乎协会诸君的本旨。

再从对内方面来说，恐怕有史以至于今日的中国，都不见得做过什么惊人的解放。《书经·周书》里《多士》一篇所载的事实，就可知所谓以王道治天下的圣人的周公，没有法子去用王道来感化一般臣民，而唯一的办法，也不外是压迫他们迁到洛邑。孔子之尊君屈民，商君之愚民，秦始皇之徙天下之有智识、有财富的人们于咸阳，也不外是行周公的故策。这些的政策，难道就是解放政策吗？此后一朝一代，几经沧桑，然思想上的束缚，礼教的固执，专制政治的形成及发达，无一非违背解放之真谛。我们所谓亚洲文化具有解放一切被压迫民族的特质的文化，究竟是指着那一件事呢？

他们所谓物与人的文化的观念，既是错误，他们对于文化的发展史上的观察，也是错误。他们说：现在的世界，物的文化竟代替了人的文化，难道过去的世界是没有他们所说的物的文化吗？他们又说：欧罗巴的文化，是最近百余年兴起的文化，这也是错解了。欧洲的现代文化史，欧洲的物质文化的发展的速度，虽是最近百余年来的事，然而近代欧洲文化之兴起，却是好几百年的事。此外，又如他们说亚细亚文化具有悠久的历史过去的光荣，我们也有了这种感想，不过过去的历史和光荣，是亚洲过去的人所做的历史，所得的光荣，你们生在千数百年后的，不自努力振作去显出你们的能力和光荣，不但是太过自暴自弃，弄到样样都不如人，试问还有甚么面目来对着你们的祖宗？说起祖宗的光荣，岂不是愈显得自己的丑拙呢？

我们老实的感觉到这一派的人们，对于文化这两个字的认识上，太过糊涂。他们凭着一种感情的作用，去号召所谓亚洲的弱小民族，联合起来，希望能够反抗欧洲文化之压迫，这种热忱是很可嘉的。无奈他们错误了文化的根本观念，以及发展的途径，和目前的趋势，于是想唤起所谓东方之优美特质，来抵抗西方的文化的趋入。殊不知东方之所以衰败到这个田地，就是因为东方人不忍放弃他们所谓祖宗数千年来传下那些特性特质。现在再来重张旗鼓，把这些三百年来屡试无效而反受害的法宝，去和欧洲的文化挑战，岂不是不死不休呢？

他们只知道日本是可恶的。然而他们却忘记了六十年前的日本，同样的受过西洋文化的征服。他们又忘记了今日的日本，不但四百兆众的中国，没奈他何，就是目前情况的西洋各国之于日本，也是没奈他何。然而这是甚么缘故呢？大约稍能留意过这问题的人，决不会不明白的。

平心来说，这一派的人们之反对西洋文化，和歌颂亚洲的固有文化，他们好像是偏于复古的路上。然而他们看得欧洲的文化只是物的文化，霸道文化，而东方的文化是人的文化，王道文化；他一方面想把这些东方的优点，去救济调和西方的物狂，一方面并没有反对西洋人的吾物而东，所以骨子里，还是走在折衷的路上。

而且把东西文化分为王霸文化的论调，不只是亚洲文化协会诸君的独有的论调，国人自从甲午战后，无时不希望能够利用西方之机械、枪炮、武备、兵法来卫护尧、舜、禹、汤、文、武、周、孔之王道，所以王霸互用之说，也是一种有了相当的历史，和一般普通人所主张的学说。但是根本上这种学说既不能免于错误，则这种论调和学说的实施，终不外是一种梦想罢。

《独立评论》第 49 号，1933 年 5 月 7 日。

文化发展

——十六日大学演讲会

陈序经博士讲　鸿操笔记

本来人家站在台上演讲是很高兴的,可是我今天站在这里演讲却有点不大欢喜了,一来因为我在课室和各位讲话的时候太多,二来因为"本地羌唔辣"。不过既然站了上来,就不得不找点东西来说,若果将来有人要替岭南写历史的话,我以为前几年的新文化运动也有记载的价值,或许会成为岭南历史上最有价值的一页。那种运动就是澈底西化——全盘接受西洋文化——的运动,这个题目我在几年前已经演讲过,不过旧同学中离校的、毕业的经去得八九了,近年来新同学也特别的加增;而且我在这几年来也找到不少的证据和经验使到我于这种运动更有信心和兴趣。所以我今天特地再提出来和诸君讨论。

从文化运动上说中国好像有了三个时期:一个时期是保守固有文化;一个时期是提倡中西化调和的过渡时期;现在才有些人提倡澈底西化,这不过是在进行中,所以只能算是半个期,若从派别上说我们也可以称第一个时期是复古派,这是中国几千年来的传统思想;第二个时期是折衷派;第三个时期是西洋派。

关于复古的结晶,我们可以用孔子来代表。虽然当时也有不少与孔子齐名的大人物,不过在孔子的思想里面就可以看出许多名人的思想,但在许多名人思想里未必可以看出孔子的思想,孔子实在是个承上起下的人物,所以我拿他来代表,他主张尧、舜、禹、汤、文、武之道,他主张相对的绝对的复古,他不主张复天然的古,其实中国除了一部分法家外,其他学说都是主张复古的,老子主张复天然古,墨子主张复神古,孔子主张相对的复尧舜古,因为尧舜之道无人知道,只有孔子主张,故称它做绝对的古;但是这种古不是上古而是中古,故此称它做相对,所以我说孔子是主张相对的绝对,这当然是一种矛盾,不过在孔子的学说里面,我们不知可以找出几多矛盾来?

因为孔子主张绝对的缘故,所以就生出下列三种结果:(1)绝对尊己:在孔子的说话里到处可以找出尊己的言词。(2)排外:佛教儒教固受所排,故西洋文化更受他们所排了。(3)借助人而不承认:好像孟子受老子的影响而不肯提。

因此令到中国文化不能吸收外来思想,近世可以拿来作这种思想的代表的,有辜鸿铭和梁漱溟两位先生。

辜鸿铭是中国留学生最早的一个,他主张复孔,他以为文化即道德,其实文化和道德是不同的，因为文化是包合道德、政治、经济和社会上一切的生活历程的，同时因为辜先生看见中国受外人侵掠，所以特别提出中国旧有道德，他以为这种旧道德就可以令到社会安定；他又以为西洋历史只有宗教和法律两种东西去治理国家和社会，工业革命后宗教已失其原有势力，欧战后法律也不能行，所以他提倡孔子道德，因为孔子道德既非宗教也非法律。

梁漱溟以为文化有三种：物质，社会，宗教。他以为文化的进步是由物质而社会而宗教，西洋文化是物质，中国文化是社会，印度文化是宗教。他以为西洋文化已由物质而社会，由社会而宗教，更由宗教而返物质，现在已经进到物质的最高峰，中国文化由物质进到社会，可惜经过许久都不到进下去，印度文化也已经由物质进到宗教，可惜它总不能跑返到物质化。所以他的结论时〔是〕：（一）印度文化则极端反对；（二）西洋文化要全盘接受；（三）中国文化要改良。照梁先生的意见是中西印合璧的，因为在某一时代某一社会之文化发展到最后阶级的时候就有这三种东西，其实无论在那个时代那个社会，这三种东西都是同时存在的。

我现在更证明中西合璧是不能的：顺治颇主张西洋文化，可是没有实行；到了乾隆，他学识了管理人民后就不肯去接受西化；到一八六三曾国藩和他的僚属薛福成却主张接西洋之器以调和中国之道。其实每一种器必由一种道而来，而且孔子本身都不主张器，故他说"君子不器"，因此欲调和之亦不可得。这种思想一直由一八六三到一八九三几乎无一个人不赞成，就是李鸿章也大加赞许，自从甲午之役中国败于日本之后，他们才明白器、道是不可分的，才后张之洞起，他在一八九七著一书以"中学为体西学为用"为主张，一八九四到一九一四差不多每一个人都以为这种主张是对的。其实甚么是体？甚么是用？每一种用必须一种体，两者是不可分离的。

欧战后有一种思想以为中国文化为精神文明，西洋文化为物质文明，就是到了现在也有不少人赞成这种主张，其实每一种文化必有它的精神与物质，好像道和器的理论一样。

有人以为中国文化是静的文明，西洋文化是动的文明，可是平常中国人三个人住在一起就成了一个墟，西洋人许多住在一层楼，里面也是很静的。

在南京刊行的《亚细亚报》里有人曾经说过："中国文化是仁道，西洋文化是霸道。"其实中国的历史是战争的，无论在什么地方都看到中国去征人家，由此可以证明以上的理论不对。

虽然两者的文化总有其好处，不过不能调和罢了。比方拿家庭制度来说，中国的大家庭制度有它的互助合作的好处，西洋的小家庭制度有它的奋斗自立的好意；可是两者是绝对不能调和的。

我现在要将澈底西化的理由说出：

（1）从理论方面，西化是一种趋势，自从胡林翼和曾国藩起已经认识西洋的机器，到了现在，事实上我们无论衣食住行都趋于西洋化，现在无论那一个国家除非它自愿灭亡，若果它想生存的话就必须澈底西化，因为文化的趋势是不处逆倒的。

（2）从文化的发展上，西洋文化的确比中国进步快，而且它的思想的确比中国的高，无论在学术上、艺术上和科学上都比中国的好，梁任公先生也承认非西洋方法就不能研究国学。

以我个人意见以为西化运动特别应起自南方，因为历史显示我们，无论政治、宗教、经济和社会各会运动都是由南方起首，就以文字革命来说，在很早以前梁任公先生与严复先生在信里已经有所讨论。

若果要澈底西化，必须有了解西洋文化的青年去提倡和实行，岭南是西洋文化的产儿，所以岭南的贡献也应该从西化着手。

《岭南周报》1933年11月24日第3版。

孙中山先生与岭南大学

差不多是五十年前,孙中山先生在广州博济医院,念过一年书。到了前数年博济医院附属于岭南大学,岭南的当局,因为了孙中山先生曾在过那里做学生,乃把这个医院来纪念孙先生,所以外面的招牌,已改为中山纪念医院。我以为我们岭南的学生们,要是喜欢效法近来的流行的称呼的格式,像"我们的朋友胡适之先生"或是"我的同志×××先生",我们好像也可以说:"我的同学孙中山学生!"

还有一个理由来证明孙先生是我们的同学。这就是胡适之先生的"三段论法"。我记得是七八年前,当马君武先生做上海大夏大学校长时,胡先生被马先生请到该校演讲;他劈头就说:"马校长是我从前的先生,现在又是你们的先生,所以我和你们就是同学了!"从这个"三段论法",我们好像也可以得到下面一个公式:

　　　　孙中山先生是廖德山先生的同学,
　　　　廖德山先生是我们岭南的同学,
　　　　所以孙中山先生也就是我们的同学!

这是孙中山先生与岭南大学的一种关系!

其次我们知道郑士良是孙中山先生的首一个革命同志。郑氏为三点会会员,于各种秘密会党都很为熟识。中山先生认识了他以后,关于运动会党起事,以郑之力为最多。我们也许可以说,没有郑士良,也许孙先生未必成就为我们所认识的孙先生。但是孙先生之认识郑士良,是在博济医院求学的时候。所以博济求学这一年,和孙先生的革命运动都有很密切的关系。孙先生的自传里说:

> 当余肄业于广州博济医学校也,于同学中有识郑士良号弼臣者,其为人豪侠尚义,广交游,所结纳皆江湖之士,同学中无有类之者。予一见则奇之。稍与相习,则与之谈革命,士良一闻而悦服,并告以彼曾投入会党,如他日有事,彼可为我罗致会党,以听指挥云。

这也可以说是孙先生和岭南大学的一种关系!

然而严格和老实来说,孙先生和岭南大学的最重要的关系,恐怕是他对他的心目中的岭南大学,和他对于岭南大学的学生们的希望了。据我所知者,孙先生曾到过岭南演讲过三次。第一次是民国元年,第二次是民国十二年,第三次是民国十三年。第一次所讲的题目是"非学问无以建设",第二次所讲的是"学生要立志做大事不可做大官",第三次所讲的是"世界道德之新潮流"。

孙先生的心目的岭南是这样的：

> 岭南大学是在广东省。诸君在此用功，知道这个学校的规模宏大，条理整齐，教育良善，和其余的学校比较起来，不但是，在广东可以说是第一，就是中国西南各省也可算是独一无二。

他又说：

> 为什么广东只有一个好岭南大学，没有别的好学校呢？就是西南各省也没有第三个学校，和岭南大学一样呢？因为这个大学，是美国人经营的。诸君在此所受的教育，是美国的教育。诸君住在这个学校之内，和在美国本国的学校，没有分别。我们推测为什么美国有这样好的学校，中国没有呢？中国何以不能自己创办呢？因为欧美的文明，近二百多年来非常发达。美国近几十年来尤其进步。他们国内的情形，不但是教育办得好，就是工业商业和一切社会事业，都比中国进步的多。中国的一切事，到了今日，可说是腐败到了极点！腐败的原因，是在人民过于堕落。

我常说：文化的各方面都有了密切的关系。一方面的波动，每每影响到别方面去。同时文化的某方面的发展，是每每受这种文化的水平线的限制。由前之说，则改造文化的某一方面，必不能不改造别的方面。正像严复和梁任公所说，若欲变甲，必先变乙；若欲变乙，又必先变丙。如此类推，其结果是要全盘和彻底改造而始可。由后之说，在某种低下的文化之下，要想这个文化中某一二部分特别的优高过其他的部分，很不容易的。这正像孙先生所说，美国教育办得好，是由于美国的文化的其他方面，像工商业和一切社会事业，都比中国进步的多。因为这个原故，我们常常见他在外国或是外国人经营之下的东西，人数少而效能增，价值微而利益多。反之，设使这件东西若一来到中国，而入中国人之手；则必定像孙先生所说腐败到了极点。其所以腐败的原因，又像他所说，是在人民过于堕落。我们知道人民之堕落，一方面是由于人民本身的腐败，一方面是由文化的形成。他们的文化已是低下，他们既不愿自认低下，于是捧出所谓精神文化，来和西洋文化相抗衡；以为西洋只有物质文化，所以效法西洋，也不外是从物质方面着手。结果是口唱什么固有的道德，而实享西洋的物质生活。他们忘记了西洋人之所以有这种物质文化，乃由于西洋的精神文化而来。西洋人有了这种精神文化，所以他们无论到了那里，他们都能创造出比较我们进步的物质文化，以至一切的社会教育事业及种种文化。中国人之所以腐败，就是由于中国的精神文化的腐败，而所谓精神文化的腐败，根本上就是中国人的本身的腐败。孙先生在民国十三年在岭南所演讲的《世界道德之新潮流》好像针对着我们这些腐败的精神文化。他说：

> 诸君是学者，是有智识阶级，知道人类的道德观念，现在进步到了甚么

程度。古时极有聪明能干的人，多是用他们的聪明能力，去欺侮无聪明能力的人，由此便造成专制和各种不平等的阶级。现在文明进化的人类，觉悟起来，发生一种新道德；这种新道德就是有聪明能力的人应该要替众人来服务。

这就是孙先生所希望于岭南学生们的。但是孙先生对于岭南学生的希望，并不止此。他希望岭南学生：第一不要只立志做大官！第二要把中国化成美国。

关于第一点他说：

> 第一件是立志。立志是读书人最要紧的一件事。中国人读书的思想，都以为士为四民之首，比农工商贾几种，都要高一些。二三十年以前，他们有一种立志，就是在闭户自读的时候，总想入学，中举，点翰林，做大官的志还要更大……。

> 简单的说，古今人物之名望的高大，不是在他所做的官大而是在他所做事业的成功。如果一件事业能够成功，便能够享大名。所以我劝诸君，立志是要做大事，不可要做大官。

这不但是为一般只想做官的学生们，而且是一般以学校为进身和退身的场所的无耻官僚政客的当头棒击。

关于第二点，孙先生说：

> 美国用一百分之一的人数，开辟荒土，弄到国家富强，经过了一百多年。用比例的道理说来，我们用百倍的人数，整顿已经开辟的土地，要国家富强，只要十年。我们要达这个目的，就要诸君立国家的大志。

> 但是要立国家的大志，就要我们学生们学美国从前革命时候的人一样，大家同心协力去奋斗。但是诸君学美国，切不可像从前的美国留学生，只要自己变成美国人不管国家；必须利用美国学问，把中国化成美国。（民十二演讲）

总而言之，孙先生是要我们把中国化成美国；然而要达到这个目的和他的希望，我们首先就要把自己变成美国人。所谓自己变成美国人，又不外是，一个澈底和全盘西化的人。

好几年前，林语堂先生在《猛进》第五期里，有孙中山非中国之人之论，阅者以为怪论。我们现在看了孙先生上面所说一段话，便知林氏之论，并非怪论，而乃至言。因为孙先生的个人的主张和行为，像他所告诉于岭南学生者，是西洋化的，是从西洋的文化的环境形成的；所以他在民国元年在岭南的演词里说：

> 忆我幼年，从学村塾，仅识之无。不数年得至檀香山就傅西校，见其教

法之善，远胜吾乡，故每课暇，辄与同国同学诸人，相谈衷曲，而改良祖国，拯救同群之愿，于是乎生。当时所怀，一若必使吾国人人皆免苦难，皆享福乐，而后快者。又数年即回国，就祖学于本城之博济医院，与贵校廖德山同学，仅一年，又转香港雅利士医院，凡五年，以医亦救人之术也。然继思医术救人，所救有限，其他慈善事业亦然，若具有最大权力者，莫如政治。政治之势力，可为大善，亦可为大恶。吾因人民之艰苦，皆不良政府为之，若欲救国救人，非锄去此恶劣政府不可，革命思潮，遂时时涌现于心中。

其实孙先生不但是在教育方面所受的是西化的或是西洋的，就是其他方面的环境，他所处的，也是西化的，或是西洋的。他从十四岁（一八七九）至民国元年（一九一一）的三十余年中，差不多完全是在西化的，或是西洋的环境里；何况从他出世到十四岁，他所处的家庭，翠亨乡，广东省，都是沾染西洋文化比较深刻的地方，而同时村塾既不过使他"仅识之无"。所谓固有的中国的环境，社会，制度，思想，人民等等，又使他觉得败腐到极点。

《岭南周报》1933 年 12 月 22 日第 3 版。

1934 年

陈序经先生演讲"中国文化之出路"

今天很欢喜得着这个机会来谈这个题目。但我对于这个题目是门外汉，我在岭南大学几年来所担任的并非此种课目。而且有两点觉得很抱歉：一，言话上不很好；二，在课堂上亦曾讲过，座中诸君或有曾经听过的。

"中国文化之出路"这一问题，恐怕是中国诸问题中最重要的一个问题。从前罗素在其演讲"中国问题"里，谓中国问题根本是文化问题。我亦同此见解。

对于中国文化之出路这一问题，可以三派代表一般的见解：（一）复古派；（二）折衷派；（三）完全接受西洋文化——我是澈底的为此派的主张，不妨先说出我的结论。在未说明我的主张之前，先把前两派作一批评。

"复古"为中国的传统思想。中国的学说除法家外，均主张复古，把文化恢复至三皇五帝。此种思想有几千年历史。近人如张之江氏亦为此派的主张，以为古式大刀亦可杀退日本。就我看来，此派主张在理论上不能成立，在事实上亦不能成立。所谓复古，无非复返固有的文化。但是地未与西洋接触以前，并无所谓固有；在接触以后，使此种文化而有需要的价值，不惟中国人需要此文化，西洋人亦需要此文化，故亦非固有；又读中国历史，燧人氏钻木取火，人民始知火食，至神农乃知耕稼，至伏羲而创文字，至皇帝乃进至有衣服宫室，直至春秋时代更进一步。历史上所记载的根本是一代较一代进步的。虞、夏、商、周固然是一步一步的进步，即春秋战国亦不见退步。春秋以后亦并无退步现象。

此处所谓文化，包括精神及物质二方面，不能只从一方面着眼而忽略他一方面。无论精神或物质，每代均有其特征。一般人以为复古亦恢复古道德，并非恢复古文化。所谓道德不过是文化之一部分。文化变化道德也随之而变化。又一时代有一时代的道德，一地方有一地方的道德，道德的标准是相对的而非绝对的，中国流行一夫多妻，而西洋则主一夫一妻，西藏又流行一妻多夫，可见一地有一地的特性，与该地的文化是互相调和的。我以为即道德也进步的，读历史见中世纪盛行奴隶制度，以蓄奴及虐待奴隶是对的。可见古道德也不见得较今为好。社会是逐渐有进化的，在个人或许有退步，但在整个则有进步。现在尚有人提倡孔子，但西哲柏拉图、亚里斯多德等思想均有过之无不及，所以亦需提倡。完全提倡孔子是不对的，好像孔子的"忠君"，现在没有君主，似不需要，故此道德观念容已不需要。孔子的学说，害处也是有是，好像凡有异其学说的均不容许，因而生出排外思想，后来之义和团的排外运动，便是这种思想的表现。及孟子亦然□以写"杨朱为我，是无君也；墨翟兼爱，是无父也"，以为"无父无君，是禽兽也"。至韩愈则更甚。及后虽有采外说的，如宋之理学家，但亦有"我儒之道"这一主观见解。实在提倡复古者本身便不对。孔子是提倡节约物质的享受的，所以他称赞一瓢食，一壶饮，在陋巷而不改其乐的颜回；现在的人却住则洋楼，出则汽车，而大提倡其复古，是很可笑的。

折衷派以为中国文化亦有好的，应该把好的保存起来。几十年来直至现在均有此主张，经过太平天国、鸦片战争诸役提倡此说更烈。一八六五年至十九世纪末年如曾国藩、李鸿章等部是此派的中坚。当时薛福成氏谓中国之"道"好，应该提倡，西洋之"器"好，应该效法。他又以为后者可以保护前者，试想中国之道如果要用机器才能保护，还能要吗？西洋有其道才有其器，不能一方面信仰中国之"道"，而专取西洋之"器"的。甲午败后始知西人不但机器好，即文化其他方面亦有超过中国。张之洞在其所著《劝学篇》里主张"中学为体西学为用"，实则体与用是互相依连的，有体始有用，用必根据于体。又有许多人以为中国文化为精神的，西洋文化为物质的。实则无论任何文化均含有精神、物质二方面，断不能缺一。从前西洋人游中国，归国后著中国游记，谓中国只有物质文化，并无精神文化，谓精神文化只有西人才有。现在中国人又说西洋只有物质文化岂非奇怪？科学，宗教等均为精神文化，如果说中国有孔子，则西方亦有柏拉图，亚里士多德，所以无论中西均有精神及物质文化。又有谓中国为静的文化，西方为动的文化。实则凡是文化都是动的，如只是静的便是死的东西而非文化了。试□行中国之街道不见得便较西洋者为静。四川有一刘鉴泉氏谓中国为植物文化，西洋为动物文化。以这样为中西文化之判别实至可笑，然则中国之南方用牛，北方用马，也可称为"牛的文化""马的文化"吗？如谓中国喜食植物，西人喜食动物，也不见得，反之，西人家常便饭多食植物，赴中国人之宴会一碟一碟出来的都是肉类。若谓中国为农业民族，西洋为畜牧民族，实则也不然。又荀子谓植物有生，惟无意识，动物较高于植物一级，显然可见，从动物、植物间找折衷是不可能的。又南京"亚细亚"协会的民国二十年的半年刊曾谓中国为"人"的文化，西洋为"物"的文化，谓人之文化为王道，物之文化为霸道。从历史上看西洋亦有人道主义（Humanitarianism）；中国也是一个战争的国家，在春秋战国时更为显明，都是善于战争的；如谓西洋打中国是帝国主义，则郑和下西洋也是帝国主义。中国有这么大的版图全为霸道的结果；反之，西洋之康德哲学基督教均是主张和平的。

本来谓中国文化好的加以保存，坏的则去掉是好的，但是采用西洋的便不能保存中国的，二者是无从折衷的。例如中国行大家庭制度本也有好的，如互助的精神，但养成倚赖性等便不好。西洋行小家庭制度则养成独立的精神。二者是不能折衷的，如采小家庭制度，根本便要放弃大家庭制度。如果信仰天主教基督教便不能又崇拜祖先，拜木偶，谓皇帝为天生的观念便要打破。折衷派的理想是好的，但不能实行。

现在谈到，我的主张：从理论上讲需澈底的主张西洋文化。五四时代，一般人已觉悟中国不但物质落后，即道德亦大有可疑，故胡适之提倡打倒"孔家店"。昔曾国藩是主张采纳西洋文化的，但当他死时，他的儿子赶丧回湖南，因坐汽船回去，却引起湖南人大起反对。又如看见西人所筑的淞沪铁路，用几十万向英人买了一条铁路，却把它拆掉。现在再没有人会这样顽固。何况中国所有的东西，西方都有。反之西人有好多东西，中国却没有。中国之指南针、火药均为西人接受了去而加以改造，中国反需向西人买回来应用，又如科学精神，民主政体均为西人所独有。即孙中山先生的学说民族主义，民权主义，民生主义根本是西洋的东西。至于全盘接受西洋文化之做得到或做不到是别一问题，但以我的主张是一定要西洋化。

如谓所说理由尚未充分，请更言其次：试从文化发展上看，无论从时间或空间，均以西洋文化较胜。读亚里士多德等的著作，均较有系统，不像孔子的学说，许多地方可看出是断片的。西洋的文化是混和其他的文化。所以容易发展，中世纪末叶因受外来的影响而后有宗教之大改革，后复从而有政治改革，西洋有竞争的精神，如觉外族文化较自己为优者，却肯虚心容纳，罗马之文化全受希腊文化之影响，十字军东征的时候，把东方所有好文化都全部接受，西方文化的局势是较中国为优。梁漱溟先生说，中国文化如无西方文化之输入，便长此以往不能变化，这是很对的。

从比较上看是这样。从道德方面，我觉得中国一般道德家本身便无道德。无论在公德或私德均不及西洋。从教育上看，西洋人一百人中只有几个不读书，中国人则百人中只有几个读书。说到法律，中国几千年来无讲究法治。弄到现在都不能达到宪政的地位。从哲学、文学亦然，恐亦非中胜西。西洋文化现在已成现代化世界化了。澳洲已为西洋所统治，非洲亦有南非共和国，印度受英统治，均为西洋文化所统治，现在暹罗亦已渐趋欧化，日本则为自觉的西化，而不是由外侵入。可见西洋文化现已世界化，中国即使不肯接纳，西洋文化亦要压迫使你接纳的。非洲黑人初亦反抗西方文化之侵入，但其民族因受不住西洋文化之压迫而日趋减少。又如中国内，中国文化较苗、瑶为高，因其不肯接受中国文化，所以苗人、瑶人日趋减少。要抵抗新式的枪炮还是用新式枪炮才行，古式大刀是敌不过枪炮的；空口高呼打倒帝国主义是无用的，只有帝国主义才能抵抗帝国主义。

有人以为一民族有一民族的文化，失掉固有的文化会使自己的民族灭亡的。

这也是过虑的。文化为人类所创造,如得着别民族文化的好处,便可裨益于自己的民族。日本便是最好的例证。有人谓西人亦鼓吹中国的文化,可见中国文化也有好处。实则西人也有人到非洲去研究土人的文化,并非要做非洲的土人生活,所以我们大可不必自喜,以为"我道而西"。又有人以为中国文化自己不发扬,则将来在历史上必无中国文化之地位,此亦未免过忧。如果一个作文化史的作家,没有把中国文化之部加入,则此作家必是非博学之作家。而此本文化史亦非完整的文化史,虽千万年后中国文化在世界上仍然是占有地位的。

其次,再说一说南方在文化上的地位。自与西方文化接触,都从南方学者所策动介绍。无论任何方面均以南方为先。最初利马窦来华传教,便在广东之肇庆,一八○七年复有Morrison在广东传新教。从商业上交换上,华侨到外国者以南方,广东、福建为最多,对中国经济之影响不少。在教育上,自十七、十八世纪便有广东的学生到罗马留学。如澳门之容闳,黄宽,黄胜等都是最初到美国留学,而对于中国文化界有很大的影响的。他如妇女运动,劳工运动,均以南方导其先河。即五四之白话文运动,人皆以为是北方人之功,实则如无梁启超将古文简单化,则白话文也许难于成功。当严又陵氏翻译《原富》,书出版后,梁氏则写信批评其译作过深,恐读者不易了解,宜力求简明,并主张文字要革命,及后梁氏复办《新小说》,则已用白话,可见梁氏文字运动上占了重要的位置。总之,梁氏将古文简单化之功,即胡适亦承认。由此观之,南方不但是革命策源地,而且是新文化策源地。南方之容闳,严复,梁启超最初介绍西洋之学术思想及世界情势。孙中山先生亦久居外国,深得西洋之政治思想,融会为三民主义之学说。林语堂先生谓"孙中山非中国人",亦以其学说思想均非中国土产故言。

中国文化之出路在全盘接受西洋文化;复兴中国文化,接受西洋文化则在南方。本大学是新文化的产儿,而且是南方之最高学府,应该负起这个文化上之伟大的责任。

《国立中山大学日报》1934年1月11日第4~7版。

中国文化之出路

——民廿二年十二月廿九日晚在中大礼堂讲词撮略

"把世界文化迎头赶上去，把中国民族从根救起来"
（录该礼堂壁上之对联与本文题目同证）

陈序经博士演讲　梁锡辉笔述

一

今晚兄弟很喜欢得来和各诸君研究中国的问题，尤其是中国文化的问题，中国的问题，根本就是整个文化的问题。想着把中国的政治，经济，教育等等改革，根本要从文化着手；因此今晚兄弟特别拿出"中国文化之出路"这个题目来和各位作一简短的计论。为中国的前途计，我们要为它寻找一条出路。关于中国文化底主张，大约可分作下列三派：

（一）复古派——主张保存中国固有文化的；
（二）折衷派——提倡调和办法，中西合璧的；
（三）西洋派——主张全盘接受西洋文化的。

兄弟是特别主张第三派的，就是要中国文化澈底的西化。现在兄弟先来给第一、第二两派下一个批评，然后再提出主张第三派的理由。

(1) 对于复古派的批评

复古是中国人数千年来的传统思想。在想〔思〕想繁盛的春秋战国，除法家外，都是趋向于复古的，他们以为自五帝以至三王五霸，一代不如一代，便说上古是黄金的时代，复古是最好的办法。最近张之江也以为拿大刀便可以抵御全副新式军备的日本兵。这其实于理论上和事实上，都是不可行。所谓"固有"的文化的观念，在中西文化接触之前既不能发生，迨接触一经发生，马上便成功了一种局势、新要求，也便没有所谓固有文化的存在。结果，能适应的，便可生存；不能适应的，便归淘汰，那时它们好像双双并立，其实是双双必需，而为两方所必需的共同品。所以在理论上保存固有文化这句话是说不通。即在事实上，也是不对。由燧人氏以至神农氏、伏羲氏、轩辕黄帝，历史上的记载，都是一代比一代进步。同样，唐、虞、夏、商、周，以至唐、宋、元、明、清，每一朝代的文化，未必低过从前。恐怕还有人以为复古，是复返古时的道德。其实道德只不过是全部文化中的一部分，常常要受文化的各方面所影响。每一时代，每一地方都有其道德；所以道德这种东西，是相对而非绝对的，单就婚姻制度来说，西藏有一妻多夫的，中国有一夫多妻的，西洋是一夫一妻的，因此各处的道德观念也因之而异。以前有杀婴的风俗,现在则以为不对,希腊时代以为蓄奴是合法,现在已把这种制度取消了。社会进化,而人类的道德也便跟着改变。所以今日中国的道德,也未必沦落。从整个历史来看,还是进步,而并非和常人所说"世风日下,人心不古"的一般。

复古派的结晶,孔子是其代表。中国向来只有一种文化,可以叫做"孔家化"。为的是孔子既上承唐虞三代的余绪,又下为中国后世文化的表率,故有谓"孔子一身,直为中国政教之原"。他的"一以贯之"之道,可归纳于忠、恕两种观念之上,孔子之讲忠、孝,外人也非没有。现在有人把孔子来提倡,其实柏拉图、亚里士多德的道德亦值得去提倡。孔子说要忠君,可是现在已无君。所以像孙先生所说忠,是要我们去忠于国家。这显然是与孔夫子所说的不同。不但如此,我以为孔子的学说,是有很多的弊病的,譬如他说:

攻乎异端,斯害也已!

这个信条,一经宣布,则无论谁都要信仰我的道,不相信我所说的,就是攻乎异端,斯害也已。迨后孟子之所谓异端,大都是指杨、墨,而诋墨氏"兼爱"是无父,杨氏"为我"是无君。这样的惟我独尊,排斥异己,中国的思想没由发达。这种盲目的排除异端的态度,推演下去便成为排外的心理。凡在中国以外的,都作他们为夷狄;这是由于陈旧的思想与顽固的保守所致。结果不特东洋本土的文化为其桎梏,即西洋外来的文化,尤为其所斥,卒酿成了八国联军入京之惨祸,而使中国日后大受痛苦。所谓复古就是复孔,也就是尊孔;尊孔便要排除别的学说。除了孔子之道外,是不许别的东西。若在事实上做不到而要采纳别的东西时,他们还是不肯率直地起来承认。比方孟子所说的"民贵君轻"的学说,好像是受过老子的"圣人无常心,以百姓之心为心"的影响,然而他却不明白的说是从《老子》采过来。我以为这不外是因门户之见太深,并且为了要尊师的缘故,便说是孔子儒家之道,而置老子于不提;又好像陆象山之于佛老清静无为之说,不只承认其价值,还更身体而力行。可是他仍声声自称为儒家的忠实信徒。在我们今日看来,他岂不是很不忠实吗?至于一般所谓为孔教徒们,坐着一九三三年的汽车,住着高大洋楼,食着英法西餐,而惟有口则说着孔子之道,比起颜回之在陋巷而不改其乐,甘愿过着一箪食、一瓢饮的简朴生活,自己也要愧死,用不着我们去批评。

近世的复古言论,在国内可算以梁漱溟的势力为大,在国外则辜鸿铭的影响为多。惜现因时间关系,不能和诸君作从长讨论。总之,我们可以从现在的趋势来看,委实不能容许我们去复古。为什么我们偏要复古?复古不但是去做古人的奴隶,简直是要去再过茹毛饮血、穴居野处的生活!我们忘记了这二三百年来,我们太落后了!我们太不长进了!落后惟有直追,不当踌躇退后;不长进惟有对着现代世界的文化迎头赶上,不当开倒车的去复古!我尝说假使满清能于入关之后，循着明末的趋势，尽量地去采纳西洋文化，澈底地加以创造与发展，则今日二十世纪的中国，实不难与欧美齐驱并驾。无奈清廷只顾目前的苟安，而昧于世界潮流之所趋，终至于失败！

二

(2) 对折衷派的批评

第一条路复古派的办法，既行不通；那么，我们可不可以跑向第二条路——折衷派，调和的办法去呢？这派的主张，固然是调和其它二派，但它的内部，并非一致。关于这派的意见，约有下列七种：

（一）道和器。这种主张是以"西洋之器，调和中学之道"。曾国藩以为西洋最好的是机器，便极力主张发展西洋的机器。而薛福成与李鸿章却是一样以为中国之道也可拿去宣传给西洋人。其实每一种器，必由一种道而来。设若中国之"道"，是要靠西洋之"器"来保护才能够存在，试问还有什么存在之价值？从科学之道，原则和信仰，而得到物质之器；中国无此"道"，安能得此"器"。一直到了甲午之役，战败于日本以后，方才恍然明白东方的"道"与西方的"器"的调和是错误的。

（二）体和用。这种主张是以"中学为体西学为用"的。张之洞在廿四年所著的《劝学篇》，便是主张以中国的学问为体，才去看看西洋有什么所长，然后拿过来应用，此种论调，本来已成为过去的陈迹，现在已没有人相信。再者，此种主张，好像以中学为机体，西学为功能。又有些以为中学好比一张台，西学好比一张椅；这显然是很不通的。好像耳之体不合眼之用，眼之体不合耳之用一样。体和用是不够调换。因为无论那一种机体，都同时有它的功能，体和用是没法分得开的。

（三）物质和精神。这种思想，是以为中国的是精神的文化，西洋的是物质的文化。主张这种思想的人，以为西洋的物质固有可取，但是其精神文化则不及我们中国。所以我们一方面要保存我们的精神文化，他方面要采纳西洋的物质文化。这种折衷办法，可算是最普通的折衷办法。我们对这种见解的批评，是以为所谓物质和精神的文化，不外是二而一，一而二的东西。物质文化所表现之处，便是精神文化所寄存之处。视察其精神文化，同时也可懂得其物质的文化。它们的关系正如一个人的肉体和他的灵魂的关系。两者处处都是互相为用，而不可以分开的；纵能分开，也不能使我国非物质的精神生活，和西洋的物质文化相溶。

（四）动和静。再者有些人把文化分作动的文化和静的文化。这种见解是很谬误的。他们不晓得文化的本身是动的而不是静的；所以没有不进不退的文化。假如文化是真个静止的，那么，我们一定不会有演进。什么是静的文化？静的文化，只有是死的文化，但死的不能说得是文化。原始人穴居野处，茹毛饮血；今日我们席丰履厚，珍馐百味；这都是由文化的变动演进而来。再者，他们说中国人乡村生活是安静的，所以中国的文化是静的文化；西洋人城市生活是嘈杂的，所以西洋的文化是动的文化。这种说法，也是同样的错谬。不信，请看我们中国的人三数个聚在一起，便成了个墟，街道也喧嚣挤拥了不堪。但西洋的人许多同住在一层楼，他们却也很恬静，马路上也是秩序井然。斯以把中西文化，分别做动和静的两种，是很不对的。

（五）动物和植物。更有些把文化分作"动物"和"植物"两种。这种见解，也是不对的。他们的看法，以为中国人的主要食品是五谷、菜蔬，因此中国的文化是植物的文化。而西人所吃喝的是牛肉、牛乳，因此西洋的文化是动物的文化。照此法看来，难道中国南方畜牛，便说南方是牛的文化，北方牧马，便说北方是马文化不成？况且植物是无意识的，而动物是有意识的。这样，岂不是动物文化较植物文化为高一层吗？！畜牧民族的文化较之农业民族的文化为优一等吗？

（六）人的文化和物的文化。这是南京亚细亚文化学会的人们所主张的。照他们的解释，人是"仁道"，物是"霸道"。中国的文化是仁道，西洋的文化是霸道。可是实际上西洋的文化，并不尽是霸道。因为它也有如康德和基督教的王道。好像我们的文化，也不尽是仁道一样。比方从中国的历史看来，我们的春秋五霸，秦始皇的囊括天下，汉武帝的穷兵黩武；况且我们之得到今日的地位，乃由沿着黄河流域向外四方去发展；这倒是霸道的证明。这种见解，把东西文化分作人的和物的两种，也是不通的。

（七）科学的方法。还有些人主张用科学的方法，去分析文化的特质，把我国固有的文化和盘托出，然后看那种特质是好，那种不好，而决定取舍的方针。但试问这样便能把东西文化调和了吗？比方我们便应用这样办去寻出大家庭制度，是中国文化的一种特征；其次再去估量它的好处和缺点。好处是互助的精神，而缺点是倚赖的惰性。最后便去看世界的趋势对于这种大家庭的价值是怎样；其结果则证明大家庭制度不适宜于这种趋势，而没有办法在这种趋势下生存。主张此说的人们，可算是好理想家，只惜在实际上也是行不通吧了。

三

(3)〈关于澈底全盘西化的理由〉

现在世界的趋势，既不容许我们复返古代的文化，也不容许我们应用折衷调和的办法；那么，今后中国文化的出路，唯有努力去跑向澈底西化的途径。上面我们已解释了第一条路（复古派）和第二条路（折衷派）都不能跑得通，惟有第三条路（西洋派）才是我们当行或必须行的途径。第一条路和第二条路的缺点是：前者（复古派）昧于文化发展变换的道理；而后者（折衷派）昧于文化一致及和谐的真义。前者误以为环境时代是不变的,所以圣人立法,可以用诸万世,而施诸四海;而后者则误以为文化的全部,好像一间旧屋子,我们可以拆毁它,看看那块石,或是料木,随便可以留用。但是他们简直忘却了文化各方面的特质,是不过我们的假定;在文化本身上,并没有这么的一回事。其实文化是全完的整个,没能分解的。总之,无论积极方面,或消极方面,都可以证明中国文化的出路,是要去澈底的西化。照主张澈底或是全盘西化的人们的见解,以为目下我们的政治、经济、教育、社会,事实上,都已采用西洋的方法,这就是不只在思想上,并且在实行上,都已趋于完全采纳西洋的文化。他们的主张,有下面的两个理由:

(一)西洋文化,的确比我们进步得多。

(二)西洋现代文化,无论我们喜欢不喜欢去接受,它毕竟是现在世界的趋势。

伸言之:(一)从文化的发展上看来,西洋近代的文化的确比我们的进步得多,它的思想,也的确比中国的思想来得高。西洋文化无论在思想上、艺术上、科学上、政治上、教育上、宗教上、哲学上、文学上,都比中国的好。就是在衣、食、住、行的生活上头,我们也不及西洋人的讲究。即使梁任公先生在他的《清代学术史》[办],也要承认非用西洋的方法,便不能把国学来研究。真的,死的国学,也须要赖西洋方法的注射,才得保其生存!

(二)从理论方面说来,西洋文化,是现代一的一种趋势。在西洋文化里面,也可以找到中国的好处;反之,在中国的文化里未必能找出西洋的好处。精神方面,孔子所说的仁义道德,未必高过柏拉图的正义公道。十三世纪,中国的火药、印刷、指南针数种,却为西洋人所接纳而加改良;物质方面的好处,也可以在西洋文化里找到。至若民治和科学,中国都没有。即如座上诸君今晚得来这里听讲,大多数人所穿的服装,和目下诸君所受的教育,现行的社会制度,和国家布施的宪政,无一而非西洋的东西。又如孙先生的三民主义,民族、民权、民生,根本上都是西洋文化的产物。一切政治、社会、教育、经济,物质方面、精神方面,理论上和事实上,都无一而非渐趋于西洋化。从空间看去如此,从时间看来也是如此。西洋文化因它是由许多不同文化组合而成,所以中世纪的局势,也比之中国好。千几年,宗教和政治,希伯来文化、罗马文化,和希腊文化,数种势力平衡地来相争竞,结果便产生了十六世纪的宗教改革和政治运动。可是中国汉朝,政教合一,政治的实力为孔子的学说所巩护,而弄到中国历史上的单调和凝固。十字军的东征,和元朝的西征,使东西文化得到接触,使西洋文化有了变动,而中国自汉朝以后,却凝滞不前!

(三)从比较上看来,中国的道德,不及西洋;为的是中国的道德家本身不好。中国人无论公德、私德都不好。教育亦的确落后,法律的观念薄弱。一国之本的宪法，素来也不很讲究。哲学也不及西洋的思想，如柏拉图哲学之有系统。物质方面，更不用说。关于这点，想诸君亦表同情。西方文化既比我们的好，我们为什么不全盘澈底的采纳？西洋文化，是不断的创新与发展，而成为现代化，和世界化。日本的本身已自西化，澳洲也成为英国文化扩张的区域。对着现代世界文化，虽欲不加以接受，亦会被迫着去接。因为文化的趋势是不能逆倒的。美洲的黑人和白人交处，自动地去接纳西洋文化，便得以继续繁衍。在一八六五年得了解放以后更日进无已；可是该地土人，不肯接受，便日渐归于淘汰。现在反要受美国政府保护来生存。即如广东的苗、黎，跑入五指山，不肯和汉人来往，也便一样的渐趋沦亡。这是世界文化的趋势。西洋的文化，较之我们的文化高。为什么见了他人高于我们的文化，而不去接纳？诸君，请不要以为兄弟说得过火。我们若以为帝国主义是西洋文化的产物，我们若想打倒可恶的帝国主义，决不能以王道来打倒它，却反过来要用帝国主义去打倒帝国主义。因为无论在理论上，或是实际上，非此便无法为中国的文化找到一条出路。

可是有些人说文化是民族的生命；文化亡，民族也必随之而亡。此说是不真确的！文化是由人类所创造；过去的文化，只是前人努力得来的结果。现代和将来的文化，还要今日的我们善继善承的不献地去发展与创造。文化的本身，是整个人类所共有共享的东西，而不是任何一国家，任何一民族的专有或专利品；所以说文化亡，不见得民族也随之而亡。试看东邻的日本明治维新以来尽量地采纳西化，结果便一跃而跻于富强之域，他们不但种族因之而兴盛，他们的祖宗所遗下的文化也因之而光荣。这就是一个很好的反证。但有些人以为西洋人也尝研究中国的文化，为什么我们要忽视我们的文化？可是我们该要知道西洋人之来研究我们的历史，只不过是为了研究而研究，并不是为要求仿效我们的；正好像他们跑去菲洲研究该处的文化，而没有去想研采纳该处的文化一样。更有些人以为我们若不去发展中国的文化，便恐怕将来在历史上没有了位置。我则以为这是未免过于忧虑。因为中国文化，老早已成为世界文化的一部份。现下若有人来写世界史，而不把中国史也放在里面，那人的知识便是不大广博的。即使数千年后，中国的历史仍必有它相当的位置。中国是世界的一部份，那么，我们委实不忧中国的文化将来会被人们忘掉了的。

四

（4）关于"西化"的责任与希望

谁起来担负这个澈底全盘西化的责任？回答是在南方的青年学生身上。不单在政治上，南方是个新文化的策源地。西洋文化的输入，从地理上看，多是在南方。在汉朝，广州已为中外交通的孔道，而为对外贸易最着要的市廛。到了唐代,也为贸易的中心,直至明清,也是为交通的要道。其他如政治、教育、宗教的文化演进,亦多以广州为起点。即如西方宗教的输入,最初到中国来宣教的利玛窦,也在广东住了十多年。又新教的传教士马礼逊,也是先到广州来;而第一位中国宣道师梁发,也是在这里的人。其次说到新教育,是以容闳、黄胜和黄宽,三位为最先的留学生。至一八七二年第一批赴美留学生中,广东人占了九十多位。再如新文学的创始,也在这里受西洋文化不少的影响。文字革命(通俗文替代文言)很早便由梁任公和严复两位先生在书信里有所讨论。对于五四运动,兄弟不如常人的感觉,这么利害,而以为若无梁启超的努力,把古文变成通俗化了,或者不会得有今日之成功,成为简单化。同样,黄公度在诗的解放上,也有很大的功劳。经济方面,福建和广东的侨民,也影响南方的经济很大。政治方面,如孙中山先生,也是这里的香山县人。再说到城市运动,广州不但是开中国新城市的纪元,并且是现在由中国人管理最西化的一个城;这是凡研究中国城市和市政的人们所公认的。又如劳工运动,也是始于南方,好像多年前的海员大罢工,和现下机器工会等的组织。至若中国十几年来的女权运动,也是盛于广州。女子教育在广东也十二分发达。大学男同女学,也以广州南大为先。民九、十年,广东女子已实行参政运动,而在广东临时议院已有女子议员;因此南方人的责任很大。思想最新的也可说是南方人,像容闳、严复等。又梁启超创办《新闻丛报》,开发中国人的知识使明晓世界的大势。孙中山先生的思想,根本上也是西化的思想。他的理想中国人是美国的华盛顿。西洋文化,是他的革命环境。他反对中国的旧文化,推翻专制的政体,而建立共和的民国。总之南方是新文化的策源地,思想是最先进。最后归结说到中国文化之出路,无疑地是要从澈底全盘西化着手。希望诸君起来负起这个责任。本校为政治革命的结晶品,把西洋文化澈底努力的去采纳与发展,是在今晚各位的身上了。

元旦脱稿于南大,爪哇堂

　　按:此讲纲的草就,大致是把陈序经博士该晚的演讲笔记下来。此外,更还得到陈博士平日所发表的文字拿来参考,而且得到他的同意加入多少意见,并蒙赐予修改及指正;理当在此并加声明。——记者附识

原载《广州民国日报》1934年1月15日"现代青年"栏第826期第1、2版,连载于1月16日"现代青年"栏第827期第1、2、3版;后编入吕学海编《全盘西化言论集》("南大青年"特刊),岭南大学青年会,1934年4月,第1~18页;《文化月刊》1934年8月15日第7期,撮录。

关于中国文化之出路答张磬先生

自从梁锡辉君把我在中山大学所演讲的《中国文化之出路》的笔记在"现代青年"发表以后，就有谢扶雅先生和张磬先生关于这个文题的论文在这里发表。谢先生对我的意见，好像不大清楚，而且他并没有明白的解释他和我的不同处，所以我不愿在这里讨论。至于张先生的文章，除了用村妇骂街的口气来胡说外，我并不见得他那篇文的长处在那里。这种村妇骂街式的争辩，本来值不得反驳。就使有了反驳的必要，可是公有公理，婆有婆理，也是恐怕徒劳而无益。但是张先生好像是以指导青年的领袖自命，同时他所责备于我者既深且刻，我只好在这里做一个简单的答覆。

张先生对于文化的解释是完全站在最流行的经济史观上，他抄陈高傭先生在《申报》月刊二卷七号所发表的《怎样使中国文化现代化》一文里一段来证明他的主张，然而他好像忘记了陈先生这段话是从八十五年前马克斯在其《哲学的穷困》里 Missre dela Pzilozolhe Response alz Phiozoble oe Missre de M. Proudhon 脱胎而来。马克斯在那个时候已告诉我们：人类社会的改变，是随着生产方法的改变。他又说：手磨的时代，造出封建诸侯的社会；蒸汽磨机的时代，造出工业资本的社会（参看《哲学的贫困》页一五三）。马克斯的学说，说起来虽非这么简单，然而他的经济史观的精华，已在上面数话里表现出来。张先生所摘录陈高傭先生那段话，也不过是上面所举出几句话的注脚。以经济的立场来论明文化，在马克斯以前虽有片段的说明，然而有系统的研究，要推马克斯为最先。自马克斯以后，一般拥护这种学说的人，虽支流纷纷，然大概也不会跳出马克斯所画的圈子。我以为除非张先生和他所崇拜的陈先生不承认他们所主张的文化经济基础观，是间接或直接的受过马氏的影响，除非他们夸张以为这个学说是他们自创的，那么他们所提倡的中国文化的"生路"，也不外是拾了西洋人的余唾。他们又何尝有甚么澈底的研究乃大事其宣传呢？

其实我们对于马克斯这种经济史观，是不容易随便赞同的。因为她并非绝对无可议论的。而且事实上马克斯在他的《资本论》第三卷（参看 das Kepital 页三二五）明明白白的说，经济的原因乃社会或者是文化的发生和发展的很多原因之一。关于这一点，认识马克斯最深切的恩格斯于一八九〇至一八九四年间，也发表了好多书信，说明马克斯和他并没有否认经济原因以外的许多原因。

我的见解是：单以经济原因来说明文化，是很容易陷于错误的，何况经济的本身，不外是文化很多方面的一方面。经济的势力，固可以影响于文化的其他方面；文化的其他方面势力，也常常影响于经济的制度和观念。中国今日的经济危机，固然会影响于文化的其他方面，然而中国人的思想，习惯，制度，政治，道德，教育，种种之影响中国的经济，难道张先生总不承认吗？

我以为假使张先生不是受过西洋思想和制度的影响，他恐怕梦也不能够有所谓经济史观这回事，他恐怕还是念着"君子不器"，去食去兵而存信的信条。

张先生误解我最大的地方，是他把"西化"来和"西货"混为一谈。我虽是极力主张全盘和澈底的"西化"，却不主张盲目的全盘和澈底接受"西货"。六年前我在《再开张的孔家店》一文里已经这样的说：

> 晚近以来，我们每听一般人说：西方的物质文明是优过东方的。他们对于物质文化是愿意采纳，但是他们极力提倡东方的精神文化。我们承认"文化"二字包含精神和物质二方面，然若一方面提倡西洋的物质文化，他方面又提倡东方的精神文化，是行不去的。良以把文化来分做物质、精神二方面，乃我们为了利便研究起见而发生的主观的观念，并非文化本身上有物质精神之分。因为物质文化和精神文化，是不能分开的。所以物质文化的演化，是随着精神文化的演化。我们差不多可以说物质的文化是精神文化的表现。读过历史的人，当能知道这话不错。西方近代的物质文化，是随着文艺复兴以后的精神文化而生的。史家称中世纪为黑暗时代，精神文化既沈于坠落的境地，物质文化也没有发达。数千年来的中国，受困于专制思想的淫威之下，得过且过。所谓精神的文化既走不出二千年前的精神文化的圈子，结果二千年后的物质文化并没有什么精彩过二千年前的物质文化。最近数十年来，物质文化上能够有半点的进步，无非是数十年来精神文化上有多少变化之结果。物质文化既不能离精神文化而独立，采取人家的物质文化，应当要采取人家的精神文化。

我又说：

> 专去采取西洋物质文化，不但是一件行不得的事情，而且是一件最危险的事。我们若只欢喜住洋楼而不求做洋楼的材料和方法，只喜欢坐汽车而不求做汽车的材料和方法，结果只有消耗而没有入息。这样做去则帝国主义者虽不侵略我们，我们的生计上必日趋日蹙，而终至于自杀的地位，数十年来我们所谓利权外溢，国境日穷，一方面固由外国之侵略政策所使然，一方面亦未尝不因我们只知提倡物质文化，只会享受物质文化，而不知求物质文化所以成为物质文化所由来。然欲知物质文化所由来，于精神文化不得不格外注重。

我想这两段话至少可以说明我并非一个主张徒事享受西洋货的人。我主张全盘西化，就是为着反抗那般专事享受西洋货的人的言论。张先生不满意于"全盘"二字，张先生为什么不看见我所说的"澈底"二字？要是张先生会说中国文化也有其优越之点，应该保存，我们就要问问她的优点是什么呢？

事实上，张先生告诉我们道："我本来决不是绝对反对西洋文化的人，更不是所谓那些复古派折衷派。"我要问问张先生，你既不是复古派，又不是折衷派，同时对于我们所主张的全盘澈底西化，也不赞成，你究竟是甚么呢？

张先生又说：

> 不过像他们主张全盘接受西洋文化而不言手段，只目标的笼统的宣传，必至一般青年们盲目的崇拜西化，以至穿西装是西化，吃西菜是西化，住洋楼是西化……。

张先生要明白一般青年们之穿西装、吃西菜、住洋楼，并非是受过我主张全盘西化的影响而来。我主张全盘西化虽则不会反对人穿西装、吃西菜、住洋楼，然而若说全盘西化不外是穿西装、吃西菜、住洋楼……，那么张先生所解释的全盘西化，是张先生自己的全盘西化，并非我所主张的全盘西化了。

张先生又说：

> 博士又夸耀广州市的西化。不错，广州洋楼多、汽车很多，影戏院也很多……，但是博士知道吗？这些，这些就是农村里的金钱往都市流，都市里的金钱往外洋流的象征……。

我说广州市是中国最西化的城市，不过就事实及历史方面来说，并不是像张先生所说是为着夸耀而说。张先生呵！要是你对于这个"触目惊心"的城市，反对到这么利害，对于救济农村破产的热忱这么恳切，为什么你自己却偏偏也要在这个城市里住洋楼、坐汽车，也许会食西菜……呢？为什么你不跑到农村里救济农民，从事生产事业，而偏偏跑来城市里，享受城市的便宜、利益，而要别人跑返农村呢？难道中国人所说的"己立立人"的古训，你也忘记了吗？像张先生这样的言行不一致和矛盾，岂非正是像他自己所说"是做了帝国主义的工具，是努力于自杀运动的工作"吗？

最后，张先生又提起前年的关于大学教育的讨论。他说明他反对西化主义的教育，他又反对为学问而求学问的主张。

若是我的记忆和认识不错，张先生是在过新闻学院当教席，还曾在"现代青年"发表过一篇《娱乐教育论》。关于把大学教育为娱乐教育的偏见，我在廿一年七月廿八日"现代青年"栏里发表《敬答对于拙作〈对于现代大学教育方针的商榷〉之言论》一文，已经解释。我现在要问，张先生自己所教授的新闻学，是不是西化的教育呢？倘若不是，难道又是张先生的自创的吗？若是，那么张先生又岂不是自己打自己的嘴巴吗？

至于张先生批评我为学问而求学问的主张，我在前年夏所发表几篇文章已经说明。要是张先生对我的主张，还要加以指摘，我请张先生告诉我，你所求的学问，既不是为学问而求学问，那么那种学问，除了舞文弄墨，徒事宣传以外，又给过社会民众多少利益呢？

末了，我希望张先生第一要自己要言行一致，勿自己打自己的嘴巴。凡讨论这样的问题，要先有相当最低限度的研究，勿事糊涂瞎说。要是张先生觉得的主张是中国文化的唯一出路，则最好由张先生自己以身作则，自己无矛盾地实现起来，非然者，我们尚何须多言？

《广州民国日报》1934年1月29日"现代青年"栏第836期第1、2、3版。

《沙南蛋①民调查》绪言

凡是来过闽江和珠江流域的人,总能见过一种特殊的现象;这种现象,不但是在中国的其他部分②没有见过,连在世界上的其他部分也是找不出来;这种现象,并非别的现象,而是世世相传,以船舶为家的水上居民,或是俗人所尝称呼而为他们所不大喜欢听闻的"蛋家"。

人类的住所,本来是在陆地;蛋民的住所,却是在水上。在陆地的人把水上居住如航海游历当做暂时和特别的情形,有时虽因职业的关系,而至一生的时日,差不多完全是在水上的生活,然而在他们的想象中,他们始终不以水上居住当做永久和恒常的情形。他们不但不希望子子孙孙要做水上的生活,就是对于自己,也恐怕没有这种的意愿。质言之,他们只能说是以舟为业,却不能说是以舟为家。事实上,他们的家,是陆地上的家。所以有些航海家,他们每年也许只有三两星期是在家,而其余的时间,乃是在水上,但是他们差不多完全没有因为久离家里的妻子,而把他们的家移到船舶里。

反之,所谓蛋民却不是这样。他们的来源虽没有被明白的认识,然就我们的普通观察和已往的经验来说,他们之祖若宗,差不多通通都是世世相传的漂泊江海,同时照他们的现状和最近的将来来说,他们之子若孙,也好象是会这样的住下去。换言之,他们之居住于水上,也犹平常的人之惯住陆地一样。因为他们是惯了水上的生活,他们遂以水上居住,当做一种永远和恒常的情形,而陆上居住,却可以说是他们的暂时和特别的情形。

闽江和珠江流域的蛋民的人口:因为没有正确的统计,没有法子去知道他们的人口的确实数目,但据一般普通人的估量,至少也有二百万以上。设使我们为了便利起见,暂时把这个数目来做一个假定的标准,则这些蛋民的问题可以说是二百万人的问题。原来福建、广东和广西的人口统计起来约有六千万左右;六千万的人口里有了二百万蛋民,以百分比例来计算,蛋民占了这三省的人口的三十分之一。三十个人之中,有了一个蛋民,这个数目本不算少,何况蛋民所聚会的地方,乃在河流沿岸一带,而特别是河流沿岸一带的通都大邑,因此之故,在人烟愈稠密的地方,蛋民之触于我们目前者好像愈多。总而言之,六千万人分散于三省的各处,或不觉其为多,二百万人而聚居于数处,不但觉其人数众多,就其

---

① 编注:该书名中用的"蛋"字,绪言正文"蛋""蜑"并用。今从底稿,不做统一。类似情况,同此处理。

② 浙江钱江的九姓渔户,虽可以叫做水上居民,然他们却非蛋民。

所占的位置，也很重要。

这些人烟稠密的城市里的疍民之最多者，又要算广州了。

广州究竟有多少疍民，也是言人人殊。差不多一百年前，有些外国人以为他们约有十万人。十余年前，又有些外国教士之在广州河上传教者，以为他们约有三十万人。别有一位在海关当职的西人，以为他们约有五十万人。设使一百年前而真是有了十万人，那么现在有了三十万至五十万，也不算多，可是这种估量，和政府方面的统计，相差未免太远。据广州水上警察局的报告，从民国十七年至二十一年疍民的数目，约有七万人左右，但是这个数目，完全是根据着疍民之亲身到局报告者而言。疍民浮生江上，踪迹总比陆上居民不定得多，专赖他们之自报，似难确定。因为到局报告，是要纳税，能够免除这种的负担，他们决必避免；故警察局的统计，只有减少，没有增加。比较可靠的官方的统计，要算民国二十一年的人口调查委员会的报告书。这次报告，以写水上居民人口为九万余，这个统计是否准确，我们当于别处讨论，但就我们从各方面的调查和研究来说，广州的疍民至少要在十万至十五万之间。据二十一年的人口调查，广州共有人口一百零四万余，若把疍民和广州全市的人口相比，那么前者至少占后者十分之一。

十个广州市民之中，至少有了一个是蛋民。这是一个多么可惊的数目呵！

民国十二年间，有人估计全国的城市有人口十万以上者，不出五十个。假使我们把广州市这十万左右的蛋民来当做一个特别城市看，那么广州这个河上城市，简直是中国的四十余的最大城市中之一了。

不但这样，在这个城市里，我们找出一个很特别的世界。他们的艇舶，排列成行，正像我们陆上的屋宇一样的排列成行。他们经营各种职业，差不多可以说是应有尽有，也像我们陆上一样。我们陆上固是分为住寓，商业等等各种区域，他们水上也有这种区域。陆上有了物与类聚，而成为十三行，打铜街，故衣街等；水上的城市，也有了物与类聚，比方柴船是和柴船聚在一处，货船是和货船聚于一处，娱乐艇又和娱乐艇聚于一处。此外小贩艇，过渡艇，以至神道艇，形形式式，举不胜举。而且他们一切的起居，饮食，婚姻，丧祭，无一不在水上。除了他们自己喜欢，他们用不着跑到陆上来寻找他们的日常或是特别的需要。总而言之，他们是自成一个世界，别有一个天地。要是我们把广州的居民来分为陆上居民和水上居民，那么除了这个陆上的广州，还有一个水上的广州。假使这个陆上的广州是值得人们的注意，那么这个水上的广州尤值得人们的注意啊。

因为他们的人口到这么多，而这么多的人口，又聚居于这么狭小的河流中，而成为一个特别城市，市河的交通上当然因此而发生出不少的问题。我们在广州市，无论是登高一望，或是沿岸一逛，不但是见到市河的两岸，通通拥挤着这些蛋民的住艇，而使往来的船舶，几无立锥之地，就是河流的中流，也被这些住艇所阻止。原来河流的功用，正像陆上的马路，是为利便交通的，市河上有了这么多的固定的住艇，好像街道上也要有人把来当做居住的地方一样，那么在交通上所发生的影响不待想象而明白了。

同样，治安上也发生了不少的问题。艇户比邻而停泊，总免不掉有多少纷争吵闹。同时人数过多，不法之徒，也免不得要混杂其间。所以水上的治安问题，却成为广州市的重要问题。因此之故，广州除了陆上警察外，还要特别设置水上警察。水陆的环境各有不同，所以水上警察的训练和设备上，都和陆上的警察的训练和设备上，有不少的差异。

从政治上看去，要是我们承认这些蛋民为市民之一部分，那么政治权的授与于他们，是当然的。民国二十一年冬，广州市办理地方自治，于各区及农工商各界市参议员选出之后，据广州报纸所载，蛋民因未得参加，曾联合河中各区，推派代表，到协助自治委员会，要求成立水上自治区。听说他们所持的理论是：他们既负有纳税的义务而为市民之一部分，也应当享有政治上的参与权。在事实上，这种运动未必得过什么结果。然在原则上，政府曾一再承认蛋民乃市民之一部分，而和过去之视他们为贱种而排斥者，已大不相同。假使这些蛋民真正的得到政治权，那么这么多的人口，在政治上所占的位置，当然不能忽视罢。

又如在教育上，要是政府实行普及教育，那么这些差不多完全没有受过教育的蛋民，却为施行普及教育上一个很大的问题。蛋民的生活多数艰难，子女年方七八，已要从事工作。同时因为他们的踪迹较为流动，上学受课，困难殊多。从前市府教育局曾设水上学校，以资培植，然终因上面所说的困难而至中辍。一个现代化的城市，要有现代化的市民。假使我们承认教育是提高文化而达到现代化的工具，那么这一大部分的市民的教育问题，又为我们所不能随便放过的。

然而目前最重要而要解决的问题，却是他们的经济的生活问题。我们已经说过，蛋民的经济生活比较艰难，宋代周去非也老早有句"凡蛋极贫"的话。而且他们近来生殖日繁，整个市河既被他们聚居，依赖以舟为生，自不容易。又自珠江铁桥完成以后，据他们说，每日所得，几减一半。在铁桥未完成之前，他们普通一家四五口每日苟得一块钱，已非容易，今再减其半，其影响于他们的生活，不待言而可知。最近黄沙铁桥又已兴工建筑，那么将来他们的经济生活之必再受影响，显而易见。其实，十年前督办广东治河事宜正工程师柯维廉在其《珠江前航线改良计划报告书》里已有下面一段话：

> 现在湾泊堤岸之小船，系作过渡或载物之用；其住居者亦有之，上述计划成功后，有码头上落货物，又有桥梁直达两岸，故此项船只届时当必减少。

船只若是减少，这些没有教育而世世以舟为生的蛋民的前途，又怎么样呢？这是一般为社会谋幸福的人所不能不注意的。

我们若更从民族的观点看去，那么水上居民的位置的重要，更是显明。中国南方的民族的种类，本来不少。所谓黎、苗、瑶、疍等名词，不过是几个例子罢。但是民族这么参差的诸类中，从一方面看去，最使人们没有注意的，恐怕要算疍民。然从别方面看去，最足令我们注意，而且应当注意的，恐怕也要算疍民。这是什么原故呢？原来疍民所住的地方，像我们上面所说，差不多完全在通都大邑，换句来说，他们是特别发达于人烟稠密的河流海口。他们因为和人们的接触很密，人们遂因常见而忽略。反之所谓苗、黎、瑶诸族，和我们没有什么接触，而且所住的地方多是高山深谷，人们少到的，结果是少见生怪，所以谈起黎苗，我们不得不会有一种特别的反应心理，而一见疍家，却没有这种心理的发生。因这种不同的心理作用而生出的注意或不注意，是一般普通人的见解。从研究的态度上看去，疍民在民族上的位置，正犹黎、苗以及其他的民族一样的重要，而且因为他们之与我们的接触，到了这么密切，我们之注意他们，也可以说是为着我们而注意。其实他们就是我们的一部分，我们除了我们对于我们自己不注意外，那么我们总不能舍去他们而不注意。

因为蛋民的位置是这么重要，我们对于水上居民的研究，遂成为一种刻不容缓的事。无奈事实上，这种研究还是很少有人注意，就是有了，也是片断和最近的事。过去的中国历史，本来是蔑视一般民众的社会生活，而所谓蛋民，更被人们所目为贱族，所以他们的生活风俗种种之见于书籍者，寥若晨星，过去固是这样，现在还是这样。一般从外间来此游历的人们的游记，其对于他们的片断的观察和印象，大概是没有研究的价值。此外像钟敬文君的蛋歌，不外是蛋民的研究的好多方面之一方面。而且这些蛋歌的采集和研究还是很片断和很普通的。此外又如美国人类学者 H. J. Shapiro，在《自然历史杂志》（*Natural History*）第三十二卷第五期（一九三二）所发表的《广州的水上生活》（The River Life of Canton）也是很普通和浅薄的观察。他来华数月，目的原在研究在檀香山的华侨和其内地的亲属的体格上的异同，因为偶然见了这些疍民的情形特别，故就其所听闻者来写成此文。事实上他并没有做过何种研究，而其结果正和一般游历者的见闻录没有什么不同的地方。

又如《南中国船舶宗教报告书》（*Reports of South China Boat Misson*）的目的，既是注重于宗教的宣传和调查，其对于疍民的各种情况的认识，也是很普通的。本来基督教会之注意于疍民，是二十年前的事，而首先对于这种工作的中坚人物是 Drew 女士。她自己在珠江的福音船上过了二十余年的生活，然一方面因为水上居民对于宗教的兴趣太薄，一方面又限于许多原因，像言语上的隔膜，和种族上的差异，结果是不但在蛋民的全部生活上，没有多大的认识，就是在宗教的宣传上，也没有多大的成绩。我们从其报告书和私人的谈话上，总觉到他们对于水上居民的研究，是很平常的。

他如郎擎响先生在《东方杂志》（一九三三年新年号）所发表过一篇《中国南方民族考》里，也说及蛋民的史略，作者在篇末且说明别有《蛋民考》的研究一书，可惜我们手里没有这本书。但是从《中国南方民族考》一文来看，郎先生的研究大约是偏于历史方面，而对于蛋民的现在情况，似没有多大注意。

在第二卷第二期的《岭南学报》里，童振藻先生曾发表一篇《钱江九姓渔户考》，这些渔户之长住艇舶，虽和蛋户有相同之处，而可以统称为水上居民。但是他们却非蛋民，故不在本文范围之内。

除了上面所举出那些关于水上居民的研究而外，也许有不少的片断的观察和研究，但据我们所知道的，能够把这些水上居民的情况来做一种有系统，而又能将他们的情况的各方面，来做一个总研究，恐怕还没有罢。

我们因为一来觉得蛋民的位置的重要，二来又觉到关于蛋民的研究，还未萌芽，所以觉得这种研究，是刻不容缓。五年前岭南大学社会学组，已特别注意于这种工作。小规模的调查已有端倪，可惜当时限于种种的困难，结果是没有什么成绩。此后片断的研究，时而继续，时而停止。一直到了民国二十一年春，岭南社会研究所设立之后，关于蛋民的研究，始有整个计划和相当的步骤。岭南社会研究所的目的是在于促进和实施南中国的社会调查，但是为了工作的效能和力量的集中起见，自去年春至今年秋间大半的时间是用在蛋民的调查上，下面那些报告，就是这年半来所调查得的小小结果之一部。

我们研究蛋民的重要目的，可以说是为要明白他们的真实情况。原来一般普通人之对蛋民，既像上面所说，太过等闲，而大多数的人之对于他们，又有很多的不好印象。比方关于蛋民的各种记载，大都以为他们的性格凶暴，于是"蛋家贼"这个名词屡屡发现于我们的耳目。的确的，历史上的蛋民的盗贼的行为是有过的，然而陆上的人之做过盗贼行为者，何尝不多？这种的不良印象，完全是由于人们的偏见和固塞而来。其实就我们的调查和观察，在广州的市民中，最良驯最守法的，恐怕还要算这些蛋民。从他们的经济生活方面来看，他们虽可以说是最贫穷之一部分，然而他们是最安份克己的民众。公安局的犯罪统计，蛋民之犯罪者要算最少。我们曾和过很多在公安局里的人员谈话，他们异口同声的告诉我们，治理蛋民，容易过治理陆上居民得多；其原因据他们说，是由于蛋民的生活较难，他们除了努力于工作以求维持生活外，不愿多生枝节。而且因为他们以舟为生，惯于水上的生活，万一犯了罪而仍在水上，必难逃法网，若跑到陆上去，更无立足之地。所以在广州的河里关于打劫绑票种种重要案件，是很少发生，就是有了，大都也由是陆居的人所主动。

此外，又有些人以为蛋民的妇女大都是卖淫为生，因此他们遂被视为最不讲究道德的民众。就我们的视察，这种见解也有不少的错误。原来蛋民因为生活比较艰难，不但是男的，就是女的，也要勤于工作。男人因为到外边寻找工作，摇艇多为女人。为着招徕生意，他们免不得要笑容甘口，于是脑筋单简的人们遂把她们来做淫妇看待。我们承认蛋妇之当公娼私娼者很不少，然无论那个城市里，陆上居民之当公娼私娼，也不算少。娼妓是城市社会中一种很利害的病态，凡是城市，都有娼妓。在村乡的社会，这种现象很少发生，同样在蛋民较少的地方，这种现象也很少见。比方在沙南的蛋民，有七百余，然妇女行为之不甚正当的，找不出二三位。

这些及其他的错误和偏见，只有平心静气的人，打破向来蔑视他们的态度，来和他们接触，就能知道。研究社会状况的人，重要目的是明白社会的实在情形。蛋民的生活一切，从来被人们错解；那么明白他们的实在情形，已是一件刻不容缓的事。

不但这样，要想解决蛋民的问题，改造蛋民的环境，首先的条件是要明白他们的实况。换句话说，明白是改造的张本。我们上面已经说过，蛋民所聚集的地方，多在通都大邑，他们事实就是我们社会里的一部分，我们不谈社会改造则已，如欲社会改造，那么这些环境较为艰难，地位较为低下的份子，尤应得到我们的特别注意。

明白了研究蛋民的必要，我们且来略谈我们现在所调查得的半点效果。

照岭南社会研究所的计划，关于蛋民研究的范围，是包括闽江和珠江两流域。然而登高必自卑，行远必自迩，又加以我们因为人才经济，各种困难，故决意先从较小的地方着手，然后逐渐扩大范围，使我们对于这两流域的蛋民都有相当的认识。因此，我们遂决意选择沙南为研究的起点。

我们选择沙南约有数种原因。

第一，沙南和岭南大学的关系，比较其他的蛋民，密切得多。岭南大学在广州对面之河南岛，由广州来岭南，必须斜渡珠江。在岭南没有电船之前，从岭南至广州的交通，完全依赖艇舶。而这掉驶艇舶者，大多数是沙南的蛋民。每只小艇，能坐三人至五人，掉艇者通常两人。一在艇之中间，一在艇头。现在专为岭南大学里的学生教职员往来的小艇，有四十余艘，若以每艘二人计算，已有百人左右。这百人中，大多数又为沙南的蛋民。这些蛋民之掉艇，有数十年之久者。在岭南较久的人，没有一个不和这些蛋民相认识。从岭南坐艇仔至广州，逆流时约需五十分钟，顺流时也要半句钟，在这么久的时间里，坐艇者除了享受江上清风外，每会常常和这些蛋民谈天说地，而且掉艇者多数知道岭南人物的大略，所以也会利用这个机会，问长说短，故彼此情况，相识较详。

而且岭南原本为西人基督教会的学校，于未交回华人办理之前，宗教的彩色既浓，宗教的宣传也很努力。课余礼拜的时间，热心于宗教事业者，多能注意到这些朝夕会面的蛋民的宗教信仰。因为宗教上的宣传，大家的接触较多，同时对于他们的生活的各方面，也会常常谈及。结果是岭南之对于沙南的蛋民的认识上也比较多一点。

然而最密切的关系，还是教育上的帮助。富有悠久的历史的岭南青年会所开办的义务学校，每每有沙南的蛋民的子弟在那里念书，而十余年前岭南大学的方社社员且特别在沙南设了一间方社学校专为教育这些有志向学的蛋民的子弟。这一间学校在沙南有了十余年的历史，不但博了沙南蛋民的同情，而且使了无数的沙南青年，得多机会来求学。蛋民从来是没有教育的，满清末年，有些注意到他们的情况的人，也曾想过方法来帮助他们求学识字，然数十年来终没有什么结果。十余年来，广州各种团体学校之为蛋民的教育着想者，并非没有，然办得最有成绩，而蛋民得益最多的，要算沙南了。

又如最近来岭南大学所附属的博济医院，曾在沙南设了赠送医药处，专为医治那里的蛋民。这些设施，从岭南方面看去，也许所捐有限，然从蛋民方面看去，却是得益匪鲜。

上面所说关于沙南和岭南的关系，不过略就数种来讲。此外两者关系之处尚多，但是无论那一种的关系，都是我们明白他们的情况的表示和机会。比方在教育上来看，因为他们的子弟，在校念书，所以无论有意的或是无意中我们会知道到他们的家庭及各种生活情况。同样从赠医药方面来看，他们来求诊时，我们不但知道他们的疾病，而且自然而然会知道到他们其他方面的情况。因为这些原故，我们于未做调查和研究的实际工作之前，关于他们的情况，已有不少的认识。

除此以外，岭南和沙南在距离上，也比较他处的蛋民为近。这种地理上的接近，对于我们的工作上，给了不少的便利。我们从岭南码头越望珠江的对岸便是沙南。数分钟的渡船，就达彼岸。我们用不着什么预备，然后起程。白天也好，晚间也好，凡是有机会，有空闲，总可以到沙南和这些蛋民谈话。原来生活比较穷苦像他们一样，在家的时间是没一定的，假使我们因为往来的不便，而要指定一个时间去调查他们，那么也许在一月甚或三五个月中，竟没有机会见到我们所欲见的人们，结果是会使调查的工作发生不少的困难。

还有一个原因。蛋民以舟为家，作业停泊，虽非完全没有一定的方向和地点，然随波逐流，萍踪毕竟不像陆上的人们那样固定，因而调查上有不少的困难。反之，沙南蛋民大多数有固定的住处，所以调查工作也比较容易得多。

上面所说的诸种便利，是我们先从沙南研究的原因，我们现在且来略说沙南的大概。

沙南是二沙头的一部。二沙头在广州之东南，面积长约二华里。阔约一里，乃珠江中一岛屿。北与广州的东山和大沙头对面，南和岭南大学对面。岛之四面，围以矶围，中间为养鱼塘茨菇田及他种农田，其西部为广州很著名的颐养园医院。东南北三方的周围，多为蛋民居住。在北方的叫做沙北。在东方的，叫做沙尾。在南方的，就是沙南。沙尾和本岛之其他部分，隔以小河，潮水长时，可以随便行驶艇舶，所以事实上，沙尾乃别一小岛，而沙北沙西沙南则共成一岛。同时沙北、沙西、沙南三部分，却又各自独立，不相连接，从人口方面来说，沙北最多，沙南次之，沙尾又次之。

沙南的蛋民究竟何时来到沙南，殊难确定。据一般年纪较老的人的口传，大约是在乾隆年间，他们最初停泊于黄浦，大多数是在河里取虾□（读如春，意虾蛋）的艇，他们取了虾运去广州出卖，因为广州距离黄浦颇远，往来不便，常常就在沙南的岸傍停泊，久而久之，遂成为这些蛋民的永久停泊地方。此外根据姓梁及姓陈的老者说，他们乃从东莞移来的。陈姓自从东莞移来，至今有十二代，且有族谱。梁氏也有族谱，我们曾看过梁氏的抄本族谱，他们以为是由南雄的珠玑移来大湾，再由大湾移到这里。来自黄浦之说，没有记载。其实族谱里的记载，错误很多，殊不可靠。又有些人以为他们有一部分来自肇庆，然也不过是口传，不易证实。

最初在沙南伐木为水棚于岸傍而住的，听说是一位"剃头佬"。他的姓名不可考，但是他从前所住的水棚，就是现在一位叫做梁居的水棚的地方。除了这间水棚以外，还有一个很小的土地神庙，其所在的地点，就是现在的公所西边。他们每于农历二月初二日，在那里庆祝土地诞。现在神庙虽已变更，然诞期还是同样的闹热。"剃头佬的水棚"和他们的土地神庙都可以说是沙南蛋民在沙南岸傍的最初期的建筑物。此后人口日繁，建筑日增，现在除了大多数的人有水棚外，有砖瓦房屋者也不少。公共的地方如神庙，盐会公所，学校等，也用砖筑。其建筑费的价值达万元以上。好几年前，他们且购了农田鱼塘数十亩，预备为将来建筑房屋之用。所以比较来说，沙南的蛋民的环境，比之一般只有一艇三桨的财产的蛋民，却有很大的差别。

严格的说，沙南的蛋民，已不能完全叫做水上居民。因为他们已逐渐由水居而变为陆居。据我们的调查所得，有几位比较富裕的蛋民，已由这里移到广州市里。同时也有些是陆上人，因为种种的原因，也移来沙南居住。然而这些变动从目下看起来，还是例外。故沙南仍不失为蛋民的聚居地方。而且他们多数每家大都有艇一艘至二艘，他们平常虽是多在水棚里，然往往也有欢喜在艇里居住的。总而言之，他们可以叫做两栖人类罢。

调查社会固在要知道他的真实状况，然而真实的社会状况，却并不容易调查。最大的困难，大约是由被调查的人们，每每不能明白我们调查的来意，而这般素来为陆上居民所低视的没有智识的蛋民，更不容易下手。他们素来是和陆上的人们没有什么接触，就是有了，也是片面的。而且他们因为太苦于工作，老是没有空闲来告诉我们所要知道的事情。又加以一叶扁舟，东西飘流，比较没有定迹，故调查的工作更加困难。我们于尚未开始调查之时，已感觉到这一层，同时因为岭南和沙南的各种关系，使我们知道有时于无意中或间接上所得到者，比较机械式的调查方法，其所得关于他们的各种状况，尤为确实。因此我们除利用和帮助岭南在沙南已有的慈善机关如学校等外，再开设了暑期学校，及夜学、方社学校乃日校，而且男子较多，我们设立夜校的目的是使一般日间因为各种工作所阻止而没有机会读书的青年男女也能得到读书的机会。我们用了不少的工作人员和金钱到教育上去的原因，就是要使他们忘记我们是专为着自己的求知的私欲而来调查。结果是不但间接上，我们可以从这些青年学子而知到他们的状况，同时又可以利用这些青年学子的合作而找出我们所不易于找出的状况出来。自然，我们这些调查人员，用了教师的身份去和他们的父母和乡老来谈话，已居在便宜的地位，再又得到好几十的青年男女来合作，这是我们所觉为很得力的帮助。

不但如此，因为我们的调查人员，多数都是日校或夜校的教师，我们用了为着教育的利便的理由，来和他们租了一间水棚，调查人员在那里居住，使我们和他们朝夕相见而能直接的明白他们的情况。总而言之，我们的方法是想从他们的不知不觉之中而找到他们的确实情况，因此我们不得不设身处地把我们自己当做沙南社会里的份子。要是我们是这个社会里的一部分，那么我们调查他们的状况，也犹我们调查我们自己的状况一样。

下面所报告的调查结果，觉得未必能使读者满意，但是我们所用的方法，似有在这里介绍的价值。事实上，我们承认这些报告，有不少的缺点，比方在教育的报告好像过于繁琐，而别的方面又好像过于简单。其原故是由于我们对于教育方面的工作的时间和努力上，都多一点。又因为报告书是多人合作而成的结果，所以也不免有多少重复和文字上的差异。除此以外，缺点必尚不少。但我们所自信者，这次所调查的，却是我们用过不少的时间和努力的结果，而下文所描写的各种状况，也是沙南疍民的确实的状况。

本来沙南的蛋民人口统计不够八百。比之广州全部疍民总数，恐怕不够二十分之一。而且这次的调查乃是一种尝试的工作，拿来发表，好像过于冒昧。可是敲砖引玉，举一反三，也许未必完全没有半点价值。阅者苟能不辞烦劳，而加以指教，使我们于今后的疍民调查工作上，得以充分改善，那是我们所要特别感谢的。

本报告分为两部分，第一编是个案的统计的研究，第二编是社会的各面的研究。这种分别，无非为研究的利便起见，并非社会本身上有了这样的分别，其实两者都是互相关系，而不能离开的。

最后我们要在这里感谢冯乐，梁锡辉，雷砺琼，黄恩怜，叶息机，余比微，刘春华，王贤爱，李藉赐，余炳墉，陈迈曹诸君，因为下面的报告差不多完全是他们的工作的结果。他们有的费了不少的时间去实地调查；有些费了不少的脑力来把调查所得的结果制为图表，写成文章；有些还且兼做这两种工夫。我们对于他们的结果也许未必完全满意，然而他们对于工作上的努力的精神，却是我们所很钦佩的。此外夏迪文先生为我们影了很多相片，谢扶雅先生和陈德芸先生各校阅一过，《岭南学报》编辑委员会又把这一期的地位给与我们发表这些结果，沙南的居民们对于我们这次的调查帮忙之处也很多，这都是我们所要感谢的。

岭南社会研究所
二十二年十一月

《岭南学报》第 3 卷第 1 期，1934 年 1 月。

关于中国文化之出路再答张磬先生

　　这篇文章叫做——一个不得已的答辩——旨寄给"现代青年"的编者请他发表，使读者可以最少知道我方也有得说的话，后来因为该报改组，没有拿来登载，所以迁延到今，始在这本小册和读者相见。（作者附志）

　　我在《民国日报》"现代青年"栏发表了那篇《关于中国文化之出路答张磬先生》一文以后，张先生又发表了一篇在文化运动战线上答我一文，此外他还在该栏发表了一篇《为中国文化问题再进一解》和一篇《中国复兴教育运动宣言！》。我阅了他前后所发表数篇文章的错误和矛盾处，举不胜举；当别为文以指摘之。理论上的张先生固是"心劳日拙"，他对于我个人的方面，又生出不少的误会之点。所以我不得不再借"现代青年"的篇幅，对于这点，略为解释，使"现代青年"的读者，明白这件因学术的讨论而涉及个人的公案的真相。

　　张先生劈头就说我的驳论的态度上未免失了尊严，这是一种误会。张先生自己忘记了他自己太不尊严了。这种太不尊严的态度，是在张先生的文章里，处处可以找出来的。比方他前年在《娱乐教育》里说：

　　　　娱乐教育，神仙们！请睁开眼睛看看吧！中国社会上有大多数同胞还"没得饭吃"呢！中国社会上有大多数同胞还"目不识丁"呢！"一将功成万骨枯"，万骨枯了，功在何处？大学教育破产，已成社会上一致的舆论，请问贡献了些甚么呢？

　　事实上，今日中国的大学里的教授学者的生活，并不像张先生所夸张的那样舒服。何况薪水可以时时不发足，位置屡屡可以动摇，以及种种的不良待遇，曾经在过专门学校的张教授，也许会尝过这种味道。什么"神仙们"，什么"娱乐教育"，试问在"学而优则仕"的"文明古国"里，有了几多人是愿意去过这种生活呢？

　　张先生又处处一笔骂尽一般学生、学者、教授、博士、硕士为特殊阶级，为不劳生产而安然获得生活资料，可是张先生自己却又忘记他曾在过专门学校的新闻学院当过教授，享他所谩骂的"神仙"生活，而同时所谓提倡生产教育最力的张先生，除了在"现代青年"和各种刊物生产很多文章以外，也何尝是劳力生产而辛苦获得生活的资料呢？这样的张先生，不但是不尊重他人的生活职业，而谩骂他人，他简直就是不尊重了他自己，而谩骂他自己了。

　　我是见得张先生责骂他人到这么利害，而且是一位提倡生产运动最力的人，所以劝张先生"自己以身做则"，无非希望张先生的计划，能够施行，而且能够成效。到了那时，也许我会被了张先生的感化，而放弃我个人今日的职业，来跟从张先生的主张。所以我这年余以来，有时无意中领略了张先生所提倡的生产事业，虽有时会怀疑张先生所提倡的人人要从事生产的主张，是否能够实现，而且在文化进步的社会机器昌盛的时代，要不要人人都做同样的生产事业而没有分工；然我并不因此而来批评和指摘张先生，其原因是：一来，我自度对于这个生产计划的研究，没有深刻，不敢乱事批评。二来，我尊重张先生的主张，希望他自己能够不为理论上的非议而多把时间来试验施行。我希望张先生不要在这"触目惊心"的城市，要到有产可生的乡村，就是本于这种意思。像我这种的态度的尊严的，恐怕是再没有了。张先生误会了我，不但不实现我的希望，反以为我这样的希望，是攻击到私人的生活，那岂不是一种误会吗？

张先生在文化运动战线上答我一文里说：

陈博士既然知道"专去采路取西洋物质文化，不但是一件行不得的事情，而且是一件很危险的事情。我们若只欢喜住洋楼，而不求做洋楼的材料和方法，……结果只有消耗而没有入息"。请问陈博士站在青年面前演讲的时候，几曾一想及此，也几曾"己立立人"。陈博士的入息在那里？这样言行不一致和矛盾，岂不是自己打自己的嘴巴吗？

这个反驳真不值得阅者一笑的。事实上张先生正是"弄巧成拙"了。张先生要明白我不是一位像张先生所主张人人要做物质的生产的人。我是相信社会分工的人，而且相信在一个复杂的社会，要是人人都要去做衣食住行的物质的生产事业，像张先生所提倡的，那么结果不但是没有维持治安的政府的人员，就是治理病人的医生，以至一切的像艺术家，新闻记者，和张先生所自命的"我们负领导青年职责的教育者"（张先生最可笑者是明明自命为领导青年的领袖，却硬说是我和他争这一席，我不知何所据而出此）也要废除。这不但不是我所主张的社会，而且是我相信一个做不到的社会。我既相信社会的形成，应有而且事实上不能不有各种像医生、艺术家、学生、教授，我目下是在大学当教师的人，我只求所以尽忠于这种职业，就能无愧于心。何况就使我而是一位汽车生产者，我必不能同时是一位制衣者、耕田者、建筑者，……结果虽是能做汽车而后坐者，还是一位没有耕田而食者，没有制服而衣者，……。我常说：人类在社会里的需要很多，每一个人能对于某种需要上尽力从事，而满足他人与自己的需要，就算尽其所能。因为尽其所能，也应得其所需。社会是分工的，互助的。所以我虽像张先生一样的住洋楼、坐汽车，然并没有像提倡人人要生产而自己却不去生产的张先生的言行不一致和矛盾。

张先生问我的入息在那里。我也还问张先生道：提倡生产事业的张先生的入息在那里呢？其实我的入息，未必会多过张先生。我除了岭南的薪水外，并没有别的入息，而且像我这样少到城市，少坐汽车的人，也用不着很多的入息。我在岭南所教的科目，既不是中国文化的问题，我年来在协和大学和中山大学所讲关于中国文化的问题的科目,全是友谊上的帮忙。正式薪水我固没有,送来的舟车费,我也不要而退回。所以名义上,在协和和中山我固是教师,事实上我还要把我在岭南的薪水来做舟车、午餐费,而像一般自己拿钱去研究学问的学生一样。所以我对着协和和中山的青年们谈起中国文化的问题和我所主张的全盘西化,并没有对于良心不住的地方。至少我不会像张先生一样的拾周予同先生所说的"原想(!)背着十字架来向民众赎罪"的肉麻口号,来欺骗民众和青年!

至于张先生因我推料他是教新闻学者,所以"笑痛了肚子",我听了之后也笑不可当,虽则未至于肚痛。原因是张先生所服务的新闻学院的本身,就是西化的教育机关。何况张先生既不是教新闻学者却欢喜用了"草于'新闻'学院"一类话来宣传他的文章呢?

又如因为指摘他的经济史观,是西洋人的思想,他又硬说物质文化和精神文化的老调是从胡适之先生处脱胎而来,这又只见得他的"心劳日拙而已"。

总而言之,张先生自己也是教授之一,新闻学院的教授都曾做过,那么别的专门学校或大学若请了张先生做教授,张先生未必就不做。若是万一过去有些专门学校或大学,曾因张先生之寻一枝栖而闭门拒绝,致张先生逢着专门学校或大学的学生、教授们都要大发牢骚,那便未免太过用意气了。不但这样,张先生也承认自己的思想行为,是受过西洋的影响,而张先生在在文化运动战线上答我一文且满口用了什么毒瓦斯等等西洋名词。我未知张先生之所以至此,是直接的自己从西文输过来,抑是间接的从学者教授们的教科学书翻译本拿过来呢?若是直接的,那么张先生还是自己到外国学回来,或是从学者教授学得来。若说是自己到外国学来的,那么自己也是外国留学的特殊阶级了。若说从学者教授学了西文,能够直接看外国书,或是从他们的教科书和翻译本而得到的,那么张先生饮水不思源,也算罢了,现在还要把从学者教授们所得到的余唾,而谩骂讥笑学者教授,张先生不但太不自量,而且扪心自问,怎能过意?何况张先生本身曾做过教授呢?

末了,我记得前年张先生在《娱乐教育》一文里曾说过:

欧美人自觉的,中国人糊涂的。

我主张全盘西化无非要想中国人要自觉的不要糊涂的。而且要全盘澈底的自觉,不要半点丝毫的糊涂。张先生反对全盘澈底的西化,是不是还要中国人这样糊涂以终,或是留存着多少糊涂劣性呢?一般盲目的中国人,不明白"欧美人是自觉的,中国是糊涂的",以致不能自觉,糊涂以终,犹无足怪;张先生是知道这个分别的人,还要反对效法西人之自觉,而踌躇徘徊于糊涂之途,是亦糊涂中之糊涂者欤?

吕学海编《全盘西化言论集》("南大青年"特刊),岭南大学青年会,1934年4月。

对于一般怀疑全盘西化者的一个浅说

自我的那篇《中国文化之出路》讲演词在《民国日报》的"现代青年"栏发表以后，有了不少的人们对于我们所主张的全盘西化的理论，没有充分的认识而生出不少的误会起来。为了说明我的立场起见，我曾把人们怀疑全盘西化的要点，约分为三十条；拟逐条解释，题为《对于一般怀疑全盘西化者的一个浅说》。我初意本想完成这篇文章，但是一来因为课务及他种工作相缠，没有空暇去写作；二来有些为人们所怀疑的要点在吕学海和冯恩荣两先生的文章里，已略为我说；三来我最初希望《民国日报》的"现代青年"的编者，对于我上面《关于中国文化之出路再答张磬先生》一文能够先事登载，然后陆续写成这篇，在该栏发表；可是那篇文章寄去有月，该栏编者好像不愿意发表，我对于这篇文章的写作，也因之而中辍。近因学海先生编《全盘西化言论集》，催稿甚急，我不得已，只能把这篇尚未写完的文章以为塞责。

一、中国问题与文化问题

我相信中国的问题，根本就是整个文化的问题，我且相信这个结论就是一般偏见很深的人们也不能否认；比方张磬先生在为中国文化问题再进一解一文里虽告诉我们：

> 谢扶雅教授也承认文化要受下层经济结构所决的原理。这比陈序经博士说的中国的问题根本就是整个文化的问题自然高明得多。

然而在《在文化运动战线上答陈序经博士》一文里他却承认：

> 经济本身也是文化的一方面。

张先生是极力主张中国的问题是经济的问题的，但是既然承认经济本身也是文化的一方面，那么，他就不能不承认中国的问题根本就是文化的问题。

原来文化本身是整个的，人们把她来分开做物质，社会，精神，或是宗教，道德，政治，经济，艺术……各方面，无非为着利便研究与认识起见而发生的主观的观念，文化本身上却没有这回事，因为她本身上没有这回事，所以各方面是互相连带，互相影响，无论那一方面的波动，都会引起别的方面的波动。

因为文化本身是整个的，是不能分开截断的。所以我以为中国的问题根本是整个文化的问题的真理，固为张先生所认识未到之处，张先生所主张的中国的问题只是经济的问题的一知半解,却跳不出我所画的圈子,何况他自己又承认经济本身也是文化的一方面?质言之,经济的问题只能当作中国好多的问题之一;此外,政治上的腐败,教育上的落后,以及文化的其他方面的没有进步,都是中国之所以弄到这个田地的原因。张先生在《中国复兴教育运动宣言》里,于所谓解放经济上的侵略的生产教育之外,还极力提倡民族意识和军事教育;可知张先生于无意中或有意的已不承认中国的问题只是经济的问题了;又何况张先生所提倡的所谓解放经济上的侵略的生产教育本身上,就是教育的一种,而非张先生所谓纯粹经济的势力呢?

二、文化基础与基础文化

这个中国的问题的观点的误会,是和文化的基础的观点的误会有了密切的关系。

以经济为文化唯一的基础的人的错误,正像历史上或现代一般专以道德或专以宗教或专以政治为文化的唯一的基础的人一样的陷于错误的地位。以道德为文化的唯一的基础的人,像辜鸿铭,像斯维塞(Schweizer),以为文化的改造完全要从道德着手,以宗教为文化的根本的基础的人,像颉特(B. Kidd),以为文化为改造完全要从宗教着手;以政治为文化的根本的基础的人,像古代亚里士多德和近代一般的政治学者和政治家,以为文化的改造完全要从政治着手;这正像一般以经济为文化的唯一的基础的人,以为文化的改造完全要从经济着手一样。他们的错误,就是忘记了所谓道德,宗教,政治,经济的本身就是文化。文化的本身既是整个的,不能分开的,那么,无论那一方面的改造都会波动到别的方面。同时,无论那一方面的改造都受别的方面的限制。十余年前对于这个道理能够明白者很不容易找出来,所以有的道德家大声疾呼以为道德苟能讲究,文化问题就可转瞬解决;有的宗教,政治家,经济家,各人以为苟能使他们各个人所主张的信仰标准,或是政治意见,或是经济计画,把来施行,就能使整个文化的问题迎刃以解。十余年来研究文化的工作较前进步得多,人们始感觉到每个文化的改造,并非专从某一方面着手就能奏效。因为文化这个东西,并不是这么简单的,换言之,某种文化的本身,就是这种文化的改造的基础。张磐先生仿佛好像见到这个道理,他说:

> 纺车上产生不出电力,

他又说:

> 凝定了的旧文化对社会有其惰性的反作用,而没有基础的新文化对社会只有相当的影响而已。

这个认识本来是和他以经济为文化的唯一的基础的论调相抵触的；正像他在上面一方面坚持中国的问题完全是经济的问题，一方面又承认经济本身乃文化的一方面，而同时不相信我说中国的问题根本就是整个文化的问题的见解一样的矛盾。

纺车上产生不出电力，我也许可以同情于张先生，文化是筑在文化的基础上，张先生好像有了这个认识，然而我们不要忘记这种同情和这个认识是附带了条件的，这就是纺车固是人类利用他的脑和手所造成的，电力也是人类利用他的脑和手所发明的。发明电力的人，无疑的能够造作纺车，造作纺车的人的脑和手也无疑的能够发明电力或是能够学晓和利用电力，虽则这些电力不必是由他发明的。这就是说，人类的脑和手是没有什么差异的，非然者，西洋为什么能够从纺车的文化而产生出电力的文化呢？而所谓纺车上产生不出电力，不外是说，在纺车的社会里的人们是心满意足于纺车的文化，而不想他求；或是说，纺车的社会里的纺车文化，是受了这个社会里的文化其他方面所限制而不能有所变更。

换言之，纺车上所以产生不出电力，是受了这个社会的文化的限制，这就是所谓的文化的文化基础。然而这个基础之所以能够维持其状态而不变者，也是有了条件的，这就是没有外来的电力的文化和她接触。假使有了电力的文化来和她接触，那么，她总不免会自动的或被动的受了影响，其结果是必至于不用电力而不止。这个结果的迟速，常常和其固有的文化的崩溃的迟速为正比例。因此之故，我们固可以承认张磐先生所说的凝定了的旧文化对社会有其惰性的反作用，和我们的见解有了多少相近。可是他接着说道，"而没有基础的新文化对社会只有相当的影响而已"太过糊涂。因为这里所谓"没有基础的新文化"这句话的本身，就已不通。须知新的文化若没有其基础，她怎能成新的文化呢？新的文化之所以成为新的文化，就是因为她的本身上有了基础。若说新的文化移植到旧的文化的社会里而和旧的文化的基础不相溶洽，所以说它没有基础，那么，我们的要务就要快快的把这个旧的基础打破得干干净净，以免对于新的文化的接受有所阻碍。我们之所以主张绝对的打倒顽固的复古派和折衷派所恋恋于一部分的旧文化，就是这个原故。

说到这里张先生也许举例驳道：

> 园丁把最爱的几种花移植在自己的园地里了……但是不料过了一星期花瓣萎黄了，再过几天，枝茎憔悴了，干枯了，他们俩（园丁夫妻）研究实验好久才知道不易生长的原因，是土性不合。自己的园地是沙砾土，而那个花原是在壤土里滋长的。（《中国文化之死路》）

张先生这里好像是指着地理的基础而说，他在《在文化运动战线上答陈序经》一文里也有这几句话：

> 当时意大利因地理上的优越，自由都市特别发达，自然做了商业资本的中心。

这也好象是承认文化的地理的基础，这个认识本来是我们主张文化基础为多元而反对所谓专以经济为文化的唯一的基础的人的理论根据。张先生这种认识，根本又是打倒他自己专以经济为文化的唯一的基础的立场，这又是张先生的矛盾处。

我们承认文化的地理基础，然而这种承认又不像张先生的不条件的承认。原来地理（气候，地形，土质，河流，等等）之于文化，在消极方面固有很大的作用（比方没有河流海岸的社会的地方，用不着船舶；所以船舶的文化不能发生），然在积极方面的影响，在文化愈高的社会，则其影响的程度必愈微。何况中国的地理环境之于欧洲美洲的地理环境，并没有特殊的分别。要是一个四百五十年前没有欧人踪迹的美洲，能在今日成为欧洲文化的精华的代表，中国的地理环境难道就不适宜于这个文化吗？

不但这样，我们还且相信文化是筑在生物的基础上。所谓人种的优劣的论调，在二十年前每误认做文化的生物的基础，然而经过近代的人类学者的精确的研究，这种论调再也没有人去相信。然而正因人的本身是生物之一，同时他所依赖以为生存者也是生物——动物、植物，所以可以说人类的文化就筑在生物的基础。但是这个基础正像地理的基础，在文化进步的社会里，其影响于文化者微乎其微而有其限度的。

最后，我们又相信文化是筑在心理的基础。虽则现代的心理学家们对于人类心理的影响于文化的意见没有根本上的雷同，张先生好像见到这种影响，他在《为中国文化问题再进一解》和在《中国复兴教育运动宣言》里均曾提及，在后一篇文里且肯定的说：

> 一个民族的生存，必有其民族的灵魂以为精神上的团结——此所谓民族的灵魂，即民族意识……

在他去年所著的《娱乐教育》里说：

> 欧美人自觉的，中国人糊涂的。

我以为张先生这里所谓的民族意识，和中国人糊涂的，本来是把他以文化的唯一的基础是经济的主张踢了一脚，打了一拳，而承认我们所主张的文化基础的多元论。可是张先生对于心理基础的认识的幼稚和错误，还不止此，我们以为这里所主张的民族意识，和他所说的中国人糊涂的底心理现象，无疑的是所谓固有的文化所形成的心理现象。换言之，就是后天的。但是这种意识和糊涂既是文化所形成的，那么，要想自觉而不再糊涂，要想发起足以适应于现代生存之下的民族意识，不但这种糊涂和旧的民族意识也要立刻打倒，就是形成这种意识和这个糊涂的习惯的文化也要立刻打倒了。

设使张先生而以这种民族意识和糊涂根性是先天的，没有法子改变的，那么，长此以往糊涂以终无意无识，中国还有什么希望呢？同时张先生所提倡的要从经济上着手又有什么用处呢？

我们承认文化的心理的基础，然而这种承认也非没有条件的，这就是说心理的要素是后天的，由文化所形成的，那么，像我们上面所说要改进文化就要打倒这个旧文化，改变这种旧心理。若说心理的要素是先天的，那么，我们否认西洋人的心理要素，像理性智慧等，是优过中国人；换言之，我们承认人类的心灵是同样的同等的，虽则各个人之间有了程度上的差异；东西洋人的先天心理的要素，既没有分别，心理要素之所以为文化的基础，而影响于文化的势力也是很微的。

总而言之，所谓文化的地理，生物，心理，文化等基础，对于某种文化的形成和影响，虽有了密切而不可忽视的关系，然而这种势力是有限度的。在某种时代和环境之下，他们或是无论他们之中那一种或二种、三种，也许有了很大的势力，而对于这个时代或是这个环境之下的文化，影响很为利害；可是时代一变，环境一变，他们即失了过去所有的势力。

至于专以道德或宗教或政治或经济来解释文化，只能算做一种观点——偏狭的观点，严格来说，不能算做文化的基础。其原因是因为所谓道德，宗教，政治，经济，以至艺术，教育，各方面的本身，就是文化的各方面。因为这些东西，无论那一种都不过是文化的各方面或一方面；所以反乎张先生以及一般的人们所说经济是文化的唯一的基础。我们说：

> 文化是经济的一种基础。

而所谓一种，也并不是像一般人或一些人说以为经济的文化基础以外，还有所谓经济的道德，或是宗教，或是政治基础，而却是心理，生物，和地理，的基础——虽则文化本身也可以说是筑在文化心理，生物，地理，各种基础之上。

这个关于文化基础的问题的结论，我在他处已经说过，就是经济史观的鼻祖的马克斯与恩格斯，也没有否认。现在一般否认的人，若不是误会了这个学说的原委，必定是陷于不能自圆其说的地位。

上面是说明文化基础，现在且来谈谈基础文化：

我相信在现代化的世界里，中国还没有达到基础文化的地位，虽则她早已趋向着这条路上跑；可惜四百年来我们跑得太慢，但是我们之所以跑得太慢的原因，又不外是固有而不适宜于现代世界的旧文化的基础还未破除，而成为阻止或障碍了我们西化的势力。比方我们以为我们的历法是好过西洋人的历法，所以不但十数年前通令采纳西历时有人反对，就是在二百余年以前我们没有法子去推算日食的准确的时候，也有举国反对用西洋人来代我们弄好，而一般像杨光先之流，还大来提倡，宁可使中国无好历法，不可使中国有西洋人。我们以为我们的帆船好过汽船，所以有人说道：

> 火轮船者至拙之船也；洋炮者至蠢之器也；船以轻捷为能，械以巧便为利；今夷船煤火未发则莫能使行，炮须人运而重不可举；若敢决之士，奋血临之，失其所恃，束手待毙而已。（王壬秋《陈夷务疏》）

我们以为我们的手车和骡车是胜过火车，所以我们的官僚人民，五十年前，宁愿把数十万元的金钱去购买在中国的第一条和唯一的淞沪铁路，以便专把她来拆毁，最近来更有人相信大刀是好过飞机，所以大声疾呼来提倡大刀救国。

有形模有功效的西洋的所谓物质文化之胜于我们，我们还是加以否认，加以反对。怪不得我们看不见西洋人的所谓精神文化的优越，死守这种的文化的基础之上的中国人，而侈谈打倒帝国主义，毋亦徒为引帝国主义之侵略之厉阶也。

我们的意见是：这个仅可以在闭关时代苟延残喘的文化基础，是丝毫值不得留恋的。何况她却正是处在现代世界基础文化之下的窒碍物呢？所谓基础文化，不外是一种可应付而适宜于某一种时代或某一环境里的文化。现在稍有理性的人，没有否认中国要现代化。因为不能现代化，却不能适应于这个时境之下，然而所谓现代化的根本干体，就是近代西洋文化。西洋文化既是现代化的根本和干体，西洋文化，也可以说是现代的基础文化。这个基础文化，在西洋严格的说虽是完成于十八世纪的上半叶和十九世纪之间，然她之成立却可说是三四百年前。我尝说：

> 假使满清能于入关之后，循着明末的趋势，尽量去采纳西洋文化，澈底的加以创造与发展，则今日二十世纪的中国，实不难与欧美齐驱并驾，且或比之欧美为优胜。

无奈七十年前的人们，既想不到西洋之可法，而七十年来的采纳西化，又不外是采纳西货。同时，旧的文化基础，既是死守而不愿完全拆毁。适应于我们的时代环境的基础文化之去完成的途程，还是很远。

我们以为现代化之所以为现代化，虽经过三四百年以上的时间，但是创之者难，效之者易，我们苟能虚心诚意来西洋化，则三十年内也可以达到西洋人所达到的地位。然而要想达到这个地位，首先的条件，是不要像抱佛脚一样的抱着所谓固有的文化，是要毅然决然的从根到底把那些陈腐不适用的文化基础扫除得干干净净。否则，适应这个时代这个环境的基础文化，终不能望其能根深蒂固的成立于这个若生若死的国家里。

三、全盘西化与皮毛西化

一般最没有意识而误会我们最大的人，是把全盘西化来当做皮毛西化的了。

全盘西化是澈底西化，而为医治皮毛西化的良剂。我们见得七十年来一般人之所谓西化，完全是片面的皮毛的。所以提倡全盘的，和澈底的西化，使中国能够整个的西化；这是我们的本意。我们老实不明白责备我们主张全盘西化的人，为什么全盘与皮毛两个名词也弄得不清不楚？要是这两个名词尚不明白，他们那里配得来谈西化？

所谓全盘西化，在消极方面，是像我上面所说，对于中国的固有的文化不要丝毫的留恋；在积极方面，是要澈底的西化。七十年来中国的西化运动的功效微而进步慢，无非是由于没有全盘澈底西化。这是稍能涉猎近代西化史的人所容易明白的。鸦片战后国人虽感觉到西洋文化的利害处，然自一八四八到一八六三的十余年间，清庭尽全国之力来应付太平天国；太平天国之荡平，虽也假力于西洋，然西化运动的实际工作，曾国藩总算是一个开山者。曾国藩逝世之后，提倡西化最力者要算李鸿章。然而曾李所提倡的西化，不外是西洋的机器文化，这种机器文化之应当提倡，在现在看起来，三尺之童也能明白。然而在甲午以前的国人视之，无不大声疾呼，以为华夏效夷，乃置中国于禽兽之邦。曾国藩、李鸿章当时之受人唾骂非难，而心灰志颓，泄于言表。思想最为澈底的容闳，郁郁终其生而不得志，喜谈洋务与明晓外国情形较多的郭嵩焘尝叹道：

> 窃谓中国之人心，有万不可解者……办洋务三十年，疆吏全无知晓，而以挟持朝廷曰公论，朝廷亦因之而奖饬之曰公论。呜呼，天下之民气，郁塞雍遏，无能上达久矣；而用其嚣张无识之气，鼓励游民，以求一逞，又从而引导之。宋之弱，明之亡，皆此嚣张无识者为之也。

这不过是提倡中国应采纳西洋的机器文化的人的不满于当时的慨言。机器文化的采纳，本来是皮毛西化，然而这个皮毛的西化之采纳，在三十五年前除了曾、李、薛、郭以及数位所谓通晓洋务的人外，举国病之如洪水，中国西化之难，难于上青天。

三十余年来国人一而再，再而三而四而五，……深受钜创，于是甲午以至欧战的"中学为体西学为用"的论调充溢耳鼓；欧战以后，国人又发出"采取人家的物质文化，而保存固有的精神文化"的谰调；五四运动以后，思想虽稍为变更，然究不澈底，这一点我们当于下面再说。

总而言之，七十年来的西化运动，全完是皮毛的。原因是由于提倡的人对于中国文化的病症和对于西洋文化的优越，未能洞悉；结果是所谓西洋文化，是机器文化，是功用文化，是物质文化；以至五四运动时所说的，是科学文化，是民治文化，均不过是片面的见解。所谓时代的先知与思想的先进的东西文化观，都不过如此，一般醉梦于陈腐之途的人，可想而知。

理论上的西洋文化观，既是不澈底，实际上的西化运动，怎能希望其澈底？这何异缘木求鱼的故智！我们感觉到这种不澈底的思想所产生出的弊病和危险，然后主张全盘西化，目的在乎改正过去一般的皮毛西化的思想，同时希望像我在上面所说，在消极方面，扫除固有而不适时境的文化；在积极方面，努力于澈底西化之途。然则全盘西化之与皮毛西化之分别，于此可以明矣。

四、全盘西化与接受西货

还有一般最没有意识而误会我们最大的人，是把西化当做西货的人。在《关于中国文化之出路答张磬先生》一文，我很明白的说：

> 我虽极力主张全盘和澈底的西化，却不主张盲目的全盘和澈底的接受西货。

张磬先生读了我这段话，很无意识的驳我道：

> 这里除西化之外，又跳出一个"西货"甚么，我虽是极力主张全盘和澈底的西化——这里不说接受了，确有意思，作者注——却不主张盲目的全盘和澈底接受西货，以移嫁笼统的盲目西化运动的责任，倒运的西货，代人受过。

我很可惜我少出穷乡，幼流皇朝士人所目为蛮荒之地，此后寄身欧美，以至于今，还没有受过林幽默大师所谓文字国的咬文嚼字的洗礼，所以引起大清皇帝乾隆陛下先生所谓人文之数里的文字省里的代表的张先生的误会，而且加以补注，然而正是因为张先生只长于咬文嚼字，结果是把我的意想完全错解。

梁锡辉君所笔述那篇《中国文化之出路》的演讲词的大纲，有主张全盘接受西洋文化的词句，而在我个人的著作也有这种的词句，可是凡读过我的演词或是著作的人，决不会像张先生那样没有理性没有头脑而生出这个误会。我上面已经说过，全盘西化是纠正皮毛西化的弊病与危险。所以主张接受全盘西化（或是西洋文化）的人，决不会只要中国人去购买西洋文化，而成为张先生所说的："这确是西洋文化的绝好广告。"我在《中国文化之出路》的演讲词里劈头就说：

> 兄弟是特别主张第三派的就是要中国文化澈底的西化。

正这是我所说我虽极力主张全盘和澈底的西化，却不是盲目的全盘和澈底的接受西货。我又说：

> 现在世界的趋势，既不容许我们复返古代的文化，也不容许我们应用折衷调和的办法，今后中国文化的出路，唯有努力去跑向澈底西化的途径。

又如：

> 无论积极方面或消极方面，都可以证明中国文化的出路，是要去澈底的

西化。

再如：

> 最后归结到中国文化的出路，无疑的要从澈底全盘西化着手。

我的解释到这么明白，张先生苟非故意的倒是为非，必定是中了张先生自己所说的中国人糊涂的劣性而至读书全不求解的弊病。

何况在我所摘录六年前所著的《再开张的孔家店》一文，曾有"我们若只欢喜住洋楼，而不求做洋楼的材料和方法"一类语，而所谓求做洋楼的材料和方法，就是努力全盘西化，不是接受全盘西货。又何况"西化"和"西货"这两个名词的分别，在我三年前在《社会学刊》二卷三期所发表的《东西文化观》一文里，已经清清楚楚的指出，我且抄出一段于下：（参看最近商务书馆所出版拙著《中国文化的出路》页六〇）

> 我们以为设使中国真西洋化了，中国老早赶上欧美，至少赶上日本，无奈孙（本文）先生所说的大部分，乃是我们所享受的西洋的货，并非我们自己所创造的西洋文化。我们自己不会做汽车，只会坐汽车，这样叫做西洋化吗？无怪得数十年来的提倡西化，终不见得化得什么？

张先生以为除西化之外，又跳出一个"西货甚么"，是真的跳出来的，那知他跳来跳去，毕竟跳不出我的袋子。

五、全盘西化与笼统西化

一般非难我们主张全盘西化的人，以为我们所主张的全盘西化，太过笼统，比方张磐先生在《中国文化之死路》一文里说：

> 我本来绝不是绝对反对西洋文化的人，更不是所谓些复古派，折衷派；不过像他们主张全盘接受西洋文化而不言手段只标目标的笼统的宣传，必至一般青年们盲目的崇拜西化，以至穿西装是西化，吃西餐是西化，……甚至一香水，一糖果，非舶来品不足以表其西化，不西化便落伍，……
>
> 博士说，西洋文化……是现在世界的趋势。但是说到趋势也并不简单，资本主义的经济组织，既因发生内在矛盾，造成屡度的继长增高的经济恐慌潮，碰了壁自然得转湾，向左转，变成社会主义国家，而有社会主义文化，也就是无产阶级文化；向右转，变成法西斯国家，而有法西斯文化，也就是小资产阶级文化（？）所以在西洋文化的花园里，有满面啼痕的白杜鹃，有如火如荼的红芍药，有卓然笔立的黑牡丹，有雄心勃发的褐芙蓉，五光十色，斑驳陆离，青年们一入园门，必至目眩心迷，应接不暇。全盘接受，无

异吞了矛盾的炸弹。年来中国文化界的混沌，矛盾，冲突，紊乱，就是如此；这里头包含的大危险，大概博士也承认吧。

所以贸然用"全盘"二字，要负责任的，我们应该忠实地负青年的指导责任，笼统的暗示是使不得的。

原来所谓全盘西化，就是笼统的西化的意想不过就是这样！关于所谓笼统的全盘西化而至皮毛西化接受西货的误会，上面已经解释清楚，不必多说。至于误会全盘西化为笼统西化，我们不妨在这里略为说明：

我以为这个误会是误会中之最没有意识的了。原来西洋文化是一件事实，是一件有形模，有体质，有眼睛皆可以见，有知觉皆可以感，有耳孔皆可以听的东西。并不像张先生所醉心的第三手货见解的经济史观，而专只提倡的须从经济入手的学说那样笼统，因为这个学说还是学说，还是空中楼阁，还是海上浮云，——质言之，这个学说还不过是西洋人对于西洋文化的一观点，一种预知罢！

把事实来当做笼统，把事实尚未证明的学说来当做不笼统，世间人之颠倒是非之若此之甚者，孰有过于张先生呢？有样可法的西洋化的努力主张而是笼统，那么，梦想的马克斯的冒徒的主张，岂不是成为笼统中的笼统，而最笼统的吗？效法人家已施诸事实的东西，而谓笼统，效法人家的梦想而不觉其笼统，张先生所谓糊涂的中国人，其是之谓也！张先生在《娱乐教育》一文，岂不是说过吗？

中国贫在物质，欧美病在过重物质；欧美自觉的，中国人糊涂的；所以他们对于哲学趋之若鹜，无怪其然，决不可以执之以绳中国。欧美基础教育已完成，当然可以努力于推广大学教育。

张先生这段话可以非议之处很多，比方在时间上欧美人的大学教育的逐渐推广，是和欧美近代文化的逐渐发〈展〉是相辅而来的，并非先立了基础教育，然后推广大学教育。至于哲学的产生与发达，更不待说。

可是张先生既明明白白知道西洋的基础文化——教育在内——已经完成，故能多做点梦想——哲学？在内——为什么张先生还反对这个基础文化而专取基础文化之上的马克斯主义？这么一来，岂非更是笼统吗？

张先生还有一个理由，以为在西洋的文化花园里，花样杂出，五光十色，青年人们见之，必至目眩心迷，应接不暇，故谓全盘西化为笼统西化。我的回答是：青年们与张先生之所谓目眩心迷，正是因为他们对于西化的认识太过浅薄，比方广州的街道，固为认识广州者一目了然，随心所欲，而东西往来。反之，一般没有到城市的乡下人，一到省城，免不得要有迷途之困难。今乡下人不知自己之没有认识这根本可以联通的大道，而徒然谩骂街路太多，有何益处？有何益处？

是的，西化花园里有极左的主义，有极右的主义的。然而极左、极右只是时代环境里一种暂时变态，民主中心的制度，并不推翻。何况极左与极右也并非离开民治、民有、民享的原理，而趋于己治、己有、己享的悖理；他们——西洋人——有的有皇帝，有的有总统，然而他们的皇帝既未必像我们心目中的皇帝的权力大过总统，而他们的总统也不必像我们的总统还要一〈心〉做皇帝。总统也好，皇帝也好，政治的权力总是在人民的手里。他们有富人，他们有穷人；然而富的既不像我们的富人，左拥三妻，右抱四妾，专为子孙而积钱财；穷的像我们穷到没得食，没得穿，没得住，学校没得受，娱乐没得享。

总而言之，在西洋人的文化花园里，虽是五光十色，斑驳陆离，然他们却有其共同的基础，共同的阶段，共同的品色，共同的要点，这是凡到过欧美的人所能目见，而一般头脑清楚的人所能从间接的书本上了解的。

假使张先生而不相信我的话，假使张先生而不能从书本上悟及这一点，我还是请张先生自己亲身跑到欧美着实地细心考察，认真的努力研究，然后再来和我们谈谈，尚不觉其为太迟呵！

六、全盘西化与中国国情

又有些人以为中国有中国的国情，所以全盘西化未必能适宜于中国的国情。我们以为这一些人的错误，是对于国情这两个字的意义没有充分的了解。什么是国情？我在《独立评论》第四十三号曾发表过一篇《教育的中国化和现代化》，里面有了下面一段语：

> 国情这两个字，虽然可以包括一切的天然，气候，地理，物产，人种——以及文化的情况，然而事实上所指明的根本却只能说是文化方面，我们承认天然，气候，地理上的不同，固然可以影响到教育的制度，然在文化进步的社会，这些东西的影响，其实微乎其微。而且事实上中国的天然，气候，地理，物产，和西洋文化先进的各国并没有多大的差别。此外若说中国人种的聪明和脑力没有像西洋人这么高超，所以说不到来模仿新教育，配不上来享受新教育，这是无论何人都会不承认的。

我又说：

> 所谓没有经过现代化的中国，不外是旧的中国，旧的中国是旧时代的产儿，从新的时代或现代看去，旧的中国若不是落后的中国，至少也是古董的中国，因为她若不是落后或古董的中国，他必定是适合现代的中国，适合现代的中国，就是新的中国。要是整个中国是新了，是现代化了，那么，教育也必定是现代化了，也是新了，同时这一个中国是用不着现代化的。而这一

种教育也用不着新化，更没有所谓中国化（合于国情）的可能，所以要使新教育中国化，其结果若不是新教育的退后化，至少也有新教育的古董化的危险。

教育不外是文化的很多部分当中的一部分，教育固是如此，文化的其他方面也是如此。这样看起来，以全盘西化之于中国国情未必能够适宜的言论，又是无稽之谈了。

七、全盘西化与民族意识

关于这一点，我在文化基础与基础文化一段已经略为说明，并指出张磐先生对于这点的错误，此外谢扶雅先生在《为中国文化问题进一解》一文里，也有这样的话：

> 然而我们在谈文化或民族性问题底时候，决不当因为中国文化有缺陷底缘故，随而轻蔑中国文化，甚至连带着不起中国民族，却反应当格外尊敬我们自己的民族，爱护自己的民族，而对于我民族抱坚决的自信心。……自鸦片战争以前，我们中国常常妄自尊大，视西洋为四夷。鸦片战争以后，渐由排外一变而为畏外，更由畏外而一变为媚外。媚外的程度日甚一日，自蔑的程度亦日甚一日，其结果是：无论什么事，凡西洋的统统是好的，凡中国的统统是不好的。"九一八"以后，河山破碎，国命垂危，照理定会看到明耻励战，爱国心蓬勃弥漫的现象，反不料丧神落魄，自暴自弃的状态，更有急转直之势。民族自信力压根儿沦丧无余，大定心里都隐然觉得中国民族实在没有办法了，有人居然说这个民族太老了，血质已瘝败了，自然更有人主张中国文化整个地要不得，非全盘换过不可，于是顺理成章的，自然会有人起来主张中国非把西洋的一切文化统统模仿过来，除此以外更无第二条出路。

谢先生这篇文章是读过我在中山大学的演讲词以后写的，他一方面偏于经济决定论，一方面又承认民族意识论。本来像我上面对于张磐先生关于这点的批评难圆其说，似用不着再来解释，可是他这段话里面有了几点是一般人所很同情，而事实上却有不少的错误，所以我很愿意把我意见来说一下：

我在《社会学刊》二卷三期的《东西文化观》一文里，曾有一段话是对于这一点略加说明，后来（二十一年冬）我把这个题目写成一本书，除了里面第十三章的《人的文化与物的文化》在《独立评论》第四十九号发表外，其他部分尚未发表，然第二十一章里有下面数段话，对于这点加以解释，今且摘录于下：

有些反对全盘的人，以为每一民族有一民族的文化，所以文化成为民族的灵魂，或是生命所在。文化若是抛弃，则民族也必随之而亡，这种见解的错误，在于不明了文化是人类适应时代环境以满足其生活努力的工具和结果。文化既是人类的创造品，不外是人类的工具，人类的灵魂精神固可以从文化中见之，然而她的真谛并非保存文化，而在于创造和改变文化。

我又指出我们五千年前的祖宗，曾做过茹毛饮血的生活，然而四千五百年前的祖宗，却放弃茹毛饮血而做熟食的生活，再过了多少的时间，我们的祖宗且会调味觞饮，可知某种文化生活可以放弃改变，然而这种放弃改变，民族并不因此而沦亡。

我又说：

　　反对全盘西化的人，以为全盘去采纳人家的东西，是蔑视轻鄙我们自己的文化，而为一种自暴自弃的奴性，我们以为我们的文化和西洋的文化的差别，既只有程度的不同，而非种类的各异，则我们之全盘采纳西洋文化，不过是做进一级的文化生活，安能叫做蔑视轻鄙自己文化？我们在前一章已经说明，从文化的各方面看去，我们的确样样都不如人，知道样样不如人，不外是承认自己的缺点和错误，能够明白自己的缺点和错误，才有改良缺点纠正错误的努力。有了改良缺点和纠正错误的努力，才有进步的可能。可知全盘西化，并非鄙视自己的文化，世间只有承认自己的缺点和错误而求改良与纠正的人才算好汉。……

　　进一步来说，所谓全盘西化正所以重视我们的文化，……设使我们而能自己赶紧全盘西化，再从而发展之，扩大之，则不但我们自己占有世界文化的优越地位，就是我们祖宗在历史上所做过的成就和所得到的光荣，也赖我们而益彰。则今日外人之所以因鄙视我们的文化而鄙视我们的祖宗的文化，也能因为他日重视我们在世界文化所占的重要位置而重视及我们的祖宗与其文化。

我又说：

　　至说因为全盘西化而成为自暴自弃，那更是无稽之谈，能够全盘西化，怎能叫做自暴自弃呢？只有享受祖宗所遗下的文化而不想再有振作的人，乃是自暴自弃的人。反之，能够努力去全盘西化，才算能干，才算有为。原来全盘西化，并非一件反掌就得的事，人家费尽无数的脑血时间，始达到今日的地位，我们想在短促时期里达到同样的地位已是不易，何况这些东西样样都比较为复杂，较为深奥，则其所需的精神脑血当必更多。试问这种工作是不是庸庸碌碌的自暴自弃的人所能担任所能做到呢？

谢先生好像又以为全盘西化之于畏外与媚外有了多少的关系。关于这一点，我的意见恰恰和谢先生处于相反的地位，要是我们撇开理论而专讲事实，历史上无意识的鄙外与排外最利害的固是反对西化最力的人，然而历史上最为下贱的畏外与媚外最利害的人，也是反对西化最力的人。大家大约总能承认，从来华南民众之努力西化，比之华北的民众热心得多，然而根本上正是为着这个原故，华北民众之畏外媚外特别利害。八国联军之入京，差不多整个城内的民众，很不知耻而自动自贴了本家是顺民的字样。这次东三省之沦亡，热河长城一带之失陷，华北民众的畏外媚外性当然有了不少的作用。反之，华南民众因为习染西化较深，所以从林则徐之抗英，经过刘永福、冯子材之抗法，以至十九路军之抗日，彰彰可考。然这还不过是举其重要者，其他之足以说明努力西化者之不畏外、不媚外而踟躇西化者之畏外与媚者不可胜说。

谢先生又指出"九一八"以后的中国民族的愈不可为，从一方面看起来，我表同情于谢先生。但是从另一方面看起来，他好像和我有了根本的差异。我的意见是与其说中国民族之所以至此，是由于西化，不如说是由于没有全盘澈底的西化。我记得当张之江先生南来提倡大刀杀敌并大印其惊人的宣言，我曾写了一篇很短的感想，里面有了下面两段话：

> 我想二十五年前的满清，虽不知西洋文化究竟是什么，还能觉到应当效法西洋宪法。三十五年前的张之洞，虽不知西洋文化究竟是什么，还能觉到西学西艺的必要。四十五年前的李鸿章，与六十年前的曾国藩，虽不知西洋文化究竟是什么，还能觉到西洋兵器的必要。今乃每况愈下，为党国要人而又自鸣为信仰泰西的基督教的张之江先生，还要提倡用大刀杀敌，这简直是令我们百想而不得其解的。

> 不但这样，中国之所以弄到这个地步，原因是由于顽固成性不愿西化，结果是要被人迫而始化。所以过去的西化运动，每每澎涨于国家患难之秋；换句来说，就是多受一次的巨创，国人始感觉到要做进一步的西化。像曾国藩之采纳机器，是在英法联军和后太平天国乱后的反响；康有为、梁启超的维新，以至张之洞、刘坤一的变法，是甲午败后的反响；而满清的预备立宪，是义和团事件后的反响。这次国难当头，土地丧失，为百年以来所未有的奇辱，平情来说，国人应当格外痛定思痛，努力打破过去的顽固不灵，死守成规而徒作毛皮形式的西化，立志决心去做全盘澈底的西化。谁料竟出乎我们意料之外的极端的开倒车的运动，滚滚而来，这岂非中国速亡之兆乎？

总而言之，我们既不承认西洋的民族意识是先天的，而是文化所形成的；那么，中国民族意识之所以没有发展，也非先天的，而是中国固有文化所形成的。想有足以生存于现代世界的民族意识；消极方面，就要放弃过去的固有文化，以及其所形成的顽靡不振的民族意识；积极方面，就要全盘澈底去西化。能够全盘澈底的西化，就是激动起一种新的民族意识而适宜于现代的世界。

相信中国可以全盘澈底的西化的民族，是有自信心最强的民族。因为相信中国可以全盘澈底西化的民族，是相信西洋民族所能创造的文化，中国人也能创造。只有相信中国民族有了这种创造的能力的人，始能自信中国将来的文化不但可以和欧美并驾齐驱，且可以超越在欧美所成就之上。全盘西化有损于民族自信心之谬说，可以不攻而自破矣。

八、全盘西化与五四运动

在《中国文化之死路》一文里，张磬先生这样的告诉我们道：

> 中国的五四运动，早已做了陈博士所宣传的全盘接受西洋文化——资本文化的试验事业。

而在在文化运动战线上答我一文里，他又说：

> 中国的西洋文化运动，原不是自陈博士始，五四时代的资本主文化运动，敲醒了全国思想界的梦，谁不异口同声地力主全盘西化，果然浩浩荡荡，颇一时之盛，所闻塞恩斯与德说克拉西——这大概是被指为所谓精神文化的东西——的高潮弥漫了全国，懿欤盛哉。

中国的西洋文化运动之不自我始，是小学里的学生也会知道，用不着张先生来提醒一般的读者。可是很奇怪的，张先生又好像以为这个西洋文化运动是始自五四时代；而其实呢，这个运动，近而言之，至少有了七十年的历史，远而言之，则明末清初已经有人提倡了。

然而最奇怪，而为我的浅识所认不到者，是他说全盘西化的主张，在五四以后全国思想界已异口同声的浩浩荡荡的提倡了。张先生在《中国文化之死路》一文里，以为我们贸然用"全盘"二字，是要负责任的。要是全盘西化的主张是要负中国文化的死路的责任，我们又何敢推辞？张先生现在又说五四以后国人对于全盘西化已极力提倡，这岂不是为了我们移嫁全盘西化主张的责任吗？照理我们应当感谢张先生，张先生是多么善于变卦的人呵！要我们负贸然用"全盘"二字的责任，是张先生，为我们移嫁全盘西化的责任也是张先生。

可惜我未必是一位移嫁责任于人的人。

我对于五四运动时代以及此后的著作方面的了解，也许没有像张先生那样深刻，可是也颇自信做过多少研究的工夫。在一般的国人的著作里，除了主张"复古"的梁漱溟先生用过"全盘"两个字外，既不容易找出全盘西化的字样。在所谓思想领袖的陈仲甫和胡适之先生的著作里，好像也找不出全盘西化的话类。其实不但这个名词不容易找出来，就是这种思想他们也是没有的，陈仲甫先生在《新青年》六卷一号《本志罪案之答辩书》里说：

大家平心细思本志除了拥护德、赛先生之外，还有别项罪案没有呢？若是没有，请你们不用专门非难本志。

这是主张全盘西化的人的口气吗？"全盘"二字在那里？全盘的思想又在那里？

仲甫先生后来见得人们反对基督教很利害，又做了一篇文为基督教辩护，可是他后来的思想大起变化，连了他过去所主张的部分西化也根本的怀疑起来，于是可见得他不是主张全盘西化的人。

至于胡适之先生在《胡适文选》里《介绍我自己的思想》一文里，虽有中国百事不如西洋人的语气，可是在他的著作里，我好像找不出"全盘"二字。

其实适之先生是相信东方（中国的）的哲学，和西方的哲学接触以后，会产生一种东西合璧的哲学。他又相信科学精神，在中国的宋代，已经有了。而科学的成绩，在清代的学问里已经斐然可观。这和他以为西洋的文化是科学的文化有了抵触，所以若说胡先生是提倡全盘西化的人，也许胡先生不承认。

我们正是见得所谓五四运动的领袖者，对于西洋文化的认识上，尚欠深刻和澈底，而生出东西合璧以至皮毛西化的结果，所以"贸然"主张全盘西化。张先生没有明白这一层，结果不但误会以为我们所谓全盘西化，乃皮毛西化，采纳西货，还且误会以为五四运动早已做了我们宣传的全盘西化的试验事业，这岂不是一种冤枉吗？

我自然感觉到五四运动时代的中国思想界之认识西洋文化和西化主张之影响于国人，比较中国的过去的西化运动较为普遍，然我不觉得她是一个全盘而澈底的西化运动。这一点说起来话是很长的。但是中山大学的《中国文化之出路》的演讲词已很明白的说出来，难道张先生总看不见吗？

九、物质文化与精神文化

张磬先生在在文化运动战线上答我一文里说：

……下面又提出了物质文化与精神文化，采取人家的物质文化应当采取人家的精神文化，等语……据我看来，这种话原是极陈腐的见解，似乎抄袭了胡适博士的老调，但却取了他的短处，遗了他的长处。

他又说：

事实胜于雄辩，我的立论就建筑在这些事实上面，恰恰与博士主张相反，就是：精神文化的演化，随着物质文化的演化。我们可以肯定的说，……精神文化是物质文化的表现。

我在《中国文化之出路》演讲词里，曾把了七种折衷主张来批评，并指摘其错误。所谓物质文化与精神文化，不过是被我所批评与指摘中之一种。所以张先生所目为极陈腐的见解，我不但早已见得到，而且进一步来批评其错误。张先生沾沾自喜而以此来驳我，岂非可笑？

至于他以为所谓精神文化是物质文化的表现，这句话是他自己的话，而和所谓物质文化是精神文化的表现是我的话，而成为他和我的恰恰相反的要点。"我阅了之后，的要笑痛了我的肚子。"（——这句话是借用张先生的，作者注。）我在《中国文化之出路》的演讲词里，老早说过：

> 物质和精神这种思想，是以为中国的文化是精神文化，西洋的文化是物质的文化。主张这种思想的人，以为西洋的物质固有可取，但其精神文化则不及我们中国。所以我们一方面要保存我们的精神文化，他方面要采纳西洋的物质文化。这种折衷办法可算是普通（——虽则我不用陈腐的刻薄话，作者注）的折衷办法，我们对这种见解的批评是以为所谓物质和精神的文化，不外是二而一、一而二的东西。

> 物质文化所表现之处，便是精神文化所寄存之处，观察其精神文化，同时也可懂得其物质的文化。她们的关系，正如一个人的肉体和他的灵魂的关系，两者处处都是互相为用而不可以分开的。纵能分开，也不能使我国的非物质的精神生活，和西洋的物质文化相溶洽。

张先生读书完全不求甚解，我的全部整个思想和主张，他因领会不到，所以断章分句来非难我，殊不知他所拾以为至宝而把来非难我的东西，我老早已经说过。上面所举一段话，固是我在《中国文化之出路》演讲词里所抄出来，然在《社会学刊》那篇《东西文化观》一文，已有同样的词句，就是六年前所草的，而在《关于中国文化之出路答张磬先生》一文里所摘录《再开张的孔家店》一文那段话，也有这样的一段：

> 良以把文化来分做物质，精神，二方面，乃我们为了利便研究起见而发生的主观的观念，并非文化本身上有物质，精神之分。因为物质与精神文化是不能分开的。

凡是相信物质与精神文化是不能分开的人，都免不得相信像我在《中国文化之出路》的演讲词所说：

> 物质所表现之处便是精神所寄存之处。

同时也不能否认我在同处所说：

> 观察其精神文化，同时也可以懂得其物质的文化。

总而言之，我在演讲词里老早已说过张先生所拾以为至宝而把来非难我的那句话。我在演讲词里且先说，"物质文化所表现之处，便是精神文化所寄存之处，"然后才说，"观察其精神文化，同时也可以懂得其物质文化。"一先一后，固未必表示所谓物质文化是重要过精神文化；然也决没有表示精神文化是重要过物质文化。张先生既没有眼睛见到这点，而又忘记了主张物质文化与精神文化不能分开的必然结论。不但是：

> 物质的文化是精神的文化表现，

而且是：

> 精神的文化是物质的文化表现。

这样没有眼睛而又没有悟性的人，其不弄巧成拙者，盖亦鲜矣！其实这样没有眼睛而又没有悟性的人，怎能配得来谈这么一个题目呢？

我所摘录《再开张的孔家店》一文那段话，所以不说出我在演讲词里的物质文化所表现之处，便是精神文化所寄存之处的必然结论那两句话的理由有二：一来这篇文是写在六年前人们大事提倡中国的精神文化的时代，目的是告诉他们西洋不但有其物质文化，而且有其精神文化，而且科学既是精神文化，近代的物质文化差不多可以说是由于科学发达而来。所以说物质文化的演化是随着精神文化的演化。我接着说：

> 我们差不多可以说物质的文化，是精神文化的表现。

我不说"肯定的""科学的"，而说"差不多""可以说"这句话，就是因为我所主张精神与物质文化的不能分开的必然结论；和我老早已经说过的物质文化所表现之处，便是精神文化所寄存之处，是不能一笔抹杀的，不能否认的。

这样看起来，我所说的"差不多""可以说"这句话，比张先生所拾了人家的皮毛的什么"肯定的""科学的"的口气，而事实却不肯定、却不科学，妥当得多了。

二来呢，我在《关于中国文化之出路答张馨先生》一文，所以抄出《再开张的孔家店》那段话，目的不过是像我所说：

> 这两段话，至少可以说明我并非一个主张专事享受西洋货的人。

张先生既没有眼睛去看看我的演讲词，又没有悟性去领会我的必然结论，现在又不明白我那两段话的目的所在，而专是断章分句来非难，而且大做其没有意想的文章，这正是他所谓大放其机关枪——浪费了许多无谓的子弹。

我既相信文化的本身上没有精神与物质之分，而从文化本身的观点来解释文化，我和受过杜威先生的影响最深而极力提倡科学的胡适之先生，当然有了相异之点。何况在"全盘西化与五四运动"一段里，我已说明他对于东西文化的观点，也和我有了不同，又何况所谓以文化来分为精神与物质两方面来做东西文化合璧的论调，是我所根本不赞成而极有批评与指摘的？张先生以为提出物质文化与精神文化就是抄袭了胡先生的老调,是本没有所据了。

何况这种所谓老调,也不是自胡适先生始。胡先生那篇《我们对于西洋近代文明的态度》是写于一九二六年六月,可是在胡先生未写这篇文章以前十年的欧战发生以后,国人已有不少的大来提倡东方的精神文化与西方的物质文化。欧战以后,梁任公一般人又见得欧人因战争而破坏其过去的物质成就,于是又大来提倡东方的精神文化,所以胡先生才〈写〉的这篇文章。胡先生劈头且明明白白的说:

> 今日最没有根据而又最有毒害的妖言,是讥贬西洋文明为唯物文明,而尊崇东方文明为精神文明,这本是很老的见解,在今日却有新兴的气象。

可知我所提出的所谓物质文化与精神文化,并非胡先生的老调了。

其实我在演讲词里于未批评和指摘物质文化与精神文化的折衷办法之前,已批评与指摘了所谓"中学为体西学为用"和"道的文化和器的文化"的折衷办法。我且相信这几种的折衷办法是有关系的。曾国藩和李鸿章的代表人物的薛福成所提倡的东方的"道"可以和西方的"器"调和起来的言论的变相,就是东方以精神文化可以和西方的物质文化调和起来的言论。所以要是这种的折衷或调和而是老调,她不但不是自胡先生始,不但不是自欧战后就有了,追源穷本,她可以说是始于五十年前,六十年前,或是七十年前罢。

反之,张先生明明白白是"抄袭"了胡适之先生的"精神的文明必须建筑在物质基础之上"来做他的护身符以非难我,虽则他却取了他的短处,遗了他的长处。

吕学海编《全盘西化言论集》("南大青年"特刊),岭南大学青年会,1934年4月。

乡村文化与都市文化

在《大公报》十月十三日登载乡建工作讨论会在定县开幕详纪里，我们找得梁漱溟先生下面一段讲演词：

……乡建的目的是：（一）从中国固有的历史，演变下来的，使中国成为高度文明，以乡村为主体、为根据的社会；（二）西洋的近代文明，与中国固有的文明，结合演成今日状况。西洋的都市文明、工业文明，与中国的乡村文明、农业文明，两相接触，改造一种新的环境，在不断的转变之下，成为今日中国民族自救的运动，成为我们今日的乡村运动。我国经过不少运动，惟此运动，切重实际，亦可谓之最后的运动。已往诸运动，初起时亦呈风起云涌之势，但渐渐失败。……中国原以农业立国，自受西洋工业文明影响以后，也想走入西洋之路，但未走通；如已走通，固无需再有今日乡建运动矣。如日本因种种条件适宜，故摹仿工业文明而成功，走上了工业文明、都市文明之路，所以无需有乡建运动，农村受都市压迫过甚，故偶然的需要救济，但谈不到建设。我们因无路可走，才走上乡建之路，开辟别一个新路线，以农村为主体来繁荣都市……开辟世界未开辟的文明路线，以乡建工作为民族自救的惟一出路。

在梁先生这段话中，可以商榷之点很多，但我在这里所要把来讨论的是：他以为西洋文化是都市文化，中国文化是乡村文化，而且这两种文化接触起来，就会产生出一种中西合璧的新文化。

我们的意见是：所谓都市与乡村，从文化的观点来看，不但是在性质上，不过是文化很多方面的两方面；就是在发展上，是要在文化较高的社会里，才能发展的。因此之故，在一般经济学者所谓渔猎以至畜牧时代的社会，城市固是难于发生，连了梁先生所谓以农业为基础的乡村，也是难于发生。

不但这样，乡村的发展固多依赖于农业，然而有了农业的社会，未必一定是以乡村为社会的基础。比方南方好多的苗、黎和南洋好多的土人，所住的地方，在很远的距离中，才见了一家茅屋。所谓乡村固是少见，就是三五个家庭聚居一处，也不多有。然而这些的人们大多数是靠着农业为生，同时他们的农业的知智和经验，未必是低过我们所谓"以农立国"的国民。

同样，都市固是工业的展览处，可是都市尚未发生或发达的原始社会，工业也许已很进步。比方美洲土人所制作的土器，菲洲土人所铸造的铁具，苗、黎的刺绣，以及他们或其他的原始社会的人们在工业的其他方面的出品，在人类文化史上所占的位置，都很重要。

都市与乡村既不只是文化很多方面的两方面，而且是要在文化发展较高的社会，或是某种特殊的文化的社会里，才能发生或发达，我们就能容易明白文化可以概括都市与乡村，而乡村与都市却不能概括文化。梁先生以都市与乡村来范围文化，已经不合逻辑，何况就算都市与乡村可以范围文化，则西洋文化既不只是都市文化，中国文化也非只是乡村文化呢？

原来西洋现代的文化，并非突然地发生或创造出来的。它是经过好多年的时间，和费了无数人的精神劳力，一点一点，和一步一步的累积而成的。所谓二十世纪或十九世纪的西洋文化，不外是十六七八诸世纪的文化的伸张；而十六七八诸世纪的文化，又不外是从西洋文化发生以至十四五诸世纪的文化的果实。都市是文化特性之一，当然也是像文化一样的发展而来。所以从大体上看起来，西洋的都市历史，也有了好几千年的久远，然而从其发展的速度方面来看，这种速度的增加得利害，是十九世纪以后的事情。我们知道一八〇〇年的法国的人口过十万的都市，不过有了三个。在那个时候，纽约大约只有六万人，伦敦不过十四万左右。巴黎是欧洲的重心，也不过是五十万左右。芝加哥到了一八三〇年，还不过是一个百人左右的乡村。此外，在今日所谓为大都市，在一八〇〇年有的还是荒邱旷野，有的还是穷乡陋邑。所以一八〇〇以前的西洋的人民，差不多百分之九十都在所谓乡村里过着他们的生活，我们若用了梁先生的名词来说明西洋文化，那么这时候的西洋文化，岂非也是乡村文化吗？然而一八〇〇的西洋文化，老早已进入现代文化的时期。

就是十九世纪中叶的西洋都市，有了一百万人的，固不易找出来，有了五十万以至十万的，还是无多。纽约成为美国最大的都市，人口至多也不过五十万左右，芝加哥只有五万；巴黎据说有了一百万，可是在法国那个时候，百分之八十的人民，是乡村的居民，于是可知西洋的文化不只是都市的文化。

而且事实上，近百余年以来，西洋的都市固是发展得很快，西洋的乡村何尝又没有发展呢？一般浅见的人，见了纽约、伦敦、巴黎、柏林、芝加哥的人口，在这个时期里增加了好多倍，他们忘记了西洋各处的乡村的人口，在这个时期里，也增了不少。举一个例罢。一八〇〇年的英伦与威尔士两个地方的人口，总数是九百万，住在都市的有了三百万左右，住在乡村约有六百万；到了一九〇〇年这两个地方共有人口三千万，住在都市的约二千万，而住在乡村约一千万。这个统计虽也指示都市的发展是较乡村的发展为快，但是我们所要特别注意的点是：乡村并不因都市的发展而零落。反之，乡村的人口，也差不多增加了一倍。何况事实上，今日之所谓为都市，大多数是从前的乡村；所以表面上，我们虽说乡村发展和都市发展有了分别，事实上，所谓都市的发展，差不多也就是乡村的发展。

同样这般浅见的人，只见得新的都市在这百余年以内，增加不少，他们忘记了在同样的时期里，新的乡村也增加了不少。他们只见得西洋在这百余年来，都市的物质文化，进步得很快，他们忘记了西洋在同样的时期里，乡村的物质文化，也进步得很快。他们只见得都市人口增加较快，乡村人口增加较迟，以为后者就被了前者压迫，他们忘记了机器发明以后，从前要十人来耕一幅地，现在只用一个人就够了；他们又忘记了，交通便利以后，所谓乡村与都市的界限，已不像从前那样的清楚，居住乡村的人，固有不少跑去都市，然而居住都市的人，也有不少的跑去乡村。

再从西洋文化性质来看，一般人——梁先生也在内——都以为科学及民治为西洋文化的特征，但是科学对于都市的发达上固有不少的帮助，其对于乡村的发达上，又何尝没有很大的贡献？例如交通上种种便利，与其说是有益于都市，不如说是更有益于乡村。至于民治精神与制度之发展，差不多可以说是"以乡治国"的表征。在帝王专制的时代，政治完全取决于国都与都市，在民治时代的国家，政治主权，是要在一般民众的手里找出来，现代国家的乡村的民众，既还占相当的数目，则乡村之在政治上的力量，也是不可忽视的。

上面是说明西洋文化不只是都市文化，我们现在可以解释中国文化不只是乡村文化。

《易》云："日中为市。"这可以说是中国都市的起源；《周礼》里"国"与"鄙"每相对称，"鄙"是指着乡村，而"国"却可以说是都市。至于《管子》说"野与市争"，已经证明"市"的位置的重要。又如《公羊传·宣公十五年》何注文说"春夏出田，秋冬入城郭"，是指出都市不但是政治工商的中心，而且是农民的秋冬两季的寄托所。至如秦的咸阳，汉的长安的位置的重要，更不待说而可以明白的。汉代文化的中心，是在黄河流域，故《史记·货殖传》载长安以外河南有七个大都市，直隶、山东、山西、安徽诸省各有两个；南方文化较低，故都市之见于《货殖传》者，仅江苏、湖北、广东各一。于是可知中国的文化，从来就不只是乡村文化。而且从《货殖传》里的指示，我们知道文化之优高低下，每以都市之大小多少为衡。

从汉朝至现在朝代虽变了不少，然都市在中国文化的位置的重要，是无可怀疑的。我们试读元代马可·波罗的《中国游记》，其所赞美歌颂的中国文化，何莫非像梁先生所说的"都市文化"？假使那个时候的欧洲人，而像梁先生一样的把文化来分为都市和乡村两方面，则读了马氏《游记》之后，岂不是也要叹道：中国文化是都市文化了！

梁先生既错认中国的文化是乡村文化，他又错认中国成为高度文化是以乡村为主体、为根据。我们要问梁先生所谓以乡村为主体、为根据而成为高度的中国文化，是指着那一种的文化呢？在物质方面，是不是以农业为本的乡村的农业出产呢？在社会方面，是不是以宗族为本的乡村的宗族制度呢？在精神方面，是不是以保守为本的乡村的只知有乡不知有国、有世界；只知因袭，只知复古，不知进取，不知图新的思想呢？其实中国数千年来的文化之所以停滞而不能发达的一个很重的原因，恐怕正是因为中了这种乡村制度的遗毒，和受了老子、孟子的"老死不相往来"的理想乡村的影响。结果是智识固塞，科学不振，工业、商业固无从发展。连了所谓为乡村基础的农业，也是沿旧蹈常，与所谓原始文化的社会的情况，相去不远。至今无路可走，迫不得已的还要派留学生到西洋学农业，派大官红员去西洋调查乡制，考察农政，购买农品，移植种子。我们清夜扪心，应该惭愧万分，努力急起直追，企有与西洋并驾齐驱的一天。那料所谓乡村运动领袖像梁先生，还要在那里梦想以西洋人千数百年前所也曾经过的中国式"农村文化"，而融合于西洋的现代文化，以成为什么一个新路线、新文化，岂非可笑！

事实上，我们相信新的文化的创造，与其说是依赖于乡村，不如说是依赖于都市。上面已经说过，一般人都以为现代西洋文化的特征，是科学与民治，可是科学这件东西差不多完全是都市的产物。同样，民治的发展也是得力于都市。法国所有的革命，都起自都市，而特别是法国最大的都市——巴黎。法国的革命是这样，别的国家的革命也是这样。在英国、在瑞士，民主政体的种子，人们虽说是他们祖宗在山林田间种下来，然而我们不要忘记，他们的现代的民主政治是工业革命以后才发展的，而工业革命的策源地又是都市。而且工业革命的发生，是由于机器的发明，机器的发明，又不外是科学发达的表征。

所谓现代西洋文化的特征既是都市的产物，现代西洋文化的高峰或梁先生所谓的高度文化也是要在都市里找出来。西洋固是如此，中国也是如此。中国都市的发达虽然比不得上西洋，可是中国而真是有了高度文化，那么这些的高度文化，也是"都市的文化"。我们的都市且叫做"国"，我们的乡村是叫做"鄙"，已是表示两者的文化高低不同。我们的乡人曾屡唱着"不到京城终贱骨"的句子，可是我们没有听过都市的人唱过"不到乡村终贱骨"的句子。我们有乡下佬出城的笑话，我们没有城上人下乡的笑话。这不过是就我们传统和一般人的观点来说。假使我们从我国的文化本身来看，那么无论在物质方面，在精神方面，都市都比乡村为高、为优。所以外国人来中国观光（？）时，我们要叫他去北平看皇宫，看花园，看《四库全书》。万一外国人到了我们的乡下，照了几张泥屋、豚尾、人畜共处、鬼神偶像的片子回去在西洋的影戏院里开演起来，我们马上就要抗议，以为他们侮辱我们的国体、民族。连了一般真是同情于中国一般民众生活、农村概况的外国人，若是到了像定县那样的地方，我们所给与他们参观的，也不外是在县城里或是县城附近的西化的保健院、西化的农场……试问我们所谓以乡村为主体、为根据的中国的高度文化，又在那里呢？是的，在定县的农场里，我们曾搜集了华北好多的家畜像鸡、像猪和好多的农品，像麦、像棉，然而把我们这些东西和西洋的这些东西陈列在一块地方，三尺孩童一拿两者较起来，立刻见得我们的农品的低劣。比方中国顶好的棉花，一比起美国棉花不但是小得很利害，而且向地生长，正像了垂头丧气的老大要死的人一样。难道梁先生所指为高度文化，就是这些东西吗？我想定县试验的领袖们也许是不会这样想的。他们的目的，要是我的认识不错，无非是想把美国的种子，介绍到中国来。可是这么一来，他们的目的，并不像梁先生所说乡村运动和建设的目的是欲以乡村为主体、为根据的中国的高度文化，加上西洋的现代文化上而成为一种新的文化；反之他们的目的是西洋化，也许澈底西洋化，全盘西洋化。

农产上的目的固是如此，其他像教育、像医院，以至像瞿菊农先生家里的火油箱做的沙发（Sofa）椅的目的，也是如此。假使他们的目的不是这样——澈底西化、全盘西化，那么定县的试验简直没有意义，无疑的且要失败。因为他们若只是以保存中国固有的乡村的文化来做他们的运动和试验的目的，那么这种运动，这种试验，在中国已有了好几千的历史，用不着他们再来费了宝贵的光阴，劳苦的工夫的和有用的金钱呵！

明明白白是走在西洋化的路，偏偏要说是中国的路、中西合璧的路、世界未曾开辟的路。这是谎话，这是矛盾。

我以为梁先生的最大错误，是他把目的与手段这两件东西，弄得不清不楚。目的是要西化，而且要澈底与全盘西化。至于如何达到这个目的，那是手段或方法的问题。美国的棉花，大过中国的棉花好多倍，我们要移植这种棉花来中国，使其能像美国的棉花一样，这是我们的目的。可是因为人才、智识、经济的原因，我们不能一时推广美国的种子，故用美国人改良种子的方法来改良中国的种子，或是把美国的猪种来和中国的猪种混合起来而得到一种较好于中国固有的棉花或猪种。这是一种达到西洋化的目的的手段或方法，而非目的的本身。若说中国的小猪和了美国那样好的猪混合起来，第二代就会有了比美国猪还要好的结果，那是一种笑话。农产如此，整个文化，也何尝不是如此。

总而言之，梁先生和我们的异点是：他要把中国固有的乡村来融合于西洋或西化的都市，而成为一种新文化；我们却要把中国的乡村西化起来，使能调和于西洋或西化的都市而成为一种澈底与全盘西化的文化。这是从目的方面来说，若从手段或方法来说，乡村西化固是要从乡村本身上着手，然而我们也要知道科学化的试验工作未必一定是要在乡村的。岭南大学的农场、丝厂，中山大学和金陵大学的农场所试验的东西，好像正是定县的农场所试验的东西，何况定县的农场，也要设在定县城，或县城的附近地方。又从经济的供给，和设备的便利，以及人才的利用方面来看，试验的工作，与其分散于这么多的乡村，不如集中于数处，而这数个地方，无疑的以在都市或都市附近的地方，较为得当。这样看起来，都市固不只不会像梁先生所谓是压迫乡村的仇敌，而是帮助乡村的好友了。

何况事实上我们今日所谓乡村运动的人才、经济种种,差不多完全是依赖于都市呢?一般乡村居民,不但不懂乡村运动,乡村建设是什么一回事,还要一般生于都市,或长于都市,或受教于都市,或居住于都市的人们,用尽苦心,出尽方法,才能不遭乡村人民的反对,得到他们的信心,然后才能开始乡村建设的工作呵!

最后我觉得我们现在所谓乡村运动,是最近数年来才发生的。可是这种运动之在西洋,却有了很久的历史。我们很多乡村运动的领袖,饱受西洋文化的空气,或且专在西洋研究过农村运动,究竟能否同意于我们主张中国的乡村应该澈底与全盘的西化,是别一个问题,然大家大约总不会说我们这个运动是没有受过西洋的乡村运动的影响;只有没有出过国门,不懂西洋乡村是什么的人,才会自夸这个运动,是我们自己发明的新运动、自己开辟的新路线罢。

二十三,十,十六

《独立评论》第 126 号,1934 年 11 月 11 日。

读书的六到

《三字经》是旧式学塾里的初开蒙和最普遍的课本。凡是受过这本书的洗礼的人，大约总能记得读书的方法是要心口两到。所以从这本书里，我们找到"口而诵，心而惟"的格言。可是在心惟口诵之外，还有两种必要的读书方法，这就是目而视和耳而听。因为耳不听与目不见，不但心无所凭藉，而惟就是口也无所依赖而诵。所以《三字经》里所说的读书的两到的方法，大体上也可以说是"四到"。

历史上的士人学者，对于读书"四到"的工夫，能够同样或同时并重的，固不乏人，但是对于某一"到"上，特别用过工夫的也是很多，北方宋代的好多的儒者，以为正心是了解学理的根本方法，就是注重在"心到"的方法上。至于劝人熟读唐诗三百篇，就可做诗，或是熟读古赋千首，就可做赋的人，大概是特别注重于"口到"的方法。又如俗人说"百闻不如一见"，或张之洞所谓"留洋一年，胜于读西书五年"，又是特别注重于"目到"的方法。再如"闻一以知十""多闻决阙疑"好像是注重在"耳到"的方法。

自然的，这"四到"的方法，也可以因所读的书的种类或性质不同而各异，比方学外国言语，学唱歌，则"耳到""口到"的方法，要加注意，学哲学，则"心到"似为重要，他如要做一个博览群书的学者，又要注重于"目到"的方法。但是事实上，我们可以说，无论读什么书，这"四到"的方法，差不多是要互相兼用的。只闻而不见固不好，诵而不惟也是没有多大的益处。同样，闻之于惟，或见之于惟，以至闻之于诵，或见之于诵，均有密切的关系。

上面是说"四到"的方法。这种"四到"的方法，过去的学者既多已解释，而现在一般普通的人，也能容易明白，故事实上所谓"四到"的读书方法，只是一种老生常谈，用不着多加讨论。

此外别有一"到"，虽则平常的人也许实行过不少，而却很少加以注意的，就是"手到"。练习写字，练习作文，是要"手到"，用不着说，就是要做成一个学问家，对于"手到"这个方法，尤须特别注意。原来学问书籍，浩如渊海，要凭半斤头脑来记着所闻所见，以至所诵所惟的一切一切，是很不容易的。所以最良善的记忆方法，是把其所闻所见所诵所惟的东西，节要而记录起来。这种记录的工夫，就是"手到"的方法。从前读书的人，购书不易，多赖手抄，而且那个时候，印刷事业，不大发达，大家所借以交换智识，多赖于信札往来，故在今日而欲明白古人的思想言论，不但只靠着他们所写作的书籍，还要从其信札或其门人所抄记的语录里找出来。事实上，凡是著作，都要"手到"。此外有些著作，著者本人，也许不过信手抄来，以为将来著书或做自己参考之用，然对于后人却有很大的贡献。如顾炎武的《日知录》《天下郡国利病书》，赵翼的《二十二史札记》，陈兰甫的《东塾读书记》，王念孙的《读书杂志》等，是最显明的例了。

而且所读的书，若经过自己抄过一遍，或摘要做过一个大纲，则对于这部分的书的明瞭上，必定比较深刻一点，同时对于记忆方面，也帮助不少。

"手到"的方法之提倡较先和较力的，要算胡适之先生。他好像是在民国十三四年间，在上海某大学演讲过读书的"四到"（？）或五到（？），而对于"手到"的方法，却特别的加以注意和发挥。

我以为除了上面的"五到"之外，还有一"到"之最为重要，而却为中国人所最忽视的，这就是——"脚到"。

原来上面所说的"五到"，固是读书上所不可缺的方法，然只有"五到"，正像闭门造车一样。所以要使读书方法臻于完备而特别想达到科学方法，则对于"脚到"这种方法，犹须重。

事实上，近代西洋学问之所以能够一日千里的进步，是大大得力于"脚到"的方法。中国学问之所以固滞不展，无非是由于"脚到"的方法，太过忽视罢。

比方，明末清代的天主教徒，像利玛窦的《万国图说》，和艾儒略的《职方外纪》，本来是中国的地理学上的一种很大的贡献，而开学术上的人一个新纪元，可是《明史》的《意大利亚传》，既说利氏书里所说，是"荒渺莫考"，而《四库全书》的编纂者纪晓岚和名满岭南的阮元，却以为我国关于地理的书籍，卷帙千百应有尽有，用不着他们来再著地理书籍，而其结果是把艾儒略们的著作，当作小说类看待。这种错误和夸大，就是因为没有"脚到"的工夫。

反之，欧西人近代智识之发达之依赖于"脚到"的工夫，是一件很显明的事情。比方，马可波罗的《中国游记》之对于西洋人的文化智识上的影响与贡献，彰彰可考，而其原故，无外是他们不但对于"脚到"的方法，能够应用，而且特别对于以"脚到"的方法来著作的书籍，特别加以注意，特别发生兴趣。

我们若再进一步来西洋近代各种学之发达之依赖于"脚到"的方法，我们更能容易明白"脚到"的方法，是求学问的最完备而且是最科学的方法。比方，在天文上，从前的人总以为地球是四方的，所以中世纪的人们，相信我们若驶船直走到天脚或地尽处的时候，也许船会因风吹而坠落地球之外的危险，然而自从哥伦布和好多航海家环绕地球驶船以后，再也没有人怀疑地球是圆的。至于地质地理学之要"脚到"的方法，更不待说。

又如达尔文和华来斯，不但是生物学界的泰斗，他们的学说，其实是影响到人类智识的各方面。然华氏费了好多年在南洋半岛一带，采集标本。达氏从一八三一年到一八三六年间，经过大西洋的岛屿，新西兰，南美洲诸地采集各物种标本，始有一八五九年的惊人的《物种来源》的著作，这是读过他所著的《一个自然科学者的游记》的人，所能明白的。

自然科学固是如此，社会学科也是如此。比方，人类学——文化人类学或社会人类学——的发达，是完全要靠着人们注重"脚到"的方法，这是近代很有名的人类学者泰勒（Tylor）氏在他的名著《原始文化》里，早已承认的。

又如在社会学上的斯宾塞的巨著《社会学原理》的材料，差不多是完全根据于他所派的助手到世界各国所采的社会情况而写成的叙述社会学而来的。至于近来学校里社会学系的都市社会学，农村社会学，社会调查，社会救济，社会个案研究等等科目之不能离开"脚到"的方法，那是更是显明而易见的。

再如政治学上蒲莱斯（Bryce）的名著《近代民主政治》的材料，也是靠着他三四十来到各国实地调查的结果。其他如托克维尔（Tocqusville）的《美国民主政治》，以至孟德司鸠的《法意》，都是得力于"脚到"的方法。

其实，就是文学方面，也免不离得"脚到"的工夫。一点小说里所描写的背景，诗词里所谓触境生情，总要人们身历其境，"脚到"其地，才能写得生色，看得动人。甚至做文章，也和"脚到"的方法有了关系。这一点我们的文章名家司马迁太史是一个很好的例，他游历过天下名山大川之后，而"其文益壮"。

上面不过随便的举出几个例子来说明"脚到"方法，在读书上的应用，那么在求学问上，这个方法的重要，可以概见。

中国人对于"脚到"方法的应用，并非完全没有。上面所举的太史公的文章便是一个例。又如所谓惠施有书五车，大概是一面旅行，一面读书。顾炎武游历各省，每带书籍，以对证书中所载是否符合于实在情形。可惜这些学者，只能算做例外。而传统思想却是太过忽视甚且反对"脚到"的方法。什么"儒者不出门而知天下事"，什么"十年寒窗，三年静坐"，能使心胸豁然开明，学理忽而出来，这一类的遗教信条，深入人心，训至智识固塞，学术难于进步。这是我们所要特别觉悟，而痛加纠正的。

《南大》（半月刊）第 17 期 156 号，1934 年 11 月 20 日。

1935 年

利玛窦的政治思想

一、绪论

照一般普通人的观察,利玛窦之在中国的影响,大概不出两方面,一为宗教的宣传,一为科学——天算——的介绍。宗教的宣传,本是利氏来华的目的,而且是他住华的职务;然自从前的中国人看起来,这是谎说邪教,不但不值得中国人崇信,而且时时引起不少的恶感。所以当时礼部曾奏言:"其所携来之天主与天主母图为不经之物。"又如清初的杨光先,在其《不得已》书里也说道:"以西洋邪教,为中国人,而欲招徕之,授引之,自贻伊戚。"至于科学的介绍,从利氏及天主教徒们看起来,不过是他的副业,他的手段;然从中国人看起来,这是利氏个人在华的最大的贡献,也是中国学术史上一个新纪元。故在那个时候,已搏了中国朝野上下的羡慕与尊崇,所以利氏死后,当有些人反对赐给葬地与他时,叶文忠公并不踌躇的对着他们说:"子见从古来宾,其道德学问,有一如利子者乎?毋论其他事,即译《几何原本》一书,便宜赐葬地矣。"

事实上,自从利氏来华以后,为人欣喜的西洋科学之在中国,固是逐渐发展以至于今,就是为人反对的西洋宗教之在中国,也是永不间断地发达而至现在。所以现在无论何人,一谈起西洋科学与宗教这两件东西,总不能不追源逐本于利氏。不过事实上,利氏之在中国,除了宗教的宣传和科学的介绍之外,还有一种很重要而却为人们所尚未注意的东西的介绍与宣传。这就是他的政治思想。

利氏的政治思想是否影响于中国,或其影响于中国的程度,究竟如何,我们在这处可以放开这个问题,不必讨论。但是我想若照利氏个人方面来看起来,他对于这一点上的宣传与介绍的努力,未必是亚于他的宗教的宣传与科学的介绍。所以我们要是叫他做宗教家与科学家,我们也可以叫他做政治家,而且是当时一个最大的政治家。我们试想他以中国人素来目为蛮夷的身份,到了中国以后,初则游说广东大吏,居住肇州,十有余载,继则广交廷臣,宠见天子,终其身于中国,而破蛮夷不能长住皇朝的故例,这岂不是他的政治手段的高妙,始能致此吗？一个纯粹的政治思想家，也许一生没有参加过实际的政治工作，可是一个置身于政治漩涡的人，对于政治上，总很难免得没有多少的意见，利氏在华的时候，既不能不借政治的势力而使其能安居于中国，则其对于中国政治的人物制度与思想，必有不少的反响与意见。这种反响与意见，就使利氏不笔之于书，像我们在他的《天主实义》里或其他的著作所能找出的；至少也许发之于言，而为当时之和利氏友善者所知道。

然而三百余年以来，人们对于他的政治思想，却没有加以注意的原因，大约一方面是由于政治思想这种东西，不像天算那样的实用，与宗教的圣像教堂以及在崇拜上的种种仪式，显而易见；一方面是由于中国人从来就把政治思想，当做伦理思想的支流，而且受了"夷狄之有君，不如诸夏之亡也"和"半部《论语》可以治天下"的金科玉律的影响太深；再加以利氏的政治思想的基础，是筑在他的宗教的信仰上，以致人们不察，加以忽视。

本篇的旨趣，是要从政治的立场上，来解释利氏的思想。换言之，就是要把利氏在政治的思想方面的几种要点，加以说明。但是在未将他的政治思想的本身介绍以前，我们应该对于他的政治思想的背景和他的身世，略加介绍。

二、利氏略传及背景

利玛窦（Matteo Ricci），一千五百五十二年，生于意大利的马塞拉塔城（Macerata）。他少年的时候，曾在他自己城里的耶稣会所开办的学校里读书，后来又到罗马学习法律。到了一五七一年，他加入耶稣会，虽则这种举动，是为他的父亲所极端反对。六年后（一五七七），他决意到印度传教，遂于一五七八年直从罗马到葡萄牙。他这次离开罗马，连他的故乡和他的父母，也不回去看一看。他从葡萄牙到印度的卧亚（Goa）住到一八五二年，始由印度到广东、澳门。在澳门住了二年，略习中国语言，然后移住肇庆。他在万历二十八年（一六〇一）上表皇帝曾说：

> 时历三年，路经八万余里，始达广东，语言未通，有同暗哑，因僦居而习语文，淹留于肇庆、韶州二府垂十五年。

他在肇庆时，曾把中国的"四书"译为西文，同时得了好多个信徒。后来移居韶州，又交好了不少官吏学者。《几何原本》据说是在这个时候开始翻译的。他在韶州的信徒很多，且建设教堂。万历二十六年（一五九九）他曾到北京，惟因"关白倡乱，朝鲜多事"，未得朝见，因回南都暂住，且认识了很多名臣大夫。至二十八年（一六〇一）始再北上，朝见神宗，并献天主圣像、圣母像、《天主经典》、自鸣钟、铁弦琴、《万国图》等物。神宗见他远道来朝，"别见便殿，垂帘以观"（比较萧司铎著《天主教传行中国考》页一三四）。他在京师献物时，礼部因为未经该部译验，径自进献，曾具疏指摘，并疏请不要令他"潜居两京，与中人交往，别生事端"。神宗置之不理，而且"假馆授餐，给赐优厚"。从此以后，直住到他死那年（一六一〇），未离北京。利氏在京师，不但得了神宗的恩宠特加，就是一般的公卿大夫以下，和他交游的很多。他也乐于接引，每日"除褆躬瞻礼，存想省察诵经外，皆谈道著书之候也"。他卒后，赐葬西郊外。（关于利氏传略可参考《明史·意大里亚传》，艾儒略著《利氏传》，及萧司铎著《天主教传行中国考》。）

上面是利氏的传略，我们现在可以略谈他的背景。

自马丁路得的宗教改革以后，欧洲的基督教分为两派：一为新教，一为旧教。新教的势力既日见澎涨，忠心于旧教的人，免不得不想出其所以补救的方法。耶稣会（Jesuit Order）就是应着这个时势而生的一个旧教的团体。她的创立人是罗早拉（Ignatius Loyola）。罗氏感觉到旧教的势力日蹙，思有所效力以维残垒，乃于一五三九年，得教皇的特许，而设立这个会。其目的本来是要扶将倾的旧教，故其动机是完全注重于宗教方面。但是宗教生活与政治生活，在欧洲的中世纪，有过深切的关系，而事实上也不能把两者完全分开起来。因为宗教和政治，不过是生活的很多方面的两方面，而生活的各方面，却又是互有密切关系的。宗教之于政治既不能完全分开，宗教的运动或思想，总不能免去多少的政治的色彩。耶稣会的设立虽是着重于宗教方面，而且该会有了不准参加实际政治工作的明训，但是耶稣会不但在政治思想史上占了一个重要的位置，就是在实际上，会员之参加政治工作的，却也不少。欧洲固不待说，就是在亚洲，我们试一看中国的明末清初的天主教徒在政治上所占的位置，和把拉荀亚的耶稣国（Jesuit State of Paraguay，1609—1767），便能知道他们在实际政治上的位置的重要。

从政治思想方面来看，耶稣会可以说是中世纪的传统政治思想的产儿，同时又是近代政治思想的先锋。这是一个矛盾。可是这个矛盾，并不难于解释，盖自宗教改革以后，教皇与教会在过去所有的威权既损失不少，各国皇帝的势力，却日日增加，甚至大声疾呼打倒教会教皇专制的马丁路得，以至加尔文，都趋向于帝王神权和帝王专制的思想。这也许是因为他们之所以成功，是得力不少于帝王。耶稣会是旧教的拥护者，旧教既不外是中世纪的遗产，中世纪的基督化的帝国的实现，自然是他们的理想国。然而想要实现这个基督教化的帝国，不能不反对帝王神权的思想和帝王专制的形成。要想打倒帝王神权的思想，与帝王专制的形成，他们又不能不表同情于正在萌牙的民权思想，因为只有立在民权的战线上，始能战胜这蒸蒸日上的君权。所以在宗教方面来看，十六七世纪的耶稣会是旧教，是中世纪的思想的代表，然而从政治思想方面来看，她却是近代政治思想上的先锋，民权思想的拥护者。

事实上，我们差不多可以说主张人民主权反对君主专制这种思想，在十六世纪，不但是耶稣会的人们表示同情，就是一般的天主教徒，也都同声相应。我们知道在十六世纪的时代，除了耶稣会以外，法国的天主教徒在一五七二年以后，已逐渐地感觉到反对君主专制的必要，所以在一五七六年他们且联合起来，组织天主教徒同盟会（The Catholic League）。从一方面看起来，天主教徒同盟会之对于教皇的拥护，和中世纪的基督教化帝国的梦想，固然没有耶稣会的诚意，而偏于近代的民族主义，然民权思想之影响他们之深，并不减于耶稣会。正是为了这个原故，天主教徒同盟会，遂为法国皇帝显利第三的目中钉。

利玛窦是天主教徒，是耶稣会会员，而且是在这种思想和运动的时代里生长，是在这个时代来住中国，那么这个时代的思想和运动之影响于他个人，也是自然而然的。

三、利氏对于佛、老、孔子之态度

政治思想是思想的一部分，所以每一个人的政治思想和其普通或根本思想，不但有密切关系，而且后者每为前者的基础。利玛窦的政治思想与其普通或根本思想，也是这样。因此，我们若想明白他的政治思想，应该先明白他的普通与根本思想。

利氏是天主教徒，而又是耶稣会会员。他的普通与根本思想，当然与欧洲一般的天主教徒，和耶稣会会员的，是没有什么特异之处。若我们而从欧洲人的立场来看，那么他的思想之在思想界，是没有什么位置的。但是这种思想，一传到中国来，却在中国思想界上，开了一个新纪元，而像他在中国的宗教与科学史上所占的位置，同样重。

原来中国数千年来，朝代的变换，虽不知好几多次，然思想上，始终跑不出老子、孔子的圈子。后来佛教输入中国，其势力与影响，虽不可忽视，然习闻于老、庄的思想的中国人的脾胃，对于佛教的输入，并没有尝之而不合之处。中国人之所以把佛、老来相提并论，就是因为两者的根本思想没有很大的差别。至于一般自命为孔家之徒，对于佛、老的排斥，虽不遗余力，然细心研究过孔子与老子的思想的人，总能知道表面上，孔、老虽似有很大的不同，骨子里，却又不是这样。

根本上，利氏所介绍的西洋思想，却不是这样。他不但极力反对佛、老，而且极力反对孔子。他在《天主实义》上卷第二篇里批评佛、老两氏道：

> 两氏之谓：曰无曰空，于天主理，大相剌谬。

老氏的无，佛氏的空，是违背天主的道理。天主既为他所尊崇，老、佛当然是他所反对。于是他又从而解释所谓无与空的道理的错误。他说：

> 天下以实有为贵，以虚无为贱，若所谓万物之原，贵莫尚焉，奚可以虚无之贱当之乎？况已之所无，不得施之于物以为有，此理明也。今曰空，曰无者，绝无所有于己者也，则胡能施有形性以为物体哉？
>
> 物必诚有，方谓之有物焉；无诚，则为无物，设其本原无实无有，则是并其所出物者无之也。世人虽神圣，不得以无物为有，则彼无者空者，亦安能以其空无为万物有，为万物实哉？试以物之所以然观之，既谓之空无，则不能为物之作者，模者，质者，为者，此于物尚有何着焉？（同上）

他对于儒家的批评是：

> 夫儒之谓：曰有曰诚，虽未尽闻其释，固庶几乎！（同上）

原来从政治的立场来看，儒家的势力之在中国，远非佛、老所及，盖儒家的思想，实为中国的政治统治者的护身符，而且是中国的传统与中心思想代表，利氏的全副精神，本是要想打破儒家思想，然在其著作里却不敢显明的攻击，像他攻击佛、老一样，大概是因为儒家思想势力太大，若攻之太甚，则其反响的势力也必大，故不得不假为迁就，使他能久住中国，从容变换人心。然他在上面所谓"儒者之谓……虽未闻其释固庶几乎"，已显明地表示他对于儒家的怀疑。在《天主实义引》里，他说：

> 圣人不出，丑类胥煽，诚实之理，几于销灭矣。窦也从幼出乡，广游天下，视此厉毒，无陬不及，意中国尧、舜之氓，周公、仲尼之徒，大理正学，必不能移而染焉，而间有不免者，窃欲为之一证。

《天主实义》的目的正面，是说明天主的道理，反面就是指摘中国思想的缺点。他虽然不敢公然去毁谤尧、舜、周、孔，然暗中却是处处指其错误，如在其所译《几何原本序》里说：

> 夫儒者之学，亟致共知，致其知当由明达物理耳。物理渺隐，人才顽昏，不因既明，累推其未明吾知奚至哉？吾西国陬，国虽褊小，而其庠序所业，格物穷理之法，视诸列邦为独备。

这明明是指出儒学没有西学好，其蔑视儒家溢于言表。消极方面他既批评中国固有的学问思想，积极方面，他又欲以天主道理来替代儒教，所以他说：

> 此天主道，非一人一家一国之道，自西徂东，诸大邦咸习守之。圣贤所传，自天主开辟天地，降生民物，至今经传授受，无容疑也。但贵邦儒者鲜适他国，故不能明吾域之文语，谙其人物，吾将译天主之公教，以征其为真教。

四、利氏的世界观与理想的政治社会

中国人把自己的国家叫做"中国",不但是表示这个国家是居乎天下之中,而且天下之中里的唯一的国家。此外所有的民族,不外是南蛮、北狄、东夷、西戎;他们不但不配叫做"国家",就使有了君主,也是"不如诸夏之亡也"。《春秋》的大义,是内中国而外夷狄,而所谓内外的分别,不但是像胡安国所谓"中国之有戎、狄,犹君子之有小人",而且是一种绝对的文化高下不同的团体。故在中国人的思想里,所谓国家间的国际平等这回事,简直是没有的。利玛窦作的《万国全图》,根本就要打破这种观念。他告诉中国人道:

> 天下有五大洲:第一曰亚细亚洲,中凡百余国,而中国居其一。第二曰,欧罗巴洲,中凡七十余国,而意大利亚居其一。第三曰,利未亚洲(按:即今的菲洲),亦百余国。第四曰,亚墨利加洲(即美洲),地更大,以境土相连,分为南北二洲。最后得墨瓦腊泥加洲(Magellanica,明末欧洲地理学家以为在南美洲之南,盖今之澳大利洲,尚为欧人所未熟识也)为第五,而域中大地尽矣。

中国只是亚洲里的百余国之一,而亚洲又只是五大洲之一。这种言论,在现在的小学里的学生,也能明白,可是在明末的中国人,以至清代乾隆年间的《四库全书》的编纂者纪晓岚也似不晓得世界有这么多的地方。更怪不得《明史·意大利传》里述了这段话后要说:"其说荒渺莫考。"所谓"荒渺莫考",从地理上来说,是表示中国人的地理智识的固陋,从政治思想上来说,是表示中国一种夸大偏见,以为中国就是天下,就是世界。利氏籍属意国,他特地指出意大利亚是欧洲诸国之一,而中国不过亚洲诸国之一,已显明表示意大利亚是和中国为同等的国家,而无所谓内外高下之分。我们知道近代国际公法的鼻祖的格老秀斯(Grotius)的有名的《战争与和平法》(*De Jure Belli ac Pacis*),虽然刊于利氏死后十五年(一六二五),然欧洲的国际平等的思潮,在十六世纪已很发达。利氏生在欧洲,而且游过好多国,其为此种思想所影响,当无可疑。加以从天主教的立场来看,各国之于天主,本无内外高低之别,像他所谓"天主道非一国之道",故国际间的平等思想之为他所极力主张,实无足怪。

这种的国际平等思想,在消极方面是打破中国的内夏外夷的传统思想;在积极方面,却又是他心目中的世界主义的必然的结论。本来中国人的理想政治,是治国、平天下,所谓"普天之下,莫非王土,率土之滨,莫非王臣",也是含有世界主义的色彩。不过,中国人这种世界主义是完全以中国为本位的。换言之,就是以中国民族来征服或感化其他的民族,而使其服从中国。这种世界主义,在欧洲的罗马人在其全盛时代,也似趋向于此。利氏却不是这样,他的出发点是基督教。耶稣基督是犹太人，欧洲人受了这种宗教的影响，而极力宣传，根本就没有国界民族的狭见，何况教义的本身上，是承认人类平等的原，所谓"天主之道非一国之道"的意义，就本于此。利氏说：

> 天主者，非若地主，但居一方，不遣人分任，即不能兼治他方者也。天主知能无限，无外为而成，无所不在。

天主既无往而不在，则相信天主的人，也无往而不可居住，所以他说：

> 敝会之趣无他，乃欲传正道于四方焉耳。苟此道于西不能行，则迁其友于东，于东犹不行，又将徙之于南北，奚徒画身于一境乎？（《天主实义》卷二第八篇）

这种思想，不但是与老子的老死不相往来，及孟子的死徙不出乡的地方主义，有了很大的差异，就是与所谓"远托异国，昔人所悲"以至"非吾种类，其心必异"的信条，也有天渊之别。

以天主为人类的共同信主，固是基督教的根本思想；以世界为个人的归宿家室，却是耶稣会员的最特出的精神。因为他们有了这种精神，所以他们对于狭义的国家思想，是不表同情的。利氏曾说道：

> 近爱本国，庸人亦能之。故常有群卒致命，以御强寇奸究者。（同上，卷一第四篇）

爱本国是一种庸常人所能做得到的事情，用不着人们去提倡。只有世界主义是庸人之所难明的，故要超群出众的人来从事。所以他说：

> 独至仁之君子，能施远爱，包覆天地万国，而无所不及焉。君子岂不知我一体，彼一体，此吾家吾国，彼异家异国，然以为皆天主保存生养之民物，则分当兼切爱恤之，岂若小人但爱己之骨肉者哉？（同上）

在天主的心目中，人类是平等的。所谓君子、小人、仁者、庸夫的分别，乃在于明白天主道理与否。使小人、庸夫也能明白，则世界只有仁人，而世界大同，也就实现。

本来基督教的理想世界，是未来的世界。耶稣说"我国在天"就是这个意思。利氏也说：

> 现世者非人世也。……吾所侨寓，非长久居也。吾本家室，不在今世，在后世；不在地在天；当于彼创本业焉。今世也禽兽之世也。故鸟兽各类之像，俯向于地，人为天民，则昂首向顺于天，以今世为本处所者，禽兽之徒也。（《天主实义》上卷第三篇）

这个后世天国本是基督教的极乐世界，人类最高的理想国——天堂。这种学说，本来似近于佛家天堂之说，然利氏却力辩其不同，且以为：

> 天主教，古教也。释氏、西民，必窃闻其说矣。……释氏未生天主教人已有其说，修道者，后世必登天堂，受无穷之乐。（同上）

佛教本非中国固有的。佛教之所谓天堂乐国，利氏既以为与天主教的天堂乐国不同，又以为前者或乃拾后者之余唾。这种后世天国的世界主义，是为老家、儒家，所本来没有的思想，他们对于它是始终怀疑而不相信的。

照利氏的意见，后世天国是最理想的世界。然除此以外，还有一个在历史上曾经实现的地上的理想世界。这个地上的乐国，比之后世天国虽不如，然比之今世，却好得多。他说：

> 天主始制创天地，化生人物，汝想当初，乃即如是乱苦者欤？殊不然也。天主之才最灵，其心至仁，亭育人群，以迨天地万物，岂忍置之于不治不祥者乎哉？开辟初生人无病夭，常是阳和，常甚快乐，令鸟兽万汇顺听其命，毋敢侵害，任令人循奉天，如是而已。

这种的理想世界，和孔子所梦想的尧舜黄金时代，与老庄所描写的自然世界的景象，虽颇相近，然根本上却有差异之点。老庄的自然世界，是自然而然地发生的，孔子的尧舜的黄金世界，是圣人造作出来的，而利氏所说的过去的地上极乐世界，却是天主创制的。这一个神造的原始地上极乐世界，和孔老的理想世界，不但在来源上不同，就是在范围上，也是各异（虽则庄子好像是个例外）。正像上面已经说过，老子的理想世界，是小国寡民的不相往来的乡村，孔子是以中国汉族为主的世界，而利氏却以整个世界为对象。

原初的地上，本是个极乐世界，为什么到了现在，却弄成一个灾害祸乱，到处都有的世界呢？利氏说：

> 夫乱夫灾，皆由人以背理犯天主命。……以此自为自致，万祸生焉。世人之祖已败人类性根，则其为子孙者，沿其遗累，不得承性之全，生而带疵，又多相率而习丑行。（同上，下卷第八篇）

原初的地上极乐国之所以不能保存，是由于人类罪恶贯盈，历时愈久，则每况愈下。到了现在，简直是成为禽兽的世界了。他很慨叹的说道：

> 呜呼！子（指中国人）以是为平世乎？误矣！智者以为今时之灾，比尧舜之灾愈洪也。（同上）

孔子所目为黄金世界的尧舜时代，据利氏看起来，本是一个罪恶频生，灾祸多作，而值不得去歌颂的，何况今时之中国，比于尧舜的时代，还且不及呢。

罪恶固是增加，灾祸也固是增加，然人类本性，本是善的。要是人类而能改过归善，则理想世界，未尝不可以致。

故他又说：

> 虽然性体自善，不能因恶而灭，所以凡有发奋迁善，转念可成，天主亦必佑之。（同上）

所可惜的：

> 民善性既减，又习乎丑，所以易溺于恶，难归于善耳。（同上）

人民既难归于善，结果又怎么样呢？且看他说：

> 天主以父慈恤之，自古以来，代使圣人继起，为之立极。（同上）

质言之，天主悯怜人类之易溺于恶，难归于善，故不得不使圣人来治理他们，企其能舍恶归善，不负天主创造人类的初心。所谓圣人，就是统治者；所谓人民，就是被治者。政府的成立的条件，是要有统治者与被治者，人民之所以要被人治理，天主之所以使圣人来统治人民，既皆由于人民的罪恶的增长，那么：

> 政府不外是罪恶的产儿了。

反过来说：设使没有罪恶，当无政府；而且也用不着政府。这一种的政府起源论，本来是欧洲中世纪的很流行的学说，也是一般基督教教父所共同的见解。

政府既是罪恶的产儿，所谓圣人的统治者，其实不过是一位管理罪人恶人的首领。这个首领，所负担的责任无论如何重大，这个首领的个人，无论如何神圣，是别一问题，可是政府这个东西的本身，却不是一个重要的组织，更不是一个神圣的机关。因为她的基础就是罪恶，而她的来源也是罪恶。在理论上，中世纪的教父之所以鄙视政治工作，以至耶稣会之鄙视政治活动，大都因此。而利氏之以为现世乃禽兽之世，精神工作，重要于俗事工作，也就是这个意想。

这么一来，政治工作本来是一件很不得已的事情了。其视我国人之醉心于做官一途，与"学而优则仕"的传统思想，又有不同之处，怪不得杨光先在其《不得已》书里对于清初之天主教士之对政治活动的消极态度，特别加以攻击，以为不想做官的人，不是常人之情，而必别有藏心叵测的目标。

政府虽是罪恶的结果，然有了圣人来治理，比之原初天主所创造的世界和地上的天国，那样升平快乐，固是望尘莫及，可是比之现世、现在，却又较好。他说：

> 逮夫淳朴渐漓，圣贤化去，从欲者日众，循理者日稀，于是大发慈悲来救世，普觉群品，于一千六百有三年前，岁次庚申，当汉朝哀帝元寿二年冬至后三日，择贞女为母，无所交感，托胎降生，名号耶稣。耶稣，即谓救世也。躬自立训，弘化于西土，三十三年，复升归天，此天主实迹也。

照利氏的意见，世界在耶稣尚未降生之前，圣贤化去之后，政治社会的坠落，已达于极点。耶稣之所以降生，就是欲救人民于水火。故自耶稣躬自立训以后，西洋的人民，始逐渐地从罪恶之途，而趋于良善之路。故西洋目下的政治社会，已逐渐地上了轨道，比之未知天主为何物，未信天主的道理的人民的国家，已有不同之特征。中国既尚未天主教化，则中国的政治社会之不如西洋，当无可疑。我们且把《天主实义》二卷第八篇里二段对话录之于后：

中士曰：贵邦（指西洋）既习天主之教，其民必醇朴，其风必正雅，愿闻所尚。

西士曰：民之用功乎圣教，每每不等，故虽云一道，亦不能同所尚。然论厥公者，吾太西诸国，且可谓以学道为本业者也。故虽各国之君，皆务存道正传。又立有最尊位曰教化皇，专以继天主颁教论世为己职，异端邪说，不得作于列国之间。主教者之位，享三国之地，然不婚配，故无有袭嗣，惟择贤而立。余国之君臣，皆臣子服之。盖既无私家，则惟公是务，既无子，则以兆民为子；是故迪人于道，惟此殚力，躬所不能及，则委才全德盛之人，代诲牧于列国焉。……又有豪士数会，其朋友出游于四方，讲学劝善，间有敝会以耶稣名为号，其作不久，然三四友者，广闻信于诸国，皆愿求之，以诱其子弟于真道也。

这是一个天主教化的欧洲，也是利氏的理想世界。我们知道，在十六与十七世纪，欧洲的宗教势力，已渐衰弱，而教会内部的分裂，也很显明。利氏上面所描写的天主教化的国家，已有文过其实。可是因为他的心目中的理想世界，是中世纪的世界的再生，而且他又希望这个理想世界，也伸张实现于中国，所以他不但辩护这个正在日落西山的中世纪教会宗教化的政治社会，还且用中士的口气，来赞美这个世界：

中士曰：择贤以君国，布士以训民，尚德之国也。美哉风矣！（同上）

上面的解释，也许嫌于复杂，但其原故是因为利氏在中国，受中国传统思想的排斥，不敢尽量的说其所欲说。又加以宗教的彩色既浓，而有不能自圆其说的地方。然简单地说，消极方面他反对中国人的唯我独尊的传统思想的国家观，世界观；积极方面，他要介绍一个天主教化的政治社会。这个政治社会的最理想的，是后世天国；次之，却为天主原初开辟的世界；再次是圣人统治之下的时代的世界；最坏的，是耶稣尚未降生以前的世界。到了耶稣来世以后，欧洲又逐渐地趋于理想的世界的途程。至于中国，尧舜时代已非理想的世界，至多恐怕也不像他所说的圣人统治之下的时代的世界；到了现在，更是每况愈下，唯一的出路，是要步尘西洋的以天主教为基础的政治社会。

五、利氏的主权论及其对于君主之态度

上面是说明利氏的天主教化的政治社会，或世界观，我们现在要进一步来谈谈他对于这个政治社会的统治者，——而特别是关于君主的意见。

在中国，因为人们以为君主是受命于天，故叫做"天子"。所以君主的威权是至尊无上的。利氏却不是这样，他以为君主的威权与地位，不但远比不及天主，就是比之教主，也是低下。照他的意见，天主不但是高过君主，而且超在中国人所谓的天地之上，所以他说：

> 今我欲拟指天主何物曰，非天也，非地也，而其高明博厚，较天地犹甚也。（《天主实义》卷一首篇）

这种观念和我们的《易》序所谓：天地为万物，男女，夫妇，父子，君臣之源，很不相同。因为天主不但是超在天地之上而且是天地的创造者。这种思想，当然是来自《旧约》，用不着多事解释。我们所要注意的，是他既把这个天主，放在天地之上，那么不但是天之子的君主，要受天主的统治，就是天的本身，也要受治于天主之下。天地尚且这样，君主的地位的低下，可以概见。关于这一点，李之藻在《天主实义重刻序》里已经说过：

> 其言（指利氏）曰：人知事其父母，而不知天主之为大父母也，人知国家有正统，而不知天主统天之为正统也。

利氏也说：

> 天主为万物之所以然，至公至大，而其余之所以然，近私且小，私且小者，必统于大者公者。（卷一首篇）

他又说：

> 天主……所御九天万国，体用造化。

又如《天主实义引》里说：

> 平治庸理，惟竟于一，故贤圣劝臣以忠；忠也者，无二之谓也。五伦甲乎君，君臣为三纲之首，夫正义之士，此明此行。在古昔，值世之乱，群雄分争，真主未决，怀义者莫不深察正统所在焉，则奉身殉之，罔或与易也。邦国有主，天地独无主乎？国统于一，天地有二主乎？

又如他借中士的口气来说明这一点：

> 夫……君长赐我以田里树畜，使仰事俯育，我又当尊，矧此天主之为大父母也，大君也，为众祖之所出，众君之所命，生养万物，奚可错忍而忘

之?（同上）

天主成为天地万物的父母，天主的威权，是绝对的，无上的，无二的，至尊的。故他说：

> 物之私根固不一也，物之公本主，则无二焉。何者物之公本主，乃众物之所从出，备有众物德性，德性圆满，超然无以尚之。使疑天地之间，物之本主有二尊，不知所云二者，是相等乎？否乎？如非相等，必有一微，其微者自不可谓公尊，其公尊者，大德成全，蔑以加焉。如曰相等，一之已足，何用多乎？又不知所云二尊，能相夺灭否？如不能相灭，则其能犹有穷限，不可谓圆满至德之尊主，如能夺灭，则彼可以被夺灭者，非天主也。

这段议论，可以说是政治哲学上的主权一元论者的最普通而最精彩的辩护了。主权一元论，本始于法国的布丹氏（Bodin）所著的《共和六书》（一五七七），然布氏对于这一点的解释，尚未十分严密，其较为严密者要算霍布士（Hobbes）。此外法之里亚尔（De Réal），英之奥斯丁（Austin），美之凯尔洪（Calhoun），皆有所发挥。利氏所说，且在霍布士所说五六十年之前。我们承认利氏上面那段话，是专指天主的威权或主权而言，可是我们不要忘记：一来主权一元论，根本是哲学论理的问题，利氏这处所说的，全是以哲学论理为立场；二来十六、十七世纪的所谓君主神权论，根本就把政治的主权论和宗教的主权混在一起，利氏的政治思想基础既筑在天主教上，那么他的天主主权一元论，当然是和他政治主权一元论，有了密切的关系，而且前者可以应用到后者。且看他说：

> 一人止有一身，一身止有一首，有二则怪异甚矣。一家止有一长，一国止有一君，有二则国家乱矣。（同上，参看卷一首篇）

又如：

> 一家止有一长，二之则罪，一国惟得一君，二之则罪。乾坤亦特由一主，二之岂非宇宙间重大罪犯乎？（卷二第七篇）

他又说道：

> 且夫天下之物极多极盛，苟无一尊，维持调护，不免散坏，如作乐大成，苟无太师集众小成完音，亦几绝响。（卷一第一篇）

主权一元论不但可以应用于天主，而且可以应用于国家、家庭、身体。换言之，在每一事物团体之内都必有一个至尊无二的主权，以维持调护这个事物的平衡与和谐。要是这个事物或团体的主权不是至高无二，则结果必使这个事物成团体犯罪紊乱，而至消灭。这种理论又正是像后来一般主权一元论所谓"分开就是消灭"（To divide is to destroy）的见解了。

上面是解释利氏的主权一元论，但是最有趣的，在他的主权一元论的里头，我们又找出一个和这个一元论相反而近于现代所谓主权多元论的论调。这也许是利氏自己所不及料的。原来他既相信天主主权以外和以下，还有所谓君主主权，家长主权，以至个体主权，那么事实上他承认了主权之中有主权，或主权里的主权，这与十三世纪的保曼诺（Beaumanoir）的 Les Coutumes du Beauvoisir 的主权观和联邦国家里的好多主张权分的人们，所谓联邦总体与各个邦在某种范围之内，各有主权，颇相类似。质言之，照利氏之意，似以为主权的性质上固可以相同，然范围上可以各异。不过，同时他以为范围最大的主权，却有统治其他一切的主权，而成为唯一至高的主权。

君主的主权的范围，既小于天主的主权，那么君主是自然而然地受治于天主。这样说起来，君主或所谓天子的主权，是有限制的。而且除此以外，君主的主权，还有一种限制，这就是教皇的主权。利氏曾说过，在欧洲除了各国君主外，在地上还有一个"最尊位曰教化皇，专以继天主颁教谕世为己职"，同时"余国之君臣，皆臣子服之"。这本来是中世纪的普通思想，然而把来介绍到中国，却又是种新奇的思想。

君主的主权，一方面既受制于天上的天主，一方面又受制于地上的教主，则君主地位的低下，不言而知。

我们已解释君主之于天主与教主的关系，现在再来看看君主之于人民的关系如何。

人民是受治于君主的，所以君主的地位似当高于人民，而人民对于君主，似当服从。然而其实君主之统治人民，和人民之服从君主，只是一种相对的原则，而不是绝对的道理。这个原故，就是因为君主的主权是相对的，而不是绝对的。人民之服从君主，并非是为君主而服从君主，乃是为天主而服从君主。人民之对于服从天主的责任，比之服从君主的责任为大，故人民苟能服从天主，就可以不必管及君主，所以他说：

> 凡人在宇内有三父：一谓天主，二谓国君，三谓家君也。逆三父之旨者，为不孝矣。天下有道，三父之旨无相悖，盖下父者命己子孝事上父者也，而为子者顺乎一即兼孝三焉。（卷三第八篇）

可知人民所要服从的只是天主，而且是国君、家君的责任，去命令人民服从天主，反乎这个原则，就是不孝。所以他说：

> 天下无道，三父之令相反，则下父不顺其上父，而私子以奉己，弗顾其上。（同上）

在这种情形之下，为人民的要怎么样呢？他说：

> 其为之子者，听其上命，虽犯其下者，不害其为孝也。若从下者，逆其

上者，固大为不孝者也。(同上)

用浅明的话来说，就是人民可以反抗君主，要是君主不能尽其职责。我们在上面已经说过，十六世纪下半叶的天主教徒与耶稣会的人们，都相信人民有权来反抗君主，事实上他们很多都主张君主之所有的权威，都是人民所给与的，所以他们可以叫做近代民权论的先锋。利氏在其著作里，对于这种思想，虽没有积极的和详细的说出来，然细心去读他的著作的人，总能领会到这一点。所谓人民可以犯君主家长，而不害其为孝，就是这个意思。

然而，其最为我们的传统思想所难容的，却是他说：

> 国主于我相为君臣，家君于我相为父子，若使比乎天主之公父焉，世人虽君臣父子乎，为兄弟焉耳。此伦不可不明矣。(同上)

在天主的面前，虽君臣父子，不过兄弟，这并不是说臣可以不叫君为君，子可以不叫父为父，而可以叫之为兄为弟，而是说，在天主的面前，君臣父子是平等的。我们可以放开父子的关系而不讲，专从政治的立场而解释君臣或君民的关系。假使人们承认人民和君主是平等的，那么人民之服从君主，必非徒然的服从，必非绝对的服从。因为徒然的服从，和绝对的服从，是没有条件的。人民方面对于君主若要绝对没有条件的服从，则必不能谓之平等，所谓平等，必于君主方面给予人民方面以某种利益，或某种允许，人民然后服从。但是君主而果必给与人民以某种利益或某种允许，则君主也居于必要服从的地位。因为君主若不服从人民所要求而给与利益与实现允许，人民也可以不服从君主。服从与服从相消起来，结果是等于没有服从。所以归根究原起来，两方面既处于平等，即无所谓服从，而所谓君民的关系，不外是两者之间有了一种互相依赖的结合和互必遵守的契约。某一方面的违背，就是这一方面的放弃责任。除非这个结合可以不要的话，那么违背这种契约而放弃责任那方面，自然要受相当的惩罚。民权思想的基础本来就是筑在这种君民平等的原则上。

事实上平等的主张，差不多可以说是以基督教为基础的政治思想的一种必然的结论。严复在其《原强论》里对于这一点，曾有下面一段的解释。

> 今微论西洋宗教如何，然而七日来复，必有人焉，聚其民而耳提面命之。而其所以为教之术，则临之以帝天之严，重之以永生之福。人无论王侯君公，降而至于穷民无告，自教而观，则各天之赤子，而平等之义以明。平等之义明，故其民知自重而有所劝于为善。今夫上帝临汝，勿贰尔心，相在尔室，尚不愧于屋漏者，大人之事，而君子之所难也。而西洋小民，但使信教诚深，则夕惕朝乾，与吾之大人君子也无异。内省不疚，无恶于志，不为威惕，不为利疲，诚教中常义而非甚瑰琦绝特之行者也。(参看《林严文钞》《严复文集》)

所谓"明平等，知自重，不为威惕，不为利疚"的精神，可以说是民权运动的原动力。是以这种精神为出发点，而使十六世纪的许多天主教徒和耶稣会友，主张人民可以反抗无道之君，而且在必要时，可以用武力来反抗，必要时，可以置君主于死地。

我们应当承认：天主教徒们，除了地上的君主统治之外，还有一个教皇的统治。主张反抗君主的天主教徒们，也许是为着伸张教会的势力和服从教皇而出此。然而这只能代表一部分的天主教徒的见解。事实上，好多天主教徒，而特别是十六世纪的法国的天主教联合会的人们，不但对于教皇是持了一种消极的态度，而且有些还要反对教皇。同时我们不要忘记，像利氏上面所说教皇本身，既不婚无嗣，选择而立，那么教会制度的本身，已和专制政体不同，而近于现代的政治制度。我们知道在十二世纪的时代，罗马教皇的枢密员们（Cardinal）已经宣布教皇 Eugenius Ⅲ 的威权，不是他自己固有的，而是他们所给与的。又在十五世纪的议会运动（Counciliar Movement，一四一四——一四一七），是一个极力主张以现代所谓代议制来改造教会的内部，而使教会的最高威权在代表民众的公共意见的议会里。利氏是很热心于宣传宗教和建立教会于中国的人，其受过当时教会的制度与过去教会改造的运动的影响，乃所不能免，何况在他的著作里，他很诚恳与显明地赞美，"择贤以君国，布士以训民"的制度呢？

在欧洲近代的民权思想，代议制度，曾受过十五世纪的宗教的议会运动和十六世纪的天主教的民权思想的影响，没有什么可疑的。可是在中国，这种思想的轮廓大概，既由利氏介绍过来，要说是完全没有半点的影响，那是使人百想而难解的。

六、利氏与家族主义

我们上面已经说过中国的传统的政治思想，根本是儒家的思想。而儒家的政治社会或国家与天下的基础，又筑在家庭上。天下不过是国的放大，而国又不过是家的放大，所以国里的君主，正像家里的家主。君主为人民的父母，亦犹家主为子女的父母。因为国就是家的放大，治国的原则和治家的原则，是没有分别的。故曰："以孝事君则忠。"同时，家既为国之本，则欲治其国，必先齐其家。故曰："家齐而后国治"，"国治而后天下平"。又如"克明俊德，以亲九族，九族既睦，平章百姓"，也是这个意思。这种政治思想，简单的说，就是：

    以家族为重心的政治思想。

家族在中国的政治思想所占的位置，既是这么重要，那么要批评中国政治思想的人，不能不向着这个家族来挑战。

利氏是一位很明白中国政治思想的重心的人，同时他也可以说是反对中国家族制度的先锋。

我们在利氏的传略里已经说及，他曾反对过他父亲的劝告而入耶稣会，和不告家庭而直由罗马远游异国，这不但证明他对家庭的态度的消极，而且是一位不要家庭的实行家。（按：耶稣会会员是不婚的。）这种行为，在欧洲已算做特别的行为，何况他来中国以后，见得中国人的家族观念，到了这么深重，当然会使他生出不少的反响。

利氏既以为在天主面前，虽父子犹如兄弟，那么中国人的父子关系，是他所不取的。我们的普通见解是：无父则无子。可是利氏告诉我们道："无子则无父。"（上卷第二篇）他这句话，虽然不以"子为父之原"，然他已指示父子的关系，是相对的。子固不能离父而生，父也不能无子而名，二者的关系既是相对的，那么父也没有绝对的威权来命令子，何况父的背后还有一个天主。使子而能服从天主，则子之是否服从父，是没有问题的。这样看起来，中国人的子必从父的信条，是被他攻击了。不但这样，照他的意见，吾人之于父的亲密，还没有吾人之于天主那样亲密，所以他说：

> 人之中虽亲若父母，比于天主者独为外焉，况天主当在物内自不当外。（卷二第七篇）

他又说：

> 人有爱父母不为天主者，兹乃善情，非成仁之德也。……故有志于天主之旨，则博爱于人，以及天下万物，不须徒胶之为一体耳。（同上）

家族中心的思想，是要人们先爱家人、族人，而后及于他人。质言之，爱是由近及远的。以天主为中心的利氏，却又不是这样了。在他的思想里，亲爱是"一视同仁"的，没有远近之分，也没有亲疏之别。

我们的信条是：身体发肤，受之父母。利氏却说："天主赐我形神两备，我宜兼用二者以事之。"我们的古训是子应孝父，利氏却说，孝天主比之孝父尤为重要。我们的圣教是"不孝有三，无后为大"，利氏却以为无后并非不孝。关于这一点他很详细的讨论，不惮繁冗，抄录于下：

> 中士曰：……国有传云：不孝有三，无后为大者如何？
> 西士曰：有解之者云：彼一时，此一时，古者民未众，当充扩之，今人已众，宜姑停焉。予曰：此非圣人之传语，乃孟氏也。或承误传，或以释舜不告而娶之义，而他有托焉。《礼记》一书多非古论议，后人集礼，便杂记之于经典。贵邦以孔子为大圣，《学》、《庸》、《论语》、孔子论孝之语极详，何独其大不孝之戒，群弟子及其孙不传，而至孟氏始著乎？孔子以伯夷、叔齐为古之贤人，以比干为殷三仁之一，既称三子，曰仁，曰贤，必信其德皆全而无缺矣。然三人咸无后也。则孟氏以为不孝，孔子以为仁，且不相戾

乎？是故吾谓以无后为不孝，断非中国先进之旨。使无后果为不孝，则为人子者，宜旦夕专务生子，以续其后，不可一日有间，岂不诱人被色累乎？如此则舜犹未为至孝耳。盖男子二十以上可以生子，舜也三十而娶，则二十逮三十非孝乎？古人三旬以前不婚，则其一旬之祭，皆非孝乎？譬若有匹夫焉，自审无后非孝，有后乃孝，辄娶数妾老于其乡，生子至多初无他善，可称可为孝乎？

学道之士，平生远游异乡，辅君匡国，教化兆民为忠信而不顾产子，此随前论，乃大不孝也。然于国家兆民有大功焉，则舆论称为大贤。孝否在内不在外，由我岂由他乎？得子不得子也，天主者定命矣。有求子者而不得，乌有求孝而不得孝者乎？孟氏尝曰：求则得之，舍则失之，是求有益于得也。求在我也求之有道，得之有命，是求无益于得也。求在外也以是得嗣，无益于得，况为峻德之效乎？太西圣人言不孝之极有三焉；陷亲于罪恶，其上；弑亲之身，其次；脱亲财物，又其次也。天下万国，通以三者为不孝之极，至中国而后闻无嗣不孝之罪，于三者犹加重焉。（卷二第八篇）

他既反对"不孝有三，无后为大"之说，他又指摘多子之害，而其理由是：

今世之患非在人少，乃人众而德衰耳。图多子而不知教之，斯乃只增禽兽之群，岂所云广人类者欤？（卷二第八篇）

这真是痛快淋漓地指摘了！可惜到了现在，我们大部分的中国人，还是没有领略到这种的劝告。

家庭的基础是婚姻，耶稣会的人们既是不婚，根本就是打破家庭的制度，他们之所以有此种主张的经济理由是：

娶者以生子为室家耳。既获几子，必须养育，而以财为置养之资，为人之父，不免有货殖之心。今之父子众，则求财者众也。求之者众，难以得所愿矣。吾以身缠拘于俗情，不能超脱无溺，必将以苟且为幸也。（卷二第八篇）

从传教的立场来看，其理由是：

匹配之情，于务道之意，孰重乎？天下守无食，不宁无道，天下宁无人，不宁无教，故因道之急可缓婚，因婚之急不可缓道也。（仝上）

又说：

有志乎救世者，深悲当世之事，制为敝会规则，绝色不娶，缓于生子，急于生道，以拯援斯世堕溺者为意。（仝上）

中国之传道者，未闻其有出异国者，夫妇不能相离也。（仝上）

从修德的观点来看，其理由是：

> 绝色一事，果人情所难，故天下不布之于诫律，强人尽守，但令人自择，愿者遵之耳。然其事难能，大抵可以验德。（仝上）

又说：

> 窃谓婚姻之情，固难竟绝，上主之祀，又须专洁……夫人奉事国君，尚有忍克本身者，奉事天主，讵不宜克己欲心哉。（仝上）

我们要知道利氏固非希望人人绝色不婚，然绝色不婚乃他所觉为一种高尚的行为，理想的生活，和神圣的事业，所以他说：

> 吾察百世以下，敝土圣人之尊者，咸必终身不娶。圣人为世之表，岂天主立之为表，而处己于不义之为哉。（仝上）

除此以外，他对中国家族制度中的崇拜祖先，亦若隐若显的，加以非议，而目为一种不开化民族的举动，故说：

> 上古之时，人甚愚直，不识天主。……或自恋爱己亲及其死，而立之貌像，建之祠宇庙，祢以为思慕之迹暨其久也，人或进香献纸，以祈福佑。（卷二第七篇）

这样看起来，家族制度之受他攻击，所谓无孔不入。那么筑在家族之上的政治制度之为他所不取，不待言而可以明白了。其实，我们相信不但在理论，中国家族制度的推倒，是中国政治制度崩裂的预兆，事实上，中国政治制度的崩裂，乃是中国家族制度推倒的一个必然的结果。这也是我们对于利氏的攻击家族制度的意见，加以详细解释的理由。

利氏还有一种反乎中国的传统思想的介绍，这就是男女平等的观念。这一点的介绍，他虽是从普通方面来解释，然和家族制度与政治思想，也有密切的关系。他说：

> 传生之责，男与女均。（卷二第八篇）

因为男女传生的责任是均等的，男女在此生生的世界里的位置，也应该均等。况在天主面前，男女是一视同仁呢？故说：

> 天主又教之以礼，不拘男女，成日诵经拜叩，以闲其邪。（卷二第七篇）

不但是学礼诵经，不分男女，就是在圣殿里拜祭谈道，也不拘男女。且看他说：

> 列国（指西洋）之人，每七日一罢市，禁止百工，不拘男女尊卑，皆聚于圣殿，谒礼拜祭，以听谈道解经者终日。（卷二第八篇）

这些事实，和这种主张，和我们的重男轻女，男尊女卑，而尤其是所谓"男女授受不亲"，"女子无才便是德"，一类信条，正相冲突。

事实上，西洋好多国家的妇女，在政治上与男人平等，是近数十年来的事情；然理论上，在宗教上男女的平等，既已承认，则政治上男女平等，当无反对之理。这种涵义，在近代妇女政治运动上，无不有相当的帮助。

其实，从天主的观点来说，一切人类都是平等的。君民如此，父子也如此。男女如此，贫富也如此。天主既一视同仁，宣传天主的道理的也应这样。艾儒略的《利玛窦传》里告诉我们道：

> 门有过访，必亟倒屣出迎，时患头风，虽伏枕呻吟，闻问道者至，即欣然延接，悉忘其苦。客退，呻吟如故。于是从致日广，喜与利子相亲。利子率谆谆乐告之，即有贫贱者利子亦作平等齐观，其接见与大宾无异也。

利氏不只是平等主义的主张和提倡者，而且是平等主义的实行家了。

人类平等的原则之应用于宗教，以至政治男女，已经说过，我们现在可以从这个原则在经济方面的应用，略为叙述。

上面已经说过，在利氏解释不婚的理由中，有一个是经济理由。一方面子女太多，则用财必多，结果是使人们终日劳苦，连年焦思，无非为着金钱，金钱的欲心日盛，则对于宗教的信仰和道德的修养的忽略，所不能免。一方面有了家室子女，则自私的念头必重，结果是私产的制度的发展，必趋于极端。这二方面的缺点，都足以使社会上的贫富的阶级的形成，而发生社会的畸形的现象。因为有的子女多，而没有钱财，则必愈入贫穷之路。有的少子女或无子女，而拥有财货，也许财上生财，以致富者愈富，而产生贫富悬殊的现象，则平等的道理不易显明。耶稣会的人们，看到这一点的弊病，因而不但主张不婚，而且实行财产共有。利氏曾借中士的口气来申说这个制度道：

> 尊教之在会者，无私财，而以各友之财共焉。（卷二第八篇）

这个财货共有主义，从基督教的教义的立场来看，大概并不算做什么希奇了的主义。基督教的创立者，岂不是老早说过吗？

> 信仰的都在一处，凡物公用，并且卖了田产家业，照各人所需用的，分给各人。（《新约·使徒行传》第二章第四十四和四十五节）

利氏不过是把耶稣会的制度和主张介绍到来中国。耶稣会的这种主张和制度，又不过是从《圣经·新约》里推衍出来罢。

有些人说：中国的家族制度，本有共产制度的彩色，比方在广东，到了现在大半部的财产，仍然在宗祠管理之下，可是这个制度，只是限于一族，而不出于他族。其来源是由于祖宗共同。本来在家庭里夫妇子女，财产大概是共有，宗族财产的共有制度，可以说家庭财产共有的放大。原始基督教，也许耶稣会的共产思想，却不只是限于一族，或一国，或某一阶级，或某一团体；他们的对象，是整个世界，整个人类。

此外，在利氏的著作里，我们还可以找出一种近于所谓有机体的分工的政治社会观。他说：

> 夫天下人民，总合言之，如一全身焉。其身之心意惟一耳。各肢之所司甚众。令一身悉为首腹，胡以行动？令全身皆为手足，胡以见闻？胡以养生乎？比此而论不宜责一国之人各同一辙。（卷二第八篇）

质言之，国家既犹如一个机体，机体有好多不同的构造，以司各种不同的功用，国家里也应该有各种人民分工合作，而像机体一样的和谐生长。

工则分作，产则共享，这又是利氏的理想政治社会了。

最后我们知道，根据耶稣会的创始者的意旨，耶稣会的会员，是要绝对的为这个会社而服务。他的遗教是："会社是一切，个人是乌有。（Society is everything, individual is nothing.）"这好像了一般唯心的论者如柏拉图、黑格尔的国家观。同时，他又以为耶稣会的会员，是要绝对的服从这个会社的命令。事实上，他是用一种军法的精神来治理这个会，所以耶稣会的首领，是叫做将军。这种精神，又似近于军国主义。这两种精神——服从，服务——可以说是耶稣会的成功的一大原因，然而同时似反乎这种精神，我们又找出利氏一般的耶稣会会员，处处都表出一种坚强的个人主义的精神与主张。

在行为上，这种个人主义的精神，是很容易的看出来。比方他不听父亲的劝训而入耶稣会，不宦不婚，不畏艰难辛苦而跋涉重洋，远离祖国，到了中国之后他又持坚忍不拔的意志，努力传道，百折不回的精神，和一个处处和他为难的环境相斗争。这种的行为，以及他种行为，除了一个个性是特别超越的人，是不容易做得到的。

可是这种个性之所以能到在行为上实现出来，自然是根据于他个人的信仰上。这个信仰的对象，就是天主。他说：

> 人以天主之心为心。（卷二第八篇）

因为他相信天主是要他宣传天主的福音，服务于世界的人类，所以他才不顾一切，不畏一切，向前直往，求达目的。从表面上看起来，他好像不过是天主的工具，是依赖天主以为生的人。但是从实际上看起来，天主既不过是一个抽象的东西，理想的模型，那么所谓以天主之心为心，简直就是说：

> 以自己之心为心。

换句话来说，他自己就是天主了。这么一来，上面所谓天主无往不在，无所不包，事实上就是他自己无往不在，无所不包了。我们试看他说：

> 吾会三四友，闻有可以行道之域，虽在几万里之外，亦即往焉。无有托家寄妻子之虑，则以天主为父母，以世人为兄弟，以天下为己家焉。其所涵胸中之志如海天然，岂一匹夫之谅乎？（卷二第八篇）

我们现在可以明白他的个人主义，和他的世界主义的关系了。世界主义是他的理想国，然而这个理想国不但是藏在他的如海天的个人胸怀里，而且要靠着他的坚强的个人主义，来实现起来。

原载《政治经济学报》第 3 卷第 2 期，1935 年 1 月；又载《新北辰》1935 年第 2 期。

关于全盘西化答吴景超先生

最近吴景超先生在《独立评论》第一三九号发表一篇《建设问题与东西文化》。里面说明在东西文化的态度上，他是主张折衷办法的。因此，他对于我所主张的全盘西化说，特别加以批评。我阅了他这篇文之后，忍不住的要请《独立评论》的编者，给我一些篇幅，使我有个机会，一方面略为指出吴先生的错误，一方面稍事解释我个人的立场。

吴先生同我一样的分关于中国文化的出路的态度为三派：一是全盘西化派，一是折衷派，一是复古派。关于复古派，我同意于吴先生所说"没有讨论之价值"，虽则现在还有不少的人们提倡复古。

吴先生劈头便把胡适之先生来和最近的十教授的《中国本位的文化建设宣言》当做同为折衷派，而相提并论。照我个人的意见，胡先生的整个思想，虽不能列为全盘西化派而乃折衷派中之一支流，可是若以为胡先生的主张，是与仿佛回到张之洞的"中学为体西学为用"的十教授的宣言一样，好像未免有点冤枉。这一点，我希望胡先生来给我们一个解答。

全盘西化说，吴先生又分为两派：一是以文化社会学为根据的，一是以经济史观为根据的。我以为近年以来，国人之相信经济史观者，固然很多，但是我并没有听见他们之中，有主张过全盘西化者。经济不过是文化很多方面的一方面，经济史观又不过是经济思想的一派，吴先生好像明白这一点，所以他说："经济史观不能作全盘西化的护符。"其实据我所知的，经济史观的拥护者，大都是折衷派，所以前年我在中山大学讲演全盘西化说后，去年一年中，继续不断的在《广州民国日报》及他种刊物所发表关于这个问题的好多文章中，及对全盘西化的名称与理论最力的，是相信经济史观的人们。吴先生把相信经济史观的人们来列入全盘西化派，不但我个人觉得很不妥当，就是他们自己，也未必愿意罢。

吴先生以为文化的各方面有连带及密切的关系而分开不得的理论，只含有一部分的真理。所以他说："文化的各部分，有的是分不开，有的是分得开。"他的证据是：

> 采纳了西洋电灯，可以不必采纳西洋的跳舞；采纳了西洋的科学，可以不必采纳西洋的基督教。

吴先生好像忘记了西洋跳舞的发生，是先于电灯的发明；西洋基督教的发展，是先于科学的发达。同时，他又好像忘记了电灯发明以后，对于现代的跳舞不无多少的影响；科学发达以后，对于现代的基督教也不无相当的影响。又吴先生既然明白我们"不能一方面采纳西洋的男女同学，而一方面还保存中国的男女授受不亲的礼教"，为什么吴先生又忘记了要是我们能够打破了中国的男女授受不亲的礼教，我们也可以——而且有时免不得要采纳西洋的跳舞。从现代的礼仪上看去，比方我们的外交官及其太太们，应当学学跳舞；从现代的教育上看去，跳舞是西洋的动的教育的一种表示，所以在我们的西化教育的幼稚园，小学，以至女子中学，还且设科或公开教授跳舞。我想我们既能教幼稚、小学以至女子中学的学生去跳舞，试问男子中学或大学生，若要跳舞起来，我们又有什么理由来反对呢？何况照今日的社会及有些学校的实况来看，跳舞不但是一种事实，而且我们已没有法子去阻止其发展，严禁其发生。若说跳舞是坏的，那么吹鸦片，打麻雀，岂不是更坏吗？至于宗教，照常人来看，虽与科学好像处于对抗的地位，然而我们不要忘记：西洋的好多科学家，都是基督教徒。而且西洋科学的早年输入中国，反正是基督教的功劳。一个西洋人或西化的人固然不必是基督教徒，可是他的日常生活如礼拜休息等之受基督教的影响，是不能否认的。

事实上，我们三百余年来对于基督教的排斥，和十余年对于跳舞的指摘，不可谓为不力，然而为人们与政府所反对的基督教与跳舞，和为一般人所欢迎的科学与电灯之在中国的发展，恰成了正比例。这一点，是反对文化各方面都有连带关系而分开不得，而主张取人之长去人之短的折衷派的人，所要特别注意的。这些事实，不外是证明文化的一方面若受了影响，他方面也必受其波动的道理罢。

而且当我们讨论东西文化时，我们不能不把中国文化的各方面，来和西洋文化的各方面，比较比较，看看那一种的文化，是较为优美，或合于时势。但是所谓比较，应当以同种的东西为标准。譬如中国的娱乐，应与西洋的娱乐相比较，中国的宗教，应与西洋的宗教相比较。我个人至今虽不会跳舞，不是基督教徒，然我始终觉得与其吹鸦片，打麻雀，不如跳舞；与其崇拜道教、佛教，不如信仰基督教。如此类推，凡是平心静气的人，总不能不承认中国文化，无论在那一方面，都比不上西洋文化。于是可知全盘西化的理论，并非凭空造出来的。

因为吴先生相信文化本身是可分开的，所以他表同情于程天放先生，而分文化为两部分：一是含有世界性的，如自然科学，以及交通，工业，医药等；一是含有国别性的，如政治制度，教育设施，交际礼仪，生活习惯等。这种分类，照我个人的意见，简直是和六十年前的薛福成所谓"器的文化与道的文化"，和二十年来的"物质文化与精神文化"等分类，名称上虽是不同，事实上没有大异。以这种分类而区别东西文化的错误，我在别处已经指摘，胡适之先生八年前所发表的《我们对于西洋近代文明的态度》一文也曾做过多少批评，不必再事讨论。我在这里所要辩正的，是吴先生所提出的具体的例的错误，吴先生说：

美国所"创造"的教育系统，只有在美国的环境中可以发生作用，可以维持下去；别国的教育系统，也许有一二点仿效美国的地方，但整个的看来，没有一国的教育系统，可以说是与美国的完全一致，由此可见别国的人学美国，有的可学得到，有的却学不到，全盘西化的理论，在这种观念之下，大约是不能成立的。

我的观察，却正和吴先生这种意见，恰恰相反。美国的教育系统，是枝节上，或和吴先生所说有一二点，也许和欧洲各国的教育系统，没有一致，然根本上却是相同。这不但是因为美国的教育系统，本来就是欧洲的教育系统，而且因为美国现代的教育系统，无论从那一方面来看，都没有大异于欧洲各国的教育系统。使吴先生而不相信这话，我愿意吴先生能够具体的提出证据来说明。而且在教育的系统上，美国并没有什么特殊的创造；就是有了，也不见得他国就不能学得到。又所谓创造，也无外是西洋教育系统的伸张，我们东方人所以能把美国与欧洲各国的教育而名之曰西洋教育，就是这个原故。至于中国教育在东西教育尚未接触之前，固可以说是自成一种系统，然近年以来，除了一些苟延生命的少数私塾以外，试问我们的教育系统，在那一方面不是朝向西化的路途呢？没有受过西洋的影响呢？至少清华大学与南开大学的教育系统，在根本上，在大致上，甚至在枝节上，是采纳西洋，而特别是美国的教育系统呵！

梁启超先生在其《先秦政治思想史》里曾说过：

> 国故之学，曷为直至今日乃渐活耶？盖由我侪受外来学术之影响，采彼都治学方法，以理我故物；于是乎昔人绝未注意之资料，映吾眼而忽莹；昔人认为不可理之系统，经我手而忽整；乃至昔人不甚了解之语句，旋我脑而忽畅。质言之，则吾侪所恃之利器，实"洋货"也。

死的国故，且要西洋方法来注射，始能复活，试问中国还有什么东西，是不要西化而始能复活呢？

至于吴先生说"别国的文化……有的无从采纳"，和"别国人学美国……有的却学不到"，我更不能表以同情。我想神妙如飞天，中国人都能学习，打破中国文化基础的家庭的基督教，中国人都愿意采纳。试问还有那一种文化是我们无从采纳，而学不到的呢？文化是人类的创造品，除非我们承认我们是生来没有西洋人那样聪明，那样灵敏，那么我们无从相信西洋人所能达得到的文化，我们没有法子做得到。

吴先生又说：

> 在"西方文化"这个名词之下，包含好多相冲突，互不两立的文化集团，独裁制度是西化，民主政治也是西化。……所谓全盘西化，是化入独裁制度呢？还是化入民主政治？……西方文化本身的种种矛盾，是主张全盘西化者的致命伤。

吴先生在这里，又是陷于枝节问题的讨论，而忽于根本原则的所在。举一个例罢：凡是提起"国学"这两个字起来，国人不假思索而知其为所谓中国"固有"的学问。这种"固有"的学问，是自成一种系统，而别于西洋的学问。这是一个根本的原则。然而国学之中，有所谓古学，汉学，宋学，清学，种种的分别，与不少的冲突。可是这种的分别和冲突，从整个国学或从西学看起来，只是枝节的问题。同样在"西方文化"这个名词之下，分析起来，固然是五光十色，斑驳陆离，可是总而观之，他们却有共同的基础，共同的阶段，共同的性质，共同的要点。所以在西方文化里，所谓极右与极左的政治主张与运动，不但是这个时代环境中的变态，而且事实上，他们并不推翻与离开民主中心的政治。所以西洋人，虽然有的有皇帝，有的有总统，有的有独裁；可是他们的独裁，不但是暂时和局部的现象，而且能够顾及民意，奖励民治。他们的总统，既未必像我们的总统，还要一个皇帝；他们的皇帝的权力，也不像我们所想像的大过总统。皇帝也好，总统也好，甚至独裁也好，不但在趋势上，是朝向较为民主化的途道，而且事实上，目下西洋人民之享受政治的权力，无论在数量上，或在范围上，比之欧战以前，只有增加没有减少。

这个道理，吴先生当能明白。比方近来关于民主独裁政治的讨论，吴先生在《独立评论》第八十四号所发表的《革命与建国》一文，是被人认为拥护独裁政治的言论。可是读过吴先生的《中国的政制问题》（《大公报》十二月三十日"星期论文"）的人，免不得又要以为吴先生是一位民主政治的辩护者。胡适之先生最近在《大公报》"星期论文"（二月十七日），说明大家——主张独裁者及主张民主者——都有一个共同的信仰，可以说是去了我所谓的枝节的问题，而注重于根本的原则一个具体的例。所谓全盘西化，就是从这根本的原则上着想。何况无论独裁也好，民主也好，甚至蒋廷黻先生所提倡的专制也好，还是不折不扣的西洋文化呢？

上面是批评吴先生对于全盘西化论的批评，我现在且来批评他站在折衷派的立场，而提出三种办法。

吴先生的第一种办法是：

> 我们要指出在中国固有的文化中，那一部分还有适应环境的活力，因此应当保存。

我以为吴先生在这里完全忽略了两种文化接触后的趋势。我的意见是，两种文化接触以后，从其发展与趋势来看，所谓保存固有文化这句话和这件事，是绝对没有存在的可能。这一点我在拙著《中国文化的出路》一书里，已经详细论及（页三四—四一），不必再述。

总而言之，从东西文化接触的趋势来看，接触以后，东方固不能存其固有，西方也不能存其固有；因为前者正在其趋于消灭的途程，而后者正趋于为共有的道路。从东西文化的程度来看，我们无论在文化那一方面，都没有人家那样的进步。从文化本身的各方面的连带关系来看，我们不能随意的取长去短。从东西文化的内容来看，我们所有的东西，人家通通有，可是人家所有的很多东西，我们却没有。从文化的各方面的比较来看，我们所觉为最好的东西，远不如人家的好，可是我们所觉为坏的东西，还坏过人家所觉为最坏的千万倍。

不但这样，一般自命为提倡保存固有的文化的人们，每每忘记了他们今日所提倡的固有的文化，除了为了外人所利用以压我民众，或为好奇心理而当做古董欣赏的文化以外，对于国家人民，没有有过丝毫的帮助。比方从中国的"固有"的文化立场来看，优伶是低下的位置，做戏是鄙贱的职业。然而因为一方面受了西化的影响，一方面为欲满足西洋人的好奇心，我国上自院长，下至平民，竟然费了不少的金钱，时间，与精神，捧起梅兰芳与胡蝶，而位之于外交大使之列。好像使了一般守旧复古者流，也免不得要有生子不如梅郎，生女不如胡蝶之叹！又如孔教经书是二千年来的中国人所谓为固有的文化的精华，可是革命以后，尊孔读经几于绝迹。香港政府见其"不在其位，不谋其政，与民可使由之，不可使知之"的信条，是合于殖民地的高压政策，因而特别奖励之，保护之。故二十年来，香港遂成为国人尊孔读经的唯一大本营。二十年来吾国政府与人士之因此而目香港为帝国主义，为愚教吾民，奴隶同胞者，比比皆是，而未闻其提倡尊孔读经。到了东北四省丧失之后，日本人欲师香港政府之故智，而利用孔教经书，于是举国若狂，大声疾呼而提倡卫道。同是一样的政府，同是一样的人士，其行为的矛盾，有如此者！我回忆十多年前一般革命名流之到南洋，向着我们一般十岁八岁不知孔教经书为何物的小孩子，提倡打倒拥护专制政治的孔家店，而今又来提倡"开张骏发"，真有隔世之感了！

吴先生说："第二件事，我们要做的便是指在西洋文化中那部分应该采纳，能够采纳。"采纳西洋文化，是我们所主张的。可是吴先生之所谓"应该采纳，能够采纳"是含有条件的，吴先生说：

> 我们的责任，便是经过研究之后，指出西洋文化中，那些部分，对于我们历史的背景，地理的环境，人民的能力，采纳过来，便可发生美满的结果。

照吴先生的意见，中国有中国的国情，所以采纳西洋文化时，我们应当以合于我国国情的以为标准。然而什么是国情呢？我在《独立评论》第四十三号发发表的《教育的中国化和现代化》一文里，曾说：

> 国情这两个字，虽然可以包括一切的天然，气候，地理，物产，人种以及文化的情况。然而事实上所指明的，根本却只能说是文化方面。我们承认天然，气候，地理，物产上的不同，固然可以影响到教育的制度，然在文化进步的社会，这些东西的影响，其实微乎其微。而且事实上，中国的天然，

气候，地理，物产，和西洋文化先进的各国，并没有多大的差别。此外若说中国的人种的聪明和脑力，不像西洋人那么高超，所以说不到来模仿新教育，配不上来享受新教育，这是不论何人都会不承认的。

教育固是如此，整个文化也是如此。吴先生所说的"地理环境，人民能力"，对于全盘西化既没有问题，吴先生所说的"历史背景"无非就是指着我们的"固有"的文化。但是"固有"的文化，一方面既不合于现代的环境和趋势，一方面又为采纳西洋文化的窒碍物，试问我们除了扫除这个"固有"文化之外，我们还有什么方面去采纳西洋文化呢？

不但这样，吴先生虽然告诉我们，"取人之长舍己之短"等老生常谈，是无济于事，可是他在上面所提出两个办法，还是老生常谈。他虽然特别注意于"具体"的研究与讨论，可是他所说的"具体"，还是纯粹的抽象。因为他还没有具体的指出那部分的中国的固有文化，应当保存，能够保存；他还没有具体的指出那部分的西洋文化，应该采纳，能够采纳。

事实上，采纳西洋之长来调和中国之长的折衷论调，我们至少已唱了七十年。然而七十年来，这种论调，除了一般时代的投机者，用为采纳所谓西洋文化之短来加上所谓中国文化之短的护符外，我们并不见得有过相当的成绩。比方一个称为沟通东西文化的机关，往往成了麻雀、跳舞的场所。又如坐汽车，住洋楼，而口说周孔之道的人，又何莫非是自命为中西合璧的折衷派呢？于是可以明白折衷派的标语，无论如何好听，可是事实上，所生出的危险，恐怕远在真正复古派之上呵！

我们主张全盘西化，并非以为西洋文化之在今日，已臻完美至善的地位。我们的见解是：中国文化根本上既不若西洋文化之优美，而又不合于现代的环境与趋势，故不得不澈底与全盘西化。全盘西化，也许免不去所谓西洋文化的短处，可是假使我们而承认西洋文化之长为百分之六十，中国文化之长为百分之四十，我们若能全盘西化，则我们至少有了二十分的进步。比之一般希望以西洋文化之长而调合于中国文化之长，而其结果却是取人之短，留己之短的危险，相去之远，可是想见。何况文化本身是不能分开。何况西洋文化，无论在哪一方面，都比中国的文化为进步。

最后，吴先生说：

> 我们在建设的过程中，不但要保存中国的优美文化及采纳西洋的优美的文化，有时还要创造新的文化，来适应新的环境，或满足新的要求。

从一方面来看，创造别一种新文化这个问题，是超出于东西文化的讨论的范围之外。可是从别方面看起来，西洋文化在近代之所以能够有一日千里的进步，就是因为她的动性较强；二千年来的中国文化之所以停滞不发展，就是因为她的惰性较深。惰性较深，就是表示没有创造力，动性较强，就是表示有创造。因此，有些人且叫中国的文化为保守的文化，西洋的文化为创造的文化。这样看起来，全盘西化，实为中国创造别一种新文化的张本了。

原载《独立评论》第142号，1935年3月17日；后编入冯恩荣编《全盘西化言论续集》（"南风"特刊），岭南大学学生自治会出版部，1935年5月25日。

再谈"全盘西化"

自从我的《关于全盘西化答吴景超先生》一文,登载于《独立评论》一四二号以后,除了胡适之先生在《编辑后记》里声明他"是完全赞成全盘西化论"外,还有张佛泉先生在《国闻周报》十二卷十二期发表《西化问题之批判》一篇长文,说明他"与全盘西化论是非常同情的"。我细心读这些文章,觉得胡先生,而尤其是张先生与我的主张,似尚有多少差异之点,因将管见所及,简单地写出来,以供读者参考。

胡先生说:

> 现在的人说"折衷",说"中国本位",都是空谈。此时没有别的路可走,只有努力全盘接受这个新世界的新文明。全盘接受了,旧文化的"惰性"自然会使他成为一个折衷调和的中国本位新文化。……古人说:"取法乎上,仅得其中;取法乎中,风斯下矣。"这是最可玩味的真理。我们不妨拼命走极端,文化的惰性自然会把我们拖向折衷调和上去的。

张先生更申其义,而很肯定的说:

> 文化是自然有它的惰性。你不主张折衷,不希望妥协,然而至终却仍要折衷,仍要妥协的。"取法乎上,仅得其中",以全盘西化论为理想,所得恐怕也不过是一半。所以若接受了文化"自然折衷"论,同时就须承认全盘西化,不是可以完全实现的理想。

我以为一方面同情于全盘西化论,而"指出文化折衷论的不可能",一方面又以为"文化的惰性自然会把我们拖向折衷调和上去",好像是一种矛盾。至少全盘西化论,在胡、张两位先生的心里,好像只是一种政策,而骨子里仍是折衷论调。

我并不否认文化是有惰性的。然而正是因为这种惰性成为西化的窒碍物,所以主张全盘西化。全盘西化论,在积极方面,是要使中国的文化能和西洋各国的文化,立于平等的地位,而"继续在这世上生存";消极方面,就要除去中国文化的惰性。所以若能全盘西化,则惰性自然会消灭。盖所谓惰性,无非就是所谓中国固有的文化。反过来说,这种惰性若不消灭,则全盘西化无从实现。因此,我以为胡、张两位先生所谓"文化的惰性自然会把我们拖向折衷调和上去"的现象,只能当作东西文化接触以后的一种过渡时期的畸形的现象。这种现象的存在,在时间上也许颇久,然其趋势,却是在全盘的路上。这是细心研究过七十年来的中国西化史的人，所能容易了解的。比方，三十年前，我们虽然有了多少的人，已经感觉到采纳西洋科学的必要，但是一方面因为我国的学科学的人，在那个时候的科学智识，太过浅薄，不能够引起国人对于科学的信仰心；一方面因为反对科学的文化的惰性太利害；我们试看王壬秋之反对火轮船，义和团之相信肚子可以抵抗枪炮，便能明白提倡科学之更不容易。所以在这种情形之下，我们在科学上，简直没有什么成绩之可言。然而二十年来，情形变了，而我们的科学，也一步一步地较为西化，较为进步；到了现在，居然也有了数位稍可差强人意的科学家；同时，反对科学的文化惰性，也没有从前那样的利害。可知西化的发展，就是惰性的减少。质言之，全盘西化之于我国文化的惰性，是两件不能相容的东西罢。

而且从我国今日的需要来看，我们也必须达到全盘西化的地位才好。假使我们不是这样的努力做去，而相信"取法乎上，仅得其中"的信条，则比方我们的西化的东西，像飞机、战舰、科学、哲学、教育等等，岂非永远的没有法子赶上西洋吗？这么一来，中国的前途，还有什么很大的希望呢？因此，我虽同情于张佛泉先生所谓处在今日步人家的后尘尚望不及影子，我们配不上来创造一种较西洋文化为优美的文化，然而与其满足于"取法乎上，仅得其中"的信条，我们应当有"青出于蓝而胜于蓝"的信心，至少，我们也要有"取法乎上，须得其上"的精神。其实，我以为西洋文化之所以能有一日千里的进步，就是因为西洋人有了这种信心，有了这种精神，我国文化之所以停滞不发展，而且有开倒车的危险，就是因为中国人没有这种信心，没有这种精神。

上面是对于胡、张两位先生所提出"文化的惰性自然会把我们拖向折衷调和上去"的问题，略为解释，我现在且再把张佛泉先生所提出两个比较重要的问题稍事讨论。

张先生说：

> 站在全盘西化的观点，进而讲到"从文化本身的各方面的连带关系来看，我们不能随意的取长去短"的话，也未免太过。

我说文化的各方面是有连带的关系，因为所谓文化的各方面，只是一种主观的分析，而非客观的事实。我在拙著《中国文化的出路》里，会把西洋各国学者的文化的分析，来做一个比较的研究，而我的结论是：

> 分析不过是我们为研究上的便利起见而设的。而且这种分析，总不免有多少的主观。结果是每一个人的分析，可以（而其实往往）和别人的分析不相同。这个原因，不外是因为文化本身上，像我们上面所说，是整个表示。分析是我们对于文化认识上一种权宜，文化本身上，并没有这回事。

因为文化本身上是整个表示，所以文化的各方面或张先生所说的不同的单位，是互有连带的关系。因为这些不同的单位，有了连带的关系，和时势的趋向，以及今日西洋文化的优胜的地位，所以取其一端，应当取其整体；牵其一发，往往会动到我们全身。因此之故，我虽很同情于张先生所谓"你若采取某一单位，你便须'全盘'采纳它，而不容只采取它的一部分"，我却不能同意于张先生所谓，"不同的单位，却有好多可以同时并存"。其实，我以为张先生在这里，好像是陷于自相矛盾的地位。至少，张先生是趋于一般普通的折衷派的二元论调。

原来张先生所说的单位，或 Traits，不外就是文化学者所谓为文化丛杂（Culture Complex）。文化丛杂，是一种为着研究便利的假设。这种文化丛杂，从其本身来看，正像张先生所指出，是含有好多连带关系的部分。然从文化的全部方面来看，这些文化丛杂，或文化单位，又不外是全部的文化的很多互有连带关系的各方面。泰勒氏（Tylor）在其《原始文化》（*Primitive Culture*）一书里，劈头就说：文化是一种丛杂体系（Complex Whole），就是因为文化本身的各方面，是有连带关系。卫士莱（Wissler）在其《人与文化》（*Man and Culture*）一书里所说的文化丛杂，或张先生所说的文化单位，照我个人看起来，大概就是泰勒所谓的丛杂体系中的丛杂单位而已。张先生既然明白所谓文化单位，或丛杂中的各部分，"不容只取一部分"，为什么张先生又忘记了这些由互有连带关系的各种文化丛杂或单位而组成的丛杂的全部的文化，也"不容只取一部分"呢？

张先生既然明白了"读书不求甚解的态度，不能与精确的缜密的科学态度相妥协"，而必须全盘学西洋，张先生不当忘记了一个受过现代西洋的精确的缜密的科学教育的人，见了女人而不脱帽子，是一件失礼的事。做了失礼的事，也不见得就没有坏处。又如学了打璞克，也许不会"自动的"或"立刻的"学了"任何西洋东西"，然而我们不要忘记，能学了打璞克，也能学到任何西洋东西。而且要是璞克尚可以学，则任何西洋东西，更要学习。若说一个人只学了打璞克，而不愿意去学西洋别的东西，则这个人不但只有了徒学西洋的皮毛的危险，而且是一个无用的人。至于"坐了汽车，却同时仍保持东方人玩姨太太的特权"，只能为享受"西货"，不能谓为"西化"。同样，一个"穿了很漂亮的西装的人"，也许"连了一个外国字母也不认得"，然而西装都可以穿，则别的西洋东西愈要采取。何况事实上，穿西装而不认得外国字母的人，见了认得外国字母的人，总免不得有了内心的惭愧。此外"穿了西裤革履"，固然"还可以穿一件长袍"，但是我们不要忘记，我们的校服，我们的军装，以至我们的留洋学生，住外公使，就不会这样的中西并用。我想四十年前的薛福成，曾讥骂日本人采纳西服，三十年前的康有为，曾上疏力主采纳西服，到了现在，采取西装不但不被人训骂，无须人提倡，而且不断地增加。这岂不是表示我们现在已较为西化吗？岂不是表示文化的各方面是有连带的关系吗？

本来张先生既非常同情于全盘西化论，而又觉到上面所提出的例子，都是"皮相的问题"，我也本不愿多所讨论，然而我却不厌繁琐，而稍为逐一解释者，正是因为这些例子，足以证明全盘西化的必要。

因为文化各方面都有连带的关系，所以我们不能随意的取长去短。何况一谈到长短的问题，总免不去主观的成分。而事实上，所谓人家之长，也许就是人家之短；所谓人家之短，也许就是人家之长。张先生对于这点并不否认，所以他说："所取的是否长，所去的是否短，却不无问题。"

我既相信文化的各方面有了连带的关系而不能随意的取长去短，我又相信如胡适之先生在《试评所谓中国本位的文化建设》一文（《大公报》三月三十一日"星期论文"）里所说："在这个优胜劣败的文化变动的历程之中，没有一种完全可靠的标准，可以指导整个文化的各方面的选择去取。"其实，我以为今日的我们，不应当再把可贵的时间与精神来讨论这个至终不能解决的问题。因此，我对于张先生在第三点里所提出的选择问题，不能表以同情。因为这种选择，不但不合于文化的原理与文化的趋势，而且有取人家之短而加上自己之短的危险。然而张先生又说：

> 在这时谈西洋文化，总不能整个含混地主张全盘接受……换言之，我以为在目前适应西洋文化是有根本与枝叶上的分别的。只囫囵图主张全盘西化，也有已经包括所有根本与枝叶在内，但不能指出根本方面比枝叶方面更重要，便是缺欠。

我以为张先生好像是把现在的中国当做一个完全没有经过西化的国家，所以我们采取西洋文化，应当选择其重要或根本的东西，而不应含混囫囵的全盘西化。然而他忘记了七十年来的中国，已经枝叶的西化。枝叶的西化，既早已成为一种事实，我们是否欢喜枝叶的西化，大概已不成问题。问题乃在于根本的西化。主张全盘西化的人，因为见得比方汽车是比骡车既优且快，而且我们已经用了汽车，不愿徒然劝人们勿坐汽车，而进一步劝人们努力去做汽车，同时他不但只劝人们去做汽车，而且要人们"由一个《论语》式的头脑，换上一个柏拉图共和式的头脑"。所以全盘西化的真义，就是张先生所说的根本西化。我在以往的著作里，每每用了"澈底与全盘西化"一句话，就是这个原故。然而又怕中国人错认物质的汽车式的西化为根本西化，同时什么叫做"根本西化"，往往也因各人的主观不同而有所争辩，故主用"全盘西化"。盖全盘西化可以包括根本西化，而根本西化却不能包括全盘西化。何况我们在枝叶上既已西化，则再做进一步的西化，岂非就是根本西化吗？已成事实的枝叶西化，加上进一步的根本西化，又岂非全盘西化吗？

总之，从我国目前的情形来看，全盘西化固是一种尚须努力去实现的理想，然而从西洋文化来看，所谓理想的全盘西化的对象却是一种已经实现的事实。这个事实，是一件有形模，有体质，有眼睛皆可以见，有知觉皆可以感，有耳孔皆可听的东西。比之复古派所梦想的已成陈迹的皇古，比之折衷派所侈谈的东西合璧的办法，都较为具体，较易采纳。

《独立评论》第147号，1935年4月21日。

蛋民的起源（存目）

原载《政治经济学报》第 3 卷第 3 期，1935 年 4 月。

后编入《蛋民的研究》（商务印书馆 1946 年 10 月初版，1950 年 7 月再版）第一章。

全文见《陈序经全集》第四卷《蛋民的研究》第一章 蛋民的起源。

从西化问题的讨论里求得一个共同信仰

胡适之先生两个月前，曾发表了一篇《从民主与独裁的讨论里求得一个共同政治信仰》（二月二十七日《大公报》"星期论文"，《独立评论》一四一号转载）来作民主与独裁的争论的一个暂时结束。吴景超先生最近在《独立评论》一四七号发表一篇《答陈序经先生的全盘西化论》，希望我们因讨论这个西化问题，"也许可以得到一个最低限度的共同信仰"。因而不揣愚陋，作东施效颦，也来把《独立评论》与《国闻周报》在这两个月来所发表数篇关于西化讨论的文章，大略加以分析，写成此篇。

我以为吴景超先生在《答陈序经先生的全盘西化论》一文里的态度，比起《建设问题与东西文化》一文里的态度，已经变化得很厉害，虽则他在前者里所提出的几点，可以商榷之处尚多。我现在且先讨论他所提出的几点，然后解释他的态度的变化，以及其他学者的意见。

吴先生始终不明了文化的各方面有了连带与密切的关系而分开不得的理论。这一点我已一再解释，不必赘述。我在这里只要声明，这种理论，只是我主张全盘西化论的很多的理由之一，所以纵使文化的各部份是可以分得开的，有如吴先生所说，全盘西化论，仍可成立，这是读过我的著作的人所能容易看得出的。而况文化的各部分，是有了连带关系而分开不得？

吴先生又很肯定地说："这种文化分不开的理论，还没有一位学者能够证明他。"我的回答是：一种理论，若有了事实的证明，不一定要借重于某一学者来张目；而况事实上，这种理论，也不是我一个人的理论。我不能而且不愿在这里多举例子；我以为只是读过 W. D. Wallis 的近著《文化与进步》（*Culture and Progress*）一书的人，便能明白了。

吴先生提出霍布浩士教授对于这个问题所研究得的结论，来证明他的文化各部份可以"分得开"的理论，可是他忘记了霍布浩士教授所说的每种社会里的文化的各方面，仍是有了连带与密切的关系而成为体系。所以这种文化的某一方面，若受了较优的文化像西洋的文化的影响，则其他方面，也必波动。比方他们若接受了西洋的教育或宗教，则他们的一夫多妻或一妻多夫的制度，也必受其影响。若不是这样，而照吴先生的看法，那么结果岂非有像了张佛泉先生所说"坐了汽车，却同时仍要保持东方人玩姨太太的特权"的危险吗？难道吴先生不赞成一夫一妻的制度，而为一夫多妻或一妻多夫的制度辩护吗？

关于吴先生的第二点，我已说过，"我并不以西洋文化之在今日已臻完美至善的地位"，所以我不会"没有条件"的赞美它。我只是说：比较上，西洋文化是优胜于中国的文化，而且从现代文化的趋势及其他的理由，我们应该全盘西化。要是我们因西化而生出弊病来，那么补救的方法，还是要努力去西化。正如我们制造的飞机，时时有坠下来的危险，那么补救这种危险，还是要努力去学习飞机，决不是空谈不要飞机而提倡习大刀、作骡车所能适应于现代的世界。

我说"一个受过现代西洋的精确的缜密的教育的人，见了女人而不脱帽子，是一件失礼的事"，吴先生忘记了上一句，而仅取下两句，遂谓这是奇谈，我真莫名其妙。也许像吴先生自己在外国时及回国后，看见了女人，从没有脱过帽子，故出此言。至于我方面，只因为见了现在一般受过西洋教育的人，见了女人多脱帽子，是一件事实，故尔那样的说。而且我很奇怪吴先生好像以为"礼"就是"理"。吴先生不应该忘记"礼"未必是合于"理"的。所以吴先生以为西人"见女人要脱帽子，那么见了男人也应该脱帽子，才算有礼"，恐怕是吴先生的"理"罢。

至于吴先生提出胡适之先生所谓"吃饭的，决不能都改番菜，用筷子的，决不能全用刀叉"，来"为折衷论者的张目"，我以为我们不要忘记胡先生曾一再声明折衷论是不可能的。我个人的意见是：不但一般留过学的人，在外洋的时候，能吃番菜，能全用刀叉，就是国内的番菜馆的逐渐增加，也足以证明我们能吃番菜，能全用刀叉。至如西菜之较合卫生，尤其余事。

再如中国的语言问题，我以为自《马氏文通》刊行以后，我们的语言已逐渐趋于西化，胡适之先生所提倡的白话文与标点也是西化。钱玄同先生及好多人提倡改用罗马字母字，可以说是全盘西化的主张。明生先生在"双周闲谈"（《独立评论》一二六号）里以为在现代生活速度增加的世界里，中国应当设法使一切的事情，赶快地加快。他说：

> 中国加快的大阻碍之一，我认为是文字。中国的文字，无论如何加快，赶不上用字母的文字。假使我们真有加快的决心，废止汉字，倒是一个重要的步骤。

我想凡是对于西文有过相当的研究的人，大概都能表同情于明生先生这种观察。所以若说中国语言是不能西化，则我们又怎能会学西文呢？若说中国语言是我们固有的东西，所以定要保存，那么我们何不提倡固有的结绳与古文，而要白话文呢？我们何不提倡较为近于古音的固有的广东话，而要国语呢？

我们现在可以谈谈吴先生所提出我们对于西洋文化的四方面所应采纳的态度，而指出他自己的态度的变化的程度。

吴先生的第一点是"对于某一部分的西方文化，我们愿意整个的接受，而且用他来替代中国文化中类似的部份，如西方文化中的自然科学、医学等等"。这一点我们没有可以讨论。

吴先生的第二点是"对于某一部分的西方文化，我们愿意整个的接受，但只用以补充中国文化类似的部份，而非用以代替中国文化中类似的部份，如哲学、文学等等"。因此，吴先生以为"我们可以读柏拉图的《共和国》，但也不必烧《论语》"。我在这里应该声明，研究与应用是有不同的。主张全盘西化的人，不但不会烧《论语》，而且表同情于大学里有些人研究《论语》。其实不但在西洋或西化的图书馆里，保存《论语》，比较妥当得多；而且在西洋或西化的大学里的人，研究《论语》的方法与成绩，比较好得多。然而我们不能因此而说是要实行《论语》的生活。黑格儿在一百年前，已经感觉到《论语》的生活不适用。他且好像以为假使《论语》而不翻译为西文，孔子的声誉之在西洋，也许较好（参看《世界历史哲学讲义》）。可是他却不因此而不研究《论语》。张佛泉先生所谓"由一个《论语》式的头脑，换上一个柏拉图的头脑"，大概也是这样的。

吴先生的第三点是"对于某一部份的西洋文化，我们愿意用作参考，但决不抄袭"。但吴先生又接着说道："我们所以采取这种态度，或因一部份的文化，瑕瑜互见，我们不能把精华与糟粕一齐吸收过来；或因这一部份的文化，与中国国情不相合，无全盘接收的可能。"这么一来，吴先生对于这一部份的西洋文化，不只是愿意"用作参考"，而且愿意"抄袭"其中的一部份或一大部份了。我的意见是，在事实上，我们现在早已吸收了很多糟粕，而且这些糟粕，不易除去，故应当再把精华吸收过来，而成为整个西化。至于吴先生提出国情这个问题，我在《关于全盘西化答吴景超先生》一文里，已经解释。沈昌晔先生在《国闻周报》十二卷十四期所发表《论文化的创造》一文里，也说得很有道理："要是采纳西洋文化须以中国的意识形态之适应与否为标准，那么我们根本不必采纳，现存的中国文化，不是更能适应中国的意识形态吗？"沈先生所说的中国"意识形态"，岂不就是吴先生所说的"国情"吗？总而言之，吴先生在这一点里所说西洋文化的精华，既可以采纳，而照吴先生的说法，适于国情的东西，也可以采纳，那么关于这一部份的西洋文化中，至少有了一半，是可以采纳的。

再就吴先生所举的例子来谈。关于西洋文化之"如资本主义，他们的大量生产方法"，吴先生既赞成采纳，我们无可讨论。至说"西洋人的图利，高于一切的动机，因提高价格，不惜焚烧存货的举动"，我们应该知道，这也非西洋人所愿意提倡的。关于别一类的西化，如关税政策，吴先生既以为我们不能不以他们西洋人的办法为根据，那么，事实上我们就不能不以他们的标准以为衡。这么一来，所谓"中国本位"的关税政策，岂非成为西化的政策吗？

吴先生的第四点"是对于某一部份的西洋文化，我们却不客气的加以排弃"。吴先生的例子是如"迷信的宗教，儿戏的婚姻，海淫的跳舞（交际的跳舞不在内），过分的奢侈"等。吴先生应该明白，这些的文化，西洋人也何尝提倡？主张全盘西化的人，又何尝提倡？纵使我们承认西洋的这些文化，是常见的不良现象，然而反过来说：则西洋的非迷信的宗教，非儿戏的婚姻，非诲淫的跳舞，非过份的奢侈等，为吴先生所愿意采纳，是无可疑的。这么一来，这一点里所说的西洋的文化，至少有了一半是吴先生所愿意采纳了。吴先生在《建设问题与东西文化》一文里，以为我们可以采纳西洋的电灯与科学而不要采纳西洋的跳舞与基督教，现在既已声明"交际的跳舞不在内"与只说"迷信"的宗教，那么吴先生的态度的变更之厉害，可以说是出乎我意料之外了。

不但这样，若照吴先生上面所说的四种采纳西洋文化的态度，而用张佛泉先生的算术方法加起来，则第一与第二两点里的两个整个相加起来，得了四分之二；第三与第四两点里的至少各半；"半上加半"，又得了四分之一。再把四分之二与至少的四分之一相加起来，那么吴先生岂不是像了张先生所说"已承认了西方文化的四分之三"以上而"竟与全盘西化论很接近了"吗？

而况事实上，吴先生第四点里所要"不客气的加以排弃"的西洋文化，本可以说是已经包括在第三点里所说的西洋文化的"糟粕"一类中。这样看起来，吴先生不但只承认了西方文化的四分之三以上，而其实是承认了三分之二．五以上了。换句来说，吴先生不但只承认西方文化的十二分之九以上，而且承认了十二分之十以上了。吴先生既能承认了西方文化的十二分之十以上，那么吴先生之所异于全盘西化论者，恐怕只是厘毫之间罢。至少吴先生当能表同情于张佛泉先生的根本西化论。我以为能够表同情于根本西化论的人，似不应该"还是不敢赞同"于全盘西化论，因为我已说过，我们在枝叶上既已西化，而且难于除去，则加上进一步的根本西化，就是全盘西化。又张佛泉先生本是主张根本西化的，但是他既"与全盘西化论是非常同情的"，那么吴先生似也可以有同样的感想。未知吴先生以为如何？

上面是讨论吴景超先生以及张佛泉先生的态度。我现在再来略谈胡适之先生与沈昌晔先生的态度。

胡先生既已一再声明他是"完全赞成全盘西化论"，与屡屡指出"折衷论的不可能"，那么在态度上他与我是完全一致的。又我既并不否认胡先生所说文化是有惰性的，那么我以为"好像有了矛盾"，"好像骨子里仍是折衷论调"的原因，大概只是在他所谓"文化的惰性自然会把我们拖向折衷调和上去"的历程，在他看起来，好像是当作一种永久的静态，而在我看起来，都是中西文化接触以后的一种过渡时期的畸形的现象罢。假使胡先生也以为"取法乎上，仅得其中"，只是一种暂时的现象，那么我之于胡先生，大概没有什么差异的点了。

沈昌晔先生在《国闻周报》十二卷十四期所发表《论文化的创造》的长文，也是赞成全盘西化论的。他以为全盘西化是"创造中国新文化的出路"，所以他说：

我以为现在文化界的领袖们，应放大了胆来做采纳整个西洋文化，以培养中国的新精神的运动，不应怕全盘西化有成为西洋文化的附庸的危险而不取，却应以大的魄力驾驭整个的西洋文化，使中国采纳后的消化，有良好的经过，这是创造中国新的文化的出路！

沈先生的论文里，虽也有多少地方可以商榷，然大体上，我是表同情的。此外他所指出的好几点，与我在《独立评论》四十三号所发表《教育的中国化和现代化》一文里说的话，互有相类似之处，我愿一般反对全盘西化的人，对于他这篇文，要特别加以注意。

总之，我以为西化这个问题，经过这一次的讨论之后，已有相当的共同信仰。这就是：我们应该全盘西化。至少这一次的讨论的趋向，是在这条路上。所以末了，我愿意借用胡适之先生在《从民主与独裁的讨论里求得一个共同政治信仰》一文的结语，来做我这篇文的结语：

　　我们深信，只有这样的一个最低限度的共同信仰，可以号召全国人民的感情与理智，使这个飘摇的国家、散漫的民族，联合起来，一致向上的努力。

二十四，四，二十五夜

《独立评论》第 149 号，1935 年 5 月 5 日。

读十教授《我们的总答复》后

五月十四日《大公报》登载十教授的《我们的总答复》一文。我读了之后，觉得他们在这篇文里的态度，比起他们在本年一月十日所发表的《中国本位的文化建设宣言》里的态度，已经变得很利害。同时他们对于全盘西化论，表面上虽加以批评，骨子里已经有意或无意的趋在这条路上。我现在且把他们的态度的变化与趋向，略为解释。

十教授在《宣言》里固说"不守旧"，但事实上，却偏于复古，因为他们所说的"中国本位的文化"不外是像：

> 日本画家常常说："西洋人虽嫌日本画的色彩，过于强烈，但若日本画没有那种刺目强烈色彩，那里还成为日本画。"

我以为若照这种逻辑推衍起来，结果是比方中国女子之所以为中国女子，就是因为她们有小脚，奉"三从四德"；中国男人之所以为中国男人，就是因为他们嗜鸦片，能"左抱右拥"；中国船之所以为中国船，就是因为用帆驶；中国车之所以为中国车，就是因为用骡拖。这么一来，凡是中国的固有文化，都要保存，而成为复古了。

我并非不知道十教授在《宣言》里曾有"存其所当存，吸收其所当吸收"的词句；然而十教授不要忘记：假使这种东西合璧的办法而能谓为中国本位的文化，那么全盘西化，也可以叫做中国本位的文化了！因为所谓中国本位的文化，既能容纳一部份或大部份的西化，也能容纳全盘西化。不过这里所说的中国本位的文化，无异等于所谓西化或全盘西化，是指着中国而言；而其结果没有什么意义，因为无论何人，都会明白我们所谓西化或全盘西化，是指着中国而言呵！

十教授在《总答复》里，虽则仍像在《宣言》里以为中国本位的文化是"要合此时此地的需要"，可是他们所谓"此时此地的需要"，现在却已变为：（一）充实人民的生活；（二）发展国民的生计；（三）争取民族的生存。我以为从文化的立场来看，这三种需要，在名词上固是不同，在事实上并没有什么差异。所以第二项以至第三项，都可以说是包括或依赖于第一项。至少二三两项与第一项是不能分离的。十教授在第一项里既显明地说"中国人民的生活，非常贫乏，物质方面不消说是不如人，精神生活，亦何尝丰富"，那么十教授不但承认在文化的物质方面，我们要西化，而且承认在文化的精神方面，我们也要西化了。物质与精神两方面都要西化，岂不是成为全盘西化吗？

我已说过，十教授在宣言里的态度是偏于复古的。就使我们承认了他们的

"存其所当存，吸收其所当吸收"的标语，他们也跳不出折衷派的圈子。现在在《总答复》里，他们不但反对"任何复古"，而且反对各种折衷。所谓"复古的企图，不但是抱残守阙，简直是自觅死路"，是很明显地指出现在所遗留的多少的固有残阙，也要扫除。所谓"对于任何复古的企图，都采排斥的态度"，是很肯定地排斥整个固有的文化。那么十教授在这里不但放弃了日本画家的理论，而且放弃了"存其所当存"的态度了。

十教授说："有什么体，便有什么用；有什么用，便有什么体"，又说："物质和精神，是一个东西的两方面，根本不能分离。"这种理论，本是我们主张全盘西化的人的理论，我很奇怪十教授现在也能承认。十教授既不反对西化之用，则采纳人家之用，不能不采纳其体；十教授既不反对物质西化，则采纳人家的物质，不能不采纳其精神。这样看起来，试问除了全盘西化之外，还有什么办法呢？

折衷派的支流虽不少，但大概上，我们可以说：从一八六五至一八九四的三十年中，国人对于西化的态度，可以薛福成的"道的文化（中）与器的文化（西）"来代表。从一八九五到一九一四的二十年中，国人的西化态度可以张之洞的"中学为体与西学为用"来代表。从一九一五到现在的二十年中，国人的西化态度可以最流行的"精神文化（中）与物质文化（西）"来代表。道器之说，现在固少有人注意，其在当时，也因复古势力太大，不易流行。至于体用之说，及物质与精神的论调，都可以说是四十来年来一般折衷派的护身符。十教授现在既一脚踢了"任何企图的复古"，又一拳打了所谓"金科玉律"的折衷论调，而相信文化不能分得开的理论，难道十教授还不承认他们是跑在全盘西化的路上吗？

我已指出十教授的总答复是趋于全盘西化的路上。现在且来答复他们对于全盘西化论的批评。

十教授说："贸然主张全盘西化，岂但反客为主，直是自甘毁灭。"关于这一点，我用不着把十教授的总答复里的话，去反驳他们自己，即退一步而把十教授的《宣言》来讲。十教授既说"中学为体西学为用是皮毛的办法"，那么十教授至少愿意吸收西洋文化之一半，或多半，而至多不过愿意保存中国文化之一半，或少半。这么一来，十教授也岂不是"甘自毁灭"了一半，或多半的固有文化，而打破主客之分，或是"反客为主"吗？

十教授既不明瞭所谓社会主义的文化与资本主义的文化有了一种共同的基础或性质，又不能具体地指出，这两种文化有了什么根本的差异。同时好像忘记了这两者都是西洋文化。我的意见是：现在人们所谓社会主义文化的国家，不但在外交上，正与所谓为资本主义的文化的国家力求合作，近来连了宪法也要从后者采纳过来！此外，无论在科学上，在工业上，以及文化的其他方面，在根本上都找不出什么差异来。

十教授说:"敢问全盘西化论者,从何化起?"我的回答是:七十年来的中国,在文化的各方面,如教育科学等等,虽然比不上西洋各国,但是已经西化,而且有了多少进步。所以"从何化起"这个问题,大概上是无关重要的。我以为我们在消极方面,苟能不做复古梦想,不做折衷空谈,以免阻止西化的发展;在积极方面,苟能特别努力西化,那么今后所得的进步,必当更多。我在《再谈全盘西化》一文(《独立评论》一四七号)已经说明全盘西化之于复古与折衷,都较为具体,较易采纳。假使十教授不相信我这话,我愿意回敬一句道:敢问所谓《中国本位的文化建设宣言》者从何建设起?

十教授之所以不满意于全盘西化论,不外是上面所举出的三点;可是事实上,这三点都可以说是无的之矢。于是我们更可以明白,十教授已有意或无意地趋于全盘西化的路上。

末了,我愿意摘录我在《独立评论》一四九号所发表《从西化问题的讨论里求得一个共同信仰》一文里几句话,以为本文的结论:

> 我以为西化这个问题,经过这一次讨论之后,已有相当的共同信仰。这就是:我们应该全盘西化。至少这一次的讨论的趋向,是在这条路上。

原载《大公报》1935年5月20日第1张第4版、21日第1张第4版;后编入麦发颖编《全盘西化论三集》,岭南大学学生自治会,1936年10月31日。

评《中国本位的文化建设宣言》

《中国本位的文化建设宣言》，自从发表以来，为时虽不够两个月，但是因为得了不少的党国要人的同情，与请了许多的教育界名流去点缀，结果总算风靡全国，震动一时了。

我个人觉得这篇宣言的本身上，就有了不少的矛盾与错误，而多少关于批评这篇宣言的文章或言论，对于这些矛盾与错误，尚未见充分的被指明出来，因就管见所及，写成此篇。

十教授的宣言的第一段的标题是"没有了中国"，所以他们说：

现在世界里面，固然已经没有了中国，中国的领土里面，也几乎已经没有了中国人。

我以为只就这几句话来看，读来似甚好听的文调，但已经有了不少的矛盾。因为世界里面，若已经没有了中国，那么世界里面，怎能有中国的领土呢？又中国既有了领土，怎能又说在中国的领土里面，几乎已经没有了中国人呢？其实所谓"几乎已经没有了中国人"这句话，简直就很不妥当。难道十教授可以以为除了他们自己以外，就找不出中国人吗？

而且十教授在宣言第一段里，既已说明"没有了中国"，在第三段里又说："中国是中国。"这又岂又不是一个矛盾吗？又中国既是中国，难道中国人，就不是中国人吗？我想除了中国被人并吞以外，中国还是中国。除了中国人种完全消减以外，中国人终是中国人。事实上，国家已被人灭了的印度人和菲律宾人，至今不但还是印度人与菲律宾人，而且希望在最近的将来，建设印度与菲律宾独立国。十教授假如若非要把中国给与外国或要叫中国人去入外国籍，则十教授怎能说在现在世界里，已经没有了中国；在中国的领土里，几乎已经没有了中国人？

据十教授的说法也许回答道：所谓"没有了中国"，不外是说，"在文化的领域中，我们看不见现在的中国"。然而世界上没有一个国家或社会，是没有文化的。所以要是有了中国，则中国也必有文化。若说所谓在文化的领域中的文化，是指着现代的文化而言，同时现在的中国正是缺欠这种文化，所以说"我们看不见现在的中国"，那么中国就是要赶紧的现代化起来。这么一来，所谓"中国本位的文化"这句话，除了因为以中国人而接受了这种现代化文化，故谓为中国本位的文化以外，简直就没有什么意义。若说在现代的文化领域里，所谓中国固有的文化已经消减，故谓"我们看不见现在的中国"，而要提倡复回中国固有的文化，那么这种固有的文化在现在的中国里面，以至世界里面，还是可以随处看得见的。

所谓中国的皇宫花园，以至小脚豚尾，用不着说；就是二千年前的孔子以至四千年前的祖墓，现在且由政府提倡来拜祭。此外，如驻俄大使颜氏陪着梅兰芳赴俄去演的中国戏，驻英公使郭氏之所谓今年的伦敦为中国年的艺展，何一不是中国的文化呢？这么一来，所谓中国本位的文化运动，岂非乃是一种复古运动吗？

十教授在宣言里，虽然声明"不复古，不守旧"，因为"古代的中国，已成历史，历史不能重演，也不需要重演"；然而骨子里，这篇宣言，却是一个复古与守旧的宣言。因为十教授明明白白的说：

> 要使中国能在文化的领域中抬头，要使中国的政治社会和思想都具有中国的特征，必须从事于中国本位的文化建设。

而所谓中国本位文化建设，又不外是如：

> 日本的画家常常说："西洋人虽嫌日本画的色彩过于强烈，但若日本画没有那种刺目的强烈色彩，那里还成为日本画。"

照这个逻辑来说，则比方中国人之所以成为中国人，就是因为他有豚尾，喜欢鸦片、麻雀了。中国女人之所以成为中国女人，就是因为她有小脚，奉三从四德了。中国车之所以成为中国车，就是因为它是用骡拖或用人拖了。中国船之所以成为中国船，就是因为它是用帆驶，用人拖了。中国教育之所以成为中国教育，就是因为有了四书五经了。中国哲学之所以成为中国哲学，就是因为有了老子孔子了。中国家庭之所以成为中国家庭，就是因为容忍三妻四妾，和颂扬九世同堂。这样看起来，所谓中国本位的文化建设，岂不是一种不折不扣的复古守旧的运动吗？

退一步来说，就使我们相信十教授是不守旧，不复古，十教授的宣言，至多也跳不出三十五年前的张之洞所画的圈子，虽则十教授曾批评张氏的"中学为体西学为用"为皮毛西化。十教授既以为文化的建设是别于政治、经济方面的建设，十教授所说的文化，岂不就是张之洞所说的学吗？十教授所谓"中国本位"，岂不就是张之洞的"中学为体"吗？十教授所谓"吸收欧美的文化须吸收其所当吸收"，大概就是指政治、经济的建设，岂不就是张之洞的"西学为用"吗？我以为假使"中学为体西学为用"，与"中国本位"的文化的标语的词句，可以借用的话，那么我们今日应该改为"中国为体（身体的体），西化为用"，而"中国本位"也不过就是"中国为体"罢了。

我以为十教授的最大错误，是不明白文化是人类的适应时境以满足其生活的努力的结果和工具。时境变了，文化也变。我们既可以放弃我们祖宗的"穴居野处，茹毛饮血，结绳记事，知母不知父"的文化，我们也可以放弃我们今日所谓为"固有"的文化，而采纳现代的文化。须知现代的文化，根本上虽然是西洋的文化，然而经过我们自己的仿造以后，就是我们的文化。就如十教授这篇宣言，不但只受了西洋宣言思想或文化的影响，而且所谓"批评的态度，科学的方法"等等，根本就是西洋的东西。若说所谓中国本位的文化，一定是要十足的中国色彩，那么这篇宣言的本身，就已不能算做"中国本位"的东西了，何况所谓建设或创造新文化这种精神，现在的我们，还是要从西洋文化中找出来呢！

其实十教授对于文化的意义，简直尚未弄明白。比方在宣言的第一段里说：

> 中国在文化的领域中是消失了；中国政治的形态，社会的组织，和思想的内容与形式，已经失去它的特征。

这几句话及其他的地方，好像是以政治，社会，思想等，包括于文化范围之内。然在第二段里又说：

> 这时的当前问题，在建设国家。政治，经济等方面的建设，既已开始；文化建设工作，亦当着手，而且更为迫切。

这是显明的把政治、经济等不算为文化建设，摈出于文化范围之外。这又岂不是一种矛盾吗？至少正像我上面所说文化是什么，十教授是尚未明白的。

此外，又如十教授既然明白了"中国现在是在农业的封建的社会和工业的社会交嬗的时期"，那么中国正是趋于完全进到工业时代的英美的路上，是无可疑的，这么一来，我们是否赞成完全模仿英美，是不成问题的。因为我们赞成也好，不赞成也好，我们一样的趋于工业的英美的路上。然则十教授所谓他们"决不能赞成完全模仿英美"，岂又不是成了反时代趋势的空言吗？十教授又说：

> 除却主张模仿英美以外，还有两派：一派主张模仿苏俄，一派主张模仿意德。但其错误和主张模仿英美的人完全相同，都是轻视了中国空间时间的特殊性。

十教授既不赞成势所必至的英美，又不赞成有样可仿的德意，却只提出"不守旧，不盲从，检讨过去，把握现在，创造将来"，一类最抽象而无具体的空调出来，以为中国本位文化的建设。这真是玄之又玄了！

又所谓"中国空间时间的特殊性"也无非就是指着中国的固有时境而言。假使中国的固有时境是有了永久与特殊性在，试问现在的中国，又怎能从农业的封建社会而嬗变到工业的社会的时期呢？

至说"吸收欧美的文化不应以全盘承受的态度连渣滓都吸收过来"，我的回答是：我们七十年来已经把渣滓都吸收过来，而且这些渣滓，已很不容易除去，所以我们今后应当格外努力连精英都吸收过来。把精英都吸收过来，而加上已很不容易除去的渣滓，岂不是成为全盘承受吗？

廿四年，三月，八日

冯恩荣编《全盘西化言论续集》（"南风"特刊），岭南大学学生自治会出版部，1935年5月25日。

评张东荪先生的中西文化观

——读《现代的中国怎样要孔子》后

张东荪先生曾在《正风半月刊》一卷二期发表了《现代的中国怎样要孔子》一篇文章。据他自己说："此文原题为《从孔子说到中西文化的异同与民族复兴的方向》，似乎太长了，所以改为今题。"

张先生说：

> 照原题便可看见我所要讨论的有三点，即：（一）是孔子的思想，（二）中西文化的异同，（三）此后民族复兴的径途。但详述孔子思想，不是一个短文所容许。因此，对于孔子，只好说其要点；而我的注重点，依然在于由中西文化的比较，而得指出民族复兴的路向。

因为张先生这篇文章的注重点，是"依然在于由中西文化的比较，而得指出民族复兴的路向"，所以张先生在本文里对于我们所主张的全盘西化说，有所讨论。

张先生本来是一位主张西化颇力的人，虽则没有主张过全盘西化。这是读过张先生从前的著作的人，总能明白的。张先生在本文里也说："我在以前向来主张中国宜充分吸收西方文化。"可是现在他又变卦了。且看他说：

> 但近来试看实际情形，乃恍然知道一个民族，所以能吸收外族的文化，必定其自身具有很强的消化力，这便和食东西一样，倘使一个人胃力很弱，你只劝他多食，仍是不中用的。

因此之故，张先生不但反对我们所主张的全盘西化论，而且怀疑了他自己已往的西化主张。这就是张先生之所以写这篇文章，而提倡现代化的中国之需要孔子的原因。

张先生说：

> 我以为中国历史上最不幸的人，就是孔子；因为他被后人所推崇，所以他被后人所利用；亦可以说自孔子死后，凡是推崇孔子的，都是要利用孔子的。

张先生于是又指出孔子之所以容易为人利用，就是因为他的思想是维持派。然而张先生又说：

> 至于孔子本身的思想，我们苟细加研究，便知道是不容易利用的。

一方面说孔子的维持的思想，是容易被人利用；一方面又说孔子的本身的思想，是不容易利用的；这岂不是一个矛盾吗？

张先生说：

> 汉儒讲章句，宋儒把佛理引进去，清儒讲考据，这都是足以证明对于孔子本身的道理，只好避而不讲。据我看来，孔子的真正主张，只是一个政治理论。他有一个理想的社会，并所以达到这个境界的步骤。似乎他主张以自己为出发点。人人都从自己出发。好像一个石子投于湖面上。先是一个小圈儿，后来变为一个大圈儿，再后更发为一个较大的圈儿；一个一个的圈儿，连续扩大；但都是从一个中心点推广出来的。所谓正心，诚意，修身，齐家，治国，平天下，便是这些一层一层的圈儿。

张先生既以为过去的人们，对于孔子这种的政治思想，避而不讲，他又以为他对于孔子的思想的解释，又和时流很少相同。换言之，他好像以为除了他以外，没有别人找出孔子的真正思想。我以为张先生简直忘记了所谓"正心、诚意、修身、齐家、治国、平天下"这种政治思想，在近代像孙中山先生早已特别注意，在过去像真西山和邱琼山曾用过一生的工夫去研究。

而且我们不要忘记，所谓"正心、诚意、修身、齐家、治国、平天下"这种政治思想，正是《书经》的《尧典》里所谓"钦明文思安安，允恭克让，光被四表，格于上下，克明俊德，以轻九族，九族既睦，平章百姓，百姓昭明，协和万邦，黎明于变时雍"这段话的缩影。《书经》据说是孔子所删的，可知张先生所谓这些一层一层的圈儿的真正政治思想，并非孔子自己的政治思想。孔子自己也说过："述而不作。"假使这种政治思想是一种宝贝，而值得赞美宣扬，我们也不应该"写在孔子的账上"。这么一来，我们今日为什么又要孔子呢？张先生一方面指摘胡适之先生不应该把纳妾与缠足，和利用孔子的人们做了无数的罪恶，一概写在孔子的账上；一方面张先生又把所以为中国思想的宝贝而非孔子的东西，写在孔子的账上；这岂不是又一矛盾吗？

若说《书经》是孔子自作的，那么孔子又岂不是一位假言欺世的人吗？

就算这种政治思想是孔子自己的思想，我们还要问问这种政治思想，是否没有错误？是否值得提倡？我对这个问题，当在别处讨论。我现在所要指明的，是张先生自己对于这种政治思想，也承认其为错误，也承认其不能实现。张先生说：

> 孔子的德治主义，在精神上是对的，而问题乃在于如何实现。换言之，即以修身为本，这是不错的；不过修身以后要齐家，则必有齐家之法；要治国，必要治国之术。所以修养是一方面，而方法（即治术）又是一方面。决不能以其一而代替其他。孔子的大失败，就在于缺少后一方面。

所谓孔子的"正心、诚意、修身、齐家、治国、平天下",这从他所谓"吾道一以贯之"而来。张先生既然明白修养(正心、诚意、修身)与治术(齐家、治国、平天下)是两件东西,而不能以其一而代替其他,同时又承认孔子的大失败是在于缺少后一方面,然则孔子这种政治思想,还值得我们提倡吗?何况所谓政治思想的对象是政治的社会,孔子既像张先生所谓,只以修身为本,而缺乏治国之术,则孔子的思想,不能谓为政治思想,是很显明的。而张先生又谓孔子的真正主张,只是一个政治理论,又岂不是一个错误,一个矛盾吗?

最奇怪的,张先生在这里又以为孔子的大失败不在孔子自身,而在传孔子道理的门徒。成功(?)则写在孔子的账上,失败则写在为孔子传道理的门徒的账上。颜回、曾参、子夏、子贡而地下有知,安能瞑目呢?其实要是孔子所称为最得意的门徒所传下的道理,尚不足信,则二千余年来人们所谓为研究孔子最可靠的一部《论语》,不早为秦政烧掉了,岂非可惜?

上面是讨论张先生所提出的第一点。这就是孔子的思想。我们现在且来谈谈他的东西文化观。

张先生说:

> 就社会组织与经济状态来讲,诚然只有古今的纵式区别。即欧美是现代,而中国是古代。但就思想而言,则却有东西的不同。不能以古今来概括之。因为东西双方的思想,同发源于古代,而二者思想却不同。西方思想的根源,一个是希腊,一个是希伯来。其后发展起来,便成为一个是科学,一个是宗教。而我们中国却只有一个人生哲学;把政治、经济、法律等都浑然包括在内。换言之,那只有一个做人问题,一切都从做人来出发。

张先生这段话的错误与矛盾很多。我现在只能把几点比较重要的指出来。

第一,张先生一方面以为"就社会组织与经济状态来讲,诚然只有古今的纵式区别。即欧美是现代,而中国是古代。但就思想而言,则却有东西的不同。不能以古今来概括之",一方面又以为"中国只有一个人生哲学,把政治、经济、法律等都浑然包括在内",这是一个矛盾。因为上面既说中国的社会组织与经济状态是别于中国的思想,下面又说中国的人生哲学或思想是包括政治、经济、法律。质言之,什么是社会、经济、法律、政治,什么是思想,张先生还没有弄明白罢。

第二,思想是文化很多方面的一方面,所以思想是受文化的影响;虽则思想也可以影响于文化。换言之,思想是政治、经济、法律、社会等等的反映;虽则后者也可以成为前者的果实。因此之故,一方面的变动,每每波及于他方面。张先生不明白这个道理,所以生出思想不变,和主张采纳西洋政治、经济等,而不主张主采纳西洋的思想的矛盾与错误。

而且张先生忘记了他所谓中国只有一个做人问题,与只有一个人生哲学,这些东西，西洋人从古到今对于这种问题、这种哲学之研究的热忱，著作的丰富，远胜于我国。所以我们现在一般的要懂做人问题是什么，人生哲学是什么，大都还要从西洋人的言论著作找出来。何况"做人问题"，这些名词，根本已是西洋的名词。因为我们二千年来虽曾做人，虽有人生，然而我们所谓问题，所谓哲学，还是受过西洋文化的洗礼而后始注重的。

至于张先生以为孔子的德治、礼治，是西洋所无的东西，我以为张先生是同样的陷于像辜鸿铭和梁漱溟的错误。这一点我在别处已经批评。我在这里所要说明的，是孔子的德治的意思之见于西洋的现代著作里，固不待说；就是古代像柏拉图已经特别提倡。至于礼，则与西洋人所谓Jlores事实上，根本上，并没有很大的不同。

张先生说：

> 这二三十年来，欧化东渐，人们往往只看见他人的长处，同时又只看见自己的短处。凡社会上所崇拜的人，大抵是痛骂本国文化的人。一个民族对于自己固有文化，这样看不起，便自然而然失了信心。多少年的思想与教育，可以说都是助长这种自卑的潮流。其实我们固然必须知道自己的短处，但同时亦不妨承认自己亦有些长处。

我以为二三十年来痛骂本国文化的人之所以受社会的崇拜，无非是证明我国现在的文化，比起二三十年前较为进步。三四十年前的郭筠仙提倡机器西化，而被京师人士所反对；五十年前的曾纪泽乘小轮船回家乡葬父，而被乡里所讥骂；难道现在的我们，还要崇拜这些只会骂人的复古守旧的先生们吗？

其实，照今日的情况来看，倒是一般趋时的颂扬本国文化的先生们，多以在位之身而容易得到一般社会的盲从。连了一般从前因了痛骂本国文化，而稍得半点声明的人，现在也要向后转而提倡尊孔复古。这虽然使我们生出无穷的感慨，然也非完全没有原因的。原来在旧文化的惰性特别利害的中国里，痛骂本国文化，当然受旧势力所排斥。同时在这种西化尚未澈底的社会里，欲认真从西化上有所建立，并非像做一件平常的事情那样容易。这种环境之下的人，假使他是一位意志坚强的，而始终要向彻底西化的路途走，往往要成为时代的牺牲者。因为一方面他既没有西洋文化的环境来培养与发展他的天赋才能，而使西洋人或西化的人去崇拜他；一方面他因了痛骂本国文化，不但复古者流，要反对他，就是讲折衷的人，也要骂他。所以平情来说，只有复古与折衷的人，不但可以抱残守阙，去迎合一般酣梦未醒的国人，而可以利用这些所谓国粹、国宝去迎合一般为好奇心理所驱使而不懂中国文化是什么的外国人。这一些人，每每利用"以己之长，来救人之短"，或是"以人之长，来补己之短"的口号来号召群众，而事实上往往是取人之短，来加上于己之短上。从国家社会方面来看，所谓皮毛的西化以及只会购西货，不会西化，往往是由这些人做出来的。然而从他们的个人思想习惯方面来看，比方中国的"不孝有三，无后为大"的信条，既可以使他们来做三妻四妾的护符以遂其私欲，同时西洋的汽车、洋楼也可以作为他们虚心采纳西洋文化的表征。这一种人，我们无以名之，只可名之曰时代的投机者。

张先生在上面那段话里又以为"一个民族对于自己固有文化这样看不起，便自然而然失了自信心"，我们的意见是：文化是人类的创造品，固有的文化，是过去人的创造品，我们生在现代，不自发奋创造现代文化，而要重视保存祖宗过去的文化，则我们祖宗从前做过茹毛饮血、结绳记事的生活，难道我们也要重视保存吗？我以为所谓真正的民族自信心，并非自信我们过去的文化是比西洋为优，乃在自信西洋人所能达到与做到的文化，我们自己也可以达得到、做得到呵！只有这种的自信心，才有希望将来西洋人所尚未达到或做到的文化，我们也许能先达得到或做得到。盲目的自信我们祖宗数千年前的文化是优于西洋现代的文化，不但使我们的文化，正像数千年来一样的停滞不进步，而且这种"自信心"，只是一种奴隶的自信心。甘心去做古人的奴隶，势必至于不做西洋人的奴隶而不止。试问这样的"自信心"，还值得我们提倡吗？

又如张先生在本文的第九段里，明明白白的承认中国的固有文化不能和西方文化媲美，而上面一段话里又说"我们不妨承认自己亦有些长处"，这又是一个矛盾。何况所谓"不妨""有些"这些名词，已使我们明白张先生的理由的薄弱了。

张先生说道：

> 现在广东方面，还有人主张甚么全盘西化论。要把西方文化，整个儿输进来。我以为论者于此，恐怕有些误会。须知今天的问题，不是中西好坏比较的问题，乃是中国如何以吸取西方文化的问题。亦就是一个人吃了东西，如何消化的问题。你只劝他多吃，是不相干的。因为吃了未必能消化，而反会生病。所以我以为一个民族，若自己没有对于外族文化侵入的反应力，断乎不能吸收外族的文化。其结果不外为外族所征服而已。须知所谓吸取西方文化，乃是说中国人以西方的文明而立国。倘使中国变为殖民地，纵使人民都欧化了，这亦不得称为吸取西方文化。可见欧化不难，欧化而一如欧人之卓然立于世界则大难而特难了。我敢告全盘西化论者，这不是好坏的问题，乃是能不能的问题。以一个民族尽弃其固有文化，而完全采取他族文化，在历史上，虽不是没有，然而亦决不能像要怎样就怎样的那么容易。

关于全盘西化的理论，我已于别处说明。我现在只能将张先生在上面这段话里的矛盾与错误，简单的指出来。

张先生以为"今天的问题，不是中西文化好坏的问题，乃是中国如何以吸取西方文化的问题"。他在第八段里又说："不但是中国，恐怕任何民族，都得要采取西方文化的主要部分，所以今天决不能讨论中国要近代化或欧化与否的问题，因为只有一个如何欧化的问题。"我以为张先生一方面既相信我们不能不采取西洋文化的主要部分，而同时问题又在如何欧化；一方面又要恢复固有的文化，本来已是一个矛盾。比方取了西洋现代的经济政治，则不但以孔家为护符的专制政治，农本经济，受了动摇，就是儒家所拥护的中国家庭制度等等，也要推翻。张先生屡屡以为孔子的做人的道理是和西洋的经济、政治等没有冲突，他忘记了像我上面所谓做人的道理，是受了经济、政治等的支配与影响。一个人既不能离开政治、经济等而生活，则做人的道理，也不外是这些东西的放映。

至说吸取西洋文化，未必能消化而会生病，我们的回答是：所谓全盘西化，就是要我们西化，并非吸取西货；而有吃而难消的弊害。但是若要全盘西化，首先要全盘除去了那些窒碍物的固有的文化。非然者，一方保存固有文化，一方要西化，结果当然不易消化，而会生病。若说中国人的胃是生来而不合于西化，那么我们只好守此残余，束手待毙罢。所以问题并不是能否消化，而是我们是否愿意去除去固有的窒碍物，诚意的全盘西化。

所谓全盘西化，当然"是说中国人以西方的文明而立国"。张先生说："欧化不难，欧化而一如欧人之卓然立于世界则大难而特难了。"我们的回答是，欧化若不难，则欧化而一如欧人之卓然立于世界也不难。因为欧人之所以能卓然立于世界，就是依赖他们的优越的文化及其原则。何况就算欧化而一如欧人之卓然立于世界而是大难而特难，难道我们就因为难的原故，而不要西化吗？而不要以西方的文明而立国吗？

最后，谈到民族复兴的途径。张先生说：

> 要不外一方面从做人下手，恢复中国人的自主性。如此才能有吸收外族文化的主体资格，而他方面依然须尽量采纳西方文化。

这本来是一种折衷办法的论调。我在别处已详细的批评过。不必再述。而且我已说过：除了我们澈底与全盘的打破所谓固有的文化，我们没有法子去尽量采纳西方文化，所以我的复兴民族的途径，也不外是要我们自动的，或像张先生所说自主的，不要留恋于固有的文化，尽量采纳西方文化。

廿四年，二月，五日

冯恩荣编《全盘西化言论续集》（"南风"特刊），岭南大学学生自治会出版部，1935年5月25日。

全盘西化的辩护

三个月前，我曾说过，胡适之先生"整个"思想不能列为全盘西化派，而乃折衷派中之一支流。胡适之先生当时以为我这种看法，是错误的。同时他且声明道："我是完全赞成陈序经先生的全盘西化论的。"

最近胡适之先生发表一篇《充分世界化与全盘西化》（《大公报》六月廿三日"星期论文"）里面虽然还说他"没有折衷调和的存心"，但是因为他感觉到"全盘西化这个名词，的确不免有一点语病"，因而提议以"充分世界化"这个名词，来代替"全盘西化"这个名词。胡先生说：

> 充分在数量上即是尽量的意想，在精神上即是用全力的意想。

我以为在精神上，我们若用"全力"去西化，结果是在消极方面，必至否认中国固有的文化；在积极方面，还是趋于全盘西化。但是所谓"充分"或"尽量"这些名词，不但很为含混，而且很容易被了一般主张折衷，或趋于复古者，当作他们的护身符。

原来"充分"或"尽量"这些名词，是可伸可缩的，可多可少的。比方，一个朋友托我办一件事，我说，我当尽量去做；我对于这件事做得十分妥当，固然可以说是"尽量"，但是假使我只做了一点，也可以说是"尽量"。我记得严既澄先生曾在五月廿二日的《大公报》发表一篇《〈我们的总答复〉书后》，赞成全盘西化，但同时他以为"全盘"两字，容易起人误会，最好改为"尽量"两字。我又联思到从前曾经力主西化的张东荪先生，近来忽然徘徊于复古、折衷之间，不但极力反对全盘西化，而且在《正风半月刊》一卷二期发表一篇《现代的中国怎样要孔子》，提出孔子之道，而近于辜鸿铭、梁漱溟诸先生的主张；但他在这篇文里也相信，我们"依然须尽量采纳西方文化"。我们从此可以明白，赞成或趋于全盘西化的人，固可以主张"尽量"西化，喜谈折衷或趋于复古的人，也可以主张"尽量"西化。同样，假使百分之九十九的西化，能谓为尽量西化或充分西化，那么"中学为体西学为用"也可以说是尽量西化或充分西化了。

此外，严既澄先生又以为"西化"这个名词颇不适当，最好改为"现代化"。胡适之先生在其近作里，也用"世界化"三字。我个人在以往的著作里，也用过这两个名词，但我以为，在实质上，在根本上，所谓趋为世界化的文化，与所谓代表现代的文化，无非就是西洋的文化。所以"西化"这个名词，不但包括了前两者，而且较为具体，较易理解。又胡先生虽用了"世界化"的字样，他却仍用"充分西化"的词句。至于严先生虽觉得"西化"两字颇不适当，但他也依然采用"全盘西化"的名词。所以我相信"西化"这个名词的采用，是不会发生问题的。

我已解释"充分"或"尽量"，"世界化"或"现代化"的口号的缺点，我现在且来谈谈胡适之先生提议避免"全盘"两字的几个理由。

胡先生的第一个理由是，"避免了全盘的字样，可以免除一切琐碎的争论"。照我的愚见看起来，什么是琐碎西化，什么是根本西化，往往也成问题。例如，张佛泉先生好像以为共和国的头脑是根本西化，刘湛恩先生好像以为基督教的精神是根本西化，吴景超先生又却好像以为这两者都是琐碎的西化，而以科学为根本西化。我以为在事实上，在趋势上，我们既已有或不能不有这种头脑，这种宗教与这种科学，那么最好与唯一的办法，还是全盘西化。而且在全盘西化的原则之下，张佛泉先生既可以专心提倡共和国的头脑，刘湛恩先生也可以努力宣扬基督教的精神，吴景超先生也可以致志鼓吹科学。

又如礼貌或饮食是不是文化的琐碎方面，也未尝没有问题的。要是人们相信"国以礼为维，民以食为天"或 Mannist was erisst 的信条，那么礼貌与饮食，就不能谓为琐碎的问题了。即算我们相信这是琐碎的问题，但是假使我们承认"人与人交际，应该充分学点礼貌，饮食起居，应该充分注意卫生与滋养"，那么礼貌与饮食的全盘西化又有什么理由而要极力反对呢？若说这"只不过是为了应用上的便利而已"，那么"坐了汽车，却同时仍保持东方人玩姨太太的特权"，恐怕也"只不过是为了应用上的便利而已"。

四十年前，郭嵩焘曾很感慨的说："中国之人心，有万不可解者。"四十年来，我们已经受了不少的教训，不少的侮辱，然而"中国之人心"，至今还"有万不可解者"。例如，有好多人力说中服较便利，为国粹；然而若有了机会去西洋留学，或到外国游历，他们立刻忘记这种便利，不愿宣扬国粹，而大穿其西服了！又如我们的好多军事长官，令士兵时着西化军装，我们的好多学校当局，要学生常穿西化制服，以为若非如此，不足以壮观瞻而振精神，然而他们自己却往往穿起长衫，提倡中服，以为这是便利，而忘记了壮观瞻而振精神了！

胡适之先生在《独立评论》一四二号《编辑后记》，曾很肯定地指出折衷是不能，是空谈，只有全盘西化一条路。现在既依然"没有折衷调和的存心"，那么胡先生大概还能相信，我们除了全盘西化外，"此时没别的路可走"。

胡先生的第二个理由是："避免了全盘的字样，可以容易得着同情的赞助。"

所以胡先生说：

> 与其希望别人牺牲毫厘之间来迁就我们的"全盘"，不如我们自己抛弃那文字上的"全盘"来包罗一切在精神上，或原则上，赞成"充分西化"或"根本西化"的人们。

我对于胡先生这种退让的态度，是不敢表以同情的。原因是：一来，我们相信无论在需要上，在趋势上，在事实上，在理论上，全盘西化都有可能性的；所以我们才主张全盘西化。换句话来说，全盘西化论既非凭空造出来，全盘西化论也决不能为欲博了几个人的同情，而就要抛弃或避免。至于在政策上，我们应该主张全盘西化，胡先生已经说过，无须我来赘述。二来，所谓"容易得着同情赞助"的意义，大概无外就是表示主张全盘西化的人少过主张根本西化的人，所以少数的全盘西化论者，应该退让一步，以博取较多的根本西化论者的同情。我以为我们不要忘记，今日能主张根本西化者，还是寥寥无几。大多数的人，还是醉梦于中西各半的折衷论调，或是趋于复古的，变相的"中学为体西学为用"的论调。假使全盘西化论者，因为要想容易得着同情的赞助，而放弃这种主张，以迁就根本西化论，那根本西化论者，也恐怕要因为这个原故，而放弃其主张，以迁就那般主张折衷或趋于复古的论调了。

近来还有些人，以为全盘西化论，最易引起守旧者的反响。他们以为苟能避免"全盘"两字，则守旧者必无所藉口。我的回答，是除了我们完全赞成复古或守旧外，恐怕我们没有别的方法满足他们。郭嵩焘的机器西化，固为当时的士大夫所反对，张之洞的西学为用，也为学贯中西的辜鸿铭所不取。连了最近的《中国本位的文化建设宣言》，据我所知的，也有不少的出版物，指摘其为太过西化！在处处都保持中国"旧有种种罪孽的特征"的环境之下，全盘西化论固不"容易得着同情的赞助"，难道根本西化论，就能"容易得着同情的赞助"吗？其实若在"没开诚接受"全盘西洋文化之前，却先怕人们批评或反对，而至要退让以博其同情，恐怕"那便仍是一种变象"的折衷调和论调。

而况能够主张根本西化，或胡先生所说的"充分西化"，大概总能表同情于全盘西化论。张佛泉先生与严既澄先生，固无待说，即胡先生自己也说，"我赞成全盘西化，原意只是因为这个口号，最近于我十几年来充分世界化的主张"。所以能够承认西洋文化十二分之十以上，或百分之九十九的人，也可以全盘承认。至少大体上总可以表同情于全盘西化。若说这些所谓琐碎的一点，都不愿承认，那岂不是太过固执吗？若说这些所谓琐碎的一点，决不能西化，那怎能又可以充分西化呢？

假使我的观察，大致不错，我还可以说，数月以来的全盘西化的言论，好像也能引起不少的人们对于西洋文化做进一步的认识，进一步的承认。即如张佛泉先生，在《国闻周报》十二卷九期所发表《关于整个教育目标问题》一文里，以为"主张全盘西化的，多半要受到严峻的攻击"，可是后来他自己却不顾到这种"严峻的攻击"，而"与全盘西化论以非常同情"。又如严既澄先生，十余年前，在《民铎》杂志三卷三期发表一篇《评东西文化及其哲学》，以为"东西文化，不但有调和的可能，并且是非调和不可"，现在他却极力主张全盘西化。

总之七十年来，我们对于西洋文化的承认，是逐渐增加的。我们既尚且可以从极端的排斥西洋文化而承认其十二分之十以上，那么从十二分之十以上而至于全盘西化，还有什么问题呢？至少我们既已承认西洋文化为较优胜，较适宜的文化，我们就不应该反对全盘西化，而免"差以毫厘，谬以千里"的危险呵。

我们现在可以谈谈胡先生提议避免全盘的字样的第三个理由。胡先生说：

> 我们不能不承认，数量上的严格全盘西化，是不容易成立的。文化只是人民生活的方式，处处都不能不受人民的经济和历史习惯的限制，这就是我从前说过的文化惰性。

我在《独立评论》一四七号所发表《再谈全盘西化》一文里，曾对于胡先生所提出的文化惰性有所解释。我且说，"正是因为这种惰性成为西化的窒碍物，所以主张全盘西化"。胡先生对于这一点，也并不否认，所以他在《试评所谓中国本位的文化建设》一文，也说"中国的旧文化的惰性，实在大的可怕，我们正不必替中国本位担忧"。我想胡先生当时之所以极力赞成全盘西化，大概无非为着这个原故。未知胡先生现在又为着什么原故，而好像投降于中国文化的惰性。假使全盘西化，是"处处不能不受人民的经济状况和历史习惯的限制"，难道"充分西化"，或"根本西化"，以至二分之一的西化，就不会"处处不能不受人民的经济状况和历史习惯的限制"吗？反过来说，假使充分西化根本西化以至二分之一的西化可以不受这种限制，全盘西化也可以不受这种限制。

胡先生又说：

> 况且西洋文化，确有不少的历史因袭的成分，我们不但理智上不愿采取，事实上也决不会全盘采取。你尽管说，基督教比我们的道教、佛教高明的多多，但事实上，基督教有一两百个宗派，他们自己互相诋毁，我们要的那一派？若说，"我们不妨采取其宗教的精神"，那也就不是全盘了。

我以为"在这优胜劣败的文化变动的历程之中"，理智往往也是"无所施其技"的。我们三百余年来的理智，岂不是告诉我们不要基督教吗？然而，结果究竟如何？而况，我们今日的理智却使我们承认，基督教"比我们的道教、佛教高明的多多"。至于事实上，中国的基督教在目下也不只是一派的。天主教及其很多的派别，固已输入；新教及其好多派别，也已进来。说到将来，我们既不能说也许有的尚未东来的派别，或"不少的历史因袭的成分"，不会不被淘汰或现代化，我们也不能说这些派别或成分永远不会传播到中国。

又胡先生好像以为基督教的派别太多而至"互相诋毁"，是一件不当效法的事。我却以为所谓"诋毁"，大概恐怕就是争竞。至少含有争竞的意义，西洋文化，不但宗教方面是如此，就是别的方面也都如此。又况派别繁多，"互相诋毁"或争竞，不但往往能使人们可以自由信仰，而且能使人们可以反省更新。能有自由信仰，个性乃可发展，能有反省更新，文化始可进步。例如，中国的思想的派别之多，莫若春秋战国，然所谓思想的黄金时代的春秋战国的诸子百家，也岂不是自己"互相诋毁"吗？我想二千年来——特别是五百年来的中国文化之所以远比不上西洋文化的一个重要的原因，未尝不就在这里。这是研究中西文化发展史的人，所不可忽略的。

最后，我同情于胡先生所谓"严格说来，全盘含有百分之一百的意义，而百分之九十九还算不得全盘"。然而同时我们似也不能否认，除了这种"严格"的说法以外，有了一种普通的说法。例如，我和好几位同事，有好多次因事未能参加我们的学校的教职员"全体"拍照，然而挂在壁上的照像，依然写着"本校教职员'全体'摄影"，这个"全体"岂不就是"全盘"吗？自然的，我在这里只想指出在所谓百分之九十九或九十五的情形之下，还可以叫做"全盘"，至于我个人，相信百分之一百的全盘西化，不但有可能性，而且是一个较为完善较少危险的文化的出路。

原载《独立评论》第 160 号，1935 年 7 月 21 日；后编入麦发颖编《全盘西化言论三集》，岭南大学学生自治会，1936 年 10 月 31 日，第 85~98 页。

蛋民在地理上的分布（存目）

原载《政治经济学报》第 4 卷第 1 期，1935 年 10 月。

后编入《蛋民的研究》（商务印书馆 1946 年 10 月初版，1950 年 7 月再版）第二章。

全文见《陈序经全集》第四卷《蛋民的研究》第二章 蛋民在地理上的分布。

说独裁①

政体的分类，在柏拉图的著作里，虽已有过不少的讨论，可是这种分类之比较详细精确，而影响于后世的政治学者最大的要算亚里士多德在其《政治学》一书里所提出的分类。照亚氏的意见，政体大概可分为三种：一为专制，一为贵族，一为民主。这个分类，根本是以政权之在于多少人的手里为标准的；这就是说：政权若操之于一人，就是专制；政权若操之于少数，就为贵族；政权若操之于大众，就成民主。

自从亚氏以后，政治学者对于亚氏这个分类之加以批评及修改者，固不乏人，然而直到现在，在大体上，这个分类仍占政体分类上的威权，因为我们还找不出一个较他的为好的一个分类。

但是事实上，贵族政治在现在，因差不多可以说是完全没有，专制政治在目下，也差不多可以说是就要绝迹。只有民主政治自从18世纪以后，一步一步的发达起来，到了近世，而特别是欧战以后，其去理想之途，虽尚很远，然世界各国，差不多没有一国不朝向在这条路上。

然而欧战以后，却有不少人提倡所谓独裁政治。这种政治，在历史上虽发生过好多次，然在最近来的最显明的例子，要算意大利。自德国希忒拉执政以后，人们对于这种政治，又特别加以注意。在美国，自罗就总统任以后，也有人相信其趋于这条路上。

国人近来，一方面因为国难环境的压迫，一方面因为受了所谓各国独裁政治的影响，遂有不少的也来提倡独裁政治，于是所谓独裁政治，遂于民主政治相提并论，而好像成为对峙的名词。

我以为从政治学的眼光来看，所谓独裁政治，既不是一种政体或制度而和民主政治对峙而能相提并论，从我们目下的需要来看，所谓独裁政治，并不是一种可以讨论提倡而能达到的政治。

原来所谓独裁政治，是要在变态的政治情形之下，才有发生的可能。同时这种变态的政治情形，又必是一种危机。所谓独裁政治，正是 Lindray Rogers 所说的危机政府（Crisis Government），虽则危机政府不必一定就是独裁政治。独裁政治既是要在危机之下才能发生，那么没有危机，或危机一过，独裁政治不但无从发生，而且没有需要。读过历史的人，总能知道在历史有了不少的危机，可是危

---

① 校按：本文据南开大学图书馆藏陈序经手稿整理。原稿未见发表，亦无写作日期，当写于20世纪30年代初"民主与独裁"论战时期。

机的应付既无一定——而且很少——靠着独裁，而危机的发生及存在，究竟是个变态，虽则变态，也不一定就是危机。

总而言之，独裁政治不过是危机政治之一种，而危机政治，又不过是变态政治之一种，所以独裁政治要算做变态政治中之最变态的了。所谓变态政治，本来就是政治现象的例外，所以所谓独裁政治，也就是政治现象的例外之例外了。

政治学的对象是政治现象。从自然与整个社会现象来看，政治现象虽不过像沧海一粟，然在她本身上，也可以说是千绪万端。政治学对于变态的政治现象，固要留意，然它的主要目的，是要从政治现象之中，找出能够应用于一般的政治现象的普通原则。所谓政体和政治制度，可以说就是这些普通的原则。独裁政治之所以不能成为一种政体或制度，就是因为他乃政治现象的例外之例外。而这种政治之不能与民主政治成为对峙而相提并论，也是这个原故。

我说独裁政治是政治现象之最例外的现象，不但是因为在空间上，缺了一种普遍性，而且在时间上，她也没有一种永久性。

现在所谓独裁政治的寿命之最长者像意大利，还不过十五年。至于德国则更短。究竟这种政治能够维持下去若干年，我们这处暂不必讨论，我们所要明白的，是独裁政治既非假借神权来号召民众，又非靠着遗传的权力去统治国家，其不能像罗马教皇或专制君主之久安于位，其理甚明。独裁不是政体，不是制度，而是人。人生七十古来稀，一个人要在政治上做到独裁的地位，他的年纪总要在四十左右或以上，就算终其身而独裁，至多也不过三二十年。从个人方面来看，这个时期也许很长，从历史方面来看，却是很短。独裁者一死之后，独裁政治，岂非就要断绝吗？若说独裁者可以把这个位置交给他的子孙，则不但从此以后，变为专制，就是他生前的独裁时期，也是专制。若说独裁者若依众望所归，而交给于某一个人，那么不但从此以后，趋于民主或贵族，就是独裁本身，已非独裁，而乃众裁。若说独裁者独自交给于他所喜欣的一位，那么这一位继续独裁的位置的人的本身，已经处于被裁的地位，试问他自己又怎能有资格来做独裁呢？独裁是自养的、自成的、自造的、自裁的，靠着他人来养、来成、来造、来裁，不能谓为独裁。若说独裁于未退位或未过世之前，而有了一位自养、自成、自造、自裁的人，已和这位独裁处于同等的地位，那么这位所谓独裁，必非独裁，事实上乃是共裁。独裁必非共裁，共裁必非独裁。

在理论上，凡是独裁，必不能长久。在事实上，现在所谓独裁为数既少，为时又暂。政治学既不能把暂时片刻的很小部分的现象以概括为一种普通原则，那么独裁政治之不能当做一种政体或制度来看待，又是很显明的。

我们现在且来谈谈所谓独裁政治，并非一种可以讨论提倡而能达到的政治。

我已说过，独裁政治不是政体或制度，假使"独裁"而能成政体或制度化，则必不能谓为独裁；因为政体或制度是客观的、大众的、永久的，而独裁是主观的、个人的、暂时的。所以独裁是不入政体的范畴的，不受制度的限制的。质言之，独裁政治是人治政治，而且是纯粹的人治政治。从来专制政治，人们虽也叫做人治政治，但是专制政治，不但有普遍性、永久性，而且本身受了制度的支配。例如父必传位于长子，而子孙又必在某种范围之内，循着祖宗的故例遗训。这是专制政治之别于独裁政治的一个地方。

独裁政治既是人治政治，而且是绝对的人治政治，所以问题的重心，并不在乎我们应该不应该，或是需要不需要这种政治，而乃在乎有没有这种人。然而有没有这种人这个问题是个实际的问题，并非一个可以加以讨论提倡的问题。若是没有这种人，则讨论提倡是没有用的。因为正像我在上面所说的，独裁是自养的、自成的、自造的、自裁的，并非他人所能养、能成、能造、能裁而出来的。质言之，假使独裁是可以因讨论和提倡而能产生，那么独裁也可以因讨论和反对而推翻。这么一来，独裁本身已被了舆论的裁判；被了舆论的裁判，怎能谓为独裁呢？因此之故，我觉得今日一般之人之希望由讨论提倡而产生出一个独裁是一件很滑稽的事。

总之，没有独裁之人，决不会有独裁之实，可是若有了独裁之人，则我们应该不应该，或需要不需要这种政治这个问题，就不能发生。因为一有了这种人，我们已处于被裁的地位，所谓我们的言论，事实上无非就是独裁的言论。除了我们服从拥护独裁之外，还有什么可以讨论提倡的余地呢？正像在中世纪的时代，人们不能怀疑上帝的存在，因为怀疑上帝，就是侮辱上帝。这一点，凡是留心于所谓独裁国家的言论的人，总能容易明白了解的。

事实上，所谓讨论的精神，就是民治的精神。所谓讨论的时代（The Age of Discussion），无非就是民治的时代。

不但这样，所谓独裁政治的基础根本是筑在情感与武力上。不用感情去鼓动一般民众，决不能成为独裁。然而从情感中养成的独裁，是要想做独裁者自己现身做法，去感动民众，使他们于不知不觉之中，受其感化，被其利用，信之如神而不疑，为之赴死而不惜，不计利害，不顾苦乐，犹如一个女子之为某一男子所恋爱，为男子者，虽费金钱，浪时间，耗精神，而任其驱使，纵使为女子者故意使之坠落，而他自己却终无觉悟其为然者。

然而在这种情形之下，所谓独裁这回事，在人们的观念上，是无从发生的，因为这种服从是盲目的，无知的，而盲目无知的服从，难以理性来解释。没有或缺少了理性的成分，自然而然的也没有可以讨论的余地。

若说一个人可以靠着一般文人那枝所谓常带感情的笔锋，来感动民众而成为独裁，则所谓独裁，又岂不是受了这枝常带情感的笔锋所限制吗？因为假使这种笔锋而能使民众对于某人有了好感，而任其所为，这种笔锋也可以使民众对于这个人有了恶感，而使其不能为所欲为。

其实情感的激动是要在某种环境之下才发生的。环境固可以适宜于独裁的发生，环境也可以阻止独裁的实现。而且就是在某种环境之下，民众的情感是适宜于独裁，独裁也未必能够发生，因为不但要有这种独裁的人，而且还有了别的方法，可以应付这种环境。

专用情感去感动民众而希望做独裁，当然不够。所以我说独裁的基础还要筑在武力上。没有相当的武力，独裁不能发生。武力是一种事实，并非空言所能达得到的；更非一般思想家所能讨论而来的。所谓纸上谈兵，毫无所用。若说武力是可以由讨论而能发生，那么这种武力也可以由讨论而消失。

在独裁政治之下的人们之要服从独裁，正像兵士之要服从长官一样。所以简单的说：所谓独裁政治，无非是要用治理军队的方法去治理民众。

因为独裁的基础是武力，所谓独裁是不顾善恶的。我说不顾善恶，因为在这种政治之下的善恶，是完全主观的，而非客观的，质言之，所谓善恶就是独裁的善恶。民众只能善独裁之所善，恶独裁之所恶。因此之故，这种善恶只在观念上可以存在，在行为上，则只能有善而无恶。因为假使独裁而知其为恶，他必不行不为。若是行之为之，则必是善。西洋人所谓"Right is right."这句话，就是这个意思。

要是独裁的一切行为都是善的，那么凡是对于这种行为生出怀疑的言论，都是恶的。因为凡行为之足以引起怀疑的言论必定是由于这种行为本身上发生问题。独裁的行为既只有善而无恶，当然是没有问题。没有问题还有什么可以讨论？独裁的行为既然没有可以讨论的余地，独裁的应该不应该，或需要不需要更无讨论的余地了。

总而言之，我不相信独裁可以由人们讨论提倡而能产生出来。由讨论提倡而产生出来的人物，只是而且只能叫做人们的公仆。以公仆来治理国家，岂不是要变成一个"民主政治"（Democracy）的国家吗？

广州中山大学取消胡适之先生演讲感言①

广州中山大学这一次取消胡适之先生在该校演讲的理由，据报章所传，大约有三：一是胡先生希望香港为中国新文化的一个中心，乃蔑视中山大学在新文化上的位置，而为帝国主义张目；二是他说广东是中国过去的殖民地，而含有目广东人为蛮夷的态度；三是他反对祭孔读经，而违背中国固有的圣道。

关于胡先生的反对祭孔读经，算起来要有二十年的历史了。最近来因为政府提倡祀祭孔子，恢复古道，他在《写在孔子诞辰纪念之后》一文里（《独立评论》一一七号）曾淋漓痛快的指摘过。他的态度和主张，有目皆睹。中山大学校长邹鲁先生这数年以来，虽提倡庇护复古，然在胡氏南下香港之时，曾特地的电北平聘请他到中山演讲"儒与孔子"。我们做旁观者，正叹邹先生的容量广大，有大学校长的风度，现在忽闻其因胡氏反对祭孔讲经而取消其到校演讲，使我们不但觉得邹先生的器量狭小，而且怀疑邹校长是否知道他所电请那位胡适之，是提倡打倒孔家店的胡适之呵！

胡先生说广东是中国过去的殖民地，我们虽觉其用词欠妥，然若因此而强谓其把广东人把做蛮夷看待，无亦神经过敏而示人以弱。广东从前虽是蛮夷所居之地，故至今尤有存者。然自永嘉而特别是南宋以后，中州的人文精华，大都南移，故所谓中国的活的固有文化的保留所，惟广东和南方诸省可以当之。胡先生也承认这一点，所以他在香港华人教育会演讲词里曾说：广东语言是古音。我们固相信自西洋文化从南方输入以后，这种活的固有文化，正如瓦解冰释，而趋于绝迹，然一般复古者流，何不借此残余，以为光荣，何苦自暴自弃的以牛头不对马嘴的殖民地和蛮夷混为一谈？且美国本是英国的殖民地，然美国人何尝因英人或他人之名为殖民地而生气？我意胡先生之所谓广东为中国过去的殖民地，似无异于安徽之为中国的较早的殖民地，并无一定是含有恶意的。

据报章宣传，邹先生觉得最难过的，是胡先生忽视了中大在新文化上的位置，而希望香港为中国新文化的中心。我们以为自邹先生再长中大以来，对于复古既尽力提倡庇护，而同情古直先生所谓孝经可以抵抗日本枪炮的言论，中大礼堂钟所悬的"把世界文化迎头赶上去"的遗训，早已置诸脑后。如此而欲中大成为中国新文化的中心，只是梦想。何况身为最高学府校长，出入校门、办公

---

① 校按：陈序经抄稿。不能确定陈序经的抄稿《广州中山大学取消胡适之先生演讲感言》写作的具体日期，但从文章内容可以确定，《广州中山大学取消胡适之先生演讲感言》写于1935年1月，因为1月9日，中山大学、岭南大学都取消了原定邀请胡适到校讲演的安排。

室，也要数位武装同志保护，所谓大学灵魂，早已被武器吓走天外。此外道德言旧，汽车要新，学问主复古，校舍尚洋化，以及种种矛盾思想行为之影响于青年前途，良非浅鲜。如此施教，欲使中大成为复古典型且不可得，怎能希望其能成为新文化的中心。

至于胡先生之希望香港为中国新文化的一个中心，若注意到"一个"两字也不会觉其所言太过，况香港两个字，也未尝没有商榷的余地。按普通人说香港，是包括九龙一带。香港虽是割让，九龙乃为租借。两者目下，虽在英人统治之下，然将来九龙交还之后，香港的收回，也非绝不可能。菲律宾的独立运动，萨尔的重归德国，至少给我们以很大的希望。何况据国际公法家的多数意见，九龙主权仍属于我，又何况香港九龙的居民，百分之九十以上，是我国国民，而这一次听胡先生演讲的人，也是我国人，而非外国人。邹先生若以香港九龙当做绝对非我们所有的地，香港九龙的居民皆非中国人民，而指摘胡先生，则其丧心病狂，无乃太甚！

若谓希望香港为中国新文化的"一个"中心，而释为为帝国主义张目，那么一般官僚政客之置产业、存民脂于香港者，岂非更为帝国主义张目吗？内地有官做，就叫香港为帝国主义的地方，没有官做，则借香港为托身乐土，行为之矛盾，有如此者，其亦何以导青年于正路，登斯民于衽席呢？

最奇怪者是在中大取消胡氏演讲的声浪中，我们又闻邹先生以中大校长名义，致函英籍英庚款委员会委员马尔素氏（Calder-Marshall），请求从英庚款中拨出五百万元为中大建筑石牌新校之用（参看正月廿一日北京、天津《英文时报》版十六），邹先生的理由是中山大学与香港大学的位置之在南中国，是同样重要的。港大已领得英庚款五百万元，中大理也应得。夫中大是纪念中山先生与南中国的最高学府，以我国中央政府之扶持，广东之财富，不能筹五百万元，而必乞怜于外人，可耻已甚，今再以南中国最高学府自命之中大，而位于邹先生所唾骂鄙视为帝国主义文化侵略的机关的港大之列，以争此区区者，其视胡先生所言而被目为帝国主义张目之态度，又何如耶？

总之，就使胡先生在港的言论，而真得罪于中大，这也不过是胡先生个人的言论，我人正可候其到中大演讲时，质问之，驳倒之，始能算为好汉，始不愧为师表，今电请胡氏演讲者邹先生，取消其演讲者，也是邹先生，自请自消，自做多事，不但不能阻胡氏的言论与主张之影响于中大青年，反足以暴露自己的矛盾，而失主人的体面罢。

不但这样，我想满清末造，革命策源于南方，而以南洋、香港为根据地，香港此时乃为卫道先生所目为蛮夷、叛徒聚会之区。民国成立以至近来，一般自命为卫道者，既无所事事于内地，竟弃"内华夏外夷狄"之信条，不知耻的托庇于所谓帝国主义统治之下，使香港成为中国的唯一祭孔读经的大本营！近来，听说香港教育当局而特别是香港大学对于卫道者,开始下以逐客之令,而我国政府,却来提倡祭孔读经,三十年来,沧桑几变,我们抚今追昔,安能不感慨于中呢?

1936年

一年来国人对于西化态度的变化

一

七十年来，国人对于西化这个问题，曾有过不少的讨论。然而讨论的兴趣最为浓厚，情形最为热烈，同时最能引起一般人的注意的，恐怕要算民国二十四年这一年了。

这一年来的文化讨论的重心，是全盘西化的主张与本位文化的宣言。有些人说，前者是因为反对后者而发生的。这是一种错误。十年前，卢观伟、陈受颐两先生与我，已感觉到全盘西化的必要。民国十七年，卢、陈两先生与我同事岭南大学，对于这种主张，曾轮流作过十余次演讲。此后，岭南的教授与学生们，对于这个问题，不断的加以讨论。此外我又在广州各校作过好几次演讲。民国十九年，我草了一篇《东西文化观》，登在《社会学刊》第二卷第三期。过了一年，又写一本《中国文化的出路》，由商务印书馆出版。这均是说明全盘西化的主张的。民国二十二年，我应广州协和大学及中山大学之请，对于这个问题，作长期演讲。当时广东当局，正实行祀孔而趋向于复古，中大社会学系主任胡体乾先生，因而发起中国文化问题演讲会，要我十二月二十九日再作公开演讲一次。我的演讲稿发表于二十二年正月的《民国日报》。

因为了我这次的演讲，还引起一场很热烈的文化论战。在演讲方面，除我外，还有许地山先生，及中山大学数位教授。在文字方面发表者，有谢扶雅、张磬、陈安仁、张君劢、卢观伟、吕学海、冯恩荣诸先生，及其他十数位。文章之发表者，有好几十篇，时间延长了一年之久。

大概上，这一次讨论的结果，有了下面数点是值得我们注意的。

第一，对于当时当地的复古趋向，不但没有一位同情，而其实差不多没有一位不表示反对。

第二，一般反对全盘西化论的折衷派，既非主张重中轻西而近于复古的折衷派，也非主张中西各半的真正折衷派，而乃重西轻中而近于全盘西化的折衷派。

例如，谢扶雅、张君劢先生等，是最近于全盘西化论的。此外为反对全盘西化而发表文章最多的陈安仁先生，也承认"现代西洋文化比我们中国文化高明得多"。又如讥骂我最利害的张磐先生，也非反对大部分的西化，而乃是"他所谓为无条件的全盘接受"。

第三，赞成全盘西化者，逐渐增多；同时，全盘西化的理论，经过这一次的讨论之后，较为显明。

我把广州去年一年中的文化论战，略为叙述，因为，一来，我要指明全盘西化的主张，是远在本位文化的宣言之前。与其说前者是因为反对后者而发生，不如说后者是因为反对前者而发生，较为合理，这是读过《中国本位的文化建设宣言》的人，都能明白的。二来，我有时感觉到这一年来的文化讨论，好像是广东去年的文化讨论的延长与放大。

二

全盘西化论，正在南方得到相当的注意与同情的时候，中央政府又跟着广东当局而实行祀孔，复古的空气，因而漫延全国。十教授是在这种的情形之下，而发表他们的《中国本位的文化建设宣言》的，他们说：

> 徒然赞美古代的中国制度思想，是无用的，徒然诅咒古代的中国制度思想，也是一样无用，必需把过去的一切，加以检讨，存其所当存，去其所当去。

又说：

> 吸收欧美的文化是必要的，而且应该的，但须吸收其所当吸收，而不应以全盘承受的态度，连渣滓都吸收过来。

从表面上看起来，这是老生常谈的折衷论调，然而骨子里，却是趋于复古的途径。有些人且说：十教授是受了当时趋于复古的当局的暗示而发表宣言，我们对于这一点，不愿参加意见，但是十教授所谓中国本位的文化，既是要使中国的政治社会和思想，都具有中国的特征，那么他们不能否认有了复古的趋向与嫌疑。何况所谓为中国本位的文化，正像：

> 日本画家常常说：西洋人虽嫌日本画的色彩，过于强烈，但若日本画没有那种刺目的强烈色彩，那里还成为日本画。

我在《读十教授〈我们的总答复〉后》（《大公报》五月二十日）文里，曾说：

> 若照这种逻辑推衍起来，结果是比方中国女子之所以为中国女子，就是

因为她们有小脚，奉"三从四德"。中国男人之所以为中国男人，就是因为他们嗜鸦片，能"左抱右拥"。中国船之所以为中国船，就是因为用帆驶。中国车之所以为中国车，就是因为用骡拖。这么一来，凡是中国固有的文化都要保存而成为复古了。

这种推论，并不只是我个人的独见，而乃很普遍的看法。我现在且摘录严既澄先生在五月二十二日的《大公报》所发表《〈我们的总答复〉书后》里，所述一段话，以为例子。

> 例如北平市各名流，举行第一次中国本位文化建设座谈会于公园水榭之时，便有某院长说到今日到会的人，大多数都穿着中国衣服，可见还是主张中国本位文化者为较多的话。而且当时到会者所发言论，大都侧重于中国固有文化之发扬。

严先生又指出"那天也参加座谈会的宣言起草人之一陶希圣先生，却并未明白矫正各位发言人的误解"。可见宣言起草的陶先生，承认本位的文化，是保存固有的文化了。

又如，北平《晨报》十二月十五日体育栏，载河南百泉乡村师范学校所主办的乡民运动大会，提倡国术比赛，毽子比赛等运动，该报记者以为这是"中国本位文化运动"，同时加以按语道："值此建设中国本位文化之声浪，高唱入云时代，确有大提倡而特提倡之意也。"

在《评〈中国本位的文化建设宣言〉》（《全盘西化言论续集》）一文，我曾说道：

> 退一步来说，就使我们相信十教授的主张，是不守旧，不复古，十教授的《宣言》至多也跳不出三十五年前张之洞所画的圈子，虽则十教授曾批评张氏的中学为体西学为用为皮毛西化。——十教授所谓中国本位，岂不就是张之洞的"中学为体"吗？十教授所谓"吸收欧美的文化，须吸收其所当吸收"，岂不就是张之洞的西学为用吗？

胡适之先生和很多位，都有了同样的见解，而潘光旦先生在《华年》周刊四卷三期所发表《谈中国本位》一文，以为：

> 本位二字，是不难了解的。物有本末，……本末也有主客的意思，所以本位就等于主体，也有轻重的意思，所以本位所在，就等于重心所寄。也有中心与边缘的意思，所以以中国为本位，就无异以中国为中心。译成英文，是 Sino-centric。中国的称号，原有这个意思，但同时也养成一种妄自夸大的心理。

潘先生"对于这个宣言，大体上很赞同"，所以我特地的把这段话抄在这里。我希望一般主张或辩护"本位文化"的人,不要以为我们因为反对"本位文化"而至曲解本位这两个字罢。

卢观伟先生在《趋于全盘西化的共同信仰》(《全盘西化言论续集》)一文里说:

> 大体上,西化程度不多过一半,五对五的趋势的二元论,才是真正的折衷派;超过一半以上,则已入了西化本位。

张佛泉先生屡指出根本西化与全盘西化是很接近的,他所谓根本西化就是卢先生所谓西化本位。西化本位既是近于全盘西化,则中国本位的文化,不能否认其近于复古了。

三

《中国本位的文化建设宣言》发表以后,受了各方面——特别是全盘西化说——的批评,于是五月十日,十教授又发表一篇《我们的总答复》。我觉得十教授在《总答复》里的态度,比起他们在《宣言》里的态度,已经变化得很厉害;同时,在表面上,他们虽仍然怀疑全盘西化论,事实上却已趋在这条路上;因而草了一篇《读十教授〈我们的总答复〉后》,登在五月二十日的《大公报》,解释他们的态度的变化。我以为:

> 十教授……在《总答复》里不但反对"任何复古",而且反对各种折衷。所谓"复古的企图,不但是抱残守缺,简直是自觅死路"。是很显明的指出现在所遗留的多少的固有残阙,也要扫除。所谓"对于任何复古的企图,都采排斥的态度",是很肯定的排斥整个固有的文化。那么十教授在这里不但放弃了日本画家的理论,而且放弃了"存其所当存"的态度。

这种见解,也不是我个人的见解,而是一般人的见解。连了一般同情于十教授的宣言的人,也有这种感想。例如徐彝尊先生在《正论旬刊》第二十八期里所发表的《读(上海)十教授〈我们的总答复〉》一文中说:

> 固有的好东西,如果现时还存在着,我们便应该去保存他,保存便是守旧。如果这些东西,现时不幸已经失掉,我们便应该去恢复他,恢复便是复古。守旧和复古,在相当条件下,并不一定便是坏事。……十教授在《宣言》中,到还说过些"必需把过去的一切加以检讨,存其所当存,去其所当去"的话头,谁知在《总答复》中,却又直截痛快的说:"对于任何复古的企图都采排斥的态度"了!我们虽不可以辞害意,批评十教授的主张,前后不能一贯,但总有些埋怨他们择语的不慎。何况他们又明明的,在不守旧的前提下,满装了些"复活封建作为","制造人工黑夜","延长进化过程"

等一类话。大有守旧云者，如此这般而已的意思，这岂不是他们对于守旧两字的误解、曲解么？

关于十教授在《总答复》反对各种折衷说，我曾说：

> 十教授说："有什么体，便有什么用，有什么用，便有什么体。"又说：物质和精神是一个东西的两方面，根本不能分离。这种理论，本是我们主张全盘西化人的理论，我很奇怪十教授现在也能承认。十教授既不反对西化之用，则采纳人家之用，不能不采纳其体。十教授既不反对物质西化，则采纳人家的物质，不能不采纳其精神。这样看起来，试问除了全盘西化之外，还有什么办法呢？

在《总答复》里，消极方面，他们既反对任何复古，与各种折衷，积极方面，他们又显明的趋于全盘西化的路上，所以我又说：

> 十教授在《总答复》里虽则仍像在《宣言》里，以为中国本位的文化，是要合此时此地的需要，可是他们所谓此时此地的需要，现在却已变为：（一）充实人民的生活；（二）发展国民的生计；（三）争取民族的生存。我以为从文化的立场来看，这三种需要，在名词上固是不同，在事实上并没有什么差异。所以第二项以至第三项，都可以说是包括或依赖于第一项。至少二三两项与第一项，是不能分离的。十教授在第一项里，既显明的说："中国人民的生活，非常贫乏，物质方面，不消说是不如人，精神生活，亦何尝丰富。"那么十教授不但承认在文化的物质方面，我们要西化，而且承认在文化的精神方面，我们也要西化了，物质与精神两方面，都要西化，岂不是成为全盘西化吗？

胡适之先生在《充分世界化与全盘西化》（六月二十一日《大公报》）一文里，以为"我们……可以欢迎《总答复》以后的十教授做我们的同志"，大概就是因为《总答复》里的态度，是近于全盘西化论的。严既澄先生在《〈我们的总答复〉书后》里也说：

> 我把十位宣言起草者的这篇《总答复》，好〔仔〕细看过了两遍之后，颇觉得他们的根本主张，其实是和所谓全盘西化说，大体相近的。只可惜他们被了这套绕圈儿的文字遮蔽着了，只图理论上说得圆通，（？）文字上说得痛快，就此模糊笼统地把自己的立脚点，说成了一个大零号而不自知。

四

全盘西化论不但只引起发表《中国本位的文化宣言》的十教授，对于西洋文化做进一步的认识，而且引起一般人对于西洋文化，做进一步的承认。关于这一点，我们可以把几位代表人物，而分作几方面来说明。

第一，最初对于《中国本位的文化建设宣言》，有过相当或多少同情，而后来却变其态度者，例如吴景超先生。我上面已经说过，《中国本位的文化建设宣言》，在表面上，虽很像是"老生常谈"的折衷论调，可是骨子里却是趋于复古的途径。吴先生所赞同的宣言，我们可以说，不是骨子里的复古趋向，而乃表面上的折衷论调。他因为赞同这种折衷的态度，所以他反对全盘西化论。因此他遂在《独立评论》第一三九号发表一篇《建设问题与东西文化》。我读了他这篇文后，乃写一篇《关于全盘西化答吴景超先生》登在《独立评论》第一四二号。此外我又发表《再谈"全盘西化"》一文（《独立评论》一四七号）。后来吴先生又发表《答陈序经先生的全盘西化论》一文（《独立评论》一四七号）。"希望我们因讨论这个西化问题，也许可以得到一个最低限度的共同信仰。"我以为吴先生在这一篇文里的态度，比起《建设问题与东西文化》一文里的态度，已经变化得很厉害，因又草一篇《从西化问题的讨论里求得一个共同信仰》登在《独立评论》一四九号。我在这篇文里，指出吴先生在《答陈序经先生的全盘西化论》一文里的态度变更之利害，是出乎我的意料之外。我的结论是："若照吴先生所说的四种采纳西洋文化的态度，而用张佛泉先生的算术方法加起来，则吴先生正像了张先生所说：已承认了西方文化的四分之三以上，而竟与全盘西化论很接近了。"我因而又说：

> 吴先生既承认了西方文化的十二分之十以上，那么吴先生之所异于全盘西化论者，恐怕是毫厘之间罢。

我想，这个结论，大致上是不错的。而且后来吴景超先生在《大公报》（七月七日）又发表一篇《自信心的根据》。里面有一段话，足以证明我这个结论，我愿意把它抄在下面。

> 近来讨论中西文化的文章里，有几篇曾具体的条举中国文化的优点。胡适之先生说我们的固有文化有三点，是可以在世界上占数一数二的地位的：第一是最简易合理的文法，第二是平民化的社会构造，第三是薄弱的宗教心。梁实秋先生也提出三点：第一是中国的菜比外国好吃，第二是中国的长袍布鞋比外国舒适，第三是中国的宫室园林比外国的雅丽。张熙若先生在中国的文化中看中了两点（按：张先生也提出第三点，这就是中国饭）便是宫殿式的建筑，及写意的山水画。此外对于这个问题发表意见的还有，但我还没有看到一篇文章，能条举中国文化的优点到十项以上，尚能持之有故，言之成理的。拿中西的文化互相比较，我们固有的文化，相形见绌，这大约是不可否认的事实了。

我们可以说，吴先生在这里，是有意的，和积极的，近于全盘西化论了。其实胡适之，梁实秋与张熙若三先生所各提出三种优点，还大有讨论的必要。我们对于这点，这里暂且不提。但是我们可以说：文化的各方面或成分是千绪万端，把胡、梁、张三先生所提出的各种优点合共起来，也不到十项以上，那么"拿中西的文化相比较，我们固有的文化相形见绌，这'无疑的'是不可否认的事实了"。

此外，又如张季同先生在《国闻周报》第十二卷第十期曾发表《关于中国本位的文化建设》一文，赞成十教授的宣言，反对"全盘承受西洋文化的见解"，因而引起沈昌晔先生的《论文化的创造——致张季同先生》（《国闻周报》十二卷十四期）。沈先生的长文是站在全盘西化论的立场而批评张先生的。后来张先生又在《国闻周报》（十二卷十九、二十期）发表一篇《西化与创造——答沈昌晔先生》。然而在这篇文里，张先生的态度，也变了多少。且看他说：

> 当然，中国文化与西洋文化，除地域的不同外，尚有时间上、阶级上的不同，中国文化是落后的，西洋文化实优于中国的，因而中国文化中应保持而发展者少，西洋文化应介绍而吸收者多。

张先生又肯定的说："西洋文化多量采纳是必须的。"这样看起来，张先生可以说是从"中国本位"的文化，而变为卢观伟先生所谓为"西化本位"了。

五

第二，原来主张或偏于折衷而后来却同情于全盘西化论者，例如严既澄先生。严先生十余年前，在《民铎》志三卷三期发表了一篇《评东西文化及其哲学》。他的结论是："东西文化不但有调和的可能，并且非调和不可。"这当然是折衷的论调。但是在他五月二十二日《大公报》所发表的《〈我们的总答复〉书后》里，他却极力反对折衷，他很痛快的说：

> 天下事绝不能尽如人意。看准了目前必需去走的路子，便只有勇往直前，走到那里，算那里。就是明知这条路中途会发生某种危险，也只好到那时，再想法子去挽救。这总比停留在歧口上去仔细揣摩那一条才是万灵的路好得多。调和折衷的精神，在中国整部历史上所产生的结果，到如今总算起来，实在是坏的多，好的少。而到了今日，一切事变都以异常的速度，把我们向前推挤，再没有从前那样丰富的时光，留给我们去迟疑瞻顾了。于是这种精神，便立刻产生出异常重大的坏影响来。

消极方面他反对折衷论调，反对"本位文化"。积极方面，他赞成全盘西化论。他这篇文章，是赞成全盘西化论的一篇很有力的文章。他赞成全盘西化论的理由很多，然而最能动人的，是下面一段话：

> 我有一回曾经对一位国粹主义者的朋友说：我现在就算完全承认你的话，凡是中国所有的东西都是好的，值得永久保存的，然而在目前的强盗世界里，正是秀才遇着兵，有理讲不清的时候，我们总得把别人拿来欺负我们剥削我们的种种东西，先拿在手里，然后能够和他们一同生存。就算人家各国的文化，都是坏到要不得的，我们也只好去学，因为非如此，不能自立。人家各国所同有的叫做通性，我们所独有的叫做特性，我们如今当作的事，就是努力习得人家的通性，然后以此来保存我们的特性，——假定我们的特性都是值得保存的。正如一个圣人，不幸而生活于一群野蛮不讲理的强盗之中，他既不能掉三寸不烂之舌，去说服他们，只好学会了他们的武艺，来保持自己的生命，等到打得他们过之后，再拿出他自己的一套大道理来向他们卖弄宣传，也未为晚呀！

严既澄先生这篇文里所说的话，并非没有可以商榷的地方，可是大体上，是我所赞同的。而且我觉得赞成全盘西化的一般言论之能有如严先生这样急进，很不多见。

我在这里可以顺便提及文学社等十余团体，及上海百余位名流所发表的《对于文化运动的意见》。我知道署名发表这篇意见的人，有了一部分，好像曾表同情过折衷论调，可是从这篇宣言来看，他们却有相当的同情于全盘西化论。他们发表意见，"希望国人注意"，可惜事实上，国人对于这篇宣言，没有给过相当的注意。因此，我很愿意摘录这篇宣言里几段话，以供国人参考。

> 我们相信复古运动是不会有前途的。假如读经可以救国，那么"戊戌维新"，"辛亥革命"，全是多事了。假如"中学为体西学为用"的主义，可以救国，那么李鸿章、张之洞早已成了大功了。时势已推演到这个地步，而突然有这种反动现象发生，我们虽然明白其原因，并不简单，但不能不对这种庸的呼号，指出问题的症结所在，而促其反省。不错，中国民族必须有自信心，信赖我们的自立的能力。我们不愿作帝国主义的奴隶，我们要从现在的次殖民地的政治局面，挣扎出来。我们要完成民族解放的功业。但这一切，并不是憧憬于过去的光荣，就可以成功的。一个破落户捧着废址上的残砖碎瓦，以为这就可以重建楼台，谁都知道只是一个愚妄的梦想。
>
> 我们以为民族的自救，除了向维新的路上走去，再没有办法了。一切建设事业、军事设备，都需要最进步的物质文明的帮助，惟有文化工作，却故步自封，不愿受外来的影响，这岂是可能之事。
>
> 凡伟大的民族，差不多都吸收外来的文化。罗马帝国是全盘的承受了希腊文明的。中国的文化到底有几分之几是纯粹的国粹，也大是疑问。国乐器

的胡琴，便是"疆胡物"。所谓长袍马褂的礼服，也是"胡服"。最初的床，被称为"胡床"。民间最流行的烧饼，就是"胡饼"。如果除去外来的成分，样样都要国粹，就非恢复"席地""鼎食""车战""汉衣冠"不可。这是谁都知不可能的。那么为什么对于文化生活，却非要求读经、作古文不可呢？

这篇宣言好像是侧重于攻击读经与存文的运动。然而上面数段话，是无疑的为着一般的复古趋向而发的。此外，宣言里也有不少可以商榷的地方。例如"文化"两字有时用以包括物质、精神二方面，有时又好像只指着精神生活方面。但是大体上，我们可以说，他们的态度是很显明的。他们在消极方面，指出"过去的光荣"已成过去，而目下所遗留的"残砖碎瓦"决不能"重建楼台"，这可以说是全盘否定中国的固有文化；他们在积极方面，指出凡伟大的民族，差不多都吸收外来的文化，而且以为"罗马帝国是全盘的承受了希腊文明的"，这是明明白白的承认全盘西化的可能，而表同情于全盘西化的主张了。

六

第三，本来主张根本西化，而后来却表同情于全盘西化论者，例如张佛泉先生。关于张先生数年来的根本西化的主张，卢观伟先生在《趋于全盘西化的共同信仰》一文（《全盘西化言论续集》）已经有了一段综述。我在这里所要指出的，是张先生在《国闻周报》十二卷九期所发表《关于整个教育目标问题》一文里，还以为"主张全盘西化的，多半要受到严峻的攻击"。但是后来，他在《国闻周报》十二卷十二期所发表《西化问题之批判》一篇长文，他自己却不顾到这种"严峻的攻击"而"与全盘西化论以非常同情"。张先生大体上虽给与全盘西化论以非常同情，然也有多少分别怀疑之处。这一点我在《再谈全盘西化》一文（《独立评论》一四七号）已经解释。后来张先生又发表一篇《西化问题的尾声》（《国闻周报》十二卷三十期）一方面，重申他对我的"观点在大体上是很同情的"，一方面他的主张与我的"微有区别"。我现在暂且放开我们微有区别的点，而摘录关于张先生之所以表同情于全盘西化的主张的一段话。

> 然则……君何以很同情这种主张呢？对于这个问题，我只能这样答：全盘的主张，代表一种态度，一种要求，一种情调。这种理论，是对调和中西论的有力反应，所以在大体上，是值得人同情的。

我们在这里可以连带的略谈胡适之先生的态度。胡先生是主张西化很力的人，这是大家都知道的。据他说：一九二九年，他曾用英文为《中国基督教年鉴》写了一篇《中国今日的文化冲突》。里面曾用过 Wholesale Westernization 及

Wholehearted Westernization 的字样。可惜我到今还没有看过这篇文章。但是照我个人的观察,在胡先生未在《独立评论》一四二号发表他的编辑后记以前,他的整个思想,不能列为全盘西化派。是在这篇《编辑后记》里,胡先生始很显明的同情于全盘西化论。他说:

> 现在的人说折衷,说中国本位,都是空谈。此时没有别的路可走,只有努力全盘接受这个新世界的新文明。全盘接受了,旧文化的惰性,自然会使他成一个折衷调和的中国本位新文化。若我们自命做领袖的人,也空谈折衷选择,结果只有抱残守阙而已。古人说:"取法乎上,仅得乎中,取法乎中,风斯下矣。"这是最可玩味的真理。我们不妨拼命走极端,文化的惰性,自然会把我们拖向折衷调和上去的。关于这个问题,我将来也许作专文发表。此时,我只借此声明,我是完全赞成陈序经先生的全盘西化论的。

在我们《再谈全盘西化》一文里,虽然指出胡先生与我的意见,究有差别之处,可是胡先生这种同情,对于全盘西化论壮了不少声势。后来胡先生在《充分世界化与全盘西化》一文(《大公报》六月二十三日)要想免除一切琐碎的争论,与得着一般人的同情的赞助,因而提议以"充分世界化"这个口号,来替代"全盘西化"这个名词。我当时对于胡先生这种提议,表示反对,因作《全盘西化的辩护》一文,登在《独立评论》一六〇号。平情而论,胡先生现在虽退出全盘西化论的战线,然他在西化问题的态度上,始终是很近于全盘西化论的。这一点他在《答陈序经先生》一文(《独立评论》一六〇号)也未尝否认。

七

上面所说的国人对于西化态度的变化,大概上是注重于团体或个人的本身上的先后不同方面。其实这一年来,国人之同情或趋于全盘西化论者,除了上面所说诸位外,其较为显明者,尚有如沈昌晔、区少干、郑昕诸先生。

沈昌晔先生在《国闻周报》十二卷十四期所发表《论文化的创造》一文,不但极力赞同全盘西化,而且以为全盘西化是"创造中国新文化的出路"。他说:

> 我以为现在文化界的领袖们,应放大了胆来做采纳整个西洋文化,以培养中国的新精神的运动,不应怕全盘西化有成为西洋文化的附庸的危险而不取,却应以大胆的魄力驾驭整个的西洋文化,使中国采纳后的消化,有良好的经过,这是创造中国新的文化的出路。

区少干先生在《独立评论》一六三号发表《我们此时此地的需要是甚么》一文,指出十教授所提出(一)充实人民的生活,(二)发展国民的生计,(三)争取民族的生存这三种需要,若"要完成起来,恐怕不容我们争论,事实上,便是全盘西化"。

郑昕先生好像是见了胡适之先生提议以"充分世界化"这个口号，来替代"全盘西化"这个名词，因而发表《开明运动与文化》一文（《独立评论》一六三号），劝胡先生"要大胆的全盘接受西方文化"。他说：

> 适之先生的开明运动，来源是西方。适之先生是服膺西学的人，我们希望他肯全般的领悟西方文化，也大胆的全般接受西方文化，不要只看重西洋文化的"用"，而进一步把握西洋物质文明所自出的"体"——文化本身。

此外，又如黄尊生先生在最近所出版的《中国问题之综合的研究》一书里的态度，也可以说是偏于全盘西化的。他以为"中国此时，实在应该决定他的态度，对于世界文明，无条件的全盘接受"。

八

总而言之，西化这个问题，经过国人这一年来或这两年来的讨论之后，大体上，我们可以说，一般趋向于复古论的人或主张老生常谈的折衷论的人固已多能改变其态度，而逐渐近于全盘西化论，而一般相信根本西化说的人，也多能改变其态度，而同情或赞成全盘西化论。而且我们可以说：复古派已像"死老虎用不着再打了"，折衷派也"受了很大的创伤"，很少有人相信。结果是：近于或赞成全盘西化论者，不但"占了优势"，而且日趋日多。

原载《国闻周报》第13卷第3期，1936年1月13日；《南风》（广州）第12卷第1期，1936年3月19日转载；同年10月，岭南大学学生自治会学术部编辑出版"学术丛书第一种"，单行本；后编入麦发颖编《全盘西化言论三集》，岭南大学学生自治会，1936年10月31日。

乡村建设运动的将来

乡村建设运动，在我国近年以来，可以算作一种很时髦而很普遍的运动了。

我个人以为在今日的乡村建设运动中，除了青岛的工作与方法比较上稍为差强人意外，其他各处的工作与方法好像都不能名实相符。我个人对于今日一般所谓乡村建设的前途，颇感觉悲观。我现在很愿意略略说明我为什么悲观。

我以为凡是稍知道十余年来的乡村建设运动史的人，都免不得会觉到这种运动已经有了很多失败，而且有不少还正在失败的途上。

十余年来，较早注意与从事乡村建设的要算山西省政府。山西省的村政运动始于民国七年，而其目标可以阎锡山先生的"村村无讼，家家有余"两句话来作代表。据说进行办法，关于"村村无讼"者有奖励村仁化、村公道，整顿息讼会，普及法律知识等。关于"家家有余"者有奖励农家副业，提倡水利、林业、合作、节俭储蓄，与取缔游民等。然而，梁漱溟先生老早告诉我们道："但实际上这许多办法多不易实行，或未实行，或行之亦是空而无用。"结果是不但"难如所期望"，而且"不免有流弊"。梁先生后来又很肯定的说："山西村政今已达到不能进行之境地，非改弦更张不可，则亦不可讳之事实，此在阎公以次之山西政府当局亦多承认之。"

山西村政在数年以前是很负盛名的。山西村政运动的失败的原因，有些人说是由于政府敷衍了事，有些人说是由于人民智识太低，可是失败是一种事实，这是无论何人都不否认的。

继山西的村政运动而起比较上且能引起人们注意的，如河南辉县百泉的河南村治学院。这个学院的提倡与主持人是民国十八年正月在北平创刊《村治月刊》的王鸿一与彭禹廷诸先生。学院是在同年十月秉承河南省政府委员会的委托而成立。该院分设农村组织训练部与农村师范部两部。此外，对于农业改良、乡村自卫等，均加注意。

河南村治学院之能够产生是得力于冯玉祥、韩复榘两先生在河南的政治地位。但是不够一年，冯、韩两氏离开河南，这个学院也因政治的关系而停办了。

现在从事于乡村建设的团体虽很多，可是比较上负有相当时誉的要算山东乡村建设研究院的邹平试验区与中华平民教育促进会的定县实验区。然而，邹平与定县的乡村建设的工作都好像赶不上他们所得的盛名。梁漱溟先生在乡村工作讨论会第一次集会时，报告山东乡村建设研究院邹平实验工作，曾有下面一段话：

> 总而言之，本院两年工作所感之困难，出于本身之缺欠者多，出于外面

障碍者少。同人大部分精力耗于研究训练两部学生之学业上，而此两部七百余之学生果能为益于乡村足以偿其取给于乡村者否正不敢自信。吾人日言乡村建设，其不落于破坏乡村者几希，言念及此，不寒而栗。

晏阳初先生在乡村工作讨论会第二次集会，报告中华平民教育促进会定县实验工作，也有下面一段话：

> 定县的全部实验工作起始于民国十八年。五年经过，其成功究竟到了什么，实难断言。因为：第一是人才问题，这种改造全生活的实验，关系的方面太多，无处供给所需要的各种人才。第二是经费问题，在这民穷财尽的时候，很难筹措这百年大计的实验费。第三是社会环境的问题，现在全国方在一个天灾人祸、内忧外患的环境中，国难如此严重，大家容易误认这种工作为不急之务。第四是时间问题，这种改造民族生活的大计划决不会一刹那间就能成功。有此四种困难，平教运动的前途殊可慄慄危惧。

梁先生的话是两年前说的，晏先生的话是一年前说的。这两位领袖，一个是"不寒而栗"，一个也"慄慄危惧"，他们说的难道都只是自己谦抑戒惧的话吗？

照梁漱溟先生的话来看，邹平尚没有作过什么乡村建设的正常工作，已有建设乡村变为破坏乡村的危险；照晏阳初先生的话来看，定县正在开始试验乡村建设的初步工作已感觉到这么多的困难。一县的乡村建设已有这么多的困难，一国的乡村建设的困难之多是可以想像而明白的。乡村建设的实验区中人才最多，经费最裕，环境较好，时间较长，还是定县，而其困难尚且如此，其他各处的乡村建设之不易发展更可以想像而明白了。

乡村建设是一种实际工作。乡村工作讨论会所编的《乡村建设实验》第一集的序言里曾郑重声明，"本会重实际不尚虚谈，故集会时仅许报告工作，不谈理论。"又说："农村问题非空谈所可了事，乡建工作非仅形式组织所可推进，必也农村问题从实际工作里求办法。"

然而事实告诉我们，十余年来的乡村建设工作还未超出空谈计划与形式组织的范围。比方在第一次乡村工作讨论会里，李石曾先生的演讲已趋于理论方面。到了第二次乡村工作讨论会里，梁漱溟先生便大谈理论起来。又我们若把历年各处从事乡村工作的报告细心来看，我们便容易感觉到这些工作的报告多是空谈计划与组织。此外一般"汗牛充栋"的乡村建设的出版物也多是空谈计划，偏重理论。原因不外是实际作过工作的寥寥无几，就是作了，也多是"空而无用"。邹平与定县是乡村实验之最负盛誉的，据梁漱溟、晏阳初两先生的报告，尚觉得工作有限，前途少望，其他各处更不必说。

梁漱溟先生本来是一个理论家，现在还是一个理论家。这不但是一般普通人的见解，就是从事乡村建设的工作的人也有这种感想。邹平的乡村建设运动对于国人所以有了不少的影响，与其说是由于邹平试验区的工作，不如说是全由于梁漱溟先生的理论。至于定县的晏阳初先生，虽不像梁漱溟先生一样的"以文载道"，然他在讲台上的长谈伟论，差不多也可以说是他之所以引起人家对于这种运动发生兴趣的一个原因。而且十年以来，他的大半时间也是消耗于实验计划与形式组织上。近来有好多人以为各处的乡村建设实验区，宣传工作多于实际工作，这并非完全无稽之谈。实际工作是人们所能共睹的，实际工作有了成绩，既不容人们否认，也不需自己宣传。

所谓乡村建设工作，大概来说，可分为四方面，一为教育，一为卫生，一为政治，一为农业。假使我们从这四方面的工作略加检讨，我们难免失望。在农业改良方面，据邹平定县各处自己报告，均有多少成绩。但是求合于现代科学的生产标准与一般农民的需要，恐怕相差还很远吧？而况有好多地方所谓农业改良的工作完全尚未开始，或已进行而完全没有效果。

在政治方面，比方定县、邹平各处都是实验县，对于地方自治工作似可从速进行，但事实上也不是这样。乡村工作讨论会第二次集会自治保卫组且告诉我们道：

> 同人咸以为今日谈不到地方自治。必先用教育引发培养人民新的智识能力，使乡间分子渐次团结。用"政教合一"的方式发生一种力量，由力量过渡到组织，由组织然后才能达到自治。

实验区在未实验以前，已有这种论调，我不知道中国人民要到何时要在何处才有实验自治的机会。这好像不但证明我们的训政时期再要延长下去，而且证明民主的讨论，宪法的起草，全是多事了。又如所谓公民教育的效果如何，只看东北伪国招收工人时，定县人民去者达万余人便能知道了。

在卫生方面，几个实验区都设有医院，但是这些医院，无论在治病方面，都嫌太过简陋。连了他们所注重的管理卫生的制度也只有制度而少有实益。同时这种制度也仿佛是与各县已经实行的学区制度根本没有很大差异。此外，在各实验县的县城或乡村各处的街道的污秽，以及其他不合卫生的现象，和其他各处也好像没有多大差别。

在教育方面，据晏阳初先生去年十二月在广州岭南大学演讲，称"在定县共有人民四十万，中有青年八万，在这八万男女青年中受过教育的只有一万人，其余都是未受教育的文盲。"而且平民教育所给与于乡民的教育不但往往不够应用，而且每因不常应用而把所识的字也忘掉了。平教会在北平的教育的失败就在这里。定县的教育比较普及，再加了平教会十年的提倡，结果也不过如此，可知这一种乡村教育的前途是很难乐观的。

照我个人的观察，今日所谓乡村建设工作还是注重在教育方面。教育固是建设的一方面，也是建设的一种预备。乡村建设实验区的教育工作既没有特别的贡献于乡民，又不能适应乡民的急需，那么这种教育并不异于一般的普通教育了。

李景汉先生在《独立评论》一七九号发表一篇《深入民间的一些经验与感想》，指出："与农民打成一片，话是很容易说的，志愿也是容易立的，等到实行的时候，问题可就发生了。"他且说：

> 起初你愿和他打成一片，他却躲避不愿和你打成一片，等到后来他愿和你打成一片时，你又受不了，不愿和他打成一片了。……因为他本人的气味使你不舒服，家内炕上的不洁净使你坐不住，食品的粗劣使你难下咽，其他种种不卫生的状态，和拿时间不算回事的和你应酬，都是使你不大受得了的。就是能够居然作下去，也免不了是很勉强的，痛苦的。

李景汉先生在这里所谈的经验大概是一种为调查与研究乡村状况而深入民间的经验。这也只能说是乡村建设的一种预备工作。为调查与研究而深入民间已是这么困难，为乡村建设而深入民间岂非更难？因为这样一来，在实际上不但是要自己去作乡民，自己去作农民，而且要自己作成一个模范的乡民，成功的农民。假使不是这样作去，决不易引起乡民的同情，决不易得到农民的信心。梁漱溟先生曾说过，"乡村建设的目的是要自家创造出饭来吃"，就是这个意想。假使提倡或从事乡村建设工作的人不能自家创造出饭来吃，则照梁先生的理论，所谓乡村建设者，只是乡村寄生虫而已。

但是事实上今日一般之提倡与从事乡村建设的人，不但不能"自家创造出饭来吃"，连了深入民间也少能实行。一方面提倡跑回乡村，一方面又要自己的妻子享受都市的生活；一方面鼓吹教育农村化，一方面又要自己的儿女享受特殊的教育。而其较甚者是自己往往也只住在半都市式的县城或市镇里，终年少有到过乡村。一般热心于这种工作的领袖每以为环境或他种关系，整天忙于招待参观来宾，招待关系上司，以至应付工作人员，管理各种事务，而好多普通工作人员又把这种工作当作进身之阶，吃饭之所，结果恐怕只是养出一个吃乡建饭的新阶级罢。

从一方面来看，今日的乡村建设工作之难于发展也许是由于经费的缺乏。孙友农先生在乡村讨论会第一次集会报告安徽和县乌江乡村建设事业概况里说：

> 提起乌江的招牌，能够吓死人，"中央农业推广委员会乌江农业推广实验区"乃是堂堂国府的三部——内政部、教育部、实业部——合组的。然经费来源，开办时每月五百元，不久减成三百，减成二百，未及一年，分文莫名。此时周明懿主任急成痨病，许多同志各谋出路，只剩我与李洁斋先生。因农民眼泪滴滴，不忍言去。数月饥饿，饱尝吊死鬼打溜不上不下的滋味。此后邵仲香先生勉强从金陵大学农学院弄来百元，位置了李洁斋先生，而我之生活，由浩劫余年之乌江农学会会员供给，勉强拖到今日。

工作人员的饭碗尚且不保,建设工作当然是谈不到的。然这还可以说是比较极端的例子。就如经费较裕的邹平与定县,每年若用了十余万或二三十万的款项,专为建设学校、医院、农场,还是不够,结果这些建设也多只能当作装饰品看。而况这十余万或二三十万的经费有不少——也许是很大部分——要把来维持工作人员的薪俸,招待来宾,以至宣传工作。因此,乡村建设固难于建设,就是维持工作人员的生活也成问题。乡村建设的目标是救济乡村农民,然结果却变为救济工作人员,我所以怕今后会养出一个吃乡建饭的新阶级,就是这个原故。

　　总而言之,乡村建设运动之在今日好像差不多要到了专为着维持工作人员,保存乡建机关而工作的地步。对于乡村,对于农民,精神方面固少有建树,物质方面更少有改造。我记得从周村到邹平一条三十余里的汽车路,除了邹平实验县在了两旁插了不少禁止毁折树木的牌示外,树林固很少见,道路更不成样子。那个时候,汽车固不能跑,洋车也跑不来,结果是要步行。好多到过邹平的人都说:"一条路且没建设好,乡村之建设可知。"未知主持乡村建设工作的人以为如何。

　　　　　　　　　　　　　　《独立评论》第 196 号,1936 年 4 月 12 日。

乡村建设理论的检讨（存目）

原载《独立评论》第 199 号，1936 年 5 月 3 日。

后编入《乡村建设运动》（大东书局 1946 年 5 月初版，"在创丛书"之一）第四章。

全文见《陈序经全集》第四卷《乡村建设运动》第四章 乡村建设理论的检讨。

蛋民的职业（存目）

原载《政治经济学报》第 4 卷第 3 期，1936 年 4 月。

后编入《疍民的研究》（商务印书馆 1946 年 10 月初版，1950 年 7 月再版）第五章。

全文见《陈序经全集》第四卷《疍民的研究》第五章 疍民的职业。

蛋民与政府（存目）

原载《政治经济学报》第 4 卷第 4 期，1936 年 7 月。

后编入《疍民的研究》（商务印书馆 1946 年 10 月初版，1950 年 7 月再版）第四章。

全文见《陈序经全集》第四卷《疍民的研究》第四章 疍民与政府。

书评:《近代政治哲学选读》

Readings in Recent Political Philosophy
by Margaret Spahr, New York, the Nacmillan, Co., 1935.

据这本书编者斯巴尔 Spahr 女士说:这本书的目的是继续二十年前谷格(F. W. Coker)教授所编的《政治哲学选读》(*Readings in Political Philosophy*)一书而编的。谷格氏的选读始于柏拉图而终于边沁,斯巴尔女士的书则从美国《独立宣言》起以至现在。两书不免有些重复处,如边沁及培因(Thomas Paine)均已见于谷格氏的选读,在这本书里也被选入。谷格氏选读完全以政治哲学家为各章单位,而斯巴尔氏选读的各章单位,却注重于政治哲学上各种重要问题,虽则在每一种问题之下,仍以个人为代表。又谷格氏所选之政治哲学家,皆为历史上有数的人物,而斯巴尔所选者,有几位不但不能称为政治哲学名家,且其名字{如边特利(Arthur Bentley),如罗尔文(L. L. Lorwin)}亦为一般普通的政治学者所不注意的。

本书材料多采用自英美学者的著作,所以好多大陆学者的著作,均没有选入。伯伦智利(Buntehli),耶兰尼加(G. Jellinek),与现在在欧洲负有盛名的凯尔逊氏(H. Kelsen),以及其他好多学者的著作,不但未曾选入,即其名字在"引得"里,也找不出来。而且就是英美方面的政治思想家如韦伯(S. Webb)夫妇,如霍布浩斯(Hobhouse),如白哲士(Burgers),如威尔贝(W. W. Willoughby),也没有选入,虽则有了不少比较甚重要的学者却荣膺被选之列。于轻重抑扬,不免有失当的地方。

从政治哲学上的各种问题来看,本《选读》也有重要的遗漏,如有机体说,及最近的团体人格论的学者,均无专章讨论。

然就大体上说,这本书对于一般研究近代政治思想的发展与派别的大概的人,是很适用的,又本书于每种选读之前,都有一小引及著者小传,对于读者很为帮助。

《政治经济学报》第 4 卷第 4 期,1936 年 7 月。

陈序经博士在文中演讲词①

陈序经博士月前曾赴暹罗考查华侨教育，乘便旋里，已见前报。日昨适到文城参观文昌县立中学校。该校当局以陈博士学识经验，均甚丰富。特敦请到校演讲，俾便全体学生得聆教益。兹摘录其演讲如下：

各位先生，各位同学：兄弟十年前曾在文中做过一次的谈话，那时是在旧校，校长是陆晦如先生。今天兄弟得了机会到这里来和各位相见，陆晦如先生又恰在座，这是很凑巧的一件事。但校舍就不像从前那样的简陋。可见文中在十年来已有相当的进步。这一点乃是兄弟个人的感想。兄弟此次由天津到暹罗，又回来琼州，每到过一个地方，都必讲过多少话。今天特为各位相邀，又来这里讲一些话。现在兄弟所欲讲的就是关于读书一方面的话。尤其是在琼州一方面读书的话。现在有些人说北方乃旧文化及新文化的中心点，我们不读书则已，如果要读书，应该到北方去。比方说五四运动是以北平为中心起点，渐渐扩展到全中国各地去，况且旧文化也都从北方一带发生出来。已有历史的证明，用不着我们再来麻烦了。这些的话不过是从表面上来说的，如再以实际上去考究，恐未必真有这理。新文化的吸收，都以南方为起点。五四运动，不过在新文化运动史上一阶段。并不能说它是新文化运动的开始。新商业的发展，也都在我国的南方。我国自唐朝以来南方对外贸易，已很发达。所以昔人有说"一入广州城，可赚三千万"。由此可见当时南方的富庶了。一直到了宋、元、明、清，交通日繁，商业日盛，更有一日千里之势。至新文化的吸收，在元朝时候已有马奇孛罗和西方传教士到中国北方来传教。但那时他们所带来的不过是一些商业的宗教，并没有甚么文化的价值。迨至明末利玛窦来广东澳门，便把欧洲的科学，传到中国来。从此中国才得接受到西洋科学，是知西洋文化，亦以南方接受为最先。当时中国派往西洋的留学生，大都是南方的人，现在北平各大学的教授也都属南方的人。又政治改革运动，如"太平天国""戊戌变政"都以南方人为其领袖。至国民革命运动也都策源于广东。如此种种总觉新文化运动的中心起点是在南方并不在北方的。然而旧文化也应以南方为保留所。广话乃中国音韵学中最富复古的。因为自东晋五胡乱华后，凡稍有志节的人，都不愿留在中原，一意南迁，南方渐渐变为真正中国人的居留地。现在南方的广话，也就为当时中国古音所转变。又现在南方家庭组织非常完善，宗族观念非常重要。中国古时孔孟以家族为中心的主义，

---

① 编注：原标题为《陈序经博士昨在文中演讲》。

可以窥见一斑。但在北方就不如此了。古时襁抱的风俗，在北方这时已找不到。现在南方的黎人，这种风俗仍然存在。燕市吃狗的风气，在北方这时也没有了，然而南方正在盛行着呢。由此种种也可见到旧文化是以南方为保留所。所以我们现在要解决读书问题就不到北方去也能找到研究的材料。因为南方就是新旧文化的渊薮哪。至于琼州乃中国最南方的地方，"礼失求诸野"，中国旧文化湮没于琼州腹地的人民生活中者料必甚多。我们如果用心去搜查，必定有许多的发见。不但如此，琼州人对于新文化的倡导非常有功，当利玛窦来中国南方传教时，得了琼州人王忠铭的帮助，介绍他到北方去，于是西洋科学渐为北方士大夫所推重。因为琼州四面环海，民智开通，接受新文化亦比较得早，故提创不遗余力。且中国旧文化都由北而南，中原大部份的人也都由北方迁到南方来。而琼州乃南方极端。极端的地方，不论新和旧都感受得最力。所以现在有许多人到琼州来采取植物标本，以及研究黎人种种的风俗。我们读书如有机会到外方去增广眼界，固然很好。但我们亦可由目前种种的事物，悉心去考查和研究，我想将来的成功，一定是很大很大的。依兄弟个人的经验以为读书都要有兴趣，才能做得成功。现在兄弟做研究蛋户的风习，此数年来专到各地方去考查他们的生活，所以兄弟说读书的人，不但要目到心到手到，还要脚到。同时我们要研究各种科学，总要从目前事物研究起，在琼州言琼州。各位也应从琼州方面去找材料来研究，将来不但对琼州有所贡献，即对中国亦必有多少贡献的。完了。

《琼崖民国日报》1936年11月14日第6版。

1937 年

蛋民的生活（存目）

原载《大公报》（天津）1937 年 4 月 7 日第 3 张第 11 版"经济周刊"第 212 期。

后编入《疍民的研究》（商务印书馆 1946 年 10 月初版，1950 年 7 月再版）第九章。

全文见《陈序经全集》第四卷《疍民的研究》第九章 疍民的生活。

社会学的起源

一

社会学（Sociologie）这个名词，最先见于孔德（A. Comte）的《实证哲学》（*Cours de philosophie positive*）。孔德的《实证哲学》，分六巨册。第一册刊行于一八三〇年，第六册出版于一八四二年。从第一册至第三册，孔德没有用过社会学（Sociologie）这个字。他在这三本册里所用的，是社会物理学（Physics Sociale）这个字。在第四册里（页一八五），他才开始——而且很忽然的用社会学（Sociologie）这个名词。为什么他要用这个名词，他只在同页的注脚里，略为说明。他的意思，大概是这样：

> 从此以后，我想大胆的用这个名词（社会学）。这就是正与我所已引用的"社会物理学"的词意一样，使能以一个单名来指明自然哲学中的"必要"部分，这就是关于社会现象的根本原则的实证研究。我从来对于新字的应用，是有相当慎心的，而且还常常怀着反对新字的使用的习惯；不过为要适合于这部书的特别目的，而需要这个名词，我希望在这里能得到宽恕。

我手里所有的法文本《实证哲学》是一八六九年所刊行的第三版。第一与第二版，现在很不易找出，所以第三版是比较常用与普通的版子，里面有他的门徒利特累（Littré）的一篇长序。《实证哲学》第四册里有著者的广告，是一八三八年十二月写的。大概这本册是这一年或这一年以前写的。第三册据说是一八三五年九月写好，所以"社会学"这个名词，大概是在一八三五至一八三八年之间用的。

大体上，孔德的《实证哲学》是要把人类整个智识，作一个系统的叙述。但是他在第一册的绪言（第一讲）里告诉我们，他写这部书的最重要的目的，是想建立一种新科学，这就是社会学，或社会物理学；因为他觉得这种新科学，是最需要的科学。我们知道《实证哲学》共分六巨册，前三册是关于算术，天文，物理，化学及生物学等的叙述，而后三册则专为研究社会学。从此可以明白他对于社会学之特别注意。事实上，我们也可以说，前三册是为着陪衬后三册而作的。

孔德分人类的智识为三个时期，一为神学，二为哲学，三为科学，或实证，这就是他最有名的进步律。他虽觉得社会学尚未超出哲学的范围，然他却相信将来可以成为科学，这也就是他之所以列社会学在科学分类里的原因。孔德以为算术为一切科学的基础，除算术外，又可分为两大类，一为有机的，一为无机的，天文、物理与化学是属于前者，生物学与社会学是属于后者。生物学的目的是研究个体，而社会学的任务是研究团体。社会学的成立是科学发展到完备的地位的最重要与最显明的表征，社会学的发生比任何种科学为迟，这是因为社会学所研究的对象是最复杂而且最依赖于其他各种科学——算术，天文，物理，化学，生物。质言之，这些科学尚未发展到完备的地位，社会学是没有法子发展的。所以在社会学尚未成立之前，科学免不了尚缺乏一重要份子。照孔德的意见，在他自己的时代，各种科学已经发展到相当的地位，所以社会学的成立先决条件，也正齐备，所以我们应当进一步而建设与研究这个新科学。

孔德以为社会学可以分为两方面：一为静的社会学，一为动的社会学。前者是研究社会的组织与秩序，后者是研究社会的发展与进步。前者是要找出社会的动作以及其关系的法则，而后者是要找出社会逐渐发展的法则。孔德以为动的社会学的研究，尤为重要，所以在他这部书里的后半部，特别注重于这一点。

孔德既创了"社会学"这个名词，同时又给这个学科在科学中一个重要位置，与指明出这个新学科所应研究的内容与途径，所以后来一般研究社会学者，多以为社会学是始于孔德。比方：继孔德而研究社会学最著名的，要算英国的斯宾塞尔（Herbert Spencer），他在自传及他种著作里，对于孔德所用社会学这个名词，虽很不满意，然他始终沿用这个名词。因为他觉得：一来这个名词已经沿用，二来没有较好的名词来替代。他在表面上虽反对孔德的科学分类，然骨子里并没有什么冲突；他不但不反对社会学之列入科学分类，而且极力指出社会学的科学性。他又以为社会学所研究的对象是社会的构造，功用，起源与发展，正与孔德所谓静的社会学与动的社会学，有了相同之处，而且两者对于社会的动的方面都很注意。质言之，斯宾塞尔在其著作里所给我们的印象，是社会学是由孔德而成立的。

此外如德国的舍夫雷（Schaeffle），美国的华德（Ward），奥国的古姆普罗维赤（Gumplowicz）等，都有这种见解。舍夫雷在他的巨著《社会机体的构造与生活》（*Bauund Leben des Socialen Koerpers*，1875）一书里，说孔德是社会学的先锋。华德在他的名著《动的社会学》（*Dynamic Sociology*，1883）里劈头就很肯定的说社会学是始于孔德。同样，古姆普罗维赤在其《社会学纲要》（*Grundriss der Soziologie*，1885）里也以为建立社会学的荣誉，是应该给与孔德。

孔德写《实证哲学》的重要目的，既是建立社会学，而好多在社会学上有权威的人，也都承认社会学是始于孔德，所以自从孔德以后到欧战的几十年中，社会学者对于社会学的起源这个问题很少讨论。

可是二三十年来，大概一方面因为研究社会学史的人，逐渐增加，一方面因为中欧而特别是德国社会学的发达很速，对于社会学的起源这个问题，研究的人，也因之而逐渐增加。不但专篇论文之关于这个问题的研究，已经有了不少，就是关于这个问题的研究的专书也有了。此外，这个问题的讨论之散见于各家著作的，也随处可见。可惜目下能把各种关于社会学的起源这个问题的不同的意见来做有系统的研究，据我所知道的，尚不容易找出来。维色（L. V. wiese）在其《社会学》（Soziologie: Geschichte und Hauptprobleme, 1926）与哈特曼（Hartmann）在其《社会学》（Soziologie, 1933）中虽有多少叙述，可惜在这两本小册里所说的，太过简单，而且有了很多的遗漏。

我觉得这个问题，不但在它的本身上，有了研究的价值，而且在社会学上，也可以说是一个最重要的问题。因为这个问题，是与社会学的对象，范围，以及其发展，派别，以至与其他的学科的关系，都有密切的关系。我们可以说，社会学家对于这个问题如果没有完满的答案，那么社会学上的好多根本问题都不容易得到相当的解决。

从一方面看起来社会学者对于社会学的起源这个问题的特别注意与热烈讨论，是社会学发达的表征；但是从别方面看起来，这也可以说是社会学上的根本问题，愈趋于复杂的反映。我们上面已经说过，从孔德到欧战的时期，社会学者对于社会学的起源这个问题，很少讨论，这不只是因为大体上，大家都承认或默认社会学是始于孔德，而且是因为大体上，大家都跟着孔德对于社会学上所指示范围与途径去研究。这是从斯宾塞尔，华德以至歧丁斯（Giddings）的著作中都很容易看出来。现在既有人怀疑社会学是始于孔德的见解，那也可以说是他们对于孔德所指明的社会学的范围与途径也发生怀疑，而别持异议。所以有些以为孔德不是社会学的惟一创始者，有些以为孔德所建设的社会学，老早已有人建设；又有些以为孔德只是预料一个社会学，而非创立社会学，更有些以为孔德在《实证哲学》里所研究的东西简直不是社会学。

质言之，他们所讨论的要点是：什么是社会学？社会学者对于社会学的对象，意见本来繁杂，所以一般初学社会学的人，见得汗牛充栋的社会学的著作的内容参差各异，好像是坠入五里雾中。现在我们从各家对于社会学的起源这个问题的讨论里，愈觉得社会学上的根本问题，不易解决，因为各人对于社会学是什么的问题的解答不同，他们对于社会学的起源的意见，也往往随之而异，我所以说社会学者对于社会学的起源这个问题的特别注意与热烈讨论，是社会学上的根本问题愈趋于繁杂的表征，就是这个原因。

社会学上的根本问题的愈趋繁杂，固是社会学上的一大缺点，可是从学术研究方面来看，也未尝不是一种好现象。原来某种学术的进步，是依赖于学者对于这种学术的根本问题，能够特别留意，而加以热烈的讨论。社会学是一种发展较迟的学科，从孔德用社会学这个名词到现在，虽则要有一百年，然而在斯宾塞尔的《社会学的研究》（The Study of sociology, 1872）未发表以前，除了英国的几位学者，如琉埃斯（G. H. Lewes），挨利俄特（George Elliot），弥尔（J. S. Mill），马尔提诺（H. Martineau），佛来特布利哲斯（G. H. Bridges）与斯宾塞尔外，不但在德在美，很少有人加以留意，就是在法，也没有什么很大的影响。好多欧洲人每每以为社会学是美国的科学（American science）；其实社会学之在美国的发展，也不过是四十年左右的事。华德（L. Ward）的《动的社会学》虽刊行于一八八三年，然而这部名著发表后好多年，很少有人过问。社会学本来是从欧洲输入美国的，而欧洲人偏偏要说是美国的东西，欧洲人对于社会学，少有兴趣，可以概见。然而二十年来情形有些不同了，五十七年前，斯宾塞尔希望得到迪陪（Lord Derby）的帮助，而在英国的大学得到一个社会学的讲座，在那个时候，只是一种梦想，现在已经实现了。至于德国方面，二十年来的社会学的发展，更是显明。敦尼斯（F. Toennies）在五十年前所刊行的《团体与社会》（*Gemeinschaft und Gesellschaft*）差不多经过三十多年，很少有人注意，然而二十年来，重版到六七次之多。此外我用不着多举例了。大概是因为研究社会学的人逐渐增加，所以对于社会学上的根本问题，加以检讨的人，也因之而增加。我所以说社会学的起源这个问题之能得到社会学者的特别注意与热烈讨论，是社会学发达的表征，就是这个原因。

二

我在上面已经说过，自从孔德以至欧战时期，社会学者对于社会学的起源这个问题，很少讨论，这当然不是说完全没有人留意这个问题。事实上，孔德未死以前，德国的摩尔（Robert von Mohl）对于这个问题，好像已经留意。摩尔是德国十九世纪一个最著名的政治学者。他在一八五一年发表了《政治学与社会学》（Die Staatswissenschaften und die Gesellschaftswissenschaften）一文于政治期刊（*Zeitschrift fur die Gesamte Staafswissenschaft*），这篇文章后来收入于他的巨著《政治学历史与文献》（*Geschichte und Literatur der Staastswissenschaften*，1885）的第一册里。在这篇文里，他很明白的指出社会学（Gesellschaftswissenschaften）的需要与起源。

照摩尔的意见，社会生活与政治生活，从来就有不同之点，换句话来说，政治生活不能包括社会生活。政治学所研究的是政治生活，而其具体的对象是国家。摩尔虽承认国家在范围上所包括的也许很广，可是人类的生活的内容，并不完全隶属于这个范围之内，从个人到国家的中间，尚有各种生活，各种团体；这种生活，这种团体，既不一定是从国家而来，也不一定为着国家而存在。其实各种生活，都有各种生活的特殊意义，各种团体，都有各种团体的特殊目的。

这些有别于国家的团体生活，或社会现象，摩尔举出十数种。一为职业的社团（Stände），二为行政区域（Gemeinden），三为经济会社（Wirthschaftliche Gruppen），四为贵族份子（Adelschaft），五为宗教社团（Religioese Gemeinschaften），六为各种工匠团体（Freie Genossenchaften aller Art），七为农民（Bauerschaft），八为有土地阶级，九为社会各种阶级，十为种族，十一为迷信社团，十二为受过教育的社团与无教育的社团（Gebildete und ungebildete），十三为家庭。

摩尔以为这些社团，有些完全在政治学的范围之外，有些仅有一部分在政治学的范围之内，政治学的对象，既是政治生活与政治团体，那么非政治的生活与团体，应当不是政治学所研究的东西。换言之，我们应当别有一种学科来研究这些生活团体，这种学科，摩尔叫做社会学（Gesellschaftswissenschaft）。

摩尔以为很可惜的是自从柏拉图到十九世纪的二千余年中，人们对于这些有别于国家的社团，很少注意，一般学者都把这些团体与国家，混而为一。最多也不过把前者当作后者的一部分。结果二千年来，只有所谓政治学，而没有"社会学"。

为着适应实际上的需要，我们对于政治学以外，应当别立一种新学科，这就是社会学。这不但对于社会本身上有了重大的意义，就是对于国家与政治学也有同样的好处。因为事实上，这种新学科，可以减少了政治学上不少的困难与无谓的负担，同时好多的实际问题，也可以得到相当的解决。

这种需要，从摩尔看起来，目下已得到人们的相当认识，而逐渐的成立这种新学科，也就逐渐宣告成立。摩尔这样的告诉我们：

> "社会"这个字，终于被人采用了。最初不过由一般梦想家及其徒众提倡，后来逐渐的却在讲坛上，公共地方里，以至叛徒的秘密集会中，也有人谈起来。它正像在恐怖的巷战中，一枝旌旗，现在忽然的张目起来。……所以近来从市场与茅屋里，也因这种的激动而产生出大量的著作来。……所以从语言与实际里，产出在思想上、意志上与意识上一种完全鲜明的对象。……"社会学"终因之成立与发展。

关于这种新学科的代表者，摩尔举出好几位法国社会主义者。摩尔是从累菩（Reybaud）与斯泰因（Stein）的著作里，而认识这些社会主义者；同时他也以为斯泰因、累菩以及其他的社会主义史家，也是促进这种新学科的代表者。

总而言之，照摩尔的见解，社会学是从政治学里分开出来的；可是前者之所以能够脱离后者而成为一种独立学科，主要是得力于社会主义的著作。

直至现在，还有好多人把社会学与社会主义混为一谈，这当然不是没有错误的。摩尔当然是不例外。不过我们也得承认，社会主义的发达，对于社会学的发展，不能说是完全没有影响。社会主义家的目的，是改良社会，而社会学的任务，是研究社会。因为要想改良，也许从事研究；而研究的结果，也许对于社会学上有了不少的贡献。然而正是因为这两者的目的与任务的不同，我们不能说社会学是全由社会主义而来。

我们很为奇怪：摩尔虽以为社会学是从社会主义而来，然在他的巨著里，他不但对于孔德的老师圣西门没有提及，连了他对于孔德这个名字，除了在他的《政治学历史与文献》（第一册页七七），无意中提及外，在该书第三册的丰富的文献引得里，也找不到孔德的名字。孔德在一八二六年，已发表他的《实证哲学》的计划，到了一八四二年，完成他这部工作。摩尔写他的《政治学与社会学》，是差不多在十年后；我们读英国弥尔（Mill）在一八四三所发表的《论理学》的末章，对于孔德已经有所介绍，而摩尔却没有受过孔德的影响。这一方面可以说明德国学者对于社会学比较不留意，但一方面也可以显出摩尔的远见，因为像他这样的觉得"社会学"的成立与发展的必要的人，在德国是不多得的。

我们说到这里，也许免不得要问道：摩尔既是没有受过孔德的影响，他所提倡的"社会学"是不是孔德所提倡的社会学呢？或者我们可以进一步的问道：摩尔所提倡的新学科是不是社会学？要想解答这些问题，我们当然又要问问：什么是社会学？假使我们专从名词方面来说，以为只有像孔德所说的 Sociologie，才叫作社会学，那么摩尔所用的 Gesellschaftswissenschaf 这个名词，也许不一定是一般人所说的社会学。不过我们也不要忘记，孔德在《实证哲学》里所用社会学（sociologie）这个字，不但和他最先所用的社会物理学（Physics Sociale）没有分别，就是与社会科学（Science Sociale），以及社会哲学（Philosophie Sociale）等名词也没有分别，这是读过《实证哲学》的人所能容易明白的。而且社会学（Sociologie）这个字，是在《实证哲学》（第四册页一八五）才应用。孔德在这页里虽说要用这个字来替代社会物理学，然而在页一八五以后的同一章里，仍然应用社会物理学以及社会科学等名词。

至于社会学的内容是什么这个问题，是不容易解答的，我们可以说，正是因为社会学家对社会学的内容的意见参差，才有关于社会学的起源的不同的解释。摩尔固不能说只有他所提倡的社会学（Gesellschaftswissenschaft）才是真正的社会学，孔德也不能说只有他所提倡的社会学（Sociologie）才是真正的社会学。

三

摩尔的社会学的起源的见解，与一般以社会学始于孔德的见解，完全不同，可是摩尔既好像没有受过孔德的影响，也无所谓反对孔德为社会学的鼻祖。我们现在想把一般大致上是因为完全或部分的反对社会学始于孔德而别找出社会学的起源的各种学说，加以叙述。

我们先从培娄（G. von Below）的学说说起。

培娄氏于一九二〇年在《斯摩勒年鉴》（*Schmoller's Jahrbuch*）四十三卷四期所发表《社会学与教职》（Soziologie als Lehifach）一文，对于社会学的起源这个问题已略加讨论。后来他又草了一篇专文，讨论这个问题。这篇文章尚未发表，而他却已与世长辞。一九二八年由斯班（O. Spann）氏编为单行本，名为《社会学的起源》（*Entstehung der Soziologie*），我们现在且根据这本单行本来解释。

培娄以为社会学是研究人类的团体的关系（Gemeinschaftsverhaeltnissen）的学科，这种关系，也许是如国家与社会的关系，也许是如个人与社会的关系，也许是如我与他人的关系。

关于这种团体的关系的研究的最有成绩的，是十八世纪末年以及十九世纪初年的德国的浪漫学派。浪漫学派是反抗十八世纪的个人主义，理性主义，原子主义，与机械主义的。质言之，浪漫派是反抗启明（Aufklaerung）的思想。

浪漫派的标语，是民族精神（Volksgeist），其所代表的思想是一个民族的文化的各方面，是这个民族的精神的表征，而个人却是这个民族的缩影。然而所谓民族，也不外是好多团体的总和，每种团体都有其特殊或自身的目的与精神。不但这些团体互相反射，就是团体及其个人，也有密切的关系。所谓团体，也许是一个国家，也许是一个商会，也许是各种职业团体。

不但这样，这些团体是各有其特殊的价值的，浪漫派的特点就是对于这些团体的价值，特别加以注意。团体是一种变动的东西，而非静止的东西；团体是自然生长的东西，而非人工创造的东西。因此之故，团体又可以当作有机体的东西来看。在启明思想中的社会，虽也当作有机体来看，然而这种有机体，是机械式的，而且是受自然律的支配的。总之，浪漫派的社会观，是反乎以自然科学的方法来研究社会。

浪漫派虽承认民族是包有好多团体，而团体包括好多个体，然所谓民族，团体，个体，都有密切的关系。个体依赖于团体，正与团体之依赖于民族。然而正如团体不因依赖于民族而失了其自身的价值与精神，个体也不因依赖于团体而失却其人格与个性。把民族，团体与个人分开来看，则各有各个完整的表示，把民族，团体与个人合起来看，则其总和还是一个完整的表示。又每一个人也许参加好多团体，而各种团体也许代表民族文化的各方面，然而团体与个人，均不因此而失却其整个的表示。

总之，今日所谓社会学的研究，及其内容题材，通通都可以从浪漫派的著作里找出来。

培娄以为在启明时代，已有浪漫派的先锋，赫得（J. G. Herder）就是一个最有名的代表。虽则赫得自己脱不了启明运动的思想的色彩，可是在他的思想里，已有不少浪漫主义的倾向。培娄承认浪漫主义并非忽然的兴起而反抗启明运动的，而是逐渐的脱离启明运动的思想，而自成一个系统。十八世纪的启明运动的社会观，虽已偏于原子论，机械观，然其实不若十九世纪的自然科学者那样极端的把社会当作原子与机械看。浪漫派后来之所以要完全脱离十八世纪的启明思想，也是为了这个原因。

赫得是当作一个承上启下的人物。除了赫得以外，如牟勒（Adam Muller），利斯特（F. List），罗射（Roscher），希尔得布朗特（Hildebrand），克尼斯（Knies），以至格利姆（J. Grimm），朗开（L. V. Ranke），什那塞（Schnaase）等等，都是这派的代表人物。

培娄以为在名义上，这些代表人物都不是一般普通人所说的社会学家。他们有的是政治学者，有的是经济学者，有的是历史学者，有的是言语学者，有的是艺术史家，然而在他们的各种专门著作里，我们可以找出一个中心思潮，这就是民族精神的认识。他们大家都特别注意于个体与团体的关系，而反乎十八世纪的个人主义。社会学所研究的主要的问题既是这些东西，那么社会学的起源，应当是要从浪漫派的著作里去找出来。

上面可以说是从培娄的学说的积极方面来解释，我们现在可以再从他的理论的消极方面来说明。所谓消极方面，就是反对社会学始于孔德的见解。培娄既以为社会学是始于浪漫派，那么他自然而然的不承认孔德是社会学的创始者。照他的意见，孔德所谓社会学（Sociologie）不外就是社会物理学（Physics Sociale）；所谓社会物理学这个名词，就已包含了他的整个社会观。换句话来说，孔德所说的社会学是用自然科学或是物理学的方法来研究社会。这正是十八世纪启明运动的思想的代表，而反乎浪漫主义的真谛。孔德自己受了两种观念的支配：一是他的科学分类，一是他的进步法则。他希望社会学变成科学而像天文物理等等一样，他的目的是要指出社会怎样从神学时代经过哲学时期而达到实证的阶级。他对于团体的关系方面，可以说是很少注意。

所以照培娄看起来，在孔德的社会学里，他虽然相信个体是赖于团体，然而在这一方面的见解，也可以说是他受了浪漫派的影响。因为在孔德写他的《实证哲学》的时候，浪漫派的思想，已很发达。孔德对于当时历史法律派的思想，已很熟识，而且他也知道关于团体的关系的研究，早已有人从事，不过他没有跟着浪漫派所指示的途径而跑罢。他所承继的思想，是丢哥（Turgot），圣西门（St. Simon），空多塞（Condorcet）们的自然科学的观念。

照培娄的意见，孔德好像错用了社会学这个名词了，因为社会学的真谛，就是研究人类团体的关系，而孔德对于这一点，却很忽略放过。从社会学的历史上看起来，孔德不但不能算作社会学的创始者，而且不能算作一个大社会学家，至多只能当作社会学里一个支流的领袖。因为他对于这个学科上的贡献，至多只是一点一滴，而且因了这一点一滴的贡献，却引起后来的社会学上的不少冲突。

我们以为培娄这种解释，也许未免太趋极端了，太过偏见了。孔德也许不能算作社会学的唯一创始者，然而培娄以为社会学是始于浪漫主义，也未必没有错误。假使社会学而正像培娄所谓是研究人类团体的关系的学科，那么这种学科，也非始于浪漫派。这一点培娄也未尝否认，他在《社会学的起源》这篇文里，就已承认在古代希腊的时代，人们对于国家的关系；在中世纪的时代，人们对于宗教团体与教会的关系，均已有了研究。这么一来，社会学可以说是始于古代希腊了。

不但这样，他举浪漫派的代表，都是特殊的社会学科者，这一点他自己也承认。这些代表人物少有自称为社会学者，他们不但没有发表过社会学的著作，而且也没有意思去建设这种新学科。简直的说，他们老是不知道社会学是什么东西。他们也许用社会学的方法来研究他们自己的专长的学科，也许研究这些学科的结果，是近于或合于社会学的原理，然而正如培娄自己说，他们仍然是言语学家，政治学家，经济学家……而非社会学家。

我们这样的说法，并非否认浪漫派之于社会学有了关系。浪漫派对于社会学的贡献，也许很大，然而若说只有在浪漫派的著作里，始能找出社会学，那就未免过于偏见罢。至多也只能说这种的社会学，只是浪漫派的社会学，或是社会学上的浪漫派而已。

最后，社会学的发展，虽比之别种社会科学为迟，然一百年来，不但其自身有了不少剧烈的变化与剧烈的发达，而且影响于其他的社会学科者甚为伟大。然而，这些不少的变化，剧烈的发达与伟大的影响，未必是由浪漫派的著作而来，纵算浪漫派所说的社会学才是真正的社会学，浪漫派也不能因此而抹杀历史上的事实而据全功以为己有。

然而德国人之以为社会学是可以从十九世纪的德国学者的著作找出的，当然不只是培娄一人，虽则他们不一定主张社会学是只始于浪漫派与反对孔德为社会学的鼻祖之一，然而他们也不主张孔德为社会学的唯一创始者。近来有些德国学者欢喜把社会学分为二大类：一为西欧的社会学，一为中欧的社会学。前者发源于法国，而以孔德为代表，后者以德国为代表，而以十九世纪的德国的哲学家为代表。两者的不同处是前者以社会学为自然科学之一部分，而后者却把社会学与哲学而特别是历史哲学混为一谈。

大概来说，凡是研究德国社会学史的人，多把德国的社会学拉回十八世纪的末叶，或十九世纪的初叶。敦尼斯（F. Toennies）所著的《十九世纪德国社会学的发展》（Entwicklung der soziologie Deutschland in 19 Jahrhundert, in *Soziologische Studien und kritiken*, 2 Sammlg. Jena 1926），与斯托尔提巴（H. L. Stoltenberg）的《德国社会学史略》（Kurzer Abriss einer Geschichte der Deutschen soziologie, in *Weltwirtschaftliches Archive*, 31 Band, Heft 1.），是关于德国社会学史方面两篇最有价值的论文。前者差不多在三十年前发表，他以为社会学的来源，主要是从政

治学说而来，然而十八、十九世纪的德国哲学历史以至自然科学对于德国的社会学的发展，也有很大的影响。比方维新派的康德，黑格儿，浪漫派的密勒（Adam Mueller），历史学上的尼部尔（Niebuhr），都是代表的人物。斯托尔提巴举出德国社会学上的四种思潮，而以舍林路（Schelling），黑格儿（Hegel），什来厄马赫（Schleiermacher），赫尔巴特（Herbart）与其徒众为代表人物。

同样，冯德（W. Wundt）在其《民族心理学》（Volkerpsychorogie）第七册第一章里，也以为社会学是从十八、十九世纪的哲学发展而来。

四

对于社会学的起源这个问题，曾作过详细研究，而发表专书的，据我所知的，直到现在只有斯摩尔（A. W. Small），斯摩尔从一九二三年正月至一九二四年十一月曾陆续在《美国社会学杂志》（American Journal of Sociology）发表了好多篇文章，题目是《关于社会学史的一些贡献》（Some Contributions to the History of Sociology），后来又集这些论文，成为一册，别名为《社会学的起源》，于一九二四年出版。

关于社会学的起源这个问题，斯摩尔氏在一八九四与文孙特（G. E. Vincent）所合作的《社会研究绪言》一书第一章里就已经论及。这一章的标题就是"社会学的起源"（The Beginning of Sociology），他与文孙特以为关于社会学上所研究的问题，二千余年前的摩西，柏拉图以及好多宗教家，法律家，哲学家已经注意；不过社会学之成为一种科学，还是不够五十年的事。他们指出孔德是近代社会学的先锋，所以在这一章里所叙述的，完全是关于孔德的社会学以及其在社会学上的贡献。

总之，在这本《社会研究绪言》里，斯摩尔无疑的以为社会学之成为科学，是始于孔德。

到了一九〇五年，斯摩尔刊行他的名著《普通社会学》（Gerneral Sociology），其第三章《论社会学的推进》。他以为社会学的推进之得力于慈善的（Philanthropic）心理多于科学的精神。他举出一般的社会改造家如法国的圣西门，孚力挨（Fourier）以至孔德，英国的欧文（R. Owen），拉斯金（Ruskin），毛利斯（Maurice），金斯利（Kingsley），罗柏特松（Robertson）与弥尔（Mill）以及各国的社会主义者，与一般叫做社会科学者（Social-scientist），而特别是像美国的一些慈善家，对于社会学的推进上，都有不少的劳迹，他们的目的，原为改造社会的情况，可是从要想改良社会的情况，而引起研究社会的兴趣，社会学就是这样的产生出来。

斯摩尔这种见解当然与德国摩尔的见解颇为相似。他后来（一九一〇年）

所刊行的《社会科学的意义》（*The Meaning of Social Science*）的第三讲，还持这种见解（页七一以下），不过在他一九〇七年所出版的《亚当·斯密斯与近代社会学》（*Adam Smith and Modern Sociology*）一书的绪言里，他劈头就说：

> 假使一个人首一次读《原富》（*The Wealth of Nations*），同时有了普通社会学方法的智识以观察社会，而却没有关于经济学方面著作的智识，这个人一定没有一点困难或踌躇而列这本书为一种研究关于社会学的特殊问题的。

他在序言里又说：

> 一个客观的经济学而缺了一个客观的社会学，是不可能的。这正与文法缺了语言一样。

换句话来说，从客观的经济学里，我们可以找出客观的社会学，假使我们把亚当·斯密斯的经济学当作客观的经济学，那么从《原富》这本书里，我们就可以找出客观的社会学了。斯摩尔这本书的目的，是要指出亚当·斯密斯的《原富》是筑在亚当·斯密斯的道德哲学上，而在亚当·斯密斯的道德哲学里，却含有以从事社会的分析及解释为目的的现代社会学。所可惜的是，一百年来，人们太过注意于财富的增加的技术方面，而忽略了这一点，所以人们只晓得《原富》是经济学的经典，而忘记了它也是一本含有好多社会学上的根本原理的著作。

这么一来，社会学又好像是始于亚当·斯密斯了。

上面是解释斯摩尔在《社会学的起源》一书未发表以前关于社会学起源的意见，我们现在且来谈谈他在《社会学的起源》一书里的大意。

> 斯摩尔所以写这本书的目的，是要指出在十九世纪的时候，社会学科（社会学当然在内）逐渐的从比较涣散而无次序的地位，进到实证的或客观的途径，同时指出美国社会学之所以发生与发展的原因。

斯摩尔觉得美国人有了一个很大的错误，这就是他们相信美国的社会学，是受过孔德的影响而发展的，他以为这种错误是华德造成的。后来的学者，对于这个问题没有研究，而盲从华德。他以为在华德刊行《动的社会学》的时候，华德对于这个问题，也没有做过相当研究，以致有了这种错误。照斯摩尔的意见，美国社会学所受影响较大的，还是德国的思想，而非孔德的思想。

斯摩尔大概是因为在消极方面要证明美国的社会学很少受过孔德的影响，在积极方面，要指出美国的社会学是主要来自德国，因而对于德国十九世纪之关于各种的社会科学的著作加以详细的研究，而其结论是：不但是美国的社会学是受过德国的影响，就是现代的《社会学的起源》，也可以说是在德国，他这本书之所以名为《社会学的起源》，大概就是这个原因。

斯摩尔以为社会学的题材是社会的历程（Social Process），所谓社会的历程是人类的经验（Human Experience）。斯摩尔在《社会学的起源》的绪言里，以为人类的经验是整个的，我们必定把它当作整个来研究，因为每一部分和其他部分是有关系的。这种经验，也许可以分析为好多元素，不过要想明白这种经验，唯有把这些元素来作当一个整个东西看。

社会学之所以能够发生，是由于人们能够感觉到经验是有连带关系的，是整个的。

自从一八〇〇年以后，人们而尤其是德国的各种社会科学家，已有了这种感觉，关于代表人物，斯摩尔举出萨文宜（Savigny），爱赫豪恩（Eichhorn），尼部尔（Niebuhr），朗开（Ranke），罗射（Roscher），克尼斯（Knies），什摩勒（Shmoller），舍夫雷（Schaeffler）以及奥国好多经济学者。本书第十章是解释亚当·斯密斯的《原富》，而其目的是要指出怎样由亚当·斯密斯的经济学而发展到德国的经济学。

斯摩尔以为这些代表人物，对于社会学的起源，都有密切的关系，虽则他们并不称为社会学家。比方萨文宜是一个法律家，然在他的法律著作里，却含有社会学上的根本原则。萨文宜以为法律是民族意识（Volksgeist）的一种表示。在空间上看起来，法律只是民族生活的一方面。质言之，在民族的生活，没有一方面是绝对独立的；每一方面都和其他方面有了密切的关系。这就是他所谓人类经验是整个的。在时间上，现在一切的生活都是由过去的生活转变而来。萨文宜的巨著《中世纪的罗马法史》（The History of the Roman Law in the Middle Ages）是要证明罗马法，并不因罗马衰亡而湮没，反之其重要部分还存在于我们的生活里。罗马法如此，一切法律都如此。法律如此，一切生活文化都如此。这就是斯摩尔所谓社会发展的连续律（Law of Continuity）。此外，又如爱赫豪恩对于历史发展的复杂原因的认识，尼部尔的批评的精神，在社会学上都有重大的意义。

总而言之，斯摩尔对于社会学的起源这个问题的见解，在其先后的各种著作里，有了不少的变更。他最初在《社会研究绪论》里，无疑的以为社会学之成为科学是始于孔德，而与华德及一般社会学者的意见一样。在他的《普通社会学》里，好像又同意于摩尔以为社会学主要是由社会主义而来的，虽则他并不积极反对孔德为社会学的创始者。在他的《亚当·斯密斯与现代社会学》，他又好像变了一变。最后在《社会学的起源》里，他却又以为社会学是可以从十九世纪德国的各种社会科学的著作里找出来，从这一方面看起来，他的主张又有些近于培娄的主张，因为大体上，两者对于德国学者在十九世纪初年所提倡的民族意识（Volksgeist）都很注意。

斯摩尔幼年曾留学德国，受了德国的思想影响不少，同时对于德国的社会学科之介绍，尤为努力。他以为社会学起源，是在十九世纪德国的各种社会学科的著作，并非偶然。不过在他的《社会学的起源》的绪言里（页一九），他很肯定的指出所谓社会学，并非一些抽象的而成东西，而乃在孔德以及舍富雷，斯宾塞尔以及其后来的有系统的思想家的著作里找出来。这么一来，他在这本书里好像还是承认孔德为社会学者的首创者。

我们在这里可以顺便的说：斯摩尔之批评华德是不甚公平的，因为他不但始终赞同华德以为社会学是始于孔德，他也相信美国的社会学是受过孔德的不少影响，他在本书页三二九，明明的指出华德对于美国的社会学影响很大；然而华德却又深受过孔德的影响的。他又指出萨姆纳（W. G. Sumner）与歧丁斯（F. H. Giddings）都是直接受过斯宾塞尔的影响，我们知道斯宾塞尔也受过孔德很大的影响。同时萨姆纳与歧丁斯对于美国社会学的影响之大，也差不多与华德一样。这么一来，若说美国社会学是少受孔德的影响，那是未免太抹杀事实了。

不但这样，孔德之被介绍于美国，并不自华德始。斯宾塞尔的《社会学研究》（The Study of Sociology，一八七二）最先是在美国的《普通科学月刊》（Popular Science Monthly）陆续发表的。斯宾塞尔在好多地方，虽反对孔德，然在这本书里，对于孔德却尊崇备至（页三二九）。然这种介绍，还可以说是间接的，因为斯宾塞尔是一个英国人。据我个人所知，社会学这个名词与孔德的社会学，在一八六〇年，开利（H. C. Carey）在其所著的《社会科学原理》（Principles of Social Science）已经介绍，而最近来好多美国社会学家，又指出休士（Henry Hughes）在一八五四年已写过一本《社会学》（Treatise on Sociology），可知孔德的社会学之影响于美国是很早的。

总而言之，从一方面看起来，斯摩尔对于社会学的起源这个问题，先后好像没有一贯的主张，从别方面看起来，他又老是徘徊于我们上面所提出那数种的学说，他有时说社会学是始于孔德，有时又与摩尔的学说相近；有时却又有些近于培娄的主张，虽则两者有了好多根本不同的地方。

五

照上面四种学说来看，社会学的来源，大概不出法德两国的学者的著作里。德国索姆巴特（Werner Sombart）却以为社会学的起源，主要是在十七和十八世纪的一部分的英国的学者的著作里。他在一九二三年所发表《社会学的起源》（Die Anfaenge der Soziologie）一文，载在《未柏纪念论文集》第一册（Erinnerungsgabe fur Max Weber, vol. 1），就是解释他这种主张的。索姆巴特以为社会学可分为二大类，一为哲学的社会学，一为科学的社会学。前者为广义的，后者为狭义的，前者和历史哲学没有什么分别；后者所研究的对象，是人类共同生活的经验，这一点他在他与斯托尔提巴（Stoltenberg）所合编的《社会学选读》（Soziolgoie）一书的绪言里，说得很清楚。

所谓共同生活的经验,是一种实际的东西。把这种东西来作有系统的研究,就是社会学。他以为近代的欧洲有了两种很流行的思潮,一为中世纪所传下的神权论,一为从十六世纪逐渐发达的以自然法为根据的契约论。这两种思潮,虽有了根本上各异,然也有一个要点是相同的,这就是两者都以为人类的团体生活是别于自然或神造的现象,所谓国家,所谓法律等等,不过是神灵或理性的创造品。

而且契约论者,虽以理性来代替神灵,然而契约论者所说的自然法,并不一定是反乎神造法。就如霍布斯（Hobbes）虽相信国家的起源是由自由意志所造成的社会契约而来,而非由神灵创造的东西,然他却不敢公然主张自然法是反乎上帝法。

凡是以国家法律或人类的共同生活,是反乎自然的现象的,都很容易相信人类的生活是与禽兽生活处于各异的地位。假使人们相信法律与国家等等是理性创造品,那么人们决不会相信国家与法律等等或其起源是可从动物的世界找出暗示来。

照索姆巴特看起来,这种思潮,与社会学的发生是不能相容的。因为社会学的基础是历史上的经验,假如这种思潮垄断着人类的思想,则社会学是无从发生的。换句话说,社会学的起源,就是反对这种思潮的一种表征。

反对这种思潮的策源地,可以说是英国。而其时间,是在十七世纪,而特别是霍布斯发表他的名著《巨鲸》（*Leviathan*, 1651）以后。照索姆巴特的意见,是在反对霍布斯的著作里,我们找出社会学的起源。

关于社会学的起源的代表人物及其著作,索姆巴特以为下面两位及其著作是最先的：

（一）卡姆柏兰德（Rich Cumberland）的《自然法的哲学观》（*Disquisitio Philosophica de Legibus Naturae*, 1671）。

（二）泰姆普兰（William Temple）的《政府的起源与性质》（An Essay upon the Original and Nature of Government, 1672, in *Miscellana*, vol. II, 1680）。

索姆巴特并且指出在十七世纪的末年,不但社会学的根本原理因为有了这两个先锋而萌芽,就是以统计学的方法而研究人类共同生活,在这个时候,也有人应用,这就是培提（W. Petty）的《政治算术论文集》（*Several Essays in Political Arithmetik*, 1699）。

在十八世纪,他以为英国又有了两位著名的著作家对于社会学的成立上有了很大的贡献。一为安托尼（Anthony, Earl of Schaftes Bury）的《人类的特征——仪容 意见 时间》（*Characteristicks of Men: Manners, Opinions, Times*, in three volumes, 1713）,以及曼德维尔（Bernard Mandeville）的《蜜蜂的稗史》（*The Fable of the Bees*, 1714）,《社会性质的探求》（*A Search into the Nature of Society*）

及其《对话集》（*Dialogues*，1728）。这两位思想家可以说是近代社会的乐观派与社会的悲观派的代表人物。

此外又如斐加松（Adam Ferguson）的《政治社会史》（*Essay on the History of Civil Society*，1767），以至亚当·斯密斯（Adam Smith）的《正义警察财政军备演讲》（*Lectures on Juitice Police，Revenue and Arms*，delivered by A. Sm，reported by a student，1763），而特别是密拉（John Millar）的《社会品级的区别》（*Observation Concerning the Distinction of Ranks in Society*，1771），对于社会学的起源与发展上都有了密切的关系。

索姆巴特以为从这些著作里，我们可以找出一种根本思想，这就是人类社会，并不反乎自然的，而其实却是自然的一部分。从人类的生理的构造与需要来看，无论老幼男女都免不了互有关系，因为这种需要而有互相关系，就是人类社会，而这种人类社会，就是自然的现象。

总之，人类社会与其他的自然现象，并没有什么的区别。反之人类社会与动物社会，却有很多相同之处。人类的社会现象，既与自然现象有了很多相同之处，那么自然科学的方法，也可以应用来研究社会现象。社会学之所以能成为科学，正是由于人们认识社会现象乃是自然现象的一部分。

索姆巴特更进一步来指出这些社会学的先锋，对于影响社会的各种要素，如地理，技术，经济，与心理各方面都很注意。比方泰姆普尔（Tepmle）在其著作里开始就指出人性无论何时、无论何地都是一样，可是各种社会的风俗，教育，意见，法律种种的差异，是由于气候的影响所致。又如所谓经济史观，在密拉的《社会品级的区别》一书里，已经说得很清楚。再如安托尼与曼德维尔对于心理的要素之影响于社会动作，也很注意。有些学者且把心理学上的爱情来与天文物理学上的引力（Gravitation）以相比较。

此外，又如泰姆普尔以为国家的起源有或由家庭扩大而来，或由战争而来，这种见解，直到今日在社会学上，还占重要的地位。

总之，照索姆巴特的意见，人类共同生活的经验，不但是一种事实，而且和自然现象一样的真确，其实就是自然现象一部分。这种认识的发生的时候，就是社会学起源的时候。而这种认识的代表人物是十七、十八世纪间的一部分学者。好多法国的学者如孟德斯鸠（Montesquieu），佛尔泰（Voltaire），累加尔（Raynal），空提雅克（Condillac），林该特（Linguet），未该朗（Weguelin），虽未尝没有这种认识，不过这种认识的发源地还是在英国，而且这些法国的学者的根本思想，也可以说是受了英国的影响。

我们以为索姆巴特所提倡的社会学，根本上并无大异于孔德的社会学。两者都把社会现象当作自然现象一部分，不过索姆巴特把这种认识的历史拉长了百余年，结果是与一般社会学始于孔德的人的见解不同罢了。

然而这也不能说是索姆巴特看轻了孔德。他与斯托尔提巴所合编的《社会学选读》，从一方面看起来，也可以说是一本社会学史略，这本书是始于孔德而终于韦伯（Max Weber）。从此就可知孔德在社会学史上的位置的重要。

夫赖亚尔（Hans Freyer）在一九三〇所出版的《社会学》（*Soziologie, als Wirklichkeitswisenschaft*）里，很表同情于索姆巴特这种意见。他以为社会思想的历史，也许很久，可是严格来说，社会学的发生是与政治革命的时代，万能国家的瓦解，以及欧洲资本主义的社会的发达，是有密切的关系。是在这个时候，以社会为社会学的对象的观念始发生。

又如布林克门（C. Brinkman）在其《社会学》（*Versuch einer Gesellschaftswissenschaft*, 1919），也以为社会学的起源主要是在英国十六七世纪的政治著作里，如哈林顿（Harrington），弥尔顿（Milon），而特别是霍布士（Hobbes）以及卢梭等的著作里。他以为社会学是在英国与法国的两大宪政发展运动中发生的反动的科学，不过英国的社会学是生产者的社会学（Produzenten Soziologie），而法国的社会学是文学的社会学（Literate Soziologie）。

六

我们看了上面的各种关于社会学的起源的学说，就能明白社会学的起源的时代，是愈拉愈远。维色（L. V. Wiese）在其《社会学的历史及其主要问题》（*Soziologiei Gcschichte und Hanpt Probleme*, 1926），还且指出近来各国好多社会学家对于社会学的起源这个问题，也受了民族的特殊观念与传统思想的影响，而往往从自己民族的历史人物的著作里找出社会学的起源。比方捷克的学者以为社会学的先锋是胡斯（Jonh Huss）与彻尔特斯基（Cheltschk）。而意国学者又以为马基阿未利（Machiavelli）与维科（Vico）是社会学的鼻祖。这么一来，社会学的起源的时代又更拉长了好多年了。

其实，关于这个问题，孔德自己好像已给我们以不少的暗示。他在《实证哲学》第四册第四十七讲里，曾给我们一篇《社会科学史略》（*Appreciation Sommaire des Principales Tentatives Philosophiques Entreprises Jusqu'ici Pour Constituer la Science Social*），孔德在这一讲里对于亚里士多德，孟德斯鸠，空多塞（Condorcet）以至政治经济学上的亚当·斯密斯，历史学上的菩绪挨（Bossuet）等的著作与思想都加以详细的解释。他以为亚里士多德的政治学，是古代一种最好的产品，这本书虽偏重于政治与哲学方面，然而它是超时代的著作，而且比较的近于实证的精神。关于孟德斯鸠的《法意》（*Esprit des lois*），他以为这本书的最大价值，是认识政治的现象是像其他的现象一样的受了不变的法则的支配。照孔德的意见，孟德斯鸠的法则观念是实证的，而且这种观念是人类有历史以来的最先的发见。至于孔德之受空多塞的影响之大，那是不用说了。此外，经济学以及历史学之在社会科学发展史上的重要，也是孔德所极明瞭的。

大体上说，孔德在这一讲里，一方面虽欲指明过去的社会科学的缺点，而使人们明白社会学有成立的必要，然而一方面也可以说是他指出了以往社会科学的重要成就。我们已经说过，孔德在这一讲里所用社会科学（Science Sociale）、社会物理（Physics Sociale）与社会学（Sociologie）等名词，是没有分别的。所以这一讲的题目所用社会科学，也可以说是社会学。换句话说，他在这一讲里所叙述的社会科学史也可以说是社会学史罢。

其实，社会学（Sociologie）这个名词是在这一讲里才开始引用的，而其原文词句是：

> Depuis Montesquieu, Le seul pas important qu'ait fair jusqu, ici la conception fondamentale dela sociologie est（du）a l'illustre et malheureux Condorcet…

孔德既明明白白的说孟德司鸠以后，对于社会学（Sociologie）上的根本观念之最重要的贡献，是空多塞的著作，那么他明明白白的承认空多塞与孟德司鸠以至亚里士多德为社会学家了。

这么一来，社会学的起源在孔德的心目中，好像可以说是在古代希腊的亚里士多德的时代了。

近来有好多人以为亚里士多德《政治学》里所用政治这个名词，就是等于现在所谓社会这个名词。所以亚里士多德的名句"人是政治的动物"每每译为"人是社会的动物"。斯宾塞尔在其巨著《社会学原理》第一卷的原序里，已经指出在孔德用了社会学这个名词以后，就有些人提议用政治学（Politics）这个名词来替代，虽则斯宾塞尔自己觉得政治学这个名词，不但意义太狭，而且易生误会。又如格朗治尔（F. Granger）所著的《历史社会学》（*Historical Sociology*, 1911），别名为《政治学读本》（*A Textbook of Politics*）。又在该书页二十一，他以为政治（Politics）是研究城市（Polis）或是人类团体（Human Community）的科学，柏拉图与亚里士多德所谓政治学，就是我们所谓社会学。他又指出政治这个名词，本来没有什么恶意，反之，亚里士多德的《政治学》第一章劈头就谓政治团体的目的是要达到至善的生活，不过后来人们错用了这个名词，而含有多少恶意。孔德自己也好像不察其原委，故当他用社会学这个名词时，他以为社会学所研究的东西，是缺了一个名称，所以他才发明社会学这个名词。

以现代的社会学为古代希腊的政治学的观念，德国巴特（Paul Barth）在其所著的《历史哲学与社会学》（*Die Philosophie der Geschichte als Soziologie*）里，主张最力。巴特以为社会学这个名词，虽是由孔德最先应用，但是社会学所研究的东西，老早有人研究。社会学的起源，正如其他的科学的起源一样，并非完全为理论的研究，而是与实际问题有了关系，所以现代所谓社会学，就是古代希腊人所谓政治学。

照巴特看起来，政治学这个名词，最先虽由亚里士多德应用，可是关于政治学的理论与实际问题，柏拉图已经作过深刻的研究，所以社会学其实是始于柏拉图。

巴特是把历史哲学当作社会学看的，他以为这种见解并不是他个人的见解，就是孔德，弥尔（J. S. Mill）与斯宾塞尔也是这样看法。历史哲学（La Philosophie de l'historie）这个名词服尔德（Voltaire）最先应用，然而把世界的历史当作整个东西来看，是始于奥古斯丁（St. Augustine），奥古斯丁受柏拉图的影响很大，巴特之所以要从柏拉图的著作里，找寻社会学的起源，并非没有原因的。

近来一般之写社会学发展史的人，每每从柏拉图说起。比方文孙特（G. E. Vincent）教授在《美国社会学杂志》（American Journal of Sociology, September, 1904）（一九〇四年八月①）所发表的《社会学史》（History of Sociology），就是一个例子。又如利克顿巴尔该（Lichtenberger）所著的《社会学说发展史》（The Development of Social Theory, 1924）也是这样。

又有些人如阿基利斯（T. Achelis）在其《社会学》（Soziologie）一书，以为社会学的起源是可以从苏格拉底与其同时的希腊学者的言论与著作里找出。更有些人以为社会学的起源是，在希腊时代的哲人（Sophists）的言论里。比方爱来打娄铺罗斯（A. Eleutheropulos）在其所著的《社会学》（Soziologie, 1908）就是这种主张。他以为社会学所研究的对象，是人类社会的生活，而人类社会生活所包括的范围很广，政治与法律便是这种生活的重要部分。政治与法律既是社会学的重要部分，而且老早已经有了研究，那末我们就可以明白社会学并不是一个新的学科，也不是始创自孔德。孔德除了给社会学以一个名称外，对于社会学本身也并没有作过甚么研究，反之古代希腊的哲人法列斯（Paleas）对于人类社会发展的原因，好像已经有过相当的了解。此外，所谓历史哲学所研究的问题，也差不多就是社会学上的问题。

此外又有些人以为社会学的起源是在柏拉图与哲人之前的。斯班（O. Spann）在其所著《社会学》（Gesellschaftslehre，一九三〇版）以为以社会学始于孔德或是孔德以前的启明运动的哲学家，都是错误。斯班承认社会这个概念，可以从一般以自然法为根据的个人主义或契约论者的著作找出来，他也承认社会学这个名词是孔德创造的，可是他像巴特一样的以为社会学所研究的东西，老早已有人研究。斯班氏是一个唯心论者，他以为社会学的原则，在康德斐希特（Fichte）的

---

① 编注：出版月份英文与中译不一致，无从查考，从底稿。

著作里已解释得很明白。然而穷根究源，在印度的古代典籍，在中国的孔子的言论，以及在欧洲的彼塔哥拉斯（Pythagoras）与柏拉图的著作里，都可以找出好多社会学的原理。

这么一来，社会学的历史又伸长了好多年了。

然而，这也并不只是斯班个人的意见，比方韩瑾（F. H. Hankins）在其《社会学》（Sociology）一文里（See H. E. Barnes, *The History and Prospects of the Social Sciences*, Chapter Ⅵ），就以为在希腊的荷马（Homer），希西俄德（Hesiod）以及古代的东方的哲人的著作里，也可以找出好多关于社会学的材料。

又如菩加达斯（E. S. Bogardus）在其所著《社会思想史》（*History of Social Thought*, 1922）且有专章叙述最早的社会与古代的东方的社会思想。这样看起来，社会学的历史，可以说是与人类思想史一样的长久了。斯摩尔（Small）虽像我们上面所说，以为社会学的起源是在十九世纪的德国各种社会科学的著作中，而且在《社会学与柏拉图的共和国》（*Sociology and Plato's Republic*, in *American Journal of Sociology*, Vol. XXX）一文里，极力反对一般人之以社会学始于柏拉图的主张，可是他在其所著的《普通社会学》（*General Sociology*, Chapter 4），却好像相信在某种意义上，社会学的历史正与人类思想一样的长久。

布林克门（C. Brinkman）在其《社会学》（*Versuch einer Gesellschaftswissenschaft*）一书里，以为在习惯上，人们要想明白孔德与斯宾塞尔的社会学的系统总免不了要把社会学的历史拉长起来。我们可以说，一般人相信社会学的历史是与人类思想史一样久长，也不过是这样的拉长起来罢了。

七

在时间上看起来，上面所说的各种学说，都认为社会学的起源是在孔德之前，这就是说社会学的历史拉长了百数十年以至二千余年。近来有些社会学家，反乎此种见解，而好像以为社会学的起源是在孔德之后。耶路撒冷（Wilhelm Jerusalem）在其所著的《社会学引言》（*Einfuehrung in die Soziologie*, 1926）里，以为斯泰恩（L. Stein）与孔德是社会学的创始者。他以为孔德所代表的社会学是实证的社会学，而斯泰恩所代表的社会学是黑格儿主义的社会学。他指出斯泰恩并不受孔德的影响，然在氏一八五〇年所刊行的《法国社会运动史》，已觉得社会学应与政治学分开而成为一种独立学科之必要。斯泰恩以为社会各种运动如潮如涌的时代，我们对于社会的要素与现象应当有了客观与真确的认识。他又分社会学为四部分：一为社会的概观及其秩序，二为社会历史，三为社会的法则，四为社会改造。耶路撒冷以为孔德虽给了社会学一个名称以及他种贡献，然而斯泰恩却给了社会学以确定的范围与明瞭的分类。

耶路撒冷这种见解并不一定是反对孔德为社会学的创始者，可是他好像不承认孔德是唯一的社会学的鼻祖。我们知道斯泰恩的著作的刊行，是在孔德的《实证哲学》已完成之后，而且他对于法国的情形又很熟识。虽则他的思想重心是近于黑格儿的思想，然而他之所以觉得社会学应当成为一种独立学科，是否受过孔德的影响，还是疑问。而且斯泰恩一八四二年所著的《今日法国的社会主义与共产主义》（*Der Sozialismus und Kommunismus des Heutigen Frankreichs*）以及一八五〇年的《法国社会运动史》（*Geschichte der Sozialen Bewegung in Frankreich, von 1789 bis auf unsere Tage, 3 Beande*）（按：后者乃由前者扩大而来）也是以法国的社会思想与运动为其研究对象。所以纵使斯泰恩没有受过孔德的影响，然而假使他对这个新的社会学科（社会学）的成立，有了不少的贡献，那么我们也可以说，这是与法国的社会思想与运动有了很大的关系。

歧丁斯教授在其所著的《人类社会的理论的研究》（*Studies in the Theory of Human Society*，1922）一书，以为孔德只是预料社会学，他并不创造社会学。他以为严格的说，最先的社会学的著作是斯宾塞尔在一八五〇年所发表的《社会的静态》（*Social Statics*）一书。他以为这本书可以与柏拉图的《共和国》与亚里士多德的《政治学》相比美。

这好像是说严格的社会学是始于斯宾塞尔了。我们知道斯宾塞尔的《社会的静态》是他的第一部著作，这本书出版后，对于社会学上少有影响。其实在当时有些英国人简直觉得斯宾塞尔这本书不应该发表。"社会的静态"这个名词，孔德在其《实证哲学》里已经用过，而且社会的静态的研究是孔德社会学的一个重要部分。斯宾塞尔虽屡次声明他写《社会的静态》这本书时，并没有受过孔德的影响，然布利哲斯（J. H. Bridges）在《孔德与斯宾塞尔的社会学》一文（*Comte and Spencer on Sociology in Illustrations of Positivism*, 1907, Edited by E. S. Beesley）对于这点已有微词。不过就使我们相信一八五〇年以前的斯宾塞尔没有受过孔德的影响，可是斯宾塞尔在写《社会的静态》时，也没有意思去建立社会学。假使我们要说斯宾塞尔是社会学的创始者，我们以为应当是一八五九而特别是《社会学的研究》（*The Study of Sociology*，1872）出版以后的斯宾塞尔，而不是写《社会的静态》时代的斯宾塞尔。不过自从一八五三年以后，斯宾塞尔对于孔德的社会学已有了相当的认识，而且受了孔德不少的影响，这一点斯宾塞尔自己也未尝否认。

德国维色（L. V. Wiese）在一九二六年所出版的《社会学的史略与主要问题》（*Soziologie：Geschichte und Hauptprobleme*）一书里，以为社会学的来源，是千绪万端，然而大体上，可分为下列三方面来说。

（一）德国的浪漫派与德国的唯心学派。

（二）孔德的哲学，而特别是他给了这门学问的名称。

（三）除了哲学以外，社会学是从其他的科学发展而来，而其最显明的是生物学，历史学与社会经济学。

维色以为关于人类社会关系的思想，发生很早，不过对于这种社会关系或是共同生活有了明确的认识，还是在十八至十九世纪之间。社会学是要在某种民族的文化发展到相当程度，始能发生的，其来源是多方面，而非一方面的。维色以为这不但是社会学的起源是，别的科学的起源也是如此。不过时间上的迟早，是随着各人对于社会学的对象的解释不同而定罢。

照维色的意见，从古代到十九世纪的长期中，只能当做社会学的预备时期。在十七、十八世纪之间，虽有不少学者于政治变迁与势力之外，尚觉得有别种社会变化与势力，可是思想的重心还是在政治方面。这种以政治为重心的思想，直到法国革命的时代还是这样。其实在这个时候学术界所讨论的问题，大致是关于宪法的问题，对于人类生活的互相关系以及社会的构造与动作，很少注意。

维色虽相信社会学与社会主义是不同的东西，然而照他看起来，这两种东西也非完全没有关系，而且两者的发展是同时的。因为经济的变迁，人口的增加，都市的发达，而特别是因工业发展所引起的群众劳工阶级等观念，使人们对于一般普通社会的现象的互相影响，加以注意。然而维色好像并不如摩尔一样的以为社会学的起源是由社会主义而来。

维色虽然以为社会学的来源可以在德国的浪漫学派与唯心论的哲学里找出来，然他也承认这非没有问题的。照他的见解，这两种哲学，而特别是在舍林路（Schelling）与黑格儿的哲学里是比较上少受十九世纪的社会经济的构造的影响。可是一方面他们反对十八世纪的启明时代的自由与革命思想，一方面用玄学的观点来解释社会。社会学家应当是一个实在论者，经验论者对于目的，绝对，神意等等观念，不应当作社会学范围以内的事。社会学者不能从黑格儿的哲学来解释他们的问题，而只能从他的思想里找出哲学与社会学的不同的界线。总之，也许哲学家可以把社会当作玄妙的东西看，可是社会学家决不能这样的看法。

关于孔德，维色早已说过："我觉得从现在的社会学看起来孔德很难算作一个社会学家；今日的社会学之于孔德是很少有关系的。"（参看 Schmoller's *Jahrbuch*, 1920, S. 352）在《社会学的史略与主要问题》里，他又说："我们只能当孔德作一个哲学家，不能当他作社会学家。从他的哲学里，我们不能找出什么社会学来，因为他实在是偏于历史哲学方面。今日社会学之得力于孔德者，不外是他对于社会生活与心的进化的关系，有了科学的兴趣而加以考究，然而这两者的关系，也并非一种新的发见。"

维色以为一位自称为社会学上的实在论者和经验论者，对于孔德的实证主义，却不一定要维护。社会学者对于所谓实证主义或反实证主义，都只能持着中立的态度。

维色承认社会学的发生是得力于各种自然科学如生物学，以及各种社会科学，如历史，法律，经济等等，然而他又好像觉得正是因为社会学与这些学科有了关系，所以社会学与这些学科的范围，往往也因之而不容易分开清楚。

维色以为大体上说，社会学除了长期的预备时期外，从一八一〇至一八九〇年，可以叫作第一时期；从一八九〇至现在，可以叫作第二个时期。在第一个时期里，大家所注意的根本问题是：甚么是社会？然而这个问题一发生，有了好多连带问题也发生起来，这些问题，也许不一定是社会学的问题，而是普通社会学科或社会哲学问题。因此，维色称这个时期为普通社会学科的时期。所以维色以为在德国的敦尼斯以前，在法国的塔特（Tarde）以前，在美国的斯摩尔与歧丁斯以前的社会学，都可以叫做社会学的预备时期。是在第二个时期里，社会学始慢慢的成熟为独立科学，虽则第一和第二的时期的划分是不大清楚的。

然而维色又说：

> 我们相信，社会学之成为一种明确的独立的社会学科，还是目下才发生的。

维色心目中的社会学，主要是社会的关系，或是关系学（Beziehungslehre）。这种关系论是由他而成立的。所以他好像以为社会学之所以成为严格的社会学，还是始自他的关系论。这也就正像他所说："社会学之成为一种明确独立的社会学科，还是目下才发生的。"

这么一来，不但是敦尼斯，塔特，斯摩尔，歧丁斯以前的社会学是社会学的预备时期，恐怕连了这些学者的社会学，也是社会学的预备时期了。

八

从上面看起来，关于社会学的起源的各种学说，差不多可以说是应有尽有了。从时代上看起来，有的以为是在孔德以前，有的以为在孔德以后，有的以为在很古的时代已有，有的以为是最近才发生。从国别方面看起来，有的以为在法国，有的以为在英国，有的以为在意国，在捷克。从思想的派别来看，有的以为在唯心派，有的以为在浪漫派，有的以为在自然派（Naturalism）。从人物方面来看，有的以为始于孔德，有的以为始于斯宾塞尔，有的以为始于柏拉图……

我们看了这么多的关于社会学的起源的学说之后，免不得要问道：社会学的起源究竟在那里？

这当然不是一个容易解答的问题。其最大原因，大概就是因为大家对于社会学的对象没有根本相同的观念，所以各人对于这个问题的解答，每因各人对于社会学的对象的意见不同而各异。

本文的主要目的，是想把各家对于这个问题的各种不同的意见，来作一个综合的和有系统的叙述，并非专为拥护某一种学说，或说明自己的立场，不过从社会学的发展，以及上面各家对于这个问题的解释里，我们大概可以得到下列几种暗示。

（一）假使我们把社会学的原理来与一般普通或特殊的社会思想来混合为一谈，那末社会学的起源，可以说是和人类思想史一样的长久。因为人类社会，无论如何简单，是与人类的历史一样的长久。我们所以说人是社会的动物，就是这个原故。然而人类既不只是社会的动物，而且是理性的动物——或是有思想的动物，那末人类对于其社会生活，总免不得有了多少意见，这种意见，就是社会思想。

人类的智识与思想的发展是有连续性的。二十世纪的智识与思想是与十九世纪的智识与思想有了连带的关系。十九世纪的智识与思想又与十八世纪的智识与思想有了连带的关系。如此类推以至于人类最初的智识思想都有了连带的关系。社会思想当然不能算作例外。

不过这么一来，好多或是所有的科学与学问的起源，都可以这样的看法，其结果是这个问题既用不着什么讨论，也没有什么可以讨论的价值。

（二）大体上，多数的学者以为社会学是十九世纪上半叶的产儿，这是有相当的理由的。我们知道，无论在古代希腊的狭小城市国家之下，或是在罗马时代的军政统治之下，无论是在中世纪的神权教会之下，或是在十七八世纪的帝王专制之下，各种社会生活都不大容易发展，而社会问题也比较的简单。而且二千年来人类思想，多偏在宗教与政治的纷争的问题上，故对于社会的其他问题与整个社会的现象，很少注意。可是十八世纪的末年以至十九世纪初叶的情形，却不同了，人们对于各种新兴的工业集团，经济会社，以及各种社会生活与问题，都不能漠然忽视。故无论为着研究实际情形而研究，或为着解决实际问题而研究整个社会现象，或部分的社会现象，在直接上，或间接上，都对于社会学的发生与发展有了密切的关系。

此外，自然科学的发达之于社会学的发生，也有不少的关系。人们对于自然界有了相当了解之后，当然要进一步研究社会现象及其问题。在这一方面，生物学对于社会学的影响最为显明，生物学家不但在研究个体的构造与功用上，给了早年的社会学家以不少暗示，而且在研究生物的团体生活方面，也给了社会学家以不少的贡献。我们当然不要忘记，生物学有生物学的对象与范围，社会学有社会学的对象与范围，我们也许不能表同情于斯宾塞尔以及一般所谓生物学派的社会学，然而我们不能否认社会学的发生与发展，是受过生物学的影响。

总而言之，新兴的社会的发展，与人类智识的发达，是社会学发生的因素。

（三）孔德是生在这种环境之下，而且深受了这种环境的薰染。他对于当时的社会实际情形，既很注意，他对于当时的人类智识的水平，又有相当的了解。

《实证哲学》在某种意义上，可以叫当时人类智识的水平的纲要。他在这部书里，一方面把以往的各种自然科学的成就，做一个总结，一方面要建立一种新的科学，这就是社会学。我们上面已经指出他写这部书的最大目的，是建立社会学，所以他这部书的大部分的篇幅，也是把来叙述社会学。我们也许相信孔德所叙述的社会学，老早已有人研究，然而我们不能否认，除了给了这门新学科以一个名称之外，正式宣布这门学科为一种独立的学科，也是始自孔德。

我们也许否认孔德的社会学为"真正"的社会学，然而我们也不能否认孔德对于后来社会学的影响的势力之大。英国自从斯宾塞尔以至霍布浩斯（Hobhouse），固受他的影响，美国自从华德以至歧丁斯也受他的影响，德国的社会学在欧战以前，虽不很发达，然而无论是直接或间接上，舍夫雷（Schaeffler）以至敦尼斯（Toennies）都受过他的影响。所以纵使我们以为孔德的社会学不是像我们今日所认识的社会学，而非"纯粹"的社会学，然而弄假成真，孔德还可以叫作社会学的首创者。何况事实上，不但孔德的社会学与我们今日的社会学，有了不同之点，就是我们今日各国各家的社会学又何尝不有各异之处？亚里士多德的政治学之于今日的政治学，不同之处很多，然而今日的政治学者，却又不能说亚里士多德的政治学，不是"纯粹"的政治学。同样，亚当·斯密斯的经济学之于今日的经济学，也有了好多不同之处，然而今日的经济学家也不能说亚当·斯密斯的经济学不是"纯粹"的经济学。

（四）我们这种理论，虽然是比较表同情于一般之以社会学始于孔德的主张，可是我们也要声明，我们所谓社会学是始于孔德，完全是注重在社会学的起源的形式或外表方面。这就是说，因为一来社会学（Sociologie）这个名词是孔德发明的，二来孔德是有意的去建立这种学科，三来他对于后来社会学的发展的影响很大。除此以外，关于社会学的内容对象等问题，我们暂可以不必加以详细讨论。不过我们在这里，也不妨简单的举出数点，以为关心这个问题的人参考。

第一，在形式上或外表上，社会学虽由孔德宣布而成为一种独立的学科，可是社会学之为人们承认为一种独立学科而在学术界占一相当位置，还是十九世纪晚年的事。这一点我们在上面已经说过，不必多述，所以我们也可以说：实质上社会学的成立是在十九世纪的晚年。

第二，孔德在社会学的实质上贡献并不大，他的著名的进步律以及好多重要思想，都不是他自己独创的东西，而多是前人传下的，这一点孔德自己也未尝否认，这是阅了《实证哲学》而特别是里面第四十七讲的人所最能容易明白的。明白了这一点，我们并不否认在孔德以前的浪漫派，唯心派，自然派以至好多学者，对于社会学的发生与发展上，都有不少的贡献，不过这些人们根本上还是哲学家，历史家，政治家，经济家，或是自然科学家，而非社会学家罢。

第三，孔德虽然有意去建立社会学，然而他对社会学之于社会科学（Science

Social）与社会哲学（Philosophy Social），并不分开清楚。其实，《实证哲学》这个名称，在某种意义上已有讨论的必要。实证的（Positive）就是科学的（Scientific），而哲学（Philosophy）这个字通常是与科学为对峙名词。孔德的人类智识进步的三个阶段是神学阶段（L'etat theologique），玄学阶段（L'etat metaphysique），与实证阶段（L'etat positif）。玄学阶段通常叫作哲学（Philosophique）而与实证相异，然而孔德却把这两个相对峙的名词联在一块，这是很容易令人误会的。此外，他对于社会学之于各种特殊的社会学科如政治、经济等的研究的对象的区别，也没有给我们以一个明确的解答。

第四，孔德虽然承认在他的时代，社会学尚未达到实证的阶段，然他心目中所要建立的社会学是实证的，或科学的社会学，从一方面看起来，这可以说是孔德自己也承认他自己的社会学不是纯粹（科学）的社会学，然而从别方面看起来，我们也可以说社会学到了现在，还未曾达到实证的阶段。其实，社会现象是否与自然现象同样的可以用自然科学方法来研究，而建设孔德所希望的实证的社会学，还是疑问。我们在这里可以不必讨论这个问题，我们所要申说的是这种实证的社会学，到了现在，还尚未发生罢。

二十六·一·一初稿

《政治经济学报》第 5 卷第 3 期，1937 年 4 月。

乡村建设运动的史略与模式（存目）

原载《大公报》（天津）1937 年 4 月 14 日第 3 张第 11 版。

后编入《乡村建设运动》（大东书局 1946 年 5 月初版，"在创丛书"之一）第一、二章。

全文见《陈序经全集》第四卷《乡村建设运动》第一章 乡村建设运动的史略、第二章 乡村建设运动的模式。

乡村建设的组织与方法的商榷（存目）

原载《大公报》（天津）1937年4月21日第3张第11版。

后编入《乡村建设运动》（大东书局1946年5月初版，"在创丛书"之一）第五、六章。

全文见《陈序经全集》第四卷《乡村建设运动》第五章 乡村建设组织的商榷、第六章 乡村建设方法的批评。

关于《乡村建设运动的将来》（存目）

原载《独立评论》第231期，1937年4月25日。

后编入《乡村建设运动》（大东书局1946年5月初版，"在创丛书"之一）附录。

全文见《陈序经全集》第四卷《乡村建设运动》附录一 关于《乡村建设运动的将来》。

进步的暹罗

国人对于暹罗，大概以为一来是一个蕞尔小国，二来是我们过去的藩属，三来没有什么特殊的优高与固有的文化，所以从来不但很少注意，而且很为蔑视。近数年来，因为暹罗发生了好几次革命与排华运动，国人对之虽稍加注意，可是蔑视的心理好像并不减少。连了好多住在暹罗的华侨也存在这种观念。

暹罗在幅员上虽远不及我国之广大，然而一个国家的富强并不一定依赖于幅员的广大。欧洲各国可以不必说，我们的东邻就是很好的例子。又暹罗能从藩属的地位而变为一个独立的国家，一方面是表示我们国势的衰弱，一方面是证明暹罗的地位的增高。至于文化方面，暹罗虽没有其特殊的优高与固有之处。然恐怕正是因为了这个原故，所以它在消极方面，才没有像我们的文化的惰性那样利害，阻止其文化发展，使能在积极方面尽量西化。

其实，东亚的独立国家除了中国与日本外，只有暹罗。现在我们看不起我们的南邻，正与从前我们看不起我们的东邻一样。可是我们不要忘记，我们的南邻的野心未必减于我们的东邻。暹罗人近来常常说："唐代的南诏是他们的故国，中国的南部是他们的故乡。"他们既是被迫而南迁，他们也许待机而北还。暹罗的第七世皇又对过华侨说："华暹血统关系很深，即我个人也含有华人血统，故在暹华侨就是暹人，当忠爱暹罗。"暹罗全国人口只有一千万左右，而华侨已有三百万至五百万，暹王这些话决非无的之矢。

四年前我到过暹罗，已经觉到暹罗的进步之快。去年又得机会在暹数月，使我觉得只在这四年内，暹罗已有很大的变化。暹罗华侨有了一句俗话："暹人穿裤，唐人走路（意站不住）。"四年前暹罗人还是足穿着他们的纱笼（帕农），现在则很多穿裤子了。去年政府且通令政府机关人员要穿西服。这不过是一个浅明的例子，然而，我们从此也可明白暹罗近年来的变化的历害。

据我个人在暹罗的观察，在进步的暹罗中，有了好几点是值得我们注意的。我愿意简单地把来说明。

第一，暹罗的天然物产是很丰富的。暹罗地居热带，天然物产米、木、蔗、烟草、椰子、水果、树胶、矿产，至为丰富。目下暹罗出口最多的要算米，约占全国出口货百分之七十。此外，木料亦为世界著明的出产品。暹罗的天时与土壤极宜种稻，一般农人从放种子一直至成熟收获，用不着什么人工。有一种稻叫做水稻，是随着水平的增高而长高的，所以纵使大水来了，稻也不会为水所没淹。至于水果如芭蕉之类，则遍地可见。又如在雨水最多的时候（夏秋两季），在院子里，在坡顶上，也可以捕鱼。在暹罗，只要一个人愿找食物，决不会饿。因为暹罗木料丰富，而房屋多用木造，而又简单，故关于住方面也没有什么问题。在暹罗有一句俗话："一条布可以过活一生。"现在情形虽变更，可是因为气候的关系，衣服也是比较简单的。总之，因为天然物产的丰富，与气候的关系，暹罗人在衣食住方面没有什么问题。我在暹罗跑的地方不少，然而还没有遇过一个乞丐。

第二，暹罗政治已上了轨道。暹罗本是一个专制政体的国家，然而经过几次革命以后，已经逐渐趋向民主之路。国家统一的基础，经过第四、第五、第六三个能干的君主，已很稳固；所以近数年来革命虽有过好几次，可是不但对于人民生命、财产及国家元气没有什么损失，反足以证明此后是很不容易的发生剧烈的内乱。我有一次从□叻搭火车到乌汶，途中见了一对夫妇和三位小孩上车。因为那天二等车很拥挤，那位男的很客气地请我们给一个位与一个小孩。后来知道他是一位新上任的省长。新上任的省长不坐专车，不坐头等，已使我奇怪，然而最使我惊讶的，是他到了目的地的时候，除了省政府数位高级职员到站迎接外，民众好像完全不知有其事。什么欢迎标语与仪式都没有。不但这样，在他下车和迎接者握手之后，夫妇两人以及迎接者一齐跑到行李车里，帮忙脚夫搬行李。一省之长尚且如此简单，至于各级政府的组织的简单是用不着我申说的。

第三，暹罗治安的良善是凡住过暹罗的人都会称赞。好几位英国的商人曾对我说，暹罗的警察制度比起英国的警察制度好得多。在曼谷那么大的都市里，重大案件固很少发生，很小案件也不多见，就是有了，也不难破获。从南邦到青来一带，差不多都是深林峻岭，据汽车夫们说：自开辟长途汽车路后，汽车往来日夜不绝，可是打劫案件从不发生。又暹人住宅多用木板构造，至为简单，有了门户，几等于无，然而无论在通都大邑、穷乡陋邑，也很少有人打劫。这都可以证明暹罗的治安的良善。

第四，暹罗内政固良善，国际地位在实质上也并不低。在暹罗的国境里，我们找不出一片租界。暹罗曾失过治外法权，暹罗关税也曾受过限制，然而暹罗能够发奋努力，又得了外交部长大来托把攀（Traidos-Prabandb）与其顾问美人塞尔（Francis B. Sayre）的外交手腕，已使这些耻辱差不多完全废除。暹罗人自称为汰族（Tai）。汰的意义是自由。我们试一看南洋各处，除了暹罗能屹然独立以外，无一不是西洋各国的殖民地，就能明白暹罗实在不愧为自由的民族。

第五，在交通方面，暹罗有一条大河叫做"湄南"，直贯南北，而且有好多支流，故交通很便利。差不多五十年前，政府对于铁道的建筑提倡不遗余力，现在铁道网布满全国，以曼谷为中心，至于东南西北各境界都有干线，此外尚有好多支线。凡是没有火车可达的地方，差不多都有公路，航空事业近年来也很发达。至于各种交通的管理上都很有成绩。火车的清洁，公路的平坦，都是在我们国内所不容易多见的。

最后，关于教育方面也很发达。暹罗教育从前操于寺院手里，一八七一年后，政府就注意于新教育。除暹文学校外，且别设英文学校。一八九一年已颁布新学制，三年前成立教育部。一八九六年设立大学，女子学校设立于一八九七年。

暹罗自政府实行强迫教育之后教育很为普及，现在国内无论男女，识字者为数很多。这固由于政府提倡之力，然犹得力于暹罗的文字。暹文是拼音的，普通人读了三两年就能写信、作文。

暹文易读，不但在扫除文盲与探求智识上有很大和很快的功效，就是在同化异族上也有很大和很快的功效。在暹罗之东北主要为佬人，佬人有佬人的语言，自被暹人征服后，暹人利用其简易的文字去同化佬人，结果佬人不但在语言方面逐渐"暹化"，在文化的其他方面也逐渐地趋于"暹化"。这种同化政策现在已施诸华侨，其施行方法也是从强迫华侨子弟读暹文入手。又如，暹文的打字机的简便与速率，比之欧文的并没有分别。这也是因为文字的关系。

物产的丰富，是自然给与暹罗人的。至于政治、治安、外交、交通、教育种种的进步，却是暹罗人自己努力的结果。暹罗的第三世皇在十九世纪的初年已洞识世界大势的趋向与闭关自守的流弊。第四世皇在未就位之前（一八五一）已经努力学习英文，虽则暹罗人在这个时候，懂得英文的除了他以外，也许不易多找出来。到了第五世皇（一八七三——一九一〇）且亲游欧洲两次，其子第六世皇与第七世皇，以至现在的第八世皇，从小即派赴西洋留学。我们从此就可以明白暹罗的维新运动之早与其西化的程度之深。

四年前，我从安南西部边境搭火车赴暹京曼谷，车中有一位暹罗移民局局员与我谈天。谈到中暹关系时，他说："从前暹罗有好多事情要效法中国，现在不但用不着请教于中国，恐怕有好多事情中国也可借镜于暹罗。"我的情感虽使我对于这话很为难堪，可是我的经验使我觉得这话并非全无根据。我回想七十年前的日本，有好多事情还要效法中国，然而差不多四十年前，国人已有唱留西洋不如留东洋的论调，从前俾士麦与黄公度曾劝我们注意我们的东邻，我愿国人今后不要蔑视我们的南邻。

《独立评论》第 235 号，1937 年 5 月 23 日。

政治与经济上的海南岛[①]

数月来，国人在各种出版物上讨论得最热闹的题目，恐怕要算海南岛了。

从历史上看起来，海南岛或琼崖是往往被人轻视的。汉时贾捐之有"议罢珠厓"。唐的李德裕，宋的苏东坡，都是海南人很尊崇的人物，直在现在还且修祠纪念，可是两者都以为海南岛乃鬼魅之地。德裕在其诗里，有"崖州在何处，生度鬼门关"的句子，东坡在其到昌化的谢表里也说："子孙痛哭于江边，以为死别；魑魅逢迎于海上，宁许生还。"清代雍正乾隆年间，何绛在其平黎立县议中，还以为"得其地不足以益国家分毫之赋，得其人不足以当一物之用"。这不过是随便的举了几个例子，然而琼崖之被了轻视已可概见。

自安南与台湾丧失之后，强邻对于海南岛又不断的垂涎窥伺，国人始逐渐的感觉到海南岛的重要。清末曾纪泽与张之洞都主张开辟道路，以为建设的张本。前者大概是从海南岛在国际地位上的重要来看，而后者却因了两广总督的地位而加以注意。民国以后，政府与地方人士都屡有改省的提议。西南军政府时代，曾派殷汝骊、彭程万等到岛上调查实业，他们后来编了一本《调查琼崖实业报告书》。这可以说是中文方面之关于海南岛的概况一本出版最先的著作。十八年间，陈铭枢先生任广东南区善后委员时，又编了一本较为详细的《海南岛志》（神州国光社）。数年前，伍朝枢先生愿意放弃立法院院长而不做，要做琼崖特别区委员。这均可以说是国人对于海南岛逐渐加以注意的表征。去年北海事件发生后，有些日本人且公然提倡占据海南岛，于是愈引起我国政府与一般人民的注目。

此外商界与实业界以至学术界，对于海南岛也逐渐的注意起来。宣统时代，在南洋的华侨中已有人注意到琼崖的种植事业，并且有些人移植南洋各种著名植物于岛上。民国初年，南洋华侨商界与实业界曾集资开辟清澜商埠。后来因为欧战发生，南洋商业大受影响，股本不能收，开辟商埠的工作也因之而停止。这一次花了十多万块钱，现在所遗留的虽只有将要毁坏的一条长堤与一间货仓，可是清澜港之急要发展已深入一般人的脑海中。又关于种植方面。如椰子园的开辟与南洋著名植物如树胶、咖啡的移植，均有不少的效果。去年各报登载，从不谈回原籍的宋子文先生也跑到海南岛探访原籍与考察实业。至于学术团体如广州岭南大学的自然博物院与社会调查所，年来常常派人到岛上调查动植物与人民情况。此外，又如北平静生生物调查所以及好多大学也逐渐的注意到海南岛的各种

[①] 校按：此文陈序经用笔名"南溟"撰写。

物产。

海南岛之所以被国内外的人们所注意，主要的可以说是因为它在政治上与经济上占了很重要的位置。关于政治方面，而尤其是军事方面，海南岛是中国南方的门户。去年十月三十日上海《华美晚报》，译日文《世界智识》日人石丸藤太郎的《从军事上观察海南岛》一文，其中有数段是很值得我们注意的。我愿意摘录于下：

> 余每次过中国南海，无论从东至西或从西至东，一面仰望海南岛之最高峰五指山，一面即思及此岛与我国第三生命线有密切之关系也。……海南岛不仅对中国南部有关系，而在日本之南进论中尤负有重大之任务。

> 海南岛为对两广作战之根据地，有军事上之重要价值。此次北海事件的发生，我南遣支队即以该岛为根据地。海南岛对两广之地位，好比两广为轻气球之气囊，海南岛为气球之吊笼。中间有雷州半岛如气球之颈部，即吊笼网，气球由吊笼网卷纵，则以该岛为根据地，正好牵制两广也。

> 若日本能以海南岛之榆林港为一大军港，可由日军使用，短期内以优秀之舰队集中于该港，则可牵制中国南海，减去香港军事上的价值，折服萨伊港之法国舰队，控制美国优秀舰队航程，能如此，则南海之海权可落于日本之手，日本即为南洋之主人翁矣。……否则日本人民若忘却海南岛，则一般南进政策论不啻为空中楼阁。

以海南岛为根据，一方面可以牵制华南，一方面又可以控制南洋，日本人因之而当作他们的第三生命线，我不知我们中国人看了这数段话之后要作何种感想。我个人以为，假使日本人能说海南岛是他们的第三生命线，我们可以说海南岛是我们的唯一生命线。自台湾与安南丧失之后，我们好像已失了两手。假使海南而也被人占据，那就等于杀害我们的生命。

而且自东四省被占以后，华北的形势岌岌可危，华南的地位愈形重要。假使华北有了严重事件发生，则在严重时期所需要的一切供给，不能不依赖于华南。可是华南本身，直接上是与南洋各处有关系，间接上是与西洋各国有关系。海南岛是我们与南洋和西洋的交通航程上的关键，我们在非常时期，好多必须用品既仍要依赖西洋，而在经济上又有不能不仰给于南洋的。南洋有千多万华侨，他们不但执南洋经济的权柄，就是在华南的经济上也占了很重要的地位。比方广东的财富，根本就是华侨的财富。华侨在过去对于革命与抗敌上既占了重要的位置，那么今后的非常时期中所需要于华侨的是很显明的。假使海南岛被了敌人占据，则中国的交通不但与直接的南洋受了很大的影响，而且与间接的西洋也受了影响。

至于海南岛本身在经济方面的重要也很显明。海南四面环海，渔盐之利至为丰富。广东、湖南各处的盐，有了不少是来自海南岛。现在岛上的盐场大致是在陵水的三亚一隅，假使沿海各处都能利用起来，不但可以抵抗安南、暹罗各处的盐的输入，且可以供给内地其他各处。渔利的丰富更不待说。所可惜者是捕鱼的方法太不讲究，坐使丰富的渔利每为外人所侵占。又岛中森林很多，只以交通不便与其他的原因，至今尚很少利用。海南岛孤悬海中，风势很烈，故所产树木，性坚硬而耐久。如石枳，苦枳，坡櫐，荔枝，胭脂等木，均有千年不朽之称。他如沉香、伽楠，尤为岛上的特产。又因为气候的关系，农产方面不但种类很多，而且年间收获的次数也较多。从前邱濬曾说过："岁有八蚕之茧，田有数种之禾。"此外有好多用途很广的植物如椰子之类，是为国内各处所没有的。又南洋一带的各种名产如树胶、咖啡之类，均可以移植于岛中。假使国人能够努力发展，则琼崖在经济的地位上必更为重要。

上面是从海南岛的特殊的地理与丰富的物产，以说明其在政治与经济上的重要。至于海南岛的民众，在政治与经济上，也有值得我们注意的。据史籍所载，汉族之移居岛上最多的时候，是在异族征服中国的时候。所以元初与清初，岛上的人口都增加得特别多。因此之故，反抗异族的心理很为厉害，广东东莞邓淳的《岭南丛述》里，曾录《广语》"琼人不仕元"条云：

> 宋末琼州人谢明，谢富，冉安国，黄之杰，曾从安抚赵与珞拒元兵于白沙口，皆被执，不屈以死，于是终元之世，郡中无登进士者。明兴，才贤大起，文庄、忠介，于奇甸有光。

到了明亡后，琼崖人之不愿仕清者也很多，所以有清一代在政治的舞台上几乎没有琼崖人的地位。直到民国以来，情形始稍为变更。

汉族之所以南移海南岛，在政治上看起来，固多因反抗异族的统治，在经济上看起来，可以说是开源辟土的先锋。又海南岛是人们所目为炎热瘴疠之地，这些迁居于岛上的人们逐渐适应于这种环境之后，又多变为开辟南洋的各处先锋。比方，在暹罗北部、西部，与东部好多地方，一般华侨从前因为水土不服，难于居住，可是来自海南岛的侨胞多能处之泰然。等到后者居住过相当的时期与发展到相当的程度之后，别的侨胞才慢慢的增加起来。

国人对于海南岛从来没有这样的注意过，从来也没有这样的热烈讨论过；我们希望今后能从注意与讨论而进一步的去作实际政治（军事在内）与经济的建设工作。不过在努力提倡这种建设工作的时候，我们尤希望政府与地方人士不要忽略了治安与教育这两个问题。

海南岛在历史上的大患是黎患。自民国四五年后，军队横行，土匪猖獗；近数年来，大股土匪虽少有发生，然而打劫村宅，还可以说是司空见惯的事。在驻军七八里以内的地方，一夜之间，也可以有劫案数起。治安不良，人民是无从安居乐业的。我有一位朋友有了一个很好的椰子园在籐桥，因为治安不良，自己既不敢在园内居住，托与别人又恐管理不周而要亏本，他现在正在希望售给别人。

又如一位华侨很热心的在海南岛种植树胶，可是因为土匪太猖獗，连他的儿子也被打死，他只好放弃一切而跑去广州养老。所以一般华侨一谈起发展琼崖实业总有戒心。

从量的方面看起来，海南岛的学校并不算少。民国三年间，文昌一县，有三百多间学校。可是在质的方面，却大有改良的必要。近年以来，好多在琼崖读过书的学生，想升入各处办理较好的学校，往往有了困难。海南岛有了十三个县，然而高中是最近才有的。至于适合于地方性的职业或专科学校，完全没有。这可以说是对于将来各种建设所需要的人才方面有很大的关系。

总之，治安是各种建设的先决问题，教育是各种建设的根本问题，假使政府与国人对于这两个问题不注意，那么政治与经济的建设是不大容易下手的。

《独立评论》第244号，1937年7月25日。

1938 年

国难与教育

九一八以后,而尤其是自去年抗战以来,国人有了不少觉得我们现在的教育,不足以适应于目前的需要,因而提倡所谓"国难教育"。

然而究竟什么是"国难教育",直到现在,还没有一个具体的计划,与比较明瞭的解释。

顾名思义,国难教育可以说是为着应付国难而产生的。吾国国难,自九一八以后,虽日来日甚,然其历史,却已有了百年之久。鸦片之战,可以说是近代国难的开端。甲午之败,庚子之祸,都不过是百年以来的比较重要的国难罢。

国难既非最近才发生,国难教育,就普通来说,也非最近才提倡。太平天国灭亡以后的"机器教育",甲午中日战争以后的"法政教育",都可以谓为国难教育。

国难教育的历史,若是之久,然而这种教育,直至现在,还不足以应付国难,这是什么原故呢?我个人以为要想回答这个问题,我们至少要对于教育的方针与意义,有了相当的认识。

我们因为国难而提倡西化教育,差不多有七十年之久。可是七十年来,国人对于西化教育,少能诚意去提倡,少能澈底去讲求。深受了固有的文化的惰性的影响的曾国藩,固不待说,就是受了甲午巨创以后的张之洞所提倡的"中学为体西学为用",留西洋不如留东洋,读欧文不如读日文,也只是皮毛的西化教育。民国以来,这种教育比之三十年前,发展虽较速,然而复古运动,读经运动,层出不穷,因而西化教育,在消极方面既为这些势力所阻碍,在积极方面自然难于猛进。

然而经过这次抗战以后,国人应当痛定思痛,不要再留恋于"向东跑"的口号,不要再沈溺于开倒车的运动,始能确定西化教育的途程,树立西化教育的基础。因为只有这种教育,才能应付国难,才能振兴中国。假如有人怀疑我们这些话,我们愿意他们放开眼睛来看看,为什么敌人要故意的炸南开大学而不炸莲池书院。其实敌人不但无意去炸莲池书院,而且极力的提倡读经,极力的宣传孔教。

教育可以说是文化的缩影。其方面至多，其包含至广。文化有如物质、精神等等的不同，教育也有理、工、文、法、军事、政治等等的差别。正如文化各方面有了密切的关系，教育的各方面，也有了连带的关系。我们所以目太平天国灭后的"机器教育"与甲午以后的"法政教育"为皮毛的西化教育，也是因为这些教育所注重的，只是教育的很多方面的一方面。结果是比方在战争时期，只有了新式的战具，而却缺乏了军事政治的组织与抗敌的精神，则最后的胜利，终难操诸于我。甲午以后，国人对于这一点，未尝没有多少觉悟，然而他们以为"法政教育"乃应付国难的唯一途径的思想，正与曾、李以为"机器教育"乃为应付国难的唯一途径的见解，陷于同样的错误。九一八以后，国人之重理工而轻文法的主张，根本上可以说是复回曾、李时代的态度。其最甚者，是最近以来，有人主张学校里的科目如外国语言、哲学、文学之类，也不要学，因为他们以为这些功课与"目前战时所需，漠不相关"。他们不但忘记了外国语言是求智识的工具，他们还且忘记了外国语言在外交上的重要，假使这种主张而实现起来，那么文法教育固无从发展，理工教育，也更难于发展。

其实，在抗战时期，我们不但要有军事家在前方指挥，而且要有政治家在后方计画。不但要有理工专家来制造军需，计划交通等等，而且要有思想家，哲学家，去鼓励我们的民族精神，文学家，音乐家，去激动我们抗战的情绪。然而福煦之所以成为福煦，威尔逊之所以成为威尔逊，斐士特之所以成为斐士特，里斯尔之所以成为里斯尔，既非天生的，也非偶然的，而乃经过长期的训练，多年的学习。我们过去只会提倡速成皮毛的教育，所以今天吃了大亏，假使现在还不设法补救，急起直追，则后之视今，将犹甚于今之视昔。

因此之故，我们极力反对学校可以暂时关门之说。在敌人铁蹄之下的地方，学校乃被迫而关门。在我们的国旗之下的学校，而亦自动停顿，不但将来的教育前途，不堪设想，而且是正中了敌人之计。我们不要忘记，敌人要灭吾国，亡吾种，首先破坏我们的教育。我们不要忘记，就使我们的国家亡了，我们也要教育，而且愈要教育，以为民族国家复兴的基础。

我们同情在抗战时期里，教育界人物要参加抗战工作，然而我们不要忘记在抗战时期里，需要人才愈多，则愈见得教育的重要，教育愈重要，则教育的维持与发展，愈不容缓。

《大公报》（汉口）1938年2月20日第1张第2版"星期论文"栏。

研究西南文化的需要

西南文化，从其种类上的分歧方面来看，至为繁杂；从其历史的变化方面来看，至为剧烈。

西南民族的种类的繁多，可以说是西南文化的繁杂的一个主要原因。西南民族除汉族以外，尚有苗、瑶、蛋、黎、罗罗、僰撣以及其他各种。有些人说僰撣就有百余种，罗罗有九十余种。比方，所谓白罗罗，黑罗罗，大罗罗，小罗罗，海罗罗，妙罗罗，乾罗罗，葛罗罗，个罗罗，撒弥罗罗，普拉罗罗，阿者罗罗，撒完罗罗等等，真是名目繁多，不胜枚举。这些种族的名称，当然有了不少可以商量之处，因为有了很多是同种异名，比方上面所举的葛罗罗与个罗罗，可以说就是一个例子。可是西南民族的种类之繁多，可以概见。

西南民族既若是之繁多，又因地理历史，以及其他的原因，在文化上，也因之各异，而呈繁杂的现象。有的常常住在深山里，有的历代居于水面上。据说有的还是茹毛饮血，有的还着树皮兽皮。有的已有文字，有的还靠结绳以纪事。以耕种为生的固随处可见，以打猎为活的也不少。能制铜器的固有，不会制陶器的也有。信巫教的固很普遍，信佛教、道教、喇嘛教以至基督教的也很多。从没有什么组织的社会以至组织比较完备的社会，与从很平等的部落以至很不平等的奴隶阶级的制度的社会，都可以在这些民族不同的社会里找出来。此外，家庭制度与风俗习惯的不同，以及思想观念的各异，也可以随处看出来。总而言之，西南的原有的民族的文化，是原始文化的展览会。

不但西南原有的民族的文化，呈了繁杂的现象，就是西南的汉族的文化，也呈了繁杂的现象。比方，专以广东的方言来说，除了广州，客家，潮州，琼州四种主要差异的方言之外，台山，开平各处的四邑话，中山的隆都话，又各别成一系。番禺乡下与县城的方言，就很不同，而广州市又有城内与西关的方言的差异。此外有些地方，如儋州的某部分，又有人说国语。有人调查中山一县，有五十余种方言。这虽是从其细微的点来看，然而广东方言的繁杂，可以概见。至于广西，除了白话（广州话）、国语及柳州话之外，各地方方言也有差异之处。我常以为在西南各省，而尤其是广东的大学里，应该设立几个西南语言学教席，专研究西南的语言，可惜直到现在，连了一个也没有。

除了方言之外，在西南的汉族中，举凡物质生活，饮食起居，风俗习惯，社会组织，宗教信仰，也有很多差异之点。这都是值得我们加以特别注意的。

而且在西南各省的文化里，我们可以找出不少较古的固有文化的留痕。上面所说的方言，就是一个例子。广东及广西一部分的方言，是中国的现有的方言中的最古的方言。这是大家所公认的。古代燕赵的慷慨悲歌之士，喜吃狗肉之风，至今尚留传于南方。襁负小孩的方法，在贵州，云南，广西，广东，随处可见。家族是中国数千年来的社会的基础，可是家族的观念最浓厚的地方是南方，家族的组织最完密的地方也是在南方。因此之故，宗祠在南方而尤其是在广东，随处可见。有人调查广东的田地，以为有了一半是祖田，这就是说有了一半是在宗祠之手。这些统计，未必确实，然广东的祖田之多，是没有可疑的。至于思想方面的极端守旧，比之北方也较为利害。

这不过是随便举出的几个例子。假使我们今后能再作进一步的调查与研究，也许可以找出很多的材料。所以西南也可以说是中国固有文化的保留所。

从西南的某种地域来看，西南也可以说是新文化的策源地。自东西海道沟通以后，西方文化不断的传入中国，而其影响最先的是南方。海道沟通，商业发达，因而影响到物质生活与经济的组织。比方广东素称富有，然所谓富有，主要乃由商业的发达与华侨的入息。在政治方面，太平天国之崛起，近代革命之成功，皆以西南为策源地。在教育方面，近代最先出洋留学的是容闳，黄宽，黄胜。从一八七二年至一八八二年间，政府派好多留美学生，可是计划留学的办法与带领留学生的人，固是南方人，学生之中百分之九十也是南方人。又如宗教方面，无论旧教、新教的传播，都以南方为起点。利玛窦在端州住了十余年，学习语言，翻译书册，宣传宗教，与介绍科学。直到晚年，才赴北京，马礼逊自一八〇七年来中国后，始终住在南方。而信仰新教最先，宣传新教最力的，是高明梁发。

上面是说西南文化的种类的繁杂。我们现在且来谈谈西南文化的变化。

西南各省本为西南原有的民族所居。汉族在汉以前，大致正如《贾捐之传》里所说"东不过江黄，西不过氐羌，南不过荆蛮，北不过朔方"。汉时，南越王赵佗还自称为蛮夷。唐时西南还有南诏国。宋代的大理国，还在云南。然而经过汉唐两代的开疆辟土，又加以五胡乱华与宋室南迁，北人向南迁移，西南原有的民族，有的向暹罗、安南迁移，有的散居于深山僻壤，有的同化于汉族，有的趋于消灭，因而西南原有的民族的文化，也受了极大的影响。

我们试想，汉时南越，曾自称王；晋时四川的蛋蛮，曾有过坚固的城池，唐时南诏，不但曾建过强大的"国家"，且其"文织与中国埒"，宋初太祖统一中国，而却不敢征云南，直到元代，大理国始灭亡。然而曾几何时，不但这些民族的文化多成陈迹，即其民族，也且难保。

其实，八十年前，湖南还常有苗患，四十年前，广东还有黎患，然而湖南苗民，在今日已不易找出来。至于黎人之在海南者，人数固不少，可是他们不但不易为患，而且恐有逐渐趋于消灭之途。这些民族，本身既难保存，其文化恐也必随之而消灭。其实，因为汉族的文化逐渐伸张，就使这些民族，而能继续延长下去，其固有的文化，也未必就能够保存罢。

而况今日的交通的工具日精，交通的路线日增，这些原有民族之避居深山与闭关自守的政策，既不能保存，那么他们的固有的文化，必受更重大的影响而生更剧烈的变化，是无可疑的。

不但这样，自西洋文化传入中国以后，汉族的文化，也受了重大的影响而生剧烈的变化。七十年来，中国虽然有了层出不穷的复古运动，然西化运动，只能因此而缓进，却不因此而停止。自去年抗敌以来，我们愈觉得必要西化，愈觉得必要赶紧的西化，而尤其是在所谓复兴民族的根据地的西南各省。可是西南西化，不但对于中国汉族固有文化的留痕，有了影响，就是对于西南的原有的民族的文化，无论在直接上，或间接上，也有了影响。所谓间接的影响，就是因汉族的西化而影响于原有的民族的文化。我在上面所谓西化交通的工具的介绍，与交通路线的增加，就是一个例子。至于直接的影响最显明的例子，如外国教士在各原有民族里传教，结果不但在原始民族的宗教方面，要受影响，就是他们的文化的其他方面，也要受影响。

西南文化的变化，既若是之剧烈，西南文化的研究，愈觉得需要。假使我们而不及时研究，则将来经过剧烈变化之后，要想研究，也恐为事实所不许。

国人以往，每每以为西南偏在一隅，交通不便，以及他种原因，而忽略这方面的文化的研究。自卢沟桥事变发生以后，平津京沪及各处之大学与学术机关，被迫而迁移西南，这是一件很不幸的事情。可是这些学术机关，苟能利用这个机会来研究西南文化，也未尝不是不幸中之幸。

总而言之，从研究西方文化的立场来看，我们对于西化的策源地，不要忽略；从研究固有文化的立场来看，我们对于这些"活"的固有文化的保留所，应当注意；从研究原始文化的立场来看，我们对于这个材料丰富的原始文化展览会，切莫错过。

《新动向》第1卷第2期，1938年7月1日。

乡村建设运动平议（存目）

原载《农村建设》① 创刊号，1938年9月（转载自《乡村建设运动平议》绪言）。

后编入《乡村建设运动》（大东书局1946年5月初版，"在创丛书"之一）绪言。

全文见《陈序经全集》第四卷《乡村建设运动》绪言。

---

① 校按：《农村建设》在转载此文时有《编者附识》，为方便研究，特录如下：

本文作者陈序经先生，为南开大学经济研究所教授，现任西南联合大学法学院院长。陈先生为我国有数之社会学家，年来致力于全盘西化之提倡，曾协同胡适之先生在国内重要报章杂志上，与所谓本位文化信徒，作热烈的辩论。陈先生对于我国乡村建设运动，秉其全盘西化的一贯主张写成本文，是值得我们注意的。不幸，陈先生的这篇文章，刚自印刷所运交出版者——南开大学经济研究所——的时候，在暴日的炮弹下，与南大同付一炬。全文分绪言，乡村建设运动的史略，乡村建设运动的模式，乡村建设工作的观察，乡村建设理论的检讨，乡村建设组织的商榷，乡村建设方法的批评及乡村文化与都市文化等章，除"绪言"外，均在南大经济研究所主编附《大公报》发行之《经济周刊》及《独立评论》发表过。本刊征得陈先生同意特将"绪言"转载，以饷读者，将来如篇幅允许，当续载其他各章。

乡村建设运动平议（续）（存目）

原载《农村建设》第 1 卷第 2 期，1938 年 11 月（转载自《乡村建设运动平议》第一章）。

后编入《乡村建设运动》（大东书局 1946 年 5 月初版，"在创丛书"之一）第一章 乡村建设运动的史略。

全文见《陈序经全集》第四卷《乡村建设运动》第一章 乡村建设运动的史略。

暹罗华化考

一

关于暹罗这两个字的连用与其来源，《明史》卷三百二十四《外国传》，曾有下面的记载：

> 暹罗在占城西南，顺风十昼夜可至，即隋唐赤土国。后分为罗斛、暹二国。暹土瘠，不宜稼；罗斛地平衍，种多获，暹仰给焉。元时，暹常入贡。其后罗斛强并有暹地，遂称暹罗斛国。洪武……十年，照禄群膺承其父命来朝，帝喜，命礼部员外郎王恒等赍诏，及印赐之，文曰"暹罗国王之印"，并赐世子衣币及道里费。自是其国遵朝命，始称暹罗。

从这一段的记载看起来，暹罗这两个字的连用，是始于明洪武十年（一三七七年），虽则暹罗斛国这个名词，在洪武十年以前、元朝以后，已经为中国人所知道。我们考暹国与罗斛国之见于《元史》者，共有十多处，可是没有暹罗斛国数字的连用。《元史》卷十九述成宗"大德元年（一二九七年）四月壬寅，赐暹国罗斛来朝者衣服有差"。这显然是说明暹国与罗斛是两个国家。又在《元史》里除大德元年，载暹国、罗斛两国同在一处外，其他各处之关于暹国与罗斛的表贡，皆分开记载。例如卷十六载"至元二十八年（一二九一年）十月癸未，罗斛王遣使上表"，与卷二一○载"暹国当成宗元贞元年（一二九五年）进金字表"。又元至正九年（一三四九）汪大渊所著的《岛夷志略》曾有罗斛与暹的记载。他对于这两个国，不但分开来记载，而且明明白白的指出暹与罗国是两个国家，然则"暹罗斛国"这数个字的连用，不知从何时始，也不知从何处来。

《岛夷志略》"暹国条"云："至正乙丑（一三四九）夏五月，暹国降于罗斛"。《大明一统志》卷九十"暹罗国条"也有"至正间，暹始降于罗斛而合为一国"，与上面所抄的《明史》所谓"其后罗斛强并有暹地"，也许是根据《岛夷志略》而来。

《岛夷志略》的著者汪大渊，在元至正间，曾附贾舶浮海历南洋数十国，所记大约无大错误。又我曾参阅达吗銮拉查奴帕（Prince Tamrong Rojanubhab）所著的《暹罗古代史》（王又甲译本），也有多少同样的记载。

又考《元史》卷二十八，至治三年（一三二三）春正月，暹国尚遣使来贡。所以暹之被罗斛征服的时间，当以汪大渊所说为准确。

不过我们不能不奇怪的是暹既为罗斛所征服，为什么此后还以暹字列首，而谓为暹罗国或暹罗斛国。

不但这样，暹国之见于中国史书最先者好像是《元史》，而罗斛已见于《宋史》。《宋史》卷四百八十九"丹眉流国"条云："丹眉流国东至占腊……东北至罗斛。"罗斛既是一个历史较长的国家，后来又灭了新兴（？）的暹国，而中国方面还叫做暹罗国或暹罗斛国，这是很使我们不解的。

总之，从中国的记载看起来，《明史》所谓"暹罗"这个名词，是始明初，大致没有什么错误。因为罗斛之并暹是在一三四九，而《明史》载洪武之赐名乃在二十二年后（一三七七）。就使暹罗这个国号并非始自洪武，那么暹国与罗斛之合为一国而谓为暹罗，也当在一三四九以后。

达吗銮拉查奴帕氏在其《暹罗古代史》里以为"暹罗"这个名词，乃出自中国。他说：

> 当希因他拉蒂王（King Sri Intaratitya）在苏口胎（Sukotai）京宣布立国之时（按：为西历一二五八年），考木人（Combodians）尚在洛怕布里（Lopbori）存有一部分之实力。洛帕布里又称罗，塔娃劳狄区域至此遂分为二。中国方面纪载，称在南方尚属于考木者为罗斛国，系采罗之意，至于北方，已隶汰族人之苏口胎则名曰暹国，取其在暹国境以内之意。（依王又申译本）

至于英文 Siam 一字，达吗銮奴帕氏却以为出自印度。他说：

> Siam 之一字，乃为近代始有之名词。外国人称暹罗曰 Siam，但汰人自称曰汰国或苏口胎京。Siam 一字原属梵文，因此疑 Siam 一名亦系由印度人首先称呼者。中国、外国之人，亦不过依声称呼而已。照字意讲，Siam 一字有两种解释：一曰棕色，二曰黄金。用之于人种，意则其人棕色，用之于国家，意即其国多金。据外国之考古学者推测，Siam 一名，原以称呼南部汰人者，大汰（猰）之住于缅甸境内者为巉（余按：似为掸）。巉字恐为 Siam 之变形，积时日久，音调转变，乃成为巉。但持反对者，亦大有人在，谓汰人皮肤比之考木老人洁白好多，故棕色之解释为误。又因暹国产金，故多金之说，较为近情。此层更与教史中所载阿轮王派遣教使二人至素湾蒲木（意即产金之地）宣传教义之说，互相印证，更觉吻合也。

此外，又如格累姆（W. A. Graham）在《大英百科全书》（*Encyclopedia Britanica*）十一版《暹罗》（Siam）一文，以为 Siam 这个名词，在暹罗一千年前，也许已很通用。不过用这个名词来指明暹罗这个国号，却非暹罗人自称其国的国号。可惜格累姆在这篇文里，并没有指明出 Siam 这个字怎样来源。我们知道暹罗人自称其族为汰族（或作泰）（Thai 或 Tai），自称其国为汰国。最近来林惠祥先生在其《中国民族史》卷下第十六章"僰掸系总论"里，曾据丁文江先生的研究，而有下面一段话：

> 僰掸即所谓泰掸族（Tai-Shan）。掸为种族名，泰其自称之语，意为自由者。掸字之起源，或谓由于中国语之山字。暹罗之暹字，亦与掸字相近，《后汉书》有掸国之名，即指此。此族散布之地颇广，占暹罗全部，缅甸东部，安南西部，及中国西南部，纬度二十五度之南。名称随地而异，在缅甸者仍称掸，在暹罗北部及安南西部者则称老挝（Laos），在暹部者则暹罗人，在云南者名"僰夷（Pe-yi）"或"摆夷"、"白夷"、"蒲蛮"（Pu-man），在贵州者谓之"狆家"或"水家"，在广西者为"僮侬"，四川者为"僚"以及土人、沙人、民家濮等名，在中国之掸又称为台苗（Tai-mao）或中国掸（Chinese Shan）。中国自古即有僰濮，及卜之名称，故可称为僰族或僰掸族以为掸中之一支。

我们阅了这段话，可以明白所谓泰掸的分布的区域之广。可是在这段话里，也有不少可以商量的地方，不过我们所要特别注意的是泰掸（Tai-Shan）这个名词。照我个人意见，英文所谓泰掸（Tai-Shan）两个字，也许是由掸字而来。《后汉书》卷二百十六《西南夷列传·哀牢夷》一篇里，曾有一大段述及掸族。有些西洋学者，如胡特（W. A. R. Wood）以为泰族（Tai）是从中国南部迁到暹罗。在唐以前，乃谓为哀牢，在唐谓为南诏（参看 Wood，*A History of Siam*）。所谓泰是不是唐的南诏，以及唐以前的哀牢，我们在这里不必讨论。又《后汉书》所载的哀牢与掸国有否关系，也是很值得研究的。不过我们在这里所要讨论的，是这个掸国。掸注作坛，本为 T 音，英文当作 Tan，与英文的 Tai 相近。现在的暹罗人自称为泰（Tai），也许就是从古掸音而来。又古 T 音的掸变为齿音的掸而读如 Shan。今日的掸（Shan）族就《后汉书》的掸族，大概没有什么疑义。英文所谓 Shan 大概是从齿音的掸而来，现在暹人所谓汰或泰大概是从舌音的掸而来，所以现在在暹罗的汰是与掸同种，这一点不但人类学者所公认，就是暹罗人也承认。

我们既说明泰或汰是从掸而来，我们现在再进一步而讨论暹与掸的关系。丁文江先生以为："掸字之起源或由中国之山字，暹罗之暹字亦与掸字相近。"暹字音也许是由掸字音转变而来，因此我们也许可以说暹族就是掸族。

我们若再进一步而考究中文的暹与英文的 Siam，我们以为好像也有很大的关系。暹字思淹切，西文 Siam 的 Si 与 am 是与"思廉"或"思淹"很近的。其实，广音暹可以切为 Si am。证之厦门、潮州、海南各种音，更为显明。速读即好像单音，然慢读就可以切为 Si am 或 Siam。

这样看起来，西洋人之所谓 Siam，大概也是从中文的暹而来，至说 Siam 一字原属梵文，而遂以为 Siam 是由印度人首先称呼，恐怕也不过只是一种臆说罢。

总之，我们以为暹罗这个国名的称呼，无论是暹罗人方面或西洋方面来看，都与中国人所称呼的"掸"或"暹"有了密切的关系。这样看起来，暹罗这个国名，也许已经华化了。

二

我们要说明历史上的暹罗华化，我们对于暹罗民族的来源应当有多少的认识。暹罗民族的来源，究竟是怎么样，还是一个尚没有解决的问题。从现在的暹罗的民族来看，暹罗民族决非一种纯粹民族。好多人种学者以为暹罗现在至少有二十多种民族，不过大体看起来，以暹罗人、中国人、老挝人、柬甫寨人、马来由人为最多。根据一般历史家的意见，现在所谓暹罗人主要乃为泰族，这就是握着暹罗政治权柄的民族。泰族究竟何时迁入暹罗，也是一个尚有待于人类学者及历史家去解决的一个问题，不过现在我们所知道确实的是：泰族之据暹罗以为己有而建立现代的暹罗国家，乃是十三世纪中叶的事。约当我国宋末理宗宝祐的时候。在十三世纪中叶以前，泰族虽有多少散布于暹罗各处，然而并没有多大势力。

若从中国历史上的记载来看，我们知道在泰族未统治暹罗以前，暹罗已与中国交通。这一点是没有可疑的。《宋史》卷四百八十九《外国传》记丹眉流国一段里，有下面一段话：

> 丹眉流国东至占腊五十程，南至罗越水路十五程，西至西天三十五程，北至程良六十程，东北至罗斛二十五程，东南至阇婆四十五程，西南至程若十五程，西北至洛华二十五程，东北至广州一百三十五程。

关于这段话里所说的地名，我们所要特别注意的，一为罗越，一为罗斛。按《唐书》卷二百二十二《南蛮列传》曾有关于罗越的记载，飞里十斯（Phillips）以为宋时的罗斛似即唐时的罗越，而其位置似在马来半岛东岸。史莱格（Schlegel）又以为罗越为暹罗语之 Lavak，而即 Pallegoix，谓为柬埔寨之一古城之名。至于希伯和（Pelliot）又以为罗越应指马来半岛南部，罗斛应指湄南下流一带。（参看 Paul Pelliot, *Weux Itineraires de Chine en Inde a la fin du VIIIe Siècle*，冯承钧译为《交广印度两道考》）

罗越之于罗斛究竟有否关系，我们这里可以不必讨论，但是罗斛这个国号，宋赵汝适的《诸蕃志》、《宋史·外国传》、元汪大渊的《岛夷志略》与《元史》好多处，以及《明史·外国传》均有记载，而其地点大概就如希伯和所谓，应指湄南下流，或如达吗銮拉查奴帕所谓就是现在的洛帕里（Lapbouris）地方。故今日的暹罗是宋元的罗斛与暹国是无可疑的。

《大明一统志》卷九十"暹罗国"条谓"暹乃汉赤眉种"。假使此说有所根据，那么赤眉本来就是中国人，而其文化也完全是中国文化（参看《汉书》卷十一《刘盆子》）。

此外，《明史·外国传》却谓"暹罗即隋唐赤土国"。《隋书》卷八十二《南蛮列传》谓"赤土国乃扶南之别种也"。《晋书》卷九十九《西南四夷列传》有扶南国的记载云：

> 武帝泰始初遣使贡献，太康中又频来。穆帝升平初复有竺旃檀称王，遣使贡驯象。帝以殊方异兽，恐为人患，诏还之。

近代好多人都以为古扶南国即今日的暹罗地。我们看了贡驯象的记载，当然与暹罗有了不少的关系，可是扶南是否受过中国文化的影响，还是一个疑问。《隋书·南蛮列传》关于赤土国的记载，颇为详细。隋炀帝大业三年，屯田主事常骏、虞部主事王君政等，请使赤土，炀帝很为喜欢，并且遣赏物五千段之多，以赐赤土王。常骏等至赤土后，大受赤土王及其国人的欢迎。其大方丈且告诉常骏道："今是大国中人，非赤土国矣。"后来赤土国王又派其子那邪迦与常骏来中国谒炀帝。

从《隋书》里，我们虽不能找出关于暹罗华化的明显的记载，然而炀帝既遣赏物至五千段之多，以赐赤土王与常骏之受赤土国人之热烈欢迎，则中国物质文化以至精神文化之流入赤土，而对于赤土必有多少影响。是无可疑的。又赤土大方丈之所谓"今是大国中人，非复赤土国矣"，以及赤土王之遣派其子来中国朝贡，也不能说在文化上是完全没有关系的。

《隋书·赤土国志》所述赤土的各种风俗如婚姻、丧葬，有了不少是与今日的暹罗的有了雷同之处，故《明史》所谓暹罗乃隋唐赤土国，也许不是凭空造说的。

李长傅先生在《南洋华侨史》里，曾根据在暹日本人会所出版的《暹罗事情》（页七八）而写下面一段话：

> 中、暹之交通最早，大约尚在汰族（Tai）未建设暹罗国家之前。中、暹国际交通自苏库泰伊（Sukotai）王丕耶路斯朝贡中国为始。丕耶路斯之渡航中国在佛灭一千二百年间，当我梁末至隋代。时正群雄割据，朝贡何国，不得而知。相传当时有中国公主下嫁为王妃之事，并有陶器制造工人及其他美术工艺家五百人随之南来。据暹罗史乘所载，公主笃信佛教，闻暹罗佛教兴盛，故愿下嫁云。苏库泰伊王卒，其子（Pasuch）嗣位，发生内乱，求中国之应援，中国朝廷以暹罗王孙，系中国外孙为口实，遣武器制造工人十名，及战士多名应之。暹罗之铸大炮，烧粘土以作炮弹，以及发炮之方法，皆由此等工人传入。嗣后中国视暹罗为藩属，入贡不绝，惟无精确之记载。一方私人之交通亦发达，中国人之归化暹罗者亦不少，不绝输入中国文化，与印度文化混合，而发生暹罗文化。

这段话里所说的故事当然是一种传说，有好多地方可以商量，不过我们在这里所要指出的，是暹罗既与中国交通之后，暹罗文化必受过中国文化的不少影响。

唐代关于赤土的记载很少，宋代更少。《宋史》及赵汝适的《诸蕃志》虽有关于暹与罗斛的记载，可惜太过简单。至关于暹罗华化这个问题的材料之缺乏，那是更不待说了。

总之，关于泰族尚未统治暹罗以前的暹罗文化之受中国文化的影响的材料，据我们目下所能找得到的，大概只如上面所述。我们现在可以叙述泰族统治暹罗以后的暹罗华化史略。不过要想明白泰族统治暹罗以后的暹罗华化史略，我们也得明白泰族的来源，以及其过去的文化与中国的文化的关系。

三

关于汰族的来源，刘继宣与束世澂所合著的《中华民族拓殖南洋史》（页三），曾据《华侨半月刊》第二十九期而述下面一段话：

> 考古家温斯登博士于一九三二年七月间在南洋槟城演讲古打及威斯省之古史，谓据彼发现之结果，当耶稣纪元前四千年前，暹罗人之祖宗，系住在上海与广州，而马来人之祖宗则居于中国南部，巴布亚人种则繁殖于华南各省，及印度支那之北部。彼时纯正之中国人，系在黄河流域出没。该种人最喜子孙，遂日就繁殖，将紧邻之暹罗、马来、巴布亚各种人驱迫南下，因此暹罗人为自家地位计，更迫马来人南下，而马来人则驱逐巴布亚南下云。

这种学说是否有征，还要人类学家以及历史家加以考究。此外，达吗銮拉查奴帕在其《暹罗古代史》里说：

> 汰人在佛历纪元以前，早已成为亚洲东部之一大民族，虽在今日汰族除暹罗国外，杂居别地者亦夥。中国沿边各省、东京、缅甸，以致印度边陲之亚山省皆为汰人，惟其名因地而殊，有呼为暹罗人者，有呼为老（狫）人者，有呼为长人者，有呼为巘人者，有呼为"猿人"者，有呼为黎人者，有呼为恩人者，有呼为禽兽者，有呼为亚洪者，有呼为浩人者，而照原名呼为汰或淘者间亦有之。以上所列名虽各异，然其为汰族也则一。操暹罗语言亦自认为汰人。据历史所传，汰族初发源于中国之南方，如云南、贵州、广西、广东四省，以前皆为独立国家。汰人散处各处，中国人称之曰番。至于汰族放弃故土，迁徙缅甸及狫蛮等地之原因，实由于汉族开拓领土。据历史所载，约于佛历四百年间，刘备在四川立国，孔明起师征伐孟获以向西拓张其疆域。此段记载即为汉族南征汰地之纪载。汰人既无力与汉族抗衡，又不

肯受统治，不得已而移居西方，另辟新土。一部份沿空河流域入缅甸抵亚山省内，名曰大汏（今日称曰獍或巉）；别一部份向南而移，抵东京及崆江以北之十二朱汏、十二板那等地，名曰小汏；实为暹罗汏人及青冬、青龙、黎人、恩人之始祖也。汏人虽失其发祥故土之大部份，但非尽亡，尚能保存一部份原有土地，维持独立局面，至数百年之久。据中国方面纪载，谓汏族之五个独立区域，合成一国，时在唐朝，称之曰南诏。南诏王国都昂赛，即今日之云南省大理府。……直至元始祖忽必烈可汗在中国即皇帝位，始于佛历一千七百九十七年，调动大军，征伐汏国至入缅甸境内。自彼时起以至今日，汏族原有土地，乃尽沦落，而变成中国领土。……汏族既被侵扰，放弃故有土地，迁徙而南者日多，兰那（今日之怕呀甫省）之汏族，因之势力大振，不再受考木人（柬埔寨）之任意宰割，乃起而反抗。时有权如附庸之太守二人，一为帕龙王族之邦央太守邦钢套，一为辣得太守耙蒙会师进攻苏口胎城，与考木人激战，败之，遂于佛历一千八百年占领考木北方重镇之苏口胎城，然后共推邦钢套在苏口胎城即王位，称曰希因他拉蒂王。此实为暹罗国内婚族之第一个君主。

胡特氏（W. A. R. Wood）在其《暹罗史》（*A History of Siam*）里，也以为现在暹罗的泰族就是唐时的南诏。他并且把泰族的历史，拉长至汉代，以为泰族就是汉的哀牢。南诏为哀牢之后，见于《新唐书》卷二百二十二上《南蛮列传》。胡特氏的主张，大概是根据《唐书》而来的。

大概来说，暹罗历史在十三世纪以前，差不多完全无可考证。佛历二四七〇（西历一九二七年）暹罗政府出版了一本巨著，名为《暹罗——从古代至现代》（*Siam: from Ancient to Present Times*），对于十三世纪以前之历史，完全没有提及，大概就是因为材料太过缺乏。

因此，我们对于十三世纪以前的汏族的历史，不能不持怀疑的态度，同时对于一般人所谓泰族乃来自中国南方的主张，也不当随便轻易相信，虽则这个问题与暹罗华化这个问题是有了密切的关系的。但是在我们尚未有充分的证据去证明汏族并非唐时的南诏与汉代的哀牢之前，我们愿意暂时以哀牢为研究的起点。

四

哀牢见于《后汉书》卷一百一十六《南蛮列传》。据云：

> 其先有妇人名沙壹，居于牢山，尝捕鱼水中，触沈木，若有感，因怀妊，十月产子男十人。……后牢山下有一夫一妇，复生十女子，九隆（沙壹之第十子）兄弟皆娶以为妻，后渐相滋长，种人皆刻画其身象龙，文衣著尾。九隆死，世世相继。……

这段故事，据说现在云南的泰族尚有留传，《后汉书》又云：

> 生人（指哀牢）以来未尝交通中国，建武二十三年（西历四七）其王贤栗遣兵乘箄船南下江汉，击附塞夷鹿茤……鹿茤王与战，杀其六王。……贤栗惶恐，谓其耆老曰：我曾入边塞，自古有之，今攻鹿茤辄被天诛，中国其有圣帝乎？天祐助之何其明也。二十七年贤栗等遂率种人户二千七百七十，口万七千六百五十九，诣越巂太守郑鸿降求内属，光武封贤栗等为君长，自是，岁来朝贡。永平十二年，哀牢王柳貌遣子率种人内属，其称邑王者七十七人，户五万一千八百九十，口五十五万三千七百一十一。西南去洛阳七千里，显宗以其地置哀牢、博南二县，割益州郡西部都尉所领大县，合为永昌郡，始通博南山，度兰仓水，行者苦之，歌曰："汉德广，开不宾，度博南，越兰津，度兰仓，为它人。"

这虽只说哀牢的内属，然而我们也可以想像哀牢的文化，必受中国文化的多少影响。而况光武封贤栗等为君长，显宗以其地置为郡县，均可以说哀牢在政治上的中国化。政治上既受了中国影响，别方面也必受了中国不少的影响。

又《滇南杂志》曾有下面一段记载：

> 哀牢旧皆夷姓。武侯平南后，始赐以赵、张、杨、李等姓，又军卒遗于此，聚居于诸葛营之旁，谓之曰旧汉人，姓氏乃渐蕃衍。

又据《洞溪纤志》云：

> 金齿古哀牢国……其人有数种，有以金裹两齿者，曰金齿；有漆其两齿者，曰漆齿；有刺面者，曰"绣面蛮"；有刺足者，曰"花脚蛮"；以绿绳摄髻者，曰"花角蛮。"惟居诸葛营者，衣冠礼仪，悉如中土。

这是说明三国及三国以后的哀牢的姓氏及衣冠礼仪之华化。至于唐代，据《新唐书》卷二百二十二上《南蛮列传》云："南诏，或曰鹤拓、曰龙尾、曰苴咩、曰阳剑，本哀牢夷后，乌蛮别种也。夷语王为诏，其先渠帅有六，自号六诏。"六诏与《后汉书》所述哀牢六王，颇相吻合。这也许是《新唐书》谓南诏为哀牢之后的一个原因。而南诏谓王为诏，与今日之暹罗称王为诏，也相吻合。这也许又是一般人之所以主张泰族为南诏之后的一个原因。

南诏的文化受了中国的文化的影响很大，这是一般人所承认的。伯希和在《交广印度两道考》里也说："南诏感受中国文化之深，其事甚著。"可惜伯希和氏并没有详明指出南诏华化的史实。

据《新唐书》卷二百二十二上，天宝年间（七四二—七五五），南诏王异牟寻之父，曾朝见玄宗，玄宗赐了许多东西之外，还赐笛工歌女。到贞元六年夏，祠部郎中袁滋到南诏时，这些笛工歌女尚存，是则中国音乐之影响于南诏，乃意中事。又贞元五年，异牟寻遣使三人到成都，在其遗皋帛书里，也有南诏"本唐风化"的话。又卷二百二十二中也有下面一段话：

> 大和三年……嵯巅（南诏将）乃悉众掩邛、戎、巂三州，陷之。入成都，止西郭十日，慰赉居人，市不扰肆。将远，乃掠子女工技数万，引而南，人惧自杀者不胜计。救兵逐，嵯巅身自殿，至大度河谓华人曰："此吾南境，尔去国当哭。"众号恸赴水死者十三。南诏自是工文织，与中国埒。

又同处载唐代曾许南诏"子弟入太学，习华风"。然则南诏受了中国文化影响之深，可想而知。又达吗銮拉查奴帕《暹罗古代史》也说：

> 南诏之汰人，素称强悍，曾多次侵入唐地，及西藏。但终于佛历一千四百二十年间（西历八七七年，僖宗四年）与唐朝和好。南诏之王，曾与唐朝之公子缔婚。自此以后，王族之中，遂杂汉族血统。汰人亦逐渐忘却其风俗习惯，而同化于中国。

按：《唐书》卷二百二十二中，僖宗乾符四年，南诏王骠信求婚，西川节度使劝帝和亲，"帝谓然，乃以宗室女为安化长公主许婚"。可是此事好像终究没有实现。

然而无论如何，嵯巅既掠了子女工技数万，而使"南诏工文织与中国埒"，则中国文化影响于南诏，与南诏与中国的血统的混杂，是没有什么问题的。

此外，胡特在其《暹罗历史》里，以为十一世纪以前的南诏语言，就是中国语言（页八八）。

又按：《唐书·南蛮列传》上云：南诏亦用"员外""大将军"诸名词。又云：

> 幕爽主兵，琮爽主户籍，慈爽主礼，罚爽主刑，劝爽主官人，厥爽主财用，引爽主客，禾爽主商贾，皆清平官酋望大将军兼之；爽犹言省也，督爽总三省也。

按："爽""省"两音本相近。现在在琼州东北角，铺前的人们读"省"独读如广音的"爽"，这也许是南诏华化的一例。罗香林先生在《国立中山大学文史学研究所月刊》第2卷第3、4期合刊《唐代蜑族考》一文且说：

> "省""爽"一声之转，南诏欣慕华化。设官分职，多仿唐制，省之称爽，是又并袭中土音读矣。

这样看来，不但是在礼乐、艺术、学术、言语及各方面的文化，南诏受了中国的影响，就是在政治制度组织上，南诏也受了中国的影响了。

《唐书·南蛮传》又记载南诏到了唐之末叶，"因中国乱不复通"。在宋时，南诏叫做大理，故《宋史》卷四百八十八《外国传》云："大理国即唐南诏也。"

据《续云南通志》卷一五九云：

> 王金斌既平蜀，欲因兵威取滇，以图进于上。太祖（宋）鉴唐之祸，基于南诏，以玉斧画大渡河曰："此外非吾有也。"由是云南三百年不通中国。段氏（大理国王）得以睆临僰爨以长世焉。

所谓云南三百年不通中国，似非事实。《宋史·外国传》载宋神宗熙宁九年（一〇七六）大理曾遣使朝贡。徽宗政和五年，广州观察使黄璘奏南诏大理国"慕义怀徕，愿为臣妾"。六年南诏大理国"遣进奉使天驷爽彦贲、李紫琮，副使坦绰、李伯祥来"。他们从大理至湖南，据说：

> 方紫琮等过鼎，闻学校文物之盛，请于押伴，求诣学瞻拜宣圣像，郡守张察许之，遂往遍谒见诸生。又乞观御书阁，举笏扣首。

这可见得南诏、大理景慕中国文化之深。同时我们以为不但这些使者返国后，对于中国文化，必努力提倡，就是一般的南诏、大理人，对于中国文化也必努力提倡。其实，这些使者，姓名多已中国化。又据史书，唐昭宗时，南诏蒙氏为郑买臣所篡，改国号大长和，后来赵氏又篡郑氏而改号为大天兴，赵氏复为杨氏所篡，而改号大义宁。后晋时，复为段思平所篡，改国大理国。这些姓氏国号，均已华化。大概来说，南诏经过唐代华化之后，宋代的华化的程度必定很高，所以这些使者才有"诣学瞻拜宣圣像"的行为。

大理国在宋理宗宝祐元年为蒙古所灭，而仍用段氏治其地。直到明太祖的时候，始置大理府而与内地各府同样的治理。

五

据暹罗及西洋方面的记载，汰族在元朝以前，已散居于暹罗各处。至元灭大理国之后，汰族之南迁者更多。因此汰族在暹罗的势力，也因之大振。不过我们既知道《宋史》已有罗斛国的记载，又大理国虽为蒙古所亡，然段氏尚治其地，那么汰族这次是否多被迫南迁，同时暹罗的汰族是否因为在大理的汰族南迁而增其势力，以建暹罗境内的汰族王朝，当然还是疑问。其实暹罗历史，不但是在十三世纪或是希啊呦他亚城建筑（一三五〇）以前，很不可靠，就是从这个都城建筑以至被了缅甸攻陷之时的四百一十七年中的历史，也很缺正确的记载。近来虽有些历史家，从各种碑文里，找了不少材料，然而记载之不完备，是大家所公认的。连了在乾隆年间的郑昭时代的史实，以及其传略，记载也不大清楚。

不过从中国史料方面看起来，宋代的罗斛以及元代的暹国与罗斛的记载，大致没有什么可疑之处。《宋史》虽述及罗斛，然在文化方面的影响，找不出什么痕迹来。至于元代关于述及暹国与罗斛的地方，据伯希和的考证，共有十六处之多。其中有了三处专述及罗斛，十二处专述及暹国，有了一处（卷十九大德元年）述及暹国、罗斛两国来朝。这些记载很为简单，除至元十九年六月命何子志为管军万户使暹国，与同年十月万户何子志、千户皇甫杰使暹国外，余皆述暹国与罗斛来贡，而对于文化方面的影响，也不容易找出什么线索。

但是，我们若从西洋及暹罗方面的记载，我们却可以找出多少暹罗华化的材料。不过这些材料，是否可靠，又是一个疑问，比方据《元史》卷二百十《外夷传》云：何子志、皇甫杰于至元十九年使暹国舟经占城，皆被执，二十年正月占城国主杀何子志、皇甫杰等百余人。而胡特氏在《暹罗史》里（页五十五）却说：何子志（按：胡特氏拼为 Haw Chaw Chi）曾与苏库胎王朝订了条约。

然而暹文与西文方面之述及拉吗克摩项王（Rama Kamheng）之来中国及传播中国文化于暹罗一事，似有多少可信。据《元史》卷十八至元三十一年（一二九四）七月申戌"诏招谕暹国王敢木丁来朝，或有故，则令其子弟及陪臣入质"（按：敢木丁大概就是 Kamheng 的译音）。暹罗皇帝按照数目字而叫，则为拉吗第一，拉吗第二（Rama I, Rama II），中国方面不译其首音，故仅称敢木丁（Kamheng）。

达吗銮拉查奴帕《暹罗古代史》里说：

> 尚有一事，足以表示拉吗克摩项王（Rama Kamheng）之英明者，即曾两次入中国是也。中国方面之记载极为明晰。佛历一千八百三十七年（西历一二九四）到中国一次，至佛历一千八百四十三年（一三〇〇）又去中国一次。据暹罗历史所载，暹国君主之曾亲历异邦谋修盟好者，只有二人，一为拉吗克摩项王，一为叻嗒哪勾辛本朝之朱拉銮干拉吗第五世君主而已。拉吗克摩项王之往中国系负何种任务，回来之时，得到多少成绩，尚未多明瞭。据今日之已得推知者，只拉吗克摩项曾带来中国磁匠，以烧制杯碗出售。其磁窑有设于苏口胎京者，有设于希萨那赖者。拉吗克摩王时代所制造之杯碗，人皆呼为桑甲洛磁器。调查今日尚存之磁窑旧迹，推知磁匠之多，尚有数百。其出产品并畅销国外，一如今日之邦达恼希窑。但制造之时间几何，何时停制，则尚不得知。

关于中国磁器之传入暹罗塞巴斯提安氏（E. G. Sebastian）在暹罗会的艺术部（The Fines Arts Section of the Siam Society）的演讲词里，曾经加以说明。这篇演讲词登在一九二四年三月五号的《曼谷时报》（*Bangkok Times*）。照塞巴斯提安氏的意见，中国磁器之传入暹罗，乃因南宋以后，中国北方的磁器也因之而有南移以至暹罗者。他以为在暹罗故都苏口胎所找得之磁器，多与直隶磁州（Tzu Chou）之磁器相同。苏口胎朝敢木丁（Rama Kamheng）所带的磁器工人，到了暹罗以后，见得萨文克乐（Sawankalok）的制造磁器的材料，比之苏口胎优美得多，因遂迁移苏口胎的磁器窑到萨文克乐。他又指出，在颜色上，暹罗磁器是模仿宋代的淡绿色（Celadou）。在图样上，最初暹罗也效法中国，不过后来逐渐的暹化，而替以暹人所欣喜的动物如象与鱼等。

此外如胡特的《暹罗史》（页五五），也有同样的记载，大概也是在从达吗銮拉查奴帕的《暹罗古代史》而来。

《元史》卷十八，至元三十一年（一二九四），虽有诏招谕暹国王敢木丁来朝的话，但并未言及敢木丁来朝的事。大概敢木丁（Rama Kamheng）慑于元朝的威武，故不得不亲到中国。至于第二次（一三〇〇）又到中国。《元史》卷二十述，大德四年（一三〇〇）六月甲子"爪哇、暹国、蘸八等国，二十二人来朝，赐衣遣之"。这里也不明言敢木丁来朝，也许正像胡特在其《暹罗史》所说：敢木丁之来中国，必很感觉有了兴趣，所以又有第二次的来朝。我们以为无论如何，敢木丁既二次亲身来朝，那么他对于中国文化，必生很大的兴趣。朱拉銮干拉吗第五世君主，曾二次游历西洋，他对于暹罗西化史上是一位先锋，一位功臣。敢木丁之二次来朝中国，对于暹罗华化史上，当然也是一位先锋、一位功臣。这两位君主，是暹罗史上很有声望的君主，一则提倡华化，一则提倡西化，先后比美，至为巧凑。

而且据上面所引塞巴斯提安氏的演讲里，他且以为暹王敢木丁曾在中国娶了一位中国女子，带回暹罗。塞巴斯提安氏未知据那一种史料而说此。假使这是一种事实，那么敢木丁之华化程度，必定很深。他不但在磁器方面喜欣华化，在别的方面，也必很注重华化。又中国陶器工人，既有了很多到了暹罗，则中国文化之流传于暹罗以及影响于暹罗，也乃自然而然的。

我们在这里，可以顺便地说及关于暹王娶中国女子为妻的传说。李长傅据日人的记载，而谓隋末有公主下嫁之事。达吗銮拉查奴帕大概根据《唐书》而谓南诏王与唐公主缔婚。塞巴斯提安氏又以为敢木丁在中国娶一女子为妻。这三种娶妻传说，都与中国陶器及陶器工人之传入暹罗有了关系。究竟这些传说，是由一种传说推衍而来，还是各不相同，很值得我们的研究。因为这个问题对于暹罗华化是有密切的关系的。假使暹罗君主曾数次娶了中国女子，数次请了中国艺术工人去教暹人制造各种工艺，则其华化程度之深，可以概见。

又在元代暹罗之入朝既多，暹罗当然受中国文化的不少影响。据《元史》卷二一〇云：

> 大德三年（一二九九），……暹国主言，其父在位时朝廷常赐鞍辔白马，及缕衣，乞循旧例以赐。

那么，暹罗之景慕中国文物是很明显的。此外《元史》屡记载元代君主之赐暹罗君主或使者衣服等物，那么中国文化之不断输入暹罗是无可疑的。

明代中暹交通极盛，而暹罗华化的记载较之前代也多。《明史》卷三百二十四《外国传》云：

洪武三年（一三七〇）命使臣吕宗俊等赍诏谕其国。四年其王参烈照毗牙遣使奉表，与宗俊等偕来，贡驯象、六足龟及方物，诏赐其王锦绮及使者币帛有差。已复遣使贺明年正旦诏赐"大统历"及彩币。五年，贡黑熊、白猿及方物。明年复来贡。其王之姊参烈思宁别遣使进金叶表贡方物于中宫，却之。已而其姊复遣使来贡，帝仍却之，而宴赉其使。时其王懦而不武，国人推其伯父参烈宝毗邪嗯哩哆啰禄主国事，遣使来告，贡方物，宴赉如制。……七年谕中书及礼部臣曰，……暹罗……诸国入贡既频，劳费太甚，今不必复尔，其移牒诸国俾知之。然而来者不止，其世子苏门邦王照禄群膺亦遣使上笺于王太子。……八年再入贡，其旧明台王世子照孛罗局亦遣使奉表朝贡。……十年，照禄群膺承其父命来朝。……比年一贡，或一年二贡，至正统后，或数年一贡云。……崇祯十六年犹入贡。

这不但见得明代暹罗朝贡之频，而且表明除暹王外，其男女亲戚，也来朝贡。至于中国方面，除了吕宗俊等奉命使暹以后，也源源不绝，而其最著名的要算郑和了。至于中国人民方面之赴暹罗的也很多，暹罗史载洪武十年，暹罗王太子禄群膺（Prince Nak'on In）也带了好多中国匠人到暹罗。《明史·外国传》说永乐年间"奸民何八观等，逃入暹罗"。天顺间，"汀州人谢文彬以贩盐下海，飘入其国，仕至坤岳，犹天朝学士也"。这不过是最显明的例。此外一般平民之由陆道或海道之到暹而不为政府所注意者，当然很多。《明史》又载弘治十年（一四九七）政府且访取能通暹罗言语文字者，赴京备用，可见中暹交通之频。

中暹交通既若是之频，暹罗之受中国文化影响之程度，必定很深。我们现在且略举例，以示大概。

据达吗銮拉查奴帕《暹罗古代史》云：

那坤因（即禄群膺）王于未进希啊呦他亚京即王位之前，曾于佛历一千九百二十年（一三七七）往明都南京入宫朝见中国皇帝，以后终其朝代，皆与中国修好。中国人之来希啊呦他亚京贸易通商者想亦必自那坤因王时代开始。在醒布里小河沿岸之瓷窑地方（彼时属那坤因境内），今日尚有瓷窑痕迹，其为中国式瓷窑。与萨晚喀露及苏口胎等处之瓷窑，毫无差异。据我人之推想，那坤因王亦必曾步拉吗克摩项（敢木丁）之后尘，带领中国匠人来暹烧窑。此亦建设之一道，与历史上之记载谓那坤因王竭力于整顿内政，从未有四出征讨，以扩张国土之事发生，若合符节。

这样看起来，暹罗之注重于中国陶器，可以说是至于极点了。

《明史》卷三百二十四《外国传》述暹罗之风俗云：

崇信释教，男女多为僧尼，亦居庵寺持斋受戒，衣服颇类中国。

然则衣服，也受了华化了。又据《大明一统志》卷九十《暹罗国志》云：

> 永乐初……其王昭禄群膺哆啰谛剌遣使奈必表贡方物，诏赐《古今列女传》，且乞量衡为国中式，从之。

那么暹罗在照禄群膺的时代，量衡制度也是学中国了。又《明史·外国传》云："其国（指暹罗）有三保庙，祀中官郑和。"陈伦炯《海国闻见录》云：

> 相传三保到暹罗时，番人稀少，鬼祟更多，与三保斗法，胜许居住，一夜各成寺塔，将明，而三保之寺未及覆瓦，视鬼之塔已成，引风以侧之，用头中插花代瓦慢覆，今其塔尚侧。三保寺塔今朽烂，棕绳犹存于屋瓦。

这是神话，然同时也可以证明三保在暹罗的声名之大。同时，我们也可以推想三保影响于暹罗文化，必非浅鲜。关于这点，我们可以举一二个例来说明。暹罗妇人分娩后，虽在天气很热的时候，也要赤身卧于板上，烘火数日。烘火时候，最忌避的是有人问"热否""苦否"这类话。至于初生小孩，听说每日必浸冷水好几次，直到面白唇青换抱起来。因为暹罗人以为假使他们不这样的做，必定多生疾病。然这种风俗的来源，有些人说，是三保公所教的。又如每年九十月间，决水来时，水味清淡，他们却多在十月十五日以缸贮蓄，以备水咸时之用，据说因为他们相信三保公于每年此日放药下江，使水能久藏不坏，故这一天他们叫做"圣日"。

清代中暹的关系，尤为密切。顺治九年（一六五三）暹罗遣使上贡，并换给印敕，此后奉贡不绝，直到太平天国时代方止。《清史稿》载雍正七年，暹罗贡使呈称："京师为万国景仰，国王欲令观光上国，遍览名胜，归国陈述，以广见闻。"可见其对于中国文化之景慕。同时，我们可以说，这些使者对于宣传中国文化方面，必出了不少力量。《清史稿》又载同年暹罗"使臣复称本国产马甚小，国王命购数匹带归"。这又可见得中国马之传入暹罗。此外，帝皇所赐来朝使臣之带回各种赍物，及使臣在中国所购之各种货物，对于暹罗文化方面，总必有不少影响。

在清乾隆时代，有一位中国人叫做郑昭，曾作暹罗皇帝，郑昭在暹罗史上的功劳之大，我们在这里不必说及，我们所注意的，是他既是中国人，他对于中国文化的提倡，必定不遗余力。据一九二六年暹罗政府所出版的《暹罗——从古代到现代》（*Siam: from Ancient to the Present Times*）一书，郑昭在一七八二年被迫退位，而其原因有三：第一，因为他是一位外国人；第二，他多用他的亲戚作政府高级官吏；第三，他个人的习惯不好。所以暹罗人才不欣喜他。我们以为假使这些原因，就是郑昭被逐的真正原因，那么郑昭大概是因为太过主张华化而致被逐罢。因为所谓把他当作外国人，和他的多用自亲戚，以至他个人的不良习惯，大概都是因为是受了中国文化的熏染很深，而引起暹罗人的反感罢。

郑昭死后，据《清史稿》所载，其子郑华就位。除遣使告知外，并请封。

这当然是篡郑昭位的萨格利式（Chao P'ya Chakri）恐怕中国方面干涉，故伪称为郑昭之子，而且此后之继王位者对于中国方面还称为郑氏，如郑佛、郑福以至郑明（蒙格克托）等。直至太平天国掘起后，暹罗始不再来朝。这可以见得在名称上至少他们对中国方面还是中国化。

上面是注重在历史方面，找出暹罗华化的事实，我们要再从现在的暹罗文化的各方面中，找出华化的概略。

我们且先从语言方面说起。我们上面已经说过胡特氏（Wood）以为汰族在南诏的时代所用的文字，必定是中国文字。至于说话方面，大概也有多少中国话，如"省"读"爽"之类。据暹罗史家的考证，暹罗文字的创造，是始于一二八三年的敢木丁王时代，一二八三年以前的暹罗文字，多采用印度南部之柯伦文字，这种文字后来渐变为柬蒲寨文，用以写汰语，很为不便，故敢木丁因乃加以改造而适合于汰语。敢木丁于创文字之后十年，曾两次到过中国，对于中国文字，没有注意，大概是在他未创暹罗字母之前，暹罗文字已深受印度与柬蒲寨的影响，故不得不以印度系的文字为基础罢。

暹罗文字虽属印度系，然皆属单音，而且深受中国语言的影响。因为有了好多事物，直到现在，还是用中国话，所以有些人说，暹罗语言（文字、说话两者）是以中国语言为根本，而运用印度的语言为记载事物的符号。丘斌存先生在《暹罗的国情》一文（《南洋研究》第二卷第六号）以为暹罗的言语十七是中国话。这也许未免言之稍过，不过在暹罗人的说话中，中国话的成分，是很不少的。比方丘先生曾举出下面一些例：

三四［五］六七八九十纯是中国话。一至十的十个字中，除了"一二五"三字的声音不同外，其余的七个，与中国话完全一样。如"太阳"，暹罗人之说做"日"，"墨水"暹人之说做"蓝墨"，"我你他"，暹人之说做"我你他"，"猫"，暹人也叫做"猫"，"马"，暹人也叫做"马"，"骑马"暹人也叫做"骑马"，"鸡子"暹人也叫做"鸡"。还有"银""铜""布被""高椅""桌"，同我们中国话的声音一样样的。

其实，在数目字中的二与五，似也与中国语有了关系，暹语读"二"如"爽"，或如西文的"song"。"二"本有"双"的意义，"双"在广音，而特别是琼音与song很相近的。至于"五"，暹语读如广音之"虾"，与广音之"五"也颇相近。此外又如暹语的炭、妇人、脚、桶、穿、送、磨、声、住、腰、分、旧、请、脱、官等，均可以说是中国话。

华侨之在暹罗者从潮州去的为最多，所以在暹罗除了暹罗话外，潮州话很为流行，因而暹罗语言中之杂有潮州话的也很多。

在物质文化方面，暹罗也受中国多少影响。历史上所记载的磁器，用不着说，就是其他好多用具，如铜器之类，亦有效仿中国的，至于日常生活方面，因暹罗气候、物产的关系，比较上似不大受中国文化的影响，《明史·外国传》载暹罗僧尼衣服，颇类中国。以现状而看，无论在颜色上，或样式上都与中国不同，其实暹罗男女原来所穿的东西，根本即不是我们所谓为衣服。好多人说"在暹罗，只有一条布，就可以过一生"，就可见得穿的简单。现在在暹罗各处，也许有暹罗男人或女人之穿中国裤子或衣裳的，然为数尚不多。听说数年前，在曼谷的暹罗女子，以穿中国裤子为时髦，可是后来被了暹罗报纸的讥评，现在已很少见。关于食物方面，饭可以说是与中国没有什么分别，虽则煮法不同，暹罗人虽有不少能用筷子与喜欢中国菜，可是这不能算作日常或普遍的习惯。酒似受了中国的影响。现在在暹罗各处的酒廊（制酒处），多由华侨经营，材料与制造法，与中国大致相同。至于住屋，差不多全用木料，样式与中国也不相同，而且极为简单。

但是暹京曼谷的皇宫，与各省会的大建筑，却受了中国很大的影响。比方，高门阔阀，以及堂阙楼阁的式样，布置均与中国的皇宫府第，有了很多相同之处。此外又如门前的阶级，与屋顶的鹅头，也与中国的屋宇建筑，没有什么分别。至于暹罗庵寺的建筑，根本虽模仿印度，但其中也有多少中国的彩色，其最显明的如大佛寺的外门之守门各种偶像，这些伟大的建筑的工人，在过去，差不多完全为中国人，故其受中国建筑的多少影响，乃当然之事。我在乌汶参观了一座新建的佛寺，见其建筑的样式与工程，与其他的佛寺有了不少的差异，后来问了一位当事者，始知这座佛寺乃完全由暹人自建。他很坦白的告诉我：暹人自建，在好多方面都远不及中国人，可是他们之所以这样做，一来欲从佛寺里表示真正暹罗人的精神与样式；二来暹人自建的东西，比之中国人建造的东西，价钱至少减了三分之一。不过，就以这座全由暹人自建的佛寺来看，有的地方还可以找出中国艺术或工程的表示，这大概是因为这些暹罗工人，在无形中已受了中国工人的影响罢。

又如，凡是到过暹京曼谷者，见了围绕皇宫的龙城，就很容易感觉其与中国的城围，有了不少相同之处。而且龙城之外，别有城围，仿佛是仿效北京的外城与内城的建筑。

其实，在暹罗各处的城，都可以说是受了中国的城的建筑的影响。比方，苏口胎是一个较久的城，现在虽然荒败不堪，然从其城基遗迹来看，与中国的城是没有分别。再如大城（即希啊呦他亚城）虽已拆为马路，然而游过城基马路的人，仿佛像游了如在广州的城基马路一样。至于暹罗北部的城，如旧城（Miaokao）或青迈（Chiengmai）等城，与中国城没有一点分别。青迈城到今尚保存完整，城的材料如大砖，与中国的一样。里面加以很厚的泥土，也像中国的一样。此外，城上掩身的城垛、城楼、城门以及城门的方向以至城内街道的建筑，都与中国相似。他如城围外面的城河，与外观，统统与中国城没有什么分别。连了好几个城的名，也受了华化。比方，旧城（Miaokao）的"旧"字是中国话。新城普通叫做青迈（Chiengrmai）的"青"也许就是中国的"城"（按：暹罗北部好多城镇，均冠以"城"音，如 Chiengsen，Chiengrai 等）。

在文化的社会政治组织方面，暹罗受过中国影响的程度如何，颇难指出。然大概来说，两者决非完全相异。比方，从家庭方面来看。据中国历史所载，暹罗妇女权柄，比男的还要大。又据好多人说，暹罗风俗是男嫁女，而不像中国的女嫁男，这些风俗到了现在尚有不少痕迹，不过暹罗的华侨人数很多，而华侨之与暹罗妇女结婚者极多，故其婚姻制度，与家庭生活、宗族观念，不但一般与华侨结婚的暹妇受了中国多少影响，就是纯粹暹人的家庭，似也因与中国人接触而起了不少变化。比方，有些暹罗人，现在也会把"不孝有三，无后为大"的信条，来辩护他们多妻的行为。

关于政治制度方面，据历史家观察，唐代南诏曾深受中国的影响，现代暹罗政治制度，根本已经欧化，然好像还可以找出多少中国的影响，暹罗人叫"官"作"Khun"，这与我们叫做"官"一样。又暹罗官制分为五等：一为照佛爷（Jao Phraya），二为佛爷（Phraya），三为佛（Phra），四为銮（Luang），五为坤（Khun）。这与中国的公、侯、伯、子、男五级相暗合。

此外，暹罗一般的男女老少，都很喜欢阅中国的旧小说，如《三国演义》《西游记》等。因为要迎合一般人的心理的趋向，所以在暹罗的各家报纸，相竞翻译这些小说，逐日登载，以飨读者。在市场的卖摊上与在商店里的男女——而尤其是妇人，以至在课余饭后的小孩，每每聚精会神的披阅报纸，其中很多可以说阅读中国小说。因此在他们的闲谈言论中之述及这些小说里的故事的，也很不少，所以这些小说之影响于暹罗一般人的思想，可以想见。著者从安南搭火车赴曼谷时，车中遇了一位操英语很流利的暹罗人士，当我们谈及近来中暹两国之被强邻压迫的苦况的时候，他很沈静严肃的说："假使悟空与关公这些人能够再生，那么我们什么都可以无怕了。"

暹罗的戏，也受了中国戏特别是潮州戏的不少影响。暹罗古戏极为简单，多为男女各一人或三数人表演。表演者并且自兼打锣鼓，或奏别的乐器。自中国戏传入暹罗后，暹戏受了影响，不但戏情、动作变为复杂，就是音乐、歌唱也有了很大变化。我在暹罗初次看暹罗戏，使我最奇怪的，是有好多地方与潮州戏没有什么分别。而尤其是在每个戏员唱至最尾声时，后台的剧员也同声的唱。而且有的剧员在说白时，每每喜欣说了一二句潮州话。原来好多主导暹剧的人，都是潮州人，而剧员之中间，也有潮州华侨，所以暹剧之受潮剧的影响，是很当然的。

再如暹历以十二年为一纪，暹语为"耶克拉西"（Jakrasi），暹罗的十二属生肖与中国的十二属生肖如子鼠、丑牛、寅虎、卯兔、辰龙、巳蛇、午马、未羊、申猴、酉鸡、戌犬、亥猪都相同。十二属最先见于汉王充《论衡》，那么暹罗的十二生肖也许是从中国方面输入的，虽则中国的十二生肖，据说也非自己创造出来，而乃采自古突厥历。

暹罗商业，除西洋人的以外皆操于华侨之手，故在商业上所用的语言文字及习俗，多为中国的。暹罗政府，近来提倡商业教育，故在其所设立商业学校里，往往请中国人教授中国言语文字以及其在商场上的习俗。这虽为环境所迫，然也可以说是华化的一方面。至于近年来暹罗政府派留学生到中国广东、北平各处求学，主要目的也许为明瞭中国国内与在暹华侨的情况，然而无形中，这些留学生受了中国文化不少的影响。比方有一位曾在北平留学而现在在教育部作事的青年，无论在个人的行为思想，或从其家庭的状况来看，都受了中国文化的影响。

又如，暹罗与中国一样的以农立国，中国有天子躬耕之期，暹罗也有国王躬耕的礼。这也许是受了中国的影响。此外在暹罗新年（阴历二月）后数日，据说有了一个大节期，叫做"宋江节"。暹京越没寺中有关于"宋江节"的故事的石碑。华侨都叫做"宋江难"，且有些人以为出自《水浒传》的"宋江难日"。假使此说有征，那么这又是暹罗华化一个例了。

《东方杂志》第35卷第20、21号，1938年10月16日、11月1日。

1939 年

广东与中国

广东在中国，无论在文化上，在抗战上，都占了很特殊与很重要的地位。

从文化的各方面来看，广东不但是新文化的策源地，而且可以说是旧文化的保留所。从历史或今后的民族抗敌来看，无论在消极方面，或积极方面，广东都可以说是抵抗外侮，与复兴民族的根据地。

我们现在先从文化方面说起。

我国北部，经过五胡乱华而尤其是宋室南渡之后，北方人士之有气节与能力者，多向南迁移，因而我国固有文化的重心也随之而向南推进。这些固有文化，在北方，因受异族统治之下，发生变化或逐渐湮没。而却存在南方，而尤其是在广东者，实在不少。我所以说广东为旧文化的保留所，就是这个意思。

关于这一点的最显明的例子，要算广东的语言。广东话是中国现存的最古的语言，这是大家所公认的。又广东话不但历史较长久，而且声音较丰富，语言是文化的主要原素，也是文化的根本基础，从历史较长的语言里，我们可以认识历史较长的文化。

又如《论语》所谓"四方之民襁负其子"的襁褓，在北方各省早已没有，而在两广及西南各省，却随处可见。古代燕赵慷慨悲歌之士，喜吃狗肉之风，至今尚遗留在广东。《战国》载"周人谓鼠未腊者朴"，那么周人不但吃鼠，而且有腊鼠。比方在广东的蛋民社会里，还可以找出吃鼠肉与腊鼠之风，广东人所居房屋里，而尤其是广东各处的祠堂，据一位德国工程师的研究的结果，是最能代表中国固有的建筑艺术。

家族是中国社会的基础，可是家族观念最浓厚的地方，要算广东，家族组织最完密的地方，也要算广东。因此之故，崇拜祖宗的热诚与迷信风水的习惯，任比何处，都要厉害。因而祠堂遍地，有的乡村，除了共有的祠堂之外，还有好多支派的祠堂，再进而一县，一州一省，也有共有的祠堂而成为一种"联邦式"的组织。这是北方所很少见的现象。又近来有人调查，以为广东的田地，有了一半是在祠堂之手。这种统计是否确实，我们不必在这里讨论，但是广东的"祖田"之多，是没有可疑的。家族制度之影响于经济制度，可以概见。至于家族制度之与教育及他种制度之关系，也很显明。

又如在思想方面，广东人之极端守旧，比之他处也较为厉害。陈焕章以及维新运动失败后的康有为，是大家所知道的。民国以来香港可以叫做尊孔的大本营，这虽与殖民地的政策有关，然也是粤人守旧的一种表示。中央政府在南京建都以后，中央要人如戴季陶先生们，极力鼓吹孔教，然而通令祀孔，中央政府却在广东陈济棠先生之后。

上面不过随便举出几个例子，然而这也可以说明广东之所以为旧文化的保留所的理论。

自中西海道沟通以后，西方文化继续不断的输入中国。中国文化，无论在经济上、政治上、宗教上、教育上……都受了重大的影响，逐渐的趋于新文化的途径。固有文化在这种情形之下，也逐渐的呈了崩裂的状态。所谓固有文化的残缺之尚留存者还能延长下去多久，我们不必在这里讨论，我们所要注意的，是自从西方文化传入以后，因为地理以及其他的原因。粤人遂为这种新文化的先锋队，广东成为新文化的策源地。

因为广东为中西交通的枢纽，故新式商业发达较早。譬如先施、永安、大新等规模较大、资本较厚的百货公司，固为粤人所创始，就是其他各种较小的新式商店，也多为广东人所首创。就工业方面来看，奏请开设较早的江南制造局的固是曾国藩，可是江南制造局的规模的计划，以至机器的订购转运，是全赖容闳。丝业为我国出口之大宗，可是我国新式丝厂的成立，可以说是始于陈启源。陈氏在光绪初年，在安南经营商业，见法人在那里所设立的缫丝工厂里所用的新式缫丝机器，因而创造脚踏机，以人力代火力，其后又改用蒸汽原动力。又如南洋兄弟烟草公司，张裕酿酒公司，以至装饰品方面的广生行，糖果饼干方面的马玉山，都可以说是新式工业的先驱。

在矿业方面，开平矿务局是近代矿业的嚆矢，可是当李鸿章奏请设局开矿的时候，其资本二百二十万两，差不多完全是广东唐廷枢所召集。

在交通方面，第一次由国人自己计划与建筑的京绥铁路是詹天佑。容闳在一八六七年已呈请政府当局设位轮船公司。这可以说是招商局的种子。此外广东华侨，数百年来，在海外所经营各种企业与实业，不但在海外占了很重要的地位，即对于广东及整个国家的经济上，都有莫大的帮助。

清初屈大均在其《广东新语》里已说过："吾广谬以富饶特闻，仕宦者以为货府，无论官之大小，一捧粤符，靡不欢欣过望。长安戚友，举手相庆，以为十郡膻境，可以属餍脂膏，于是争以母钱贷之，以五当十，而厚责其赢利。"

总之，广东因为商业发达较早，在经济上占了优越与特殊的地位，因而各种物质生活，与经济组织之趋于现代化，也较他处为早。

在政治方面，太平天国之勃起，主要是藉基督教以号召群众。所以曾国藩在其《讨粤匪檄》里说："粤匪窃外夷之绪，崇天主之教，……举中国数千年来之礼义人伦诗书典则，一旦荡尽，此岂独我大清之变，乃开辟以来，名教之奇变，我孔子、孟子所痛苦于九泉。"然而最奇特的是，拥护孔、孟的曾国藩终不得不窃外夷绪以平太平天国，而提倡"外夷之绪"的洪秀全，到了南京坐金銮殿之后，却去提倡科举之制，劝读孔、孟之书。

又如维新运动的康、梁，都是粤人。维新运动虽然昙花一现，转瞬凋零，然在历史上的意义，却很重要。它不但与甲午之败以至庚子之祸，都有关系，而且与革命运动也有关系。

至于孙中山先生所领导的革命运动，与民国十七年北伐运动，乃策源于广东，这是妇孺所共知，用不着详加叙述的。

在宗教方面，天主教的利玛窦，是一五八二年抵澳门，他后来在肇庆韶州住了十余年，学习中国语言，考察中国风土，翻译西书，画绘地图。然其主要目的，却为宣传宗教，罗致信徒，与设立教堂。据说当时制军刘节斋，不但同情于天主教义，而且劝利玛窦在韶州设立教堂。直到晚年，他因为得了定安王忠铭及其他的士大夫的帮忙，始赴北京。至于新教的马礼逊，自一八〇七年到广州后，始终致力在广东宣传宗教。而国人之信仰新教较早，宣传最力的是粤人梁发。

在教育方面，较早留学西洋的如清初香山郑推信，用不着说，近代留学的先锋，要算容闳、黄宽、黄胜三位。黄胜到美国后，不久因病回国，成就较少。黄宽留美后，又留英国爱丁堡大学，专攻医科。据容闳告诉我们，他不但是中国的医学的先驱，且为好望角以东的最负盛名的外科医生。所以旅粤的西人，欢迎黄宽，较甚于欢迎欧美医士。容闳回国后，不但对于曾国藩的新政，帮助最力，对于维新运动，对于革命运动，都有关系。然而他最大的贡献还是在新教育的传播上。他是第一个主张派送留学生去西洋求学的人。从一八七二年至一八八二年之间，政府分批派送百余留美学生。这不但是由他发起与计划，而且由他亲带学生出洋。此后留学的派送，以及留学生之影响于中国，都可以说是发端于容闳。又在维新运动的时候，康有为劝了光绪废除科举之后，又劝光绪振兴学校，也是我国新教育的主动人物。

此外，梁启超的文字革命的主张（《新民丛报》第一号）、白话小说的写作（《新小说》杂志）与其通俗文体的流行，以至黄公度的新诗，对于近代白话文运动均有深刻的影响。至于妇女运动、劳工运动与新式都市的运动等等，都可以说是策源于广东。

广东是旧文化的保存所，又是新文化的策源地。因而粤人既是旧文化的守护者，又是新文化的先锋队，这好像是自相矛盾，这好像是趋于极端，然而极端的守旧与极端的维新在文化上固有差异，在民族性上是可以说是一致。中国今后需要那一种文化，凡是稍能留心我国文化的以往的趋势，与今后的急需的，都能容易明白。至于极端的民族性,从我们传统的中庸的思想来看,也许不对,可是从我国今日的情形来看,却很需要。其实,我们的祖宗在过去所以不愿受统治于五胡、辽、金、蒙古、满洲,而向南迁移到广东来,到外洋去,就是不愿同化而表现出极端的性格。同样,我们的祖宗在汉时,在唐代,竭尽兵力征伐南蛮,斩荆棘,开疆土,就是不甘自足而表示极端的性格。这样看起来,极端是冒险,极端是进取。极端才不怕死,极端才作革命。不怕死,然后抵抗强敌,作革命,才能复兴民族。我所以说广东是抵抗外侮与复兴民族的根据地,就是这个意思。

中国民族的发展,大致上,可以说从黄河流域而至长江与珠江流域。汉以前,长江以南,还是荆蛮。汉时越王赵陀还自称为蛮夷。但是经过汉、唐两代的南进,与晋、宋两代的南迁,汉族逐渐的繁殖于珠江流域。汉、唐的南进,与晋、宋的南迁,有其根本不同之处。因为前者是自动的南进,而后者是被动的南迁,前者是因强盛而南移,后者是因衰落而南来。然而从民族主义的立场来看,两者却有其相同之点。因强盛而南迁,固可以表现出我们的民族的精神;因衰落而南迁,也可以表现出我们民族的思想。因为因衰落而南迁在消极方面是表示我们不愿受异族的统治,压迫与同化。在积极方面,我们还要与南方的原有民族相抗争,而与汉、唐的南进的结果,没有多大差异。我们知道,道光时湖南有苗患,光绪时广东还有黎患。这可见汉族与南方原有的民族的抗争的时间之长,至于在南洋的华侨之与异种民族的争竞,也不外是这种抗争的历史的延长,与范围的扩大而已。

好多人类学者与历史学家告诉我们,现在安南、暹罗与马来半岛,各处的土人,是由广东与西南各省迁移的。这就是说:他们是因汉族的南进而南迁。汉族愈向南推进,他们愈向南迁移。正如湖南的瑶、僮,因汉族的南进而移来广东。广东的汉族,不但移到中国最南的边境,而且推进到南洋海外各国。从民族的立场来看,广东人不但是民族向外发展的先锋队,而且因与异种民族的抗争的时间较为长久,民族思想的色彩,也可以说是因之而较为浓厚。

而况自东西海道沟通以后,西洋各种民族,接踵而来,广东人之在广东与南洋的,都因其地理与他种原因,与这些民族最先接触。因而近代西洋民族主义之影响于广东人也较为深刻。所以广东人在民族革命上,与抗抵外侮上,都占有特殊的地位。中国近代民族革命运动,可以说是始于太平天国,而发展于孙中山先生,然而这两种革命,正如上面所说,都是策源于广东。至于冯子材之败法军于谅山,十九路军之抗日,都是抵抗外侮的表示。

自广州失陷后,国人有了不少对于广东在抗战上,持了悲观的态度。这虽不能说是全无根据,然而也只能说是片面之见。我们应该明白,这次广州失陷了的责任,主要是在主持广东的几位当局,而非广东的一般民众。所谓广东精神既不能以几个人来代表,这种广东精神也不能因几个人而消灭。八十年前,广州也曾被过外人占据，然而广东精神并不因之而失却。何况广州虽失，广东的大部分还在我们手里。所以今后的广东民众与广东当局，应当以固守广东的其他部分以为固守国土的榜样。应当以克复广州，以为克复失地的先声。

不但这样，广州虽为广东的财力集中区域，然而广州的财力来源并不在广州。广州之所以成为繁盛都市，主要乃海外粤侨的力量，广东之所以称为富有省份，主要乃海外粤侨的财力。所以广州虽失陷，都市的建设力却不因此而丧失，广东的其他部分虽被敌人威胁，广东的经济力也不因此而断绝。

抵抗外侮与复兴民族的主要条件，至少有二：一为人心，一为财力。只要广东的精神不死，只要粤人的财源不竭，不但广东的前途可以乐观，就是中国的前途也有把握。

近来有些人，以为历史上，只有北方统治南方，没有南方统治北方。因此以为敌人主要自北而南，会演历史上的故辙，然而他们忘记了近代历史，已与已往历史不相同。在中国固有的文化统治之下，北方固是统治南方，然而自西洋文化从南方输入之后情形恰恰相反。太平天国不是起自南方吗？革命运动不是起自南方吗？广东是新文化的策源地，在过去，广东人曾利用这种新文化去推翻满清，去抵抗外侮。而今后，广东人愈要格外努力发展这种新文化，去抵抗外侮，复兴民族。

《东方杂志》第 36 卷第 2 号，1939 年 1 月 16 日。

乡村建设运动平议（三）（存目）

原载《农村建设》第1卷第4期，1939年3月（转载自《乡村建设运动平议》第二、三章）。

后编入《乡村建设运动》（大东书局1946年5月初版，"在创丛书"之一）第二、三章。

全文见《陈序经全集》第四卷《乡村建设运动》第二章 乡村建设运动的模式、第三章 乡村建设工作的观察。

暹罗与汰族

二年前，我在《独立评论》第二三五号发表过一篇《进步的暹罗》。我写这篇文的动机，是因为国人对于暹罗，从来不但太少注意，而且很为蔑视。所以我说：

> 东亚的独立国家，除了中国与日本之外，只有暹罗。现在我们看不起我们南邻，正与从前我们看不起我们的东邻是一样。可是我们不要忘记：我们的南邻的野心，未必减于我们的东邻。暹罗人近来常常说：唐代的南诏是他们的故国，中国的南部是他们的故乡。他们既被迫而南迁，他们也许待机而北还。暹罗的第七世皇又对过华侨说："华暹血统关系很深，即我个人也含有华人血统，故在暹华侨，就是暹罗人，当忠爱暹罗。"暹罗人口约有一千万左右，而华侨已有三百万至五百万，暹皇这些话，决非无的之矢。

> 四年前（民国二十一年），我到过暹罗，已经觉到暹罗的进步之快。去年又得机会在暹罗数月，使我觉得只在这四年内，暹罗已有很大的变化。暹罗华侨有一句俗话："枪人穿裤，唐人走路（意站不住）。"四年前暹罗人还穿着他们的纱笼（帕农），现在则很多穿裤了。去年政府且通令各机关人员，要穿西服。这不过一个浅明的例子，然而从此我们也可以明白暹罗近年来的变化的厉害。

我的结论是："从前俾士麦与黄公度曾劝我们注意我们的东邻，我愿国人今后不要蔑视我们的南邻。"

据最近报章登载，暹罗要改国名为汰（Tai）。为什么暹罗要改国名为汰？从表面上看起来，理由虽很简单，可骨子里恐怕未免别有用意。

我们知道，汰是现在握暹罗政治权的种族名。汰的意义是自由。据汰人说：他们自称为汰人，自称其国为汰国，或苏口胎京（Sukotai）。苏口胎为汰族建国元勋希他拉蒂（King Sri In-tuaatiytya）的发祥地。这是十三世纪中叶（一二五八年）的事。汰人以为暹罗这个名词是出自中国，而英文 Siam 是来自印度。这不只是一般汰人的意见，就是暹罗很有名的历史家，如达吗銮奴帕（Prince Damrong Rojanubhab）在其《暹罗古史》里，也这样相信。我以为暹罗这个名词，固是出自中国（明洪武十年始连用这两个字，虽则暹国、罗斛已见于《元史》），英文 Siam 这个名词也是从中文的暹字而来。关于这一点，我在《东方杂志》卅五卷廿号及廿一号所发表《暹罗华化考》一文已经详细论及，不必再述。我们在这里所要注意的，是从汰人看起来，无论中文的暹罗或英文的 Siam，这些名词出自中国也好，出自印度也好，均非他们自己固有的名词。暹罗现在既在汰人统治管理之下，汰人不愿意以汰族以外的人们所称呼的国名以为国名，而要以自称的族名以为国名，这是很容易明白的。

可是为什么到了现在暹罗的汰族才把它改为汰国呢？

原来在十三世纪中叶以前，汰族虽已散居在暹罗各处，但在政治上，并没有什么势力。传说蒙古人既灭大理之后，汰族始大帮的从云南迁到暹罗，与已在暹罗的汰族联合起来始能抵抗在暹罗的异族，而建立苏口胎京。

汰族虽在这个时候建立苏口胎京，可是在暹罗，除了汰族外还有他族与强有力的柬埔寨人（Cambodians）。大概说来，自十三世纪到十六世纪，汰族与柬埔寨的争端必定很多。十六世纪后，汰族与缅甸的战争，又史不绝书。暹罗曾两次被缅甸人征服，一为一五六四年，一为一七六六年。直到郑昭恢复大城（Ayutthaya），建都曼谷（Bangkok）（一七六七年）以后，汰族在暹罗的政治地位始能稳固。郑昭是暹罗的近代建国的元勋，他本来是中国人，可惜后来却为他的女婿暹罗人丕耶却克里（Pya Chakkra）所诬杀而取其位。

据暹罗政府在一九二六年所出版的《暹罗——从古代到现代》（*Siam: From Ancient to the Present Time*）一书说，郑昭是在一七八二年被迫退位，而其原因有三：第一，因为他是一位外国人；第二，因为他多用他的亲戚作政府高级官吏；第三，因为他个人的习惯不好，所以暹人（汰人）才不欣喜他。我们以为假使这些原因就是郑昭被逐的真原因，那么郑昭的被逐，显明的是因为种族的不同与文化的差异。所谓外国人与多用他的亲戚，都可以说是种族的问题；所谓习惯不好，却可以说是文化的问题。质言之，就是汰族民族文化与中华民族文化发生冲突。换句说，就是汰族民族主义的一种表示。

一七六七年以前，汰人在暹罗既忙于联合本族，与抵抗异族，他们自然不会顾及国名这个问题。一七六七以后，而尤其是最近数十年来，汰族在暹罗的最大问题，是建立西化的国家与汰化暹罗的异族。暹罗在十七世纪丕耶纳莱（Phya Narai）的时候，已极力接受西化。自拉玛第二（Rama II）（一八〇九年）以后，又不断与英、法两国发生不少的纠纷，因而愈感觉到西化的必要。同时又深受了国家主义的影响，所以拉玛第三之放弃闭关自守的政策，拉玛第四之努力学习英文，拉玛第五之两次游欧，都可以说是建立西化国家的明证。暹罗民族共有廿多种之多，不但是汰族以外之各族合起来比汰族人数多得多，就专以华侨的人数来说，也比汰族的为多。又加以经济上的力量，差不多完全操于异族，而尤其是华侨之手。故汰族对于汰化异族这个问题，至为重视。比方他们奖励华侨与暹女结婚，强迫华侨子弟读暹文，以至反对与中国交换使节，都可以说是汰化暹罗异族的明证。

我们明白暹罗既正向着西化的途程上走，所谓汰化暹罗异族的结果，也是趋于西化。暹罗的汰族也能省到这一点。但是他们也明白，所谓汰族的文化也是外来的东西，大致上是中国与印度的文化的混合品。质言之，他们的目的是在汰族统治之下而建立一个新国家。现在这个新国家的基础已立，说不定他们要想进一步而号召暹罗以外的汰族，这可以说，是从"国家"主义而趋于"民族"主义。

有些人类学者认云南的楚夷或摆夷、白夷、蒲蛮，四川的僚以及土人、沙人，在贵州的仲家或水家，广西的僮与侬，都是汰族的支流。中国虽非与暹罗直接毗连，但是在暹罗的汰族的民族主义澎涨的时候，我们不能不加以特别的注意。

不但这样，我们所知关于暹罗的史料，最为缺乏。十三世纪前固不待说，就是十三世纪到十八世纪以后的史料，也很不完备。连十八世纪关于郑昭的传说，以至十八世纪后的记载，也多不可靠。可是暹罗的汰族，正像我们在上面所说，近来极力宣传唐代的"南诏是他们的祖国，中国的南部是他们的故乡"。同时还有些外国学者像胡特（Wood）们，且把暹罗的历史拉长至汉代的哀牢｛参看胡特著《暹罗史》（*History of Siam*）｝。暹罗汰族对于其近代史，尚未好好的整理，而却急急于其古代史的研究，急急于其民族的来源与故乡的所在，极力宣传，这也不能不使我们加以特别的注意。

总而言之，汰族改暹罗为汰，不能不说是汰族民族主义的表示，大汰民族主义的澎涨。我所以说改暹罗为汰国，是别有用意，就是这个原故。

汰族这种民族主义，当然有了很大的错误和不少的矛盾。因为，第一，十二世纪以后，在暹罗的汰族，虽自称为汰人，可是在十三世纪以前，"汰"这个名词，是否由于汰人自称，却很可疑。照我个人的意见，"汰"字的来源，也许还是出自中国的"掸"字。关于这一点，我愿意把《暹罗华化考》里一段话抄之于下：

> 掸注作坛，本为T音，英文当作Tan，与英文的Tai相近。现在的暹罗人自称为汰（Tai），也许就是从古掸音而来。又古T音的掸变为齿音的掸，而读如Shou。今日的掸（Shou）族就〈是〉《后汉书》的掸族，大概没有什么疑义。英文所谓掸，大概是从齿音的掸而来。现在暹人所谓汰或泰，大概是从舌音的掸而来。

假使我这种看法是对的，那么"汰"这个名词，也许不是始于汰族，而也是外来的了。

第二，他们忘记了在暹罗境内，除了柬埔寨、老挝、马来由、缅甸各种人外，还有三百万至五百万的华侨。暹罗全国人口只有千万左右，而汰族所占的人数还不是少数。假使汰族而要以民族主义去号召暹罗的汰族，那么不但愈要引起中国人以这种主义去号召在暹罗的华侨，就是法国人也可以借这种主义来保护或干涉在暹罗的柬埔寨人与老挝人，英国人也可以借这种主义来保护或干涉在暹罗的马来人与缅甸人了。这么一来，所谓汰族的民族主义与所谓暹罗的国家主义，岂不是互相冲突吗？

第三，假使汰族要从历史上找证据来证明中国南部是他们的故乡，而要待机而北还的话，那么汰人就不应该占据暹罗。因为暹罗并非汰族的固有土地。在汰族尚未征服暹罗之前，暹罗是柬埔寨、马来由、甘莫等族的暹罗。据历史学家告诉我们，汰族之移殖暹罗，乃在六世纪以后，而中国之于暹罗的关系，乃在隋代以前。《明史·外国传》谓"暹罗即隋唐赤土国"。《隋书·南蛮列传》载，隋炀帝大业三年遣常骏等至赤土，大受赤土人欢迎，而其大方丈且告诉常骏道："今是大国中人，非赤土矣！"这样看起来，暹罗应属于中国，比之暹罗之属于汰族，岂不是更有历史上的证据吗？何况汰族征服暹罗之后，以至十九世纪中叶，还不断来中国朝贡，还代代向中国称臣？又何况正像我们上面所说，从现在暹罗全国人口来看，华侨的人口比之汰族的还占多数呢。

总而言之，汰族这种民族主义，虽有了很大的错误与不少的矛盾，可是从中国的立场来看，在暹罗的华侨既很多，在国内的汰族也不少。中国之于暹罗与汰族，可以说是有了双层与密切的关系。过去汰族对待暹罗的华侨，既有了很多不公平的地方，今后他们对于国外的汰族，也很难担保其必无联络的思想。我们回忆，四十年前的日本与中国也曾远隔重洋，然而四十年来，所谓"大陆政策"的实施，是始而并吞台湾、高丽，继而夺取满洲、热河，今日占据华北、华中与华南的重要区域。八十年前的暹罗，虽曾进贡中国，可是现在的暹罗与八十年前的暹罗大不相同。谁敢肯定的说，所谓大汰主义的步骤，不是始而汰化暹罗的异族，继而合并其他各处的汰族，终要取回他们所说的故乡呢？

《今日评论》第 2 卷第 1 期，1939 年 6 月 25 日。

暹罗与日本（存目）

原载《今日评论》第 2 卷第 17 期，1939 年 10 月 15 日；又载《改进》第 2 卷第 9 期，1940 年 2 月 1 日"暹罗内幕"。

后编入《暹罗与中国》（文史丛书编辑部 1941 年 9 月初版）第十四章。

全文见《陈序经全集》第五卷《暹罗与中国》第十四章 暹罗与日本。

1940 年

暹化与华侨（存目）

原载《今日评论》第 3 卷第 2 期，1940 年 1 月 14 日。

后编入《暹罗与中国》（文史丛书编辑部 1941 年 9 月初版）第十章，易名为《暹化与西化》。

全文见《陈序经全集》第五卷《暹罗与中国》第十章 暹化与西化。

暹罗与英法（存目）

原载《时事月报》① 第 22 卷第 2 期，1940 年 2 月 15 日。
后编入《暹罗与中国》（文史丛书编辑部 1941 年 9 月初版）第十三章。
全文见《陈序经全集》第五卷《暹罗与中国》第十三章 暹化与英法。

---

① 校按：《时事月报》以专文刊发时，附有"暹罗地图"。《陈序经全集》第五卷《暹罗与中国》第十三章 暹化与英法未收录该图。

暹罗的人口与华侨（存目）

原载《新经济》（半月刊）第 3 卷第 4 期，1940 年 2 月 16 日。

后编入《暹罗与中国》（文史丛书编辑部 1941 年 9 月初版）第二章，易名为《暹罗的人口》。

全文见《陈序经全集》第五卷《暹罗与中国》第二章 暹罗的人口。

暹罗的汰族主义与暹化华侨（存目）

原载《外交研究》第 2 卷第 2 期，1940 年 2 月。

后编入《暹罗与中国》（文史丛书编辑部 1941 年 9 月初版）第八、九章，易名为《暹化与华侨》。

全文见《陈序经全集》第五卷《暹罗与中国》第八章 暹化与华侨（上）、第九章 暹化与华侨（下）。若干字句，作者有修改。

纪念五四运动感言

严格来说，五四运动是青年反"巴黎合约"的签字与曹、陆、章们的亲日的政策。这本来是一种政治的表示，然而这种政治的表示，又可以说是那个时代的新文化运动的反映。五四运动之所以常常被目为新文化运动，也就是这个原因。新文化运动是近代中国文化史上一个很重要的阶段，这个运动之所以重要，不只是因为它能根本的主张西化，而且澈底的批评中国固有的文化。我们知道：中国近百年来，曾国藩、张之洞也提倡过西化，然而同时他们都又是拥护中国固有文化的人物；康有为、梁启超也提倡过根本西化，但同样的他们也都是留恋中国固有文化的人物；只有五四时代的文化运动才对于中国固有的文化给以严格的批评。因为旧的东西若不推翻，则新的基础无从建立，所以我以为五四前后新文化运动的真正价值，与其说迎新，不如说是去旧。而这个新文化运动之所以特别能引起一般复古者流的剧烈的反感，也就是这个原故。

然而不幸得很，廿余年来复古运动，既层出不穷，而所谓新文化的运动，又不能普俗与澈底的推动。今日许多所谓新文化运动的中坚人物，既多只靠过去的声誉以维持其地位，其甚者，更大开倒车而使守旧者张目。这是纪念五四运动的青年们所要特别注意的。

不但这样，廿余年来倭寇的侵略既日趋日极，而汉奸的把戏又日唱日多，所以今日的国人，而尤其是青年们，所负的责任比之廿年前的人们的，重大得多。这又是纪念五四运动的青年们所要特别注意的。

纪念过去的目的，是警惕现在与未来，我们希望廿年后的青年，不要再唱"后之视今，亦犹今之视昔"。

《中央日报》（昆明）1940年5月5日第4版。

越南与日本（存目）

原载《今日评论》第 4 卷第 11 期，1940 年 9 月 15 日。

后编入《越南问题》（岭南大学西南社会经济研究所 1949 年 6 月初版，岭南大学西南社会经济研究所专刊甲集第六种）附录一。若干字句，作者有修改。

全文见《陈序经全集》第五卷《越南问题》附录一、越南与日本。

谈读书方法

编者按：本文为陈先生在澄江真理学会（六月四日）的讲词，由李荣新君笔记。因以时间关系，未及送请陈先生修正，甚歉！倘有遗误，当由笔记者负责。

读书重要，而读书方法尤为重要，我认为读书首重口到，这尤以学习文字为然。不过读书也要知其内容才好，光是读而不想是没有用的，故此口到之外，还要细心，心精学问自然到。学习文字，必须多听，这是耳到。除此之外，还要加上一样，就是眼到。如果看得多，对于读书广博方面很是重要的，这几点都似乎太平常了。但唯其是老生常谈，往往不为人所注意。此外还有一种方法即为手到。以前中国人在这方面做的工夫不少，因为当时印刷未曾发达，书都是手抄的，读书要做笔记，这对自己很有用处。这因为我们不能详记许多东西，它可以帮助我们记忆。民国十二三年的时候，梁启超、胡适之亦以为这几种读书方法很是重要，都提倡过的。但是最重要的还有一种，就是脚到，所以我特别提出谈谈。

谈到真正的科学方法，脚不到是没有用处的。太史公游尽名山大川，然后文章如高山大河。顾亭林在近代学术史上是个很重要的人物，他不论到什么地方都把书上所说的拿出来和事实对比一下。再如近代科学各科无不看重脚到。十九世纪对世界影响最大的是达尔文（Darwin）的贡献。他本人就全得力于游历，曾先写了一本游记，然后写出《物种起源》的。在地理学上，更非脚到不成。人类学，更可说是实地调查的学问。社会科学方面，社会学的实地调查工作是非常重要的。政治学上，伟大的名著也多是实地调查，经过脚到工作后的产品，并非仅仅抄录一点公文编成的。

以上就自然科学、社会科学方面看来，脚到皆甚为重要。但我并不是说口到、心到、耳到、眼到、手到都不重要，我不过是说真正要使学问达到良好的境地，必要脚到。

这几点是指普遍工作而言，但是读书如果要求进一步，则最要的是工具。读书的工具是文字，假使我们不懂中国文字，自然不能读中国书；不懂外国文字，外国东西也决弄不好。如果要靠翻译，目前译品，在质的方面，固然不甚佳；量也不多。如读过英文作品的，都觉得译品格格不能相入。我国翻译始于严复，严复的东西在现在看起来，真不如读原本好懂。译本在数量方面的缺乏，尤为人所共知的事实。亚里士多德、柏拉图的作品，最近才从外国翻译过来。但孔德那些近代名著，至今尚无人着手翻译。德、法文的翻译由此可见更少。在外国学堂里，都极看重文学的素养。特别是德国，在九年中学里学生除学德文外，还要学拉丁文、希腊文、法文。他们的工具弄好之后，因此到大学一二年级都是很空闲的。如果这几样文字弄好了，意文、西班牙文读起来也不困难。我们中国的文字与外国相差太远，读英文已不易，读德、法文更觉不易。不过，我们不做学问则已，要做学问那就非懂二三种文字不可。

我还有点经验甚愿告诉大家。美国人在一八七〇年到上次欧战这期间受德国影响最深，各方面都如此。读他们的书如又能懂德文，可一一知其来源。在十八世纪，德国则受法国的影响最深。康德（Kant）本人就受卢骚（Rousseau）很大的影响。如果我们要研究康德，就不得不研究卢骚。做学问非如此一步步推上去不成，比如学法律、宗教，更非识拉丁文不可。一五七六年法国共和时代，文学都先用拉丁文发表。豪布斯（Hobbes）的书，也是先用拉丁文发表，然后用英文再写，二者对看才知其真意的。法律上意、德的法律，都自罗马法而来。当然我们中国人要懂这许多文字，几乎是不可能，但最少我们得把现代语弄好。

不但读外国东西要懂外国语，研究中国东西亦需研究外国文字。现在学问已是超越国界了。

近来有人以读英文太难，花时间太多，读到大学还是不能看书；且普通人读过英文后，到社会上亦无什用处，故主张废读英文。这是因读书尚未社会化的原故。读书社会化，就是一个平民亦非懂外国语不可的。虽然困难，但我们为使国家现代化，在教育上是应努力教授外国语文的。

总而言之，在读书方法六到之中，要以脚到为最重要。至于读书工具，除已国文字外，还要尽量学习外国文，其实这些都是极普遍老生常谈的，但我们如能身体力行，其成就是可以期望的。

《读书知识》第 1 卷第 8 期，1940 年。

悼丁佶先生（存目）

原载《今日评论》第 4 卷第 22 期，1940 年 12 月 1 日。

后编入《大学教育论文集》（岭南大学西南社会经济研究所 1949 年 10 月初版）附录。

全文见《陈序经全集》第四卷《大学教育论文集》附录四、悼丁佶先生。

泰越冲突与泰国危机(存目)

原载《中央日报》(昆明)1940 年 12 月 15 日第 2 版;又载《中南日报》1941 年 1 月 16、17 日第 3 版。

后编入《越南问题》(岭南大学西南社会经济研究所 1949 年 6 月初版)附录三。

全文见《陈序经全集》第五卷《越南问题》附录三、泰越冲突与泰国危机。

1941 年

释现代生活

现代生活可以从生理与文化两方面去解释：从生理方面来看，我们不只要有强壮的身体，还要有延长的寿命；从文化方面来看，我们的物质文化，固要西化，我们的精神文化也要西化。

我说我们要有强壮的身体，因为这是生活的基本条件，而在现代生活中，尤为重要。现代生活的重心，可以说是偏于政治方面。所谓民族至上，所谓国家至上，不只是一个口号，而且是一种事实。因为只有民族抬头，我们才能扬眉。只有国家强盛，我们才得吐气。假使民族衰弱了，我们就要大倒霉。假使国家灭亡了，我们就要做奴隶。

民族的兴衰与国家的存亡之于我们的生活的关系，既若是密切，那么振兴民族与捍卫国家，是我们的最大的任务。可是要想振兴民族，与捍卫国家，我们首先就要有强壮的身体，而尤其是在抗战的时期里，假使我们没有强壮的身体，不但没有良好的军队，上前线去与敌人拼命，就是在后方作工作，以至逃警报，都不适宜。

抗战救国固要强壮的身体，日常生活以至讲求学问，也要强壮的身体。现代世界的人口骤增，而自然的供给日少，现代的人类不像古代的人类一样的，可以依赖自然的物产以生活，必须用人工去培养与制造一切日常的用品，那么靠天吃饭是不可能的。靠天吃饭既是不可能的，我们要生活，就要努力工作，要努力工作，就要有强壮的身体。不但这样，在我们的赋有文化环境之下，家族是社会的单位，一个人就不靠天吃饭，还可靠"人"吃饭。这就是说，他可以靠父兄，靠伯叔，以至靠弟侄，靠子女。在现代的社会里，个人是社会的单位，每一个人都要靠自己的力量去维持自己的生活，所以每一个人都要有强壮的身体，其实身体若是衰弱或染了病，不但不能靠自己以维持生活，就是靠人吃饭，以至靠天吃饭，也是没有用的生活，没有意义的生活。

我们中国人有了一句俗语："儒者不出门而知天下事。"因而有好多人，以为作学问的工作，是户内的工作，所谓"闭门读书"就是这个意思。所以国人之谈读书方法者，有些以为口要读得多，心要想得到，正如三字经所谓"口而诵心而惟"一样；又有些人以为耳要听得多；眼要看得多。胡适之先生在十余年前在上海某校演讲又以为手要抄得多而谓为读书的五到。这就是口到，心到，耳到，眼到，与手到。我以为作学问，除了上面所说的五到之外，还要加了"脚到"。其实"脚到"是现代求学问的最重要的方法，同时又是现代办学之所以发达的主要原因。

所谓"脚到"就是要利用脚力去作实地调查的工作。譬方地理学者，要到各处观察形势，生物学者，要到各处采集标本。洪德保之所以成为地理学的先锋，达尔文之所以成为进化论的骁将，都是得力于脚到。自然科学固是如此，社会学科也是如此。所以人类学者要到各处考察人种与文化，社会学者要到各处调查社会状况，历史学者而尤其是考古学者，要到各处寻找古迹，寻掘古物，这都是大家所共知的。又如蒲徕士是现代研究政治学最有成绩的一个人，然而他之所以能有特殊的贡献者，不只靠着书本的智识，而主要是靠着他的实地考察，换句话来说，就是得力他的脚力。

利用脚力去各处作实地的调查，是要有强壮的身体，我所以说讲求学问，也要有强壮的身体，就是这个原故。

我说现代生活从生理方面来看，不只要有强壮的身体，而且要有延长的寿命，因为夭殇与短命，是民族的病态，是国家的损失。人生而夭殇与短命，不如少生与无生。这是一般人口论者所共认的道理。从人口的量的方面来看，人口的增加是由于生产比死亡为多，夭殇与短命的数目，若过多，人口必因之而减少。从人口的质的方面来看，夭殇与短命也是人口的质的缺点的表征。身体的强壮，固是寿命的延长的基础，然而我们也得明白，身体强壮的人寿命不一定是延长。所以在现代生活里，一个人要想有大成就，不只要有强壮的身体，还要有延长的寿命。西洋人有一句俗话："生活始于四十。"这不只是代表西洋人的生活观，而且说明西洋文化之所以超越于其他的文化的原因。譬方：在西洋而尤其是在英、德、法各国，一个人尚未满四十岁的，很少能有在大学里当正教授的。记得十年前，在德国有一二位年纪刚满四十而升为正教授的，人们都叫他们作小孩教授（Kid professor），这可见寿命与事业的关系的密切。我们看看西洋人在政治舞台上之有声名的，也无一不是在四十以上，罗斯福、邱吉尔固不待说，甚至现在的希特勒、斯大林、墨索里尼，也在四十以上。至于前次欧战的兴登堡与这次欧战的贝当，年纪已在八十以上，还来当着民族的大患难，负起国家的大责任，这真是老而益壮了。

其实，现代生活是复杂的生活，一个人要想有丰富的经验，非经过长久的时间，是不会得到的。现代的生活是专家的生活，一个人要想有专精的智识，非用过长久的时间，是不会得到的。人类天生的智慧，大致上可以说是差异有限，所差异的，是经验的多少与智识的高低。丰富的经验与高超的智识既非一朝一夕所能得到，那么成功与否，往往是决定于时间的久暂，所以寿命的延长，是事业成功的一个重要的条件。

　　从文化方面来看，我们所说的现代生活，可以说就是西化的生活。近来有些人不喜欢用"西化"这个名词，而提议用"现代化"这个名词来代替。我个人以为假使现代化这个名词的意义，是与西化这个名词的意义相同，那么无论我们是用前者或是用后者，都是无关重要的。假使我们以为这两者意义不同，而改用前者，则现代化这个名词，不但没有什么意义，而且很为笼统。我们应当明白在现代的世界里，除了西洋文化之外，还有我们自己的固有文化，还有印度的固有文化，暹罗的固有文化，马来的固有文化，以至菲洲、澳洲的土人的固有文化。这些文化既还是遗存于现代世界，若照其真谛来看，并非现代的文化，而是过去的文化。所以我们说现代化时，我们决不会说是复回我们自己的固有文化，更不会说是要印度化，暹罗化，马来化，以至菲洲化，与澳洲化。因此这么一来，我们不只是要复古，而且要印度化、暹罗化等等生活，所以我们所要的现代生活，主要的与根本上是现代的西化的生活，因为现代化的西化的生活，不只是现代的生活，而且是最具体，最实用，与最需要的生活。

　　在西化的生活里的物质方面，如轮船，如火车，如飞机，如枪炮，以至其他方面，在目前我们固很需要，在西化的生活的精神方面如科学，如哲学，在目前我们也很需要。八十年来，国人对于物质西化，可以说是没有异议的。薛福成主张中国要采纳西洋的器的文化，张之洞主张要以西学为用，前次欧战时期的一般国人，以至几年前的主张中国本位文化的人们，对于物质西化的生活，都没有异议，然而这些人，对于精神西化的生活，却表示反对。其实物质生活与精神生活，是有了密切的关系的。西洋现代的物质文化的发达，主要是由于西洋的科学的发达，然而西洋的科学的发达，又可以说是与西洋人的宇宙观，人生观，有了密切的关系。"天圆地方"的主张固非科学的头脑，"君子不器"的信条，也是物质文化的发达的阻碍。现代物质文化的发达，也可以说是由于工业的发展，可是工业若发展起来，则我们以农业为基础的社会，与以家族为单位的制度，以至以孔、老为代表的思想，都要受了剧烈的影响。事实上我们的物质生活之所以贫乏与单调，正是中了孔、老为代表的思想的遗毒，受了以家族为单位的制度与以农业为基础的社会的影响，所以要想我们的物质生活达到丰富与美满的地位，我们对于精神文化的西化，尤须注意。

《中央日报》（昆明）1941年1月5日第4版。

抗战时期的西化问题

一

五年前,我在《国闻周报》第十三卷第三期曾发表过一篇《一年来国人对于西化态度的变化》。我曾指出七十年来国人对于西化这个问题讨论最为热闹的,要算民国廿四年那一年。我并且指出经过这一次讨论之后主张复古的人固已逐渐绝迹,主张折衷的人也已逐渐减少,只有主张根本西化与全盘西化的人日趋日多。从民国廿五年至民国廿六年,国人对于西化这个问题的讨论,虽不像民国廿四年那样的热烈,可是国人的态度是趋于根本西化与全盘西化的。七七事件发生以后,不但在理论上我们觉得全盘西化的必要,就是在事实上,我们也是朝着这条路走。所以在文化的物质方面,七七事件以前,还有人提倡"大刀救国";七七事件以后,这种运动,可以说是完全没有了。在文化的精神方面,所谓民族至上、国家至上,不只是一种口号,而且是一种事实。这都可以说是西化的结果。所以我们相信全盘西化不只可以持久抵抗我们的敌人,而且可以建设一个强有力的国家。

我以为凡是稍能留意于我国近代的历史与我们目前的需要的人,都很能容易感觉到全盘西化的必要。比方,蒋廷黻先生在抗战后所刊行的《中国近百年史》里,很显明的指出全盘西化的必要。其实,全盘西化不是凭空造说的,而是有了充分的论据以为后盾,有了显明的事实以为明证。正是为了这个原故,全盘西化论的主张,不只是对于数千年来的根深蒂固的复古论调加以极澈底的打击,就是对于八十年来的老生常谈的折衷办法也指出其根本的错误。这一点凡愿意把数年来国人对于西化问题所讨论的文章,加以翻阅的,便能容易明白。

然而这不是说在抗战时期,国人对于全盘西化的主张是没有异议的。在抗战时期里坚持复古的言论固已绝迹,可是有意或无意的徘徊于折衷的谰调的著作,比较上值得我们注意的,要算张申府先生所刊行的《文化教育哲学》一小册,冯友兰先生在《新动向》半月刊所发表的《新事论》十二篇,与贺麟先生在《今日评论》第三卷第十六期所发表的《文化的体与用》一文。这三位都是学哲学的,而且是以哲学的观点去解释西化这个问题。我个人对于哲学虽是门外汉,然却感觉到张、冯、贺三位先生对于文化的根本原理与文化的实际应用却有不少曲解之处,因而草成此篇,以供国人参考。

二

"分""合"的观念——张申府先生是用所谓"分"的观念，去批评全盘西化论。在《文化教育哲学》的小册的《抗战建国文化的建立发端》一章里，他以为主张全盘西化的人：

> 根本没有了解西洋文化，根本没有了解西洋文化一个核心的科学的出发点是"分"，因此所注重的是数量，是分析，是分别，是分寸。为什么对于文化要囫囵待遇？

我们承认科学的出发点是"分"，同时我们不能否认科学的实体也是"合"。"分"是为着我们研究的便利起见，"合"是科学的基本原理。植物与动物就有其根本相合之点。普通生物学之所以能够成立就是筑在这个"合"的观点上。其实，科学愈发达，则这个"合"的观念，也愈显明。生物学家像赫胥黎的有名的孙儿，已经告诉我们，生命与非生命的分别的困难已逐渐的增加。自然现象的方面固有其相合之点，文化现象的方面，也有其相关之处。就以张先生所说的西洋文化一个核心的科学来说，科学发达，不但文化的物质方面有了剧烈的变化，就是文化的社会与精神各方面，也受了很大的影响。近代文化的物质方面的发展，是由于科学的发达，这是人们所共知的。在文化的社会方面，所谓资本主义的社会，或是社会主义的社会，无论是直接上或间接上都与科学有了密切的关系。连了所谓社会的基础的家庭，也深刻的受科学的影响。因为科学发达，工业发展。不但在形式上，大家庭的制度逐渐崩溃，就是在功用上，以前的家庭人员，而特别是妇女们，终日忙于自耕自织、自备燃料、自制食品的工作，也大为减轻。因此之故，所谓妇女运动的发展，婚姻自由的主张，也可以说是直接上或间接上受了科学的影响。此外，在文化的精神方面，比方在思想上，因科学的发达而转为精密，在迷信上却因科学的发达而逐渐破除。前者的关系可以说是相成的关系，而后者的关系可以说是相反的关系。

总而言之，西洋文化的各方面，既可以因科学的发达而受了影响。那么假使中国若采取了西洋的科学，则不但中国的文化的品质方面必受了波动，就是中国文化的社会方面与精神方面，也必受了波动。全盘西化的理论的根据，可以说是筑在文化各方面的关系上，与文化的现象的合点上。

而且事实上，中国的近代文化，不但与科学有了相成的关系的西洋文化的各方面已经自动或被动的西化，就是连了与科学处于相反的关系的西洋文化如宗教迷信等，也有意或无意的西化。西洋文化的各方面，中国都已采纳，或正在效法，固是全盘西化；西洋文化的各方面，中国若能澈底采纳，整个的效法，也是全盘西化。其实中国的今日的文化，无论那一方面没有不受西洋的影响的，所以全盘西化，不只是一种主张，而且是一种事实。但是中国文化的各方面虽受西洋的影响，可惜这种影响不够澈底，所以比方我们虽有轮船制造厂，可是我们所造的轮船，不但质的方面，没有人家那么好，就是量的方面，也没有人家那么多。而且我们的轮船制造厂，不但所造的轮船，不如人家的好，就是轮船制造厂的组织与计画，也不如人家的那样周密。所以主张全盘西化的人，不但主张全盘西化而且主张澈底的全盘西化。

张先生又说：

> 事实上，中国历史的文化已受过多度的外来影响，吸收了不知多少当时的新分子。最什么的，从汉起为天竺，其次为大食，更次在明末清初有西洋。中国文化久已不是一个单纯的整体了，西洋文化自希腊而发展衍变到现在，更是一个化合物，那么今日怎么不可以自觉的把中国最好的东西清理出来，把西洋最好的东西慎选起来，根据新陈代谢的作用，化合出一个更新的东西？

我们并不否认中国文化或西洋文化是一个化合品，不是单纯的整体。不过我们也得问问，中国现在有了什么最好的东西，可以和西洋最好的东西，化合起来而成为一个新的文化呢？假使张先生说西洋最好的东西是科学，那么采取了人家的科学，则中国文化的别的方面正像上面所说，必受科学的影响，而趋于全盘西化。其实科学是不是西洋的最好的东西，就没有一个正确的标准。五年前，西化问题讨论得热闹的时候，有些人像吴景超先生，就感觉得科学是西洋最好的东西；有些人像张佛泉先生，以为共和国的头脑是西洋最好的东西；还有些人像刘湛恩先生，又以为基督教是西洋最好的东西。所谓选择西洋最好的东西，既没有一个正确的标准，那么所谓选择，就无从选择。其实科学、共和国、基督教等等，既都已来了中国，事实上中国已在全盘西化的路上，不过这些西化还不够澈底，所以主张全盘西化的人，希望科学家要专于科学的研究，致力于共和国的研究的人，要得共和国的精神，做基督教徒的人，要有耶稣基督的人格。在西洋，科学、共和国、基督教，既有了密切的关系而可以同时存在，同时发展。在中国，也可以同时存在，同时发展。何况事实上这些东西都已经来了中国，若照选择的办法去施行起来，则主张科学为西洋最好的东西的，不只是专要西洋的科学，而且必至于排斥共和国与基督教。这么一来，结果必使文化趋于一个单纯的整体。反之，主张全盘西化的人正是觉得文化不是一个单纯的整体而是一个化合物或是复杂总体，所以才主张文化的各方面，都可以全盘采纳。而况事实上，也已全盘采纳，不过这个全盘，不够澈底罢。总而言之，社会是分工的，你觉得西洋科学是最好的东西，你可以作科学家；我觉得共和国是西洋最好的东西，我可以研究共和国；他觉得基督教是最好的东西，他可以做传教士。假使因为你觉得科学是西洋最好的东西，而主张中国只好取西洋的科学，而不要西洋的共和国，或是基督教，或其他的东西，这是武断，这是偏见，理论上既说不去，事实上也做不到。而况人生的兴趣是多方面的，一个科学家不但同时可以读共和国，而且同时可以做基督徒。一个人尚可以同时受了文化的几方面或许多方面影响，一个国家有了那么多人，却不能受整个西洋文化的方面的影响，这是说不去的。而况事实上，今日的西洋文化无论那一方面，都已介绍过来。

至于中国文化的优点，直到现在，一般主张保存中国文化的人，尚未能具体地指明出来。五年前，西化问题讨论得最热烈的时候，爱护固有文化者，能举出我们的文化比西洋的为优的，并没有几个人。比方梁实秋先生曾提出三点：第一，是中国菜比外国菜好吃；第二，是中国的长袍、布鞋比外国的舒适；第三，是中国的宫室、园林，比外国的雅丽。张奚若先生也提出三点：第一是宫殿式的建筑，第二是写意的山水画，第三是中国饭。张奚若先生的第一点与第三点，与梁实秋先生的第一点与第三点是相同的。其实梁、张两位先生所提出的中国文化的四优点，是否比西洋的为优，也大有讨论的必要。就使我们对于这点，不必加以讨论，我们也得明白，文化的各方面或成分，是千绪万端，把梁、张两位先生所提各点总合起来，也不过四点。那么把中西的文化比较起来，我们的文化相形见绌，是不能否认的事实。其实，梁实秋与张奚若两先生，还能想出他们所觉得数种优点，以资讨论，张申府先生除了空空洞洞的说了长短之外，并没有具体的指出中国文化，在那一方面或几方面，是我们的特别优点，是值得我们去保存。

我们并不否认我们的文化的许多方面，曾有过光荣的历史。指南针、火药、印刷术，曾为西洋人所赞美与采用，然而这是历史的陈迹。这些东西，经过西洋人改进之后，无一不比我们为优，这又是我们所不能否认的事实。

三

共殊的区别——冯友兰先生是以共殊的区别，去批评全盘西化论。他在《新动向》杂志上发表了十二篇文章，名为"新事论"。第一篇是《别共殊》。照冯先生的意见，文化可以分为共同与特殊两方面。所谓共同的文化，或冯先生所谓类型的文化，是人类共需的文化。所谓特殊的文化，就是每个民族的特有的文化。前者可以改变，而后者却不能改变。大致上，这种区别，差不多在三十年前韦柏（A. Weber）在其《社会学的文化观念》（Der Soziologoische Kulturbegriff）一文里，已经解释。后来马其维（R. M. MacIver）在其《社会》（Society）一书又加以说明。照韦柏与马其维的意见，我们可以区别文明与文化。文明是人类努力去设法以统制其生活的一切机构与组用。文化是人类努力去满足自己的内在的结果。质言之，文明是利用的东西，文化是自足的东西。文明是常变的，文化是少变的。文明是工具。文化是目的，是价值，是时款，是情绪的结合，是智力的努力。打字机、印书馆、工厂、电话、银行等等，都是文明。小说、图书、诗歌、哲学、剧曲、教条等等，都是文化。因为文明是利用的东西，所以文明可以从一个地方传到别的地方，而不失其原有的意义与形式。文化是一种自足的范围（Eine Geschiossene Welt）而与民族精神不能分离，所以不易传播。

事实上所谓共需与特殊的文化，就有了密切的关系，而难于分开。所以韦柏与马其维虽把文明与文化或是利用的文明或自足的文化分开，然他们而特别是马其维，却承认两者都有密切的关系，而不易分开。马其维对于这点，很能了解。他自己就指出，比方，一件衣裳从衣以御寒方面来看，固是一种利用文化，但从其时款方面来看，又是自足的文化。利用的文化与自足的文化，既有了密切的关系，所谓共需的文化，与特殊的文化，也难于区别。

冯友兰先生所谓共同的文化，或类型的文化，与特殊的文化区别，大致上是近于韦柏与马其维所谓利用的文化与自足的文化的区别。他承认，从共需的文化来看，中国必需全部改变，就是全盘西化，所以他说：

> 照此方向以改变我们的文化，则此改变是全盘的，因为照此方向以改变我们的文化，即是将我们的文化自一类转入别类，就此一类说，此改变是完全的，激底的，所以亦是全盘的。

但是冯先生又说：

> 此改变又是部分的，因为照此方向以改变我们的文化，我们只是将我们的文化自一类转入别一类，并不是将我们的一个特殊文化改变为别一个特殊。我们的文化之与此类有关诸性，则不当改变，不必改变，所以自中国文化的特殊的文化说，此改变是部分的，此改变又是中国本位的。

冯友兰先生可以说是主张全盘西化者，同时又是主张本位文化者。质言之，从共需的文化方面来看，他是主张全盘西化的，从特殊的文化方面来看，他是主张部分西化，或本位文化的。

我们上面已经指出，所谓共需的文化与特殊的文化是有了密切的关系而不易分开。冯先生自己也告诉我们，"中学为体西学为用"的主张，是不通的。同时他又指出以中国的精神文化与西方的物质文化来融合的见解，是谬误的。冯先生所说的共殊，究竟是不是近于体和用或精神和物质的区别，冯先生自己没有明白的说出来，不过若从他同情于中国本位的文化的方面来看，那么他是近于"中学为体西学为用"的办法。又韦柏与马其维的利用的文化，是偏于物质的文化，自足的文化，是偏于精神的文化。冯先生的共殊既近于利用与自足的足的区别，那么他一方面主张共殊的区别，一方面又有意或无意反对共殊的区别，这是一个矛盾了。

假使他以为他的共殊的区别，是与体与用或精神与物质的区别，有了根本不同之处，那么他所谓共同的文化，究竟是什么，所谓特殊的文化，究竟又是什么，在他的著作里，他并没有明显的列举出来。他既不像张之洞一样的把中国的四书、五经、史事、政书等等当作体，把西洋的学校、武备、算、绘、矿、医、声、光、化、电当作用；他又不像韦柏与马其维一样的，把利用的文化与自足的文化分别加以列举，这么一来，所谓共殊之别，只是一种全谈，只是一种名词上区别而已。

然而冯先生在《赞中华》一篇里，又好像以为道德是中国文化的特殊文化，所以他说：

> 清末人所谓"中学为体西学为用"者，就一方面说，是很不通的，但是就一方面说，亦是可以说得的。……如所谓"中学为体西学为用"者，是说组织社会的道德，是中国人所本有的，现在所须添加者是西洋的智识、技术、工业，则此话是可以说的。我们《新事论》的意思，亦正在此。

总而言之，《新事论》的旨趣，是要指出自清末至今中国所缺的是西洋的智识、技术、工业，所有的是社会组织的道德。这种主张不只是"中学为体西学为用"的说法，而且是保存中国的精神文化，采取西洋的物质文化的变象。因为清朝末年一般人所说的中学为体，主要既是指着中国固有的道德，民国初年一般人所要保存的中国的精神文化，主要也是指着中国固有的道德。冯先生自己一方面很明白主张"中学为体西学为用"，很明白的主张保存中国的精神文化，采纳西洋的物质文化，别方面又很坚决的反对这些主张，这又不能不说是一个矛盾。

其实道德之于智识、技术、工业是有了密切的关系的，智识发展，技术进步，工业发达，则社会组织的本身也要起了变化，所谓组织社会的道德，也不能不受了影响。我们知道家庭是中国社会的基础，家庭道德是中国组织社会的道德的基础，自西洋的智识、技术、工业输入中国之后，中国家庭的组织，固正在变化中，中国家庭的道德，如"父母之命，媒妁之言"，"不孝有三，无后为大"；"男尊女卑"，"夫死妇殉"；以及其与家庭有关的各种信条礼俗，无一不受了重大的影响。所以采纳了西化的智识、技术、工业，则我们在有意或无意之中不得不采纳了西洋的道德。反过来说，中国今日对于西洋的智识、技术、工业，所以不能够全盘采纳，澈底讲求，也是由于固有道德作祟。"学而优则仕"，所以求智识的目的是做官，作官是扬父母，益宗族。君子讲道不讲器，所以对于技术工业都不愿讲求。因此之故，要想提倡西化的智识、技术、工业，非推翻这些道德，是没有用的。

冯先生好像以为道德是不变的，所以他说：

> 在基本道德一方面，是无所谓近代化，或不现代化的。有些人常把某种社会制度与基本道德为一谈，这是很不对的。社会制度是可变的，而基本道

德就是不可变的。

然而同时他又说：

> 忠孝可以说是旧道德，我们现在虽亦仍说忠孝，如现在常有人说我们对于国家尽忠，对于民族尽孝。不过此所说忠孝与旧时所谓忠孝意义不同。此所谓忠孝，是新道德。

一方面说道德没有新旧，这又不是自相矛盾吗？我并非没有注意到冯先生所谓基本道德的"基本"两字。这就是说，以前人讲忠孝，现在人也讲忠孝，所以在基本上仍然存在。不过这里所谓"基本"最多也不过是一个空洞的名词。比方以前人有舟车，舟车的名词固然存在，然而舟车的意义已不大相同。这正像忠孝的名词固然存在，忠孝的意义，已大不相同。意义的变化，才是真正的变化。我们要现代的"忠国家""孝民族"的道德，正像我们要现代的火轮船、摩托车一样呵！

冯先生好像以为中国人之所以为中国人，必定有其特珠之处。而这种特殊的地方，就是中国人的文化。其实文化是变化的，衣蔽前而不蔽后的，固是中国人的文化，戴冠带与穿衣裳的也是中国人。着马褂与穿胡服的，既不失其为中国人，难道戴洋帽穿洋服的，就不是中国人吗？信了孔孟，信了佛回的，固是中国人，信了耶稣的，难道就不是中国人吗？我们可从衣树叶而变为穿衣服，我们也可以从衣胡服而穿西装，我们可从信孔孟而信佛回，我们也可以从信佛回而信耶稣。文化是人类的创造品，我们要作文化的主人，不要作文化的奴隶。

我翻阅冯先生的《新事论》，觉得有许多处如《办城乡》《明层次》各篇，是有意或无意的主张全盘西化论，然而有些地方，如《别共殊》《赞中华》，又有意或无意的趋于折衷办法与本位文化。这其实就是犯了矛盾的病，未知冯先生以为如何？

四

"体用"的关系——贺麟先生是用体用的关系，去估量全盘西化论。把体用的观念去调和中西文化的主张，虽是甲午战败以后的事，但是体用的观念，是与道器的观念，有了密切的关系。

薛福成与李鸿章在七十年前已提倡以西洋的器的文化，来调和中国的文化。张之洞与刘坤一般人，是否受了薛福成与李鸿章的影响，不得而知，但是两者都是中西文化的折衷派。这就是说中国的道的文化，或体的文化，是可以与西洋的器的文化，或用的文化相混合的。

贺麟先生是极力反对这种体用分开的办法，他是从哲学上的观点去说明体用的合一。所以他说：

> 根据文化上体用合一的原则，便显见得"中学为体西学为用"之说法之不可通，因中学西学，各自成一整套，各自有其体用，不可生吞活剥，割裂零售，且因体用不可倒置，西学之体在中国来，决不会变成用，中学之用，亦决不能变做西学之体。而且即在精神文明为体，物质文明为用的前提下，成"道学为体器学为用"的前提下，中体西用之说，亦讲不通。盖中学并非纯道学、纯精神文化，西学亦非纯器学、纯物质文明。西洋的科学或器学，自有西洋的形而上学或道学以为之体，西洋之物质文明亦自有西洋之精神文明以为之体，而中国之旧道德、旧思想、旧哲学，决不能为西洋近代科学及物质文明之体，亦不能以近代科学及物质文明为用。当中有独立自得新科学时，亦自会有独立自得新哲学以为之体，中国的新物质文明须中国人去自力建设创造；而作这种新物质文明之体的新精神文明，亦须中国人自力去建设创造，这叫做以体充实体，以用充实体，以用补助用，使体用合一发展，使体用平衡并进。除此以外，似没有别的捷路可走。此外以新酒旧瓶、旧酒新瓶之喻，来谈调合中西文化的说法，亦是不甚切当，最易滋误会的比喻。因为各部门的文化，都是一有机统一体，有如土壤、气候之于植物，密切相关，决不似酒与酒瓶那样机械的凑合。

贺麟先生又说：

> 研究介绍采取任何部门的西洋文化，须得其体用之全，见其集大成之处。必定对于一部门文化，能见其全体，能得其整体，才算得对那种文化有深刻切实的了解。此实针对中国人研究西洋学问的根本缺点而发。因为过去国人之研究西洋学术，总是偏于求用而不求体，注重表面而忽视本质。只知留情形下事物，而不知寄意于形上的理则，或则只知分而不知全，提倡此便反对彼，老是狭隘自封，而不能体用兼赅，使各部门的文化，皆各得其分，并进发展。假使以这种偏狭的实用的态度去研究科学，便难避不陷于下列两个缺点：一因治科学缺乏哲学的见解，和哲学的批评，故科学的根基欠坚实深厚，支离琐屑，而乏创造的学派，贯通的系统；一因西洋科学家每承中古修道院僧侣之遗风，多有超世遗形骸的精神寄托与宗教修养，认研究科学的目的，而在于见道知天，非徒以有实用价值之技术见长，此种高洁的纯科学探求的境界，自非求用而不求体者所可领略。

我特地把这段话抄下来，不但因为贺麟先生是一位认识西洋文化较为深刻的人，而且因为他这种理论，是十余年来主张全盘西化的人的一种基本的理论，一种有力的理论。然而，贺麟先生却又告诉我们道：

> 我所谓西学须先见其体用之全，须得其整套，但这并不是主张全盘西

化。因为说须对于所研究的那一部门的学术文化，得其体用之全或得其整套，即是须深刻激底理解该一部门学术文化之另一说法，有了激底的了解之后，不唯不致被动的受西化影响，奴隶式模仿，而且可以自觉的吸收、采取、融化、批评、创造，这样既算不得西化，更不能说是全盘合〔西〕化。

我要指出：主张全盘西化的人，并不主张被动的西化，奴隶式模仿，而是主张自觉的吸收、采用、融化、批评与创造的精神。西洋文化本身之所以能有剧烈的进步，也就是有了这些精神，中国文化本身之所以落后，就是缺乏了这些精神。其实主张这些精神的人，已是有了西化的精神。

贺麟先生又说：

> 我承认中国一切学术文化工作，都应该科学化，受科学的洗礼，但全盘科学化，不得谓为全盘西化，一则科学乃人类的公产，二则科学仅是西洋文化之一部分。

我们承认科学乃人类的公产，然而我们不能否认近代的科学是西洋的特产，所以科学化不能不谓为西化。我们并不否认科学在中国的前途是很光明的，我们也不能否认我们的西化的科学，还很落后，所以科学的提倡，虽有七十年的历史，科学的介绍虽有三百年的历史，然而直到现在我们还要派留学生到西洋学科学。明明是到西洋学科学，明明是受西化的教育，却又否认是西化。这是国人的夸大狂。正像陆象山之徒，明明受了佛教的影响，却口口声声说这是"我儒之道"。正像一般留学生，自小至大就进西化的学校，出了九虎一牛之力，希望一到西洋，然而回国以后，却大吹其复古的法螺，对于中国的固有的生活，既并不见愿意享受，反而阻碍科学的发达、西化的发展。今日一般之住洋楼、乘汽车，而说周孔之道，甚至享姨太太之权者，都是这种夸大狂作祟。

我们承认科学仅是西洋文化的一部分，然而要西洋的科学，也得要西洋的哲学，因为在西洋的文化里，这两种东西是有了密切的关系。这一点贺麟先生自己就很明白。他不但用亚里士多德的相对的"体用"概念去说明哲学为科学之体，科学为哲学之用，而且以为西洋的科学家，每承中古修道院僧侣之遗风。我所以说贺麟先生对于西洋文化，认识较深，就是这个原故。西洋的科学，既与西洋的哲学以至神学都有了密切的关系，那么照贺麟先生理论，所谓西洋体用之全，就是不只要得西洋的科学之全，而且要得西洋的哲学以至神学之全了。我已说过西洋的物质文化，是由西洋的科学产生出来。西洋的精神文化是由西洋的哲学，以至神学产生出来，物质、精神两方面，都要西化。这岂不是全盘西化吗？孔德把西洋的文化分为神学时期、哲学时期、科学时期，若照贺麟先生的理论，恐怕所谓效法西洋不只要效法现代的西洋，而且要效法十七、十八世纪以至中世纪的西洋了。

总而言之，若照贺麟先生的前提来看，他是偏于全盘西化的主张的。可是他的结论，却是中西合璧的办法。结论与前提相背而趋，就是一种矛盾。不但这样，他一方面很明白的指出中学、西学各自成一整套，各自有其体用，不可生吞活剥，割裂零售；一方面又反对中西文化异同论，反对全盘西化论，这又不能不说是一种矛盾。此外，贺麟先生一方面以为假如全盘西化后文化中国会沦为异族文化之奴隶，而一方面又以为"文化乃人类的公产，为人人所取之不尽，用之不竭的宝藏，不能以狭义的国家作本位"。这又是一种矛盾。

五

上面是把在抗战时期里几位批评全盘西化的代表人物的言论简单的加以批评，同时说明我们的立场。我个人以为他们最大的缺点，是一方面既忽视了中国西化的事实，一方面又没提出一个具体的办法。我说他们忽视了中国西化的事实，这就是说，有了许多西洋的东西，如基督教之类，虽有许多人主张不要采纳，然而事实上三百年来，而尤其是一百年来，国人虽不断地加剧烈的反抗基督教，然而基督教却继续的传入、继续的发展。反对全盘西化的人，好像以为基督教完全尚未输进来，所以主张我们可以不要基督教，而要别的东西，如科学之类。他们不但忘记了消灭基督教，是一件不易做到的事，而且忘记了，中国的科学，直到二十年前，主要的还是由教士的传入。主张全盘西化的人，未必是赞成或鼓吹基督教的人，但是他们看得基督教已经传入，而且他们相信信教是自由的，所以他们以为与其反对人家信仰基督教，不如劝信基督教的人，诚意的去做基督教徒，澈底的去宣传教理。

我说反对全盘西化的人，并不提出一个具体的办法，这就是说，他们既不主张全盘西化，他们又不主张复古，他们应该是折衷派。然而西洋有什么东西是值得我们采纳的，中国有了什么东西是值得我们保存的，他们从没有详细的列举出来，单只笼笼统统的说了取长去短，这是空谈而没有用的。结果不但没有益处，反而为了一般所谓中西文化之短的人们张目，以为这是折衷，这是中西合璧。带姨太太去作无意义的跳舞的人们，就是一个例子罢。

我们回想十余年前，我们开始提倡全盘西化的时候，好多人都以为这是不经之谈，这是情感作用。可是经过民国的广州学术界与民国廿四年全国人士，作过热烈的讨论之后，不但谩骂全盘西化的主张的人们，逐渐趋于绝迹，而且赞成全盘西化的主张的人们越来越多。现在一般所谓头脑较为冷静的学哲学的人们，又从哲学的观点去估量这种主张，这不只是表示国人对于西洋的文化作进一步的认识，而且对于全盘西化的主张作进一步的了解。

我们回想在上一次欧战的时候，不但有了许多名流没有条件的歌颂中国精神文化的超越，很不客气的指摘西洋精神文化的缺点，而且有了不少人士，以为西洋的物质文化，也是一种文化的病态，不久就要趋于崩溃。所以辜鸿铭要重开"孔家店"，梁启超也大叫"向东转"。然而，在这次抗战与欧战的时期里，反对西洋物质文化的人们固已绝迹，指摘西洋精神文化的人们，也已寥寥无几。这又不只是表示国人对于西洋化作进一步的认识，而且是对于全盘西化的主张作进一步了解。

我们回想八十年来，一般的国人，若非偏于复古，就是偏道器、体用与精神、物质的调和论调。到了近来，许多的国人，不但反对复古，而且反对任何折衷。张、冯、贺三位先生的言论，固是这样，头脑稍为清楚的人士也是这样。我们承认在表面上，像张、冯、贺三位先生的言论，是异于全盘西化的主张，然而他们在消极方面，既极力反对复古运动，又极力反对折衷办法。虽则在积极方面，他们没有给我们一个具体的办法，标出一个显明的态度，然而他们既指出复古的道路是不通，折衷的办法又不行，那么他们的言论，至少在消极方面，是近于全盘西化的主张。而况事实上，他们，而特别是冯、贺两先生，于有意或无意之中，已说出全盘西化的理由，已偏于全盘西化的主张，这又不只是表示国人对于西洋文化作进一步的认识，而且是对于全盘西化的主张作进一步的了解。

我们的结论是，在抗战时期，事实上我们固趋于全盘西化，态度上，我们也是趋于全盘西化。

《今日评论》第5卷第3期，1941年1月26日。

广东与中国

一

广东在中国,无论在文化上,在抗敌上,都占了很特殊与很重要的地位。

从"原始"文化的种类方面来看,广东可以说是"原始"文化的展览会。从中国文化的新旧方面来看,广东不但是新文化的策源地,而且可以说是旧文化的保留所。从历史或今后的民族抗敌来看,无论在消极方面,或积极方面,广东都可以说是抵抗外侮与复兴民族的根据地。

二

我们现在先从文化方面说起。

我说从原始文化的种类方面来看,广东可以说是原始文化的展览会。因为在广东,除了所谓汉族以外,还有好多所谓原始民族,所谓苗、僮、傜、黎、畲、佯、侬、岐、僚、蛮、疍等等,种类既是繁多,文化也往往因之而各异。在文化的语言方面,不但这些各异的民族,有了不同的方言,而且可以找出结绳以记事,与刻木以为契的痕迹。在文化的物质方面,无论在衣食住方面或渔猎农业工业各方面,都有了不少的原始文化的特征。在文化的社会方面,举凡各种婚姻制度、家庭制度,以至各种部落的生活,都可以在这些不同的民族里找出来。就是所谓奇特的产公制度(Couvade)也可以在这里找出来。《太平广记》曾记载:

> 越俗,其妻或诞子,经三日便澡身于溪河。反具糜以饷婿。婿拥衾抱雏,坐于寝榻,称为产翁。

又云:

> 南方有獠妇,生子便起,其夫卧床褥,饮食皆如乳妇,稍不卫护,其孕妇疾皆生焉。其妻亦无所苦,炊爨樵苏自若。

此外,在文化的精神方面,所谓各种迷信与图腾主义,都可以在这些不同的民族里发现。

此外,又如以舟为家的蛋民也很为奇特。蛋民的历史,虽可以追逐至三国以前,然自宋以后,陆居蛋民似已绝迹,书籍所载,只有水居蛋民。究竟水居蛋民是否来自陆居蛋民,还是一个尚没有解决的问题。蛋民在今日,只有广西、福建、广东三省能找出来,而在这三省里,不但在广东的蛋民,占了最多的数目,而且据我们调查所得,福建与广西的蛋民,好像是从广东迁移的。蛋民世居水上,从前称为龙户,崇拜蛇神,现在虽差不多完全汉化,然其固有文化的痕迹,并非完全没有。

总而言之,广东不只是有了所谓陆上的原始民族,而且有了所谓水上的原始民族。这些水上的原始民族是世界上原始民族的特殊现象。而且正如上面所说,因为水陆两方面的原始民族的种类既是繁多,文化也往往因之而各异,所以世界上各处的原始民族的各种不同与奇特的文化,我们差不多都可以在这里发现。我所以说广东是原始文化的展览会,就是这个原故。广东既可以说是原始文化的展览会,那么广东也可以说是一个研究原始文化的很好的地方了。

其实近代人类学、民俗学,以至社会学、文化学的发展,主要是得力于所谓原始民族与原始文化的研究。泰罗尔(E. Tylor)、斯宾尔(H. Spencer)、格林姆(G. Klimm)、拉最尔(F. Ratzel)、雷维蒲(Levy-Bruhl)、菩阿斯(F. Boas),以及其他的好多著名学者之所以能有特殊的贡献,主要的是从原始民族与原始文化里寻找资料。所以从研究文化的立场来看,我们对于这些所谓原始民族的文化的研究,是一件特别要加以注意的事情。

三

我国北部,经过五胡乱华而尤其是宋室南渡之后,北方人士之有气节与能力的,多向南迁移,因而我国固有文化的重心也随之而向南推进。这些固有文化,在北方,因受异族统治之下,发生变化或逐渐湮没。而却存在南方,而尤其是在广东的,实在不少。我所以说广东为旧文化的保留所,就是这个原因。

关于这一点的最显明的例子,要算广东的语言。广东话是中国现存的最古的语言,这是大家所公认的。广东话不但历史较为久长,而且声音较丰富。据说从声音方面来看,在粤语里有了一千二百多,而在国语里只有六百多。这就是说从声音的数目来看,广东话与普通话相差有了一半之多。因此之故,有些人遂以为改革中国的语言,应以声音较为丰富的广东话为标准。这种见解,是否适当,我们不必在这里加以讨论。我们所要注意的是广东话里所保留的古音的成分最多。比方我们说"家"这个字,在普通话为 Ch 音,而在广东话为 K 音。K 音是中国古音。这不过是举一个例子,然而这种例子是很多的。语言是文化的主要原素,也是文化的根本基础。从历史较为久长的语言里,我们也可以认识历史较为久长的文化。

不但这样,在所谓广东的汉族里,方言至为复杂。主要的不同的方言,如广州话、客家话、潮州话、琼州话等等,用不着说,就是以一州以至一县的方言,也有很多的不同。有人说中山一县，就有五十余种方言，这虽是从其细微方面来说，然而中山方言的复杂，可以概见。而况就在中山一县，石岐隔河的青岗等处，所说的方言，可以说是与石岐所说的方言完全不同。为什么广东的方言有了这么多，这是很值得我们研究的。我常说，在广东的中山大学，或岭南大学，应该设了一二个广东方言的教席，专门研究这些方言，可惜这种计划，不但至今没有实现，连了对于这个问题能够注意的，也少有其人。又况因为方言上的差异，往往也使文化的其他方面，有了不少差异之处。在南洋一带的广东人之所以分为广帮、客帮、潮帮、琼帮，恐怕方言的不同，是一个主要原因罢。这又是很值得我们注意的。

在文化的物质方面，专以衣食住三方面来看，固有文化之尚存在广东者也是很多。《论语》所谓"四方之民襁负其子"的襁褓在北方各省早已没有，而在两广及南方各省，却随处可见。广东与南方的各种民族中所着的衣裙、所穿的鞋履、所包的头巾，有了很多还是古代的遗物。古代燕赵的慷慨悲歌之士，喜吃狗肉之风，至今岂不是尚遗留在广东各处吗？广州河南岛在数年前，还有专卖狗肉的街道。《战国策》有"周人谓鼠未腊者朴"，那么郁郁乎文哉的周人，不但是吃老鼠，而且有了腊鼠。像我们今日的腊鸭、腊肉一样。至少在广州的蛋民社会里，至今还可以找出吃鼠肉与腊鼠的遗风。据一位德国工程师的研究的结果，广东人所住的房屋，而尤其是广东人所建的祠堂，是最能代表中国固有的建筑艺术。这种观察，是否正确，当然无不疑问，然而这个问题，值得我们的探求，是无可非议的。

家族是中国社会的基础，先齐家而后治国，是我们的古训。可是家族观念最为浓厚的地方，要算广东。家族组织最为完密的地方，也要算广东。因此之故，崇拜祖宗的热诚与迷信风水的习惯，比任何处都要厉害。因而有风水的地方，无论价值多贵，道途多远，总要以得到手而后已。因而宗族人数，无论怎样少，住屋无论怎样陋，堂皇的祠堂是必有的。每村每乡的每姓，照例要有一个祠堂，有时候除了一村一乡之内的一姓的公共祠堂之外，且分为长房、二房、三房，而各有其特殊的祠堂。再进而一县、一州、一省，也有其共有的祠堂，而成为一种联邦式的组织。甚至到了南洋各处，也有了陈家社、林家社等组织。这是北方所很少见的现象。不但这样，在每家里的正厅，也要有了祖宗的神牌。假使为了环境所迫，而必须全家迁移的话，祖宗神牌也要一齐带走。近来有人调查，以为广东的田地，有了一半是在祠堂之手。这些统计，是否确实，我们不必在这里加以讨论，但是广东的祖田祖产之多，是没有可疑的。家族制度之影响于经济方面，可以概见。因为祖田祖产很多，依赖祖田祖产去生活的人，也很不少。此外，乡村学校不但往往以祠堂为校址，以祖田祖产的入息为经费，事实有了好多离本乡而到外边，以至到外国的留学生之受祠堂的津贴的，也很不少。

又如在思想方面，广东人之极端守旧，比之他处也较为厉害。比方一般华侨，虽然在海外，受了新文化的淘染，然而头脑旧得厉利的，也很不少。康有为不是维新的领袖吗？然而维新失败以后的康有为，岂不是提倡复古最力的人物吗？陈焕章不是哥林比亚大学的洋博士吗？然而提倡尊孔读经最力的，也岂不是这位陈焕章吗？民国以来，香港可以叫做尊孔的大本营。在这里，我们不但可以找出组织完密的孔教会，建筑堂皇的孔教堂，而且在一般的小学、中学，以至在香港大学，"四书五经"差不多成为必修的科目。因而好多的满清遗老与守旧分子，多以香港为其活动的根据地。这虽可以说是与殖民政府的政策有关，然而也可说广东人守旧的一种表示。不但这样，民国以来，复古空气最浓的时候是民国廿年至廿五年之间，而在这个时期里，全国复古空气最浓的地方，又要算广东。所以陈独秀先生在广东是被叫为陈"毒兽"，胡适之先生到了广东，不但被人加以冷眼，而且有人提议应该以孔子对付少正卯的办法，去应付他。我们知道湖南在那个时候，虽有了何健先生极力提倡复古，可是胡适之先生到湖南时，还有机会在那里演讲。然而他在广东的时候，因为守旧的势力太大，使事前约他在中山大学演讲的邹鲁先生，也不能不自食其言，而取消这些演讲。此外，学海书院的设立，"四书五经"的重印，以至相命风水的提倡，可以说是猗欤盛欤。我们知道，自中央政府建都南京之后，中央要人如孔祥熙、戴季陶诸先生，虽极力提倡孔教，然而通令祀孔，中央却在广东之后。

上面不过随举出一些例子，然而广东是我们的旧文化的保留所，已可概见。

四

自中西海道沟通以后，西方文化继续不断的输入中国，中国文化无论在经济上、在政治上、在宗教上……都受了很重大的影响，逐渐的趋于新文化的途径。原始文化与固有文化在这种情形之下，也逐渐的呈了崩裂的状态。从研究文化的观点来看，我们对于这些文化，应当设法从速研究，是没有问题的。因为现在若不从速研究，则将来时过境迁，就使我们而想对于这些文化加以研究，恐为情势所不许。从采纳文化的观念来看，究竟我们还要保留旧的文化，或是提倡新的文化，这也是很值得我们注意的。然而我们所要特别加以注意的，是自从西方文化传入以后，因为地理以及其他的原因，粤人可以说是这种新文化的先锋队，广东也可以说是这种新文化的策源地。关于这一点，我们愿意略加阐释。

因为广东是中西交通的枢纽，故新式的商业发达较早。譬如先施、永安、大新等，规模较大、资本较厚的百货公司，固为粤人所创始，就是其他各种较小的新式商店，也多为广东人所首创。广东本身固是新式商业的策源地，广东以外的好多通商口岸的新式商业，至少在其发展的初期，也多为广东人所设立。在工业方面，奏请开设较早的江南制造局的，固是曾国藩，可是江南制造局的规模的计划，以至机器的订购与转运，是完全得力于容闳。容闳不只是首创这个制造局，而且设法去逐渐扩充。丝业是我国出口的大宗，但是我国新式丝厂的成立，可以说是始于陈启源。陈启源在光绪初年，在安南经营商业，看了法国人在那里所设立的缫丝工厂里所用的新式缫丝机器，因而介绍于国内，并且创造脚踏机，以人力代火力，其后又改用蒸汽原动力。顺德之所以成为国内丝业的中心，陈氏的贡献实在不少。此外又如南洋兄弟烟草公司、张裕酿酒公司，以至装饰用品方面的广生行，糖果饼干方面的马玉山，或在广东设立，或在他处经营，但都是以广东人为主。

在矿业方面，开平矿务局是我国近代矿业的嚆矢，可是当李鸿章奏请设局开矿的时候，其资本二百二十万两，差不多完全是广东唐廷枢所召集。

在交通方面，第一次由国人自己计划与建筑的有名的京绥铁路是詹天佑。据说当詹天佑负责去计划与建筑这条路的时候，有了好多国人，而特别是好多外国人，都以为他不会成功。然而他终于成功。容闳在一八六七年已呈请政府当局设立轮船公司，这可以说是种下招商局的种子。又在那个时候，他又建议设立国家银行，并且拟了很详细的总行、分行的章程，这可以说是种了以后的中国交通等银行的种子。

此外广东的华侨，数百年来，在海外所经营各种企业与实业，不但在海外占了很重要的地位，就对于广东与整个国内的经济上，都有莫大的帮助。清初屈大均在其《广东新语》里已经告诉我们：

> 吾广谬以富饶特闻，仕宦者以为货府。无论官之大小，一捧粤符，靡不欢欣过望。长安戚友，举手相庆。以为十郡膻境，可以属餍脂膏，于是争以母钱贷之，以五当十，而厚责其赢利。

总而言之，广东因为地理与他的原因，与海外各地交通较为便利，商业较早发达，经济上占了优越与特殊的地位，因而各种物质的生活与经济方面的各种组织之趋于近代化，也比较其他的地方为早。

在政治方面，太平天国之勃起，主要是藉基督教以号召群众。所以曾国藩在其讨太平天国的檄文里说：

> 粤匪窃外夷之绪，崇天主之教……举中国数千年礼义人伦，诗书典则，一旦扫地荡尽，此岂独我大清之变，乃开辟以来，名教之奇变，我孔子孟子所痛哭于九原。

然而最奇特的，是拥护孔孟的曾国藩，终于不得不窃外夷之绪，以平太平天国，以开同治中兴，与以倡维新运动。而所谓窃了外夷之绪的洪秀全，到了南京坐金銮殿之后，却去提倡科举的制度，劝读孔孟的典籍。我们虽不能以成败论事，然而曾国藩之所以成功，洪秀全之所以失败，实可以作我们读历史的人一个很好的反省。

又如维新运动的康、梁，都是粤人。维新运动失败以前的康有为，是一个主张西化很力的人。至于梁启超在维新运动后的十余年，还是中国新思想、新文化的先锋。维新运动，虽如昙花一现，转瞬凋零，然而历史上的意义，却很重要。这个运动，不但与甲午之败，以至庚子之祸有了关系，就是与后来的革命运动也有了关系。可惜近来人们对于这一点，不但少有注意，而且好像已经忘记。

至于孙中山先生所领导的革命运动，以至民国十七年的北伐运动，乃策源于广东，这是妇孺所共知，用不着我们加以详细的叙述的。

在宗教方面，景教是西洋基督教的支流，其流传入中国，虽在唐朝初年，而其输入的路线，也虽非始于广东，然而景教在中国文化上的影响，既不算很大，而其流传也不算得久。至于天主教在元代，虽亦从北方输入，然而那时从北方输入的天主教，也是随元朝的灭亡而断绝。只有自海道沟通以后而从广东输入的天主教，不但一直发展至今，而且对于中国文化的影响也至大。自海道输入的天主教的中坚人物是利玛窦。利玛窦是一八五二年抵澳门，他后来在肇庆、韶州住了十余年，学习中国语言，考察中国风土，翻译西书，画绘地图，然其主要目的却为宣传宗教、罗致信徒，与设立教堂。他在肇庆、韶州，不但设立教堂，而且劝了好多国人入教。到了后来，他又得了琼州的王忠铭以及其他的人士的帮忙，始赴北京，使天主教在中国立了基础，同时也使天主教在中国继续不断地发展。至于新教的马礼逊，自一八零七年到广州后，始终致力在广东宣传宗教。而国人之信仰新教较早与宣传新教较力的，是一位叫做梁发。梁发是广东人，他是一般人所共认为中国的新教徒的先锋，他的墓，现在还在广州岭南大学里。

在教育方面，较早留学西洋的如清初香山的郑推信，用不着说，近代留学的先锋要算容闳、黄宽、黄胜三位。黄胜到美国后，不久因病回国，成就较少。黄宽留美后，又留英国爱丁堡大学，专攻医科。据容闳告诉我们，他不但是中国的医学的先驱，且为好望角以东的最负盛名的外科医生。所以旅粤的西人，欣迎黄宽，较甚于欣迎欧美医士。容闳回国后，不但对于曾国藩的新政，帮助最力，对于维新运动，对于革命运动，都有关系。然而他最大的贡献，还是在新教育的传播上。他是第一个主张派送留学生去西洋求学的人。从一八七二年至一八八二年之间，政府分批派送百余留美学生。这不但是由他发起与计画，而且由他亲带学生出洋。此后留学的派送，以及留学生之影响于中国，都可以说是发端于容闳。又在维新运动的时候，康有为劝了光绪帝废除科举之后，又劝光绪振兴学校，也是我国新教育的主动人物。

此外，梁启超的文字革命的主张（《新民丛报》第一号），白话小说的写作（《新小说》杂志），与其通俗文体的流行，以至黄公度的新诗，对于近代白话文运动均有深刻的影响。至于妇女运动、劳工运动,与新式都市的运动等等,都可以说是策源于广东。

五

广东是旧文化的保留所,又是新文化的策源地。因粤人既是旧文化的守护者,又是新文化的先锋队。这好像是自相矛盾,这好像是趋于极端,然而极端的守旧,与极端的维新,在文化上固有差异,在民族性上似可以说是一致。中国今后需要那一种文化,凡是稍能留心我国文化的以往的趋势,与今后的急需的,都能容易明白。至于极端的民族性,从我们传统的中庸的思想来看,也许不对,可是从我国今日的情形来看却很需要。其实,我们的祖宗在过去所以不愿受统治于五胡、辽、金、蒙古、满洲,而向南迁移到广东来,到外洋去,就是不愿同化而表出极端的性格。同样,我们的祖宗在汉时,在唐代,竭尽兵力,征伐南蛮,斩荆棘,辟疆土,就是不甘自足而表示极端的性格。这样看起来,极端是冒险,极端是进取。极端才不怕死,极端才作革命。不怕死然后抵抗强敌,作革命才能复兴民族。我所以说广东是抵抗外侮、复兴民族的根据地,就是这个意思。

中国民族的发展,大致上,可以说从黄河流域而至长江流域与珠江流域。汉以前,长江以南,还是荆蛮。汉时越王赵陀还自称为蛮夷。但是经过汉唐两代的南进,与晋宋两代的南迁,汉族逐渐的繁殖于珠江流域。汉唐的南进,与晋宋的南迁,有其根本不同之处。因为前者是自动的南进,而后者是被动的南迁。前者是因强盛而南迁,后者是因衰弱而南来。然而从民族主义的立场来看,两者却有其相同之点。因强盛而南移,固可以表现出我们的民族的精神,因衰弱而南迁,也可以表现出我们的民族思想。因为因衰弱而南迁,在消极方面是表示我们不愿受异族的统治、压迫与同化。在积极方面,我们还要与南方的原有民族相抗争,而与汉唐南进的结果,没有多大差异。我们知道,道光时湖南尚有苗患,光绪时广东还有黎患。这可见汉族与南方原有的民族的抗争的时间之长。至于在南洋的华侨之与异种民族的争竞,也不外是这种抗争的历史的延长,与范围的扩大而已。

好多人类学者与历史学家告诉我们,现在安南、暹罗与马来半岛各处的土人,是由广东与西南各省迁移的。这就是说:他们是因汉族的南进而南迁。汉族愈向南推进,他们愈向南迁移,正如湖南的"瑶""僮",因汉族的南进而移来广东。广东的汉族,不但移到中国最南的边境,而且推进到南洋海外各国。从民族的立场来看,广东人不但是民族向外发展的先锋队,而且因与异种民族的抗争的时间较为长久,民族思想的色彩也可以说是因之而较为浓厚。

而况自东西海道沟通以后,西洋各种民族接踵而来,广东人之在广东与南洋的，都因其地理与他种原因，与这些民族最先接触，因而近代西洋民族主义之影响于广东人也较为深刻。所以广东人在民族革命上，与抵抗外侮上，都占有特殊的地位。中国近代民族革命运动可以说是始于太平天国，而发展于孙中山先生。然而这两种革命，正如上面所说，都是策源于广东。至于冯子材之败法军于谅山，十九路军之抗日，都是抵抗外侮的表示。

六

自广州失陷后，国人有了不少对于广东在抗敌上，持了悲观的态度，这虽不能说是全无根据，然也只能说是片面之见。我们应该明白，广州失陷的责任，主要是在主持广东的几位当局，而非广东的一般民众，所谓广东精神，既不能以几个人来代表，这种广东精神，也不会因几个人而消灭。八十年前，广州也曾被外人占据，然而广东精神，并不因之而失却。何况广州虽失，广东的大部分，还在我们的手里。所以今后的广东民众与广东的当局，应当以固守广东的其他部分，以为固守国土的榜样，应当以克复广州，以为克复失地的先声。

不但这样，广州虽为广东的财力集中区域，然而广州的财力的来源，并不在广州。广州之所以成为繁盛都市，主要乃海外粤侨的力量。广东之所以称为富有的省份，主要乃海外粤侨的财力。所以广州虽失陷，都市的建设力量，却不因之而丧失。广东的其他部分虽被敌人的威胁，广东的经济力量，也不因之而断绝。

抵抗外侮，与复兴民族的主要条件，至少有二：一为人心，一为财力。只要广东的精神不死，只要粤人的财源不竭，不但广东的前途可以乐观，就是中国的前途也有把握。

近来又有些人，以为历史上只有北方统治南方，没有南方统治北方，因此遂以为敌人自北而南，会演历史上的故辙。然而他们忘记了近代历史，已与以往历史，大不相同。在中国固有的文化统治之下，北方故是统治南方，然而自西洋文化从南方输入之后，情形恰恰相反。太平天国不是起自南方吗？革命运动不是起自南方吗？广东是新文化的策源地，在过去，广东人曾利用这种新文化去推翻满清，去抵抗外侮，而今而后，广东人愈要格外努力发展这种新文化，去打倒倭奴，复兴民族。

《民族文化》第 2 期，1941 年 5 月 31 日。

1942 年

师范学院的存废问题（存目）

原载《当代评论》第 2 卷第 2 期，1942 年 1 月 19 日。

后编入《大学教育论文集》（岭南大学西南社会经济研究所 1949 年 10 月初版），易名为《论师范学院》。

全文见《陈序经全集》第四卷《大学教育论文集》第二编 六、论师范学院。

中国妇女运动过去与将来

自十八世纪的末年窝尔斯吞克拉夫特（Marg Wollstonecraft）刊行《女权的辩护》（*A Vindicatronion of the Right of Woman*, 1791）以后，弥尔（J. S. Mill）的《妇女的压制》（*The Subjection of Women*），白浩芬（Bachofen）的《母权论》（*Das Muttrrecht*），华特（L. Ward）的《女性中心论》（*Gtynecocentric Theory*）相继出版，提倡女权。这些提倡女权的学者的理论，是否健全，我们在这里不必加以考究，不过这种理论，对于十九世纪以至二十世纪的妇女运动，有了重大的影响，是没有可疑的。

妇女运动是近代的产物，同时又是十九世纪以至二十世纪的社会运动的一种主流，与民族运动、民主运动、工业运动以至都市运动，同样的发展，同样的重要；而且互有密切的关系，形成近代文化的特性，而与以往的文化，有了根本不同的地方。我们知道在过去，而尤其是在希腊与罗马的时代，女子的地位，不但比男子的地位低得多，而且女子往往是被视为货品，与奴隶、牛马处于差不多同等的地位。亚里士多德把女子、奴隶与耕牛，相提并论，就是这个原故。照中世纪的基督教教义，男女在上帝面前虽是平等的，可是实际上，男女并没有平等。直到十九世纪，大思想家像孔德，像斯宾塞尔，不但不承认事实上男女不平等，而且也不承认理论上的平等。

所以妇女运动不仅是近代的物产，而且是欧洲近代文化的特征。中国与西洋的文化接触历史虽久，然而妇女运动的历史，却可以说是二十世纪以后的事情。

自明末天主教传入中国之后，利马窦在其《天主实义》里虽主张在上帝面前男女是平等的原则，虽反对中国的多妻多妾的制度，可是实际上，并没有很大的影响，到了十九世纪的中叶，西洋的基督教徒，一方面受了西洋的妇女运动的影响。一方面藉着条约的特权，在中国提倡教育，逐渐打破女子无才便是德的观念，女子在智识上，才有发展的机会。又如维新运动的领袖们，如康有为、梁启超，曾在上海倡设女子不缠足会，以及一般教育家对于女子体育的提倡，使女子在体格的发达，是中国近代妇女运动中的最有功效的事情。

国人从来对于体育，从不注重，而女子尤甚。桃口柳腰，风吹欲倒，这是国人的理想。理想的姿态，金莲三寸，寸步难行，这是国人的理想的女子的动作。女子为国民之母，女子体格太弱，不但女子本身吃了大亏，就是其所养育的子女，也易成为弱质。此外，礼教既奖励女子不出闺门，而风俗尤其北方的风俗，又往往养成女子少任劳力的工作，一生的时间，大半消耗于火炕之上。此外若再习染于不良习惯，如鸦片之类，则其损害于身体更甚，结果是女子的体格愈趋于软弱。我们未必完全相信软弱的母亲一定生出软弱的子女的论调，然而我们可以相信软弱的母亲不易养出强壮的子女。西洋人所以目我国人为东方病夫，主要可以说是由于女子的软弱。

然而，近代的好多女子就不是这样。缠足的恶习，既逐渐打破，她们若是有了机会去进入学校，则体格必比较强壮得多。只要我们把一般的女学生来与一般的没有受过教育的小姐们的体格，来比一比，立刻可以看见其差异。这不只是在沿海的通商大道的情形是这样，就是西北、西南的内地各处的情形也是这样。人种的强壮，是复兴民族的重要条件，而女子体格的强壮，又是人种的强壮的基础。所以今后的国人，对于国民的体育，固要特别加以注意，而对于女子的体育，尤要特别加以注意。

其实，女子能参加各种有益于身体的游戏与运动，是中国种族上的一大变化。现在不但在普通的学校里，体育为女子的必修科，而且有了女子体育专门学校的设立。至于学校以外的各种游戏运动或旅行团体以至军事团体之由女子主办或有女子参加的，也逐渐增加。这是中国妇女运动中最值得提倡的事情，而这种事情，直接上固是增进妇女本身的康健，间接上，是增进中华民族的康健。

妇女智识的发展，可以从近代妇女教育的女子，然而为数极少。至于有些贻文弄墨，唱月咏花的女子，虽非没有，然也只以文字为装饰品，谈不到有什么特长的智识。而况女子无才便是德，既成为国人的传统思想，女子若受教育，不但是违反中国的道德的信条，而且往往成为"才女薄命"的悲剧。加以学校既不允许女子的进入，就是女子欲想读书，亦少机会。女子至多只能在所谓读书之家里，拾得一些余唾罢。

自海禁既开以后，提倡女子教育较早而影响较大的，要算教会，而尤其是新教会所设立的学校。一八三四年伦敦妇女会已派妇女来澳门创办女子学校，自此以后，以至十九世纪的末年，中国女子教育之推进最力而成效较多的，还是教会学校。教会学校不但在中国设立学校，教育女子，而且往往送派中国女子，到外国留学。

维新运动以后，而特别是辛亥革命以后，国人逐渐感觉到女子教育的重要，因为女子本身有了益处，对于其子女的教育尤多帮助。所谓家庭教育，主要可以说是母亲教育。三四十年来，女子之在小学、中学读书的人数固日日增加，就是在大学的也日日增加。我们回忆二三十年前的学校里，很不容易找到女教师，而现在，不只是幼稚园里固全用女教师，就是小学里，也多为女教师。此外，在中学里以至大学里也有不少女教员。至于专为女子而设之中学、大学以至师范及各种职业学校，在近年以来也逐渐增加，这都是女子智识发展的表征。

除了体格的发展与智识的发展之外，在政治上、在职业上，以至在社会的其他工作，女子之参加的也逐渐的增加。甲午败后，康、梁提倡维新运动的时候，谭嗣同夫人李闰及一些对于政治改革发生兴趣的女子，已有中国女学会的组织。革命运动的初期，秋瑾曾奔走革命，到了一九〇七年，她与徐锡麟、熊成基等拟在安徽、浙江各处作大规模的起义，不幸因事泄而被杀，这实为参加实际政治运动的女先辈。直到现在，凡是读其诗文的人都能感觉其爱国之诚。辛亥革命成功的时候，妇女曾派代表向政府要求参政。民国二年的广东临时省议会中，已经有了几位女议员。到了民国十年三月二十九日，广东的省宪起草时，广东的妇女界曾作过大规模的巡行，要求女子参政权。她们这一次的运动，虽未能完全达到目的，但也得到参与市政的权利。过了几个月，湖南省宪也规定女子可以被选为省议员。民国十五年国民党第二次全国代表大会举行于广州，也议决女子应有财产继承权。未久而广州的最高法院也判决，无论已婚或未婚的女子，应与男子一样的有财产继续权。上海的地方法院曾有女子作过法官。至于抗战以后的参政会，每届都有好几个女参政员。事实上，抗战以来，妇女之随军或参加各种抗战工作的为数不少，至于各级各种政府机关之任用妇女为公务员或职员的为数更多。

在职业上，妇女之参加的，也可以说是与日俱增。商店之雇用女职员，不但在通商大邑随处可见，就是在内地的城市里也随处可见，而且近来有些商店是完全由妇女去经营。上海曾有女子储蓄银行的创办。近来银行对于妇女行员的取录，虽特别加以限制，然而银行之用女行员的并非没有。交通机关如电话局、电报局，以至邮政局，也有很多的女职员。在工业方面，纺纱厂、蚕丝厂之用女工的更多，而好多的手工业品，多由妇女制造。

近来有些职业，逐渐已为女子所独占。幼稚园的教师，医院里的看护，固不待说，就是小学里的教师，与一般办公室的打字人员也有这种趋向。至于一般的社会救济工作、社会服务工作，以至助产医士、手织工业等，妇女之从事的都逐渐增加。

总而言之，在事实上有些政府机关，有些职业，也许妇女之参加的为数很少，或甚至于完全没有，然在理论上，无论何种政府机关、何种职业，大致上妇女都有机会去从事。

理论上无论何种政府机关或何种职业，妇女都有机会去参加，那么事实上凡是男子所作的事情，妇女是否也要同样的作去，却是一个讨论的问题。在分工合作的社会里，男女在实际上所作的事情固不必尽同，不应尽同，就是在男子与男子之间，或女子与女子之间，也未必尽同，不应尽同。我们固不能武断的说，某种工作只有男子才能作，或某种工作只有女子才能作，然而我们也不能武断的说，凡男子所作的工作，都要女子同样的去作，或女子所作的工作，都要男子同样的去作。所谓男女平等，是机会的平等，非人家作什么，我们也作什么，才算平等。

我们承认在目前的中国里，重男轻女的观念还未完全打破，然而我们也得明白，在数千年的男尊女卑的中国文化之下的女子，在今日能够有机会去发展其体格，发展其智识，能够有机会去参加政治工作，参加各种职业，已足证明中国的妇女运动并非完全没有效果。我们承认在目前的中国里，有些政府机关，有些职业团体对于女子的任用很为踌躇。然而这也许是因为实际上的困难，或是传统思想的作祟，然而这种实际上的困难与这种传统思想的作祟，并非完全没有办法去打破的，数十年来的妇女运动，既已打破了不少的旧观念、旧制度，那么今后的妇女运动，无疑的要使妇女得到较多的自由与较多的平等。

《妇女新运》第 4 卷第 2 期，1942 年 2 月。

谈救济华侨（存目）

原载《中央日报》（昆明）1942年6月21日第3版。

后编入《南洋与中国》（岭南大学西南社会经济研究所1948年12月初版，岭南大学西南社会经济研究所专刊甲集第一种）附录六。

全文见《陈序经全集》第五卷《南洋与中国》附录六、谈救济华侨。

南洋与青年（存目）

原载《民族与国家》创刊号，1942年12月；又载《南洋杂志》（新加坡）第1卷第9期，1947年7月15日；《中学月刊》第7期，1947年11月1日，易名为《青年与南洋》。

后编入《南洋与中国》（岭南大学西南社会经济研究所1948年12月初版，岭南大学西南社会经济研究所专刊甲集第一种）附录七。

全文见《陈序经全集》第五卷《南洋与中国》附录七、南洋与青年。

杨林之游[1]

我生平所游地方并不算少，然而印象最深与感想最多的要算杨林之游了。

民国卅一年十二月五日早晨七时，我和两位同事从我住的地方出发，七时四十分抵东车站。我们以为我们到车站的时间尚早，可以在火车上找个位置，可是，跑上火车里一看，个个车辆都拥挤得人山人海，费了不少的力量，我们才能挤上车里。据说从昆明的火车是两个钟头，车从昆明八时开，行到大板桥时约已九时，这总算是很为顺利。不过到了大板桥后，一停就停了一个半钟头，所以到杨林已是正午十二时。我们知道，从昆明到杨林不过五十公里左右，五十公里左右的路程，要乘四个钟头的火车，差不多可以说是破了世界火车之最慢的纪录。然而现在是国难时期，一切从慢，有了火车来站以算幸福，何敢多求。所以当一位同事问我为什么这个火车那么慢，我还尽力去解释为川滇公司本身的苦衷。

我所以尽力去解释川滇铁路公司本身的苦衷，因为我曾忆起有一次我与前任川滇铁路公司总经理沈立孙先生同从重庆乘飞机回昆明，在飞机上无事闲谈，谈起川滇铁路，我笑对他说，听说从昆明到曲靖的火车要行二十四个钟头，这是破了火车最慢的记录。他苦笑的对我说："朋友，您可知道这是在国难时期，而且我们的车头是四五十年前的车头，人到了这个年纪，跑路还觉腿软，而况车头。"我对于铁道学是门外汉，而又没有学过工程学，我不只自认浅薄，而且很表同情于立孙先生这几句话，所以在未乘过这段火车之前，就觉得车行得慢是无可奈何的。

我们到杨林车站时，因为要想当天赶回昆明，所以很谨慎的到车站找站长问问下午回昆明的火车。他说下午三时有一次车，四时又有一次车，不必担忧。我们于是到杨林镇去办我们所要办的事情。也是为了谨慎起见，下午二时半就到杨林车站候车，一直候了三个钟，才有一辆从小新街开来的火车，车辆是装货的而非乘客的。不过车上货并没有什么货，而拥挤得没有立锥之地的倒是乘客。我没法也挤上去，好几次都被车上的乘客把货车的门关起来。最后费了很大的力量把了一个车开了，在要挤入的时候，车上的乘客都同样的说："先生，请您自己看看你什能挤得上来？"我真费了九牛二虎之力才挤上去，挤上之后，才慢慢的觉得实在不易挤得上。因为我挤上去的时候，车离地上相当的高，我的头虽然挤上几个乘客的脚与脚之间，我就只能蹲在车里。原来每个人的身部所占的地方比起

---

[1] 校按：据抄稿整理。写作时间为 1942 年 12 月 5 日。

两脚所占的为多，因为有好几人把脚挤在一块，让我挤上来。而我自己却无法站起来，我没有办法，大声的叫，请求整个车厢的搭车设法再让。经过相当的时间之后，与得几个客人的极力帮忙，我才能站起来。同时一位同事也才能挤得上。后来我发现，在车的四角有好几竹篮，我与几个乘客出了好多力量，说服数位挑竹篮的挑夫把几个篮叠起来，大家才觉能呼吸自然。只有一个竹篮装满鸡蛋，无法安置。后来有二、四位站得太倦了，不得不坐在装鸡卵的篮上，挑鸡蛋的妇人虽然极力的反对，也没有效。有人说，几个人坐在鸡卵上，明天命孵出好多鸡子来。

我们自五点多钟上车之后，一直候到七时左右，车还没有开〔大〕，大约是七时余，曲靖有一辆火车到了杨林。我以为我们的车既候曲靖，车大概还是从曲靖来的，所以本想跑到从曲靖来的车上，然而一来这时我们的车门已关，只剩了一线为空气流通的地方，因为人太多，挤也不易挤出去。二来外面有了嚷道，车就开了，切勿下来。坐在门口的客人也说道，那边的车更挤，连了车篷上都坐满人。在这种情形之下，我们只好打消换车的意思。然而不久从曲靖来的车，竟然先开，一直到了八点左右，我们的车始离开杨林，中间不知是车坏或别的原，停了好几次。车里的客人既多，站在车里的时间又久，几位大约从缅回来的华侨只着了二件白的衣裳，天气之冷，既是昆明所少见，吹风之大也是昆明所少见。我穿了一件大衣还觉得冷气入骨。他们以及他人之少穿衣服的更不待言。一位华侨本来带了一个小被包，我用广东话叫他打开起来把来盖在身上。他说，先生，人挤得那么厉害，怎能打开，而且里还有包着些零碎用品，在这黑夜中打开起来，里面的东西很易遗失。他从缅甸回到昆明，路上东西都遗光了。在几次搭这火车时，正是因为晚间大冷，打开被包，又失了不少东西。现在剩了一点东西，是他的整个家产，也就是他的第二生命，万一这一点东西再遭遗失，那么他就为孑然一身。他说，悠悠长久的冬天还在前面，今夜尚不能忍过，今后怎样过呢？我小时曾在过南洋，二十年来，平均每三年都到南洋各处一次，与华侨的接触既较多，所以对于这种的情形特别的深印入我的心里。

不但这样，车上既没有东西可以吃，车站也没有东西可以买。车里的乘客既受寒又肚饿，所谓饥寒交迫的苦楚，都在这个车里尽量的表露出来。而且车里有很多小孩与妇女，小孩因饥寒而哭得声音惨不忍闻，而妇人有了因为无法去止小孩久哭，同时以饥寒所迫，怨声满车。还有几位妇人因为太过拥挤，而且男女杂立，在车行的时候，当然大家相撞起来，遂以为男侮辱了，结果是大声叫骂。这一二位男的既也不示弱，大家大起争吵，而男女说话之粗鲁，实为平常所少见，使整个车厢的客人不得不起而干涉，以免"丑言毕出"。至于一般男客之因太挤而互相吵的连续不断，据说在某一车厢里，还有两位乘客因为车行时间太久，竟在里面便溺起来。

我们就这样过了一种不是人类所应当过的生活，直到次晨差不多一时，始到昆。从下午二时半在杨林车站候车，以至次晨共化了十一个钟头，而从杨林至昆明，火车走了差不多五个钟头。杨林到昆明既不过只五十公里，平均每个钟头车走约十公里。我们当然还可以自慰，因火车还是比走路为快。不过假使我们是走路的话，我们有了走路的准备，我们既然坐了火车，就有了坐火车的计画。因为计画去坐火车，结果是挨饿半天，同时又受了不少的苦闷，不少的感慨。

这不过是随便把了一点经验出来，至于查票员的有否作弊，铁道上的职员是否乏礼貌，还是一个问题。搭车既是那拥挤，不但好多人没有买票，而且有的时候根本没有人查票。国家的收入的减少也算罢了，养成人民坐车不买票的习惯，尤是一个大问题。

我自想我搭火车也不算少，国内火车之腐败的，以前有人说是陇海铁路，有人说是广三铁路，这两者我都乘过，从我个人看起来，铁路之最腐败的恐怕还是叙昆。我并不否认国难时期的特殊情形，我也并不否认沈立孙先生所说的苦衷。然而照我个人的看法，这种令人不满意的事情决不能以国难去塞责，也不能以车头太旧去解释。因为管理与人事的缺点恐怕比起国难与车头太旧所负的责任，恐怕还多得多。叙昆铁道是新辟的铁路，车头［车］车辆虽因国难时期而无法改善，至少在人事与管理方面应有一般新景象。

立孙先生已不幸于几个月前死去，我们希望继续他的人对于这些问题应当加以特别的注意。

（此文本为应某刊物而写的，但始终没有交与该刊。）

1943 年

联大六周年纪念感言（存目）

——谈联大的精神

原载《大公报》（重庆）1943 年 11 月 1 日第 1 张第 3 版。

后编入《大学教育论文集》（岭南大学西南社会经济研究所 1949 年 10 月初版）附录二，易名为《国立西南联合大学六周年纪念感言》。

全文见《陈序经全集》第四卷《大学教育论文集》附录二、国立西南联合大学六周年纪念感言。

五四文化运动的评估

五四文化运动的价值,与其说是在于积极的主张接受西洋的文化,不如说是在于消极的反对孔家的思想。

原来从所谓积极的主张接受西洋的文化方面来看,五四文化运动的领袖们所主张的西化,既并不见得很彻底,也并不见得超越了在五四文化运动以前的一些主张西化的人们的见解。

我们都知道五四文化运动的领袖是陈仲甫与胡适之两先生。可是他们以及一般的拥护这个运动的人们所主张的西化,大致上,不外是民主主义与科学精神。前者是叫做德先生,这就是英文上的德谟克拉西(Democracy),后者是叫做赛先生,这就是英文上的赛恩斯(Science)。陈仲甫先生在《新青年》六卷一号所发表《本志罪案之答辩书》一文里,曾显明的指出他与他的朋友,除了提倡德、赛两先生之外,并没有别的罪状。所以他说:

> 大家平心细想,本志除了拥护德、赛两先生之外,还有别项罪案没有?若是没有,请你们不用专门非难本志,要有气力,要有胆量来反对德、赛两先生,才算是好汉,才算是根本办法。

简单的说,从主张西化方面来看,他们所要接受的不外就是德、赛两先生。除了德、赛两先生以外的东西,或是与了德、赛两先生有了关切——密切的关系——的好多东西,如哲学,以至宗教,他们并没有明白的提倡接受,我所以说他们所主张的西化,并不见得澈底,就是这个原故。

又如胡适之先生在其各种著作里,虽也积极的主张接受西洋的文化,然而在其所著的《中国哲学史大纲》的导言里,也告诉我们:

> 世界上的哲学,大概可分为东西两支:东支又分印度、中国两系,西支也分希腊、犹太两系。初起的时候,这四系都可算作独立发生的。到了汉以后,犹太系加入希腊系,成了欧洲中古的哲学,印度系加入中国系,成了中国中古的哲学。到了近代,印度系的势力渐衰,儒家复起,遂产生了中国近世的哲学,历宋元明清直到今。欧洲的思想,渐渐脱离了犹太系的势力,遂产生欧洲的近世哲学。到了今日,这两大支的哲学互相接触,互相影响。五十年后,一百年后,或竟能发生一种世界的哲学,也未可知。

胡适之先生在这里虽是指着哲学而言,然而这也可以说是指着文化而言,至少是指着文化的一方面——一个重要的方面。胡适先生既以为中国的思想,可以与欧洲的思想调和起来，融合起来，而成为一种世界的哲学，或是世界的文化，那么他无疑的是一个主张东西哲学的折衷论者，是一个主张东西合璧的文化论者。我所以说他们所主张的西化，并不见得澈底，就是这个原故。

其实这种折衷论调的错误，胡适之先生在民国二十四年读了我在《独立评论》一四二号关于西化的讨论的一篇文章之后，他曾写了一篇《编辑后记》，指出这种论调的错误。他说：

> 现在的人说折衷，说中国本位，都是空谈。此时没有别的路可走，只有努力全盘接受这个新世界的新文明。……若我们自命做领袖的人，也空谈折衷选择，结果只有抱残守缺而已。古人说："取法乎上，仅得其中；取法乎中，风斯下矣。"这是最可玩味的真理。

不久以后，他又在天津《大公报》上发表了一篇社评，所谓《中国本位的文化建设》。他说的结论是：

> 在这个我们还只仅仅接受了这个世界文化的一点皮毛的时候，侈谈"创造"，固是大言不惭，而妄谈折衷，也是适足为顽固势力添一种时髦的烟幕弹。

这可见得胡适之先生，后来也觉得折衷办法的缺点，而与他在五四文化运动的时候所主张的调和论调的不同了。

我说他们——五四文化运动的领袖——所主张的西化，并不见得超越了在五四文化运动以前的一些主张西化的人们的见解，因为像他们这样的主张西化，在他们以前的好多人，也这样的主张过。我在这里不必多去举例，只要读者一读严又陵，胡礼垣，以至容纯甫这数位的著作，就能明白。

容纯甫是我国近代的第一个留美学生，他在太平天国尚未覆灭之前，已主张我们要积极的西化。他不只主张在机器方面我们要效法西洋，就是在经济的金融方面，政治的制度方面，而尤其是在教育与学术方面，我们也要效法西洋。他的西化的教育的计画，这就是派送大批留美学生的政策，虽于一八七二年实现，然而不够十年，又为一般守旧者所破坏而致于失败。他除了亲身带了一般学生到美国去吸收新智识，学习新科学之外，又参加过康梁的维新运动，参加过辛亥的革命运动，直到他亲眼看见了满清的覆没，民国的成立，他才逝世。他所著的英文自传 My Life in China and in America（中译《西学东渐记》），到了现在，还是很值得我们去读。

胡礼垣在其《新政真诠》里，不但很严厉的批评张之洞的"中学为体西学为用"的论调，而且指摘过康、梁的维新运动。他提倡民权，而常常说这"中国之学西法，错在不学其心，而但学其法"。他的著作在国内很少流行，日本人曾译为日文，而对于日本的思想，有了不少的影响。

至于严又陵在四十年前，提倡西化，不遗余力，还是大家所知的。我们现在且抄他在《自强》一篇文里一段话于下。

> 至于今之西洋，则与是不可同日语矣（按：指蒙古与满洲而言）。何则？彼西洋者，无法与法并用，而皆有以胜我者也。自其自由平等以观之，则其捐忌讳，去烦苛，决壅蔽，人人得其意，申其言，上下之势不相悬隔，君不甚尊，民不甚贱，而联若一体者，是无法之胜也。自其官工兵商法制之明备而观之，则人知其职，不督而办，事至纤悉，莫不备举，进退作息，皆有常节，无间远迩，朝令夕改，而人不以为烦，则是以有法胜也。……故凡其耕凿陶冶，织纴牧畜，上而至于官府刑政，战守、转输、邮置、交通之事，与凡所以和众保民者，精密广大，较吾国之所有倍蓰有加焉。其为事也，一一皆本诸学术；其为学术也，一一皆本于即物实测，层累阶级，以造于至精至大之涂，故蔑一事焉，可坐论而不足起行者也。苟求其故，则彼以自由为体，以民主为用，一洲之民，散为七八，争驰并进，以相磨礲，始于相忌，终于相成，各殚智虑，此既日异，彼亦月新，故若用法而不至受法之弊，此其所以为可畏也。

严又陵在这里所提倡的"实测"的学术或是实验的学术，岂不就是五四时代所拥护的赛先生吗？他所提倡的"自由为体民主为用"，又岂不是五四时代所拥护的德先生吗？

五四文化运动的领袖们，在积极上，对于提倡西化虽如我们在上面所说不见得很彻底，可是消极上，他们反对孔家的思想，却是五四文化运动以前的一般主张西化的人们所很少注意的事情。

我们知道，近代提倡西化的领袖，像太平天国灭亡以后的曾国藩，虽是努力去提倡西洋的机器文化，但是他对于中国固有的文化，而尤其孔、孟所代表的文化，却极力去辩护。比方他在《讨贼檄文》里骂洪秀全得最厉害的是：

> 举中国数千年礼义人伦，诗书典则，一旦扫地荡尽，此岂独我大清之变，乃开辟以来名教之奇变，我孔子、孟子之所痛哭于九泉。凡读书识字者，又焉能袖手安坐，不思一为之所也？

此外又如最喜谈洋务的薛福成、李鸿章，以至主张"中学为体西学为用"的张之洞，都能感觉到西化的必要，可是他们不只不反对我国的固有文化，而且很显明去辩护孔孟之道，就如主张西化很力的严又陵，后来也很积极的去提倡孔孟之道。

然而一方面提倡西洋文化，一方面又鼓吹孔子之道，本来是一种矛盾。因为旧的东西，若不破除，则新的东西，不易消化。五四运动的领袖们，很能看到这一点，所以他们除了提倡西化之外，还且极力反对固有的文化，而特别是孔子所代表的文化。所以陈仲甫在《新青年》六卷一号《本志罪案之答辩书》一文里说：

> 要拥护那德先生，便不得不反对孔教，礼法，贞节，旧伦理，旧政治；要拥护那赛先生，便不得不反对旧艺术，旧宗教。要拥护德先生，又要拥护赛先生，便不得不反对国粹和旧文学。

又如他在《答吴又陵（虞）》书中又说：

> 窃以无论何种学派，均不能定为一尊，以阻碍思想文化之自由发展，况儒术孔道，非无优点，而缺点则正多，尤与近世文明社会，绝不能相容者，其一贯伦理政治之纲常阶级说也。此不攻破，吾国之政治，法律，社会，道德，俱无由出黑暗而入光明。

有些人以为孔子所代表的固有文化的好多流弊，乃是后来的儒者所造出来的，而不能因此而责备孔子，可是陈仲甫的回答是：

> 足下分汉宋儒者，以及今之孔教，孔道诸会之孔教，与真正孔子之教为二。且谓孔教为后人所坏，愚今所欲问者，汉唐以来，诸儒何以不依傍道，法，杨，墨，而人亦不以道，法，杨，墨，称之？何以独与孔子为缘，而复败坏之也？足下可深思其故矣。（《新青年》二卷四号）

胡适之先生虽像上面所说希望儒家的思想与欧洲的思想调和起来而成为一种世界的文化，而在《〈吴虞文录〉·序》里，他也大喊打倒孔家店。

此外在当时还有一位吴又陵（虞）先生，曾在《新青年》及其他的刊物上发表文章，极力反对孔教。吴先生的文章后来都收入《吴虞文录》里。他在《致陈仲甫》书里说：

> 不佞常谓孔子自是当时之伟人，然欲坚执其学以笼罩天下后世，阻碍文化之发展，以扬专制之余焰，则不得不攻之者势也。

他以为孔子的学说是专制君主的护身符，因为孔氏之徒，湛心利禄，故不得不主张尊王，使君主神圣威严不可侵犯，以求亲媚。而当时人格高洁如沮、溺之流，皆鄙夷不屑，观微生亩"丘何为是栖栖者欤？毋乃为佞"之言，及"孔氏事君尽礼人以为谄"之语，则知孔氏之谄佞，当时固暴著于社会矣。

他又说：

> 夫孔氏对于尊卑贵贱之态度，于《乡党》篇记之特详。其种种面目变幻不测，虽今日著名之丑角，亦殆难形容维肖。诚可为专制时代官僚派之万世师表者也。……呜呼，太西有马丁·路得创新教，而数百年来宗教界遂辟一新国土。有培根，狄卡儿创新学说，数百年学界遂开一新天地，儒教不革

命，儒学不转轮，吾国遂无新思想，新学说，何以造新国民，悠悠万事，惟此为大。已吁。

其实这种理论，在满清的时代，以至民国初年，是不容易发表的。吴又陵先生在其致陈仲甫先生的信中，曾告诉我们，在满清末年与民国初年，他的这种言论，曾一度为当局所禁止。在这种的环境之下，我们可以想像，民主主义以致科学精神之在我国之不易发展的原因了。不过我们也得指出，吴又陵先生虽极力非儒，然他个人的思想却偏于老庄方面。他的《道家法家均反对旧道德说》《儒家大同之义本于老子说》，以及《消极革命之老庄》诸篇文章，都可以说有了反孔拥老的意思。所以他所反对的中国的固有文化，只是孔家所代表的文化，而非整个固有的文化。

其实非儒的言论，并非始于五四文化运动的领袖们。在周秦时代的庄子、墨子，汉代的王充，以至明代的李卓吾，都是反对儒家的代表人物。不过自中西文化沟通以后，很积极的去提倡西化，而同时却很极力的去反对孔教的却是始于五四文化运动的时代。

《自由论坛》第 1 卷第 4 期，1943 年 5 月 15 日。

宗教与中国

刘叔雅（文典）先生于去年十一月一日曾在《云南日报》发表了一篇"星期论文"，题目虽是叫作《中国的宗教》，但他在结论中告诉我们：中国是没有宗教的。从其题目与结论来看，好像有了矛盾，然而这是不大重要的，因为我们在这里所要特别加以注意的，是他说中国无宗教。

我记得好几年前，胡适之先生曾说，中国的文化有了几种特点，而宗教心理的薄弱，就是这种特点之一。我当时对于胡先生这种看法，已很怀疑，近来又有人像刘先生指出中国无宗教，我觉得这是一个错误。其实，我仍意见，恰恰与了这个结论相反，因而草成此篇，以供关心这个问题的人们参考。

我承认像统治中世纪的欧洲的耶教，或是统治以往的暹罗的佛教，是中国所缺少的。不过宗教并不一定是指着一种的信仰，也不一定是指着一个国家或民族只要有一种的信仰，才能谓为宗教，我们以为所谓宗教，应当包括一切的对于神的信仰或是对于鬼的迷信。因此之故，我以为与其说中国没有宗教，我们应当说中国是一个多神与多鬼的迷信的国家，而且与其说中国人民的宗教心理是很为薄弱，我们却以为中国人民的宗教心理，是很为浓厚。

其实也许是因为我们的神鬼的数目太过繁多，或是因为我们的宗教的心理太过浓厚，反而使我们对于宗教在我国的重要性，不甚注意。假使我们而能对于我们的人民生活以至整个文化，加以比较深刻的考究，那么我们就能明白我们的宗教，不只对于我们的个人的一生有了极密切的关系，就是在我们的家庭，乡村，以至国家中，也占了很重要的地位。

从我们的个人的生活方面来看，我们有了好多而特别是好多男子，在未出世之前，我们的父母，就去请求神灵，使其生育儿子。到了出世之后，除了感谢神灵之外，还要祷告祖宗。在南方的乡间的"送灯"的风俗，就是生了男孩而谢神的一种宗教的仪式，连了给与一个小孩的名字，往往也有其宗教上的一种仪式。

假使一个小孩以至成人第一次要离开家乡而远与行的话，说不定他要选择一个吉祥的日子，然后起程。假使他要上学读书，那么大概他得拜祭至圣先师。"初开蒙、拜圣公、四书熟、五经通"，这是从前入学读书的小孩所念的歌谣。而拜祭至圣先师，也是一种宗教的意义。假使他要作商人，他大概会崇拜陶朱，假使他要作工匠，他大概会崇拜鲁班。此外，在他定婚的时候，他也许要问问算命先生，他的对方的八字，是否与他的能够配合。在他结婚的时候，他除了共拜祖宗之外，还要参拜天地。在他染病的时候，他不一定要找医生，他也许到庙宇里请神灵使他恢复康健,或是请道士为他驱逐病魔。在他死的时候,他的子孙,除了加一个神牌在他的神殿之外,还要请道士为他驱逐恶魔,请和尚为他超脱的经典,请堪舆为他寻找吉祥的墓地,希望他在别一个世界里,好好的过活,同时希望他在天之灵,能够使他的子孙有福,有禄,有寿。所以他的身体虽已死了、可是他的灵魂是永存的。换一句来说,他死了之后,我们人类又多了一个神,或一个鬼。其实,我们可以说我们做人的日子少,而作神作鬼的日长。

祖宗是我们家中的正神,我们每个人都有其家庭,所以每个人都可以说是崇拜祖宗者。假使你要作和尚,那么你就要出家。出家不只是离开你的家庭的生活,而且是离开了社会的生活,然而你虽然因为作了和尚离开你的家庭以至社会的生活,可是你并不因此而离开了神鬼的世界,或是宗教的生活,因为事实上,你只是离开你的别的宗教生活,而进入佛教的生活罢。

在家里,除了祖宗的崇拜之外,我们还有了好多神鬼的供奉,灶有灶神,门有门神,梁有梁神,墙有墙神,因而造灶开门,安梁筑墙,无一不与神有了密切的关系。此外,家里也可以为了各样各色的鬼,对于家人的日常生活以至生病死亡,也有了密切的关系。

在我们的乡村里,我们除了祠堂以及其他的庙宇之外,我们有土地神,有井神,以及其他的鬼神。这都是与我们的整个乡村的生活有了密切的关系。至于一般城市里的城隍庙以及其他的庙宇之多,更是不胜枚举。据说澄江县城及其附近的庙宇,就有了好几十个,这岂不是表示我们的神鬼的数目的繁多吗?这又岂不是表示我们的宗教的心理的浓厚吗?

在专制政治的时代,皇帝是当作天生的,所以我们叫皇帝为天子。天子祭天,是国家的一种祭典。又因为天子是天生的,所以天子的出生,往往有了神迹的传说。汉高祖以及好多的皇帝的降生,岂不是有了神意,有了神迹吗?

我们是以农立国,故尊至天子,每年也要躬耕祭地神。我们是尊崇儒教,故官吏士人,每年要到圣庙祭祀孔子。《书经·舜典》里所谓"望山川",是我们古代天子祭祀山川的记载,这也是国家的一种祭典,而这种祭典,一直传到后代。

此外,日月星辰,风雨雷电,与好多飞禽走兽,花草树木,以至没有生命的石头与道路桥梁等等,也有其神鬼。我们的生活,我们的文化,既是与了这些东西,都有了密切的关系,那么在我们的生活里,在我们的文化里,这些神鬼所占的地位的重要,也可想而知了。

上面不过是随便的举出一些的例子,去说明中国是一个信仰多神的国家,而且不能说是一个宗教心理薄弱的国家。而况固有历史悠久与势力广大的道教,以至外间输入的佛教,回教,与耶教,在我们的生活上、在我们的文化里所占的地位的重要,是读过中国历史的人们所不可忽略的。

《云南日报》1943年10月24日第2版"星期论文"栏。

论中暹的关系（存目）

原载《扫荡报》（昆明）1943年11月3日第3版。

后编入《南洋与中国》（岭南大学西南社会经济研究所1948年12月初版，岭南大学西南社会经济研究所专刊甲集第一种）附录四。

全文见《陈序经全集》第五卷《南洋与中国》附录四、论中暹的关系。

乡村建设的途径（存目）

原载《当代评论》第 4 卷第 2 期，1943 年 12 月 11 日。

后编入《乡村建设运动》（大东书局 1946 年 5 月初版，"在创丛书"之一）第八章，易名为《乡村建设运动的途径》。

全文见《陈序经全集》第四卷《乡村建设运动》第八章 乡村建设运动的途径。

欢送参加战时工作的大学学生（存目）

原载《中央日报》（昆明）1943年12月19日第2版。

后编入《大学教育论文集》（岭南大学社会经济研究所1949年10月初版）附录一。

全文见《陈序经全集》第四卷《大学教育论文集》附录一、欢送参加战时工作的大学学生。

1944 年

论战后南洋华侨的经济问题

南洋华侨，在人口上，至少有了一千万以上，这是等于云南或是其他的一些省份的人口数目，而且在南洋，有些地方像暹罗，这个国家人口总数，也不过有了一千万左右，可是华侨却占了至少三分之一至二分之一那么多，比之现在统治暹罗的泰族的人口，还要多得多。因此之故，在南洋，不只是在城市里，差不多完全为华侨所布满，就是在僻壤深山里，也到处有了华侨的足迹，所以专从人口方面来看，南洋华侨之值得国人加以特别的注意，是无可疑的。

我们知道国人之所以要跋涉重洋而到南洋各处，目的不外是谋生，他们离开祖国的时候，往往是俗话所说只有"一条短裤与一枝竹竿"，然而经过数百年而尤其是近百余年来的奋斗，南洋的商业，主要固是在于华侨之手，就是南洋的农业，以至工业，也多为华侨所经营。暹罗人因此而叫我们的侨胞为东方的犹太，而且以为南洋之所以少有犹太，是因为有了华侨。这是讥骂我们侨胞的话，然而侨胞在南洋的经济力量的雄厚，可以概见。

南洋华侨在南洋的经济力量的雄厚，固无问题，就以国内来说，这些华侨对于经济方面的帮忙之多，也是一件很为显著的事情。在抗战以前，华侨每年从南洋所汇回国的款项，常常达了四万万元，这不只是养活了国内的好多同胞，而且在我们的国际贸易的平衡上，占了重要的地位。至于福建而尤其是广东之所以称为富裕之区，主要是得力于华侨的财力，是用不着说的。

不只这样，我们的近代的革命运动，在经济上，华侨的帮忙最大。一般革命领袖，在初年为革命奔走，或是失败而逃亡的时候，不只是军饷的接济，多要靠着华侨，就是个人的衣食问题，往往也要华侨为之解决。直到后来的北伐成功，以至抗战时期华侨所出的财力之大，都是国人所公认的。

然而我们不能不指出，华侨在南洋的经济力量，不但自南洋受了敌人蹂躏以后，蒙了很大的损失，就是在抗战以前，在最近的二三十年中，已有了日落西山的景象，而其所以致此的原因虽然很多，可是主要的是由于下列数种势力的威胁。

第一，是由于殖民地或居留地的政府，用政治力量去颁布了好多条例，以限制华侨的经济的发展。我们不能在这里详细的指出这些对于华侨不利的法律，我们只要指出，限制华侨的入口，增加入口税或人头税，禁止华侨购置地产，以至限制华工，以及好多关于限制华侨经营商业、工业、农业的法令，都是华侨经济上的致命伤。一个华侨从国内到南洋要花一笔很大的旅费，是用不着说的，入口时，又要给一笔很大的入口税，而在安南谷塔各处，每年所要纳的人头税，差不多要了百元的越币。好多侨胞每月薪金所入，也不过十元十余元，而半数以"上是……以及"其他的各种限制的条例，是临时可以变本加厉的。

第二，是由于土人的经济势力的逐渐澎涨。民国二十年间，我在暹罗京都，作过考察，那个时候，在曼谷，比方暹人之开西药店的差不多是没有的，然而五年后，我到曼谷时，却有了七八家之多。二三十年前，海防之开商店的，差不多完全是华侨，然而现在开商店最多的是安南人了。暹罗、安南固是这样，菲律宾、爪哇、马来半岛又何尝不是这样？

第三，是由于日本势力的伸张，这是上次欧战以后的趋势。日本自上次欧战发生之后，因为欧美货物的来源缺乏，乃大量的推销其货物于南洋，三十年来其在南洋的经济的力量，日来日增，有些西洋商人也因为其货物价廉而在日本购了货物，贴上制于德国或英国的商标，以欺骗顾客。至于华侨从前之推销西洋货物的，也有了不少因为国货缺乏，西货太贵，而没有生意可做而倒闭的。结果日本的货物之畅销于南洋的，真是无孔不入。南洋的一般人而尤其土人，身上所穿的衣服，家中所用的器具，多是从日本运来的商品。同时日本人不只是做批发的生意，而且开零售的商店，使华侨在经济上的地位，与在商业上的中间人的地位，受了很大的打击。

自敌人占据南洋各处，华侨所受的打击，更加厉害，所以今后的华侨的问题，而尤其是华侨在经济上的发展问题，是最值得我们的注意。

我们应当指出，自南洋各处被敌人占领之后，不只是华侨的厄运，就是西洋各国之在南洋有殖民地的，或是有经济上的关系的，以至南洋的土人，也蒙了很大的损失。因为敌人的目的，既是掠取南洋的资源，那么英、美、荷、法各国政府及其人民的工、商、农、矿业之在南洋的，固是被敌所占夺，而土人的一切产业，也为敌人所统制了。其实比方安南、暹罗的米，以及其他各处的日常生活上所必需的物品，在敌人掠夺之余，华侨固无以为生，土人也难于过活。不过因为华侨在南洋从来既执了经济的牛耳，所以这一次所受的损失，也特别的大，而战后要恢复其过去的经济的力量，也比较困难得多罢。而况，正像我们上面所说，在南洋尚未失陷之前，侨胞的经济力量，除了受日本的威胁之外，还受了殖民地或居留地的政府与土人的威胁呢？

但是我们既相信这次战争，敌人必败，同盟国家必胜，那么我们可以推想在战后，日本在南洋的势力，必定消灭，因而所谓日本对于华侨的威胁，也必随之而消灭。这是南洋的华侨的经济上的一个转机，而且，同时我们可以推想在胜利以后，西洋各国在南洋之统治地的地位以至暹罗的独立问题，大致上虽不会有什么变动，可是英、美、法、荷以至暹罗对于华侨的待遇，应当有所改善。这也许是南洋华侨的经济上的又一转机。不过这个转机，我们不只要靠人家的自动去作，而是要我们去努力以求。而且这不只是要华侨自己去努力以求，而是要我们的政府去用外交的方式，与英、美、法、荷以及暹罗的政府来调整，因为一切对于华侨的经济上的各种限制，是殖民地或居留地的政府所颁布的。

其实像在暹罗，直到敌人占领南洋之前，我们与暹罗还没有使节的交换，自敌人势力伸张到暹罗之后，东四省的伪政府虽派了什么公使到暹罗，然而这是敌人的爪牙，不只对于侨胞没有好处，反而为虎作伥。至于南洋其他各处，我们虽然有了领事，然而在以往因为我们的国家地位的关系，因而领事是没有什么权力的。除了发给护照之外，大体是无事可作，就是想作，也为环境所不许。所以政府今后怎么样的去利用其力量，去用外交的方式，与殖民地或居留地政府来改善华侨的待遇，而使其能维持其固有的经济基础，以至能发展其将来的经济力量，这是一个很值得我们在意的问题。

可是我们知道，在胜利之后，殖民地政府对于土人的待遇，也必加以改善，在改善土人的待遇的政策之下，是否与改善华侨的待遇，会发生问题，这也是一个很值得我们注意的问题。其实在以往，殖民地政府往往借口保护土人而颁布了好多限制华侨的条例，所以今后怎么样的去解决这个问题，又是政府当局所不可忽视的。

不是〔只〕这样，我们应当指出土人，在近二三十年的经济势力的澎涨，虽是得力于殖民地或居留地政府的保护的政策，比方暹罗政府规定在华侨所设立的工厂或公司中要有多少暹罗的工人之类，然而土人在近二三十年来的智识的发展，实为其经济势力的澎涨的主要原因。

南洋土人在近二三十年的智识的发展，而且很快的发展，主要的又是得力于教育的逐渐普及，而尤其是文字的易于学习。比方，懂得暹罗话的，一年或是六个月，就能懂得暹罗文。同样安南自改用罗马化的文字之后，妇孺车夫都能读书。智识的发展，使他们感觉到经济上的落后，而愈努力于智识——专门智识——的讲求。要做商的学商业，要为工的学工业，以至要为农的学农业。他们既逐渐的利用现代的智识去发展其经济，再加以殖民地或本国的政府的保护政策，那么他们的经济力量的逐渐澎涨，是自然而然的。

反观我们的侨胞，离开祖国而赴南洋谋生的人，既多是少有机会去受教育的人，在以往是靠着他们的勤俭而在经济上占了地位，在现在则专以勤俭去经营事业是不够的，所以今后怎样的去增加现代的智识以应付这个新局面，又是一个很值得我们注意的问题。

我们不能否认，在近二三十年来，南洋华侨的教育，也有不少的进步，然而二三十年来，除了教育的量的发展之外，在教育的质的方面，还是很为落后。南洋的华侨学校，讲求专门智识的固是没有，连了高中也没有几家，而况专只懂得中国文学，在南洋是不够用的。西洋文字固很重要，土人语言更不可忽视。然而这两方面而尤其是后者，在华侨所设立的学校里，从不注重，或竟完全没有。在身处区域的华侨，没有超过人家的专门智识去经营事业，已很吃亏，人家的语言文字，若也不通，试问怎能与人家竞争？而况连了好多侨胞对于任何文字，都不认识。以往的土人，不只没有智识，而且怠惰得很。一个土人比方一个马来人，既没有经营事业的经验，同时假使今天有了一块钱的入息，往往不用完这一块钱，就不愿再去作工作，比起没有教育而能勤俭与有经营事业的经验的华侨，是比不上的。然而现在他们不只有了智识，不只逐渐的勤俭起来而且逐渐有了经营事业的经济，若再加以政府的保护政策而给与他们好多的便宜，那么华侨之不易与他们竞争，而使其经济的力量，呈了日落西山的景象，也是自然而然的。

教育是百年大计，而智识尤其是专门的智识并非一朝一夕所能求得的。自南洋沦陷以后，华侨的原有的学校，被残殆尽，再加以奴化教育的压迫，使我们想在战后立刻发展南洋的华侨教育，是不容易的。所以要想华侨在最短时间内发展教育，以为复兴或发展其经济力量的张本，也是不容易的。因此之故，我们又不能〈不〉希望政府当局以至社会人士，今后应该设法奖励一些有智识的人们，而尤其是有专门的智识的人们，往南洋去，帮忙华侨去发展其经济力量，否则不只以后的南洋的华侨经济不易发展，就是以往已有的经济基础，恐怕也保不住。

总而言之，以往的华侨，以赤手空空而到南洋，即使南洋成为我们的宝库，救济了国内的好多同胞，繁荣了国内的好多地方，帮忙了我国的革命运动，现在他们遭了最大的厄运，有了最大的危机，而自己差不多没有力量去复兴其过去的地位的时候，假使政府当局，国内人士，不为他们设法以维持与发展其经济的地位，不只是对不住他们，而且是对不住国家呵！

《正义报》（昆明）1944 年 1 月 16 日第 2 版"星期论文"栏。

维新运动的历史意义[1]

戊戌维新运动,为时不过百日,虽如昙花一现,然在历史上所占的位置,却很重要。因为这个运动,在广义上,是鸦片战争以后的变法运动与文化改革的一个重要的关键;在狭义上,是我国的专制政体与革命运动的一种折衷的办法。梁启超在《戊戌政变记》里曾有下面一大段话,今录之于下:

> 我国迫于外侮,当变法者,盖六十余年矣。然此六十余年中可分为四界。自道光二十三年割香港,通五口,魏源著《海国图志》,倡"师夷长技以制夷"之说,林则徐乃创译西报,实为变法之萌芽。然此后二十余年,迭经大患,国中一切守旧,实无毫厘变法之说也。是为第一界。同治初年,创钜痛深,曾国藩曾借洋将,渐知西人之长,创制造局以制器、译书,设方言馆,创招商局,派出洋学生。文祥亦稍知时局,用客卿美人蒲安臣为大使,遍交泰西各国。变法之事,于是荜路开山矣。
>
> 当时又议选翰林部曹,入同文馆学西文,而倭仁以理学重名为宰相,以死争之,败此大举,且举国守"攘夷"之说。郭嵩焘以通才奉使,深明时局,归而昌言,为朝士所攻,卒罢去。至于光绪甲申,又二十年,朝士皆耻言西学,有谈者诋为汉奸,不齿士类。盖西法萌芽,而俗尚深恶,是为第二界。马江败后,识者渐知西法之不能尽拒,谈洋务者亦不以为深耻,然大臣未解,恶者尚多,议开铁路,犹多方摈斥。盖制造局译出之书,三十余年,而销售仅一万三千本,京师书肆尚无地球图,其讲求之寡可想矣。盖渐知西学,而莫肯讲求,是为第三界。然尽此六十年中,朝士即有言西法者,不过称其船坚炮利、制造精奇而已。所采用者,不过炮械军兵而已,无人知有学者,更无人知有政者。自甲午东事败后,朝野乃知旧法之不足恃,于是言变法者乃纷纷。枢臣翁同和,首先讲求,辅导皇上,决意变法,皇上圣明,日明外事。乙未五月,翁同和拟旨十二道,欲大行变法之事,以恭邸未协而止。然朝士纷纷言新法,渐知学堂为变法之本,而皇上频催办铁路、矿物、学堂之事。未几西后复收大权,皇上几被废,新政遂止。然而强学会、《时务报》大呼于天下,天下人士咸知变法,风气大开矣,是为第四界。然明于下而未行于上,新旧相争,大臣多不以为然,以未定国是故也。标准未著,人心不一,趋向未定,虽云变法,仍是守旧而已。及经胶州之变,朝廷益震

---

[1] 编注:原文为"义意"。

动。康有为于正月上书请变法，宜先定国是，下总署议，上再催而未覆。旅顺、大连之事继起，皇上圣明，益明中外之故，知不变法不能立国，而恭亲屡谏，谓祖宗之法不可变，上曰：今祖宗之地不保，何有于法乎？因使庆王告西后曰：朕不能为亡国之君，若不予我以权，宁逊位而已。西后虽愤甚，然因别有所图，始听皇上之所为，乃使庆王复于上曰：皇上欲办事，太后不阻也。至是恭亲王适薨，翁同和辅政，锐志改革，御史杨深秀、侍读学生徐致靖，相继上书，请定国是。上既决心，乃白西后，召军机全堂下此诏书，宣示天下，斥墨守旧章之非，著托于老成之谬，定水火门户之争，明夏葛冬裘之尚，以变法为号令之宗旨，以西学为臣民之讲求，著为国是，以定众向。然后变法之事乃决，人心乃一，趋向乃定。自是天下向风，上至朝廷，下至人士，纷纷言变法，盖为四千年拨旧开新之大举，圣谟洋洋，一切维新，基于此诏，新政之行，开于此日。

我们从此可以明白戊戌的维新运动，是与中国这个运动以前的所谓新政的设施，是有了密切的关系。不但这样，这个运动失败以后，好多守旧者既愈趋于守旧，而好多维新者愈趋于维新。庚子八国联军的占据京师，可以说是守旧者所造出的结果。而此后各种新文化的运动的发展，又与这个运动有了密切的关系。梁启超自这个运动失败以后，逃去日本，努力学习日本文字，最初办《清议报》，后来又办《新民丛报》与《新小说》杂志，尽量介绍西洋智识，极力主张中国西化，不但在当时影响很大，就是此后的新文化运动，而尤其是"五四"的新文化运动的领袖们，不论在直接上，或间接上，都受其影响。我所以说这个运动在广义上是鸦片战争以后的变法运动，与文化改革的一种重要的关键，就是这个原故。

为什么我说这个运动在狭义上，是我国的专制政体与革命运动的一种折衷的办法呢？原来中国自数千年来是一个专制的国家，朝代的变化虽然不知有过多少次，但是大致上政体是循环不变的。自鸦片战争以后，太平天国崛起南方，就其反抗满清来看，这可以说是一种革命运动。近人每每以这个运动与孙中山先生所领导的革命运动相提并论，就是这个缘故。而孙中山先生在少时之所以羡慕洪秀全的事业，也是这个原故。然而在政治上，洪秀全还是一个主张与实行专制政体的人，虽则他所主张与实行的专制政体，是染了西洋的神权的色彩。反之，孙中山先生所主张与实行的政体是民主政体，这是两者在政治上的根本差异的地方。至于戊戌维新运动，是一种君主立宪的运动。这个运动的领袖，既并不主张推翻君主，又并非完全主张民主。他们一方面是拥护皇帝，一方面要伸张民权。在政治的性质上，成为专制与民主的一种调和的政体；在政治的发展上，成为一种过渡的办法。这个运动不只是我国的政体演变上的一种承上起下阶段，而且是加紧了专制的淫威，与促成了革命的成功。西太后与满清的大臣，本来是守旧的，戊戌的维新运动既然使他们愈趋于守旧，而有庚子之祸，国家的危机，愈为显明，使革命运动易于成功。反过来说，假使戊戌的维新运动是成功了，或是没有了这个运动，那末满清虽未必不被推翻，然而革命的成功，也许未必能够那末快。

维新运动的领袖是康有为。康有为是广东南海人，他本来是研究理学与孔孟的。后来到了香港、上海，见得西洋人在这些地方的建设，比了我们内地各处的情形，优越得多，因想西洋人在其本国的文化，必定更好，同时又加以在那个时候，中国又时时受了外人的压迫，因而努力去览阅已译为中文的西书，又与当时的外国教士相往来，并著《日本变政考》，及《俄彼得变政记》诸书，以为中国变法的借镜。据梁启超说，他自光绪十四年就以"布衣伏阙上书，极陈外国相逼，中国危险之状，并发俄人蚕食东方之阴谋，称道日本变法致强之故事，请厘革积弊，修明内政，取法泰西，实行改革"。可是在京师的人们都以为他是病狂，所以他的上书不能上达，他不得已乃回广东，开垫讲学，以教授弟子。甲午败后不久，康有为又到京师。上万言书，主张变法，当时因得翁同和①的帮忙，他所上的书始得光绪阅读。翁同和是光绪的师傅，自甲午以后，觉得非西法不足以图存。他不个〔但〕是代达康有为的主张，而且极力劝导光绪下诏变法。乙未年六月，翁与光绪决议拟下诏敕十二道，宣布维新的计划，但是此事还没有施行而西太后已知道，她不许翁同和在毓庆宫，同时又把光绪所信用的汪鸣銮、长麟等褫革。翁同和等既被摈斥，康有为又不得不离京南下。直至光绪二十三年（一八九七）德人占据胶州，康有为又到北京上书，主张变法。到了光绪二十四年，又由翁同和奔走，光绪始决计变法，开制度司，以进行变法事宜。同年四月二十三日下诏定国是，二十八日召见康有为于颐和园的仁寿殿。据说这次召见历时至九刻钟之久，为向来召见臣僚所未有的例。

除了翁同和以外，帮忙康有为的维新运动最力的要算梁启超了。梁启超是康有为的弟子，他十八岁时（一八九一）就教于康有为。一八九六年二十三〈岁〉在北京代表广东公车一百九十人上书，陈时局，同时又帮忙康有为联公车三千人上书及创设强学会。次年到湖南长沙时务学堂讲学，到了戊戌年又在京师参预新政。

此外，赞成或参预维新运动的，据梁启超《戊戌政变记》还有二十多位，而陈宝箴、黄遵宪、谭嗣同，对于这个运动尤多赞助。

参加这个维新运动的人，虽有不少接近皇帝，或身处高位，然并非真有实力的人。至于接近西后的荣禄，以至有声望的疆吏如张之洞，不但没有赞成，而且加以反对。

维新运动之所以能够逐渐引起国人的注意，主要是得力于康有为及其他的领

---

① 编注：一般写作"翁同龢"，陈序经文章中写作"翁同和"，今从底稿。余不注。

袖们的努力鼓吹与提倡。他们除了联合上书之外,还且创办新报,组织学会,与设立学校,以为推动的工具。关于联合上书的概略,梁启超在《戊戌政变记》曾有下面一段记载:

> 乙未二三月间,和议将定,时适会试之年,各省举人集于北京者以万数千计,康有为创议上书拒之,梁启超乃日夜奔走,号召连署上书论国事,广东、湖南同日先上,各省从之,各自连署麇集于都察院者,无日不有,虽其言或通或塞,或新或旧,驳杂不一,而士气之稍申,实自此始。既而合十八省之举人聚议于北京之松筠庵(庵者,明代烈士杨继盛氏之故宅也),为大连署以上书,与斯会者凡千三百余人,时康有为尚未通籍,实领袖之。其书之大意凡三事,一曰拒和,二曰迁都,三曰变法。而其宗旨则以变法为归,盖谓"使前此而能变法,则可以无今日之祸。使今日而能变法,犹可以免将来之祸。若今犹不变,则他日之患,更有甚于今者"。言甚激切,大臣恶之,不为代奏,然自是执政者渐渐引病去,公车之人散而归乡里者,亦渐知天下大局之事,各省蒙昧启辟,实起点于斯举。此事始末,上海刻有《公车上书记》以纪之,实为清朝二百余年未有之大举也。

这种上书请愿,拒绝议和,实可说是后来"五四"运动的先河。联合上书主要的是要使皇帝大臣,明白变法的需要,至于创办新报主要的是要使一般士民了解变法的需要。康有为自光绪二十一年,联合公车上书,拒绝议和,未见效力之后,复又上书请求变法。可是这次上书是不能上达,他逐渐感觉到单靠朝廷变法是不容易的,他以为各国的改革多要依赖于一般的士民的觉悟,然欲唤起士民的觉悟,又要赖于报章的鼓吹,于是他乃独自捐款创办《万国公报》于北京。这是一种日报,由他与梁启超、麦孟华等主持笔政,撰述文章。据说每日发到二千份,编送士大夫贵人。在那个时候,北京还没有报章,所以这个《万国公报》,可以说是一种创举。《万国公报》创办未久,被迫停版,后来他们又刊行《时务报》。《时务报》的创办很得力于黄遵宪,及其他的有识人士,而梁启超的《变法通议》就是在光绪二十二年(一八九六)的《时务报》上发表的。这可以说是梁启超的较有一系统的长篇政论之最先刊行的。后来的戊戌变政的时候,光绪要梁启超贡献变法的意见,他就把这篇文章呈与光绪。《时务报》出版于上海,可以说是近代中国新志的先锋。在当时是思想的明星、变法的南针。梁启超以为《时务报》大呼于天下,天下人士咸知变法,风气大开,而推进中国的西化入于一个新阶段,并非虚言。《时务报》后来改为官报,又在各省设报馆。此外,官报局的设立,及其他的报馆杂志的刊行,都可以说是随着维新运动的潮流而发展的。

学会的设立,也是始于光绪二十一年的强学会。该会初设于北京,也由康有为创设,梁启超被委为该会书记。当时南洋大臣张之洞听了这个消息,曾寄了五千金为该会经费。康有为见得张之洞对于这个组织表示赞助，乃立赴南京看张之洞，并劝张之洞设强学分会于上海。据说张之洞很为喜欢，所以上海的强学分会也得成立，但是北京的强学会设立不够三个月，而为清廷所封禁。

强学会虽不久被封禁，然而各处与各种学会之相继设立的很多。北京的知耻会、经济学会，上海的不缠足学会、农学会、医学会、译书会、蒙学会，湖北的质学会，湖南的南学会、地图公会、明达学会，广东的粤学会、群学会，广西的圣学会，以至苏州的苏学会，陕西的味经学会，以及陕学会、闽学会、蜀学会，谭嗣同夫人李闰所发起的中国女学会，以及其他的好多学会，可以说是极盛一时。

据说强学会每十日开会一次，每次都有士大夫们数十人到会，同时又有演讲。康有为曾撰《强学会序》文，以资鼓吹。而湖南的南学会则七日开会一次，主其事者为谭嗣同。他不但集合湖南的人士，而且联络各省人士，讲爱国的道理，求救亡的方法。据说每次集会参加的有千数百人。谭氏慷慨论天下事，闻者无不感动，使湖南风气大开。至于其他各学会，或讨论国事，或介绍西书，或研究学术，而成为近代各科学会的先驱。

此外，还有保国会的组织也为康有为与其徒众所创议，目的为保全国地、国权与圣教，拟在京师与上海设保国总会，各省、各府以至各县皆设分会。会中公选总理若干人，值理若干人，常议员若干人、备议员若干人、董事若干人，以同会中的多数人推荐者为之。这可说是仿效了近代的代议制度，而取决于多数的方法，又规定常议员，公议会中事，总理以议员多寡决定事件推行，而董事管理会中杂事、凡入会之事，及文书、会计一切诸事。

保国会成立之后，又有所谓保滇会、保浙会继之。据梁启超说保国会在京师开会时，曾集朝官自二品以下以至言路词馆部曹及公车数百人，座无虚位。康有为演说时，声气激昂，座中有为之流泪的。保国会不久虽为守旧者所反对而解散，可是，风气既渐开，人心又渐放，既振发，而对于维新运动有莫大的影响。

新式学校的设立，历史既很久，然而以学校为政治的活动的中心，也可以说创始于维新运动的领袖。这种学校之最著名的，为湖南长沙的时务学堂。这个学堂本为黄遵宪、熊希龄等所创办，而聘梁启超主讲席。梁启超在该校所讲授及批答诸生答记，皆当时一派的民权论，同时又多述清代故实，批评政治的不良，而偏于革命的思想。据说湖南绅士叶德辉曾把梁氏在该校的言论与批答逐条反驳，目为怪论。然而这个学堂不但是开湖南风气的机关，而且养出好几个高材生。蔡锷、林圭、李炳寰，都是由该校出身的。

此外，他们还提倡建立政治学校，翻译外文书籍，开设图书馆、博物馆、仪器院等等。

其实学校的倡办，是维新运动中的主要工作。我们现在看自光绪二十四年

（一八九八）四月二十三日，诏定国是命令下了之后，直到八月政变的三个月，新政诏书之颁布，差不多天天都有，而且有时一天数次。然其关于创办学校的诏书特别的多，而其原因可以从梁启超下面一段话看出来：

> 自甲午以前，我国士大夫言西法者，以为西人之长，不过在船坚炮利，机器精奇，故学之者亦不过炮械船舰而已。此实我国致败之由也。乙未和议成后，士夫渐知泰西之强，由于学术，颇有上书言之者。而刑部侍郎李端棻之奏最为深切详明，得旨允行。而恭亲王、刚毅等，谓可以缓办，诸臣和之，故虽奉明诏，而束高阁者三年矣。皇上既毅然定国是，决行改革，深知现时人才未足为变法之用，故首注意学校，三令五申。诸大臣奉严旨，令速拟章程，咸仓卒不知所出，盖中国向无学校之举，无成案可稽也。当时军机大臣及总署大臣，咸饬人来属梁启超代草。梁乃略取日本学规，参以本国情形，草定规则八十余条，至是上之。皇上俞允，而学校之举乃粗定。

然而要想振兴学校，不得不废除八股，康有为、梁启超、张元济、杨深秀均以为变法的基础，在于得人才，而得人才又要先改科举，要改科举又必先废八股。他们以为八股之害，甚于"焚书坑儒"，八股是使人不学，八股是使种族亡，所以光绪二十四年五月初五日的上谕决废八股，这个上谕说：

> 我朝沿宋明旧制，以四书文取士。康熙年间，曾经停止八股，考试策论，未久旋复旧制，一时文运昌明，儒生稽古穷经，类能推究本源，阐明义理，制科所得，实不乏通经致用之才。乃近来风尚日漓，文体日敝，试场献艺，大都循题敷衍，于经义罕有发明，而浅陋空疏者，每获滥竽充选，若长不因时通变，何以励实学而拔真才。著自下科为始，乡会试及生童岁科各试，向用四书文者，一律改考策论，其如何分场命题考试，一切详细章程，该部即妥议具奏。此次特降谕旨，实因时文积弊太深，不得不改弦更张，以破拘墟之习。至士子为学，自当以四子六经为根柢。策论制艺，殊流同源，仍不外通经史以达时务。总期体用兼备，人皆勉为通儒，毋得竞逞辩博，复蹈空言，致负朝廷破格求才至意。

光绪既下谕废除八股，同时又诏立京师大学，以为各省倡立大学的榜样。京师大学既为各省倡立大学的榜样，必须规模闳远，兼用中西学术，谕旨之提及京师大学的也好多次，这都是说明学校在维新运动上所占的地位的重要。

总而言之，联合上书，创办新报的目的是唤起朝野明瞭变法的必要，学会的组织与学校的设立，一方面固是研究学术，然而别方面是政治改革的基础。梁启超在上陈宝箴一书中以为：

> 今之策中国者，必曰兴民权，兴民权斯固然矣。然民权非可旦夕而成也。权者生于智者也，有一分之智，即有一分之权，有六七分之智，即有六

七分之权。有十分之智，即有十分之权……是故权之与智相倚者也。昔之欲抑民权，必以塞民智为第一义；今日欲伸民权，必以广民智为第一义。

怎么样的去发展民智呢？第一要组织学会。他以为"欲兴民权必先兴绅权，欲兴绅权，宜以学会为之起点"。第二要广设学堂，与派送学生出洋留学。大致上说，照梁启超以及好多维新运动的领袖们的意见，学校当由政府设立以培养人才，以为国家之用，而学会是由士民组织，以训练士民以帮助新政。前者是为政府预备施行政事的人才，而后者是为士民预备论列国事的机会。前者是偏于行政方面的准备，后者是偏于立法方面的准备，梁启超谓学会兼地方议会之规模就是这个意思。

我们已经说过维新运动的领袖的政体的主张，是君主立宪，所以他们所谓民权，也就是在这种政体的范围之内的民权，而非革命运动的领袖所说的民权。因为他们不但不主张推翻满清，而且并不主张打倒皇帝，其实他们不但只尊君，而且希望去利用吾主的力量以改革政体。可是事实上，光绪自己就没有权力，虽则他自己很愿意去效法西洋，去伸张民权。而同时真有力量的西后，不但不愿意去伸张民权，而且不愿意去效法任何西法。结果皇帝虽有其名，而没有其力。到了西后挑斥所谓维新的份子的时候，光绪自己也有"朕位几不能保"的表示。维新运动之所以失败，可以说是没有实力以为后盾。

康有为服膺孟德斯鸠的三权鼎立的学说，羡慕英国君主立宪的政体，在他请定立宪开国会的疏里，他主张以国会立法，以法官司法，以政府行政。他主张尊崇人主为神圣，不受责任，而政府代之。他以为东西各国皆是应用这样理论，实行这种政体，只有中国是一个专制政体的国家。专制政体的国家，是一君与大臣数人共治其国，立宪政体的国家，是人君与千百万的国民合为一体。千百万人去治理国家的事，是胜于数人去治理国家的事。所以君主立宪是胜过专制政体。而且前者可以强，而后者多是弱，前者可以兴，而后者多是衰。这是康有为的理论，也是当时主张变法的一般人的理论。

此外康有为又主张设制度局，以为变法的总机关，而别设十二局以分管其事务。光绪二十四年康氏在其《统筹全局疏》里有下列十二局的提议。

一曰法律局。外人来者自治其民，不与我平等之权利，实为非常之国耻，彼以我刑律太重，而法规不同故也。今宜采罗马及英、美、德、法、日本之律，重定施行，不能骤行内地，亦当先行于通商各口。其民法、民律、商法、市则、舶则、讼律、军律、国际公法，西人皆极详明，既不能闭关绝市，则通商交际，势不能不概予通行。然既无律法，吏民无所率从……二曰度支局。我国地比欧洲大，人数倍之，然患贫实甚，所入乃下等于智利、希腊小国，无理财之政故也。西人新法、纸币、银行、印税、证券、讼纸、信纸、[烟]烟税、矿产、山林、公债，皆致万万，多我所无，宜开新局专任之。三曰学校局。自京师立大学，各省立中学，各府县立小学，及专门各学，若海、陆、医学、律学、师范学，编译西书，分定课级，非礼部所能办，宜立局而责成焉。四曰农局。举国之农田、山林、水产、畜牧，料量其土宜，讲求其进步改良焉。五曰工局。司举国之制造机器、美术，特许其新制，而鼓励之，其船舶市场，新造之桥梁、堤岸、道路咸属焉。六曰商局。举国之商务、商学、商会、商情、商货、商律，专任讲求激励之。七曰铁路局。举国之应修铁路，绘图定例权限咸属焉。八曰邮政局。举国皆行邮政以通信，命各省、府、县、乡咸立分局，并电线属焉。九曰矿务局。举国之矿产、矿税、矿学属焉。十曰游会局。凡举国各政会、学会、教会、游历、游学各国会司其政律，而鼓舞之。十一曰陆军局。选编国民为兵，而司其教练。十二曰海军局。治铁舰、练军之事。

这些局及其名称，在当时虽因间局短促，未能一一举办，但是戊戌政变以后，所设新政的设施，其部局的设立，与康氏所拟定的范围与职务，多有与其相合之处。当康氏主张设立这十二局门时候，他自己以为原有的部寺"率皆守旧之官，骤予改革，势难实行"，所以照他的意见，新政可以设立新局去施行，而旧有的部寺，尽可任其存在，以保存原有的臣僚，而免其反对。不过不除旧，难于布新，而且有的衙门官职，只有其名，而无其实，糜费国库，消耗财源，若不设法裁减，则新的局政，难于发展。所以好多维新志士，而特别是岑春煊上书请求从速裁减，因而戊戌七月十四曾有下面的谕旨：

> 国家设官分职，各有专司，京外大小各官，旧制相沿，不无冗滥。……现当开制百度，事务繁多，度支岁入有常，岂能徒供无用之冗费，以致碍当务之急需。如詹事府本属闲曹，无事可办，其通政司、光禄寺、鸿胪寺、太常寺、太仆寺、大理寺等衙门，事务甚简，半属有名无实，均著即行裁撤，归并内阁及礼、兵、刑等部办理。又外省如直隶、甘肃、四川等省，皆系以总督兼管巡抚事，惟湖北、广东、云南三省督抚同城，原未画一。现在东河在山东境内者，已隶山东巡抚管理，只河南河工，由河督专办，今昔情形，确有不同。所有督抚同城之湖北、广东、云南三省巡抚，并东河总督，著一并裁撤。其湖北、广东、云南三省均著以总督兼管巡抚事，东河总督应办事宜，即著归并河南巡抚兼办。至各省漕运，多由海道，河运已属无多，应征漕粮，亦多改折，淮盐所行省分，亦各分设督销，其各省不办运务之粮道，向无盐场，仅管疏销之盐道，亦均著裁缺，归各藩司巡守道兼理。此外各省同通佐贰等官，有但兼水利盐补，并无地方之责者，均属闲冗，即著查明裁汰……其余京外尚有应裁文武各缺，乃一切裁减，归并各事宜，著大学士、六部及各直省督抚，分别详议筹办，仍将筹议情形，迅速具奏。……并不得以无可再裁，敷衍了事。……著各督抚凛遵前旨，将现有各局所中冗员，一

律裁撤净尽，并将候补分发捐纳劳绩等项人员，一律严加甄别。沙汰限一月办竣覆奏。……若竟各挟私意，非自便自图，即见好僚属，推诿因循，空言搪塞，定当予以重惩，决不宽贷。

此外，在地方行政方面，他们又提倡所谓"地方自治的制度"。梁启超在其《上陈宝箴书》里，曾反对以他省或他处人来治理本地的人民。他说：

> 夫以数千里外渺不相属之人，而代人理其饮食、讼狱之事。虽不世出之才，其所能及者几何矣？故三代以上，悉用乡官，两汉郡守，得以本郡人为之，而功曹掾吏，皆不得用它郡人，此古法之最善者。今之西人莫不如是。唐宋以来，防弊日密，于是悉操于有司，而民之视地方公事，如秦越人之视肥瘠矣。今欲更新百度，必自通上下之情始，欲通上下之情，则必当复古意、采西法、重乡权矣。然亦有二虑焉：一曰虑其不能任事，二曰虑其藉此舞文也。欲救前弊，则宜开绅智；欲救后弊，则宜定权限。定权限者何？西人议事与行事分而为二：议事之人，有定章之权，而无办理之权；行事之人，有办理之权，而无定章之权。将办一事，则议员集而议其可否；既可乃议其章程；章程草定，付有司行之；有司不能擅易也，若行之而有窒碍者，则以告于议员，议而改之。西人之法度，所以无时不改，每改一次，则其法益密，而于其民益便。盖以议事者为民间所举之人也，是故有一弊之当革，无不知也，有一利之当兴，无不闻也。……推而大之，而一县而一省而一国莫不如是。西人即以此道治一国者也。

可知他不但以本地人治本地人，而且主张所谓立法权与行政权要分开。黄遵宪在南学会里演讲，第一次讲义也主张以本地人治本地人。他说：

> 诸君多有读二十四史者，名相、良相、能吏、功臣，可谓繁夥矣，惟读到《循吏传》，则不过半卷耳，数十篇耳，二三十人耳。无地无官，无时无官。汉唐宋明，每朝数百年，所谓循吏者只有此数。岂人性殊哉？抑人才不古若欤？尝考其故，一则不相习也。本地之人，不得为本地之官，自汉既有三互之法，如今之回避。至明而有南北互选之法，赴任之官，动数千里，土风不谙，山川不习，一切俗禁，茫然昧然。余尝见一广东粮道，询其惯否，彼谓饮食衣服，均不相同，嗜欲不通，言语不达，出都以后，天地异色，妻奴僮仆，日夕怨叹，惟愿北归。以如此之人，而求其治民……此不相习之弊。一则不久任之弊也。今制三年为一任，道府以下不离本省，是朝廷固知不久任之弊矣。……诸君试思之，不相习与宴会时之生客何异？不久任与逆旅中之过客何异？然而皆尊之为官矣。

梁启超、黄遵宪，与陈宝箴、谭嗣同等，在湖南时既极力提倡地方自治的制度，同时对于地方行政如保卫局等，又努力进行，使湖南成为施行新政的一个策源地。

　　这是调整行政机构的重要建议，也是戊戌维新运动的重要改革，其重要性并不下于废除八股文章。其实废除八股文章，与裁减行政机构，这两件事可以说是维新运动中的消极方面的最具体的工作；而创办学校与设立新局，这两件事，又可以说是维新运动中的积极方面的最具体的工作。而且要振兴学校，就不得不废除八股文章，要设立新局，又不得不裁减繁冗机构。所谓消极与积极的工作的区别，也可以说是一件事的两方面。同时设立学校的目的，既是在于建立政治改革的基础，那么政治上的除旧布新，是与教育上的除旧布新又有了密切的关系。康有为在其上书里屡屡以为"不变则已，若决欲变法，势当全变"，就是这个意思。

　　后来西太后垂帘问政，推翻新法，不但复八股取士的制度，还要罢经济特科，停止各省府州县所设立的中学校、小学校；不但复置光绪所裁汰的詹事府等衙门与各省冗员，而且废农工商总局，这也可以说是守旧者的整套。他们差不多好像说"不守旧则已，若决欲守旧，势当全守"。然而，事实上潮流是趋于维新的，而且八股既废，学校既兴，旧衙既裁，新局既立，西后虽全反其所为全复其旧制，可是新政仍逐渐深入人心，而潮流又难盲目反抗。结果是愈反抗，而愈使维新者与革命者张目，满清之所以覆灭之快，不能不说是执政者之太守旧罢。

　　《自由论坛》第 2 卷第 4 期，1944 年 4 月 1 日。

借镜与反省

——十月十七日在旧金山对国内广播

我这次受美国国务院的约请到美演讲与研究，① 今年六月二十四离重庆，在印度住了一个星期，七月四日——这就是美国独立纪念那一天，抵达纽约。沿途所乘的是美国的飞机，所住的是美国的军营，所接触与交谈的，又是美国的官兵与人士。看到美国的物资的丰富，技术的飞进，以及其官兵与人士的工作的努力，与其招待的殷勤，既很为感铭，又至为羡慕。而到了美国以后，所见所闻，也无一不是增补了我的这种感想，所以我今天很愿意把我的感想分为三点，简单的解释给国人，以为反省。

这次世界大战，无论在何战场，美国都已经供给或是准备供给大量的军需用品，使美国成为同盟国作战的武库。这是大家所知道的。然而这样大量的物资运出国外，对于国内的一般生活，无论是衣食住行，无论是娱乐消遣，并没有多大影响。从珍珠港事件发生到现在，国内物价的增涨，不到百分之三十，这不但是由于物资的丰富，而且是由于管理的得法与公德的高尚。同时，一般人民的收入，有的比之战前，不止加了百分之百。所以这般民众的生活，不但不因抗战而增加困苦，反而因之而比较充裕。可是同时，他们朝野上下，还是朝警夕惕的去讲求战后的复兴计画以及其实施的方法。这是值得我们反省的第一点。

美国是民主先进的国家，这也是大家所知道的。我很侥幸，这次来美，正是美国竞选总统的时候。在各党尚未选出候补人之前，党内竞争很为剧烈。然而一选之后，则大家握手相贺。副总统华莱士落选为下届民主党副总统之后，对于党所选出的候补人，不只没有怨意，反而公开演讲，加以拥护，替其宣传。现在正是杜威与罗斯福竞争的时候。最近来，前者差不多天天批评后者的身体老朽，政策错误。有些言论机关，不但指摘罗氏个人，而且指摘他的夫人，他的儿女，以至他的小狗。可是杜威以及讥评罗氏的言论机关，既并不因此而受政府的警告或裁制，罗氏的伟大与尊严，也不因此而减失。反而他自己却公开的解释，公开的反驳，而杂以讥评滑稽的情调，使民众自己去决定是非，主持正义。这种公开的批判与讨论的精神，就是民主政治的真谛。这是值得我们反省的第二点。

然而这次游历美国各处，最使我感动的，是美国一般人民对于中国近况的深切关心，与对于中华民族的真诚同情。我们国内一般人，每以为他们不懂中国事

---

① 校按：在哈佛燕京图书馆的抄稿中，这句话为"我这次受美国国务院的约请到美演〈讲〉与考察"。将"研究"换为"考察"，应该更符合陈序经这次在美一年多的实际情况。

情，然而我们不要忘记，美国人对于研究中国的热诚，恐怕比了中国人对于研究美国的兴趣浓厚得多。三个月来，我从美国东部各处到了西部各处，见得他们的政府人员、学校教师、商人、农夫以至课室里的青年，与饭馆中的侍女，对于中国，不但表示关心，而且给予同情。连了近来一般在报章上批评中国的人士，除了少数之外，多是善意的劝告。所以与其说他们对于我们是失望得很，不如说他们对于我们希望太大。因为他们所希望于我们的是一个真正富而强与真正民主化的国家，至少是希望我们要像美国一样的富而强，一样的民主化。因为他们相信只有这样的中国，才能裁制日本的军国主义，打倒日本的独裁政治。只有这样的中国，才能保持将来的东亚的和平与太平洋的和平，以至全世界的和平。我们也许不喜欢人们批评我们，然而我们不能不努力去实现人家这样的期望。这是值得我们反省的第三点。

《大公报》（重庆）1944年11月22日第2张第3版。

1945 年

CHINA AND SOUTHEASTERN ASIA

CHINESE RELATIONS WITH SOUTHEAST ASIA

In using the term, Southeast Asia, I refer mainly to the Philippine Islands, British Malaya, Singapore, Borneo and Burma, the Dutch Indies, French Indo-China and Thailand. The term may also include such places as the Japanese, Australian and New Zealand mandated territories and Timor island under Portuguese control. But since the chief purpose of this paper is to deal with relationships between China and Southeast Asia, and since there are not many overseas Chinese in the latter territories, it is advisable to confine the scope of the term to the former. This is what the Chinese usually call the Nanyang islands or Southsea Islands, which, though by no means an appropriate name, has been used for centuries.

It is to be noted that within this area, with the exception of Thailand or Siam as it was called previously, there has been and is no free and independent nation and that each nation was under the control of a Western power before Pearl Harbor and is now occupied by Japan. Even Thailand owed her independence and freedom to the jealousy and conflicts between France and Great Britain rather than to her own efforts or strength. That was the condition before the outbreak of the Pacific war. Since then she has been under Japanese control and is no longer a free state.

The situation in Indo-China after the outbreak of the Pacific war is also peculiar. In name, the French colonial government is still functioning, but in fact she is under the yoke of Japan, and can hardly be regarded any longer as a French colony.

Of all the countries which are closely related to Southeast Asia, China is the most important. There are many reasons for this. In the first place, no country is situated so closely to this area as China. Both Burma and Indo-China are adjacent to the southwest of China. As a matter of fact, Burma, Indo-China, Thailand, and the Malay Peninsula are together much in the nature of a peninsula, and on the map look like a leg of China.

Sumatra, Java, the Celebes, New Guinea, Borneo, and all of the Dutch East Indies and the Philippine Islands, though separated from one another, are somehow connected to the peninsula, not only geographically but also racially and culturally. These territories all surround the South China Sea. Were all these territories connected, by bridging over Formosa island to the east coast of China, particularly to Fukien Province, the so-called South China Sea would become a lake, and indeed the largest lake in the world.

Being closely connected with China both by land and sea, the areas under consideration were not only visited by the Chinese before the Christian era, but have become a connecting link between the East and the West. The early Chinese envoys and monks passed to and from these places. So also the Polos, the Portuguese during the 16th century, and the other Westerners during subsequent centuries.

The completion of the railway between Hanoi, Indo-China and Kunming, China, marked a new era in the relationship between China and Southeast Asia. Since the opening of the Kwangsi-Indo-China road and the Burma-China road, both Kwangsi and Yunnan provinces have become the front door to those areas. As we all know, before the Japanese occupation of Burma and Indo-China, one could go almost as far as Singapore either by highways or by railways. From Kunming or from the border of Kwangsi, one could take a train down to Hanoi and from there to Saigon. Although there was no railway between Saigon and Pnom-Penh, a distance of more than a hundred miles can be traversed either by automobile or by steamship. From Pnom-Penh, with the exception of a very short distance near the Indo-Chinese border, one can go directly from Ayran, the western terminal railway station of Thailand, to Singapore by train.

Turning to the north, the building of the Hunan-Kwangsi railway has made it almost possible for one to travel from Singapore to Manchuria, to Korea, to Russia and to Europe by train. If the Yunnan-Burma railway and the Yunnan-Szechuan railway are completed, the northwest of China will be connected by railway with Rangoon and Singapore.

Before the Japanese occupation of Burma and Indo-China, there were highways connecting China and Southeast Asia. One ran from Kwangsi to Haiphong, and with the exception of a short distance in the western part of Thailand, one could almost go to Singapore by automobile. Another ran from Kunming to northern Burma and then turned to northern Thailand. Here again, although the northern and southern parts of Thailand are not directly connected by highway, it is possible for one to travel by automobile from Bangkok, the capital of Thailand, to Singapore.

As a matter of fact, if Japan had not invaded Burma and Indo-China, the railway from Liuchow to Tongking and the one from Kunming to Lashio would have been already completed, and the highway between Yunnan and Indo-China would also have been in service. It is only natural then that after the war all these communications will be renewed and developed.

This is not all. Air communications had developed very well before the Japanese occupation of these regions. There were regular airlines between Kunming and Hanoi and between Kunming and Lashio. From Lashio, one could fly directly to Rangoon; and from Hanoi, there were airplanes going to Thailand and Singapore. Besides, there were also airlines running from Hongkong to the Philippine Islands, to Singapore and to other parts of Southeast Asia.

In the second place, historically speaking, the contact between China and Southeast Asia may be traced back more than two thousand years. According to Chinese history, in the second century before Christ, Chinese boats and envoys started from the Liuchow Peninsula in southern China, sailing southward to many places such as Indo-China and the Malay Peninsula. It is said that they even went as far as the south coasts of India. If both Chinese boats and envoys could go to these places, it was possible that many Chinese emigrants might have gone to or settled down in these regions. Historical records show that frequent trips were made by both the Chinese and the people of Southeast Asia during the first and the second centuries. At the end of the second century the Huangchin or Yellow Turban Rebellion forced many Chinese to go southward and many of them took refuge in Indo-China. The King of Wu during the period of the Three Kingdoms in the third century sent many envoys to Indo-China and Siam. The best known envoys were Chu Ying and Kang Tai.

The introduction of Buddhism into China led many monks to go to India in order to study Buddhism and to get books on this religion. Fa Hsien may be regarded as a pioneer. He left China in 399 and went to India from the northwest of China. After a sojourn of fifteen years in that country, he came back by the sea route. He visited Sumatra and Java. His autobiography is the best record concerning the historical facts of India during that period as well as both the sea and land routes from China to India at the end of the fourth and the beginning of the fifth centuries.

In 607 A. D., an Emperor of the Sui Dynasty sent a group of men headed by Cheong Chun to go to Shih Tuo which was known in later history as Siam, and then Thailand. He and his followers were well received there by the King and the people, and the highest authority of the monastery told him that hereafter the people of Shih Tuo were no longer the citizens of Shih Tuo, but of the Middle Kingdom. In order to show his loyalty to the Celestial Empire, he asked his own son to accompany Cheong Chun on his way back to China, representing the King of Shih Tuo to pay homage to the Emperor. It may well be remarked here that not until the latter part of the thirteenth century did the so-called Thainese or Thai people get a foothold in the northern part of what is now known as Thailand. The conquering of Siam by the Thainese is a very recent event. It is also interesting to note that the unification of modern Siam was not achieved until the time of Taksin, who was really a Chinese. It was he who drove the Burmese out of the country, restored order and peace to the country, and established the present dynasty of Siam.

The Tang Dynasty succeeded the Sui in the first part of the seventh century and marked a new era in the history of Chinese expansion to Southeast Asia. Monks and business men streaming either to India or to Indo-China, Siam, the Malay Peninsula, Sumatra, Java and many other places carried with them the fame and glory of the Celestial Empire. This is the reason why China has been called Tang, her people Tangjon. What is true of the Tang Dynasty is also true of the Sung Dynasty, which lasted until the formation of the Mongolian Empire in the thirteenth century. For during the period of Sung, boats sailing between China and Southeast Asia were so numerous that the taxes levied on imports and exports along the seaports, particularly at Canton, became one of the chief sources of revenue of the Empire.

Besides many Chinese merchants living in Southeast Asia during the period of Sung, the invasion of the Moguls from the north compelled many Chinese to take refuge in this area. It is said that more than two hundred thousand of the loyal officers and people were on board ships and many of them fled to Indo-China and its adjacent territories when Kwangtung, the southmost province of China, was invaded. The Moguls also conquered the southwest province, i. e., Yunnan, and crossed beyond its border to Burma where Marco Polo passed through on his way back to Europe. The Mongolian conquest of Yunnan and Burma not only meant the opening of a land route from China to Burma, but it also meant an exodus of many Chinese to that part of the world.

The climax of Chinese expansion came as Cheng Ho, a native of Yunnan province and a eunuch, at the beginning of the Ming Dynasty carried out seven or eight expeditions to Southeast Asia with his powerful navy. Almost all of the so-called South Sea Islands were visited by him and were persuaded or compelled to pay homage to him. Legends concerning his glory and his power, power which subdued devils as well as men, his magic and his art of curing the sick and the wounded are still prevalent in those places which he visited. In Siam and in many other places temples were built in honor of him and stones were erected for his glory. Those who go to these places can still see the remains of these monuments. Since he went there with a big fleet and since he went there many times it is not surprising to find that many of his men were left behind when he came home.

It may be fairly said that during the time of Cheng Ho, the so-called South Sea Islands were not only within the sphere of influence of China, but also, though indirectly, under the control of China. There was no power that could compete with China. Nor did natives, people as well as the kings of these regions, know of any other stronger nation than China at that time.

As a matter of fact, countries in Southeast Asia for centuries looked upon China as a strong and wealthy nation. Admiration for her riches together with the fear of her power drew many representatives from these countries to the Celestial Empire. Princes, nobles and envoys were sent by their respective governments to pay homage to the son of heaven in the Middle Kingdom. Even kings and female relatives of royal families came for that. Rama Kamheng, the king of Siam in the thirteenth century, came to China twice during the Mongolian Empire, the Yuan Dynasty. The sisters of the king of Siam in the later period came also.

It is true that some of the envoys coming to China, while offering presents to the Chinese emperor, expected, in return, gifts from him. Stories were related of some of the merchants assuming the role of envoys from certain countries, though by no means without the knowledge of the authorities of the countries concerned, in order to do business in that way. Even kings themselves used this method with the hope of obtaining something better from China.

Not only that. Even the name of a country in this area was given, sometimes, by the emperors of China. Siam is a good example. This country was originally two countries. One was in the north and the other in the south. One was called Siam and the other Lo. When the former was defeated by the latter, the two countries became one and this was called Siamlo. The first emperor of Ming gave the King of Siamlo an official seal called the "Seal of the King of Siamlo". This took place in the year 1377. Some writers think the English term comes from Sanskrit, but it seems clear that the word Siam originated from the Chinese.

From the Yuan Dynasty to the Ming period, representatives of Southeast Asia coming to China were so frequent, and it became so burdensome and expensive to receive the guests and give the gifts, that the Emperor of Ming was advised to issue a decree to regulate the frequency of their trips to China to pay homage to him. In spite of the imperial order envoys still came in ceaseless procession. The so-called "barbarian houses" in the capital were usually full and there were permanent residential quarters for these people, such as the Siamese House, which is something like the consulate of the present day where interpreters of Chinese and other languages were to be found.

On the other hand, Chinese going to Southeast Asia were increasing too, partly because of an economic urge following the commercial development between China and these regions and partly for political reasons. I have already remarked that many of the loyal subjects fled to Southeast Asia after the downfall of Sung Dynasty. The same was true with the loyal subjects of the Ming Dynasty when it was invaded by the Manchu. The last emperor of the Ming Dynasty was compelled to go to Burma with many of his ministers and subjects when their last foothold in the province of Yunnan was occupied by the Manchurian army. Again, this was true of the followers of the so-called Taiping Rebellion during the Tsing Dynasty in the middle of the nineteenth century. After the death of Hung Hsiu Chuan, the heavenly emperor of the Taiping, thousands and thousands of his men took refuge in Southeast Asia. Secret organizations were formed, though not on a large scale. Dr. Sun Yat-sen, at the beginning of his revolutionary movement, utilized them, to a certain extent, for overthrowing the Manchu Regime. And their existence persisted to very recent times in spite of the fact that their political significance is no longer retained.

China is closely connected with Southeast Asia not only by geographical and historical factors, but also by the large number of her people living in these areas. Exactly how many Chinese reside in the regions under consideration is hard to tell. But the general estimate is that there are at least ten million. According to Patlegoin, a French missionary to Siam, at the beginning of the eighteenth century, there were six million people in the kingdom of Siam and one-fourth of this number were Chinese. Then, at the end of the nineteenth century, Hole S. Hallett, in his book entitled *A Thousand Miles on the Elephant in the Shan States*, published in 1890, wrote the following lines: "According to M. Gaston Rautier, in an article in a recent number of 'Revue Francaise', the most recent estimate of the population of Siam puts it at about 10,000,000, roughly composed of over 3,000,000 Siamese, 3,000,000 Chinese, 1,000,000 Malays, 1,000,000 Cambodians, 1,300,000 Lao and about 400,000 Peguans, Karens and other tribes. The Chinese therefore form about a third of the population of Siam, and are nearly as numerous as the Siamese." (p. 461) The writer goes on to tell us that "Chinamen in Siam seem to be ubiquitous. Half the population of the Meh Nam delta is Chinese, and very few of the people are without some trace of

Chinese blood in them. The Chinese are neither serfs nor slaves and can go as they will throughout the country."

According to Rautier and Hallett, about a third to one-half of the total population of Thailand are Chinese. And if we compare the figure given by Patlegoin with that of the two writers mentioned above, the increase of Chinese population in Siam is more rapid than that of the Siamese, for among the total population of Siam at the beginning of the eighteenth century, there were, according to Patlegoin, 1,000,000 Siamese, about one-third of the total population as compared to one-fourth Chinese.

Besides those who permanently reside in Thailand, there are always numerous Chinese who come from China every year, which is an important factor for the rapid increase of the Chinese people in Siam and elsewhere in Southeast Asia. M. Mosolff, in his book, *Die Chinesische Auswanderung*, published in 1932, points out that from 1918 to 1919, in one year's time, there were seventy thousand Chinese going to Siam from China. He further points out that from 1918 to 1928, in ten years, there were nine hundred thousand Chinese leaving their home for Siam. If we take the figure of both Rautier and Hallett as a basis and then take the thirty years before 1918 and the ten years after 1928 into account, assuming that the rate of increase of Chinese immigration to Siam is the same as from 1918 to 1928, the total increase of Chinese in that country in the half century from 1888 to 1938 would be over four million.

The total population of Thailand, according to the census of 1937, is 14,464,355. If the three million or more of Rautier and the four million just mentioned above are added together they would give us more than seven million, about half of the total population of Thailand in 1937.

Of course, there were many Chinese during this period going back to China and the immigration rule restricting the coming of the Chinese has had some effects on the increase of Chinese in Thailand. But those who lived in Siam before 1888 and those who came to that country earlier than 1937 would increase in a large number by birth, true to the Chinese tradition of having many children. This fact is substantiated by the increase of Chinese women in Siam after 1910. So Reginald le May, in his book, *Siamese Tales Old and New*, 1930, tells us: "Twenty years ago, you could, figuratively speaking, count the number of Chinese women you saw in Bangkok on the fingers of your two hands. They were, indeed, one of the rarest sights. Today it is a very different story."

What is true of the Chinese in Siam is almost equally true of the Chinese in Malaya so far as the number of population is concerned. In the Malay Peninsula, the census of 1931 disclosed that of a total population of 4,385,346, the Malays accounted for only

1,962,021 while the Chinese came to 1,709,392. The former constituted 44.7% and the latter only 39.0%. The two groups are almost equal in number. Moreover, if we take the census of 1911, we shall see that the increase of the Chinese population in this area is faster than that of the Malays. In 1911 the Malays constituted 53% of the total population of 2,651,036, by 1921 they had dropped to 49.2% of a total of 3,358,054 and by 1931 to under 45% of a total of 4,385,346. On the other hand, the Chinese constituted 28% of the total population in 1911 and they increased to over 39% in 1931, an increase of more than ten per cent in the twenty years from 1911 to 1931.

The tendency of the decade following 1931, particularly after the outbreak of the Sino-Japanese war in 1937, showed that there were more Chinese migrating to the Malay peninsula. If the rapidity of the increase of the Chinese birth rate is to be taken into consideration, then it may be also concluded that the number of Chinese in the Malay peninsula is almost half of the total population.

It is also to be noted that the Japanese occupation of Singapore and the Malay Peninsula has not affected very much the number of Chinese there. Only about two thousand Chinese left Singapore and returned to China from these regions before the time of occupation. While it has been very hard for people in China to come in to Malay Peninsula since that time, some Chinese of the occupied areas of China have accomplished this during the last two years, obviously because life is harder in China, even though both territories are under Japanese control.

Before the Japanese occupation of Burma, it was estimated that there were half a million Chinese in Burma. The Japanese invasion compelled many Chinese to leave and return to China. Almost all of them passed Kunming, China. According to the reports of the organizations related to the affairs of overseas Chinese, not more than forty thousand Chinese left Burma for China at the time of the invasion.

In Indo-China, according to the census of 1926 there were 315,000 Chinese residing in different parts of the country. But this figure seems to be too low, for those who are born in Indo-China of Chinese parents are usually counted as Indo-Chinese or Annamites. This category of Chinese must be many times more than those Chinese who have come from China. The Annamites are so much like the Chinese that even a Chinese can hardly distinguish them. Because of their cultural similarity for over a thousand years it is not easy for one relying on outward appearance to distinguish among the Annamites not only those Chinese who were born in Indo-China but also emigrants from China. Not considering those Chinese who live in the country in Indo-China, but only those who live in the cities, the Chinese population must be much higher than that given in the census of 1926. Three-quarters of the population of Cholon and about one-third of Saigon are Chinese. The populations of these two places alone would be equal to, if not larger than, the figure of 1926. If one goes to such places as Haiphong and Pnom-penh, one can not help noting that these look like Chinese cities. And if you take a trip to the southwestern parts of Indo-China, to such places as Kampot and many other places, you will find not only in the cities, but also in the rural districts that there are Chinese everywhere.

Again, the greater number of Chinese going to Indo-China since 1926, especially after the outbreak of the Sino-Japanese war, cannot be overlooked. Besides the bulk of Chinese people migrating to this colony by the sea route, there have been thousands flocking there by many other routes which were seldom accessible before the war. Along the border between China and Indo-China from the western end of Kwangtung, passing the whole of Kwangsi to Yunnan province, besides many regular passages, there are many small gateways from China to Indo-China. Even since Japanese control, there are still many ways open. And it is to be noted that those who got to Indo-China by land routes are usually not registered by the French authorities. They go without passports. In short, they get in without being noticed.

How many have actually gone to Indo-China in this way is hard to estimate, but a moderate estimate cannot be less than two hundred thousand during the last seven or eight years. And if we add those who go by sea the number would be enormous.

It is only fair to say then, that in Indo-China there must be about a million Chinese. This, if you take all the factors mentioned above into consideration, is still a very moderate estimate. To say that there are twice as many Chinese as this estimate would not be an exaggeration at all.

What is true of Indo-China is true also, to a certain extent, of the Dutch Indies and Philippine Islands, except that in the latter case only the sea route is available for the Chinese. The official figure for the Chinese population in the Dutch Indies, as the census of 1930 shows, is 1,234,000. According to some, there are about two hundred thousand Chinese in the Philippine Islands. Here again, neither many Chinese born in these areas nor many who went from China after the census of 1930, and particularly since the outbreak of the Sino-Japanese war, are included. Nor will it be an overestimation to say that the actual number of Chinese in these regions is about double the official figures.

In the Dutch Indies and in the Philippine Islands as well as in Indo-China, the number of Chinese does not compare with the number of natives in these countries.

Nevertheless the position of the Chinese in these places is by no means unimportant. Because, economically speaking, the Chinese, in many respects, are more important than the natives. In the Dutch East Indies in particular, more than half of the Chinese live in the so-called Outer Territories, i. e., territories outside Java and Madura, an area much larger than both Java and Madura combined, and where both natives and Europeans are few. So the position of the Chinese in these territories, in its economic aspect, cannot be overlooked.

The geographical and historical relationship between China and Southeast Asia together with the large Chinese population and other factors have brought them into more close connection. One factor is blood relationship, another is cultural assimilation. But most important of all is the economic position occupied by the Chinese in these regions.

As we all know, few Chinese women have gone to Southeast Asia until recently. However, many Chinese men have been living there. In consequence, it is common practice for Chinese who settle down in this area to marry native women. Polygamy has recently been prohibited in China but those who have already married in China can still get married after they go to Southeast Asia.

It is interesting to note that such marriages are desirable to both natives and Chinese. Native women in general like Chinese men because they are regarded as more energetic and enterprising than the native men. Historical records show that even in the earlier contacts between China and Southeast Asia, Chinese were welcome and preferred by the native women as their mates. In recent times it has been the policy of the government of Thailand to encourage its women to marry Chinese and to discourage the coming of Chinese women by making special restrictions in order to attain this end. It is argued that if more Chinese women were allowed to migrate to Thailand, the descendants of the Chinese would still be Chinese. On the contrary, if children were born of a Chinese father and a Thai mother, they can be counted as Thai, not only legally but also culturally. Moreover, the father of such a family can be easily assimilated culturally, because when both his wife and children speak the native language, wear native clothes, and eat native foods, he will be consciously or unconsciously influenced by them. Sometimes he is compelled to conform; for instance, if his wife and his children do not understand Chinese, he has to speak the native tongue.

Getting married in this region is much less expensive than in China and this is one of the important inducements for Chinese to marry native women. Yet this is not all. Native women for the most part are hard-working and businesslike, and they help the Chinese in many ways. If one walks on the streets of Bangkok or of some such city in

Indo-China, one can easily see that women are doing business just as men, besides doing their housework. And in the interior, Chinese are usually dependent on their native wives to help them in business, because a native wife is not only as valuable as a helper as another man, but also brings more customers.

Because of the long history in such matrimonial relationships, many natives in this area have Chinese blood. It is a well-known fact that many prominent people and governmental officials in the Philippine Islands and in Thailand are of Chinese origin. King Projadhipok of Thailand declared openly many times that he himself had Chinese blood. The fact is that Taksin, or Cheng Chiao, the founder of the Bangkok Dynasty, and hence of modern Siam, was a Chinese. His position as king was taken by his son-in-law, Chakri, a Siamese who after becoming king transferred the kingship to his offspring.

Culturally speaking, Southeast Asia is under the influence of China. This is beyond doubt. Indo-Chinese culture, before the coming of the French, is nothing more than the extension of Chinese civilization. Not only has the written language of Indo-China been Chinese, but it is true of every other aspect of her culture, both spiritual and material. Even at present, vestiges of Chinese culture are to be found everywhere in Indo-China.

To a less degree, the Thai culture is also imbued with Chinese elements although Indian influence is there the dominating factor. Before the influence of Western civilization no other country except India exerted as much influence as China in the making of Siamese culture. Rama Kamheng, as I have already pointed out, visited China twice and brought back with him many Chinese artisans. The Siamese city walls, the palaces, the language, the drama, are all more or less colored by Chinese culture.

Recently, many excavations in Java and other places in Southeast Asia show that the influence of Chinese culture was not only very extensive but very early in this area. Any historical contact implies some sort of cultural relationship. The large number of Chinese living in this region and China's geographical closeness to it intensify the process of cultural assimilation.

Those who have been in Singapore, Malacca or Cholon are prone to think that these look like Chinese cities. But this likeness is not merely in terms of the racial factor, but also in terms of cultural value.

The economic position of the Chinese in this area is important not only to Southeast Asia but also to China, and therefore deserves our special attention.

It is to be noted that before the coming of the Western powers, this area was dominated by the Chinese both politically and economically. In describing the historical relations between China and Southeastern Asia, I have already remarked, though incidentally, that politically the countries within this area were somewhat subordinate to the Chinese Empire. Homage was paid by practically all of the countries. Although sometimes force was used to attain this end, they usually looked to China as a superior, not because of force alone. It was rather the superiority in wealth and in culture that attracted these people to China in order to get, or to learn, something from her.

Although the Chinese government, for centuries, had insisted on the leadership and superiority of the celestial empire, it never made an attempt to control these countries directly or even indirectly. She even prohibited her people to migrate to these territories and severe punishment was given to those who disobeyed such orders. Moreover, she punished those local officials who did not report such criminals if they knew of such traffic.

But when sea communication was no longer dangerous and became easier and easier between China and Southeastern Asia, the Chinese swarmed to those places. The so-called China towns were established long before the coming of the Western powers. Even kingdoms and empires were founded by Chinese. Taksin or Cheng Chiao of Thailand was only one of the many examples. A little kingdom was set up by a Chinese called Cheng Chiu in the vicinity of Hatien, Indo-China, almost at the same time as Cheng Chiao became the King of Siam. So in the Malay Peninsula, in Sumatra, in Java and in the Philippine Islands and many other places, small localities or tribes were headed and administered by Chinese.

Curiously enough, though true to Chinese tradition, those Chinese who established themselves as the heads of certain localities in Southeastern Asia were seldom supported or recognized by the Chinese government as her colonial representatives. On the contrary, she treated them as pirates, criminals and rebels.

But the more the Chinese travelled to these regions, the more they became important not only politically but also economically. As we know, those Chinese who went to this part of the world were almost entirely from the two southmost provinces, namely Kwangtung and Fukien. These two provinces are not very rich in soil, so those who leave their homes are more or less compelled to go on account of poverty. When they went to Southeastern Asia, the richness of natural resources certainly were attractive to them. Because of agricultural techniques and their hard working lives at home, they were naturally superior in the cultivation of lands or in doing business, to the easy-going natives. It is in this way that they gradually became prominent in economic activities in these localities.

Yet let us remember there are tremendous costs to the Chinese. The small boats sailing on the rough and deep sea were subject to all sorts of danger, danger of being caught by pirates or of being sunk by typhoons. In former times it took weeks, and sometimes months to reach their destination. Not infrequently travellers died for lack of food and shortage of drinking water.

Yet this is not all. Granting they reached their destination, they faced not less but much greater danger than they met at sea. Hostile natives, wild animals and epidemic diseases were on all sides. Any one of these might cost them their lives, yet they had to face them all. They were helpless because they did not come with warships or by order of the government or even collectively. They came usually empty handed and individually.

Even until recently there has been tragedy no less than glory in the history of Chinese migration to Southeastern Asia. Men, and sometimes women, have been bought and sold in the markets to be shipped to these regions for hard work or for the shameless business of prostitution. Many of them were cheated or trapped and compelled to go there. But worse, is that these people, put in the lowest decks of the ships where there is no light or air, frequently died before they reached land.

Neither hardship nor death, however, could prevent these migrations. When one thinks that a ceaseless procession of these people has been going to Southeastern Asia for more than two thousand years, one is not surprised to find that they comprise a large proportion of the population, in some places equaling the native population, and have become so deeply rooted that they sometimes become natives themselves.

Historically speaking, the Chinese were in some parts of Southeastern Asia earlier than the so-called natives themselves. Thailand is an example. Long before the Thai people occupied this territory, there were already many Chinese settling there. It is hard to see then why the Thai should have the right to claim the title of "landlord" more than the Chinese. Nor are the Thai people justified in their anti-Chinese movement in recent years wherein they view the Chinese as a minority group. There are as many Chinese, or even more Chinese, than Thai there. The total Thai population in the so-called Thailand is less than one-third of the whole population.

Despite this, the Chinese seldom question the political authority of the Thai people, and it is obvious that politically the Chinese officially or unofficially do not have any ambition in this country.

The same thing may be said of the Chinese attitude in other parts of Southeastern Asia; at least this is true since the occupation of these territories by the Western powers. Even before the coming of the Western powers, although Chinese headed some small kingdoms or tribes, they did so either by individual abilities or by consent or grant of the natives. The Chinese government never attempted such conquest and never helped her people in such ways.

ECONOMIC POSITION OF CHINESE

This being clear, we can now turn to the economic position of the Chinese in these areas.

To get a living is the chief motive for Chinese emigration to Southeastern Asia. However, because of the increase in their numbers and because of the easy-going nature of the native people, they have gradually become important in the economic affairs in the places where they live. Since China is an agricultural country and her people are, even at present, largely farmers, and it is natural for them to carry on the same kind of work that they and their forefathers were engaged in for many thousands of years, it was commerce that attracted them and it is commerce that they are chiefly engaged in in these territories.

The Chinese historical records state that Chinese ships went to Southeastern Asia during the second century B. C. and mention the fact that commercial goods were exchanged between China and Southeastern Asia. The Chinese took gold and silk with them on leaving China and bought back such things as pearls, diamonds, wonderful stones and other curios. Spices and other special products of Southeastern Asia are also mentioned.

The coming of the Arabs increased the volume of sea traffic. While there were many Arabian boats sailing to the East, there were also many Chinese ships going to the South Seas and sometimes turning northwest to the Indian Ocean. The rapid growth of sea communication increased not only business transactions between China and countries in Southeastern Asia, but also between these countries themselves. There were many Chinese doing business in and between these countries.

Before the invention of the steamship, the monsoon in the Southasiatic Sea was one of the important determining factors in commercial relations between China and Southeastern Asia. When winter comes and the north wind blows, ships leave the southeastern coast of China, sailing southward. When summer begins and the south wind blows, these ships prepare to come back to China. The southward sailing usually takes place before the Chinese New Year and the home-coming is usually in August. So the business season for those Chinese who come every year from China to these areas is limited to seven or eight months at regular periods.

But ships following the monsoon going to Southeastern Asia do not necessarily come back every year. They may stay there for another winter if business is profitable. This is what is called "Double Winter". In such cases these ships go from one place to another, say from Singapore to Java or to some other port, carrying goods and booking passengers.

So although business is conditioned by the monsoon between China and the places under consideration, there are many Chinese ships and merchants traveling all the year around on these seas. In this way the Chinese people become not only the middle men between the business worlds at home and abroad but also in commercial transactions between the natives of the various countries in Southeastern Asia.

In so wide a sphere of influence Chinese business men became the dominating factor in the local as well as foreign business and trade of the countries in Southeastern Asia. Not only in the seaports along the coasts, but also in the interior cities and small towns, business stores are usually owned by Chinese. Even in small villages, if one sees a grocery store, it is likely to be a Chinese store. Chinese signboards and Chinese characters can be found almost everywhere.

The influence of Chinese business men penetrates beyond the cities or stores in the villages. Business is done by carrying goods on shoulders, on backs and in baskets and wooden cases, going to any place where there are human beings, for those Chinese who can not afford enough capital to open a store begin as peddlers, going from door to door. It is usually these people who become, in the course of time, the owners of well-known firms.

They are usually closely connected with the native farmers, collecting agricultural products and transporting them to the cities and to foreign countries. They are the people who lend money to the farmers to buy seeds and agricultural equipment. It is they also who venture to interior places and wild forests in getting what is known as mountain goods, such as animal skins and medical materials from the native people who are considered to be wild and hostile to all strangers.

As a matter of fact, many new towns are created by such men who also make the old ones grow and prosper. This is why many of the cities in these regions look so much like Chinese cities.

The coming of the Western powers to Southeastern Asia has changed conditions a great deal. On the one hand, many privileges enjoyed by the Chinese have been denied; on the other hand, economically speaking, the Chinese have become more important and influential in many aspects.

Contact between the West and the East, after the opening of the sea route, also meant conflict. China came into contact with the Western people first through her own people in Southeastern Asia and it was there the conflict began between the Chinese and Westerners.

When the Portuguese first brought a small fleet into the harbor of Malacca in the Malay Peninsula in 1509, they found that there were already many Chinese residing and doing business in this seaport. This city, being the first in the peninsula to have contact with the West, is one of the oldest cities in Southeastern Asia. Because many Chinese have been settling there for centuries, it remains up to the present a city colored with many Chinese characteristics. The farther the Portuguese go to the east, the more they meet the Chinese. What is true of the Portuguese is also true of the Dutch, the English, the French and even the Americans who came to these localities after the Portuguese.

The coming, and particularly the occupation of these territories by the Western powers, affects the age-long Chinese sphere of influence both politically and commercially. Politically speaking, not only the superior position of the celestial empire, but also those who had rights as kings of the small kingdoms and heads of many tribes in this part of the world, were first challenged and then gradually destroyed. After China's defeat in the Opium War in 1842, no more countries in this area paid homage to the son of heaven in the Middle Kingdom, not even Siam, in spite of the fact that besides his Siamese name the king of Siam has also a Chinese name. Those Chinese scattered here and there who held political authority were displaced by the Western powers one after another until none were able to exist.

Toward the close of the last century, and until the recent Japanese occupation, so-called Southeastern Asia, with the exception of Siam, was already under the control of four Western powers, namely, Great Britain, Holland, France and the United States.

In the field of commerce Chinese ships sailing between China and these countries, or among these countries themselves, have been challenged by Western means of sea communication. The introduction of steamships in the Far East ends Chinese competition in sea traffic. Thirty years ago, I could still see a swarm of Chinese junks going to and fro between the South Sea Islands and my own town, the Ching Lan Harbor in Hainan Island. But the increase of the number of steamships during the last three decades has made it impossible for these junks to do business as they did before. Some have become too old for sailing, and others have been sunk into the abyss of the South Sea from typhoons or other causes. Now, few if any are left.

Although what the Chinese have lost in political superiority seems lost forever, their loss in commercial competition has been a gain in other respects. Here we come to the present status of the Chinese in the economic life of Southeastern Asia and also to the many and complicated problems important not only in their economic aspects, but also in other aspects of life of overseas Chinese problems unsolved in the past which will become very serious in the future, especially after the war.

When the Western powers first took possession of these regions, they found almost everywhere sparse population and lands seldom cultivated. While all these countries are within, or close to, the tropical zone, the lands were mostly covered with forest and swamps, rich in natural resources. Fruits, vegetables, spices and animals, domesticated and wild, and all sorts of plants are in plenty. Since these territories are either islands or peninsulas, sea foods are abundant. Investigation and survey reveal that mineral resources are also rich. In short, nature provides many gifts. While the Chinese have utilized a few of them, the natives are not energetic enough to develop the countries. Having fully realized this fact, the colonial government, be it British or other, besides encouraging the immigrant Chinese to develop the natural resources, has also tried to encourage Chinese immigration to the country.

Take Singapore for example. When Sir Thomas Stamford Raffles occupied this island on January 29, 1819, it was almost a deserted place. Only a few Malay and Chinese inhabitants could be found. He began to offer all sorts of privileges to attract people to the island. The result was remarkable. As early as June 1819, four months after he hoisted the British flag at Singapore, he could write to his superior that there were about five thousand inhabitants on the island. But, it is to be noted, practically all of them were Chinese. He foresaw clearly that it was the industrious Chinese that would make the undeveloped country into a prosperous country and that they should be encouraged and induced to come and settle down.

But the more extensively the country was developed, the more people were needed to do the work. Not only are people needed to develop natural resources, but they are also needed for opening roads, building harbors and railways and the like. In other words, labor, skilled or unskilled, is essential. The introduction of the rubber plantation, and particularly the discovery of tin mines in these countries, called for more Chinese laborers, since the natives are usually less fit for that kind of work. At one time, the need of such workers was so urgent that companies were organized both in these places and in the large seaports in China such as Haihow, Hongkong, Swatow and Amoy, to cheat and trap many Chinese in order to meet the need. This is what is known as the Chu Chi or small pigs system, i. e. , the company was known as a basket of Chu Chi, for men were induced to get into the company as pigs are induced to go into a basket, and they were treated and shipped like pigs!

It is obvious then that the Chinese were indispensable for the development of these countries. The natives were less skilled and energetic than the Chinese. Europeans were few, not even enough for governmental service. Moreover, the Europeans, even up to the present day, believe that the tropical climate is not fit for them, that the longer they live in it the more they will degenerate both physically and mentally, and that those who are compelled by their work to go there should go home once every three years in order to recover. This being the case, it left the work mostly to the Chinese, and indeed it opened the way to different walks of life for them.

It is to be noted that besides the labor the Chinese engaged in, the scope of business of overseas Chinese has been widened. Before the coming of the Western powers, they confined their trade mainly to Chinese and native products. Goods also came from India or the Near East or even Europe through the Arabs, but these were very scarce. Now European goods were coming in. After the Industrial Revolution, and especially after the middle of the last century, when machines replaced handwork, goods poured in from Europe. These colonies were becoming markets for European goods and at the same time the storehouse of raw materials. The selling of goods, particularly retail goods, to the natives and the collecting of raw materials for Europe have also come chiefly into Chinese hands. This has provided a new and quite profitable business, because big or wholesale companies established by Europeans could hardly reach the masses in the interior. As a matter of fact, many European business men would think it a loss of dignity to do retail business in their colonies. Of course, language has had some bearing on this, because not all the European business men could understand the native dialects, to say nothing of Chinese dialects. Furthermore, the high salaries for European salesmen had to be considered.

Generally speaking, it is the policy of the colonial government to keep the colonies as a storehouse to supply raw materials for the home country, so industry has seldom been developed in the colonies. Yet if there is any enterprise that can be called an industry in Southeastern Asia, it is largely in the hands of the Chinese. Even in Siam, as an independent nation before the Japanese occupation, most of the industrial enterprises were in the hands of the Chinese. Rice mills and saw mills, the two most important kinds of industry (if they can be included under the term, industry) are almost completely owned by the Chinese. It is somewhat the same in Indo-China where rice and wood are the chief products. Many factories manufacturing rubber goods in the Malay Peninsula or other places, refining sugar in the Dutch Indies or in the Philippine Islands, or wherever other merchandise is made, are also owned by the Chinese.

No less important than these are the small industries developed by the Chinese. In this aspect of economic life, the natives of these regions are not entirely incapable, although their products are very small in amount and usually for their own use. For instance, the Siamese *sen*, a kind of cloth, the Malayan *salong*, or other articles made of bamboo or other local materials, are quite well known in these regions. Most household utensils and implements for daily use or goods which are not imported from the Western countries are usually made by the Chinese. It is not easy to give a list of all these things which include articles like kitchen utensils, pottery, furniture or even brooms or brushes.

The increase of Chinese women in these regions during the last few decades has developed home industry. The weaving of socks or stockings and towels, and the knitting of many kinds of goods which can be made at home after the women finish their housework, are very common and became at one time very profitable.

Although not a large percentage of overseas Chinese engaged in farm work, their position in agriculture in Southeastern Asia can not be disregarded. Many vegetable farms near the cities are owned by the Chinese. Rice fields in Thailand and Indo-China are also owned by them. Native farmers usually borrow money from the Chinese in order to buy seeds or equipment, so that they control to a certain extent the agricultural finances of the native people.

Plantations yielding the chief products such as rubber, sugar cane, coffee, coconut, pepper and the like are to a very large extent under Chinese ownership. Europeans have the major share in rubber production, yet the actual number of Chinese estates is as great as that of the Europeans. Because of the industrious and thrifty habits of the Chinese, the extension of their plantations or the increase of their acreage is a matter of time. In Java and the Philippine Islands, where sugar is very important in the economic life, some Chinese have been called sugar kings. Other plantations of pepper and coconut have been in certain places completely monopolized by the Chinese, particularly in the southeastern part of Indo-China, between Hatien and Kampot, where almost all of the pepper plantations are owned by Chinese. Following the growth of these plantations a few cities have arisen which are dominated by the Chinese.

Tin is one of the most profitable natural resources in the Malay Peninsula and, to a less extent, in Thailand, even comparable to the importance of rubber in these places.

Tin was originally monopolized by the Chinese, and toward the end of the last century the Chinese still held the largest share, but competition of British financiers has affected Chinese prosperity a great deal during the last few decades. It is said that by 1931 British investment in this enterprise was greater than that of the Chinese, because of the size of their investment capital and their modern machinery. But here again the role played by the Chinese can not be overlooked.

Besides what has been noted, there are still many enterprises which are largely in the hands of overseas Chinese. Fishing, for example, is largely monopolized by the Chinese everywhere along the seacoasts of Southeastern Asia, in spite of the fact that in some places there are greater numbers of native fishermen. While there may be many Malayan fishermen, the middlemen who bring the product to the market may still be Chinese.

Even many of the enterprises owned by overseas governments are run by Chinese. In Thailand, for instance, wine factories were owned by the government but it was the Chinese who made the wine. The government, upon receiving a certain amount of money from the manager of a wine factory, gave the latter the right to make the wine according to certain standards and to sell it at a fixed price.

Even the wats, or monasteries, and the palaces in Thailand were built by the Chinese. Chinese contractors, undertaking governmental as well as private works, are to be found in every city. One may be surprised to see houses in the interior villages being built by Chinese carpenters, and that there are Chinese brick makers and smiths.

Although the Chinese do not own many steamship companies and have no railway lines in Southeastern Asia, a traveller has to deal with Chinese whether he takes his trip by boat or by train. Those who serve him in the bar on board ship are almost always Chinese. In many places even those who help him with his baggage, from one station to another or from the boat to the wharf, are Chinese. From rickshaw coolies to automobile drivers, one will find that there are many Chinese. Also in the hotels, operated either by the government or by private citizens, many managers and almost all the waiters or waitresses are Chinese. The same may be said of restaurants and coffee shops. In short, if he is Chinese, a traveller in Southeastern Asia will feel very much at home and if he is not Chinese, that he is taking a trip in China.

What I have tried to do in the foregoing, is to give a general picture of the Chinese economic position in Southeastern Asia. It is safe to say that here the economic field has been intensively as well as extensively explored by the Chinese.

While admitting that some of the larger enterprises are in the hands of Europeans or

Americans, the economic position of the Chinese is most important because almost all of the economic systems or organizations are closely related to them. Consequently it is fair to say that the collapse of economic interests of European people, though affecting very much the colonial governments in many respects, may not so much affect the daily life of the general public in these regions. On the contrary, the collapse of the economic position of the Chinese people in these regions might even result in the death knell to the whole population of these areas. Because what Europeans can contribute to the economy of these people can be also contributed by the Chinese, but what the Chinese have accomplished for these people in their daily needs can hardly be substituted by the Europeans. Nor can the native peoples take the place of the Chinese in this respect. Not even European and native efforts combined could do that, not, at least, within a considerable period of time.

The position of the Chinese people in this respect has been recognized even by those who have been friendly to the natives and hostile to the Chinese. W. A. M. Doll, the Financial Adviser of the government of Thailand, although making many suggestions to the Thai government toward the control and eventually the destruction of the economic rights of the Chinese in Thailand, has made the following remarks in the Report of the Financial Adviser, 1938 – 1939: "Signs have not been wanting in the Press and in conversations with leading Siamese of a desire to accelerate the displacement of the foreign middleman by the introduction of restrictive measures on his activities in the country and his freedom to remit. I would like to warn all those, who see in such action a quick road to salvation, that the adoption of such measures will only postpone and in no way hasten the attainment of the objects for which we are all working. At the present moment, the foreign tradesman and shopkeeper is just as integral a part of the national economic structure as the first-floor walls are of a tall building: you cannot knock those first-floor walls out without bringing the whole house down and, until you have prepared the struts and props to take their place and can safely insert them, things must be left as they are. It would be as unfair to blame and penalize the Chinese middleman for assuming the role he has assumed as it would be to censure the Siamese people for having in their national character that lack of individual aptitude for business which has enabled him to assume it. The observations in my two previous reports were not penned with the object of directing an attack on a class that has rendered and is still rendering an essential service to this country, but in order to point out how the Siamese people may regain control of the internal profits accruing from the labor of the Siamese peasant and yet occasion the minimum of hardship to those, whom a wise use of the cooperative movement would eventually displace."

And he goes on to tell us: "Achievement of the plan outlined in my previous reports would constitute a revolution in the internal economic system of the country. That plan should be steadily, even vigorously, prosecuted. But attempts to accelerate its completion by restrictive or penal measures against the present middleman would be not only harmful and unwise; they would be thoroughly unjust."

Now, as we know, many years before the report of Mr. Doll, the Siamese government had already made many rules restricting Chinese business in that country. That is to say, the Siamese people had prepared long ago to take the place of the Chinese. Yet such long and well planned preparation, as Mr. Doll points out, does not guarantee the independence of the economic activities of the Siamese, if drastic measures are taken in order to restrict, not to say destroy, the economic activities of the Chinese in Thailand. It is obvious that the Siamese have been and are largely, if not wholly, dependent on the Chinese in their economic life. Consequently it would be detrimental to the Siamese if the economic position of the Chinese collapsed or should be destroyed.

What is true for Siam is also true for other places in Southeastern Asia. As a matter of fact, places like Singapore or the Malay Peninsula depend even more on the Chinese, because the natives in these places are less energetic and businesslike than the Siamese.

Thus the Chinese in Southeastern Asia have not only built the foundation which has become an integral and even the most important part of the economic life of these countries which makes them indispensable to both the colonial governments and the native people, but also, as Mr. Doll has pointed out, has rendered an essential service to them.

Those who are willing to make a historical study of the development of the various lands in this area will not fail to see impressive contributions which the Chinese people have made to its wealth and prosperity. Without understanding the Chinese, one can hardly understand Southeastern Asia, past or present. To forget or ignore the essential service of the Chinese in building up this part of the world is bound to create many difficult problems in the Far East.

While in the past, there have been many far-sighted governmental officials and scholars who frankly admitted this fact and gave high tribute to the overseas Chinese, there have also been many colonial politicians and others who have refused to take this fact into consideration and have perpetrated acts which, though originally intended to put pressure on the Chinese, have as a result done damage not only to the Chinese but also, even more, to themselves. Such mistakes, committed again and again before the

Japanese invasion, had made this very clear by the time these regions were invaded. It is hoped then, that after the defeat of Japan, a new attitude and a sound policy in regard to this area will be formulated, so that peace and prosperity may be restored.

What I am attempting here is to show that in the last few decades, instead of utilizing political authority to check the strong currents of Japanese economic exploitation, promote mutual interests between the Chinese and the native peoples and protect the economic rights of overseas Chinese, the colonial governments, especially the Siamese government, have in general tended to adopt a strong anti-Chinese policy, the result of which is, negatively, to ignore entirely the essential service rendered by the Chinese and, positively, to destroy the economic foundation which has been built by the Chinese with their sweat and blood.

Since this problem has been, and will be after the war, very vital and important to the so-called overseas Chinese and consequently to the peace and prosperity of Southeastern Asia, it is necessary, as I see it, to examine it in a little more detail.

JAPANESE INTERESTS AND AIMS

As we all know, before the last world war the economic interests of the Japanese in this area amounted to almost nothing. Japanese goods were scarce and investment little. In regard to population, even after the Japanese invasion of this area, there were still very few Japanese residing there, because even in Japan proper the density of the population is not as high as it is in China. This is the reason there are still very few Japanese in Formosa and Korea, not to mention Manchuria after the Japanese occupation. It is curious to note that although Japanese are themselves islanders, they do not seem to be adaptable to this part of the world. I recall the incident of the Japanese emigration to Thailand some years ago. In order to show their friendly relations, about ten years ago, the Siamese government agreed to provide some land for Japanese settlement and the Japanese government endeavored to induce a few hundred Japanese to go to Thailand to settle down. But the result was very pathetic, for besides many conflicts between Siamese and Japanese, there were many who died of sickness. The scheme was a complete failure and had to be given up.

In spite of the small percentage of Japanese people in these regions, the Japanese government always intended to develop them, first as markets for Japanese goods and then as political dependents on Japan. This is what the Japanese call the "southward policy," in contrast to what is called the northward policy or continental policy which is to make first Manchuria and then China Japanese colonies.

Under the so-called "southward policy" the Japanese first of all tried to make a general survey of the economic conditions in this area. Many books and articles dealing with various aspects of this part of the world have been published in the last few decades. It is safe to say that within this period no country has given so much effort to understanding this area as Japan. Beside the governmental organizations, many associations have been organized in order to discuss the so-called Nanyang or Southsea problems.

During the last war, when European goods could not be transported to this area, Japan had the opportunity of sending her goods there and gradually played an important part in the markets of Southeastern Asia. Despite the interference of an anti-Japanese movement the scarcity of the European goods enabled Japan to get a foothold for economic exploitation and they consequently had many benefits from this area. Long before the Japanese military invasion of this area, Japanese goods had already penetrated into the interior and even to the jungle. Some European merchants, taking advantage of cheap prices, sold Japanese goods under the name of European goods in order to make a large profit. As a result, Japanese goods have been sold in almost every store, and this constitutes a serious menace to European goods.

In spite of this, the Japanese were by no means satisfied, true to Japanese traditional policy and national characteristics. Besides economic exploitation, Japan desired political influence and control in this part of the world. To attain this end, Japan used her citizens of this area for espionage and propaganda. It is said that every citizen of Japan, including women, is a spy for the Japanese government. This would at least seem true in Southeastern Asia.

In the work of propaganda, besides publishing pamphlets and tracts, the government sent special people to do special kinds of work. For instance, in Burma and in Siam, Buddhist leaders of Japan were sent to make contacts with the Buddhists there. In the Malay Peninsula, many business men and peddlers who went to the country places did much work of this kind for the government. The natives were told that they were badly treated by Europeans and Chinese and it was hinted that they should destroy the governmental regime of the former and the economic foundation of the latter. The anti-Chinese movement in Thailand during the last fifteen years was due, at least in part, to Japanese instigation. So it may be said that the anti-European feeling of the native people, particularly during the time of the Japanese invasion, was only one of the results of Japanese propaganda started long ago. It may be added that the rapid defeat of

European powers in Southeastern Asia in 1942 when Japan invaded the colonies was due to the lack of support of the natives as well as to insufficient military preparation, because many natives, instead of helping the colonial governments, helped the Japanese to fight against the rulers.

The extension of Japanese influence, politically or economically, was and is detrimental to China as well as to Europe. In a sense it is more detrimental to the Chinese, because their numbers are so great and they are dependent on what they have earned in this area for their subsistence.

It is now very clear that the Chinese were right, though not appreciated, in their anti-Japanese movements and that the colonial and Thai governments were wrong in their pro-Japanese policy and even in their tolerance of Japanese imperialism in these regions. If the colonial governments as well as the Thai government could have realized that the intention of the Japanese was to occupy their territories, they would have probably supported a different policy toward the Chinese during the last few decades, at least so far as the anti-Japanese movement of the Chinese is concerned.

RELATIONS BETWEEN CHINESE RESIDENTS AND NATIVE PEOPLES

When we come to the question of the relation between the natives and the Chinese, we may say that the so-called anti-Chinese movement, ostensibly led by the natives, was also partly, if not wholly, due to the partiality if not the instigation of the colonial government. It must be pointed out that before the coming of the Western powers, there were few, if any, serious conflicts between Chinese and natives. Since the Chinese government never intended to have any direct political control over these countries, there was little conflict between China and these countries. Even a long time after the coming of the Western powers and as long as the Chinese were needed, and badly needed, for the development of these countries, one seldom heard of the so-called anti-Chinese movement. It is true that national consciousness and the nationalistic movement have been developing gradually in these countries, but such a consciousness or such a movement is mainly political in nature. In Java, in Indo-China, not to mention the Philippine Islands, the aim of the movement is to gain political power and to have political independence. Whether or not the natives are qualified or merit that we shall not discuss here. What we wish to point out is that political motive is the dominating factor in this movement. If there is any desire for economic independence, it can only be regarded as a secondary factor. Those who are willing to make a general survey of the different kinds of organizations which are motivated by the so-called national consciousness in Java, in Indo-China and other places can be easily convinced of what I have said.

Now if the aim of the nationalistic movement is to have political independence, it is only natural that it is they who hold political power will be subject to attack. In other words, it is a conflict between the rulers and the ruled. The Chinese are not the rulers. Although they are ruled, they have no political interest or ambition, so they will never line up with the natives in order to overthrow the rulers. It is purely a conflict between the natives and the colonial government. It is clear then that so far as a nationalistic movement is concerned, there is not much conflict between the Chinese and the natives, although there is a somewhat different state of affairs in Thailand. However, even in Thailand, the anti-Chinese movement is a governmental movement rather than a people's movement. The reason for the government's anti-Chinese policy is largely due to Japanese instigation and partly because those who are in power wish to shift the attention of the people to a more or less international issue in order to secure their own position. This is what Hitler, Mussolini and the Japanese militarists have done.

As a matter of fact, for more than two thousand years, the Chinese and the natives in Southeastern Asia have, on the whole, been getting along very well. Blood relationship and cultural contacts have accounted for this. For instance, when drastic measures were taken by the Thai government for detaining and deporting many Chinese in Thailand a few years ago, it was most often the common people who helped the Chinese escape or offered them asylum.

Although it is true that it was the colonial governments, including the Thai government, rather than the natives or the common people who were chiefly responsible for the so-called anti-Chinese movement in these areas during the last few decades, since most of the acts which restricted the Chinese were governmental acts, it may be argued that this was all done for the sake of the natives. Here we come to the question of motivation which is open to debate. It seems that the governments merely used the slogan of protecting the right of the natives as a pretext. The more one sees of these acts the more one is led to think that it was because the colonial governments wanted to divert the attention of the natives from their nationalistic movement and shift their antagonistic attitude, originally and mainly directed toward demands for political rights and against the government, to attacks against the Chinese. The result was that both Chinese and natives became scapegoats. Those natives who were not aware of this motivation blamed the Chinese for exploiting them economically, and those Chinese who saw things only as they appeared, thinking all anti-Chinese acts were initiated by the natives, blamed the latter without realizing that it was the government which was responsible. In spite of all this the natives and the Chinese, as I have pointed out, were, and still are, getting along very well. There have been few, if any, cases of actual conflict between the natives and the Chinese. On the contrary, this policy even arouses the natives to a more sympathetic attitude toward the Chinese, because many Chinese who were deported or imprisoned left behind close relatives such as sons-in-law or brothers-in-law, and their lives have become more difficult as a result of the closing up of many businesses which are integral parts of their national life and essential to their daily life.

I have held that the colonial governments and particularly the Thai government were responsible for the so-called anti-Chinese acts, because most of these acts were initiated by the governments. Even if the natives wished governmental rules to restrict Chinese to such an extent in their economic activities, the governments had the power to suppress them or to act as mediator in bringing about their living together peacefully and happily.

POSSIBILITIES OF DEVELOPMENT

As we all know, almost all the countries in Southeastern Asia, with the exception of Java, are under-populated. The possibility of developing these countries agriculturally and industrially is still very great. In Thailand, for instance, besides the high productivity of the land and richness of its resources, its land is equal to one-fifteenth of the whole of China, while its population is only one-fortieth of that of China. The same conditions prevail in other places like Indo-China and Sumatra, some of them even less populated than Thailand. Although Java is over-populated, the number of Chinese there is about one-fortieth of the total population, in numbers, about a million Chinese and more than forty million natives. This being the case, the question of over-population in Java has very little, if anything, to do with the Chinese.

DISCRIMINATION AGAINST CHINESE

On the whole, the possibility of developing these countries is very great and opportunities for economic pursuits are plentiful. If the colonial governments and the Thai government wish to help the natives to promote their economic interests, they can easily do so without restricting the Chinese. On the contrary, such acts have been and will be detrimental to the economic situation of these areas, since the natives are still unable to take the position already attained by the Chinese, as Mr. Doll has pointed out in the case of Thailand.

If I am not mistaken in what I have said, it may be concluded that it was a matter of policy rather than of necessity which caused the colonial governments and the Thai government in particular to so restrict the Chinese, making it almost impossible for them to exist in these countries.

Space does not allow the enumeration of all the restrictions laid upon the Chinese. But it is desirable to outline their general and chief features and to give a few examples as illustrations.

In general the anti-Chinese acts may be grouped under two headings: one is a check on the increase or the reduction of the number of Chinese in these countries, and the other is the restriction of all Chinese activities within these areas. Although the method of these restrictions was different in different areas and in different times, the general content was more or less the same. The first category of restrictive acts can be subdivided into two kinds. On the one hand there were acts to check the increase of Chinese immigration and on the other hand acts to reduce their number within a given area. In the latter case, deportation was a means to this end. During the last few decades there were many Chinese deported under the pretext of one law or another or none at all. Those of careless action or suspicious thinking were all likely to be deported. Many Chinese were deported without knowing the reason and not infrequently they were told not to ask the reason.

Another method used in reducing the Chinese population was the enactment of regulations to the effect that all Chinese born in these areas were to be counted as citizens and subjects of these areas. Any government has a right to make such laws, but the Chinese were variously treated by these laws. Although in Thailand they are counted as Siamese citizens, they are not counted as citizens of the Netherlands in the Dutch Indies, and therefore are not treated equally as Dutch citizens before the Dutch law. Nor are they treated as the natives, for the natives have their own laws and are well protected by many special acts which are mainly restrictive on the Chinese. Although the Chinese are declared by law to be the subjects of the land, in order to avoid being registered in the Chinese consulate as Chinese, they are treated as Chinese and subject to almost all the restrictions laid upon the Chinese. The net result of such a law is to make them neither Europeans nor natives nor even Chinese in the eyes of law. Suffering from all these maltreatments, they enjoy neither the protection nor the privileges of either the colonial government or the Chinese government or the natives. Rather have they been more or less outcasts.

In regard to the check on the increase of Chinese immigration from outside or particularly from their homeland, numerous rules have been made during the last few decades. One of these rules limited the number of Chinese who came from their homeland to these territories. This was done by practically all colonial governments including the Thai government. Sometimes the number allowed was so small that it amounted to checking immigration entirely. Another rule was the imposition of a high tax on entering the country. In Java, for example, Chinese who went there were obliged to pay a tax of 150 florins. This was too high for a Chinese coolie or ordinary merchant, but in 1932 a resolution was introduced in the Volksraad to raise the immigration fee to 250 florins. Although this resolution was not said to be anti-Chinese alone, it was aimed mainly toward the Chinese. It was withdrawn only when the Chinese pointed out that the export of Java sugar to China might suffer through a retaliatory Chinese boycott if it should be passed. Even many Europeans thought that the resolution was too hard on the Chinese, for the yearly income of most of them in Java did not reach this amount. Again, in Thailand for example, a law was issued to the effect that any Chinese entering this country must pass what they call a literacy test by which immigrants are required to read and write before they are admitted. Under this rule, some very rare words might very likely be taken from the dictionary for the test, hence anybody might fail in such an examination.

When we come to the restrictions laid upon the Chinese activities within these areas, it would necessitate a large volume. Briefly, they may be grouped into two categories: one economical in character, the other non-economical. The latter, though not entirely unrelated to the former, is termed non-economical for the sake of convenience.

In regard to economic restrictions, first of all, in many places Chinese are prohibited from owning land. In Thailand, where rice is the chief product of the country, ways have been invented for preventing the Chinese from getting the benefits of this product. The Thai government, besides organizing the so-called Thai Rice Company, organized many cooperative societies. The aim of these is to free the Thai from the Chinese middlemen and from Chinese moneylenders. As a matter of fact, the company and the societies were created to monopolize the buying and selling and exporting of rice. While rice mills are still in the hands of the Chinese, rules have been made to make it difficult for them to carry out their work. A large percentage of Thai workers are required in every factory, including the rice mill, in spite of the fact that these workers are not fit for the job.

Again, in the Malay Peninsula where rubber and tin are the two chief products, the Chinese, though occupying a very important role in these industries, and particularly the latter, were not able to compete with the British because of the lack of political authority to back them up. The so-called international tin restriction had much to do with both speeding up the British rise of power and of concentrating control in fewer hands, for about ten years before the Japanese invasion. As a matter of fact, in any international restrictions conference of the chief products of this area the Chinese were neither informed nor invited. Only when the Chinese themselves threatened to send representatives were their cases considered. In Thailand, the government even refused permits to Chinese desiring to plant rubber and open tin mining and, by restricting the alien workers to 25 percent in both public and private enterprises, many Chinese enterprises had to close up because of the lack of labor.

Even in minor enterprises many restrictions were issued to make it almost impossible for the Chinese to carry on business. In this respect, Thailand is the worst offender. The Thai Business Registration Act of November 19, 1936, of May 1939 and of November 1939 were mainly aimed at Chinese business men. There were still many other special acts to force out the Chinese completely from certain businesses, such as Birds' Nests Act of January 1939. It was intended by the Thai government that every Chinese business should be destroyed, and an act was even issued making Chinese ineligible for licenses to drive taxis.

The drastic measures taken by the Thai government to suppress the Chinese were so terrible that even the position of their own representatives in the National Assembly was intolerable. Nai Indra Singhanetra, the Chiengmai representative, once pointed out that the government interfered too much and that it seemed to him that no country in the world except Russia would go so far in such matters. This attitude being interpreted as pro-Chinese, Nai Indra was compelled to leave his seat in the Assembly and forced to retire.

Many other restrictions were laid upon the Chinese besides those concerning economic activities. For instance, an act became effective in April 1939 requiring a signboard having no Siamese lettering to pay a higher tax, which act was largely against the Chinese, since Chinese stores usually have signboards of Chinese characters. Since the Chinese signboard is very large in size, the act provided that for every 500 square centimeters a tax of one *tical* was required. The result of this act was the restriction of Chinese words on the signboard, and also a restriction of its size.

Most important of all was the discrimination against Chinese education in Southeastern Asia. Thirty years ago, the Chinese were free to open schools for the teaching of their own children. They were also free to choose teachers, select textbooks and to use their own language. But the tendency of the last thirty years has been toward Chinese schools being gradually controlled by the colonial governments and in Thailand it has now become almost impossible for the Chinese to establish a school as before.

In general, before the Japanese invasion, the Chinese schools in these areas were required to register and have their administrations supervised. The colonial governments examined the textbooks very carefully and some of them were not allowed in use, particularly those which contained anything that was radical in thought, or critical, or hostile to colonial systems or even to so-called imperialism in general. Nor was the teaching of nationalism agreeable to them. While the colonial governments did not wish the people to think of them as imperialistic, neither did they wish the people to be inspired by nationalism. As a matter of fact, the discussion of political problems was not encouraged and political science was always absent from the curriculum of the Western schools in the colonies.

In Thailand, the teaching of Chinese was allowed only a few hours a week, the rest of the time to be devoted to Thainese. As a result Chinese schools have become Thai schools. Besides a Chinese principal, a Thai principal has been required for every school. Although the latter does nothing in the school, he has received the same salary as the former and has become not only the eyes of the government but has also interfered with the administration of the school. This is not all. Chinese teachers teaching in Chinese schools must pass an examination given by the Ministry of Education of Thailand. The purpose of the examination is to test their ability in reading, writing, and speaking the Thai language. It was by this act that hundreds of Chinese teachers were disqualified for teaching in the Chinese schools. The Thai government knew very well that these teachers came mainly from China and did not know the Thai language. It also knew that those Chinese students who graduated from overseas Chinese schools in Thailand did not know enough Chinese to teach even in the higher grades of the primary schools. So to make the act effective was in effect to destroy Chinese schools as schools for teaching the Chinese language, which, as we know, was the principal aim of the Chinese schools. Without this, the existence of the Chinese schools would have no meaning at all.

The Siamese educational authorities have not yet been satisfied with what they have done to the Chinese. When I was in Thailand about ten years ago, I saw in a Chinese school in Ubon, in the eastern part of Siam, a notice posted on the school bulletin board prohibiting Chinese students from reading any Chinese books in the school. The principal of the school made it known that this was authorized by the Bureau of Education in that district. In another place I was told that the Chinese students were not allowed to wear Chinese clothes. They were expected to wear Siamese clothes, although many of the Siamese wear Western clothes and their officials, by an act of the government, are required to wear Western clothes!

Fearing that the Chinese schools could still exist under such circumstances, the Siamese authority of education almost ten years ago, within a period of a few months, closed more than seventy-nine schools established by overseas Chinese. While the schools were not all closed at the end of the term or the year, more than ten thousand students at least had for a time no school to go to.

The list of discriminations against the Chinese in Southeastern Asia could be multiplied indefinitely. But enough has been mentioned to show that these restrictions were unjust and unreasonable. What the Thai government has done to the Chinese is inhuman and cruel. Calling the Chinese the Jews of the East, they have sometimes given the Chinese even worse treatment than the Nazi Germans have given the Jews in Germany.

What I have said above is almost entirely confined to the situation before the Japanese invasion of Southeastern Asia. Since this area has been occupied by the Japanese, it can well be imagined that the Chinese have been very badly treated. This is confirmed by the information that we get from those who escaped from these places. Because the Japanese, even before their occupation of these countries, had tried to stir up anti-Chinese feeling, it is only natural that they would be even more diligent in this respect as opportunities arise for control of the territories and the Chinese. In the case of Thailand, since the Japanese occupation, the Chinese have been under double pressure, from the Japanese on the one hand and the Siamese on the other. It is said that those Chinese who live in Thailand nowadays do not dare walk on the street or talk aloud in the house, since Chinese faces, no less than the Chinese language, are disagreeable to them and even hated.

POST-WAR PROBLEMS AND POLICIES

This being the case, what shall we do after the war? To answer this question we may assume that Japan will be defeated and will be compelled to leave Southeastern

Asia. To eliminate Japan from this area is not only to throw off her military power and political control, but also to be released from her economic pressure. In order to avoid history being repeated, laws should be carefully drawn up and strictly enforced in regard to Japanese immigration and commercial penetration, for as experience shows, once the Japanese come, they come not only for economic gain but also for political and military control.

To prevent the Japanese from getting any foothold in this area will mean the freedom from this area of one of the most dangerous elements which has disturbed the peace and prosperity in this part of the world.

But this does not mean that there will be no more problems in Southeastern Asia. So far as the Chinese are concerned, the pressure laid on them, and particularly on their economic activities before the Japanese invasion, did not come from the Japanese alone, for besides the Japanese menace, there were, as I have already pointed out, many restrictions and discriminations against the Chinese. Since all these restrictions and discriminations were either initiated or supported by the colonial governments, particularly the Thai government, it is clear that unless the policies of the colonial and the Thai governments in regard to the treatment of the Chinese are changed, peace and prosperity can hardly be restored or promoted. The large percentage of Chinese alone, to say nothing of their economic position, will become an important and indeed very important problem in this area.

I have already made it clear that the Chinese have not had any political ambition in Southeastern Asia. What they expected and are expecting now is to make a living and to live peacefully and, if possible, prosperously in these places. Even their government did not and does not have any territorial ambition in Thailand in spite of the strong pro-Japanese and anti-Chinese policy of the last fifteen years. The Chinese government, through its leader, even declared openly and definitely to the Thai people in February of 1943 that China has no territorial interest in Thailand.

It has to be borne in mind, however, that although the Chinese do not have political interest in these countries, it was the political authorities who formulated anti-Chinese acts and fostered anti-Chinese feeling. When the causes of the trouble can be found out, remedies can be easily formed. If it was the political authorities who were mainly responsible for the discriminations against the Chinese, either in the colonies or in Thailand, it will be the political authorities to whom we shall be looking to change such policies.

Who will have such political authority after the defeat of Japan? The answer to this question will not be difficult, since, before the Japanese invasion, with the exception of Thailand, these territories were under the control of four Western powers, namely, the United States, Great Britain, Holland and France. It seems to be clear that after the defeat of Japan those territories which were formerly under the United States, Great Britain and Holland will be restored to them respectively. What we are going to do about Indo-China is somewhat doubtful. I shall speak of the Chinese point of view a little later.

Considering the contributions made by the Chinese in the past and those which will be made in the future for the development and prosperity of these countries, and considering the contributions which China has made in fighting against the Japanese and which China will make toward the maintenance of peace and order in these areas, and in Asia in general, in the future, the allies of China which possess the political authority are expected to change their colonial policies, to abolish discriminations against the Chinese and to provide means for assuring them that no such discriminations will be made in the future.

To attain this end, first of all, more Chinese members should be included in the legislative bodies such as the legislative council in the Malay Peninsula or the Volksraad in the Dutch Indies, so that their voices will not only be known to, but also carry weight in, the colonial governments. It is hoped also that such legislative bodies should be strong enough to counteract and balance executive power, not merely becoming advisory bodies. The principle of representation should be proportional to the number of the people so that the democratic spirit and system can be gradually realized in this part of the world. This is important not only to the Chinese but even more important to the natives.

In the second place, separate treaties should be concluded between China and each of the nations possessing colonies in this area to assure the guarantee of economic and other rights of the Chinese residing in this area so that their services and contributions will not be ignored.

In the third place, the United States, Great Britain, Holland and China, and possibly other powers which have close and direct interest in this area, should create a collective organization in order to look after the welfare and the interest of all the people of these countries and to maintain the security of these countries in order to prevent acts committed by aggressors.

I am indicating here the general principles concerning the guarantee of Chinese interests in Southeastern Asia, leaving the details to be worked out after these general principles are agreed upon.

In speaking of the interests of the Chinese, we should not forget the interests of the natives. As I have already pointed out, judging from past experience and taking a lesson from the Japanese invasion, it has to be admitted that the colonial governments were not successful in their dealing with the natives. Having controlled them quite well by force and laws, the colonial governments failed to win their heart and affection. Here was fertile ground for Japanese propaganda and their sinister motivation in anti-European feeling. Such failure has been recognized even by many European statesmen and scholars. It is hoped that the will of the natives may be given more consideration. The suggestion of a strong legislative body in order that the wills of these people can be fully expressed is mainly for this reason. Here, the example in the Philippine Islands can be followed. Most of the natives in Southeastern Asia have been looking upon the Philippine Islands as an ideal pattern and future hope. Considering the short period of American control and the rapid development of self-government of the Philippines, it is only natural that they have been admired and at the same time even envied. The United States is by no means going to be the loser in this situation. The cooperative spirit of the native people in fighting hand in hand with the Americans during the Japanese invasion is proof enough that the United States has gained as well as given to the natives.

Before concluding, let us give a little attention to the cases of Indo-China and Thailand. There is no question that after the war France would like to retain Indo-China. However, the pro-Japanese and pro-Axis policy of the Vichy government has not only made Indo-China become a stepping stone to endanger the Southwestern boundaries of China and has led the Japanese to invade Kwangsi and Yunnan, making this colonial territory a bridge through which the British colonies and the Dutch Indies were invaded, but also has lost for the Indo-Chinese people their respect and confidence toward the French Colonial Government in Indo-China and consequently for the French Republic.

It seems clear that the Allied Nations should have a voice in the future of Indo-China, and due consideration should be given to the expression of the will of the natives, even if their will may not be fully accepted. Of course, France may still claim her share in this territory, but to give it back to France without any conditions would be very unjust.

As to the Chinese viewpoint, it may be said that although she has no territorial ambition in Indo-China or in Thailand, since her own people in Indo-China have been under the double pressure and exploitation of the colonial government and Japanese militarists, and especially since her own territories have been endangered and her war materials have been captured because of the colonial government's pro-Japanese policy, her interests in Indo-China should be given special consideration.

As we know, the experience of this war has made it clear that the industrial and commercial development of China in the future should not depend entirely on the coastal cities or regions. Both Northwestern and Southwestern China should be developed. We shall not speak of such development in the Northwest here because it has no bearing on the question of Southeastern Asia. In regard to Southwestern China, three of the Chinese provinces are adjacent to Indo-China, namely Kwangtung, Kwangsi and Yunnan. Kwangtung is a coastal province and sea communication is accessible from several directions. But this is not the case with Kwangsi and particularly Yunnan where rivers are scarce and not good for navigation. The opening of the Yunnan-Indo-China railway and the building of the Nanning-Haiphong highway and railway have made it apparent that both Yunnan and Kwangsi provinces can more readily and more conveniently reach the outside world through Indo-China than any part of China proper.

Since the outbreak of the Sino-Japanese war, many Chinese factories have been moved to these two provinces, and it is only natural that after the war these two provinces will become the centers of Chinese industry and commerce. But to develop both industry and commerce, communication is necessary. Haiphong is the nearest seaport to these two provinces. It is only fair that China should be given more consideration toward the utilization of this seaport and the railway and highway connecting it with the interior.

As for Thailand, undoubtedly her guilt is too obvious to be excused. Besides treating the Chinese there so inhumanly and cruelly, she took advantage of the defeat of France and utilized the military help of Japan to occupy a large piece of Cambodian territory adjacent to her southeastern boundary. Somewhat in the same way she took a part of British Malaya. Moreover, she has given military help to the Japanese to fight against the Chinese and British in Burma. Furthermore, her pro-Japanese policy was not by any means forced by the Japanese, but rather formulated by her. She has held such a policy since or even before the day of the Japanese invasion of Manchuria. Her pro-Japanese, and consequently anti-Chinese attitude was clearly shown when she was asked to vote to condemn the Japanese occupation of that part of Chinese territory. And this is not all. In changing the name of Siam to Thailand, she has tried to stir up many tribes and people in Indo-China, in Burma and in China, dreaming of what she calls the great Thai Empire. Under the name of Thaism, she has started much trouble in Southeastern Asia as did Japan in the Far East. The fact that this has not been able to trouble the world as profoundly as the Japanese have done is because she did not possess the military power of Japan. Her intention, however, is by no means less sinister than

Japan. Although the net result of her fascism and imperialism is to destroy her own independence and become, as a matter of fact, a colony of Japan, her guilt can hardly be excused by the Allied Nations and especially China.

Since China has declared that she has no territorial ambition in Thailand, it is only natural that China would not like to see Thailand occupied by any other nation. China is clearly willing to help the native people in Southeastern Asia retain their own lands and administer their own affairs.

While Thailand may retain her territorial rights, she should not be allowed to do those things which she was free to do before the Japanese invasion. In other words, after the war, some sort of external guidance is necessary not only in her foreign conduct but also in her internal affairs, for at least a certain length of time. The responsibility of Thailand's behavior may be entrusted to the collective organization consisting of the United States, Great Britain, Holland and China, as suggested above or to a special commission with representation from these nations, created for that purpose.

Concerning China's relations with Thailand, it would seem a matter of course that, first of all, the latter should abolish all the restrictions or discriminations solely or mainly against the Chinese, and that at least the conditions concerning the Chinese before 1930 should be restored. Any wrongs done to the Chinese as a result of these restrictions or discriminations either directly or indirectly should be redressed. It is needless to add that those who have been responsible for these acts should be severely punished, for their guilt is no less than the war criminals in Germany or in Japan.

Moreover, Thailand should no longer refuse the exchange of diplomatic envoys between herself and China. Few countries, if any, in the world are so closely related to China as Thailand, yet between Thailand and China there have been no regular diplomatic relations. Under the control of Japan, however, Thailand is compelled to accept the diplomatic agents of the Chinese puppet government. This being the case, she has no reason to refuse Chinese diplomatic agents after the war.

Every Chinese should be left free to choose his or her own citizenship regardless of whether or not he was born in Thailand. Since the Chinese have constituted from two-fifths to one-half of the total population of Thailand and therefore are there in greater numbers than the Thai themselves, they should have a voice in the politics of Thailand so that at least their economic and other interests may be guaranteed.

There are many other problems concerning China and Thailand that need to be discussed and solved after the war, but those I have indicated should be considered as a minimum for Thailand in relation to China. There are still other problems concerning

Thailand and the Allied Nations, including China herself, which are collective in character and which need to be discussed and solved collectively. For instance, the question of Kra canal concerns not only one nation but many nations. As we know, Kra is a narrow strip of land between the Indian Ocean and the Siamese Bay; it is on the Malay Peninsula, and belongs to Thailand. If this canal should be opened, the sea route between the Indian Ocean and the South China Sea will be cut short which will save at least four or five days' voyage. It has both economic and military significance. The importance of Singapore and its relation to the British Malay Peninsula and the Dutch Indies and the Philippine Islands will be affected if this canal is built. Moreover, it will bring China and India much nearer together by sea route. In fact this sea route will make the way between China and Europe much shorter. So it is not only significant in Asiatic communication, it is important to world transportation.

In order to avoid the domination of any one nation over this canal, it should be somehow internationalized, so that fair opportunity will be given, particularly to those nations which have direct and close interests in Southeastern Asia.

To realize such international cooperation, some sort of collective organization is, as I have suggested, desirable. While the Kra canal is cited as an illustration, there are many cases of the same nature that need to be considered, not by one nation, but by many nations. Such a collective organization may be formed as part of a larger regional organization, such as a Pacific or Asiatic league, or even as a subcommittee of a world organization. After the bitter and bloody experience of this war, what the peoples of the world need most is peace and order. The peace and order of the world can hardly be secured if any part of the world is in trouble, so to provide means to prevent the conflict of nations is urgently necessary. If geographically Southeastern Asia may be considered as a unit, although at the same time having many international interests, it is desirable that there be some form of collective security in order that enduring peace and order shall be maintained in this particular locality.

China and Southeastern Asia. China Institute of Pacific Relations, 1945.

我们岂能再容忍暹罗（存目）

原载《大公报》（重庆）1945年10月25日第1张第3版。

后编入《南洋与中国》（岭南大学西南社会经济研究所1948年12月初版，岭南大学西南社会经济研究所专刊甲集第一种）附录五。

全文见《陈序经全集》第五卷《南洋与中国》附录五、我们岂能再容忍暹罗。

论国立大学与私立大学（存目）

原载《中央日报》（昆明）1945年11月11日第2版；又载《读者》第3卷第5期，1947年5月16日。

后编入《大学教育论文集》（岭南大学西南社会经济研究所1949年10月初版）第二编 四。

全文见《陈序经全集》第四卷《大学教育论文集》第二编 四、论国立大学与私立大学。

平景庄:游美杂记之二(存目)

原载《时代评论》(昆明)第 8 期 3 版,1945 年 12 月 20 日。
全文见《陈序经全集》第七卷《美国文化观》第三编第九章 平景庄。

美国的教育（存目）

原载《建国导报》第 2 卷第 5 期，1945 年 12 月 25 日。

全文见《陈序经全集》第七卷《美国文化观》第一编第三章 教育观。

1946 年

再谈美国的教育（存目）

原载《建国导报》第 3 卷第 1 期，1946 年 1 月 10 日。
全文见《陈序经全集》第七卷《美国文化观》第一编第三章 教育观。

美国人的经济生活（存目）

原载《建国导报》第 3 卷第 3 期，1946 年 2 月 16 日。
全文见《陈序经全集》第七卷《美国文化观》第二编第八章 经济观。

日本与南洋

陈序经教授作　谢汉俊译

本文系西南联大教授陈序经先生为去年一月在美国维基尼亚州温泉城举行之太平洋学会第九次会议所写之论文《中国与东南亚洲》中之一章，原文用英文写成，承作者特许译出，并在本刊发表，谨此致谢。又该论文其他各章，不日亦将由谢君陆续译出，仍在本刊发表，敬希读者注意。

——编者

正如吾人所周知，当上次世界大战之前，日本在南洋的经济利益是几乎等于零的。日货既少，投资亦微。关于人口，就是在日本侵入南洋以后，其人民之移居该地者，仍属不多，盖因日本人口密度，即在日本本部，亦不若中国之来得高也。今日在台湾及高丽的日本人之所以仍是那么稀少，便是这个缘故；至为日本占领后的满洲，那更不用说了。日本人本身虽然是一岛国人民，但他们似乎并不适宜于居住在南洋各地，这是很奇怪的，值得注意的。我回想起若干年前，日本移民泰国的事。大约是十年以前吧，暹罗政府为对日本表示友好起见，同意割给若干土地，以供日本殖民，而日本政府也极力的引诱，数百人民移往泰国，令他们在泰国殖居下来。但是，结果极为令人伤心，因为除了日人与暹人间发生许多冲突外，有不少的日本人都病死了。□□□□□□□□，不得不把它放弃掉。

然而，尽管在南洋的日本人的百分比是很低，日本政府却常欲把南洋先发展成为其货物市场，而后继之使其变为它的政治附属物。这便是日人所谓的"南进政策"。日本的"南进政策"是与其先取满洲而后取中国以为其殖民地的"北进政策"或"大陆政策"相对的。

在所谓"南进政策"下，日本是想头一步对南洋这个地方的经济状况作个一般的调查与考察。过去二三十年中，日本曾经出版许多关于南洋各方面情形的书籍与文章。我们可以说，在那时期中，没有一个国家是像日本这样努力去了解南洋的。除各政府机关外，他还组织许多会社来研讨各个南洋问题。

当上次大战期中，欧洲的货物无法运往南洋的时候，日本变〔便〕得了机会将其货物运销于南洋。并在南洋各地市场上，逐渐取得重要的地位。□□□有抵制日货运动之阻挠，但是，欧货的稀罕，使日本获得了开发经济的立足点，并因此从南洋取得许多利益。远在日本军队未侵入南洋以前，日本的货物便已深入到南洋内地，甚至深入到草莽丛林之区。有些欧洲商人，为取得巨额利润，更利用日货的低廉价格，以欧货招牌，销售日本货物。结果，日货几在每一个商店中都有出售，形成对欧货的严重威胁。

但是尽管如此，忠诚遵守其传统政策及其国民性的日本人民，决不以此为满足。除经济开发外，日本尚欲取得在南洋的政治控制权。为达到此项目的，日本乃利用其在南洋的人民从事于侦探及宣传工作。据说，每一个日本人民，连妇女也包括在内，都是日本政府的间谍。这句话，至少在南洋是真确的。

关于宣传工作，日本政府除刊印各种政治性及宗教性的小册子外，并□□□□大量□□□的工作。譬如，在缅甸及暹罗，日本派遣其佛教领袖与当地佛教徒签订合约。在马来半岛，许多日本商人及小贩，都跑到各处的乡村地方，为其政府做同类的工作。他们告诉各地土人如何受欧洲人和中国人的虐待，并暗示他们起来推翻欧洲人的政治统治与中国人的经济基础。过去十五年中，泰国的排华运动，至少有一部分是由于日本的煽动的。因此，我们可以说，南洋土人的反欧意识，特别是在日本侵占期中的南洋土人的反欧意识，实是发动已久的日本宣传的唯一结果。同时，我们也可以说，当一九四二年日本侵犯南洋的时候，欧洲各国之所以在南洋迅速溃败，一方面固然是由于军事准备之不够充分，另一方面也是由于缺乏土人之支援。盖当时许多南洋土人都帮助日本对各统治者作战，而不帮助各殖民地政府。

日本在南洋的势力之扩张，对于中国及欧洲，无论在政治上或经济上，都是有害的。过去如是，现在亦如是。而就其种意义说，对于中国尤其来得有害，这是因为在南洋的中国人很多，并且他们又都是靠在南洋所得的收入来维持生活的缘故。

现在，事情已经是很明白的了，那就是：中国人民虽未为人尊重，但是，他们是对的。这令他们的抵制日货运动从未为各殖民地政府或泰国政府用强力镇压，亦是如此。另一方面，各殖民地政府与泰国政府的亲日政策及其对日本帝国主义在南洋的行动之容忍，却是错的。如果各殖民地政府与泰国政府能察觉日本的企图，是在占领他们的领土的话，他们或许在过去二三十年中，对华侨，至少对华侨的抵制日货运动，会采取一个不同的政策。

——一九四六，三，译于翠湖畔。

《正义报副刊》（昆明）1946年3月22日第1版。

南洋各地对华侨的歧视

陈序经教授作　谢汉俊译

因为篇幅所限，我们不能在这里把南洋各地所加于华侨的限制，都一一列举。但将其一般的及主要的特点，作个概括的叙述，并举出若干例子以为说明，却是可以办得到的。

就一般而论，排华行动可以分为两大类：一类是抑制南洋各地华侨的数目之增减，一类是限制南洋各地华侨的活动。虽然，这些限制的方法系因时因地而不同，其一般内容却大概相似。第一类限制行动又可细分为两种：一种是抑制华侨移民增加，一种是减少华侨的数目。在后一种，系以驱逐为其达到目的的手段。过去二三十年中，有许多华侨就是在一种法律或其他法律或毫无法律的借口之下，被驱逐的。行动不检或思想有怀疑者，大概都要被逐。许多华侨之被逐是不知其故，因为常不准问其原因的。

另一种用来减少华侨人口的方法，是制定各种条例，令在南洋各地出生的华侨，都算是当地的公民与臣民。任何政府都是有权制定这种法律的，而华侨则须受这些法律的种种限制。虽然，在泰国，华侨被视为暹罗公民，但是，在荷印，他们却不被视为荷兰公民，因此，在荷兰法律上，他们并不与荷兰公民一样受到同等的待遇。另一方面，他们又不被视为土人，因为土人有他们自己的法律，而且受许多特种法令的保护，这些特种法令主要都是限制华侨的。虽然，为避免像中国人一样要到中国领事馆登记起见，华侨得法律承认为当地臣民，但他们却仍被视如中国人，而受中国人所受的各种的限制之束缚。这样的一种法律所造成的结果，是使得华侨既非欧洲人，又非土人，甚至非中国人。他们备受这些虐待、痛苦，享不到殖民地政府，或中国政府，或土人的保护及特权，他们是实在有几分成为被摈弃的人了。

关于阻止由外面特别是由其本乡移入的华侨的人数之增加，在过去二三十年中，曾制定了许多的法律，其中之一，是将华侨由其本乡移入南洋的人数，加以一定限制。这种限制，事实上已由各殖民地政府（包括泰国政府）实行了。有时，准许入口的数目非常小，小到简直是完全不能移民。另一种法律则是对入境者征收高度的税款。例如，在爪哇，华侨之移往该地者，须纳税一百五十个弗罗令。这对一个华侨，无论是苦力或普通商人，都是太高的。而一九三二年，荷兰国会还来一决议，将移民费提高至二百五十个弗罗令。虽然，这项决议并不说明单是为着排华，但其主要目标却是在于华侨。后来，经华侨指出，倘若这项决议被通过，则由于华人之报复而抵制荷货，爪哇的食糖便不能运销于中国后，该决议才算被撤销。对于这项决议，就是许多欧洲人亦以为是太苛刻，因在爪哇的大部分的华侨，其每年收入还不到此数。又如在泰国，有一法律规定，凡迁往泰国的华侨，必须经过一个所谓"识字测验"，就是在移民未获准许迁入以前，须先经过一番读与写的考试。在这规定下，他们很可能从字典里找些非常罕见的字来测验。因此，对于这样一个考试，任何人都要失败的。

谈到华侨在南洋各地的活动所受的限制，将需要很多的篇幅。这些限制，大略可分两大类：一是经济方面的，一是非经济方面的。虽然，非经济方面的限制并非与经济方面的限制完全无关，但为方便起见，我们仍名之为非经济方面的。

关于经济方面的限制，最重要的，是在许多地方，华侨都不准领有土地。食米是泰国的主要物产，而在泰国，当局创造了许多方法来阻止华侨，使华侨不能取得此项物产的利益。泰国政府除组织所谓"泰米公司"外，并组织许多合作社。其组织"泰米公司"及合作社之目的，是在□泰国人民脱离华侨居间人及华侨贷款者的束缚。事实上"泰米公司"与各合作社都是为独占食米之卖买及出口而设的。当各食米工厂仍在华侨手中的时候，当局曾制定许多条例，使其工作不易进行。在每一个工厂中，包括食米工厂在内，泰籍的工人必须占着很大的部分，尽管这些泰籍工人是不称于其职。

其次，在马来半岛，橡皮与锡是其两大主要物产。在这两项物产的产业中，特别是在后者，华侨虽占有很大的劳力，可是，因为缺乏政治上的支援，仍不能与英人竞争。当日本未侵入南洋前十年，所谓锡矿国际限制，与□□进英人势力之兴起及集中统制于更少数人的手里，有很大的关联。盖事实上，在马来半岛各项主要物产的任何国际限制会议中，华侨都是得不到通知，亦得不到邀请的。只当他们声言要派遣代表时，始对他们的情形加以考虑。在泰国，政府甚至不准华侨种植树胶及开采锡矿；同时，由其对各公私企业的外国工人只限于百分之二十五，许多华侨企业都因缺乏劳工而不得不关闭了。

即在小规模企业中，他们亦定出许多限制，□华侨几乎不能再继续去经营。对于这方面，泰国尤为最大的罪人。一九三六年十一月十九日，一九三九年五月，及一九三九年十一月，泰国商业登记条例主要都是为华侨商人而订的。此外，尚有其他许多特种条例，欲将华侨完全逐出一定的事业之外，如一九三九年一月之"鸟巢条例"，即其一例。泰国政府曾想把每家华侨商业都加以摧毁，并曾制定一条条例，使华侨无法取得驾驶汽车的执照。

除有关经济活动的限制外，尚有其他许多限制加诸于华侨身上的。譬如，有一条例系自一九三九年四月生效者，它规定，凡无暹文的招牌，须缴付较高的税款。这个条例大部是为对付华侨而订的，因为华侨商店正常都是用中文招牌。又因中文招牌的面积很大，故该条例又规定，每五百平方厘须缴一个暹币的税。这条条例的结果，是招牌上的中文被限制了，同时，招牌的面积也被限制了。

但其最重要的，是对南洋各地的华侨教育的限制。三十年前，华侨是可以自由开设学校来教育其自己的儿童的，同时，他们也可以自由选择教员，选择课本，及应用自己本国的语言等。可是，近三十年来的趋势，华侨教育已逐渐受到各殖民地政府的限制。目前，在泰国，华侨要想像从前一样，设立学校，几已成为不可能的事了。

一般地说，当日本未侵入南洋以前，在南洋各地的华侨学校，都必须登记，学校的行政，必须受当局的管理。各殖民地政府是非常仔细地检查各华侨学校所采用的课本的。好些的课本，特别是带有激烈思想，或对殖民地制度，甚至对一般所谓帝国主义加以批评或攻击的课本，都不准采用，对于国家主义的教授，亦不赞同。盖各殖民地政府乃是不愿意人民以为他们是帝国主义，也不愿意人民受国家主义的鼓吹的。实际上，即在各殖民地，西方学校的课程中，亦常将政治学这一科略去，并对政治问题之讨论不加鼓励。

在泰国，中文教授每周只有数小时，其余的时间，则专门用来教授泰语。故结果，华侨学校都变成暹文学校了。在每个华侨学校中，除华侨校长外，必须有一泰籍校长。虽则，依照大部分的泰人习惯，泰籍校长在学校里，并不做什么事情，但他却拿与华侨校长一样的薪俸。同时，这位泰籍校长非但已成为政府在学校里的眼睛，而且常常干预学校的行政。这还不足。凡是在华侨学校里教授中文的教师，都必须经过泰国教育部的考试。这项考试的目的，是在测验他们对泰文的读、写、说的能力。由这种考试的结果，数百中文教师都没有资格在华侨学校里教书了。泰国政府知道得很清楚，这些中文教师乃是主要来自中国，他们是不懂得泰语的。同时，泰国政府也知道，那些在泰国华侨学校毕业的中国学生，并不大懂得中文，甚至于不足以教授初小学校的高年级学生。由这可知，泰国政府之举行此项考试的目的，乃在摧毁华侨学校，使其不能教授中文。但是，正如吾人所知，教授中文乃是华侨学校的主要目的。倘若没有中文教授，则华侨学校之存在，便一点意义也没有了。

然而，暹罗教育当局可不以其对华侨之所为为满足。约十年以前，当我在泰国的时候，我曾在暹罗东部于本地方的一个华侨学校里，看见学校布告板上贴着一张布告，禁止中国学生在学校阅读任何中文书籍。据该校校长称，这是当地的教育局规定的。在另外一个地方，据说，中国学生不准穿中国的衣服。虽然，许多暹人都是穿西服的，他们的公务员，依政府规定，更得穿着西服。可是他们却希望中国学生穿他们的暹服。

暹罗教育当局为恐在这样的情形之下，华侨学校仍然可以存在，故约于十年前，在数月之中，就把七十九个以上的华侨设立的学校关闭了。当学期或学年终了，各学校还未完全关闭时，华侨学校学生之一时找不到学校进的，至少有一万人以上。

关于南洋各地华侨所受的歧视,是说不尽的。但由上面所述已足以看出,所有这些歧视与限制,都是不正义、不合理的。泰国之对华侨所为者,尤显残酷与不人道。有时,他们之虐待华侨,比之纳粹德人虐待德国犹太人为尤甚。故他们叫华侨为东方的犹太人。

我在以上所述,几全以日本未侵入南洋以前的情形为限。自从南洋为日本占领后,我们可以想像,华侨已受到极坏的待遇。这由南洋逃跑出来的华侨之报称,可以确信无疑的。盖在未占领南洋以前,日本已在鼓励排华情绪,至俟控制南洋领土与华侨的机会到来,自然就在这方面是更加努力了。以泰国情形来说,自从日本占领以后,华侨即受到双重的压迫,一是日人的压迫,一是暹人的压迫。据说,今日住在泰国的华侨,都不敢在街上行走,或在家中高声说话,因为,非但中国语言,就是中国人的面孔都是他们所不悦,甚至是他们所憎恨的。

《正义报副刊》1946年4月12日第1版"华侨与经济"栏。

河内与海防的今昔（存目）

原载《正义报副刊》（昆明）1946年4月19日第1版；又载《闽南新报》1946年8月19日第3版，易名为《河内海防今昔观》。

后编入《越南问题》（岭南大学西南社会经济研究所1949年6月初版，岭南大学西南社会经济研究所专刊甲集第六种）五，又易名为《河内与海防》。

全文见《陈序经全集》第五卷《越南问题》中的《河内与海防》。

法军入河内(存目)

原载《正义报》(昆明)1946年4月21日第2版。

后编入《越南问题》(岭南大学西南社会经济研究所1949年6月初版,岭南大学西南社会经济研究所专刊甲集第六种)三,易名为《法军入河内记》。

全文见《陈序经全集》第五卷《越南问题》中的《法军入河内记》。

战后南洋问题与政策

陈序经教授作　谢汉俊译

然则，对于战后的南洋，我们将怎样办呢？要回答这个问题，我们得假定日本是将要失败的，而且，不得不退出南洋。要把日本从南洋逐出，非独要把日本的军事力量与政治统治推翻，而且要把她的经济压迫铲除。为着避免历史的重演，对于日本的移民与经济的入侵，必须详订各种法律，并严格执行之。因为，经验告诉我们，凡是日人之到来，非独是为着取得经济的利益，而且是为着取得政治与军事的控制权。

因此，防止日人在南洋取得任何的立足点，乃是将南洋的一个最危险的因素清除。这个危险的因素是已经把南洋的繁荣与和平扰乱了。

不过，这并不是说，这样，南洋就将不会再有问题。盖在华侨方面，在日本未侵入南洋以前，其所遭受之压迫，特别是经济活动上的压迫，并非是单单来自日本人。因为，正如我所指出，除了日本人的威胁以外，还有许多对华侨的限制与歧视呀。而由于所有这些限制与歧视，都是由各殖民地政府，特别是泰国政府所发动与支持，所以，很明显地，除非是各殖民地及泰国政府，将其对待华侨的政策改变，不然，和平与繁荣就必很难恢复或促进，故单是华侨的巨大百分比，就将成为南洋的一个重要，确实非常重要的问题，不用说华侨经济了。

我曾经明白指出，华侨在南洋是从无任何政治野心的。在过去以至现在，他们所希望的都不过是谋生，不过是想在南洋各地能够和平地，繁荣地——假如可能的话——生活下去。即是他们的政府，亦对泰国无任何领土野心，尽管法国在过去十五年中是采取着强烈的亲日政策与排华政策。中国政府曾由其领袖于一九四三年二月公开地，明确地向泰人宣称，对于泰国，中国是没有领土兴趣的。

不过我们得记住，华侨对于南洋虽然没有政治兴趣，而颁布排华条例与助长排华情绪的，却是一班拥有政治权力的人。当我们把致乱的原因找出，自然不难寻其救治之方。倘若一班拥有政治权力的人，是对各殖民地或泰国歧视华侨的事情，负着主要责任的，是一班的执政者的话，则我们之将请其改变此种政策的，亦将为一班把有政治权力的人。

日本失败以后，谁将握有这样的政治权力呢？要回答这个问题是不困难的，因为，在日本未侵入南洋以前，南洋各地除泰国以外，都是在西方四个国家即美、英、荷、法的统辖之下。日本战败以后，所有以前为美、英、荷诸国所统辖的地方，亦将分别归还于他们，这是大概没有问题的。至于越南之将如何处理，则颇有疑问。稍后，我们将谈谈关于中国人对于这个问题的看法。

审察华侨过去以及将来对于南洋各地之开发与繁荣所给予的供献，同时，审察中国在对日抗战中与未来在南洋及亚洲之和平秩序的维持上的供献，各盟国之握有南洋的政权的，都应该改变其殖民政策，取消其对华侨的歧视，并保证将来不再有这样的歧视发生。

为要达到此项目的，首须有更多的华侨，参加各种的立法机关，如马来半岛之立法议会或荷属东印度之议会等。这样，可使华侨所说的话，非独是为各殖民地政府所听闻，而且在各殖民地政府中，可以发生一点力量。同时，我们希望这种立法机关，应当有强大的权力，足以对抗与牵制司法权，不仅仅是一个咨询的机关而已。派遣代表的原则，应以人数的多寡为比例。如是，民主精神与制度，即可逐渐在南洋实现。这不仅是对华侨为重要，且对南洋土人是更为重要的。

其次，中国应与在南洋拥有殖民地的国家，分别缔结条约，对住在南洋的华侨之经济及其他权益，加以确切保证，使华侨对于南洋的劳务与贡献，不致被忽视。

第三，美、英、荷、中，以及其他在南洋有密切与直接利益的国家，应建立一集体的组织，来管理所有南洋各地人民的福利与利益，同时，维持南洋的安全，以防止侵略者的侵略。

关于南洋华侨利益的保障，在我仅这里指示出一些一般的原则，至于详细的办法，须俟这些一般的原则获得赞同以后，方可拟定。（未完）

《正义报副刊》（昆明）1946年4月26日第1版"华侨与经济"。

压迫重重的越南华侨（存目）

原载《大公报》（上海）1946年5月6日第1张第2版；又载《大公报》（天津）1946年5月12日第1张第2版，《大公报》（重庆）1946年5月12日第1张第2版。

后编入《越南问题》（岭南大学西南社会经济研究所1949年6月初版，岭南大学西南社会经济研究所专刊甲集第六种）四。

全文见《陈序经全集》第五卷《越南问题》中的《压迫重重的越南华侨》。

谈今后的海南岛

自日本投降以后，国人对于开发海南岛，又特别的加以注意起来了。

这不只是因为海南岛在国防上的地位的重要，由于日本的这次的占据益为明显，而且是因为海南岛在经济上的地位的重要，也因为日本在这次的开辟而显著。

我们知道日本之侵略中国的海南，固是以海南岛为根据地，日本之侵略南洋各处，也是以海南岛为根据地。据近来到过海南岛的人们说：在占据海南岛的时期中，日本人除了努力去建筑这个岛的南端的榆林港，而使其为一个很好的军港之外，还筑了好多很为完备的飞机场。数年以来，我们一般住在西南边地，而尤其是像广西、云南的，不知受了日本的空袭多少次，可是我们知道，空袭这些地方的飞机，往往是来自海南岛的飞机场。

日本占据海南岛之后，于是乃威胁越南、暹罗以及南洋其他各处。我们可以说，这一次的太平洋的战争的爆发，是以侵略海南岛□□□。以□□这次战争之后，在军事上，不只是对于中国的南方有了很大的作用，就是对于南洋的各处，以至对于整个的太平洋，都有了密切的关系呵。

从经济方面来看，我们一向知道海南岛有丰富的渔利与盐田，有繁多的动物与植物。又因地近热带，在我国其他各处的地方上不能生长的物产，如树胶、椰子等等，在这里又可以大量的培植。至于地下的埋藏，虽是有人早已指出很为丰富，可是从来没有事实的证明；然而自日本占据之后，对于铁产的开掘，不遗余力。据说，就以铁矿来说，有了一个已开发的铁矿，可以取之七十年而不竭，此外，其他矿产之发现的，也有不少；此外，日人又设立了好多工厂，使今后的工业的发展上也有了很大的希望。他如海口码头的建筑，以及各处的公路的增加，以至于轻便铁道的铺设，都是证明今后海南岛在经济上的重要性愈为显著。

差不多十年间，我在《独立评论》第二二四号曾发表了一篇《政治与经济上的海南岛》，我已指出海南岛在国防上与经济上的重要性，然而同时我又指出要相对于这两方面的建设上有了显著的成效，我们对于海南岛的治安与教育这两个问题不要忽略。

从一方面看起来，海南岛在国防上、在经济上的地位的重要，已因日本的占据而较为显著。从别方面看起来，在日本占据时期以至日本投降之后的海南岛，在治安方面与教育方面的问题都愈见严重。我在这里所以要把这两个问题重加申说，不外是想引起国人的特别注意，而求其解决的方法。

海南岛孤悬海外，照常理说，与国内的其他各处有了海洋的隔绝，不易受了其他各处的治安不良的影响。假使海南岛本身的治安良好的话，那真是一个世外桃源。无奈除了历史上的黎人之患之外，一般地方官吏之知这个地方的，往往既以海南岛为瘴气炎热之区，被贬谪居之地，因而对于这个地方□不注意，同时不以□孤悬海外，离开政治的中心较远，所谓天高皇帝远，故到了这个地方的官吏，每每有了土皇帝的作风，结果是多趋于为恶，而少能为善。因之而引起生民涂炭，土匪猖獗。以往固不要说，就以民国以来而论，海南岛实少有安宁之日。在日人占据的时期，固因日人的压迫而引起社会的不安，可是日人投降之后，治安的不善并不因之而减少。所以今后不只是要谈经济建设，不能不特别注意治安问题。就是要想恢复日本占据以前的状况，而使人民稍能安居，也不能不特别注意这个问题。

至于教育问题的注重更不待言。在日本未占据之前，这里的学校教育量的方面固亚下于国内其他各处，质的方面却大有改良的必要。日本占据以后，学校既差不多完全关闭，而奴化教育已下了不少种子。要想恢复战前的旧观，已不容易。不但这样，琼崖学校之所以赖以维持，与琼崖学子之能够出外求学的，主要是依赖南洋各处的经济的接济。这次战争中，日本既占据了海南岛，又蹂躏了南洋各处，不只使在这里的琼崖的琼人无校可入，而能逃出外面的琼崖青年，接济的来源断绝，使今后的琼崖教育愈难发展。

我以为今后的琼崖的教育的兴办，除了量的方面逐渐恢复之外，对于质的方面，尤宜注意。使此后学生之在中等学校毕业的，能够考入国内的著名大学，从而增加一批有识通才与各种技术人才，对于地方建设上能有所贡献。

总而言之，日本的占据，无疑的使海南岛在治安上、在教育上，都留下较为严重的问题，然而，假使我们而能够反省与努力，那么经过这次的大祸之后，旧的官吏的不良作风，既可以因之而剪除，旧的学校的不良习惯，也可以因之而革掉。重新起炉灶，虽有了较多的困难，但是也有了除旧布新的机会。"塞翁失马，安知非福"，我愿国人之注意海南岛者能昧此言。何况在日人投降之后，愈使得我们明白，海南岛在今后的国防上与经济上的地位的重要，而对于发展这个地方的先决条件的治安上、教育上，愈使我们有机会去反省其过去的缺点，而努力于将来的建设。只要我们能够这样的反省，我们就可以改革过去的缺点。只要我们有这样的努力，我们就可以建设一个新琼崖。

《昆明各大学琼崖同学会特刊》，1946年5月11日。

论法国人在越南的尊严（存目）

——越北杂感之一

原载《大公报》（上海）1946年5月12日第1张第3版、5月13日第1张第3版；又载《大公报》（重庆）1946年5月27日第1张第3版、5月28日第1张第3版；《南方杂志》（广州）第1卷第1期，1946年8月1日。

后编入《越南问题》（岭南大学西南社会经济研究所1949年6月初版，岭南大学西南社会经济研究所专刊甲集第六种）二。

全文见《陈序经全集》第五卷《越南问题》中的《论法国人在越南的尊严》。

越北杂感之一（存目）

——中越的民族关系

原载《正义报副刊》（昆明）1946年6月28日第1版，是发表于《东方杂志》（第42卷第16号，1946年8月15日）《论中越法的关系》一文的"三"。

后《论中越法的关系》易名为《海阳桥》，编入《越南问题》（岭南大学西南社会经济研究所1949年6月初版，岭南大学西南社会经济研究所专刊甲集第六种），存目文内容见《海阳桥》"三"。

全文见《陈序经全集》第五卷《越南问题》中《海阳桥》"三"。

政治经济上的琼崖

从历史上看起来,琼崖是往往被人轻视的。汉时贾捐之有议罢珠崖,唐的李德裕,宋的苏东坡,都是琼崖人很尊崇的人物,直到现在还且修祠纪念,可是他们都以为琼崖乃鬼魅之地。德裕在其诗里有"崖州在何处,生度鬼门关"之句。东坡在《到昌化的〔军〕谢表》里也说:"子孙痛哭于江边,以为死别。魑魅迎逢于海上,宁许生还。"清代雍乾间,何绛在其《平黎立县议》中,还以为"得其地不足以益国家分毫之赋,得其人不足以当一物之用"。这不过是随便举几个例子,然而琼崖之向来为人轻视已可概见了。

自安南、台湾丧失后,列强对于琼崖,又不断地垂涎窥伺,国人始逐渐地感觉到琼崖的重要。清末曾纪泽与张之洞都主张开辟道路,以为各种建设的张本。前者大概是从琼崖在国际地位上的重要来看,而后者却为两广总督的地位而加以注意。民国以后,政府与地方人士都屡有改省的提议。西南军政府时代,曾派殷汝骊、彭程万等到琼崖调查实业。他们编了一本《调查琼崖实业报告书》,可说是中文方面关于琼崖概况最先的一本著作。民国十八年间,陈铭枢氏任广东南区善后委员时,又编了一本较为详细的《海南岛志》。后来伍朝枢先生愿意放弃了立法院长的高位,而要做琼崖特别区委员。这可说是国人对于琼崖逐渐加以注意的表征。

此外,商界与实业界以至学术界,于琼崖也逐渐注意。宣统时代,在南洋的华侨中已有人注意到琼崖的种植事业,并且有些人移植南洋各种著名的植物于岛上。民国初年,南洋华侨商界与实业界曾集资开辟清澜商埠,后来因为战争发生,南洋商业大受影响,股本不能收集,因而作罢。又关于种植方面如椰子园的开辟与南洋著名植物如树胶、咖啡的移植,均有不少效果。此外,如北平静生生物调查所及岭南大学社会调查所,在抗战前也屡次派人到岛上调查动植物与社会概况。此外,又如北平静生生物调查所以及许多大学也逐渐地注意到琼崖的各种物产。

琼崖之所以被国内外的人们所注意,主要的可以说是因为它在政治与经济上占了很重要的位置。关于政治方面尤其是军事方面,琼崖是中国南方的门户,一面可以牵制华南,一面可以控制南洋。在抗战期间,日本人曾当作他们的生命线,现在抗战胜利,琼崖应该是我们的第一生命线了。

其次,琼崖在交通上是我国与南洋航程上的枢纽。我们在经济上仰给于南洋的地方很多。南洋有千多万的华侨,他们不特执南洋经济的权柄,就是在华南的经济上，也占很重要的地位。比方广东的财富，根本就是华侨的财富。华侨在过去对于革命与此次抗战上既有重要的贡献，那么今后建国期中所需要于华侨是很显明的，而琼崖与南洋交通上是如此的密切，则琼崖的重要可知。

至于琼崖本身在经济上也很重要。琼崖四面环海，渔盐之利至为丰富。广东、湖南各处的盐，有了不少是来自琼崖。现在岛上的盐场大致是在陵水的三亚一隅，假使沿海各处都能利用起来，不但可以抵抗安南、暹罗各处的盐的输入，且可供给内地各处。渔利的丰富更不待说。所可惜者是捕鱼的方法太不讲究，致使渔利为外人所侵占。又岛上森林很多。所产树木，坚硬而耐久。如石枳、苦枳、坡櫑、荔枝、胭脂等木，均有千年不朽之称。他如沉香、伽楠，尤为岛上的特产。农产方面，不特种类繁多，而且每年收获的次数也较多。从前邱濬曾说"岁有八蚕之茧，田有数种之禾"，便可证明。此外有许多用途很广的植物如椰子之类，是国内各处所无的。又南洋一带如树胶、咖啡之类，均可以移植于岛中，假使国人能努力垦植，则琼崖在经济上的地位必更形重要。

上面是从琼崖的特殊的地理与丰富的物产，以说明其在政治与经济上的重要，至于琼崖的民众，在政治与经济上也很值得我们的注意的。据史籍所载，汉族移居岛上最多的时候，是在异族征服中国的时候，所以元初与清初，岛上的人口都增加得特别多，因此之故，反抗异族的心理很为厉害。广东东莞邓淳的《岭南丛述》里曾录《广语》"琼人不仕元"条云："宋末琼州人谢明、谢富、冉安国、黄之杰，曾从安抚赵与珞拒元兵于白沙口，皆被执，不屈以死，于是终元之世，郡中无登进士者。明兴，才贤大起，文庄、忠介，于奇甸有光。"到了明亡之后，琼崖人之不愿仕清者也很多，所以有清一代，在政治舞台上几没有琼崖人的地位，直至民国以来，情形始稍为变更。

汉族之所以南移琼崖，在政治上看起来，固多因反抗异族的统治，在经济上看起来，可以说是开疆辟土的先锋。又琼崖是人们所目为炎热瘴疠之地，这些迁居于岛上的人们逐渐适应于这种环境之后，又多变为开辟南洋各处的先锋。比方，在暹罗北部、西部与许多地方，一般华侨从前因为水土不服，难于居住，可是来自琼崖的侨胞多能处之泰然，等到后者住过相当的时期与发展到相当的程度之后，别处的侨胞才慢慢的增加起来。

现在琼崖是收复了，我们希望今后国人能多多注意琼崖问题，尤其希望大家进一步去从事实际的政治与经济的建设工作。不过在从事这些建设工作的时候，我们尤希望政府与地方人士不要忽略了治安与教育这两个问题。

琼崖在历史上的大患是黎患，自民国四五年后，军队横行，土匪猖獗。经过这次敌寇的蹂躏，民不聊生，治安尤成为极大的问题。治安不良，人民是无从安居乐业的。从前有一位华侨很热心地在琼崖种植树胶，可是因为土匪猖獗，连他的儿子也被打死，他只好放弃了他的一切计划了，所以至今一般华侨一谈起发展琼崖实业，总有戒心。

从量的方面看起来，琼崖的学校并不算少。民国三年间，文昌一县，有三百多间学校，可是在质方面，却大有改良的必要。近年以来，许多在琼崖读书的学生，想升入各处办理较好的学校，往往就有问题。琼崖有十六个县，而高级中学是最近才有的。至于适合于地方性的职业或专门学校，完全没有。这可说是对于将来各种建设所需要的人材方面有很大的关系。

总之，治安是各种建设的先决问题，教育是各种建设的根本问题。假使政府与琼人对于这个问题不注意，那么政治与经济的建设是不大容易下手的。

《边政公论》第5卷第1期，1946年7月。

我怎样研究文化学

——跋"文化论丛"

二十年前,我也梦想不到我会写了关于文化这个题目的文章。然而现在,我却写完了廿本的关于这个题目的册子。我为什么要写这一部"文化论丛"?我愿意在这里略为说明。

我虽说二十年前,我也梦想不到,我会写了关于文化这个题目的文章,但是人们自少到大,既都不能离文化的环境而生活,那么人们对于文化的环境的发展与功用,以及其有关的好多问题,总免不了有多少意见。我对于这一点,不能算作例外。不过在我所过活的文化的环境之中,不只在种类上有了好多不同,在程度上,也有很多的差异。我住过穷乡僻壤,我也住过最大都市,我住过人们所谓不大开化的南洋,我也住过文化日新月异的欧美。一叶扁舟的蛋艇,我也过了不少时日。寂然无声的青山,我也耗了不少的时间。我所见的文化的环境既有了不少的区别,我对于文化的兴趣的发生,却可以说是很早。然而有了兴趣,却未必要去写作关于这一方面的文章,这可以说是二十年前的情况。

然而二十年来,不只观察文化的兴趣,日加浓厚,对于一些关于文化的著作时常阅读。自民国十四年到美国读书之后,对于这问题尤为注意。同时因为友朋之中,谈及中西文化的既是不少,而身处西洋,东望故国,感触尤多。回国之后,于民国十七年间,常常有机会去谈及文化上的各类问题,有时免不了觉得手痒,而忍不住的写了一些关于这些问题的意见。文章发表之后,有时免不了引起人们的批评或同情。同情于我的意见的人们,固然给我很多的鼓励,可是批评我的主张的人们,也给我以不少的机会来说明我自己的立场。因为这样的原故,使我对于这个问题,不能不加以特别的研究。

民国二十年年底,我既写完了《中国文化的出路》——一本约八万言的册子——之后,我曾写了一封信给陈受颐先生。这本书由商务印书馆出版,而这封信又是这本书的代序。我愿意将这篇代序的大部分,抄在这里。下面是我对着陈受颐先生所说的话:

> 忍耐和勉强的整理案头两个星期,现在也算作把前信所允许的稿子,呈上你看了。从岭南到燕北,虽是长路悠悠,然我总能想到您看它时,免不得又要说道:序经你又来谈大题目了!但是我竟然谈起大题目来。我想,大题目固不易做,小题目更是难写。三年来,我差不多每天都费过十多个钟头,去研究主权能分论,不但欧洲公园的瑞士,没时间去领略,连了人家每月一

次送来的国家戏院（State Oper）的入场券，我也抽不出空暇来陪我妻子去听听。至今稿子已积了两三尺，我也颇信对于这个问题有了多少把握，然直到现在，还是写不出来，我且恐怕再过三年，也许还写不出来。

然而这一次，我竟敢冒昧的写出大题目来。这并非没有原因的。

第一，我在德时，无意中写了一篇约有万五千字左右的同这个题目的文章，登在《社会学刊》（二卷三期）。我写这篇文章时，不外是信笔所之，没有什么可取的地方。但是回国以来，观伟（卢）兄再三要我印成单行本，给与学生看看，以便了解我们对于东西文化的态度。我检阅一过，觉得尚须略为修改，无奈下笔后，好像难于自休。同时绝没有去学人家著书立说传之后世的志愿。但我终于写出一本七八万言的书来。我本来是糊里糊涂的写去。写完后，翻阅一过，除了个人的观察，持之甚力外，只觉得百孔千疮，配不上把来发表，然而寒假的空闲，只是两星期，开学后，免不得为功课所缠。而且去年在欧时，呻吟于病院者数月，医生要我至少须静养年余，每日工作又不能超过六小时。假使要我再把这些稿子来抄一回，已是一件很不容易的事，要我去搜集材料来做研究性质的文章，这是目前我决做不到的。

第二，东西文化的接触，已有了数百年的历史，但是国人对于这个问题的研究，却是十余年来的事。片断的文章之发表于各处者，除了翻译者外，自著的并不算多。至于著之成书者，除了梁漱溟先生的《东西文化及其哲学》外，再也不易找出来。然而梁先生不但是自己打了自己嘴巴，他的结论，正和我们见解处于对峙的地位。梁先生的书，出版到今，已有十余年，这么长的时期内，竟没有人去写第二本。中国智识界的饥荒一至于此。这未尝不觉到像我这样的门外汉，来做这么大的题目，是一件很不幸的事，然假使我而能"抛砖引玉"，也要算作不幸中之幸呵。

第三，我父亲今年是正如俗人所说"甲子回头"。他六十年的生活，太辛苦了。然他二十余年来，能备尝辛苦，来育我和教我，在叻、在穗、在沪、在美求学，他还觉得不免，而要我由美直赴欧洲，再做数年工夫。后来因二弟天殇，由美回国，这时南洋生意，已再维持不了，然他仍是努力，使我继续他的素愿。我在欧时，早想将比较有点心得的主权能分论，写在一册，来恭贺他的生日，但是去岁因病回国，中辍不写。且听他说过，前数年所刊行的《现代主权论》一书，因为是英文本，他连一句也不懂。我想旧式的庆祝既非我所主张，亦非在中国今日赖"舌耕糊口"的人所能为。假使把个人的薄薪，来替我做门面，不但他不喜欢，也非我所当为。我思量再四，迫得把这本书做我的礼物，去送给他。我想这些礼物，也许一文不值，但却是我一点努力的真东西。是我自己的东西，把来给与他，无论外人怎样鄙视，他总是肯受的。这个原因，差不多可以说是我把它来出版的重要的动机。

这篇代序是民国二十一年一月二十八日夜写的。差不多过了一年,我又草了一本《东西文化观》,后来由岭南大学的《岭南学报》发表,并印为单行本。在民国二十二年的一月一日所写那本书的自序里,有了下面几段话,今且录之于后:

> 这本书是民国廿年冬所草成的《中国文化的出路》一书第三、四、五的三章扩大而来的。我当时草那本书的目的,是想把它来当做我父亲六旬寿辰（民国二十一年八月二十七日）的小小礼物。谁料寿辰还未到期,我父亲竟于去年的夏天因病而辞世了。
>
> 在哀痛之余,我的回忆中的父亲,以及我二十年前辞世的母亲,都是使我稍知努力向前不敢怠逸的一个榜样。他们虽已先后去世,而予我以很大的大幸,然这个榜样,却是时留在我的心头里。这本书所以能够草成,和此后对于前书的其他部分的扩大和增益的计划,也许其中一个志愿,是为着想把这些回忆常常活现在我的心头。
>
> 一本为着庆贺而写的小书,竟变成了一部像为着哀悼而作的东西。人世间最觉得难过的事情,恐怕没有像这样的了!何况,我的父亲和我的母亲,都可以说是生存在我们因袭固有文化,和目前中国的奇形怪状的文化之下无数牺牲者中的两个。所以,不只是为了中国文化的前途计,我很深切的相信,我由这些研究所得到的结论,就是为了个人的幸福计,我尤相信而且诚恳和坚定的相信这个结论。个人尚不应该死的时候而死去了,是不可复活的。但是整个中国的固有文化,走错了路,却未必是再没有希望的。假使这本书能引起国人的反省、觉悟和信仰,那么这些因为意外的不幸而变为有哀悼性的著作,也会再变为庆贺中国未来的新文化的小小礼物。

从一方面来看,这里的二十本书,也可以说是上面所说的那两本书的扩大和增益而来的。我写作这部著作的一个目的,也可以说是为着想把前面所说的那些回忆,常常活现在我的心头。

我回忆,而且常常的回忆,我父亲在少年的时候,真是穷苦万分。在我少年的时候,还可以处处看出他的穷况,虽则他处处都使我感觉到舒适与快乐。然而在很穷苦的时候,他已有了一个志愿,这就是教我入大学,送我留学欧美。他固然在不应该死了时候而死去,可是他这个志愿,早已达到。假使我的这点小小的写作的志愿不能达到,那是太不肖了。

上面是指出我计划去写作这二十本书的动机,我现在且来把我对于文化学,以及文化上的问题的研究的经过,稍为说明。

民国十七年,我在广州岭南大学当教席,有一次在一个学术讨论会上,我曾用过文化学这个名词，等到散会之后，有了数位同学曾问我道：文化学这个名词是不是一个很新奇的名词？我的回答是：在中文上，这个名词虽是一个新奇的名词，然而在西文上，是一个久已应用的名词了。

没有多久，在一个社会学科的讨论会上，我不只是提起文化学这个名词，而且指出文化学是自有其对象，自有其题材的一种学问。在我说这话之后，就有了数位同学，对于这点提出好多的疑问，我当然虽会一一的加以解答，然而这数位同学，始终觉得文化学要成为一种专门的学问，却是一件很不容易的事情。

我个人在美国时，一方面因为对于文化的研究，从来颇有兴趣，一方面又因对于东西文化的问题，又有所主张，故平常也很喜阅读关于文化方面的著作，因而在谈话或演讲的时候，有时总会有意或无意的说及文化学这个名词，或是谈及这个名词所包含的意义，然而在民国十八年以前，对于文化的本身的问题，并没有作过系统的研究。

民国十八年的夏天，我到了德国之后，除了研究政治哲学，而尤其是主权的观念之外，对于这个问题，慢慢的加以考虑，而且注意搜集关于这个问题的材料，特别是德文方面的材料。凡有所得，就作一记号，而由我妻用打字机打起来。到了民国二十年夏回国时，得到不少关于这方面的材料。从民国二十年夏天到民国二十六年夏天的六年中，我因为常常有机会去讨论东西文化的问题，而连带的参考关于这方面的材料，然而为了他种工作的相缠，始终没有拿出时间来整理。记得民国二十三年，我离开岭南大学到南开经济研究所之后，大家填起研究工作的题目与大纲，我曾填了关于文化的本身的研究的题目。然而从民国二十三年到民国二十六年的三年，我除了写了一些关于东西文化的问题的文章之外，对于文化本身这个问题的著作，始终没有写过一点。

民国二十六年，七七事变发生的时候，我已回广东顺德主持调查工作，家人从天津仓卒南归，除了携带一些必需的用品之外，书册差不多完全失掉；至于稿件，除了关于主权的观念的一部分材料之外，文化方面的材料，一点也没有拿出来，连了在南开经济研究所在我指导之下的几种重要的调查工作，如高阳的工业与社会的调查资料，也完全失掉。其实，关于主权论的一部分材料，是得了天津工商学院沈诚斋神父费了不知多少的时间与力量始得保存。

七七事变以后，我从广东北上到南京的时，就不能回去天津，没有多久，而南开大学被毁，继而北平沦陷，北京大学、清华大学皆相继被占。这三个大学的当局，以及中央教育当局，经过几次磋商之后，决定由这三个学校合并而成立临时大学于长沙，我是八月二十日离开南京而经汉口赴长沙，算是临时大学的同人中的第一位到长沙的。

自平津失陷以后，这三个大学的同人，四方星散，各自逃命，直到十月底，同人之到长沙的还是很少。同时，三校的图书、仪器，损失殆尽，就是有了多少于事变时移置他处的也不能搬运出来。所以长沙的临时大学，在十一月以前，除了借用长沙圣经学校校舍之外，教授既少，设备更差。我记得当我初到长沙的时候，我到湖南教育厅去看朱经农先生，谈及临时大学的事情，他很坦白的说："临时大学犹如空中楼阁，能否成立，很成问题，你实在来得太早了。"

长沙临时大学，虽然经过不少的困难，然而终能开课，可是临时大学的图书既少得可怜，而长沙的图书馆的设备，又简陋不堪，同人之在临时大学的，有些连讲义也带不出来，所以上课讲授，就不容易，至于研究工作，可以说是完全谈不到的。

我们在长沙上课不久，而南京失守的消息又传来，敌人既从南京，而向西南推进，长沙又常常被了空炸，三个大学所合办的临时大学，又不得不设法迁移。经过长期的考虑，我们决定迁到云南，我们是分两路走，一路是从长沙经广州、香港，绕海防而到昆明，一路是经湘西，贵州而到昆明。从后一路走的是一些教授和三百多的学生，他们是徒步而走的，他们历了千辛万苦，跋涉了二千余里的途程，经过了二个月的时间，而始达到最终的目的。

我们初来昆明的时候，因为昆明的借用校舍不敷应用，于是文学院与我所主持的法商学院乃在蒙自上课。蒙自的图书设备，更为简陋，研究工作是更不易谈，可是这个富有乡村气味的县城，加以景色宜人的城南南湖，使同人得到一种清闲幽静的生活，而特别是自从七七事件发生以后，同人既备尝流浪紧张的艰难的生活，现在能够稍得安静，至少在心神上，可以说是一种很好的休养。

我们迁到云南以后，临时大学的名称，就改为西南联合大学。法商学院既在蒙自，我个人也不得不到蒙自。法商学院与文学院的校址，就在城外的南湖旁边。我家居近海，素喜水景，南湖的水，虽像沧海一粟，然而在山国的滇黔各处，有了这样的一个小湖，也不容易。

以平常散步的速度来说，南湖的整个周围，差不多要一个钟头始能走完，而其风景较好的半个周围，约需半个钟头就能走完。我在蒙自几个月，每天早起，至少围绕南湖的半个周围二次，而晚饭前，往往围绕南湖的整个周围一次。而且在我所住的哥老斯的洋楼的楼上，有了阳台，对着南湖。平时对湖而坐，近看清风徐来而水波不兴的湖水，远望云烟掠过的层叠起伏的山峰，在享受自然景色之余，有时免不了生出不少的感想。

我常想，假使在这个地方，我们能够有了丰富的参考书籍，我们很可以写点东西出来。

然而在这里，要等丰富的参考的书籍而始从事于著作，那是等于缘木求鱼的空想。

我自想十余年对于好多问题，虽有不少兴趣，然而主要的研究工作是主权的观念，其次是在南开经济研究所在我计划之下的工业发展对于社会的影响的调查工作，再次就为文化问题的研究。关于主权观念的研究，我在国内大学读书的最后一年，就有兴趣，后来到了美国进研究院，更努力于这个问题的研究。从美国回国后，在大学里当教席的时候，而特别是在德国二年，差不多完全用工夫在这个问题上，然而材料搜集得愈多，愈不容易下笔。从德国回国以后，一方面因为图书的缺乏，一方面因为别的工作所缠绕，而且七七事变，有一部分的材料又遗失了，所以直到现在还没有机会把遗存那部分材料整理出来。至于工业的发展对于社会的影响的工作，本是南开经济研究所自民国二十三年以后的主要的工作，我因为任了该所的研究主任，对于这个研究工作，化了不少的时间。除了找了好多位研究人员在河北省的高阳，从事二年多的调查工作之外，民国二十五年又在广东顺德开始工作，此外在河北塘沽的调查工作，亦正在接洽，而且其他的工业区域的调查工作，也正在计划。我们的目的是要在中国各处找出几个工业发展的代表区域，去作集中的调查，而看看工业对于社会，或是文化的影响的程度是怎么样，然后再把这些工业发展的社会的生活去与我们固有的农村的社会的生活，作比较的研究。这是一个很大的研究的计划，我们希望利用南开经济研究所大部分的人力，财力去完成这个研究。我们可以顺便的说，我是极力主张工业化，而且极力反对当时所流行的以农立国的老调，不过我并不只从理论上去说明工业化的需要，而要从实地的社会的生活里，找出一些事实去证明我们这个主张。然而很可惜的是，当我们的调查工作正在顺利进行的时候，七七事件就发生起来，我们的调查工作的地方，相继被敌人占据，在同人仓卒逃命的时候，不只工作整个停止，就是已经找得的一些材料，也差不多完全遗失。

我对于主权论与工业化的问题，既因七七事变而不能积极去研究，在到了心神比较安定的蒙自的时候，我乃计划对于文化这个问题下点工夫。参考的书籍虽然很为缺乏，然而这是一个比较普遍的问题，而且十余年来，我一方面既阅了不少关于这个问题的书籍，一方面因讨论中西文化的问题，而发表过不少的文章。而且我在当时虽然想不到抗战的时期，会拉到这么久，然而要等抗战完后，再从事著作，那是一种怠惰心理的象征，而况抗战以后，就使读书的环境较好，参考的书籍较多，我未必就有时间去专门研究这个问题，因为我的主要的研究工作，本来就不是这个问题。

同时从一方面看起来，参考书籍的缺乏固是研究工作的最大困难，然而因为所要参考的书籍太多了，看了一本又想看别本，这样的类推下去，有的时候反而不大容易动笔，而且没有机会把整个问题好好的加以详细和澈底的思索，好像一个人跑入广大的森林里，终日奔走，有了见树而不见林的感想。

从这一方面来看，对于文化这个问题的研究的兴趣，逐渐的浓厚起来，而且在蒙自那个环境之下，很适宜的使我把这个整个问题好好的加以详细及澈底的思索，我当时对于这个机会并不放松，除了上课讲演与学校行政的工作之外，在阳台闲坐,在南湖散步,以及其他的空闲时间,都可以使我对于这个问题,作了多少的考究。

大致上,我几本文化学概观,以及下面十数本书的大纲,是那个时候拟定的。

恰巧在这个时候,社会学系的同人,觉得社会学系的课程太少,有人提议我们应该多添三两个新的课程。有一天,社会学系的同人,因为讨论系中的各种事情,而对于加开课程的提议,也正式提出。同人之中,多以为我也应当在社会学系讲演一个新课程,而这个课程,最好是关于文化方面的问题。有些同人以为这个课程就叫做中国文化问题,有些同人又以为这个课程就叫做东西文化问题。我当时表示,我不大愿意在课堂上去谈这些实际的问题,不过我很愿意把文化的本身上与根本上的一些问题,或原理,加以讨论。因而又有些同人以为这个课程的名称,可叫做文化原理,也有些人以为这个课程,可叫为文化问题,我自己都觉不大满意。最后我乃提出文化学这个名词,当时也有一二位同人,对于用这个名词去作下学期的一个新课程的名称,表示怀疑。

我记得后来我回昆明时,以至我到重庆时,都有友人很奇怪的问我,为什么要开这一个课程。因为照他们的意见,那里有所谓文化学这门学问?其实他们从来就没有听过这个名词,然而我却并不因此而放弃我个人的主张。

自从民国二十七年的下半年起,在每个学年中的第一学期,我都在国立西南联合大学里主讲这个课程,这就是文化学。据我所知的,应用这个名词而为一种课程的,在中国的大学里,固是没有听见,在欧美各国的大学里,也是没有听见。虽则这个名词的本身,在应用上,历史很为久远,而流行也相当普遍。

这个课程,在国立西南联合大学的法商学院的社会学系里,是一种选修的课程。社会学系的学生在这年大学里,虽特别的少,然而选修这个课程的,每年都有十多位。我每周讲两个钟头,此外往往用些时间去与同学们讨论,这不只是引起学生的读书的兴趣,而且也给我不少的益处。

因为对学生讲演,我自己不得不先把这个问题,作成系统化的大纲,同时分为细目,使在讲演时间上,得到适宜的分配。又因年年要讲演,使我对于这个科目的兴趣,能够继续不断,所以数年以来,而特别是自民国二十七年至民国二十九年的两年,我大部分的时间,为了别的工作所缠绕,假使不是为了上课讲演,说不一定我根本又把这个问题置诸脑后,而且说不定今日不会写出这部著作。

至于我所讲演的内容,大致上就是这部《文化学概观》的大概。

我自在蒙自拟了"文化学"系统的大纲,与决定在国立西南联合大学开设文化学的课程后,我就想能够用点工夫去写这部著作。

我的计划是:在可能范围之内,把我所找得的材料以及我个人所能记忆的材料,按照我所预定的计划,循序写出来,希望先打了一个底稿,将来再慢慢的去增补与修改。

然而当我正在要开始工作的时候，我们在蒙自的校址又为军事机关征用，文学院与法商学院又不得不迁回昆明；同时南开经济研究所又有在重庆与贵阳恢复的建议。此外，南开大学在天津事变时，抢运出一些书籍、仪器，又正在设法南运，这正是民国二十七年夏天的时候，而这几件事与我都有关系。此外，不久广州失守，海南被占，安南屈服，南洋沦陷，与敌人在广州湾登陆，无论在直接上，在间接上都对于我个人以及我的家庭，有了很大的影响。而数年以来，而尤其是自民国二十七年夏，至香港、南洋沦陷的三年余中，我时而到贵阳、重庆，时而到香港、安南，一年之间，有时来往于这些地方，有了四五次之多。我在天津南开经济研究所的时候，每因调查工作而常到各处，友朋曾有给我"旅行教授"的别号，到了这个时候，真是要成为"流浪教授"，我自己想想，实在觉得太难过了。

这么一来，文化问题的研究的计划，从民国二十七年夏至民国二十九年夏的两年中，几乎置之高阁。在这两年中，我除了整理一本《疍民的研究》的十余万言，以及陆续写了一本《暹罗与中国》约六万言之外，根本就没有写过什么文章。

民国廿九年的暑假期内，我预备从安南到暹罗、马来半岛、新嘉坡各处一行，然后再从缅甸回国，可是很不幸的，我要到了暹罗的边境的时候，我却染了病，我不得已在金塔（Pnom Penh）的亲戚家里调养。金塔是柬埔寨的首都，是东方一个很整齐的美丽的城市，我好多年来虽常常到过这个地方，然而很少住过一个星期。我的亲戚除在金塔有房子之外，他在金塔东南数十公里的河仙港口，也有房子。河仙港口也是我所常到的地方，可是从来没有久住。河仙港口是安南西南部一个海港，城市并不大，风景却很宜人，我这次因为染病的原故，遂决意在两个地方稍事休养。在这个美丽的城市，与风景宜人的海港中调养，不但使我身体逐渐复元，而且使我精神格外振发。我在这个时候，又于不知不觉之中，想及文化问题的研究的计划，而关于这个问题的著作的兴趣，也特别的浓厚，我在这两个地方住了一个多月，暑假的时间已过了大半，暹罗、马来半岛、新嘉坡、缅甸之游，只好作为罢论，决意回来昆明。

一个多月的休养，既使我对于文化问题的著作的兴趣特别浓厚，我回到昆明之后，遂决意开始工作。

然而从民国二十九年的秋天至民国三十一年的秋天的两年中，是昆明遭受突袭得最厉害的时候，有的时候整天有了警报。因海南的失陷与安南的屈服，使敌人的空军根据地距离云南愈近。昆明为我们后方的空军要地，又为战时的国际交通的中心，所以除了重庆之外，遭受空袭最多而最惨的，要算昆明了。除了空袭之外，我在这两年内，因为公私事务，每年来往于昆明、重庆之间，总有两次，所以对于写作方面，受了很大的影响，所以两年之中，我对于文化方面的著作，统共不过写了三十余万言。而且这三十余万言，差不多完全是我在天还未亮的时候所写的。

我父亲从来最喜欢早起，他无论春夏秋冬，每早五时以前就要起来，我少年跟着父亲的时间最多，因为有意或无意的也染了这种习惯，所以从民国二十九年的秋天至民国三十一年的秋天的两年中，除了八九个月离昆明而不能写作之外，每天早晨，我都写了一千字左右。虽则有的时候并非写作关于文化方面的问题，然而十分之七八的时间，却是为了这个问题而写作。我想只要一个人对于工作能够有了恒心，无论他一天作得怎么样少，苟能天天一点一点的做去，过了一年或数年之后，总能有点成就的。

民国三十一年的整个夏天，我住在重庆，九月底我回昆明，我很自悔在过去数年中的工作太过迟慢，因为极力避免一些无谓的应酬，专心去继续文化问题的研究，同时设法每天于早晨四时至四时半之间起床工作，从十月至三十二年的五月底的八个月中，我平均每月差不多写八九万字至十万字。这八个月里，有一二次是因为染了小恙，而使整个星期不能工作，有好多次是因为事情而离开昆明三二天，有了十几次是忙于校事或私事，而整天不能接笔。然而有好多时候，一天之内，我草了五六千字，又有了好几次，一天之内，我草了一万多字。然而主要的大部分的文章，是在早晨未吃早饭之前写的，因为日间不但往往为了别的事情繁忙，而且除了写作文章之外，还要参考书籍。

参考关于这个问题的书籍，在昆明是十分困难的，往往花了半天工夫，在图书馆翻来翻去，结果还是一无所得而归。此外，有的时候，花了一天工夫，阅了一本书籍，然而能够采取的材料，往往只是一点。但是我既打定主意去赶紧工作，我就照我所定的计划，在可能的范围之内，把我所找得的材料，以及我个人所能记忆的材料，先写下去，至于所写的是好还是不好，这是我在所不管的。

我很深刻的感觉这种工作的范围，是一种广大的田地，因为不只每一部分可成为一部大著作，就是每一部分里的每章，以至每段都可以扩大而成为一部书。我在这里所作的工作，只是一个大纲，只是一个概论，其实只是一些普通与根本的原则，同时为了解释这些原则，我又只是随便的举出一些例子，无论这些例子是一些事物，或一些人物。而且我在这里所举出的事物，又是一些比较浅白的事物，所举出的人物，也是比较显著的人物。一个人的精力时间有限，无论他怎么样去专门研究一个题目，然而要想对于这个题目所包括的整个范围与有关的一切材料，都想完全无遗的去搜罗研究，却是一件很不容易的事情。

我很深切的知道，这种工作的对象是一种新开的田园，因为不只在我们中国这样的从事研究这种工作的没有几个，就是西方学者之这样的从事这种工作的，也并不很多。我是从文化本身上的普通与根本的原理而谈到东方与西方的文化，再从东西两方的文化，谈到所谓南北的文化，这是一种理论的研究，这也是一种事实的解释，这是一个历史观，也是一个世界观（Weltanschauung）。文化学的本身，是近二十年来的一种新产儿，虽则文化学的名词是源始于百年以前人类学者，社会学者，历史学者，地理学者以至哲学家与科学家等等。各人都从各人的立场而研究文化，然而从文化的本身而研究文化，还是很少。文化本身是有了自己的范围，有了自己的对象，是自成一个格式，是自成一个单位，所以应当自成为一门学科，应当自有其一种立场。

我们相信只有这样的去研究，只有这样去推动，文化学才能发展。假使我们只是从别的专门科学的立场而去研究或推动文化学，文化学只能当作这个专门科学的附庸，结果恐怕永远不会成为一个独立的学科。

同样，关于东西文化这个问题，一般人，而尤其我国人，数十年来对于这个问题，虽然发表了不少意见，发表了不少文章，然而所谓有系统的著作之关于这个问题的，就找不出几本。二十年前，梁漱溟先生所出版的《东西文化及其哲学》，六七年前，张君劢先生所出版的《明日之中国文化》，以及二三学者之关于这个问题的著作，无论其主张是否得当，无论其内容是否充实，然而就像这样的著作，已是很少。

至于所谓南北文化这个问题，严格的说，研究的历史既是更晚，研究的学者更是很少。

在所谓东西文化的问题的研究上，或是所谓南北的文化的问题的研究上，我个人都有我个人的主张，可是我个人的主张，也是以文化的普通与根本的原理，以及其历史的发展的事实为根据的。其实所谓南北文化，根本既与东西文化，有了密切的关系，而所谓东西文化，根本上又是与文化的普通与根本的观念有了密切的关系。我这二十册的"文化论丛"就是透过文化的普通与根本的观念，来讨论东西文化与南北文化的问题，自成系统的。

编后（节选①）

陈序经教授十年来致力文化学之研究，年前应美国国务院之聘，赴美讲学，搜罗文化学材料甚多，经撰就"文化论丛"一大部，凡二十册，交由商务印书馆出版。《我怎样研究文化学》一文便是他"文化论丛"的跋文，读此可见他对于文化学研究的精深与治学的辛勤。

编者。七月三十日

《社会学讯》第 3 期，1946 年 8 月 1 日。

---

① 编注："节选"为编辑所加。原稿"编后"末段为杂志发行广告，不录。

论中越法的关系（存目）

原载《东方杂志》第42卷第16号，1946年8月15日。

后编入《越南问题》（岭南大学西南社会经济研究所1949年6月初版，岭南大学西南社会经济研究所专刊甲集第六种），易名为《海阳桥》。

全文见《陈序经全集》第五卷《越南问题》中的《海阳桥》。

南方与所谓固有文化

照我个人的观察，南方在近代中国文化上有两种特殊的意义。一方面，它是新文化的策源地。自隋唐至现代，中国的海外贸易，都是自南方开始，而西方文化的东传，也以南方为最先。另一方面，南方却是我们固有文化的保留所。因为南方接受固有的文化较迟，所以直至现在，还遗留着许多的旧文化。如此新旧交错，便构成了今日南方文化的极端性。关于前一问题，我已另有专文叙述，此篇仅就南方与所谓固有文化的关系上，略为说明。

为什么我们说南方是我们固有的文化，或旧的文化的保留所呢？要想解答这个问题，我们又不得不指出：这不只是由于中国固有的文化，在大体上是从北方而趋于南方，而且是由于固有的文化之在北方的，因为时代的变化，而尤其是受了外族的文化的影响之后，所谓好多本来的真面目，已经改换或消灭。但是直到现在，却还有不少的这些东西，流传或保留在中国的南方，这是研究中国的固有的文化的人们所应加以注意的。

我们在上面已经指出，中国的固有的文化在空间上的发展是由北而南，最初是在黄河的流域，后来发展到长江的流域，最后又发展到珠江的流域。而且，假使自16世纪以后，没有西洋文化的东渐，中国的固有的文化，很可能地发展到南洋各处。

大致的说：在春秋战国以前，这个固有的文化的中心是在黄河一带。吴越与楚，在春秋战国的时候，虽也称霸一隅，可是从北方人看起来，还脱不了南方蛮野的气味。孟子所谓"今也南蛮䴂舌之人，非先王之道"，无非就是这个意思。所以，尽管文学上有了屈原，思想上有了老子（据说是楚苦县人），可是在传统的思想之下，长江一带而尤其是在长江以南，在那个时总是被人目为南蛮之域；所以，有名的学者，像楚的陈良，也得"北学于中国"。其实所谓"北学于中国"这个中国，就是指着黄河的流域。所谓"德以威中国，刑以威四夷"，所谓"内中国而外四夷"，既以为中国是有德的区域，是特殊的地方，而别于其他的野蛮的地方。所谓"北学于中国"的中国，既又不外是在黄河的流域，那么在黄河流域以南的地方，无疑的是当为野蛮的地方，没有德化的地方了。

就是在汉的时代，南方的版图已扩大到海岸，而包括海南岛。可是，不只广东的赵佗，还自称为南蛮之臣。到了三国的时候，刘备称雄西蜀，希望承继汉祚；然而，诸葛武侯鞠躬尽瘁，死而后已，不只不能使西蜀成为中国文化的中心，就是在政治上，这个地方也不能算为当时的中心。同样，孙权割据东南，因地理的关系，曾派朱应、康泰到南洋各处宣扬中国的德威，但是在文化上，究竟有过多少影响，乃一疑问。其实在这个时代，中国的固有文化的中心，还是在黄河一带。

是自晋室东迁以后，中国的固有文化的中心，始逐渐向南发展，而趋于长江流域。所谓"衣冠避难，多所萃止，艺文儒术，斯之为盛"，对于这个文化的中心的迁移上，是有密切的关系的。隋时炀帝开凿运河，南北交通更为便利，中国文化以向南发展更为迅速。隋炀帝又遣使到南洋，而特别是赤土，这就是现在的暹罗，其使者常骏等在赤土时，其大方丈曾告诉常骏说，"今是大国中人，非复赤土国矣"。后来赤土王还派其子那邪偕常骏到中国朝贡，这时以南洋，既以很为了国人所注意，中国以南部，是用不着说的。而况中国北方之赴南洋，多从内地陆道而到广东沿海一带，再从这里乘船而到南洋各处；南方各省成为发展到海外各处的交通要道。交通方便的地方，往往是文化易于传播的地方。

至于唐代，版图日益扩张，南方的区域之开关的更多，加以海外交通愈趋频繁，江西成为南北交通的要冲，而广东的曲江，以至广州各处也愈趋繁盛。在物质文化的方面，中外珍奇货物辐辏于此。而尤其是在广州，不只北方人之迁移到这个地方的很多，就是外国人而特别是亚拉伯人之到这里也很多。据说黄巢陷广州时，杀死了十数万外国人，同是因为他得了广州的财富而使其益富。反过来说，朝廷失了广州的财富，却使财政上有了困难，右仆射于琮所谓"南海市舶利不赀，贼得益富，而国用屈"。可见得这时的广东财富，在国家的财政上，已占了很重要的地位。

我们承认南方在国家财政上的重要的地位，是由于海外贸易而来。这就是说，南方的财富以至各种货品，并非完全为中国固有的东西。但是，同时我们也得指出，所谓中外贸易，乃中外两方面的货品的交换而非只限一方面的物品的输入。换句话说，外货固有不少货品的输入，中国也有不少物品的输出。而所谓中国的物品，并非完全是广东或南方的土产，而也有了很多是来自北方的。

因为中外交通频繁，贸易繁盛，不只是好多北方人到了南方，而且北方的好多物品也运到南方。人物与货物的迁移，在整个文化的发展上，是有了密切的关系，而况货物的本身乃是文化的一方面。

此外，因为利之所在，人多趋之，这不只是限于商人，而且对于其他的人们，尤其对一般的官吏，也是一种很大的引诱，在《南齐书·王琨传》里，已经告诉我们："世云'广州刺史，但经城门一过，便得三千万'也。"屈大均在其《广东新语》里亦说：

> 吾广谬以富饶特闻，仕宦者以为货府。无论官之大小，一捧粤符，靡不欢欣过望，长安戚友，举手相庆。以为十郡膻境，可以属餍脂膏，于是争以母钱贷之，以五当十，而厚责其赢利。

有一位署名为"太平洋客"者，在其所著的《新广东》一书里，也有了下面一段话：

> 广东以财雄闻于天下，中外所公认也。咸同以来，政府若有兵事、赈荒、国债、赔款，需大款大饷等项，莫不向广东而搜括，其数常数倍于各省，岁出达数千万万以上，此广东之财耗于政府者也。而贪官污吏，尤以广东为窟穴，其各省无赖之子，人类所不齿者，辄相借贷捐官，以取倍称之息，分省得广东，则亲戚朋友置酒而相贺，到任才数月，莫不满载而归。嗟！我广东人，其饱虎狼之吞噬者，岁不知几何矣！此广东之财之耗于官吏者也。至于洋货之进口，以广东为大宗，此广东之财，耗于外洋者也。然而统稽一县之财，往往比他荒瘠之一省而有余，即比之欧洲小国，亦未见其不足，固由出外洋善经商之故，而其饮食起居，用之奢丽之程度，各省常为警美所未见。盖粤人一月之费，是彼一岁之费者，则财力之厚可知，此财力之超于各省者也。

这段话里，有了不少的地方主义与愤慨情绪，然而广东因为财富而引起一般官吏之得广东位置者以为荣，却不只是这位"太平洋客"的私见，清初的屈大均，以至南北朝的人们，都有了这种看法。

不少的官吏，既以到广东作官为荣，不少的官吏，也因此而久居广东，这是有了悠久的历史，而非最近的事情。但是，无论是暂居这里的也好，久居这里的也好，这些人都可以说是中国固有文化的媒介者。广东人族谱中，至今还有自炫其为中原望族的，而从前的南雄的珠玑巷的名称，也是来自北方，大致上都是由于一些从北方来的仕官的人物，为了思念故乡而这样造作的罢。

不但这样，北方在朝廷或政府之任职而被贬谪到南方的人们，也是很多：唐时的韩愈之到潮州，李德裕之到琼州，宋时苏东坡之到惠州、儋州等处。在他们个人方面来看，虽是不幸之至，然对于其所贬谪的地方的文化上，也有不少的影响。比方，苏东坡在惠州、在儋州，至今还有人道其在这些地方时的故事。他的妾朝据说就葬在惠州的西湖之边，这是惠州的古迹。有些人说儋州城内有了不少的人们，还说北方的方言，也是受了他们影响，这未必是事实。然而，这些人物到了那些地方之后，对于当地的文化，而尤其是在文艺方面，有了多少的影响，是无可疑的。

此外，因为征服南方，而派到这个地方的军队，历代以来更是很多。秦时征服郁林、象郡，汉时的伏波将军，三国时的诸葛武侯七擒孟获，是否属实，我们不必在这里考究，然而，他曾屡次征伐南蛮是无可疑的。直到现在，据说云南与缅甸、安南的边地，以至暹罗的北部好多民族里，还有纪念或关于孔明的事绩。又据《三国志·吴志》卷二：赤乌五年（二四二）七月，"遣将军聂友、校尉陆凯，以兵三万讨珠崖、儋耳"。珠崖、儋耳就是现在的海南岛。一个岛屿的反叛，要用三万兵去讨伐，这不只是证明政府对于这个地方的重视，而且说明北人之到南边的也必不少。

又如，在唐代之征伐南诏，元之征伐大理，这虽是军事的行动，然而，对于文化也有很大的影响。南诏也可以说是国人所谓为南蛮之一，大理据说为南诏之后。这个民族在南方盘据各处者，有了好几百年的历史，中国不知征伐了多少次。据《续云南通志》卷一五九云：

> 王全斌既平蜀，欲因兵威取滇，以图进于上，太祖（宋）鉴唐之祸，基于南诏，以玉斧画大渡河曰："此外非吾有也。"由是云南三百年不通中国。

其实，所谓"云南三百年不通中国"并非事实，我在别的地方已经指出，不必赘述。我们在这里所要注意的是云南既与中国处于对峙的地位，中国必有不少的军队在大渡河内或其边境，以防备其内侵，而西南的大部分的地方，也已在中国的版图之内而受中国文化的影响了。

这些军队之南征的，不只是输入中国的固有的文化，而且也必有了不少留居于南方。他们虽是住在南方，可是他们的风俗习惯，以及文化的其他方面，都是中国的军队中的。人物虽未必代表中国文化中的特出人物，而传播中国的文化的精华于南方。然而，军队征服了别人之后，往往是用自己的文化去加诸他人；换句话来说，是用武力去传播文化。从某方面来看，这种传播文化的方法是很有效力的，因为假使被了征服的民族，而不愿去采纳其文化，有时却被其杀害。

此外，在中国的历史上，中国的固有文化的向南发展的一个最重要的原因，可以说是由于北方外族的侵入，而使政府与好多人士的南迁。上面所说的晋室的东迁，就是一个例子。自晋室东迁到隋的统一，有了二百多年的历史，到了南宋以至元朝，也经过了一个长期。在每次北方外族南侵的时候，不只朝廷向南迁移，就是好多住民也跟着而走。晋室东迁，固是"衣冠避难"，宋代末年，君臣之到广州新会一带的，就有了二十多万。到了明末，君臣之逃难西南的，又不知多少。这与中国固有文化以传播上，都有了密切的关系。

因为，北方的外族的侵入而迁移到南方的人们，无论是为抵抗敌人而到南方，或是逃避敌人而到南方，这些人的民族意识或民族主义必定很为坚强。他们是不愿作顺民或屈服于敌人而才离乡背井而南迁的，他们既不顾长途的跋涉，与环境的不同而到了南方，他们的意志也必定很为坚强。有了这种坚强的个人意志与民族意识或民族主义，他们不只是在政治上不愿受了他族的统治，就是在文化的其他方面，也不愿受了他族的影响。所以，与其说是他们是忠于其君主或忠于其朝代，不如说是他们是忠于其固有的道德观念，忠于其固有的传统思想，忠于其固有的风俗习惯，总而言之，是忠于其固有的文化。

这些人到了南方之后，没有问题的是过着其固有的文化，同时使其文化传播于南方，使南方成为固有文化的保留所。

　　反过来看，在北方既受了外族的侵入，北方的中国的固有文化，却受了北方的外族的文化不少的影响，而改变其固有的本来面目。街道叫作胡同，中服改为胡服。除了胡饼、胡琴之外，连了头发的装束也受了外族的影响而改变。这不过只是随便的举出一些例子；然而，中国的固有文化之受外族的文化的影响而改变其本来的面目，是很为显明的了。这种文化的改变的历史既很久，而且自晋室东迁与宋朝南渡之后，其改变的剧烈尤可想像而知。因为在这个时期里，整个北方是受了外族的统治，文化之受其影响是无疑的，在南北朝的时候，南北风俗已有很多的不同，《颜氏家训》对于这点已经说及。后来宋室南渡，中国北方又受了第二次的外族的统治，其文化所受外来的文化的影响之深，是更为显而易见的事情。

　　我们并不忘记：在我国的历史上，外族不只占领过中国的北方，而且统治过整个中国。元朝统治整个中国八十余年，清朝统治中国二百余年，所以在一方面看起来，整个中国文化都免不了要受外族的文化的影响。因为北方既因外族的侵入与割据，而受了外族的文化的影响；那南方既受了外族的统治，也免不了要受外族的文化的影响。但是，从别一方面看起来，我们可以说南方，虽也受了外族的统治，可是在文化的各方面之受外族的文化的影响的，是微乎其微。这种原因很多，其主要的，第一，南方之受外族的统治的时间比较的短。南北朝的时代有了二百多年，南方没有受了外族的统治，用不着说。南宋的时代，南方也没有受了外族的统治。元朝统治中国，只有八十余年，而且在这个朝代里，所谓南人或汉人，不只不能在政府里取得高位，在社会上也被目为很低的阶级。南人不只比不上蒙古人，而且比不上色目人。这就是西北的其他的外族，蒙汉或蒙古人与南人，以至其他的外族之于汉族的区别，既很分明，同时，蒙古人统治中国的时间又短，汉族文化之受蒙古或其他的外族的影响必然很微。这么一来，不只蒙古或其他的外族不愿同化于中国，或是蒙化汉族；汉族也必因其被蒙人低视而生了反感。结果不只不愿去蒙化，反而发生反蒙化，或其他外族化的心理，因而保存其固有的文化的心理，也必定很为坚强。

　　至于满清之统治中国，虽是有了二百余年的历史，但是满清一代，除了西洋文化已经输入中国之外，到了乾隆的时代，满人汉化的程度已经很高。而其结果，是满人几乎完全汉化起来。我们试看在满清初年的时候，顺治、康熙之对于西洋文化的输入尤为欢迎。不只在西洋的科学与技术方面，愿意接纳，就是对于其宗教，也并不十分仇视。可是到了后来，满人汉化之后，我们遂以汉族文化的立场去反抗西洋文化的输入。所谓闭关自守的政策，所谓"内中国而外夷狄"，已使他们忘记其本身也为外来的民族，而尊崇了尧、舜、禹、汤、文、武、周、孔之道。在这种情形之下，就使中国受了满人的统治，而其文化之影响于中国大体上也只多限于北方，而很少伸张其势力于南方。因为在这种势力尚没有伸张到南方之前，满人已很汉化了。

说到这里，我们可以解释南方之少受外族的文化的影响的第二个原因，就是地理上的原因。我们知道，北方多平原，而南方多山谷；因此之故，南方的交通比较北方较为困难。北人之南迁的，或中国的固有文化之发展到南方的，往往因为地理上的阻隔，而保存其原来面目。直到现在，就以语言一项来说，南方复杂得多，而北方较为单简。这不能说是与地理上没有关系的。

而况在北方外族统治中国的时候，都城往往是在北方，南方真是天高地远。加以从前的交通工具的简陋，要从北方到南方，并非容易的事情。尽管外族皇帝统治中国，可是除了像乾隆之游江南外，外族皇帝之到中国，最南部的，可以说是没有。"日入而息，日出而作，耕田而食，凿井而饮，帝力于我何有哉？"这种情况，在远离京都的地方，特别是像广东俗语云"勿为北京人忧寒"，北京人作的什么，于南人实在没有很大的关系。

上面已经说过，因为北方外族而迁移到南方的人们，民族思想既较为浓厚，个人意志也较为坚强，这些人物本来在北方是不愿接受外族的统治或是为了反抗外族而才南迁的；那么，到了南方之后，虽然南方在元朝、在清朝也为北方外族所征服，然而这些人物本来就不甘同化于外族而南迁，再加以离开了外族的政治势力的中心的辽远，则他们不易于去接外族的文化的影响，也是自然而然的了。

又况这些外族的文化，都是低于中国的文化，"内中国而外夷狄"，这是中国的传统思想。在十九以至二十世纪的时代，比之中国的文化为优的西洋文化，到了中国之后，还受国人的排斥。比之中国文化为低的北方外族的文化，除了用政治的力量去强迫其同化，或是经过很长的时间而无意中为其所化之外，要想这些不甘受了外族而不畏千苦万辛的南迁的人们去接受外族的文化，是不容易的。

我们也并不忘记，在南方也非没有外族及其文化。西洋文化的输入，我们不欲在这里讨论，就是斥谓南蛮的文化，直到现在还分散于南方各处。南方本来有了所谓南蛮的文化，在北人尚未南迁之前，南方完全是这种文化。北人南迁，或北方文化或是中国的固有文化向南发展的时候，也免不了要与这些所谓南蛮的文化接触起来。有了接触，总免不了要互相影响。这就是说，除了中国的固有的文化影响于南方外族的文化之外，南方的外族的文化，也免不了会影响于中国的固有文化，而使中国的固有文化也改变其本质。

我们并不否认中国的固有文化到了南方之后，要受南方的外族文化的多少影响，然而我们也得指出，这种影响是较少得多。因为除了中国的固有文化，较之这些文化优越得多之外，南方的外族在历史上只被中国的征服，却没有统治过中国。他们在春秋战国的时代，还繁殖于长江流域各处，后来范围愈来愈小，到了现在，只能散居于南方的一些山谷深林、人烟稀少的地方。他们不只所占的地方逐渐减少，而且人口也愈来愈少。其与北方的外族占领了中国的土地，统治了中国的人民，用政治的力量去推动其文化是大不相同的。

反过来看，所谓南蛮的民族，自与中国的固有文化接触之后，则常受了中国文化的影响。关于这一点，我们可以把历史上的哀牢、南诏与大理来解释。据说大理乃南诏之后，而南诏又乃哀牢之后。哀牢，《后汉书》卷一百一十六《南蛮列传》，所述其种族的来源，不易使人置信。但是这个种族与中国的交通，据说是在后汉建武二十七年（西历五一年）。《滇南杂志》曾告诉我们：

> 哀牢旧皆夷姓，武侯平南后始赐以赵、张、杨、李等姓。又军卒遗于此，聚居于诸葛营之旁，谓之曰"旧汉人"，姓氏乃渐蕃衍。

又据《峒溪纤志》云：

> 金齿，古哀牢国……其人有数种。有以金裹两齿者，曰金齿；有漆其两齿者，曰漆齿；有利面者，曰绣面蛮；有利足者，曰花脚蛮；以彩绳撮髻者，曰花角蛮。惟居诸葛营者，衣冠礼仪，悉如中土。

到了唐代的南诏，据《新唐书》所说，是哀牢之后。南诏的文化，也受中国的文化的影响很深。伯希和在其《交广印度两道考》里说过，南诏感受中国文化之深，其事甚著。在唐贞元五年（西历七八九年）南诏王昇牟寻遣使三人到成都，在其《遗皋帛书》里，也有南诏"本唐风化"的话，又《新唐书》卷二百二十二中也有下面一段话：

> 太和三年（西历八二九年）……嵯巅（南诏将）乃悉众掩邛、戎、巂三州，陷之，入成都，止西郭十日。慰赉居人，市不扰肆。将还，乃掠子女、工技数万引而南，人惧，自杀者不胜计。救兵逐，嵯巅身自殿，至大渡河，谓华人曰："此吾南境，尔去国当哭。"众号恸，赴水死者十三，南诏自是工文织与中国埒。

又按《〈新〉唐书》南蛮列传上云，南诏亦用"员外""大将军"诸名词，同处又云：

> 幕爽主兵，琮爽主户籍，慈爽主礼，罚爽主刑，劝爽主官人，厥爽主工作，万爽主财用，引爽主客，禾爽主商贾，皆清平官、酋望、大将军兼之。爽，犹言省也，督爽，总三省也。

按"爽""省"两音本相近。现在在琼州的东北角的铺前市，及其左近的人们，读"省"独读如广音的"爽"。罗香林先生在《国立中山大学文史学研究所月刊》第二卷第三、四期合刊里，所发表《唐代蜑族考》一文里说：

> 省、爽一声之转，南诏欣慕华化，设官分职，多仿唐制，省之称爽，是

又并袭中土之音矣。

《宋史·外国传》里说，大理国即唐南诏也，大理也受了中国的文化的影响。《宋史·外国传》载："徽宗政和六年，南诏大理国遣进奉使天驷爽彦贲李紫琮，副使坦绰李伯祥来。"他们从大理至湖南，据说：

> 方紫琮等过鼎，闻学校文物之盛，请于押伴，求诣学瞻拜宣圣像，邵守张察许之，遂往遍谒见诸生，又乞观御书阁，举笏扣首。

这可见得南诏、大理景慕中国文化之深。同时，我们以为这些使者返大理后，对于中国文化必努力提倡。又据史书，唐昭宗时，南诏蒙氏为郑买臣所篡，改国号"大长和"，后来赵氏又篡郑氏而改国号为"大天兴"，赵氏复为杨氏所篡，而改国号"大义宁"，后晋时复为段思平所篡，改号"大理国"。这些姓氏国号，均已华化。大概的说，哀牢、南诏经过汉唐两代华化之后，宋代的华化的程度必定很高，所以这些使者才有"诣学瞻拜宣圣像"的行为。

这不过只是略就史书上所载关于南方的外族的华化的一个例子加以说明，哀牢、南诏或大理的或其他的外族的文化的好多方面之受了中国的文化的影响，而没有见于史书的必定很多。直到现在，在南方的好多外族的文化中，我们还可以找出很多的中国的固有或古代的文化的留痕。反而这些文化，却不能在北方或南方的汉族的文化中找出来。这正像孔子所谓"礼失而求诸野"了。

我们知道，在文化的传播或发展的过程上，有了不少的文化，本来是起源或发展于某一个地方，后来传播或发展到别的地方，再过了一些日子之后，在这些文化在本来起源或发展的地方有时已经改变或消灭，而却可以在别的地方找出原来的面目。同样，中国的文化，本来是起源与发展在北方，后来传播或发展于南方，因为时代的变迁，而特别是加以北方的外族的侵入，及其文化的影响结果，所谓中国的固有或古代的文化，有了不少在北方早已改变或消灭，而却仍存在于南方。我们所以说南方为中国的固有文化的保留所，也不外就是这个意思。

不但这样，以常情而论，凡人之离开其故土愈远的，对于其故土的风俗习惯，往往愈要设法去保留。风俗习惯，因是这样，整个文化也是这样。俗人说：离乡愈远，思乡愈切。因为思得太切，因而常常设法去保存其故乡的风味。所以从某方面来看，在我国的历史上，凡是从北方而迁到愈南的人们，对于保留其故乡的固有的文化的情绪愈是恳切，这一点可以海外华侨来说明。我们知道，一般华侨之到海外谋生，在国内本来是少有受过教育的，他们在国内的时候，在所谓中国的固有的文化上既并非代表人物，也非推动人物；然而，华侨到了海外之后，虽然有了不少是受了海外的文化的影响，但是也有很多成为极端的中国的固有文化的拥护者。在文化的物质方面的，比方穿的、食的或居的，往往还是循了国内已经过时的习俗。国内一般中等以上的女子，差不多完全穿起旗袍，而海外的女子就是最上等的，还有不少是穿了长裤与短衣。在文化的社会方面，比方在华侨的社会中的宗族制度，比之国内的发达得多。至于文化的精神方面，有的华侨思想之守旧，也是国内所不易找出来的。在国内正是提倡破除迷信，反对宗族主义的时候，华侨却正在建筑庙寺，与建筑祠堂；在国内正在提倡打倒孔家店的时候，华侨却正在尊崇孔教，实行读经。自民国初年以至国民政府命令祭孔，与何健、陈济棠提倡读经的时候，香港可以说是尊孔读经的大本营。这些例子便可说明：离其文化的策源地或中心的人们，对于其原来的文化的拥护的热情愈为浓厚。

总而言之，从中国的历史来看，不只是中国的固有文化是从北方而发展到南方，就是中国的汉族人民，也是从北方而迁移到南方。文化的传播，固不限于某一种族，可是一个种族迁移，往往是带着其固有文化而迁移，而成为文化的媒介。这些种族迁移之后，若与其他的种族的文化接触，其互相影响程度如何，是要视其文化本身的程度如何，以及其他的条件如何。在中国，北人南迁的历程中，所谓中国的固有文化，不只是在来自北方的汉族中可以找出来，就是在所谓原来的民族的文化中，这就是汉族以外的南方民族文化中，也可以找出来。因为除了汉族输其文化于南方之外，南方的汉族以外的民族，也受了中国的固有文化的影响。同时，因为在北方的中国固有文化，因为时代的变迁，与北方外族的占据在北方的固有文化中，有了不少的成分已经改变或消灭的，而却仍是保留在南方，这是我们所说南方是固有文化的保留所的原因。

上面是解释南方为中国的固有文化的保留所的原因。这里我们要从这种固有文化的各方面来说明我们这种看法，同时指出我们对于研究这种活的固有文化的需要。

我们先从文化的物质方面来说：

从服饰方面来看，在南方有的男子所用的头巾，是古代的遗物。《古今事物考》说："古以皂罗裹头，号头巾。"南北朝时，梁简文帝《拟落日窗中坐》诗云："开函脱宝钗，向镜理纨巾。"至于贵州及南方各处的妇女所用的头巾，据说也是古代所传下来的习俗。

又如倪蜕（蜕翁）所辑的《滇小记》中的序上，"帽"条云：

> 帽以毡为之，形如钱。云南惟大理戴之，男惟俚斯戴，妇人则无不以此为妆。岁时喜庆，垂丝网之，饰以珠翠，盖即唐时席帽。惟帽之制而为妇人出门障面之具，亦西南夷向慕唐风，仿佛其制度，以留存至今者乎？而世俗辄称之曰，此大理婆，哈哒毡，可谓失考者矣！次发编也，云次上帽，谓帽于发髻之上也！

木屐在古代是很流行的，其来源，据《异苑》说："介子推抱木烧死，晋文公伐以制屐。"司马迁以为常服。履与舄是不同的，方言里说"丝作者谓之履"，而《古今注》云：

> 舄，以木置履下，干蜡不畏泥湿；履乃屦之不带者，盖祭服曰舄，朝服曰履，燕服曰屦。

至于屐，是完全用木作的，燕居外游，均可以用，可是并非祭服或朝服。现在所流传的木屐，有的有齿，有的没有齿，前者高而后者低。在古代所用的木屐，似都是有齿的，而现在南方的无齿木屐，似为舄与履的一种混合品。《汉书·爰盎传》里说，屐步行七十里。《释名》：屐，搘也，为两足搘以践泥也。《急就篇》颜注云："屐者，以木为之，而施两齿，所以践泥。"

这种木屐，无论男的女的都可穿，不过男人所穿的与女子所穿的式样不同，所以《搜神记》里云：屐，妇人圆头，男子方头。现在这种分别，似已不存在了。

而且妇女所穿的屐上，又有颜色漆画，《后汉书·五行志》里云：

> 延熹中，京师长者皆著木屐。妇女始嫁，作漆画屐，五色采作系。

直至现在的南方，而特别是广州的妇女所穿的木屐，还有用了各种颜色漆画的。至于屐带，虽多用皮，然有时也用各种不同的颜色。

木屐在晋唐的时代很为流行，尚秉和在其《历代社会风俗事物考》里，对于这一点曾有下面数段话：

> 《世说》："王子敬兄弟见郗公（愔也），蹑履问讯（足不在室内），甚修外生礼。及嘉宾死，皆着高屐，仪容轻慢。……"又"阮遥集好屐……"是晋时亦以屐为不庄，而高屐尤轻慢。然当时卿大夫尽著之者，则以晋时风俗轻佻，人物高旷，故独喜之也。

> 《摭言》："京师妇女始嫁，作漆画屐，五色采为系。"又张泌《小金传》："蓬发曳漆屐。"夫可漆可画，则木屐也。《云溪友议》："崔涯，吴楚狂士，与张祜齐名，每题诗倡肆，举之则车马盈门，毁之则林盘失措。常嘲一妓云：'布袍皮袄火烧毡，纸补筼筕麻接弦，更著一双皮屐子，纥梯纥榻到门前。'"

其实，这种丝梯丝榻的屐声，在广州各处直到现在还可以随处听见的。

又如，南方在琼州各处的人们，所用的有齿木屐，就是古代传下来的东西。《晋书·谢安传》中云："不觉屐齿之折。"这种木屐的齿，必定很长，而像琼州的屐，而非像广州或日本各处所用的没有齿的屐了。这种屐是用于平时的，而也不像日本人可以用为宴会或特殊的服饰。关于这一点，卢文弨《龙城札记》中告诉我们道：

> 屐可以游山，亦可燕居着之。谢安之屐齿折是也。纨袴少年，喜著高齿

屐，见颜介《家训》中，大抵通脱之服，不作正服也。宋阮长之为中书郎直省，夜往邻省，误着屐出阁，依事自列门下，事见《南史》。盖宫省清严之地，宜着履舄，在直所容可不拘，而出阁则必不可以亵，此其所以自劾也。

在琼州文昌有句俗话云："穿鞋吃穿屐，穿履吃跣足。"意思虽说是跣足的人往往被穿屐的人欺负，而穿屐的人往往又被穿鞋的人欺负。然而，同时却也有了跣足不如穿屐那么高尚，而穿屐又不如穿鞋那么高尚的意义。穿屐在平时是没有问题的，可是在特别的场会里，则变为不大合礼的了。

据人们说，现在在苗夷社会里的妇女所穿的衣服，而尤其是有了很多的褶的裙子，是古代的装饰。同时，现在在南方有些地方如安南的人们所穿的衣服，也是中国较古的服装。至于今日的长衣旗袍，却是满人所穿的衣裳。我们知道在三四十年前，在南方的广东与海外华侨的社会中，女子之穿旗袍的，差不多可以说是没有。直到现在，侨胞女子之着旗袍的，还是寥寥无几。

又如《论语》里所说的"襁褓"，这就是用布料制成，以为负小孩的东西，现在在贵州、广西、广东各处随处可见，而在北方却是不易看出来。

在吃的方面：古人说"民以食为天"，现在的人却说吃在广州。广州人不只是讲究吃，而且吃的东西的种类不胜枚举；而在其吃的东西中，有了不少在北方早已没有，或是少有，而在南方却还可以见的。

北方狗肉，在古代不只是把来吃，而且把来祭神。《月令》：天子乃以犬尝稻，以犬尝麻先荐寝庙。而《周礼》又有供其"犬牲"的说法，《国语》里也有下面一段话：

> 其祭典有之曰：国君有牛享，大夫有羊馈，士有豚犬之奠，庶人有鱼炙之荐；笾豆、脯醢，则上下共之，不羞珍异，不陈庶侈。

这是指出狗是士人所用以为祭神的食品，而非天子与大夫所用以祭神的东西。这虽说明狗在神的祭品中地位并不很高，然而在春秋战国的时代，从这方面来看狗的地位，还是比鱼为高。其与现在的人们之以鱼为贵重食品，很不相同。为什么后来狗肉不把来祭神？我们在别的地方已经说及，不必在这里再述。但是狗肉之用为人们的食品，在北方当时很为普遍，所以古书中关于吃狗的纪载，是不胜枚举的。《礼·内则》云：狗去肾……狗赤股，无毛而躁臊。《史记·聂政传》说：他"家贫，客游以为狗屠，可以旦夕得甘脆"。又《荆轲传》里说，他"爱燕之狗屠，及善击筑者高渐离"。而老子《道德经》中所谓"天地不仁，以万物为刍狗"，王弼注道：

> 地不为兽生刍，而兽食刍，刍不为人生狗，而人食狗。

可见得古代不只是燕赵慷慨悲歌之士喜欢吃狗肉，就是一般人以至神灵也喜欢吃狗肉，而况在那个时候，既有专业狗屠的人，那么吃狗的风气之盛，又可以概见。

吃狗之风何时衰微，难于确定，尚秉和其《历代社会风俗事物考》中"唐人已不吃狗"条云：

> 《汉书·樊哙传》："以屠狗为事。"师古曰：时人食狗，亦与羊豚同，故哙专屠以卖。按：自六朝以来，不见有以屠狗为业者，然不敢确定其无有，独师古此注，惧读者不明，故曰"时人食狗与羊豕同"云云，可见唐时不屠狗而食矣。

然而，他又接着说道：

> 至乡曲偷狗盗鸡，私鬻狗肉者，虽至今不免也。

可见得吃狗的风气并不断绝，其实这种风气至今犹很流行于南方的好多地方。就以广州而论，千余年前，在对岸河南的东部，卖狗肉的店摊有了好几十家，所以狗屠是很多的。又食狗的方法，也是像吃其他的肉类差不多，炒的，煮的，炖的，各样各色，可以说是应有尽有。而且我们知道吃狗肉的人们，不只是乡曲粗人，就是好多长衣公子、西装青年之到这个地方吃狗肉的并不乏人。

又古代的人们，也有吃鼠之风，而且有了所谓腊鼠，《战国策·秦三》里有了下面一段话：

> 应侯曰：郑人谓玉未理者曰璞，周人谓鼠未腊者曰朴，周人怀璞过郑贾，曰：欲买朴乎？郑贾曰：欲之。出其朴视之，乃鼠也，因谢不取。

"朴"是未腊的鼠，那么把未腊的鼠去卖，无疑的是有人吃鼠，至少周人是吃鼠的，又这里既说鼠之未腊者曰"朴"，那么鼠之腊者大概是叫作腊鼠，现在南方有些地方，不只是还吃老鼠而且有了腊鼠。

吃老鼠大致上也像吃其他的肉类一样，杀后去毛，并去其内部的东西，而吃其肉。有些地方还有吃刚生出来的小鼠，在昆明有人告诉我：岑春煊在滇时，往往喜欢使人到堆积的干禾中找出刚生的"血色红红的小鼠，用醋吃之"。岑春煊是广西人，他的这种习惯，也许是来自其故乡，据说在广东西江有些地方也吃这种小鼠。

至于腊鼠也像腊鸭、腊肉一样作法，我在广州岭南对面的沙头小岛中看见有些蛋户杀鼠以为腊鼠，据说这种腊鼠味道很好。有时在炎热的阳光之下，在竹杠上挂了不少这种腊鼠。这种吃法，也可以说是古法而尚流传于南方的一些地方，虽则在北方已经找不出来。

北方人喜吃麦，南方人喜吃米，这是一般人的看法，然而事实上，在从前吃饭在北方也是很普遍的，而吃麦却是一种较贱的食品，所以富有或贵族的人们，都以米为主要食品，而节俭或贫苦的人们始食麦。《晋书·惠帝纪》云：

> 宫人有持升余秔米饭及燥蒜盐豉以进帝……次获嘉，市粗米饭，盛以瓦盆，帝啖两盂。有老父献蒸鸡，帝受之。

这段话里，除了说明皇帝是吃饭之外，饭盛于盂盛的方法，以及蒸鸡的方法，也是广东所常见的食法。古书关于节俭或穷苦的人们，多吃麦的记载很多，如南北朝时的《齐书·虞愿传》云：

> 民有饷其新米一斛者，怀慰出所食麦饭示之，曰：旦食有余，幸不烦此。

《梁书·任昉传》也说：

> 出为义兴太守，在任清洁，儿妾食麦而已。

又如《陈书·徐陵传》云：

> 陈亡，随例入关，家道壁立，所生母患，欲秔米为粥，不能常办，母亡之后，孝克遂常啖麦。

现在吃米的人，既不定是富贵的人，而吃麦的人，也不一定是俭苦的人，但是，北人却多吃麦，而南人多吃米，那么这种吃米之风，固是由于南方多产米，然也不能不说是南方却还保留其以米为主要食品的遗风。

从住的方面来看，我们知道工事始于木匠。《说文》："匠，木工也，从匚从斤，斤，所以作器也。"大致上古代的住宅，多用木料。瞿宣颖所纂的《中国社会史料丛钞》甲集上册"民居之易焚"条里曾说：

> 中国古代建筑，取材木植过多，每易着火。左氏所纪，二百余年之间，大灾已数见矣。秦汉以后，因兵戈而致焚掠，致伟大之建筑成于累年，而毁于一旦，尤史不绝书。古迹之所以不易保存，良可慨矣。大抵民居，比户遭焚，不因兵劫，则自宋以后为甚，尤以南方为甚。

北方木材，因为历代的斩伐，以致逐渐减少，故近代北方房舍多用泥土建筑；然而，在南方，像贵州、湖南各处，房舍还多用木料建造的。这虽是由于南方木材的丰富，然而也可以说是我们古代的遗风，尚为南方人所固守。

至于房舍的式样，据一些工程学家的观察，在广东各处的祠堂，是最足以代表我们古代屋宇的样式。我们知道广东的好多住宅与祠堂的式样是差不多一样的。假使这些祠堂的式样是最能代表我们古代屋宇的样式，那么这些住宅的样式，也可以说是很近于古风了。

此外，古代所说的"里"，到今还有其留痕在南方，而却不易在北方找出来。照古书所载：古代是五家为邻，五邻为里，五里为乡，五乡为县。《史记索隐》说："古者二十五家为里。"汉时长安有了好多里。《三辅黄图》："长安闾里，一百六十。"可见里的数目之多。闾与里，据说是名异而实同。现在在广州还有不少街道是叫作里的。住在这种里的店户，虽未必是二十五家，然而这个名称是古代传下来的。

从文化的社会方面来看：中国的社会是以家族为基础，然而家族制度之最为完密的，恐怕也是在南方。在广东，祠堂之多，是为各省冠，祠堂成为一种联邦制度。北方以陈氏祠堂来说，除了每一村或一乡，有了一个或数个祠堂之外，在县城里有了一县的陈氏祠堂，除了县的陈氏祠堂之外，又有一府的陈氏祠堂，有了一府的陈氏祠堂之外，又有一省的陈氏祠堂。村的陈氏祠堂在村里，乡的陈氏祠堂在乡里，县的陈氏祠堂在县城里，府的陈氏祠堂在府城里，省的陈氏祠堂在省城里。陈姓如此，别姓也差不多是这样。

甚至到海外的华侨，而尤其是在南洋各处的华侨，姓陈的，到处有陈家社，或张家社，或李家社，或黄家社。同乡而又同姓，固是亲热，不同乡而同姓，也很容易亲近。在美州一个广东的姓陈的，假使到了一家的广东姓陈的华侨所开的饭馆里吃饭，问了姓氏之后，就叫为宗兄或同宗。虽然大家向来没有认识，然而吃饭之后，大概是不收饭钱的。

不但这样，在一个村里一个乡里，有了一个祠堂还不算数，除了整个乡村的共同的祠堂之外，还有时有了各支派的祠堂，所以一个乡村里，也可以有了好几个祠堂。

至于家中必有祖宗的牌位那是用不着说，祖宗的牌位是在住宅的正中的地位。阴历的初一、十五，或是各种节期，都必烧香拜祖，这就是所谓香火不断，子孙延绵。

家有家谱，族有族谱。家谱是一家的历史，而族谱是一族的历史。直到现在，还有不少的宗族，在那里建筑祠堂，修订族谱。

这种家族的制度，无论在经济上、在政治上，以至在教育上，都有了重要的意义。近来有人调查广东全省的田产，有了一半以上是属于祠堂的，这种结论，是否准确，我们不必去考究。然而广东的祖田之多，是无可讳言的。祖田本来是祖宗传下来的，凡是属于一个宗祠的田产，往往只能出租，不能出卖；而且有些富有的人们，有时也捐赠田产于宗祠，结果是私人的田产可以随时更换主人，宗祠的田产是比较的少有变动。因为宗祠的田产，大体上是往往增加，而少有减少。

在政治方面来看：以前的宗族差不多可以说是自成为一个政治的单位，家丑不外扬，所以关于好多犯罪、刑罚的事件，往往也由宗族去处理。现在乡公所，或区公所，虽然管理［事］好多以前宗族所管的事情，然而因为传统的宗族观念尚未完全打破，所以宗族在政治，而尤其是地方政治上，还占了很重要的地位。

而况好多乡村还是以姓为单位，陈家村、张家村、李家村、黄家村，意义就是这个村里，只有某姓人居住，或多为某姓人居住。族人聚居互相帮助，固并非没有好处，然而所谓大姓欺负小姓，而尤其是一族与别族斗争，结果也是社会上以至政治上的一个问题。

在新式学校未兴的时代，祠堂往往就是学塾。好多祠堂里，除了祖宗牌位之外，往往有了孔子牌位。新式学校成立之后，好多祠堂还是学校的校址，而且学校的经费，也有不少是由祠堂去供给的。

直到现在，有好多学生之求学者，是靠着宗祠的经济上的帮忙的。因为宗族的观念浓厚，每族都希望能有多子弟读书，所以宗族之有财产者，多愿意去帮忙他们求学，有的还设法去鼓励他们追求较为高深的学问。

总而言之，上面所说的，不外是要指出南方宗族制度的完密，而说明这是中国文化的特点，这种特点在北方虽并非没有，但是不若南方那么浓厚。因为在外族的长期的占据的北方，所谓固有的家族制度，受了不少的影响，使其固有的色彩，比较的淡薄了。

婚姻是组成或继续家庭的方式，关于古代结婚的仪式，据说现在在南方尚有不少的留痕。清初陈鼎在云南住了很久，而且娶了土司的女儿，他曾写过一本关于土司的婚礼的著作，后来曾有人译成英文，登在美国的人类学杂志。照他的意见，土司所采用的好多婚礼，就是古代的婚礼。我在南洋各处见了不少潮州、福建华侨的旧式结婚的仪式，有人说也多是沿了古风。可惜我对于这个问题，始终没有作过研究。但是好多侨胞，数百年前已到南洋，当时既已采用中国的古代风俗，而子子孙孙，又世世相传，以至于今，也是自然而然的。至于古代婚礼之散见于国内的南方的汉族，或其他的种族的社会里，也是当然必有的事了。

置妾之风，本来很古，而此风在近代之流行最广的，恐怕又莫如广东。在这里，不只是置妾的人很多，而且一人置十数妾者也不少。据我所知的，就有好多人，而子女之过三四十者也并不乏人。不但这样，好多海外华侨，除了在国内有了妻室之外，在南洋也往往有妻室，而且往往有了好多个妻妾，这已变成一种风气，并不一定是因为没有儿子而这样的。

又如《国语·楚语》里说司马子期欲立妾为妻，左子倚劝之以为不可。这就是说妾不能立为妻，此风到今尤存于广东，所以有好多人有妾而妻死者，还要再去娶妻。这种"正房""偏房"的名称的区别，也可以说是古代文化的留痕了。

在文化的精神方面，比方守旧思想或复古主义，可以说是中国的传统思想。孔子固是主张复古，老子也是主张复古，墨子固是主张复古，法家也是主张复古，周秦时代的人们固是主张复古，汉晋以后的人是也主张复古。好多人说大致上现在的北方人是偏于守旧，而南方人们趋于维新，这并非完全没有根据的。然而我们也得指出极端的维新人物固是多出自南方，极端的守旧人物，也是多来自南方。就以近代而论，王闿运、康有为、辜鸿铭、陈焕章，都是有名的守旧的代表人物。至于陈济棠之提倡祭孔，何健之提倡读经，香港之成为尊孔读经的大本营，都是民国以来的极端的复古的运动。至于上面有说的华侨思想之守旧，也是一个很好的例子。

又如古人最为忠信，一般有形以至好多无形的东西，都目为神鬼，而人鬼更多。在广东各处崇拜祖宗之普遍，是用不着说的。至于崇拜其他的神鬼，尤为众多，此外风水，算命，形形色色，指不胜屈。广州的城隍庙里的筮卜星相的摊位，就有了一百二十多，此外，这种摊位之在其他的地方的还不知道多少。城隍庙里的摊位据说每年租钱的入息，在二十多年前就有一万多元，计算每个摊位，每年约纳租钱一百元。这些设摊的人们所给的租钱，恐怕不过是他们的入息的十分之一，从此就可以看出到这些地方之求神问吉的人们之多。其实凡是到过广州的城隍庙的人，却能看出迷信的人之多，真可以说是集了我国迷信的大成了。

除了上面所举出的一些例子之外，南方的语言，而尤其是两广的方言，可以说是我国的现存的最古的方言了。好多古音，在北方已经没有，或改变的，而却可以在南方找出来，广音比之国音要多了一倍。所以从一方面看起来，国语固是简单化，然而在别方面看起来，音韵则减少得多。从这一方面来看，国语也可以说是一种退化的方言，因为国语的音韵，在现代世界中太不够用，同时假使中国的文字，要采用拼音的办法，国语的音韵必需多多的增加起来才成。因此之故，在中国的近代的文字的改革运动史上，还有些人提议采用广音以为普通的底音，这种办法是否妥当，我们不必在这里讨论。我们所要指出的是从中国的古代的语言来看广东语言，不只含有较多的音韵，而且是较古的方言。比方在广东的方言中 K 音是很多的，在国语这个音已不容易找出来，而已变为 Ch 音。所以家在广东的方言里，在广州是 Ka，在琼州为 Kia，而在北方却变为 Chia。Ka 或 Kia 都是古音，而 Chia 却为后来的变音。这种的例子是很多的，我们不必去多举。

我们在上面不过随便的从文化的物质、社会、精神与语言各方面举了一些例子，去说明在我国的南方的文化里有了很多的古代或固有文化的留痕，而使南方成为这种文化的保留所。我们承认我们在上面所举的例子并不包括文化的全部的各方面，而且有些例子也许尚有讨论的余地，或者是并非今日的南方独存的事实，同时在北方也许尚有多少古代或固有文化的留痕，而却不能在南方找出来的。然而，大体上现代的南方所流传的中国古代或固有的文化比之北方流传的比较显明得多。上面所说的南方的语言，就是一个最为显明的例子。

不但这样，我在上面所举出一些例子多取自广东，这也并不一定是说只有南方的广东总是这样，主要的原还是因为作者在广东的时间较久，而所见所闻较多。这是一种尝试的工作，我很希望留心中国固有的文化的人们对于这一点能加以特别的注意，因为这是中国的活的固有文化，而非死的所有文化，活的固有文化是我们的现代的生活中的一部分，我们要想研究，我们还可以去作实地的调查，还可以作直接的观察。从这一方面来看，这种的研究工作，是我之用间接的书本或是用久已不用的古物，以为推想古代或固有的文化容易得多。

我们知道，近代考古的学问日日进步。就以我国而论，近年以来，国人之注意于古物古迹的寻掘不遗余力。中国固有的文化是策源于北方，所以这种工作，没有问题的是要在北方下手；然而，若从研究固有文化的缓急方面来看，那么研究活的固有文化，应当较急于研究死的文化。我们所以这样说的原因，是很为简单，因为所谓死的固有文化之埋于地下，或藏于他处的，已有了数千或千数百年，过数十年后，或一百年后，再去寻掘，未必觉得太晚。因为能在地下或他处那么久，再过数十年或一百年未必就会消灭，而再没有机会去研究。反之，这些所谓活的所有文化，因为时代环境的变迁，而尤其西洋文化的输入，已使这些固有的东西渐趋于消灭，假使我们若不从速设法去研究，则时过境迁，等到那个时候，就欲研究，必定已经太晚，结果虽想研究，而却无从研究了。

我们已经说过，南方是新的文化或西化的策源地。自明末清初南方就受了而且继续不断地受了西洋文化的影响，西化的程度愈深，则固有的文化必愈趋于衰微。这是历史的趋向，这有事实的证明。在这个新旧交替的时代，我们对于新的东西的来源与发展，固要赶快的注意；我们对于旧的东西的衰微消灭，从研究的立场来看，更要赶快的注意。

而况自这次抗战之后，南方而尤其是西南各处，以前所因为交通不便、古风尚存的地方，现在多成为交通枢纽，或国际路线。除了已经西化的沿海的好多人们之迁入内地者外，西洋人士之到这些地方的也络绎不绝。以云南来说，抗战以前是我们的后院，现在却成为我们的前门。自美国空军到了云南之后，云南变成为国内的外国人住得最多的地方。空中飞机整天不断的飞，路上的汽车整天不断的跑。美国的物质文化，固是源源进来，美国的风俗习惯，以至思想宗教，也时时表现于我们的眼前。美国的药品与牛油、果酱，因为好多国人所享受。美国的社交与观念，也不能说是我们完全没有关系。已经有了多少西化的基础的昆明人，对于这些东西，固未必是表示惊异，但是经过这次抗战之后，就是从前少与外间接触的沾益，或平彝的人们，对于这些东西，也未必就要完全排斥。

又况在现代的世界里，中国不欲生存也算罢了，若欲生存不能不赶快的西化。然而，我们已经说过，西化的程度愈深，则固有文化必愈趋于衰微。在事实上，我们已往与现在正在西化的历程之中，南方既为西化的策源地，而有了较久的西化的历史；那么南方的固有文化的留痕之趋于衰微，以至于消灭，又不外是一个时间上的问题。我们对于这些东西，若不赶快去研究，以后更不容易去研究。

总而言之，中国的固有文化的发展是由北而南，因为北方的时过境迁，而尤其是北方的外族占据中原而影响，使南方成为中国的固有文化的保留所；但是自西洋文化趋入于中国之后，南方首当其冲，遂成为西化或新的文化的策源地。这种新的文化，在中国的发展的程度是日趋日高，遂使遗留在南方的固有文化日趋于衰微。数百年来，这就是西洋文化输入之后，而尤其是数十年来，我国的固有文化，虽然尚未消灭，同时有了层出不穷的复古运动，希望能够保留了中国的固有文化；但是西化的发展并不因此而停止，或缓进。自抗战以后，我们既愈觉到西化的必要，而且愈觉到西化的必要快快的推动，而尤其是在所谓民族复兴的根据地的西南各处，那么所谓固有文化的留痕，愈不容易去保存，因而我们愈有感觉到赶快研究这些东西的必要。

《南方杂志》第1卷第2期，1946年9月1日。

日本败后的中越法的关系（存目）

——越北杂感之一

原载《正义报》（昆明）1946年10月6日第2版，是发表于《东方杂志》（第42卷第16号，1946年8月15日）《论中越法的关系》一文"五"的前半部分。

后《论中越法的关系》易名为《海阳桥》，编入《越南问题》（岭南大学西南社会经济研究所1949年6月初版，岭南大学西南社会经济研究所专刊甲集第六种）。

全文见《陈序经全集》第五卷《越南问题》中《海阳桥》"五"。

法国灭亡越南的回顾（存目）

——越北杂感之一

原载《正义报》（昆明）1946 年 10 月 27 日第 2 版，是发表于《东方杂志》（第 42 卷第 16 号，1946 年 8 月 15 日）《论中越法的关系》一文"四"的后半部分。

后《论中越法的关系》易名为《海阳桥》，编入《越南问题》（岭南大学西南社会经济研究所 1949 年 6 月初版，岭南大学西南社会经济研究所专刊甲集第六种）。

全文见《陈序经全集》第五卷《越南问题》中《海阳桥》"四"。

南方与西化经济的发展

从经济方面来看，南方自有史以来而尤其是自与海外交通之后，就占了很重要的地位。《史记·货殖列传》里已经告诉我们道：

> 番禺亦一都会也，珠玑、犀、玳瑁、果布之凑。

《汉书·地理志》卷二八下"粤地"条复云：

> 自日南障塞、徐闻、合浦，船行可五月，有都元国。又船行可四月，有邑卢没国；又船行可二十余日，有谌离国；步行可十余日，有夫甘都卢国。自夫甘都卢国船行可二月余，有黄支国。民俗略与珠崖相类。其州广大，户口多，多异物，自武帝（前一四〇至前八七年）以来皆献见。有译长，属黄门，与应募者俱入海，市明珠、璧流离、奇石异物，赍黄金、杂缯而往，所至国皆禀食为耦，蛮夷贾船，转送致之，亦利交易。剽杀人，又苦逢风波溺死，不者数年来还。大珠至围二寸以下。平帝元始（一至五年）中，王莽辅政，欲耀威德，厚遗黄支王，令遣使献生犀牛，自黄支船行可八月，到皮宗，船行可二月，到日南、象林界云。黄支之南，有已程不国，汉之译使自此还矣。

我国与南海各处的交通的起点，是在雷州半岛的徐闻、合浦，无可疑义。但是这一段话里所说的其他各国的名字，虽有好多东西学者加以考证，然而直到现在，尚没有正确的解释。我们在这里也不必去讨论这个问题，我们所要特别加以注意的是南方很早就与海外诸国互相通商，我们所载去的货物是黄金、杂缯，而我们所载回的是明珠、流离、奇石异物等。

因为中外海道沟通而交换物品，南方在经济上占了一个特殊的地位，因为除了自己的物产之外，还有外边的物品输入，货物的种类既繁，交易既多，那么经济也易于充裕，所以《汉书·地理志》里又说：

> 处近海，多犀、象、毒冒、珠玑、银、铜、果布之凑，中国往商贾者，多取富焉。

这里所说的"商贾"，若非完全为粤人，那么也必是久住在粤的国人，番禺、徐闻、合浦各处既为海上通商的要冲，那么因在这些地方作生意而取富的人们，也必很多了。

又在《后汉书》的《贾琮传》里，也有一段关于南方的财富的记载，今录之于下：

> 旧交阯土多珍产，明玑、翠羽、犀、象、玳瑁、异乡美木之属，莫不自出。前后刺史率多无情行，上承权贵，下积私赂，财计盈给，辄复求见迁代。

从《史记》《汉书》与《后汉书》的记载，我们不只看出外来的物品愈来愈多，而且明白财富也愈趋愈多；因为财富是愈趋愈多，而其结果是一般之在这些地方作官的人们，也免不了为利心所驱，而至于贪污。

《晋书·吴隐之传》里说：

> 广州包带山海，珍异所出，一箧之宝，可资数世。

这可见富有的情形，所以同书《南蛮传》里说：

> 初，徼外诸国尝赍宝物，自海路来贸货，而交州刺史，日南太守多贪利侵侮，十折二三，至刺史姜壮时，使韩戢领日南太守，戢估较大半。

最显明的是，如《南齐书·王琨传》里说：

> 南土沃实，在任者尝致巨富，世云广州刺史，但经城门一过，便得三千万也。

这是从官吏之在广州致富的来说，所以凡是到了这个地方，或是到南海其他各处的，也莫不致富，《旧唐书·卢钧传》里也说：

> 南海有蛮舶之利，珍货辐凑。旧帅作法兴利以致富，凡为南海者，无不捆载而还。

《唐书·黄巢传》里也说：

> 巢陷广州，右仆射于琮议：南海市舶利不赀，贼得益富，而国用屈。

因为黄巢陷了广州，不只使黄巢愈富，而且使了国家的财用困难，那么，广州在那个时候，在中国的经济上所占的地位的重要，又可以概见了，所以韩愈在其《送郑尚书序》里也说：

> 南人舶交海中，奇物溢中国，不可胜用。

所谓"奇物溢中国，不可胜用"，无非就是说岭南的财富足以影响全中国。

至于宋朝中外海道交通，更为频繁。据梁廷枏《粤海关志》所说：在宋初，广州进口以货物，只就乳香一项来说，已年达三十四万八千余斤。在这个时假〔段〕，这就是宋太祖开宝四年（九七一），广州已设立市舶司以管理对外通商事务。到了宋真宗咸平三年（一〇〇〇），杭州、宁波又开放。哲宗元祐二年（一〇八七），泉州也开放。有了一个时期，泉州的贸易，差不多要在广州之上，然而这些地方都是东南的沿海一带。

自宋室南迁以后，因为经济困难，对于海外贸易，很为鼓励，以资弥补，所以《广东通志》说：

> 宋南渡后，经费困乏，一切倚办海舶，岁入固不少。

《宋会要》绍兴七年（一一三七）上谕：

> 市舶之利最厚，若措置合宜，所得动以百万计，岂不胜取之于民。

绍兴十六年（一一四六）上谕又说：

> 市舶之利，颇助国用，宜循旧法，以招揽远人，阜通货贿。

《宋史·食货志》里说：

> 大食蕃客啰辛贩乳香直三十万缗，纲首蔡景芳招诱舶货，收息钱九十八万缗，各补承信郎。闽广舶务监官抽买乳香，每及一百万两，转一官。

据南宋李心传的《建炎以来朝野杂记》、王应麟的《玉海》及《文献通考》诸书所载，自皇祐中岁，至徽宗崇宁间五十余年，此种收入从五十三万缗增至一千万缗以上。

至于元代南方海上贸易的繁荣，并不因西北的陆道的交通便利而减色，《马可波罗游记》中，已指出泉州港与印度间的贸易的繁盛，他并且指泉州在那个时候是世界上二个最大的贸易港口之一。其所输入的物品是宝石、珍珠、珍贵物品，而亚剌伯人之在这个地方的有了万人之多。

《明史·食货志》里说：

> 太祖洪武初，初设市舶司于太仓黄渡，寻罢之。设市舶司于宁波、泉州、广州。宁波通日本，泉州通琉球，广州通占城、暹罗、西洋诸国。

可知政府在这个时候，已不能忽视海外诸国之来华贸易，而其最大原因，也许是由于利之所在，不能等闲以视。到了永乐的时代，遣三保太监郑和下西南洋，其动机虽是扬威耀武，然其结果不只使国人之赴南洋的日趋日多，而逐渐在南洋占了经济上的重要地位；而且使中国的南方之于南洋的贸易，愈趋于发达，在直接上，或间接上，对于南方的财富都增加很多。

因为南方地历史上继续不断的与海外各国交通，外货不只源源的输入，而且因为海道的交通的范围愈大，外间货物的种类之输入于中国的也愈来愈多。大致的说，中外交通最初不过是在南洋，以至印度各处，后来又发展到红海口岸。唐代亚剌伯人之在广州的很多，就是因为海上交通的便利。

在欧洲与东亚的海道尚未直接沟通之前，亚剌伯人已成为东亚与欧洲物品的交换的媒介，虽则在那个时候，欧洲的商品之输入中国是困难得多。

然而无论如何，因为中国的南方是中外接触的首冲，而广州与泉州各处又为海外的各处商人所常到或久住的地方，不只这些港口的商业很为发达，而且经商的方法也必与国内其他各处有了不同之处。各种不同的外来物品与各种不同的经商方法，既都输入于中国的南方，那么中国的南方不只是在中国的经济上占了很重要的地位，不只使南方成为商业繁盛的区域，而且使南方成为新式经济的策源地，成为新式商业的策源地。

我们知道：中国是"以农立国"的，文、士、农、工、商，工固在农之下，商更在工之下。在春秋战国的时代，不只是传统思想的孔孟主张"重农"，就是思想稍能解放的法家也偏重于农、工，而尤其商是大家所最看不起的，"奸商""生意贼"是一般人给与商人的名字。所以从中国固有的思想来看，"重商"主义是反乎这种思想。中国的固有文化是策源于北方，而这种思想在北方人的脑子里尤为深刻。"五胡乱华"以后，中国固有的文化的重心，虽然逐渐的趋于南方，但是在固有的"重农"思想尚未深入南方的人们之前，南方早已与海外的民族贸易互市。这就是说从南方的经济立场来看，在国人尚视南方为蛮荒的区域的时候，商在南方，而尤其是广东的沿海一带，已占了很重要的地位。直到唐代，广东还是一般人视为被贬之地，广东的对外交易在中国的经济上更为重要。韩愈所说"奇物溢中国"，就是这个意思。至于宋朝，而尤其南宋之靠着海外贸易，以帮助国家的用途，其地位之重要，更不待说了。

南方的商业在经济上既占了很重要的地位，这与中国的传统的"轻商"主义，已处于相反的地位。换言之，南方之所以"重商"，并非固有的文化的结果，乃因为与了外间接触，而引起的经济力量作用的影响。我们之所以说南方是新式的经济的策源地，也就是为了这个原故。

因为中外的贸易，而使商业在南方的经济上占了重要的地位，而且这种地位，有了悠久的历史；所以到了后来，欧亚海道直接沟通之后，又变为一个新局面，不只是新式商业先在南方发展，就是新式工业，也先在这里发展。

我们知道，西洋与中国在海道上的直接沟通，是在十六世纪的初年，到中国最早的是葡萄牙人安德拉德（Fernão Perez de Andrade）。安德拉德于一五一七年率船数艘，泊于澳门西南的上川岛。后来葡人又据澳门以为己有，此后，西班牙人、荷兰人、英国人、美国人，以至西洋各国的商人，接踵而来。这一点我在另一文中已经说过。我们现在所要指出的，是西洋商人到了中国之后，其所经商的口岸，差不多完全是在南方，而尤其是广东。

从西洋商人到中国之后，中国南方在经济的生活上，又逐渐地受了西洋的影响，因而中国经济的西化，也是策源于南方。

因为清政府在一个长期中，只准外洋商人在广东一隅贸易互市，广东在中外通商上又成为独占的地方。而在这种情形之下，所谓广东的十三行以至广东的公行，与外国的商馆的贸易，又是中外贸易史上最值得我们注意的一件事。

公行制度的成立，从前有不少学者以为是与十三行的创立是同在一时。梁嘉彬在其《广东十三行考》一书里，对于此事有所辩申，兹录其数段话于下，以说明其史略：

> 东西学者每误以公行成立之年为十三行创立之年，如英人摩斯（Morse）、美人亨忒（Hunter）、瑞典人龙特斯特（Andrew Ljundstedt）、法人科提挨（Cordier）等，于行商之起源，只追溯至康熙五十九年（一七二〇年）公行成立时为止。前此中国对外贸易制度何若，非所过问。更有谓康熙四十一年（一七〇二年）闽粤两地之皇商（Emperor's Merchant）制度，为公行之滥觞者。窃窥其意，似以为公行为十三行之别称，其实所谓公行（Co-hong）者，不过十三行行商在康熙五十九年之一种公共组织，其前广东固早已有十三行之名称及制度，不容混淆也。而日人稻叶岩吉、根岸佶、松本忠雄等，更疑十三行当出于公行之后。谓据摩斯（Morse）书所载公行成立时，已有洋行十六家，当无称为十三行之理，尔后洋行渐减至十三家。乾隆二十五年（一七六〇年）以后，积习相沿，定为洋行额数，或始有十三行及十三"行"街之称云云。此种怀疑精神，诚足钦美，惟其不疑十三行成立于公行以前，而疑于其后，则似对于十三行之起源问题，尚未加以深长之考虑也。（页三六以下）

又说：

> 至国内多数学者对于十三行成立年代，咸奉摩斯（Morse）等之说为圭臬，是亦惑矣。蒋廷黻独以为十三行起始之真实年月，尚有待于详细考证，因告余谓，曾在向达著《明清之际中国美术所受西洋之影响》文中，睹所引明末清初人屈大均《广州竹枝词》"洋船争出是官商，十字门开向二洋（东西二洋），五丝八丝广缎好，银钱堆满十三行"一诗，间接得到十三行当起于公行成立以前之暗示，并嘱余详考焉。
>
> 考屈大均，番禺人，明末诸生，卒于清康熙卅五年（一六九六年）。《广州竹枝词》见其所著《广东新语》中，此书康熙二十六年（一六八七年）以前已行于世，故所述广东之事当属其中年之所见闻。

又说：

> 复考外舶之来源，为分国分舶贸易。明代外舶航广东者，凡十三四国，岁不下十余艘，意者十三行之得名，盖与外舶航广东之国别、艘数有所关涉欤？——确否待证。

又说：

> 复考行商承商，类以殷实者任之，朝廷思所以控制之法，乃设总商，使外洋贸易不得他越。先大父（讳庆桂）曩亦语曰："行商承商，约如盐商故事。"按中国自唐以后，举凡盐铁市舶诸大利，政府多采独揽制。明清两代，盐商、牙商（十三行之初本为牙行）同为粤东两大资本集团，盐课提举，亦尝兼摄市舶事，十三行行商承商制度，固早萌于盐商承商制度。

在别一处又说：

> 十三行之滥觞，原为牙行。溯行之始，远在隋时。唐韦述《两京新记》云：隋大业六年（六一〇年），诸夷来朝，请入市交易，炀帝许之。于是修饰诸行，葺理邸店，皆使门市齐正，高低如一。环货充积，人物甚盛。时诸行铺竞崇侈丽，至卖菜者，亦以龙须席籍之，夷人有就店饮啖，皆令不取值，胡夷惊视，浸以为常。唐代牙行势力甚大，对于公司贸易，俱操纵之。《旧唐书》卷一三五《卢杞传》："天下公私，给与贸易，率一贯旧算二十，益加算为五十，给与物或两换者，约钱为率算之，市主人及牙子各给印纸，人有卖买，随自署记，翌日合算之，有自贸易，不用市牙子者，验其私簿投状……法既行，主人市牙，得专其柄，率多隐匿，公家所入，百不得半。"宋、元、明三代牙行对于贸易上之关系，尤为密切。（同书页三五八——三五九）

公行十三行的滥觞，虽可溯源于隋唐，然而所谓十三行与公行，是在西洋与中国的海道直接沟通以后所产生的制度，关于这种制度的概略，武堉干在其所编的《中国国际贸易史》中，曾根据摩斯（Morse）的著作，而作下面的两段简短的叙述：

> 溯公行制度之由来，系起于康熙四十一年（一七〇二年）之官商（Emperor's Merchant），其性质系由官厅指定一人为对外贸易经手人，此人因曾纳银四万二千两入官，故有包揽对外贸易之全权。凡外人之购买茶、绢等货，皆由其经手，又其时外货销入内地者，亦由彼购买少数以限制之（惟华商亦有与之私行贸易者）。此项官商，初不仅广州有之，当时与外人通商较盛之厦门、舟山，亦皆有官商操纵对外贸易。一七〇三年厦门官商合组一公会，会员人数限定为八人至十人，以垄断进口货，此即广州公行之前驱者也。惟广州当时仅有官商，而无公行，然其专卖办法与公行亦初无二致。因之，外商颇觉不便，后三年，广东当局乃分此专卖权于他人，为取偿计，就各船征收五千两之特别通商税，外人亦莫可如何也。官商之专卖权，既已分开，遂启后来公行、行商之基，惟当时仍无公行之组织，中外贸易乃须经由上述官商之手焉。（《中国国际贸易史》页六三）

又说：

当时行商之取得对外贸易专利权，也须缴银二十万两方能得之。行商人数约为十人至十三人（乾隆三十年至四十二年有十人，乾隆五十八年至嘉庆十二年有十二人，道光九年有十二人，十三年亦十二人，十八年有十一人）。普通均称为"十三洋行"（The Thirteen Merchants）。其中十分之九为福建籍，盖以外人曾在厦门、福州等处贸易，自后因清廷不许闽浙沿岸对外通商，即渐归于广东，厦门等处之华商因亦随之而来，故公行中，以闽商为特多也。政府之所以任"十三洋行"综揽对外贸易特权，除上述语言隔阂之一原因外，其主旨尚为限制外人起见。考当时限制最甚者，厥有二项：（一）外人只许居住于城外西南河岸之小区域内。（二）外人交易仅许与特许商人团——即公行——行之，以外无论何地何人，皆所严禁。因此，广州外人仅能开设商馆（Factory）。于城外西南河岸一百二十六亩（21 Acre）之小区域，其房屋均属公行所有，外商须年纳租金若干，方能居住、营业于其中，且须时受中国政府之管理监督。外人所设商馆之数，因系分组于十三行商，故其数亦为十三家。惟每家商馆中之外商多少不等，统计十三商馆中之外人商店（Firm），据摩斯所称共五十六家。除美国有一家在澳门外，余皆聚居商馆中，计美国九家，波斯教徒所设者十一家，葡、荷、瑞、德各一家，英国则三十有一家，于此足征英国当时在华商业之特盛也。（全书页六三—六四）

梁嘉彬《广东十三行考》也说：

盖乾隆以前，外人颇有自赁民房，或就已倒闭之洋行加以改造纳租居住者，其后定制愈严，除赁居行商所建夷馆外，不许私赁民房，而一切行动遂完全受行商约束矣。乾隆末年，始准外人每月三次往游隔海之陈家花园及海幢寺，以资舒展。其后陈家花园废圮，至嘉庆二十一年始改令往花埭及海幢寺两处。及外人在夷馆内不许私自多添一房宇、一柱一石，在夷馆外，不许私添一马头，违者动辄受政府及行商干涉。但其后往往不遵约束，且有在馆内开设旅馆者，其初外人谒见行商，晤谈之时间甚短，面递货单后，即便告退，其后行商且有与外商同居止者。又外人往谒行商，初亦只可徒步，行商至夷馆则必循例乘轿。道光十年东裕行司事谢五为外人雇轿，竟被"革去职衔，照交结外国诓骗财物发边远充军例，从重改发伊犁"。未及发遣而已瘐死狱中矣。

又说：

夷馆结构，备极华丽，墙垣亦甚高，清沈复《浮生六记》卷四云：十三行在幽兰门（按：幽兰门或即靖海门，待考）之西，结构与洋画同。

因为政府对于外人的住处与行动均严加约束，自清初以至鸦片战争的时代，中国的文化的经济方面受了西洋的影响究竟多少，是不易说明，然而照上面两段话中看起来，夷馆是偏于洋式，而行商之于外商既也有同居止的，那么中国的文化的经济方面，总免不了受了外洋的影响，是无可疑的。而况在鸦片战前，西洋人之不断在广州通商与居住的，并非一个短期，而乃有了二百多年。

不但这样，广州的洋人的住处与行动，虽严受政府的约束，澳门却为洋人所自由出入的区域，其实澳门可以说是西洋的一个缩影。据说在十九世纪的初年，西洋人之寄居澳门的，除教士、军人之外，尚有四五千之多。在广州既时有洋商，在澳门，又为洋人所聚居之地，这些洋人主要目的，既为通商，那么国人而尤其南方的人们之与其来往的，不只在商业上必受其影响，就是在经济的其他方面，以至日常生活，也免不了必影响了。

又况南方，而尤其是广东，既早已与外国通商，所以不只在新式商业方面是策源地，就是在新式工业方面，以至在新式经济的其他好多方面，也是策源地。

《南方杂志》第1卷第3、4期合刊，1946年11月1日。

1947 年

中国新式农业的发展

中国素称以农立国，可是中国农业的西化，比之中国的商业与工业的西化，较为迟缓。

中国农业的西化所以较晚，也许是由于国人以为我们数千年来，是以农立国，在农业方面，用不着西化。但是，事实上，假使商业或工业若不西化，农业也不容易西化。因为，比方，新式农具或是肥料的制造，固要依赖于工业的发展，而农品的运销或是农贷的办理，又与商业的振兴，有了密切的关系。其实，农业与商业或工业都有了密切的关系的观念，就不是中国固有的传统的思想，而是近代西洋文化中，而尤其近代西洋经济的组织上的一种特点。因为，国人从来不但以为中国是以农立国而偏于重农的思想，而且农业之于商业与工业，是处于对峙的地位。所以在我们的历史上，一些主张重农的人，往往是一些反对商业与工业的人。商君那本书，就是一个很显明的例子。照他的意见，作商与作工的人，都是利用智巧去取利的人。智巧愈发达，则天下易于紊乱。反之，作农的人是朴实的人，朴实则国家易于管理。所以他不但是主张重农，而且积极的反对商业与工业。

这种重农业反工商的思想，在中国历史上，既有了很大的势力，中国的商业与工业固无从发达，就是中国的农业的本身的发展，也受了很多的限制。近来有好多人，相信中国的农业的本身的发展，已经达到不能再有发展的限度，因为中国人在农业上的成就，已经达到手工所能作的成就。手工所能作到的东西，是有限度的。所以用手工去发展农业，也是有限度的。所以国人尽管去提倡以农立国，然而农业的发展，既已达到不能再有发展的限度，则所谓以农立国的政策，至多只是重演传统的以农立国的政策，而决不能在农业上创出何种新花样，或是换出何种新政策。其实，中国固有的农业，正像中国的整个固有的文化一样。中国的整个固有的文化，已经发展到不能再有发展的限度，苟非有外来文化的输入，改变其本质，则中国文化是难于发展的。同样，中国农业已经发展到不能再有发展的限度，苟非其农业的本身以外的力量，去改变其方法，则中国的农业，是难于发展的。所谓其农业的本身以外的力量，从经济的范围以内的力量来看，可以说是商业与工业。从经济的范围以外的力量来看，可以说近代的科学。近代科学的发展，而引起商业与工业的发达，这是我们所容易看得到的。可是近代商业与工业的发展，而引起农业的发达，却是国人所不大注意的。其实，商业发达，对于农产的畅销上，固有密切的关系，而工业发达，可以利用机器去耕种，在农业的发展上，也有莫大的影响。从这方面看起来，所谓工业革命，也就是农业革命，因而中国的农业，若要改良，则不得不改革中国的商业，更不得不改革中国的工业。交通便利，农产可以畅运；银行发展，农贷易于办理；"合作社"健全，农业合作社可以发展；机器发明，人工可以减少；工厂发达，肥料可以大量供给；工程学发达，农田水力可以振兴；至于科学昌明，植物病虫可以减少，农作种子，可以改良。这不过只是随便的举出一些的例子，可是农业的发达，是要依赖于工商业的发达，可以概见。

西洋近代农业的特别发达，也可以说是在商业的发达与工业的革命之后。中国近来农业的西化，是在商业的西化至工业的西化之后，都可以说是由于同一的原因。

中国与西洋通商的历史既较久，而新式工业，又萌芽于同治中兴的时候。曾国藩虽是提倡新式工业最早的一个主角，可是他对于农业，却并没有感觉到西化的必要。他根本是一个中国传统思想中的典型，一个儒家的信徒，重农的人物。在他的家书里，在他的著作里，我们都可以找出重农的言论或暗示，所以近年来的农村运动，有人还以曾国藩为其先锋，然而曾国藩所注重的农业，是中国固有的农业，而非新式或西化的农业。他曾劝他的家人力田种菜，而其理由是因为他的祖父与父亲都是以农持家，他的祖父与父亲所从事的农业，既是旧式的农业，那么他所希望于他的家人所从事的农业，也就是这种旧式的农业。

直到甲午败后，维新运动的时候，康有为及其徒众曾感觉到农业西化的需要。在一八九八年，曾宗彦曾上疏力言改良农业，所以在同年五月十六日曾有下面的上谕。

> 上谕，总理各国事务衙门奏议，覆御史曾宗彦奏请振兴农学一折，农务为富国根本，亟宜振兴，各省可耕之土，未尽地力者尚多，著各督抚饬各该地方官劝谕绅民，兼采中西各法，切实兴办，不准空言搪塞。须知讲求农政，本古人劳农劝相之意，是在地方官随时维持保护，实力奉行，如果办有成效，准该督抚奏请奖叙。上海近日创设农学会，颇开风气，著刘坤一查明该学章程，咨送总理各国事务衙门，查核颁行。其外洋农务诸书，并著各省学堂，广为编译，以资肄习，钦此。

这是士大夫与政府注意到西洋的农业的开始。又在同年六月二十九日的上谕云：

上谕，总理各国事务衙门代奏，工部主事康有为条陈，请兴农殖民以富国本一折，训农通商，为立国大端，前迭谕各省整顿农务，工务，商务，以冀开辟利源。各处办理如何，现尚未据奏报。万宝之原，均出于地，地利日开，物产日阜，即商务亦可日渐扩充，是训农又为通商惠工之本。中国向本重农，惟向无专董其事者，非大为倡导，不足以鼓舞振兴，著即于京师设立农工商总局，派直隶霸昌道端方，直隶候补道徐建寅，吴懋鼎为督理，端方著开去霸昌道缺，同徐建寅，吴懋鼎均著赏给三品卿衔，一切事件准其随时具奏。其各省府州县皆立农务学堂，广开农会，刊农报，讲农器，由绅富之有田业者试办，以为之率……各直省即由该督抚设立分局，选派通达时务公正廉明之绅士二三员，总司其事。所有各局开办日期，及派出办理之员，并著先行电奏。此事创办之始，必须官民一气，实力实心，方可渐收实效，端方等及各该督抚等务当仰体朝廷率作兴事之意，考取新法，精益求精，庶几农业兴而生殖日繁，商业盛而流通益广，悉以植富强之基，朕实有厚望焉，钦此。

这是后来的农商部，实业部，农林部，与各省的农林局的开始。这种政府机关，在中国从前既没有设立过，那么这种设施的榜样，又完全是仿效西洋。至于谕中所举出的农校、农会、农报、农器、皆可以说是考取新法，仿效西洋。

在维新运动的时候，所谓推进农业机关或办法，除京师农工总局与上海的农学会外，各省农工分局，既尚未成立，而所谓农校、农报，也未见举办。至于农具的改良，更谈不到。结果是所谓京师农工总局，也是作不出什么事情来。至于上海的农学会，成立虽比农工总局为早，可是除了有农会的招牌与会章会员之外，实际也是没有什么成绩。原因是人才缺乏，经费无着。所谓农学会的最大贡献，与其说是对于农业的本身上有所建树，不如说是唤起政府与士大夫对于新式农业的注意。同时，京师的农工总局之所以设立，农学会的鼓吹的力量，有了不少的帮忙。故在光绪上谕设立农工总局之前的五月十六日上谕中，已注意到农学会的组织与工作。

维新运动，虽不过一百日，但其西化农业的政策与办法，到了后来却逐渐的实现起来。光绪二十四年（一八九八）的农工总局，不久虽被裁撤，可是光绪二十九年（一九〇三）又有农工商部的设立。光绪三十三年（一九〇七）在京师西直门外三贝子花园里，设立农事试验场，开办费六十万，占地二千余亩。民国成立，农工商部改为农商部，并由政府设立农林局。此外，又设立农政学校，以培人才。可惜毕业的学生，对于农业智识既很浅薄，而风俗习惯，又使这些学生不愿去从事农业。到了民国四年，乃改农政学校为农林传习所，同年农事试验场亦改为中央农业试验场。注重于农林试验的工作，与以前之成为士女游览的花园性质不同。该场分设五科：一为农科，二为园艺科，三为蚕丝科，四为农业化学科，五为昆虫科。又在中央农事试验场内，设有观测所，管理天气，报告农事气象，报告及警告天气非常变灾。这个观测所，虽与天文台有密切关系，然在农业上却有很大的功用。同时，政府还设立了第一、第二、第三棉业试验场，茶业试验场。在民国十年，又设了植物病虫害菌检验场。此外，对于畜牧渔业，也逐渐的注意起来。

民国政府在南京成立以后，农业行政隶属于实业部。抗战后隶属于经济部。到了最近又改为农林部。其所属的重要机关，为中央农业试验所。此外，中央森林试验所，也正在成立，而民国卅年由农林部在重庆所召集的农林会议，也为讨论农业问题的集会。

除农林部及其所属的机关外，中央政府机关之关于推进农业的机关，为数尚多。比方，以前经济部里的农本局，以前行政院里的农村复兴委员会，以及全国经济委员会，对于水利与农业的工作，均是直接与农业的改良或管理上，有了密切的关系。此外，各省的建设厅，也为推进农业的机关。又如，广东省政府则于建设厅之内，另设农林局，以专管农事。此外，县政府或市政府像青岛市政府，以至有些乡镇，也有各种农业机关，如农会或农场的设立。抗战以前，有人统计全国各种与农业有关的机关，共有千余个，于此可见得国人对于农业方面的特别注意。

我们应当指出，这么多的机关，多是名不符实，没有什么成绩。然而他们的目的，主要的却可以说是采取西法去发展农事。所以无论是农业行政机关也好，无论是农业试验机关也好，无论是农业金融机关也好，无论是农业合作机关也好，这些机关，都是受了西洋文化的影响而产生的。而且这些机关在实际上，虽没有作出什么成绩，然在理论上，他们鼓吹新式农业，而使国人感觉到新式农业的重要，这也不能说完全没有一点贡献。

农业的发展，一方面固赖于政府与一般人士的提倡，一方面又赖于农业教育的发展。民国初年的农政学校，虽因没有成绩而停办，可是自民国四年改为农林传习所之后，在农业也有多少的贡献。入所学习的学员，于卒业之后，会派在北京左近各处指导农民，改进农业。他们介绍良善种子，代购新式农具，使这些地方的农民，得了不少的益处。

至于从事于农业的较深学理的研究与试验工作的高等教育机关，民国初年，要算教会所设立的岭南大学与金陵大学。前者除了设立农科之外，后来还有蚕丝学院的设立。后者民国三年设立农科，次年又设立林科，后来又分设农业经济，农艺，植物，园艺，森林，乡村教育及蚕丝等七系。这两个学校农学院的学生之毕业而在社会服务的很多。

除了岭南大学与金陵大学的农学院外，国立大学举办农学院的成绩较著及历史较长的，要算中山大学及中央大学的农学院。此外又如广西大学，河南大学，浙江大学，四川大学，均先后设立农学院。至于独立学院之注重于农业的，如西北农学院，贵州农工学院。此外，专门的农业学校如湖北省立农业专科学校，云南省立农业学校，以及其他各省以至各县各市之设立农业学校的，为数更多。

大致的，大学里的农学院，独立农学院，以至各处的专门农学校，除了学理的研究之外，又设农业试验场。规模固有大有小，然其研究与试验的方法，可以说是完全采用西洋的方法。

中国虽号称以农立国，然而数十年来，国人之愿意学习农科的人数，比较的，并不很多。近数年来，教育当局尽力提倡所谓实科，而蔑视文法，可是学工科的人数，固然增加不少，而学农科的人数，还是寥寥无几。一方面是由于国人宥于士农的阶级的区别，以为读书人何必从事耕种，一方面却是由于所学每非所用。十余年前，一般学农的学生，既不愿而且也不必回家去种五亩之田，又没有大农场以应用其所学。盖在旧式的农业制度之下，既容不住这些人物，而新式的农业事业，又未发展，结果是学农的人，也往往跑去作官与教书两条路。近年以来，各种种植畜牧农场，已逐渐发展，事农者既可以逐渐应用其所学，中国农业的西化的程度，也必逐渐的强调起来。

近年以来，国内有一种运动，叫作农村建设运动。在理论上，这种运动可以说是一种复古的运动，然在实际上，这种运动在好几方面，还是趋于西化的途径。理论上这个运动是继承中国的传统的重农主义，而以儒家的思想为其中心。梁漱溟的《中国民族运动的最后觉悟》，可以说是这个理论的代表的著作。大致上这个运动在其工作的实施上可以分为四方面：一为教育，二为政治，三为卫生，四为农业。在教育方面，他们创办学校，而犹其是注重于职业的教育方面。这是西化的结果，而非固有教育制度。在政治方面，他们的目的是推行地方自治，使农村人民能有参政的能力，这也是西化的政治，而非固有的政治制度。在卫生方面，所谓卫生院，或医院，及其所用的医法完全是西洋的方法，更非固有的东西。至于农业方面，所谓各处的乡村实验区里，如定县，如邹平，都有所谓农业试验场，主持这种农业试验场的人，多是留洋或在国内大学的农学院毕业的学生，而在其所用以改良农业的方法，固是西洋的方法，所用以改良农产的种子，也多用西洋的种子。在乡村工作讨论会所编的《乡村建设实验》第二集（民国二十三年）中的《中华平民教育促进会工作报告》里，我们可以随便的找出像下面几段话：

> 计有美棉品种比较试验，五区试验，四区试验，二行株行试验。其中除五区试验，以一一四号中棉为标准外……以南京脱字棉为最有希望，其产量比较农家增百分之四十。

又如：

> 猪种改良自民国十七年开始研究实验，试用波支猪种，用纯系繁殖法，尽量繁殖，将波支猪……及第一代改良猪，实行饲养比较，并实行猪种五代改良研究。现在第一代波支改良猪在同一饲养与管理之下，比本地猪多肉百分之十八，颇得农民信仰。本年度改良猪推广益众，现已于民间产生改良猪一三七四三头，以资表证。

这岂不是用西洋的方法吗？这岂不是用的西洋种子吗？其实像这样的报告，在这本集里是随处可以找出来。平民教育促进会的农业工作，固是这样，山东乡村建设研究院，以及其他的地方的农业工作，也是这样。

这种工作，根本上既是西化的工作，而在理论上所谓农村建设运动的领袖们，偏偏又以为这是复兴我们固有的工作，复回我们固有的文化，结果是理论与实际相背而驰，难于调和，所谓复古既是一个挂羊头卖狗肉的故智，所谓西化，又缺乏了澈底的决心。近年农村建设运动之所以趋于失败，恐怕也是这个原因。

中国虽号称以农立国，然而数十年来，我国农业产品，不但没有余裕去畅销外国，反而需要外国农业产品输入中国，以救济其不足，行政院农村复兴委员会在民国二十三年所出版的《中国农业之改进》一书中，曾有下面二段叙述：

> 乃者五十年来，农业不特未见进步，其衰落情形，且日甚一日，丝、茶等品，在国际市场上日渐失其地位，人民衣食之所需，反赖外货之输入，以补不足，诚农业国家之耻辱也。考农产品之输入数字，近十年来增加甚速，至民国二十一年竟达五万五千余万两，此种漏巵，年复一年，且有继续增加之势。……民国二十年之入超为十年前之两倍，二十年前之五倍，增加之剧，诚足惊人。再观入口之大宗，除棉货棉纱外，米、麦、面粉、棉花、木材均占重要位置，综其价值，约当入超全部十分之八。又以棉花、棉纱论，每年输入，达二万万两之钜，纺织业之不振，固足以影响之，而棉花原料之不足，实为主要原因。故若吾国所产棉花质佳量足，则纺织业随之勃兴，棉货棉纱之产量，亦足以自给矣。又查丝、茶、豆类，为我国输出大宗，赖以抵偿大量输入者，其中丝之输出十八年以前，虽逐年略有增加，究无长足之进步，试与日本比较，则瞠乎其后矣。二三年来，受世界经济萧条之影响，蚕丝业更一蹶不振，即民国十八年以前之原状，亦不能维持矣。至于茶之输出，则十余年以来，一落千丈，国际市场，尽为英日所夺，二十年份输出之数，仅当三十年前二分之一，五十年前三分之一耳。豆类则自东北沦陷后，所余仅长江流域一小部份而已，米、麦、棉花、面粉、木材之输入，既增加如彼，丝、茶、豆类之输出又衰落如此，出入之间，背道而驰。故入超之数，益形膨大，瞻念前途，不寒而栗。夫以农立国之国家，而衣、食、住、行所必需之原料反多仰给于外邦，是则吾人平日之生命既操于外人之手，一旦有事，其危险更不堪设想。故今日中国之人民，不欲图生存则已，若欲生

存，则非振兴农业不可。

《中国〈农业〉之改进》一书，是国内外的农业专家所起草，据他们的意见，中国农产之所以衰落的原因，大致有七。一为治安的不良，二为政治的不善，三为交通的不便，四为水利的不修，五为农民智识的浅薄，六为农业生产技术的落后，七为经济钜潮的压迫。除前三种原因为农业以外的原因外，后四种原因而特别是五、六两种原因，实为农业本身的原因。而第五种原因又可以归并于第六种原因，所以就农业生产技术的改进，实为振兴农业的要图，而所谓农业生产技术的改进，主要的又不外是采用西洋的方法，所以在同书的第六种原因中，曾有下面的解释。

> 近数十年来，世界各国之农业技术，如栽培方法、土壤、肥料之改良，品种之选育，病虫之驱除，均有惊人之进步，甚至因此而发生生产过剩之现象，而我国农业生产技术，则犹是数千百年前旧法，病虫流行，种子退化，栽培不精。另一方面，则人口增多，需求日奢，即无政治及治安、水利之障碍，全国农业生产，亦徒见其低落，国民经济，濒于破产，亦自然之现象也。

总而言之，中国今后农业的振兴，必赖于西洋的方法，是无可疑的。其实，三十年来，我们所谓农业的改良，无一不是趋于西化的途径。上面所说的农业行政机关的设立，农学学会的组织，农业教育的发展，以至农村建设的运动，也无一不是趋于西化的途径。

而且，假使我们若从农业本身的各方面的改进来看，我们更能明白三十年来，我们是趋于西化的途径，在农植上，我们现正设法去改良种子，改进森林。比方，米、麦是我们的主要食品，在过去的三十年中，我们也逐渐的设法改良稻种与麦种，除了中央农业实验所及其他的机关改进之外，中央、中山、岭南、金陵，各大学的实验，也有不少的成绩。比方，中央大学在水稻方面的帽子头，就是经过实验后所得的优良品种，而中央农业试验所在四川、湖南、云南、广西、贵州各省所举行的育种试验，均有很多的成效。又该所年来在湖南芷江所举行的栽培试验，与在长沙与广西沙塘应用水稻杂交温水去雄法的试验，也有良好的结果。麦的方面，小麦的试验，中央大学的南京赤壳及江东门金陵大学的小麦双恩号九号及三十六号，而所选得的二九零五号一种，较标准产量增高百分之五六.八。此外，安徽南宿州的小麦六十一号，开封的小麦一二四号，以及中央农业实验所在四川成都、荣昌、遂宁各处所介绍的意大利品种，均有良好的结果。大麦照金陵大学育种的结果，以裸麦九九号产量为高，而复富于抵抗黑穗病的能力。此外，又如金陵大学所试验的南京黄玉蜀黍，结果也好。其大豆育成的新品种三三二号，较标准产量增高百分之四十四.九。

茶叶方面，近来国人曾在安徽祁门设立红茶场，而在江西曾由中央农业实业所联合上海、汉口商品检验局设立试验所。抗战以后，西南各省，对于茶种的改良，逐渐注意，而中国茶叶公司的设立，对于各种茶叶的选择装包，以至运销方法，都力求改善以广销路。

在蚕丝方面，比方岭南的蚕丝学院，曾作过不少的试验工作，而美人考活氏，对于研究广东蚕丝的病虫，曾有相当成绩。金陵大学也曾改良蚕种。据说每年会推广无毒蚕种四万余张。同时对于蚕品种及桑品种，又作比较的研究。此外，又如广东省建设厅的蚕丝局，对于这方面的改良，也很努力。

棉花的试验工作，在近年以来，也很为踊跃。而所得结果也相当的好，在河北、河南、山东、陕西各处所移种的美棉，数量虽不多，然原质很好。据说这种棉花可纺三十二支以上之细纱。比之著名的江苏通棉，可纺的支数多了一倍。据中央大学的试验，美棉有脱字棉、爱字棉、七号爱字棉、十二号爱字棉、十七号中棉，有孝感长绒、江阴白籽棉等。不但在品种方面，很为优良，而其产量，也很为丰富。历年以来，推广各处颇有成效，金陵大学对于脱字与爱字的二种美棉，及中棉中百万华棉一种的试验，也很有成效。据民国二十一年调查各省所得的结果，美棉面积已有一千六百万亩，产额三百三十余万担。有些地方所种的美棉，虽日趋退化，然这更足以证明，今后要用科学的方法去改良。现在，除上面所述的河北，河南，山东，陕西四省美棉外，山西，江苏，浙江，安徽，江西，湖北，湖南均有栽种，而以湖北栽种面积为最多，约占美棉出产总数三分之一。此后假使能再从质、量两方面加以改良增加，则中国棉业的前途是很有希望的。

上面不过是将数种主要的农产的实验工作略为叙述，此外又如各种水果的移植，或试验，也有多少的成效。四川的黄果，广柑，就是一些的例子。至于其他的杂粮及花木的移种或试验，均逐渐的发展起来。

光绪末年政府已有森林局的设立，可惜三十余年来，少有改造森林的实际工作。最近来，农林部曾有森林实验所的创办，希望此后能利用专家去振兴森林。据民国二十年的海关报告，木材进口的价值为三千四百万多两，那么今后为自足自给计，森林之要振兴，是无可疑的。近年以来，英国对于印度的森山，很为注意，而且请了德国林学专家颜德之（JEVtSCn）与黑斯基（Heske）去印度计划于指导，那么中国森林的振兴，之要依赖于科学的方法，至为显明。其实，森林不只是供给木材，而对于防止水灾旱灾，保护土壤，以至国防卫生，都有很大的效能，故森林的振兴，是刻不容缓的。

在畜牧方面，近年以来，国人也已逐渐的注意中国的牛、马、猪、羊、鸡、鸭等畜物体质甚差。各处农场，正多设法改良种子。比方，岭南大学之畜牧组，对于各种家畜的改良，颇有成效。而中央大学，对于纯种荷兰乳牛，纯种盘毛猪、羊利奴羊，各种肉用鸡，卵用鸡，以及意大利蜂种，均设法大量推广于长江流域各省及河北、河南、陕西等处。小规模的农场，如上面所述的定县平民教育促进会所试验的各种家畜，在实用上，也无不少补。此外，又如中国人素来不吃牛奶，近年以来，则吃牛奶为普遍现象，故牛奶厂逐渐发达，而岭南大学，中央大学，所出的牛奶，都很为著名。这是西化的结果。至于兽医的增加，及对于牲畜防疫的工作的发展，而特别是中央防疫处的工作的发展，都是采用新法去发展畜牧。

民国初年，北平中央农事试验场，曾有病虫害科的设立，民国十一年，江苏省曾有昆虫局的成立，对于蚊蝇的驱除，颇为努力。到了民国十七、十八年间，对于蝗虫的扑灭，也作了不少工夫。此外，浙江省的昆虫局，也成立于民国十三年。江西、湖南、河北各省昆虫局，也相继成立，对于各种害虫的研究与扑灭，均有多少成绩。中央农业试验所成立之后，又有植物病虫的设立，在治虫的推动上，很为努力，而其防治病虫的药剂与机械也颇有效用。此外，各大学中如清华大学的农业研究所，近来对于虫害的研究工作，也正积极进行，这些政府或学术机关，在中国农业的发展上，必定占了重要的地位。

新式农具的介绍与制造，也是中国新兴的农业上所不可缺的东西。比方中央大学曾制造犁耙，中耕机，播种器，及手用农具二十余种。金陵大学也设计制造轧花机，玉米、棉花、小米播种机，中耕器耙犁及大车等。此外，又曾计划制造羊毛机，收获机，畜力用轮齿轧花机，及改良旧式轧花机等。

这些农具，有的是把旧式的加以改良，有的是为适合中国的农业的特殊情形而制造，不能算作完全新式的农具，但是还是一种过渡时期的办法，将来中国的工业与农业发达起来，则新式的农具，无疑的要代替旧式的农具。换句来说，在将来的农业上，机器农具必定代替了手用的农具。

在水利方面，近年以来，国人已逐渐感觉到新式水利工程的重要，新式的水利工程的建设，也逐渐增加起来。在西北以至西南各省的水利，都能慢慢的振兴，而已前所视为草木不生的荒地旷野，现在已成为肥土良田。此外新式抽水机的输入，也逐渐的增加。在抗战以前，在上海有好多家机器厂，从事制造这种用具，在江苏、浙江、安徽、福建各省的农民之采用这种抽水机的已很多，而在无锡、武进各处，还用电力去发动抽水机，据说在武进一县，在一九二六年，用电力去灌溉水田的，有四万多亩。这可见得新法灌溉的效用，也可以证明新式水利的需要。

土壤的研究，与肥料的制造，对于农业上也有秘切的关系。中央农业实验所，曾有土壤肥料系的设立，注重于测定全国的土地肥力，研究保持地力的方法，设法增加土地生产力，与研究肥料的制造与利用。同时，该所又举办土壤肥料实验技术人员讲习会，造就这种实地工作的人材，受训人员，乃由各省保送。在抗战时期里，曾在四川成都先后举办了二班，由英籍顾问利查逊采用最新颖的田间技术，以资训练。其实，近年以来，化学肥料的制造，是市场上一种很普遍的商品。而各工厂像久大永利在抗战以前，对于这种东西也很为注意。用了不少时间去研究，以期制造出最经济而最适用的肥料。

上面不过很随便的举出三十年来而尤其是二十年来我们在新式农业上，一些工作的例子，然而这些例子，已足证明我们所走的路是西化的路。我们不能否认我们的新式农业的工作，正在萌芽；我们不能否认我们的新式农业的成就，太过微小。然而这更足以证明，我们今后愈要发展新式农业，愈要西化我们的农业。可是我们要这样的做去，我们也得明白，专只从农业的本身上去改良，功效未必很大，因为正像我们上面所说，农业的发展，不只是依赖于农业本身上的改良，而且要依赖于农业以外的力量的推动。所谓农业以外的力量，又像我们上面所说，除了商业与工业的发展之外，还要政治上以及其他的力量的帮忙，这是一般提倡新式农业的人，所不可不注意的。

《实业之友》创刊号，1947年3月25日。

关于西南文化的研究

——序岑著《西南文化论》

中国西南各省的民族繁多，文化复杂。我曾认为它是原始文化的展览会。因为西南除了汉人之外，还有好多所谓原始民族如苗、僮、傜、黎、番倮、侬、僚、蛋等，在语言方面，不特这些各异的民族，有了不同的方面，而且可以找出结绳以记事与刻木以为契的痕迹。在文化的物质方面，无论在衣、食、住方面，或渔、猎、农业、工业各方面，都有了不少的原始文化的特征；在文化的社会方面，举凡各种婚姻制度，家庭制度，以至各种部落的生活，都可以在这些不同的民族里找出来。就是最奇特的产翁习俗，也可以在这里找出来。《太平广记》曾记载："越俗，其妻或诞子，经三日便澡身于溪河。反具糜以饷婿，婿拥衾抱雏，坐于寝榻。"又云："南方有獠妇，生子便起，其夫卧床褥，饮食皆如乳妇，稍不卫护，其孕妇疾皆生焉。其妻亦无所苦，炊爨樵苏自若。"此外，在文化的精神方面，所谓各种迷信与图腾主义，都可以在这些不同的民族里发现。

其次，西南又可说是中国固有文化的保留所。我国固有文化，大致上是由北方趋向南方的。北方受了外族的影响之后，固有的文化早已改变了原来的面目，但在西南，直到现在，还有不少的固有文化保存下来。这不特在汉人文化中可以见到，就是在苗、傜各族的文化里，也有了不少的例子。如苗人所穿的褶裙，所吹的芦笙以及跳花跳月，都是我国古代固有的风俗。清初陈鼎，在云南住了很久，后来娶了土司的女儿，据他所著的《滇黔土司婚礼记》中所述：土司所采用的好多婚礼，与《周礼》完全相同。其他的事例尚多，这里不必多举了。

家梧年前在南开大学经济研究所，与我朝夕相处，我们常常谈及这些问题，总觉得西南既是原始文化的展览会，又是固有文化的保留所，它在人类学及文化史的研究上是极重要的。可是自西方文化输入之后，受了西方文化的影响，而尤其是经过这次抗战以后，西南文化的变迁，极为急速，原始的，固有的文化，就有逐渐消灭的可能。假使我们不从速设法去研究，将来时过境迁，到了那个时候，就欲研究，也无从研究了。所以我们很想筹办一个机关，专门从事这种工作。当时家梧深以我的话为不谬。他在这几年从事川、黔的实地调查工作中，就不但根据了一般人类学的观点研究西南原始文化的发展，同时他又从西南各族文化中，一一指出古代固有文化的遗留。例如本书所述的水家文字，保留了许多甲骨文的形式；又在"西南民俗与古代社会制度之互证"一节中，以西南各族的遗俗，说明我国古代的婚姻与家族制度便是。我相信这本书在人类学及中国文化史的研究上，一定有不少的贡献，至少，有了这本书，我们对于西南的原始文化及固有文化的逐渐消灭而未能及时研究的忧虑，已经减少许多了。

卅六年一月于天津国立南开大学

《中山日报》1947年4月16日第7版。

我国新式商业的发展

中国与西洋间接通商历史很久，惟两者直接通商，严格的说，是在明末中西海道直接沟通以后。

在中西海道直接沟通以前，传说古代希腊与罗马商人曾有到过中国的，此外，又传说唐朝在广州就有好多犹太教与基督教的商人，这些传说，是否可靠，尚待考证。可是，比方在元朝的马可波罗，本来也是西洋的商人，到了后来，才做元朝的官吏，不过这些例子究竟很少。

大致的说，明朝末叶以前，中国与西洋商品交换的中间人，多是阿剌伯人与波斯人。据说有一位阿剌伯人，叫做阿部萨特（Ada Zaih），在唐时黄巢陷广州后，曾到广州。照他个人的估计，广州城破以后，中国人之被杀死的数目，用不着说，单就回回[1]教徒、波斯教徒以及其他外国人之死于斯役的，就有了十二万人。这个数目，是否确实，当然成为问题，不过在那个时候，广州的阿剌伯人、波斯人，以及其他的外国人的数目之多，可以概见。而这些人们差不多都是为做生意而来。而他们对于中国与西洋的货物的交换上，也无疑的占了最重要的地位。

西洋与中国直接通航，是始于明正德十一年（一五一六），葡萄牙人培累斯德雨罗（Refael Perestrestto）。他最初到广东，到了次年，葡萄牙人安德拉特（Fernão Perez de Andrade）又到广东。他所带领的船，先到上川岛，后来得明政府的许可，乃到广川互市。此后葡萄牙人之陆续来中国通商者更多，据《明史·外国传·佛郎机》云：

> 佛郎机（即葡萄牙）近满剌加，正德中，据满剌加地，逐其王。十三年，遣使臣加必丹末等贡方物，请封，始知其名。诏给方物之直，遣还。其人久留不去，剽劫行旅，至掠小儿为食。已而夤缘镇守中贵，许入京，武宗南巡，其使火者亚三因江彬侍帝左右，帝时学其语，以为戏。……亚三侍帝骄甚。从驾入都，居会同馆，见提督主事梁焯不屈膝。焯怒挞之。……明年（一五二一）武宗崩，亚三下吏。自言本华人，为番人所使，乃伏法，绝其朝贡。

---

[1] 编注：史籍中的"回回"，不能认为即指我国现代回族、回民，其在不同时期的含义有所不同。新中国成立后根据民族意愿和历史传统，确定了各民族的名称，那些不科学甚至带有歧视、侮辱性的民族称谓，已成历史名词。为保持历史文献原貌，此处不做改动。下同。

《明史》虽说武宗死后，中国政府拒绝葡萄牙人朝贡，然嘉靖的时候，葡萄牙人之到广东的，还陆续不断。《明史》同处又说：

> 先是，暹罗、占城、爪哇、琉球、渤泥诸国互市，俱在广州设市舶司领之，正德时，移于高州之电白县。嘉靖十四年，指挥黄庆纳贿，请于上官，移之壕镜，岁输课二万金，佛郎机遂得混入。高栋飞甍，栉比相望，闽、粤商人，趋之若鹜。久之，其来益众。诸国人畏而避之，遂去为所据。

中国之所不能完全与西洋人断绝互市，一方面固由于官吏的受贿，一方面也由于国家的穷困。广东巡抚林富曾上书云：

> 粤中公私诸费，多资商税。番舶不至，则公私皆窘。今许佛郎机互市，有四利焉：往时诸番常贡外，原有抽分之法，稍取其余，足供御用。利一；两粤比岁用兵，库藏耗竭，藉以充军饷，备不虞，利二；粤西素仰给粤东，小有征发，即措办不前，若番舶流通，则上下交济，利三；小民以懋迁为生，持一钱之费，即得展转贩易，衣食其中，利四；助国利民，两有所赖，此因民之利而利之，非开利孔为民祸也。

中国既计西洋人互市，同时又租借澳门（壕镜）与葡萄牙人，此后澳门遂成为中西互市的枢纽，到了万历年间，荷、英、法各国又相继来中国请求通商。惟澳门即为葡人所据，葡人又不愿西洋的其他各国在澳门经商，荷、英两国商人不得已，荷人逐据澎湖与台湾，英人也进攻虎门，因而也得与中国通商的权利。

澳门、台湾既为西洋人所据，广州、漳州等处遂为洋货聚集的地方。在广州城外的十七甫与海珠岛，均为洋货畅销的区域。中西的贸易，既逐渐繁盛，贸易的商行，也因之而发展。这些商行在中西贸易的早年历史，占了最重要的地位的，要算一般人所说的十三行。

十三行起源的正确时的，至今尚待考证。明朝周玄昉著的《泾林续记》云：

> 广属香山，为海舶出入襟喉，每一舶至，常持万金，并海外珍异诸物，多有至数万者。先报本县，申达藩司，令舶举同县官盘验，各有长例……继而三十六行领银，提举悉十而取一，盖安坐而得，无簿书刑杖之劳。

梁嘉彬先生在其所著《广东十三行考》，以为三十六行代替市舶提举盘验纳税而为十三行的权舆。这种看法，是否可靠，也是一个问题。大致的说，十三行是始于明末清初，屈大均在康熙二十六年（一六八七）所刊行的《广东新语》里，曾有广州竹板词云："洋船争出是官商，十字门开向二洋，五丝八丝广缎好，银钱堆满十三行。"是则十三行的设立，当在屈大均作词之前，这一点梁先生也曾指出。

十三行是否出自三十六行，固是问题。惟十三行既起于明末清初，而其制度的流传又有了百余年之久；不但在中西贸易史上占了最重要的地位，就是在整个中国商业史上，也占了很重要的地位。

十三行既是中西互市的产物，但是十三行在经营商业上究竟受了西洋的多少影响，又是值得我们研究的。照我个人的意见，十三行虽是中西贸易的商行，然在中国商业西化上的贡献，恐怕是微乎其微。

其实专从十三行这个名词来看，就不能谓为西化。西洋人最避忌的数目是十三，那个时候的西洋人深染了基督教的习俗，固执于中世纪的迷信，对于十三这个数目避忌，用不着说；直到现在，这个数目还是当作一个不祥的表示。假使中国的官商而受了西洋人的影响，或多与西洋人有接触，大概不会叫作十三行罢。而况名称虽谓为十三行，事实上据近来人们的考证，并不一定就是十三个商行。这就是说，有时并没有十三个商行，有时却多过十三个商行，这些商行既为中国人与西洋人的中间人，照道理说是不会用西洋人所避忌的数目的。

其次十三行虽是一种商行，然而这种行商实可以谓为官商，而是政府官吏的代表。他们不但有了秉命封舱停市的行政权，而且有了负责对付外人的外交权。这种官商，也可以说是一种包商，而为对外贸易的独占者，使外国商人与中国的其他商人不能直接贸易。这些商人既处了特殊的地位，又有政府作后盾，结果是他们不但不会去仿效西洋人作生意的方法，而且往往会破坏西洋人的经营商业的习惯。所以从西洋的商人看起来，这是通商上的一种障碍物，因而有些人说鸦片战争从某方面来看，是为打击这种贸易而产生的。

不但这样，中国素来重农轻商，故对商业不但不提倡，反而时时抑制。这种趋势，在清代初年，尤为厉害。康熙三十九年七月谕户部云：国家要务，莫如贵粟重农。雍正二年谕各省督抚曰：四民以士为首，农次之，工、商其下也。农民勤劳作苦，以供租赋，养妻子，其敦实淳朴之行，岂惟工、商不逮，亦非不肖士人所能及。经商既为传统思想所不取，又为政府命令蔑视，再加以排斥洋人与轻待洋人的心理，就是一般的商人也不会去学西洋人作生意的方法，所谓官商的十三行的人，更不会去学西洋人作生意的方法。

总而言之，在鸦片战争以前，西洋人虽盘据澳门以为中西贸易的中心，中国人虽有了十三行以为对外贸易的主体，可是中国人在商业上西化的程度，是很浅的。因为十三行的发展，澳门租借，与其说是中国的商业西化的开始，不如说是中国政府不愿一般人民与西洋人直接贸易的结果，不如说是中国的文化不许一般人民去染着西洋文化彩色的表示。洪承畴曾对世祖说过：南夷之通商，不异西戎之马市，夷人贪而无亲，求而不厌，假令姑允通商海口，则数十年后又议通商中夏矣；假令姑允商中夏，则数十年后又议通商朝市矣。这是闭关政策的表白，也是轻商政策的宣言，中国人对于国内的商业，尚不重视，对于对外贸易，更不待言，若说效法西洋经营商业的方法，更谈不到。

所以严格的说：中国商业能够真正趋于西化的途径，恐怕还是鸦片战争以后。鸦片战争以后，中国闭关自守的政策，既不能不放弃，而照《南京条约》的规定，除了割让香港之外，还要开放广州、福州、厦门、宁波、上海为商埠，自五口通商以后，商埠之被迫而开放的，与日俱增，比方咸丰元年的《伊犁条约》，开放伊犁、塔尔巴哈台为商埠。咸丰八年《天津条约》，增设牛庄、登州、台湾、潮州、琼州、镇江、九江、汉口、淡水、江宁为通商口岸。咸丰十年的《北京条约》，增辟天津为通商口岸。光绪二年《烟台条约》，添开宜昌、芜湖、温州、北海各处商埠，并准外人在大通、安庆、湖口、武穴、陆溪口、沙市各处停泊轮船。此外，嘉峪关、龙州、蒙自、重庆、苏州、杭州、梧州、江根墟、江门、甘竹滩、肇庆、凤凰城、辽阳、新民屯、铁岭、通江子、法库门、长春、哈尔滨、宁古塔、珲春、三姓、齐齐哈尔、海拉尔、瑷珲、满洲里以及其他各处，或被迫开为商埠，或被迫作为停泊所，使中国不但在沿海沿江各重要口岸城市，成为中西通商口岸，就是在内地偏僻的好多地方，也成为中西互市区域。

又在上海、天津、苏州各处租界的租借，以及胶州、旅顺、大连、威海卫、九龙、广州湾等的租借，不但使西洋各国的商人可以自由在中国各处通商，而且有了畸形的政府成立于中国境内，以为其商人的后盾，以为发展商业的根据地。上海、天津的工部局，青岛、广州湾各处政府，不但有了商业发展的特权，而且有了政治统治的功用。

商埠是商业的枢纽，西洋人所以压迫中国去开放和借以至割让那么多地方以为商埠，虽也是政治上的一种侵略，然主要是商业上的发展，这是西洋重商主义的表示。中国既没有力量去维持闭关自守的政策，更不能忽视商业在近代国家中所占位置的重要，所以除了被迫开辟商埠与签订商约之外，又不得不自动的去开辟商埠，吴淞、岳州、三都澳、秦皇岛、长沙、济南、常德、湘潭、海州、通州，都可以说是随着潮流所趋而自开的。质言之，这也可以说是国人对于商业的重视的表征。

商埠既是商业的枢纽，那么，商埠的发达也可以说就是商业的发达。自五口开放以至今日，一百年间，专就开辟商埠的数目之多，就明白商业的发展之快。至于商埠本身的发展，不但是商业本身发展的表征，而且是中国近代文化发展的特点。上海在一百年前，不过是一个小城镇，一百年来，人口增加至三百余万。天津在八十年前，不过是一个市镇，八十年来，人口增加至一百余万。青岛在五十年前，不过是一片荒邱，五十年来，人口增加至七八十万。此外，其他各处之开辟为商埠的，人口无不增加，商埠人口的增加，可以说是作生意人的增加，作生意人的增加，不只是商业发达的表征，而且是中国城市文化发展。表示城市文化的发展，也可以说是西洋近代文化发展的特点。

商埠的发达，与交通的发展有密切的关系，交通的发展，固可以促进商埠的发达，商埠的发达，也可以促进交通的发展。

西洋新式交通工具之深入中国内地，是在鸦片战争以后胡林翼在安庆围攻太平天国军队的时候，据说曾对人言：太平天国不足怕，所可怕的速如莽马、疾如飓风的洋船，深入我国内地，而成为膏肓之症。曾国藩在那个时候，也以为轮船胜于帆船，他在太平天国尚未灭亡之前，已设法找人仿造洋船。因了技术人才的缺乏，而没有成效。容闳在同治初年，曾倡办轮船公司，可惜政府没有采纳，直到同治十一年，李鸿章奏办招商局，我国始有自筹的新式航业。招商局有轮船三十余艘，行驶沿海与沿江各处，为我国最大之轮船公司。可惜管理不得其人，黑幕重重，数十年来，营业不能发展。此外，开平矿物所办的沿海航线，宁绍公司轮船之行驶上海、宁波、汉口各处，以至戊通公司轮船之行驶松花江一带，均为我国较早的新式航业。此外，南洋华侨所设立的轮舶公司行驶江门、汕头、香港、海口与南洋各处，美洲华侨所设立的邮船公司行驶香港上海及美国。可惜后者航行未久，因亏本而停航，而前者又因规模较小，资本较少，没有显著的发展。至于造船厂之成立较早而规模较大的要算江南造船厂，此外，又如政府所设立的马尾造船厂，以及私家之设立造船厂者，为数虽不少，可是能有成效的，实在不容易找出来。

我国铁道之建筑，最早的据说是在同治四年，英国商人杜兰德氏在北京宣武门平地上所造的小铁道。这条铁路只有一里多，因为火车行驶时，一般民众很为骇怪，由步军统领命令毁坏掉了。同治五年，英商协和洋行建筑淞沪铁路，是为营业铁路的嚆矢。惟因行驶以后，屡次伤杀行人，又为民众所反对。政府没有办法，乃向英使严重交涉，以二十八万五千两银收买，并加以完全拆毁。直至光绪九年，建筑由唐山煤井至胥各庄的铁道，后来又展修至芦台，而成为京奉铁路的基础。此后因为各国在中国争取铁道建筑权并建筑了很多铁路，国人逐渐感觉到铁路的重要，因而京奉、京汉、粤汉、陇海以至浙赣各线，继续完成。此外，路程较短的如潮汕、新宁等，也逐渐兴筑。至于外国人在中国经营的，如滇越、东清、胶济、安东等，所占里程，也相当的长。

至于新式道路，以广州长堤为较早，而长途公路以长沙至湘潭一段为最先，前者建于清朝末年，而后者建于民国二年。民国六年张家口至库伦有长途汽车公司的设立，民国七年交通部颁布《长途汽车公司条例》十七条，及发给执照规则十三条，为公路条例的先声。据说自民国十六年至民国廿年，公路之增加由二万九千公里增至六万六千公里，十年以来，公路之发达是中国近代交通事业上最为显著的事情。至于西南公路之贯通西南各省而达缅甸，西北公路之贯通西北各省而达俄国，不但在抗战上有了很大的贡献，在商业上也有了很大的贡献。

航空事业是最新式的交通事业，民国十一年北京政府曾有航空署的设立，并开办北京、济南间的定期航班，惟开办未久，遂行停办。国民政府成立以后，中国航空公司、欧亚航空公司相继成立，前者是与美商合办，后者是与德商合办，此外，尚有西南航空公司飞行广龙与广琼两线。抗战以后，中国与欧亚的航线，多有更改，西南则因广州与琼州相继沦陷，而至停航。

此外，邮政发端于光绪四年，由总务司英人赫德主持，在北京、天津、烟台、牛庄、上海各处设立邮局，到了光绪二十二年，始设全国邮政局。二十四年采用邮寄包裹制度，二十八年采用快信制度，三十二年设立邮传部，此后保险信、邮政储金等制度，相继办理。电政方面，也始于光绪九年，李鸿章招丹麦人试办天津、大沽间电报，不久大北公司成立，各处陆线相继设置，光绪十年大北公司又开始设置海底电线，先从广东徐关起至海口止。三十一年又兴办无线电报，最先安置于海圻、海容、海筹、海琛各舰及南苑、天津、保定各行营。电话在光绪七年，英商已在上海租界装置，后来政府在天津装置，为国人之最先自办者，此后逐渐发达，惟最初皆限于城市以内。近年以来，则长途电话更为发达，不但全国重要都市，本身有了电话，就是都市与都市之间，也多有电话。至于广播电台的设立，收音机事业的发达，使中外各处消息更为灵通，这是新式交通工具之最能普遍化的。

交通是商业的血脉，交通愈发达，则商业也愈发达，正像上面所说，商埠是商业的枢纽，商埠愈发达，则商业也愈发达。同时，又像上面所说，商埠与交通是有密切的关系，交通发达，可以促进商埠的发达。商业的发达，也可以促进交通的发达。商业的发达，既与商埠及交通的发达成为正比例，商业的方式也往往因商埠与交通方式的变化而变化。旧式的商业与旧式的商埠及旧式的交通有密切的关系，而新式的产业与新式的商埠及新式的交通也有密切的关系。我国自海禁既开以后，新式的商埠与新式的交通既逐渐发展，一切新式的商业，也因之而逐渐发展。发展的历程，固可以说是从被动的而趋于自动的，然而发展的结果，却可以说是趋于同一的途径。这就是说西化的商业，商业的西化，是中国近代经济变化的要素。因为不但中国的新式工业的发展，是与商业的西化有密切的关系，就是中国的新式农业的发展，也是与商业的西化有密切的关系。关于这一点，我们在下面当再加解释，我们现在先就商业西化的本身各方面略加叙述。

我们可以先从金融机关说起。自英商麦加利银行于咸丰七年在上海创设分行之后，英国的汇丰有利，法国的东方汇理，德国的德华各银行，均先后于同治、光绪年间设行营业。国人方面，自容闳于太平天国灭亡以后，就提倡设立银行，并拟定章程，可惜这种计划终没有实现，直至光绪二十二年盛宣怀奏办中国通商银行，始开国人自办银行的先河。二十八年天津有直隶省银行，到了光绪三十二年，户部又有户部银行，还就是大清银行，而为今日中国银行的前身。同年，成都有濬川银行，及北平有信成银行的设立。三十三年，上海又有浙江兴业银行与新嘉坡有四海通银行的设立，交通银行、四明银行均设于光绪三十四年。自此之后，除了国立银行的中央与特许的中国交通之外，各省及各大都市也先后设立银行，而商业银行、储蓄银行也逐渐发达。此外，农工矿业各种银行以及信托公司，也相继成立，而邮政储金汇业局，也于民国八年成立。

抗战以前，这些银行多集中在沿海及沿江的通商口岸，抗战以后，各行纷纷设立支行于内地各城市。昆明、重庆两处，在数年以前，银行数目的增加，尤为显著。抗战以前，昆明除了富滇以外，只有中央一行，现在就有了数十家。重庆则抗战以后，新开银行也有数十家。而原有各行之设支行的，尚不在内，甚至小县城、小市镇也有各行的办事处，只要看看数年以来大学以至中学毕业生入银行作事者之多，就能明白银行的发展。

抗战以后银行的剧烈发展，从某方面看起来，不一定是中国金融机关的好现象，然而五十年来，而尤其是二十余年来，中国的银行发展，是中国商业西化上的最为显明而且较有成绩的事业，主要的这是因为银行的本身，的确能够澈底的西化，不但其本身的组织能够澈底西化，就是人事方面，也能以西洋人作生意的方法去作生意。从前国人有钱的，多存钱于外国银行，近来已逐渐信用国人自设的银行，所以银行事业与航行事业两者的最先设立，在中国的虽是西洋人，然而航行事业的落后与银行事业的发达拿来比一比，就可以明白后者的基础，是比前者坚固得多。

不但这样，我国旧有的金融机关，是票号与钱庄。票号与钱庄的起源，据说始于乾隆年间，至今已有了二百余年的历史。在外人尚未在中国设立银行与国人银行尚未发达之前，票号、钱庄在商业上是执了金融的牛耳。然自银行发展以后，票号、钱庄已逐渐衰微，最初为外人设立的银行所压迫，近来为国人设立的银行所影响，结果有完全消灭的趋向。除非钱庄也效银行作生意的办法去作，钱庄是不容长久维持的，然而这么一来，钱庄不久也必变为银行，其实钱庄之变为银行的例子，并非少有。

百货商店的发展也可以说是商业西化上很显明的事业。这些商店，最初多是一些小资本的杂货店，后来逐渐发展为大商店，现在的先施、永安、大新等等著名的百货商店，就是很显明的例子。这几家百货商店的创办人都是华侨，他们在外国时看见外国的百货商店，因而模仿在香港创设这些商店，一步一步的扩充，成为一大公司，然后再在广州、上海各处设立分公司。现在不只是杂货店，而且经营设立保险、旅店各种事业，成为国内的最大企业之一种。这些公司，不但在组织上是仿效西洋，就是人事的训练上，也是仿效西法。至于商店内部是布置与货品陈列的方法，更显出西化的色彩。其实，关于商店内部的布置与货品陈列的方法，就是其他很小的商店，也已趋于西化的路上。此外，商店建筑、门窗、镜柜等等之效法西洋，尤为显著。至于五光十色的电灯，动目移神的广告，也可以说是商业西化的例子。

又如旅行社与旅店事业之发展，对于商旅给予不少的利便。中国旅行社的办法，是师法通济隆（Thomas Cook）的办法，最初设总社于上海，设分社于各大商埠，后来逐渐扩充到内地各处，就是有名胜古迹的地方，也设立分社。又如四川旅行社，在抗战以前对于四川、云南各处的商旅，也给予不少的便利。旅店方面，如永安所设之大东，先施所设之东亚，皆为二十年前之有名旅店，而后起的新亚与中国旅行社招待所，尤为显著。

银行公司及各种商店、旅行社、旅店，不过是随便举一些例子，以为解释，然而中国商业之趋于西化，可以概见。至于管理或推进商业的各种机关或制度之趋于西化，也是近代中国商业西化上的显明现象。

光绪三年所设南洋大臣，已兼管商业的事宜，到了光绪二十九年，乃设立商部，此后或改农工商部，或改称农商部，或称工商部，或设实业部、经济部，名称虽因时更改，然政府对于商业的重视，并不减于工业或农业。此外，又如国际贸易局或工商访问局的设立，及其所出版的《国际贸易导报》与英文《中国经济导报》、英文《中国经济志》以及抗战以后的贸易委员会，都可以说是政府方面管理或推进商业的机关。

商法的编订，始于光绪二十九年，德宗令载振、袁世凯、伍廷芳所编的《商人通例》、《公司律》及附则，以及光绪三十年的《商标注册试办章程》，又后来所编订的《破产法》《银行则例》《度量衡制度暂行章程》，以至民国十八年立法院正副院长所订立的《民商统一法典》及同年国府颁布的《度量衡法》等等，也是管理与推进商业的法典。

新式会计制度的采纳，是中国商业西化的一种特征。银行大公司之采用新式会计制度，固无待说，就是政府机关、学术机关以至小商店之采用这种制度的，也很普遍，只看今日会计人才找事之易，就能明白。

商会的发展，又是新式商业发展的一种特征。光绪二十九年，商部奏定《商会简明章程》及附则，同年京师各大商业先设商会，三十二年又有商务总会的设立，此后不但各省各商埠均有商会的组织，就是各县以至各市镇也多有这种团体。这种团体一方面是发展商人本身的利益，一方面又是商人与政府或其他会社一种联络的机关。

光绪三十二年商部曾订定《出洋赛会章程》，同年又订定《劝工陈列所章程》，民国十七年又创设首都国货陈列馆，而上海、杭州、天津、汉口、长沙、福州、济南、青岛各处，也相继设立这种陈列馆，同时有些陈列馆，又附设国货商场。

商业学校的提倡，也在满清末季。光绪二十九年命张之洞、张百熙、荣庆等订定各省学校章程时，已有商业学堂的倡议。三十余年来，政府对于商业举一校或商学院，虽不甚注意，然私立商业专门学校，以及私立大学之设立商学院的，为数不少，国人自设之私立大学，如南开，如复旦，外人设立之教会大学，如沪江、如岭南，均有商学院，至于通商大邑之设立商业专门学校的，为数更多。

上面不过大略的举出一些管理或推进商业的各种机关或制度，这些机关与制度，一方面可以说是我国西化的结果，一方面又可以说是促进商业西化的要素。除此以外，比方商店营业时间规定星期休业的习惯，都可以说是商业西化的举例。

中国商业西化的发展，固可以说是中国商业本身的发展，然而这种商业的发展，对于文化的其他方面，也有很大的影响。从经济的本身来看，商业的发展，对于工业与农业都有很大的影响。所谓商品，主要就是工业品或农产品。商业发达，则工业品或农业品的需要愈多。因为需要愈多，也可以引起工业与农业的发展。在中西海道沟通的早期，西洋人运来中国的，主要的是工业出产品，而由中国运去西洋的，主要的是农业出产品。布匹、针线等都属于前者，蚕丝、茶叶等都属于后者。中国人用了洋货愈多，愈感觉到非自己制造这些用品不能挽利权的外溢，这是中国工业发展的动机。中国人要运农产到西洋，对于这些农产不得不加以改良，这是农业改良的动机。所以近代中国工业的发展与农业的改良，都与近代中国商业的发达有密切的关系。其实一个国货陈列所，固是一个商业品陈列所，也是一个工业品陈列所，同时也可以说是一个农业品陈列所，而且工业品与农业品的推销，又是商人的任务，所以一个工厂或一个农场把其出品在商场上出售，就变为商品。工厂的设立或农场的设立，既非专为厂主、场主或其工人之自用而设立，那么他们不能不依赖商人去推销，否则他们自己必兼作商人，而把其出品出卖。所以商品的需要与否，以及其价格的高涨低降，都与工业、农业有密切关系。

工业或农业的发展，都不能不要资本，而资本之与金融机关，又有密切的关系。我们可以说，以前中国的工业与农业之难于发展，也是由于金融机关的不健全，有了资金雄厚的银行去帮忙工业、农业，则发展比较容易。近来银行之办理工贷、农贷，无非就是这个原因。其实政府之所以特许交通银行为实业银行，也就是这个意思，虽则近来对于工业、农业投资的银行，并不止只这一家。

商业的发达，对于经济的其他方面固有很大的影响，对于政治方面，也有不少的影响。从一方面来看，西洋人之强迫中国之开放通商口岸，虽是经济上的一种侵略，但同时也是政治上一种侵略的初步。所谓帝国主义，在方法上也许是经济的，然在目的上却是政治。中国的被迫通商，也可以说是政治上的一种压迫，而中国自动的开辟商埠，也可以说是政治上的一种自觉。所以，闭关自守固是政治上的一种错误，开放门户也是政治上的一种自觉。这种自觉，在太平天国的时代，无论是太平天国的领袖如洪秀全、洪仁玕，或是满清的忠臣如曾国藩、李鸿章，已经有了多少的表现。到了太平天国灭亡以后，这种自觉更能逐渐的实施。

所谓曾、李的新政，在方法上虽可以说是经济上的改造，在目的上也可以说是国家的独立。

曾、李的新政，与被迫的或自动的开放门户有密切的关系，但是他们虽有办新政的热情与决心，而却乏办新政的经验与资本。所谓缺乏经验，就是缺乏以经营商业的新方法去办理好多新的事业。招商局的失败，以及好多工厂的倒闭，是由官僚的习气太深，企业的精神缺乏。所谓缺乏资本，就是因为没有健全的金融机构以为后盾。反过来看，辛亥革命之成功，却可以说是得力于海外侨商的不少帮忙。而这次抗战之所以能够支持这么久，原因虽多，可是金融机关的比较健全，使我们的经济力量得到相当的办法，也是主要原因之一。

此外，西化商业的发展，对于基督教的发展，也有密切的关系。基督教的传入中国，历史虽久，然发展较速是在鸦片战争以后。商埠可以说是基督教的根据地，商约可以说是基督教的护身符，而基督教徒，也多是所谓买办的阶级，其实好多的教徒而尤其不少的天主教徒，就以作生意的收入以为维持与发展宗教的事业。

此外，又如教育事业的发展之于商业的发展，也有了不少的关系。好多留学生，固是商人的子弟，就是好多大学生以至中等学校与小学校的学生，也是商人的子弟。集美学校、厦门大学固是侨商所创办，广东各处的好多学校，也是由商人去支持。至于近年来各银行或公司之设置奖学金或其他各种的补助，都可以说是推进教育的一种力量。

《实业之友》1947年4月第2期。

南洋与青年（存目）

原载《民族与国家》创刊号，1942 年 12 月；又载《南洋杂志》（新加坡）第 1 卷第 9 期，1947 年 7 月 15 日；《中学月刊》第 7 期，1947 年 11 月 1 日，易名为《青年与南洋》。

后编入《南洋与中国》（岭南大学西南社会经济研究所 1948 年 12 月初版）"附录"。

全文见《陈序经全集》第五卷《南洋与中国》附录 南洋与青年。

青年与南洋（存目）

原载《中学月刊》第 7 期，1947 年 11 月 1 日，由《南洋与青年》易名而来。《南洋与青年》原载《民族与国家》创刊号，1942 年 12 月；又载《南洋杂志》（新加坡）第 1 卷第 9 期，1947 年 7 月 15 日。

后编入《南洋与中国》（岭南大学西南社会经济研究所 1948 年 12 月初版）附录《南洋与青年》。

全文见《陈序经全集》第五卷《南洋与中国》附录 南洋与青年。

南洋华侨的教育问题

一

我尝说，近年以来，南洋华侨的经济的危机，不只是由于殖民地、居留地政府的经济的各种限制，而且是由于土人的智识的发展，而尤其是华侨教育的落后，所以在这里我们要略谈华侨的教育问题。

大致的说，华侨子弟所受的教育，或所入的学校，可分为三种：一为在外人在南洋所开设的学校中读书，二为回国而入一些为华侨子弟而设立的学校或其他的学校，三为在南洋华侨自己设立的学校里求学。

在第一种的学校中，也可以分为数种，一为殖民地政府所设立的学校，二为外国教会所设立的学校，三为土人所设立的学校。我们可以说，除了暹罗以外，华侨子弟之进土人所设立的学校，为数较少。华侨在南洋各处，虽有很多娶了当地妇女，然而他们对于土人的文化，不但少有羡慕，而且多持了鄙视的态度，故其子弟不受教育，也算罢了，要受教育，他们很少愿意送入土人所设立的学校。然而关于这一点，暹罗可以说是一个例外。因为暹罗是一个独立的国家，华侨及其子弟之在暹罗的，只要自认为暹罗人，晓得暹罗的语言文字，都可以在暹罗的社会上以至政治上，占了重要的地位。加以暹罗政府，要使在暹罗境内的人们，趋于暹化，同时，使在暹罗境内的教育，趋于一致，故暹文成为主要与必修的科目。反之，在西洋各国的殖民地中，土人的文字言语，惟可存在，然而政府"官家"，却以其本国的文字言语为主体。因此之故，土人的言语，而尤其是文字，变为次要的言语文字。土人可以设立学校，而注重于其言语文字，然而懂了这种方言，固有很大的用处，懂其文字，却不若学了英文、法文或荷兰文的用途之大。这是在暹罗以外的华侨子弟之所以少入土人学校的主要原因。

至于教会所设立的学校，或是殖民地政府所设立的学校，虽有其不同之处，然在文字以及很多的方面，却有相同之处。前者是偏于宗教，而后者却不是。可是传教士之在殖民地设学校的，又多为其本国的传教士。比方在安南教会学校，多为法国教士所设立，在菲律宾教会学校，多为美国教士所设立。他们与殖民地政府的关系，往往很为密切，其所办的学校与殖民地政府所办的学校，主要目的是培养一般政府下级人员，或商店店员，或是少数的小学教师。高深智识，既少促进，而对于政治与社会思想有关的科目，差不多可以说是没有。所以，南洋的殖民地里，除了菲律宾几间大学，仰光大学，河内大学与酝酿很久而始终没有成立的新嘉坡大学之外，其余各处，根本没有大学。大致上，这就是因为殖民地政府之所以设一些学校，目的是训练一些下级的政府人员，或商店店员，或少数的小学教师。华侨子弟之入这种学校的，数目很多，可是入了这种学校的，却很少有机会去学习中文，甚至有了很多，连中国话也不懂。结果是往往对于其他华侨，不但少有益处，反而看不起了他们，因而有些人说，从中国的立场来看，这是忘宗的教育。

从第二种教育来看，在国内最先专为华侨而设的学校，要算暨南学校。这个学校，是在满清末年端方督江苏时所创办的。满清被推倒，该校也因而停办。直到民国六七年间，又恢复起来。然而华侨学生之回国入该校的，在满清末年与民国初年，并不很多。后来由南京迁到上海附近的真如，除了中学师范班之外又设大学部，可是从此以后，不只专收华侨学生，而且收了国内的学生，故不能谓为纯粹的华侨学校。

除了暨南之外，广州岭南学校，很早就设华侨班，后来又成为华侨学校，教育侨生不少，因为华侨多为福建而特别是广东人，岭南位在广州，故侨生之到该校的很多。又如中山大学，后来也有华侨班的设立，收容了不少华侨子弟。

抗战以后，而尤其是自暹罗排华得很厉害与南洋各处被日人侵略的时候，华侨及其子弟之回国的很多，在昆明有了育侨学校的设立，创办者多为回自暹罗之华侨。这个学校，初为私立，后改为国立，最后又归并于国立西南中山中学。此外，教育部又设立第一国立华侨中学，初在云南的保山，后因日本侵入云南，乃迁到贵州，其后又在四川綦江左近设立国立第二华侨中学。

这些学校的设立，意思本来很好，不过成绩都不算得很好，其原因很多，大略来说，第一是学生的来源太少，暨南以至后来的育侨之所以不能不收国内的学生，就是因为这个原故。第二，华侨子弟，既已回国，就不能谓为华侨，若因其有了一些学生，如英文，或中文，程度太浅，专设学校以为补习其所缺乏之学科，固有用处，若专设小学、中学以至大学而收容他们，结果是使他们成为一个特殊学校。不只与中国的正常教育，有了区别，而且使其少有机会，与国内学生去接触。结果好像华侨学生终为华侨学生，其程度好的又多要转入国内其他的较为著名的大学，而使华侨学校，好像始终成为一个少能考入其他的较好的学校的收容所。

近二三十年来，因为在南洋各处华侨学校林立，学生之在侨校读完小学或中学而回国入国内有名的学校的很多，就以抗战时期的国立西南联合大学来说，有一个时期，有了百多华侨学生。这些学生，成绩好的固是不少，然少因在南洋各处的侨校办理完善的不多，故侨生回国以后，入了较好的学校，也有不少因程度的关系而不能完成其所学的。

不但这样，华侨之在南洋的，富有的固是不少，然而能够送其子弟回国求学的，也并不算多。因为回国求学，所用的费用特别是多。而况，就是有钱，也未必都能送其子弟回国读书，因为离家太远，做父母的，固未必能放心其离家。

至于一般之在南洋西人或土人所设立的学校读书，而不懂得中文的华侨子弟之回国读书的，其困难更多。因为是无论学习西文或南洋各处的文字，比之学习中文，都较为容易。一个学生先学了这些文字，回国再学中文，年纪较少的，尚觉得不易，至于年纪已大的，更为困难。读了三四年西文或一二年南洋各处的文字，如暹文或马来文，就能写信作文。读了五六年中文，却未必能够这样的做。而且先入为主，读了比较容易的文字，而再去读比较困难的文字，其所感觉的困难，是不可想像的。所以有了好多这种的侨生，回国之后，读了三两年，就灰心了。结果是中文既学不成，而西文或其他种文字也因之而荒疏。在国内既不能以学问去谋生，回去南洋，也有了很多的问题。所谓东不成西不就，而白白的费了可贵的光阴。

总而言之，回国求学，本来不是一件容易的事，回了国了，求了学了，而却使其一无所成，那是一件很为不幸的事。

原来华侨之居于海外的，对于国内情形，能够熟识的，并不很多。有了不少因为离国太久在国内就没有什么亲戚朋友，为了爱慕祖国的热情，好多人愿意送子弟回国求学，然而其子弟年纪太小的，固难于这样的做，年纪较大的，若在南洋入了土人所办的学校或是西人所办的学校，则回国入学，其困难固如上面所说，就是在南洋入了华侨所办的学校的，也因为了好多这些学校办理欠善，使其回国升学，也有很多的问题。

因此之故，我以为我们今后对于华侨教育所要特别加以注重的，是华侨在南洋所设立的学校。假使这些学校，办得好了，不只好多想入西人或土人所办的学校，会进了这些学校，就是毕业之后，在当地以至回国升学，也有很大的好处。

二

华侨学校之设立最早的，据说是爪哇巴达维亚的明诚书院，是成立于一七二九年。这个书院，从这个时候起，直到一九〇九年始停办。然而我们也得指出，这是一个旧式的学塾，而其里面所教的，主要也是八股的文章。

此外，在一八九七年，在新嘉坡所设立的养正学社，一八九九年在菲律宾所设立的中西学校，都可以说是南洋华侨学校之较早的。到了戊戌政变之后，康有为及其徒众，逃命南洋，对于教育，努力提倡。而好多革命领袖，在这个时候，也到南洋，极力鼓吹革命。同时，也想以学校为宣传这种思想的场所，对于教育，也努力提倡。因此之故，南洋的学校乃如春笋怒发，而遍于各处。到了日本未侵略南洋之前，据说在马来亚一带，就有了一千一百八十九个华侨学校，而学生人数，约有十万之多，至于其他各处的学校，数目也不为少。

在民国初年的时候，南洋各处的华侨学校，只有小学。民国八九年间，中学次第设立。中学的三三制实行之后，南洋各处的华侨学校，初中固有不少，高中还是寥寥无几。

从学校的量的方面来看，三四十年来，南洋华侨学校的发展，相当的快。可是在质的方面，却有好多大要改良的地方。

南洋的华侨学校之所以在质的方面不满人意，其原因很多，但是大略言之，约有数端。

第一，是大多数的学校没有一定的经费。好多学校是靠月捐而维持的，结果今月不知下月，使教员之在这些学校的，很难安于教学。南洋华侨，不乏富有之人，然而愿意捐款于学校以为基金或长期的经常费的，真是寥寥无几。所以，大致的说，南洋各华侨学校经费充裕的，实不易找。

第二，在南洋人们常说"金钱说话"，这就是说有钱的人，说话才有效力。南洋的华侨学校，多由董事会去管理。董事会的董事，而尤其是董事长，往往是由有钱的人去担任。然而他们未必懂得教育是什么。因为在他们之中，很多是少受过或没有受过教育的，可是因为他们有了钱而作董事，同时对于学校的内部行政，无所不管，结果是作校长的不能自由去发展学校。而其更甚者，是某人一作校董会主席，校长、教员以至听差，都用了自己的亲戚，结果是学校的行政人员，以至教员，无法安心去办学与教学。

第三，是缺乏良善的教师。我们知道，到南洋的国人，目的是为谋生，他们多是少受教育或没教育的，因为有教育的人们，很少愿意到南洋。后来因为华侨发财的不少，虽然有些受了一些教育的人，到了南洋去探视亲属，然而大致上，这些人多是因为在国内无事可做而才跑去南洋"打秋风"。在南洋教师最缺乏而学校又正在增加的时候，他们遂变为这些学校的教师。反过来说，在国内一般有了良好的训练，而同时又有了相当的经验的教师，愿意到南洋办教育的，实在太少。而况，在南洋的华侨学校，薪俸又很低。在一般国人，而尤其是智识的阶级的心目中，南洋乃是蛮荒之地，炎热之区。就使在南洋的华侨学校，用了很高的薪俸，来聘其到南洋当教师，恐大多数的人们，还视以为畏途，而况这些华侨学校之给与薪水，又特别的少呢？

第四，近二三十年来，尤其近十余年来，南洋各处的殖民地政府，特别是暹罗政府，对于华侨的学校，严加限制。教师的资格与课本的内容的审查，以及其他各种的限制条例的颁行，对于华侨教育的发展上，都成为极大的阻碍。在暹罗，在以前华侨学校的校长，是要暹罗人去担任，而在这些学校教书的教师，又要经过暹罗政府的暹文的考试。此外，每周又只允准华侨学校授五六个钟头的中文。又一切需用暹文去教授。这么一来，从国内到暹罗而不懂暹文的人们，都不能当教师。然而暹罗政府，还以为这种办法，不够严厉与澈底，因而遂借了各种原因，而大事封闭华侨学校。在一个很短的时间中，可以封闭了数十间侨校，其目的无非是要消灭华侨所有的学校。

这是南洋华侨学校的最大的厄运，华侨学校的量的方面发达，既也不外是近二三十年来的事情。而质的方面的改良，还未开始，殖民地或居留地政府，就用了种种的方法去限制其发展，以至阻止其存在，那么华侨教育的前途，岂非是很可悲观的吗？

我们应当指出，这是以往的事情。可是今后若不设法去使殖民地或居留地政府改变其排斥的政策，那么华侨的教育的前途，是不可乐观的。这是一般关心于侨务，而尤其是侨教的人们，所不能不加以注意的。

除了上面所说的各种原因之外，我们还要指出，我国文字之难读，实为教育上的大障碍。而这种障碍，在南洋的华侨教育上，尤为显明。在国内，除了有好多的机会去认识中文之外，懂了中文以后，就可以用之以谋生或处世。若能再通晓一种外国文字，那就很好。在南洋，只懂得中文是不易谋生处世的。因为中文在这个社会里，并不是主要的文字，而且未必是次要的文字。在殖民地里面，西洋文字是"官家"文字，也可以说是主要的文字，其次是土人的文字。比方，在安南，除了法文之外，安南文（用罗马字去拼音的）是很重要的，所以，只懂得中文是不够用。中文之学习既不知多少倍难于西文与土文，那么在智识的灌输上，用中文比之用西文或土文，也困难得多。

而且我们不要忘记，在南洋华侨的数目虽很多，然而我们是侨居异地。我们只懂得中文，不只不易与西人与土人作生意，就是华侨与华侨之间，专只用中文，也还不够。而况，广闽方言又多，懂得自己各种方言，已很困难，要懂土话，而尤其是西洋话，更非容易。

中文既不易学，中国的方言又多，在国语尚未盛行在南洋的时候，好多侨校，乃用其地方的方言去授课。结果是懂了中国文字，在自己华侨的社会中接触，还未必能谈话。加以南洋的华侨，既有很多是少受或没有受教育的，所以就使有人懂了中国文字，也不能用文字去与不懂得文字的人们去表达意思。中文本来难读，可是辛辛苦苦的读得懂了，在南洋的用途又不大，这就是说，不只不能与西人或土人交谈通信，连了在华侨自己的接触中，也未必能交谈或达意。结果是懂中文者，还是自成一个特殊的阶级，而非大众的文字。至于在商业或经济的发展上，其效用也是不会很大的。

不但这样，中文本来难读，也许是为了这一个原因，使在南洋的一般华侨学校里，很少注重西文或土文，所以一般入了华侨学校的子弟，不只是往往不懂得西文——土文是用不着说的——而且是往往不懂得土话，至于西洋话是更不待说了。而况，所谓从国内到南洋当侨校教师、校长的人们，以至一些侨胞染了内华夏而外夷狄的传统思想的，对于土人语言，以至西洋语言，持了蔑视以至仇恨的态度，以为这是番话，这不是读书人所需要的。同时，在这些华侨学校里，所用的课本，差不多完全是来自国内，对于南洋的地理，历史，风土，人情，以及其他一切关于南洋的事情，完全没有说及，结果是在侨校读书的学生，对于国内的情况，既只有书本上的智识，而有了隔靴搔痒的毛病。对于南洋的情况，又只有片断表面的观察，而缺乏系统的研究与深刻的认识，于是回国来作事，固有人地生疏的感慨，而在南洋做事，又有了学非所用的缺点。要想用了这种教育去发展华侨的经济，是一件不容易的事情。

何况所谓华侨学校，又多只是小学，初中已不多，高中更少。小学以至中学的教育，只是一种普通的教育，根本的教育。中文既难读，初中以至高中毕业之后，中文能通顺，已算得很好，专门智识是谈不到的。要想把这种的教育去发展各种经济上的专门事业，也是一件不容易的事情。其实，种植，开矿，捕鱼，制盐，以至经商，都要专门的智识，以往一般稍受教育或没受教育的侨胞，固早已成为时代的落后者，而现今的华侨学校所养出的人才若仅以懂得一些中文为目的，而欲与西洋人以至文字易读而各种智识正在发展的土人，在南洋的经济世界里争优胜，那是等于空想。所以，今后我们要想在南洋发展经济的力量，以至维持我们侨胞原有的经济基础，除了设法去鼓励国内的有识之士，与专门人才，向南洋去之外，对于今后南洋的华侨教育，还要特别的加以改善啊！

原载《武汉日报》1947年7月29日第3版、7月30日第3版；又载《山东新报》（济南）1947年7月29日第2版、7月30日第2版，《正义报》（昆明）1947年7月30日第2版、7月31日第3版。后编入《独立时论集》第1集，独立时论社1948年4月出版。《南洋与中国》（岭南大学西南社会经济研究所1948年12月初版），也专章谈华侨教育问题。

廿年来的南开经济研究所（存目）

原载《大公报》（天津）1947年9月10日第2张第6版（南开经济研究所二十周年特刊）。

后编入《大学教育论文集》（岭南大学西南社会经济研究所1949年10月初版）附录三。

全文见《陈序经全集》第四卷《大学教育论文集》附录三、廿年来的南开经济研究所。

与胡适之先生论教育（存目）

原载《大公报》（天津）1947年9月11日，第1张3版。又载《大公报》（上海）1947年9月21日，第1张2版；《大公报（重庆）》1947年9月23日，第1张2版；《中央日报》（永安）1947年10月7日，第5版。

后编入《大学教育论文集》（岭南大学西南社会经济研究所1949年10月初版）。

全文见《陈序经全集》第四卷《大学教育论文集》第一编 一、与胡适之先生论教育。

公论耶？私论耶？（存目）

原载《大公报》（天津）1947 年 11 月 17 第 1 张第 3 版、18 日第 1 张第 3 版；又载《世纪评论》第 2 卷第 21 期，1947 年 11 月 22 日。

后编入《大学教育论文集》（岭南大学西南社会经济研究所 1949 年 10 月初版）。

全文见《陈序经全集》第四卷《大学教育论文集》第一编 二、公论耶私论耶。

选举·宪政与东西文化（一）

——评梁漱溟的《预告选灾·追论宪政》

一

我们知道，二十多年来，梁漱溟先生是一位最喜欢谈东西文化这个问题的人物；然而照我个人的意见，梁先生对于西洋文化的认识，既是很为浅薄，对于中国文化的了解，也未见得很为透切。结果是，在他的关于这个问题的著作里，像我以前已经一再指出，往往是错误百出，矛盾丛生。

最近梁先生在《观察》的第三卷第四与第五期中，发表了《预告选灾·追论宪政》一文。我以为，他在这篇文里所讨论的问题，在题目上、在表面上，虽是一个中国政治的问题，可是在内容上、在根本上，还是一个东西文化的问题。而且，也像他的以往的著作一样的，有了不少的错误，有了很多的矛盾。

他的这种言论，在他看起来，虽是"未得高明之士，唱和于学术界"，然而我们也知道，国人因为深受数千年来的传统思想的影响，与文化惰性的作祟，在有意或无意中，与他作同样的看法的，并不乏人。在各种不同名词之下，像什么新儒学派，什么新生活运动等等，又何尝不与他的主张，有了根本或多少相同之处？因此之故，我读了这篇文章之后，忍不住的要借本刊的篇幅，指摘他的错误与他的矛盾。

二

所谓选灾，据梁漱溟先生的意见，是指全国大选举之为灾而言。梁先生说：

> 我并不敢杜撰此怪名词。这是十年前（民国廿五年）全国举办国民大会代表普选时，善于取谑底吴稚晖老先生所创造。当时吴老看了各地为选举而闹得举国骚然，鸡犬不宁，公私耗财之钜，社会风纪秩序破坏之烈，乡里友好结怨成仇，伤亡而继之以词讼，精神物质，一切损失之无法计算，于是从此悯怜之怀，发为讽刺之言。他叹息于水灾、旱灾、风灾、虫灾……任何一种灾，亦没有这选灾普遍而深入。这确是个古所未有，比什么都重大的灾祸。然而不幸底很，今年我们在许多水灾（两广、成都各处）、旱灾（山西、河北等处）和兵灾外，又将有一次这重大底选灾到来。

梁先生又指出中国若学西洋的竞选，必只有恶果。他说：

> 打架斗殴，有形之灾，亦既惨矣。社会风纪，乡里人情之无形破坏，尤遗祸无穷。不但求为改进后之西洋选举不可得，即求为西洋古代一场酣斗，亦岂可得？它除了丑恶，还是丑恶，别无所有！

我们在这里，不必去考究善于取谑与喜为讽刺的吴稚晖先生之杜撰这个名词，是否同梁漱溟先生一样地感觉到所谓选举的灾害的重大，比之任何灾害为甚。我们所要指出的，是在对于东西文化的态度上，吴稚晖先生之于梁漱溟先生，却有了根本不同之处。前者是重于西化的主张，而后者却趋于复古的途径。假使梁漱溟先生因为借重了吴稚晖先生所杜撰这个名词，而使读者没有认清这一点，那便是一种错误了。

我们承认，西洋的选举制度不只行之于中国，免不了有多少毛病，就是在西洋经过多少年的改善，也不能说是完全没有流弊。但是，我们若正像梁先生所说，"中国需要民主，亦需要宪政"，那么这种选举制度，总不能不加以采纳。假使因为有了流弊，遂以为完全要不得，那是"因噎而废食"了。完全只有利而没有弊的事，在历史上、在世界上，是不容易找出来的。假使因为有了多少毛病，而就要完全放弃，那么一切的政治，以至于社会的改进，就无从兴办了。我们知道，凡是文化惰性愈大的社会，其革新也必愈难。而所需要的代价，也必愈多。但是反过来说，若是因为代价太大，而不愿去改革，则其流弊恐怕愈来愈多。比方，革命是流血的事，然而在某个时代，或某种社会里，革命是需要的。俄国的革命，法国的革命，以至美国的独立，没有一件不是流血的事。但是假使俄国与法国不革命，则俄国与法国避免不了专制政治的淫威与毒害。假使美国不独立，美国就不易那么快的脱离其殖民地的地位。在俄国革命，或在法国革命，以至美国革命的时候，一般的人们，何尝不当革命的灾害，甚于洪水的祸患，然而经过了相当的时期之后，弊病慢慢的改良，到了现在呢？不只美国人不会说现在的美国不如属地时代的美国；不只是法国人不会说现在的法国不如专制时代的法国；就是革命的流血还在记忆中的一般俄国人，大概也不会说，现在的俄国不如沙皇时代的俄国罢。

俄国的革命，在意识上是共产主义，这是西欧的产物。假使俄国人，以为这不是俄国的东西而不可要，则俄国的革命，是灾害了、多事了。而况，照马克斯的预料，这种革命应当先产生于工业化程度很高的西欧，而不应先发现于工业比较很落后的俄国呢？法国的革命，在事实上，也是多少受了美国的独立运动，与英国的宪政运动的影响。假使法国人像孟德斯鸠、卢梭等，以为法国的民主宪政，应当从其固有文化中的暴君制度，或专制政体引申发挥，那么，法国的革命是不会成功的。而法国的民主宪政也不会实现了。

总而言之，俄国的革命以至于今，不出三十年，革命所产生出的病弊，我们还能回忆，或且还能看见；法国革命的成功，经过差不多百年的历史；美国之脱离英国，虽在一八八二〔一七七六〕年，然而十八世纪的末年以至十九世纪的初叶的美国，不能称为真正统一，固不待言，就是十九世纪下半期的美国的南北战争，又何尝不是充分表示从殖民地时代，以至脱离英国以后的互相猜忌与互相斗争所遗留下来的祸患呢？然而不只是读美国或法国的历史的人，不能不承认百余年来，这两个国家，在政治上，以至在文化的其他方面，有了很多的进步，就是读了俄国的历史的人，也不能不承认，三十年来，苏联在这些方面也有多少的改善。十八世纪的柏克（E. Burke）对于美洲的殖民地的见解，虽然是半个世纪超出他的时代，然而他的《法国革命的回想》（Reflection on the Revolution in France）不只表示他是过于保守，而且表示他是未免短见，只看当时的法国的病弊，没有看到在一百年后，这种代价并不白废。这是读历史的人们所不应忽略的。

革命民主、宪政固是这样，选举制度又何尝不是这样呢？就以民主宪政先进的英国来说，选举制度之改善，也要经过好几百年的历史。从前也可以说是有钱有势的人才能选举或被选，而今则不是这样了。从前只是男人可以竞选，而今则女子也能这样作了。英国固是这样，美国以至其他的好多国家，又何尝不是这样呢？美国的政治头目（Political Boss），纽约的塔米贺尔，在美国的选举制度上，又何尝不作出多少灾害，然而，美国人并不因此而放弃其选举制度，反而他们觉得这种制度的流弊都可以时时刻刻加以纠正、加以改善。

梁漱溟先生并非没有看到这一点，所以他说：

> 外国竞选，虽有弊，大致总过得去。彼固有其数百年所养者（法治之效，习惯之成，条件之备，一般道德水准，知识水准）在也。

然而，他又说：

> 中国而言竞选，一切无所循、无所据、无所养，多数老百姓，茫然不知所谓，只有听任此无所不至之人（按：指逞欲，而亡耻与有钱有势者），表演其无所不至而已，尚何灾之不成？

这是牵涉到整个中西文化的问题，我们当在后面再加论列。我们在这里所要说明的，就是梁先生虽然指出外国竞选是有弊病，但是他也承认大致总过得去，而其所以过得去的原因，就是因为他们不只有了好的法治、习惯、条件等等，而且有了较高的道德与知识的水准。反之，中国之所以不能言竞选，就是因为中国缺乏了这些东西。这就是等于说是因为中国的法治、习惯、条件种种，以至道德知识水准，都比不上西洋。质言之，也可以说是中国文化是比不上西洋的。

我以为正是因为中国的文化比不上西洋的，所以中国需要西化，澈底的西化，全盘去西化。竞选固要举办，法治、习惯、条件种种以至道德、知识水准，也要改善。反之，若自甘落后，则中国前途还有什么希望呢？

西洋人之所以至此者，既乃有其数百年所养者，那么中国要达到这种地步，就不能不用多少时间，去效法与试验，而求其所养者。假使因为其他条件尚未具备，而在未竞选之前，就预告选灾，这是等于未食之前，怕噎废食了。

何况梁先生岂不是这样说过吗？

> 英国式宪政，是近二三百年社会进步逐渐开出来的。而有它，更大大促进社会之进步。二者互相表里，迭相为因果。于是有今天的宪政，和今天的进步。……再从其效率言之，往时西欧以二三百年得之者，后来日本以六七十年得之，苏联更以二三十年得之，固然后来居上，由于坐收前人研究发明之功，亦为日本较有目标预期，苏联更有计划之故，然则于此何去何从，亦可思矣。

我们先要指出，俄国之学西欧，并不只是二三十年的历史，而乃有了二百多年的历史，而特别是彼得大帝以后，俄国欧洲部分，西化的基础已逐渐地建立起来。苏联在这二三十年来，不过是加强其速度而已，而且苏联与日本之效法西欧，在今日看起来，不只是还未见得后来居上，而且相差得多。至于政治方面的民主宪政，苏联与日本之未见得学到英美，更是一件很为显明的事。但是我们所要特别加以注意的，是梁先生既以为苏联的更有计划而效法西欧，日本的较有目标去实行西化，而坐收前人研究发明之功，那么中国又何尝不能够这样作呢？若说中国没有其所养者在，所以不能效法，那么日本在六七十年前，俄国在二百年前，又那里有其所养者在以为效法西洋的基础呢？这样一来，彼得大帝的改革，苏联、法国的革命，以至美国的独立，又岂非是多事多害之举吗？

不但这样，梁先生又告诉我们道：

> 今日所行一切，学自外国，别底犹可，唯自己出头竞选腼然不以为耻，实大悖于固有优美的谦德。……谦本来是中国人之道，后来人的谦，未必真；流俗人的谦，未必真。不真，不足贵，然犹胜于腼然无耻，不顾一切，以逞其所欲者。不为逞其所欲，他不会出头干这样。逞欲之人，就是中国所最不许可的。……逞欲而亡耻，则其无所不至，自在意中，此其所以可怕也。

梁先生在一方面虽以为竞选是腼然无耻，然一方面像我们在上面已经指出，"外国竞选虽有弊，大致总过得去，彼固有其数百年所养者在"，而所谓所养者在中国的一般道德水准的优越，又是一种重要因素，竞选既是耻事，竞选又是合于道德的，这又岂不是一个很大的矛盾吗？

而且，他一方面虽以为竞选是无耻，而实大悖于固有优美之谦德，然一方面又说道：

> 民主宪政，即有与我们精神相通之处。……民主就是承认旁人，承认旁

人即与恕谦让相通。……宪政是有争而无乱之道，无乱即与礼相通。

这岂不又是一个矛盾吗？除非梁先生以为西洋的礼、让、谦、恕，以至于整个道德要素之于中国的是有了不同之处，则这种矛盾是无法解释的。而况，他却明明白白的指出西洋的这些德性之于中国的是相通的呢？

其实，从梁先生上面那段话里看起来，中国本来之谦，早已坠落，所以他说："后来人的谦，未必真，流俗人的谦，未必真"。在没有介绍西洋的竞选之前，中国的谦早已不真而流为虚伪，然而梁先生还说这种虚伪的谦，犹胜于竞选之腼然无耻，犹胜于西洋之有谦的民主，以及有礼的宪政，这真可以说是矛盾中之矛盾了。

我们知道，梁先生之所排斥的是西洋的竞选之输入中国，而他所提倡的是中国古代的选举。这就是他所说的"中国的老选举"。且看他说：

> 选举竞争，在西洋，本从其古人粗朴行动，渐渐理性化、理智化而来，为数百年精神向上走之结果，其事当然可行，当然可资之以建立民主政治。但中国的历史文化，完全两样。今要学他，便与固有美德相悖，却是精神向下去了。匪独民主政治不能资以建立，其后果之恶，将不可言，我之所谓不可学者，谓此。

西洋的竞选是否像梁先生所说是从其古人粗朴行动而来，我们不必在这里讨论，然而，一方面既说西洋的竞选，可以资之以建立民主政治，一方面又说这种竞选不可学，又是一种矛盾了。梁先生又说：

> 唯公平之选举，才见民意。一般老百姓，无钱、无势、无知、无胆、无空闲、无兴趣。……试问他们的意想，从何表见？其结果，当然只是对成势力的那些新旧恶势力之一度取得民选美名，更加他们一层合法保障而已。

我们应当指出，西洋的选举之在今日，所以像梁先生所说大致总过得去，而当然可行者，也非一朝一夕所能作到这个地步。中国而欲学西洋，不只要经过一个相当的时间，而且，同时要使一般老百姓，逐渐的有钱、有势、有知、有胆、有空闲、有兴趣。西洋以往的一般老百姓，既也没有这些，而是逐渐的得到的，那么除了中国的老百姓，甘愿永远是生活于这样状态之下，则中国老百姓，为什么不能因了这种情形的改变，而实行选举呢？而况实行选举，也是推动民主宪政的一种主动力，而推动民主宪政，也是使一般老百姓，能够逐渐的有钱、有势、有知、有胆、有空闲、有兴趣的一种主动力呢？梁先生对于这一点，也无否认。而况，他既指出西洋的选举乃有其所养者，同时他又指出"一切学自西洋别的既犹可"，为什么选举就不可呢？因为学了西洋的别的东西，则中国也有其所养者在，那么选举之取法于西洋尚有什么问题呢？

其实，梁先生所歌颂的中国的老选举，究竟是什么东西，他就没有明白的解释。他说："在中国老政治上，老选举上，本没有党派。"然而他又紧接着说："或至少不以有党派为正常。"这又是承认有了党派了。只指出中国的选举之于西洋的选举，只是同名而异实，所以他说：

> 中国古时行乡举里选，后来历代史书多有选举制。那完全与今日所行，同名而异实。

我们以为不只是西洋的选举之于中国的选举，有了差异，就是中国固有的选举，又何尝没有差异？《王制》所记的选士，是先试之学，而给以作官的地位。周代又有所谓宾兴的制度，所谓三年大比，兴其贤能，而不必入国学。汉代的举贤能方正，也谓之选举，这与以往的选举也不见得完全相同。然则梁先生所提倡的古代选举，究竟是那一种呢？

其实，与其说中国的选举之于西洋的是同名而异实，不如说中国的选举，只是有名而无实。中国古代的选举，虽如上面所说，有其自身的不同之处，然而根本上，是"御命式"的任命，并非由民众选出的人士，而乃绅士或官家所选出的人物。《王制》所谓："令乡论秀士升之司徒，曰选士。"《周礼》所谓："三年则大比，考其德行道艺，而兴贤者、能者。乡老及乡大夫帅其吏，与其众寡，以礼礼宾之。"汉文帝恒在位之二年，曾下诏曰："二三执政……举贤良方正，能直言极谏者，以匡朕之不逮。"又十五又诏："诸侯、王、公卿、郡守，举贤良能直言极谏者。"这岂不是御命式的选举吗？岂不是只是有名而无实的选举吗？

不但这样，就是这种选举，也有了不少病弊。东汉举士的滥溢，所谓辟贤召士，一些自命为士人贤者，迷于仕途，不以卑微自沮，这又岂是知耻的人所作的事情吗？

何况在中国的仕途上，腼然无耻之事太多了。苏秦、张仪以及其徒众之低首下心，游说诸侯，以求得一官半职，固不见比之今日之自己出头竞选为高明，孔子、孟子之仆仆风尘，周游列国，莫非为利禄熏心。难道这就不是腼然无耻吗？读李白的诗的人，总能羡慕其气节清高，然而一读了他的《与韩荆州书》的人，真不免感觉到他是作了摇尾乞怜的状态。所谓"一登龙门，则声价十倍"；所谓"君侯何惜阶前盈尺之地，不使白扬眉吐气，激昂青云耶？"这简直是失了诗圣的尊严了。所谓中国的谦让之道，难道就是这样吗？此外，又如读韩愈的《进学解》的人，以至于其他之所谓怀才不遇的人士的诗文的人，不能不感到中国人之热于升官发财，而忽于礼义廉耻。到了近来，政治上的钻营卖官，官吏中的贪污罪行，难道还未闹得举国骚然吗？难道这些怪象，比之自己出头竞选还为好吗？

《世纪评论》第 2 卷第 23 期，1947 年 12 月。

宪政·选举与东西文化（二）

——评梁漱溟的《预告选灾·追论宪政》

三

梁先生不只是提倡老选举，而且好像提倡"老民主""老宪政"了。且看他说：

> 中国需要民主，亦需要宪政，不过民主宪政在中国，都要从其固有文化引申发挥，而剀切于其当前事实，不能袭取外国制度。

在中国的固有文化中，有没有民主呢？有没有宪政呢？假使是有的话，那么我们无疑的可以引申发挥。假使是没有的话，那么我们自然的无法引申发挥。梁先生虽然要从中国的固有文化中，引申发挥我们的民主宪政，然而自己却否认中国以往有了民主的观念。在《观察》的第二卷第六期中梁先生所发表《中国文化特征之研究》一文里曾说：

> 又应指出民主、自由、平等一类观念要求，及其形诸法制如欧洲所有者，始终不见于中国，亦事属可异。自由一词，在欧洲人是那样明白确实，是那般宝贵珍重，又且是口中笔下行常日用不离，乃在中国，竟无词语，适与相当，可以翻译出来。

梁先生又举出他在《东西文化及其哲学》一书里一段话：

> 权利、自由这类观念，不但是中国人心目中从来所没有的，并且是至今看了不得其解底。……他对于西方人之要求自由，总怀两种态度：一种是淡漠的很，不懂要这个作什么；一种是吃惊的很，以为这岂不乱天下。

我们现在要问，在这种的中国的固有文化之下，而欲引申发挥民主宪政，这又岂非是一种矛盾吗？我们并不忘记，梁先生在同文里，也曾指出"平等与民主二词，亦非中国人所习用者，但平等精神与民主精神，在中国却不感生疏"。他因此而又把梁任公在《先秦政治思想史》等书里所指出像孟子的"民为贵，社稷次之，君为轻"一类话，以为证据。其实，这一个错误，这是数十年前一般顽固复古者流，所用以反对效法西洋的把戏。所谓飞机来自墨子的飞鸢，所谓汽车来自孔明的木马，凡是西洋一切的日新月异的文化，不曰来自中国，就说中国老早已经有了。民主政治同样的是中国的固有的东西，所以用不着去取法西洋。

其实，假使我的记忆不错的话，梁任公并不把孟子及其他的古籍那些话而当为民主观念。他用了"民本"这个名词去代替民主这个名词，以为中国只有前者，而没有后者。梁漱溟先生也有下面一段话：

> 虽然如此，却要晓得其所发挥仅至民有（Of the People），与民享（For the People）之意思而止，而民治（By the People）之制度或办法，则始终没有人提到过。更确切的说，中国人亦曾为实现民有民享而求些办法，设些制度，却总没有想到人民可以自己作主支配这方面来，如举行投票表决，或代议制等。

这些话，也差不多是梁任公在数十年前所说过的。我们也得指出中国不但没有民主或民治的制度，其实也没有这个观念。不但没有这个观念，连了这个名词也不容易找出来。而且民主的真谛，就是要由人民自己作主去治理国家的事情，这就是 By the people 的意思，中国既然没有了这一点，那么要想从中国的固有文化中引申发挥民主的精神，岂非是缘木求鱼的故智吗？

中国的固有文化中，既没有民主的精神，也没有宪政的主义（Constitutionalism）。宪法是国家的根本大法，不只人民要遵守，就是官吏帝王也得遵守。其实，西洋宪政的发展，与其说是为着人民守法而来，不如说是为着限制官权、王权而生。从英国的《大宪章》以至近代的宪法，没有一件不是这样的。而况所谓保障人民的权利，却为近代宪法的重要部分，中国以前虽有所谓法家主张用法去治民，然而这不外是帝王臣僚立法而要人民去遵守而已，帝王臣僚是创制法律者，所以他们可以逍遥于法律之外，这是专制政治的特征，而与民主政治，恰恰相反。因此之故，我们若想从中国的固有文化中引申发挥宪政，又岂不是一个很大的错误吗？

此外又如梁先生说：

> 西洋宪政，起于限制王权，而予人民以自由，这对于旧日中国消极无为之老政治，自属药不对症，然而矫正近年之一党专政，个人独裁，又未始无用。

然则梁先生也承认西洋的自由、民主之有用于中国了。梁先生反对民主自由之应用于中国的主张，又可以不攻而自破了。其实，不只是在一党专政、个人独裁，以至所谓思想统一，言论统制的中国，需要自由，需要民主，就是在数千年来的专制政治之下的中国，又何尝不需要民主，又何尝不需要自由呢？秦政的"焚书坑儒"，汉武之"罢黜百家"，清初的"文字狱"，以及数千年来的种种的专制政治，在中国政治的思想与制度的发展上，固是一件很为不幸的事，在中国整个文化以及其他的各方面的发展上，又何尝不是一个最大的阻力？所谓保守主义，闭关主义，所谓排斥异己，所谓天子独尊，在政治上就是专制护符，而在文化上又有惰性的作用。政治在以往，既往往成为文化的重心，政治制度，既历来不变，文化也免不了而随之延滞。难道梁先生看不出来专制政治的遗毒之流行于今日，而还要我们不谈民主、不争自由吗？

梁先生也许告诉我们道：他所欲从中国的固有文化中所引申发挥的民主宪政，不一定是西洋的民主宪政，而是与西洋的这些东西有了相似的精神。在这篇《预告选灾·追论宪政》一文中，他曾摘录张东荪先生的《理性与民主》一书中数段话，以结束这篇文。张东荪先生的话是：

> 凡文化的沟通，应从其比较相似或比较相接近的地方着手，换言之，即容易不起误会。
>
> 于是我们便得一个定理，就是：两个文化交流时，必于其相类似处，方能融会，必须有融会，方能产生新文明。（中略）同此，我主张儒家思想，与西洋民主精神有相似点，就可由此一点之接近，而把民主主义迎接进来。
>
> 总之，从原则言，从理想言，从标准言，民主主义，及社会主义，在中国没有问题。但从制度言，从实施言，则必须有深知中国国情与中国文化的学者，同时又深知西方文化与政治这样的学者，多多益善，大家会同研究出来，专为中国而设底制度。

我所以抄了这几段话，因为梁漱溟先生说，他读了张东荪先生的书后，"发见他有些意见颇同我相近，欣然摘录于此"。梁先生既然摘录这些话以结束这篇文，大致上也可以说是梁先生的意见了。然而我们上面已经指出，梁先生不只坚决地说中国没有民主精神，而西洋的民主精神，又不合于中国固有的国情，那么梁先生若是同意于张东荪先生这种说法，岂非又是一种矛盾吗？

而况，若照张东荪先生这种说法，却等于"西学为体中学为用"的主张了。所谓原则、理想、标准，岂不是民主之体吗？所谓制度、实施，又岂不是民主之用吗？梁漱溟先生所谓从中国的固有文化中引申发挥民主宪政，本来是一种复古的主张，至多也不过是"中学为体西学为用"的主张，现在这么一来，真是有了天壤之别了。梁先生而要把说这些话的张东荪先生，引为同志，岂非是自己打了自己的嘴巴吗？

然而我们所要讨论的，是儒家的思想是否与西洋的民主精神，有了相似之点，而能够互相融会。我们所以提出这个问题，一来，是因为梁漱溟先生的思想，骨子里还是儒家的思想；二来，近来要把这种思想去融合西洋的民主思想的，并不只是梁漱溟与张东荪先生两先生，而却大有其人在。

上面已经指出，梁漱溟先生虽说在孟子的言论中有了民有、民享的意思，而却没有民主的观念。这么一来在梁漱溟看起来，就没有相似之点了。而况，他曾一再声明，这种民主精神，中国始终没有过。张东荪先生在上面数段话里，虽没有提出在儒家思想中那一点与西洋民主精神有相似的，可是最近来《大公报》（十月二十四日）载他在燕大师生的"什么是民主"的讨论会中的谈话，便可知道他所说的相似之点，是"孔子做人之道如容忍是"。所以他说："以容忍与民主相接则甚易，此乃治本、治标之法。在于和平战争中，决不能产生民主。治本、治标兼施，若干年后，中国才能蹈上真正之民主轨道。"

我们以为，假使容忍而是达到民主政治的必需条件，那么在西洋的民主主义里早就有了容忍之道了。容忍他人的信仰，这是西洋人近代的宗教上的容忍。容忍他人的意见，这是西洋人近代的言论上容忍。这也就是西洋人所说的信仰自由，与言论自由，这是民主主义的要素。换句来说，西洋人的民主政治之所以能够发展，是由于在西洋有了容忍之道。反之，中国虽有了孔子的容忍之道，自己产生不出民主主义，则这个容忍之道，是否与西洋的容忍之道相类似，能否与西洋的民主精神相融会，却成了问题。

其实，从中国的保守主义、闭关主义，以至专制主义来看，中国对于容忍之道，至为缺乏。就以孔子来说，他作官不久，就诛了少正卯，而其所以诛他的原因，就是因为他不能容忍少正卯的言论与行为。他说："攻乎异端，斯害也矣。"这又是不能容忍别人的意见的表示。至于孟子之骂杨、墨为禽兽，那是更显儒家之不能容忍别人的学说了。因此之故，所谓儒者或孔子之徒，如汉的董仲舒，唐的韩退之，没有一个不是心胸狭小，不能容忍异己的理论。中国学术之不能发达，固由于此辈之固塞所致，中国政治与文化之不放异彩，也莫非由于此辈之不能容忍。

孔子之道，既与民主主义相背而驰，那么，欲以孔子之道去调和西洋的民主精神，这又岂不是很大的错误吗？

孔子之道不只是反乎民主的潮流，而且是拥护专制主义最力的。他说："不在其位，不谋其政。"这是极端的专制的论调。他说："民可使由，不可使知之。"这不只是专制的论调，而且是愚民的政策了。其实，孔子之在中国历史上，其所以能得到专制帝王的尊崇，无非就是因为他的这套理论，作了专制政治的护身符。所以刘邦在未作皇帝之前，曾以便溺儒冠，可是发极之后，却尊崇孔子起来。此后一朝一代之尊崇孔子的君主，又莫非是因为他的理论是合乎他们的口胃。日本人占据了东北四省，也抬起孔子来。英国本为民主先进的国家，然在殖民地里，像在香港这个地方，却也鼓励孔子之道。所谓尊崇君主，敬仰皇家，又何尝不是因为孔子的主张是合于统治殖民地的原则。民国以来，香港之所以成为尊孔的大本营，并非无因。国民党北伐成功之后，所谓党国显要之提倡祭孔尊孔，又何尝不与一党专政、思想统一等等口号，有了密切的关系。我们抚今追昔，已是无限感慨，而一些学者士人还想从孔子之道理，引申发挥民主宪政，真不知其用心何在。

上面已经指出梁漱溟先生的好多错误与矛盾，但是梁先生的错误与矛盾，何止只像上面所说的。事实上，读了他的这篇文的人，不能不怀疑梁先生对于政治学上的一些基本原则，与对于西洋政制的一些普通事情，是否弄得清楚。比方梁先生说："团体公共之事，谓之政治。"这个说法，大概是依据了孙中山先生的说法。孙先生说："政就是众人的事，治就是管理，管理众人的事，便是政治。"然而若从政治学的立场来看，孙中山先生的说法，就有了商讨的地方。因为政治固可以谓为团体公共或管理众人之事，而团体公共或管理众人之事，未必就是政治。一个救济会社所作的事，可以叫作团体公共之事了，然而我们并不叫做政治。一种宗教组织所作的事，也可以叫做团体公共的事了，可是我们也不叫做政治。一个教育机关所作的事，也可以叫作团体公共的事了，可是我们也不叫作政治。总而言之，团体公共之事太多了，政治不过是其中之一。若把所有的团体公共之事，而谓为政治，那是一个错误。假使梁先生而曾读了一些政治学普通原理的书，我想他当不会有了这种错误罢。

梁先生对于政治的概念，既弄不清楚，他对于宪政的意义也很含混。比方他说：

> 我在政协会中，对政府问题，决定不发一言，不参加宪政小组，不参加宪章审议会，而积极参加军事组，致力于军队国家化之商讨。

然而，梁先生又紧接着说：

> 凡我所发言，总不出于军队问题，暨人民言论、身体自由问题之一端。

难道人民言论、身体自由的问题，就不是宪政的问题吗？其实，所谓人民言论、身体自由的问题，是宪政上的主要问题。梁先生大谈了宪政问题，而却说对于宪政问题不发一言，这又岂不是一个矛盾吗？

又如梁先生说：

> 现在世界上，除了苏联外，各国政治制度，皆渊源于英国。

这是把世界各国政治制度分为两种：一为苏联式，一为英国式。然而梁先生又说：

> 本来有三种不同（政治制度）蓝本可供中国选择：第一便是渊源于英国，而泛滥于世界的。所谓宪政，尽管其间出入甚大，变化多端，可任人剪裁拼拢，却仍不失其为一套蓝本，可供中国选择。第二便是孙中山先生"五权宪法"之一套，虽总理遗教具在，而在国民党内已言人人殊，遑论党外。所以，亦尽可自由运用，而终不失为一套蓝本。第三便在苏联自其革命以来的几次宪法，它因自成一格，不为恒情所许，但同有宪法之号，亦未尝不可

取材。

上面是把世界各国政治制度分为两种,而这里又把其来分为三种。这本来就是个矛盾。事实上,假使孙中山先生的五权宪法,而能自成一套,那么美国的三权宪法,也可以自成一套了。若说美国的政治制度,是渊源于英国,而列为英国式,那么,五权宪法大致上也可以谓为英国式了。我们并不忘记,国民党的一党专政作法,是本于苏联,而今后就要施行的宪法中的国民大会,还脱不了苏联的政制的色彩。然而,若照梁漱溟先生逻辑,孙中山先生的五权宪法,主要也可以说是渊源于英国。其实,所谓"现在世界上除苏联外,各国政治制度实皆渊源于英国"这两句话,就过于笼统,就要很多的解释。比方瑞士的委员制度,美国的联邦制度等等,都未见得是渊源于英国。然而,要讨论起这些问题,则其所牵连的必定更多,只好从略。我们在这里,只是把梁先生自己的错误与矛盾,指出而已。

梁先生一则曰"英国式政治是我早所倾服的",再则曰这种政治是"我始终倾服"。同时,他又指出中国需要民主,需要宪政,此外,他还指出西洋的民主宪政的精神是与中国的谦、恕、礼、让的德性有了相通之处。这么一来中国之学西洋,当然没有问题了。然而同时他又一再声明中国政治于西洋的,完全不同,所以一再声明中国不应学西洋,学西洋不只学不成,而且只毁了自己固有的政治。这是矛盾,这是错误。

《世纪评论》第 2 卷第 24 期,1947 年 12 月。

宪政·选举与东西文化（三）
——评梁漱溟的《预告选灾·追论宪政》

四

上面是批评梁先生的政治主张。我们现在且进一步去指出他对于文化的问题的错误与矛盾。

我们已经指出，梁漱溟先生在《预告选灾·追论宪政》这篇文里，曾把世界的政制，分为两大类：一为英美式，一为苏联式。同样的，他把世界的文化，分为两大系：一为英美系，一为苏联系。这两种文化的不同，可以用他在民国三十六年一月十二日上海《大公报》所发表《政治的根本在文化》中的两段话来说明。

> 眼前世界上，英美代表着一大文化派系，苏联又代表着另一大文化派系。我们谈到英美文化，就包括其政治经济乃至一切而说，同时，也就指着贯乎其全部文化中的个人本位制度而说。个人本位制度，是英美文化的骨干，亦是贯乎英美文化之一根本意义。同样的说，苏联文化就包括其政治、经济乃至一切而说，同时亦就指着乎其全部文化中的社会本位制度而说。社会本位制度，是苏联文化的骨干，亦是贯乎苏联文化中之一根本意义。政治在这里，只是表层的东西，而且亦只居其一部。

> 本来一切文化，从两种因素构成：一种是人的好恶取舍，抑扬轻重，及一切价值判断，流露在人生目的方面的。再一种则是顺此目的而来之手段、方法、技术等等，前者为主，后者为从。不同系派之文化，皆因其前者之不同，而不因其后者。试再借眼前来说明，个人本位、社会本位之取舍不同，重视政治之自由，而轻视经济之平等，重视经济之平等，而轻视政治之自由，便是英美文化与苏联文化所由分。即此取舍轻重，是其文化里而各自最主要的所在，至于那些农工生产方法技术等，即为文化之从属部分。两方自然要科学化、工业化，彼此并没有什么不同，即有些不同，亦无关重要。

在《预告选灾·追论宪政》一文中，梁先生也说：

> 在本年新年之初，我为文呼求国人认识今天的问题，在文化极严重地失调，呼求国人要以固有文化和英美、苏联两大派文化，作比较研究，才得解

决政治问题。正为中国的问题，不起于中国；今天的问题，不始于今天；政治问题，不出在政治上，所以其解决之道，即必从综合比较研究中得之。

在某种意义上，我们承认政治的根本在文化，这是牵涉到文化本身以及其各方面的互相关系的问题。我们不能在这里畅所欲谈。我们所要指出的，是梁漱溟先生对于东西文化的观念的好多错误与矛盾，也是由于他对于文化的根本原理没有了解。就以"政治的根本在文化"这个看法来说，我们以为在某种意义上，我们承认这种看法有其道理，然而我们也得承认，政治对于文化的其他方面，也有很大的影响。在我们上面所抄梁漱溟先生《预告选灾·追论宪政》一文中一段话里，他自己指出"英国式宪政是近二三百年来社会进步逐渐开出来的"（这已表示梁先生对于英国式的宪政史，就不大懂，因为英国式的宪政是从十三世纪发展而来，已有七百多年的历史）。然而我们所要特别加以注意的，是他在这里也承认有了英国式的宪政"更大大促进社会之进步，二者互相表里，迭为因果，然后才有了今天的宪政与今天的进步"。

若照这种看法来说，则宪政实为推动社会进步，或是文化进步的一个主因了。宪政不过只是政治的一方面，或是政治力量的一种力量。宪政对于社会进步，对于文化进步，既有了很大的影响，那么政治之对于社会，或文化的其他方面的影响是不待言而知的。比方，我们上面所说中国的专制政体，以至其整个政治的制度与观念之对于中国文化的影响，就是一个例子。至于西洋的整个政治的制度与观念之对于西洋的文化的影响，也是更很为显明的事情。

然而，梁先生在《政治的根本在文化》一文中，以至在《预告选灾·追论宪政》一文中又说：政治在这里（按：指文化，而这只是其表层的东西），换句话来说，文化的其他方面是政治的基础，是政治的里层的东西，结果是只有政治，随文化的其他方面的变化而变化，而文化的其他方面，却不会因政治的变化而变化了。

梁先生一方面承认政治可以促进文化的进步，政治之于文化其他方面互相表里，迭为因果；而别一方面又说政治是文化的表层，政治是文化的枝叶，文化是政治的根本，这又岂不是一种矛盾吗？

不但这样，照普通的看法，英美之于苏联的不同是政治制度上的差异。后者是一党专政，而前者是多党政治。梁先生之所以把世界的政治制度分为苏联与英美两大类，也是为了这个原故。然而同时，他又把世界的文化分为两系，一为英美的，一为苏联的，以为前者是以个人为本位，而后者是以社会为本位。前者是重视政治上之自由，而轻视经济上之平等。后者是重视经济上的平等，而轻视政治上之自由。这么一来，英美之于苏联的文化的不同，好像并非政治制度的不同，而乃一个是个人主义，一个是社会主义。而所谓个人主义，又好像是政治上的个人主义，所谓社会主义，又好像是经济上的社会主义。其结果好像又以为英美的文化，是偏于政治的文化，而苏联的文化，是偏于经济的文化了。

梁先生在我们上面所抄下来那段话内，已经指出无论是英美也好，苏联也好，其文化乃包括其政治、经济、乃至一切而说。那么，这种所谓英美的文化，是偏于政治方面，而苏联是偏于经济方面，又不知其作何解？难道英美对于经济的改革没有苏联那么注意吗？难道苏联对于政治的设施，没有英美那么注意吗？

我们承认，在事实上，苏联的人民在政治上没有英美的人民在这方面那么自由，然而这只能说在政治的自由的争取上，苏联还没有做到英美的地步。这是因为苏联革命未久，以往的沙皇专制的主义，尚未能在短时期内完全打破而已。若说苏联人民不要政治上的自由，那恐怕又非他们所承认罢。

从经济方面来看，苏联固是努力于经济上的平等，英美又何尝不在这方面努力。所不同者，前者是用激烈的革命的方法而求这种平等，后者是用温和的改良的方法而求这种平等。所得税、遗产税等等，在节制资本集中，不能说没有效力，而享用物品的限制与管理，对于贫者、富者的享用上，又不能不说是趋于平等的途径。所以在目的上，无论是英美也好，苏联也好，两者在经济的平等上，都走在同样的途径。

我们以为，与其说英美重政治，而苏联重经济，不如说英美从政治上的平等而趋于经济上的平等，苏联是想先得经济上的平等然后求政治的平等。然而我们也得指出，无论英美也好苏联也好，都以政治的力量去施行经济的政策。所以从文化的整个方面来看，经济问题在今日的世界上，虽是一个很为重要的问题，然而文化还脱不了政治的重心。争取政权，还是当为施行经济政策的先决条件。因此之故，若谓英美的文化，是偏于政治方面，而苏联的文化，是偏于经济方面，又是一个错误。

至说英美的文化，是以个人为本位，而苏联是以社会的本位，这种区别，在现代的西洋文化中，而尤其是自这次大战以后，只是程度上的不同，而非性质上的不同。而且在程度上，也逐渐接近起来。比方，苏联在革命后虽极力打破私产制度以至个人信仰，然而后来不只私产制度恢复起来，就是旧教崇拜，也恢复起来。至于英美在近年以来其文化的社会化的程度，也日来日高，所谓个人本位，早已失去本来的真面目。而况梁先生自己岂不是说过："欧洲人从来过着集团而斗争，斗争而集团底生活。"假使这种说法是对的话，那么苏联固是欧洲文化圈圈的一个单位，难道英美就不是欧洲文化圈圈的一个单位吗？而所谓集团云者，又岂不是以社会为本位吗？

不但这样，梁先生曾指出西欧的社会文化的进步，是经过二三百年的时间，苏联有计划的去坐收前人研究发明之功，而在二三十年中学了西欧的文化。这样看起来，在文化上苏联乃是西欧的徒弟，而西欧（英国在内）却成为苏联的师傅了。然而所谓苏联的文化之于英美的文化的不同，究竟是有何所指呢？

梁先生也许说道：他所谓苏联之学西欧者，乃是那些农工生产方法技术等等。这乃梁先生所谓为文化之从属部分，而非文化之主要部分。而所谓主要部分，又乃指着经济、政治的制度以及一切价值判断流露在人生目的的方面底。前者为从，后者为主。而所谓为从，却是从主而来。我们先要指出，苏联的以及一般的马克斯主义者，对于这种说法，是绝对否认的。因为照马克斯的看法，恰恰相反。他以为社会各种制度以至意识是随着生产的方法的改变而改变的。他的经济史观，也是筑在这个概念上。马克斯这种看法对不对，我们不必在这里加以讨论，我们所要特加以注意的，就是梁先生自己也曾说过，英国式的宪政是近二三百年来社会进步逐渐开出来的。所谓英国式的宪政岂非西欧的政制之一吗？而所谓社会进步又岂非指着或包括了农工生产方法、技术等等吗？这么一来岂非反主为从了吗？若照梁先生所谓这两者是互相为表里、迭相为因果来看，那么，这两者乃处于互相关系，互相影响的地位，而所谓主从之分，又是一个错误了。

总而言之，所谓农工生产方法、技术等等，也无非是就经济的。经济生活固受其他方面的文化的影响，如政治、宗教、道德等等，这些东西，也受经济生活的影响，两者既互相为表里，迭相为因果，就无所谓梁先生所说的主从了。

文化的各方面既是互有关系，互相影响，文化的某一方面或数方面的改变，往往会引起他方面以至于全部的改变。而况像俄国这个国家，自十七世纪以后，而尤其是彼得大帝就位之后，对于欧化提倡，不遗余力，故二百余年以来，俄国的文化，遂成为欧洲的文化系统。我们知道，十六世纪的俄国，还是在东方文化中过活；十七世纪以后，逐渐的受了欧洲的文化的影响；到了彼得大帝的时候，乃极力去效法西欧。萨诺菩（Charles Seignobas）氏在其《近代文化史》中，曾有下面一段叙述：

> 彼得大帝……一六九七年又作西欧修学旅行，与俄罗斯青年二百五十人同行，盖欲授以西方文明之方法也。彼得既返俄，即努力改变俄人为欧洲人。帝素无俄罗斯之偏见，不喜俄国风俗，亦不尊重俄国宗教，生平非常赞美西方文明，欲将其输入帝国。既知俄皇发令，人民无不服从，帝即令其臣民改变习俗。违者非处罚金，即处鞭刑。帝禁蓄长须，且亲自修剪廷臣之长须。无何，帝又令所有俄宫官员，一律改着西服。帝许人吸烟，而烟固俄罗斯教会所视为一种魔草，而在所必禁者也。帝以身作则，首先吸烟，帝又令妇女参与宴会，着欧洲礼服，不御面纲。迨后一七一八年，帝又于圣彼得堡地方，试创客厅生活。帝令廷臣更番举行会议，换言之，举行晚会。贵族男女皆与宴。依欧洲法式寻乐，或跳舞，或斗牌，或吸烟，或杂谈。……其两女皆受欧洲教育，日后继承帝业者，即此辈妇女也。为避免莫斯科人民起见，帝于波罗的海附近地方，建新都，而称之为圣彼得堡，盖德国名称也。帝强迫阿堪遮人民迁居新都，并令所有领主，各于新都建筑宅第。彼得在位

之日，将其所赞许之欧洲礼节及制度输入帝俄焉。……帝固曾化陈旧野蛮及半亚洲之俄罗斯，为一欧洲大帝国也。此种变化，由表面上观之，似须百年始克有功，帝则仅以三十年之时间致之也。（依陈建民译本）

国内之一般反对西化，像梁漱溟先生们，阅了这一段话，无疑的必以为彼得之这样的提倡西化——以至于所谓皮毛西化像跳舞、斗牌等，是太"在盲目中学"了。然而，我们不要忘记，假使没有彼得那样大刀劈斩，去排斥俄国的固有文化，与提倡西欧文化，则不只帝俄的西化的基础，不会成立，就是苏联欲像梁先生所谓在二三十年内"坐收前人研究发明之功"，是不容易的。而况，直到今日，苏联的欧化尚不澈底呢。

所以，从文化的立场来看，十七世纪以后的帝国也好，卅年来的苏联也好，其所循的途径是西洋的。这就是说，她是西欧文化的徒弟，她是西欧文化的一部分。不只是从农工生产方法技术以至整个物质文化，她是采纳西欧的，就是从社会风习，以至信仰意识，她也吸收西洋的。共产主义，可以说是苏联的信仰意识了，然而正像我在上面已经指出，这岂不是西欧的产物吗？我们不要忘记，马克斯、恩格斯的思想主张，是西欧的环境——这就是西欧的文化中薰染出来的。马克斯生长在德国，流浪在法、比，而最后的很多年，是住在英国，以至死在英国。他的最大与著名的著作——《资本论》，是在英国搜集材料与写作的。至于恩格斯，更不用说了。连了列宁，也不知化了多少时间在西欧。

总而言之，苏联今日的文化，在系统上是西欧的。假使我们以为苏联之于英美有了不同之处，是枝叶上的不同，而非根本的差异，然而，所谓枝叶的区别，不只苏联之于英美是这样。比方，若说政治上的一党专政，是苏联的特色而别于英美的多党治国，那么纳粹时代的德国，以及法西斯时代的意国，也岂不是一党治国吗？然而，我们是不是会因之而分西洋文化为德国派系的文化，与英国派系的文化呢？其实，在文化上，与其说苏联之于英美的不同，像梁漱溟先生那样看法，不如说是前者之西化的程度尚不澈底，尚不到家，而遗留了不少彼得大帝以前的俄国的东方色彩的文化。所以过去二百多年的俄国，固在努力去西化，今后的苏联，还是有意的或无意的走在这条路线。然则把政治上的政制或政策而分苏联与英美为文化两大系统之说只是片面之见，只从枝叶去分罢。

《世纪评论》第 3 卷第 1 期，1948 年 1 月 3 日。

宪政·选举与东西文化（四）
——评梁漱溟的《预告选灾·追论宪政》

五

梁先生对于西洋文化的认识，既像我在上面所说，很为浅薄，他对于中国与中西文化的问题的解释，又有不少的错误与矛盾。比方，他说：

> 中西历史、中西社会怎样不同？极简单地说，欧洲人从来过着集团而斗争，斗争而集团底生活；而我们则大体上过着散漫而和平，和平而散漫底生活。团体公共之事谓之政治，要求参预政治，即团体之事，必要给我预闻。要求自由，即抗拒团体过分之干涉压迫，而划分群己之界。民主者，承认旁人之谓也。承认公共之事，大家皆得预闻，承认人各有其自由，就是民主。宪政则是一种制度，借了它得保证民主之日即将开展。西洋当中世纪之后半，近世之初期，宗教、文化、政治、经济，各方面都特别表见分离、对立、竞争、斗争、凌乱……之情形。在其间，分中有合。唯一是民族国家之形成，而民主和宪政则不外是使这些在一国之内，变得有条理、有秩序、有轨道之可循。其道即互相承认，互相制裁，分离还是分离，对立还是对立，竞争还是竞争，斗争还是斗争，只是免除了凌乱暴乱。暴形之力，亦未消未减，但一齐用向国外去。国家是现有最高团体，在它以内，有秩序，在它之外，无秩序。宪政者无他，只是在这西洋国家内部一种有争而无乱之道而已。其为集团而斗争，斗争而集团，仍然未变。不过团体内组织得更好，对于斗争起来，其力更大。
>
> 但中国是什么呢？中国是和合统一底一个单位。它的统一，与其说在政治，毋宁说在文化，与其把它作为一种政治单位看，毋宁作为一文化单位看。二千年来，他是不像国家的国家，他以不要政治为政治，所以有人会说一句妙语：近代的英国人，以国家为必要之恶；中国人，自二千年之古昔，已把国家当作"不必要之恶"了（日本学者长谷川闲如是言）。盖一切国家都是阶级统治，他即缺乏阶级，难言统治。只是一消极相安之局，而非一积极统治之治。在内缺乏阶级意识，在外则缺乏国家意识，其散漫即此可征，其和平即此可征。综千言为一语，像西洋那样，处处可以见到对抗之力者，在他这里是看不到。难道他在这里就无争夺，无叛乱，无相争相抗之事，当

阶不是这么说。在他全部文化气息上，在他全部历史事实上，和合统一是正面，是其本行本色，这些虽有，只是负面，或变例，间杂于其中，不同乎西洋竞争斗争，是其正面文章所在。

西洋的社会历史是斗争的社会历史，中国的社会历史，是和平的社会历史，这是近数十年来的国人的一般看法与老生常谈。梁先生这种看法，并不算为希奇。然而这种看法，未必是对的。梁先生自己就已承认，西洋的分中既有合，而中国的和中也有争。不过他以为斗争是西洋的正面文章，而和合是中国负面变例。然而我们读中西历史的人，若把二千余年的历史来看，我们也能明白，斗争既未必是西洋的正面文章，而和合也未必是中国的负面变例。在西洋数百年中的罗马帝国，一千多年的中世纪，大致上固是一个和合局面，就是近代国家制度发展之后，国内固像梁先生所说有秩序，就是国与国之间，也未见得天天在斗争，而没有秩序。

反过来看，中国春秋战国的时代的斗争，固不必说，秦代统一的时间，实在太短，汉祚虽有数百年，然而汉初诸王的叛乱，吕后的专政，汉族之于匈奴与南越、西域的斗争，以致王莽之乱；此外如黄巾、黑山诸贼之乱，以至三国之争，无一不是在斗争与紊乱的环境。那么从春秋战国至东汉末年的长期中，所谓斗争是负面变例，却是一个错误了。到了五胡乱华，五代之世，紊乱情形，更不待说。唐称盛世，然而太宗时代之伐突厥，灭高丽，以至破吐谷浑，固是斗争，高宗时代之伐高丽，击吐蕃，以至伐西突厥，又何尝不是斗争。武后专政，天下纷乱，安禄山之反，以至德宗、宪宗时代之屡次反叛，僖宗时代的王仙芝、黄巢之乱，此外，西北异族的祸患固是历年不断，西南南诏之患，也未见得时间很短。宋元两代之纷乱，明代像张献忠之作乱，清代像洪秀全之反清，以至三十多年来的内乱外患，无一不是中国的斗争史。

这样看起来，所谓在中国的社会历史上，斗争是负面变例，而和合是正面文章，却又未见其然了。

总而言之，一部西洋史，既未必是一部斗争史，而一部中国史，也并非一部和合史。一部中华民族发展史，无论是对内或对外，也可以说是一部斗争史。从黄帝与蚩尤之战，以至今日的内乱外患，何莫非是斗争的历史。四千多年来所谓和合统一局面，与其说是中国的史实，不如说是中国人的理想。然而这种理想，也非中国人所独有的东西。罗马帝国的建立者，基督教会的教士，但丁、康德、威尔逊、罗斯福，以及其他的好多的西洋人，又何尝不渴望有和合而平天下呢？

而况梁先生既承认现代的西洋，其内部既讲民主而使分中有合，而得到有争而无乱之道；反之中国连了国家的意识，还很缺乏，整个局面，趋于散漫，以至连年内乱，那么若照中国人的治国然后平天下的道理来看，西洋当不是已经做到治国的地位，而中国连了这点，尚未作到。"国治而后天下平"，国尚不治，而欲以平天下的道理去教训西洋人，这岂不是愈见其妄吗？

梁先生又说：

> 自来中国所获致者，不在物而在人，尤在人的修养——这正是西洋所遗漏了底，是能处己有自皆得，处人仁、让、谦、礼，以视近世西洋人日以逐于外，争于人者，其人生意趣之造诣深浅精粗大不侔矣。此即所以西洋人必且学走中国路，而中国人则终不学走西洋路之故。

然而，在别一地方，梁先生又指出西洋人的"民主就是承认旁人，承认旁人即与恕、让、谦相通……宪政是其有争无乱之道，无乱即与礼相通"。民主宪政既是与恕、让、谦、礼相通，而所谓恕又可以说是与仁相通，那么所谓中国人处人之道，西洋人也已有了。梁先生以为这是西洋所遗漏了底，又岂不是一个矛盾吗？西洋人从其民主宪政而有了仁、让、谦、礼，而中国人有了这些东西，却不能有民主宪政，西洋人有了民主宪政，故能无乱，中国人有了仁、让、谦、礼，却不能免于乱，这么一来，中国人有了效法西洋之必需，而西洋人却无学走中国路的要求了。然则梁先生所谓"西洋人必且学走中国路，而中国人则终不学走西洋路"的说法，又岂不是一个错误吗？而况梁先生还指出西洋之所以能够实行竞选，是因为他们的一般道德水准高于中国呢？

不但这样，梁漱溟先生又告诉我们道：

> 如此温文无力，与世无争之中国，近百年忽遭遇了像前所说底近代西洋国家，其必无幸，夫何待言。丧败之余对于西洋，乃不胜其美慕，而以学他为自救之道，盖亦势所必至。六十年来之谋国者，总是向往西洋而初不悟西洋之不可学。……中国尽可以成一泱泱大国，却天然无法同他们争强斗胜，而且相遇之下，只有自己认输，不必更作他想。因为彼此根本是两回事，学不来，学不成他，只毁自己，所谓"邯郸学步并失其故步"。

梁先生在《政治的根本在文化》一文里却又说：

> 旧文化的崩溃，本不必顾惜，像俄国旧文化不是全部被布尔斯维克推翻了吗？只要新文化能建立起来，如苏联今天这样，又何必顾惜旧物，苦就苦在旧文化崩溃，而新文化产生不出来，如我们今天这样者。

我们先要指出，帝俄的文化之在今日的苏联，既并非全部被布尔斯维克推翻，而尚有其多少留痕，今日的苏联在文化的体系上，还是继承彼得的西化政策。梁先生一方面对于旧的文化的全部推翻，并不顾惜，一方面却又提倡中国固有文化之路，不只中国要保存，而且西洋且必学，又又是一个矛盾。梁先生所觉以为苦者，是旧的文化破坏，而新的文化尚未建立，然而我们也要指出，今日中国的新的文化之所以不能够创立，就是因为强固的旧的文化的惰性所作祟。梁先生把"邯郸学步并失其故步"来作比喻，我们却以为故步既还未全失，而"邯郸学步"，并未学到步，并未学到家。换言之，其所以学不到家的，一方面是因为不愿诚心去学，一方面是因为不愿放弃故步。正像他以为西洋的民主宪政之于中国固有的政治，有了根本不同之处，然而一方面他既主张中国需要民主，需要宪政，一方面又主张民主宪政在中国，都要从其固有文化引申发挥。民主宪政为中国文化所最欠乏的东西，他尚不愿去学，而要从其固有文化引申发挥，我所谓他的这种提法，是缘木求鱼的故智，就是这个原故。

梁先生又说：

凡与民族固有精神优良传统之事，不可行，行之，便自取毁灭。中国几十年来，祸乱愈演愈烈，到今天去毁灭不远的皆在此。

又说：

低陋之物质，益以圮败之精神，整个社会陵夷之就下溃乱，不能自主，几返于无文化无人性之境地。甚至无文化之区，亦所不能有之事，在此都可以看见。抑且满眼皆是，以此云惨，惨之极矣。或犹以为中国固如此而不知漫然以学西洋之为祸，此我所以极言西洋不可学，冀国人之有悟也。

我们不知梁先生所谓"民族固有精神优良传统之事"，所指者何。若说是仁、让、谦、礼的特性，则照梁先生看起来，西洋也未尝不有，而且能够实现于民主宪政。若说是一般道德的水准，则照梁先生看起来，西洋比之中国还要高，然则所谓优良传统，是什么东西呢？

而况，他既这样地反对学西洋，他无疑地是要复回固有的文化，然而同时他又说：

我们还有数不清的问题，像工业之亟待建设，像弊风陋俗（缠足、早婚、迷信等）之亟待改革，像教育文化水准之亟待提高，像国防问题等等。

梁先生本来是要中国以农立国，而反对工业化的，现在要中国工业化起来，已是前后矛盾。而况所谓工业国防的建设，又总非梁先生所指的西洋的低陋的物质文化吗？所谓弊风陋俗的现象，教育水准的低下，又岂非中国固有文化的传统吗？要想改革弊风陋俗，要想提高教育水准，又岂不是要走西洋的路吗？

这不过只是把梁先生在《预告选灾·追论宪政》与《政治的根本在文化》两篇文中，关于中西文化的观念的错误与矛盾，加以指摘。其实梁先生之对于这个问题的解答的错误与矛盾，何止于此？关于这一点，我在别的地方，已经一再批评，这里不必赘述。至梁先生说，他正写《中国文化要义》一书，希望读者"设于本文（《预告选灾·追论宪政》）有批评见教之处，不妨待之全部理论主张看过之后也"，我们却以为待到该书出版之后，还可再来批评指摘他的错误与矛盾。我们所怕者,他的这本《中国文化要义》中的理论主张,大概也不过就是像他在过去的好多著作一样的,对于这个问题的理论主张,重复而又重复的叙述而已。其结果是没有什么值得我们再加批评指摘罢。

《世纪评论》第 3 卷第 2 期,1948 年 1 月 10 日。

论发展学术的计划（存目）

原载《观察》第 3 卷第 17 期，1947 年 12 月 20 日；《现实文摘》（第 1 卷第 10 期，1948 年 1 月 31 日）摘录。

后编入《大学教育论文集》（岭南大学西南社会经济研究所 1949 年 10 月初版）。

全文见《陈序经全集》第四卷《大学教育论文集》第一编 三、论发展学术的计划。

建国应以城市为起点

建国事业，千绪万端，这是大家所知道的。然而建国应以城市为起点，或未必为人们所了解。我愿意把这一点意思，略为说明，以供国人参考。

记得不久以前，平津各界领袖人物，曾发起市民自治的运动，这也可以说是想以城市为推动民主政治的起点。我以为只有这样的去推动民主政治，民主政治才能容易实现。

只要我们对于近代的西洋的民主政治运动史，稍为涉猎，我们对于这一点，就能明白。一六四〇年的英国的国会（Long Pariament），可以说是英国的民主政治的历史上的一个重大的转机。可是在这个重大的转机中，英国的城市，而尤其是伦敦，占了很重要的地位。彼姆（John Pym）所领导的国会议员，对反君主与教会的特权，结果是引起两方的战争。在这一次的战争中，因为得了城市中而特别是伦敦的取之不竭的资源财富，结果是皇室与教会是失败了，而国会却得了最后的胜利。同样，法国的巴黎，也可以说是法国的革命的策源地。

就以我国的近代的革命的历史来说，三月二十九日的黄花岗的七十二烈士的起义，固以广州为目标，武昌起义，也是以城市为起点。民国以后，护法、北伐，都以广州为起点，也是我们所熟知的。

有些人说，民主政体的种子，在瑞士，在英国，是他们祖宗在山林田野种下来的。然而我们不要忘记，他们的现代的民主政治的推动与发展，主要是来自城市。因为在城市里，教育比较发达，言论比较自由，人民的智识水准较高得多，社会的公共意见较易表现，这些以及城市中的其他的便利或机构，都是实现民主政治的必要条件。

斯宾塞尔（H. Spencer）分社会为两种：一为军国社会，一为工业社会。社会的进化，照他看起来，是由前者而趋于后者。而且，前者是与专制政体有了密切的关系，后者是与民主政体有了密切的关系。斯宾塞尔的这种分类，是否妥当，我们在这里不必讨论，但是近代工业的发展之于民主政体，有了密切的关系，是无疑的。其实，我们也可以说，近代工业是推动民主政治的一种力量。比方，因工业革命而引起的劳工运动，不只在经济上，劳工阶级要求合理与平等的待遇，就是政治上，他们也争取选举的机会。近代的选举的范围的放大，与选举条件的减少（如财产等等），都是发展民主政治的主因。然而近代工业的策源地，又是城市。所以工业发达之区，也往往就是城市所在之地。

近代政治上的民主政体，主要固是发展于城市，近代经济上的主要建设，也往往以城市为起点。上面已经指出，工业之于城市的关系。工业的发达，不能不依赖于资本，劳工，与技术的人才。然而这些都集中于城市。所以西洋已往的工业区域，固差不多都在城市，中国今日的工业发达的地方，也是在城市里。近年来，而尤其是在这次的战争中，虽有不少的工厂迁移到偏僻的地方，然而这种扰象，不算普遍。而且，其所以能够这样的作，不能不依赖于现代的交通工具。而所谓现代的交通工具，也可以说是高度工业的产物。主要的，这也可以说是都市的产物。

商业的发展，要以城市为起点，固不待说，就是农村的建设，而尤其是在我国的现状之下，照我个人看起来，也应以城市为起点。我们知道，二十年来，一般国人之提倡农村建设者，往往以为农村建设，要从所谓标准的农村下手。这就是说，要以一些离开城市较远而没有或少受城市影响的农村为标准，以前中华平民教育会之选择定县为实验区，山东乡村建设研究院之选择邹平为实验区，都可以说是为了这个缘故。然而二十年来，这种工作之没有什么成绩，或完全失败者，也可以说是他们不以都市为起点。

从消极方面来看，一个农村建设实验区，离开城市太远，在目前的中国里，在治安的维持上，与人才的罗致上，都成很大的问题。加以农村的财力有限，欲想发展工作，困难太多。假使能从城市而特别是较大的城市的附近的农村下手，利用城市中的原有机构便利以至人才、财力，去帮忙这种建设，那么其效用必较大。这与西洋各国的城市之发展郊外，或与青岛以前之发展其外围农村，差不多同一作法。逐渐的去放大其外围的范围，其所成效比之以一个较远于城市的农村作建设的起点，容易得多。

从积极方面来看，农村建设主要在于农业的发展。而所谓农业的发展，又要依赖于农业的科学化与农业的机械化。因而所谓农业试验场的设立，农具制造厂的发展，均以近于城市为宜。这与我们上面所说的治安，人才，财力，都有密切的关系。所以要积极的去推动农业科学化，与农业机械化，我们又不能不以城市为起点。

不但这样，大量农产的畅销，不能不依赖于交通的方便，离开城市太远的农村，就使有了优良的大量农产，往往也因交通的不便而无法畅销。城市是交通的起点或终点。在城市左近去发展农业，增加农品，在运销上，可以得到很多的方便。而况，城市而尤其是大城市的本身，就是消费与畅销农品的市场呢。

这样看起来，经济上的建设之要以城市为起点，又是显而易见的了。

教育是建国的基本工作，这是大家所承认的。但是无论是量的方面的普及，或是质的方面的改善，最好是以城市为起点。事实上，城市的教育，比之乡村的，是较为普及，而且易于普及。至于质的方面，在乡村里不只高等教育难于发展，就是中等教育，也不易振兴。大致上，我们可以说，中等以上之教育，几乎成为城市所独有。所以，城市实为教育的中心与重心，因而欲想推广学校的数量，与提高教育的程度，又不能不以城市为起点了。

总而言之，建国事业虽是千端万绪，然而上面所说的民主政治的实现，工商农业的发展，以及教育的量的增加与质的改善，都可以说是建国的主要工作，同时这些工作的推动，最好是以城市为起点。

原载《中华日报》1947年12月8日第1版；又载《中央日报》1947年12月9日第4版，《益世报》（天津）1947年12月9日第1版专论，《中山日报》1947年12月9日第2版，《经世日报》1947年12月9日第4版，《山东新报》（济南）1947年12月10日第3版，《和平日报》（兰州）1947年12月16日第2版，《新生命报》1947年12月20日第1版，《广西日报》（柳州）1947年12月21日第2版，《中央日报》（昆明）1947年12月21日第Z1版，《西北文化日报》1947年12月24日第1版，《前线日报（1945.9—1949.4）》1948年1月26日第3版"天下"栏。

1948 年

论选举

梁漱溟先生最近在《观察》的第三卷第四与第五期发表了《预告选灾·追论宪政》一文，对于选举问题有所论列。我个人觉得他对于这个问题的见解，有了不少的错误与矛盾，因草此文，以就正于关心这个问题的人士。

所谓选灾，据梁漱溟先生的意见，是指全国大选举之为灾而言，梁先生说："我并不敢杜撰此怪名词，这是十年前（民国二十五年）全国举办国民大会普选时，善于取谑底吴稚晖先生所创造。当时吴老看了各地为选举而闹得举国骚然、鸡犬不宁，公私耗财之钜，社会风气秩序破坏之烈，乡里友好结怨成仇，伤亡而继之以词讼，精神物质，一切损失之无法计算，于是从此悯怜之怀，发为讽刺之言。他叹息于水灾、旱灾、风灾、虫灾……任何一种灾，亦没有这选灾普遍而深入。这确是个古所未有、比什么都重大的灾祸。然而不幸的很，今年我们在许多水灾（两广、成都各处）、旱灾（山西、河北等处）和兵灾外，又将有一次这重大底选灾到来。"

梁先生又指出中国若学西洋的竞选，必只有恶果。他说：

> 打架斗殴，有形之灾，亦既惨矣。社会风气、乡里人情之无形破坏，尤遗祸无穷。不但求为改进后之西洋选举不可得，即求为西洋一场酣斗，亦岂可得？它除了丑恶，还是丑恶，别无所有。

我们在这里，不必去考究善于取谑与善为讽刺的吴稚晖先生之杜撰这个名词，是否同梁漱溟先生一样的感觉到所谓选举的灾害的重大，比之任何灾害为甚。我们所要指出的，是在对于东西文化的态度上，吴稚晖先生于梁漱溟先生，却有了根本不同之处。前者是重于西化的主张，而后者却趋于复古的途径。假使梁漱溟先生因为借重了吴稚晖先生所杜撰这个名词，而使读者没有认清这一点，那便是一种错误了。

我们承认，西洋的选举制度，不只行之于中国，免不了有多少毛病，就是在西洋经过多少年的改善，也不能说是完全没有流弊。但是，我们若正像梁先生所说"中国需要民主，亦需要宪政"，那么这种选举制度，总不能不加以采纳。假使因为有了流弊,遂以为完全要不得,那是"因噎而废食"了。完全只有利而没有弊的事,在历史上,在世界上,是不容易找出来的。假使因为有了多少毛病,而就要完全放弃,那么,一切的政治,以至于社会的改进,就无从兴办了。我们知道,凡是文化惰性愈大的社会,其革新亦必愈难,而所需要的代价,也必愈多。但是反过来说,若是因为代价太大,而不愿去改革,则其流弊恐怕愈来愈多。比方,革命是流血的事,然而在某个时代,或某种社会里革命,是需要的。俄国的革命,法国的革命,以至美国的独立,没有一件不是流血的事。但是假使俄国与法国不革命,则俄国与法国避免不了专制政治的淫威与毒害。假使美国不独立,美国就不易那么快的脱离了其殖民地的地位。在俄国革命,或法国革命,以至美国革命的时候,一般的人们,何尝不当革命的灾害,甚于洪水的祸患,然而经过了相当的时期之后,弊病慢慢的改良,到了现在呢?不只美国人不会说现在的美国不如属地时代的美国;不只是法国人不会说现在的法国不如专制时代的法国;就是革命的流血的还在记忆中的一般俄国人,大概也不会说,现在的俄国不如沙皇时代的俄国罢。

俄国的革命,在意识上是共产主义,这是西欧的产物。假使俄国人,以为这不是俄国的东西而不可要,则俄国的革命是灾害了,多事了。而况,照马克斯的预料,这种革命应当先产生于工业化程度很高的西欧,而不应先发现于工业比较很落后的俄国呢?法国的革命,在事实上,也是多少受了美国的独立运动,与英国的宪政运动的影响。假使法国人像孟德斯鸠、卢梭等,以为法国的民主宪政,应当从其固有文化中的暴君制度,或专制政体引申发挥,那么,法国的革命是不会成功的,而法国的民主宪政也不会实现了。

总而言之,俄国的革命以至于今,不出三十年,革命所产生出的病弊,我们还能回忆,或且还能看见;法国革命的成功,经过差不多百年的历史;美国之脱离英国,虽在一八八二年,然而十八世纪的末年以至十九世纪的初叶的美国,不能称为真正统一,固不待言,就是十九世纪下半期的美国的南北战争,又何尝不是充分显示从殖民地时代以至脱离英国以后的互相猜忌与互相斗争所遗留下来的祸患呢?然而不只是读美国或法国的历史的人,不能不承认百余年来,这两个国家,在政治上以至在文化的其他方面,有了很多的进步,就是读了俄国的历史的人,也不能不承认,三十年来,苏联在这些方面,也有多少的改善。十八世纪的柏克(E. Burke)对于美洲的殖民地的见解,虽然是半个世纪超出他的时代,然而他的《法国革命的回想》(*Reflection on the Revolution in France*)不只表示他是过于保守,而且表示他是未免短见,只看当时的法国的病弊,没有看到在一百年后,这种代价并不白废。这是读历史的人们所不应忽略的。

革命,民主,宪政固是这样,选举制度又何尝不是这样呢?就以民主宪政先进的英国来说,选举制度之改善,也要经过好几百年的历史。从前也可以说是有钱有势的人才能选举或被选，而今则不是这样了。从前只是男人可以竞选举，而今则女子亦能这样作了。英国固是这样，美国以至其他的好多国家，又何尝不是这样呢？美国的政治头目（Plitical Boss），纽约的塔米贺尔，在美国的选举制度上，又何尝不作出多少灾害，然而美国人并不因此而放弃其选举制度。反而他们觉得这种制度的流弊都可以时时刻刻加以纠正，加以改善。

梁漱溟先生并非没有看到这一点，所以他说：

> 外国竞选，虽有弊，大致总过得去。彼固有其数百年所养者（法治之效，习惯之成，条件之备，一般道德水准、知识水准）在也。

然而他又说：

> 中国而言竞选，一切无所循，无所据，无所养，多数老百姓，茫然不知所谓，只有听任此无所不至之人（按：指逞欲，而亡耻与有钱有势者），表演其无所不至而已，尚何灾之不成？

这是牵到整个中西文化的问题。我们当在别处加以讨论。我们在这里所要说明的，就是梁先生虽然指出外国竞选是有弊病，但是他也承认大致总过得去，而其所以过得去的原因，就是因为他们不只有了好的法治、习惯、条件等等，而且有了较高的道德与知识的水准。反之，中国之所以不能言竞选，就是因为中国缺乏了这些东西。这就是等于说是因为中国的法治、习惯、条件种种，以至道德、知识水准，都比不上西洋。质言之，也可以说是中国文化是比不上西洋的。

我以为正是因为中国的文化比不上西洋的，所以中国需要西化，澈底的西化，全盘去西化，竞选固要举办，法治、习惯、条件种种以至道德、知识水准，也要改善。反之，若自甘落后，则中国前途还有什么希望呢？

西洋人之所以至此者，既乃有其数百年所养者，那么中国要达到这种地步，就不能不用多少时间，去效法与试验，而求其所养者。假使因为其他条件尚未具备，而在未竞选之前，就预告选灾，这是等于未食之前，怕噎废食了。

何况梁先生岂不是这样说过吗？

> 英国式宪政，是近二三百年社会进步逐渐开出来的。而有它，更大大促进社会之进步。二者互相表里，迭相为因果。于是有今天的宪政，和今天的进步。……再从其效率言之，往往西欧以二三百年得之者，后来日本以六七十年得之，苏联更以二三十年得之，固然后来居上，由于坐收前人研究发明之功，亦为日本较有目标预期，苏联更有计划之故，然则于此何去何从，亦可思矣。

我们先要指出，俄国之学西欧，并不只是二三十年的历史，而乃有了二百多年的历史，而特别是彼得大帝以后，俄国的欧洲部分，西化的基础已逐渐的建立起来，苏联在这二三十年来，不过是加强其速度而已。而且苏联与日本之效法西欧，在今日看起来，不只是还未见得后来居上，而且相差得多。至于政治方面的民主宪政，苏联与日本之未见得学到英美，更是一件很显明的事。但是我们所要特别加以注意的，是梁先生既以苏联的更有计划而效法西欧，日本的较有目标去实行西化，而坐收前人研究发明之功，那么中国又何尝不能够这样作呢？若说中国没有其所养者在，所以不能效法，那么日本六七十年前，俄国在二百年前，又那里有其所养者在以为效法西洋的基础呢。这样一来，彼得大帝的改革，苏联，法国的革命，以至美国的独立，又岂非是多害之举吗？

不但这样，梁先生又告诉我们道：

> 今日所行一切，学自外国，别底犹可，唯自己出头竞选腼然不以为耻，实太悖于固有优美的谦德。……谦本来是中国人之道，后来人的谦，未必真；流俗人的谦，未必真。不真，不足贵，然犹胜于腼然无耻，不顾一切，以逞其所欲者。不为逞其所欲，他不会出头干这样。逞欲之人，就是中国所最不许可的。……逞欲而亡耻，则其无所不至，自在意中，此其所以可怕也。

梁先生在一方面虽以为竞选是腼然无耻，然一方像我们在上方已经指出"外国竞选，虽有弊，大致总过得去，彼固有其数百年所养者在"，而所谓所养者在于一般道德水准的优越，又是一种重要因素。竞选既是耻事，竞选又是合于道德的，这又岂不是一个很大的矛盾吗？

而且，他一方面虽以为竞选是无耻，而实大悖于固有优美之谦德，然一方面又说道：

> 民主宪政，即有与我们精神相通之处。……民主就是承认旁人，承认旁人即与谦恕让相通。……宪政是有争而无乱之道，无乱即与礼相通。

这岂不又是一个矛盾吗？除非梁先生以为西洋的礼、让、谦、恕，以至于整个道德要素之于中国的是有了不同之处，则这种矛盾是无法解释的。而况他却明明白白的指出西洋的这些德性之于中国的是相通的呢？

其实，从梁先生上面那段里看起，中国本来之谦，早已坠落，所以他说"后来人的谦，未必真"。在没有介绍西洋的竞选之前，中国的谦，早已不真而流于虚伪，然而梁先生还说这种虚伪的谦，犹胜于竞选之腼然无耻，犹胜于西洋之有谦的民主，以及有礼的宪政，这真可以说是矛盾中之矛盾了。

我们知道，梁先生之所排斥的西洋的竞选之输入中国，而他所提倡的是中国古代的选举。这就是他所说的"中国的老选举"。且看他说：

> 选举竞争，在西洋，本从其古人粗朴行动，渐渐理性化，理智化而来，为数百年精神向上走之结果，其事实当然可行，当然可资之以建立民主政

治。但中国的历史文化，完全两样。今要学他，便与固有美德相悖，却是精神向下去了。匪独民主政治不能资以建立，其后果之恶，将不可言，我之所谓不可学者，谓此。

西洋的竞选，是否像梁先生所说是从其古人粗朴行动而来，我们不必在这里讨论，然而一方面既说西洋的竞选，可以资之以建立民主政治，一方面又说这种竞选不可学，又是一种矛盾了。梁先生又说：

> 唯公平之选举，才见民意。一般老百姓，无钱、无势、无知、无胆、无空闲、无兴趣。……试问他们的意思，从何表见？其结果，当然只是对成势力的那些新旧恶势力之一度取得民选美名，更加他们一层合法保障而已。

我们应当指出，西洋的选举之在今日，所以像梁先生所说大致总过得去，而当然可行者，也非一朝一夕所能作到这个地步。中国而欲学西洋，不只要经过一个相当的时间，而且，同时要使一般老百姓逐渐的有钱，有势，有知，有胆，有空闲，有兴趣。西洋以往的一般老百姓，既也没有这些，而是逐渐的得到的，那么除了中国的老百姓，甘愿永远是生活于这样状态之下，则中国老百姓，为甚么不因了这种情形的改变，而实行选举呢？而况实行选举，也是推动民主宪政的一种主动力，而推动民主宪政，也是使一般老百姓，能够逐渐的有钱，有势，有知，有胆，有空闲，有兴趣的一种主动力呢？梁先生对于这一点，也无否认。而况，他既指出西洋的选举乃有其所养者，同时他又指出"一切学自西洋别的既犹可，为什么选举就不可呢？"因为学了西洋的别的东西，则中国也有其所养者在，那么选举之取法于西洋尚有什么问题呢？

其实，梁先生所歌颂的中国的老选举，究竟是什么东西，他就没有明白的解释，他说："在中国老政治上，老选举上，本没有党派。"然而他又紧接着说："或至少不以有党派为正常。"这又是承认有了党派了，只指出中国的选举之于西洋的选举，只是同名而异实，所以他说：

> 中国古时行乡举里选，后来历代史书多有选举制，那完全与今日所行，同名而异实。

我们以为不只是西洋的选举之于中国的选举，有了差异，就是中国固有的选举，又何尝没有差异？《王制》所记的选士，是先试之学，而给以作官的地位。周代又有所谓宾兴的制度，所谓三年大比，兴其贤能，而不必入国学。汉代的举贤能方正，也谓之选举，这与以往的选举也不见得完全相同。然则梁先生所提倡的古代选举，究竟是那一种呢？

其实，与其说中国的选举之于西洋的是同名而异实，不如说中国的选举，只是有名而无实。中国古代的选举，虽如上面所说，有其自身的不同之处，然而根本上，是"御命式"的任命，并非由民众选出的人士，而乃绅士或官家所选出的人物。《王制》所谓："令乡论秀士升之司徒，曰选士。"《周礼》所谓："三年则大比，考其德行道艺，而兴贤者能者。乡老及乡大夫帅其吏，兴其众寡，以礼礼宾之。"汉文帝恒在位之二年，曾下诏曰："二三执政……举贤良方正，能直言极谏者以匡朕之不逮。"又十五又诏："诸侯、王、公卿、郡守，举贤良能直言极谏者。"这岂不是"御命式"的选举吗？岂不是只是有名而无实的选举吗？

不但这样，就是这种选举，也有了不少的病弊。东汉举士的滥溢，所谓群贤召士，一些自命为士人贤者，迷于仕途，不以卑微自诅，这又岂是知耻的人所作的事情吗？

何况在中国的仕途上，腼然无耻之事太多了。苏秦、张仪以及其徒众之低首下心，游说诸侯，以求得一官半职，固不见比之今日之自己出头竞选为高明，孔子、孟子之仆仆风尘，周游列国，莫非为利禄薰心。难道这就不是腼然无耻吗？读李白的诗的人，总能羡慕其气节清高，然而一读了他的《与韩荆州书》的人，真不免感觉到他是作了摇尾乞怜的状态。所谓"一登龙门，则声价十倍"；所谓"君侯何惜阶前盈尺之地，不使白扬眉吐气，激昂青云耶？"这简直是失了诗圣的尊严。所谓中国的谦让之道，难道就是这样吗？此外，又如读韩愈的《进学解》的人，以至于其他之所谓怀才不遇的人士的诗文的人，不能不感到中国人之热于升官发财，而忽于礼义廉耻。到了近来，政治上的钻营卖官，官吏中的贪污罪行，难道还未闹得举国骚然吗？难道这些怪象，比之自己出头竞选还为好吗？

——作者系国立南开大学政经学院院长兼教务长——

原载《中央日报》（重庆）1948 年 1 月 3 日第 3 版、4 日第 3 版；又载《时事新报》（重庆）1948 年 2 月 4 日第 3 版、5 日第 3 版。

南洋华侨经济的危机与展望

南洋是中国过剩人口的唯一尾板，亦是中国幼稚工业品唯一有希望的市场。这个地位日人在近几十年来处心积虑要取而代之，此次战争几乎达成其目的。现在日人失败了，可是和约签订以后，难免有旧梦重温，卷土重来的企图，我国尚不乘此时机努力经营，奠定基础，将来情况实不堪设想。本刊为引起国人注意起见，特请熟识南洋情形的陈、何二先生于百忙中撰此二文以示读者。

——编者

国人之所以要跋涉重洋而到南洋各处，目的不外是谋生，他们离开祖国的时候，往往是俗话所说："只有一条短裤与一支竹竿。"然而经过数百年，而尤其是近百年来的奋斗，南洋的商业，主要固在华侨之手，就是南洋的农业以至工业，也多为华侨所经营，暹罗人因此而叫我们的侨胞为东方的犹太人。而且，以为南洋之所以少有犹太人，是因为有了华侨之故。这是讥笑我们侨胞的话，然而，侨胞在南洋的经济力量的雄厚，可以概见。

然而，我们不能不指出华侨在南洋的经济力量，不但自南洋受了敌人蹂躏以后，蒙了很大的损失。就是在抗战以前，在最近的二三十年中，已有了日落西山的景象。而其所以致此的原因，虽然很多，可是主要原因是由于下列数种势力的威胁：

第一是由于殖民地或居留地的政府，用政治力量去颁布了好多条例，以限制华侨的经济的发展。我们不能在这里详细的指出这些对华侨不利的法律，我们只要指出限制华侨入口，增加入口税或人头税，禁止华侨购买地产，以至限制华工以及好多关于限制华侨经营商业、工业、农业的法令，都是华侨经济上的致命伤。一个华侨从国内到南洋，要花一笔很大的旅费，是用不着说的，入口时又要给一笔很大的入口税，而在越南金塔各处，每年所要纳的人头税，差不多就要百元的越币，好多侨胞每月薪金所入也不过十元、十余元。还有其他的各种限制的条例是随时可以变本加厉的。

第二是由于土人的经济势力的逐渐膨胀。民国二十年间，我去暹罗京华作过考察，那个时候在曼谷，比方暹人之开西药店的差不多是没有的，然而五年后，我到曼谷时，却有了十多家之多。二三十年前，海防之开商店的，差不多完全是华侨，然而现在开商店最多的是安南人了。暹罗、越南固是这样，其他各地——尤其菲列宾——何尝不是这样。

第三由于日本势力的伸张，这是上次欧战以后的趋势。日本自上次欧战发生之后，因为欧美货物的来源缺乏，乃大量的推销其货物于南洋，三十年来其在南洋的经济力量，与日俱增。有些西洋商人也因为其货物价涨而有在日本购了货物，贴上制于德国与英国的商标，以欺骗顾客。至于华侨从前之推销南洋货物的，也有了不少因为国货缺乏，西货太贵，而没有生意可做而倒闭的。结果日本的货物之畅销于南洋的，真是无孔不入。南洋的一般人，而尤其是土人，身上所穿的衣服，家中所用的器具，多是从日本运来的商品。同时日本人，不只是做批发的生意，而且也开零售的商店。使华侨在经济上的地位，与在商业上的中间人的地位，受了很大的打击。

自敌人占据南洋各处，华侨所受的打击，更加厉害。所以今后的华侨的问题，而尤其是华侨在经济上的发展问题，是最值得我们注意的。

我们应当指出，自南洋各处被敌人占领之后，不只是华侨的厄运，就是西洋各国之在南洋有殖民地的或是有经济上的关系的，以至南洋的工人，也蒙了很大的损失。因为敌人的目的，既要掠取南洋的资源，那么英、美、荷、法各国政府及其人民的商、农、矿业之在南洋的，因是被敌人所占夺，而土人的一切产业，也为敌人所统治了。其实比方越南、暹罗的米，以及其他各处的日常生活上所必需的物品，在敌人掠夺之余，华侨固无以为生，土人也难于过活。不过，因为华侨在南洋从来既执了经济的牛耳，所以这一次所受的损失，也特别的大。而战后要恢复其过去的经济的力量，也比较困难得多吧。而况正像我们上面所说，在南洋尚未失陷之前，侨胞的经济力量，除了受日本的威胁之外，还受了殖民地或居留地的政府与土人的威胁呢。

战后日本在南洋的势力必会消灭，因而所谓日本对于华侨的威胁，也必随之而消灭，这是南洋的华侨的经济上的一个转机，同时战后英、美、法、荷以至暹罗对于华侨的待遇，应当有所改善，这也许是南洋华侨的经济上的又一转机。不过，这个转机，我们不只要靠人家的自动去做，而是要我们去努力以求。而且，这不只是要华侨自己去努力以求，而是要我们的政府去以外交的方式与英、美、法、荷以及暹罗的政府来调整。因为一切对于华侨的经济上的各种限制是殖民地或居留地的政府颁布的。

其实，早在暹罗直到敌人占领南洋之前，我们与暹罗还没有使节的交换。自敌人势力伸张至暹罗之后，东四省的伪政府，虽派了什么公使到暹罗，然而，这是敌人的爪牙，不只对于侨胞没有好处，反而为虎作伥。至于南洋其他各处，我们虽然有了领事，然而以往，因为我们的国家的地位的关系，因而领事是没有什么权力的。除了发给护照之外，大体是无事可做，就是想做，也为□□所不许，所以政府今后怎么样的去利用其力量，去用外交的方式与殖民地或居留地政府，来改善华侨的待遇，而使其能维持其固有的经济基础，以至能发展其将来的经济力量，这是一个很值得我们注意的问题。

可是，我们知道在胜利之后，殖民地政府对于土人的待遇，也必加以改善。在改善土人的待遇的政策之下，是否也改善华侨的待遇，这也是一个值得我们注意的问题。其实，在以往，殖民地政府往往藉口保护土人而颁布了好多限制华侨的条例，所以今后怎么样的去解决这个问题，又是政府当局所不可忽视的。

不只是这样，我们应当指出，土人在近二三十年的经济势力的膨胀，虽是得力于殖民地或居留地政府的保护政策，比方暹罗政府规定在华侨所设立的工厂或公司中，要有多少暹罗的工人之类。然而，土人在近二三十年来的知识的发展，实为其经济力的膨胀主要的原因。

南洋土人在近二三十年的知识的发展，而且很快的发展，主要的又是得力于教育的逐渐普及，而尤其是文字的易于学习。比方懂得暹罗话的，一年或是六个月就能懂得暹罗文。同样，越南自改用暹罗化的文字之后，妇孺车夫都能读书。知识的发展，使他们感受到经济上的落后，而应努力于知识——专门知识——的讲求，要做商的学商业，要为工的学工业，以至要为农的学农业。他们既逐渐的利用现代的知识去发展其经济，再加以殖民地或本国的政府的保护政策，那么，他们的经济力量的逐渐膨胀是自然而然的。

反观我们的侨胞离开祖国而赴南洋谋生的人，既多是少有机会去受教育的人，在以往是靠着他们的勤俭而在经济上占了地位，在现在则专以勤俭去经营事业是不够的。所以今后怎样的去增加现代的知识，以应付这个新局面，又是一个很值得我们注意的问题。

我们一道，以往的土人，不但没有知识，而且怠惰得很。一个土人，比方一个马来人，既没有经营事业的经验，同时，假使今天有一块钱的入息，往往不用完这一块钱，就不愿再去做工作，比起没有教育而能勤俭与有经营事业的华侨是比不上的。然而现在他们不只有了知识，不只逐渐的勤俭起来，而且逐渐有了经营事业的经验，若再加以政府的保护政策而给与他们好多的便宜，那么华侨之不易与他们竞争，而使其经济的力量呈显日落西山的景象，也是自然而然的。

教育是百年大计，而知识尤其是专门的知识，并非一朝一夕所能求得的。自南洋沦陷以后，华侨的学校，摧残殆尽，再加以奴化教育的压迫，使我们想在战后立刻发展南洋的华侨教育是不容易的。所以要想华侨在最短时间内发展教育，以为复兴或发展其经济力量的张本，也是不容易的。因此之故，我们又不能不希望政府当局以至社会人士，今后应该设法奖励一些有知识的人们，而尤其是有专门知识的人们，往南洋去，帮忙华侨去发展其经济力量，否则，以后的南洋的华侨经济不易发展，就是以往已有的经济基础，恐怕也保不住。

总而言之，以往的华侨以赤手空拳而到南洋，既使南洋成为我们的宝库，救济了国内的好多同胞，繁荣了国内好多地方，帮忙了我国的革命运动。现在他们遭了最大的厄运，有了最大的危机，而自己差不多没有力量去复兴其过去的地位的时候，假使政府当局，国内人士，不为他们设法，以维持与发展其经济的地位，不只是对不住他们，而且是对不住国家呵！

《大公报》（天津）1948年1月2日第2张第6版，"经济周刊"新第12期。

对于扶植华北工商业的一点意见

近年以来我国的工商业的凋敝的情形，日甚一日，这是大家所公认的。自最近来，政府宣布停止生产贷款与限制汇兑以后，工商业上所产生的问题，愈趋严峻。经济部天津工商督导处，为了这件事，曾请本市的工商领袖与一些人士，于前数日开了一个座谈会，这也可以见得代表政府的机关，已感觉到目前北方经济窘迫的状况，而欲博采周谘，以求补救的办法。作者因事未克参加，没有机会去领受参加这个会的工商领袖与人士之言论，然而个人对于这个问题，却有了一点意见，愿意写出来，以供大家参考。

华北的工商业的重重困难，不只是与我国的整个经济问题有了密切的关系，而且是与我国的目前的政治问题也有了密切的关系。欲想求治本的办法，其所牵连的问题必然太多，不易解决。可是若就局部或从治标的方面着想，似乎并非完全无可救药，而非只有束手待毙而已。

就以平津而尤其是天津的工商业来说，天津在工商业上的地位，仅次于上海，其重要性是显而易见。然而天津除了受了整个经济与目前政治的影响之外，最近的停止贷款与汇兑以及这两年来的不胜枚举的摊派筹款，对于工商界的打击与负担，无论是直接上或间接上，都有不少的关系。

我们知道，生产贷款本为抗战时期政府扶植工商业的一个办法，战后工商业不振，所以这种办法依然得以应用。这种办法，虽未免使一些人们挂起工厂之名，而利用贷款以为囤积居奇，但这只怪贷款的方法不好和监督的不善，而一般正当的工商团体借此办法，得到相当的效益，是无可否认的。这次政府停止放款，未免因噎废食，再加以限制汇兑，使平津的法币臃肿，刺激物价。正像使一个正在病榻呻吟的人，不只恢复康健变成绝望，而且血液循环也要停止，这么一来，今后工商业情形的危殆，不言而知。

而这两年多来，因为政治的问题无法解决，军事的变动日益频繁，交通惨被破坏，百业几乎停顿，农村固是满目疮痍，城市也难免于零落。经济的来源，早呈了枯竭的现象，而经济的需要却愈来愈多。各样各式的募捐以至摊派，如冬令救济，如城防建筑，如警备旅的成立，以及其他各种的筹款，从维持社会秩序与地方治安方面来看，没有一件不需要去作，然而在工商正在凋敝不堪的时候，又没有一件不是在直接上或间接上增加了工商业界的负担。在这种情形之下，像平津以至其他各处的经济状况，不只没有繁荣的希望，就是维持现状，恐怕也不可得了。

据说日前天津工商督导处所举行的座谈会，已有人极力主张内汇从速开放，同时希望贷款能够恢复。无疑的这是抢救工商业的危机的急务。虽则在实施上也许要审慎考虑，在办法上也要有所改变，而不一定与以前的作法完全一样，使能避免过去的流弊。

然而我们也得指出，这都不过只是一些消极的作法，而非积极的作法。我以为除了这样的作法之外，我们应当设法去请求积极的作法。因为华北工商业的凋敝的情形，在政府没有停止贷款与内汇之前，早已显而易见。政府之这样办法，不过是加□凋敝的程度，而使其趋于破产的地位。可是治本的办法，像整个经济上的安定，而尤其是国内政治上的澄清，既非目前就能做得到，那么除了上面所说的恢复贷款与开放内汇之外，在局部上与治标上，似乎也非完全就没有其他的办法。

就以门头沟及大同的煤矿来说，若能设法增加其产量，一方面固可以平抑煤价，在工业燃料与多季用煤上都可以减轻一笔很大的负担，同时又可以使其多余的煤斤运到上海或其他各处，换取这些地方的财宝。□我们估计□假使每户□□门头沟□□煤两万五千吨，大同煤一万吨到上海，每月的可得法币二千五百亿元。这笔收入，不只直接可以拿来补贴政治、军事，救济各种事业，而且间接也可以使平津的工商业早露活蹦的现象。这不过只是一个举例，一个具体的办法。我希望平津的工商领袖与经济学者能对于这些实际问题，而尤其是在减少工商界的负担与增加生产或收入的原则之下，去求办法。那么在局部上，在治理上，大致总可以找出一些办法，以补救这个危殆的经济局面。

《大公报》（天津）1948 年 1 月 6 日 第 1 张第 3 版。

新南洋的展望（存目）

原载《武汉日报》1948年3月8日第2版；又载《中山日报》1948年3月9日第2版，《经世日报》1948年3月10日第4版，《和平日报》（兰州）1948年3月10日第1版，《山东新报》（济南）1948年3月10日第2版，《申报》1948年3月10日第1张第2版。

后编入《南洋与中国》（岭南大学西南社会经济研究所1948年12月初版，岭南大学西南社会经济研究所专刊甲集第一种）附录一。

全文见《陈序经全集》第五卷《南洋与中国》附录一、新南洋的展望。

现代美国乡村与城市文化的关系(存目)

原载《民主时代》第 2 卷 第 1 期,1948 年 4 月 1 日。

全文见《陈序经全集》第七卷《美国文化观》第二编第六章 城乡观。

研究西南文化的意义

二十年来，我无时不注意西南文化的研究。民国十七年，我在《中国文化的出路》中最先指出南方文化的重要性，二十三年，在《南北文化观》中，又特别指出南方在近代中国西化史上的贡献。最近我写了一部《文化论丛》，对于西南各地交织着原始文化，固有文化及西方文化的特质，更作了比较详细的讨论。可是西南文化，体系庞大，内容复杂，以我个人有限的力量，欲对它作系统的全面的研究，殊不可能，所以我时常打算集合若干同志，专门从事这种工作。

西南文化为什么值得我们这样深切的注意？我常常认为，西南是西方文化输入最早的地方，是新文化的策源地；西南又是中国传统文化传播最迟的地方，是固有文化的保留所。再从另一方面看，西南的民族极为繁复，若干文化还保存着原始文化的特征，西南又可说是原始文化的博览会。因为有了这几方面的特色，西南在中国文化史而至一般文化学的研究上，就有极重大的意义。

南方与西方各国的交通很早。唐宋间阿拉伯商人东来广州、泉州的，已经不少。韩愈在其《送郑尚书序》中说，岭南人"舶交海中……奇物溢于中国，不可胜用，正即指此。到了明正德年间，葡萄牙人 Rafael Perestrello, Ferdinand Andrade 乃直接由航道来到广东各处。嘉靖年间，葡人更占居澳门，以为对华贸易的根据地。英人继葡人之后，于崇祯八年率领舰队直进虎门，广东总督不能抵抗，便准予他们在广东的河口通商。清代鸦片战争之后，缔结《南京条约》，割让香港，开辟五口通商，南方与外国的交通，自此便更加频繁了。

由于南方与西欧不断地接触，现代化或西化的工商业，在南方逐渐发达。广东的十三行，公行及外国商馆，都是当时的新式商行。光绪初年，广东陈启源经商安南，看到法人的新式缫丝机器，乃创造足踏机，以人力代替火力，其后改用蒸气原动力，新式的缫丝工厂，自此开始。棉纱纺织厂的设立，虽发轫于光绪十六年李鸿章所创办的恒丰纺织新局，然现在最大的棉织业，要算广东人所办的永安纱厂。该厂乃永安公司的一部分，而永安公司又为五十年前澳洲广东华侨所组织的。烟业制造厂较大者为香港的南洋烟草公司，初期惨淡经营，及简氏兄弟接办，营业蒸蒸日上，终成为南方一大企业。新式的酒业经营最早的要算烟台的张裕酿酒公司，创办于光绪二十一年，创始人为广东潮州的张振勋。张氏原为南洋华侨，一次因事被法国领事请谯，席间出饮葡萄酒，乃聘请西洋技师赞助，开设公司，现在不特是国内最大的酿酒公司，也是远东不可多得的企业了。此外，如糖、罐头、饼干业的马玉山公司、安乐园、泰丰公司、冠生园均创自粤人之手。

化妆品的广生行、香亚化妆公司；百货店的永安、先施、大新、真光等公司，也都是由粤人开始经营的。

南方因为最先受到西洋政治思想的影响，所以它又成为中国近代革命运动的策源地。太平天国革命，发自两广，他们提倡民族主义，实施新政，如公田制度，废止奴隶，改善刑法，解放妇女及提倡白话文等，可以说是一种西化运动。至于康、梁领导的维新运动及孙中山先生领导的革命运动，都发轫于南方，所受西洋新文化的影响，更是显而易见了。

西洋宗教的传入，也以南方为桥梁。一五五二年，方济各·沙忽略（Francis Xivier）航海来到广东的上川岛，他虽不得志而卒于岛上，可是继他而来的利玛窦，却发生了重大的影响。利氏于一五八二年抵达澳门，在广东住了十余年，然后赴京，广东人入教者便有不少。此后的天主教士初来中国，不特以广东为进入的首冲地，且又以为退身之所。嘉庆十年五月①，清廷谕示道："西洋人蔓延数省，皆由广东地方官未能稽察防范所致。"由这段话，便可知道广东为当时天主教的大本营了。新教方面，一八〇七年马礼逊也来广州传教，广东人蔡亚高、梁发等先后入教，梁发对于新教的传播，贡献尤大。

新式教育的设施，同样以南方为首见。此种设施，与西洋宗教的输入，大有关系。一八二八年，广州的教徒，因受了梁发的宣传，曾开办了一所基督教的新教学校。一八三四年，英国女教士古特拉富夫人（Mrs. Gutzlaff）在澳门创设女校一所，后来又办马礼逊纪念学校。这两个学校，在中国近代教育史上极为重要，因为容闳、高宽、黄胜都在那里读过书，他们是中国最早的西洋留学生，容闳回国之后，又鼓吹大批学生留学美国，这就开了中国留学教育的先河。

我们知道：中国近代文化史可说就是一部西化史，而西化的发源地却在南方，那么，南方文化在中国近代文化史的研究上，不消说是极其重要的了。

中国传统文化的发展，大致上是由北而南的。在春秋战国以前，固有的文化中心在黄河一带，春秋战国时的吴越与楚，虽也称霸一隅，可是北方人还觉得是个野蛮的地方。所以尽管文学上有了屈原，思想上有了老子，然而像楚国的著名学者陈良，还得"北学于中国"。秦汉至魏晋南北朝，中国的版图逐渐扩大，而尤其是晋室东迁以后，固有文化的中心，便趋于长江流域。所谓"衣冠避难，多所萃止，艺文儒术，斯之为盛"便可见这时文化的南播与士人的避难，大有关系。唐宋以后，海外交通频繁，珠江流域的经济，日趋发展，北方商贾南来者，固然不少，就是一般官吏，也无不以出宦南方为荣。屈大均《广东新语》云："吾广谬以富饶特闻，仕宦者以为货府，无论官之大小，一捧粤符，靡不欢欣过望。长安戚友，举手相庆，以为十郡膴境，可以属餍脂膏，于是以母钱贷之，以

---

① 编注：据文献记载，该条谕示出自清高宗乾隆四十九年十一月"辛未"条。参赵之恒、朱耕、巴图主编《大清十朝圣训·清高宗圣训》，北京燕山出版社1999年版，第4364页。

五当十，而厚责其赢利。"此外，南宋、南明的播迁，直接间接都使固有的文化播化到西南各地。

中国固有文化的南播，为时既晚，现在西南一带，自然还会看到这文化的真面目。同时南方山谷重叠，交通不便，文化变迁较慢，固有文化一时也不易改变。反之，北方大平原地带，不断地受到异族的侵略，固有文化早已消失。所以我们要探究中国固有文化的真相，只可于西南文化中求之。例如服饰方面，西南各省男女所用的头巾，正是古俗的遗存。《古今事物考》云："古以皂罗裹头，号头巾。"南北朝时，梁简文帝《拟落窗中坐诗》云："开函脱宝钏，向镜理纨巾。"便可证明。木屐在古代颇为流行，《后汉书·五行志》云："延熹中，京师长者皆着木屐，妇女始嫁，至作漆画，五采为系。"唐诗中歌咏妇女着屐的也很多，现在北方人已没有着屐的习惯，可是西南的两广、川、黔一带，却随处都可见到。西南妇女用布料制成背带，负小孩于背后，这便是《论语》中所谓的襁褓。吃的方面，古人最嗜狗肉，且用以祀神。《周礼》就有供其犬牲的说法。汉代樊哙以屠狗为业，可见当时食狗，与羊豚无异。《战国策·秦策》又记述周人吃鼠。这些风俗，在北方早已无存，在西南则至今流行未衰。又在社会制度方面，中国古代典型的氏族制度，在广东保存得最为完整。广东的祠堂之多，为各省冠，每乡必有祠堂及宗族，政治、法律事件，全由族中长老处置，祠堂即为一乡的经济、政治、文化、教育活动的中心。又中山县的乡间，大家族的宗法制度，体系井然，实为北方所未见。多妻、蓄婢及不落家习俗，在西南也很普通，都可说是古俗的遗留。两广方言，多存古音，已为学者所公认。李调元《南越笔记》卷一中，曾举出许多例证。他说：广东方言"谓平人之妻曰夫娘，夫娘之称颇古。刘宋、萧齐崇尚佛法，阁内夫娘令持戒。夫娘，谓夫人，娘子也……谓父曰爸、曰爹，《南史》'湘东主人之爹'是也。……妇谓舅、姑曰大人公、大人婆，亦曰家公、家婆。贾谊曰'与公并倨'。《列子》曰'家公执席'是也。……顺德谓欺曰到，《史记》张仪曰：'不如出兵以到之。'《索隐》曰：'到，欺也。犹俗云张到。'谓张网得禽兽也。到，得也。张仪善欺，故谓欺人者，张到也。……谓猥猱者曰魁摧，出贾谊《哀时命》篇：'即诗之虺隤也。'……肉熟曰脎，《礼记》曰：'腥肆爓脎祭。'注曰：'脎，熟也。爓或为腊也。'广州曰烹物曰腊，亦曰炠也。……数食箩曰几头，晋元帝谢赐功德净馔一头是也。数槟榔曰几口，陆倕谢安成王赐槟榔一千口是也，亦曰几子，陈少主尝敕施僧智顗槟榔二千子是也。数蕉子曰几梳，苏轼诗：'西邻蕉子熟，时致一梳黄。'……禽之窠曰斗，雌伏卵曰哺斗，石湖云：'雌雄曰一斗，十鸡并种，当得六斗是也。'"此外，粤语的 K 音很多，在国语中早已消失，而变为 Ch 音，所以家字在粤语为 Ka，琼州语为 Kia，在北方则变为 Chia。Ka，Kia，是古音，Chia 是变音。我们随便举了几种例子，可见西南的确保存着不少古代固有的文化，今后欲研究中国古代的文化，就必须赶紧发掘这些活的材料了。

西南各省的民族，种类极多，旧籍分别为百数十种，年前戴维斯（H. R. Davies）氏根据各族的语系，概括之为三大系，即孟克蔑系（Mon-Khmer）、掸系（Shan）、藏缅系（Tibeto-Burman）。其中孟克蔑系包括苗徭二支，苗族分布于湘、黔、川、滇、桂等省。徭族以桂省为大本营，粤、黔两省，也有一部分。掸系包括滇省的摆夷，黔省的仲家、水家，桂省的侗、侬及琼崖的黎民。藏缅系包括西藏的藏人，西番，滇省的古宗、么些及川、滇的罗罗等，人数很多。

这些民族，因为僻处山地，与外面的交通较少，所以他们的文化，还保持着原始的状态。物质文化方面：不少民族还从事狩猎生产，就是农业生产，如锄耕、轮耕、火种等方法，也是极为原始。琼崖黎族及滇西南的摆夷，施行纹身装饰（Tattooing），黔东南的仡佬，施行毁齿，罗罗及苗徭的椎髻，都是一种原始的装身技术。广东蛋民的水上住居，其形式又与瑞士新石器时代人类及南洋一带土人的水上住家相同。社会制度方面：凉山的罗罗，实行着奴隶制度，黑罗罗是贵族，白罗罗是奴隶，彼此间的阶级极严。黔省黑苗，桂省红徭，多少尚行交错表婚制度（Cross Cousin Marriage）。两广徭族崇拜盘瓠犬王，滇省黑夷以动植物为部落记号，蛋民神宫祀蛇，这又是图腾制度（Totemism）。

风俗方面之具有原始文化特征的尤多。抢婚习俗，差不多西南各族都有存在。原始时代的两性歌舞集会，在苗徭名为"跳花""跳月"，在仲家、水家名为"赶表""摇马郎"，名称虽不相同，而其为男女性活动的节期，则无异致。就是最奇特的产翁风俗（Couvade），也可在西南民族中找出来。《太平广记》引"南楚新闻"云："越俗，其妻或诞子，经三日便澡身于溪河，反具糜以饷婿，婿拥衾抱雏，坐于寝榻，称为产翁。"又云："南方有獠妇，生子便起，其夫卧床褥，饮食皆如乳妇，稍不卫护，其孕妇疾皆生焉。其妻亦无所苦，炊爨樵苏自若。"元代马哥波罗（Marco Polo）旅行滇缅交界处，尚见到这种风俗，现在大概也还有遗存的。

宗教方面许多原始巫术（Magic）与占卜，西南民族中也很流行。放蛊放鬼，只要到过西南边地的人，随处都可见到。鸡卜、蛋卜、牛骨卜、羊骨卜、草卜等占卜术，应有尽有。埋葬的方式有康人的天葬，民家的火葬，川南楚〔僰〕人的悬棺。至于琼崖黎人的刻木为信，云南么些的象形文字，黔南水家的水书，仲家的字喃，尤值得人类学者的注意。

上面我们举出西南一种特殊文化的许多事实，说明西南不论在中国近代文化史而至于固有文化及原始文化的研究上，都有了丰富的材料，正待我们去发掘。我们敢说：今日若果欲了解全部中国文化发展的历程，就非到西南各省从事实地调查研究不可，至少我们亲身接触到了这些活的材料，总比埋首在旧字纸堆中探索那些死的材料好得多。我们之所以重视西南文化的研究的，正是为此。

最后，在西南文化的研究中，还有一点必须注意的，就是华侨问题。我们知道，南方与外国接触较早，南方人到南洋或欧美经营工商业的也较多。据最近的统计，全世界华侨人口总数约有一千四百余万人，其中以广东人占多数。华侨一方面把中国固有文化移殖海外，对于当地土著的文化发生了不少的影响，今日华侨足迹所到，随处都可看到祖先崇拜，宗族组织，中国式的衣食住的各种设备；另一方面，华侨最先又直接间接地把西方文化接受过来，促进了南方社会的西化，现代化，如广东现在教育最发达，文化程度较高，物质建设最完备的文昌、台山、中山、梅县几处，都是华侨最多的地方。换言之，华侨不特是中原文化海外传播的媒介，也是建设南方而至整个中国新文化的功臣。可惜今日华侨受了种种的限制，已有每况愈下的趋势，所以我们对于华侨在近代中国文化发展史上的贡献，固然要详加阐发，就是今日华侨的实际问题，也要力谋解决之道，使他们能继续完成历史的任务，那么，我们的研究工作，当有更大的意义了。

《社会学讯》1948年4月20日第7期第1~4版。

中国与南洋

中国之于南洋，关系至为密切。从地理上看起来，我国西南的云南、广西、广东，是与缅甸、安南毗连。安南以至暹罗与马来半岛的大山脉，固是来自我国的西南，这些地方的大河流，也是来自我国的西南。在气候上，以至在好多的物产上，两广的南部，而尤其是海南岛，与其说是与中国的其他部分相似，不如说是与南洋相似。

从人口上看起来，在南洋各处，我们有了一千多万的华侨。马来半岛的华侨的数量，固是多于马来亚人，暹罗的华侨的数量，也比所谓统治的泰族为多。新加坡的华侨，占了该岛的人口总数百分之七十以上。其实，凡是游历在马来半岛以至南洋的其他好多城市的人们，好像是在国内一样，并不一定有了身置异国的感想。连了在了穷乡僻壤深林大山的地方，都有华侨的足迹。国人之到南洋，以前是男的多，现在女的也多了起来，以前是做工经商的多，现在业农的也多起来。

从历史上看起来，据史书所载：中国之于越南的陆道交通，是远在周朝的时代，中国之于南洋的海上交通，是始于汉代。《汉书·地理志》记载中国的使者，自徐闻、合浦等处，到了南洋的好多地方。自此以后，时代愈近，中国之于南洋的交通，愈为频繁，而两者的关系也愈为密切。因而国人之关于南洋的著作也愈来愈多。比方，宋代的周去非的《岭外代答》，已记了好多南洋的事情；元代的汪大渊，周游南洋各处，他的《夷岛志略》，不只记其所闻，而且记其所见。明清两代之关于这方面的记载，更可以说不胜枚举了。

其实，在西洋人未到南洋之前，关于南洋的史实，记载得较为详细的，恐怕要算中国的了。若不参考中国的史料，则南洋各处的历史，而尤其是较为古远的历史，恐怕就不易下笔了。

中国之于南洋的关系的密切，虽如上面所说，然而从文化方面看来，中国文化之影响于南洋各处，并不算大。我们并不忘记安南过去的文化，是中国文化的系统。在暹罗的文化中，也有了不少中国文化的留痕或征象，可以说是微乎其微。

数日前我在新嘉坡曾与来佛博物院的崔特（Tweedle）先生谈到这个问题，照他的意见，马来亚人之所以不受中国文化的影响，是因为前者的文化太低了，太原始了，赶不上去接受中国的文化。我以为这种说法，虽然也有其道理，可是我们也不要忘记，印度的佛教的文化，在南洋不只在以往曾经繁盛一时，就是在现在的暹罗、缅甸，以至柬埔寨，还是很为流行。回教的文化之流传于南洋，历史并不太久，然而这个文化，在马来半岛与其他的好多地方的势力之大，是一般人所能看得到的。至于基督教文化，或近代西洋文化之在菲律宾以及南洋其他各处，其影响之大，更不待说。

佛教、回教以至近代西洋文化之在南洋，能够有了很大的影响，既如上面所说。至于中国，除了地理上的接近，华侨人口的众多，还有历史上的数千年来继续不断的密切关系，然其文化之影响于这些地方，却若此之少，若说完全是由南洋的文化太低，太原始，赶不上去接受中国文化，恐怕未见得完全是对的。

我们对于这个问题，在这里不能加以详细的讨论，然而我们也愿意指出，华侨而尤其是过去的华侨之到南洋的，目的既全为谋生，不只对于中国文化的传播上，没有余力去推动，就是他们本身之受过教育者，也是寥寥无几。而在国内之一般文人学者，又往往昧于内中国而外夷狄的偏见，以有蛮貊之邦，不足以谈教化，不愿到这些地方去作工作，结果是无论在地理上，在人口上，在历史上，两者的关系，虽很为密切，然而文化上，却没有多大的影响。

可是正是由于文化上的影响太少，交流太少，因而国人之于南洋的好多民族，在心理的谅解上，或在精神的结合上，不够深刻，这与今日南洋的各民族的排华运动以及好多不幸事件的发生，不能说没有多少的关系的。

记得两星期以前，我在柔佛与马来半岛的领袖人物达杜安（Dato Onn）谈话时，他再三询问中国为什么不常常多派些回教的著名人士到马来半岛，与马来亚人多多接近。他又说，他很希望能多派马来亚人到中国求学，使马来亚人能了解中国文化。马来亚人自己还想这样的做，我们中国人却对于这个问题并不加注意，这是多么可惜的事情！我们知道，以往国人之到南洋的，既主要是注重于经济上的发展，而一些到这个地方办教育者，主要也不外是在华侨所设立的学校里，教育华侨的子弟，不只对于当地与中国的文化交流的工作上完全没有注意，就是对于当地的方言文字，也少愿意去学习，结果是一般华侨对于当地民族的了解，既很为浅薄，而在当地的民族的心目中，往往遂以为华侨是东方的犹太，除了剥夺他们的资源之外，对于他们，没有什么好处。在这种情形之下，若在加上一些政治上的野心者，加以煽动，民族间的仇恨的裂痕，必愈来愈大，而华侨在南洋的地位，必愈为危险，这是我国政府与人士所不可忽视的一个重要问题。

原载《大公报》（香港）1948年5月9日第1张第1版"星期论文"栏；又载《大公报》（天津）1948年5月16日第1张第2版"星期论文"栏，《大公报》（重庆）1948年5月16日第1张第2版"星期论文"栏，《大公报》（上海）1948年5月27日第1张第3版，《时代晚报》1948年5月30日第1版、6月4日第1版，《益世报》（上海）1948年6月3日第6版。

论中国与南洋的外交（存目）

原载《复兴日报》1948年6月26日第1版；又载1948年6月27日的《正义报》（昆明）第2版、《四川时报》第1版、《广西日报》（柳州）第2版，1948年8月1日《平民报 大民报联合版》第2版，1948年9月22日《浙瓯日报》第2版。发表于《中兴日报》1948年7月2日第4版、3日第4版的《论我对南洋外交》，以及《中央日报》（贵阳）1948年7月16日第3版、《汕报》（汕头）1948年8月12日第2版的《论我国对南洋外交》，都是《论中国与南洋的外交》的异名文章。

后编入《南洋与中国》（岭南大学西南社会经济研究所1948年12月初版，岭南大学西南社会经济研究所专刊甲集第一种）附录二。

全文见《陈序经全集》第五卷《南洋与中国》附录二、论中国与南洋的外交。

论我对南洋外交（上）（下）（存目）

原载《中兴日报》1948年7月2日第4版、3日第4版，是《论中国与南洋的外交》的异名文章。

后编入《南洋与中国》（岭南大学西南社会经济研究所1948年12月初版，岭南大学西南社会经济研究所专刊甲集第一种）附录二，题为《论中国与南洋的外交》。

全文见《陈序经全集》第五卷《南洋与中国》附录二、论中国与南洋的外交。

论我国对南洋外交（存目）

原载《中央日报》（贵阳）1948年7月16日第3版；又载《汕报》（汕头）1948年8月12日第2版，是《论中国与南洋的外交》的异名文章。

后编入《南洋与中国》（岭南大学西南社会经济研究所1948年12月初版），题为《论中国与南洋的外交》。

全文见《陈序经全集》第五卷《南洋与中国》附录二、论中国与南洋的外交。

首次大学周会陈校长训词

> 本月十六日（星期四）在怀士堂隆重举行首次大学周会亦即当为补行这个学年度的开学典礼，本文为校长陈序经博士在周会中的训词，愿与各同事、同学以合作精神为教育，学术，国际文化努力所共勉，词意简赅，热情溢于言表，谨此附识。
>
> ——编者

各位同事，各位同学，我们上课已经有了一个星期，今天这个简单的集会，可以当为补行这个学年的开学典礼。今年我们聘请好多位新同事，增加了好多位新同学，我愿意借这个机会表示我们欢迎他们的热情。岭南在过去，得了晏文士、钟荣光、香雅各、李应林各位先生以及好多位老同事的热心服务与努力求知的精神，才有今日的地位，我也愿意借这个机会表示我们的敬意。此外，董事会与基金会的董事，捐助我们的社会人士，以及一向对于母校至为关心、极力帮忙的同学，我也愿意借这个机会表示我们的谢悃。

岭南不只有了悠久的历史，而且有了很多的特点：

第一，学术本来是不分国界的，岭南自开办到现在是一个国际学术合作的团体。

第二，因为有了美国基金会的远见与慷慨，岭南是由国人接来自办的第一个教会大学。

第三，大学男女同学，岭南实行最先，这又是岭南的特点之一。

第四，岭南虽然是一个基督教大学，然而他对学术的发展上，并没有宗派之分，而却很注重于自由讨论的精神，也许是因为有了这种精神，岭南才愿意去找一位没有受过洗礼的人来主持校务。这又是中国教会大学的创举。这是兄弟所觉为荣幸的，这尤其是岭南的伟大处。

我们知道，这次长期抗战，国内大学，多受了重大的破坏，岭南不只校园依然如故，校舍比较完整，就是图书、仪器也少有损失。这是我们的大幸，然而正是因为我们在学术发展的条件上比较优越，我们在这方面所负的责任，更为重大。这是我们自己所要特别加以警惕的。

兄弟这次来校参加工作，至觉荣幸。教育是百年大计，要有成就，不只需要较久的时间，而尤需要同事、同学的合作精神。岭南是国人的学术合作的机构，又是国际文化合作的团体，兄弟相信只要我们本着合作精神，努力做去，则今后的进步，是无限量的。

《岭南大学校报》康乐再版号，第82期，1948年9月20日。

"大泰主义"的抬头

统治暹罗的民族是泰族,但是这个泰族之在暹罗的人口的总数中,至多不过三分之一。以少数的民族,去统治多数的民族,无论是从民族主义的立场,或是从民主主义的观点来看,都可以说是一件不合理的事情。然而十余年来,在事实上,暹罗的泰族,不只很积极的去泰化其国内的其他的民族,而想实现其所谓"大泰主义",而且利用了这个口号,去引诱与煽动其他的国家里的一些所谓泰族,希望成立一个所谓"大泰帝国"。

我们知道,在暹罗除了约有三四百万的泰族之外,还约有二百万的佬族,约有百多万的马来人以及其他的民族,此外又约有五六百万的华侨。佬族在历史上,曾建立过强盛的国家,自被泰族征服之后,泰族就用了各种方法去泰化他们。泰族信仰佛教,马来人信仰回教,前者不只是在政治上统治后者,而且要用政治的力量去泰化后者的宗教以及文化的其他方面。马来人之所以继续不断的反抗泰国的统治者,并非没有原因。华侨在暹罗人口最多,经济基础又最为坚固,所以泰族排斥得最厉害。他们对于华侨,不只用强力去威胁,还且用法律去制裁,不只用婚姻去引诱,还且用教育去熏染。十余年前,日本占据我国东北之后,泰族深受日本的煽动,且想依赖日本的威势,加强其泰化与排华的工作,使暹罗的华侨愈难立脚。

不但这样,他们又宣传中国西南的好多民众是他们的"同胞",中国西南的大好河山,是他们的"故乡",因而又希望能够联络其所谓泰族,因而又梦想能够恢复其所谓"失地"。

此外,他们又以为缅甸的掸,安南的佬,以至柬埔寨人,都是他们的同族,因而他们也想联合这些民族,也想得到这些地方,而梦想成立其所谓"大泰帝国"。

其实,从历史上看起来,暹罗这个名词,是代表了两个国家的名称。我们读历史的,知道在五六百年前,在现在所谓为暹罗这个地方,有了一个暹国,又有了一个罗国。后来罗国灭了暹国,因而建立暹罗国,明初洪武赐印他们,就叫作"暹罗"。

泰族在十三世纪的时候,其所占据的地方很大,这就是在苏口胎一带。他们数百年来,慢慢的发展起来,而成为今日的暹罗。然而在暹罗的发展史上,其武功最显,而建立现代暹罗的基础的劳绩最大的人物,却是我们的华侨,这就是郑昭。他打倒缅甸人在暹罗的势力,统一了暹罗,做了皇帝,后来为其女婿所弑而篡其位,这是历史上泰族排华一个最显明的例子。

到了近来，而尤其是自暹罗的第六世皇就位之后，排华的思想，越来越浓厚，排华的举动，愈来愈厉害。暹罗这个名词，在历史上固是代表两个国家，在实际上是包含了好多种民族。在我国抗战的时期，泰族所统治的政府，受了日本的影响，不只排华的政策变本加厉，就是泰化其他的民族的程度，也极力加强。他们放弃了暹罗这个名词而改其国号为"泰"，这是"族天下"的作风了。

这是很显明的表示统治暹罗的泰族之迷醉于"大泰主义"，而这些野心者之梦想包括在中国、安南、缅甸的泰族，建立所谓"大泰帝国"，也是一件很显明的事情。

我们已经指出，他们之所以有了这种野心，也是受了日本的煽动，与依赖日本的势力。可是好梦不长，自日本侵略安南、占据缅甸与马来半岛之后，日本对于泰国，也加以严厉压迫，使泰国失其独立的地位，而成为一个附庸的国家。暹罗的统治者，本想利用日本去实现其"大泰主义"，所以他们不但没有设法去联合安南、缅甸与马来半岛以至中国，以抵抗日本，反而为虎作伥，那料其结果是唇亡齿寒，"大泰帝国"的梦没有成，而亡国的祸却来临。

在日本气焰正盛的时候，"大泰帝国"既不能实现，在日本失败之后，泰国这个国号，又不得不再改为暹罗。我记得一九四五年的正月，太平洋国际学会在美国曾召集了一个会议，那个时候，德国与日本尚未投降，一个法国的代表，有一次曾指出暹罗之改为泰国，是表示有了侵略他人的土地的野心与企图。在场的泰国代表，除了承认这是事实之外，还且指出，在那个时候，在英国的暹罗代表团，已改泰国为暹罗。他们并且保证，在日本投降之后，他们必放弃泰国这个名称，而且恢复暹罗这个国号。

泰国已改为暹罗，所以我们现在不再称为泰国，而仍称为暹罗。这是一出喜剧，也是一出悲剧。然而喜剧也好，悲剧也好，依着最近几个月来的暹罗的统治者的作风来看，好像这个戏剧，又将重演起来了。

原来暹罗的"大泰主义"之提倡最力的是銮披汶，及其徒众，披汶是勾结日本，排斥华侨与侵略邻国的领袖。日本投降之后，他本来是主要战犯之一，然而他竟没有受法庭的裁判，而逍遥法外，其结果是姑息养奸。所以在今年的四月，披汶又卷土重来，而主持暹罗的政权了。

在他刚上台的时候，有人以为他以前既受过很大的教训，现在再度执政，也许能够改变作风。同时在他发表的谈话中，他已说过，他的政策是偏于温和的。然而五个月来的事实，告诉我们，现在的披汶之于过去的批汶，并没有什么不同的地方。

我们且看罢，他上台不够三个月，排华的举动又是层出不穷。他封闭华侨的学校，封闭华侨的报馆。他限制与压迫华侨的工商界。从某方面来看，他现在之虐待华侨，比之以前，还凶得多。这是他十余年前所实现他的"大泰主义"的前奏曲。

在披汶控制之下的暹罗，是否要再度改为泰国，我们不得而知；可是我们在目下所知得很实在的，是所谓"大泰主义"，又抬头了，而且很快的抬头起来了。"大泰主义"的抬头，不只在暹罗的华侨，要吃很大的亏，东南亚这片土地，也要受其影响。这是关心于东南亚的和平的人们，所不能不特别加以注意的。

原载《大公报》（天津）1948年10月3日第1张第3版；又载《大公报》（重庆）1948年10月24日第1张第2版；《大公报》（香港）1948年10月26日第1张第1版；《正报》（西安）1948年10月30日第2版。

论留学[①]

近年以来，一些社会人士，对于留学，既加以反对，而政府教育当局，对于此举，又严加限制，我以为这无论是对于我国的高等教育的前途上，或是对于今后的国家建设的事业上，都有很大的影响，因而不得不在这里略为解释所见，企能引起国人的注意。

大致的说，不满意于留学的人们的理由，大约有二：一是留学是一件耗费外汇的事情，在国家经济困难的时期，应当限制留学，而节省外汇；二是凡是要想在外国所寻求的高等教育，在国内差不多都有了，所以不一定要留学。我们不能不指出，这是短见，这是片面的理由。

我在别的地方，已经一再说过，今日政府与国人之耗费外汇的地方太多了。留学在这里占的成份，实在是微乎其微。教育是百年大计，留学不只是与提高我们的高等教育的水准上，有了密切的关系，就是与训练为建设国家技术人才上，也有了密切的关系。我们若为了目前的经济困难而节省这区区的数目，对于节省外汇，既鲜有所补，对于提高教育水准上，对于训练技术人才上，却有莫大的损失。这是反对留学的人们所不能不注意的。

而况，事实上，国人之在国外有外汇者，既为数不少，而海外侨胞之有资财的，又不胜枚举。这些人的子弟之在国内读书而欲出国求学者，也必很多。假使政府而只为了节省外汇，严加限制留学，那么他们自己有了外汇，对于他们就不应该多方留难，反之应该多多鼓励其留学。我们不否认，教育当局不愿意使一些有钱而成绩低劣的学子出国求学，并非没有道理。然而我们也得指出，限制留学的条例，不只限制这些人们，而且限制一般有钱而成绩较优而欲出国的青年了。这又是反对留学的人们所不能不注意的。

我们承认，数十年来中国教育——中国的高等教育，有了很多的进步。然而若说我们的大学，已能与欧美各国的著名大学，并驾齐驱，那又未免是夸大之言了。试问在今日中国的大学里，有了多少科学是能与欧美的著名大学里的同样科学并驾齐驱的呢？自然科学不要说了，就以社会科学来说，我们也何尝不瞠乎其后？图书、仪器的设备的简陋，固使我们在学术的研求上，吃了很大的亏，可是数十年来，真为研究学问而作研究工作的人士，并不很多。换句话来说，不只研究学术的物质条件所在缺乏，就是研究学术的空气，也不够浓厚，留学是弥补这

[①] 校按：第四卷《大学教育论文集》亦收录同名文章，但文字表述有较大出入，故本卷与第四卷《大学教育论文集》中均予以保留。

些缺点的一个最好的办法。这又是反对留学的人们所不能不注意的。

又况,战乱十年,这些缺点,愈为增加,愈为显著,原有的教授人才,久经固塞,对于新的智识,固少有机会去领略,连了自己已求得到的学问,也往往荒疏。所以,就目前的情形来说,不只是青年学子,要出洋留学,就是教授老师,也何尝不要出国读书?当今国人,目击时艰,嗟叹"粮荒",而却忽略了"师荒"。大学的数目,十余年来,愈来愈多,而教师的人数,却越来越少,出高价,抢教师,这是教育界一种普遍的现象。留学生之在国外而稍有成绩者,更为国内各大学所抢聘。因为大学教师的来源,直至今日为止,主要的还是来自留学生,一方面大家竞相抢聘留学生,一方面却反对留学,这是一个矛盾,这是一种断源求流的政策。这又是反对留学的人们所不能不注意的。

又何况,抢聘留学生与大学教授的,不只是大学而已。近年以来,政府机关,社会团体,以至农、工、商、矿各界,处处需要通才,学者,而特别是需要各种技术人才,与专门学者。结果,不只在大学里,教师难于增加,而且原有的师资,甚或因之而减少。政府在抗战之后,也未尝不感觉到才荒之苦。资源委员会一个机关,曾派过四百多人赴美训练,而教育当局,对于留学,却又严加限制,使"留学难,难于上青天"。大学师资的来源,固因此而受很大的影响,建设国家的人才,也因此而愈趋枯衰,这是关心教育建国的人们,所不能不特别加以注意的。

原载《华北日报》1948年10月27日第2版;又载《中华日报》1948年10月31日第3版,《广西日报》(柳州)1948年11月7日第1版,《和平日报》(兰州)1948年11月9日第4版,《汕报》(汕头)1948年11月17日第2版,《西京日报》1949年2月20日第4版。

留学（存目）

原载《大民报》（青岛）1948年11月14日第2版"星期论文"栏，为《论留学》之易名文章。

悼卢观伟先生

接南方信，知卢观伟先生于十月十日在香港逝世。我悲痛极了。卢先生与世长辞，从我个人来说，是失了一位至好的朋友；从青年方面来说，是失了一位很好的导师；从学术方面来说，是失了一位很好的学者。

在学问上，卢先生真是一位东西贯通的人物。他少年随父母到日本，曾在过梁启超在横滨所创办的大同学校念书。他的日文、日语都很好。数十年来，凡是日本所刊行关于文哲方面的书籍，他必设法购买。他回国之后，曾在岭南大学读书，后来又留欧留美，所以他的西文、英语也很好。关于西洋的，而尤其是关于英国的哲学著作，他搜集的很多。至于中文方面，近五六十年来所出版的图书、杂志，他收藏的很为丰富。

他既有了做学问的很好工具，他自入校读书以后，四十余年来，不断的研究学问，他可以说无时不读书，无处不读书。他对于本国，对于日本，对于西洋的一般情况，既很为熟识，他对于本国，对于日本，对于西洋的学术发展，尤为注意。他在学问上不只很博，而且很专，专于宗教哲学，专于道德哲学，专于英国哲学。他尝感觉到学愈求则愈无止境，书愈读而愈知不足，他虽博而且专，但是他却慎于写作。在大学做学生的时候，他时也喜欢执笔为文，可是作了教授之后，他很少著作。偶而写篇文章，也必一再修改，然后发表。连了他在课堂里所演讲的大纲，也每年一再改订。他的朋友中，或有说他过于谨慎以至过于拘泥。然而他却以为学问的工作，是满足个人内心的事情，不一定著以成书，公诸于世，或藏之名山，传之其人。因为他对于名利的心，一向就很淡。

他自己虽是这样，然而他对于他人发表的文章，却往往重视，而且很愿意去为他人宣传。我记得二十年前，我在德国的时候，写过一篇中西文化的文章载于某刊物，他用了油印印了好多份，送给学生与友朋看。后来我又发表过一些关于教育与西化的问题的文章，他又拿来翻印为单行本。他不只对于他的朋友的写作，这样的做，他对于好多不认识的人的写作，也这样的做。

他自己努力作学问，他也希望他人能作学问，他自己受教育，他也希望他人能受教育。他在大学读书而尚未毕业的时候，他就感觉到好多青年没有机会去受良好的教育，因而自己就设法创立一个学校，这就是后来西关岭南分校的前身。办学教书，是他的素志。数十年如一日，从没有改变。在抗战时期与抗战之后，他在香港曾倡办推广大学（Extension University）。他一向在岭南大学教书，中间虽有一个时期离开，但是他始终爱护岭南。最近来，他力主我回岭南任事，他自己也答应回来共事，孰料他还没有到校之前，而已辞世，这是学术界一个大损失，也是岭南大学一个大损失。

卢先生不只在学问上，为朋友青年所敬佩，在人格上，尤为朋友青年所尊崇。凡是与他见过面的人，都必感觉到他是一位真正可以称为君子（Gentleman），他严肃而至慈祥，而心情温柔。他冷静，而有热诚，而意志坚强。他是一位基督教徒，一位忠诚热心的基督教徒，可是他对于宗教上的外表形式，并不十分注意，而所提倡而力行的，是基督教的精神，而尤其是基督教的牺牲的精神。在家庭里，自他父亲去世之后，他服侍母亲，教养弟妹。他始终没有结婚，因为他以弟妹很多，他不愿因为他个人婚姻而对于他们的学业有所影响。到了各位弟妹都能自立或结婚之后，他又以老母倚闾，定省需人，而不愿离开。他不只对于家人是如此，对于朋友也是如此。他常常帮忙朋友，热心公益，他对己俭，对人宽。对于青年，则循循善诱，诲人不倦，他有爱他的精神，又有忍耐的性格。他对于社会政治的问题，虽常持批评的态度，可是他无论在任何恶劣环境之下，从不灰心。

我认识卢先生是在岭南读书的时候。十七年夏又共事岭南，他山之石，获益匪鲜。廿年以来，我虽不与他常在一个地方，然而时时都受他的思想的影响，时时都受他的精神的感化。他尝叹南方学术空气，不够浓厚，故努力提倡学术的工作。他所以极力主张我和一些朋友回南方教书，也可以说是为了这个原故。现在呢？我们南回了，而他却辞世，良师益友，此世无几；北风初起，南望桑梓，念及故人逝，哀痛何时止？

卅七、十、廿五，于天津南开大学

原载《大公报》（香港）1948年11月1日第1张第2版，又载《岭南大学校报》康乐再版号，第86期，1948年11月10日第1~2版。

卢观伟先生的西化论

卢观伟先生逝世后，我曾写了一篇《悼卢观伟先生》的文章，登载于十一月一日的本报。最近来，稍为涉猎他的著作，觉得他对西化的主张，很值得我们注意，因而遂撰述此篇。

卢观伟先生提倡西化的时间虽很久，然而关于这方的文章之发表较早的，要算他在民国二十一年为我的《中国文化的出路》一书而作的序言。这是一篇简短的文章，然而他个人之主张西化的要点，已在这篇序言提出了。民国二十三年，他又写了一篇长文，题为《我们要一个新文化哲学》，这篇文章，登载在吕学海先生所编的《全盘西化言论集》里。到了民国二十四年，他又写了一篇文章，叫作《趋于全盘西化的共同信仰》。这篇文章是登载在冯恩荣先生所编的《全盘西化言论续集》里。这两篇文章，既并不在别的刊物发表过，而《全盘西化言论集》三本，在外间又很少流传，所以我愿意把卢先生这两篇文章特别加以介绍。

新文化哲学

在《我们要一个新文化哲学》一文里，卢观伟先生说：

> 在近代和现代的中国，我们要造成一个新文化哲学，以应付我们目前的新环境和新事实。我的意见，倒以为那些不满意于全盘西化这个名词的理论的人们，是看错了。因为我以为从历史演进的历程来看，非这样的说，非这样的主张，不够彻底和不够积极来提倡和摄取西方文化。欧西文明确是整个的文明，史家也叫欧西文明为一个文明集团（Civilization Group）。欧洲的国家民族，虽有许多，但讲到文化则一。同时，这一个应为全人类的新文化，正是蔓延他洲，自动或被迫的征服他洲，这也人人知道的事实，现在主张接纳一个人类的新文化的理想和要素，来根本改造中国和东方的，就是全盘西化（Total Westernization or Whole Westernization as a Whole）和激底西化（Thorough Westernization）的理论。

卢先生又接着说：

> 凡是界说，断无可以得到一个尽善尽美的。但是我们为研究和明瞭一种理论的便利计，也不妨努力于得到一个较为完满的名辞和界说。我以为用全盘西化这个用语的优点，或可以说在注重输入文化时，理论上，要将外来文

化的各种主要不可少的要素（Essential Elements），应有尽有的，完整平匀的形式内容，兼备的输入，实际上，可能的范围内尽量平匀的输入。这就是要有常识和整个的计划。譬如输入民权，也要输入人权，输入革命，也要输入宪法。输入男女的交际，也要输入西洋的礼教和道德。要输入 Shaw，也要输入 Cheaterton。从应有尽有和包容的（All-Inclusive）方面来看，可说全盘西化。从理想和标准方面来看，可说彻底西化。主张全盘西化，当然包括彻底西化在内。而且，因为中国人讲革新的常有打折扣的危险，所以标出不打折扣的全盘西化为适宜。我们着眼于世界新旧文化，由冲突到完整状态（Integration）的过程，择一个至为普通的行语，如"全盘"和"彻底"来说明一种学问上的理，正如十八世纪英国哲学者柏克利（Berkeley）所说"我们要同学样者一样的思想，要同俗人一样说话"（To think with the learned and speak with the vulgar.）。我的意思，以为用语上和理论上，不见得有什么不妥当，比较其他的主张绝不嫌其太笼统含糊，事实不容许这理论的笼统含糊，因为西化过程中的主要事实（Essentia facts），截至今日止，是十分确定的。他的体系和轮廓，虽经一九一七年的俄国革命及假定将来苏俄的总成绩，对于人类的贡献和价值，经过最后的估价后，恐怕会无多大更变。那些非难全盘西化为笼统、紊乱、矛盾、危险的论者，我以为尚未尽先认识好关于西洋文化至低限度的事实的责任，并会在我们新运动的过程中，生出好多不需要的流弊和危险。

共同信仰

在《趋于全盘西化的共同信仰》一文里，卢先生又说：

其实用全盘两字来表示做接受西洋文化的理论，也许是最适宜的。我们应知道，我们今日不只要接受柏拉图的遗产，牛顿的遗产，达尔文的遗产，也许 Calvin 的遗产，Luther 的遗产，Bentham 的遗产，Mill 的遗产，也都要接受，我们民族的 Head 固要革命，我们的 Heart，我们的礼教、娱乐、习惯、风俗，就不需要革命吗？政治哲学、法律哲学，固然需要，但道德哲学、社会哲学，又何尝不需要呢？我们今日国家的自由平等固然重要，人民的自由平等也许更重要。现在有些人士，慨叹着"士德倒运""土圣人竟为洋圣人所打倒"，中国人又逃儒归洋，但是我们等候两千多年，儒也还治不好国，佛也还治不好心，那么我们已有甚么办法呢？这岂不是正要全盘接受西化，方足以争取民族的生存之证吗？所谓和谐的全盘（Harmonious Whole），具体的全盘（Concrete Whole），乃是全盘的真义。这自始就是全盘西化论所主张的概念。不过用一个很普通的中国语全盘来讲一种文化理论罢了。所谓完整平匀地接受西洋文化，也就是具体单位间的完整平匀地接受。

卢先生在上面的解释，是注重于全盘的意义。此外他以为"西化"与"现代化"这些名词，在实质上，是没有什么分别的。在《我们要一个新文化哲学》一文里，他曾说：

> 但是我们所应该注重和无错误地认识的，倒是在于名词所象征的事实，和它应有的涵义。因为凡属一个名词，或一种理论，不过是要求叙述和满意的解释一种事实的。所以怀疑现代化西化或全盘西化的论者，先要认清现代化和全盘西化这名词里面，应具有的不可少的事实（Essential facts）和涵义，就是先要明白人家对于现代或全盘西化，怎样用法，所主张的理论，是怎么样说法。

我要指出在卢先生写这篇文章的时候，广东方面的复古空气，正在浓厚。全盘西化固为守旧者所谩骂，现代化也为顽固者所不容。所以在那个时候，全盘西化与现代化这些名词的应用，是没有什么分别的。然而同时，我们感觉到现代化的意义，固是包括全盘西化的意义之内，而全盘西化的意义却不能包括于现代化的意义之内。因为我们所需要的现代的文化，根本就是西洋的文化而非马来土人或非洲土人在现在所尚保存而应用的固有的文化。这些文化，以至我们的人力车，姨太太，在现代既尚存在，既尚应用，也不能不谓为现代文化。然而我们所要的，绝不是这些文化，所以全盘西化这个名词，是比之现代化这个名词，较为适宜。

然而近来却有些人，以为我们所主张的全盘西化，并不一定是现代的西洋文化。因而提议用现代化这个名词去代替全盘西化这个名词。照他们看起来，好像我们是不主张去采纳现代的西洋的文化，好像我们没有用过现代化这个名词，这是一个大错而特错的看法。我个人在以前曾用过这个名词，而我在这里所以抄出卢先生这段话，也是要看明我们所说的全盘西化是含有现代西洋文化的意义。

总而言之，我们所以用了全盘西化这个名词，是经过长期的考虑而后用，是经过不少的讨论而后用。因为这个名词既有了理论的根据而非随便的铸作，又有了事实的证明，而非凭空去造出来。我们愿意一般批评这个名词的人们，不要只凭主观的观察，只随个人的好恶，而随便的加以指摘。其实，只要读了卢观伟先生对于全盘西化这个名词的解释的人们，应当不会再对于这个名词起了疑问了。

逐渐发展的结果

卢观伟先生以为全盘西化的理论，是中国近代的思想史上的一种逐渐发展的结果。我们且看他说：

> 我现在只要说明，如果我们承认现代化是十九世纪以来的中国和东方最大的历史的过程，而由此事实和过程产生指导新时代、新环境的文化理论，

或文化理想论（Cultural Idealism），三十年前既可用维新等用语和主张，则今日不可不用一更积极、更彻底的用语和理论，以指导今日仍有"盲人骑瞎马"的危险的。中国及东方应走的途径，读者如一读陈序经先生的近著《中国文化的出路》一书，应该可以看出中国人对于现代化或西化的态度，被内外新环境的要求，每代确有每代的进步。今日如胡适之先生的西化态度，比较前任如梁启超、郭嵩焘的西化态度，彻底得多，积极得多，完满得多。

卢先生说到这里，曾录了胡适之先生主张西化很力的一段话，以为证明，然后接着指出胡适之先生的西化论：

> 乃张之洞的《劝学篇》里所梦想不到的见解。当时张之洞的思想，我以为现在也要不可太快忘掉。我们要问问为什么他的见解会那样奇怪。他论民权有四害，而无一利。中国宜有官权。他这样的说："民权之说一倡，愚民必喜，乱民必作，纲纪不行，大乱四起。"我们今日还有自由来读三民主义的人们，读了这样的话，真有隔世之感了。也不能不算得了一点进步。

在《趋于全盘西化的共同信仰》一文里，他曾指出民国二十四年的文化讨论的结果。他说：

> 总之经过这一次讨论之后，我们可以见到所谓"学了外国本领，保存中国旧习"，"因时制宜，折衷至当"的一般错误危险的中西合璧心理，与文化折衷调和论，理论上已完全无根据。国中开明人士，多已趋于信仰只有全盘的西化，才算得可靠的思想，才能够真正的谋今日中国诸大小问题的出路。在这个暮气与因袭的惰性极沉重的国度环境里，这样的一个很革新向前的文化理想，固然非一朝一夕可以实现的事，然而孙中山先生在许多年前，为《民报》作序的时候，也曾说过："非常革新之学说，其理想灌输于人心而化为常识，则其去实行也近。"那么我们又怎不可以继续努力呢？

历史的趋向

其实照卢先生看起来，我们近百年的历史的事实也是这样的趋向：趋向于全盘西化的途径，虽则百年来经过不少的波折，遇到不少的阻力。他说：

> 我们要小心读书，我们自己近百年读的历史总会不至到认识不出这百年来历史演进中的大趋向。在这个历史演进的历程中，虽然时常有不少的阻力和障碍，令到进步的路线，不循着直线进行，东倒西侧，时左时右，走得很迟滞，不能满足我们的愿望，但是经过好多人大大小小的努力，才得到的进步，是不可抹煞的。那么历史的趋向和目标，是很显明，不容许我们丝毫怀

疑的。

卢先生又说：

> 整个现代化或西化事实上的进步，因为国家教育的不普遍，及其他种种的障碍，虽然到今不能令我们满意，但不能说绝无成绩之可言，如张星烺近著《欧化东渐史》（商务印书馆版）那本书里头所列举有形欧化（欧洲物质文明）的军器、学术、财政、交通、教育等等事业，无形欧化（欧洲思想文明）的宗教、伦理、政治、艺术、学术上各种思想等，确是不可埋没的真实的成绩。我们观察历史，要整个去看看，有时会退回头几步，不能循着直线进行，但仍然是进步的。有时有人欢喜开倒车，有时代落伍的危险，有时开车开得太快，有脱轨的危险，都是病在主观，闭着眼睛的，只知自己所造成的幻想世界，夸大的不知天高地厚，不肯对付事实（To face facts），就是不肯认识和对付事实的环境和根本的需要。美国有一位学者说：这是一种心智的自杀（Mental Suicide），是一种慢性的半睡半醒症（Chronic Somnolence），在文化上表现是一种文化的病态，由地理或智识上隔离所致。我们不可不警醒。但看它也不必太神经过敏，因为历史是不循环的，这样的文化病态是一时的，是片断的，终归会被文化的健康所克服。人类只须减少过去的错误，好好的认定目标，向前推进，就必不会徒劳。

我曾说过，卢观伟先生对于日本近代的维新政治与西化运动，认识至为透切。近来每每有些人，以为日本至到现在，尚不能达到全盘西化的地位，因而也以为中国也是不能全盘西化。关于这一点，卢先生的解释，最值得我们注意。

向西走

我们且看卢先生说：

> 不但我们中国还要向西走，日本他还要向西走。二十世纪远东问题的合理和满意的解决，还是要靠较为使人满意的西方的"王道"主义，就是在十七八世纪由西方产生，讲人类应该"自由""平立"的相待，那种主义才能够解决远东现在很严重的人民生活上、内政上和国际上的种种困难问题。现在这种理想主义的重心和力量还是在西方，我们不可不注意。但是日本人中，因为读了千几年中国古书的原故，七十年来，虽然比较我们的西化彻底得多，仍然"夸大茫漠"（主张西化的日本人说的）的思想上为恶习，仍然不能免掉，所以现在还有很多不对和有危险性的思想。

所以我们说七十年来，西化颇有成功的日本，理想和事实上也还更要全盘西化，才能够希望满意的解决国民生活上的问题。我们可以说，今日日本会自己害自己的危险思想，是全由于不彻底的西化所致。（按：这都是七七事件发生以前的话。）他的希望和远东将来的希望便在更西化之途径了。我们稍为研究下日本也都知道，今日日本国民里头，也有不少知明之士是见到这重要的道理。日本智识界中和政界中，也有不少主张西化的思想，远过于我们曾在那里留过学的诸先生，我们也要知道。

其实，照卢先生的意见，在七十年前的我们的西化，已远不及七十年前的日本的西化，卢先生在我所著《中国文化的出路》的序言里曾说：

> 本来中国的须要彻底西化，早已经过理论的时代。遑言疑惑？自鸦片战争以来，八九十年间，已成为一个中国的切身的实际问题，关系我们民族国家的治乱安危。我们过去欧化运动史上的同治中兴（一八六四）不如人家的明治维新（一八六八）的彻底。我们的曾、李诸名臣，不及人家木户、大久保的开通，我们的士大夫阶级，不如人家武士阶级的坚决，我们的遗老遗少亦无多量的对于新教化的兴趣。所以自从甲午以至到现在，不知吃了多少次亏，弄到今日我们的国家，也太不像样子了。

八十年前的日本的西化程度，已比七十年前的西化的程度较深得多。卢先生上面所说的话，是十六年前，十六年前的日本以至于今的日本，还要西化，我们自己更是不必说了。而况这一次的世界大战日本还是祸首呢？我们今日而读了卢先生的劝告，更是有了无限的感慨。

一个答复

在卢先生写文章的时候，反对或同情于苏俄的人们，都把苏俄的例子以与我们讨论全盘西化的主张。卢先生在《我们要一个新文化哲学》一文里，曾有详细的答复。我现在只要抄出一段于下：

> 讲到苏俄的问题，本来是很繁杂的。要待专家来应付。但是和全盘西化论生出关系的方面，也不是那样的难于解答。我们稍为用心读欧洲的历史，自然知道俄国乃是一个仅半欧化的国家。国民教育不普及，文化亦低。一九一七年的革命，也是有它的欧战后特殊机会。我们不能强人人去学它，但是它有它的长处和短处。有心研究，自能看出。现在不必详细的论列，以为它的文化，我们可以借用它的沙皇时代的资本主义，有人叫它做只及成年的资本主义（Adoleacent Capitalism）的名词，叫他的文化做只及成年西洋文化，就是一个至多"半西化"和"半西化"教育的国家，也很适宜。因为俄国人的灵魂，未曾受过西欧历史上几个大运动的影响，如文艺复兴、宗教改革、启蒙运动等。所以有人批评俄国的领导阶级和青年们的思想这样的话："一个共产党人，是一个俄国东正教的僧人，曾受过西欧非唯物主义和无神

主义的兴奋和惑乱的人"（Massaryk 语）。我以为这句话是一个一生研究俄国的事情的西斯拉夫人，对于苏俄的文化思想教育领袖阶级的一个很适当的描写和批评。因为一个新社会和新文化的建设，断非可以神迹地一朝一夕地用几个革命口号，可以突然的创造成的。革一个名字的命是甚容易的事，但革大多数人民生活习惯的命是不容易的。所以旧东西常常挂着新名词，很快的回来，我们谈新俄国，不可忘记它的仍然负着一套沙皇主义的遗产。

总而言之，不只日本还要努力西化，就是苏俄也要努力西化。至于中国，更不待说了。

没有折衷的可能

卢观伟先生以为文化的不同是程度上的不同，而非种类的不同。所以在中西文化接触上没有折衷的可能。且看他说：

> 我以为反对全盘西化的各派别的论者最大弱点，是他们不大认识人类的文化，使它的体系而言，只有程度的高下的分别，而无种类的分别。现在只有较高的文化和较低的文化分别，就是新文化和旧文化的分别，无东西文化之别。所以较高的文化体系里头，所具有的要素和价值，必为较低的文化的文化体系中所缺乏。所以叫做较低的文化补救之法，只有较低的文化体系，自动的或被迫的全盘西化和摄取较高的文化体系中的要素和价值，方可延长和发展它的生命。程度上较高的文化和较低的文化原无折衷之可言，要满足人类关于"行"的欲望，舢板小舟，永远无资格和大小汽船讲什么折衷调和。讲到政治思想，如张之洞的官权主义和孙先生的三民主义，无折衷调和之可言。事实上，复古派也好，折中派也好，其危险处在于因为不肯彻底的更新，连守古的能力弄到也会失掉。今日我们中国人要研究或欣赏自己的国粹和国宝，或一想一发思古之情，我们的好东西被珍藏得最安全或最完备的处所，岂非要到欧西的图书馆、博物院、家庭的桌上、华贵的妇人的身上去找寻吗？我们想起来，也要警醒了。但是我们今日无法能否认这类的事实。所以我的意见倒以为我们要是凭想自己发展自己民族的个性，养成一张能适应今日的生存，能安内攘外的民族意识，又有余力来做保存国粹和保守残缺的工作，则只有彻底的先走全盘西化一条路，其他的路，恐怕走也无多大效果，这也有许多历史的明训，明眼人自知，现在可以不必多说了。

文化既只有程度的差异，而没有种类的不同，文化的各方面或各单位又有了密切的关系，所以折衷的办法，是更不可能，卢先生说：

> 原来所谓文化单位或文化丛（Cultural tracts or Complex）不过是我们用来研究和分析文化现象的一种便利的说法。事实上，各单位是互相连接，互

相影响，而非独立的。所以小单位结合而为大单位，简单的单位结合而为复杂的单位。用文化学者的名词来说，由油灯丛演进而为电灯丛，由茅屋丛演进而为洋楼丛，人力车马车丛演进而为汽车丛。更有所谓科学丛、教育丛、宗教健康丛、娱乐丛等等。文化愈进化，单位愈为复杂，愈多包容小单位，乃融合于大单位文化，就是单位的整体。这样讲来，每个单位，既不容只取一部份，而要全盘采纳，那么对于文化的整体，又岂不是全盘采纳吗？综合的全盘，比较分析的全盘，岂非更应该做我们采纳文化的方式吗？

现代的西洋文化，是一个清清楚楚，具体可见的模型体系，生生动动地在演进之中，它的枝叶和根本有了连带的关系，它的枝叶既为根本的外围，也许要附着根本，才可以延续它的生命，它在全盘的条件之下，必然不会伤及根本的。我们也禁不止它的入来中国。入来了，也不易除去，但在全盘之下，当无问题。况且西洋的枝叶，也许还胜过我们固有文化的枝叶呢？

全盘为最宜

总而言之，不只文化的各方面或单位，是有了密切的关系，就是所谓根本枝叶之分，也是有了密切的关系。所以不要西化，也算罢了，若要西化，是以全盘西化为最宜。

然而卢先生这样的主张全盘西化，并非主张享受西洋文化而不创造文化。我们且采他在我所著《中国文化的出路》的序言里一段话，录之于后，以为本篇结论：

> 但是我们主张全盘接受欧化，当然要首先注重欧化的创造的方面的活动，如创造新文明、新经济、新国家、新制度、新教育学术、新艺术等。这也可以叫做文化的正业。至于享乐和玩耍方面的欧化活动，乃文化的副业。当以正业的成功和进展为权衡，就是中国人不只会坐汽车，还要会造汽车，不要一个人有数辆汽车，而还要多数人有公用汽车或电车的逻辑。这涵义也不妨临末提明。

原载《大公报》（香港）1948 年 11 月 21 日 第 1 张第 3 版、22 日 第 1 张第 3 版；又载《大公报》（上海）1948 年 11 月 23 日 第 1 张第 3 版、24 日 第 1 张第 3 版。

鲍令留教授服务岭南四十周年纪念感言

  本校政治历史系教授兼主任包令留先生,在校服务,已四十年。政治学会的同学们要刊行一本册子,以为纪念,这是一件很有意义的事情。

  我以为造学问以至无论做什么事情,要想成功,专心去作,是一个最重要的条件。包先生是美国人,四十年前,不辞重洋跋涉之苦而来中国,与一些热心教育的人士,共同努力,辟草莽,披荆棘,使一片不毛的地方,成为国内一个很为优美的校园,使一个基础尚未稳固的学校,成为一个国际知名的高等学府,这是很值得我们纪念的。而况在继续不断的为岭大服务的四十年中,他对于同学的学问的研究上,既很为注意,他对于他们的性格的陶养上,尤为关切,所以岭南之能有今日的地位,包先生的劳绩是不可忽视的。我以为假使我们能够效法包先生这种精神,那么不只今后的岭南,将有无限的进展,就是一般的同学之出社会而做其他的事业的,也必有很大的成就。

《包令留教授来华教学四十周年特刊》,岭南大学政治学会,1948年,第1页。

社会学与西南文化之研究

西洋社会学输入中国，约始于一九〇三年严复译 H. Spencer《群学肄言》出版的时候。严氏当时把 Sociology 译做"群学"，却把 Edward Jenks 的 History of Politics 译做《社会通诠》。社会学这个名词还是后来从日本文翻译过来的。民国以后，国人赴欧美专习此学的渐多，国内大学也继续成立了社会学系。从严复的时代迄今，虽然只有四十余年的历史，可是由于国内社会学者不断的努力，分工合作，总算有了不少的成绩。

中国近年与西洋接触之后，社会文化，时刻都在变动之中，因而社会问题，也日趋严重。所以在应用上，中国社会学固然比任何国家都要迫切，同时中国的民族繁多，文化复杂，由原始的氏族文化而至近代的都市文明，都可一一加以目验，在研究上中国社会学又比任何国家都要便利。由此看来，今后中国社会学的发展，必有其光明的前途。

就西南中国而论：我常常说过，它是西方文化输入最早的地方，是新文化的策源地；它又是中国传统文化传播最迟的地方，是固有文化的保留所。另一方面，因为西南的民族繁复，若干文化还保存着原始的特征，它又可说是原始文化的博览会，在社会学的研究上，尤值得我们特别的注意。

第一，南方在唐宋间已经与外洋接触，南洋一带货物，最先输入了广州。到了近代，葡萄牙人，英国人，陆续来到澳门、广州，南方乃成为国际贸易的要地。中国与西洋的接触，自南方开始，而西洋文化的输入，也以南方为最早。无论是新式的经济设施，新的政治运动，新的宗教思想，都先发源于南方的。如果我们欲明瞭近百年来中国社会的变迁历程，南方可以找到无限的具体的资料。

第二，南方接受中国固有的文化，为时较晚，直至现在，西南各地，还可以到处发现固有文化的真面目，如氏族制度，宗法制度，在南方保存得最为完整，广东的祠堂，宗产，以至大家族中的宗法制度，在北方都不容易看到。又如南方人的衣食住行及各种风俗习惯，多少与古代的情形相同。我们若能把中国古代的社会文化与西南的文化，作比较的研究，相信必有重大的成就。

第三，南方与外国交通较早，又因为闽粤二省的地少人稠，所以南方人到南洋或欧美经营工商业的特别多。华侨旅居海外，把他们劳力的所得，接济祖国，繁荣了南方的社会，假使我们把华侨做中心，详细的分析南方社会的新的经济、政治、教育以及种种制度的发展，一定发现了它与华侨有着最密切的关系。可是华侨今日到处受了排斥，在国外差不多已濒于绝境，回到国内，又因为年来战争频繁，社会不安，也几无立足之地。华侨问题，究应如何解决，这是我们社会学者的责任。

第四，西南民族，种类极多，社会文化，多保留着原始的状态。不少民族，还从事于狩猎生产，凉山罗罗，还行奴隶制度，桂省傜族，还有交表婚制及图腾崇拜。凡此种种，更是我们研究初民文化的好资料。

综上，可见西南文化，在社会学的研究上极为重要。兹当中国社会学社广东分社同仁在岭南大学举行九届年会的时候，我特别提出这几点与大家商榷。我们身处西南，工作较为方便，假使全国的社会学者，都能够就时地的因宜，分工合作，相信在最短期间，必能使中国社会学的研究，推进到一个新的阶段。

《社会学讯》第 8 期第 3 版，1948 年 12 月 19 日。

1949 年

陈序经校长对本校同学训词

——二月二十三日在附中周会讲

高二学生梁海鹏记

各位同学：

今天校主任要我来和各位说话，其实我要说的话太多了。我今天要说的话只是简单的几点。岭南大学是慢慢发展的，他的基础在附中；岭南附中的历史比大学还长，大学的发展在附中之后，所以说起来，附中实在是大学的骨干。

本校，尤其是中学经已有了四五十年的历史。在整个团体来看，我们学校的历史相当长，博济医院的历史经已有百余年。远在一八三五年，美国人 Parker 氏首在广州开办了一间医院，也就是中国历史最早的一间医院——现在的博济医院。当时院址只是在近河边的一间小屋，他和几个人努力的建设扩充，慢慢的发展起来。Parker 氏本是一个美国的神学生，他感觉得来中国传教，必须有一种实际的学问，作为传教的工具，所以他除了读神学之外，还在耶鲁大学攻习医科，大约一般传教士都是如此，岭南就是由于这些传教士努力创办出来的，在 Parker 二十八年前还有一位能够刻苦耐劳的英国人 Morrison 氏，他从英国取道美国来华，须要经过三至五个月的航程才能抵达中国。来华之后，因为恪于不入城之约，轻易也不能入城。而当时的中国政府和人民也极力反对他们，但他们却不因此灰心，相反的，他们继续的行医，办学校，从中才渐渐的传教。由此我们可以想像到当时教士所受到的苦楚决不是我们常人所能忍受的。

从前的康乐还不过是坟地，由那些教士们苦心经营才能有今日的环境，四五十年前这里差不多是人鬼共居！荒凉罕有人迹，他们搭了几间木屋（就是现在市场旁边的木屋），还得担心到盗贼。

所以无论今天的博济医院也好，岭南也好，都是从极艰苦的环境形成的，想到昔日传教士的处境，我们又怎会料到今天的岭南乐园在昔日竟是那么的荒凉险僻呢？

而在我们今天，自然我们有许多还不能令人满意，我们希望改进的思想是好的，但不应该太注重物质方面的享受。其实在现在，岭南可算是幸福的了，在中国内你再没法子找出几处像岭南的地方。外面的人说岭南是贵族学校，这是说我们的环境的，物质的享受的。这种称谓在好的方面说，我们可以极力利用目前的优良条件而努力发展，坏处是环境太好了，使人不易振作。我曾看过你们在岭南吃的，住的都比北方的学校好。但我们应该明白今日的岭南是特殊的，与中国环境是不相适合的。我们想到以前的艰苦环境，而现在已经是比从前进步了好几倍，所以我感觉到目前环境好，不但不能令我们退步，相反的念到从前应该会更令我们奋发。

各位今日在岭南读书，但试想想现在的生活中有多少人能够有这巨大的费用来作子女的教育费呢？老实说，今日我的子女在岭南读书幸而是免费的，不然我也决没有办法。岭南是贵族的，好环境是要使我们发展，青年人在这时代中应该多吃苦。我们物质上吃的，只要是注意营养，其实在今日的中国中多少人没饭吃，中国四万五千万人中我们正是特殊之又特殊的份子。今天读书生活中有好的生活环境，但当你们将来到外国工作的时候，你可以看到中国的真正面目，而你也可以知道我们现在的生活环境正是多么的特殊。所以现在的环境中我们固然要努力改良，但念到前人缔造的艰苦，便不应自暴自弃，各位有空应多想想岭南以往的历史，多想到从前，也许对于各位现在的生活态度是会有多少的影响的。

（记者附志：本文未经陈校长过目，如有错漏，概由记者负责。）

《岭南大学附中校刊》第 2 期第 1 版，1949 年 3 月 10 日。

伍著《三水蛋民调查》序

蛋民最早见于载籍的,当推晋常璩的《华阳国志》,当时名之谓蜒,分布于巴东涪陵。南北朝至隋唐间,时为边患,日渐向东南移殖而至荆、湘、桂一带。

古代蜒族,原住陆上,宋代乐史著《太平寰宇记》,始云广东蜒户,"生在江海,居于舟船,随潮往来,捕鱼为业。"大概唐宋间,一部分沿海捕鱼的蛋民,便营水上生活,形成了今日的状态。

蛋民在过去时代,被列入贱民,视为化外,不准登陆。革鼎后,虽已没有了种种限制,可是由于他们的生活特殊,社会文化,与陆上居民,仍然有所不同,在社会学或民族学的研究,颇富意义。

岭南大学社会研究所成立于民国二十一年,我与所长伍锐麟先生以闽粤蛋民,人口众多,乃计划从事实地调查。翌年开始调查岭南附近的沙南,二十三年春,复溯粤江而上,至三水河口及广西各处,调查水上蛋民的生活文化。除以研究所名义撰成《沙南蛋民调查报告》及我的《疍民的研究》之外,伍先生个人关于这方面的著作特多,极为中外学者所注意。

抗战期间,岭南大学一再迁移,伍先生又一度离校,社会研究所无形中陷于停顿。本年夏间,我由天津南返岭南大学,有感于南方社会经济研究的重要,而尤其今日蛋民的种种问题,仍有待于我们再作深切的研讨,爰与同人商量,将原日的社会研究所更名为西南社会经济研究所,仍由伍先生主持,即日恢复工作。现在伍先生把他的《三水河口蛋民生活状况之调查》一文,重新整理,改名为《三水蛋民调查》,列入研究专刊,付梓问世,属序于我,谨略述经过情形如上,俾后来研究蛋民的人,知所兴起,则伍先生此作也不虚了。

陈序经,三十七年十二月于岭南大学

《广东日报》1949 年 3 月 11 日第 8 版。

西南文化研究的意义（存目）

原载《岭南大学西南社会经济研究所概况》（岭南大学西南社会经济研究所 1949 年 5 月）附录。系发表于《社会学讯》（1948 年 4 月 20 日第 7 期 1~4 版）的《研究西南文化的意义》之异名文章。

第卅届授予学位典礼陈校长训词

丘维清笔记

今天在目前不安定的时局当中来举行本校第三十届毕业典礼,同时又承教育部吴次长,本省教育厅张厅长及各位莅临来宾参加指导,我们觉得更加荣幸。

各位同学能在今天完成学业,我感觉到无限的欣慰,我们知道在中国我们能够读完大学的确不是一件容易的事,从幼稚园到大学需要十八年或二十年的光阴,这个悠长的时间差不多占了我们三分一的寿命。

我曾经讲过读完大学不是容易,现在我更再要指出大学毕业后到社会上做事更是不容易,所以在诸位要离校的当儿,我有几句话同诸位讲。

第一,希望不要太高。诸位将来到社会做事,不要好像在学校里一样抱着很高的理想,我们只求做事,只要尽我们的力量,那末便算尽了我们的责任。

第二,继续学问上的修养。一般的说,大学毕业不过为学业上的开始,学业是无止境的,我们应该精益求精,在学问上多做点工夫,否则连了已得到的学问也要荒疏。

第三,预备成为优良的学者。在岭南常常听见学生说要聘请优良的教师以充实本校教授阵容。这批优良教师是从何而来呢?一定要靠优良的学生。诸位在大学毕业后若再能努力学问,我们将来岂不是有良好的教师吗?所以我希望诸位毕业后不可忽略了学问上的修养。

最后我恭祝各位前途的光明。

《岭南大学校报》康乐再版号,第 100 期,1949 年 6 月 20 日第 1 版。

卅八学年度开学典礼陈校长训词

各位同仁，各位同学：

刚才冯教务长致开会词，已为本校欢迎新旧的同事与新同学。我个人以为在这个时候与这个局面之下，还有这么多的同学到学校来，这是出乎我们意料之外，这是可喜的现象。这也可以证明教育是一种很重要的工作。教育本来是百年大计，从历史上看起来，有时教育虽受环境的影响，然教育并不因此而中断。只看在日本侵略中国的八年中，我们虽万里逃难，犹能歌弦不绝，就能明白这一点。岭南在抗战时期在港澳，在粤北，在粤东，无论环境如何困难，学校既并不因此而停顿。我们相信今后亦必定尽力去维持与发展这种工作。

兄弟到校不过一年，一年以来，因为学校行政的调整与校舍的修建，用了不少时间。虽则这种工作是一个大学必具的条件，然而大学的目的既在于寻求知识与发展高深学问，我们希望我们不要当这些条件为目的，而忘记了我们的主要任务。我们一年以来，很荣幸的延聘了好多位很好的教授，我们希望同学们今后能够利用这个机会，去加强我们在学术上的工作，使岭南不只成为国内一个学术的中心，且能成为国际上一个学术的中心。

《岭南大学校报》康乐再版号，第 101 期，1949 年 9 月 10 日。

最近一年的岭南大学

去年秋间，我受了岭南大学董事会的重托，南返主持校务，转瞬一年。这一年内，虽然时局荡动，一切都在不安的情况之中，然而校务尚能按照预定计划进行，这当然是由于董事会的领导，校内同人的合作，校友们的支持与社会人士帮忙的结果。现在我把这一年来几件重要的事情，作简略的报告。

岭南大学有着悠久的历史，优美的校舍与良好的学风，但在学术上我们尚不能说已达到理想的地位，于是我觉得提倡学术是我们努力的起点。最值得庆幸的是这一年内，我们能够得到许多专家学者的同情，他们不辞辛劳从各处到我们的学校来工作。文学院方面，院长王力先生是语言学的权威；陈寅恪先生是当代史学大师；梁方仲，吴大业，王正宪，彭雨新诸先生，在经济学上都有特殊的贡献；张纯明先生是著名的政治学者；李祁，周其勋二先生之于英诗，杨庆堃先生之社会学，岑家梧先生之人类学，都是国内有数的专家。再加上了原来的容庚，庄泽宣，陈汉标诸先生，文学院的阵容，便更加整齐了。

理工学院方面，本年度教育部准予我们增设数学系，很难得几何学专家姜立夫先生前来主持。土木工程学系，我们请到了桂铭敬先生负责；此外还有陈永龄，陶葆楷二先生，对于卫生工程及水利工程，都有过很大的贡献。医学院方面，我们原有内科的汤泽光院长，眼科陈翼平先生，这一年又聘请了病理学专家秦光煜先生，放射学专家谢志光先生，瘤科专家司徒展先生及细菌学专家白施恩先生。农学院方面，年来在李沛文院长主持之下，已经有了很好的基础，原有的许多教授们，都是著名的学者，用不着我们来介绍，现在又加入了畜牧兽医专家邝荣禄先生。我们有了这许多专家学者，学术工作，便不难展开了。

说到本校的研究工作，这一年来，在同人的努力之下，也已稍见端倪。西南社会经济研究所在本校有相当长久的历史，一向由伍锐麟先生主持，去年伍先生返校担任总务长职务，我便与他商量恢复该所工作。一年之内，该所在人力物力极度贫乏之下，前后出版了《三水蛋民调查》《干兰——西南原始住宅的研究》《南洋与中国》《越南问题》《文化学及其在科学体系中的位置》《社会学的起源》等专刊。该所主编的物价指数，按周公布，又极为社会人士所注目。此外，社会学系主任杨庆堃先生主持的潞江社区调查工作，也有很好的成绩。中国文化研究所，也是本校原有的研究机构，去年由王力先生继续主持，除了从事方言研究之外，又出版了好几期的《岭南学报》。而最值得我们欢慰的是，教育部见到了我们对于社会经济的研究上有了成绩，本年度便准予正式成立经济研究所，招收研究生，训练专门人材。

校舍及其他种种设备，是大学必具的条件。这一年来，我们曾尽了最大的努力，建筑了附小课室一大座，膳堂一座，医学院 X 光及电疗所一座，护士宿舍一座，男女生宿舍各一座，农学院家禽实验室一座；农学院的温室，蚕丝局旧楼，图书馆，科学馆及课室，也都经过一番修理；此外，天主教建筑教士住宅一大座，神学院院舍洋房二大座，农学院与农垦处合建的房舍数所。各项建筑费总数约在百万元左右。当然，其中得到政府补助及社会人士的帮助不少。其他图书、仪器，也稍有增加。

综上所述，最近一年来的校务，虽有寸进，然与我们的理想相距尚远。教育是百年大计，短短的一年，原算不了怎样的一回事。今后我们仍然抱定学术第一的宗旨，绝不顾虑任何苦难，向前迈进。我相信，不久的将来，岭南大学不特可以成为全国学术的一个中心，而且可以成为国际学术的一个中心。希望校内同仁，校外人士及校友们多多赐予助力！

一九四九年十月十日于广州

《岭南大学校报》康乐再版号，第 103 期，1949 年 10 月 14 日。

《蛋家论文集》前言[1]

　　我家居海南清澜港内之滨，去海仅一里。港里时有来自海南岛东南沿岸各处如陵水、三亚的蛋家船，有的渔船、有的货船，在港停泊的时间，偶而也在沙滩上搭蓬暂居。我小年回乡，有时与之交谈，后来从南洋回穗读书，学校住在河南珠江之边，时尚无珠江桥，往来广州北岸，靠乘小艇，艇家亦称蛋家，因而对于蛋家的生活更有兴趣。后来我在上海读书，从上海回香港时，有二三次在厦门、汕头停留时，对于当地的蛋家也很为注意。

　　一九二七年重回广州岭南大学执教时，对于蛋家的生活与历史有关材料略为涉猎，但不久又赴德国。直到一九三一年，再回岭南，始开始从事蛋家的调查工作。最初是〈从〉岭南大学的社会调查所对面的二沙头的蛋家所聚居的沙南着手，除数位教师共同工作外，还发动大学四年级的一部分学生帮忙。后来把调查所得的材料，加以整理，写成《沙南蛋民调查》，并在《岭南学报》三卷一期当为专号发表，这里所收入的《沙南蛋民调查》的绪言，就是这个调查的绪言。因为是集体著作，当时是用岭南社会研究所名义发表。可是这篇绪言，是我写的，所以现在改用我名，录在这里。

　　从一九三一年至一九三四年的数年中，岭南社会研究所除在沙南作长期调查之外，又在三水设调查站，同时又在广东珠江流域各处与广西的梧州及其他各处作过调查。我自己又回海南岛清澜、铺前、海口各处访问，并到过东江惠州一带，与北江的清远、韶关等处，访问蛋家。

　　一九三四年，我到南开经济研究，一方面把调查所得与在文献上所找到的有关资料，写成数篇文章，发表在南开经济研究所出版的政治经济学《社会经济季刊》（Social Economic Quarterly）（用英文写的《蛋民起源》），与该所在《大公报》所主编的"经济周刊"发表。有一次我南回时曾到福州与厦门停了数天，考查当地的蛋家。又有一次，在汕头停留，并到韩江上游，作过调查。抗战开始，我从湖南长沙临时大学到广西二次，又有机会去看看广西数条大江的蛋民。此外，多年往来香港，也在香港作过考察，有一次，还到香港的青山住了二个月，经常有机会与当地的蛋家作长谈。

　　虽然这些调查工作，多在星期或寒暑假期进行，然久而久之，总算起来，所费时间，也不算少。我们一方面是作调查工作，一方面是渡假期，一叶扁舟，来往于康乐与广州之间，或是广州与白鹤之间，或是三水与西南之间，或是惠州西

---

[1] 校按：据手稿录出，原稿有标点，酌改。

湖之中，或是清远、肇庆、梧州以至一些大乡小镇的珠江支流之滨，真是另有乐趣。新鲜的空气，平静的江水，使你心旷神怡，使你身强体健。蛋家虽多穷苦，但很乐观，他们无论男女，体格壮实而又健谈，一边摇艇，一边谈话，偶尔唱支蛋歌，离舟远听，真是"此曲只应天上有，人间那得几回闻"。谁敢说，在穷乡陋邑的江边，不会产生天才的音乐家呢？

一九三七年，七七事件发生以后，南开被炸，在南开所存的蛋家材料，全部在炮火中损失，当时我正在广州，乃尽量设法在岭南大学的社会调查所中所搜集的资料中，节抄一些，但有的如蛋民的歌谣，原有百多首，都存南开，无法再找。到了一九三八年，我在昆明的西南联合大学教书时，乃将南开刊物所发表的文章以及在岭南所节录的一些资料，写成一本《蛋民的研究》，由商务印书馆印行。据说当时该馆是交香港分馆印刷，可是日本占据香港，该稿在一个时期中，不知下落，直到日本投降之后，序言已经遗失，商务印书馆快于在上海出版，使我都来不及去补写序文。

在我写作《蛋民的研究》的同时，同事伍锐麟先生曾发表《三水河口蛋民调查报告》（民国廿五年八月《岭南学报》五卷二期）。何格恩同学也在《岭南学报》发表《蛋族的来源质疑》（民廿五年《岭南学报》五卷一期）。广州沦陷，岭南大学迁香港时，他又写过一篇《蜒族史料研究初稿》，这是他在岭南社会调查所任职时的研究报告。这篇文章所述蛋家历史只到宋代为止，元、明、清虽也搜集材料，但还未完备。此文先在《岭南周刊》发表，后转载岭大的《南风》杂志。

我写《蛋民的起源》《蛋民在地理上的分布》等篇，虽也把历史有关史料搜集，但搜集不多，何格恩先生是学历史的，他的这二篇文章，比我所用的史料多得多。

伍锐麟先生的《三水河口蛋民调查报告》是根据岭南社会研究所在三水调查的一部分材料整理出来，原也想把全部材料整理，出一期专号，因时间来不及，所以当为一篇论文。现在有关〈这〉个问题的材料，在日本占领广州与香港时期，全部遗失。我现在把这几篇文章录为一集，虽然只是岭南社会调查所与其同人以及同学们所作的成绩的一点点，但也可以当为我们过去辛勤工作的小小的纪念品。

一九四九年于广州康乐园

1956年

参观后感

我们广东省高等学校教授、专家暑期参观团一共49人，包括团长、秘书长、看护各1人，工作人员2人。两位工作人员中，一位打前站、一位管财务与总务。团员中年纪最老的64岁，最年青的26岁，大多数是50岁以上的老师。这次走了约2万里路，往返35天，在火车上的时间约13天，经过12个省份——广东、湖南、湖北、河南、河北、辽宁、吉林、山东、江苏、安徽、浙江、江西，访问了12个城市——武汉、北京、天津、沈阳、鞍山、抚顺、长春、吉林、旅大（旅顺、大连）、上海、苏州、杭州，从祖国的最南到了最北。

我们这次参观的范围很广，大致可分为三类：一为祖国伟大的社会主义工农业建设，二为高等学校与研究机关，三为名胜古迹与其他。我们参观的重点是第一类，次为第二类，再次为第三类。在第一类中，绝大部分是工业建设，对农业我们只参观了沈阳附近的高坎农庄。本来也想到黑龙江去参观全国著名的友谊农场，可惜道途较远，交通不便，时间来不及，没有前往。除了消耗在火车上的时间外，在3个星期中，我们参观的单位，约在70个左右。大多数（尤其属于第一类的）是全体参观，有少数的高等学校、研究机关与名胜古迹及其他，是分组参观或游览。

我们参观的重要的单位，已经由黄明慧教授在报纸数次发表的通讯中提及，不必重述。我要指出的，是我们这次所参观的，都是我国社会主义建设中的最新、最大与最好的建设。如鞍山的大型轧钢厂、无缝钢管厂，抚顺的露天矿、炼油厂，沈阳的机床厂、风动工具厂、高坎农庄，长春的汽车厂、电影制片厂，大连的造船厂，吉林的造纸厂与丰满水电站，北京的原子能展览会、官厅水库，上海的纺织厂，武汉的长江大桥等等。有些教授说，我们这次参观的，差不多都是第一的东西：第一汽车厂、第一机床厂，以至题为"天下第一江山"的吉林北山；至于高等学校、研究机构与名胜古迹，都是祖国最著名的，更不必说了。

在离开广州之前，以至在北京的时候，我们预计参观的单位，不及我们参观的一半，从这一点来看，我们可以说是超额完成了我们的任务。

周恩来总理的"关于知识分子问题的报告"中，指出了关于知识分子的改造的三条道路，第一条是经过社会生活的观察和实践。我们这一次的参观，证实了这个说法是完全正确的。我们参观团中一位地理教授说：每到或经过一个新地方，就增加了不少新知识。何况我们还参观了那么多单位，这无论是对于我们自己的业务的提高上，与我们的一般理论的学习上，都有了很大的作用。

俗语说："百闻不如一见。"我们这一次参观，不只见得很多，而且见了很多前所未闻的事物。所以我们感觉到格外兴奋，特别感动。比方在武汉长江大桥工地参观，并听了工程师解释之后，大家太兴奋了，太感动了。上火车时，正是吃饭的时候，在餐车上不约而同的大家都叫酒喝，会喝的固是喝了不少，不会喝的，也喝起来，我们以喝酒来表示我们的情感，以干杯来预祝长江大桥的早日完成。有位教授，高兴到流眼泪。

又如参观鞍山大型轧钢厂与无缝钢管厂的时候，看到火红灼热的钢铁，一根一根地从炉中涌出来，我们几乎忘记了我们是在工厂中看工业品的制造过程，而当为在艺术厅中欣赏钢块在舞台上作出千变万化的美妙的舞姿，大家都聚精会神，看得不愿意离开。

又如在参观长春第一汽车制造厂时，未进厂门前，是工人住宅区新盖的几十座灰瓦红砖的高大三层楼房，自成为一个新兴的城市。进厂门后，所见的是花园与伟大而美丽的建筑物。一位教授还问道：这是什么地方？待到进入车间时，才知道这些建筑物就是工厂本身。大家看到 10 余辆新出的解放牌汽车时，有的跑上司机的坐位作了开车的状态，有的用两手去摩摩车身，有的爬到后边试作乘客。喜悦的情绪，是不能用语言文字去描写的。

我们不只为祖国的社会主义的伟大建设所感动，而且也为工人兄弟们的忘我的劳动热情所鼓舞，为他们的幸福生活而兴奋。在工厂里，到处可以看到竞赛的壁报，好多女的同男的一样地工作。每个厂与每个车间都挂有光荣榜。高坎农庄还与东欧人民民主国家的农场竞赛。他们提早完成和超额完成任务。他们一边建设，一边学习，提高技术，作出好多新发明。据报告，鞍山工人们，从 1950 至 1953 年的 4 年中，提出合理化建议，有 4 万多件，不只加快了建设的进行，还为国家节省了很多的财富。

工人们不只时论工作，还讲求幸福生活，谈恋爱。工厂里，有俱乐部，有妇女保健室，有托儿所，有的还有花园……这是工厂，也是娱乐室，是一个大家庭。

在抚顺，我们参观了一个养老院，每个房间住 2 人，房间不只很清洁，而且布置得十分美观，老人们有的种了好多盆花，有的结彩，有的养小鸟，有的挂了好多图画，有的陈列好多古董，有的陈列了各种各色的玩具。院里有图书室，有娱乐室。在花园中有的休息，有的下棋。假使事前没有人告诉你这是养老院的话，可能你会当作一个幼儿园。人是很老了，可是身体差不多个个都壮健，爱好愈像小孩子一样。据说，入院的条件很多，否则，我们很愿意去做个候补院士。

我们这次的参观，使我们更深一步地认识到苏联对我国的无私援助，以及苏联专家的循循善诱与刻苦耐劳的精神。长春第一汽车制造厂，全部是苏联的装备；好多旧厂改建之后，也多是苏联的装备，有的几乎与新的一样。在各厂中，苏联专家同我们的工程师和工人在一块工作，穿着一样衣服。在热度很高的炉边，可以见到苏联专家，在水平二三十公尺以下的冷冰冰的水电厂中，也可以见到苏联专家。我们的工程师与工人们，向他们学习，他们笑微微地指教。我们参观之后，对于学习苏联的情绪提高了，对于学习苏联的信心也加强了。

我们虽然跑了约2万里路，看了好多旧的与新鲜的事物，然而我们所看到的，还不过是祖国的一部分——小部分，一小角落。我们所看到的也不过是祖国伟大的社会主义建设的一部分。这一方面扩大了我们的眼界，一方面使我们体会到祖国的伟大，使我们更热爱我们的祖国，使我们对于社会主义的建设更有信心。我们留恋我们的首都，我们也留恋我们的千山的美景，我们爱尝松花江里的白鱼，我们也爱尝大连的海鲜。今日东北的工业，固然是较为发达，但别的角落，也正在积极地建设起来。谁敢说3个五年计划完成时，广大的西北或西南不会与东北的工业并驾齐驱、互相竞赛呢？

我们这次参观的收获是很多的。举其小的，在东北我们还学会了一些新名词。广东的"雪藏"，东北叫做"冰镇"，一位工作人员见了"冰果"小摊，以为是雪藏水果，那知拿出来的是雪条。一位团员来自北方，广东话还没学好，看了机床厂之后，口译为"鸡床厂"，被人笑为"唐人不懂唐话"，说明了我们的语言复杂，也说明祖国语言统一的迫切需要。

应该指出，在工业化的速度加快的东北，也存在不少问题。首先是地广人稀，劳动力尤其是技术人才的缺乏，这是一种普遍的现象。工业城市女性少于男性，成为一个突出问题。技术人才在东北待遇较高，从关内各地去的不少，然而仍感缺乏。作为一个高等教育工作者，我对于这个问题特别感兴趣。在钢都的鞍山和煤城的抚顺，虽然有了中等技术学校，但还没有高等学校。大连、沈阳、哈尔滨各处，虽然有了工学院，可是毕业生还是供不应求，还要从关内供给高等学校毕业生。

而且，在高等学校中，青年教师占了绝大多数，有教学经验、有研究成就的老年教师，只占很少数。学生固然需要老年教师去培养，青年教师也需要他们去指导；但是由于有教学经验与有研究成就的老教师人数太少，因而对于学术的质的方面的推进上，是有问题的。此外，技术科学的发展是与理论科学的发展有密切关系的。综合大学的一个主要任务是注重科学理论的研究，在东北只有长春的东北人民大学是一个综合大学，这也是值得我们注意的一个问题。

在目前看起来，长春好像是东北高等教育的中心，除了一所综合大学和东北师范大学以外，还有几个学院与科学院研究所分所。从整个东北的地理来看，长春地点较为适中，可是在目前的工业发展与交通情况来看，长春似较为偏僻，没有沈阳那么适宜，所以从目前的需要来说，沈阳应该是高等教育的中心。长春东北人民大学校址在城市中心，房舍分散，简直没有校园，发展很为困难。我觉得高等教育部应该考虑在沈阳设立一所较为完备的综合大学，这是一种很不成熟的意见，可能这个看法是错误的，但是东北的文化教育的发展落后在工业发展的后面，是无可怀疑的。

参观团离开广州之前，有些团员觉得广东有好多好事物比别的地方好，可是参观各址之后，有的又觉得广东有好多事物比不上其他地方。广东没有像东北的重工业，广州城市的街道，没有像东北的城市那么宽大，那么整齐，广州找不到像鞍山那么大而幽美的公园，广州找不到一个像上海或旅顺的博物馆……因而对于广东、对于广州的要求，大起来了，多起来了。可是当我问了一二位教授愿意不愿意在东北任教，回答是："光是长期的冬天就不知怎样度过，何况长春的夏天，并不比广州凉快。"此外，还有好多的因素使他们舍不得离开广东，这又反映了广东必定也有很多的好处。

这也正是远在东北的朋友的看法，他们恭维我们说，广州的综合大学与工、农学院的校园，是全国知名的，那里有好多好教授；中山纪念堂、越秀山体育场、游泳场、糖厂，还有好多东西，都是他们素所羡慕的。他们说，假使能有机会到广东来参观，真是"三生有幸"。在鞍山，一位工厂工作人员听说我是海南岛人，他很快地抢过去说，海南岛的铁真好啊。

看了人家的长处，可以做为取长补短的根据，听到人家说及我们自己的优点，更加强我们建设本省的信心。广东原本得天独厚，我同意而且衷心拥护陶铸省长的号召：一定要把广东建设好。

参观团这次到各处参观，长途跋涉，三天两天，换了一个地方，有的时候，天未亮就要起床，有的时候，弄到很晚才睡觉。在鞍山，一天参观了4个大工厂，在上海，一个上午参观了4个单位——鲁迅故居、博物馆、图书馆、工人文化宫。说起来，生活相当的紧张，尤其是年纪较老的教授，过这种生活不甚适宜。可是大家太兴奋了，乐而忘倦。好多位老教授，在游览时每每走在前面，当我们爬千山的无量观时，他们跑到最高的地方"一步登天"，下午回来，同样地逛公园、跑街市。有的在广州带了小病痛参加本团，可是在旅程中，反而好了。好多位教授都觉得体重增加了，旅行证明了他们是老而益壮。我们的工作人员，在未起程之前，颇为一些老师的健康而顾虑，多么幸运，我们的估计完全错误。

我们的政治思想提高了，回来后身体很健康，这是很大的收获。可是这种收获是党给与我们的。中共广东省委员会在物质条件上，大大支持了我们；在精神上，又给与我们很大的鼓舞。各地党委与人民政府对于我们的食、住、行等等，又关怀得无微不至，认为我们是远地到来、年纪较老的人，所以加以特别的照顾，使我们在旅途中，吃得好，住得好，行得舒服。宾馆给我们很好的房间，炊事同志一再问我们吃得是否合口胃。交通如有问题，地方解决不了的，便为我们打电话到北京去解决。作为本团负责人之一的我，有较多的机会去与各地党委及人民政府的负责同志联络。在住宿与交通极形拥挤的情况之下，他们不只为我们解决了问题，而且给我们最好的住宿地方与交通工具，同时不嫌麻烦地为我们联络与安排参观日程，说完就办，从不延迟；只要你说出困难，总设办法去解决。我个人深深体会到党与人民政府的温暖与亲切。

这一次的教授参观团，是本省第一次举办的。既然我们大家都觉得收获很大，我们不敢自私，希望此后能继续举行，使教师们，尤其是年青的教师们，都能有机会到各省参观。我以为参观团的组织，不一定必须与我们这次的一样。我们的团体，说起来大不大，小不小。从特别照顾这一点来说，是过大了一些。我们差不多50人，软席卧铺要2辆车厢，交通困难时，1辆也不容易找，何况2辆。有的宾馆，整座不够我们住，大的往往也被我们占了一半的房间。从这一点来看，我们的组织似嫌过大。我们在北京、在东北，遇见了好多教师参观团，四川、北京、天津，都有这种组织。北京大学由工会发起，有300多人，年青教师较多。天津各校教师100多人也由教育工会组织，年老的和年青的教师的人数相差不多，他们有的住旅馆，有的住在当地的学校宿舍，有的还自己负担一些旅费。方式各有不同，但是参观的单位都差不多一样，收获也是很大。以后为使一般的青年教师都有这种机会，我觉得应该扩大队伍。

我们团员中所学的专门科学，很少有2人是相同的。参观的主要目标是祖国的伟大的社会主义建设，对于自己专业的交流，难于兼顾。有的院校或系的负责人，写了一些介绍信，希望其团员能在各处与其他学校的同行取得联络，交流经验；可是因为时间仓促，忙于集体参观，结果原信带回。这是多么可惜的事情！怎样去弥补这种缺点，使能兼顾到两方面，这是值得我们考虑的问题。

作为参观团的负责人之一，我感觉到我这次在工作上有很多的缺点，我希望参加本团的教授，能多多指正，使今后若有同样的参观团，能够避免这些缺点，在工作上做得更好，在收获上所得更大。

《南方日报》1956年9月5日第3版。

谈谈华侨的历史及其与当地人民的友好关系

三十年前，人们估计海外华侨和侨裔有一千多万，假使这个估计没有错误的话，那么现在的华侨，如果没有超过一千五，至少也相去不远了。不论美洲、澳洲、欧洲或是非洲各大都会，固然可以常常看到华侨，甚至在许多小城市里，也可以找到华侨。在非洲南部，用不着说，从西北的卡乍布兰卡至东北的吉布的，都有华侨的踪迹。在英国以至在偏僻的冰岛，也有华侨居住。但人数最多的地方是在东南亚各处。

华侨不只足迹遍五洲，而且他们移居海外的也有很久的历史。我们知道，秦"统一天下"之后，就有祖国人民迁到越南一带。《水经注》述《林邑记》说："秦余徙民，染同夷化，日南旧风，变易俱尽。"可见中国人民出国之早。古代的林邑，约在现在的越南中圻。《汉书·地理志》说："自武帝（公元前一四〇至八七）以来皆献见，有译长属黄门，与应募者俱入海，市明珠、璧流离、奇石异物，赍黄金、杂缯而往，所至国皆禀食为耦。"当时的中国船舶，从徐开日南出发，中国的使者商人，到东南亚各地，远至印度的南部，往来时间，有时数年，有的遭风波而溺的，也有的流落异地，没有回来。

东汉时，据《水经注》卷三十六中所说："马文渊（援）立两铜柱于林邑岸北，有遗兵十余家不反，居寿泠岸南而对铜柱，悉姓马，自婚姻，今有二百户，交州以其流寓，号曰马流，言语饮食，尚与华同。"三国时，朱应，康泰，曾被遣到扶南。《三国志·吴志·吕岱传》：记岱曾遣从事到扶南林邑诸国，说明了我国人民已到了越南的最南部，以及柬埔寨等地。在晋时，出国人口亦日渐繁多。此外，又如晋代最著名的僧人法显，他于公元后四世纪末，由长安取陆道到印度，住了十余年，乃由印度取海道经东南亚各地，曾在佛逝（现在的苏门答腊）住了数月，然后乘商船回国。

到了唐代，南海交通，很为发达，华侨到东南亚各地的更多。其中居留在这些地方的，也有求法僧人。如义净《大唐求法高僧传》中记载："贞固弟子一人，俗姓孟，名怀业，梵号僧迦提婆，随师共到佛逝，解昆仑语（按：即为古爪哇语），颇学梵书，后恋居佛逝，不返番禺。"

自唐代起东南亚各处的当地人民，称华侨为"唐人"，华侨亦这样自称，回中国说为"回唐山"。一方面固是由于唐朝的"文教声威"远播海外，但也由于当时我国人民之旅居于东南亚的很多，因而这个名称，一直沿用到现在。

宋代海外交通的发达，不减于唐，尤其是宋室南迁以后，海外贸易已较为发达，由此可以推知国人之到海外与留居海外的，必定很多。在宋朝末年中国人因为不愿受蒙古的统治，而移居东南亚各地者，其数目也不少，郑所南《心史》中说："诸文武臣流离海外或住占城，或婿交趾，或别流远国。"

元代周达观在所著《真腊风土记》中说："唐人之为水手者，利其国中，不着衣裳，且米粮易求，屋室易办，器用易足，买卖易为，往往皆逃逸于彼。"元代的真腊，就是现时的柬埔寨。明代初叶，郑和七次下西洋，此后，国人也多旅居于东南亚。《明史·浡泥传》说："华人多流寓其地。"又《婆罗传》中说："万历时为王者闽人也，或言郑和使婆罗，有闽人从之，因居留其地。"又《明史·爪哇传》说："其国一名莆家龙，又曰下港，曰顺塔。……中国商旅亦往来不绝。其国有新村，最号富饶，中华及诸番商舶辐辏其地。"明末国人因不愿受满清统治而到海外者更多，有的流落缅甸，有的经海道而到东南亚各处，从此可以见得不只在强盛时的明朝，有了好多华侨旅居海外，就是在明代衰亡时，也有好多我国农民，逃亡于东南亚各地。

清代，特别是自鸦片战争以后，帝国主义侵略我国和沿海各省，农村经济破产加剧，我国人民之到东南亚各地的更多。好多地方，主要是由于华侨之参加开发，而逐渐繁荣。新加坡是一个最好的例子。当十九世纪初期英国莱佛初到新加坡的时候，当地人口不过数十，但是半年以后，增加到五千余，其中绝大多数是华侨。到了今日，该地人口中绝大多数还是华侨。因而这些地方的开辟与繁荣，是与华侨分不开的。关于这一点，英国的殖民地统治者瑞天咸，在其一九〇七年所著的《马来亚》一书中，也不能加以否认。

二千多年来，每个朝代都有我国人民到海外，特别是到东南亚各地。而且，后一代往往比之前一代为多。唐宋比之前代多得多。到了明代，移居于海外者更多。有当地人民聚集的地方，华侨固多移居，就是没有人烟的深山旷野，也有他们的踪迹，而成为开荒辟土的先锋。可是我国人民到东南亚最多的时期，是在清代，尤其是清代中叶以后。十九世纪的下半叶至二十世纪的初期，有一个时期，有人估计，每年出国的人数有十万左右。

上面仅简单一谈华侨在东南亚的历史，然而华侨在这个地方的人数之多，与历史之久，已可概见。

华侨出国的原因，根据这些历史材料分析可以看到，是由于贸易的往来和历代我国和东南亚各国的经济交流，但最主要的，是由于我国封建时代，特别是帝国主义侵入以后，农村经济的破产，使沿海各省人民，不得不自觅出路，出外谋生，所以我国侨民的出国，与资本主义国家的移民，根本不同是历史发展所形成的。

必须指出，我国人民到海外者，绝大部分，一向是劳动人民。他们离开祖国而出发到海外的时候，好多人所乘的船，还是小小的帆船。他们破重洋，历万险，只是凭着两手，去与酷热、时疫、猛兽、毒蛇作斗争，去与资本主义者或是帝国主义者作斗争。

所以，一部分华侨史，也可以说是一部华侨血泪史。《汉书·地理志》早已告诉我们，到海外者，除了乘我国船舶之外，有时还要乘外国船舶："蛮夷贾船，转送致之，亦利交易。剽杀人，又苦逢风波溺死。"这是途中的情况。到达海外各地之后，因为"水土不服"而死者不知几许，因为受猛兽毒蛇所害者，又不知几许，到了资本主义者与帝国主义者到了这些地方或占据这些地方之后，为他们所杀害的，更不知几许。比方菲律宾的华侨，遭过西班牙的统治者三次大惨杀。爪哇"红河之役"，所以得名，是因为河中填满了华侨的鲜血。到今华侨谈起，犹有变色。

二千多年来，海外侨胞的死于自然灾害与帝国主义者，虽不胜其数，可是在东南亚的华侨人口，还是与日俱增，生活逐渐安定，原因虽多，可是当地人民和华侨的友好往来，是主要因素之一。比方，所谓"生活易求……买卖易为"，正说明了华侨与当地人民的友好关系。所谓"种族上的歧视"这个问题，在华侨与当地人民之间是绝少发生的。

应该指出，中国或华侨与东南亚各地的人民，尽管帝国主义的挑拨离间，但彼此一向是维持着友好关系。古时这些国家的使者商人之到中国的，是受到欢迎的。在明代有一个时期，来往极为频繁，而且，除了使者为着联络邦交，商人为了以有易无之外，还有为交流宗教和文化的来往，更为频繁。《星槎胜览》"三岛"（按：在现在菲律宾）条云："凡男子得附舶至中国，然罄其资，身归本处，乡人称为能事，尊之有德，父兄皆赞焉"。

同样，我国人民到达这些地方的，也往往受到当地政府与人民的欢迎。《瀛涯胜览》"满剌加"条说："凡中国宝船到彼，……其国王亦采办方物，絜妻子带头目驾船跟赴。"《明史·柔佛传》说："华人贩他国者多就之贸易，时或邀至其国。"《星槎胜览》"浡泥"条有同样的记载，并且指出到他们家中住宿的华侨，他们"以礼待之若故旧"。

这种友好的关系，使中国与东南亚的文物能够互相交流。《汉书·地理志》"粤地"条说："近海，多犀、象、毒冒、珠玑、银、铜、果、布之凑。"这是说明海外的珍品，流入中国。至于中国的东西之输入东南亚的，是很多的。中国帛布，久为一些国家所爱好。《海录》"文莱"条说：其人"喜穿中国布帛"。近来海外考古发掘充分提供了这方面的实物证据，我们不必在这里举例。

在建筑方面如昔时的林邑与暹罗的城堡宫殿，多留有中国建筑艺术的式样。印度的梵文，在我国宗教文化中，也曾经一时大放异彩。我国各地建筑，特别是宗教建筑，也多仿印度、印度尼西亚和缅甸、泰国等地的建筑艺术。

上面不过是随便举出一些例子，然而两者的文物的关系密切，是无可否认的。因为中国与东南亚各国的关系的历史悠久，不只在文物上互相交流、互相影响，在种族上，各地的华侨，既亦多与当地人民通婚，那么两者在血统上的密切关系，更不用说了。

应该指出，自西洋的资本主义国家占据了东南亚各国之后，中国在这些地方的侨胞，与当地人民的长久的友好的关系，便受到极大的威胁，当地的华侨和侨商，与当地人民一样，都直接受了帝国主义的虐待。

帝国主义者到处压迫华侨，惨害华侨。可是在残待华侨的过程中，他们的办法是随时改变的，在他初期开辟地方的时候，当地的情形是地广人稀，像新嘉坡在十九世纪初叶，除了十数渔户之外，没有别人，资本主义侵略者不得不利用华侨去当开山辟地的先锋。可是，待到地方相当繁荣时，他们就用了各种各式的方法，去排斥华侨。华侨一向与当地人民好好做生意，他们却对当地人民说，剥削当地人民的不是他们，而是华侨。因而就制定了好多条例，限制或制止华侨所经营的各种事业。其实，正像华侨们所说："帝国主义者吃了肉，连骨也不愿留给华侨。"华侨与当地人民通婚，既不为他们所愿意，华侨返国带妻子到这些地方，更为他们所顾忌。于是他们又制了好多条例，限制出入口，限制华侨汇款回国。此外，还有各式各样的条例，名为保护当地人民，实则是限制华侨，压迫华侨，剥削华侨。他们做了种种恶意的宣传，挑拨华侨与当地人民的情感，使当地人民仇视华侨，排斥华侨，他们却坐而收其利。这就是帝国主义者的分而治之的政策。

分而治之的政策，不只分化与离间华侨与当地人民，而且应用到华侨内部。像在越南、在法国人统治的时候，他们利用华侨的地方习惯，分华侨为福建帮、潮州帮、客家帮、广府帮、海南帮等等，每帮设噏帮一人，即帮长，他们除了利用帮长去做他们的收税员外，还设计使各帮互相排挤，互相仇视。

然而尽管帝国主义者用了好多方法去挑拨离间，东南亚的人民，大多数是不会为他们所蒙蔽的。自从资本主义者与帝国主义者占据东南亚后，当地人民就掀起反帝运动，前仆后起，以求民族的解放。所以到了第二次世界大战之后，越南解放了，缅甸、老挝、柬埔寨、印度尼西亚，也独立了，菲律宾人要求美帝撤退其军事根据地，马来亚人也醒起来了，新嘉坡人民也为脱离帝国主义者的束缚而奋斗。

东南亚各国取得完全独立之后，他们自己固不再受帝国主义者的压迫、剥削与残害，对于东南亚各国的人民与华侨的关系来说，也少了这个挑拨离间的主动者，使数百年来受了中伤的友好关系，得到恢复。而今而后，在巩固这种长期的友好关系的基础上，还可以更进一步地发展，以促进当地人民与华侨侨裔的经济与文化的幸福生活。

《侨务报》创刊号，1956年10月17日。

1957 年

华南水上居民需要特别加以照顾

陈序经的发言

> 福建、广西、广东三省一百五十万水上居民。在封建社会里，他们遭受严重的歧视和虐待；解放以后，生活虽有很多改善，但是经济上、文化上仍极为落后。

我想谈谈关于华南的水上居民的一点意见。

我在这里所说的水上居民，是以往所称的"蛋民"或"蛋家"。"蛋"又作"蜑"或作"蛋"。他们自己并不喜欢这个名称。他们说，他们原来是叫做"大家"。可是这个名词并没有见于志书。我以为现在若用"旦"字去代替"蛋"字，较为合适。否则，就用"大家"这个名称，似也不见得不妥当。

这种水上居民与钱塘江的九姓渔户，或其他的水上居民，是不同的。现在只在福建、广西、广东才有这种水上居民。他们分布于这三省的河流或沿海各处。其所聚集的地方，多为都市或陆地人烟比较稠密的地方。广州在抗战前，他们的人数达十余万，现在还有约七万。估计这三省至少有一百五十万，尤以广东为最多。由于他们是水居，而且有很多分布于沿海一带，他们是我们的国防的前哨。

从历史上看起来，这种水上居民，在唐以前，并不见得是水居。他们和其他的陆地居民一样的住在陆上。据晋常璩的《华阳国志》记载，在三国与晋的时代，他们多分布于四川各处以及在贵州一些地方。南北朝时，陆腾要用很大的力量始把他们压制，在唐代，他们是李德裕与高骈的劲敌。

到了宋代，他们才被称为水上居民。为什么他们从陆居而变为水居，还找不出正确的解释。可能是受了汉族的压迫而迁居水上。

关于这种的水上居民的记载较早而较为详细的，是宋代周去非的《岭外代答》。在这本书里，有一段是叙述这种水上居民的。他说："以舟为室，视水如陆，浮生江海者，蜑也。"他又说："凡蜑极贫，衣皆鹑结。得掬米，妻子共之。夫妇居篷下，生子乃猥多，一舟不下十子。儿能自孩，其母以软帛束之背上，荡桨自如。儿能匍匐，则以长绳系其腰，于绳末系短木焉。儿忽堕水，以缘绳汲出之。儿学行，往来篷脊，殊不惊也。能行则已能浮没。蜑舟泊岸，群儿戏沙中，冬夏身无一缕。"

从宋代到解放以前，虽然经过约有千年之久，但这种水上居民的贫苦生活，并没有什么显著的改变，周去非所描写的一切情况与习俗，到今还多少保留着。

在封建社会的时代，他们曾受了重重的压迫。他们受了苛捐杂税以及各色各样特别严重的歧视和虐待。譬如科举考试，不许他们参加。他们结婚时，不准穿着红裙。此外，又如阻止他们上岸居住，这件事连了封建统治者雍正，也为了他们抱不平，因而下令反对。男的被一些人称为"蛋家贼"，女的被一些叫做"咸水妹"——后一名词，无疑的是帝国主义者入侵以后才出现的。

解放以后，党与人民政府对于他们十分关怀，数次派专人去了解他们的生活状况。在土改时期，他们之中，也有的分得土地。同时，在其他方面，作了很多改善他们生活的工作。他们以舟为室，萍踪匪定，难得受教育的机会，乃设立水上学校，或在陆上专为他们开办学校，鼓励他们读书。水上文化船，水上医疗船，主要的都是为着他们而设置的。又介绍他们找职业，生活太困难者，给以救济。同时，又帮助他们建筑房舍、移居陆地。

此外，民族事务委员会还开过会议，讨论他们是否应当为少数民族来看待。根据一些人的意见，他们所聚居的地方，既然往往也是陆地人烟比较稠密的地方，两者长期密切往来，错居杂处，不像其他的好多少数民族，有了集中居住的固定范围，因而不易分为一个自治区域，所以直到现在，他们并不当为少数民族来看待。应该指出，在我们祖国里，好多少数民族中也有一些散居各处，不能按地区去分为自治区域的。

我个人以为从历史上看起来，这种水上居民，没有问题的是一种少数民族。现在他们虽然与陆上居民有了密切的关系，可是事实上，水居与陆居就是一种很显著的基本差别。因此，我觉得若当他们为一种少数民族来看待，似也没有可以非议的理由。

然而更重要的，是从经济与文化的生活来看，他们一千年来，以舟为生，经济极为困难。周去非所说"凡蜑极贫"这句话，还有很大的现实性。因为贫苦而没有机会去受教育，加以一叶扁舟，今日在这个地方，明日可能在别的地方，或是很远的地方，就是有能力去供给其子女入校的，也有好多困难。贫苦而没有教育，贫苦的情况，是不易改善的。怪不得当党与人民政府号召扫除文盲的时候，广州有些这种水上居民，误会以为凡是文盲者，都要被淘汰了。听了人们说要向他们宣传扫盲时，他们有的骇怕起来，避而不见。直等到工作同志把这个道理说清楚后，他们还是觉得学习文化，对他们自己来说，是存在着极大的困难。

解放以后，他们的生活虽然有了很多的改善，可是从整个来看，还是较为贫穷的人民。而且，从个别的情形来看，有的生活更加困难。比方，自广州过江的轮渡公司成立之后，过江多有电船，过去成千成万靠着载客渡江为活者，大受影响。以往一家五口，每天入息有一元以上者，现在，很多只能得一二角。虽然人民政府尽量设法去救济，可是救济并不是治本的办法。而且，他们是劳动人民，惯于劳动生活，不只不愿坐待照顾，而且觉得这样做法，是可耻的。

我的意见是，当他们为少数民族来处理，应该没有问题。但也应该指出，是否这样去做，还是次要的问题，主要的问题是：因为他们在经济上，在文化上，都极为落后，需要特别加以照顾，如果我们不当他们为少数民族来看待，那么在他们全部或绝大部分尚未迁居陆地而同时他们的经济与文化生活还没有显著的改善之前，为着照顾他们这种特殊情况，应该设立一种机构，专为处理或解决他们的问题，使他们的经济与文化的生活，能得到全面与特殊的照顾，逐渐消灭其落后的现象，更快的能与全国各族人民，一齐走向社会主义的光明大道。

至于具体的机构如何设立和问题如何解决，我觉得应由民族事务委员会与有关方面，加以详细的考虑，然后决定。以上的意见，是否有当，请各委员指正。

《人民日报》1957 年 3 月 14 日第 3 版。

我的几点意见

许多人问我，"你为什么不鸣？"还有人说："你参加学校行政工作，应该鸣一鸣，起带头作用。"我在一个小会上，已曾表示过，检讨自己的错误，我应带头，可是揭露同志间的缺点，由我带头，未必作得好。我这两年来，在全国政协小组上，在高教部座谈会上，以及其他好多地方，对文化教育事业，曾提过一些意见。我主张自觉自愿而鸣，有早鸣之自由，也有迟鸣以至不鸣之自由。既不必人鸣亦鸣，亦不必为鸣而鸣。我还要顺便的指出，鸣有一般普通之鸣，还有研究学术方面之鸣。前者较为容易，后者较为困难。因为对于一般普通的问题，发表意见，较为容易，但要在学术上，尤其是在专门问题上，自鸣或是争鸣，都需有相当的时间和准备。对于我们来说，学术上的争鸣，是更为重要，而且是有长期性的。

在这次学习的初期，我还觉得有点意见可谈。但是近数星期来，大致上我所能说的话，人家都讲过了。我所没有想到的好多话，人家也说过了。许多同志说，我对于龙潜同志不会没有意见。其实，任何人与人之间都会有意见，就是说矛盾是普遍存在的，但不一定都值得提出。龙潜同志对我也不是不客气，我根本想不到他对于徐舜英同志或其他同志那么主观粗暴。我说不出徐舜英同志或其他同志所说那些话，因为我没有同样的体验，龙潜同志也不见得完全没有其优点，他未离开本校之前，曾对我说："你有涵养。"我说，我还须学习涵养。我又对他说，高等知识分子在思想上，一般比较复杂，权利心比较淡薄，但也有其自尊心，甚至有怪脾气。与高等知识分子打交道，重要的一个条件，是要涵养。尊重对方的长处，不须要过分强调对方的弱点。龙潜同志还对我说，假使高等知识分子政策早一年宣布了，他可能避免好多错误，假使今后还有机会在高等学校工作，他也不至于再犯这些错误。我觉得办教育的人，必须从同志间的友爱出发，如果一个同志既已承认他的错误，且有心改正，就应该给他改造与学习的机会。所以在他没走前，我也曾同党的负责同志提议应该给他在学校中受教育与吸取经验，不一定要调动他的工作。

应该指出，院校调整以后的数年中，在我先后参加学校行政工作的时间中，许多事情我与党员同志们是共同负责的。假如说他们做错了，那也就是说我也不能没有错。从近来同志们所提出的意见来看，有了很多缺点是应当由学校行政领导负责。在这种情况之下，我应该倾听大家的意见，努力改进工作。此外，在这数年中，有一半时间我自己没有参加行政工作，只作点研究工作，准备开课。对于学校许多事情，实在相当隔膜，因之提意见也比较困难。我以为过去受"三害"较多的同志，应该多说话，帮助党员一齐进步。

我现在想将我认为比较重要的几个问题谈一谈。

第一点我要说的是，许多在高等学校工作的党员同志们，对一切大小事情，不加区别，都当为政治任务来看待。我觉得假使我们把高等学校的生活，完全当为政治生活来看待，那就是把政治庸俗化了。这么一来，找找朋友谈心，便不免有政治意义，同朋友吃饭，也有政治意义，以至古董的欣赏，金石、甲骨文的小组讨论，也有政治意义了。这么一来，不只要把所有的高等学校，都变为政治专门学校，而且可能把个人以至男女恋爱婚姻与家庭生活，都认为是只有政治作用。应该指出，学术是为社会主义建设而服务的，学校是需要政治的领导，但学术并不等于政治。学术分门别类，各有专业，欲求学术进步，必先使研究学术者有充分时间去钻研业务和独立思考。一个科学工作者，可能有时候被别人看成为想入非非者，他与政治以至现实生活，可能完全没有关系，甚至可能一生想不出也作不出什么具体的东西，但假使没有优容雅量和科学预见，学术就很难有显著的进步，很难有崭新的发展。

第二，许多党员同志，只有主观主义的政治观点，而缺乏法制观点，在新法制还没有制订完备，而旧法制已不适用的情况之下，许多党员同志作事，往往不讲法律，不讲制度。比方，在学校里可以把一些认为有问题（？）的教师集中起来，主要目的虽说是思想改造，事实上便妨碍了人身自由。又如，院校调整，是把广州各高等院校调整，但是在我们同志之中，也有人还存有"你校归并我校"的思想。这是本位主义，这是宗派主义。在这里，我要替许校长和冯副校长说几句话。两位校长是在院校调整之前已任命为中大校长的。到了院校调整时，原有的中山大学和其他高校一样的，是由筹备委员会去领导的。但到了1954年5月29日，中南高教局发出筹备委员会结束的指示，在同一公文中，有许、冯二校长原经任命为校长"迄今未经变动"等语，这么一来，就不见得是院校调整，而却是"你校归并我校"的作法了。既然如此，又何必成立筹备委员会？筹备委员会的任务，明明是筹备新的大学，新的大学成立了，尽管它仍用旧名，但校长的重新任命，是绝不可少的手续。所以就法理来说，中南这个指示及其措词，都是错误的。其实，中南也没有权去任命大学校长。他们应该是由中央人民政府重新任命。这不过说明党的某些同志，不重视法制的一个例子而已。我今年到北京参加全国政协会议，在大会发言中，除了董必武院长与黄绍雄委员作了关于法制的报告外，没有其他人谈到法制问题，小组也少谈这个问题。说明直到今天，我们还没有重视法制问题。有人批评一些干部违法乱纪，其实有许多事件，还应该说是无法无纪。

第三，许多党员同志对于办高等教育缺乏经验，而把他们所熟识的一套搞政治运动的经验，硬套到高等学校上去。他们不只对于资本主义国家的高等教育不见得懂，对于苏联和人民民主国家的高等教育也不见得懂，就是对于中国封建时代的书院制度，而尤其是对于中国近数十年来的高等教育的经验，也很缺乏。大家记得,有一个时期,凡是阅读英、德、法、日文书籍的,往往被当为有资产阶级的思想来看待。马克思是用德文发表其主要著作,恩格斯也常用英文写文章。有些人强调学习苏联,但没有了解苏联的高等教育,也曾利用过沙皇时代资本主义的教育遗产来做底子。莫斯科大学还纪念着罗蒙诺索夫,人民民主德国的柏林大学还名为威廉洪德堡大学。前一位是18世纪的资产阶级学者,后一位是19世纪的唯心论的个人主义者。中国旧书院制度,也有其一定的优点,用不着说。许多党员同志,把中国数十年来的高等教育,当为完全从英、美、德、法、日搬过来,也是一种不完全符合事实的看法,三十五六年前,我在大学的时候,比方生物系的教授,也开始采集中国各地的标本。在社会科学方面,社会调查工作也在萌芽。所以20多年来,我们在教学上、在研究上,以至在教育制度上,已多少能结合到中国实际情况,并不见得全部盲从资本主义国家。而且,在解放前,也不见得绝对排斥苏联的好办法。现在要积极去学习苏联的先进教育经验,是无可疑的。但对于可以肯定的过去成绩,似乎不须要全部否定。

关于高等学校的党的领导问题,我觉得中国今日的社会主义的建设,既然是由中国共产党来领导,这种领导不只从上而下,从中央到地方,而且是从城市到乡村,以至工厂机关等等。假使高等学校里不要党的领导,是很难想像的。作为一个非党员的学校行政工作者,我就觉得如果没有党的领导,党的政策是不容易贯彻的。所以,问题不在于要不要党的领导,而在于如何领导。

数年以来,广东省委对于高等教育十分重视,比方帮助本校解决外汇问题,组织高等学校教授参观团,建筑科学馆,以至对于高等知识分子生活上的种种照顾,据我所知比之其他各省较好得多。但也应该指出,省委对于高等知识分子所做的工作,是偏于物质与生活小节方面,对于他们的教学与研究工作方面,较少关心与鼓励。

近来高等知识分子,对于高教部这数年的工作,揭露出很多缺点。大致上,我也有同感。但也得指出,各高等学校没有把高教部的指示,结合到自己学校的实际情况,灵活去执行,也是一种缺点。比方,1952年教育部(那时高教部还没有成立)拨给约80万元与我校建筑房舍,款项到时已是10月、11月。我曾提议收买怡乐村房屋,因为当时有好多房子愿意低价出卖。有些党员同志说,部方要我们盖房子,不是买房子,购买房子是"先斩后奏"的作法。结果到了12月底只好把全部款项上缴。其实为了增加房舍,建筑与购买是没有多大分别的。况且怡乐村就与本校毗邻,购买房屋便可以马上解决部分的房荒。当时有人对我说,这或者是党员同志们"党性"强的表现。其实,这恐怕是教条主义。此外,又如在院校调整时,本校没有力争保留经济与法律系,让两系连根拔掉,以及后来的六时一贯制等,都说明了我们自己没有远见,没有好好的考虑到本校具体情况,和本省的长期需要。

我现在所想到要说的话,就是这些。

《南方日报》1957年6月14日第3版。

广东高等教育的展望

解放以后的八年中，广东的高等教育，起了根本的变化，有了巨大的成绩。而且它的发展途程是十分光明的。

一九五二年的院校调整是祖国旧的高等教育制度变为新的高等教育制度的重要阶段。广东的高等教育，当然不能例外，因而广东的数个高等学校，也调整为五个院校。这就是一个综合性大学，一个工学院，一个农学院，一个医学院，与一个师范学院。综合性大学的主要任务是，师资的培养与理论的研究。其他的学院，顾名思义，目的是培养各种专门人才，以适应国家伟大建设的需要。

在院校调整后的初期，广东的高等学校，虽然不过五个，然而八年以来，又增加了好几个高等学校，如教育行政学院、中医学院；最近又计划筹办一个主要为收容港澳同胞子弟和海外侨胞子弟而设立的大学。此外，又如师范专科学校，音乐专科学院，以及美术专科学校等等，总共加起来，现在已有了十余个高等学校。

广东高等学校学生的增加，是一种很突出的现象。比方，在八九年前，几个工学院的学生合起来，也不过几百人，可是现在一个工学院，就有学生三千人以上。八九年前师范学院，包括各大学教育学系的学生在内，合起来也不过数百人，而现在一个师范学院，就有学生二千人以上。同样的，农学院与医学院，也从各有数百人而增加到各有千多人。

在综合大学里，每一个系的学生，差不多等于从前一个学院以至一个大学的学生人数。数学系现在约有三百人，这个数目，几乎是从前全国所有大学的数学系的学生数目。物理系、化学系都有四百多人，这差不多等于从前一些大学的学生总人数。

虽然院校数目和学生人数都增加了，可是从前所谓"毕业就是失业"的现象，现在却没有了。相反的，学生毕业之后，都有了工作，而且对于毕业学生的工作安排，也做得很为妥当。

数年来，广东高等学校学生数量的增加，是不是与其质量的提高成为正比例呢？回答是肯定的。院校调整的目的，是要使高等教育能够配合于祖国的伟大建设的需要。八九年来，祖国的经济建设与文化建设，能够有一日千里的增长，是与高等学校所培养出的专门人才有密切关系的。院系调整以后，高等学校的学生，学习目的更为明确，这样不只学能致用，而且能学得较好和较为深入。我的一个女孩，三年前毕业于医学院。毕业后即被派到一个较大的结核病院去主持放射（X光）科的工作。当时我很担心。因为她刚从学校出来，可能因为经验缺乏，不能独当一面的工作。可是出乎我的意料之外，她到了工作岗位之后，做得很好，这与她在学校中所受的新的教育是分不开的。这也说明院校调整以后学生的质量是有了提高的。

至于这数年来广东的高等学校的校舍与设备，以至师资各方面的增加，尤为显著。数年以来，人民政府给予广东的高等学校的建设校舍经费，在三千万元人民币以上（这约等于一千五百万元的美金）。广东原有高等学校的校舍，增加了好多倍。师范学院几乎全部是新盖校舍。此外，比如教育行政学院、中医学院以及其他的几所高等学校，完全是从平地或荒丘上建筑起来的。这又是广东高等学校在这数年的发展中一个很为突出的现象。

学校的图书、仪器和其他设备，在这八年中也增加了很多倍。而且很多仪器设备是最新式的。光以综合大学的图书仪器设备费来说，自一九五三年至一九五七年，就有三百多万人民币。工学院、医学院、师范学院等用在这方面的经费，大概还要比这个数目多得多。

广东的高等学校的师资，不论在量的方面，或是在质的方面，本来算得不错。八年以来，青年教师又大量的加入这个队伍，比起原有的师资人数，又多了几倍。这些新生力量，必然"青出于蓝"，而成为今后发展广东高等教育的一支生力军。

此外，与广东高等教育有关的各种研究机构，在这数年中，也逐渐成立起来。最主要的是中国科学院广州分院。分院设有研究所研究各类科学。其他如农业部门或卫生部门也相继设立研究机构。广东省人民委员会又拨了巨款，建设科学馆。这些科学研究机构，都与高等学校建立了或多或少的关系。广东位在祖国的南方，在地理上、在物产上，以至在历史上，都有其特点，而我们正是要结合这些特点来从事教学与研究工作的。这也可以说是广东高等教育发展中的一个突出的现象。

回顾过去，在短短的数年中，广东的高等教育既有了飞跃的进步，展望将来，我们相信，其发展的前途更是无限光明的。

《大公报》（香港）1957年12月8日第3张第11版。

1958 年

我对于厚今薄古的一点体会

中共中央宣传部副部长陈伯达同志在国务院科学规划委员会第五次会议上，作了关于"厚今薄古，边干边学"的讲话。我从《人民日报》读了这个讲话的简短纪录之后，有了很大的启发，也受了很好的教育。我想在这里略谈我个人对于厚今薄古这个问题的一点体会。

陈伯达同志指出："解放以来，哲学社会科学，虽然落后于革命实际，但成绩还是主要的。"他又指出："现在在哲学社会科学中的主要缺点，是言必称三代（指夏商周）。"这就是说，有了厚古薄今的缺点。

我以为陈伯达同志对哲学社会科学研究工作这个估计，完全符合于中山大学的情况。中山大学这数年来，在党的领导下，在教学改革和科学研究上，都有很大的成绩，但同时，也有了不少的缺点。而厚古薄今正是缺点之一。中山大学的历史系以至中文系都有厚古薄今的倾向。院校调整以后，中山大学的中文系，讲授古典文学的教师较多，讲授现代文学的教师特别少。这种情况，虽然是造成我们厚古薄今的原因之一，但是院校调整至今，已将六年，在这个时期里，我们没有积极的去培养新生力量，创造有利条件以加强现代文学的教学和研究队伍，加开这方面的课程，这主要的还是由于我们有了厚古薄今的思想。

同样的，在历史系也有着这种缺点。古代史与中古史的课程较多，近代史与现代史的课程较少。更突出的是我自己所参加的历史系的亚洲史教研组。依照领导方面的指示，这个教研组的重点，是东南亚历史，东南亚历史的重点是近代史，而尤其是现代史。这是正确的。因为东南亚各国数百年来，尤其是最近数十年来，不断的与帝国主义者作剧烈的斗争。第二次世界大战以后，东南亚各国，虽然先后脱离帝国主义者的统治，得到独立，可是帝国主义者并不甘心失败，还是千方百计地企图维护其殖民利益，企图破坏这些国家的独立与统一。因而东南亚各国人民的反殖民主义斗争还没有停止。又我国与越南［人民］民主共和国解放以后，我国与东南亚的关系，更为密切。周总理参加万隆会议与访问东南亚一些国家，以及东南亚好多国家的代表团访问我国，说明了这一点。这是东南亚历史上最伟大的时代。我们对于这个时代，应该特别加以注意，研究东南亚历史,当然应该是厚今薄古。可是我们这个教研组,在确定以东南亚的近代史与现代史为重点的时候,还是经过一个长期的讨论,到最近才决定的。而且,直到现在,我们还只有东南亚古代史的课程,没有东南亚的近代史与现代史的课程,这说明了这个教研组包括我个人的厚古薄今的思想,是很浓厚的。

厚古薄今,是脱离实际,逃避社会主义的现实政治生活。毛主席说:"通过实践而发现真理,又通过实践而证实真理和发展真理。"周总理在"关于知识分子问题"的报告中指出的改造知识分子三条路中,也强调社会实践。这说明实践不只是研究科学的必由途径,也是自我改造的很好方法。从社会实践中,可以改造自己,成为工人阶级的知识分子,为社会主义建设服务。实践可以发现、证实、发展真理。在自然科学中,搞科学的人,若不亲自动手,在实验中作试验,或若不亲自动脚,到野外作调查,就很难发现真理。哲学社会科学工作者,假使没有社会实践,脱离政治生活,"躲到三代的象牙塔中去",这样而想发现真理,或改造自己,当然是不可能的。

所以在社会主义建设的大跃进的高潮中,我们必须决心改正厚古薄今的缺点,朝着厚今薄古的方向,使哲学社会科学大步跃进。

应该指出,厚今薄古并不是说对于古代的东西,不必研究。古代是可以研究的。可是研究古代,并不是为古代而研究古代,而是为现代而研究古代。这就是说,我们要用我们古代的遗产为现代服务。这样,就不会脱离实际,这样,才能结合社会主义的现实政治生活,来讲授和研究哲学社会科学。

《理论与实践》1958 年 5 月 31 日总第 1 期。

猛族诸国初考（存目）

原载《中山大学学报·社会科学》第 2 期，1958 年 5 月 1 日。

20 世纪 60 年代印成单行本——《东南亚古史研究之二》，未作公开出版。

后再收入《东南亚历史论丛》第 1 集，中山大学历史研究所，1979 年 10 月。深圳海天出版社、香港商务印书馆、台湾商务印书馆股份有限公司三家出版社于 1992 年 12 月联合出版《陈序经东南亚古史研究合集》（上、下卷），该文收录于下卷《陈序经东南亚古史研究之五》。

全文见《陈序经全集》第十一卷《东南亚古史研究合集》（上）东南亚古史研究之二。

1959 年

一九五八年的广东高等教育

高等教育事业发展得最快的一年

一九五八年这一年,是广东省高等教育事业发展得最快的一年。我愿意在这里作一简单的报道。

广东自一九五二年院校调整以后,有一个综合大学——中山大学,还有四个高等学院——华南工学院、华南农学院、华南医学院(后改中山医学院)、华南师范学院。从一九五二年到一九五七年间,广东增加了几个高等学校,如教育行政学院、广州师范专科学校、广州音乐专门学校等等,但在数量上仍不算多。

一九五八年这一年就大大不同了。广东的高等院校在数量上增加到约五十所,比起一九五二年院校调整后的初期,增加了差不多十倍。

华侨子弟之家——暨南大学

首先,增加了一所人所共知的综合大学——暨南大学。"暨南"这个校名,是清朝末年端方在南京专为收容海外侨生而起的学校名称。起初是中学,后来改为大学。抗战时期,一度停办,抗战以后,虽经恢复,但原校址既被敌人破坏,设备也一时不易购置,故一九五二年上海院校调整时,并入他校。中国共产党和人民政府,由于华侨子弟近年来归国求学者,不断增加,因此在一九五八年秋季成立了这所学校,主要是收容海外侨胞子弟与港澳学生。单是本科学生,就约有八百人;此外还有约四百位预科学生,总共约一千二百人。校内现设有中文、历史、生物、水产、航海、矿冶六个系,将来还要设立外文、数学、物理、化学等系。暨南大学现利用原来的广州归国华侨学生中等补习学校的一部分房舍为校舍,还准备以六百万元人民币兴建新校舍。这笔款项中不少是华侨与港澳热心教育的人士所捐的。将来全部校舍建成,"暨大"将变得更加庄严和美丽。

增设了不少工、农、师范学院

其次为农学院的增加。华南农学院一九五八年增设了好几个分院，如惠阳分院、佛山分院、海南分院。又，农学院的森林学系，现已改为林学院，设于从化，并在乐昌设分院。工学院的化工系，现改为化工学院，从工学院中分出成为单独的学院。最近又在粤北筹建工学院。至于工业专门学校，也设立不少。医学院在湛江、佛山等处设立分院；广州市也成立了一所广州医学院。此外还成立了一所中医学院。

师范学院设立更多，除原来的华南师范学院外，原来的广州师范专科学校已改为广东省师范学院。广东省各专区如海南、合浦、湛江、佛山、惠阳、汕头、韶关等，也各设有一个师范专科学校。

一九五八年起原来在武昌的中南美术专门学校，也迁来广州。广东体育学院也成立了。党与政府还计划在不久设立广东财经学院。这样，在广东，无论在那一门学科上，都有一个至几个专门院校。

除了上面举出的新成立的高等学校之外，还有不少县立专科学校。总的来说，广东省在一九五八年这一年中所设立的高等学校，在五十个以上。

大力解决师资、设备问题

高等学校数量的大增，必然引起许多问题，如校舍的建设，设备的购置，师资的调配，学生的来源等等。解放以后，由于党与政府对教育事业的重视，教育经费在政府开支中占了一个很大的数目。所以建校的经费不成问题。以原有的中山大学来说，一九五八年的建筑、教学、研究等费用用不完。而暨南大学，一九五八年的建筑费绝大部分也没有用完。经费既获得圆满解决，其他待决的问题也就好办了。

至于师资的调配和学生的来源问题，今年因为广东高等学校增加很多，对于师资的需要也相应增加。中山大学调出支援各高等学校的师资，就有一百多位，调到暨南大学的约有五十位。其他如华南师范学院等调去各校支援的人数也很多。又从广东省一九五八年高等学校毕业生中也抽调了一批到各校当助教。此外还从各机关的高等知识分子与技术人员中间抽调一批到学校当教师。

一九五八年各高等学校的师资问题，已基本上得到解决，但今后还须大力培养，才能适应形势发展的需要。回想解放以前，毕业等于失业，以及每年暑假前二三个月，各高等学校教师担心校方不续发聘书的丑事，真有天壤之别。

普及中学教育为期不远

高等学校既然增加得这么快,当然要解决学生的来源问题。为了解决这个问题,广东省的中国共产党组织与政府除增设好多中学外,各专区、各县以至各乡都增设了好多中学、小学。我们希望数年以内,不只全省小学能普及,而且中学也能普及。这样,不只高等学校的学生来源问题可以得到解决,而且在不久的将来,全省大多数青年男女特别是工农青年,也能在高等学校念书,成为高等知识分子了。

《大公报》(香港)1959年1月1日第6张第22版。

不能让日本南进历史重演

日本妄想囊括华南、东南亚、南洋各地由来已久

甲午之役，清朝为日本所败，日本掠夺了我们的台湾。日本占据台湾之后，又提倡了所谓"南进论"。"南进"的范围不只包括了我国的华南，而是包括了东南亚或南洋各地。早在卢沟桥事件未发生之前，日人石丸藤太郎已在日本所出版的《世界知识》上，发表过一篇很荒谬的文章，题为《从军事上观察海南岛》。他荒谬地把海南当作日本的"第三生命线"，是日本"南进论"中负有极重要任务的一个地区。他狂妄地指出，日本若能占据海南岛，不只可以控制我国的华南，而且可以牵制中国南海，这样日本就可以成为南洋的"主人翁"。

从二十世纪开始直至第二次世界大战日本占据南洋各地的四十多年中，不只是日本的党魁人物积极去推行其"南进"政策，为军国主义所控制的日本舆论界也大肆鼓吹这种政策。所谓"南进论"，除常见于报章杂志之外，且还著之成书。在这四十年中，在日本出版关于南洋或东南亚的论文与书册，恐怕比之任何国家都要多。

日本所谓"南进"，就是南侵，就是向南洋侵略。南侵的方式很多，包括了经济、军事以及教育、宗教各方面。他们鼓励东南亚各地遣派留学生到日本留学，他们派佛教徒去访问一些信仰佛教的国家，这都不过是利用教育与宗教进行侵略的一些例子。而最重要的，还是经济的侵略与军事的侵略。

高唱"农业南洋，工业日本"

经济的侵略是向南洋倾销日本货物与掠夺这个地区的资源。提倡所谓"农业南洋，工业日本"。南洋物产之为日本所需要的，种类很多，树胶是一个特出的例子。在第一次世界战争之前，日本已用各种各样的方法去掠取这些资源。到大战争期间，日本趁西方帝国主义国家无暇东顾之际，在大力向东南亚倾销日货的同时，又极力压低当地物产的价格，大量运回日本，把低价掠夺来的南洋的原料，经过加工而成为工业品之后，又以高价去推销于南洋各处。这样的双层榨取，当地人民固然大吃其亏，广大的华侨，也大受其经济压迫与排斥。

日本的当权人物在对东南亚进行经济掠夺的过程中，深深感到经济的侵略，

没有军事作后盾，是不易实现的。从上面所举出的石丸藤太郎的言论，就可以看出这一点。他曾指出，如日本能占领榆林港，在很短的时间中，就能以舰队集中于该港，则香港、新加坡以至法国在越南的军事基地与美国在菲律宾的舰队，都将失去军事上的价值。这样南海的海权可落于日本之手，而南洋也就容易为日本所征服。

当年改新加坡为"昭南岛"的用意

日本的"南进论"包括了经济的侵略与军事的侵略，其目的是并吞整个南洋，奴役整个东南亚人民。到第二次世界大战期间，日本军国主义除了侵略中国之外，又侵略了东南亚各地，更加紧了对这些地区的资源的掠夺，同时对这些地区的人民，包括华侨在内，大肆屠杀，实行血腥统治。在经济上与军事上占有重要地位的新加坡，被改为"昭南岛"，这都说明了日本军国主义企图长期占领南洋的狼子野心。

经济侵略是军事侵略的先奏

第二次世界大战的结果，日本军国主义失败了。但是战后日本在美国的卵翼和扶持下，并得到美国侵朝战争军需生产的刺激，到目前为止，日本的工矿业生产水平已达战前水平的二点七倍。这种情况说明了日本军国主义的经济基础有了迅速的恢复和发展，我们知道，日本是一个靠军国主义起家的帝国主义国家。发展军事工业，向外扩张是垄断资本的本性。日本政府的重要人物高唱"美国资金、日本技术、东南亚资源"的论调，企图重温其"大东亚共荣圈"的旧梦。他们一方面加紧依附、勾结美国，特别是准备同美国签订新的日美"安全条约"，缔结侵略性的日美军事同盟，另一方面又不断地到南洋访问，日本的经济代表团，不断地到南洋视察。他们还利用"战争赔款"去实现其经济侵略。现在日本的货物，又大量输入南洋，并企图建立以印度尼西亚为重点的东南亚"广域市场"来倾销日本货物，掠夺资源。在过去，经济的侵略是军事的侵略的先奏曲，现在经济的侵略既然正在发展，谁敢相信，日本的"南进"的历史不会重演呢？

南洋在抗日时期受日本的荼毒

我在少年时候，曾住过南洋。一九一九年回国以后，还经常到南洋各地采访亲友。在华侨中，我的朋友固然很多，在当地的人民中，我的朋友也不少。日本投降以后至一九四八年，我曾到过南洋二次，而且到的地方也不少。在这二次的旅行中，我探访不少亲友，有的一见面就放声大哭，有的寒暄不够三句，就谈到日本统治时期所受的惨无人道的残害。有的是父亲被枪毙，有的是女儿遭迫害，有的是儿子被抢走而生死不明，有的是大部分的家人或全家都被做了"皇军"的刀下鬼。在河内我曾参加过成千成万被难侨胞的葬礼，在马来半岛，在新加坡，甚至泰国，我曾屡被带到一些集体被"皇军"残杀的地方去凭吊。这些地方有的是我曾到过的旧地，有的是我少年游玩的地方。只是耳闻惨状，凭吊忠魂，使我难得经常睡难成眠，吃难下咽。我很可以想像，这些身受其害与眼看暴行的亲友，对于日本帝国主义者的痛恨情绪。何况在祖国的千千万万的同胞在抗日时期，也曾遭受到日本侵略者的同样的残害呢！

勿为军国主义者所欺骗

解放以后，祖国强大了，中国人民决不容许军国主义重演其侵略中国的历史——无论是经济侵略也好，军事侵略也好。可是日本对于侵略南洋的野心，愈益迫切，步步加紧，而历史事实证明，伴随着经济侵略以俱来的终将是军事侵略，如果东南亚人民不警惕日本军国主义的野心，则日本"南进"的历史也不是不可能重演的。何况只是经济的侵略，就可以使一个被侵略的国家得不到完全的独立，使其人民永久过着贫困悲惨的生活。又何况在日本帝国主义的侵略中，南洋当地居民与华侨所流的血泪还未干，而日本军国主义又在蠢蠢欲动，企图东山再起，积极地进行对东南亚的经济扩张，是可忍，孰不可忍？我们希望东南亚各国的政府与人民，要提高警惕，认清日本的"南进论"是经济与军事侵略东南亚的阴谋。千万勿为日本军国主义者所欺骗，使其"南进"的罪恶历史永远不会重演于南洋。

《大公报》（香港）1959年12月28日第1张第1版。

1960 年

一九六零年新年感言

"日日新"的新意义

一九五九年就将过去，一九六〇年转瞬快要到来。尤其是在庆祝中华人民共和国建国十周年不久以后的新年，更引起我们很多的感想。

"一年之计在于春。"春天的来临，给人们以新的感想，新的希望，也引起人们做新的计划，新的安排。所以在春联中人们常有"百事如意""万象更新"的词句。在我个人的回忆中，"万象更新"在解放以前，往往只是一种希望，可是解放以后，却是一种事实。我应该说，解放以后的十年来，最为突出的事情就是"万象更新"。其实，十年来，我们祖国在共产党领导下进行的社会主义建设事业，不只是年年新，而且是月月新；不只是月月新，而且是日日新。"日日新""又日新"这两句话是二千多年前的人所说的。可是只在解放以后的年代里，才体会到这两句话的现实意义。

谈谈出口商品陈列馆

没有多久以前，在广州的海珠广场的西北角，盖了一座很大的楼房，这就是出口商品陈列馆大厦。九月下旬我因参加一个会议，每天都要经过这个地方。这座楼房的建筑的速度之快，虽然使我十分惊讶，但是使我更惊讶的，是九月二十八日接到一张参观陈列馆预展的入场券，时间是十月二日，地点就在这座新盖的楼房。因为二十八日那天，我经过这个地方的时候，最高一层楼还没有完全完成，门窗还没装好，地面的泥土、木头、碎石等等，堆积如山，很难使我相信十月二日能在这座楼房里举行预展。可是出我预料之外，就在这三天里，顶楼盖好了，门窗装好了，九层楼高的脚手架也拆完了，在一天中所有堆积在地面上的东西，也通通搬走了。二日早晨八时，参观预展的人，鱼贯而入，这岂不是日日新的惊人例子吗？！

广州文德路的大改变

我生平喜欢逛旧书店,文德路是我所常到的地方。有时每周到一二次,至少每月也到一两次。九月间因事忙,一次也没到过。十月中,一天傍晚因事经过这条街,只觉得这是一条新街道,似乎我从来就没有到过。我是四十多年的老广州,不认识的马路是很少的,何况是在广州中心的地区的街道呢?我问司机同志道:"这是什么街道?"他回答:"难道你也忘记了,这是文德路呀!"等到我下来慢慢的走了一遍之后,才恍然大悟,原来整条文德路的东边都改观了。所有以前陈旧或破烂的房子,都拆除了。我所看见的都是新盖的房屋。好多旧书店都集中在北边,好多古玩店与装订店都在南边,中间还有一片像园林的地方。文德路虽然还是购买古香古色的旧书古董的地方,可是房屋都是新的,柜子、架子也是新的,整个街道的面貌完全改变了。这岂不是月月新吗?

"旅行教授"重游旧地

我一向喜欢旅行,朋友们还给我一个"旅行教授"的外号。在解放前国外不要说,国内也走了很多地方。当时的印象是"旧地重游,景物依然"。解放以后,我在国内也跑了很多地方。从百灵庙之北,以至海南的榆林、三亚,从东北三省至东南的福建厦门,虽然有不少地方也是旧地重游,可是景物也变新了。以前到过厦门多少次,从厦门到集美要过轮渡,现在火车、汽车可以直通了。看了那条宽长海堤在短短的时间中建起来,我感觉到,这是"移山填海"的大事。

我在内蒙古的见闻

在未到内蒙古之前,我曾看过关于这一带地方的书籍和报告。虽然从书本上,我也体会到过去的内蒙古与现在的内蒙古有所不同,但是在我的印象中,游牧还是内蒙古的特点。可是一九五七年,我到内蒙古时,呼和浩特市与好多新兴城市,宽大的街道,新盖的楼房,已经使我看不到前人所说的塞外风光。等我从呼和浩特到百灵庙的途中,我所看见的,是没有边际的农田与星散在农田中的土房村落。牧场是很少看见,蒙古包几乎没有。我仿佛是置身在中州的平原。内蒙古自治区的领导人员告诉我,内蒙古一九五七年的农业总产值,已超过畜牧业的总产值。他又指出,到了我国第二个五年计划的最后一年,内蒙古的工业总产值又将超过农业总产值。巨型的包头钢铁公司,正在建设,其他的各种工厂,有的早已投入生产,有的正在兴建,有的正在计划。我想内蒙古不久一定会变为工业区域。

当我坚持要看看内蒙古的牧场与蒙古包的时候,他们只好领我到百灵庙之北与公路两旁的遥远地方去,这样我才领略了蒙古人的游牧生活片断。虽然养的还是牛马羊,吃的是肉酪,住的是帐幕,可是在清洁齐整的蒙古包里,你可以看到好多新的日用器具,或是现代化的东西。虽然他们还是用马粪煮茶招待客人,可是饮茶的器皿,全套都是新的。解放以来,生活水平大大的提高了,大人小孩,男的女的,都脸色红润,身体健康,内蒙古的面貌改变了。

海南岛的美丽城市

从前有人到海南,做过这样的诗句:"崖州在何处?生度鬼门关。"现在呢,要到海南的人太多了,他们不只把海南当作宝岛,而且把它当为避寒的理想地方。不只文昌鸡、嘉积鸭美味可口,更重要的是在大陆上所难能看到的好多经济作物,如椰子、树胶、咖啡等等,都在这里大量地繁殖起来。四通八达而平坦宽大的公路,使你要到的好多地方朝发可以夕至。在这个宝岛上你可看到好多新兴的美丽城市。天晚了,你可以找到最舒适的招待所。所谓"鸟飞犹用一年程"的海南,现在从广州到海口,只坐二小时的飞机就到达了。这些都是解放以前所梦想不到的事情。

一九六〇年我的希望

一九六〇年是我国进入第二个五年计划的第三年,我们祖国的社会主义建设在这一年将取得更大的跃进!就我个人来说,我希望在一九六〇年在自己的工作中也能够大跃进之外,还希望重游一些故地,目的并非维持着"旅游教授"的称号,而是更使自己的思想不致落后于新的事物。看了新的事物,看了新的建设事业,能使自己增加新的知识,新的体会,使自己的思想、学识、体力都能跟上时代。

《大公报》(香港)1960 年 1 月 1 日第 4 张第 15 版。

关于归国侨生的教育问题

——陈序经委员的发言

主席、各位委员：

我衷心拥护陈叔通副主席所作的全国政协常务委员会工作报告和全国人民代表大会会议上李富春副总理关于1960年国民经济计划草案的报告，及李先念副总理关于1959年国家决算和1960年国家预算草案的报告。我是一个教育工作者，听了之后，受到很大的鼓舞与教育，并且坚决的响应这个伟大的号召。

解放后，在党与毛主席的英明领导之下，无论在工业方面或是农业方面，都有飞跃的发展，至于教育方面，也同样的大跃进。以广东的高等教育来说，这两年来，从不够十所的高等学校增加到四十多所，经过教育革命与执行党的教育为无产阶级政治服务、教育与生产劳动相结合的方针之后，不只在量的方面有了巨大的发展，就是在质的方面，也有了很大的变化提高。

祖国的辉煌成就鼓舞着海外侨胞

这种辉煌的成就，对于海外的侨胞来说，更引起极大的鼓舞。我们知道，东南亚的侨胞一向遭受帝国主义者的重重压迫与剥削。在封建王朝与反动派的统治之下，他们成为海外孤儿。现在，祖国日益强大了，建设事业，跃进而又跃进，这也为归国华侨和侨生就业就学开辟广阔的道路，因而海外侨胞，回国参加社会主义建设的，也愈来愈多，尤其是华侨子弟，回国求学的，为数更多。党与人民政府，除在北京、广州、厦门等处设立华侨补习学校之外，还开办一些主要吸收华侨子弟的大中小学，如广州的暨南大学，广东各地的华侨中学与华侨小学，使大量归国的侨生，不只回国即有学校可入，而且得到适当与无微不至的照顾。

最近，在东南亚的一些国家中，由于少数反动分子与帝国主义者，特别是美帝国主义者的挑拨离间，掀起一股反华排华的逆流。数个月来，这种逆流，在印度尼西亚，现在仍在发展中，所以回国的侨胞与侨生，也特别的多。因而归国侨生的教育问题，也成为一个特殊而急需解决的问题。我愿意在这里把我所了解的一些情况，与一些问题，向各位委员作简略的汇报。

首先，应该指出，党与人民政府对于华侨子弟回国升学这个问题，是十分重视的。各地侨委会与接待和安置归国华侨的工作人员，在具体工作上，是做得十分妥当。我回忆在反动的北洋军阀与国民党统治时期，像我一样的好多归国侨生，回国升学，是一件多么困难的事情。做父母的对于侨生回国，跋涉重洋，就很不放心，他们所最担心的是，在反动政府统治下，治安不良，回国之后，考入学校，固不容易，而且往往可能被人欺骗，以至拐走。何况，许多学校，办理不好，入校之后，既不见得能学到什么东西，反而往往学坏了。

今天呢？不只在国内设立了好多大中小学和补习学校去安置他们，而且派船到东南亚去迎接他们，这是我们在二三十年前回国求学的侨生，所绝不能梦想得到的事情。我在广州参加好几次迎接侨胞侨生的大会，好多侨生一踏上祖国所派遣的轮船，就深深感觉到祖国的温暖。一日三餐的食品，是从祖国运去的，病了船上有我国医生医治。冷了有卫生衣、棉衣供给。回国后不够一星期，成百成千的侨生都迅速的得到妥善的安排，依照他们的志愿，分配到北京、广州、厦门等学校中去。在学校中不只在学习方面老师与同学无微不至的帮助，家庭经济困难的，给与补助金。有一个侨生这样说，党对于归国侨生比之亲生父母还要亲切慈祥。

侨生回国求学中值得注意的几个问题

但是侨生回国求学，也不是完全没有问题的，这可以从生活习惯、文化业务学习、政治学习三方面来说。

首先，我们要指出，对于归国侨生来说，政治学习，是十分重要的。华侨学生在海外出生和成长，对于帝国主义者在东南亚对当地人与华侨的压迫和剥削，是十分痛恨的。但同时，因为长期深受资本主义和帝国主义思想与文化的影响，回到解放已经十年而起了巨大变化的祖国，尤其是对于党的教育与生产劳动相结合的教育方针，是不够了解甚至是有误解的，因而他们的思想教育，就显得特别重要。过去好多侨校对于这种工作，已作得很多，现在回国的侨生愈来愈多，其中有不少是被国外反动派逼迫回来的，这样，更激起了他们的爱国热情，更促进华侨和侨生的团结，这样对加强思想教育更为有利。我以为除了大型与小型的政治报告之外，尤要注意到个别侨生的思想问题。

至于文化业务学习方面，问题也比较的多而复杂。我们知道在第二次世界战争之前，东南亚的国家中，都是受了殖民主义者的压迫。殖民主义者对于其所奴役的人民的教育，一向就不重视。就是办了一些学校，其目的只是为了殖民主义者服务，是奴化的教育。在他们所设立的学校里，对于好多科目如数理化等，往往就没有讲授，就是有了，也多是有名无实，他们的目的只是培养出低级职员或翻译员与洋奴——洋行买办。这与我们祖国今天的教育来说，是两条不同路线的教育。

至于华侨所设立的学校，又受了很大的限制。比方在泰国，约三十年前，就开始用各式各样的方法去限制华侨学校。华侨学校本来是用中文讲授的，可是逐渐加强限制，却把中文当为外文课程，每周只能有五六小时的时间。教师之从我国国内之到该处的，严格禁止，而在当地，不只华侨所办的，没有高等学校（新嘉坡的南洋大学，是在 1950 年以后才办的），就是当地政府，也少设立高等学校。因而，师资十分缺乏。有好多学校，用中学毕业生去教中学生。所以学生的文化业务水平比较低。这些侨生，回国以后，入了补习学校，补习时间，若是太短，基础还是难于巩固，可是补习时间若太长了，又很容易使他们失了学习信心。

至于一些只读外文，完全不懂中文的侨生，问题更为复杂。比方有的已在外文中学毕业，回国以后，因为完全不懂中文，要从头读起，这就是说要从小学或等于小学的年级学习。他们虽然鼓足干劲，争取在短期中读完小学与中学，可是六年中学，六年小学，共十二年，也不容易在两三年内读完。假使补习时间太长了，很容易变为超龄学生。这些学生，比方原来读英文的，是否就编到大学的英文系里，原来读东南亚各国文字的，是否就编入像北大的东语系里，同时适当的减少他们在大学中的一些课程，使他们同时能有多些时间去学习中文，这是值得考虑的一个问题。

在日常生活方面，因为东南亚各地差不多都处在热带，与国内尤其是与国内的北方情况有了很大的差别。他们在东南亚时一天要洗澡两三次，就是一个例子。这虽然是生活小节，但对于刚从热带回国的侨生来说，还是一个问题。这些侨生，生长或长大于东南亚，很少或从来没有回到祖国；同时，又长期深受资产阶级的教育与文化的影响。他们回国之后，一方面感觉到祖国的温暖，感觉到党与人民政府对于他们的照顾，是无微不至；但另一方面，又觉到国内的生活方式与他们在东南亚所经历的，有了很多不同之处。怎样使他们能够很快的适应于这种新社会与新生活，也是一个很值得注意的问题。

应该指出，上面所提出的一些问题，虽然值得注意，但并非难于解决。记得比方去年有的侨生，一听到要下乡劳动，思想就很为波动，他们说："我们是回国读书，并非回来作'苦力'。"但经过学校领导以及师长和同学把党的教育方针说明之后，他们不只愿意去作，而且作得很起劲。在工地上，侨生的积极分子并不算少。又如在学业方面，好多侨生也进步得很快。年来高等学校入学考试，侨生考上的百分比，也是很高。所以只要思想教育工作作得好，他们就转变得很快，进步得很快。

总而言之，侨胞与侨生归到祖国，是全国人民所欢迎的，尤其是在祖国伟大的社会主义建设事业，正在飞跃的发展，需要更多的人力与技术人才，侨胞回国就业，侨生回国升学，愈多愈好。在上面，我们虽然提出侨生回国求学存在了一些问题，可是只要思想教育做得好，只要政治挂帅，业务学习与生活习惯上的一些问题，也就容易解决。这样，我们相信，这些从海外回到祖国怀抱的年青一代，在不久的将来，在伟大的社会主义建设的阵线上，一定能做出出色的成绩。

《人民日报》1960 年 4 月 10 日。

三门峡

我们在三门峡的时间,虽然不过一天,可是三门峡给我的印象太深刻了。

二十多年前,我从广州到西安,也曾经过这个地方。那个时候,我所看见的,只是丘陵起伏,田野荒芜。三门峡的鬼门、神门,固是使人心寒胆破,就是人门也不容易使人们通过。唐代的封建王朝为了避免这三条水道(即鬼门、神门与人门)的难于舟行,用了很多的财力与驱使成千成万的劳动人民,在人门之北边,开凿了一条水道,希望在交通运输上,得到安全,可是这条水道,并没有起了什么作用。

三门天险　确非虚传

在鬼岛、神岛与人岛的很近的下游,还有三个岛,这就是中流砥柱、张公岛与梳妆台等。黄河上游的水,是从各岛之间流出的,各岛既拦阻河水下游,岛与岛之间的距离又近,水道狭小、河流促急、波浪澎湃、惊心动魄,所谓三门天险,并非虚传。

中国的文化,发源于黄河流域。河南自古称中州,又为我国传统文化的中心地区,可是黄河天水,也是中国数千年来的大灾害。夏禹用十三年的时间与无数劳动人民的力量去治河,并没有使黄河完全驯服。从那个时候起,一直到国民党反动统治时期,虽然时时治河,也并没有把河治好。国民党反动派,在抗战时期,在郑州之北的花园口,掘开河堤,河水泛滥,加深了黄河的灾害。据说,这次受灾害的面积,达五万四千平方里,受灾人口,达一千二百五十万,死亡的也有八十九万人。这是我国人民不会忘记的惨痛国史。

庞大工程　提前完成

今天呢?当我们参观三门峡的时候,上面所说那几个岛,已利用为水利工程的基地。从鬼门、神门与人门所流出的水,都截断了。我们在三门峡那天晚上,看了三门峡截流的影片,当我看到工地的工作人员,日夜苦战,把河流截断,使河水驯服的从水闸流下,我们深深的受到感动。现在鬼岛、神岛、人岛、中流砥柱、张公岛、梳妆台都看不见了。人们只能看到一条工程浩大又高又厚的河堤,连接了黄河南北两岸,我从河南的河南,在河堤上跑到河北的山西,不只感觉到河南与山西两省是打成一片，交通更为方便，而且体会到这真是所谓"使高山低头，使河水让路"。这也标志了我国人民在中国共产党领导之下，征服自然的英雄气概。

三门峡枢纽工程，开始于一九五七年四月。照原定计划，应该是一九六二年十月，大堤才能基本竣工。但是经过一九五八年与一九五九年的跃进而又跃进，预计今年就将完成这个任务。这就是说，这个工程将较原计划时间提前。

除灾　灌溉　航运　发电

三门峡的水利枢纽工程，完成之后的情况是怎么样呢？

首先是防止河流的泛滥，这样就避免了数千年来的黄河的灾害，保证了下流八千多万人民的生命与财产的安全。"黄河欠债黄河还，千年灾区变乐园。"这是河南人民的口号，而且要在还债的时候，要加复数的利息。关于这一点，我们可以从三方面来说：

第一，这个枢纽工程完成之后，可以保证河南、河北与山东等省的四千多万亩农田的灌溉用水，使受害的黄河，变为有利的黄河，使受害的区域，变为繁荣的区域。

其次，是这个枢纽工程完成之后，大坝以上的广大水库地区，航运可以大大的发展，固不用说，就是邙山以下以至黄河出海的下游，也可以通行五百吨的拖轮，而且将来利用水闸，还可以使大坝的上游与下游，能够通航，这使难于舟行的黄河成为一条交通便利的水道。在我国北方的东西交通上，起了很大的作用。而且距离在大坝不远的下游，还建了一条桥贯通南北两岸，这条桥的目的，最初与主要的是为了施工的方便，但也便利了河南与山西两省的陆路交通，所以从水陆交通方面来说，三门峡的水利枢纽工程的作用，也是极大的。

第三，这个工程完成之后，可以发出一百一十万瓦的电力，每年平均可发出电量六十亿度。这对于工业用电、农村电化，以至日常家庭用电，都有了很大的作用。

经验推广　新城诞生

然而还重要的是这个巨型水利工程建筑完成之后，我国人民对于水利工程的经验，更加丰富。这是一个伟大的水利工程的工地，这也可以叫做一个水利工程学院，或训练所。在这个工地上做工作与技术人员等，到工程完成之后，他们关于这方面的技术提高了一步，他们在这里苦战了数年，对于建筑水利工程，不只更为熟练，而且大闹技术革新、技术革命，他们的干劲冲天，在困难面前，不会低头，再加上丰富的经验，与高度的技术，对于今后在其他河流上建筑水利工程，将作出更大而更出色的成绩。

我们谈三门峡的水利工程，我们不要忘记三门峡这个新兴城市，原来是一片荒芜的土地，现在出现了一个新城市。三门峡市离三门峡的枢纽工程，虽然约三十公里，可是二者是分不开的。三门峡市可以说是三门峡水利工程的供应站，但是三门峡市现在已经发展成为一个相当大的城市。将来水利工程完成之后，三门峡市更将大大的发展而成为一个大的城市。就现在来说，宽大的街道，一条一条的排列，崭新的楼房，一座一座耸立，百货商店、招待所、博物馆、电影院、剧院以及工厂学校，应有尽有，这真像在一张白纸上，绘出美丽的图画。数年前，是一个人烟稀少的地方，今天是一个已有十三万多的人口的城市。三门峡水利工程完成之后，不只现有的工厂，要大加扩大，而且还要设立更多的新工厂，那个时候三门峡市将有五十万、一百万或更多的居民，那个时候三门峡市与现在的水利工地的两地交通，不只像现在陆上有火车、有汽车，而且在水库中，也将有轮船来往。

三门峡市的郊区以及其周围各处，是矿产丰富的地区，水利工程完成之后，又将是一个农业发达的地区。有了丰富的农作物与矿产，在工业方面更将大大发展，所以三门峡市的发展也是无限量的。

三门峡的水库，将成为一个大湖，将来不只是鱼产丰富，舟运频繁，而且湖边树木丛生，百花齐放，也将成为钓鱼、游泳、划船的一个很好地方，也是一个很好的游览、休养的好地方。

今日的三门峡，与我廿多年前所看的三门峡，已大大改变了面貌，明日的三门峡，将是一个人间乐园。

《大公报》（香港）1960年4月24日第1张第1、2版。

陈序经谈湛江专区新面貌

最近十一月间，我参加省人委与省政协所组织的参观视察组到湛江专区。时间是两个星期。我们从广州出发，经佛山、沙坪、两阳、电白，到湛江与茂名市。回时经罗定、高要。我们参观的主要地方是湛江、茂名、两阳与高要。但若把经过的地方也算在内，一共就有十八个县（按照未调整前的县来说）与三个市。虽然此行是像走马观花，但对我来说也是一次很好的思想教育。我愿意把我个人的一些观感，在这里会报一下。

面貌不只是年年变，而是月月变

解放前，我也到过湛江，而且不止一次。解放后，我又到过这个地区好多次。我觉得湛江专区的面貌，这数年来，尤其是一九五八年大跃进以后，不只是年年变，而是月月变，日日变；而且这个变不是小变，而是大变。

当法帝国主义者占据湛江的时候，这个地方，是嫖赌饮吹的场所，是走私漏税的区域，是盗贼猖獗的地方，同时，在这里，既是一穷二白，又是天灾频发。解放后，法帝国主义所给湛江的毒害，是一去不复返了。虽然天灾还是不断的发生，而且有时很为严重，可是在中国共产党的领导之下，湛江的面貌已经剧烈的改变，而与过去有了天渊之别。我们可以说，在这个一穷二白的地面上，已经画出来很为美丽的图画。

解放后办了好几百工厂

我们这次参观，主要是农业方面。但应该指出，湛江解放以后，建立的工厂，大大小小，共有好几百个。这说明了湛江是工业化了。而且，这对于支援农业来说，也必起了很大的作用。

我们知道，湛江地区的大部分是不毛之地，数天没有雨，就患旱灾，但下雨几天，又患水灾。然而，这种情况，在这数年来，已有很大的改变，因为水利发展起来，水灾旱灾就大大的减少。大的水利工程如青年运河和鉴江水利工程都可以灌溉很大的面积，这对于湛江的土地的性质面貌有很大的改变，固不用赘说，就是各公社所修建的水利如九坑水库、塘坪水库，对于当地的农业发展，也有很大的作用。

博贺港面貌全新

以往总有好多人总以为这个不毛之地,尤其是像博贺港一带的滨海沙滩,是不适宜于种植的,但是别的地方不要说,就是在这个港附近,就种了四百多万株的防风林,现在树已长得很大,无边的林木正与海水争锋。在防风林保护之下,各种各样的农作物或经济作物也生长起来。据说一位解放前离开博贺港的渔民,最近驶船回来,看来看去,看不出这是他所生长的故乡,怀疑自己漂流到越南或其他地方。经过再三的探问,才知就是博贺港!

水利兴了,防风林长大了,水灾、旱灾、风灾等自然灾害都大大的减少了。原来以为不适宜耕种的土地,现在可以耕种了,原来以为只能种植某种东西的土地,现在也可以生长其他的东西,这样,不只原有的农作物,或经济作物,大大的发展起来,就是很多从来没有在这里种过的农作物或经济作物,也能移植到这里来。

热带、亚热带作物繁殖

我记得不只是霞山所谓西营或与赤坎以外的好多地方,是一片沙土,草木不生,就是从霞山到赤坎的十余华里的公路两旁,也多是荒凉旷野,到了这些地方,好像到了蒙古高原或是中东沙漠一样。现在,从两阳到湛江,从湛江到化州、罗定、合浦、徐闻等处的公路两旁也好,公路以外的好多地方也好,到处都差不多是树木成荫,风景宜人;同时,各种各样的农作物、经济作物,如稻谷、如番薯、如香蕉、如花生、如甘蔗,遍地滋生,到处绿化。假使你坐在飞机上,俯首下视,在绿色的地面上,无数水库点缀其间,青年运河与原有的河流互相交错,这可以说是地上银河,你不能不感到,天上仙境恐怕也比不上这个人间乐园。

不久以前,有好多人以为香茅草、咖啡、胡椒等等热带作物或亚热带作物,只能在海南岛生长,不能够移植于这些地方,五年前,我在湛江一个国营农场看了数亩试种的香茅草,现在这个农场,每年可以出产一百万吨以上的香茅油。其他如咖啡、胡椒,也正在繁殖。我们在博贺港和水东看到已经结子的椰子,我们相信,数年之后,这个地区就可以看到椰树丛生,椰子累累。

参观一个万猪场

在湛江地区,不只是土地的面貌改变了,植物茂盛与增加了,就是家畜的习惯，也改变了。从报章中，我们早已看到了阳江的岗烈公社养猪的成绩。我们到该公社参观时，会见了养猪能手何桂真。她陪我们看养猪场——肉猪场、母猪场、交配站、治疗站等等——她告诉我们，这个猪场起初只有三头猪，现在发展到一万多头。我们看到大猪、小猪、公猪、母猪，个个又肥又壮，其所住的地方，有寝室、有食厂、有浴室、有运动场，每个地方，都弄得很清洁。据她说这些猪不只吃有定食，洗澡有定时，连大便也有一定的时间与指定的地方。这说明了猪也能养成很好的习惯，懂得清洁。

然而变化得最为特出的是人的生活方面。这也就是说在党的正确领导之下，伟大的社会主义建设，已取得很大的成就，人民的生活，也得到很大的改善。

衣食住情形都有进步

解放以前，在湛江地区，一般人民的主要粮食是番薯或其他杂粮，一年之中，只有在三数次的重要节期中吃干饭。一遇天灾，连番薯杂粮的供应，也成问题。多少人就要挨饿以至饿死。现在一般人每天吃两顿干饭，我们参观了两阳的塘坪公社一个食堂，小孩有的一餐吃到十两饭以上的，老人有的还喝酒。岗烈公社社员每人每月有将近四斤多肉食。高要城郊一个公社——下瑶，每人每月有四斤多肉食，有的公社每人每天得到二斤多蔬菜。他们有的吃不完，还拿到市场出卖。

关于穿的方面，解放前有不少人不只穿得破烂不堪，有很多年纪大的小孩没有裤子穿，我们这次参观，我看到人们穿得相当齐整，我更注意到，小孩们没有不穿裤子的。

在湛江专区的乡村中，建的房屋虽不多，但湛江数年以来，建筑了很多三层楼的宿舍。应该指出城市的扩大，其人口主要是来自乡村，而且公社成立之后，对于社员的住的问题，也开始注意。乡村虽少建造新房，可是有的乡村，电气化了，卫生也讲究了，房子虽旧，可是室内室外能够弄得干干净净，加上晚间电灯照亮，使住的方面，也逐渐的改进，比较的舒服。

水陆空交通畅达

又如行的方面，湛江专区在解放前，交通很不方便。现在水陆空的交通都很为发达。湛江港有约四十个国家的船只来往，三艘万吨以上的与二艘五千吨的轮船可以同时靠码头，广州也经常有轮船到湛江。水利振兴以后，水路交通更为方便。陆道交通有火车可从湛江到广西，可以通北京，可绕衡阳而到广州。公路交通解放以后更为发达，除了好多干线四通八达之外，几乎所有公社都可以通车。

飞机则每天从广州到海南的皆经过湛江。

开办工学院、农学院、医学院

粤西以前被人称为"下四府",意思含有经济、文化、教育等等都落后。解放后,不只工农业方面发达得很快,文化教育也大大的发展。除了小学、中等学校的数目大大增加外,高等学校如工学院、农学院、医学院、师范学院、专科学校,都已成立。此外,还有研究机关如亚热带作物研究所粤西试验站,也作了不少成绩,这正如毛主席所说,随着经济建设的高潮而来的,是一个文化建设的高潮。

在这次参观中,一位朋友问过我:"你已来过湛江专区好多次,为什么这次又来呢?"我说:既然湛江专区的土地面貌、植物动物,以至人的生活,年年变,月月变,日日变,一年或二年一次,会觉到思想往往落后于实际,就是半年或二个月来一次,我们的思想也不一定能赶上新生事物的发展。社会实践是改造思想的一个途径。看了湛江专区各方面的飞跃发展,使我受到很好的社会主义的教育。我希望还能有机会常常到湛江,因为这是思想改造的实验室,对我个人的思想改造,有了很大的作用。而且湛江虽不过是伟大的祖国的一个小区域,从这里也可以看到在中国共产党的领导之下,我们祖国的伟大社会主义建设事业,到处都是飞跃的发展,到处都有辉煌的成绩。

《大公报》(香港)1960年12月26日第1、2版。

1962 年

扶南的地理条件和对外贸易

在现在东南亚各国中,柬埔寨是一个具有悠久历史和光荣的文化传统的国家。我们现在要研究柬埔寨的古代历史,就应该研究我国史籍上所称的真腊的历史和更古的扶南的历史。

扶南建国于何时,不易考定,大致上是在公元前一二世纪。从扶南的建立以至扶南的灭亡,其历史约有六七百年之久。

扶南在古代东南亚的历史上,占了极重要的地位。南北朝元魏时代,有人已经指出,在东南亚诸国中,扶南是最为强大而民户殷富、珍品很多的国家。其实,扶南不只在东南亚占了很重要的地位,而且是从中国到印度以至大秦的交通要冲,是当时世界上商业最繁盛的国家之一,是东南亚陆地上最大的国家和海上掌握着霸权的国家。

现代学者研究扶南的历史,多系以中国的历史记载为根据的。近年以来,在古代扶南的领土上,考古学者已发掘了一些关于扶南的碑记,或是有关扶南时代的古物或遗址。这些发现,可与我国文献互相印证,对于扶南历史的进一步研究,肯定有很大的帮助。本文着重从中国文献记载中来考察扶南的地理位置和对外交通问题。

一、扶南的地理

关于扶南的位置,在一百三十多年前,克拉普罗特(J. H. Klaproth)在其《亚洲历史图表》(*Tableaux Historiques de l'Asie*, 1826)中,把扶南位于白古(Pegu)与孟加拉(Bengal)之间。差不多六十年后,格罗因尼威特(W. P. Groeneveldt)在其《马来群岛与马六甲论文集》(*Notes on the Malay Archipelago and Malacca, Compiled from Chinese Sources, Miscellaneous Papers Relating to Indo-China and the Indian Archipelago*, Ser 2. Edited by Reinhold Rost, 1887, pp. 126-262.)又以为扶南是在湄南流域,因而把扶南位于现在的泰国。又如罗尼雷翁(Leon de Rosny)在其《古代中国人所知道的东方人民》(*Le Peuples Orientaux Connus des Anciens Chinois*,

1886），以为扶南的中心地区域是在现在的泰国北部的清迈，而其版图从泰国扩张至越南的东京一带。又如在1896年烈维（Sylvain Levi）在其所著的《两种未知的人民》（Deux Peuples Méconnus：I Les Meruncles），却把扶南位于白古与暹罗这些地方。此外，又有人如巴尔特（Auguste Barth）根据早期碑文的记载最初以为扶南是在占婆，后来又同意于沙畹（Chavanne）；而高楠顺次郎则说这个国家位于现在缅甸的南部，就是顿逊（Tenasserim）这个地方。又如威尔福特（Wilford）推料扶南是在马来半岛；累牟萨（Abel Rémusat）却以为扶南是在越南的东京而为中国属土。直到1911年还有人象夏德（Hirth）与柔克义（Rockhill），在其翻译赵汝适的《诸蕃志》（Chau Ju-Qua's Chu-Fan-Chi），以为扶南的本土是等于现代的泰国。

艾莫涅（Etienne Aymonier）是把扶南位于柬埔寨最先的学者，但是1900年他还以为扶南的版图是在越南的东京至泰国。到了1903年12月的《亚洲学报》（*Journal Asiatique*），艾莫涅在其所发表《扶南考》（Le Founan）一文（陆翔译，见《国闻译证》第一册，页37~68），他始把扶南位在古代的真腊或现在的柬埔寨这个地方，使人们明白扶南是真腊或柬埔寨的前身。

同年伯希和（Paul Pelliot）在河内《法国远东学院学报》（*Bulletin De l'Ecole Française d'Extrême Orient*）也发表一篇《扶南考》（冯承钧译，见1923年商务印书馆印行的《史地丛考续编》）。伯希和的论文较之艾莫涅的约晚了三个月，而且伯希和是读了艾莫涅的论文然后发表的，所以伯希和对于艾莫涅的看法有了不少纠正的地方，但大致上伯希和也是主张扶南的疆土是在后来的真腊或现在的柬埔寨的所在地方。从此以后，除了极少数的人如夏德、柔克义外，人们都承认这种看法。

上面不过是随便举一些外国学者，对于扶南的方位的意见，略为解释。应该指出，这些学者，主要还是依靠中国的史文而作出推论的。

扶南这个名词之见于我国最早的正史是《三国志》，但为扶南立传最先的是《晋书》。《扶南传》见于该书卷九十七。《扶南传》说：

  扶南西去林邑三千余里，在海大湾中。

又唐姚思廉所撰的《梁书》卷五十四《扶南传》说：

  扶南国在日南郡之南，海西大湾中，去日南可七千里，在林邑西南三千余里。

《晋书》卷五十七《陶璜传》说：

  林邑连接扶南。

在梁萧子显所撰的《南齐书·扶南传》，载扶南王憍陈如阇耶跋摩上表给齐武帝说：

> 林邑扶南邻界相接。

从上面几条史文来看，我们明白日南之南为林邑，而林邑之西南为扶南。日南是在古代交趾之南。林邑在东汉时代独立，占有日南与日南之南的一部分土地。扶南去日南七千里而林邑去扶南三千余里，说明了林邑是界于日南与扶南之间。这里所说的里数应该是从一个都会到另一个都会来计算。虽然里数也不见得十分准确，但大致还是对的。至于方位上，扶南是在林邑的西南，也可以说是在日南的西南，这应该是在后来的水陆真腊所在地。

《晋书》说扶南在海大湾中，这个大湾，应该是指着现在的暹罗湾。《梁书》说在海西大湾较为准确，因为这里所说的海，应该是现在的中国南海，这也就是《梁书·扶南传》中所说的涨海。暹罗湾是起自扶南的西南海岸，在泰国之南与马来半岛的东北。暹罗湾是近代使用的名词，以前可能是叫做小涨海。《梁书·扶南传》中说：

> 扶南东界即大涨海。

大涨海似为小涨海的对称，《梁书·扶南传》说：

> 范蔓……自号扶南大王，乃治作大船穷涨海。

上面已经指出涨海是中国南海，暹罗湾是中国南海的一部分。扶南的东界，这就是现在的越南南圻一带的东边，这也是中国南海的范围。这个海既称为大涨海，那么可能还有一个小涨海，这个小涨海，在扶南强盛的时候，其南、西、北三方面的沿岸的土地，都为扶南的领土，那么这个小涨海应该就是现在的暹罗湾。

以现代的地图来看，扶南最初的疆域约当于今日越南的南圻与现在的柬埔寨。《梁书·扶南传》说其国轮广三千余里，这应该是初期的扶南的版图。到了三世纪的初期，范蔓当政的时候，其领土大大的扩充起来。《梁书·扶南传》说，范蔓时曾"攻屈都昆，九稚，典逊等十余国，开地五六千里，次当伐金邻国"。

在这个时候，照我们的推论，其北占有现在老挝的南部一些地方，其东北还是林邑，其西北可能伸张到泰国的东北，其西面可能扩充至泰国的西部或是缅甸的东南部，其西南是顿逊或典孙，而最南的领土可能达到马来半岛的南部的马六甲一带。至于东南是大海或大涨海，范蔓的势力是否到了苏门答腊、爪哇或婆罗洲各地，难于断定，但《梁书》说范蔓"治作大船穷涨海"，他的船舶驶到这些地方，也是不足为奇的。

范蔓以后以至五世纪的憍陈如的时代，其版图似乎不会有很大的变更。到了六世纪的中叶，其属国真腊勃兴，扶南不只不能保持范蔓时所征服其他各国的领土，就是自己原有的领土，也逐渐为真腊所占有。到了六世纪的下半叶，扶南只能保有其南部一些地方。到了七世纪的中叶，扶南虽然还有使者到中国，可是这个时候，土地既有限，可能已成为真腊的属国。

扶南原来的领土，是位在湄公河的下游，可以说是一个盆地，所以《梁书·扶南传》说："土地洿下而平博。"《旧唐书》卷一九七《扶南传》也说其"地卑洼"。凡是到过柬埔寨的人们，都很清楚，从西贡经朱笃到金塔，再到马德望，几乎看不到什么山岭，四面一望，平原无边。《梁书》所记的地貌，二千年来，大致上没有多大的变化。

然而这也不是说扶南完全没有山岭。扶南的河流固是源于云南，其山岭也是属于西藏系统，为安南山脉的余支，其东部有亚扬高原及拉尔东高原。在当时大致成为扶南与林邑天然分界。西部有界尺（Bontat）山脉及象山，现在成为柬埔寨与泰国的界线。我们相信这也是范蔓以前的扶南的最西的边境。在暹罗湾的沿岸有百哥（Boror）与白马（Kep）各山，高达一千米以上。其北部有著名的东勒（Dorgleg）山脉。范蔓以前的扶南，大致上是在这些山脉的周围中，而成为一大洿下而平博的盆地的国家。

因为东、西、北三面的山岭较多，这三方面的地势也较高，所以在湄公河的上游或是未流入今日的柬埔寨之前西岸，多为绝壁险滩，航运较难。可是一入柬埔寨境内而经过空滩（Knong）之后，河身转阔，河底少石，交通既便，灌溉又易。由西北而至东南成为一个尖角，这就是今日的柬埔寨角，形象半岛，成为暹罗湾的东北岸。从中国的南部雷州半岛或交趾的船舶之到马来半岛、苏门答腊或爪哇都必经这些地方。所以扶南不只成为暹罗湾的门户，而且是从中国至印度洋的交通要冲。

沿着扶南海岸的岛屿，虽不很多，但这些岛屿都很重要。在扶南的东南海岸，外有昆仑岛（Pulo Condore），在这一带的海洋，我国人名为昆仑洋。周达观《真腊风土记》说："自占城顺风可半月到真蒲乃其境也。又自真蒲行坤申针过昆仑洋入港。"这个昆仑岛在真腊时代，是航海者所必经的地方，在扶南时代也无疑的是航海所必经的岛屿。在暹罗湾海岸附近，岛屿较多，最大的是富国岛（Phuquoc）。富国岛是白马、喷哗、百哥、云嚷（Ream）各港口的屏障。富国的西北又有国公岛（Kohron），靠近泰国边境，为往来柬埔寨与泰国的轮舶与渔船的停泊地方。此外，还有好多岛屿。古代船舶较小，驶行于扶南沿岸而往来于暹罗湾的船舶，必然利用这些岛屿为停泊的地方。同时，这些岛屿，又成为扶南在暹罗湾方面的屏障。因此之故，不只在航运上成为重要的地方，就是在军事上也有着重大的意义。

《梁书》卷五十四指出扶南都城去海五舍里，有大江流入海。这个都城应该是在湄公河旁。从都城可以沿江出海。都城本身应该是一个交通的口岸，而近海边的入口地方，也可能是一个港口。现在的西贡美萩可能在扶南时代还是沼泽地方，假使在湄公河口有一通商港口，可能是在美萩的西边，这应当是从中国与印度来往船舶的一个停泊处。因为来往于中国林邑及南海各国的船舶，不一定都要进入湄公河而到扶南都城，所以凡是经过扶南东岸的船舶，需要有一港口，作为停泊之所。

至于在暹罗湾的港口，从现在来说，有云壤，有百哥，有喷呐，有白马，有河仙（Hatian），这些港口在二十世纪时代较大的轮船虽然不能进入，可是在古代，任何船舶，都可以进入。直到我们这个世纪，我国的帆船以及较小的轮船，也经常往来于这些港口，而在这几个港口中，喷呐和河仙在很早的时候，就为贸易港口。

近年来，考古学者曾在迪石的北部叫做哥俄厄（Go Oo Eo）这个地方，找出好多古物，而且还发现了罗马时代的东西，人们因而相信这个地方当是扶南的主要港口。关于这一点，我们下面还要再加叙述，我们只要指出，扶南是古代的一个海国，居东西交通的要冲，自己又有过强大的海军，除了这个港口之外，上面所举出的一些港口，说不定在当时也是重要的港口。

上面是叙述扶南的方位、地形、山脉与港口，我们现在且来谈谈扶南的河流与湖泊。

《南齐书》卷五十八《扶南传》说：

> 扶南，……有大江水西流入海。

《梁书》卷五十四《扶南传》说：

> 扶南……城去海五百里，有大江广千里，西北流，东入于海。

这条江就是现在的湄公河。在扶南的时代，湄公河的下游从西北向东南贯穿了扶南而南入于中国南海，或是当时所说的涨海。《南齐书》说西流入于海是错误的，应该从《梁书》所说从"西北流，东入于海"。

上面已经指出扶南的本土就是后来真腊所领的地方，元朝周达观在其《真腊风土记》中说：

> 过昆洋入港。港凡数十，惟第四港可入。其余悉以沙浅，故不能通巨舟。然而弥望皆修藤古木，黄沙白苇，仓卒未易辨认，故舟人以寻港为难事，自港口北行，顺水可半月抵其地曰查南。

唐义净在《大唐西域求法高僧传》注说"跋南国有千江口"，这也说明了湄公河的出海的港口之多。据近人考订，第四港是现在的美萩。但我们也得指出，周达观之到真腊，是在十三世纪的末年（公元1296—1297），在这个时候能够通航的港口，在距这个时候一千多年的扶南时代，是否也为大船出入的港口，是很值得研究的。原来湄公下游而近海的地方，地势很低，直到现在还有很多沼泽，一千至二千年前，这一片地方，可能多为海水所浸淹。有人以为在扶南的时候其东南的海岸从公佛（Kampot）到西贡，是成为一条直线的，这就是说现在的越南的东南的海岸或柬埔寨角一带，还是海水浸淹的地方。可能有些小岛散布其间，后来因为湄公河挟带的很多流沙，冲积于这些地方而成为今日的陆地。所以考古学者在其南部如迪石（Rach Gia），就找不出早于公元802年以前的碑文，说明了在扶南的时期，这些地方，似乎还没有人居住。而且根据人们的推想，在六世纪与七世纪的时候，扶南的人口所集中的地方，还是在朱笃（Chaudoc）以至金塔与金塔的北边一带（参看 L. P. Briggs, *The Ancient Khmer Empire*, p. 13）。

除了湄公河之外，其他河流之流入暹罗湾的并不很长，在航运与水利上都没有什么大用处。

周达观的《真腊风土记》中曾记及淡洋，这应该是今日的洞里湖（Toule Sap），或叫做金边湖，又名大湖。古代扶南的版图，虽然扩张到这个地方，可是在我们的古代史书中，并没有说到这个湖。这个湖不只是产鱼很多，而且是湄公河的良好的天然储水库。这个湖面积长约一百四十公里，阔约三十公里，成一椭圆形，这是平时的面积。到了洪水流入湖里的时候，湖水的面积比之平时可以增加至三倍之多，因为湖大而能容大量的水，所以湄公河下游在泛滥时候，河水可以倒流入湖，使湄公河的下游不致成为巨灾。扶南的时代，人口集中的地方，虽然是在湖的东南较远一带，可是这个湖对于扶南农业生产的发展，是有很大关系的。

二、扶南的物产

扶南是物产丰富的国家，兹择要叙述于下：

《梁书·扶南传》说：

> 出金、银、铜、锡。

《晋书·扶南传》说：

> 贡赋以金、银、珠、香。

《唐书·扶南传》也说：

> 以金、珠、香为税。

杜佑《通典》卷一八八《扶南》条也说："贡赋以金、银、珠、香。"同处又指出：

> 出金刚可以刻玉，状似紫石英，其所生乃在百丈水底盘石上，如钟乳，人没水取之，竟日乃出，以铁锤之而不伤，铁乃自损，以羖羊角扣之，濉然冰泮。

杜佑这一段话，大概是抄自晋葛洪的《抱朴子》一书。《唐书·扶南传》也有关于金刚的记载，不过较为简略，大概是从上面二书抄录而来。杨衒之《洛阳伽蓝记》说，扶南"出明珠、金、玉及水精珍异"，说明其特产之多。应该指出，扶南的矿产的种类当不止上面所说的那几种。古代史家所记载的，大概是较为特出的东西。从今日来说，柬埔寨除了金、银、铜、锡之外，还有铁、锌、铅、钨、锑、锰等金属，而其宝石尤为世界所闻名。现代所发现的好多矿产，虽然未必为古人所知道，然而，古书所没有记载的一些矿，也不一定是古人所没有采用的。

《太平御览》卷六九《地部》引《扶南传》说：

> 涨海中倒珊瑚洲，洲底有盘石，珊瑚生其上也。

这似乎是说涨海中珊瑚洲的珊瑚，也为扶南人所采，而为扶南产品之一。

因为扶南是处在热带地区，雨量很丰富。湄公河及其支流又贯穿其地，故各种植物，易于生长。《南齐书》说"土气恒暖，草木不落其上"。在林木方面，不只是种类很多，而且质料很好。《太平御览》卷七百六十九《舟部二》引吴时《外国传》说：

> 扶南国伐木为船。

虽然这里没有说明用以造船的木，究竟是什么木，但我们知道在真腊时代，周达观在其《真腊风土记》中曾说"山多异木"，又说"树木亦甚各别"。所谓异木，也可以说是特殊而质良的木。而且，我们知道，现在的柬埔寨出产很好的柚木，质地坚硬，含有脂液，既能防金属的生锈，又能抵抗猛烈的水力，所以最宜于造船。今日世界各国之造船舶者多用这种木，扶南时代，海舶在古代船舶中很为著名，也可能是用这种木来制造的。此外又有铁木，其质料也不下于柚木，宜于造船，也宜于建造房屋，与柚木同样的不怕白蚁的蛀蚀。

竹也为扶南的盛产物品，晋时嵇含《南方草木状》卷下"云邱竹"条说：

> 云邱竹一节为船，出扶南。

这说明了竹也可以用为造船了。

扶南的檀木，也是很著名的。晋崔豹在其《古今注》卷下的"紫栴木"条说：

> 紫栴木，出扶南，色紫，亦谓之紫檀。

檀木有紫、黑两种，紫檀叶似荔枝，皮青而滑，极有伸屈性，也极宜于造船或制器。黑檀吉蔑语叫做甘特（camthe），质较紫檀硬而黑，耐湿而不怕虫害。《古今注》同处又说：

> 苏枋木，出扶南林邑外国，取细破煮之以染色。

《梁书·扶南传》说：

> 天监……十八年复遣使……献火齐珠郁金（Curuma）苏合（Storax）等香。

宋周去非在其《岭外代答》中说：

> 沉香来自诸番国者，真腊为上，占城次之，真腊种类固多，以登流眉……所产香气味馨郁，胜于诸番，若三佛齐等国所产，则为下岸香矣。

又《本草纲目》引叶廷珪说：

> 出渤泥、占城、真腊者谓之番沉，亦曰舶沉，曰药沉，医家多用之，以真腊为上。

《本草纲目》"笃耨香"条说：

> 笃耨香，出真腊国，树之脂也。树如松形，其香老则溢出，色白而透明者，名白笃耨，盛夏不融，香气清远。

扶南献于中国的方物中，有好多为香木，真腊的名贵香木，在扶南时可能已有，故《梁书·扶南传》也说，扶南出沉木香。

扶南的果树种类也很多，《南齐书·扶南传》说：

> 有……安石榴及橘，多槟榔。

此外，又如椰子、榴莲、芒果、柚子、龙眼、洋桃、番石榴、红毛丹，以至菠萝、香蕉等等，到处可见。古书虽然没有记载，但在扶南时代已有这些东西也是可能的。至如菠萝蜜，已见于《隋书·真腊传》，云："有婆那娑树，无花，叶似柿，实似冬瓜。"婆那娑就是菠萝蜜。

古书记载扶南产甘蔗的很多，《南齐书·扶南传》说扶南有甘蔗，晋时嵇含所撰的《南方草木状》说，泰康六年（公元285年），"扶南国贡诸蔗一丈三节"。《汉魏六朝百三家集》中所转录梁时吴均的撰文中，也说到扶南的甘蔗。

扶南人的主要食品是稻米，因为扶南居湄公河下游，是盛产稻米的区域。《晋书·扶南传》说：

> 以耕种为务，一岁种三岁获。

周达观《真腊风土记》中说：

大抵一岁中可三四番收种，盖四时常如五六月天，且不识霜雪故也。其地半年有雨，半年绝无。自四月至九月，每日下雨，午后方下。淡水洋中水派高可七八丈，巨树尽没，仅留一杪耳。人家濒水而居者，皆移入山。后十月至三月，点雨绝无，洋中仅可通小舟，深处不过三五尺，人家又复移下，耕种者指至何时稻熟，是时水可淳至何处，随其地而播种之。耕不用牛，耒、耜、镰、锄之器，虽稍相类，而制自不同。又有一种野田，不种常生，水高至一丈，而稻亦与之俱高，想别一种也。

这里所说的洋，是淡洋，是大湖，或金边湖。这段话最后所说那种稻，是叫做浮水稻。生长很快，洪水泛滥，禾头就会随水的高涨而增长，露出水面，因而不怕洪水的浸害。这种稻，不仅易于播种，而且收获丰富。

至于扶南的动物种类，也是很多的。鱼应该是扶南人的主要食品之一。大湖一年四季盛产各种鱼类固不待说，湄南河与沿海各处，鱼产也很丰富。在洪水泛滥的时候，不只江河细流，鱼类很多，就是在房舍的沟渠中，往往也可以捕鱼。至于禽鸟走兽，史书多有记载。这种天然物产的丰富，在今日，固为如此，在扶南时代，也是如此。

扶南自三世纪与中国交通以后，数百年中，时时与中国往来，每次遣使到中国必赠送方物，所谓方物，主要的是当地的物产，尤其是当地的特产。我们相信所谓方物，其种类必定很多，史书以方物二字概括，也就是说明其种类多而不欲一一列举耳。然而在方物之中，其特别稀有或贵重的，也可以列举出来，上面所举出一些，就是这些例子。我们相信凡是《真腊风土记》所记载的各种物产，在扶南时代也是应有的。至于近代移入柬埔寨的一些东西，如树胶、咖啡等等，不只扶南时代没有，真腊时代也不会有。

三、扶南的对外交通和贸易

扶南既然控制着古代东西交通要冲，本土物产又很丰富，便成为当时东南亚对外贸易最发达的国家。据现有的史料，可以说明扶南和中国、印度以至罗马帝国，都有着交通和贸易关系。

扶南与其邻国及其他国家的交通主要依靠水道，但陆路交通也占一定的位置。

扶南国际陆道交通线主要的可以说有三条。一是东北线，这就是从扶南至林邑，而至中国。一是西南线，从扶南经现在的泰国南部而至马来半岛。一是西北线，就是从扶南而至现在的泰国与缅甸一带。

我们先说东北线。扶南是在林邑的西南，林邑是在日南之南，日南又在交趾之南。从我国的广西或云南均有陆道可以通交趾而至日南。又由日南至林邑，也有陆道可通。《水经注》卷三十六："《林邑记》曰：城去林邑，步道四百余里。"这里所说的城，应该是西卷县城，《水经注》引应劭《地理风俗记》说"日南故秦象郡，汉武帝元鼎六年（公元前111），开日南郡，治西捲县"。《水经注》同处又引《交州外城记》说："从日南郡南去到林邑国，四百余里。"这里的"四百余里"，就是《林邑记》中所说的步道四百余里。《水经注》也指出"城故西捲县也"，这是说明从交趾到日南，从日南至林邑，都有陆路可行。扶南在林邑之南，而且与林邑接壤。《水经注》卷三十六说：

林邑，……秦汉象郡之象林县也，……南接扶南。

《洛阳伽蓝记》卷四《城西》中说：

从扶南北行一月，至林邑国，出林邑，入萧衍国（按：指南朝梁国）。

《晋书》卷五十七《陶璜传》，也指出林邑连接扶南，从交趾经日南而至林邑，既有陆道，那么从林邑到扶南，没有问题的，也有陆道。《水经注》卷三十六指出，从林邑到扶南，也可以经裸人国。又同卷引竺枝《扶南记》说："扶南去林邑四千里，水步道通。"这里所说的水步道通，可以说是指着水道与陆道而言。水者指水道，这用不着说，至于所谓步者，可以说是陆路。徒行曰步，亦曰步行。《新唐书》卷四十三《地理志》附贾耽安南经交趾的陆道中说：

自骧州西南三日行，度雾温岭，又二日行，至棠州日落县，又经罗伦江及古朗洞之石蜜山，三日行至棠州文阳县，又经蔾蔾涧，四日行至文单国之算台县，又三日行至文单外城，又一日至内城，一曰陆真腊，其南水真腊，又南至小海，其南罗越国，又南至大海。

唐代的骧州，就是隋时的骧州，唐时也曾改为日南郡。虽然这个时候的日南与汉初的日南不同，但仍在环王或占城或林邑之北，交趾之南。雾宿岭也见于《新唐书》卷二二二下《环王传》。该传说环王（即林邑）"西距真腊雾温山"。又《太平寰宇记》卷一七一说，骧州西南三百里至棠州。唐时陆真腊约当于今日老挝南部的巴色（Basac）或其北。陆真腊又名文单，在扶南时是扶南的属国。唐初扶南的北部虽为真腊所占领，但其国还存在于南方。文单或真腊，在唐代既有陆道通骧州，那么扶南时期，也有陆道通这个地方，是无可疑的。

我们若从贾耽的陆行路线来说，陆真腊南通水真腊，这也就是原来扶南本土的南部。又在水真腊之南，又通罗越国。罗越国据近人考订，是在马来半岛与马刺呷、柔佛一带。从扶南南部或水真腊到罗越，最方便是水路，但是若照贾耽的陆行路线来说，应该也有陆道可通，这样不只从中国经交趾、日南、林邑有陆道可通扶南，就是从扶南也有陆道经现在的泰国，沿马来半岛的北部，而至马来半岛之南部了。

这一条路线，可以说就是从扶南首都，即朱笃附近，沿湄公河而至现在的柬埔寨的金边，再由金边沿着金边湖的南岸而至马德望，再由马德望向西北到现在柬埔寨的西南的诗素芬（Sisophon），经过亚兰（Aranyaprathet）入现在的泰国境，大致是与现在亚兰—曼谷铁路线而至湄南江下游的华富里大城与曼谷一带，再由这里向南行而至马来半岛的北部与南部。

从扶南而至马来半岛最方便是从扶南西南海岸的港口，渡暹罗湾或沿暹罗湾海岸而至马来半岛。扶南在强盛的时候，既占有了现在的泰国，以及马来半岛的顿逊，或克拉地峡，那么除了海道交通之外，陆道也是可以通行的。

1905年泰国的史学者昙隆亲王（Prince Damrong）曾发现了室利提婆（Sri Deva, Sri-deb, Sri T'ep）这个城市，之后，再经过英国的威尔斯（H. G. Q. Wales）于1935年至1936年间的实地勘察。｛参看其所著的《向吴哥去》（Toward Angkor）｝威尔斯及一些历史学家，以为从扶南到现在的泰国境内，还有一条西北陆行的路线。

这一条路是从湄公河的下游，逐河而上，到了湄公河支流猛（Mun）河，乃向西走到猛河的上游，这是泰国的东北高原。室利提婆就是位在猛河的上游，再向西走就是湄南河的支流的上游，这个城是在碧差汶（Phetchabun）的东北，而靠近碧差汶山。这条湄南支流，是叫做巴塞（Pasak）河。虽然室利提婆是位在猛河与巴塞河的两河的上游之间，但这两条河既没有连接，而这两条河的上游，又难于航行。猛河与湄公河的会合处是在老挝的巴色（Basac）之北，因此这条路线主要是一条陆道。威尔斯以为这个城市之建立，是在公元五世纪的上半叶。当扶南强盛的时候，这条路是从扶南至湄南流域的华富里（Lopburi）的一条商业交通路线，也是扶南扩张其势力于其西北的一个军需运输站。不只在古代，就是现代，这条路线还是一条较为荒芜而难行的路线。扶南之所以建立这个城，在军事上的考虑可能较多于商业上的需要，但是商业上也随着军事上的设备而发达起来。所以威尔斯曾说：

> 乃回溯一千五百年前（即耶稣降生第436年）商旅奔驰此道，络绎不绝，庞大之商人旅队，每小时显映眼帘数以千计，载运湄南流域富庶各区之物于室利提婆，交换印度货物。此城位于扶南高原，交通之要冲，足以控制其西部低地各藩属，故为一大商业中心。（姚枬译，见于《古代南洋史地丛考》页九九，题为《自罗斛至室利提婆》。）

在商业上，室利提婆是否象威尔斯所说明的那么发达，在交通上，是否象他所描写的那么频繁，当然还是一个问题。但是这个城市，既在扶南本土通到现在的泰国以至缅甸的一个要冲，那么扶南与这些地方以至印度的货物之来往而经过这个城市，是没有问题的。

据考古学者的估计，到了扶南衰弱的时期，这个城市也因而荒废，直到十一世纪，真腊强盛的时候，这个城市又重建起来，这也说明这条路线并非一条交通便利的路线，它是靠着强大的力量去维持，而这个城市也就成为一个长途跋涉的休息处，或是运输站。因此，与其说是为发展商业而建立这个城市，不如说主要是为了军事而建立这个城市。

《水经注》卷一引竺枝《扶南记》说："林阳国去金陈国步道二千里，车马行，无水道。"金陈就是金邻，又《太平御览》卷七九〇引《外国传》说："扶南去金陈二千里。"又同处引《异物志》说："金邻一名金陈，去扶南可二千余里，地出银，人民多好猎，大象生得乘骑，死则取其牙齿"。另林阳是猛族所建立的国家。这个国家位在现在的泰国以至缅甸的南部，金陈应该是在林阳的东边，从林阳到金陈固然没有水道，从扶南到金陈，主要也是陆路。金陈是否与上面所叙述的室利提婆有关系或就是室利提婆，是值得我们考究的，因为在位置上，金陈既在林阳的东北，应该是在扶南的西北。它的人民多好猎，似乎说明这是一个山国或者陆上国家，所以从林阳到这里或者从扶南到这里，也有陆路可通。这也就是我们在上面所说的西北线。

现在我们再说扶南的对外海上交通和贸易路线。

我们知道，在古代，船舶的容量既小，而制造又简单。同时，航海的技术还未发达的时候，船舶之出海者，多沿海岸而行驶。我国之到南海各处的，也是这样。据《汉书·地理志》的记载，我国之到南海的船舶，多发自雷州半岛的徐闻或是交趾以南的日南。其行驶的路线，是从雷州半岛沿海岸而到日南。到了林邑建国之后，又经林邑，这也就是今日的越南中圻或一些人所说的"安南"，然后经扶南而到暹罗湾。扶南东南有港口，这是沿湄公河而上而到扶南都城的港口。在扶南西南的海岸，也有港口，从此而入暹罗湾，然后到马来半岛。这条海路，在隋代常骏使赤土时，曾经走过，而且沿途经了一些地方，均有纪录。从马来半岛的北部绕其东岸而到马来半岛最南的地方，然后再到苏门答腊、爪哇等处。当然，这些船舶，也可以绕马来半岛南部经麻剌甲海峡而到孟加拉湾，以至印度洋，或者也可以绕苏门答腊的东端，经巽他海峡，沿苏门答腊西北岸，而到孟加拉湾或印度洋。

但在扶南时代，绕过麻剌甲海峡而尤其是巽他海峡，旅程太长，古代船舶既小，不便于这种长途跋涉，而且在麻剌甲海峡中，自古以来，海盗猖獗，除非船舶很大，武装设备较好，是不易通过的。关于海盗在旅途中的打劫，《汉书·地理志》已经说及，可见得海盗的历史，是很久的。因此之故，在古代船舶之自东方到西方的，似乎多到暹罗湾而抵达马来半岛的北部，在古代的顿逊，或盘盘，或郎迦戍这些地方靠岸，人与货物经过一段的陆道，横越马来半岛的北部，可能其所经过的地方，是途程最短或是陆道交通最为方便的地方。我们知道从东岸到西岸最狭的地方约四五十公里，这就是现在所说的克拉（Kra）地带。又从西岸的一些港口乘船到孟加拉湾或印度洋沿岸各处。《汉书·地理志》"粤地"条所谓"所至国皆禀食为耦，蛮夷贾船，转送致之"，也可以说从东方到西方是经过一些陆道而换乘其他的国家的船舶。从东方到西方，固要经过这个地带，从西边的孟加拉湾或印度以至阿拉伯各处的船舶之到东方的，当然也是到了马来半岛北部的西岸港口，然后经这一段陆路而到东岸，换乘扶南林邑或中国的船舶。

在扶南范蔓的时代，这就是公元二世纪的末年至三世纪的初年，扶南已控制了暹罗湾，同时又征服了马来半岛北部的顿逊。顿逊这个国家，在当时是一个大国，其领土跨了马来半岛的东西两岸，因此遂成为孟加拉湾、印度洋与马来半岛东西的各国的交通要冲。《梁书·扶南传》说，这个国家的城市，日有万人交易，在古代来说是一个商业繁盛的区域。扶南既征服了顿逊，就不只控制了暹罗湾，而且控制了孟加拉湾。

《梁书·扶南传》说，范蔓治作大船"穷涨海"。范蔓在位是在二世纪末至三世纪初叶，他是否曾遣使到中国，我国史书没有记载，但是《三国志·吴志·吕岱传》说"徼方扶南，林邑，堂明诸王，各遣使奉贡"。这说明在三世纪的时期，扶南已遣使到中国，此后不久，中国的使者朱应与康泰，也到了扶南。

范蔓死后，继其位的是范旃，他因为嘾阳国人家翔利的游说，曾遣其亲人苏物到印度，这应该是扶南正式遣派使者到印度的开始。

扶南正式遣派使者到中国与印度，虽然是在三世纪的上半叶，然而这并不是说扶南与中国或印度的交通与贸易，是始于这个时候。因为交通或贸易，可能远在遣派使者之前。

以扶南与中国的交通来说，应该是与扶南建国的时间差不多。扶南建国，大致是在公元前一、二世纪，至公元一世纪的时期，那么我们推想，扶南建国之后，不久必与中国有贸易的关系，因为中国在秦汉之际，封建王朝的统治领土已扩大到越南半岛。扶南的建国，应该在林邑之前，在林邑未建国之前，日南应该是与扶南接壤或是很为接近，二者可能没有正式的邦交，但人民之间与商品的互相往来，是没有问题的。

扶南与东南亚的物品既能运到中国，中国的物品，也必定运到扶南与东南亚各处。《汉书》卷二十八下《地理志》记载，自武帝以来，都，元，邑卢没，谌离，夫甘都卢，黄支等国都献见；在运到中国的物品中，有明珠，璧琉璃，奇石，异物，而中国所运到东南亚以至印度洋各处的有黄金、杂缯，说明在公元前一二世纪，不只中国与东南亚各国有了物品的交流，而且有了使者的往来，扶南当然不会是个例外。

因此，我们可以断定，在范旃之前，在范蔓的时代，或是范蔓之前，扶南与中国已有了交易。到了范蔓的时代可能已有扶南船舶到中国，至于范旃的时代，两国使者既有往来，两国的物品的交易，应该更加发达。

至于东南亚的其他各国，而尤其是与扶南比较接近的国家之于扶南的互相往来，是更不用说的。范蔓制造大船穷涨海，征服了十余个国家，说明了扶南是从一个大陆国，而变为强大的海权国。我们可以说，在范蔓没有征服这些国家之前，扶南与这些国家，也必早已互相往来，而商业繁盛的顿逊之于扶南，在这方面的关系，应当更为密切。我们也可以说，正是因为这个原因，扶南才用海军去征服这个国家，而垄断其商业。

至于没有被扶南征服的国家如在顿逊之外的大海洲中的昆寨国，虽然离扶南有八千里那么远，也与扶南有了密切关系。所以昆寨的长颈王，才送给扶南王纯金制造的五十人的食器，礼物的赠送，有来必有往，而且两国之间的君主既互有礼物的赠送，两国的商人以至王室自然也会有物品的交易。

扶南的海军能够征服了那么多的国家，扶南的船舶活动的范围，又那么的广远，我们相信，在范蔓的时代，以至范蔓以后的好几百年中，扶南在东南亚，不只是最强大的国家，而且是商业最发达的国家。直到八、九世纪，扶南已经灭亡之后，在苏门答腊的室利佛逝，或是后来的三佛齐，与后来爪哇的满者百夷，始相继而握东南的海上霸权。

上面是说扶南与中国以至东南亚各国的海上交通，我们现在且来谈谈扶南与孟加拉湾、印度洋或是印度洋以西的国家的海上交通。《梁书》卷五十四"中天竺国"条说：

> 汉和帝时（公元89—105），天竺数遣使贡献，后西域反叛遂绝，至桓帝延熹二年（公元159）、四年（公元161），频从日南徼外来献，魏晋世绝不复通，唯吴时（公元222—280）扶南王范旃遣亲人苏物使其国，从扶南发投拘利（Takrola）口，循海大湾中，正西北入历湾边数国，可一年余到天竺江口，逆水行七千里乃至焉。天竺王惊曰：海滨极远，犹有此人。即呼令观视国内，仍差陈、宋等二人，以月支马四匹报旃，遣物等还，积四年方至，其时吴遣中郎康泰使扶南，及见陈、宋等，具问天竺土俗。

《水经注》卷一引康泰《扶南传》说：

> 昔范旃时有嘾杨人家翔梨，尝从其本国到天竺，展转流贾至扶南，为旃说天竺土俗，道法流通，金宝委积，山川饶沃，恣其所欲，左右大国世尊重之。旃问云：今去何时可到？几年可回？梨言：天竺去此可三万余里，往还可三年逾。及行，四年方返，以为天地之中也。

从上面两段话中，我们可以看出范旃之所以遣派使者到天竺是受了嘾阳国人家翔梨的影响。嘾阳国就是林阳国，林阳国大致是在扶南之西，约在现在的泰国西部与缅甸的东南部。从这里，我们明白扶南与天竺正式交换使者，是在三世纪中叶的范旃与范旃时代。这是扶南历史上一件很重要的事情，而且也是中国与印度的海道交通史上一件重要的事情。因为苏物出使天竺，天竺使者陈、宋等与苏物同到扶南，凑巧的，也是中国使者朱应与康泰也到达了扶南，因而朱应、康泰乃得机会与陈、宋会谈，从而知道天竺的土俗。

据《梁书》的记载，苏物之出使天竺，其所出发的海港，是投拘利，近人考订投拘利就是Takrola。这个地方是在现在的马来半岛北部的西岸，可能是在克拉地峡之南。这个地方是属于顿逊。范蔓以后，属于扶南。在顿逊与扶南的时代，这个地方应该是马来半岛北部的一个很为重要的港口，凡是自印度或印度以西的船舶之载运客货到东方的，大致是以这个地方为转运站，从这里经一段的陆道，跨过马来半岛而到其东海岸，然后再由东岸载运旅客、货物到马来半岛以东的各国，以至于扶南或中国。

《梁书·天竺传》所说的"循海大湾"没有问题的是孟加拉湾。而所说"正西北入历湾边数国"，这就是说，沿着现在的缅甸在孟加拉湾的从西南而至西北的海岸。所谓"历湾边数国"，也就是位在这个海岸上的国家，至于所谓"天竺江口"，没有问题是恒河的河口，"逆水行"者，是因为从西北向东南流而入于孟加拉湾也。

我们知道印度的东面的海岸，这就是孟加拉湾的西岸，从恒河河口至马拿尔（Manal）湾与锡兰，以至印度的西岸或是阿拉伯海的东岸一带，在那个时候，已有好多国家。这些国家没有问题的也常从海道而到马来半岛或是中国南海各处。苏物所到的天竺，只是一部分的天竺，而且是在恒河上游的天竺，不是沿海其他各处的天竺。

其实，不只印度沿海的国家，就是印度以西的阿拉伯海沿岸的国家，以至现在波斯湾、红海，以至于地中海的国家，而尤其是当时的罗马帝国之于扶南与东方各国，也有海上的交通，以及货物的交易。而且，这些国家之于扶南与东方各国的交通并不始于范旃时代，而乃远在范旃之前。《汉书·地理志》说，中国使者在前汉时代，这就是说在公元前一、二世纪，已到了黄支。据近人考订，黄支是在现在的印度的东岸的南部，中国使者能到这些地方，这些地方的使者或商人也可以到马来半岛的东西两岸，以至于越南半岛与中国。《梁书》说天竺在后汉桓帝延熹二年与四年频从日南徼外来献，说明这是从海道经东南亚各处包括扶南在内而来。中国桓帝延熹二年是公元159年，延熹四年是公元161年，这比之苏物之使天竺早了约一百年之久。

近人在越南南部迪石之北的哥俄厄（Go Oc Eo）所找出的古物中，就发现罗马时代的一些东西，这也说明了当时的扶南，是与罗马有了关系，有了货物的交换，这些货物的运送，没有问题是由海道。我们知道，在后汉时代，罗马使者曾经由海道而到中国。《后汉书》卷一百十八《西域传》"大秦"条说：

> 大秦国，一名犁鞬，以在海西，亦云海西国。地方数千里，有四百余

城，小国役属者数十。……其人民皆长大平正，有类中国，故谓之大秦。土多金、银、奇宝，有夜光璧，明月珠，骇鸡犀，珊瑚，虎魄，琉璃，琅玕，朱丹，青碧。刺金缕绣，织成金缕罽、杂色绫，作黄金涂火浣布，又有细布，或言水羊毳、野蚕茧所作也，合会诸香，煎其汁以为苏合，凡外国诸珍异皆出焉。以金银为钱，银钱十当金钱一。与安息、天竺交市于海中，利有十倍。其人质直，市无二价，谷食常贱，……其王常欲通使于汉，而安息欲以汉缯彩与之交市，故遮阂不得自达。至桓帝延熹九年，大秦王安敦遣使自日南徼外，献象牙，犀角，玳瑁，始乃一通焉。

桓帝延熹九年，是公元166年，上面已经指出天竺于公元159与161年，均有使者到中国，可见在这个时代，从东南亚印度以至大秦都有使者从海道到中国，又根据上面一段话，大秦与安息、天竺也有海上交通。安息是在现在的伊朗、阿富汗一带。原来自我国的新疆一带或西域，有陆道通安息以至大秦，因为安息要垄断中国的货物，所以大秦不得不从海道到中国。天竺之与中国的海陆道的沟通，当在西汉或西汉之前。所以张骞在公元前二世纪时，到大夏时已见中国的蜀布、邛竹杖。据大夏人告诉他，这些东西，是经过身毒或天竺来的。张骞之前，中国的西北到印度陆道未通，因而这些东西之运到天竺，可能是从海道而来。《汉书·地理志》说中国使者到黄支，也说明了这一点。

中国与天竺，在两汉既已有海上交通，大秦与印度的海上交通，为时也当很早。公元前四世纪希腊的亚力山大，由陆道征服印度，曾由印度海道回去，说明这条海道，久已通行。罗马土地广大，且占据现在的中东好多地方，从这里由海道到印度是没有问题的。到了后汉，罗马或大秦的海上交通，当更为繁盛，因为安息垄断了陆道，这就会使大秦与东方各国的海上交通，更加发达。

扶南在这个时期，除了本土之外，其属地顿逊均为东西海上交通的要冲，无论印度诸国也好，中亚的安息也好，欧洲的大秦也好，凡是要到中国的，必定经过扶南，而况在扶南的海港，又有罗马的遗物，这更说明了扶南不只与印度有了海上交通，就是扶南与大秦，也有海上交通。

我国古代史籍关于东南亚各国的历史记载以及我国与各国之间的友好往来的事迹，是十分丰富的，我们考察和研究这些历史记载，正是为了继承和发展我国与各国人民之间的传统友谊。因此，从我国古籍的记载来研究扶南的问题，是很有意义的。

《学术研究》第6期，1962年6月30日。

骠国考

一、骠国的名称

关于骠国，新旧《唐书》均有传，而《新唐书》叙述得较为详细。唐人樊绰在其所著的《蛮书》中，也说到这个国家。关于这个国家的名称，《新唐书》卷二百二十三下列传一百四十七下《南蛮传》中说：

> 骠，古朱波也，自号突罗朱（按：《旧唐书》作突罗成），阇婆国人曰徒里拙。

首先我们要指出这里所说的朱波，既然称为"古"朱波，那么这个朱波国，应该是一个历史较古的国家。这也就是说，在唐以前较久的一个国家，或是在称为骠之前的一个国家。很可惜的，朱波这个国名，虽然数见于史书，如《明史》《续通典》《续通志》《续文献通考》，以及如《西南夷风土记》等书，但这些著作都是在唐以后的，除《唐书》以外，在唐以前的著作，我们还找不到这个国名。而且，在唐的时代，除《新唐书》外，《旧唐书》没有记载这个国名，其他书籍也还没有找到这个国家的记载。至于上面所说的唐以后的一些著作，虽然说到这个国家，大概都是根据《新唐书》，而且也象《新唐书》一样的，只轻轻说了一句，没有较为详细的叙述。同时还有的似乎是改窜《新唐书》的词句，如《明史》说"缅甸，古朱波也"，虽在现在的缅甸的疆域里以前有过骠国，但缅甸与骠在种族上，也有差异，在其他方面，如语言、风习等等也有不同之处，所以说骠为古朱波，是一件事，说缅甸为古朱波，又是另一件事了。又如《西南夷风土记》的序言中说："古剽国……又谓之朱波国也。"《新唐书》说骠为古朱波，这就是说，在唐时叫做骠，在唐以前是叫做朱波。在时间上，这个国家有了先后不同的名称，可说若照朱孟震的《西南夷风土记》的序言中的语气来看，古剽国同时也可以叫做朱波国，这样唐书在时间上有了先后不同的名称的差别，就看不出来了。

《新唐书》的撰述者，可能是根据当代或唐以前一些记载而说骠为古朱波国，可惜我们现在已找不到这种记载，也可能的，《新唐书》的撰述者是根据了一些不很正确的传说而这样的说，所以朱波是否为骠国的古名，或前身，象扶南之于真腊，或真腊之于柬埔寨的关系，就无从考订了。

唐杜佑所撰述的《通典》卷一八八"真腊"条中，曾记载一个叫做朱江国，云：

> 真腊国……西有朱江国，……其国与参半、朱江二国和亲，数与林邑、陀洹二国战争。

真腊当时的版图西到现在的泰国的东部，所谓西有朱江国，在方位上应当是在泰国的西部与缅甸，这些地方，朱波是否为朱江或朱江就是朱波，也是难于确定。朱江这个国名，在新旧《唐书·真腊传》中，均没有记载，假使这个朱江国象杜佑所说在唐代还存在的话，那么这个国名不应是骠国的古名或前身了。

很奇怪的，是在杜佑《通典》的"真腊"条中说，真腊之西有朱江国，而在《新唐书》的《真腊传》中说，西属骠，《旧唐书·骠国传》也说其东为真腊，那么骠似乎也叫做朱江了。

杜佑是唐朝人，他在《通典》卷一八七与一八八《边防三》与《边防四》，《南蛮上》与《南蛮下》，记载了好多种族与国家。在《南蛮上》有了好多在云南与缅甸的国家，如哀牢、掸国，在《南蛮下》叙述海南诸国，共有二十八个，是研究我国西南边境与东南亚诸国较古而又较为详细的著作。骠国在唐代是与中国交通的一个重要国家，诗人如白居易，也注意到这个国家。杜佑没有记载，是很为奇怪，但是他所说的朱江在方位上既正是新旧《唐书》所说的骠国，那么朱江与骠国是一个国家，也是很可能的。

也很可能的，是朱江或朱波正如《新唐书》所说，是骠国的古名。新旧《唐书》的撰述者，是唐代以后的人们用了唐代所称这个国家的名字，而杜佑是唐代人，却用了以往人们所称呼这个国字的名字。我们以为只有这样的解释，《新唐书》所说骠为古朱波，既没有错误，《通典》所说在真腊之西是朱江国，也得到合理的答复。否则，在真腊之西，既是朱江，又是骠，就难于解释。自然，这种看法的前提也是要承认朱江就是朱波，或朱波就是朱江。

我们还要指出，骠这个名称，是我国人或缅甸人所称呼的名字。我们叫做骠（Piao），而缅甸却叫做 Pyu，也有叫做 Pru。虽然前者较为普遍而正确，至于阇婆人或爪哇人却叫他们为徒里拙。徒里拙应为外文 Tulcut。又根据开辛他（Kyanzitha）的王官的猛（Mon）文碑文，这个国字是叫突尔居（Tircul），这也可以说是猛国人所称呼的名字，虽然猛人、爪哇人的称呼，也是很相近的。

至于骠人所自称的名字，据《唐书》所说，是突罗朱，突罗朱与徒里拙（Tulcut）或突尔居（Tircul）的说法，还是相近。所以我们可以说爪哇人或猛人所称呼的名字，可能是从骠人所自称的名字，稍为改变而来。

伯希和在《交广印度两道考》（冯承钧译，上卷页三五）中曾有一段话，关于骠国的名称的解释，兹录之于后：

> 考 Prome 之梵名作 Criksetra，缅人讹为 Sarekhettara（读若 Thayekhettaya），玄奘《西域记》卷十所言三摩呾吒东北大海滨山谷中之室利差呾罗国，即以都城之名名缅甸全国。义净南海寄《内法传》卷一亦曾言及此国。撰修

《唐书》者，似亦知之。《旧唐书》卷一九七之骠国"自号突罗成，阇婆（Java）国人曰徒里拙"。《新唐书》卷二二下则作突罗朱，仅恃此二名，决难求其对音。然徒里拙之拙，古读有齿收音，或者为 Thayekhettaya，缅语读法之对音，《旧唐书》谓此城"相传是舍利佛（Cariputra）城"。缅人名舍利佛为 Sariputtara（读若 Thayiputtaya）则其以之为其 Sarekhettara（Thayekhettaya）城之神，亦无足异也。

徒里拙可能如伯希和所说是与 Thayekhettaya，或是 Sarekhettara，或是 Criksetra 有了关系，这就是说骠人是以其都城的名称当为全国的国名。但应该指出，伯希和这里所说的缅甸或缅人，应该是指着骠人，因为正如上面所说，在缅人未建国前很久，骠人已建立国家。这个骠国的国名是骠人所自称的名字，不会是缅人所叫的名字。

至于缅甸人之所以称他们为骠人，可能是从中国人的称呼而来。在骠国的时代或唐代，缅人之在现在的缅甸的，不只是散居于北部，而且人数也不会多，可能还没有形成国家。而且，他们既也是从中国的西藏经云南而到缅甸的境内，他们当然受了中国的影响，因而就很可能采用中国所用的名字，这就是说跟中国所称呼的名字而称呼。

我国史书为骠国立传的，虽始于《唐书》，但是这个国名之为我国人所知道，是在唐之前。《后汉书》卷一一六《哀牢传》中说到在哀牢，这个国里"有梧桐木华绩以为布"。

唐章怀太子李贤引《广志》注云：

梧桐有白者，剽国有桐木，其华有白毳，取其毳淹渍，缉织以为布也。

又《法宛珠林》卷三六也引《广志》云：

艾纳香出漂国。

这里所说的剽国，或漂国，应该是唐代人们所知道在南诏或永昌之南的骠国。《广志》这本书是郭义恭所撰述，《隋书·经籍志》录有这本书。这就是说，这个国名，已为我国唐代或隋代以前的人们所知道。

《华阳国志》卷四"永昌郡"条说：

永昌郡，古哀牢国。哀牢，山名也。……明帝乃置郡，以蜀郡郑纯为太守，属县八，户六万。去洛六千九百里，宁州之极南也。有闽、濮、鸠、獠、僄越、裸濮、身毒之民。

这对于骠国的研究来说，是很重要的记载，因为这里所说的"僄"，应该就是骠。这与上面所说的"漂"或"剽"均是同音。假使我们这种看法没有错误，那么骠国这个名词在三国时代已经传到我国了。

我们知道，永昌是在现在的云南保山一带，靠近缅甸北部，在后汉的时代，在这里有了一个国家叫做哀牢，其种人就是现在的掸、泰、老挝。在后汉时代，这个国家是东西交通的要道。《三国志》引《魏略》已经指出这个地方可以通大秦。因而这个国家，不只是商品所凑集的商场，而且是各种民族所杂居的地方。最奇怪的是，在各种不同民族之中，还有身毒人。身毒就是印度。我们知道骠国是一个尊崇佛教的国家，我们可以推想，印度人在那个时候，必已到了骠国，又从骠国而到永昌或哀牢。《华阳国志》这本书，是晋朝常璩所撰述，在古代书籍中，这是一本很为可靠的书籍。"其书所述始于开辟，终于永和三年（西历公元后三四七年）"，其所记载，是关于当时的四川、贵州、云南一带的人物情况。

骠国也有叫做缥的，所以僄、缥、剽与瀙，都与骠同音、同名，而写法不同而已。

为什么我国人叫这个国家为骠呢？这是一个难于回答的问题。我们知道，在南诏王号中，有骠信的名称。这个名称自八〇八年异牟寻死，子寻阁劝立，自称骠信。骠信虽不久就死，但这个称号，一直沿用到九世纪的末年。骠国在唐代入朝中国，是与南诏的内附有了密切的关系，这也就是说，这两个国家的关系，也是很密切的。所以，南诏内附，骠国也随之而入朝。骠信这个称号，是南诏王的称号，也可能是骠国国王的称号。《新唐书》卷二二二中《南诏传》中说，骠信，夷语君也。这里所说的夷，可能是指南诏，也可能是指别的国家，或是骠国。我怀疑骠信这个称号，原来是骠国国王的称号。南诏建国后，受了骠国的影响，采纳了骠国人这个称号。至于我国人在唐代或唐代以前之所以称这个国家为骠或剽，是把国君的称号而名其国。这与玄奘、义净把骠国的国都室利差咀罗而名其全国，有些相似之处。夷语骠信虽是一个名词，但传到我国，逐简称为骠。

这个国名之为我国人所知道，虽象上面所说，至是在三国时代，但是究竟是不是始于三国或是更早的时代，那就不容易考订。但我们从《太平御览》卷一七七引魏晋人所撰述的《西南异方志》及《南中八郡志》中说，传闻永昌西南三千里有骠国，所以把我国人知道这个国家的名称的时间，推上到魏晋的时代。魏的时代是公元二二〇至二二六，晋的时代是二六五至四一九，因此我们可以说，我国人之知道有骠国的名称，应当是在三世纪或是更早于三世的时间。这个国名，在我国以至在南诏，与在缅甸，是叫做骠国，这可能是以国王的称号而名其国。在玄奘与义净的著作里，也可能是采用印度的称呼而称为室利差咀罗，这是以其都城的名而名其国。至于在阇婆或爪哇或是在猛族诸国，是叫做突罗朱，至于骠国人自称，是徒里拙。但应该指出，徒里拙与突罗朱，在声音上是很相近，至于我国人所说的朱波或朱江，是否也与突罗朱或徒里拙有关系，也是值得考究的。

二、骠国的历史

骠国的国名，传到中国，既是在三国魏晋时代，那么这个国家的历史至少可以追溯到这个时期，或是更古的时代。因为这个国家必已建立，而始传到中国。而且，在古代交通不便，可能这个国家建立很久，然后传到中国。因此之故，骠国的建立不只可以追溯到三国魏，也可能追溯到一、二世纪的后汉或是公元前一、二世纪。可惜魏晋以前的骠国情况如何我们完全没有法子去了解。三国时代，关于骠国，只有《华阳国志》所说的哀牢的僄人，但从这样的简单的记载中，我们也可以推想僄人既到哀牢，其中主要的可能是有的商人，可能也有的是宣传佛教的。这些人，其初是暂住在这个地方，但后来也可能有久居的。又从这里，我们也可以推想骠国人既能到永昌，骠人也可能到印度或其他地方。因为印度人之到永昌的，大致是经过骠国，那么印度与骠国的两国人民互相往来，也是很合理的。又如冯甦的《滇考》卷上"诸葛武乡侯南征"条记载诸葛亮数擒孟获之后，孟获"欲入哀牢，纠合诸蛮"，其后"孟获计穷，复入骠国，驱象兽以战"。哀牢是在现在的云南永昌及其南部，骠国是在哀牢之南，孟获南逃，可能逃到哀牢以至骠国。但这种记载是否可靠很难断定，就是可靠，也只说明孟获逃到骠，用象兽以作战。此外，又如明末朱秉器（孟震）所著的《西南夷风土记》序中说：

> 摆古旧得稜地，古剽国，夷言朱阇婆，又谓之朱波国也。处南海之滨，远在诸夷之外，自古不通中国，晋魏间，传闻永昌西南三千里有剽国，君臣父子长幼有序，唐真元中，王雍羌开南诏，异年寻归唐，有内附心，随遣弟悉利福城五难陀献其国乐，至成都，剑南节度使常乐复谱次其音声以献，于是始与中国通。

这里所说的朱阇婆，可能是错读了《唐书》"自号突罗朱，阇婆国人曰徒里拙"这两句话，把突罗朱的朱字加上阇婆，其所谓晋魏间传闻永昌西南有剽国，是根据《太平御览》而来，紧接下面所叙述的骠国情况，是把《旧唐书》与《新唐书》的记载简抄下来，并没有说明魏晋时代的骠国史实。

因此，在唐以前，我们所能找出关于骠国的史料，除了冯甦所说孟获利用骠国的战象（至于冯甦根据何书而这样的说，就不得而知）。此外，只有郭义恭在《广志》中所说骠国的桐华与艾纳香。

到了唐代，因为骠国国王遣使到中国，同时从南诏与骠国的关系中，我们对于这个国家的记载，比较详细得多，我们现在所赖以研究其历史的主要材料，就是新旧《唐书》与樊绰的《蛮书》。此外，在原来骠国的国境内，尤其是在其都城中所发掘的好多古物，对于研究这个国家的历史，也有了很大的帮助。我是利用这些材料而写成的。

应该指出,考古学者在缅甸发掘在骠国时代的古物,还是最近数十年的事情。在史料较为缺乏的骠国来说,这些古物是很为宝贵,但是这种发掘的工作,还是工作的开始,假使这种工作能继续下去,可能将来会得到更多的史料。

据近人在骠国的古都附近所发掘的一些古物,尤其是在一些金片上所刻的巴利文的佛教文字来看,其年代是近于公元后五世纪时代的南印度的迦蓝巴(Kadamba)文体。这样看起来,在晋时这个国家已经存在,应该是没有问题的。所谓魏晋间传闻有剽国不见得只是传闻而已。而且,自二十世纪初年以来,在原来的骠国的都城及其领土内,已发掘了很多古物,尤其是一九二六年在杜鲁赛(Charles Duroiselle)所主持的发掘工作所得的古物,不只很为宝贵,而且种类繁多,这对于研究骠国历史,有了极大的帮助。

又近来也发现了一些碑文是属于骠人的文字。经过布勒顿(C. O. Blagden)及其他学者的研究,对于研究骠国的历史,也有其作用。我们知道在一九一一年之前,骠语还未为世人所知道。在这一年之后一年,人们发现在蒲甘南边的摩耶齐提宝塔的石柱的四面,找到四种不同的文字,这就是巴梨文,得樗文(或猛文)、缅甸文,以及骠文。这个石柱是十一世纪缅王开辛他之子所建立,他镌刻骠文,应该是说明在开辛他的时代骠人与骠文还存在着。不然的话,他不会把这种文字刻于石柱。对于研究骠国的语言文字以至其历史来说,这是一个很重要的发现,虽然这个石柱是建立于十二世纪的时代。兹把这个碑文的译义录之于下:

> 赞扬顶礼佛,时在佛历一千六百二十八年(公元一〇八四年),开辛他即位于阿利摩陀那补罗城(即蒲甘),王有爱妃单浮罗,育一子,名耶娑鸠摩,谕赐三村奴隶。后妃死,将饰物并三村奴隶传其子耶娑鸠摩。王在位二十八年,将薨,王妃之子耶娑鸠摩感王养育恩,制金佛奉王,前示于王曰:"臣奴制金佛,以助吾主,吾主所赐三村奴隶当并献此佛,吾主其恩准之。"王闻言,大乐曰:善哉,善哉,乃在此象前,在国师前,在年伽梨补多帝婆诸尊者须弥驮,婆罗吸摩波梨,婆罗吸摩提婆,孙,与珊伽斯那智者,一切诸尊前,洒水献佛礼毕,爱妃之子建金顶洞府,供奉金佛。开光之日,率领萨年那隆村、罗丕、兴菩村三村一切诸奴,献奉寺与佛,洒水颂曰:顾奉此行,为获得神智。自今以后子子孙孙,阖族人等,若有凌虐余所献于此佛之众奴者,毋使见至高之阿利宠帝耶佛。(姚枬译哈威《缅甸史》页四七)

此外,在骠国故都,即现在的卑谬附近的 Hmawza,曾发现一个美丽的石块,上面刻有一个佛象与两位崇拜者,下面有两种文字,一种为骠文,另一种却难辨别为那一种文字,虽然也有人以为这是一种古梵文。这种骠文,今后若能继续发现,对于研究骠国语文与历史,将有更大的帮助。

马司伯乐(G. Maspero)在其《宋初越南牛岛诸国考》一文(见冯承钧译

《西域南海史地考证译丛》页一六四）中说：

> 此丽江上猛人国（Ramannadeca）国北，昔有一国颇难举其名称，缅甸纪年则名其国曰蒲甘国（Paganarimaddanapura），其在一〇四四年即位之阿奴律陀（Anuruddha）主，曾南取猛种之国，斥地至海，北服歹夷（Thai）之地与南诏连界。此国应是唐时之骠（Pyu）国。其在唐时，固为越南半岛之一大国，然在九六〇年时，则降为一种不重要之小邦。其境界仅限一部分丽江流域，南起猛族之国，最北之室利差呾罗，北至隶于憍赏弥（Kocambi）歹夷之Singu。其政治状况，究竟如何，颇难知之。缅甸纪年仅言其有争权夺位之人，并言宋初有一种种植胡瓜之园丁，据有王位，民话多于事实，未足据也。

从马司伯乐这段话的语气来看，骠国在十世纪或是九六〇年还是存在，虽则不是一个大邦。我们以为这个国家似乎一直存在至十一世纪，这也就是，阿奴律陀就位的时代。其实，阿奴律陀究竟是缅人还是骠人，或是骠缅的混合人物，还是很值得研究的。因为他的身世，尤其是他的祖先，在缅甸纪年中只是一种传说而已。

据说蒲甘城围的建筑，是在八四九年。建筑这个城的是一位叫做频耶（Pyinbya）。这个城在十一世纪下半叶以后，虽成为缅甸的重镇，可是在九与十世纪的时候，还是一个小城，而且很为简陋。这一点哈威在其《缅甸史》中已经指出。这位频耶，究竟是缅人还是骠人，不得而知。我们知道八三二年，骠国虽然被南诏攻伐，而掠其民三千余人，然而这并不是说骠国就因之而灭亡。就使这个蒲甘城的建筑者是一位缅人，这位城主不只是一位小城主，而且也不会与骠国处于对抗地位。很可能的是在骠人统治之下的一个小城。

相反的，我们很有理由去推断蒲甘城在其建筑的初期，以至十一世纪，还是骠人统治。据《琉璃宫史》，约在十世纪的初年，蒲甘有一位王名叫做梯因国（Theinhko），有一天骑马到郊外森林行猎，因途中肚饿，乃取田中胡瓜充饥，田主农人尼雍修罗汉（Nyaung-u Sawrahan，931—964）乃用锄击死了这个王。王的马夫恐怕王位为他人所夺，乃与王后秘商，就立这位农夫为王，因与后谋，把这位农夫当为国王。到了九六四年，有一位叫做混修恭骠（Kunhsaw Kyaunghpyu）者篡其位，自立为王。

这位国王的最后一字，很为重要。因为其字为骠，可能是一个骠人。应该指出，在九同十世纪的时候，在蒲甘附近的地方可能已有不少的缅人，沿着伊洛瓦底江的上游，移居于这一带。但是骠人还有不少在这个地方。这样就成为骠缅杂居的地方。蒲甘这个城，也有可能是缅人建筑的，但仍在骠人统治之下。而且也可能是骠人建筑的，同时却有不少缅人在这里居住。但是这位混修恭骠是一位骠人，似乎是没有问题的。

《琉璃宫史》又说这位混修恭骠的王位，后来又为修罗汉的两位儿子所废。混修恭骠是阿奴律陀的父亲，当他为修罗汉的儿子被迫退位的时候，他率他的妻子、儿子居在寺中，这二位篡立的兄弟，一为吉须（Kyiso），一为米迦婆（Myinkaba）。前者在一个地方射鹿时为流矢所杀死，后者后来又为阿奴律陀所杀死。

据《琉璃宫史》所载，阿奴律陀杀死米迦婆后，曾要他的父亲复王位，其父不允，终老于寺，王位乃由阿奴律陀继承。假使混修恭骠是一位骠人，那么阿奴律陀也应该是骠人了。

哈威在其《缅甸史》中（译本卷一，页十二）曾指出缅甸历史到了阿奴律陀的时代，乃略可稽考，不再为凭空的臆说。其实，《琉璃宫史》关于阿奴律陀以后的好多事情也是不可靠的。至于阿奴律陀之前的记载，正如哈威所说，只是凭空臆说而已。

我们不只怀疑阿奴律陀是骠人的后裔，我们还可以说自蒲甘王朝建立之后，原来的骠国，虽然受了蒲甘王朝征服或压迫，使一部分或大部分的土地被蒲甘王朝所占领，但是骠国并不因此而完全消灭，它还存在着一个相当久的时期，虽则到了这个时期，只是一个小邦而已。至于碑文之记载骠人最晚是在公元一五一〇年。

关于这一点我们可以从《元史》里找出一些例子来说明。比方《元史》卷一二二列传第九《爱鲁传》中说：

> 至元五年（一二六八）从云南征金齿诸部，蛮兵万人绝缥甸道击之，斩首千余级，诸部震服。

这个缥甸，可能是骠人的一个部落，但是最显明的是《元史》卷七本纪七世祖四中说：

> 丁未（一二七一）金齿，骠国三部酋长阿匿福、勒丁、阿匿爪来内附，献驯象三、马十九匹。

又如卷十本纪十世祖七中说：

> （一二七一）纳速刺丁，将大理军抵金齿蒲骠。

这个蒲骠，也可能是骠人的部落。又卷一三三《怯烈传》说：

> （一二八三）从云南王入缅，总兵三千，屯镇骠国，设方略招徕其党，由是复业者众。

卷一二五《纳速刺丁传》说：

> 至元十六年（一二七九）迁帅大理以军抵金齿、蒲骠、曲蜡、缅国，

招安夷寨三百、籍户十二万二百。

把金齿、蒲骠、曲蜡与缅国平列，说明了这些民族的有独立性，而另成为部落或国家。又如卷六一《地理志第十三》说：

金齿等处宣抚司，其地在大理西南，兰沧江界其东，与缅地接其西，土蛮凡八种，曰金齿、曰白夷、曰僰、曰峨昌、曰骠、曰繲、曰渠罗、曰比苏。

又如元人所撰的《招捕总录》中"大理金齿"条也说：

至元七年（一二七〇）征金齿骠国五部未降者。破其二部。

又如《云南通志》引《皇朝职贡图》卷一八六说，缥就是骠。在明初，在保山，还有蒲人、骠人流入其地，所以其地有蒲缥寨。

又在好多的军民府中还有缥甸军民府。应该指出，有的地方原来可能是骠人所居，后来却为他族所占领，而仍用骠名的。如《地理志》中说：

平缅路北近柔远路，其地曰骠睒、曰罗必四庄、曰小沙摩弄、曰骠睒头，白夷居之。

此外，又如在《滇系属夷》十之二"蒲人"条中也有蒲缥这个名称。虽则《滇系》的撰述者，以为蒲是濮之误，又在同书同处有"缥人"条。这种缥人，似应是骠国的遗民。但无论如何，元史所说的蒲骠，缥甸，而尤其是骠国，还来朝贡献，似乎说明在十三世纪的时候，骠国还存在着，虽则到了这个时候，这个国家可能已很弱小，而且可能分为好多小部落，散居于缅甸之北的各地。

三、疆域与邻国

关于骠国的疆域，及其邻国，《旧唐书》卷一四七"骠国"条说：

骠国在永昌故郡南二千余里，去上都一万四千里，其国境东西三千里，南北三千五百里，东邻真腊国，西接东天竺国，南尽溟海，北通南诏些乐城，东北距阳苴咩城七千八百里。

《新唐书》卷二二二下"骠国"条说：

骠……在永昌南二千里，去京师万四千里，东陆真腊，西接东天竺，南堕和罗，南属海，北南诏，地长三千里，广五千里，东北袤长。

樊绰在其《蛮书》卷十中说：

骠国在蛮永昌城南七十五日程，阁罗凤所通也。……与波斯及婆罗门邻接，西去舍利城二十日程。据《佛经》：舍星城，中天竺国也，近城有沙山，不生草木。《恒河经》云：沙山中过。然则骠国疑东天竺也。

又在卷二说：

丽水一名禄㫑江，源自逻些（按：为拉萨）城三危山下，南流过丽水城西，又南至苍望，又东南过道双王道勿川，西过弥诺道立栅，又西与弥诺江合流过骠国，南入于海。

又说：

弥诺江在丽水西，源出西北小婆罗门国，南流过油畹苴川，又东南至兜弥伽木栅，分流绕栅，居沙滩南北一百里，东西六十里，合流正东过弥臣国，南入于海。

又《蛮书》卷十说：

弥诺国、弥臣国皆边海国也。……在蛮永昌城西南六十日程，大和九年（八三五）曾破其国，劫金银，掳其族三二千人，配丽水淘金。

又说：

大秦婆罗门国界永昌北，与弥诺国江西正东（按：此句疑有脱讹）安西城楼接界，东去蛮阳苴咩城四十日程，蛮王善之。

又说：

小婆罗门与骠国及弥臣国接界，在永昌北七十四日程，俗不食牛肉，预知身后事。

又贾耽所撰《十道志》指出，从诸葛城：

南至乐城二百里，又入骠国境，经万公等八部落，至悉利城七百里，又经突旻城，至骠国千里。

明杨慎在其《南诏野史》卷上中说：

考疆域，其地（按：指南诏）东至于铜柱铁桥蟠桃玉榆，东南至于交趾国，南至于骠国，西南至于木落山，西至于太石，西北至于吐番。

首先让我们指出新旧《唐书》与《蛮书》所载骠国的幅员，就有了出入之处。《旧唐书》说东西三千里，南北三千五百里。《新唐书》却说长三千五百里，广五千里，这就有了很大的分别。不过这种分别，可能是由于两书所载是根据不同时间的材料而来。这就是说骠国可能在某一时代中，幅员较广，而在另一时代中，幅员又较小。但是从数目字来看，不只有了差别，而且差别是很大的。

关于骠国的疆界，在北边和东边的问题较少。新旧《唐书》都说北界南诏，而且是在南诏所属的永昌南二千里。《旧唐书》还具体的指出，北通南诏些乐城。贾耽的《十道志》中说从诸葛城"南至乐城二百里又入骠国"。这个乐城可能就是《旧唐书》所说的些乐城，也可能就是樊绰《蛮书》卷六"越礼城"条中所说的磨些乐城。这个城据《蛮书》所载是靠近禄旱江或丽江，乐城是在南诏境内，这是从骠国入南诏的第一的城镇，这个城应该是在现在的大公城之南，海林（Halin）城之北。

至于在东邻或东接陆真腊，也没有什么问题。陆真腊的北部是在现老挝的南部，可能包括了现在的万象。《新唐书》卷二二二下《真腊传》说"真腊……西属骠"，这就是说陆真腊的领土是西至现在的暹罗，西北以至缅甸东北一带。《隋书·真腊传》说真腊西有朱江国，《新唐书·骠国传》说骠乃古朱波国，不知朱江是否朱波之错。假使朱江乃朱波之误，而朱波又为骠的前身，那么真腊之西为骠，也是没有问题的。关于这一点，我们下面还要再加说明。

同时，我们也得指出《旧唐书》卷一九七《真腊传》说真腊西边是堕罗钵底国，而《新唐书·骠国传》又说骠的南边是堕和罗。堕和罗就是堕罗钵底，骠国的东境似乎不会超过现在的萨尔温江之东，其南既为堕和罗，那么堕和罗是据有现在暹罗的南部与缅甸的南部，这就是萨尔温江以至伊洛瓦底江的下游与江口地带。

玄奘与义净的著作中，也有关于骠国的记载，而且指出是在骠国之东。但是他们不叫做骠国，而是叫做室利差呾罗国。这正如我们上面所说，可能是以其国都名而名其国。玄奘在其《大唐西域记》卷十三"摩呾吒国"条说：

> 从此东北大海滨山谷中有室利差呾罗国，次东南大海隅有迦摩浪迦国，次有堕罗钵底国……次东有摩诃瞻波国，即此云林邑是也。

义净在《南海寄贞传》①卷一"东裔诸国"注也说：

> 从那烂陀东行五百驿，皆名东裔，乃至尽穷有大黑山，计当吐蕃南畔，传云是蜀川西南，行可一月余，便达斯岭，次此南畔逼近海涯有室利察呾罗国，次东南有朗迦戍国，次东有社和钵底国，次东极至临邑国。

《新唐书》说堕和罗在骠国之南，玄奘与义净说堕和罗在骠国之东，又《旧唐书·骠国传》说骠国南尽溟海，这就是说骠国的南境是到了伊洛瓦底江的江口。假使《旧唐书》与玄奘、义净所说没有错误，那么《新唐书》说骠之南是堕和罗，就会错了。

然而我们以为《新唐书》所说也不一定是错的。我们知道在缅甸现在的南

---

① 编注：义净所撰著作为《南海寄归内法传》。

部，这就是在卑谬之南，从其西边的勃生（Bassein）以至白古、仰光、直通、毛淡棉以至暹罗南部一带，都是猛族（Mon）所居住。他们在古代建立了林阳国，到了六世纪至十世纪或十一世纪又建立了堕和罗国。其国的中心地区，虽然是在湄南河与湄格隆（Meklong）的下游一带，但其领土也可能伸张到缅甸的南部。九世纪自波斯湾来的旅行家苏黎满（Sulayman）在八五一年的笔记中，已经指出缅甸南部有一个罗摩（Rahma）国，这个罗摩国就是猛人国。苏黎满还指出这个国家有五万战象，其国又产犀牛。他又说天竺各地虽均产犀牛，可是这个国家的犀牛更为美丽。《新唐书》卷二二二下《堕和罗传》说"国多美犀，世谓堕和罗犀"。堕和罗是猛人所建立的国家，中国人与波斯人都知其犀牛最为美丽，这是说明骠国之南是猛人国的一个旁证。直到十世纪，波斯另一位旅行家发吉（Ibn Al Fakih）还说在这个地方有一个罗摩国（Rahma）。

又《蛮书》卷十还载有一个昆仑国，虽然没有说明其与骠国有关系，然我们相信这也是骠国的一个邻国，而且很可能的是与骠国接壤。我们且先把《蛮书》所载关于昆仑一段话抄录于后：

> 昆仑国正北去蛮界西洱河八十一日程，出青木香、檀香、紫檀香、槟榔、水精、蠡坏等诸香药、珍宝、犀牛等，蛮贼曾将军马攻之，被昆仑国开路放进军后，凿其路通江决水淹浸，进退无计，饿死者万余，不死者昆仑去其右腕放回。

《蛮书》城镇第六"安宁镇"条说：

> 通海城南十四日程至步头，从步头船行，沿江三十五日出南蛮，夷人不解舟船，多取通海城路，贾勇步入真登州林西原，取峰州路行，量水川西南至龙河，又南与青木香山路直，南至昆仑国矣。

又《蛮书》卷六说：

> 银生城……陆道去永昌十日程，水路下弥臣国三十日程，南至南海去昆仑国三日程。

从方位来看，这个昆仑国不只是在南诏之南，而且应该在骠国之南。又昆仑这个名称，虽然指出东南亚的一般的肤色较黑的人种，但也指着一些国家，这里的昆仑国，既是一个滨海的国家，而又接近弥臣，弥臣与弥诺，据《蛮书》卷十说均皆边海，这里所说的昆仑以至弥臣、弥诺，似乎都是猛人所建立的国家。《新唐书》谓骠国之南为堕和罗，这也就是说是猛人所建立的国家。《蛮书》所说的昆仑国可能是用一个普通的人种的名词去名这个国家。因此，我们以为玄奘与义净说骠国之东为堕和罗，应该改为骠国的东南为堕和罗。至于《旧唐书》说骠国南尽滇海大概是因为骠的都城在那个时候海口还没有沙土冲积，而较近于骠国都城。

《新唐书》卷二二二下《骠国传》也载有大昆仑及一个国家叫做小昆仑及其都国，今录之于后：

> 繇弥臣至坤朗，又有小昆仑部，王名茫悉越，俗与弥臣同。繇坤朗至禄羽有大昆仑王国，王名思利泊婆难多珊那，川原大于弥臣。繇昆仑小王所居，半日行至磨地勃栅，海行五月至佛代国，有江，支流三百六十，其王名思利些弥他，有川名思利毗离芮，土多异香，北有市，诸国估舶所凑，越海即阇婆也。十五日行逾二大山，一曰正迷，一曰射鞮。有国，其王名思利摩诃罗阇，俗与佛代同。经多茸补逻川至阇婆，八日行至婆贿伽卢国，土热，衢路植椰子槟榔，仰不见日，王居以金为甓，厨覆银瓦，爨香木，堂饰明珠，有二池，以金为堤，舟楫皆饰金宝。

上面所举出的磨地勃若为现在的 Martaban，那么磨地勃应该是在萨尔温江口。昆仑小王所居既是半日程可以到磨地勃，那么小昆仑国是靠近萨尔温江口，大昆仑既占有伊洛瓦底江及萨尔温江的下游地带，小昆仑是一个部落或者是大昆仑的属国。磨地勃是一个部落，当然不会很大。骠国可能因其为通商口岸而征服其地。我们推想磨地勃与小昆仑都是猛族即建立的部落。值得注意的是，从磨地勃海行五个月始到的佛代，也为骠国的属国，那么骠国不只是一个陆国，而且是一个海国。佛代似乎是在苏门答腊的东岸阇婆，应该是现在的爪哇。

《文献通考》卷三百三十"骠国"条说：

> 唐贞元二十一年（八〇五）四月封弥臣国嗣王道勿礼为弥臣国王焉，咸通三年（八六二）二月遣使贡方物。

这样看起来，弥臣与中国在唐代还相往来，其遣使到中国，可能通过骠，也可能是从海道而来。

弥臣与弥诺，假使是猛人所建立的国家，其方位据《蛮书》卷十所说是在永昌西南六十日程，又同处说骠国是在永昌南七十五日程。古人所谓从一个国家到另的国家的日程或里数，往往是指着从这个国家的国都到另一个国家的国都。若以现在的缅甸来说，弥诺与弥臣应该是在缅甸的西岸的阿腊干一带。八三二年南诏曾攻伐骠国，掠其民三千迁于柘东。到了八三五年，又攻伐弥臣，掠其族三二千配丽水淘金。《蛮书》卷十"小婆罗门"条说小婆罗门与骠国及弥臣国接界，这也说明骠国是与弥臣接近。又说小婆罗门在永昌北七十四日程，那么小婆罗门应该是在骠国的西北，而在现在印度的曼尼坡（Manipur）一带。

《蛮书》还载有大秦婆罗门国，这个大秦，不是罗马的大秦，而是指着东方的婆罗门。这个大秦婆罗门，是与小婆罗门为邻。据《蛮书》卷二，弥诺江在丽水西源出小婆罗门国，小婆罗门应该在曼尼坡。卷十说大秦婆罗门界永昌北，这也是在弥诺江的上游。弥诺国也可能是因弥诺江而得名，或者弥诺江是因弥诺国而得名。弥臣据《蛮书》是在弥诺江的下游，弥臣、弥诺既都是边海的国家，其方位应该如我们上面所说是在现在的缅甸的西边的阿腊干一带。而大秦婆罗门与小婆门既是在弥诺江（Chindwin）或钦德文江的上游，小婆罗门是在大秦婆罗之北。

《蛮书》卷十"骠国"条说：

> 骠国……与波斯及婆罗门邻接，西去舍利城二十日程。

又卷六"银生城"条中说：

> 银生城（师范《滇系属夷》说为后来四川西南的威远地），在扑赕之南，去龙尾城十日程，东南有通镫川，又直南通河普川，又直南通羌浪川，却是边海，无人之境也。东至送江川，南至邛鹅川，又南至林记川，又东南至大银孔，又南有婆罗门、波斯、阇婆、勃泥、昆仑数种，外通交易之处，多诸珍宝，以黄金麝香为贵货，扑子长鬃等数十种蛮。

《南诏野史》后理国中说宋徽宗崇宁二年（一一〇三）：

> 缅人、波斯、昆仑三国进白象及香物。

这个波斯，应该指出绝不会是西亚的波斯，而是东南亚的波斯。不过这个波斯，应该在什么地方，费琅在《南海中之波斯》一文（冯承钧《西域南海史地考证译丛续编》页九一至一〇九）中：在南海中有二个波斯，一个在苏门答腊的北岸的 Pase 或是 Pasi，一个是在磨地勃（Martaban）湾中的 Bassein。若《蛮书》卷十所说波斯是与骠国邻接是毗连的话，那么这个波斯应该是在 Bassein 或其附近，其种族是猛人。

至于这里所说的婆罗门，不知是否大秦婆罗门。这个国家象上面所说是在小婆罗门之南，在弥诺江之西，其地可能伸到孟加剌湾的东北沿海地方，而接近于恒河河口。至于上面所抄录几段话中的昆仑，应该是上面所说的猛人所建立的国家。

这样看起来，骠国的西边应该是弥诺、弥臣，而其西北是小婆罗门与大秦婆罗门。新旧《唐书》说骠国西接东天竺，这里所说的"接"，当为接近来说，问题不大，当为接壤来说，就不对了。至于《蛮书》疑骠为东天竺更是错误的。

应该指出，在骠国的时代，尤其是在其初期，伊洛瓦底江的江口可能是很接近于卑谬或室利差呾罗，后来因为沙土从上游流下，使江口往南走，卑谬遂远离海口。但同时我们也得指出，骠国的国都室利差呾罗，应该是在骠国的较南的地方，至于当时的勃生、白古、直通，都是猛人所居住的地方，这也就是波斯人所说的罗摩国，或是《新唐书》所说堕和罗国，或是《蛮书》所说的昆仑国。

从此，我们可以推想，骠国的疆土，大致是这样：其东边是在萨尔温江，其南边是离室利差呾罗或卑谬不远，其西边是在伊洛瓦底江之西，其北是在永昌之南。这个疆域，在地理上是很重要的，因为这个国家是占有伊洛瓦底的流域，不只物产丰富，而且交通方便，因而这个国家在那个时候，在东南的各国中，不只是一个强盛的国家，而且是一个文化很高的国家。在其强盛的时期，属国有了十八个，城镇有了九个，部落有了二百九十八个。据《新唐书》卷二二二下《骠国传》说：

> 凡属国十八，曰迦罗婆提，曰摩礼乌特，曰迦黎迦，曰半地，曰弥臣，曰坤朗，曰偈奴，曰罗聿，曰佛代，曰渠论，曰婆黎，曰偈陀，曰多归，曰摩曳，余即舍卫、瞻婆、阇婆也。

又说：

> 凡城镇九，曰道林王，曰悉利移，曰三陀，曰弥诺道立，曰突旻，曰帝偈，曰达黎谋，曰乾唐，曰末浦。

又说：

> 凡部落二百九十八，以名见者三十二：曰万公，曰充葸，曰罗君潜，曰弥绰，曰道双，曰道瓮，曰道匆，曰夜半，曰不恶夺，曰莫音，曰伽龙睒，曰阿黎吉，曰阿黎阇，曰阿黎忙，曰达磨，曰求潘，曰僧塔，曰提黎郎，曰望腾，曰澹泊，曰禄乌，曰乏毛，曰僧迦，曰提追，曰阿末罗，曰逝越，曰腾陵，曰欧哔，曰砖罗婆提，曰禄羽，曰陋蛮，曰磨地勃。

在上面所举出的属国城镇及部落，现在我们所能考订出来的地名，实在太少。属国的弥臣大概是在现在缅甸的西南，可能是在现在的勃生一带。勃生（Bassein）声音近于弥臣，不知是否就其对音。伯希和在《交广印度两道考》中曾考订悉利移及突旻，以为前者是在大公城（Tagaung），而后者应位在悉利移与骠国都城之间。部落中的磨地勃可能是现在的Martaban，因其声音极相近。

四、骠国的种族

上面是说明骠国的疆域邻国及其属国。现在我们且来谈谈骠国的种族。

应该指出，在缅甸现在已很难找出纯粹的骠人。有些人以为自缅族的阿奴律陀（Anawratha）于一〇四四年建立蒲甘王朝以后，骠国就已灭亡，而其种族也逐渐减少，或是同化于缅族，我们检阅明末朱孟震所著的《西南夷风土记》还有一段说：

> 种类曰阿昌、曰百夷、曰老缅、曰蒲人、曰僰人、曰剽人、曰杜怒、曰

哈刺、曰古喇、曰得棱子、曰遍些子、曰安都鲁、曰牛哒喇、曰孟艮子、曰赤发野人，女多男少，盖西南坤极也。

朱孟震是明穆宗隆庆年间（一五六七至一五七二）进士，这本《西南夷风土记》有序，但没有记年月，故此记记于何时，不得而知。但此书应该作于登进士第之后，这就是说应该是成于万历年间（一五七三至一六一九）。他在这里所说的剽人，应该就是骠人。因此，我们可以推论在十六至十七世纪的时候，在缅甸还有骠人。而且，在那个时候，其人数可能还相当的多，否则不会引起这位作者的注意，而且也不见得会把剽人排列于人数众多的缅人，僰人及得棱子排在一块。从十七世纪到现在时间约为三百年，可是现在几乎已找不出骠人，是否在过去的数百年间，缅人统治缅甸之后，已强迫同化于缅人，或在缅甸的其他种族，如掸或猛等等。

据近代一般学者的看法，骠人是来自西藏一带，在历史上，这个民族应该是属于羌氏族。唐贞元中（七八五—八〇四）缅国王雍有名雍羌，这个羌字，不知是否与羌族有关系。可能在西汉的时候，他们已从中国的西北慢慢的迁移到西藏，再从西藏而到云南，又从云南而抵达缅甸，在公元后一世纪，已散居于缅甸的北部。到了二三世纪到了缅甸的中部及南部，开始建立国家。魏晋人已传闻有了这个国家，到了唐代，始与中国通使。

这个种族与缅族同来自西藏，不过缅族到缅甸的时间比较的晚。缅人在长途的迁移，以及长期在云南、缅甸居住，早已与当地的民族尤其是掸族与居住在缅甸南部的猛人杂居，无论在种族上与在文化上都受其影响，因而与后来到缅甸的缅人远宗虽然相同，但是在血统上，尤其是在文化上，已有很大不同之处。然而他们两者也有其相同之处，比方在语言上缅人就与骠就有其相同之处。近人把骠族的语言列为藏缅系语言，可是或者更正确的说应该说缅族的语言是属于藏骠系语言。骠人先到缅甸既沾染云南方面的民族尤其是掸族的文化，又受猛族文化的影响，这样比之后来的缅人的文化较高，而况在十一世纪之前缅人之在缅甸者，又曾受过骠人的就治，那么缅人的言语文字之受骠人的影响，是无可疑的。此外缅人与骠人在血统上更加混杂，也是无可疑的。

骠国既与南诏毗邻，两国人民在血统上、在文化上，互有影响，也是自然而然的。近来人们以为南诏是属于掸泰种族，他们所以这样的主张，大概是根据掸族与南诏的祖宗来源的故事，《南诏野史》有一段话说到这一点。这部野史卷一的《南诏历代》中告诉我们道：

> 白古记西天天竺摩竭国，阿育王骠苴低娶欠蒙亏为妻，生低蒙苴，苴生九子，长子蒙苴附罗十六国之祖，次子蒙苴廉吐番之祖，三子蒙苴诺汉人之祖，四子蒙苴酬东蛮之祖，五子蒙苴笃生十二子，七圣五贤，蒙氏之祖，六子蒙苴托狮子国之祖，七子蒙苴林交趾国之祖，八子蒙苴颂白子国仁果之

祖，九子蒙苴閟白夷之祖。

又接着说：

《哀牢夷传》：哀牢蛮蒙伽独捕鱼易罗池溺死，其妻沙壹往哭之，水边触一浮木有感而妊产十子，后携子至池上，木化为龙，人言曰："我子安在？"九子惊走，独季子背龙而坐，龙舐其背，蛮语谓背为九、坐为隆，故名之曰九隆氏。哀牢山下有妇名奴波息，生十女，九隆弟兄妻之，立为十姓，董洪段施何王张杨李赵。皆刻画其身，象龙文，于衣后著尾，子孙繁衍，居九龙山溪谷间，分九十九部，而南诏出焉。

后这一段故事见于《后汉书·西南夷传·哀牢传》。前一段故事没有问题是从后一段故事脱胎而来，可是印度化了。这也不见得奇怪。因为南诏曾受佛教的影响，然而南诏的佛教据我们的推断，恐怕还是来自骠国，因而又受了骠国的影响。很可能的是当骠族经过云南时在永昌一带居住过，受了哀牢或掸族的故事的影响，后来他们到了缅甸之后，又受了印度佛教的影响，这种影响主要可能是从猛族而来，哀牢祖宗来源的故事，遂变为骠族的印度化的故事。这里所说的骠苴低的骠是骠的祖宗，也是骠的国名。

这个故事后来又影响于南诏，所以南诏又采用了。《南诏野史》卷上"南诏称谓官制"一段中说：

南诏称帝曰骠信。

又《新唐书》卷二二二下《南诏传》说：

元和三年（八〇八）异牟寻死……子寻阁劝立，或谓梦凑自称骠信，夷语君也。

不但这样，这个故事还且影响于缅族，关于这一点，伯希和在其《交广印度两道考》十六段中说：

阿育王王子与其九孙暨其九曾孙之名，显非汉名，设若观其名称之组合，则见阿育王子骠苴低名末一字，与其子低蒙苴之名相连，而低蒙苴九子之名，八子名首二字皆为蒙苴，此与南诏及缅甸父子连名之习相类者也。而且骠苴低名中之骠恰为中国载籍译写南诏时代统治缅甸种族之 Pyu 之对音，再以前述之缅甸王世系对核之，此种王名据缅史所载，乃二世纪至四世纪在位之王名，其中最可注意者则 Pyu-so-ti 与其子 Ti-min-yi 之名，奇类骠苴低与其子低蒙苴之名。……然则一种歹种（按：指哀牢）故事何以取一缅王而以之为阿育王之子欤？缅甸史书可以答此问也。据云与 Pyu-so-ti 为缅王之一系君主，皆自称为孔雀王朝 Moriya（Maurya）之后裔。

我们应该指出缅甸的缅族历史，很难追溯至一〇四四年以前。就是一〇四四年以后统治上缅甸的阿奴律陀及其子孙的事迹，也是一种传说，还找不到确实的证据，更说不到三四世纪时代的缅族历史。但是为什么缅族却能把其历史拉得那么长呢？这是因为他们受了骠族的影响，他们既然是都是来自西藏，而其语言又有其相同之处，那么他们把骠族的祖宗的来源的故事，当为自己的祖宗的来源的故事，是很可能的。同样的，南诏既受了骠族的影响，又受了掸族哀牢的故事的影响，因而也把这个故事当为自己的祖宗的来源的故事，也是无足怪的。

至于近人而尤其是暹罗的泰人，以为南诏是掸泰族而当南诏为其故国，这是一种错误。我们以为南诏的民族也是属于藏族，来自西藏，其南来的时间，晚于骠人，而与缅人之南来可能是差不多同一时间。因为云南尤其是在云南的西南一带乃掸泰，这就是哀牢所建国的中心地带。掸泰人之在这些地方很多。又据《后汉书·哀牢传》，在公元一、二世纪的时候，哀牢的文化已相当的高。南诏到了云南之后就与掸泰族同化，因而无论在血统上，在文化上，都受其影响。这样，人们遂以为他们是掸泰族。其实南诏不只受了掸泰族的影响，而且受了骠人的影响。这样，南诏的祖宗来源的故事不只是有了掸泰的彩色，而且也印度化了。

应该指出，骠族不只在其南迁的过程中受了云南而尤其在永昌的哀牢的影响，就是到了缅甸以后，在血统上，在文化上，也与掸人混杂起来。所以今日我们找不出骠人，就是因为有的已与掸人同化，有的已与缅人同化。

但在历史上，骠国可能在十一世纪亡于缅族，然而不只人种如上面所说还存在于明末。可能一部分的骠人在明末之前似乎还维持半独立的部落于缅甸北部。《元史》卷二百十《缅传》中说：

> 至元……十二年（一二七五）四月，建宁路安抚使贺天爵言，得金齿头目阿郭之言曰：乞觧脱固之使缅，乃故父阿必所指也。至元九年三月，缅王恨父阿必，故领兵数万来侵，执父阿必而去，不得已厚献其国，乃得释之。……比者缅遣阿的八等九人至，乃候视国家动静也。今白衣头目是阿郭亲戚，与缅为邻，尝谓入缅有三道，一由天部马，一由骠甸，一由阿郭地界，俱会缅之江头城。

又说：

> 二十年（一二八三）……十一月相吾答儿命也罕的斤取道于阿昔江，达镇西阿禾江，造舟二百，下流至江头城，断缅人水路，自将一军从骠甸径抵其国，与太卜军会，令诸将分地攻取，破其江头城，击杀万余人。……二十二年（一二八五）十一月，缅王遣其盐井大官阿必立相至大公城，欲来纳款，为孟乃甸白衣头目觧塞阻，道不得行，遣腾马宅者持信搭一片来告，骠甸土官匿俗乞报上司免军马入境，匿俗给榜遣腾马宅回江头城。……宣抚

司率蒙古军至骠甸相见议事。

这个骠甸在交通上与在军事上是一个重要地方,是用不着说的,但是这个骠甸是否为骠族所居住,是值得研究。然而既名为骠甸,可能是与历史上的骠国有了关系,也可能象上面所说是一个骠族的部落或城镇。

五、方物与音乐

关于骠国的物产,据《新唐书》卷二二二下《骠国传》说:

> 宜菽、粟、稻、粱、蔗大若胫,无麻、麦。

直到现在缅甸而尤其是在伊洛瓦底江的下游,稻米是出产的大宗。稻米不只是主要食品,在现在也是出口的大宗。甘蔗是骠人副食品之一,且为骠人所重视,所以在骠国歌曲十二种中,有一种叫做甘蔗王曲,其意思是佛教民如蔗之甘,民皆悦其味道。

动物的种类很多,而象很重要,经常用为交通工具,国王远行也多乘象,在战时也用象作战。白象当为神物来看,所以在骠国京都有一巨大白象象,人民与国王有事向其跪拜。

现在在缅甸最名贵的木材是柚木,可是在当时似乎还不会用或很少利用。《新唐书·骠国传》说"荔支为材",说明荔支的用途很大。骠国还产梧桐,其华有白毳,可以用来织布。骠国虽然也出蚕帛,但骠人并没有用以为衣裳。因为他们以为用这种东西去作衣服,有害于身体。

骠国也出各种香木、香花,而艾蒳香却闻名于外国,《香谱》引《广志》云:

> 艾蒳出西国似细艾。又云:松树皮绿衣,亦名艾蒳,可以合诸香烧之,能聚其烟,青白不散。

骠国也出金银铅锡,其王所居之屋,据《唐书·骠国传》说"以金为甓,厨覆银瓦",又在王宫中"设金银二钟,寇至焚香击之,以占吉凶。"《蛮书》卷十"骠国"条说"其国用银钱",《唐书·骠国传》说"以金银为钱,形如半月,号登伽陀,亦曰足弹陀",至于一般人民是用"铅锡为瓦"。

《新唐书·骠国传》又说:

> 与诸蛮市,以江猪,白氍,琉璃,罂缶相易。

江猪是一种海兽,属于鲸类,而小于海豚,状似猪,因名江猪,油脂很多,可以用来点灯。《唐书·骠国传》说:

> 无膏油,以腊杂香代炷。

这种江猪除当吃品外，其油可能用以燃灯，白氎大概是从梧桐的华中所取出者。琉璃是罂缶用以为贸易品，应该是骠国的著名的工艺品。

一九二六年杜鲁赛（G. Duroiselle）在骠国国都发掘出很多的古物，其最显著者有如：

> 金银小佛象数尊，金指环与嵌宝环多枚，空心金珠项圈一条，金叶稿本一卷，银制宰堵波模型多具，纪念钱币多枚，金银莲花多枝，大者径长七寸半，金银蝴蝶多件，金银铃多枚，翠玉小象一具，宝石多种，王髓龟一具，水晶碧玉与玻璃烧珠甚多，另有还愿牌若干块。（参看姚枬译威尔士《向吴哥去》，载《古代南洋史地丛考》页一五六）

骠国的工艺的水平固是很高，骠国的音乐及其乐器也很为中国所欢迎。《新唐书·骠国传》说：

> 贞元中（七八五至八〇四）……雍羌亦遣弟悉利移城主舒难陀，献其国乐，至成都，韦皋复谱次，其声以其舞容乐器异常，乃图画以献。

又说：

> 工器二十有二，其音八，金、贝、丝、竹、匏、革、牙、角。金二、贝一、丝七、竹二、匏二、革二、牙一、角二。铃钹四，制如龟兹部，周圆三寸，贯以韦，击磕应节。铁板二，长三寸五分，博二寸五分，面平，背有柄，系以韦，与铃钹饰缭纷，以花氎缕为蕊。螺贝四，大者可受一升，饰缭纷。有凤首箜篌二，其一长二尺，腹广七寸，凤首及项长二尺五寸，面饰虺皮，弦一十有四，项有轸，凤首外向。其一项有条，轸有鼍首。筝二，其一形如鼍，长四尺，有四足，虚腹，以鼍皮饰背，面及仰肩，如琴，广七寸，腹阔八寸，尾长尺余，卷上虚中，施关以张九弦，左右一十八柱，其一面饰彩花，傅以虺皮为别。有龙首琵琶一，如龟兹制，而项长二尺六寸余，腹广六寸，二龙相向为首，有轸柱各三，弦随其数，两轸在项，一在颈，其覆形如师子。有云头琵琶一，形如前，面饰虺皮，四面有牙钉，以云为首，轸上有花，象品字，三弦，覆手皆饰虺皮，刻捍拨为舞昆仑状，而彩饰之；有大匏琴二，覆以半匏，皆彩画之，上加铜瓯，以竹为琴，作虺文横其上，长三尺余，头曲如拱，长二寸，以绦系腹穿瓯及匏本，可受二升，大弦应太簇，次弦应姑洗，有独弦匏琴，以班竹为之，不加饰，刻木为虺首，张弦，无轸；以弦系顶，有四柱，如龟兹琵琶，弦应太簇；有小匏琴二，形如大匏琴，长二尺，大弦应南吕，次应应钟，有横笛二，一长尺余，取其合律，去节无爪，以蜡实首，上加师子头，以牙为之，穴六，以应黄钟商，备五音，七声；又一管唯加象首，律度与荀勖《笛谱》同，又与清商部钟声合，有两头笛二，长二尺八寸，中隔一节，节左右开冲气穴，而端皆分洞体为笛

量，左端应太簇，管末三穴，一姑洗，二蕤，宾三夷则，右端应林钟，管末三穴，一南吕，二应钟，三大吕，下托指一穴，应清太簇，两洞体七穴，共备黄钟，林钟两均。有大匏笙二，皆十六管，左右各八，形如凤翼，大管长四尺八寸五分，余管参差相次，制如笙管，形亦类凤翼，竹为簧，穿匏达本；上古八音皆以木漆代之，用金为簧，无匏音，唯骠国得古制。又有小匏笙二，制如大笙，律应林钟商。有三面鼓二，形如酒缸，高二尺，首广下锐，上博七寸，底博四寸，腹广不过首，冒以虺皮，束三为一碧绦约之，下当地则不冒，四面画骠国工伎执笙鼓以为饰，有小鼓四，制如腰鼓，长五寸，首广三寸五分，冒以虺皮，牙钉彩饰，无柄，摇之为乐节，引赞者皆执之。有牙笙穿匏达本，漆之，上植二象牙代管，双簧，皆应姑洗。有三角笙，亦穿匏达本，漆之，上植三牛角，一簧应姑洗，余应南吕，角锐在下，穿匏达本，柄觜皆直，有两角笙亦穿匏达本，上植二牛角，簧应姑洗，匏以彩饰。

又说：

凡曲名十有二，一曰《佛印》，骠云《没驮弥》，国人及天竺歌以事王也。二曰《赞娑罗花》，骠云《咙莽第》，国人以花为衣服能净其身也。三曰《白鸽》，骠云《答都》，美其飞止遂情也。四曰《白鹤游》，骠云《苏谩底哩》，谓翔则摩空，行则徐步也。五曰《斗羊胜》，骠云《来乃》，昔有人见二羊斗海岸，强者则见，弱者入山，时人谓之来乃，来乃者，胜势也。六曰《龙首独琴》，骠云《弥思弥》，此一弦而五音备；象王一德以畜万邦也。七曰《禅定》，骠云《掣览诗》谓离俗寂静也。七曲唱舞皆律应黄钟商。八曰《甘蔗王》，骠云《遏思略》，谓佛教民为蔗之甘，皆悦其味也。九曰《孔雀王》，骠云《桃台》，谓毛采光华也。十曰野鹅，谓飞止必双，徒侣毕会也。十一曰《宴乐》，骠云《咙聪网摩》，谓时康宴会嘉也。十二曰《涤烦》，亦曰《笙舞》，骠云《扈那》，谓时涤烦瞽以此适情也。

又说：

五曲律应黄钟两均，一黄钟商伊越调，一林钟商小植调。乐工皆昆仑，衣绛氎朝霞为蔽膝，谓之裓裾，两肩加朝霞，络腋。足臂有金宝环钏，冠金冠，左右珥珰，绦贯花鬘，珥双簪，散以毳，初奏乐，有赞者一人，先导乐意，其舞容随曲。用人或二，或六，或四，或八至十，皆珠冒，拜首稽首以终节，其乐五译而至。

值得指出的是在这段话里说，骠国的乐工皆穿着昆仑衣，我们上面已经指昆仑应该是猛族人，那么所谓穿着昆仑衣，就是穿着猛族的衣裳，这个骠国乐，可能也是受了猛族的影响了。

《旧唐书》卷一九七《骠国传》说：

骠国……献其国乐凡十曲与乐工三十五人俱，乐曲皆演释氏经论之词意。

《新唐书》同处还指出：

开州刺史唐次述《骠国献乐颂》以献。

骠国乐工是在贞元十七年（八〇一）随南诏使者到中国京都。德宗对于这个乐队，很为喜悦。可是诗人白居易对于骠国的献乐，却有不同的看法。他在《骠国乐》的诗中说：

骠国乐，骠国乐，出自大海西南角。雍羌之子舒难陀，来献南音奉正朔。德宗立仗御紫庭，黈纩不塞为尔听。玉螺一吹椎髻耸，铜鼓一击文身踊。珠缨炫转星宿摇，花鬘斗薮龙蛇动。曲终王子启圣人，臣父愿为唐外臣。左右欢呼何翕习，至尊德广之所及。须臾百辟诣阁门，俯伏拜表贺至尊。伏见骠人献新乐，请书国史传子孙。时有击壤老农夫，暗测君心闲独语。闻君政化甚圣明，欲感人心致太平。感人在近不在远，太平由实非由声。观身理国国可济，君如心兮民如体。体生疾苦心憯悽，民得和平君恺悌。贞元之民若未安，骠乐虽闻君不欢。贞元之民苟无病，骠乐不来君亦圣。骠乐骠乐徒喧喧，不如闻此刍荛言。（见《白香山集》卷三）

六、佛俗与建筑

据史书所载，及发掘出来的古物来看，佛教在骠国，很为流行。骠国的佛教，究竟是从印度直接传过来，还是从别的国家转输入来呢？照我们的看法，似乎是从别的国家传输进来的。我们知道，在骠国之南，这就是在现在的缅甸滨海一带是猛族所建立的一些国家。最早的是杨林，其他如称臣，昆仑，也是猛人所建立的国家。猛人在这些地方，历史很久，其建立国家，应在公元前一、二世纪。中国史书记载杨林早已尊崇佛教。其实在东南亚，而尤其是在暹罗、缅甸这一带地方的佛教，多为猛人所传播。猛人先从印度传入佛教，然后再由猛族诸国传入骠国。当然，这并不是说骠国不会同印度有直接关系，也不是说骠国完全没有遣人到印度学习佛法，我们只是说骠国的佛法，主要是传自猛族诸国。

骠国的佛教，主要虽传自猛族诸国，但是骠国也是一个佛教转输站。比方，云南尤其是在南诏时代，佛教是从骠国输进去的。

关于骠国的佛教，《新唐书·骠国传》说：

喜佛法，有百寺，琉璃为甓，错以金银丹彩，紫矿涂，地覆以锦罽……

民七岁祝发止寺,至二十,有不达其法,复为民。

马端临《文献通考》卷三百三十"骠国"条云:

男女七岁则落发,止寺住桑门,至二十五,悟佛理,乃复为居人。

这与《新唐书》所说的词句有了不同之处,然而骠人之重视佛教,从此可以概见了。

直至现在,在缅甸以至在暹罗、柬埔寨与老挝这几个国家中,佛教不只流行,而且是成为国教。宏伟美丽的佛寺,到处可见。人民进入佛寺成为一种习惯,因而僧徒众多,所以佛教之在这些国家,是深入人心,而影响到生活的各方面。《旧唐书·骠国传》说骠国乐"皆演释氏经论之词意",不过只是一个例子而已。

骠国的佛教究竟是从那里输入这个问题,有人以为骠人既是来自西藏,这种佛教也可能来自西藏,但是从我们现在所有的史料来看,还找不出这种痕迹。有人以为骠国的佛教是直接从印度而来,输入的路线,可能是从阿参姆(Assum)经陆道而来,也可能是由海道经缅甸西北岸的阿克雅布(Akyab)而来。近来从这两条路线都找出一些古物,说明这两条路是古代从印度到缅甸的交通线,也有可能的,是由海道经伊洛瓦底江口而输入。但我们知道在现在缅甸的南部,很早的时候就有猛人建国。在猛人国,佛教很为流行,东南亚的好多国家的佛教,都曾受过猛国的影响,或是由猛国传进去,直到十一世纪蒲甘王阿奴律陀,是因为猛国国王不答应遣派僧徒到蒲甘传教,而引起他征服直通,说明直通或猛国是佛教的中心。猛国与骠国为邻,猛国的佛教既盛行,又为东南亚好多地方的佛教的转输站,那么骠国佛教是深受猛国的影响,是无足怪的。

骠国的佛教的流行,从近来考古学者在骠国的领土上,曾找出的佛象以及有关佛教的遗物来看,就可以说明了这一点。从一些土墩如卑谬附近的坚拔(Khin Ba)所发掘出的丰富古物,包括了金佛象及关于佛经的金叶稿本,就是一个例子。从时代方面来看,考古学者所发掘出来的好多佛教遗物,多为笈多时代的东西,有的东西是从南印度运进来的,但也有的是当地所制造的。

在卑谬附近,还找出一个佛象,是属于巴拉(Pāla)派的佛象,坐在莲花座位,右膝举起,而左脚放平于座位。这个佛象是象印度的俾阿尔(Bihar)的佛象一样,其时代约为九世纪至十世纪。

骠国的佛教,主要是小乘佛教,但是从发现的一些佛象与碑文来看,也有大乘佛教的痕迹。

此外,婆罗门教的遗物,也在这里找出来,在喀拉景恭(Kalagangon)村附近,曾找出一个十四英寸高的凌迦(Linga)残余,说明温婆教(Caivism)也曾传入骠国。此外,大自在天王(Visnu)及其他的婆罗门教的遗物,也在骠国领土上发现。因此，我们可以断定，从五世纪至九世纪的约五百年的时间中，骠国是有了三种印度宗教，这就是小乘佛教，大乘佛教与婆罗门教。但正象我们在上面已经指出，其主要的宗教还是小乘佛教。这种佛教直到现在，还是流行于缅甸。

应该指出，骠国人的宗教信仰，不只是限于上面所说的三种宗教。骠国人所崇拜的东西还有很多。比方，拜象就是一个例子，《新唐书·骠国传》说：

> 有巨白象，高百尺，讼者焚香跪象前，自思是非而退，有灾疫，王亦焚香对象跪，自咎无柱楛。

《蛮书》卷十"骠国"条也说：

> 国王所居门前有一大象，露坐高百余尺，白如霜雪。……若有两相诉讼者，王即令焚香向大象，思惟是非便各引退，其或有灾疫及不安稳之事，王亦焚香对大象，悔过自责。

我们相信，除了崇拜大象之外，骠人也象东南亚的好多其他民族一样，对于好多动物、植物以至石头，也当为神祇崇拜。

骠人既相信佛教，他们对于死人是用火焚烧，然后将其骨灰放在瓮内埋葬。其国王或其重要人物，死后是用很大的瓮，瓮上有时还刻有文字。据考古学者所掘出的瓮上的文字来看，在八世纪的时候，骠国曾有一个王朝叫做毗讫罗摩王朝(Vikrama Dynasty)。哈威在《缅甸史》中，还说这个君主甚似属于印度或半印度血统者（卷上第一章）。我们以为骠国既受了印度文化的影响，骠人采用印度名字，也是一件平常的事情。

关于骠国的刑法，《新唐书·骠国传》说：

> 有罪者束五竹捶背，重者五，轻者三，杀人则死。

《新唐书·骠国传》又说：

> 恶杀，拜以手抱臂稽颡为恭，明天文。

《蛮书》卷十"骠国"条说：

> 俗尚廉耻，人性和善，少言，重佛法，城中并无宰杀，又多推步天文。

《旧唐书》卷一九七"骠国"传说：

> 君臣父子长幼有序。

"人性和善"，而"恶杀"，这是与佛教的深入人心，有了关系。"俗尚廉耻"，"君臣父子长幼有序"，也说明了其国的安定秩序，至于明"天文"，说明其科学的进步。

关于骠国的衣服，《蛮书》"物产第七"中说：

> 骠国、弥臣、诺悉诺，皆披罗缎。

这又说明骠国与弥臣的风俗，有了相同之处。

《新唐书·骠国传》又记其妇女服装说：

> 妇人当顶作高髻，饰银珠琲，衣青娑裙，披罗段，行持扇，贵家者傍至五六。

《蛮书》也有同样的记载，惟其末句说得更为清楚，云："贵家妇皆三人五人在傍持扇。"至于国王的居住衣著，更为华丽。

《滇系属夷》十之二中说：

> 缥人妇人以白布裹头，短衫，露其腹，以红藤缠之，莎罗为群，上短下长，男女同耕。

这里所说的缥人，似乎是《新唐书》所说的骠人。

《新唐书·骠国传》说：

> 王居以金为甓，厨覆银瓦，爨香木，堂饰明珠，有二池，以金为堤，舟楫皆饰金宝。……王出，舆以金绳床，远则乘象，嫔史数百人。……戴金花冠，翠冒，络以杂珠。

上面已经指骠国有九个城镇，但是城镇之最大的，要算其国都。据《新唐书·骠国传》说：

> 青甓为圆城，周百六十里，有十二门，四隅作浮图，民皆居中。

《蛮书》说：

> 以青砖为圆城，周行一日程，百姓尽在城内，有十二门。

《文献通考》卷三百三十"骠国"条说：

> 其罗城构以砖甓，周一百六十里，壕岸亦构以砖，相传本是舍利佛城，内有居人数万家。

假使一百六十里是现在的中国里，那么要一天周行就不可能的。据近来实地考察，这个城墙周围实际为八英里半，那么周围约为三十华里。就以这个阔度来说，在缅甸任何城镇，都没有这么广。这个城东边约十哩远，为一老河床，或者是旧伊洛瓦底江。其城西边约十哩，为伊洛瓦底江。因此城的周围是在两水之间，其面积据估计为五·五二方哩。缅甸人在后来的国土，虽然广大得多，其国势也强盛得多，而一些君主又大兴土木，建筑城池，都比不上这个城的广大，说明了骠国在当时的兴盛的情况。一九○八年《缅甸考古调查局报告》第十三页中有陶新国（Taw Sein Ko）著一文关于这个城的情况说：

> 所有泥垒砖垣坟场，石象及圮废之浮图，均散见于一广约四百方哩之区域内。换言之，即以火车站为中心，伸展东南西北四方各约十哩之距离内也。（哈威《缅甸史》卷一页二二注二。）

马端临的《文献通考》记载，城里有居人数万家，究竟多少万家不得而知。若以五万家来说，每家五人，总共就有二十五万人。在现在来说，一个二十五万居民的城市，并不算为大城市，可是在一千年前，一个城市有了这么多人，却可以说很大的城市。而况，这二十五万人通通都住在城里，这更说明这是一个大城市，这样大的城市，在那个时候东南亚各国中，固不容易找出，就是在世界各国中在那个时候也是一个大城市。

总而言之，从我们现在所能找到的材料，象我们在上面所叙述的来看，骠国的历史约有约一千年之久，这就是从中国的魏晋时代至元代，或是从公元约二、三世纪至十三世纪。这不只是在现在的缅甸土地上，是一个国祚很长的国家，就是在东南亚的各国中，也是一个历史很长的国家。

在疆域上，这个骠国，其本部领土占有现在缅甸的中部，其属国则西南到勃生，在南边，假使中国史籍所载的佛代是靠近爪哇的话，那么其势力伸张到苏门答腊一带。我们从《唐书》所载，其属国城镇与部落之多，说明这个国家是东南亚古代一个强大的国家。

这个骠国，据史书所载与考古学者所发掘的东西来看，不只是天然物产很为丰富，而且其文化水平也是很高，工艺很为精巧，商业很为繁荣，城镇多而有的很大，音乐很为发达，佛教很为流行。

除了中国史书记载关于骠国之外，其他种文字之叙及这个国家的，虽然很少，但是考古学者的发掘工作，已有很好的开端，这种工作，若能积极继续不断的进行，那么在骠国的领土上，可能会找出更多的材料，使历史学者能够整理起来，使我们对于这个国家的历史，能够有进一步的认识。

原载《中山大学学报·社会科学》第 4 期东南亚史专号，1962 年 8 月 29 日；又载《东南亚历史论丛》第 1 集，中山大学东南亚历史研究所，1979 年 10 月，第 45~82 页。

《被捕十二日记》序

《被捕十二日记》著者琼华，就是柯葆华先生。葆华先生是我的老师，也是老友。他是海南岛琼山人。在海南岛琼台师范学校毕业之后，就到新加坡育英学校教书，那是一九一七年。他教的是图画、体操、唱歌三门功课。育英是一所七年制的小学，我当时在该校读书，喜欢体操、唱歌，尤其是图画，因而与他往来较多。有一个时期，我与他同找一位画家学习油画与炭画，他学得很好。现在我在海南文昌家中所挂我父亲的炭画像，是他与我同画的。他在育英教数年之后，又到暹罗曼谷育民学校当教师。我于一九三三年和一九三五年到暹罗时，他已当该校校长。他经常绘画，在马来半岛与暹罗，他的绘画作品很多，是一个著名的画家。

日本统治暹罗的时代，校长做不下去，他弃教经商，承办一个小锯木厂。日寇当他为间谍而逮捕，下面就是他被捕时期中的日记。一九四八年我到暹罗时，他把这份唯一的稿子交与我，我回国后原想找个刊物刊登或印单行本，当时未能这样作。一九五〇年，他因丧父回海南，路过广州还谈到这篇稿，可是印行的困难更多。数年之后，他不幸与世长辞。他在暹罗的夫人是南邦（Lampamg）的佬族，除佬语、泰语外，不只懂得海南、潮州、广州各种方言，还能说一口流利的普通话，也能用中文写作。他们身边有一个儿子。

日寇的凶暴残忍，在这篇日记中说得很清楚。然而葆华先生还算是一个侥幸者，因为他还能死里逃生。不要说只在我们国内，日本人的滔天罪行罄竹难书，就是在东南亚各地，他们对于当地人尤其是对于华侨的残暴杀害的罪恶，真非笔墨所能形容。在河内，一九四六年的春天，我曾参加过一个被日本人残杀的华侨的安葬礼。据说在几个地方所掘出的死尸就有七八千具，有的用刀切断，有的用火烧，有的用水煮，有的数百人集体枪毙，有的集体用毒气熏毙，还有的集体活生生的埋葬，闻之令人发指，比之禽兽的凶残还厉害。我一九四八年到马来半岛、新加坡以至暹罗多处，没有一个地方的侨胞不谈到日本人这种罪行。

日本投降十多年了，年轻人可能不知道日本人的这种罪行，就是年老人以至一些身受其害的人们，有的也忘记了。葆华先生的日记所诉说日寇的残暴，虽然还不能完全暴露日本人的残暴真相，可是读了这一篇也可说是闻一知十。葆华先生虽已死了，他的这篇日记，应当永留于人世。

一九六二年秋于广州

1964 年

有关岭大与钟荣光的几点回忆

我在岭南大学附中念过一年多书,但没有在岭南读大学,所以在岭南大学的同学录中没有我的名字,不算是"岭南人"。后来我在岭南教过两次书,一次是一九二七年到一九二九年,一次是一九三一年到一九三三年。一九四八年八月到一九五二年,我担任了岭南大学历史上最后一任的校长。

我和岭南的关系不算深,我会当上最后一任岭南的校长,不是由于和岭南有什么渊源,而是由于一些其他的原因。从我和岭南的关系来看,我对岭南了解不多,我来谈岭南的历史,难免有很大的局限性,有些看法也未必正确。

一

岭南大学的前身是格致书院,创办于一八八四年。美国人办这个学校的目的表面上看来是传教。那时中国对于西方科学知识所知不多,所以学校要教数学、地理等学科。通过介绍西方科学知识、宣传宗教为名,以达到对中国文化、精神侵略的目的。

一九〇〇年改名岭南学堂,迁到广州康乐。从一八八四到一九〇四这二十年,学校在广州创办,又迁澳门,后来又迁回广州,这二十年是不稳定的。从一九〇四到一九二四,这二十年是积极扩张的时期。这时候校名叫岭南学堂,英文校名叫 Canton Christian College,译成汉文应该是"广东基督教学院"。

前二十年完全是美国人抓权,后二十年抓权的也是美国人。但是美国人要使学校有号召力,吸引更多的中国人,不能不请有名望的中国人到学校教书。钟荣光先生是清末举人,在广东有文名,于是聘请了钟荣光当汉文总教习,后来钟当上了学校的副监督,成了学校里的中国领导人。钟荣光在岭南一直和美国人有矛盾,并且逐步和美国人有斗争。

一九〇四年美国人出钱建了一座大楼,就是现在的图书馆(即马丁堂),开始办中学和附小,大概是一九一四年开始办大学。我记得第一届大学毕业的是一九一八年。这个期间学校有很大的扩张,办了小学、中学和大学。一九〇四年美国人出钱建了那座大楼，我念中学时这间大楼是课室，大学也在一起上课。另外还有许多简陋的房屋，是一种离开地面建筑的房屋，我们当时叫它"浮脚屋"，有些是课室，有些是学生宿舍。

从一九〇四到一九二四这二十年内，学校范围不断扩展，校舍不断增加，学校的规模越来越大。在这一段岭南发展的时期中，究竟是美国人投资多还是中国人投资多？照我看是中国人投资多。这个问题可以从两方面来讲：一是经费，二是校园和校舍的扩展和兴建。

先讲经费。经费中最主要的是经常费，岭南的经常费主要靠学生缴交的学杂费，这一部分大约占经费支出的百分之六十。岭南收的学费相当高，我念中学时每年要六七百元港币，而且每年收费多少也不一样，经费不足时就提高学费。美国人并没有一笔固定的钱给学校做经费，美方主要支付的是美国教师的薪水和其他费用。美国教师每月薪水约一百元（美金），夫妇同来的二百元，有小孩的还有津贴。来回旅费有补助，告老之后有退休金、养老金。美国教师不是由一个统一的机构派来的，他们有多方面来源，分别属于美国各个教会，如美以美会、长老会、贵格会等等。每个教会给自己派出的人在岭南建筑住宅，并负担他们的薪水。那个时期美国教师最多时达四五十人（其中也有一些英国人），美方出的钱是用来养他们自己派来的人。在美国组织的基金会（American Foundation of Lingnan University），主要工作之一是维持这一批在岭南的外国人。可以说，美国人对岭南最大的经费负担，是维持一批美、英籍教师的费用，除此之外，还有购置一部分图书、仪器的费用。但是，美基金会却操纵了岭大的实权。

从美国人对岭南出钱的来源来说，除了上面讲到的，由各个教会分别负责它们派出的教师之外，还有几个来源：（一）以合作的名义共同搞科学研究，由美方出一部分钱。比如美国加利福尼亚州立大学和岭南合办的昆虫研究，中国人当时搞这个工作，也是领美国人的钱。（二）美国的某些组织，象美国洛克菲勒基金会（Rockefeller Foundation）就给岭南捐过钱。（三）以个人名义的捐款。我在美国认识美孚煤油公司总经理派克（Parker），在美国时我到过他的家乡，一九四八年他来中国时，到过岭南，问我有什么需要他帮忙，他说可以拿出几万元给岭南请教师。有时还会有一些什么老太婆捐点钱给学校之类的事情。（四）一九四八年到一九四九年期间，岭南从十三间教会大学联合会得到过每年三万元美金的补助。岭南不是这个基金会的成员，这个基金会多次写信给岭南，希望岭南参加进去，并且表示，参加了每年将可以得到十几万美元的补助，但岭南始终没有参加。应该说明，无论用什么名义，用什么方法出钱，美帝分子都有它的目的，绝不会真的为了文化事业，或者是对中国人大发善心。

总的来说，美国人付给岭南的钱，在岭南的整个经费支出中，不会超过百分之二十。

其次是购买土地和建筑校舍方面的投资。岭南最初的校园范围很小，一九一九年我在岭南念书的时候，就只有现今图书馆的一座大楼与大钟楼。一九二〇年前后校园陆续扩大，新建的校舍也陆续增多，绝大部分建筑物是钟荣光经手向海外华侨及港澳同胞捐钱兴建的，像小礼堂等。其中有些是个人捐建的，如哲生堂（当时孙科当伪南京政府的铁道部长，他拿铁道部的钱来建的）、陆祐堂、陈嘉庚堂、张弼士堂、医院（马应彪捐的）。也有用集体捐建的，象爪哇堂、十友堂、荣光堂（岭南学生捐建）等等。有些宿舍、小学课堂，也是捐建的，所以每个房间都有石碑注明捐款人姓名。

美国人出钱建的校舍不多，除大钟楼、女生宿舍等，又建了一些外籍教师住的房屋。如晏文士的住宅（即现在的党委会）是由美基金会出钱建的。美以美会、伦敦会、贵格会、葛地会等各个教会，都为它们派出的教师建住宅。也有个人名义捐钱建的，如钟荣光的住宅（现在的招待所），就是由一个叫 Blackstone 的人捐建的，所以那房屋就叫"黑石屋"。

从一九〇四年以后的四十年，岭南的校舍建筑，大部分是中国人出钱建的。其中大部分是钟荣光经手捐款建筑的。校园范围的陆续扩大，也是钟荣光筹划经营的结果。

四十年来，美国人对扩充校园购置土地的钱出得很少，房屋建得不多，经费出得不多。岭南有相当规模的校园，有这么多象样的校舍，主要是中国人出钱建设起来的。

二

岭南在任何时期，教师中的中国人都比外国人多。但是，从一九〇四到一九二〇，学校的监督是美国人，学校大权抓在美国人手里。一九二五年以后，美国人虽然还在抓权，但是情况发生了变化，美国人怕中国人拥护钟荣光与他们作对，所以美帝分子才采用排挤钟荣光，利用李应林等方式来加强控制。

二十世的初期，美国人办格致书院时，中国人连懂得新式的加减乘除笔算的人才都不多，那时不要说办大学，连我的家乡海南岛文昌县办中学都要请日本人来教。一九二〇以后，第一次世界大战结束了，中国的民族工业有点发展，又是五四运动以后，中国已经有了自己的人才。我出国留学时是二十年代人数最多的一批，现在中国的科学家年龄大约在六十来岁的多是我们那一批。高等学校已经可以不用依靠外国教师，讲真实本领，有些中国教师比外国教师强。有不少从教会学校出身，学了本领再回到教会学校教书，就更清楚地看出那些外国教师并不是第一、第二流的人才。

但是一些美国人却又一直以为自己比中国人优越，看不到中国人在教学水平上走到他们前面去了。一九四八年间，我当岭南校长时，岭南要聘请国内知名的X光专家谢志光教授到医学院教书，当时岭南的校医室主任嘉惠霖（W. W. Cabury，美国人）极力反对，他认为岭南医学院的水平很高了，用不着请谢志光。有一天我请几个美国人在家里吃饭，席间我表示一定要请谢志光，问有谁反对，反对的可以提出理由。理学院院长富伦（H. Frank）首先表示不反对，这件事就算决定了。谢志光来了之后，那些固步自封的美国人才心服，柔济医院的一个美国医生也向谢志光当面承认谢的水平高。

一九二五年收回教育权运动以后，所有教会大学校长都由中国人担任，但各个学校的情况又有不同。比如燕京大学由我国人当校长，但实权却抓在司徒雷登手里。岭南的美国势力在这个时期前后，开始有所削弱，经济力量也削弱了，但美国人还要加以控制。一九二一年岭南办成农学院就是一个标志。美国人是不赞成办农学院的，钟荣光找到当时的广东政府来支持，政府给了二十万元开办费，每年由政府补助十余万元，因而把农学院办起来，说明了此时美国人对岭南已经不能随心所欲了。这段期间还办了工学院和商学院，这两个学院都是中国人办起来的。但美国人还设法插手而且抓住文学院和理学院，但这两个学院里中国人也渐渐多了，情况也有所改变。

时代变了，形势变了，但美国人看不出这种变化，美国人还要管、要抓。

一九二五到一九三七，美国人虽然名义上把岭南交回给中国人，但是并没有放弃控制岭南的欲望。最具体的表现就是捧出李应林。美国人这一手是失败的，李应林是美国人的代理人，特别是从李应林的作风上，正好反映了他是香雅各（J. M. Henry）的代理人。李应林和香雅各有些相同之处，香雅各不学无术而且粗鲁。李应林在任期间，由于他出面而起了欺骗作用，但美帝分子对他也不认为满意。美国人本身的力量也不够，来中国的美国教师比较少，留在岭南的是几个老人，整个来说，美国人在走下坡路。岭南学生有些从国外回来，到岭南来当教师，中国教师的力量越来越壮大，地位也提高了。

抗日战争开始以后，岭南迁往香港。香港沦陷前后，岭南由香港迁到粤北。岭南迁到内地是有些好处的，这时美国势力更加削弱了，有几个美国人在香港沦陷后被日本人关进了集中营，有个别回美国去了。岭南在粤北期间，学校里好象没有美国人。但是美国还给点钱，这是为了保持一种关系，准备日后重新回来。岭南迁到内地，还有这样的好处：学生中多数是官僚、资本家的子弟，在过去什么都不懂，回到内地以后，民族意识有了一定程度的提高，对内地情况也有一定的了解。

一九四五年战争结束后，学校迁回广州。从一九四五到一九四八这段时期，美国人回来了，香雅各也回来了，他们想重新控制岭大。这个时期代表美国势力的人，照我看不是香雅各而是理学院院长富伦。富伦是搞化学的，在美国人里面算是比较有学问的一个，他对问题有自己的看法和主张，对人很圆滑，不同于香雅各的粗蠢。富伦的做法不同于香雅各的流氓作风，在方法上，他不是明来，是想暗中恢复势力。他知道中国人势力大了，没有可能恢复美国人在岭南的黄金时代。他采取的策略是利用美国基金会，逐步恢复对岭南的控制，为实现这个企图，富伦在这方面做了一些工作。他的另一套手法是拉拢一些美国的大学和岭南搞合作，他也想把岭南拉进十三间教会大学联合会，当这个机构对岭南表示，如果参加进去每年可以得到十几万美元的补助费时，富伦是希望岭南参加的，我坚决没有接受。富伦就是这样想用十几万美元把岭南重新置于美帝控制之下。但是，他非常狡猾，他一直不和我正面谈论这个问题，只是旁敲侧击的对我说，学校经济有困难，美基金会力量不足，要另外想办法。

  战后这个期间，美基金会也确实是一蹶不振。由美基金会出钱聘请的外籍教师只有八个名额，实际上在岭南的只有六个人。在这种情况下，美国人还是想死抓岭南，有一种反常的情况可以说明这一点。为了应付中国形势的新发展，基督教和天主教居然在岭南内联合行动起来，答应天主教派神父到岭南来教书。弄得有几个不知内情的美国人为了这件事还写信给学校表示反对。美基金会虽然在给岭南的教师名额上好象到了没有办法的境地，但并不是没有钱，而是不能象过去那样花，有一大批过去在岭南的老教师，回到美国之后，要靠美基金会的钱养老，用掉了就没有办法。这个时期，美基金会出的钱在岭南的经费中，大约只占百分之三。

  从岭南的历史可以看得出，美国人要照美国的方法来办岭南，在任何情况下美国人总是要抓岭南的大权，在过去曾经有过它的"黄金时代"，而在后期却是走下坡路，人才没有，经济不足，但还是想尽办法，要抓要管，死不放手。

三

  美国人有没有一套完整的政策来办岭南，这个问题要从两方面来看。从表面上看，美国的联邦中央政府没有教育部之类的机构，美国一些著名的大学多数是州立的，也有很多私立的，大学的教育方针决定于州的政府或学校的董事会。这样看来似乎没有一套可以代表美国政府的政策。是不是每一个外国人都受过一种系统的训练，才来岭南教书，表面上也不见得。但是，从实质上看，美基金会以及各种教会组织，他们对办岭南有明确的目的，它们派到岭南来的每一个人，也有明确的任务。他们把宗教、美国的文化、美国的生活方式带到岭南来，这种通过宗教、文化影响而进行的侵略是普遍而又深刻的。以我自己来说，我在岭南教书、当校长，如果有人问我，有没有接到过美国人给我一套什么政策、计划呢？我说不出来。但是，我曾经在美国读过书，受过他们的教育，受过他们的影响。

我讲的一套，也许正是他们所需要的，从这一点来看，我们中有些人是自动做了美国文化侵略的工具。

岭南是教会学校，但又不同于其他的教会学校。宗教活动在岭南有它的特点。岭南不是由一个教会来办的，我在上海沪江大学读过两年大学，我可以拿沪江大学来作个比较。岭南收的学费很高，教会的经济力量对学校还起不了控制作用。我在沪江念书时每学期收费四十元，只有岭南的几分之一，学校不是靠学费收入来维持，主要是靠浸信会的钱，虽则其所给的经费也是有限度的，所以教会对沪江抓得很紧。这是一方面。另一方面，教会在岭南采取的措施也有点不同，它通过各种宗教活动的影响，表面上不是强制信教。我是不信宗教的，沪江的外国教师常找我谈宗教信仰的问题，大学二年级时一个美国教师对我说："在沪江的历史上还没有一个学生是不信宗教而可以毕业的。"这等于警告我，要不信教就不要指望在沪江毕业。我不愿信教，只好转学到复旦大学。在岭南却没有谁对我说过一定要信教，教我们"圣经"这门功课的教师找我到他家里吃饭，显然是有意图的，但也没有明白地提及信教的事。这是他们另一种手法。

在岭南有宗教活动。比如说，"圣经"列为一门功课，但是学生并不重视它，只是跟着念经。学生要参加每天早上举行的早会，这个全校学生集中的活动，也有宗教内容，但不完全是宗教活动。星期天做礼拜或其他正式宗教集会，并不强制每人参加，我在中学读书时就从来没有做过礼拜。这些都和其他教会学校不同。尽管这样，基督教的影响在岭南还是一个主流。宗教活动虽然不带有强迫性，但它无处不有，浸透到各个方面，表面看来宗教色彩虽然不浓，但总有宗教色彩。宗教活动在岭南的特点，从纽约的美基金会可以找出它的来源。基金会有教会关系，但不属于那一个教会，负责基金会的人，也不一定是宗教方面的人物，主要的条件是看他在美国社会上的活动能力，有没有办法弄钱。

美国人想把岭南办成什么样子的学校？照我的了解，是依照美国的小型大学的样子来办的。早期做过岭南监督的晏文士（C. K. Edmunds），回国后在美国西部加里福尼亚州的克廉芒（Claremont）在波摩拿大学（Pomona University）当了校长。一九四四年到一九四五年间，我在美国加利福尼亚州见过他。波摩拿大学在美国有点名气，只办了文理学院，学生人数不多，不超过一千人，学校里的宗教色彩好象也不很浓厚。这一类学校是一种类型。美国人是照这个类型来办岭南，不想把规模搞得太大，在这一点上，美国人和钟荣光有矛盾。美国人怕搞大了控制不住，不好办；钟荣光刚好相反，他想把岭南照美国那些大型大学来办，象耶鲁、哈佛一样，有几个学院，几千学生，办成一个南中国最大的大学。把岭南办得更象美国大型大学这个想法，钟荣光比美国人还热情。

一九三二年，在岭南有些人包括我在内提出"彻底或全盘西化"的问题，引起了我国学术界的一场争论。"彻底西化论"是怎么一回事，这里不去详谈，值得注意的是，"彻底西化论"在岭南没有得到美国人的赞成或支持。甚至有美国人提出，为什么要彻底西化呢？中国不是也有些好东西吗？他们自己不用这个口号，而且怀疑这种提法产生的效果，这正是他们"高明"的地方。他们要在中国做的事情，不一定是培养"彻底西化"的中国人，而是培养并不彻底西化却又能起他们预期作用的人。如果只是要彻底西化，办岭南对他们就失去了意义。从他们本身来看，他们带来了西方的文化、西方的生活方式，这些都产生了深远的影响，如果露骨的彻底西化反而失去了欺骗作用。

在教学和学术研究方面，美国人的办法表面上看来似乎抓得不很紧。教学上有几个特点：（一）用英语教授英文的书，除了中国国文和中国历史，大多数的课程都是用英语讲授美国书。岭南附小从五年级开始就学英语，所以岭南的学生，即使各种学科的成绩都很差，但英语总有点根底。（二）岭南的课程和美国有联系，在岭南大学毕业的可以到美国进研究院，岭南附中毕业的可以到美国考大学，也就是把岭南变成中国的美国学校。（三）在学术研究方面，美国人对于有关中国文化方面的研究，也拿出一点钱来。比如燕京大学的燕京哈佛研究所，美国人是出了一点钱的；陈受颐在岭南所做的研究工作也得到哈佛燕京研究学会的合作。从我自己的体会来看，美国人这样做有他们的目的。我在岭南教书时，作了关于蛋民的研究工作，他们对我这项研究没有给予经济上的帮助，后来我写出了一本书，美国人就来找我，征求我的意见，将它译成英文，拿到美国出版，我没有同意。为什么美国人也搞点学术研究呢？因为美基金会可以拿它作为成绩在美国活动，以示它们办岭南有成绩，可以捐钱。更主要的是，可以交给美国政府，作为了解中国的材料。

照我看，美国人办岭南在方法上有这么几个特点：（一）岭南大学虽是和其他教会学校比较起来，宗教色彩不很浓厚。美国人在表面上不强制别人信教，但利用宗教影响，习惯势力来达到宗教上的目的。（二）美国人要培养合乎他们期望的美国化的中国人。（三）美国要利用岭南来传播西方文化，但不排斥对中国文化的研究，倒是反过来利用中国文化的研究回来扩大岭南的影响，提高岭南的地位。

美国人不是打算把岭南办成斯丹福大学，斯丹福大学是很大规模的学校。照我看是打算办成波摩拿大学。

美国人要抓文理两学院，尤其是理学院，从美国教师的人数来说，理学院的教师人数比较多。文学院特别庞大，学科包括中文系、政治历史系、经济系、社会学系。一九三一到一九三三年，有几位中国留学生从国外回来，到岭南教书，教的是社会科学。当时社会学系的系主任是美国人包令留（H. C. Brownell），这个人教了二十多年书，在美国教师中还算是肯做点学问的，涉猎较广。这些留学生来了当教师之后，他大概看到学生对他们很好，也许引起他的不安，他曾经问过学生，是不是想找一个中国人来当系主任。美国人对这几门社会科学的学系抓得很紧，除了中文系，美国人不能当系主任外，其他各系都是美国人抓。中国教师曾经想把社会学系分出来，美国人反对。在理学院方面，美国教师中有几个人对于搞实验表面上虽是很卖力，但实际上是加强控制。

搞学校行政方面的美国人，不想把学校办得大，以便易于控制，与司徒雷登办燕京，有所不同。就以校园来说，燕京是按照一个规划一气建成的，岭南却是逐步逐步建成的，这一点也反映出钟荣光所起的作用。

美国人指望岭南培养出来的人，是美国化的中国人，但又不见得是彻底洋化的。希望这些人受了美国教育，受了美国生活方式影响的中国人，在中国做了有利于美国的事情。具体点说，就是培养崇美、亲美、恐美的"知识分子"。

岭南学生较少参加革命的政治活动，在学术研究的幌子下，一般被培养成为帝国主义、资产阶级的工具。

岭南也没有培养出什么突出的人物，在工商界的有一些。听说在香港有这样的情况，岭南学生容易就业，失业的较少。

四

钟荣光在岭南历史上有重大的作用。一八九八年他在格致书院当汉文总教习，一九一七年任岭南大学副监督，成为岭南的中国领导人，自此以后，他和美国人之间就有矛盾，有磨擦。一九二六年收回教育权运动之后，他担任了岭南的第一任校长，主持岭南校政达十余年之久。一九四二年他在香港逝世前，他和岭南的关系还非常密切。他的后半生和岭南是分不开的，他也深受美帝文化的影响。

钟荣光办岭南，有他自己的一套办学思想。从他的言行中来看，他的办学思想有这几个特点。

（一）面向港澳、南洋和美洲的华侨。这个世纪初期，港澳、南洋和美洲的华侨都希望自己的子弟能受到祖国的教育，不再愿自己的子弟读洋书，变成"洋人"。我自己就是一个实例。我父亲在南洋做生意和经营一些种植事业，但他不让我在南洋进英文学校，送我入中文学校（即华侨办的学校），还请了一位老先生给我补中文课。我学英文是在岭南开始的，回到祖国反而让我读洋书，因为他不怕我变成洋人。钟荣光抓住了华侨这种心理，岭南有许多措施也适应华侨的要求。学校环境很幽静，管理很严，招收学生从小学一年级开始。我记得那时候，每一班的课室楼上就是这个班的宿舍，大约住三十个学生，每个班有自己的食堂，有一个专门负责管理的教师和一个保姆，从学习到生活，学校完全负责。家长把孩子送来，除了向学校交学费、膳宿等费用，另外还交一笔生活费给学校，看病、添置衣服都由学校代办，每个学期将成绩单、账目单一同寄给家长。这个办法很受欢迎，有些华侨表示，收费多一点不要紧，只要学生教得好。尽管岭南收费比国内其他学校高，一年要六七百元港币，但和港澳、南洋、美洲的洋学校来比，岭南收费还是少得多，以香港来说，在皇仁、圣士提反这种学校，每年要一千多元。

由于面向港澳、南洋和美洲，学校又办得有颇有虚名，造成了岭南发展的有利条件。钟荣光经手捐钱兴建校舍，扩充学校，是得到港澳、南洋和美洲华侨的支持，他几乎到过南洋的每一个大城市，认识不少的南洋侨领，在美洲他也到过不少地方。

（二）钟荣光想把岭南办成南中国最大、最有规模的大学。美国人本来只办了文学院和理学院，而且只想办这两个学院，对办医学院的态度也不积极。钟荣光却坚持把农学院办起来，后来办了工学院和商学院，又办了医学院和神学院。钟荣光有事业心，主观上想把岭南办好，这一点是无可怀疑的。怎样才能办得好，这却是另一个问题。钟荣光设想把岭南办成美国的大型大学，这多少有点空想。

（三）钟荣光办岭南是从培养人才，实用出发的。钟荣光是科举时代出身的知识分子，受封建时代的教育，后来他自己对旧的东西来了一个否定，信了基督教，又接受了西方文化的影响，形成了他办岭南的思想。他想为国家培养人才，培养出一批有实用的知识分子。钟荣光对文、理两科是不够重视的，他没有看出文、理两科是一切科学研究的基础，他看重实用的一套，所以办农学院、医学院、工学院，以及蚕丝学院。

这里牵涉到对钟荣光的评价问题。钟荣光是岭南的校长，他力主办农学院，这不是为了给外国人服务，而是为了培养人才为祖国服务。岭南的农学院办得比国内好多大学的农学院还早一些，也有相当成绩，做过一些研究试验，做过奶牛杂交试验。工学院办的一些学系，主要是为了国内需要而办的。

钟荣光对旧的一套否定了，建立一套怎样的新东西，却又不清楚，他自己没有受过系统的大学教育，这对他的办学方针有一定的局限性。

（四）钟荣光是基督教徒。他在科举出身以后，年青时有过一段放荡的生活，有人说他成了基督教徒之后变成好人，这不见得。他对宗教很重视则是事实，他主张和神学院合作，甚至把梁发墓迁到岭南校园里面，想使岭南变成"基督教圣地"，以岭南来号召基督教人士。他这些做法，是否想使岭南成为宣传基督教的大本营，这一点还难作出判断。

（五）他有一些"学而优则仕"的思想，他希望有些学生进入仕途，在官场中有岭南学生，有利于他办岭南。比如对于岭南学生之当广东省厅长、局长或其他职位如广东省银行行长，他是极力支持的；对于在陈济棠时期做官的冯锐，他也是极力支持的。

（六）钟荣光有一些不合实际的空想，根据这些空想来办的事情总是落空的。可以举出两个这样的事例。钟荣光在上海、香港、澳门、越南、新加坡等地都办了岭南分校（中学、小学），照钟荣光的想法，以分校的盈余来供给岭南大学，这是钟荣光想摆脱美国经济控制的几项措施之一。这个想法是不实际的。岭南大学一年庞大的开支，指望几个附设中学一年的盈余用来供给，实在是一种空想。我当岭南校长时，要香港分校把高中办起来，香港分校的主持人却多方推挡。后来了解到，香港分校由一帮亲戚朋友包办起来，保证有钱赚，而且怕学生闹事。把高中办起来就复杂得多，困难得多。这种思想和美国人怕把岭南办大的思想差不多。还有一个事例，一九四一年钟荣光在香港与海外各处发动同学搞"百万基金运动"，结果只筹到三万元港币，这个运动因为不合实际落了空。他没有注意到，找人捐钱建校舍可以留名的，所以有人捐，找人捐钱买图书、仪器就困难一些，要找人捐钱做基金，就更困难了。

钟荣光有自己的办学思想，他的想法和美国人有矛盾。他想为中国培养实用的知识分子，美国人对他的愿望总是加以阻挠，他和美国人之间有磨擦。但是他自己也受到美国的影响，同时又是一个基督徒，以这个为根源的思想可以说与美国人根本没有矛盾，甚至可以说是水乳相投。几十年来他浸在岭南这样的环境里，不叫他做工具也会做工具。

钟荣光是清举人，民初做过广东教育司长，他没有什么官僚架子，平易近人。他也吸烟，吸的是手卷的熟烟。他这个举人称号，在南洋社会比洋博士吃香，很受人尊重。英语讲得不大好，但也可以讲。

关于钟的办学思想：他的八股思想推翻了，但是八股还是他的资本。他到南洋去活动，举人身分很有影响。新的东西接受不多，不够系统，他是通过同外国人的接触来接受的。他想象中，要使国家富强，需要培养出实用的知识分子，所以他重视办工、农、医，对于文、理的作用不够了解。对于这一点，美国人似乎懂得文、理是各种科学的基础，是思想战线上的重要阵地。钟可能有这样的想法，固然要有基础的学科，但要多搞些实用的。对于办岭南是从小学办起，甚至可以说，从产院办起，一个人从他出生，到幼儿园以至小学、中学、大学，可以一直在岭南，如果以后在岭南做事，还可以做到老，最后还有岭南坟场。

岭南过去真可以说是一个"独立王国"。有自己发电、供水的设备，有建筑工、木工，还有校警队，以及各种行业的人。一九五二年，苏联驻华大使尤金曾到岭南参观，他知道岭南这些情况之后，对陪他参观的朱光市长笑着说："你是市长，但是，这里的校长也是一个市长。"

五

钟荣光和美国人之间早就有矛盾，有磨擦，一九二五年收回教育权以后，钟荣光当了岭南的校长，磨擦进一步表面化了。最尖锐的时期是一九二七年。钟荣光的基本态度是："我是校长，应该由我管。"

钟荣光和美国人之间的矛盾，具体表现在他和香雅各、李应林的关系上。我在前面说过，香雅各这人不学无术而且粗暴，他是在广州出生的，广州话说得很好，他背着钟荣光讲到钟夫人钟芬庭，甚至用广州俚语骂她是"番头婆"（广州话："再嫁的妇人"）。一九四四到一九四五年间，我在耶鲁大学时，那段期间和香雅各见过几次面，谈过岭南的事情。我所得到的印象是：香雅各根本不懂得办教育，他甚至连美国教育也并不了解。如果说他脑子里有什么办大学的计划，是一个教育家，这是对他估计过高了。香雅各是一个执行美帝文化侵略，把持校政的帝国主义分子。

美国人不得不把校长的位置让给钟荣光，但是并不想把学校交给中国人，在这种情况下，美国人捧出李应林当副校长。他们觉得钟荣光不很听话，在岭南的一些措施，往往和美国人的意图相左，但又不能不让他当校长，对付钟荣光的办法是名义上让钟荣光当校长，实权却让李应林抓。一九二九年钟到南京当侨务局长，这是钟荣光被美国人排挤出走的时期。

美国人虽然捧出了李应林，但是李应林不是办学校的人才，他号召不起来。办私立大学，一要有钱，二要有人。光有钱没有人也是不行的。李应林在这方面没有办法。其次，李应林不得人心，教师、职工、学生对他有意见，董事中对他也有意见，教师组织了联谊会，对李应林提了很多意见，董事会不得不派个小组来调查李应林的问题，董事会也认为李应林该走。可以这样说，是董事会把李应林推下台。

这里要顺便谈一谈岭南的董事会。有人说岭南有两个董事会，一个在纽约，一个在广州。这问题要弄清楚。照我所知，一九二五年以后，在纽约的是岭南大学基金会，它的英文名称是 American Foundation of Lingnan University，在广州的才是董事会，它的英文名称是 Trustees of Lingnan University。从法律上来说，董事会是最高机构，可以任免校长。当时董事会的成员大概包括三种人：一种是政客，如孙科；一种是资本家，如谭礼庭、马应彪；一种是美国人。在董事中办过学校的只有做过中山大学校长的金曾澄。从这里可以看出董事会的问题，作为岭南的最高领导机构，它是软弱的。但是，董事会中的中国董事多数拥戴钟荣光。

钟荣光虽然和美国人有磨擦，但是他没有决心完全摆脱美国人的关系，他从来没有说过要美国人滚蛋的话。如果他有决心和美国人决裂，美国人对岭南的控制会困难些。钟荣光有他的软弱性，他并没有这样做。同时美国人对钟荣光也没有搞过什么公开的运动来反对他，我在岭南时期看到的是一种暗斗，李应林在暗斗中是美国人的工具。钟荣光和美国人暗斗中的另一个弱点是，他一直没有一批能为他做事的上层骨干，他自己用的人也没有把岭南办好。一九二八年间，他的校长权力相当大,但他所用的教务长、总务长对他没有什么帮助,做不出什么成绩。反而有时做出对他不利的事情。

钟荣光和香雅各之间的矛盾似乎很尖锐,关系很不好,我以为这种矛盾可以看成是钟荣光与美国人方面的矛盾,但是,这里面也掺杂了个人的意见,有公也有私。一九四八年间,钟荣光夫人和我谈了一个半小时,都是骂香雅各,所谈的都是私人之间的事情。

钟荣光和美国人有矛盾。美国人只打算把岭南办成波摩拿大学那样,规模不太大,便于控制;钟荣光却要把规模搞大,培养对祖国有实用的人才。美国人需要一个做傀儡的校长,钟荣光却要真正地抓起来。但是,钟荣光也有和美国人并不矛盾的一面,同样要把岭南变成以基督教为手段来传播美国文化的影响,在这一点上,钟荣光是自动做了美国文化侵略的工具。在这种暗斗中,美国既想挤掉钟荣光,却又找不出更合于他们理想的人来代替他,捧出李应林的尝试是失败了。钟荣光对于岭南的发展作了很多的工作,他在岭南的声誉、影响,在"岭南人"中,不是任何人能取而代之的。

我所得到的印象,香雅各在美国社会没有什么地位,美国人不怎么看重他,晏文士得过中国政府的勋章,司徒雷登做过美国驻南京大使,但是香雅各什么也没有。照我看,就以岭南的美国人来说,富伦和美国国务院的关系就比香雅各密切,富伦回美国之后,做过国务院文化组(Cultural Division)的负责人。一九四四年我在美国加州见到香雅各,他却在家闲居。

香雅各是扶轮会(Rotary Club)的那一套,拍拍肩头交际应酬。完全不是办学校的人。他曾经找过四五个人,乘往来广州、香港、梧州的东安、西安轮船,在船上打桥牌,从广州打到香港,又从香港打到梧州。

六

我愿意就岭南培养了一些什么人这一点,简单地谈一谈。

要看岭南培养了什么人,先要看岭南学生的来源。岭南学生大部分是港澳、南洋和美洲的富裕华侨子弟,他们的家庭都是当地的资产阶级。另一部分是国内官僚、资产阶级的子弟。来自海外的华侨子弟,他们的家长希望他们学到知识,有文化,回到海外能继承自己的事业,还能够进一步有所发展。在华侨社会,能讲英文,有大学毕业的资格,就能够在社会上取得较高的地位。国内官僚、资产阶级的子弟,当然各有各的目的。他们离开岭南之后所走的道路,一方面固然决定于他们在岭南受了什么教育,另方面也决定于他们自己的家庭。岭南的教育对学生有影响,但不一定决定每个学生以后所走的历史道路。

从总的方面来说,岭南学生多数是资产阶级和官僚资产阶级家庭出身,在岭南更受帝国主义的奴化教育,所以中毒更深,岭南培养出来的学生愿意留在祖国工作的不多,正是岭南办得失败的地方。相反,正是美国人的"收获"。从这方面来看,美国人是用很少的钱而得到较大的收获。

美国人对于岭南的学生,是希望他们受到美国影响,能够在中国社会形成一种力量,能够做他们侵略中国的工具。美国人办沪江有他的打算,办燕京又有另一种打算。美国人为了使学生在各方面受到影响,做了很多工作。我可以举这样一个例。岭南没有办家政系,但是女生在毕业前都有机会作一次家政实习,学校轮流把女生分配到教师家里去住一个时期,岭南的美国教师过的当然是美国生活,中国教师也是美国生活方式,学生在教师家庭学的就是美国生活方式,怎样布置家庭,怎样接待客人,怎样煮西菜等等。教她们做一个洋化的主妇。

美国人办岭南几十年,没有培养出几个可以做校长的人,而要我来当校长。事实上我同岭南关系不深,没有在岭南毕业,又不是基督教徒。我到岭南当校长,对我来说,固是出乎意外。这虽可以说是美国人不称心的事,但我既深受美帝文化的影响,对美帝分子来说,也是可以利用的。

协和神学院归并到岭南,也可以说明这个问题。神学院院长龚约翰(J. S. Kunkle)对于他自己的事业是有点自知的,他看出神学院的教育在走下坡路,没有培养出一些能在中国社会发生影响的人才,而只是一些乡下牧师,只会捧着《圣经》在教堂里讲道,感到失望。一九三一年我在岭南教书时,他请我到神学院讲了一个学期中国文化,又请人去讲哲学,这都是想把神学院的训练扩大范围。后来神学院并入岭南,一、二、三年级的课程和岭南的一样,目的是想培养出一些可以做牧师,可以做教师,也可以做别的事情的人才。

岭南大学是美帝国主义者侵略中国文化的一个大本营,岭南大学的历史也就是美帝国主义者侵略中国文化历史。关于这方面的材料在杨重光及其他几位先生的文章里说得不少。我在这里是侧重于钟荣光与岭南的关系以及其与美帝国主义者的斗争的经过,但就这点来说,重复之处既多,同时又说得不够全面,尤其是对于钟荣光的亲美本质很少提及。在仓卒中口述而成此文,缺点很多,盼望读者加以指正。

(陈朗笔记)
一九六四年九月

《广州文史资料》(第十三辑),中国人民政治协商会议广州委员会文史资料研究委员会,1964年11月,第30~51页。